PILZE

PETER ROBERTS UND SHELLEY EVANS

PILZE

ARTEN AUS ALLER WELT –
600 PILZE IN ORIGINALGRÖSSE

Librero

DR. PETER ROBERTS war ein renommierter Mykologe im Königlichen Botanischen Garten Kew Gardens in London. Er ist der Co-Autor von *New Naturalist: Fungi*, *Checklist of the British and Irish Basidiomycota* und *British Chanterelles and Tooth Fungi*. Er gehört auch zur Redaktion der Fachzeitschriften *Field Mycology*, *Mycological Progress*, *Czech Mycology* und *Persoonia*.

SHELLEY EVANS war zehn Jahre lang die Naturschutzbeauftragte der britischen Gesellschaft für Mykologie und gehört zum europäischen Pilzschutz-Komitee ECCF sowie zur internationalen Spezialistengruppe für Pilze der IUCN. Sie ist Co-Autorin von *Pocket Nature: Fungi* und verfasste zahlreiche Gutachten zu britischen Pilzen. Außerdem gehört sie zur Redaktion der Fachzeitschrift *Field Mycology*.

Titel der Originalausgabe: *The Book of Fungi*

Übersetzung aus dem Englischen:
Nina Kavelar, Köln (S. 1–409 und 642–656);
Susanne Müller-Posch, Wien (S. 410–641)
Redaktion und Satz der deutschen Ausgabe:
Print Company Verlagsges.m.b.H., Wien

Printed in China

ISBN: 978-90-8998-665-8

Der Richtigkeit und Vollständigkeit der Informationen in diesem Buch wurde größte Sorgfalt gewidmet. Sollte unabsichtlicherweise dennoch ein Urheber nicht angegeben sein, werden wir dies nach Kenntnisnahme in der nächsten Ausgabe berichtigen.

HINWEIS
Dieses Buch ist kein Bestimmungsbuch. Die Autoren und Herausgeber empfehlen allen Pilzsuchern, sich von einem erfahrenen Mykologen beraten zu lassen. Essen Sie niemals einen rohen oder gekochten Pilz, außer Sie sind vollkommen sicher, dass er essbar ist. Die Autoren und Herausgeber übernehmen keine Haftung für Beschwerden, Krankheiten oder mögliche Todesfälle, die aufgrund der Informationen aus diesem Buch oder einer Missachtung der darin enthaltenen Hinweise oder Warnungen entstanden sind.

LITHOCASE IMAGE iStockphoto/tenback

Kreativdirektor PETER BRIDGEWATER
Verleger JASON HOOK
Art Director MICHAEL WHITEHEAD
Redaktionsleitung CAROLINE EARLE
Redaktion STEPHANIE EVANS
Redaktionsassistenz JAMIE PUMFREY
Verantwortliche Redakteurin KATE SHANAHAN
Design GLYN BRIDGEWATER
Fachlektorat GEOFFREY KIBBY
Bildredaktion KATIE GREENWOOD
Illustration ADAM HOOK, CORAL MULA
Gestaltung der Karten RICHARD PETERS

INHALT

RECHTS **Der Eichen-Leberreischling** (*Fistulina hepatica*) zersetzt langsam das Kernholz von lebenden Eichen und Kastanien und höhlt ihre Stämme aus.

VORWORT

Farbenprächtig, bizarr, rätselhaft: In unzähligen seltsamen und faszinierenden Formen wachsen Pilze auf der ganzen Welt – von den Tropen bis zu den Polarkappen. Gigantische Giftpilze ragen aus Termitenhügeln empor, übelriechende Stinkmorcheln locken Fliegen an, um ihre Sporen zu verbreiten, grelle Korallenpilze erscheinen in dunklen Wäldern, riesige Baumpilze höhlen uralte Bäume aus ... Wir sind umgeben von der regen Welt der Pilze, die so oft unbemerkt und verkannt bleibt. Dieses Buch zollt dem Reich der Pilze Tribut – mit 600 ausgewählten Arten aus aller Welt. Interessant an jeder Art ist nicht nur ihr Aussehen, sondern auch ihre Rolle in der Nahrungskette.

Jeder weiß, dass manche Pilze essbar sind und dass Speisepilze kultiviert werden. Aber wussten Sie auch, dass die meisten Bäume und Blütenpflanzen Pilzpartner für ihre Nährstoffversorgung brauchen? Oder dass das gesamte Holz auf der ganzen Welt von Pilzen zersetzt und wiederverwertet wird – und so das fruchtbare Erdreich für die Pflanzen entsteht? Oder dass viele moderne Medikamente ursprünglich aus Pilzen entwickelt wurden?

Jede in diesem Buch gezeigte Art hat ihre ganz eigene Lebensweise und diese Lebensweise bestimmt oft die Form der Art. Manche Pilze sehen wie kleine Vogelnester aus und nutzen Regentropfen, um ihre Sporen in die Luft zu schleudern. Andere wachsen auf den Hüten benachbarter Pilze. In trockenen Wüsten trotzen Pilze Sonne und Sand, und im Regenwald fangen sie fallende Blätter auf. Manche Pilze stellen Fallen für Fadenwürmer, andere locken weibliche Wildschweine mit Pheromonen, die wie die Duftstoffe eines Keilers riechen.

In diesem Buch finden sich essbare Pilze, darunter einige unbekanntere Arten, die nun ihren Weg in die Supermärkte finden. Auch giftige Pilze werden beschrieben sowie einige halluzinogene Pilze und andere, deren potenziell nützliche Wirkstoffe vor allem bei der Suche nach neuen und besseren Medikamenten helfen.

Weltweit wurden bereits über 75 000 Pilzarten beschrieben und von Jahr zu Jahr werden es mehr. Selbst wenn man die mikroskopisch kleinen Arten weglässt, gibt es immer noch viel mehr Arten, als in einen einzelnen Band passen. Darum bietet dieses Buch lediglich eine bebilderte Momentaufnahme der erstaunlichen Vielfalt der Pilze – nicht nur Raritäten und Kuriositäten aus fernen Ländern, sondern auch viele weitverbreitete und bekannte Pilze, die in regionalen Wäldern, öffentlichen Parks oder auch im heimischen Garten zu finden sind. Nicht jede Art hat einen deutschen Trivialnamen, da viele Arten bei uns nicht verbreitet sind – in diesem Fall ist nur der lateinische Name angeführt, der international gängig ist, und der englische Trivialname, falls es Sie in eine Gegend verschlägt, wo der jeweilige Pilz wächst.

Dieses Buch ist kein Bestimmungsbuch, aber es animiert Sie vielleicht dazu, die Welt der Pilze näher zu betrachten. Sie müssen sich nicht alle Namen merken oder einer bestimmten Art alle Details zuordnen können, aber wenn Ihnen dieses Buch dabei hilft, einige Formen und Ausprägungen zu erkennen – und dabei Einblicke in das Wesen der Pilze liefert –, hat es bereits mehr als nur seinen Zweck erfüllt.

UNTEN **Pilze sind die Hauptverwerter** von Laub und Holz und kompostieren sie zu fruchtbarer Erde.

EINLEITUNG

Die moderne Systematik basiert auf DNA-Analysen und unterteilt das Reich der Pilze in mindestens sieben verschiedene Abteilungen. Sie alle sind interessant (z. B. leben Pilze der Abteilung Neocallimastigomycota in den Mägen von Wiederkäuern und zersetzen dort pflanzliche Stoffe), aber die meisten davon mikroskopisch klein und würden den Rahmen dieses Buchs sprengen. Darum gehören die ausgewählten Arten zu den Ascomycota oder den Basidiomycota – die beiden Abteilungen, die große, gut sichtbare Fruchtkörper bilden.

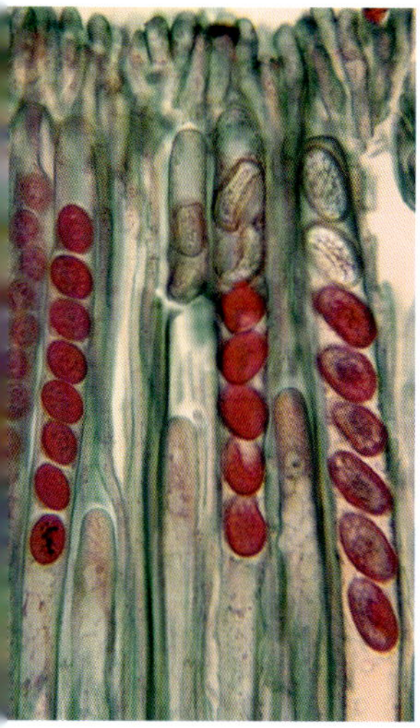

OBEN **Mikroskopische Sporen** (rot gefärbt), die in schlauchförmigen Asci heranreifen, sind ein Erkennungsmerkmal für die Abteilung Schlauchpilze.

DIE ASCOMYCOTA (SCHLAUCHPILZE)

Zu den Ascomycota gehören weltweit über 40 000 verschiedene Arten. Viele davon sind eher unscheinbar, aber unter ihnen finden sich auch bekannte Gruppen wie Morcheln und Trüffeln, die Becherpilze und die meisten Flechten, wie auch viele mikroskopische Schimmel und Hefen. Sie alle produzieren ihre Sporen in mikroskopisch kleinen Zellen, den Asci, die sich in reifem Zustand unter Druck öffnen und ihre Sporen in die Lüfte schießen.

DIE BASIDIOMYCOTA (STÄNDERPILZE)

Zu den Ständerpilzen (Basidiomycota) gehören weltweit über 30 000 Arten. Zu ihnen zählen viele der bekanntesten Pilze, etwa die Blätterpilze, Bauchpilze, Stinkmorcheln, Baumschwämme, Pfifferlinge, Keulchen, Korallenpilze sowie die Rost- und Brandpilze, die Pflanzenparasiten sind. Sie alle bilden ihre Sporen an der äußeren Oberfläche aus mikroskopisch kleinen Zellen, den Basidien (daher ihr Name), und ihre Fruchtkörper haben sich auf viele raffinierte Arten entwickelt, um diese Sporen freizusetzen.

GLIEDERUNG DES BUCHS

Früher basierte die wissenschaftliche Klassifikation der größeren Pilze auf den makro- und mikroskopischen Merkmalen ihrer Fruchtkörper und war recht klar und intuitiv. DNA-Analysen ergaben jedoch ein oft anderes Bild. Manche Arten unterscheiden sich optisch stark voneinander, sind aber eng verwandt, während andere, sehr unterschiedliche Arten ähnlich aussehen. Stäublinge (*Lycoperdon*-Arten) gehören beispielsweise zur selben Familie wie der Kulturchampignon (*Agaricus bisporus*), was man anhand ihrer Fruchtkörper nie vermuten würde (siehe unten) – nicht einmal unter dem Mikroskop.

Der Einfachheit halber wurden die Arten in diesem Buch ähnlich wie in den meisten Bestimmungsbüchern angeordnet. Zuerst kommen die Blätterpilze (Lamellenpilze), dann die Röhrenpilze. Andere Arten ohne Lamellen – wie etwa Pfifferlinge, Baumpilze und Bauchpilze – folgen in ihren jeweiligen Gruppen. Zuletzt kommen die größeren Schlauchpilze – darunter Morcheln und Trüffeln. Innerhalb jeder Gruppe sind die Arten alphabetisch aufgelistet und der bebilderte Bestimmungsschlüssel auf den Seiten 24–27 hilft bei der Orientierung. Für Interessierte gibt es auf den Seiten 648–649 die genauere wissenschaftliche Klassifikation.

Zu jeder der 600 vorgestellten Arten gehören ein Foto im Maßstab 1:1 und eine Übersicht über ihre Verbreitung, ihren typischen Lebensraum, ihre Symbiose (z. B. mit bestimmten Baumarten) und ihre Wuchsform (ob sie büschelig auf Baumstämmen oder einzeln am Boden wachsen). Die Information zum Vorkommen bezieht sich auf die ganze Welt und kann regional gesehen abweichen. Die Karten zeigen auf einen Blick die weltweite Verbreitung jeder Art. Grafiken bieten verschiedene Ansichten eines Fruchtkörpers oder seiner unreifen Form, zusammen mit den Zahlen zu Größe und Durchmesser. Wie in der Botanik üblich wird der Autor jeder Art genannt (eine Erklärung dieser Konvention finden Sie auf Seite 649).

Kulturchampignon (*Agaricus bisporus*)

Igel-Stäubling (*Lycoperdon echinatum*)

LINKS **Das Aussehen hilft nicht unbedingt** bei der Bestimmung von Arten derselben Familie: Champignons produzieren ihre Sporen außen, Stäublinge im Inneren; die DNA-Sequenzierung zeigt jedoch, dass beide eng miteinander verwandt sind.

WAS SIND PILZE?

Vor rund hundert Jahren hielt man Pilze noch für niedere Pflanzen oder Kryptogamen, auf einer Stufe mit Laub- und Lebermoosen. Auch diese blühen nicht und ihre Samen sind winzig, aber sie sind dennoch Pflanzen. Allmählich erkannte man, dass Pilze wenig bis gar nichts mit Pflanzen gemeinsam hatten. Pilze bestehen nicht wie Pflanzen aus Zellulose, sondern aus Chitin (was man eher mit Insekten assoziiert). Sie enthalten kein Chlorophyll und können nicht mittels Sonnenlicht Kohlendioxid in Zucker umwandeln. Darum wurden sie in den 1960er-Jahren in einer eigenen Gruppe zusammengefasst – im Reich der Pilze. Moderne DNA-Analysen ordnen die Pilze noch weiter von den Pflanzen entfernt ein: zu den Opisthokonta – zu dieser Gruppe gehören auch die Tiere. Es scheint, als hätten Tiere und Pilze gemeinsame Vorfahren gehabt, als sich die Pflanzen bereits abgespalten hatten.

OBEN **Pflanzen betreiben Photosynthese:** Mittels Sonnenlicht verwandeln sie Kohlendioxid in Nahrung. Pilze und Tiere ziehen ihre Nährstoffe jedoch aus organischen Materialien.

PHYSIOLOGIE DER PILZE

Während Tiere und Pflanzen aus Zellen bestehen, sind Pilze aus mikroskopischen, fadenförmigen Hyphen aufgebaut. Wenn sich diese Hyphen verbinden, erscheinen sie oft als spinnwebartige Fäden in feuchtem Laub, im Kompost oder auf schimmeligen Nahrungsmitteln.

Pilze „essen“, indem sie Nahrung durch die Hyphenwände aufnehmen, vor allem Einfachzucker und Aminosäuren. Sind diese nicht vorhanden, können die Pilze sie mithilfe von Enzymen aus komplexeren Stoffen extrahieren. Tiere, auch der Mensch, haben ähnliche Enzyme in ihren Mägen. Pilze verdauen auch – nur befindet sich ihr Verdauungssystem außen.

AUFBAU EINES PILZES

Betrachtet man einen Pilz, sieht man zuerst ein Karposoma – den Fruchtkörper, der die Sporen produziert, und den man Champignon, Fliegenpilz, Bovist usw. nennt. Der eigentliche Pilz – das spinnwebartige Myzel, das aus Hyphen besteht – liegt meist unter der Erde oder zieht sich durch das Laub oder einen umgestürzten Baumstamm. Man kann sich das vorstellen, als wüchsen Eichen unter der Erde und nur die Eicheln würden von Zeit zu Zeit aus dem Boden sprießen.

OBEN **Das Myzel** ist der eigentliche „Körper" des Pilzes. Es wächst durch Erde, Holz oder Laub und nimmt Nährstoffe auf.

Der Grüne Knollenblätterpilz (*Amanita phalloides*, siehe unten) ist ein typisches Beispiel für den Fruchtkörper eines Pilzes. Es dauert einige Wochen, bis er sich aus dem Myzel entwickelt, aber dann reift er schnell heran. Dieser rasche Wuchs führte zum alten Glauben, dass Pilze quasi über Nacht aus dem Boden „schießen".

Der Fruchtkörper hat einen Stiel, der den Hut mit den Lamellen über der Erde trägt, um die Sporen besser freisetzen zu können. Die Sporen (das Pilz-Äquivalent zu Samen) sind mikroskopisch klein und entstehen millionenfach auf den Lamellen im Hut. Beim Grünen Knollenblätterpilz werden die unreifen Sporen vom Velum (einer Membran) geschützt. Es reißt, wenn der Hut wächst, und bleibt als Ring am Stiel zurück. Eine zweite Hülle, das *Velum universale*, umschließt den gesamten jungen Fruchtkörper. Seine Reste zeigen sich als Flocken am Hut und als sackartige Volva an der Basis.

Andere Fruchtkörper – von Baumpilzen, Stinkmorcheln oder Morcheln – haben viele unterschiedliche Formen und viele Methoden der Sporenverbreitung, aber das zugrundeliegende Prinzip der Sporen ist überall dasselbe.

LINKS **Die einzelnen Teile** des Fruchtkörpers, dem sporentragenden Organ des Grünen Knollenblätterpilzes (*Amanita phalloides*).

RECHTS **Flechten sind** ein bekanntes Beispiel für die Symbiose zwischen zwei vollkommen unterschiedlichen Organismen – in diesem Fall Pilze und Algen.

SYMBIOSEN MIT PFLANZEN & TIEREN

Über 90 Prozent aller Pflanzen auf der Erde benötigen Pilze für ihre Nährstoffzufuhr. Pilze und Pflanzen haben sich symbiotisch entwickelt. Sie sind bis heute Partner geblieben und stützen gemeinsam unser globales Ökosystem. Auch neue Pilzpartnerschaften haben sich gebildet – nicht nur mit Pflanzen, sondern auch mit Bakterien, Algen, Insekten und anderen Tieren.

WIE ERNÄHREN SICH PFLANZEN?

Pilze sind hervorragende Wiederverwerter. Ihre Enzyme spalten komplexe Stoffe auf und setzen deren Nährstoffe frei. Pilze gehörten zu den ersten Kolonisten des Festlands und lebten mit und von den ersten primitiven Pflanzen. Ihre parasitäre Partnerschaft entwickelte sich allmählich zur Symbiose. Pilze ziehen Zucker aus ihren Pflanzenpartnern und Pflanzen erhalten Nährstoffe aus den Pilzen, vor allem Stickstoff und Phosphor.

Der Austausch geschieht durch Mykorrhizen („Pilzwurzeln"). Bei der häufigsten Form leben Endomykorrhiza-Pilze im Wurzelsystem einer Pflanze. Diese Pilze gehören zur Abteilung Glomeromycota – für den Großteil der Pilz-Enthusiasten eine unbekannte Gruppe, da die meisten Arten nur unter dem Mikroskop zu sehen sind. Viel bekannter sind Ektomykorrhizen (*ecto*: „außen"). Bei dieser Symbiose leben die Pilze außerhalb der Pflanzen. Sie umschließen die Wurzeln mit ihren Hyphen und bilden so eine Schnittstelle zur Pflanze. Verhältnismäßig wenige Pflanzenarten sind betroffen, darunter einige der verbreitetsten Bäume – Eiche, Buche, Birke, Weide, Erle, Kiefer, Tanne, Fichte, Schierling, Eukalyptus und Südbuche. Zu ihren Pilzpartnern zählen viele Waldpilze – Blätterpilze, Röhrenpilze, Pfifferlinge und Trüffeln.

FLECHTEN – ZWEI ARTEN IN EINER

Pilze können keine Photosynthese betreiben, aber in Form von Flechten umgehen Pilze diese Tatsache, indem sie eine Symbiose mit Algen oder Cyanobakterien (die Photosynthese betreiben können) eingehen. Die Pilze sind von ihren Partnern völlig abhängig; es gibt sie nur in dieser Kombination. Die Algen und Cyanobakterien können auch alleine bestehen – eine etwas einseitige Partnerschaft. Die Algen und Cyanobakterien haben durch den Pilz aber eine sichere Bleibe und die Chance, sich in Gebiete auszubreiten, die sie alleine nie besiedeln könnten. Diese Symbiose ist äußerst erfolgreich, denn Flechten sind Extremophile: Sie können in einigen der unwirtlichsten Lebensräume der Erde wachsen.

PILZGÄRTEN FÜR TERMITEN UND AMEISEN

Es gibt auch Symbiosen zwischen Pilzen und Tieren. Eine der spezialisiertesten ist der Termitenpilz in Afrika und Asien. Es ist allgemein bekannt, dass Termiten Holz fressen, es aber nicht gut verdauen können. Einige Arten haben in ihrem Darm mikroskopische Pilze, die Zellulose zersetzen, andere Arten haben solche Pilze in ihrem Bau. Diese Partnerschaft gibt es schon so lange, dass eine ganze Gattung von Pilzen entstanden ist: die *Termitomyces*. Die Termiten verbreiten und „kultivieren" das Pilzmyzel, indem sie frisches Pflanzenmaterial in den Bau bringen und für die richtige Temperatur und Feuchtigkeit sorgen. In Mittel- und Südamerika werden ähnliche Pilzgärten von Blattschneiderameisen gehegt.

LINKS **Holzbohrende Ambrosiakäfer**, z. B. *Myoplatypus flavicornis*, tragen Pilze mit sich, die in ihren Gängen wachsen. Die Käfer und ihre Larven fressen dann das Myzel anstelle des Holzes.

AMBROSIAKÄFER UND DAS ULMENSTERBEN

Borkenkäfer tragen oft Pilzsporen mit sich, manchmal in speziellen Depots, den Mycetangien. Wenn sich die Käfer in das Holz bohren, werden die Sporen freigesetzt und die Pilze – lauter holzfressende Arten – wachsen in den Gängen der Käfer. Die Käfer oder ihre Larven ernähren sich dann vom Myzel. Davon profitieren Pilze und Käfer, aber die Bäume nicht immer. Auf den britischen Inseln verbreiteten Käfer der Gattung *Scolytus* den exotischen Pilz *Ophiostoma novo-ulmi*, was zum großen Ulmensterben führte, dem geschätzte 20 Millionen Ulmen zum Opfer fielen.

WIEDERVERWERTER

Einer der Gründe, warum Pilze – besonders im englischsprachigen Raum – einen schlechten Ruf haben, ist die Assoziation mit Fäulnis und Verfall. Doch ohne den Verfall würde das gesamte Ökosystem der Erde zum Erliegen kommen. Pilze sind die großen Wiederverwerter, die totes Pflanzenmaterial – Laub und umgestürzte Bäume, Zweige und Baumstümpfe – in nährstoffreiche Erde verwandeln.

OBEN **Eichhörnchen bewohnen die** Astlöcher zersetzter Zweige. Spezialisierte Pilze zersetzen allmählich das tote Kernholz und höhlen alte Bäume aus.

AUS TOTEN PFLANZEN WIRD ERDE

Die meisten Pilze sind Saprotrophe – „Verzehrer toter Substanz". Um Materie abzubauen und die Zucker und Aminosäuren freisetzen zu können, haben sich in Pilzen viele nützliche Enzyme entwickelt. Einige dieser Enzyme zersetzen Zellulose – die Grundsubstanz, aus der Pflanzen bestehen.

Der Zersetzungsprozess beginnt, wenn die Blätter noch an der Pflanze hängen. Viele Mikropilze besiedeln Blätter und warten dort, bis das Blatt abfällt. Dann vermehren sich die Pilze und beginnen vor allen anderen Zersetzern mit dem Abbau. Wenn das Blatt abfällt, warten bereits andere Pilze darauf. In manchen tropischen Regenwäldern erreicht das Blatt nicht einmal den Boden, sondern wird von in der Luft hängenden Netzen aus Rhizomorphen (Myzelsträngen) aufgefangen und festgehalten. *Marasmius crinisequi* ist ein kleiner Blätterpilz, der diesen Trick beherrscht.

HOLZABBAU – EINE AUFGABE FÜR SPEZIALISTEN

Alle Pflanzen enthalten Zellulose, aber Gehölze enthalten auch Lignin – den Stoff, der das Holz hart macht. Braunfäulepilze zersetzen die Zellulose; das braune Lignin bleibt als pulverige Masse zurück. Geläufiger sind die Weißfäulepilze, die Zellulose und Lignin zersetzen und nur grauweiße faserige Reste hinterlassen.

Wie die Pilze auf den Blättern sind auch die Holzfresser rasch am Werk. Viele warten geduldig als kleine, ruhende Diasporen im lebenden Holz auf den Tod des betreffenden Asts oder Zweigs. Eine chemische Veränderung signalisiert das Absterben und die ruhenden Pilze beginnen mit der Zersetzung, während der sterbende oder tote Ast noch am Baum ist. Die meisten dieser Pilze sind hochspezialisiert und wachsen oft ausschließlich auf bestimmten Baumarten.

OBEN **Abgefallene Äste** werden von einer Abfolge verschiedener Pilze zersetzt. Diese Pilze können Zellulose und Lignin abbauen.

Fällt der Ast zu Boden, stürzen sich die holzfressenden Generalisten auf die Reste – ein Kampf, in dem chemische Stoffe eingesetzt werden, um die reichhaltige Ressource anzugreifen und zu verteidigen. Manche Arten besiedeln das Holz sehr schnell, werden jedoch durch langsamere, aber aggressivere Arten verdrängt, sodass es auf dem abgefallenen, verfaulenden Ast zu einer Abfolge verschiedener Pilze kommt. Einige hochentwickelte Spezialisten – vor allem Baumpilze – werden auch mit dem Kernholz fertig. Dieses harte, dichte, tote Holz befindet sich im Inneren von Stämmen und Ästen und enthält oft Tannine, Öle und andere giftige Chemikalien. Wenn das Kernholz zersetzt ist (was Jahrzehnte dauern kann), ist der Baum hohl, aber immer noch gesund – ein Paradies für andere Organismen.

HÖRNER, HUFE UND HAARE

Manche Pilze können mit ihren Enzymen Keratin zersetzen, den Hauptbestandteil von Haaren, Federn, Hufen, Hörnern und Haut. Viele von ihnen sind mikroskopisch klein und manche – wie die Dermatophyten – können Krankheiten verursachen, wenn sie Haut, Nägel oder Haare befallen. Der Kuh-Hornpilz (*Onygena equina*) gehört zu den größeren Arten. Er bildet bauchige Fruchtkörper auf abgestoßenen Hörnern und anderen tierischen Überresten. Der verwandte *O. corvina* wächst auf ausgefallenen Federn.

RECHTS **Der Honiggelbe Hallimasch** kann lebende Bäume und Sträucher angreifen und zerstören. In Gärten wird das zu einem ernsthaften Problem.

PILZE ALS PLAGE

Die Grenze zwischen einer Symbiose und einem Befall durch Parasiten ist nicht immer klar – einige Pilze überschreiten sie jedoch eindeutig und gelten zweifellos als Parasiten auf Pflanzen, Tieren und sogar auf anderen Pilzen. Selbiges gilt für Schädlinge. Ein Pilz, der morsche Bäume in Wäldern zersetzt, ist nützlich. Aber wenn er dasselbe im Bauholz von Häusern macht, gilt er als Schädling.

DER HONIGGELBE HALLIMASCH – DES GÄRTNERS FLUCH

Der Honiggelbe Hallimasch (*Armillaria mellea*) ist ein holzfressender Pilz mit einer besonders wirksamen Methode zur Besiedlung neuer Ressourcen: Er produziert derbe Rhizomorphen (die schwarzen Schnürsenkeln ähneln), die sich unter der Erde ausbreiten. Liegt genügend totes Holz in der Nähe, ist er harmlos. Wenn das nicht der Fall ist, greift er lebende Bäume und Sträucher an. In einem Garten kann der Honiggelbe Hallimasch richtig wüten – und er ist kaum zu stoppen.

HOLZFRESSER

Bauholz ist meist zu trocken für einen Pilzbefall. Steigt der Feuchtigkeitsanteil jedoch auf über 20 Prozent, siedeln sich manche Arten an. Der Echte Hausschwamm (*Serpula lacrimans*) verträgt Trockenheit besser als die meisten Pilze. Seine waffelartigen Fruchtkörper können riesige Mengen an Sporen produzieren, die dann zusätzlich ein Gesundheitsrisiko darstellen. Steigt der Feuchtigkeitsanteil auf über 40 Prozent, beteiligen sich auch der Braune Kellerschwamm (*Coniophora puteana*) und andere Arten an der Zerstörung.

Kreosot und andere Holzschutzmittel wurden entwickelt, um die Außenseite von Bauholz vor Fäulnis zu schützen, aber einige Pilze widerstehen ihnen. Der Schuppige Sägeblättling (*Neolentinus lepideus*) war dafür bekannt, alte Bahnschwellen aus Holz zu schädigen. Andere Pilze zerstörten hölzerne Telegrafenmasten oder Stützbalken in Bergwerken.

OBEN **Getrocknete Exemplare** des Chinesischen Raupenpilzes sind für traditionelle Kräuterkundler Gold wert.

RAUPENPILZE

Die *Cordyceps*-Pilze greifen viele verschiedene Insekten an, zum Beispiel Schmetterlinge, Käfer, Wespen und sogar Ameisen. Einer der bekanntesten ist der Chinesische Raupenpilz (*Ophiocordyceps sinensis*), der die Larven von Nachtfaltern befällt. Wenn sich die Raupe unter der Erde verpuppt, wächst der Pilz im Insekt heran und sein Fruchtkörper erscheint schließlich an der Oberfläche. In der traditionellen chinesischen Medizin ist diese Kuriosität – genannt „Winterwurm-Sommergras" – sehr begehrt und das Sammeln von Fruchtkörpern (mit der mumifizierten Raupe daran) ein lohnendes Geschäft.

PILZE, DIE MIT LASSOS JAGEN

Es klingt fast unmöglich, aber einige Pilze sind aktive Jäger, wenn auch nur in mikroskopischem Ausmaß: Sie stellen Fallen für winzige Nematoden (Fadenwürmer). Zu den jagenden Arten gehört der bekannte Austern-Seitling (*Pleurotus ostreatus*). Seine Hyphen verfügen über klebrige Auswüchse, an denen vorbeikriechende Nematoden hängenbleiben. Der Pilz assimiliert die Nematoden und nutzt sie als Stickstoffquelle. Einige kleine Becherpilze (*Drechslerella*-Arten) haben lassoähnliche Fallen ausgebildet – Hyphenringe, die sich rasch zusammenziehen, wenn eine Nematode sie durchquert.

OBEN **Der parasitäre Hummerpilz** bedeckt die Fruchtkörper des Wirtpilzes mit einer leuchtenden Schicht.

PILZE ALS PARASITEN ANDERER PILZE

Es ist wenig überraschend, dass manche Pilze als Parasiten von anderen Pilzen leben, manchmal auf ziemlich kuriose Weise. Zu den seltsamsten gehören die *Squamanita*-Pilze. Diese seltenen Arten schmarotzen von den Fruchtkörpern anderer Blätterpilze und bilden typischerweise ihren eigenen Hut mit Lamellen auf dem Stiel des Wirts.

Hypomyces lactifluorum („Lobster Fungus") ist ein weiterer wunderlicher Organismus. Er verschlingt Blätterpilze. Ihre Form bleibt erhalten, aber der Pilz überzieht sie mit einer Schicht seiner eigenen winzigen Fruchtkörper. Die parasitierten Fruchtkörper gelten sogar als essbar.

RECHTS **Trüffelsucher** spüren mit der Hilfe von Spezialhunden die versteckten Fruchtkörper auf, die einen charakteristischen Geruch verströmen.

SPEISE, KULTURGUT, MEDIZIN

Menschen sind Allesfresser und seit Beginn unserer Entwicklung sind Pilze ein Teil unserer Ernährung. Kulturelle Eigenheiten haben jedoch dazu geführt, dass manche Länder und Völker mykophil – also zu Pilzliebhabern – wurden und andere mykophob und somit dem gesamten giftigen Reich der Pilze ablehnend gegenüberstanden. Die Einstellung zu den Pilzen beeinflusst auch oft den Volksglauben. Ähnlich verhält es sich mit der Verwendung von Pilzen in der traditionellen Medizin. Die moderne Medizin war jedoch schon immer am Potenzial der Pilze interessiert und viele der wirksamsten Medikamente stammen ursprünglich aus Pilzwirkstoffen.

EINEINHALB MILLIONEN TONNEN CHAMPIGNONS

Jedes Jahr werden weltweit rund 1,5 Millionen Tonnen Kulturchampignons (*Agaricus bisporus*) erwirtschaftet. Ihr Anbau geht ins Frankreich des 17. Jahrhunderts zurück, wo sich in höhlenartigen, stillgelegten Minen rund um Paris allmählich eine bedeutende Industrie entwickelte. Selbst heute noch kennt man Kulturchampignons in Frankreich als *champignons de Paris*. Die moderne kommerzielle Zucht wurde in den USA entwickelt und in den Niederlanden mechanisiert.

Es überrascht vielleicht, dass *Agaricus bisporus* nur rund 40 Prozent des weltweiten Pilzanbaus ausmacht. Der Rest besteht aus anderen Arten, wie etwa dem Shiitake (*Lentinula edodes*), dem Austern-Seitling (*Pleurotus ostreatus*) und dem Mu-Err-Pilz (*Auricularia cornea*). Am häufigsten angebaut und verzehrt werden sie in Ostasien, aber viele dieser Arten werden auch im Westen immer beliebter.

DER RUF DER WILDNIS

Viele genießbare Pilze werden immer noch in der freien Natur gesammelt und zwar nicht nur von Pilzfreunden, sondern auch für kommerzielle Zwecke. Das liegt daran, dass Ektomykorrhiza-Pilze (die eine Symbiose mit Bäumen bilden) nicht ohne ihren Wirt angebaut werden können. Der Gemeine Steinpilz (*Boletus edulis*) und der Echte Pfifferling (*Cantharellus cibarius*) gehören zu den gefragtesten Arten. In Japan führte die Beliebtheit des Matsutake (*Tricholoma matsutake*), der oft als kostbares Geschenk überreicht wird, zu einem riesigen, lukrativen Importhandel.

TRÜFFELN – DER WERTVOLLSTE FUND

Trüffeln (*Tuber*-Arten) sind die unterirdischen Fruchtkörper von Ektomykorrhiza-Pilzen. Ihre Sporen werden durch Tiere verbreitet, die von Pheromonen und anderen Lockstoffen angezogen werden. Einige davon locken auch den Menschen: Arten wie *Tuber magnatum* sind für europäische Gourmets schon lange eine seltene, teure Delikatesse. In jüngster Zeit züchtete man sie mit wechselndem Erfolg in Trüffelhainen, wo Bäume mit Myzel inokuliert werden. Dennoch gelten sie immer noch als absolutes Luxusgut.

ZAUBERPILZE UND HEXENBUTTER

In mykophilen Ländern spielten Pilze in Märchen oft eine positive Rolle. Einige halluzinogene Arten – etwa der Fliegenpilz (*Amanita muscaria*) – erlangten unter Schamanen, die den Kontakt zur Geisterwelt suchten, nahezu heilige Bedeutung. In mykophoben Ländern wurden diese Pilze skeptisch beäugt. Die „Hexenbutter" (Warziger Drüsling, *Exidia glandulosa*) gehörte zu einer Reihe von Pilzen, deren seltsames Aussehen nur durch Hexerei erklärt werden konnte, während Kreise aus Nelken-Schwindlingen (*Marasmius oreades*) die gefährlichen Enklaven des „kleinen Volks" markierten.

OBEN ***Amanita muscaria***, der Fliegenpilz, ist der typische Pilz, wie man ihn aus dem Märchen kennt, und ein starkes Halluzinogen.

DIE PILZAPOTHEKE

Pilze sind seit Langem ein Bestandteil der traditionellen Medizin – besonders in Ostasien, wo Arten wie der Glänzende Lackporling (*Ganoderma lucidum*) heute noch geschätzt werden. In der modernen Medizin des Westens gehören Antibiotika wie Penizillin (entwickelt aus dem Schimmelpilz *Penicillium chrysogenum*), cholesterinsenkende Statine (entwickelt aus Arten wie *Aspergillus terreus*) und immunsuppressive Ciclosporine (aus *Tolypocladium inflatum*) zu den vielen klinisch erprobten Arzneimitteln mit Pilz-Ursprung.

VERBREITUNG & ARTENSCHUTZ

Es gibt praktisch keinen Ort auf der Erde, der nicht die Heimat irgendeines Pilzes ist. Als Gesamtheit betrachtet sind sie allgegenwärtig. Selbst einzelne Arten sind meist weitverbreitet, zumindest im Vergleich zu Tieren und Pflanzen. Leider verhindert das nicht, dass einige Pilze vom Aussterben bedroht sind – vor allem durch den Verlust ihres Lebensraums. Darum wird der Artenschutz immer wichtiger.

OBEN **Essbar, doch vom Aussterben bedroht:** Der Blasse Kräuterseitling (*Pleurotus nebrodensis*) ist in freier Natur nur in Nordsizilien bekannt, wird aber mittlerweile gezüchtet.

DIE WELT DER PILZE VON POL ZU POL

Niemand weiß, wie viele verschiedene Pilze es gibt. Eine anerkannte Schätzung spricht von rund 1,5 Millionen Arten; nur ein Bruchteil davon ist bereits beschrieben. Zu ihnen zählen nicht nur die bekannten größeren Pilze der gemäßigten Zonen, sondern auch die weniger erforschten Pilze der Tropen – und unzählige mikroskopische Arten. Bei Pilzen denkt man für gewöhnlich nicht an Meereslebewesen, doch mindestens 800 Arten sind für das Leben im Meer angepasst – manche davon sogar für die Tiefsee in 4000–6000 Metern unter dem Meeresspiegel. Selbst in der Antarktis gibt es über 600 bekannte Arten, darunter drei neu entdeckte, die das Holz der Forschungshütten Scotts zerfressen hatten.

PILZE IN GEMÄSSIGTEN UND TROPISCHEN ZONEN

Pilzarten folgen typischerweise alten Verbreitungsmustern, die sich über alle Kontinente erstrecken. In der nördlichen gemäßigten Zone finden sich viele Arten in Europa, Nordasien und im Westen Nordamerikas. Seltsamerweise unterbrechen die Great Plains die Pilzverteilung, sodass der Osten Nordamerikas seine ganz eigenen Pilzarten hat. Ebenso häufig ist die pantropische Verbreitung, auch wenn Südamerika nicht immer mitgezählt wird. Auf der Südhalbkugel, die weniger Landfläche hat, finden sich in Australien und Neuseeland viele charakteristische Pilze, die es nirgendwo sonst gibt.

PILZE IN WALDGEBIETEN

Auf der Suche nach Pilzen begeben sich Pilz-Enthusiasten meist in den Wald. Er ist der Lebensraum mit der größten Artenvielfalt – einerseits, weil sich viele Pilze von Laub und Holz ernähren, andererseits, weil viele der auffälligeren Pilze in Symbiose mit Bäumen leben. In Tropenwäldern kommen diese Ektomykorrhiza-Symbiosen seltener vor und Fruchtkörper sind manchmal nur spärlich vorhanden.

PILZE AUF WIESEN, IN DÜNEN UND IN WÜSTEN

Auf Wiesen, vor allem auf Weiden, wachsen viele interessante Pilze, besonders in Europa. Auch in Mooren, Sümpfen und Marschen gibt es charakteristische Pilze, manche in Symbiose mit den dort heimischen Bäumen. Selbst in trockenen Steppen, Wüsten und Sanddünen wachsen spezialisierte Pilzarten.

BEDROHTE LEBENSRÄUME UND ARTEN

Da man einen Pilz vor allem an seinen Fruchtkörpern erkennt, ist es oft schwer zu bestimmen, ob er selten vorkommt oder ob er nur wenige Fruchtkörper bildet. Außerdem bilden nicht alle der größeren Pilze jedes Jahr Fruchtkörper. Bei Flechten (wo immer der gesamte Pilz zu sehen ist) kann man die Seltenheit besser einschätzen.

OBEN **Die Zerstörung von Lebensraum**, besonders von Urwäldern und unkultiviertem Grasland, ist die größte Gefahr für Pilzarten auf der ganzen Welt.

Gegenwärtig sieht es so aus, als wären die gefährdetsten Arten jene, die ihren Lebensraum verlieren – meist durch den Rückgang der Urwälder, den Stickstoffanstieg durch landwirtschaftliche Neuerungen, die Trockenlegung von Feuchtgebieten und andere massive Änderungen in der Landnutzung. Einige Länder haben größere Pilze auf ihre nationale Rote Liste gefährdeter Arten gesetzt – manche von ihnen haben sie sogar unter gesetzlichen Schutz gestellt. Auf der globalen Roten Liste der Weltnaturschutzunion IUCN stehen jedoch nur zwei Pilze: der Blasse Kräuterseitling (*Pleurotus nebrodensis*) und die Blattflechte *Erioderma pedicellatum* („Boreal Felt Lichen"). Beide sind stark lokal begrenzt und vom Aussterben bedroht.

PILZE SAMMELN & BESTIMMEN

Wenn man größere Pilze bestimmen möchte, gibt es keine einfache Lösung. Man muss viele Exemplare begutachten und sich die Zeit nehmen, sich mit ihren typischen Orten und Eigenheiten vertraut zu machen, wie auch mit den zahlreichen Variationen (wenn jung oder alt, wenn nass oder trocken) und ihren Merkmalen im Vergleich zu anderen Arten.

OBEN **Der Sporenabdruck** (links) von den Lamellen des Grünsporigen Riesenschirmlings (*Chlorophyllum molybdites*) weist die charakteristische grüne Färbung auf.

DIE REGIONALEN PILZE KENNENLERNEN

Wie das Beobachten von Vögeln oder das Sammeln von Pflanzen kann auch das Kennenlernen der regionalen Pilze sehr interessant sein. Bei größeren Pilzen empfiehlt sich ein gutes Bestimmungsbuch, was für manche Gegenden jedoch schwer zu finden ist. Einige Arten sind charakteristisch genug, um sie sofort zu erkennen, aber für die meisten benötigt man Geduld und einen Bestimmungsschlüssel – den man sorgfältig liest, statt einfach den Pilz einem ähnlichen Bild zuzuordnen. Erfahrung ist unerlässlich. Der Beitritt zu einem örtlichen Pilzverein ist eine gute Möglichkeit, um viele verschiedene Arten kennenzulernen und Wissen auszutauschen.

VORSICHT VOR GIFTPILZEN

Das Kräuterbuch *Grete Herball* aus dem Jahr 1526 erinnerte die mykophoben Briten daran, dass man Pilze auf eigene Gefahr isst – was auch für moderne Pilzsammler noch gilt. Es gibt unzählige Giftpilze und manche davon sind lebensgefährlich. Diese Buch ist kein Bestimmungsbuch für Speisepilze und soll nicht als solches verwendet werden. Für einen angehenden Pilzsucher

ist der beste Rat, sich die tödlich giftigen Pilze gut einzuprägen. Sollten Sie bei der Bestimmung Zweifel haben, essen Sie den Pilz nicht.

In vielen Ländern benötigt man zum Pilzesammeln die Erlaubnis des Grundbesitzers, in manchen Gegenden auch eine offizielle Genehmigung. Viele Plätze sind für Unbefugte verboten und das Sammeln von Speisepilzen ist reguliert. In Schutzgebieten ist das Pilzesammeln oft beschränkt und in manchen Ländern ist es verboten, seltene und geschützte Arten zu sammeln.

OBEN **Denken Sie nicht einmal daran,** wilde Pilze zu sammeln oder zu essen, wenn Sie nicht bereits in Gesellschaft von Experten und unter dem Mikroskop mit vielen verschiedenen Arten zu tun hatten. Und lassen Sie selbst dann noch Vorsicht walten.

ERSTE SCHRITTE BEI DER PILZBESTIMMUNG

Entfernen Sie bei Blätterpilzen den gesamten Fruchtkörper. Schneiden Sie den Stiel nicht durch, sonst könnte ein giftiger Wulstling seine Volva verlieren und aussehen wie ein Champignon. Verwenden Sie einen flachen Korb oder einen unterteilten Behälter, um die Pilze nicht durcheinanderzuwerfen. Notieren Sie sich Lebensraum und Symbiosen. Betrachten Sie die Farben bei Tageslicht und achten Sie auf Farbänderungen, wenn die Fruchtkörper gedrückt oder angeschnitten werden. Notieren Sie Gerüche direkt. Eine Lupe offenbart Feinheiten. Bei vielen Pilzen ist ein Sporenabdruck sinnvoll. Nehmen Sie einen reifen Hut und legen Sie ihn mit der Unterseite auf eine Glasplatte. Stülpen Sie ein Trinkglas darüber, damit er nicht austrocknet, und lassen Sie ihn einige Stunden so liegen. Dann kann man die Sporenfarbe meist erkennen – falls der Pilz Sporen verbreitet (Baumpilze sind oft steril).

Nun sollten Sie über genügend Informationen verfügen, um einen Pilz anhand seiner makroskopischen Merkmale zu bestimmen. Vielleicht bestimmen Sie nicht seine Art, aber seiner Gattung sollten Sie den Pilz zuordnen können.

PILZ-LEITFADEN

Dieser Leitfaden zu den verschiedenen Pilzarten in diesem Buch ist kein Bestimmungsschlüssel, kann aber bei der Bestimmung oder zumindest bei der Zuordnung der geläufigeren Arten helfen. Dieser Band enthält nicht einmal ein Prozent aller bekannten Pilzarten – seien Sie sich also bewusst, dass Ihr gesuchter Pilz auf den folgenden Seiten vielleicht nicht auftaucht.

BLÄTTERPILZE

Fleischige Fruchtkörper; Hut mit oder ohne Stiel; Lamellen unter dem Hut (selten Poren) Arten mit Lamellen befinden sich in diesem Abschnitt. Aber auch manche Pfifferlinge (S. 476–483) haben lamellenartige Leisten oder Adern, und manche Baumpilze (S. 364–420) haben derbe oder holzige, lamellenähnliche Unterseiten.

WEISSE BIS BLASSE SPOREN, STIEL FEHLEND O. SEITLICH

Meistens auf Holz

Anthracophyllum (S. 62), Campanella (S. 73), Hohenbuehelia (S. 150), Lentinellus (S. 196), Omphalotus (S. 249, 250), Panellus (S. 255, 256), Phyllotopsis (S. 266), Pleurotus (S. 267–270), Rhodotus (S. 281), Schizophyllum (S. 297)

WEISSE BIS BLASSE SPOREN, STIEL MITTIG, RINGLOS, KLEIN

Hut mit bis zu 50 mm Durchmesser, Stiel ohne deutlichen Ring

Amparoina (S. 59), Asterophora (S. 65), Calocybe (S. 69–71), Camarophyllopsis (S. 72), Crinipellis (S. 116), Cyptotrama (S. 117), Cystolepiota (S. 121), Dendrocollybia (S. 122), Favolaschia (S. 133, 134), Filoboletus (S. 135), Gliophorus (S. 139), Heliocybe (S. 149), Humidicutis (S. 151, 152), Hygrocybe (S. 153–163), Laccaria (S. 180), Lactocollybia (S. 195), Lepiota (S. 200–205), Lichenomphalia (S. 216), Marasmius (S. 224–232), Micromphale (S. 237), Mycena (S. 238–247), Rickenella (S. 282, 283), Roridomyces (S. 285), Tetrapyrgos (S. 307), Xeromphalina (S. 322)

WEISSE BIS BLASSE SPOREN, STIEL MITTIG, RINGLOS, GROSS

Hut meist mit über 50 mm Durchmesser, Stiel ohne deutlichen Ring

Amanita (S. 42–58), Ampulloclitocybe (S. 60, 61), Calocybe (S. 69, 71), Clitocybe (S. 79–82), Flammulina (S. 136), Gymnopus (S. 144–146), Hygrocybe (S. 153–163), Hygrophoropsis (S. 164), Hygrophorus (S. 165–168), Hypsizygus (S. 170, 171), Infundibulicybe (S. 172), Laccaria (S. 179, 180), Lactarius (S. 182–194), Lentinula (S. 197), Lentinus (S. 198, 199), Lepiota (S. 200–205), Lepista (S. 206–208), Leucopaxillus (S. 215), Lyophyllum (S. 218, 219), Macrocybe (S. 220), Macrocystidia (S. 221), Melanoleuca (S. 233), Phylloporus (S. 265), Pseudoclitocybe (S. 277), Russula (S. 286–296), Squamanita (S. 298), Termitomyces (S. 306), Tricholoma (S. 308–316), Tricholomopsis (S. 317, 318), Xerula (S. 323)

WEISSE BIS BLASSE SPOREN, STIEL MITTIG, MIT RING

Stiel mit deutlichem Ring

Amanita (S. 42–58), Armillaria (S. 63), Catathelasma (S. 75), Chlorophyllum (S. 76, 77), Cystoderma (S. 119–120), Floccularia (S. 137), Lepiota (S. 200–205), Leucoagaricus (S. 211), Leucocoprinus (S. 212–214), Limacella (S. 217), Macrolepiota (S. 222, 223), Neolentinus (S. 248), Oudemansiella (S. 251), Tricholoma (S. 308–316)

ROSA BIS RÖTLICHE SPOREN, STIEL MITTIG

Clitopilus (S. 83), Entoloma (S. 123–132), Lepista (S. 206–208), Macrocystidia (S. 221), Melanophyllum (S. 234–235), Pluteus (S. 271–274), Rhodocollybia (S. 280), Volvariella (S. 320, 321)

BLÄTTERPILZE (FORTS.)

GRÜNE SPOREN, STIEL MITTIG

Chlorophyllum (S. 76, 77), *Melanophyllum* (S. 234, 235)

ROSTROTE BIS BRAUNE SPOREN, STIEL FEHLEND ODER SEITLICH

Meistens auf Holz

Crepidotus (S. 113–115), *Tapinella* (S. 304, 305)

ROSTROTE BIS BRAUNE SPOREN, STIEL MITTIG

Agrocybe (S. 40, 41), *Austropaxillus* (S. 66), *Bolbitius* (S. 68), *Conocybe* (S. 84–86), *Cortinarius* (S. 93–112), *Galerina* (S. 138), *Gymnopilus* (S. 142, 143), *Hebeloma* (S. 147–148), *Inocybe* (S. 173–177), *Kuehneromyces* (S. 178), *Panaeolina* (S. 252), *Paxillus* (S. 258), *Phaeocollybia* (S. 259), *Phaeolepiota* (S. 260), *Phaeomarasmius* (S. 261), *Pholiota* (S. 262–264), *Tubaria* (S. 319)

SCHOKOLADENBRAUNE BIS SCHWARZE SPOREN, STIEL MITTIG

Agaricus (S. 32–39), *Chroogomphus* (S. 78), *Coprinus* (S. 87–92), *Cystoagaricus* (S. 118), *Gomphidius* (S. 140, 141), *Hypholoma* (S. 169), *Lacrymaria* (S. 181), *Leratiomyces* (S. 209, 210, 517), *Panaeolus* (S. 253, 254), *Parasola* (S. 257), *Psathyrella* (S. 275, 276), *Psilocybe* (S. 278, 279), *Stropharia* (S. 299–303)

RÖHRENPILZE

Fleischige Fruchtkörper; Hut mit Stiel; schwammige Poren unter dem Hut Auch einige Baumpilze (z. B. *Amauroderma*, S. 368, und *Boletopsis*, S. 371) haben einen mittigen Stiel und Poren unter dem Hut. Einige, meist tropische, Blätterpilze (z B. *Favolaschia*, S. 133, 134, *Filoboletus*, S. 135) haben auch Poren.

Boletellus (S. 326, 327), *Boletus* (S. 328–342), *Chalciporus* (S. 343), *Gyroporus* (S. 344, 345), *Heimioporus* (S. 346), *Leccinum* (S. 347–350), *Pseudoboletus* (S. 351), *Pulveroboletus* (S. 352), *Strobilomyces* (S. 353), *Suillus* (S. 354–358), *Tylopilus* (S. 359–361)

BAUMPILZE

Harte bis fleischige Fruchtkörper; meist konsolenförmig mit Poren (selten Stacheln) Meist auf Holz oder Baumstämmen. Manche sind mehrjährig und hart, andere einjährig und weich. Die meisten haben Hüte, andere sind resupinat und krustenartig. Manche mit Hut und zentralem Stiel ähneln Röhrenpilzen (S. 324–361).

HUT HART, HOLZIG ODER LEDRIG, KEIN MITTIGER STIEL

Cryptoporus (S. 376), *Daedalea* (S. 377), *Daedaleopsis* (S. 378), *Datronia* (S. 379), *Echinodontium* (S. 380), *Fomes* (S. 383), *Fomitopsis* (S. 384–385), *Ganoderma* (S. 386–387), *Heterobasidion* (S. 392), *Hexagonia* (S. 393), *Ischnoderma* (S. 397), *Lenzites* (S. 399), *Phellinus* (S. 405), *Pseudoinonotus* (S. 414), *Pycnoporus* (S. 415), *Rigidoporus* (S. 416–417), *Trametes* (S. 419), *Trichaptum* (S. 420)

HUT HART, HOLZIG, ODER LEDRIG, STIEL MITTIG

Amauroderma (S. 368), *Coltricia* (S. 375), *Lignosus* (S. 400), *Microporus* (S. 402), *Polyporus* (S. 409–411)

HUT WEICH, FLEISCHIG ODER BIEGSAM, KEIN MITTIGER STIEL

Abortiporus (S. 364), *Aurantiporus* (S. 369), *Bjerkandera* (S. 370), *Bondarzewia* (S. 372), *Climacodon* (S. 374), *Favolus* (S. 381), *Fistulina* (S. 382), *Gloeophyllum* (S. 388), *Grifola* (S. 389), *Hapalopilus* (S. 390), *Hydnopolyporus* (S. 394), *Inonotus* (S. 395, 396), *Laetiporus* (S. 398), *Meripilus* (S. 401), *Phaeolus* (S. 404), *Piptoporus* (S. 406, 407), *Plicaturopsis* (S. 408), *Polyporus* (S. 409–411), *Postia* (S. 412, 413)

HUT WEICH, FLEISCHIG ODER BIEGSAM, STIEL MITTIG

Albatrellus (S. 365–367), *Boletopsis* (S. 71), *Onnia* (S. 403), *Polyporus* (S. 409–411)

OHNE HUT UND STIEL, WIE EIN BELAG

Ceriporia (S. 373), *Datronia* (S. 379), *Henningsomyces* (S. 391), *Inonotus* (S. 395, 396), *Schizopora* (S. 418)

RINDENPILZE

Verschiedene Formen; Oberfläche glatt, aderig oder stachelig Die meisten bilden Krusten auf Holz. Manche sind konsolenförmig, unterhalb glatt (siehe auch *Auricularia*, S. 443–445). Einige sind fächer-, kelch- oder rosettenförmig. Blattflechten (z. B. *Parmelia*, S. 636) sehen ähnlich aus.

KEIN HUT, WIE EINE KRUSTE ODER EIN BELAG

Aleurodiscus (S. 421), *Coniophora* (S. 423), *Cytidia* (S. 425), *Hymenochaete* (S. 427), *Phlebia* (S. 429), *Sarcodontia* (S. 434), *Serpula* (S. 435), *Terana* (S. 440)

MIT HUT, KONSOLENFÖRMIG

Chondrostereum (S. 422), *Dictyonema* (S. 426), *Merulius* (S. 428), *Serpula* (S. 435), *Stereum* (S. 437–439), *Thelephora* (S. 441, 442)

MIT HUT, FÄCHER- ODER ROSETTENFÖRMIG

Cymatoderma (S. 424), *Podoscypha* (S. 430, 431), *Podoserpula* (S. 432), *Sparassis* (S. 436), *Thelephora* (S. 505)

GALLERTPILZE

Gallert- oder gummiartige Fruchtkörper, verschiedene Formen Auch einige Becherpilze (z. B. *Ascocoryne*, S. 552, und *Bulgaria*, S. 554) sind gallertartig. Arten mit verzweigten Fruchtkörpern ähneln den Keulen- und Korallenpilzen (S. 484–505)

Auricularia (S. 443–445), Calocera (S. 446, 447), Dacrymyces (S. 448), Dacryopinax (S. 449), Exidia (S. 450, 451), Guepinia (S. 452), Pseudohydnum (S. 453), Sebacina (S. 454), Syzygospora (S. 456), Tremella (S. 457–460), Tremellodendron (S. 461)

STACHEL- UND STOPPELPILZE

Fruchtkörper haben Stacheln oder Stoppeln statt Röhren oder Lamellen Am Boden wachsende Fruchtkörper haben Stiel und Hut, mit Stacheln an der Unterseite. Auf Holz wachsende Fruchtkörper sind büschelig mit herabhängenden Stacheln oder konsolenförmig mit Stacheln statt Röhren (siehe auch *Climacodon*, S. 374, und *Echinodontium*, S. 380). Falls gallertig, siehe *Pseudohydnum* (S. 453)

AM BODEN

Bankera (S. 465), Hydnellum (S. 469, 470), Hydnum (S. 471), Phellodon (S. 474), Sarcodon (S. 475)

AUF HOLZ ODER ZAPFEN

Auriscalpium (S. 464), Deflexula (S. 466), Hericium (S. 467, 468), Mucronella (S. 472, 473)

PFIFFERLINGE

Fruchtkörper oft trichter- oder trompetenförmig, mit glatter oder aderiger Unterseite

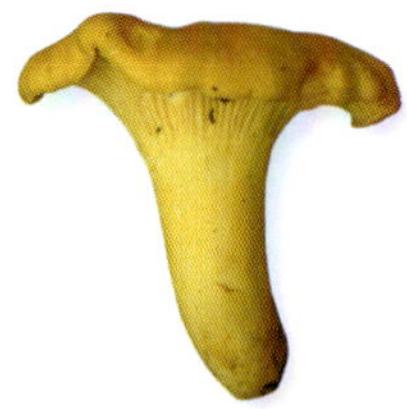

Cantharellus (S. 476–479), Craterellus (S. 480, 481), Gomphus (S. 482, 483)

KEULEN UND KORALLEN

Fruchtkörper keulen- oder spindelförmig, verzweigt oder unverzweigt Einige Gallertpilze (z. B. *Calocera*, S. 446, 447, *Tremellodendron*, S. 461) haben ähnliche, aber gallertartige Fruchtkörper. Auch einige nicht verwandte Kernpilze (z. B. *Cordyceps*, S. 611, *Podostroma*, S. 622) sind keulenförmig.

VERZWEIGT

Artomyces (S. 485), Clavaria (S. 486–490), Clavulina (S. 492), Clavulinopsis (S. 493, 494), Lachnocladium (S. 495), Pterula (S. 498), Ramaria (S. 499–503), Ramariopsis (S. 504), Thelephora (S. 441, 442, 505)

UNVERZWEIGT

Alloclavaria (S. 484), Clavaria (S. 486–490), Clavariadelphus (S. 491), Clavulinopsis (S. 493, 494), Macrotyphula (S. 496), Physalacria (S. 497)

STÄUBLINGE, BOVISTE UND ERDSTERNE

Kugelige Fruchtkörper; mit oder ohne Stiel oder sternförmige Lappen Einige bauchige Arten mit Stiel können wie alte, ungeöffnete Blätterpilze aussehen. Manche stiellose Arten ähneln Trüffeln (S. 603–609).

STIEL

Battarrea (S. 509), Calostoma (S. 511), Chlorophyllum (S. 513), Gallacea (S. 514), Leratiomyces (S. 517), Longula (S. 518), Lycoperdon (S. 519–521), Macowanites (S. 522), Montagnea (S. 523), Podaxis (S. 526), Tulostoma (S. 530), Weraroa (S. 531)

KEIN STIEL, STERNFÖRMIG

Astraeus (S. 508), Geastrum (S. 515, 516), Myriostoma (S. 524)

KEIN STIEL, KEINE STERNFÖRMIGEN LAPPEN

Bovista (S. 510), Calvatia (S. 512), Pisolithus (S. 525), Rhizopogon (S. 527), Scleroderma (S. 528), Stephanospora (S. 529)

NESTLINGSVERWANDTE

Becher- oder sternförmige Fruchtkörper mit „Eiern" im Inneren

Cyathus (S. 532, 533), Nidula (S. 534), Sphaerobolus (S. 535)

STINKMORCHELVERWANDTE

Fruchtkörper entwachsen einem „Hexenei"; schleimige, stinkende Sporenmasse Reste des eiförmigen Behälters verbleiben an der Stielbasis. *Battarrea* (S. 509) wächst auch aus einem „Ei", aber die Sporenmasse ist trocken und pulverig.

ZYLINDRISCH

Mutinus (S. 542, 543), Phallus (S. 544, 545), Staheliomyces (S. 547)

STERNFORM ODER GITTER

Aseroe (S. 536), Clathrus (S. 537, 538), Ileodictyon (S. 539), Lysurus (S. 540, 541), Pseudocolus (S. 546)

BECHERPILZE

Scheiben- oder becherförmige Fruchtkörper, manchmal mit Stiel Im Alter oder bei dichtem Wuchs sind die Fruchtkörper oft deformiert. Einige Flechten (z. B. *Teloschistes*, S. 638) und Lorcheln (*Helvella*, S. 595–598) bilden auch scheiben- oder kelchförmige Fruchtkörper, ebenso einige nicht verwandte Pilze (wie *Merismodes*, S. 236) und mehrere Rindenpilze (wie *Cymatoderma*, S. 424). Keulenförmige Fruchtkörper gibt es auch bei den Kernpilzen (S. 610–626) und den Bauchpilzen (S. 508–531).

BECHERFÖRMIG
Stiel fehlend

Aleuria (S. 550, 551), Ascocoryne (S. 552), Bulgaria (S. 554), Caloscypha (S. 555), Disciotis (S. 562), Galiella (S. 564), Geopora (S. 565), Humaria (S. 567), Neobulgaria (S. 577), Peziza (S. 579–583), Phillipsia (S. 584), Sarcoscypha (S. 586), Sarcosoma (S. 587), Sarcosphaera (S. 588), Tarzetta (S. 591)

KELCHFÖRMIG
Stiel

Aleuria (S. 550, 551), Caloscypha (S. 555), Chlorociboria (S. 557), Cookeina (S. 559), Dumontinia (S. 563), Lachnellula (S. 568), Lachnum (S. 569), Lanzia (S. 570), Microstoma (S. 575), Otidea (S. 578), Peziza (S. 579–583), Tarzetta (S. 591), Urnula (S. 593)

SCHEIBENFÖRMIG, MIT ODER OHNE STIEL

Ascocoryne (S. 552), Bisporella (S. 553), Bulgaria (S. 554), Catinella (S. 556), Disciotis (S. 562), Lachnellula (S. 568), Lachnum (S. 569), Neobulgaria (S. 577), Peziza (S. 579–583), Phillipsia (S. 584), Rhizina (S. 585), Sarcoscypha (S. 586), Scutellinia (S. 589)

GOLFBALLFÖRMIG
Büschelig auf Südbuchen wachsend

Cyttaria (S. 560, 561)

KEULENFÖRMIG
Mit bauchigem oder kugelförmigem Kopf und langem Stiel

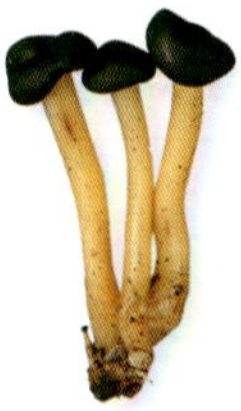

Chlorovibrissea (S. 558), Leotia (S. 571, 572), Microglossum (S. 573, 574), Mitrula (S. 576)

MORCHELN

Gelappter oder wabenartiger Kopf mit Stiel

Gyromitra (S. 594), Helvella (S. 595–598), Mitrophora (S. 599), Morchella (S. 600, 601), Verpa (S. 602)

TRÜFFELN

Kugelige oder knollige Fruchtkörper, ganz oder teilweise in der Erde Falsche Trüffeln, z. B. *Rhizopogon* (S. 527) und *Stephanospora* (S. 529), sehen sehr ähnlich aus.

Elaphomyces (S. 603), Hydnotrya (S. 604), Paurocotylis (S. 605), Terfezia (S. 606), Tuber (S. 607–609)

KERNPILZE

Verschiedene Fruchtkörperformen; oft hart; oft mit pusteliger Oberfläche Viele der „Fruchtkörper" der Kernpilze sind eigentlich sterile Stromata, in denen sich die Fruchtkörper befinden. Unter der Lupe sehen sie wie Pusteln oder Pünktchen aus. Einige Arten ähneln den Keulen- und Korallenpilzen. (S. 484–505).

KEULEN- ODER SCHEIBENFÖRMIG
Kopf wie Kugel oder Scheibe; Stiel

Claviceps (S. 610), Elaphocordyceps (S. 613, 614), Onygena (S. 620), Poronia (S. 623)

KUGELIG ODER KISSENFÖRMIG
Kurzer oder kein Stiel; auf Holz

Daldinia (S. 612), Hypocreopsis (S. 615), Hypoxylon (S. 618), Nectria (S. 619)

KEULIG ODER KORALLIG
Verzweigt oder unverzweigt

Cordyceps (S. 611), Ophiocordyceps (S. 621), Podostroma (S. 622), Xylaria (S. 624–626)

ALS PARASIT AUF PILZEN
Bedeckt Fruchtkörper ganz oder teils mit warzigem Belag

Hypomyces (S. 616, 617)

FLECHTEN

Strauchige, verzweigte, fadenartige oder krustenbildende Pilze; auch auf Fels; oft grau, grünlich oder gelblich Ihre „Fruchtkörper" sind Thalli, ein Mix aus Hyphen und den Zellen der vergesellschafteten Algen oder Cyanobacterien. Aus manchen Thalli wachsen kleine Fruchtkörper.

STRAUCH- ODER FADENARTIG
Fein verzweigt oder herabhängende Strähnen

Bryoria (S. 627), Cladonia (S. 628–630), Evernia (S. 633), Letharia (S. 634), Teloschistes (S. 638), Usnea (S. 640)

GELAPPT ODER BLATTARTIG
Flache Lappen oder Blätter, aber nicht konsolenförmig

Collema (S. 631), Erioderma (S. 632), Lobaria (S. 635), Parmelia (S. 636), Peltigera (S. 637), Umbilicaria (S. 639), Xanthoria (S. 641)

GRÖSSEN

Die Maße der Pilze in den Beschreibungen sind nur ungefähre Angaben, da die Fruchtkörper oft sehr unterschiedlich groß ausfallen können. Die Zeichnungen bieten eine alternative Ansicht oder zeigen, wie sich ein junger Pilz von einem reifen Exemplar unterscheiden kann.

DIE PILZE

BLÄTTERPILZE

Wenn Sie an Pilze denken, haben Sie wahrscheinlich sofort den Fruchtkörper eines Blätterpilzes vor Augen – mit Hut, Lamellen und Stiel. Im 18. Jahrhundert wurden alle Pilze mit dieser Form der Gattung der Champignons (*Agaricus*, Egerlinge) zugeordnet. Im normalen Sprachgebrauch unterschied man jedoch nur zwischen essbaren Pilzen (von denen es sehr wenige gibt) und ungenießbaren oder giftigen Pilzen (von denen es sehr viele gibt).

Blätterpilze, auch Lamellenpilze genannt, sind keine wissenschaftliche Kategorie, sondern ein grober Überbegriff für lamellentragende Pilze. Die meisten Blätterpilze finden sich in der Ordnung *Agaricales* (Champignonartige).

Nicht alle Pilze, die den Fruchtkörper eines Blätterpilzes bilden, sind eng verwandt. Manche, wie etwa die Art *Lentinus* (siehe Seiten 198–199), sind eigentlich Baumpilze mit Lamellen. Andere, wie etwa die Art *Phylloporus* (siehe Seiten 265–296), sind Röhrenpilze mit Lamellen. Anscheinend ist die Form aus Hut, Lamellen und Stiel für die Sporenverbreitung so erfolgreich, dass sie sich in der Evolution so oft durchgesetzt hat.

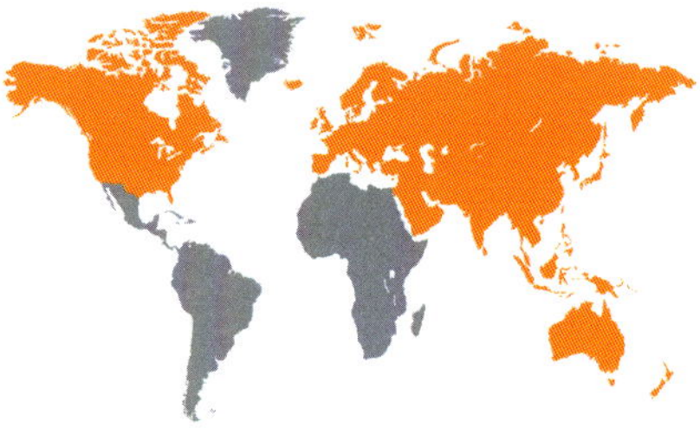

FAMILIE	Agaricaceae
VERBREITUNG	Nordamerika, Europa, Asien, Australien, Neuseeland
LEBENSRAUM	Auf nährstoffreichen Wiesen und Weiden, seltener im Wald
SYMBIOSE	Mit Gräsern
WUCHSFORM	Am Boden, einzeln oder truppweise und in Ringen
VORKOMMEN	Häufig
SPORENFARBE	Schokoladenbraun
GENIESSBARKEIT	Essbar

GRÖSSE
Bis zu 120 mm

HUTDURCHMESSER
Bis zu 150 mm

AGARICUS ARVENSIS

WEISSER ANIS-CHAMPIGNON

SCHAEFFER

Der Weiße Anis-Champignon ist einer der größten Champignons, häufig auf alten Weideflächen zu finden. Der frische Pilz riecht süßlich nach Anis oder Mandeln, Hut und Stiel gilben auf Druck. In Großbritannien galt er als widerstandsfähiger als der kleinere Wiesen-Champignon (*Agaricus campestris*) und als nicht eindeutig genießbar (vielleicht wird er deswegen auch als „Schaf-Champignon" oder im Englischen als „horse mushroom" bezeichnet, was sich aber auch auf seine Größe oder sein Vorkommen in Ställen beziehen kann). Er ist jedoch durchaus genießbar und wurde in jüngster Zeit kommerziell angebaut und als meist teurer „exotischer" Pilz vermarktet.

ÄHNLICHE ARTEN

Agaricus macrocarpus ähnelt ihm stark, kann jedoch etwas größer ausfallen und wächst meist in Wäldern. *Agaricus urinascens* wird noch größer und riecht im Alter oft nach Ammoniak. Beide sind essbar. Der giftige *A. xanthodermus* hat einen schmalen Stiel mit knolliger Basis, die sich im Schnitt sofort kräftig gelb verfärbt und einen chemischen, tintenartigen Geruch verströmt.

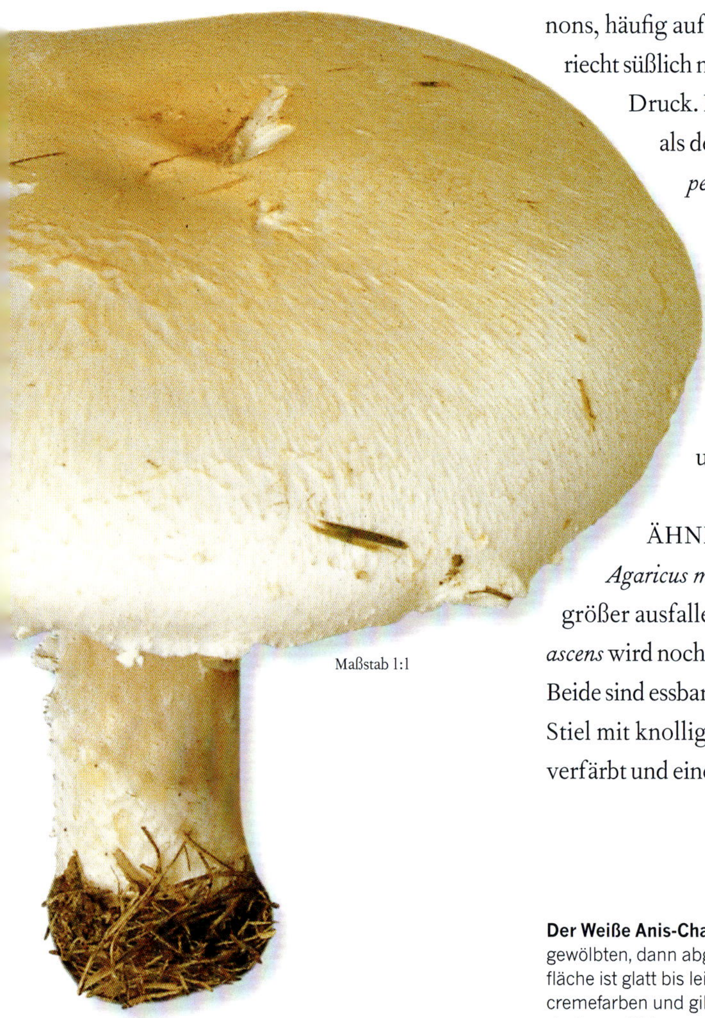

Maßstab 1:1

Der Weiße Anis-Champignon hat einen zuerst gewölbten, dann abgeflachten Hut. Die Oberfläche ist glatt bis leicht schuppig, weiß bis cremefarben und gilbt auf Druck. Die Lamellen sind zuerst blass graurosa, dann schokoladenbraun. Der Stiel ist weiß bis cremefarben, glatt, mit einem großen, herabhängenden Ring, der auf der Unterseite eine zahnradartige Markierung aufweist.

FAMILIE	Agaricaceae
VERBREITUNG	Nordamerika, Europa, Asien, Neuseeland
LEBENSRAUM	Auf Wiesen, an Wegrändern, bei Küsten oder Streusalzflächen
SYMBIOSE	Mit Gräsern
WUCHSFORM	Am Boden, einzeln oder truppweise
VORKOMMEN	Selten
SPORENFARBE	Schokoladenbraun
GENIESSBARKEIT	Essbar

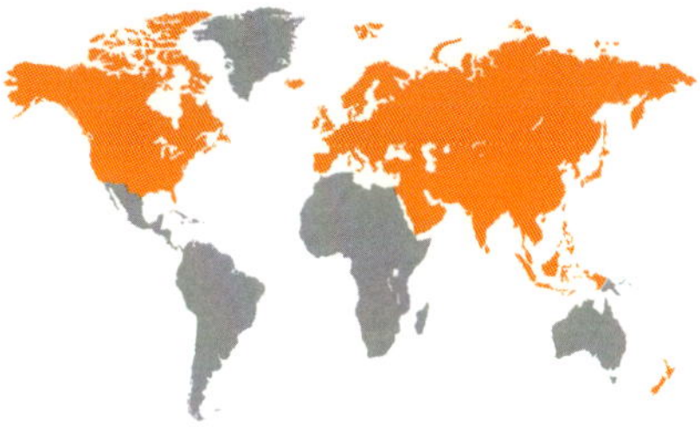

GRÖSSE
Bis zu 120 mm

HUTDURCHMESSER
Bis zu 200 mm

AGARICUS BERNARDII

SALZWIESEN-CHAMPIGNON

QUÉLET

Agaricus bernardii ist ein spezialisierter, halophiler (salzliebender) Pilz, der an Meeresküsten und auf Salzwiesen wächst. Man findet ihn dort noch, manchmal in Ringen, aber er verbreitet sich vermehrt auch im Landesinneren entlang von Straßen, auf denen im Winter Salz gestreut wird. Die großen Fruchtkörper werden oft rissig, vor allem wenn sie an ungeschützten Plätzen an der Straße wachsen, und entwickeln einen unangenehmen, aber passenden, fischigen oder salzigen Geruch. Der Salzwiesen-Champignon ist essbar, wenn auch nicht sehr begehrt.

ÄHNLICHE ARTEN

Agaricus bitorquis ist eng verwandt und sehr ähnlich, hat aber meist einen doppelten Ring, keine lappige Volva an der Basis und riecht auch nicht fischig. Er mag dichten Boden und wächst oft auf Straßen zwischen Pflastersteinen hervor und generell im Stadtgebiet. Auch er ist essbar.

Der Salzwiesen-Champignon ist gedrungen und seine Fruchtkörper sind typischerweise breiter als hoch. Der Hut ist zuerst kugelig, glatt und weiß. Im Alter entstehen oft Risse und die Oberfläche bricht in schmutzig graue Schuppen auf. Die Lamellen sind rosa, dann schokobraun. Der stämmige Stiel hat einen aufsteigenden Ring und oft eine lappige Volva an der Basis. Im Schnitt verfärbt er sich stellenweise rötlich braun (siehe Bild unten).

Maßstab 1:1

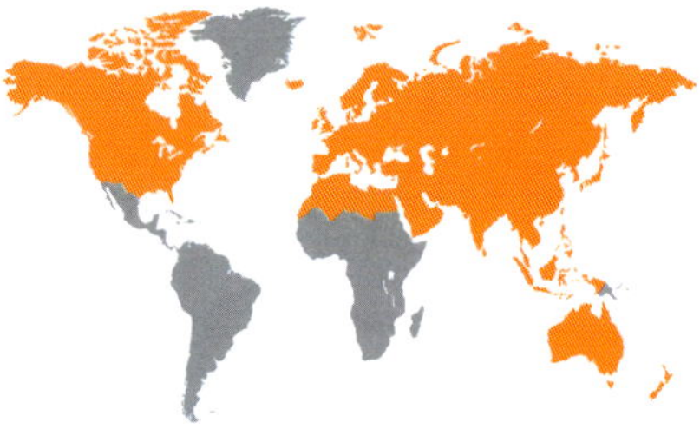

FAMILIE	Agaricaceae
VERBREITUNG	Nordamerika, Europa, Nordafrika, Asien; in Australien und Neuseeland vermutlich eingeschleppt
LEBENSRAUM	In Parks, in Gärten, an Wegrändern
SYMBIOSE	In nährstoffreicher Erde und Kompost, gelegentlich mit Nadelbäumen
WUCHSFORM	Am Boden, einzeln oder truppweise
VORKOMMEN	Häufig
SPORENFARBE	Schokoladenbraun
GENIESSBARKEIT	Essbar

GRÖSSE
Bis zu 80 mm

HUTDURCHMESSER
Bis zu 120 mm

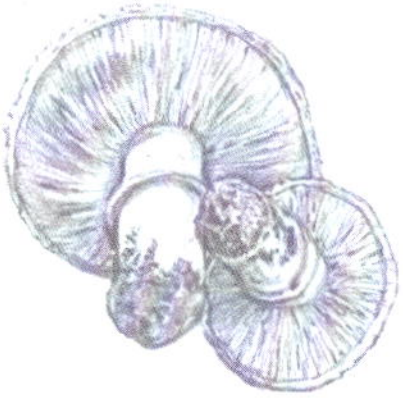

AGARICUS BISPORUS

KULTUR-CHAMPIGNON

IMBACH

Maßstab 1:1

Agaricus bisporus wurde erstmals im 17. Jahrhundert in Frankreich kultiviert. Seitdem wurde die Pilzzucht zu einer weltweiten Industrie, die über 1,5 Millionen Tonnen Pilze pro Jahr anbaut. In der Natur ist die Art meist braun und schuppig; für die Zucht wurde eine seltenere cremefarbene Variante bevorzugt, bis man in den 1920er-Jahren eine weiße Variante entdeckte, die seitdem den Markt dominiert. Die braunen Pilze werden heute unter den modernen Handelsnamen „Portobello" oder „Crimini" verkauft. *Agaricus bisporus* enthält Protein, Vitamine und Mineralien, aber auch Spuren des bekannten Karzinogens Agaritin. Der Risikofaktor ist jedoch gering und vergleichbar mit jenem von Erdnussbutter oder Wein.

ÄHNLICHE ARTEN

Unter dem Mikroskop ist *Agaricus bisporus* durch seine zweisporigen (statt viersporigen) Basidien einfach zu bestimmen – daher die Bezeichnung *bisporus*. Ansonsten ähnelt er *A. subfloccosus*, der einen faserigen, statt schuppigen, braunen Hut hat, sowie *A. bitorquis*, der einen doppelten Ring hat. Beide sind essbar und ihr Fleisch färbt im Schnitt rosa.

Der Kultur-Champignon ist ein bekannter Pilz, doch die wildwachsenden Varianten haben meist braune Hüte, zum Rand hin heller, mit flachen, fedrigen Schuppen (seltener cremefarben und glatt). Die Lamellen sind zuerst rosig, dann schokoladenbraun. Der Stiel ist weiß und glatt, mit einem breiten, aber nicht großen Ring, der leicht herabhängen kann. Das Fleisch wird im Schnitt stellenweise rosig (siehe Bild rechts).

FAMILIE	Agaricaceae
VERBREITUNG	Nordamerika, Europa, Nordafrika, Asien, Australien, Neuseeland
LEBENSRAUM	Auf Wiesen, Weiden und Rasen
SYMBIOSE	Mit Gräsern, besonders auf gedüngtem Boden
WUCHSFORM	Am Boden, truppweise oder in Ringen
VORKOMMEN	Häufig
SPORENFARBE	Schokoladenbraun
GENIESSBARKEIT	Essbar

GRÖSSE
Bis zu 80 mm

HUTDURCHMESSER
Bis zu 100 mm

AGARICUS CAMPESTRIS

WIESEN-CHAMPIGNON

LINNAEUS

Der Wiesen-Champignon oder Ackerling gehört zu den wenigen Arten, die in mykophoben Ländern wie Großbritannien und Irland gesammelt wurden – dort, wo die meisten Blätterpilze als giftig abgetan werden. Trotz seines charakteristischen pilzigen Geruchs ist er nicht gerade ein einfach zu bestimmender essbarer Pilz. Er wächst meist auf Weiden, wo er große Ringe bilden kann und in einem guten Pilzjahr zahlreiche Fruchtkörper hervorbringt. Man findet ihn auch auf Wiesen, in Parks und auf unberührtem kurzem Gras. Früher wurde er häufig gesammelt und am Markt verkauft, aber heute sind die meisten „Wiesen-Champignons" nur Kultur-Champignons mit ausgebreiteten Hüten.

Maßstab 1:1

ÄHNLICHE ARTEN

Der Weiße Anis-Champignon (*Agaricus arvensis*) wächst auch auf Weiden, ist jedoch meist größer und hat einen großen, herabhängenden Ring. Der giftige *Entoloma sinuatum* hat rosa Sporen, keinen Ring und riecht mehlig. Der tödliche *Amanita phalloides* hat weiße Sporen, eine sackartige Volva an der Basis und verströmt einen widerwärtigen süßlichen Geruch.

Der Wiesen-Champignon hat einen halbkugeligen Hut (siehe Bild rechts), der flacher wird, wenn er sich ausbreitet. Die Oberfläche ist glatt, weiß bis grauweiß, alt manchmal gelblich. Die Lamellen sind rosa, werden rötlich braun und schließlich schokobraun. Der Stiel ist glatt mit einem kleinen, schmalen Ring, der oft verschwindet. Das Fleisch ist weiß und verändert nur selten seine Farbe.

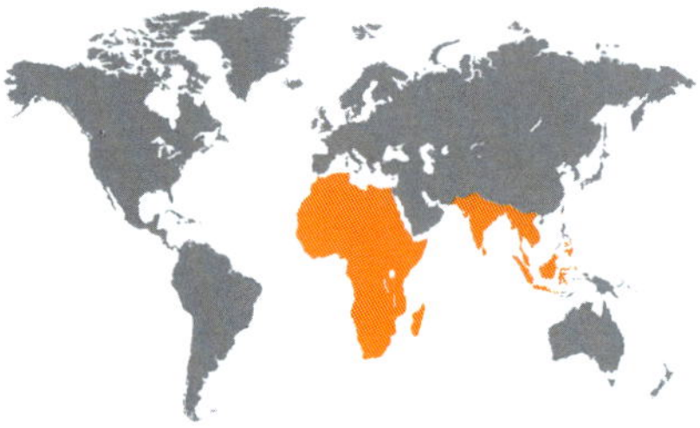

FAMILIE	Agaricaceae
VERBREITUNG	Afrika, Südasien
LEBENSRAUM	In Parks, in Gärten, an Wegrändern und in Wäldern
SYMBIOSE	In nährstoffreicher Erde, auf Kompost und Laubstreu
WUCHSFORM	Am Boden
VORKOMMEN	Selten
SPORENFARBE	Schokoladenbraun
GENIESSBARKEIT	Ungenießbar

GRÖSSE
Bis zu 75 mm

HUTDURCHMESSER
Bis zu 50 mm

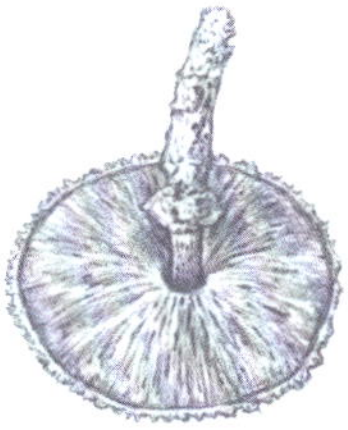

AGARICUS CROCOPEPLUS

BERKELEY & BROOME

Maßstab 1:1

Berkeley und Broome, die diesen Pilz erstmals 1871 aus Sri Lanka dokumentierten, nannten ihn eine „prächtige Art" – trotz seiner geringen Größe. Der lateinische Beiname *croco-peplus* bedeutet „in ein krokusgelbes Gewand gehüllt", was seinen leuchtenden, zottigen Hut gut beschreibt. Die Art ist in Südasien weitverbreitet und wurde auch in Afrika dokumentiert. In China wird der Name *Agaricus crocopeplus* („Golden Fleece Mushroom") im Handel seltsamerweise für den braunen Portobello-Kulturchampignon (*A. bisporus*) verwendet, der völlig anders aussieht.

ÄHNLICHE ARTEN

Der Tropenpilz *Cystoagaricus trisulphuratus* hat eine ähnliche Farbe und leuchtende orangegelbe Schuppen. Die Unterschiede zu *Agaricus crocopeplus* sind vor allem mikroskopischer Natur. Auch einige tropische *Amanita*-Arten sehen ähnlich aus, aber sie haben weißen Lamellen und Sporen.

Agaricus crocopeplus hat einen kegeligen Hut, der flach wird. Die Oberfläche ist mit aufgerichteten, weichen Schuppen bedeckt, die über den Rand hängen. Sie sind erst krokusgelb und werden mit dem Alter gelbbraun. Die Lamellen sind von einem blassen rosigen Braun und werden schokoladenbraun. Der Stamm ist hutfarben und weich beschuppt, mit einem deutlichen Ring.

FAMILIE	Agaricaceae
VERBREITUNG	Nordamerika, Europa, Nordafrika, Asien, Australien
LEBENSRAUM	In Wäldern
SYMBIOSE	Mit Laub- und Nadelbäumen
WUCHSFORM	Am Boden, truppweise oder in Ringen
VORKOMMEN	Häufig
SPORENFARBE	Schokoladenbraun
GENIESSBARKEIT	Essbar

GRÖSSE
Bis zu 150 mm

HUTDURCHMESSER
Bis zu 150 mm

AGARICUS SILVATICUS

WALD-CHAMPIGNON

SCHAEFFER

Der Wald-Champignon, auch Kleiner Blut-Champignon genannt, gehört zu einer Gruppe langstieliger Waldpilze, die sich im Schnitt oder auf Druck kräftig rot verfärben. Exemplare mit besonders starker Reaktion nannte man früher *Agaricus haemorrhoidarius*. Trotz der Farbänderung ist er ein essbarer Pilz mit einem nussigen oder pilzigen Geruch. In Werbetexten für Naturheilmittel wird *A. silvaticus* oft mit *A. subrufescens* verwechselt. Ein Unternehmen behauptete sogar, dass der „Königliche Agaricus-Pilz (*Agaricus sylvaticus*) ... erstmals 1991 von einem japanisch-brasilianischen Bauern entdeckt wurde“, obwohl der bescheiden benannte Wald-Champignon bereits 1762 von einem deutschen Naturkundler beschrieben worden war.

ÄHNLICHE ARTEN

Agaricus langei ist ein sehr ähnlicher, rötender Waldpilz, den man unter dem Mikroskop anhand seiner größeren Sporen unterscheiden kann. *Agaricus benesii* rötet auch, hat aber einen stämmigeren, fahlen bis weißlichen Hut. Der Mandel-Champignon (*A. subrufescens*) sieht auf den ersten Blick ähnlich aus, rötet aber nicht und riecht nach Mandeln.

Maßstab 1:1

Der Wald-Champignon ist als junger Pilz keulenförmig, aber der Hut breitet sich aus und wird leicht konvex, braun bis rotbraun, und mit feinen, fedrigen Schuppen bedeckt. Die Lamellen sind hell graurosa und werden schokoladenbraun. Der Stiel ist lang und glatt, mit einem großen, schmalen, herabhängenden Ring. Das weiße Fleisch verfärbt sich im Schnitt rasch fuchsien- bis blutrot (siehe Bild rechts).

FAMILIE	Agaricaceae
VERBREITUNG	Nordamerika, Mittel- und Südamerika; in Europa vermutlich eingeschleppt; in Asien kultiviert
LEBENSRAUM	In Parks, in Gärten, an Wegrändern und in Wäldern
SYMBIOSE	In nährstoffreicher Erde, auf Kompost und Laubstreu
WUCHSFORM	Am Boden, meist büschelig oder truppweise
VORKOMMEN	Selten
SPORENFARBE	Schokoladenbraun
GENIESSBARKEIT	Essbar

GRÖSSE
Bis zu 150 mm

HUTDURCHMESSER
Bis zu 180 mm

AGARICUS SUBRUFESCENS

MANDEL-CHAMPIGNON

PECK

Der Mandel-Champignon (benannt nach seinem Duft) ist am amerikanischen Kontinent zu Hause und wurde früher im Osten der USA kultiviert, bis er durch *Agaricus bisporus* ersetzt wurde. In Brasilien, wo er fälschlicherweise als *A. blazei* und *A. silvaticus* bestimmt wurde, erlangte er lokales Ansehen, da er angeblich das Immunsystem anregt. In den 1970er-Jahren brachte man Kulturen nach Japan, wo die Art dann kultiviert und weltweit – getrocknet und als Extrakt – als Naturheilmittel vermarktet wurde. Der Mandel-Champignon wurde auch *A. brasiliensis* genannt, was jedoch ein unnötiger (und unrechtmäßiger) Name ist.

ÄHNLICHE ARTEN

Der weitverbreitete und essbare *Agaricus augustus* ähnelt ihm und riecht auch nach Mandeln, doch alle Teile gilben auf Druck. Der giftige Karbol-Champignon (*A. xanthodermus*) gilbt an der Basis im Schnitt viel heller und kräftiger. Außerdem fehlen ihm die rötlich braunen Farbtöne und der süße Geruch von *A. subrufescens*.

Maßstab 1:1

Der Mandel-Champignon hat einen halbkugeligen Hut, der auch ausgebreitet leicht gerundet bleibt. Die Oberfläche ist braun bis rotbraun und dicht mit kleinen, faserigen Schuppen bedeckt. Die Lamellen sind hellrosa-bräunlich und werden schokoladenbraun. Der Stiel ist glatt, mit einem oft gerissenen oder flüchtigen Ring. Das Fleisch an der Basis gilbt im Schnitt.

FAMILIE	Agaricaceae
VERBREITUNG	Nordamerika, Europa, Nordafrika, Asien, Australien
LEBENSRAUM	In Wäldern, Parks und Gärten
SYMBIOSE	Mit Laub- und Nadelbäumen
WUCHSFORM	Am Boden, truppweise oder in Ringen
VORKOMMEN	Häufig
SPORENFARBE	Schokoladenbraun
GENIESSBARKEIT	Giftig

GRÖSSE
Bis zu 150 mm

HUTDURCHMESSER
Bis zu 150 mm

AGARICUS XANTHODERMUS

KARBOL-CHAMPIGNON

GENEVIER

Der Karbol-Champignon, auch Gift-Champignon genannt, gehört zu einer Gruppe von Pilzen, die Magen-Darm-Beschwerden verursacht, auch wenn manche behaupten, sie ohne Probleme verzehren zu können. Sein weißes oder cremefarbenes Aussehen und der lange, vergleichsweise schmale Stiel mit knolliger Basis machen ihn auf den ersten Blick erkennbar. Charakteristisch ist, dass die Basis im Schnitt sofort kräftig gilbt. Der gesamte Fruchtkörper hat einen tintigen Geruch, der sich verstärkt (und abstoßend ist), falls man den Pilz versehentlich kocht. Phenolmetaboliten (mit der Karbolsäure verwandte Verbindungen) sind für den Geruch und die Giftigkeit des Pilzes verantwortlich.

ÄHNLICHE ARTEN

Agaricus moelleri ist ein eng verwandter Pilz, hat aber einen fein geschuppten, graubraunen Hut. Auch er färbt sich gelb und ist giftig. Der essbare *A. subrufescens* hat einen eher rötlich braunen Hut, riecht angenehm und gilbt an der Basis nur leicht im Schnitt.

Maßstab 1:1

Der Karbol-Champignon ist ein langstieliger Pilz mit einem weißen bis cremefarbenen Hut, manchmal mit grauen oder bräunlichen Flecken. Die Lamellen sind rosig grau und verfärben sich zu einem dunklen Schokobraun. Der Stiel ist lang, glatt, weiß bis cremefarben, mit einem schmalen, herabhängenden Ring. Die Basis ist meist knollig und im Schnitt chromgelb (siehe Bild rechts).

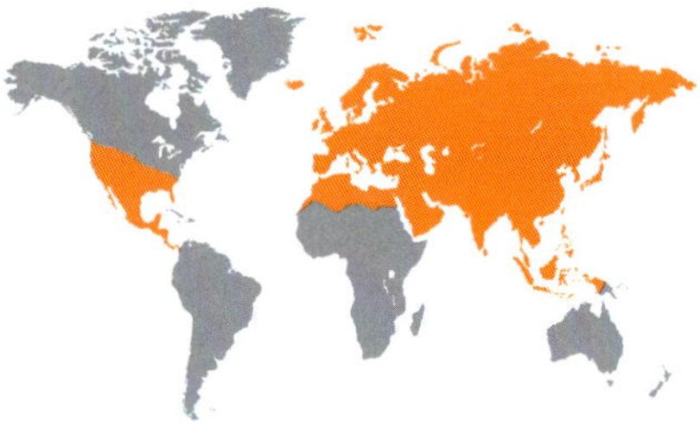

FAMILIE	Strophariaceae
VERBREITUNG	Im Süden Nordamerikas, in Europa, Nordafrika, Mittelamerika, Asien
LEBENSRAUM	In Wäldern und Hecken
SYMBIOSE	Mit Laubbäumen, vor allem Pappeln
WUCHSFORM	Büschelig auf alten Baumstämmen und -stümpfen
VORKOMMEN	Selten
SPORENFARBE	Braun
GENIESSBARKEIT	Essbar

GRÖSSE
Bis zu 150 mm

HUTDURCHMESSER
Bis zu 125 mm

AGROCYBE CYLINDRACEA

SÜDLICHER ACKERLING

(DE CANDOLLE) MAIRE

Der Südliche Ackerling oder Südliche Schüppling kommt am häufigsten in den wärmeren nördlichen gemäßigten Zonen vor und bildet Gruppen von Fruchtkörpern auf verschiedenen Laubbäumen, darunter Ulmen, Holunder, Weiden und Pappeln. Der Pilz (noch oft unter seinem Synonym *Agrocybe aegerita* zu finden) ist essbar und wird schon lange in Italien semi-kultiviert, wo er *pioppino* heißt. Die Fruchtkörper enthalten mehr der würzigen Verbindungen, die dem Mononatriumglutamat ähneln, als der Steinpilz (*Boletus edulis*). Der Südliche Ackerling wird in China, Thailand und anderen Ländern kommerziell angebaut. Die frischen und getrockneten Fruchtkörper werden exportiert und sind auch für den Heimanbau erhältlich.

ÄHNLICHE ARTEN

Verwandte *Agrocybe*-Arten wachsen truppweise auf Gras, Erde oder Holzmulch. Die meisten anderen großen Blätterpilze, die büschelig auf Holz wachsen, sind entweder weißsporig (und oft ringlos), wie *Hypsizygus marmoreus* und *Pleurotus*-Arten, oder haben rostfarbene Sporen (und oft rostbraune Hüte oder Schuppen), wie die Gattung *Pholiota*.

Der Südliche Ackerling bildet Büschel aus Fruchtkörpern. Die Hüte sind konvex, ausgebreitet flacher, glatt oder runzelig, braun bis zimtfarben-gelbbraun, werden elfenbein- oder cremefarben, mit feinen Rissen. Die Lamellen sind gelbbraun und werden braun. Der Stiel ist glatt, weißlich, zum Stiel hin ocker bis rostbraun, mit einem häutigen Ring. Das Fleisch ist weiß, an der Basis bräunlich.

Maßstab 1:1

FAMILIE	Strophariaceae
VERBREITUNG	Im Westen Nordamerikas, in Europa
LEBENSRAUM	In Parks, in Gärten und an Wegrändern
SYMBIOSE	Auf Holzmulch
WUCHSFORM	Am Boden, büschelig oder truppweise
VORKOMMEN	Lokal häufig
SPORENFARBE	Braun
GENIESSBARKEIT	Ungenießbar

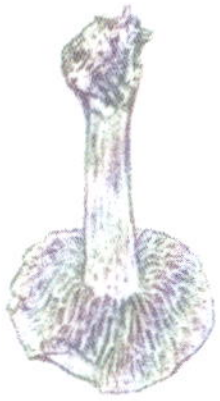

GRÖSSE
Bis zu 80 mm

HUTDURCHMESSER
Bis zu 100 mm

AGROCYBE PUTAMINUM

FALBER ACKERLING

(MAIRE) SINGER

Der Pilz *Agrocybe putaminum* breitet sich rasch aus, dank der Sitte, Ziersträucher mit Holzmulch zu umstreuen. Er wurde erstmals 1913 aus Frankreich dokumentiert, wo er in Gartenerde wuchs, die mit Pflaumenkernen bedeckt war. In den folgenden 70 Jahren tauchte er kaum auf, bis man ihn 1985 in Dänemark auf Holzmulch fand. Von da an wurde der ehemals seltene *A. putaminum* ein häufig gesehener Pilz. Er breitete sich in ganz Europa aus, immer auf Mulch, und besiedelte erst jüngst Kalifornien. Der Falbe Ackerling erscheint oft in großen Trupps und nützt die reichhaltige, ergiebige Nährstoffquelle voll aus.

ÄHNLICHE ARTEN

Zwei weitere *Agrocybe*-Arten wachsen oft auf Mulch. *Agrocybe rivulosa* ist auch einer der neuen Holzmulch-Bewohner und hat einen runzeligen, kegeligen Hut. *Agrocybe praecox* ist eine bekanntere Frühlings- oder Frühsommerart, häufig auch in Gras zu finden. Beide unterscheiden sich vom Falben Ackerling durch ihre deutlich ausgeprägten Ringe.

Maßstab 1:1

Der Falbe Ackerling ist ein ziemlich großer, fleischiger Blätterpilz. Der Hut ist halbkugelig und wird leicht konvex. Er ist glatt, matt und hell gelbbraun. Die Lamellen sind lehmbraun. Der Stiel ist glatt, oberhalb gerieft, hutfarben und leicht knollig an der Basis, die aus weißen, wurzeligen Rhizomorphen hervorwächst.

FAMILIE	Amanitaceae
VERBREITUNG	Neuseeland
LEBENSRAUM	In Wäldern
SYMBIOSE	Ektomykorrhiza mit Südbuchen
WUCHSFORM	Am Boden, einzeln oder in kleinen Trupps
VORKOMMEN	Häufig
SPORENFARBE	Weiß
GENIESSBARKEIT	Giftig

GRÖSSE
Bis zu 100 mm

HUTDURCHMESSER
Bis zu 100 mm

AMANITA AUSTRALIS

G. STEVENSON

Maßstab 1:1

Bei dieser Art bezieht sich *australis* („südlich") auf Neuseeland, denn *Amanita australis* („Far South Amanita") ist eine neuseeländische Besonderheit, die eine Ektomykorrhiza-Symbiose mit den heimischen Südbuchen bildet. Die kegeligen oder pyramidenförmigen Warzen am Hut sind die Überreste des Universalvelums, das den ganzen jungen Fruchtkörper umschließt. Wächst der Pilz, zerreißt diese Hülle und bleibt in Form von schuppigen Rückständen auf der knolligen Basis und am Hut zurück. Diese Schuppen oder Warzen sind leicht zu entfernen und können durch starken Regen abgewaschen werden, was die Bestimmung erschwert.

ÄHNLICHE ARTEN

Lage und Vorkommen sind ein Erkennungsmerkmal von *Amanita australis*. Seine Knolle und Farben ähneln jenen des europäischen Gelben Knollenblätterpilzes (*Amanita citrina*), doch Letzterer weist flache (nicht warzige) Velumreste auf seinem Hut auf. Der nordamerikanische *A. abrupta* hat kegelige Warzen auf dem Hut, aber Hut und Warzen sind weißlich.

Amanita australis hat einen konvexen Hut, der flach wird. Die gelbbraune bis ockerfarbene Oberfläche ist mit graubraunen, abwischbaren, kegeligen Warzen bedeckt. Die Lamellen sind weiß. Der weiße, hohle Stamm hat einen häutigen, gerieften Ring und ist glatt oder darunter etwas schorfig. Die Basis wird abrupt knollig, mit einem Saum aus graubraunen Velumresten.

FAMILIE	Amanitaceae
VERBREITUNG	Südeuropa, Nordafrika, Westasien
LEBENSRAUM	In Wäldern
SYMBIOSE	Ektomykorrhiza, vor allem mit Eichen oder Kiefern
WUCHSFORM	Am Boden
VORKOMMEN	Selten
SPORENFARBE	Weiß
GENIESSBARKEIT	Essbar

GRÖSSE
Bis zu 150 mm

HUTDURCHMESSER
Bis zu 150 mm

AMANITA CAESAREA

KAISERLING

(SCOPOLI) PERSOON

Der Kaiserling oder Kaiserpilz ist ein berühmter, essbarer Pilz, der in Südeuropa und im Mittelmeerraum wächst. Dort wird er meist in der Natur gesammelt und am Markt verkauft. Man sagt, dass er bei den römischen Kaisern sehr beliebt war, die ihn als *boleti* kannten – ein Name, der heute für eine ganz andere Pilzgruppe verwendet wird. Man sagt, dass Kaiser Claudius starb, als er ein Gericht aus Kaiserlingen aß, das seine Frau Agrippina mit Grünen Knollenblätterpilzen (*Amanita phalloides*)versetzt hatte. Das soll eine Warnung sein, denn einige *Amanita*-Arten sind tödlich giftig und *A. caesarea* hat auf der ganzen Welt viele Doppelgänger.

ÄHNLICHE ARTEN

Anderswo gibt es ähnliche Arten, die meisten davon gehören zur verwandten Gruppe der „schlanken Kaiserlinge". Der amerikanische *Amanita jacksonii* ist einer von mehreren dieser Arten am amerikanischen Kontinent. *Amanita caesareoides* aus Japan und Fernost ist eng verwandt, wie auch *A. hemibapha* aus Sri Lanka und Indien.

Maßstab 1:1

Der Kaiserling hat jung einen leuchtend orangeroten Hut, der im Alter an Farbe verliert. Der ausgebreitete Hut ist glatt (manchmal mit weißen Velumflocken), feucht leicht klebrig und am Rand gerieft. Die Lamellen sind gelb. Der Stiel ist gelb, mit einem herabhängenden, gelben Ring (siehe Bild links). Die große, sackartige Volva an der Basis ist weiß.

FAMILIE	Amanitaceae
VERBREITUNG	Im Westen Nordamerikas, in Mittelamerika
LEBENSRAUM	In Wäldern
SYMBIOSE	Ektomykorrhiza mit Tannen, Südeichen und Erdbeerbäumen
WUCHSFORM	Am Boden
VORKOMMEN	Lokal häufig
SPORENFARBE	Weiß
GENIESSBARKEIT	Essbar

GRÖSSE
Bis zu 100 mm

HUTDURCHMESSER
Bis zu 200 mm

AMANITA CALYPTRODERMA

G. F. ATKINSON & V. G. BALLEN

Dieser große Pilz kommt entlang der Pazifikküste Nordamerikas häufig vor. Einer der ersten wissenschaftlichen Sammler merkte an, dass der Pilz von Menschen mit italienischer Abstammung verzehrt wurde, da er an den europäischen Kaiserling erinnerte. Gut also, dass *Amanita calyptroderma* („Coccora") ein essbarer Wulstling ist und kein tödlich giftiger. „Coccora" (Kokon) ist ein italienischer Name für *Amanita caesarea*, der mittlerweile von amerikanischen Pilzsuchern übernommen wurde. Der pazifische „Coccora" wurde auch schon *A. calyptrata* und *A. lanei* genannt, aber *A. calyptroderma* ist der älteste und richtige Name.

ÄHNLICHE ARTEN

Ähnliche, hellere Fruchtkörper wachsen im Westen Nordamerikas im Frühling. Es ist jedoch noch unklar, ob es sich dabei um *Amanita calyptroderma* oder eine andere Art handelt. Der echte „Coccora", der Kaiserling (*A. caesarea*), ist ein europäischer Pilz aus dem Mittelmeerraum, mit einem leuchtend orangen Hut und gelben Lamellen.

Amanita calyptroderma ist komplett in ein eher dickes, weißes, kokonartiges Velum gehüllt. Im ausgebreiteten Zustand bleiben dessen Reste als große, unregelmäßige Flocken auf der Oberseite des Huts zurück. Der Hut ist glatt und orange- bis goldbraun oder, bei der Frühlingsvariante (siehe Bild), blass gelblich. Die Lamellen sind weiß und der Stiel ist weiß bis blass gelblich, mit einem häutigen Ring und einer großen, sackartigen Volva an der Basis.

Maßstab 1:1

FAMILIE	Amanitaceae
VERBREITUNG	Europa, Westasien
LEBENSRAUM	In Wäldern
SYMBIOSE	Ektomykorrhiza mit Buchen, Eichen und Hainbuchen
WUCHSFORM	Am Boden
VORKOMMEN	Selten
SPORENFARBE	Weiß
GENIESSBARKEIT	Ungenießbar

GRÖSSE
Bis zu 200 mm

HUTDURCHMESSER
Bis zu 120 mm

AMANITA CECILIAE

RIESEN-SCHEIDENSTREIFLING

(BERKELEY & BROOME) BAS

Der Riesen-Scheidenstreifling gehört zu einer Gruppe von *Amanita*-Arten, die keinen Ring am Stiel tragen. Er ist ein großer Blätterpilz mit einem gezackten Muster am Stiel, das der Haut von Nattern ähnelt. Ursprünglich wurde er 1854 aus England dokumentiert und nach M. J. Berkeleys Frau Cecilia benannt, die viele Illustrationen zu Berkeleys Pilzen machte. Zuerst nannte man die Art oft *A. inaurata* oder *A. strangulata* und man dachte, sie sei in Amerika verbreitet. Jüngste Forschung lässt jedoch vermuten, dass die amerikanischen Exemplare zu einer eng verwandten, aber noch unbenannten Art gehören.

ÄHNLICHE ARTEN

Eine ähnlich aussehende, aber dunklere Art in Mittel- und Südamerika wurde früher *Amanita ceciliae* zugeordnet, mittlerweile aber *A. sororcula* genannt. Verwandte Arten in Nordamerika müssen noch genauer erforscht werden. In Europa hat *A. submembranacea* eine ähnliche Farbe, aber eine charakteristische graue, sackartige Volva. *Amanita beckeri* hat eine ähnliche Form, aber Hut und Stiel sind braun.

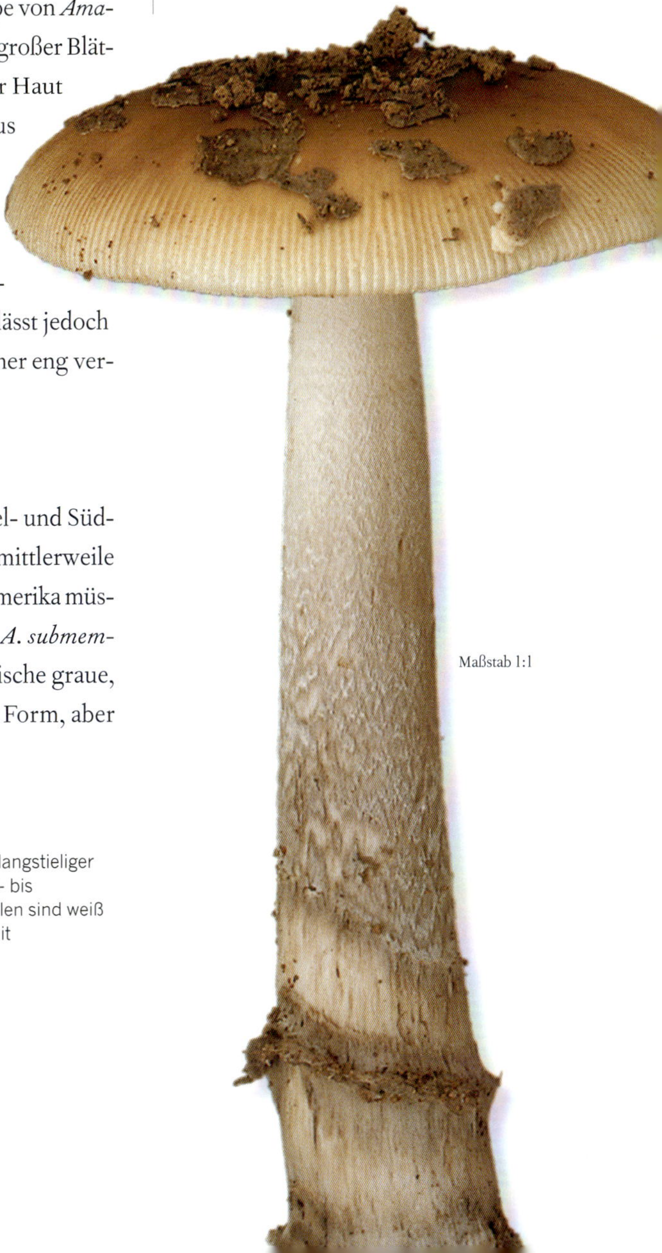

Maßstab 1:1

Der Riesen-Scheidenstreifling ist ein vergleichsweise robuster, langstieliger Pilz. Der Hut ist glatt, zum Rand hin gerieft und schmutzig blass- bis gelbbraun, mit puderigen, graubraunen Velumresten. Die Lamellen sind weiß und werden gräulich. Der Stiel ist grau, auffällig genattert und mit graubraunen, wattigen Furchen und Bändern an der Basis.

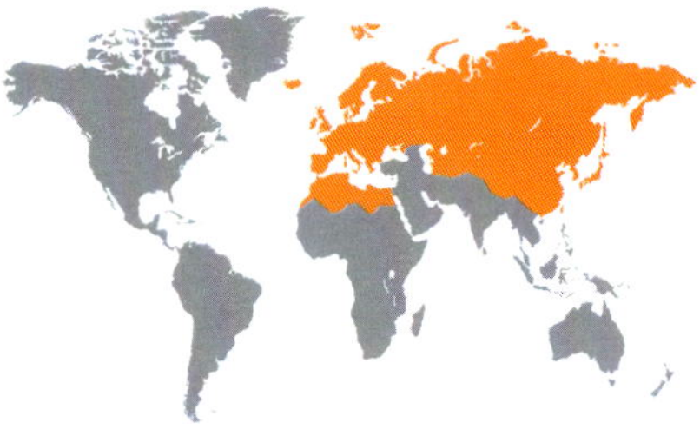

FAMILIE	Amanitaceae
VERBREITUNG	Europa, Nordafrika, Nordasien
LEBENSRAUM	In Wäldern
SYMBIOSE	Ektomykorrhiza mit Laub- und Nadelbäumen
WUCHSFORM	Am Boden, einzeln oder in kleinen Trupps
VORKOMMEN	Häufig
SPORENFARBE	Weiß
GENIESSBARKEIT	Ungenießbar

GRÖSSE
Bis zu 150 mm

HUTDURCHMESSER
Bis zu 100 mm

AMANITA CITRINA

GELBER KNOLLENBLÄTTERPILZ

(SCHAEFFER) PERSOON

Amanita citrina ist eine häufige Art und bildet Symbiosen mit vielen verschiedenen Bäumen. Man erkennt ihn allgemein an seiner abrupt knolligen Basis und an seinem starken Geruch nach rohen Kartoffeln im Schnitt oder auf Druck. Es existieren zwei anerkannte Varietäten, eine mit einem weißen, die andere mit einem blassgelben Hut. Der nordamerikanische Blätterpilz *A. citrina* weist oft lila Farbtöne auf und könnte eine eigene Art sein. Der Gelbe Knollenblätterpilz ist nicht giftig, wird jedoch praktisch nie gegessen. Sein Geruch ist widerwärtig und eine Verwechslung mit dem Grünen Knollenblätterpilz wäre fatal.

ÄHNLICHE ARTEN

Der Grüne Knollenblätterpilz (*Amanita phalloides*) ist meist gelblich olivgrün, gelegentlich auch blasser oder weißlich, mit einer sackartigen Volva an der Basis ohne große Knolle. Er riecht auch nicht nach rohen Kartoffeln. *Amanita gemmata* kann eine ähnliche Färbung aufweisen, aber auch ihm fehlen der Geruch und die knollige Basis. Beide sind giftig.

Maßstab 1:1

Der Gelbe Knollenblätterpilz hat einen zuerst konvexen Hut (siehe Bild rechts), der später flacher wird. Die Oberfläche ist glatt, zitronengelb (oder manchmal weiß) und meist mit einigen braunen Velumresten. Die Lamellen sind weiß. Der weiße bis gelbliche Stiel hat einen gut erkennbaren Ring. Die Basis hat eine große Knolle mit unauffälligen Volvaresten am Rand.

FAMILIE	Amanitaceae
VERBREITUNG	Europa, Westasien
LEBENSRAUM	In Wäldern
SYMBIOSE	Ektomykorrhiza mit Nadel- und Laubbäumen, vor allem Birken
WUCHSFORM	Am Boden, einzeln oder in kleinen Trupps
VORKOMMEN	Selten
SPORENFARBE	Weiß
GENIESSBARKEIT	Essbar (wenn gekocht)

GRÖSSE
Bis zu 225 mm)

HUTDURCHMESSER
Bis zu 100 mm

AMANITA CROCEA

ORANGEGELBER STREIFLING

(QUÉLET) SINGER

Amanita crocea ist einer der ansehnlichsten ringlosen Wulstlinge. Bis vor Kurzem dachte man, dass er in Nord- und Mittelamerika sowie in Europa vorkommt, aber der amerikanische *Amanita crocea* ist eine eng verwandte (noch unbenannte), ähnliche Art. Der Orangegelbe Streifling soll essbar sein und wird in Russland und Osteuropa verzehrt, aber diese Wulstlingsgruppe ist ein wenig verdächtig und kann zu Verdauungsbeschwerden führen – selbst in gekochtem Zustand.

ÄHNLICHE ARTEN

Ähnliche Arten aus Nord- und Mittelamerika müssen noch offiziell benannt werden. Andere ringlose Wulstlinge haben eine ähnliche Form, aber andere Farben. Der europäische Rotbraune Streifling (*A. fulva*) hat einen rotbraunen Hut. Der orangehütige Kaiserling (*A. caesarea*) hat einen herabhängenden Ring.

Maßstab 1:1

Der Orangegelbe Streifling hat einen kegeligen bis konvexen Hut (siehe Bild rechts), der gebuckelt wird. Die Oberfläche ist glatt, blass orange, mit einem gerieften Rand. Die Lamellen sind weiß. Der ringlose Stiel ist weißlich, aber fein blassorange genattert. Die große, sackartige Volva an der Basis ist außen weiß und innen blassorange.

FAMILIE	Amanitaceae
VERBREITUNG	Im Osten Nordamerikas, in Mittelamerika
LEBENSRAUM	In Wäldern
SYMBIOSE	Ektomykorrhiza mit Laubbäumen, vor allem Eichen
WUCHSFORM	Am Boden, einzeln oder in kleinen Trupps
VORKOMMEN	Häufig
SPORENFARBE	Weiß
GENIESSBARKEIT	Giftig

GRÖSSE
Bis zu 200 mm

HUTDURCHMESSER
Bis zu 250 mm

AMANITA DAUCIPES

(BERKELEY & MONTAGNE) LLOYD

Viele *Amanita*-Arten haben eine knollige Basis, aber *Amanita daucipes* („Carrot Amanita") übertrifft sie alle. Seine Knolle ist nicht nur über der Erde groß, sondern wurzelt in der Erde wie eine Karotte. Das lateinische *daucipes* bedeutet „Karottenfuß" und der wurzelartige Stiel kann sich auf Druck orangerot verfärben. Leider ist der *A. daucipes* ungenießbar und vielleicht giftig, wie auch verwandte *Amanita*-Arten. Er verströmt auch einen starken, abstoßenden Geruch, der widerwärtig süß oder „wie alter Schinken" sein soll.

ÄHNLICHE ARTEN

Charakteristisch ist der knollige, wurzelnde Stiel. *Amanita atkinsoniana* kommt im selben Gebiet vor und hat eine große, teilweise wurzelnde Knolle, aber Knolle und Hut sind typischerweise mit Kreisen aus kleinen, rotbraunen Warzen bedeckt. Der weit verbreitete Perlpilz (*A. rubescens*) kann ähnlich gefärbt sein, hat meist jedoch weniger körnige Schuppen am Hut und keine karottenartige Basis.

Maßstab 1:1

Amanita daucipes hat einen halbkugeligen Hut, der konvex bis flach wird. Die Oberfläche ist weiß bis blassrosa oder gelbbraun und mit kleinen, körnigen Velumresten bedeckt. Die Lamellen sind weiß. Der weiße Stiel ist geschuppt, mit einem auffälligen Ring. An der Basis befindet sich eine große, bauchige, wurzelnde Knolle, etwa 150 mm lang, die sich auf Druck orange bis rosig rot verfärbt.

FAMILIE	Amanitaceae
VERBREITUNG	Nordamerika, Europa, Nordafrika, Nordasien; nach Südafrika eingeschleppt
LEBENSRAUM	In Wäldern
SYMBIOSE	Ektomykorrhiza mit Laubbäumen
WUCHSFORM	Am Boden, einzeln oder in kleinen Trupps
VORKOMMEN	Häufig
SPORENFARBE	Weiß
GENIESSBARKEIT	Giftig

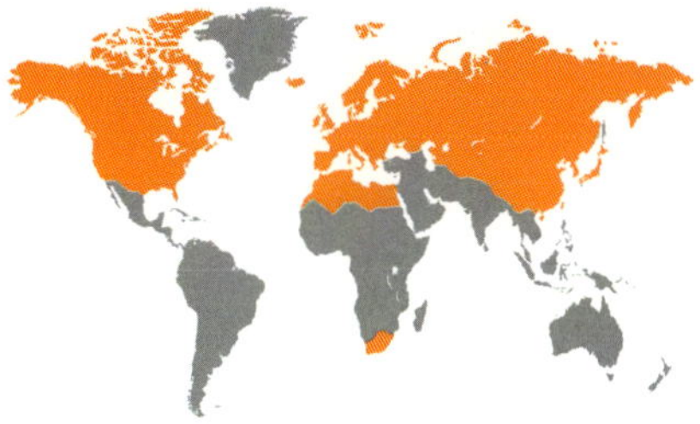

GRÖSSE
Bis zu 150 mm

HUTDURCHMESSER
Bis zu 150 mm

AMANITA EXCELSA VAR. SPISSA

GRAUER WULSTLING

(FRIES) NEVILLE & POUMARAT

Der Graue Wulstling ist eine häufige Art, aber sein genauer Name und Status sind oft umstritten. Die Varietät *spissa* ist größer und stämmiger als der schlanke und seltenere *Amanita excelsa*. Möglicherweise gehören die amerikanischen Exemplare auch zu einer oder mehreren noch unbenannten, ähnlich aussehenden Arten. Sein Trivialname stammt von den grauen Velumresten am Hut, die leicht ablösbar sind und von starkem Regen manchmal abgewaschen werden. Die Art gilt als ungenießbar und soll Amatoxine enthalten (Gifte, die auch im Grünen Knollenblätterpilz enthalten sind). Daher meidet man die Pilze besser.

ÄHNLICHE ARTEN

Der seltenere Pantherpilz (*Amanita pantherina*) hat einen braunen Hut mit weißen Velumresten und eine knollige Basis mit einem ausgeprägten oberen Rand. Der sehr häufige Perlpilz (*A. rubescens*) hat einen rosig braunen Hut mit weißlich grauen Velumresten. Sein Fleisch ist im Schnitt oder auf Druck langsam rötend.

Maßstab 1:1

Der Graue Wulstling hat zuerst einen halbkugeligen Hut, der dann flach wird. Die Oberfläche ist glatt, graubraun und mit unregelmäßigen Flocken aus grauen Velumresten bedeckt. Die Lamellen sind weiß. Der weiße Stiel hat einen auffälligen Ring (siehe Bild rechts), oberhalb gerieft und unterhalb mit körnigen Velumresten gegürtelt. Die Basis ist knollig, ohne ausgeprägten Rand.

FAMILIE	Amanitaceae
VERBREITUNG	Im Osten Nordamerikas, Mittelamerika
LEBENSRAUM	In Wäldern
SYMBIOSE	Ektomykorrhiza mit Nadel- und Laubbäumen
WUCHSFORM	Am Boden, einzeln oder truppweise
VORKOMMEN	Häufig
SPORENFARBE	Weiß
GENIESSBARKEIT	Vermutlich giftig, lieber meiden

GRÖSSE
Bis zu 125 mm

HUTDURCHMESSER
Bis zu 100 mm

AMANITA FLAVOCONIA

G. F. ATKINSON

Der leuchtende *Amanita flavoconia* („Yellow Dust Amanita") soll eine der häufigsten *Amanita*-Arten im Osten Nordamerikas sein und bildet Mykorrhizen mit vielen verschiedenen Bäumen. Trotz seiner fröhlichen Farbe (die an den Kaiserling, *A. caesarea*, erinnert) ist er wahrscheinlich giftig – was bis dato noch nicht eindeutig bestimmt wurde. Daher meidet man ihn am besten. Die warzig-schorfigen Velumreste verbleiben am Hut und werden vom Regen leicht abgewaschen und verschwinden schnell, sodass der Hut glatt wird.

ÄHNLICHE ARTEN

Der seltene *Amanita frostiana* kommt in denselben Gegenden vor und sieht nahezu identisch aus, hat jedoch einen gerieften Hutrand. Die orangegelben Formen des Fliegenpilzes (*A. muscaria*) sind typischerweise robuster, mit festsitzenderen Warzen auf dem Hut. Der essbare *A. jacksonii* aus Amerika hat gelbe Lamellen und eine sackartige Volva an der Basis.

Maßstab 1:1

Amanita flavoconia hat einen anfangs kegeligen Hut, der später flach wird. Die Oberfläche ist hellrot bis orange, wird orangegelb, und ist zumindest jung mit Flocken aus warzigen, gelben Velumresten bedeckt. Die Lamellen sind weiß, mit gelbem Farbstich. Der Stiel ist glatt bis leicht schorfig, weiß bis leuchtend gelb, mit einer knolligen Basis mit gelben Velumresten.

FAMILIE	Amanitaceae
VERBREITUNG	Europa, Nordafrika, Westasien
LEBENSRAUM	In Wäldern
SYMBIOSE	Ektomykorrhiza mit Nadel- und Laubbäumen, vor allem Birken
WUCHSFORM	Am Boden, einzeln oder in kleinen Trupps
VORKOMMEN	Häufig
SPORENFARBE	Weiß
GENIESSBARKEIT	Essbar (wenn gekocht)

GRÖSSE
Bis zu 150 mm

HUTDURCHMESSER
Bis zu 100 mm

AMANITA FULVA

ROTBRAUNER STREIFLING

(SCHAEFFER) FRIES

Der Rotbraune Streifling gehört zu einer Gruppe schlanker *Amanita*-Arten (manchmal als eigene Untergattung *Amanitopsis* geführt), die eine auffällige, sackartige Volva an der Basis haben, aber keinen Ring. Bis vor Kurzem galt *A. fulva* als weltweit vorkommende Art, aber sie scheint sich auf Europa und die angrenzenden Gebiete zu beschränken. Ähnlich aussehende Arten gibt es in Amerika, Ostasien und Afrika. Die Fruchtkörper von *A. fulva* gelten als essbar, auch wenn Streiflinge manchmal Magenbeschwerden verursachen. Sie enthalten hämolytische Toxine, die zu Blutarmut führen können, aber beim Kochen normalerweise zerstört werden.

ÄHNLICHE ARTEN

Die meisten ähnlichen amerikanischen Arten sind noch nicht offiziell benannt, aber der dunkelbraune *Amanita fuligineodisca* wurde aus Mittelamerika und Kolumbien dokumentiert. *Amanita orientifulva* ist eine ähnlich aussehende Art aus China und Japan. Viele weitere Arten haben ähnliche Formen, aber unterschiedliche Farben. In Europa hat der Graue Streifling (*A. vaginata*) einen grauen Hut und auch der Orangegelbe Streifling (*A. crocea*) entspricht seinem Namen.

Maßstab 1:1

Der Rotbraune Streifling hat einen zuerst kegeligen bis konvexen Hut (siehe Bild rechts), der gebuckelt wird. Die Oberfläche ist glatt, orangebraun bis rotbraun, mit gerieftem Rand. Die Lamellen sind weiß. Der weiße Stiel hat keinen Ring, aber eine große, sackartige Volva an der Basis, die weiß ist und rostbraune Flecken aufweist.

FAMILIE	Amanitaceae
VERBREITUNG	Im Osten Nordamerikas, in Mittelamerika
LEBENSRAUM	In Wäldern
SYMBIOSE	Ektomykorrhiza mit Eichen und Kiefern
WUCHSFORM	Am Boden
VORKOMMEN	Selten
SPORENFARBE	Weiß
GENIESSBARKEIT	Essbar

GRÖSSE
Bis zu 150 mm

HUTDURCHMESSER
Bis zu 120 mm

AMANITA JACKSONII

POMERLEAU

Maßstab 1:1

Amanita jacksonii („American Slender Caesar") wurde zuerst aus Quebec dokumentiert und ist im ganzen Osten Nordamerikas bis südwärts nach Mexiko bekannt. Früher oft zu *A. hemibapha* gezählt gilt er nun als eng verwandte, aber eigene Art. Davor hielt man ihn auch für die amerikanische Varietät des Kaiserlings (*A. caesarea*), doch *A. jacksonii* ist ein viel schlankerer Blätterpilz mit leuchtenderen Farben, besonders als Jungpilz. Man nannte ihn auch schon die Schönheitskönigin der *Amanita*-Art und das nicht ohne Grund. Wie sein europäisches Gegenstück gilt auch er als schmackhafter Pilz.

ÄHNLICHE ARTEN

Anderswo gibt es sehr ähnliche Arten. Der erste *Amanita hemibapha* wurde aus Sri Lanka dokumentiert und ist auch in Indien bekannt. *A. caesareoides* aus Japan und Fernost ist mit dem *A. jacksonii* eng verwandt und wurde früher ebenfalls *A. hemibapha* genannt. Der echte Kaiserling (*A. caesarea*) ist ein stämmigerer Pilz aus dem Mittelmeerraum.

Amanita jacksonii hat jung einen glänzenden roten Hut, der dann vom Rand nach innen erst orange und dann gelb wird. Der ausgebreitete Hut ist glatt, am Rand gerieft und oft gebuckelt. Die Lamellen sind zuerst orangegelb, dann gelb. Der Stiel ist gelb und orangerot genattert, mit einem hängenden, orangen Ring. Die große sackartige Volva an der Basis ist weiß.

FAMILIE	Amanitaceae
VERBREITUNG	Nordamerika, Europa, Nordafrika, Mittelamerika, Nordasien; in Australien, Neuseeland, Südafrika und Südamerika eingeschleppt
LEBENSRAUM	In Wäldern
SYMBIOSE	Ektomykorrhiza mit Nadel- und Laubbäumen, vor allem Birken
WUCHSFORM	Am Boden, einzeln oder truppweise
VORKOMMEN	Sehr häufig
SPORENFARBE	Weiß
GENIESSBARKEIT	Giftig (halluzinogen)

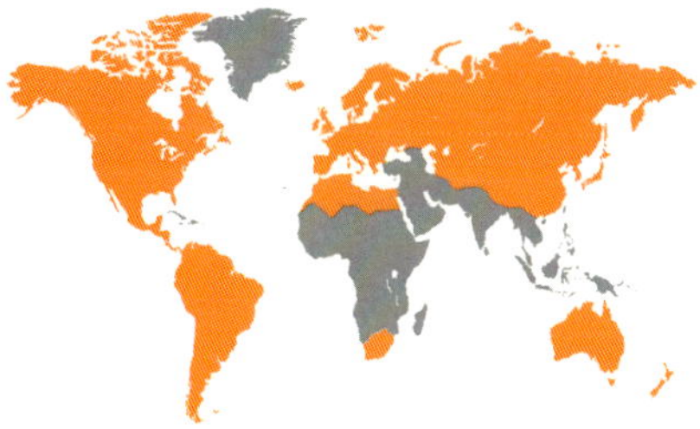

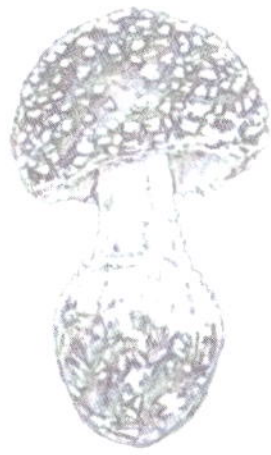

GRÖSSE
Bis zu 200 mm

HUTDURCHMESSER
Bis zu 300 mm

AMANITA MUSCARIA

FLIEGENPILZ

(LINNAEUS) LAMARCK

Der Fliegenpilz ist oft in Märchenbüchern zu sehen und hat schon lange einen zweifelhaften Ruf. Einst galt er als höchst giftig und nur zum Töten von Fliegen geeignet – daher seine deutschen und lateinischen Namen (*musca*: „Fliege"). Muscarin – ein bekanntes Pilzgift – wurde zwar erstmals aus dem Fliegenpilz isoliert, ist in den Fruchtkörpern jedoch nur in sehr geringen Mengen vorhanden. Seine aktiven Gifte sind Muscimol und Ibotensäure, die auch halluzinogen wirken. Früher wurde der Fliegenpilz in Lappland und Sibirien in schamanischen Ritualen verwendet und soll zur Legende vom Weihnachtsmann geführt haben, einschließlich fliegender Rentiere und rotweiß gewandeter Figuren.

ÄHNLICHE ARTEN

Die nord- und mittelamerikanischen Exemplare mit gelben Velumresten sind genetisch unterschiedlich und gelten manchmal als eigene Varietät (*flavivolvata*). Der in arktischen und in nördlichen gemäßigten Gebirgsregionen heimische *Amanita regalis* ist ähnlich, aber mit einem gelblich braunen bis dunkelbraunen Hut. Der rothütige *Amanita jacksonii* und seine Artgenossen haben eine große, sackartige Volva an der Basis.

Der Fliegenpilz hat einen zuerst konvexen, dann flacheren Hut. Die Oberfläche ist glatt, leuchtend rot (selten orange bis gelb), mit kontrastierenden kleinen, weißen, weichen, ablösbaren Velumflocken, die vom Regen abgewaschen werden. Die Lamellen sind weiß. Der weiße Stiel hat einen auffälligen Ring und eine große, knollige Basis mit Volvaresten um den Rand (siehe Bild oben).

Maßstab 1:1

FAMILIE	Amanitaceae
VERBREITUNG	Im Osten Nordamerikas, in Mittelamerika
LEBENSRAUM	In Wäldern
SYMBIOSE	Ektomykorrhiza mit Laub- und Nadelbäumen
WUCHSFORM	Am Boden, einzeln oder in kleinen Trupps
VORKOMMEN	Häufig
SPORENFARBE	Weiß
GENIESSBARKEIT	Giftig

GRÖSSE
Bis zu 125 mm

HUTDURCHMESSER
Bis zu 100 mm

AMANITA ONUSTA

(HOWE) SACCARDO

Amanita onusta („Gunpowder Amanita") erhielt seinen englischen Namen aufgrund der zahlreichen pulvergrauen Warzen auf seinem Hut und auf dem oberen Teil seiner knolligen Basis. Sie sind die zerreibbaren Verbleibsel des Universalvelums, das den wachsenden, unreifen, kugelförmigen Jungpilz umhüllt. Wie auch bei anderen *Amanita*-Arten sind sie leicht mit dem Finger abwischbar oder werden durch starken Regen abgewaschen. Die Fruchtkörper des *A. onusta* sind meist kleiner als jene des durchschnittlichen *Amanita*-Pilzes. Sie sind ungenießbar und riechen unangenehm nach Chlor.

ÄHNLICHE ARTEN

Amanita miculifera ist ein ähnlicher, ostasiatischer Pilz mit grauen Warzen und einem wurzelnden Stiel. Der *A. daucipes* wächst im Osten Nordamerikas, ist aber ein größerer Pilz mit rosa bis hellorangen Warzen am Hut und einem stark wurzelnden Stiel.

Maßstab 1:1

Amanita onusta hat einen konvexen Hut, der flach wird. Die Oberfläche ist weißlich bis blassgrau und mit dunkelgrauen bis graubraunen körnigen oder kegeligen Velumresten bedeckt. Die Lamellen sind weiß. Der weiße Stiel ist faserig, mit einem flüchtigen Ring und dunkleren Schuppen zur knolligen, oft wurzelnden Basis hin.

FAMILIE	Amanitaceae
VERBREITUNG	Europa, Nordafrika, Nordasien; in Südafrika eingeschleppt
LEBENSRAUM	In Wäldern, seltener auf Weiden
SYMBIOSE	Ektomykorrhiza mit Laub-, seltener Nadelbäumen und Sonnenröschen
WUCHSFORM	Am Boden, einzeln oder in kleinen Trupps
VORKOMMEN	Selten
SPORENFARBE	Weiß
GENIESSBARKEIT	Giftig

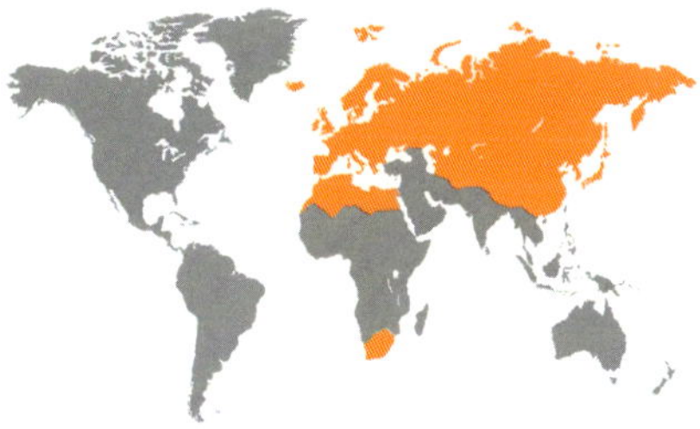

GRÖSSE
Bis zu 150 mm

HUTDURCHMESSER
Bis zu 100 mm

AMANITA PANTHERINA

PANTHERPILZ

KROMBHOLZ

Der Pantherpilz kommt recht adrett daher, mit seinem schmucken braunen Hut und den kontrastierenden weißen Flocken. Er bildet Symbiosen mit vielen verschiedenen Bäumen und auf kalkhaltigen Wiesen auch mit dem Sonnenröschen (*Helianthemum*), einer Blütenpflanze. Jüngste Forschungen ergaben, dass der nordamerikanische „Pantherpilz" zu einer oder mehreren ähnlichen, aber unterschiedlichen Arten gehört, wie vermutlich auch die Funde aus Ostasien. Wie der Fliegenpilz (*A. muscaria*) ist auch *A. pantherina* giftig und enthält Ibotensäure und Muscimol. Diese machen den Pilz potenziell halluzinogen, jedoch mit der Gefahr von Krampfanfällen und Koma. Angeblich ist er nur selten tödlich.

ÄHNLICHE ARTEN

Der häufigere *Amanita excelsa* hat unregelmäßige, blassgraue Velumreste auf dem Hut und eine knollige Basis ohne deutlichen Rand. Der genauso häufige Perlpilz (*Amanita rubescens*) hat einen Hut in einem bestenfalls blassen rosigen Braun mit schmutzig weißlich-grauen Velumresten. Auch er hat eine randlose Knolle.

Maßstab 1:1

Der Pantherpilz hat anfangs einen konvexen Hut, der flacher wird. Die Oberfläche ist glatt und rehbraun, mit kontrastierenden kleinen, weißen, weichen Velumresten. Die Lamellen sind weiß. Auch der Stiel ist weiß, mit einem auffälligen herabhängenden Ring, unter dem sich unvollständige flockige Gürtelzonen aus weißen Velumresten befinden. An der Basis sitzt eine große Knolle mit unauffälligen Volvaresten um einen deutlichen Rand.

FAMILIE	Amanitaceae
VERBREITUNG	Europa, Nordafrika, Westasien; in Nordamerika, Ost- und Südafrika, Südamerika, Australien und Neuseeland eingeschleppt
LEBENSRAUM	In Wäldern
SYMBIOSE	Ektomykorrhiza mit Laubbäumen, seltener mit Nadelbäumen
WUCHSFORM	Am Boden, einzeln oder truppweise oder in Ringen
VORKOMMEN	Häufig
SPORENFARBE	Weiß
GENIESSBARKEIT	Giftig

GRÖSSE
Bis zu 150 mm

HUTDURCHMESSER
Bis zu 125 mm

AMANITA PHALLOIDES

GRÜNER KNOLLENBLÄTTERPILZ

(FRIES) LINK

Maßstab 1:1

Er ist der archetypische Giftpilz, der wohl zu mehr Todesfällen führte als jeder andere Pilz. Form und Farbe sind meist charakteristisch, wie auch sein widerwärtig süßlicher Geruch, der mit dem Alter intensiver wird. Dennoch wird er mit essbaren Pilzen verwechselt. Er enthält Amatoxine und Phallotoxine, die innerhalb von Stunden zu Magen-Darm-Beschwerden und innerhalb von Tagen zu Zellschäden (beginnend mit Leberversagen) führen. Moderne Medizin, Intensivpflege und Transplantationsmethoden haben die Todesfälle nach Vergiftungen auf 20 % reduziert. Für die Opfer ist das nur ein schwacher Trost. Die Moral daraus: Nur dann einen wilden Pilz essen, wenn man ihn mit Sicherheit korrekt bestimmt hat.

ÄHNLICHE ARTEN

Als junge Halbkugel ähnelt der Grüne Knollenblätterpilz den Champignons (Gattung *Agaricus*). Er wurde auch schon mit dem Dunkelstreifigen Scheidling (*Volvariella volvacea*) verwechselt (vor allem von Einwanderern aus Südostasien), der rosa (statt weiße) Sporen hat. Dem gelb-olivgrünen *Tricholoma flavovirens* fehlen Ring und Volva, und seine Lamellen sind gelblich.

Der Grüne Knollenblätterpilz hat einen konvexen Hut (siehe Bild rechts), der flach wird. Er ist glatt (manchmal mit weißen Velumresten), blass olivgrün bis gelblich, silbergrau oder sogar weißlich, meist mit Radialfaserung. Die Lamellen sind weiß. Der Stiel ist weiß, oft fein genattert, mit einem hängenden, leicht gerieften Ring und einer großen weißen, sackartigen Volva (die manchmal innen grünlich ist) an der knolligen Basis.

FAMILIE	Amanitaceae
VERBREITUNG	Nordamerika, Europa, Afrika, Mittel- und Südamerika, Asien, Australien
LEBENSRAUM	In Wäldern
SYMBIOSE	Ektomykorrhiza mit Laub- und Nadelbäumen
WUCHSFORM	Am Boden, einzeln oder truppweise
VORKOMMEN	Sehr häufig
SPORENFARBE	Weiß
GENIESSBARKEIT	Gekocht essbar

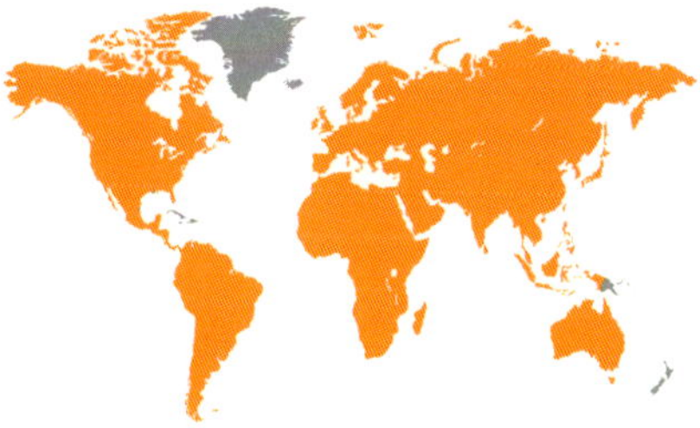

GRÖSSE
Bis zu 100 mm

HUTDURCHMESSER
Bis zu 100 mm

AMANITA RUBESCENS

PERLPILZ

PERSOON

Amanita rubescens ist einer der häufigsten Blätterpilze, der Ektomykorrhiza-Symbiosen mit zahlreichen verschiedenen Bäumen bildet. Er ist über die ganze Welt verbreitet und wurde in manchen Gegenden – etwa in Chile und Südafrika – ungewollt zusammen mit Plantagenbäumen eingeschleppt. *Rubescens* bedeutet „rötend“: Die Fruchtkörper des Perlpilzes röten langsam auf Druck oder im Schnitt. Sie sind essbar, aber da so viele *Amanita*-Pilze tödlich giftig sind, meidet man sie besser, um Verwechslungen auszuschließen. Die Fruchtkörper enthalten das giftige (hämolytische) Protein Rubescenslysin, das bei Verzehr jedoch nicht schädlich zu sein scheint und beim Kochen zerstört wird.

ÄHNLICHE ARTEN

Neuere Forschung lässt vermuten, dass der echte *Amanita rubescens* nur in Europa vorkommt (und dort, wo er eingeschleppt wurde), während die amerikanischen und anderen Pilze möglicherweise eigene Arten sind. *Amanita novinupta* ist eine vor Kurzem anerkannte Art aus dem Westen Nordamerikas, mit einem weißlichen, rötenden Hut. Andere *Amanita*-Pilze wie der Pantherpilz (*A. pantherina*) röten nie.

Der Perlpilz hat zuerst einen halbkugeligen Hut, der später flach bis stumpf gebuckelt wird. Die Oberfläche ist glatt und mit gräulichen Velumresten bedeckt, braun, zum Rand hin heller, auf Druck oder im Alter rötend. Die Lamellen sind weiß. Der Stiel ist zuerst weiß, auf Druck oder im Alter rötend, unter dem zarten Ring schuppig, und mit einer schorfigen Knolle.

Maßstab 1:1

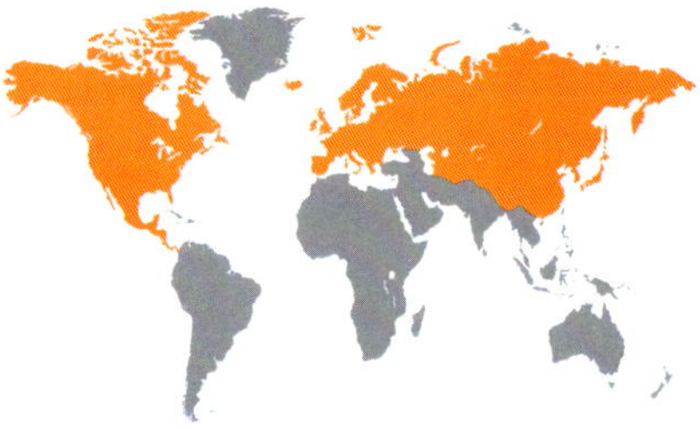

FAMILIE	Amanitaceae
VERBREITUNG	Nordamerika, Europa, Mittelamerika, Nordasien
LEBENSRAUM	In Wäldern
SYMBIOSE	Ektomykorrhiza mit Laub- und Nadelbäumen
WUCHSFORM	Am Boden, einzeln oder truppweise
VORKOMMEN	Selten
SPORENFARBE	Weiß
GENIESSBARKEIT	Giftig

GRÖSSE
Bis zu 150 mm

HUTDURCHMESSER
Bis zu 125 mm

AMANITA VIROSA

KEGELHÜTIGER KNOLLENBLÄTTERPILZ

(FRIES) BERTILLON

Wie der Grüne Knollenblätterpilz (*Amanita phalloides*) ist auch der Kegelhütige Knollenblätterpilz ein klassischer Giftpilz, verantwortlich für viele Todesfälle. Die Fruchtkörper enthalten tödlich giftige Amatoxine, die bei Verzehr schwere Zellschäden, beginnend mit Leberversagen, hervorrufen. Hut, Lamellen und der beringte Stiel mit Volva an der knolligen Basis sind weiß. Zusammen mit dem oft widerwärtig süßen Geruch des Fleisches sollte der Pilz eindeutig zu bestimmen sein, doch als kugeliger Jungpilz wurde er bereits mit essbaren Arten verwechselt. Neue Molekularforschung ergab, dass er ein über die ganze Welt verbreiteter Artenkomplex ist – und alle Arten sind gleichermaßen giftig.

ÄHNLICHE ARTEN

Der echte *Amanita virosa* kommt wohl nur in Europa vor, mit genetisch unterschiedlichen Arten anderswo – darunter *A. bisporigera* im Osten Nordamerikas, *A. ocreata* im Westen Nordamerikas und *A. exitialis* in Asien. Sie alle sehen in der Natur gleich oder sehr ähnlich aus und sind bei Verzehr gleichermaßen gefährlich.

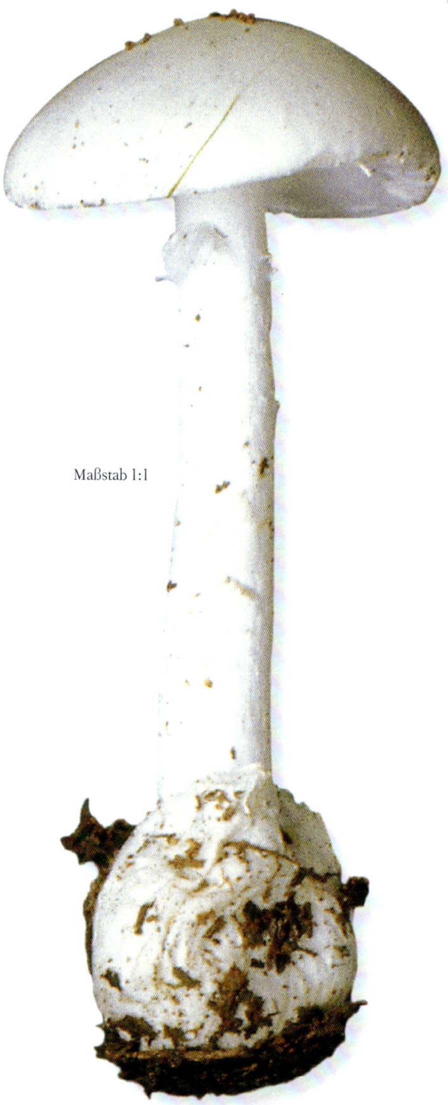

Maßstab 1:1

Der Kegelhütige Knollenblätterpilz hat zuerst einen halbkugeligen Hut, der später flach bis stumpf gebuckelt wird. Die Oberfläche ist glatt (manchmal mit weißen Velumresten), bei Nässe klebrig, weiß, und wird in der Mitte leicht gelblich. Die Lamellen sind weiß. Der Stiel ist weiß, unter dem zarten Ring schuppig, mit einer rasch vergänglichen Volva an der verdickten Basis. Ein Tropfen einer Ammoniaklösung (oder einer anderen Lauge) verfärbt das Fleisch gelb.

FAMILIE	Tricholomataceae
VERBREITUNG	Mittel- und Südamerika, Ostasien (Japan), pazifische Inseln (Hawaii, Neukaledonien)
LEBENSRAUM	In Wäldern
SYMBIOSE	Mit Laubbäumen
WUCHSFORM	Auf abgefallenen Zweigen und Holz, einzeln oder in kleinen Gruppen
VORKOMMEN	Selten
SPORENFARBE	Weiß
GENIESSBARKEIT	Ungenießbar

GRÖSSE
Bis zu 50 mm

HUTDURCHMESSER
Bis zu 8 mm

AMPAROINA SPINOSISSIMA

(SINGER) SINGER

Die ganz jungen Fruchtkörper dieses ungewöhnlichen kleinen Pilzes sehen wie winzige, stachelige Boviste aus, die auf abgefallenen Ästen sprießen. Wenn sie größer werden, wachsen den „Bovisten" Stiele, da sie eigentlich kleine Blätterpilze sind, die wie pelzige weiße *Marasmius*- oder *Mycena*-Arten aussehen. *Amparoina spinosissima* („Flaky Bonnet") wurde auch schon beiden Gattungen zugeordnet, passt aber in keine wirklich hinein. Die Stacheln am Hut sind sehr fein, fallen leicht ab und können als Diasporen, als Verbreitungseinheiten, einen neuen Pilz hervorbringen.

ÄHNLICHE ARTEN

Die feinen Stacheln und die tropische Verbreitung sollten die Bestimmung erleichtern, aber wenn die Stacheln abgefallen sind, kann der *Amparoina spinosissima* wie ein weißer *Mycena*, *Hemimycena* oder *Delicatula* aussehen, von denen auch viele auf abgefallenen Ästen wachsen.

Maßstab 1:1

Amparoina spinosissima hat einen kegeligen bis konvexen Hut, bedeckt mit weißen bis blassgelblichen flockigen Stacheln, die mit dem Alter bis auf einige in der Mitte abfallen. Die Oberfläche unter den Stacheln ist glatt, sehr dünn, gerieft und weiß. Die Lamellen sind weiß. Der Stiel ist fein faserig, weiß und oft mit einer leicht knolligen Basis.

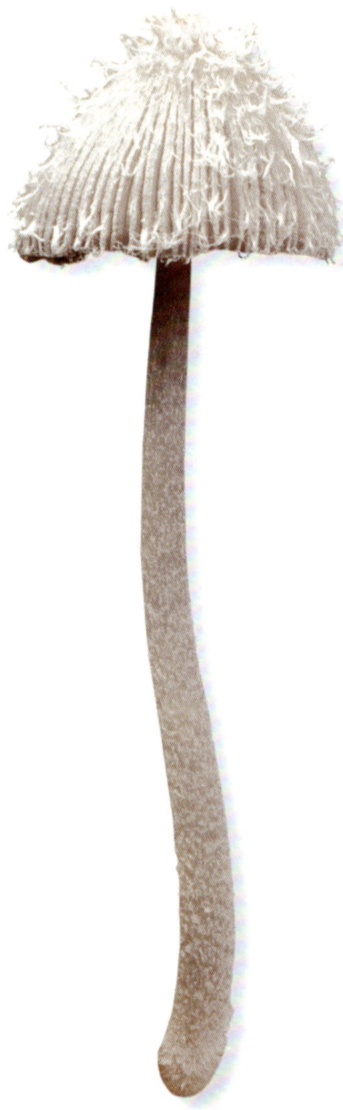

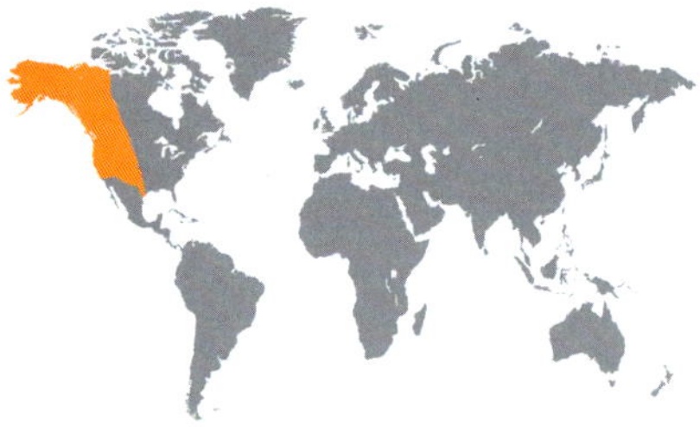

FAMILIE	Hygrophoraceae
VERBREITUNG	Im Westen Nordamerikas
LEBENSRAUM	In Wäldern
SYMBIOSE	Mit Nadel- oder Laubbäumen, vor allem Erlen
WUCHSFORM	Am Boden oder auf sehr morschem Holz, einzeln oder truppweise
VORKOMMEN	Häufig
SPORENFARBE	Weiß
GENIESSBARKEIT	Ungenießbar

GRÖSSE
Bis zu 200 mm

HUTDURCHMESSER
Bis zu 200 mm

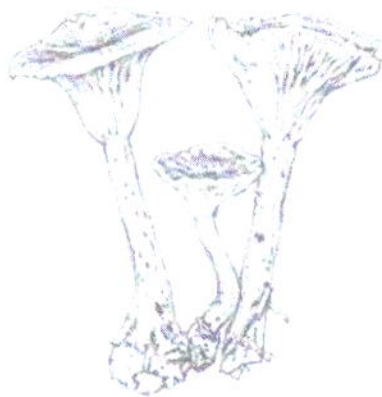

AMPULLOCLITOCYBE AVELLANEOALBA

(MURRILL) HARMAJA

Ampulloclitocybe avellaneoalba („Smoky Brown Funnel") gehört zu den vielen charakteristischen Pilzen im Pazifischen Nordwesten Nordamerikas. Er kommt dort häufig vor und wächst oft gruppenweise auf alten, morschen Stämmen, typischerweise in Erlen-Nadelwäldern. Der Pilz ist eng mit dem weit verbreiteten Keulenfuß-Trichterling (*Ampulloclitocybe clavipes*) verwandt, kann jedoch mehr als doppelt so groß werden. Der Beiname *avellaneo-alba* bedeutet „haselnussbraun und weiß" und bezieht sich auf den dunklen Hut und die weißen Lamellen des Pilzes.

ÄHNLICHE ARTEN

Ampulloclitocybe clavipes ist weiter verbreitet, meist mit blasserem Hut, kleiner und mit merklich verdickter Basis. Mehrere *Clitocybe*-Arten, manche davon giftig, haben herablaufende Lamellen und niedergedrückte oder trichterige Hüte.

Maßstab 1:1

Ampulloclitocybe avellaneoalba hat einen flachen Hut, der niedergedrückt oder trichterig wird, mit einem oft eingerollten Hutrand. Die Oberfläche ist glatt bis leicht schuppig in der Mitte, dunkel olivbraun bis schwarzbraun. Die Lamellen sind weiß bis cremefarben und stark herablaufend. Der Stiel ist glatt und blass hutfarben.

FAMILIE	Hygrophoraceae
VERBREITUNG	Nordamerika, Europa, Mittelamerika, Nordasien
LEBENSRAUM	In Wäldern
SYMBIOSE	Mit Nadelbäumen, gelegentlich mit Laubbäumen
WUCHSFORM	Am Boden, einzeln oder truppweise
VORKOMMEN	Häufig
SPORENFARBE	Weiß
GENIESSBARKEIT	Giftig (in Verbindung mit Alkohol)

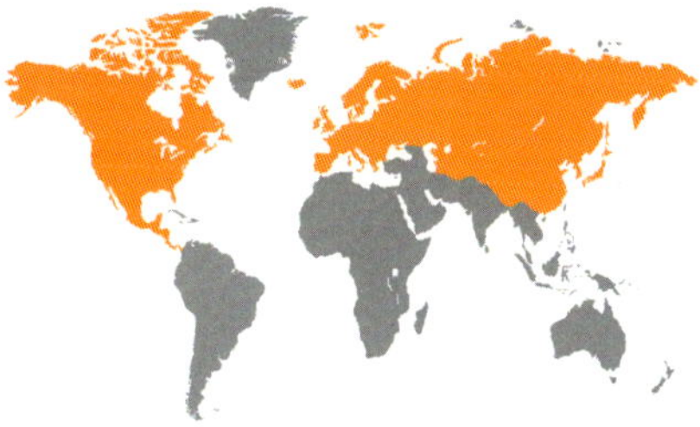

GRÖSSE
Bis zu 80 mm

HUTDURCHMESSER
Bis zu 90 mm

AMPULLOCLITOCYBE CLAVIPES

KEULENFUSS-TRICHTERLING

(PERSOON) REDHEAD ET AL.

Der Keulenfuß-Trichterling ist ein weit verbreiteter, häufiger Waldpilz, meist durch seine stark keulige Basis unterscheidbar. Er sieht wie ein *Clitocybe*-Pilz aus und gehörte früher auch zu der Gattung. Neuere DNA-Analysen ergaben jedoch, dass er nicht verwandt ist. Die Fruchtkörper werden in den unterschiedlichsten Ländern gern gegessen, etwa in China, Mexiko und der Ukraine. Werden sie einige Tage nach dem Konsum von Alkohol verzehrt, wirken sie giftig. Die Symptome, unter anderem Hitzegefühl, schneller Puls, Schwindel und Kreislaufkollaps, ähneln den Beschwerden durch das Coprin des Falten-Tintlings (*Coprinopsis atramentaria*).

ÄHNLICHE ARTEN

Es gibt mehrere ähnliche *Clitocybe*-Arten, wie etwa *C. costata*, mit herablaufenden Lamellen und niedergedrückten oder trichterigen Hüten. Einige davon sind stark giftig. Der blassgraue *Clitocybe nebularis* und der weißliche *Infundibulicybe geotropa* haben oft eine keulige Basis, sind aber meist viel größer.

Maßstab 1:1

Der Keulenfuß-Trichterling hat zuerst einen gebuckelten Hut, der flach und oft niedergedrückt oder trichterig wird. Die Oberfläche ist glatt und wechselnd rotbraun bis olivbraun oder graubraun. Die Lamellen sind weiß, cremefarben oder blassgelb, und stark herablaufend. Der Stiel ist gelbbraun bis graubraun, glatt und an der Basis meist (aber nicht immer) stark keulig und dunkler.

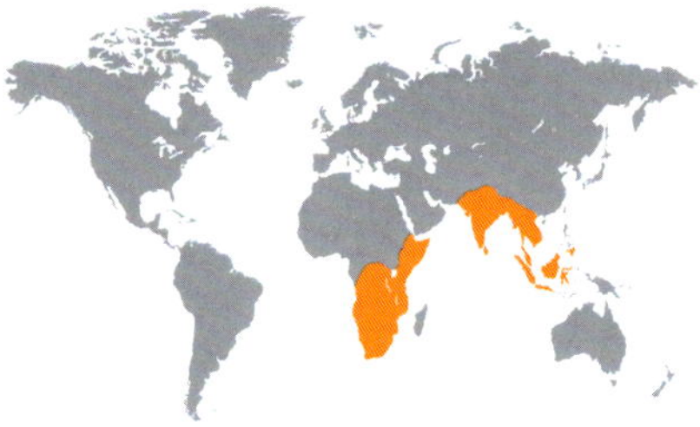

FAMILIE	Marasmiaceae
VERBREITUNG	Ost- und Südafrika, Südasien
LEBENSRAUM	In Wäldern
SYMBIOSE	Mit Laubbäumen
WUCHSFORM	Auf abgefallenen Ästen und Zweigen, truppweise
VORKOMMEN	Lokal häufig
SPORENFARBE	Weiß
GENIESSBARKEIT	Ungenießbar

GRÖSSE
Unter 3 mm

HUTDURCHMESSER
Bis zu 35 mm

ANTHRACOPHYLLUM MELANOPHYLLUM

(FRIES) PEGLER & T. W. K. YOUNG

Maßstab 1:1

Die *Anthracophyllum*-Arten wie *Anthracophyllum melanophyllum* („Cinnamon Fan Bracket") sind in den Tropen, Subtropen und in der südlichen gemäßigten Zone weitverbreitet. Wie die *Crepidotus*-Arten wachsen sie auf Zweigen und toten Stämmen und haben eine ähnliche Konsolen- oder Muschelform. Sie alle sind zäh und ledrig, trocknen hart und haben meist kräftig gefärbte Lamellen (*melanophyllum*: „schwarzlamellig"), obwohl ihre Sporen weiß sind. Sie gehören zur selben Familie wie die *Marasmius*-Arten, die ebenfalls in den Tropen weitverbreitet und oft genauso farbintensiv sind.

ÄHNLICHE ARTEN

In Australien und Neuseeland ist *Anthracophyllum archeri* („Orange Fan Bracket") die häufigste Art, mit orangen bis braunen Hüten und orangen Lamellen, die im Alter ziegelrot werden. *Anthracophyllum lateritium* kommt im Südosten Nordamerikas und in der Karibik vor und hat einen blassroten bis ziegelroten Hut mit dunkleren, rötlichen Lamellen.

Anthracophyllum melanophyllum bildet ledrige, muschelförmige Fruchtkörper, die seitlich am Holz ansitzen, manchmal auch mit einem rudimentären Stiel. Der Hut ist gefurcht oder gewellt, erst biegsam, dann starr, rosig rot bis ziegelrot, zuletzt dunkelbraun. Die Lamellen sind entfernt stehend, leuchtend zinnoberrot, im Alter violett bis schwarzviolett.

FAMILIE	Physalacriaceae
VERBREITUNG	Nordamerika, Europa, Nordasien; in Südafrika eingeschleppt
LEBENSRAUM	In Wäldern, Parklandschaften und Gärten
SYMBIOSE	Mit Laubbäumen
WUCHSFORM	An der Basis von Baumstämmen oder -stümpfen, auf Wurzeln, büschelig
VORKOMMEN	Sehr häufig
SPORENFARBE	Weiß
GENIESSBARKEIT	Essbar

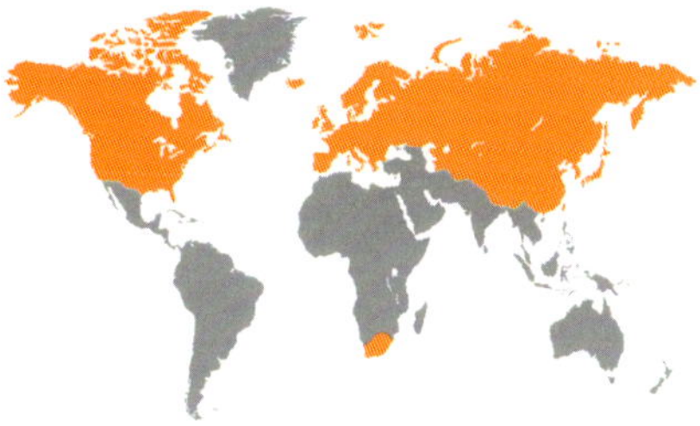

GRÖSSE
Bis zu 175 mm

HUTDURCHMESSER
Bis zu 125 mm

ARMILLARIA MELLEA

HONIGGELBER HALLIMASCH

(VAHL.) P. KUMMER

Der Honiggelbe Hallimasch ist der Feind aller Gärtner: Ein aggressiver Parasit, der Bäume und Sträucher befällt und sich rasch über seine langen, schwarzen, unterirdischen Rhizomorphen verbreitet. Diese finden sich oft unter der Rinde umgestürzter Bäume und sehen wie Schnürsenkel aus. Eine eng verwandte Art, *Armillaria ostoyae*, zerstört besonders Nadelgehölze und kann sich durch ganze Wälder verbreiten. Ein Exemplar in Oregon erstreckt sich auf über 800 Hektar und ist der größte bekannte Einzelorganismus der Erde. Der Honiggelbe Hallimasch ist essbar, kann bei manchen Personen aber zu Magenbeschwerden führen.

ÄHNLICHE ARTEN

Weltweit gibt es zahlreiche verwandte Hallimasch-Arten, etwa *Armillaria novae-zelandiae* in Neuseeland. In der nördlichen gemäßigten Zone bildet der häufig vorkommende *A. ostoyae* schlankere Fruchtkörper mit leicht violetten Farben. Der ebenso häufige *A. gallica* bildet kleine Büschel, hat eine keulige Basis und ist kein Parasit.

Der Honiggelbe Hallimasch hat einen konvexen Hut, der gebuckelt bis leicht niedergedrückt wird. Die Oberfläche ist blass olivgelb bis orangebraun, in der Mitte dunkler, mit kleinen blassen bis dunkelbraunen Schuppen. Die Lamellen sind herablaufend und cremefarben. Der Stiel ist oben cremefarben, zur Basis hin dunkelbraun, mit einem auffälligen Ring, oft gelb gerandet.

Maßstab 1:1

FAMILIE	Tricholomataceae
VERBREITUNG	Nordamerika, Europa
LEBENSRAUM	In feuchten Wäldern, auf alten Rasen und auf Wiesen
SYMBIOSE	Auf Moosen
WUCHSFORM	Auf Moosstämmchen, einzeln oder in Gruppen
VORKOMMEN	Selten
SPORENFARBE	Weiß
GENIESSBARKEIT	Ungenießbar

GRÖSSE
Unter 3 mm

HUTDURCHMESSER
Bis zu 10 mm

ARRHENIA RETIRUGA

BLASSER ADERMOOSLING

(BULLIARD) REDHEAD

Der Blasse Adermoosling bildet dünne Fruchtkörper, wie umgedrehte kleine Schüsseln, die mit der Mitte oder Seite ihrer Hüte an den Moosstielen haften. Mit der Zeit breiten sich die Fruchtkörper weiter aus und werden unregelmäßiger. Die Hutoberfläche ist glatt und grau-gelbbraun. Die Unterseite ist glatt bis flach aderig und von ähnlicher oder blasserer Farbe.

Der Blasse Adermoosling und ähnliche Arten kommen häufig auf feuchten Moosen an schattigen Plätzen vor, werden aufgrund ihrer geringen Größe jedoch oft übersehen. Am öftesten entdeckt man sie auf moosigen Rasenflächen, besonders, wenn sie in Büscheln wachsen. Sie alle sind Blätterpilze. Manche Arten sehen aus wie kleine Austernseitlinge (*Pleurotus ostreatus*). *Arrhenia retiruga* ist jedoch ein Blätterpilz ohne Lamellen, sondern mit einem glatten oder flach aderigen Sporenlager an der Unterseite. Er ist ein Moosparasit, dessen Enzyme die Zellwände des Wirts zersetzen, sodass die Pilzhyphen eindringen können.

ÄHNLICHE ARTEN

Mehrere ähnlich gefärbte *Arrhenia*-Arten wachsen auf Moosen. Dazu gehören der Graue Adermoosling (*A. acerosa*), der etwas größer ist und deutliche Lamellen besitzt; *A. auriscalpium* und *A. spathulata*, mit deutlich ausgeprägten Stielen; und der sehr ähnliche *A. lobata*, der nur mikroskopisch unterschieden werden kann.

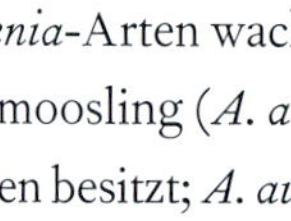

Maßstab 1:1

FAMILIE	Lyophyllaceae
VERBREITUNG	Nordamerika, Europa, Mittelamerika, Nordasien
LEBENSRAUM	In Wäldern
SYMBIOSE	Auf *Russula*-Pilzen, selten auf *Lactarius*-Pilzen
WUCHSFORM	Auf alten Fruchtkörpern, büschelig
VORKOMMEN	Selten
SPORENFARBE	Weiß
GENIESSBARKEIT	Ungenießbar

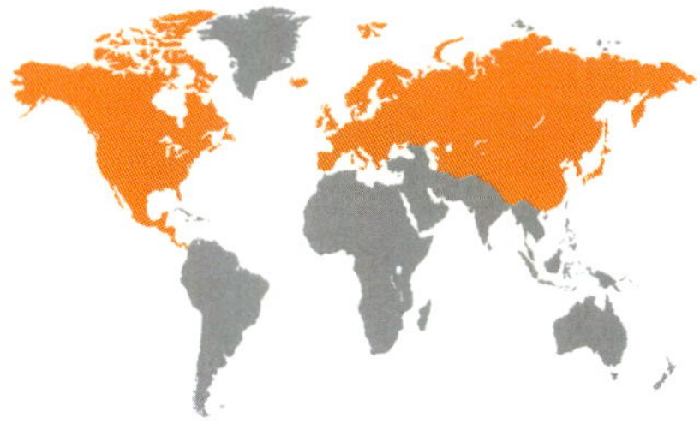

GRÖSSE
Bis zu 50 mm

HUTDURCHMESSER
Bis zu 25 mm

ASTEROPHORA LYCOPERDOIDES

STÄUBENDER ZWITTERLING

(BULLIARD) DITMAR

Der Stäubende Zwitterling ist kein besonders schöner, aber ein faszinierender Pilz. Er lebt parasitär auf anderen Blätterpilzen und bildet seine Fruchtkörper auf dem modernden Hut seines Wirts. Er bevorzugt *Russula nigricans* und andere *Russula*-Arten, die im Alter schwarz werden, kommt aber auch auf nicht schwärzenden Arten wie *R. delica* und *Lactarius vellereus* vor. Sein Hut zerfällt allmählich zu einem braunen Pulver, was ihn wie einen alten Bovist aussehen lässt (*lycoperdoides*: „bovistartig"). Das Pulver besteht komplett aus stachelförmigen, braunen, asexuellen Sporen, die ganzjährig überleben, bis neue Fruchtkörper des Wirts auftauchen.

Der Stäubende Zwitterling hat einen halbkugeligen Hut, der zuerst weißlich und glatt ist, dessen Oberfläche dann aber bröckelig wird und zu einem feinen, gelbbraunen bis blassbraunen Pulver zerfällt. Die weißlichen Lamellen sind oft unvollständig ausgebildet und entfernt stehend. Der Stiel ist glatt, weißlich bis blassbraun.

ÄHNLICHE ARTEN

In Europa und Nordamerika findet sich *Asterophora parasitica* auf denselben Wirtspilzen, aber sein Hut wird nicht zu Pulver. Ähnlich ist der australische *A. mirabilis*. Mehrere kleine, blasse, dünnstielige *Collybia*-Arten wachsen auch auf alten Fruchtkörpern, darunter jene der *Russula*- und *Lactarius*-Arten, sie tauchen jedoch meist auf, wenn der Wirt fast völlig verfault ist.

Maßstab 1:1

FAMILIE	Paxillaceae
VERBREITUNG	Neuseeland
LEBENSRAUM	In Wäldern und Parklandschaften
SYMBIOSE	Ektomykorrhiza mit Südbuchen
WUCHSFORM	Am Boden, einzeln oder in verstreuten Trupps
VORKOMMEN	Häufig
SPORENFARBE	Braun
GENIESSBARKEIT	Giftig

GRÖSSE
Bis zu 100 mm

HUTDURCHMESSER
Bis zu 100 mm

AUSTROPAXILLUS MACNABBII

(SINGER, J. GARCÍA & L. D. GÓMEZ) JAROSCH

Austropaxillus macnabbii („Orange Rollrim") kommt nur in Neuseeland vor und gehört zu einer Gruppe von *Austropaxillus*-Arten, die es nur auf der Südhalbkugel gibt. Bis vor Kurzem ordnete man sie der Gattung *Paxillus* zu, die auf der Nordhalbkugel heimisch ist, doch DNA-Analysen ergaben, dass sie sich separat entwickelt hatten und eine verwandte, aber eigenständige Gattung bilden. Passenderweise bildet *Austropaxillus macnabbii* eine Ektomykorrhiza-Symbiose mit der Gattung *Nothofagus*, den Südbuchen – die auch nur auf der Südhalbkugel wachsen. *Paxillus*-Arten sind giftig, wie wohl auch der *A. macnabbii*.

ÄHNLICHE ARTEN

Der Kahle Krempling (*Paxillus involutus*) ist ein verbreiteterer Pilz, der nach Neuseeland eingeschleppt wurde, wo er bei nichtheimischen Bäumen wächst. Andere neuseeländische Arten in Symbiose mit Südbuchen sind *Austropaxillus squarrosus*, dessen gelbliches Fleisch im Schnitt bräunt, und *A. nothofagi*, der meist einen dunkleren, rötlichbraunen Hut hat.

Austropaxillus macnabbii hat anfangs einen konvexen Hut, der flacher und oft niedergedrückt wird und dessen Rand lange eingerollt bleibt. Die Oberfläche ist jung weißlich gelb und wird orangegelb bis gelbbraun, oft mit kleinen braunen Schuppen. Die herablaufenden Lamellen sind hutfarben. Der Stiel ist glatt, weißlich gelb, und färbt sich auf Druck oft gelbbraun.

Maßstab 1:1

FAMILIE	Bolbitiaceae
VERBREITUNG	Nordamerika, Europa, Nordasien
LEBENSRAUM	In Wäldern
SYMBIOSE	Mit Laubbäumen
WUCHSFORM	Auf Baumstümpfen, abgefallenen Ästen und Holzfragmenten
VORKOMMEN	Selten
SPORENFARBE	Rostbraun
GENIESSBARKEIT	Ungenießbar

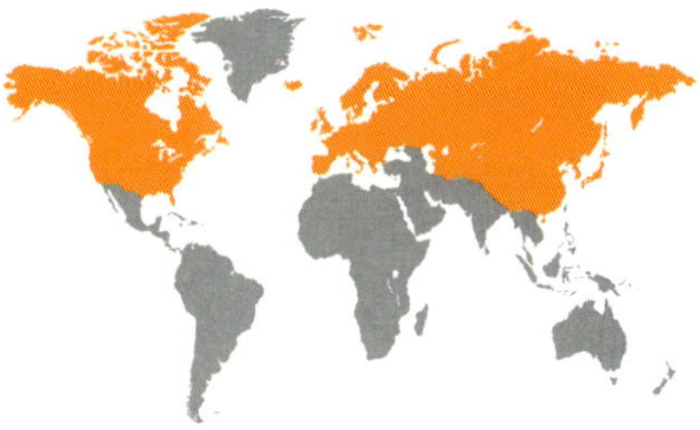

GRÖSSE
Bis zu 50 mm

HUTDURCHMESSER
Bis zu 50 mm

BOLBITIUS RETICULATUS

NETZADERIGER MISTPILZ

(PERSOON) RICKEN

Der Netzaderige Mistpilz ist wohl recht häufig, wird jedoch oft übersehen: Seine Fruchtkörper sind rasch vergänglich und wachsen einzeln auf Holzabfällen, halb versteckt im Dickicht. Wie seine deutschen und lateinischen Namen verraten, entwickelt *Bolbitius reticulatus* oft ein Netz aus Runzeln oder Adern auf der Oberfläche, wobei glatte Oberflächen ebenso häufig vorkommen. Der Netzaderige Mistpilz ähnelt stark der *Pluteus*-Art, auch wenn er nicht eng verwandt ist, und wird in der Natur oft verwechselt. Sein rostbrauner Sporenabdruck ist jedoch charakteristisch.

Maßstab 1:1

ÄHNLICHE ARTEN

Der Netzaderige Mistpilz ähnelt dem Graustieligen Adern-Dachpilz (*Pluteus thomsonii*), aber die *Pluteus*-Arten haben charakteristische rosa Sporen, die mit der Zeit die Lamellen färben. Der Name *Bolbitius aleuriatus* bezeichnete Exemplare ohne Adern auf dem Hut, gilt heute aber als Synonym.

Der Netzaderige Mistpilz hat einen konvexen Hut, der später flach bis leicht gebuckelt ist. Die Oberfläche ist glatt oder hat netzartige Adern, ist feucht klebrig, gerieft, blass bis dunkel graubraun mit violetten oder lila Farbtönen. Die Lamellen sind zuerst cremefarben, im Alter zimt- bis rostbraun (siehe Bild rechts). Der Stiel ist dünn, glatt und weiß.

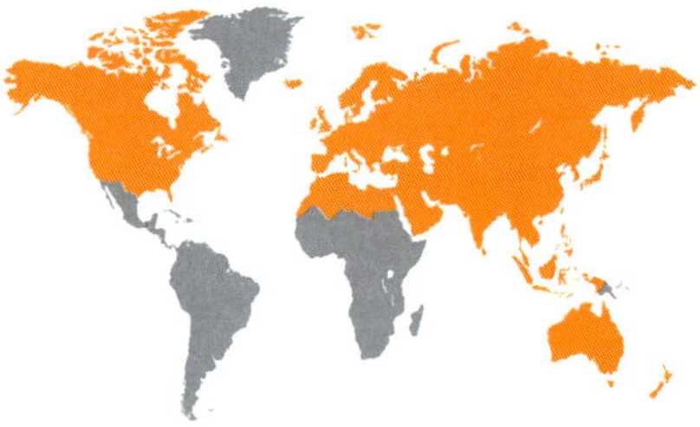

FAMILIE	Bolbitiaceae
VERBREITUNG	Nordamerika, Europa, Nordafrika, Asien, Australien, Neuseeland
LEBENSRAUM	Auf Weiden und in Gärten
SYMBIOSE	Auf altem Mist oder gedüngtem Boden
WUCHSFORM	Am Boden, einzeln oder in kleinen Büscheln
VORKOMMEN	Häufig
SPORENFARBE	Blass rostbraun
GENIESSBARKEIT	Ungenießbar

GRÖSSE
Bis zu 100 mm

HUTDURCHMESSER
Bis zu 40 mm

BOLBITIUS TITUBANS

GOLD-MISTPILZ

(BULLIARD) FRIES

Dieser leuchtend gelbe kleine Blätterpilz, allgemein als Gold-Mistpilz bekannt, sieht zwar adrett aus, wächst aber gerne auf Mist und gedüngten Wiesen, wo er bei feuchtem Wetter häufig und gut erkennbar ist. Da Mist eine reichhaltige, aber nur temporäre Nährstoffquelle ist, siedeln sich koprophile („Dung liebende") Pilze meist rasch an und bilden kurzlebige Fruchtkörper. *Bolbitius titubans* ist so ein Pilz. Die dünnen, zerbrechlichen Fruchtkörper bestehen selten länger als 1–2 Tage; gerade lange genug, um ihre Sporen zu verbreiten. Der Gold-Mistpilz hieß früher *B. vitellinus* – der Beiname bedeutet „dottergelb", aber die Farbe vergeht noch schneller als die Fruchtkörper.

ÄHNLICHE ARTEN

Ältere, welke Fruchtkörper sind oft schwer von *Conocybe*-Arten wie dem weißhütigen *C. apala* zu unterscheiden, obwohl der Gold-Mistpilz meist eine Spur Farbe in der Hutmitte behält. Einige Tintlinge (Gattung *Coprinopsis*) sehen auf den ersten Blick ähnlich aus, sind aber sofort durch ihre schwarzen Lamellen und Sporen erkennbar.

Maßstab 1:1

Der Gold-Mistpilz hat jung einen glatten, aber klebrigen, leuchtend gelben, kegeligen Hut. Der Hut ist dünn, mit gerieftem Rand, und verliert mit seiner Ausbreitung rasch seine Farbe vom Rand nach innen, wird wässrig weiß bis blass gelbbraun. Die Lamellen sind blass gelbbraun, der Stiel ist dünn, zerbrechlich, blassgelb, im Alter weiß.

FAMILIE	Lyophyllaceae
VERBREITUNG	Nordamerika, Europa, Nordasien
LEBENSRAUM	Auf Wiesen und Weiden, seltener in Wäldern
SYMBIOSE	Mit Moosen und Gräsern
WUCHSFORM	Am Boden, einzeln oder in kleinen Trupps oder Büscheln
VORKOMMEN	Häufig
SPORENFARBE	Weiß
GENIESSBARKEIT	Manchmal als essbar angegeben

GRÖSSE
Bis zu 50 mm

HUTDURCHMESSER
Bis zu 50 mm

CALOCYBE CARNEA

FLEISCHROTER SCHÖNKOPF

(BULLIARD) DONK

Calocybe bedeutet „schöner Pilz". Dieser ansehnliche kleine Blätterpilz, erstmals aus Frankreich dokumentiert, findet sich in Europa häufig auf Rasen und in kurzem Gras. In Nordamerika ist er weniger verbreitet. Im Gegensatz zu anderen typischen Wiesenpilzen wie die Saftlinge (*Hygrocybe*-Arten) toleriert er gedüngte Wiesen besser. Die Farbe des Fleischroten Schönkopfs verblasst im Alter, aber die gedrängt stehenden, weißen bis cremefarbenen Lamellen sind charakteristisch. Er soll essbar sein, wird jedoch selten in ausreichender Menge gefunden und kann noch dazu mit giftigen *Entoloma*-Wiesenpilzen verwechselt werden.

ÄHNLICHE ARTEN

Der Maipilz (*Calocybe gambosa*) ist ein viel größerer, weißlicher Blätterpilz, der im Frühling fruktifiziert. Andere verwandte Arten, wie *C. ionides*, sind dunkler oder leuchtend gelb und meist im Wald zu finden. Einige rosa *Entoloma*-Arten wachsen auch auf Wiesen, aber sie alle haben lachsrosa Sporen, die im Alter die Lamellen färben.

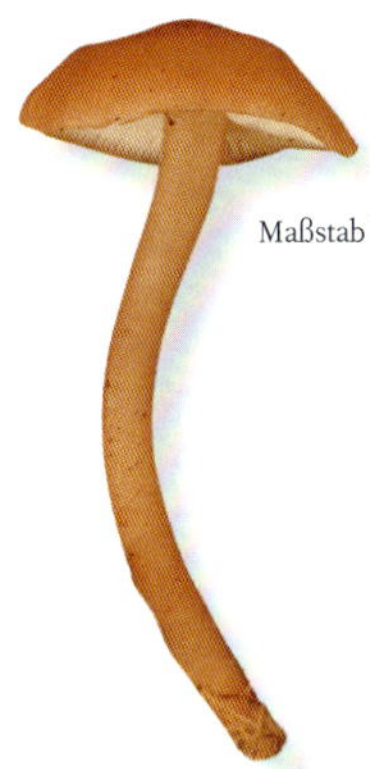

Maßstab 1:1

Der Fleischrote Schönkopf hat jung einen gewölbten Hut, der leicht konvex bis flach wird. Die Oberfläche ist glatt, matt, rosa bis fleischfarben und wird im Alter blasser mit gelbbraunen Tönen. Die Lamellen sind weiß bis cremefarben und stehen dicht gedrängt. Der Stiel ist hutfarben, glatt und meist (aber nicht immer) zugespitzt.

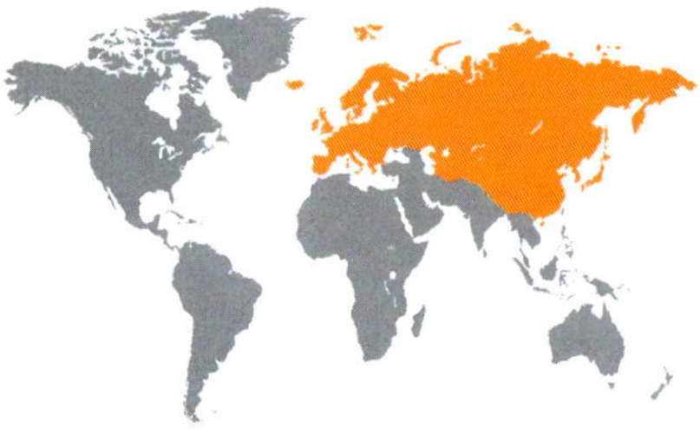

FAMILIE	Lyophyllaceae
VERBREITUNG	Europa, Nordasien
LEBENSRAUM	In kalkhaltigen Wäldern, Gebüschen und Wiesen
SYMBIOSE	Mit kalkhaltigen Pflanzen
WUCHSFORM	Am Boden, truppweise und in Ringen
VORKOMMEN	Häufig
SPORENFARBE	Weiß
GENIESSBARKEIT	Essbar

GRÖSSE
Bis zu 100 mm

HUTDURCHMESSER
Bis zu 150 mm

CALOCYBE GAMBOSA

MAIPILZ

(FRIES) DONK

Maßstab 1:1

Der Maipilz ist ein Blätterpilz, der im Frühling fruktifiziert. Man nennt ihn auch „Georgsritterling“, nach dem heiligen Georg, dessen Festtag der 23. April ist – etwa die Zeit, zu der die Fruchtkörper erscheinen. Typischerweise wächst er auf Kalkböden und man erkennt ihn an seiner Farbe und seinem starken Mehlgeruch. Er ist ein guter Speisepilz und seine Fruchtkörper werden in einigen europäischen Ländern wie Bulgarien, Rumänien, Frankreich und Spanien kommerziell gesammelt und exportiert. Beim G20-Gipfel in London im April 2010 servierte man den Staatsoberhäuptern englische Maipilze – ein Menü, das den Pilz unerwartet in Mode brachte.

ÄHNLICHE ARTEN

Im Frühling fruktifizieren vergleichsweise wenige große Blätterpilze. Einige *Entoloma*-Arten sind von ähnlicher Statur. Manche sind giftig, etwa *Entoloma sinuatum*, aber alle erkennt man an ihren lachsrosa Sporen. Der tödlich giftige *Amanita verna* ist weiß und fruktifiziert im Frühling, aber sein Stiel hat einen Ring und eine Volva.

Der Maipilz bildet stämmige Fruchtkörper mit festem Fleisch. Der Hut ist gewölbt, glatt, weiß bis cremefarben, manchmal zur Mitte hin bräunlich und bei längerer Trockenheit manchmal rissig. Die Lamellen sind weißlich und gedrängt stehend. Der dicke Stiel ist hutfarben und glatt, das Fleisch weiß und fest.

FAMILIE	Lyophyllaceae
VERBREITUNG	Nordamerika, Europa, Nordasien
LEBENSRAUM	In kalkhaltigen Wäldern
SYMBIOSE	Mit Laub- und Nadelbäumen
WUCHSFORM	Am Boden, einzeln oder in kleinen Trupps oder Büscheln
VORKOMMEN	Selten
SPORENFARBE	Weiß
GENIESSBARKEIT	Essbar

GRÖSSE
Bis zu 50 mm

HUTDURCHMESSER
Bis zu 50 mm

CALOCYBE IONIDES

VEILCHENBLAUER SCHÖNKOPF

(BULLIARD) DONK

Der Veilchenblaue Schönkopf ist ein seltener, aber weit verbreiteter Blätterpilz, der in manchen europäischen Ländern sogar auf der Roten Liste gefährdeter Pilzarten steht. Der Kontrast zwischen dem violetten Hut und Stiel und den cremefarbenen Lamellen ist bemerkenswert. Die Fruchtkörper haben einen deutlichen Geruch und Geschmack nach Mehl. Der Veilchenblaue Schönkopf wächst auf kalkhaltigen Waldböden und scheint ein Folgezersetzer zu sein. Beschrieben und gezeichnet wurde er erstmals 1792 vom französischen Mykologen Jean Baptiste Bulliard, der viele bekannte Pilze benannte, unter anderem den essbaren Steinpilz (*Boletus edulis*) und den Falten-Tintling (*Coprinopsis atramentaria*).

ÄHNLICHE ARTEN

Der häufigere Fleischrote Schönkopf (*Calocybe carnea*) wächst für gewöhnlich auf Rasen und Wiesen. Der seltene *C. onychina* ist sehr ähnlich, aber der Hut ist eher purpurbraun als violett, mit mattgelben Lamellen. Der Violette Rötelritterling (*Lepista nuda*) hat einen violetten Hut und Stiel, ist normalerweise aber größer, mit lila bis graulila Lamellen.

Maßstab 1:1

Der Veilchenblaue Schönkopf hat einen leicht konvexen bis flachen Hut. Die Oberfläche ist glatt, matt, intensiv violett bis schwarzviolett, im Alter matter oder brauner, wobei die Farbintensität am Rand oft erhalten bleibt. Die Lamellen sind cremefarben und gedrängt stehend. Der Stiel ist glatt und hutfarben oder dunkler grauviolett.

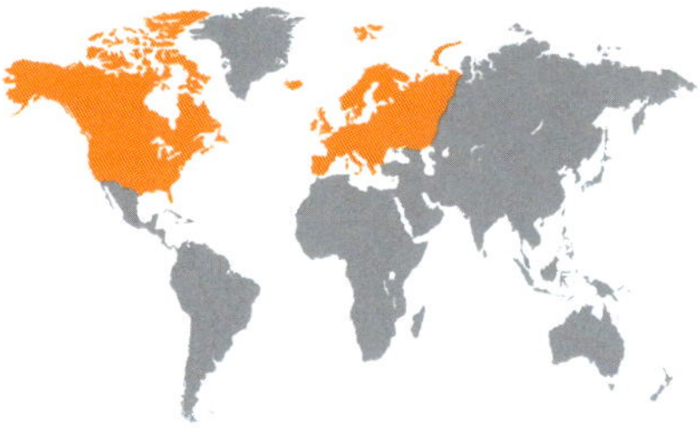

FAMILIE	Hygrophoraceae
VERBREITUNG	Nordamerika, Europa
LEBENSRAUM	Auf kalkhaltigen Weiden, moosigem Rasen oder in Wäldern
SYMBIOSE	Mit Moosen und Gräsern
WUCHSFORM	Am Boden, einzeln oder truppweise
VORKOMMEN	Selten
SPORENFARBE	Weiß
GENIESSBARKEIT	Ungenießbar

GRÖSSE
Bis zu 75 mm

HUTDURCHMESSER
Bis zu 40 mm

CAMAROPHYLLOPSIS FOETENS

STINKENDER SAMTSCHNECKLING

(W. PHILLIPS) ARNOLDS

Maßstab 1:1

Der Stinkende Samtschneckling hat einen zuerst konvexen, dann flachen oder leicht niedergedrückten Hut. Die Oberfläche ist glatt, blass graubraun bis braun. Die Lamellen sind entfernt stehend, herablaufend und hutfarben. Der Stiel ist glatt, mit zugespitzter Basis, ockerbraun bis hutfarben.

Die *Camarophyllopsis*-Arten sind kleine, vorwiegend graubraune Blätterpilze mit stark gewölbten, herablaufenden Lamellen. Sie sind mit den Saftlingen (*Hygrocybe*-Arten) verwandt und wachsen in ähnlichen Gegenden, typischerweise auf moosigen, kalkhaltigen Wiesen und Weiden in Europa, in Nordamerika häufiger in Wäldern. Sie alle sind weniger häufig bis selten, aber oft wachsen mehrere Arten in einem von ihnen bevorzugten Habitat. Der lateinische Beiname *foetens* bedeutet „stinkend“, und der Stinkende Samtschneckling ist an seinem starken, unangenehmen Geruch nach Naphtalin (früher in Mottenkugeln) leicht erkennbar.

ÄHNLICHE ARTEN

Andere *Camarophyllopsis*-Arten sehen ähnlich aus, aber ihnen fehlt der charakteristische Geruch des Stinkenden Samtschnecklings. Die meisten unterscheidet man am besten unter dem Mikroskop, aber den Punktiertstieligen Samtschneckling (*C. atropunctata*) erkennt man an den schwarzen Punkten auf seinem Stiel.

FAMILIE	Marasmiaceae
VERBREITUNG	Südamerika
LEBENSRAUM	In Wäldern
SYMBIOSE	Mit Bambussen
WUCHSFORM	Auf toten Halmen
VORKOMMEN	Selten
SPORENFARBE	Weiß
GENIESSBARKEIT	Ungenießbar

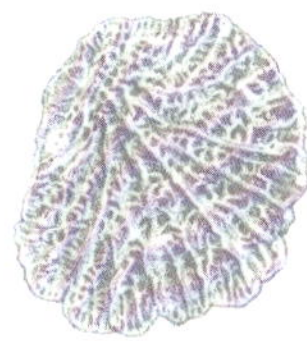

GRÖSSE
Unter 3 mm

HUTDURCHMESSER
Bis zu 35 mm

CAMPANELLA AERUGINEA

SINGER

Campanella aeruginea („Turquoise Campanella") wurde erstmals aus Argentinien dokumentiert und ist in Südamerika weit verbreitet. Fast immer wächst er auf toten Bambusstämmen. Er ist mit der Art *Marasmius* verwandt, unterscheidet sich jedoch durch seine gallertartigen Fruchtkörper mit ungewöhnlichen, fast porenartigen Lamellen an der Unterseite. Aus der Nähe betrachtet sind die Lamellen vieler Blätterpilze durch Adern oder Runzeln verbunden, doch bei den *Campanella*-Arten sind diese Adern auffällig und verzweigt und erinnern an ein Netz. Die Pilze wachsen auf toten Grashalmen (einschließlich Bambus), aber einige *Campanella*-Arten wachsen auch auf totem Holz.

ÄHNLICHE ARTEN

Campanella caesia ist ein kleinerer, aber ähnlich gefärbter europäischer Pilz, der auf toten Grashalmen wächst (und selten gesehen wird, außer man sucht nach ihm). In den Tropen und Subtropen wachsen viele weitere *Campanella*-Arten, einige davon weiß, andere gelbbraun oder mit blaugrünen Tönen.

Maßstab 1:1

Campanella aeruginea hat einen dünnen, gallertartigen Hut, der erst konvex ist und dann flacher wird. Die Oberfläche ist glatt, aber gerunzelt oder gewellt, durchscheinend weißlich und blaugrün durchflutet. Die Lamellen sind hutfarben, entfernt stehend und stark geädert, sodass die Unterseite fast poroid wirkt. Es gibt keinen Stamm. Der Hut haftet mit einer Seite direkt am Substrat.

FAMILIE	Marasmiaceae
VERBREITUNG	Mittel- und Südamerika
LEBENSRAUM	In Wäldern
SYMBIOSE	Mit Laubbäumen
WUCHSFORM	Auf Zweigen und Stöcken, truppweise
VORKOMMEN	Häufig
SPORENFARBE	Weiß
GENIESSBARKEIT	Ungenießbar

GRÖSSE
Bis zu 25 mm

HUTDURCHMESSER
Bis zu 6 mm

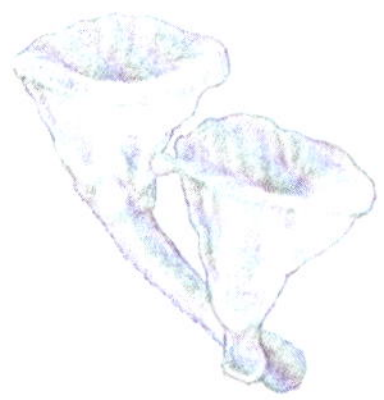

CARIPIA MONTAGNEI

(BERKELEY) KUNTZE

Dieser ungewöhnliche kleine Pilz sieht aus wie ein eigenartig geformter Bauchpilz, doch seine Sporen werden an der Außenseite produziert – nicht im Inneren der „Kapsel". Früher wurde er den Keulchen (*Clavaria*-Arten) zugeordnet, dann für eine *Podoscypha*-Art gehalten. DNA-Analysen ergaben aber, dass er mit den kleinen Blätterpilzen der Gattung *Marasmius* verwandt ist. Die seltsame Form von *Caripia montagnei* („Pod Parachute") bleibt jedoch ein Rätsel. Er wurde nach dem Fluss Caripi an der Nordgrenze Brasiliens benannt und kommt im tropischen und subtropischen Amerika sehr häufig vor.

Maßstab 1:1

ÄHNLICHE ARTEN

Caripia montagnei hat eine charakteristische Form. Man verwechselt ihn vielleicht mit einem gestielten Becherling, etwa mit *Dumontinia tuberosa*, der seine Sporen jedoch auf der Oberseite bildet und nicht verwandt ist. Die echten Verwandten, wie *Marasmius rotula*, wachsen auf ähnliche Weise, haben aber gewöhnliche, fallschirmartige Hüte mit Lamellen an der Unterseite.

Caripia montagnei bildet ungewöhnliche, kelch- oder kapselförmige Fruchtkörper. Der Hut ist glatt, weißlich bis cremefarben, und flach bis leicht niedergedrückt. Die stark herablaufende, sporentragende Fläche darunter ist ähnlich gefärbt, zuerst glatt, im Alter oft mit aderigen Runzeln. Der dünne, zylindrische Stamm ist glatt und braun bis purpurbraun.

FAMILIE	Tricholomataceae
VERBREITUNG	Nordamerika, Kontinentaleuropa, Nordasien
LEBENSRAUM	In Wäldern
SYMBIOSE	Ektomykorrhiza mit Nadelbäumen, vor allem Fichten
WUCHSFORM	Am Boden, einzeln oder in kleinen Büscheln
VORKOMMEN	Selten
SPORENFARBE	Weiß
GENIESSBARKEIT	Essbar

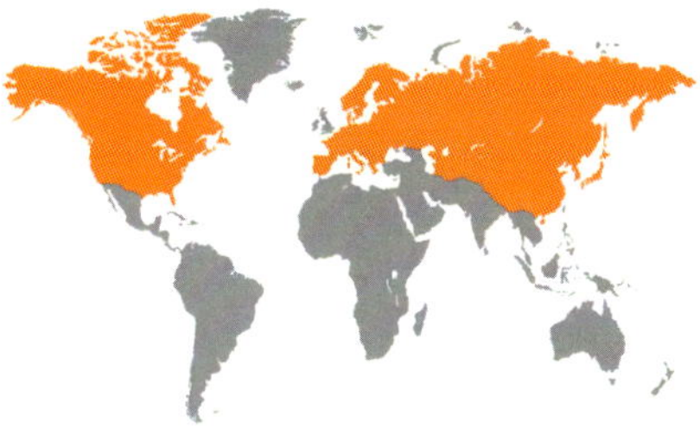

GRÖSSE
Bis zu 180 mm

HUTDURCHMESSER
Bis zu 300 mm

CATATHELASMA IMPERIALE

WURZEL-MÖHRLING

(FRIES) SINGER

Der Wurzel-Möhrling ist ein großer, stattlicher Pilz, der typischerweise auf kalkhaltigen Böden bei Kiefern wächst. Er ist mit den *Tricholoma*-Arten verwandt, unterscheidet sich aber durch seinen ungewöhnlichen doppelten Ring und die herablaufenden Lamellen. Er hat einen deutlichen Geruch, der als mehl-, gurken- oder wassermelonenartig beschrieben wurde. Der Wurzel-Möhrling ist zäh, aber essbar, und wird in Rumänien und China sogar kommerziell für den Export gesammelt. In mehreren europäischen Ländern gilt er jedoch als seltene, verschwindende Art und wurde auf die nationale Rote Liste gefährdeter Pilzarten gesetzt.

ÄHNLICHE ARTEN

Im Westen Nordamerikas gibt es den verwandten *Catathelasma ventricosum*, der meist um einiges kleiner ist und einen weißen Hut hat. Matsutake-Arten (*Tricholoma matsutake* und *T. magnivelare*) sehen auf den ersten Blick ähnlich aus, haben aber keine herablaufenden Lamellen oder einen doppelten Ring. Sie alle sind essbar.

Der Wurzel-Möhrling bildet große, stämmige Fruchtkörper, die oft halb in Moos und Streu vergraben sind. Der Hut ist konvex bis flach, glatt bis faserig, jung klebrig, blass- bis mittelbraun. Die Lamellen sind stark herablaufend, weißlich bis cremefarben, im Alter manchmal grau. Der dicke Stiel ist an der manchmal unter der Erde liegenden Basis zugespitzt. Der Stiel ist über dem doppelten Ring weißlich, darunter gelbbraun.

Maßstab 1:1

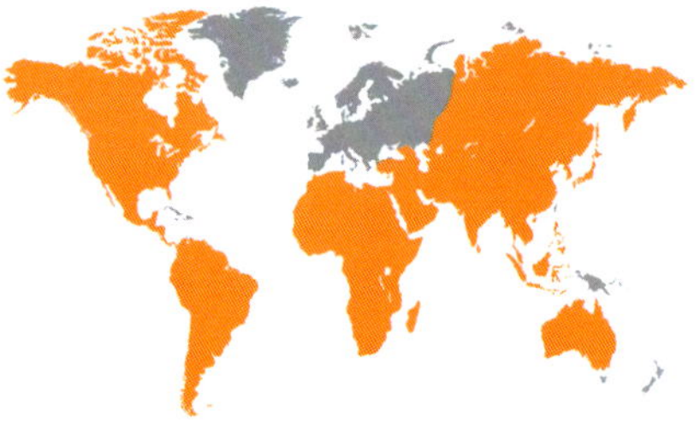

FAMILIE	Agaricaceae
VERBREITUNG	Nordamerika, Afrika, Mittel- und Südamerika, Asien, Australien
LEBENSRAUM	In Wiesen, Parklandschaften und Gärten
SYMBIOSE	Mit Laub- und Nadelbäumen, in nährstoffreicher Erde oder in Kompost
WUCHSFORM	Am Boden, einzeln oder truppweise und in Ringen
VORKOMMEN	Häufig
SPORENFARBE	Grün bis graugrün
GENIESSBARKEIT	Giftig

GRÖSSE
Bis zu 250 mm

HUTDURCHMESSER
Bis zu 300 mm

CHLOROPHYLLUM MOLYBDITES

GRÜNSPORIGER RIESEN-SCHIRMLING

(G. MEYER) MASSEE

Maßstab 1:1

Der Grünsporige Riesenschirmling verursachte angeblich die meisten Pilzvergiftungen in Nordamerika und zahlreiche in anderen Regionen. Er ist vor allem in den Tropen und Subtropen heimisch und wächst besonders häufig auf Wiesen, wo er eindrucksvolle Ringe bildet. Sein Lebensraum reicht in den gemäßigten Zonen nördlich bis nach Kanada, Japan und Korea. In Europa kommt er nicht vor (außer selten in Gewächshäusern und Pflanzbehältern), auch nicht in Neuseeland. Seine grünen Sporen sind charakteristisch, färben aber nicht die Lamellen junger Fruchtkörper, die dann mit essbaren Riesenschirmlingen verwechselt werden. Das Gift ist noch unbekannt, kann jedoch bei empfindlichen Menschen starke Magen-Darm-Beschwerden hervorrufen.

ÄHNLICHE ARTEN

Der Grünsporige Riesenschirmling wird oft mit dem essbaren Riesenschirmling (*Macrolepiota procera*) verwechselt, der einen genatterten Stiel und kein rötendes Fleisch hat. Er wurde auch bereits für den Safran-Schirmling (*Chlorophyllum rhacodes*) und für *C. brunneum* gehalten, die manchmal als essbar angegeben werden, aber auch giftig sein können.

Der Grünsporige Riesenschirmling hat jung einen fast kugeligen Hut, der flach bis stumpf gebuckelt wird, mit einem braunen oder rosig braunen Fleck in der Mitte, der von kleinen Schuppen in ähnlicher Farbe auf weißlichem Untergrund umgeben ist. Die Lamellen sind weiß und werden grünlich. Der Stiel ist glatt, weißlich, manchmal zur Basis hin bräunend, mit einem großen, oft losen, schuppigen Ring. Das Fleisch der Stielbasis kann im Schnitt röten.

FAMILIE	Agaricaceae
VERBREITUNG	Nordamerika, Europa, Nordasien
LEBENSRAUM	In Wäldern, Parklandschaften und Gärten
SYMBIOSE	Mit Laub- und Nadelbäumen, in nährstoffreicher Erde oder in Kompost
WUCHSFORM	Am Boden, einzeln oder in Gruppen
VORKOMMEN	Häufig
SPORENFARBE	Weiß
GENIESSBARKEIT	Giftig (für manche), lieber meiden

GRÖSSE
Bis zu 225 mm

HUTDURCHMESSER
Bis zu 225 mm

CHLOROPHYLLUM RHACODES

SAFRAN-SCHIRMLING

(VITTADINI) VELLINGA

Der Safran-Schirmling (früher *Macrolepiota rhacodes*) ist ein häufiger Pilz der nördlichen gemäßigten Zone mit einer Vorliebe für nährstoffreiche Erde, der oft in Gärten, auf gedüngten Böden und auf Komposthaufen wächst. Manche essen ihn, aber bei anderen verursacht er Magenbeschwerden, darum meidet man ihn besser. Außerdem ähnelt er dem eindeutig giftigen Grünsporigen Riesenschirmling (*Chlorophyllum molybdites*), der in Nordamerika, den Subtropen und den Tropen von unvorsichtigen Sammlern oft mit dem Safran-Schirmling verwechselt und verzehrt wird. Der Beiname *rhacodes* bedeutet „zottig“, was den schuppigen Hut exakt beschreibt.

ÄHNLICHE ARTEN

Der giftige Grünsporige Riesenschirmling (*Chlorophyllum molybdites*) sieht sehr ähnlich aus, hat reif jedoch grünliche Sporen und Lamellen. *Chlorophyllum brunneum* (der Safran-Schirmling Australiens und des nordamerikanischen Westens) und *C. olivieri* sind auch ähnlich, aber genauso wenig giftig wie *C. rhacodes*. Der essbare Riesenschirmling (*Macrolepiota procera*) hat einen genatterten Stiel und rötet nicht.

Der Safran-Schirmling hat jung einen fast kugeligen Hut, der flach bis stumpf gebuckelt wird, mit einem braunen oder rotbraunen Fleck in der Mitte, der von zottigen, aufgerichteten Schuppen in ähnlicher oder weißlicher Farbe umgeben wird. Die Lamellen sind weiß. Der Stiel ist glatt, weißlich, zur knolligen Basis hin bräunend, mit einem großen, oft losen, schuppigen Ring. Das Fleisch verfärbt sich im Schnitt leuchtend orangerot und verblasst bräunlich (siehe Bild oben rechts).

Maßstab 1:1

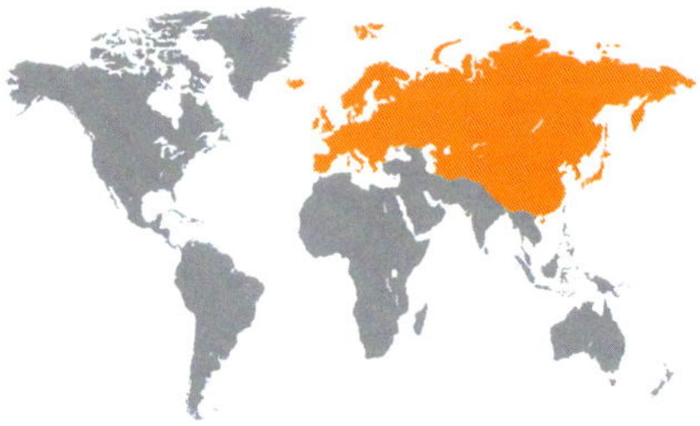

FAMILIE	Gomphidiaceae
VERBREITUNG	Europa, Nordasien
LEBENSRAUM	In Wäldern
SYMBIOSE	Vermutlich Ektomykorrhiza mit Kiefern
WUCHSFORM	Am Boden, einzeln oder in kleinen Trupps
VORKOMMEN	Selten
SPORENFARBE	Schwärzlich grau
GENIESSBARKEIT	Essbar

GRÖSSE
Bis zu 125 mm

HUTDURCHMESSER
Bis zu 150 mm

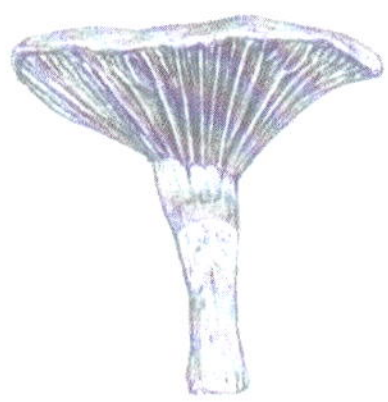

CHROOGOMPHUS RUTILUS

KUPFERROTER GELBFUSS

(SCHAEFFER) O. K. MILLER

Chroogomphus-Arten sind eng mit *Gomphidius*-Arten verwandt, ihr Stiel ist jedoch ringlos. Sie wachsen ausschließlich bei Kiefern und man vermutete eine Ektomykorrhiza, aber neuere Forschung hält sie für eine parasitäre Form, die Mykorrhiza von *Suillus*-Arten anzapft. Der Kupferrote Gelbfuß wird in Osteuropa und Asien verzehrt (nach dem Entfernen der schleimigen Hutoberfläche), scheint jedoch kein geschätzter Speisepilz zu sein. Die Fruchtkörper der verwandten amerikanischen Arten wurden auch schon als Färbemittel verwendet, die verschiedene orange bis graugrüne Farbtöne aufweisen.

ÄHNLICHE ARTEN

Molekulare Forschung ergab, dass die nordamerikanischen Exemplare, die zuvor auch *Chroogomphus rutilus* genannt wurden, eine genetisch eigene Art bilden, die *C. ochraceus* genannt werden soll. Der nordamerikanische *C. vinicolor* ist ebenfalls ähnlich, kann jedoch unter dem Mikroskop unterschieden werden. Der asiatische *C. orientirutilus* hat einen rötlicheren, weniger stark gebuckelten Hut.

Maßstab 1:1

Der Kupferrote Gelbfuß hat einen zuerst konvexen Hut, der im Alter gebuckelt wird. Er ist glatt, bei Nässe schleimig, und ocker-gelbbraun bis weinrot oder purpurbraun. Die Lamellen sind entfernt stehend und stark herablaufend, orangegrau bis purpurgrau. Der Stiel ist glatt, jung leicht genattert, oben purpurbraun, darunter orange und an der Basis gelb.

FAMILIE	Tricholomataceae
VERBREITUNG	Nordamerika, Europa, Mittelamerika, Nordasien, Neuseeland
LEBENSRAUM	In Wäldern
SYMBIOSE	Mit Laub- und Nadelbäumen, in nährstoffreicher Erde
WUCHSFORM	Am Boden, truppweise und in Ringen
VORKOMMEN	Häufig
SPORENFARBE	Weiß
GENIESSBARKEIT	Giftig (für manche)

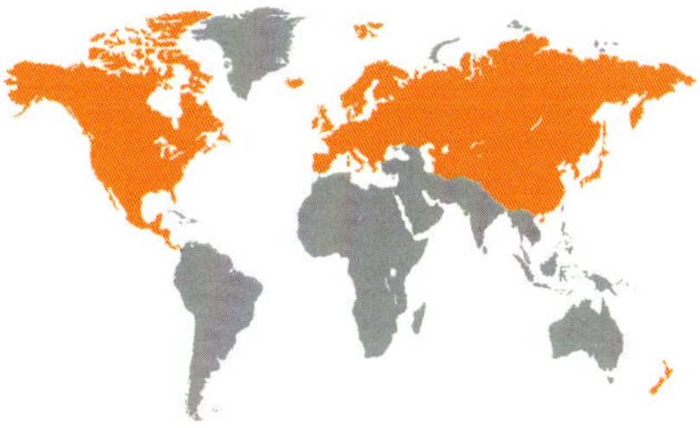

GRÖSSE
Bis zu 125 mm

HUTDURCHMESSER
Bis zu 125 mm

CLITOCYBE NEBULARIS

NEBELGRAUER TRICHTERLING

(BATSCH) P. KUMMER

Der Nebelgraue Trichterling erscheint spät in der Saison und liebt stickstoffreiche Böden. Häufig wächst er gesellig mit dem Fuchsigen Rötelritterling (*Lepista flaccida*). Der Pilz verströmt einen charakteristischen Geruch, den manche als aromatisch, andere (besonders in Nordamerika) als faulig empfinden. Möglicherweise gibt es mehr als eine Art, aber Untersuchungen ergaben, dass die Fruchtkörper mindestens 49 flüchtige Bestandteile enthalten, die Gerüche nach Rosen, Käse, modriger Erde, Mandeln und Fäkalien freisetzen. Der Nebelgraue Trichterling wird manchmal blanchiert gegessen, kann jedoch Magenbeschwerden verursachen. Er enthält Nebularin, ein Zellgift, das in der Medizin und in anderen Bereichen eingehend erforscht wird.

ÄHNLICHE ARTEN

Der Mönchskopf (*Infundibulicybe geotropa*) ist ähnlich groß und geformt, aber cremefarben bis blassbeige. Der Riesen-Krempentrichterling (*Leucopaxillus giganteus*) ist weiß und wächst häufiger auf Wiesen. Der giftige Riesen-Rötling (*Entoloma sinuatum*) kann jung ähnlich aussehen, hat jedoch lachsrosa Sporen.

Maßstab 1:1

Der Nebelgraue Trichterling hat einen fleischigen Hut, der anfangs konvex, ausgebreitet leicht trichterig ist. Die Oberfläche ist glatt, oft mit feinem, weißlichem Reif, blassgrau bis rauchig braungrau, zum Rand hin blasser. Die Lamellen sind weißlich-cremefarben und leicht herablaufend. Der Stiel ist hutfarben oder blasser, zur Basis hin meist keulig.

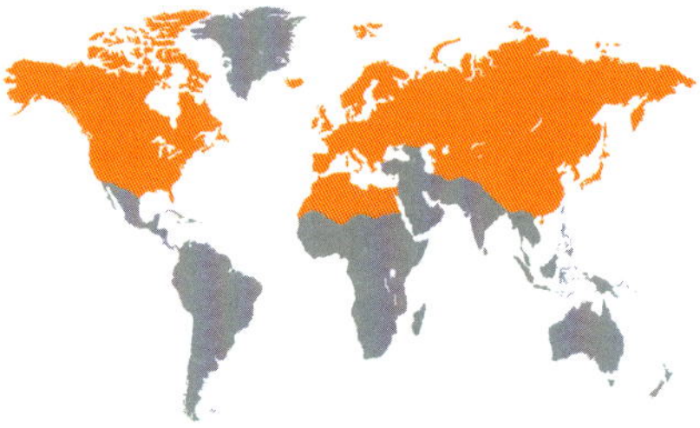

FAMILIE	Tricholomataceae
VERBREITUNG	Nordamerika, Europa, Nordafrika, Nordasien
LEBENSRAUM	In Wäldern
SYMBIOSE	Mit Laubbäumen
WUCHSFORM	Am Boden, einzeln oder in verstreuten Trupps
VORKOMMEN	Häufig
SPORENFARBE	Weiß
GENIESSBARKEIT	Essbar

GRÖSSE
Bis zu 100 mm

HUTDURCHMESSER
Bis zu 100 mm

CLITOCYBE ODORA

GRÜNER ANIS-TRICHTERLING

(BULLIARD) P. KUMMER

Das blasse Jadegrün und der intensive Geruch nach Anis sind die typischen Merkmale des Grünen Anis-Trichterlings, ein häufiger Pilz in der Laubstreu von Wäldern. Er wächst oft einzeln, manchmal auch in großen Trupps. Analysen ergaben, dass der von den Fruchtkörpern produzierte flüchtige Bestandteil *p*-Anisaldehyd das dominante Aroma ist, das den Geruch verursacht.

Dieser essbare Pilz wurde wenig überraschend wegen seines Anisgeschmacks gesammelt und kann vielleicht für kommerzielle Würzmittel verwendet werden. Viele andere *Clitocybe*-Arten sind jedoch (zum Teil tödlich) giftig, darum meidet man diese Gattung besser.

ÄHNLICHE ARTEN

Der kleinere, blassbräunliche, geriefte *Clitocybe fragrans* (früher *C. suaveolens*, in Nordamerika *C. deceptiva*) ist weit verbreitet, kommt sehr häufig vor und riecht intensiv nach Anis. Die ähnlich blassen europäischen *C. albofragrans* und *C. anisata*, wie auch der rosige nordamerikanische *C. oramophila*, riechen auch nach Anis.

Maßstab 1:1

Der Grüne Anis-Trichterling hat einen konvexen Hut, der später flach bis leicht trichterig wird. Die Oberfläche ist glatt und blass gräulich-grün, wird im Alter gelbbraun bis blass ocker oder gräulich. Die Lamellen sind cremefarben bis blass hutfarben, manchmal herablaufend. Der Stiel ist hutfarben oder blasser, oft weißlich, und an der Basis filzig.

FAMILIE	Tricholomataceae
VERBREITUNG	Nordamerika, Europa, Nordafrika, Nordasien
LEBENSRAUM	Auf Wiesen, gelegentlich in Gebüschen und Wäldern
SYMBIOSE	Mit Gräsern oder Laubbäumen
WUCHSFORM	Am Boden, oft truppweise oder in Ringen
VORKOMMEN	Häufig
SPORENFARBE	Weiß
GENIESSBARKEIT	Giftig

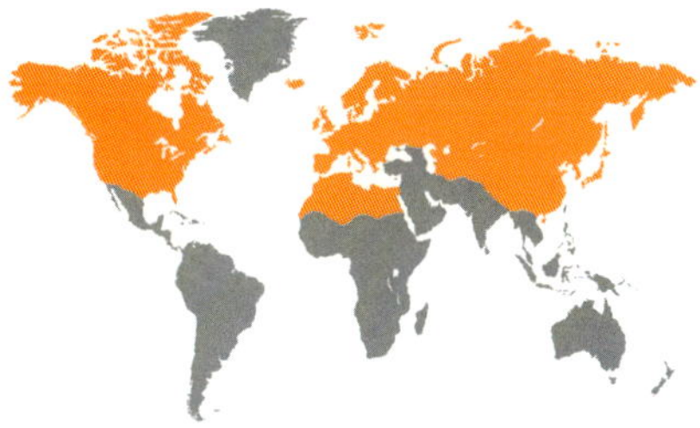

GRÖSSE
Bis zu 50 mm

HUTDURCHMESSER
Bis zu 75 mm

CLITOCYBE RIVULOSA

RINNIGBEREIFTER TRICHTERLING

(PERSOON) P. KUMMER

Viele *Clitocybe*-Arten enthalten das Gift Muscarin, manche in einer höheren Konzentration als andere. Der Rinnigbereifte Trichterling (manchmal als *C. dealbata* angegeben) gehört zur letzteren Sorte. Er ist ein besonders giftiger Pilz, der gelegentlich mit dem essbaren Nelken-Schwindling (*Marasmius oreades*) verwechselt wird. Beide bilden Hexenringe und wachsen oft zusammen. In Südfrankreich wurden im beobachteten Zeitraum von 25 Jahren bis 1998 über 480 Personen wegen einer Muscarinvergiftung behandelt, auch wenn viele dieser Fälle durch *Inocybe*-Arten verursacht wurden. Glücklicherweise überlebten alle Betroffenen, doch diese Fälle machen deutlich, wie häufig es in mykophilen Ländern zu Pilzvergiftungen kommt.

Maßstab 1:1

ÄHNLICHE ARTEN

Es gibt viele kleine, blasse *Clitocybe*-Arten, die für ihre schwierige Unterscheidbarkeit bekannt sind. Der essbare *Marasmius oreades* wächst unter ähnlichen Bedingungen wie der Rinnigbereifte Trichterling, unterscheidet sich normalerweise aber durch seine wärmeren, cremefarbenen bis bräunlichen Farbtöne, seine entfernt stehenden, nicht herablaufenden Lamellen und einen zähen, biegsamen Stiel.

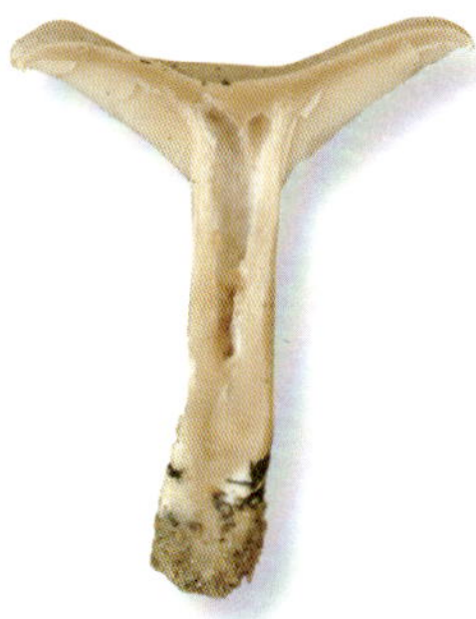

Der Rinnigbereifte Trichterling hat einen konvexen Hut, der flach bis leicht trichterig wird (siehe Bild rechts). Die Oberfläche ist glatt und schmutzig weiß bis gräulich oder rosig gelbbraun, feucht manchmal mit wässrigen Flecken. Die Lamellen sind hutfarben und manchmal leicht herablaufend. Der Stiel ist glatt und ebenfalls hutfarben.

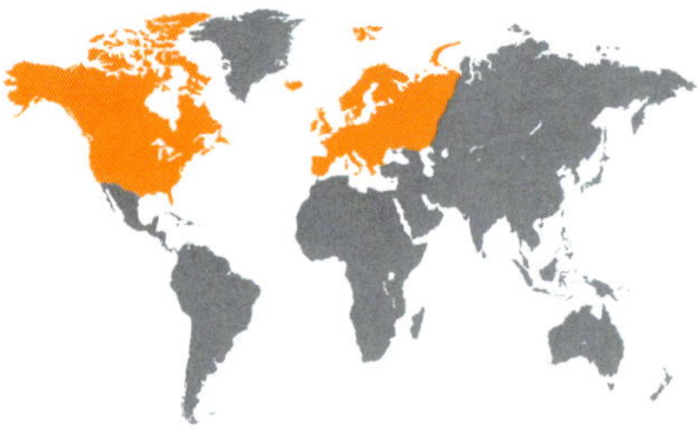

FAMILIE	Tricholomataceae
VERBREITUNG	Nordamerika, Europa
LEBENSRAUM	In Wäldern
SYMBIOSE	Mit Laubbäumen
WUCHSFORM	Am Boden, einzeln oder in verstreuten Gruppen
VORKOMMEN	Selten
SPORENFARBE	Weiß
GENIESSBARKEIT	Ungenießbar

GRÖSSE
Bis zu 50 mm

HUTDURCHMESSER
Bis zu 35 mm

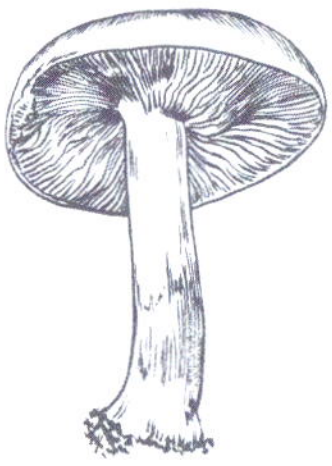

CLITOCYBE TRULLIFORMIS

GRAUFILZIGER TRICHTERLING

(FRIES) P. KARSTEN

Dieser hübsche kleine *Clitocybe*-Pilz hat einen grauen Hut und Stiel, die einen Kontrast zu seinen weißen bis cremefarbenen Lamellen bilden. Beim Anschneiden entwickelt er einen charakteristischen mehligen Geruch. Sein Name ist jedoch verwirrend, da bereits mehrere verschiedene *Clitocybe*-Arten *C. trulliformis* genannt wurden. Dieser Pilz ist auch als *C. font-queri* bekannt, aber manche Autoren behandeln letztgenannten als eigene Art. Der lateinische Beiname *trulliformis* bedeutet „wie eine Schöpfkelle geformt" – was nicht besonders passend erscheint, außer die Römer verwendeten sehr merkwürdig geformte Schöpfkellen.

ÄHNLICHE ARTEN

Der seltene *Clitocybe collina*, manchmal auf Sanddünen entdeckt, ist ähnlich, unterscheidet sich aber unter dem Mikroskop durch seine kleineren Sporen. Der Nebelgraue Trichterling (*C. nebularis*) hat ebenfalls einen grauen Hut und Stiel, ist aber immer viel größer als der Graufilzige Trichterling.

Maßstab 1:1

Der Graufilzige Trichterling hat einen flachen bis mittig niedergedrückten Hut. Die Oberfläche ist glatt und leicht filzig, und dunkel bis blass aschgrau bis bräunlich grau. Die Lamellen sind weiß bis cremefarben und stark herablaufend. Der Stiel ist hutfarben und meist mit weißlichem Myzel an der Basis.

FAMILIE	Entolomataceae
VERBREITUNG	Nordamerika, Europa, Nordafrika, Mittelamerika, Nordasien
LEBENSRAUM	In Wäldern und Parklandschaften
SYMBIOSE	Mit Laubbäumen, vor allem Eichen, oft in Gras
WUCHSFORM	Am Boden, einzeln oder in kleinen Gruppen
VORKOMMEN	Häufig
SPORENFARBE	Rosa
GENIESSBARKEIT	Essbar

GRÖSSE
Bis zu 50 mm

HUTDURCHMESSER
Bis zu 75 mm

CLITOPILUS PRUNULUS

MEHL-RÄSLING

(SCOPOLI) P. KUMMER

Der Mehl-Räsling erhielt seinen ungewöhnlichen Namen wegen dem intensiven Mehlgeruch seiner Fruchtkörper. Sie wachsen eher niedrig und halb im Gras in der Nähe von Bäumen versteckt, manchmal auch auf Laubstreu in Wäldern. Der Mehl-Räsling hat rosa Sporen und gehört zur selben Pilzfamilie wie die Rötlinge (Gattung *Entoloma*). Viele davon sind giftig, aber der Mehl-Räsling ist essbar und der Geruch verflüchtigt sich wohl beim Kochen. Die Art wurde ursprünglich 1772 durch den italienischen Naturforscher Giovanni Antonio Scopoli aus Slowenien dokumentiert, ist jedoch auf der gesamten Nordhalbkugel weitverbreitet.

ÄHNLICHE ARTEN

Der seltenere *Clitopilus scyphoides* ist die Miniaturausgabe des Mehl-Räslings und wird am besten mikroskopisch an seinen kleineren Sporen bestimmt. Der giftige Rinnigbereifte Trichterling (*C. rivulosa*) ist ein weißlicher bis leicht rosiger Wiesenpilz, der ähnlich aussehen kann, aber weiße (statt rosa) Sporen hat.

Maßstab 1:1

Der Mehl-Räsling hat einen konvexen bis flachen Hut, der manchmal leicht niedergedrückt, manchmal gebuckelt ist, mit einem lappigen oder welligen, nach innen gerollten Rand. Die Oberfläche ist raulederartig, weiß, im Alter blassbeige bis grau oder leicht rosa. Die gedrängt stehenden, herablaufenden Lamellen sind zuerst weißlich und werden blassrosa. Der Stiel ist hutfarben und glatt.

FAMILIE	Bolbitiaceae
VERBREITUNG	Europa, Nordafrika
LEBENSRAUM	Auf Wiesen und Rasen
SYMBIOSE	Auf gedüngtem oder angereichertem Grasland
WUCHSFORM	Am Boden, einzeln oder in verstreuten Trupps
VORKOMMEN	Lokal häufig
SPORENFARBE	Blass rostbraun
GENIESSBARKEIT	Ungenießbar

GRÖSSE
Bis zu 100 mm

HUTDURCHMESSER
Bis zu 25 mm

CONOCYBE APALA

MILCHWEISSES SAMTHÄUBCHEN

(FRIES) ARNOLDS

Maßstab 1:1

Das zerbrechliche Milchweiße Samthäubchen ist ein typisches Beispiel für viele kurzlebige Blätterpilze auf nährstoffreichen Grünflächen, die bei feuchtem Wetter auftauchen, Sporen bilden und bald kollabieren. Viele haben schwarze Lamellen, wie etwa der Scheibchentintling (*Parasola plicatilis*), aber das Milchweiße Samthäubchen unterscheidet sich durch seine blass rostbraunen Lamellen. Früher hieß es *Conocybe lactea* oder *Bolbitius lacteus* und galt in Nordamerika und Europa als weitverbreitet. Neuere Molekularforschung legt jedoch nahe, dass die nordamerikanischen Exemplare (die oft weniger längliche Hüte haben) eine eigene Art bilden: *C. albipes*.

ÄHNLICHE ARTEN

Conocybe ist eine große Gattung, aber die meisten anderen Arten haben hellbraune bis orangebraune Hüte. Der weißhütige *C. crispa*, aus Nordamerika dokumentiert, ist zweisporig und damit unter dem Mikroskop einfach zu unterscheiden; vielleicht ist er auch nur eine Varietät von *C. albipes*. Andere Wiesen-Blätterpilze mit weißen oder blassen kegeligen Hüten haben für gewöhnlich weiße Lamellen (*Mycena*-Arten) oder schwärzliche Lamellen (*Parasola*- und *Panaeolus*-Arten).

Das Milchweiße Samthäubchen hat einen länglichen kegeligen oder glockigen Hut mit glatter oder leicht runzeliger Oberfläche, weiß bis cremefarben, manchmal mit ockerfarbener Tönung in der Mitte. Die Lamellen sind blass gelbbraun. Der dünne, zarte Stiel ist glatt und weiß, meist mit knolliger Basis. Alle Teile des Fruchtkörpers sind höchst zerbrechlich.

FAMILIE	Bolbitiaceae
VERBREITUNG	Nordamerika, Kontinentaleuropa, Nordafrika
LEBENSRAUM	Auf Weiden und Rasen
SYMBIOSE	Auf gedüngtem oder angereichertem Grasland
WUCHSFORM	Am Boden, einzeln oder in verstreuten Trupps
VORKOMMEN	Lokal häufig
SPORENFARBE	Blass rostbraun
GENIESSBARKEIT	Ungenießbar

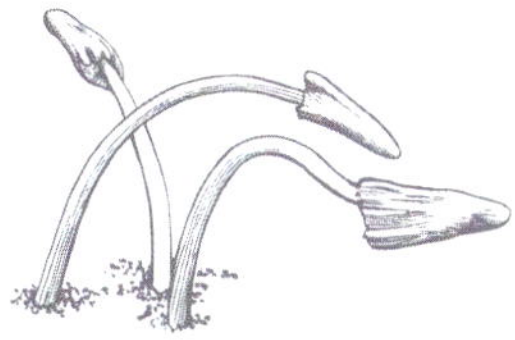

GRÖSSE
Bis zu 125 mm

HUTDURCHMESSER
Bis zu 25 mm

CONOCYBE DELIQUESCENS

SCHLEIMIGES SAMTHÄUBCHEN

HAUSKNECHT & KRISAI

Bis vor Kurzem zählte man diesen kleinen Pilz noch zur Gattung *Gastrocybe* (als *G. lateritia*), da sich sein Hut nie ausbreitet. DNA-Analysen zeigen jedoch, dass er ein *Conocybe*-Pilz ist, wenn auch ein eigenartiger. Das Schleimige Samthäubchen wächst auf Rasen oder Wiesen in der Mitte Nordamerikas und in Mittel- und Südeuropa. Es fällt nicht immer auf, da seine Fruchtkörper kurzlebig und merkwürdig schlaff sind. Es steht selten aufrecht und sein schleimiger Hut sieht aus wie kurz vor dem Zerfall. Die Forschung legt nahe, dass Bakterien dafür verantwortlich sein könnten, die in einer Art Symbiose mit dem Pilz leben.

ÄHNLICHE ARTEN

Die Fruchtkörper des Schleimigen Samthäubchens haben eine ähnliche Form wie jene des Milchweißen Samthäubchens (*Conocybe apala*), aber Letzteres ist trocken und komplett weißlich. Andere *Conocybe*-Arten mit braunen bis rötlichen Hüten sind ebenfalls trocken und haben normale (nicht schleimige) Lamellen.

Das Schleimige Samthäubchen hat einen länglichen kegeligen oder glockigen Hut mit runzeliger Oberfläche. Er ist sehr schleimig und rötlich braun. Die Lamellen sind hutfarben, unregelmäßig stehend, schleimig und zerfallen schnell. Der dünne, weiche Stiel ist glatt und weiß.

Maßstab 1:1

FAMILIE	Bolbitiaceae
VERBREITUNG	Nordamerika, Europa
LEBENSRAUM	In kalkhaltigen Wäldern, Gebüschen und Parklandschaften
SYMBIOSE	Auf Laubstreu oder Hackschnitzeln
WUCHSFORM	Am Boden, einzeln oder in verstreuten Trupps
VORKOMMEN	Selten
SPORENFARBE	Rostbraun
GENIESSBARKEIT	Giftig

GRÖSSE
Bis zu 50 mm

HUTDURCHMESSER
Bis zu 25 mm

CONOCYBE FILARIS

RUNZELIGER GLOCKEN-SCHÜPPLING

(FRIES) KÜHNER

Es lohnt sich nicht, diesen winzigen Pilz zuzubereiten, und das ist auch besser so. Der Runzelige Glockenschüppling enthält Amatoxine – die gleichen giftigen Verbindungen, die auch im Grünen Knollenblätterpilz (*Amanita phalloides*) zu finden sind. Die Fruchtkörper sind daher potenziell tödlich, auch wenn es nur sehr wenige dokumentierte Vergiftungen mit *Conocybe filaris* gibt. Der Hut ist hygrophan und verändert seine Farbe je nachdem, ob er nass oder trocken ist, aber der auffällige weißliche Ring ist charakteristisch – auch wenn er lose ist und leicht abfallen kann.

Maßstab 1:1

ÄHNLICHE ARTEN

Conocybe-Arten, die einen Ring haben, werden oft in die Gattung *Pholiotina* eingeordnet. Alle haben rostbraune Sporen. *Conocybe rugosa* ist *C. filaris* sehr ähnlich, hat jedoch einen runzeligen oder gerieften Hut. Der giftige *Galerina marginata* hat rostfarbene Sporen und einen Ring, aber er wächst auf Holz.

Der Runzelige Glockenschüppling hat einen konvexen bis stumpf gebuckelten Hut. Die Oberfläche ist glatt, am Rand gerieft, feucht rötlich braun und trocken blass ocker. Die Lamellen sind braungelb und werden rostbraun. Der Stiel ist glatt bis längsfaserig, fein geflockt, zuerst elfenbeinfarben bis silbrig weiß, wird dann von der Basis ausgehend hutfarben, mit einem auffälligen, aber losen, weißlichen Ring.

FAMILIE	Psathyrellaceae
VERBREITUNG	Nordamerika, Europa, Afrika, Mittel- und Südamerika, Asien, Australien, Neuseeland
LEBENSRAUM	In Wäldern
SYMBIOSE	Mit Laubbäumen
WUCHSFORM	Auf Baumstümpfen und fauligem (oft vergrabenem) Holz, in Schwärmen
VORKOMMEN	Sehr häufig
SPORENFARBE	Schwarz
GENIESSBARKEIT	Essbar

GRÖSSE
Bis zu 50 mm

HUTDURCHMESSER
Bis zu 15 mm

COPRINELLUS DISSEMINATUS

GESÄTER TINTLING

(PERSOON) J. E. LANGE

Der Gesäte Tintling ist klein, bildet dafür aber zahlreiche Fruchtkörper, die typischerweise auf alten Baumstümpfen oder um sie herum wachsen. Die einzelnen Fruchtkörper sind nicht nur klein, sondern auch zerbrechlich und zerfallen beim Pflücken sehr leicht. Es mag daher überraschen, dass diese weit verbreitete Art von Völkern in Ghana und in anderen Teilen Afrikas wie auch in Südostasien als Nahrung gesammelt wird. Im Gegensatz zu den Lamellen der meisten Tintlinge zerfließen jene des Gesäten Tintlings im Alter nicht. Die kurzlebigen Fruchtkörper kollabieren jedoch bald, meist schon nach ein bis zwei Tagen.

ÄHNLICHE ARTEN

Es gibt einige ähnliche kleine Tintlinge, diese wachsen jedoch einzeln oder in kleinen Gruppen. Der seltenere *Coprinellus hiascens* ist ein etwas größerer Doppelgänger, der büschelig wachsende Fruchtkörper bildet, aber keine großen Schwärme. Der weniger eng verwandte *Psathyrella pygmaea* wächst in Schwärmen und ist ohne Mikroskop nur schwer vom Gesäten Tintling zu unterscheiden.

Der Gesäte Tintling bildet Fruchtkörper, die in großen Schwärmen wachsen. Ihre Hüte sind konvex, sehr dünnfleischig und zerbrechlich, gewellt oder gefurcht, glatt oder samtig, und zuerst blass weißlich bis gelbbraun, dann blassgrau. Die Lamellen sind zuerst weißlich, werden dann schwarz. Der Stiel ist weißlich bis blass hutfarben und glatt.

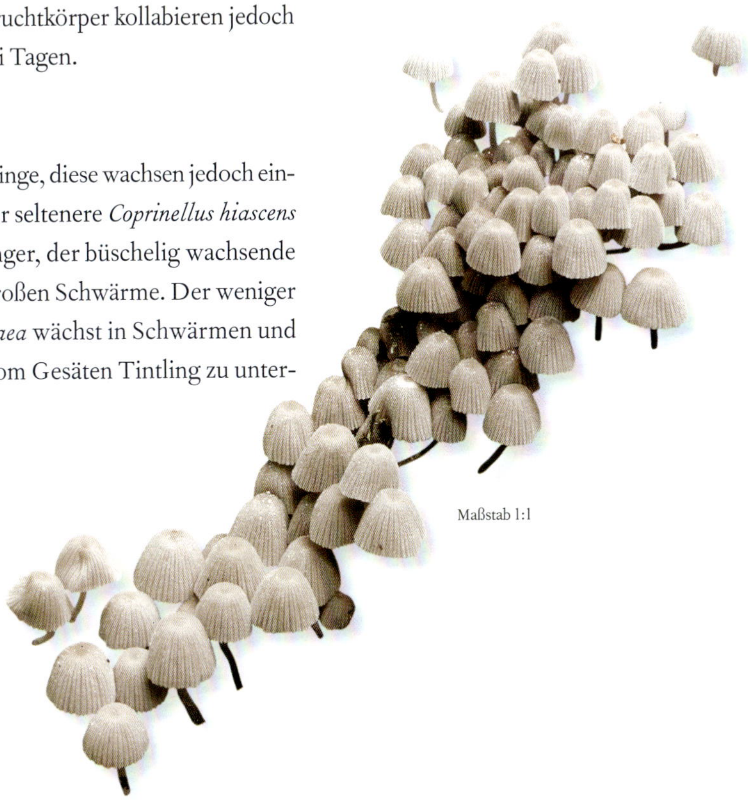

Maßstab 1:1

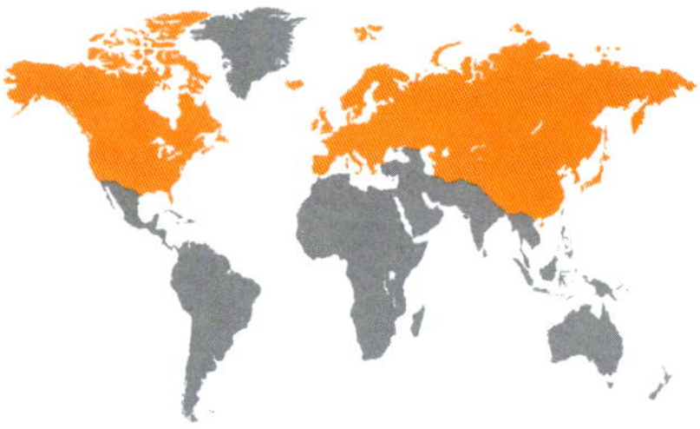

FAMILIE	Psathyrellaceae
VERBREITUNG	Nordamerika, Europa, Nordasien
LEBENSRAUM	In Wäldern, seltener in Gebäuden
SYMBIOSE	Mit Laubbäumen
WUCHSFORM	Auf Holzstämmen und abgefallenen Ästen, seltener auf Bauholz, einzeln oder in Gruppen
VORKOMMEN	Häufig
SPORENFARBE	Schwarz
GENIESSBARKEIT	Ungenießbar

GRÖSSE
Bis zu 150 mm

HUTDURCHMESSER
Bis zu 75 mm

COPRINELLUS DOMESTICUS

HAUS-TINTLING

(BOLTON) VILGALYS ET AL

Die Fruchtkörper dieses Tintlings sind nicht besonders bemerkenswert, außer, dass sie aus einem rostbraunen Zottelgeflecht wachsen. Dieser „Filz“ wird Ozonium genannt und besteht aus spezialisiertem Pilzmyzel. Oft findet sich Ozonium ohne Fruchtkörper auf der Unterseite von Holzstämmen und abgefallenen Ästen. Unter den richtigen Bedingungen wachsen Fruchtkörper aus diesem zotteligen Filz. Der Haus-Tintling kann auch in Häusern wachsen, wenn das Holz oder andere Materialien feucht genug dafür sind – daher kommt auch sein Name. Man fand ihn sogar schon auf feuchten Teppichen und Vorlegern.

ÄHNLICHE ARTEN

Einige eng verwandte Tintlinge wachsen aus einem rostbraunen Ozonium, darunter *Coprinellus radians* und *C. xanthothrix*, und man unterscheidet sie am besten mikroskopisch. Ist kein Ozonium vorhanden (was vorkommen kann), kann man den Haus-Tintling ohne Mikroskop kaum von anderen ähnlich großen und ähnlich geformten Tintlingen unterscheiden.

Der Haus-Tintling hat einen zuerst eiförmigen Hut, der dann kegelig wird und sich ausbreitet. Die Oberfläche ist gerieft oder flach gewellt, ocker oder gelbbraun bis hellbraun, zuerst mit kleinen, weißlichen bis braunen, mehligen Schuppen bedeckt. Die Lamellen sind anfangs weißlich und werden schwarz. Der Stiel ist weiß und glatt, mit einer oft keuligen Basis, und wächst meist aus einem rostbraunen, zotteligen Myzelfilz.

Maßstab 1:1

FAMILIE	Psathyrellaceae
VERBREITUNG	Nordamerika, Europa, Afrika, Mittel- und Südamerika, Asien, Australien, Neuseeland
LEBENSRAUM	In Wäldern, Gebüschen, Gärten und an Wegrändern
SYMBIOSE	Mit Laubbäumen
WUCHSFORM	Auf Baumstümpfen und fauligem (oft vergrabenem) Holz, dicht büschelig
VORKOMMEN	Sehr häufig
SPORENFARBE	Schwarz
GENIESSBARKEIT	Essbar

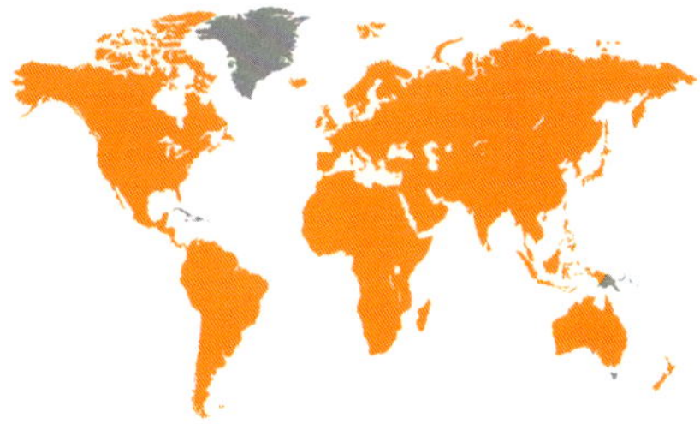

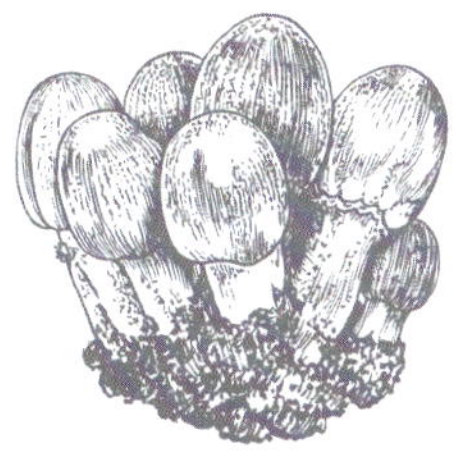

GRÖSSE
Bis zu 150 mm

HUTDURCHMESSER
Bis zu 25 mm

COPRINELLUS MICACEUS

GLIMMER-TINTLING

(BULLIARD) VILGALYS, HOPPLE & JOHNSON

Der Glimmer-Tintling ist ein häufig vorkommender, weitverbreiteter Pilz, benannt nach den feinen, schimmernden, glimmerartigen Schuppen auf den Hüten der Jungpilze. Er wächst in großen Büscheln auf alten Baumstümpfen oder vergrabenem Holz, oft auch in Gärten, an Wegrändern und auf anderen umgegrabenen Böden. Wenn es feucht genug ist, bildet *Coprinellus micaceus* das ganze Jahr über Fruchtkörper. Ein Forscher sammelte zwischen Mai und August von einem einzigen Ulmenstumpf 17 kg Glimmer-Tintlinge. Da es sich um einen essbaren Pilz handelt, entschädigt die Menge vielleicht für die geringe Größe der einzelnen Fruchtkörper.

Maßstab 1:1

ÄHNLICHE ARTEN

Mehrere sehr ähnliche Tintlinge wurden bereits beschrieben, darunter der häufige *Coprinellus truncorum*, aber sie sind nur unter dem Mikroskop unterscheidbar und stellen sich vielleicht nur als Variationen von *C. micaceus* heraus. Der Falten-Tintling (*Coprinopsis atramentaria*) wächst ähnlich büschelig, ist jedoch blass gräulich und hat keine Glitzerschuppen.

Der Glimmer-Tintling bildet Fruchtkörper in dichten Büscheln. Der Hut ist konvex, dünnfleischig, gerieft oder flach gewellt, mit kleinen, glitzernden Schuppen oder Körnchen bedeckt, ocker oder gelbbraun bis hellbraun. Die Lamellen sind anfangs weißlich, werden schwarz und zerfließen im Alter. Der Stiel ist weiß und glatt, wird zur Basis hin graubraun.

FAMILIE	Psathyrellaceae
VERBREITUNG	Nordamerika, Europa, Afrika, Mittel- und Südamerika, Asien, Australien, Neuseeland
LEBENSRAUM	In Wäldern, Gebüschen, Gärten und an Wegrändern
SYMBIOSE	Mit Laubbäumen
WUCHSFORM	Auf Baumstümpfen und fauligem (oft vergrabenem) Holz, büschelig
VORKOMMEN	Sehr häufig
SPORENFARBE	Schwarz
GENIESSBARKEIT	Giftig

GRÖSSE
Bis zu 150 mm

HUTDURCHMESSER
Bis zu 100 mm

COPRINOPSIS ATRAMENTARIA

FALTEN-TINTLING

(BULLIARD) REDHEAD, VILGALYS & MONCALVO

Der Falten-Tintling wächst in dichten Büscheln auf vergrabenem Holz und kommt in Gärten und Brachland vielleicht häufiger vor als in Wäldern, seinem eigentlichen Lebensraum. *Atramentaria* bedeutet „tintig“, und Jean Baptiste Bulliard, der die Art im 18. Jahrhundert erstmals beschrieb, bemerkte, dass man aus den zerfließenden Lamellen Tinte herstellen konnte. Der Falten-Tintling ist essbar, aber nur für Antialkoholiker. Seine Fruchtkörper enthalten das Gift Coprin, das bereits mit geringen Mengen Alkohol reagiert (selbst mit äußerlich angewandten Kosmetika) und Übelkeit, Herzrasen und andere unangenehme Symptome auslöst.

ÄHNLICHE ARTEN

Coprinopsis acuminata und *C. romagnesiana* sind sehr ähnlich, haben jedoch ockerfarbene bis orangebraune Hüte. Der seltenere *Coprinus alopecia* unterscheidet sich mikroskopisch durch seine warzigen Sporen. Der Glimmer-Tintling (*Coprinellus micaceus*) wächst ähnlich büschelig, hat aber einen gelbbraunen Hut mit glitzernden Schuppen.

Maßstab 1:1

Der Falten-Tintling bildet büschelig wachsende Fruchtkörper. Die Hüte sind kegelig, dünnfleischig, eher gewellt oder gerieft, glatt (oder mit einigen Schuppen in der Hutmitte) und blassgrau mit bräunlichen Farbtönen. Die Lamellen sind zuerst weißlich, dann rosig, dann schwarz und zerfließen im Alter. Der Stiel ist weiß und glatt, mit einer weichen, faserigen Velumzone über der Basis.

FAMILIE	Psathyrellaceae
VERBREITUNG	Nordamerika, Europa
LEBENSRAUM	In Wäldern, gelegentlich auf Mulch
SYMBIOSE	Mit Laubbäumen, vor allem Buchen
WUCHSFORM	Am Boden, einzeln oder in kleinen Trupps
VORKOMMEN	Selten
SPORENFARBE	Schwarz
GENIESSBARKEIT	Ungenießbar

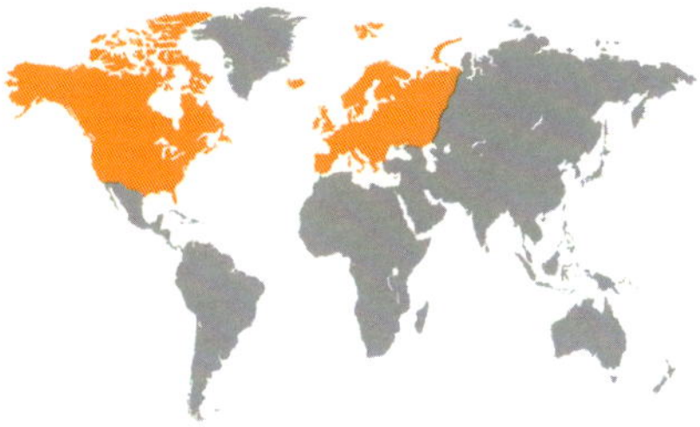

GRÖSSE
Bis zu 300 mm

HUTDURCHMESSER
Bis zu 75 mm

COPRINOPSIS PICACEA

SPECHT-TINTLING

(BULLIARD) REDHEAD, VILGALYS & MONCALVO

Das auffällige Muster von *Coprinopsis picacea* erinnert an das Gefieder eines Spechts oder einer Elster und macht ihn zu einem der leichter bestimmbaren Tintlinge. Außerdem verströmt er einen charakteristischen Geruch nach Gas, Dung oder Mottenkugeln, verursacht durch Skatol, einer organischen Verbindung, die in Parfums als Fixateur verwendet wird, aber am häufigsten in Kohlenteer und Kot zu finden ist. Der Specht-Tintling scheint am häufigsten in europäischen Buchenwäldern zu wachsen, typischerweise auf Kalkböden, gelegentlich auch anderswo. In den letzten Jahren erweiterte er wie viele Blätterpilze seinen natürlichen Lebensraum und besiedelte die Hackschnitzel, die bei Sträuchern und in Blumenbeeten als Mulch verwendet werden.

ÄHNLICHE ARTEN

Seine Größe, das schwarzweiße Muster und der unangenehme Geruch sollten ihn ausreichend charakterisieren. Einige kleinere Arten sind ähnlich gemustert, etwa der europäische *Coprinopsis stangliana*, der eher grauweiß ist und in kalkhaltigen Wiesen wächst, und *C. sclerotiorum*, ein seltener (oder übersehener) Pilz, der auf Dung wächst.

Der Specht-Tintling bildet große Fruchtkörper mit stark kegeligen Hüten. Der junge Hut ist von einem weißlichen Velum bedeckt. Es reißt, wenn sich der Hut ausbreitet, und die schwärzliche Hutoberfläche kommt darunter zum Vorschein. Die Lamellen sind zuerst weißlich und werden im Alter schwarz. Hut und Lamellen zerfließen allmählich vom Rand nach innen. Der lange zylindrische Stiel ist weiß und fein filzig.

Maßstab 1:1

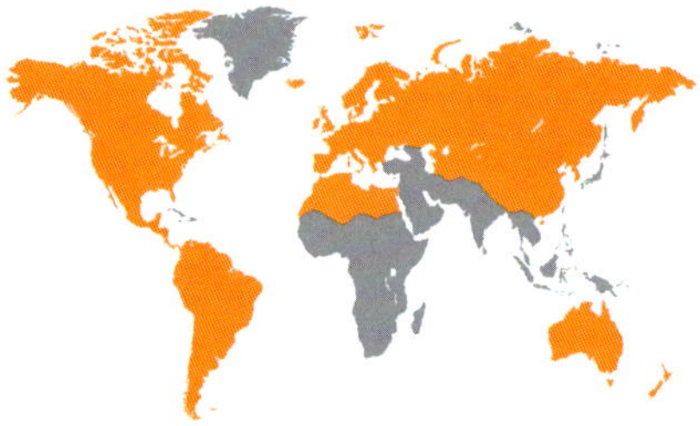

FAMILIE	Agaricaceae
VERBREITUNG	Nordamerika, Europa, Nordafrika, Mittel- und Südamerika, Nordasien, Australien, Neuseeland
LEBENSRAUM	In Wiesen, Wäldern, Gärten und an Wegrändern
SYMBIOSE	In stickstoffreichen Böden oder Wiesen
WUCHSFORM	Am Boden, einzeln oder truppweise
VORKOMMEN	Häufig
SPORENFARBE	Schwarz
GENIESSBARKEIT	Essbar

GRÖSSE
Bis zu 200 mm

HUTDURCHMESSER
Bis zu 75 mm

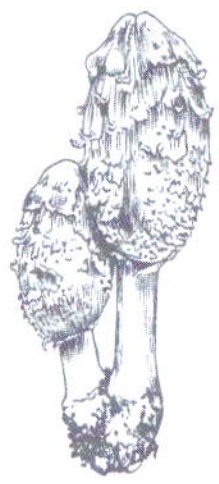

COPRINUS COMATUS

SCHOPF-TINTLING

(O. F. MÜLLER) PERSOON

Maßstab 1:1

Den Schopf-Tintling oder Spargelpilz erkennt man leicht an seinem schuppigen, zylindrischen Hut, der ein wenig an eine Barockperücke erinnert. Die Lamellen und Hüte zerfließen im Alter, sodass alte Fruchtkörper meist nur noch aus einem langen Stiel mit einigen tintigen Fetzen bestehen. Bevor es handelsübliche Tinte gab, verwendete man die entstehende Flüssigkeit manchmal zum Schreiben. Der Schopf-Tintling ist jung essbar und wird in China kommerziell angebaut. Neuere Molekularforschung ergab, dass er zur Familie der Champignonverwandten (Agaricaceae) gehört und enger mit den Kultur-Champignons (*Agaricus bisporus*) als mit den meisten anderen Tintlingen verwandt ist.

ÄHNLICHE ARTEN

Coprinus sterquilinus ist eine weitverbreitete, kleinere Art, die auf Misthaufen wächst. Im Westen Nordamerikas existiert eine seltene, riesige Wald-Varietät des Schopf-Tintlings, die bis zu 500 mm groß werden kann. Der Wüsten-Tintlingsstäubling (*Podaxis pistillaris*) sieht ähnlich aus, aber die trockenen Hüte bleiben immer geschlossen.

Der Schopf-Tintling hat einen zylindrischen Hut, der erst im Alter kegelig wird. Die Oberfläche ist dicht mit zotteligen Schuppen bedeckt, der Scheitel meist gelbbraun bis bräunlich, die Schuppen ähnlich gefärbt oder weiß. Die Lamellen sind zuerst weiß, werden dann rosa, dann schwarz. Lamellen und Hut zerfließen von der Basis aufwärts schwarz. Der Stiel ist glatt und weiß, mit einem losen, schuppigen Ring.

FAMILIE	Cortinariaceae
VERBREITUNG	Nordamerika, Europa, Nordasien, Australien
LEBENSRAUM	In Wäldern
SYMBIOSE	Ektomykorrhiza mit Laubbäumen
WUCHSFORM	Am Boden, in kleinen Trupps
VORKOMMEN	Häufig
SPORENFARBE	Rostbraun
GENIESSBARKEIT	Essbar

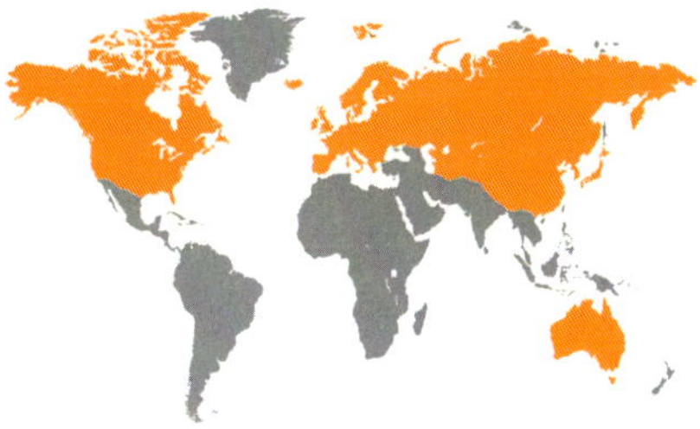

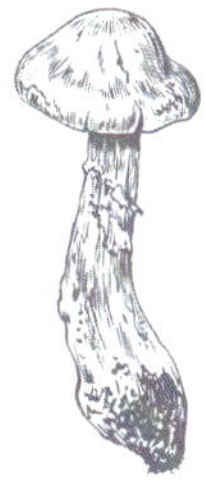

GRÖSSE
Bis zu 80 mm

HUTDURCHMESSER
Bis zu 100 mm

CORTINARIUS ALBOVIOLACEUS

WEISSVIOLETTER DICKFUSS

(PERSOON) FRIES

Dieser hübsche *Cortinarius*-Pilz gehört in die Untergattung *Sericeocybe* (*sericeus*: „seidig") und sein Hut hat jung tatsächlich eine seidig schimmernde, glatte Oberfläche, deren Farbe zwischen silbern, grau und blassviolett erscheint. Die Art kommt recht häufig in Laubwäldern vor und bildet Symbiosen mit Buchen, Birken, Weiden und anderen Bäumen. Der Weißviolette Dickfuß ist für einen *Cortinarius*-Pilz ungewöhnlich – er ist nämlich essbar – und wird in Russland verzehrt. Viele verwandte Schleierlinge (Gattung *Cortinarius*) sind jedoch tödlich giftig und berüchtigt für ihre schwere Unterscheidbarkeit. Daher gilt auch hier, wie bei den *Amanita*-Arten, diese Gattung besser komplett zu meiden.

ÄHNLICHE ARTEN

Viele andere Schleierlinge sind auf den ersten Blick ähnlich. Zu ihnen zählen *Cortinarius traganus*, der intensivere Farben, bräunliches Fleisch im Stiel und einen Geruch nach reifen Birnen aufweist, und *C. anomalus*, dessen grauviolette Farben rasch verblassen und dessen Stiel mit gelbbraunen Velumresten gegürtelt ist. Der Violette Rötelritterling (*Lepista nuda*) hat blassrosige statt rostbraune Sporen.

Der Weißviolette Dickfuß hat einen trockenen, konvexen bis flachen Hut. Er ist glatt, seidig, silbergrau mit violettem Farbstich, und wird später blass grau-gelbbraun. Die Lamellen sind blassviolett, werden zimtbraun. Der Stiel ist trocken, hutfarben, am Scheitel violett, glatt und seidig, aber (oft genattert) mit feinen, weißlichen Velumresten zur meist knolligen Basis hin. Das Fleisch ist blass grauviolett (siehe Bild unten links).

Maßstab 1:1

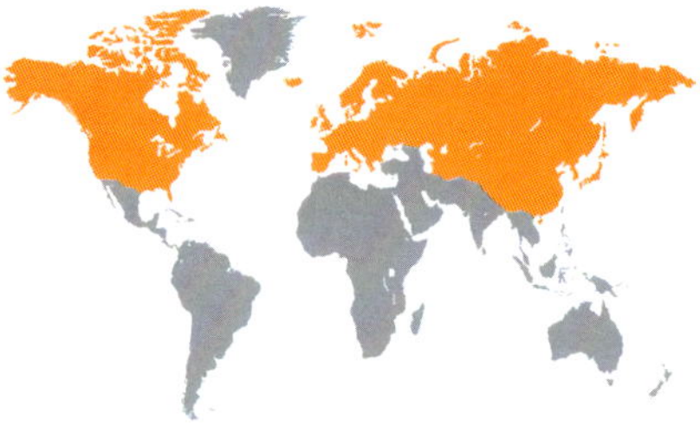

FAMILIE	Cortinariaceae
VERBREITUNG	Nordamerika, Europa, Nordasien
LEBENSRAUM	In Wäldern
SYMBIOSE	Ektomykorrhiza mit Birken
WUCHSFORM	Am Boden, einzeln oder in verstreuten Trupps
VORKOMMEN	Häufig
SPORENFARBE	Rostbraun
GENIESSBARKEIT	Essbar

GRÖSSE
Bis zu 150 mm

HUTDURCHMESSER
Bis zu 100 mm

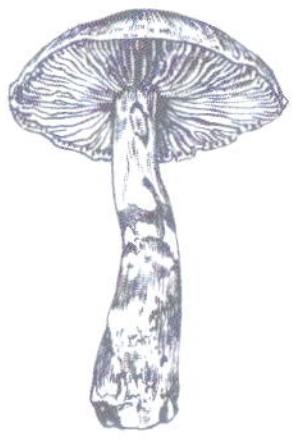

CORTINARIUS ARMILLATUS

GESCHMÜCKTER GÜRTELFUSS

(FRIES) FRIES

Der Geschmückte Gürtelfuß ist in den Birkenwäldern der nördlichen gemäßigten Zone ein häufig vorkommender Blätterpilz, der meist unter seinem Baumpartner in Torfmoos oder anderen Moosen zu finden ist. Charakteristisch sind die ziegelroten Gürtelzonen um seinen Stiel, aber einige andere Arten weisen ähnliche (oft weniger farbintensive) Bänder auf. Zumindest in Russland gelten die Fruchtkörper als essbar, aber da *Cortinarius*-Arten bekanntermaßen schwer zu bestimmen und viele von ihnen stark giftig sind, folgt man hier besser nicht dem russischen Beispiel. Der Geschmückte Gürtelfuß wird auch als natürliche Farbe für Wolle verwendet und soll ihr einen ansprechenden Rosaton verleihen.

Maßstab 1:1

ÄHNLICHE ARTEN

In Mittelamerika vergesellschaftet sich der eng verwandte *Cortinarius quercoarmillatus* mit Eichen statt mit Birken. In Europa und Nordamerika können *C. haematochelis* und *C. paragaudis* ähnlich aussehen, sind für gewöhnlich aber weniger farbintensiv und in Symbiose mit Fichten oder Kiefern.

Der Geschmückte Gürtelfuß bildet einen halbkugeligen Hut (siehe Bild links), der flach oder stumpf gebuckelt wird. Die Oberfläche ist glatt bis fein faserig, gelbbraun bis hellbraun, zur Hutmitte hin dunkler oder rötlich. Die Lamellen sind gräulich gelb und werden rostbraun. Der Stiel ist blass graubraun, mit spinnwebartigem Velum, und zur keuligen Basis hin mit ziegelroten Velumresten gegürtelt.

FAMILIE	Cortinariaceae
VERBREITUNG	Australien; in Neuseeland eingeschleppt
LEBENSRAUM	In Wäldern
SYMBIOSE	Ektomykorrhiza mit Eukalyptus
WUCHSFORM	Am Boden, einzeln oder in kleinen Trupps
VORKOMMEN	Selten
SPORENFARBE	Rostbraun
GENIESSBARKEIT	Vermutlich giftig

GRÖSSE
Bis zu 100 mm

HUTDURCHMESSER
Bis zu 75 mm

CORTINARIUS AUSTROVENETUS

CLELAND

Cortinarius austrovenetus („Green Skinhead") ist eine australische Besonderheit: Er bildet eine Symbiose mit den lebenden Wurzeln von Eukalyptusbäumen und diente sogar als Motiv für eine australische Briefmarke. Der Pilz gehört in die Untergattung *Dermocybe* (Hautköpfe) der Gattung *Cortinarius* (Schleierlinge) und wird manchmal als *Dermocybe austroveneta* angegeben. Die meisten Blätterpilze dieser Gruppe haben orange bis rote Hüte, aber *C. austrovenetus* ist eine ungewöhnliche Ausnahme. Grüne Farben sind bei Pilzen selten und nicht mit den Pflanzenfarben verwandt. Die Isolation des Pigments aus dem *C. austrovenetus* ergab, dass es sich um eine zuvor unbekannte Verbindung handelte, die nun, nach dem Pilz, „Austrovenetin" genannt wird.

ÄHNLICHE ARTEN

Jüngste Vermutungen legen nahe, dass der sehr ähnliche, bläulich grüne australische Pilz *Cortinarius walkerae* ebenfalls *C. austrovenetus* ist. Die grünhütigen *Cortinarius*-Arten der nördlichen gemäßigten Zone, wie etwa *C. atrovirens* und *C. ionochlorus*, gehören zur Untergattung *Phlegmacium* und haben größere, stämmigere Fruchtkörper mit knolliger Basis.

Maßstab 1:1

Cortinarius austrovenetus hat einen glatten, konvexen Hut, der feucht leicht schleimig ist, smaragd- bis olivgrün, zur Mitte hin dunkler. Die Lamellen sind zuerst grünlich gelb, werden mit dem Alter orange bis rostbraun. Der Stiel ist glatt, mit einigen spinnwebartigen Velumresten, cremefarben, oft gelb bis bräunlich gefärbt und zur Basis hin orange bis rötlich.

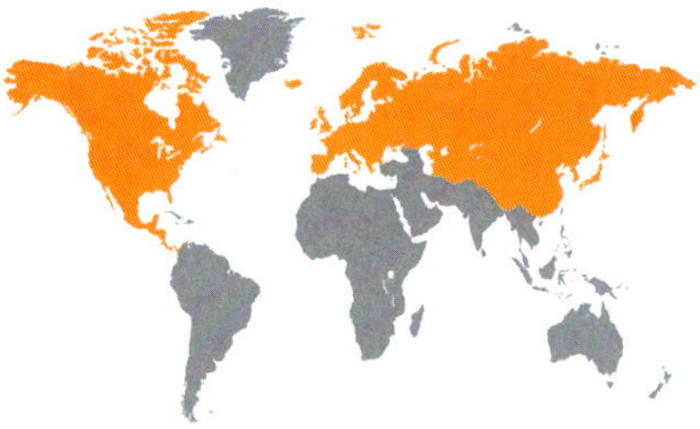

FAMILIE	Cortinariaceae
VERBREITUNG	Nordamerika, Europa, Mittelamerika, Nordasien
LEBENSRAUM	In Wäldern
SYMBIOSE	Ektomykorrhiza mit Laubbäumen, vor allem Buchen und Eichen
WUCHSFORM	Am Boden, einzeln oder in verstreuten Trupps
VORKOMMEN	Selten
SPORENFARBE	Rostbraun
GENIESSBARKEIT	Giftig

GRÖSSE
Bis 100 mm

HUTDURCHMESSER
Bis 75 mm

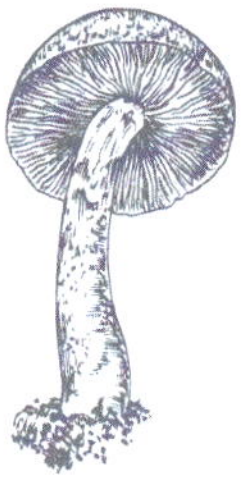

CORTINARIUS BOLARIS

ROTSCHUPPIGER RAUKOPF

(PERSOON) FRIES

Der Rotschuppige Raukopf ist einer jener *Cortinarius*-Pilze, die am einfachsten zu erkennen sind – dank seiner schmucken kupferroten Schüppchen. Meist lebt er in Symbiose mit Eichen, Buchen und vielleicht auch Birken, bevorzugt in Wäldern mit saurem Boden. Der Rotschuppige Raukopf wurde traditionell der *Cortinarius*-Untergattung *Leprocybe* (Rauköpfe) zugeordnet, die typischerweise trockene (nicht schleimige) Hüte und Stiele haben. Neuere DNA-Forschung legt jedoch nahe, dass er vielleicht enger mit Arten der Untergattung *Telamonia* (Gürtelfüße), wie etwa dem Weißflockigen Gürtelfuß (*C. hemitrichus*) verwandt ist.

ÄHNLICHE ARTEN

Cortinarius rubicundulus kann ähnlich gefärbt sein, jedoch ohne die charakteristischen Schuppen des Rotschuppigen Raukopfs. Er ist zäher und sein Hut ist anfangs cremefarben und ziemlich faserig, wird im Alter aber fleckig kupferrot und gelblich. Der Schuppige Dickfuß (*C. pholideus*) hat einen spitzeren Hut, feine braune Schuppen und einen genatterten Stiel.

Maßstab 1:1

Der Rotschuppige Raukopf bildet einen halbkugeligen Hut, der flach wird. Die Oberfläche ist weißlich bis blass gelbbraun und mit flachen, kupfer- bis ziegelroten Schuppen bedeckt. Die Lamellen sind cremefarben bis schmutzig gelblich und werden rostbraun. Der Stiel ist weißlich, mit spinnwebartigem Velum, darunter schuppig und hutfarben. Alle Teile gilben auf Druck.

FAMILIE	Cortinariaceae
VERBREITUNG	Nordamerika, Europa
LEBENSRAUM	In Wäldern
SYMBIOSE	Ektomykorrhiza mit Nadelbäumen, vor allem Fichten
WUCHSFORM	Am Boden, einzeln oder in verstreuten Trupps
VORKOMMEN	Selten
SPORENFARBE	Rostbraun
GENIESSBARKEIT	Ungenießbar

GRÖSSE
Bis zu 125 mm

HUTDURCHMESSER
Bis zu 100 mm

CORTINARIUS CAMPHORATUS

BOCKS-DICKFUSS

(FRIES) FRIES

Beim Namen *Cortinarius camphoratus* denkt man eigentlich an einen Pilz, der nach Kampfer riecht, doch diesen Geruch hat noch niemand genannt. Der Pilz hat tatsächlich einen strengen Geruch, der zu Vergleichen mit Currypulver (wie bei *Lactarius camphoratus*), verfaulendem Fleisch, alten Ziegen oder altem Ziegenkäse, kaltem Kartoffelbrei, verbranntem Horn oder Schweißfüßen führte. Abgesehen vom Aroma ist er ein sehr ansprechender Pilz, auch wenn die hellen lila bis violetten Farben mit dem Alter rasch verblassen. Der Bocks-Dickfuß bildet Symbiosen mit Nadelbäumen, vor allem mit Kiefern, aber auch mit Tannen, und ist in den Nadelwäldern Nordamerikas und Europas weitverbreitet.

ÄHNLICHE ARTEN

Der Lila Dickfuß (*Cortinarius traganus*) hat ähnliche Farben, aber die Lamellen der jungen Fruchtkörper sind blassbraun statt violett und sein Geruch wird oft mit überreifen Birnen verglichen. *Cortinarius alboviolaceus* wächst bei Laubbäumen und hat keinen nennenswerten Geruch. Der Violette Rötelritterling (*Lepista nuda*) hat blassrosige Sporen.

Maßstab 1:1

Der Bocks-Dickfuß hat einen halbkugeligen Hut, der flach wird. Die Oberfläche ist glatt bis fein faserig, blass blauviolett bis violett-weiß und wird im Alter von der Mitte nach außen gelblich bis gelbbraun. Der Stiel ist hutfarben, mit dünnem, spinnwebartigem Velum, und wird im Alter gelbbräunlich.

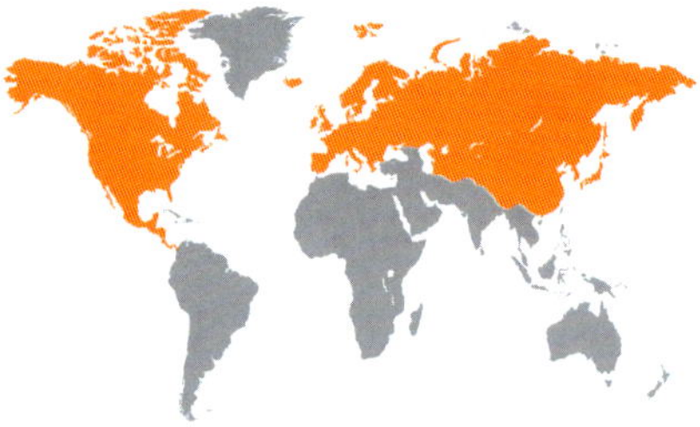

FAMILIE	Cortinariaceae
VERBREITUNG	Nordamerika, Europa, Mittelamerika, Nordasien
LEBENSRAUM	In Wäldern
SYMBIOSE	Ektomykorrhiza mit Nadelbäumen, auch mit Laubbäumen und Sträuchern
WUCHSFORM	Am Boden, einzeln oder in verstreuten Trupps
VORKOMMEN	Lokal häufig
SPORENFARBE	Rostbraun
GENIESSBARKEIT	Essbar

GRÖSSE
Bis zu 150 mm

HUTDURCHMESSER
Bis zu 125 mm

CORTINARIUS CAPERATUS

REIFPILZ

(PERSOON) FRIES

Die meisten *Cortinarius*-Arten haben jung ein dünnes, seidig faseriges Velum über den Lamellen, das nach dem Ausbreiten des Huts als spinnwebartige Ringzone (genannt Cortina) am Stiel zurückbleibt. Der Reifpilz hat jedoch ein viel dickeres Velum, das einen ausgeprägten Ring bildet. Darum wurde er lange in die separate Gattung *Rozites* eingeordnet, bis neuere Molekularforschung ihn als *Cortinarius* mit einem dickeren Velum identifizierte. Der Reifpilz ist essbar und wird in China, Mexiko, Finnland, Osteuropa und Russland gesammelt und manchmal lokal verkauft. Ein Extrakt des Pilzes wurde als potenzieller antiviraler Wirkstoff entdeckt.

Der Reifpilz hat einen konvexen bis kegeligen Hut, der flach bis stumpf gebuckelt wird. Die Oberfläche ist glatt bis fein gerunzelt, cremefarben bis ocker oder hellbraun, manchmal in der Hutmitte blass zimtbraun, und jung mit einem sehr dünnen, silbrigweißen Velum bedeckt. Die Lamellen sind anfangs weißlich und werden gelbbraun bis braun. Der Stiel ist weiß, wird cremefarben bis gelbbraun, mit einem ausgeprägtem Ring.

ÄHNLICHE ARTEN

Der Reifpilz wurde in der Vergangenheit mit *Phaeolepiota aurea* verwechselt. Letzterer ist jedoch goldgelb und hat weiße Sporen. Der beringte *Cortinarius emodensis* aus dem Himalaya hat jung violette Lamellen und ist in Tibet ein Speisepilz. Andere beringte *Cortinarius*-Arten wachsen in der südlichen gemäßigten Zone, können jedoch anhand ihrer Farben unterschieden werden.

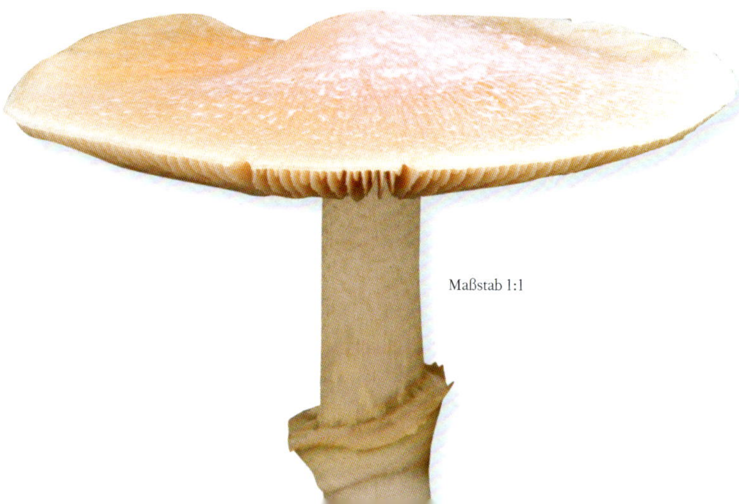

Maßstab 1:1

FAMILIE	Cortinariaceae
VERBREITUNG	Im Osten Nordamerikas, in Europa, Nordasien
LEBENSRAUM	In Wäldern
SYMBIOSE	Ektomykorrhiza mit Laubbäumen, vor allem Birken
WUCHSFORM	Am Boden, in kleinen Trupps oder Ringen
VORKOMMEN	Häufig
SPORENFARBE	Rostbraun
GENIESSBARKEIT	Ungenießbar

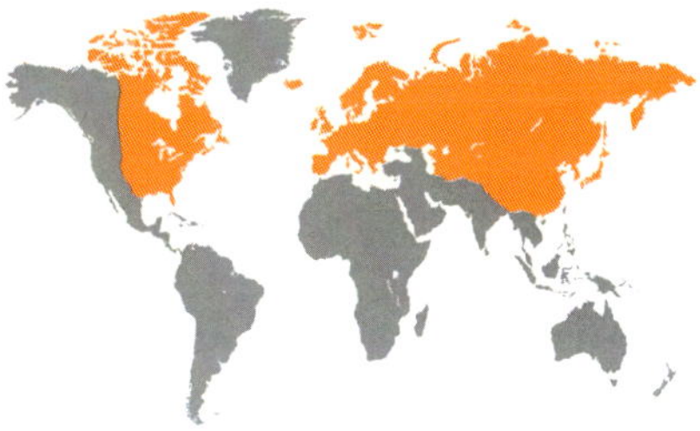

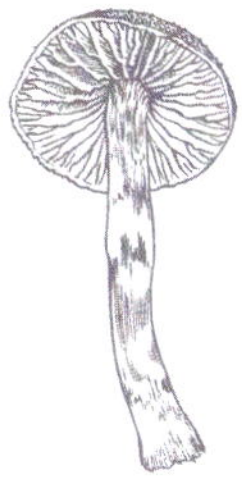

GRÖSSE
Bis zu 75 mm

HUTDURCHMESSER
Bis zu 50 mm

CORTINARIUS HEMITRICHUS

WEISSFLOCKIGER GÜRTELFUSS

(PERSOON) FRIES

Man sagt, *Cortinarius hemitrichus* folgt der Birke wie der Delfin dem Schiff, und tatsächlich findet sich dieser kleine Blätterpilz häufig in Birkenwäldern mit sauren Böden oder sogar bei einzelnen Bäumen. Er gehört in die *Cortinarius*-Untergattung der Gürtelfüße (*Telamonia*), eine große Gruppe mit schwierig zu bestimmenden Arten. Der Weißflockige Gürtelfuß ist leichter zu bestimmen als die meisten anderen, da er durch die weißlichen Schuppen am Hut aussieht, als wäre er mit Reif bedeckt. Auch sein fehlender Geruch charakterisiert ihn, da der sehr ähnliche *C. flexipes* nach Pelargonien riecht.

ÄHNLICHE ARTEN

Viele *Cortinarius*-Arten in dieser Gruppe haben ähnliche Formen und Farben, aber den meisten fehlen die kontrastierenden, grauweißlichen Schuppen am Hut. Der Duftende Gürtelfuß (*C. flexipes*) ist zwar schuppig, aber normalerweise dunkler, wächst bei Nadelbäumen und Birken, und hat einen deutlichen Geruch nach Pelargonien („Geranien“).

Maßstab 1:1

Der Weißflockige Gürtelfuß hat zuerst einen kegeligen Hut, der spitz gebuckelt wird. Die Oberfläche ist feucht ein dunkles Graubraun, trocken blass grau-ocker, und mit feinen, weißlichen, faserigen Schuppen bedeckt. Die Lamellen sind blass graubraun. Der Stiel ist graubraun und mit weißen, filzigen Velumresten bedeckt, die manchmal eine Art Ringzone bilden.

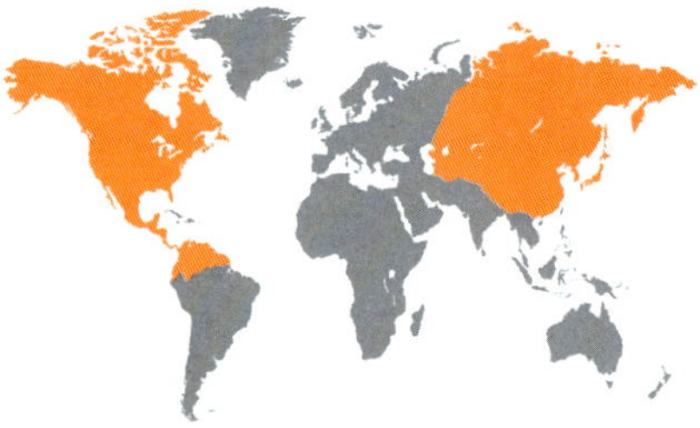

FAMILIE	Cortinariaceae
VERBREITUNG	Nordamerika, Mittelamerika, im Norden Südamerikas, Nordasien
LEBENSRAUM	In Wäldern
SYMBIOSE	Ektomykorrhiza mit Laubbäumen, vor allem Eichen
WUCHSFORM	Am Boden, in kleinen Trupps
VORKOMMEN	Selten
SPORENFARBE	Rostbraun
GENIESSBARKEIT	Ungenießbar

GRÖSSE
Bis zu 75 mm

HUTDURCHMESSER
Bis zu 60 mm

CORTINARIUS IODES

BERKELEY & M. A. CURTIS

Cortinarius-Arten mit schleimigen Hüten und Stielen, wie *Cortinarius iodes* („Viscid Violet Webcap"), gehören in die Untergattung *Myxacium* (Schleimfüße), obwohl neuere Molekularforschung ergab, dass es wohl eine konstruierte Gruppe ist. Der Schleim entwickelte sich vermutlich als Schutz des Fruchtkörpers vor dem Austrocknen und hält vielleicht auch Insekten und andere Wirbellose davon ab, ihn zu fressen. Bei Trockenheit zeugen manchmal noch an Hut und Stiel klebende Blatt- und Erdreste von dem ursprünglichen Schleimbelag der Fruchtkörper. Als Test kann man Hut und Stiel auch mit den Lippen berühren – sie sind für Klebrigkeit besonders sensibel –, auch wenn dies auf andere Pilzsucher vielleicht ein wenig befremdlich wirken mag.

ÄHNLICHE ARTEN

Viele andere Schleierlinge sehen ähnlich aus und sind genauso schleimig. Der nordamerikanische *Cortinarius iodeoides* sieht fast identisch aus, schmeckt aber bitter und unterscheidet sich auf mikroskopischer Ebene. *Cortinarius salor* und *C. croceocaeruleus* sind weitverbreitete Arten mit schleimigen violetten Hüten und Stielen, aber keiner davon hat solche gelblichen Flecken wie *C. iodes*.

Maßstab 1:1

Cortinarius iodes hat einen konvexen Hut, der ausgebreitet flach bis gebuckelt wird. Die Oberfläche ist schleimig, jung intensiv violett, verblasst aber und bekommt cremefarbene bis gelbliche Flecken. Die Lamellen sind violett, werden rostbraun bis graubraun. Der Stiel ist schleimig, blass hutfarben bis weißlich und an der Basis leicht knollig.

FAMILIE	Cortinariaceae
VERBREITUNG	Europa
LEBENSRAUM	In kalkhaltigen Parklandschaften und Wäldern
SYMBIOSE	Ektomykorrhiza mit Eichen, Haseln und Hainbuchen
WUCHSFORM	Am Boden, in kleinen Trupps
VORKOMMEN	Sehr selten
SPORENFARBE	Rostbraun
GENIESSBARKEIT	Ungenießbar

GRÖSSE
Bis zu 100 mm

HUTDURCHMESSER
Bis zu 125 mm

CORTINARIUS OLEARIOIDES

SAFRAN-KLUMPFUSS

R. HENRY

Cortinarius olearioides ist ein Pilz, der vor allem bei Eichen und Haseln wächst, bevorzugt in kalkhaltiger Erde. Er scheint auch gern auf trockenem Boden zu wachsen und erscheint häufiger in offenen Parklandschaften mit vereinzelten Bäumen als in dichten, feuchten Wäldern. Die Fruchtkörper sollen beim Anschneiden einen eigentümlichen malzigen Geruch verströmen. Der Safran-Klumpfuß ist in Europa weitverbreitet, aber kommt nirgendwo häufig vor und ist in manchen Ländern so selten, dass er auf der Roten Liste für gefährdete Pilze steht.

ÄHNLICHE ARTEN

Einige andere seltene europäische Schleierlinge können ähnlich aussehen. Zu ihnen gehören *Cortinarius alcalinophilus*, der blassere Farben und dunklere, schuppige Velumreste auf der Hutmitte hat und bei Buchen wächst, sowie *C. elegantior*, der einen eher gelbbraunen Hut hat und meist in Symbiose mit Nadelbäumen oder Birken lebt.

Maßstab 1:1

Der Safran-Klumpfuß hat einen konvexen Hut, der flach wird. Die Oberfläche ist glatt, bei Nässe schleimig, goldgelb bis orangebraun oder orangegelb, am Rand gelber. Die Lamellen sind jung gelb und werden rostbraun. Der Stiel ist trocken, gelbbraun bis ocker, mehr orangebraun an der knolligen Basis, die an der Oberseite einen ausgeprägten Rand aufweist.

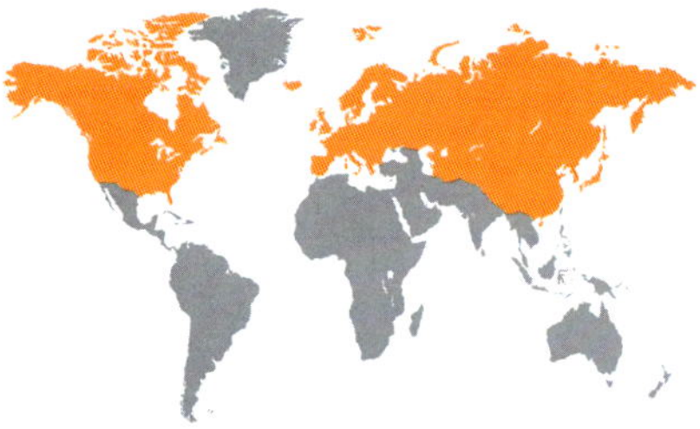

FAMILIE	Cortinariaceae
VERBREITUNG	Nordamerika, Europa, Nordasien
LEBENSRAUM	In Wäldern
SYMBIOSE	Ektomykorrhiza mit Birken
WUCHSFORM	Am Boden, in kleinen Trupps
VORKOMMEN	Selten
SPORENFARBE	Rostbraun
GENIESSBARKEIT	Ungenießbar

GRÖSSE
Bis zu 150 mm

HUTDURCHMESSER
Bis zu 75 mm

CORTINARIUS PHOLIDEUS

SCHUPPIGER DICKFUSS

(FRIES) FRIES

Der Schuppige Dickfuß wächst in Symbiose mit Birken, meist auf Moosen in torfigen, sauren Böden. Der Beiname *pholideus* bedeutet „schuppig“, und die aufgerichteten Schüppchen auf dem Hut sind für einen *Cortinarius*-Pilz unüblich, sodass der Schuppige Dickfuß zumindest von oben betrachtet eher wie ein *Pholiota*-Pilz erscheint. Die Fruchtkörper sollen schwach nach Muskat riechen, sind aber eher ungenießbar und werden besser gemieden. Wie die meisten Schleierlinge wächst auch *Cortinarius pholideus* nur in gemäßigten Zonen. In den Subtropen sind sie seltener vertreten und in den Tropen praktisch nicht vorhanden, was darauf schließen lässt, dass sich die Gattung bei kühlem Klima entwickelte.

ÄHNLICHE ARTEN

Die Mischung aus trockenem, schuppigem Hut und trockenem, gegürteltem Stiel charakterisiert den Schuppigen Dickfuß. Der Natternstielige Schleimfuß (*Cortinarius trivialis*) sieht auf den ersten Blick ähnlich aus, hat jedoch einen glatten, schleimigen Hut und einen schleimigen Stiel. Der nordamerikanische *C. squamulosus* hat einen trockenen, schuppigen, braunen Hut, sein stark knolliger Stiel ist aber nicht gegürtelt.

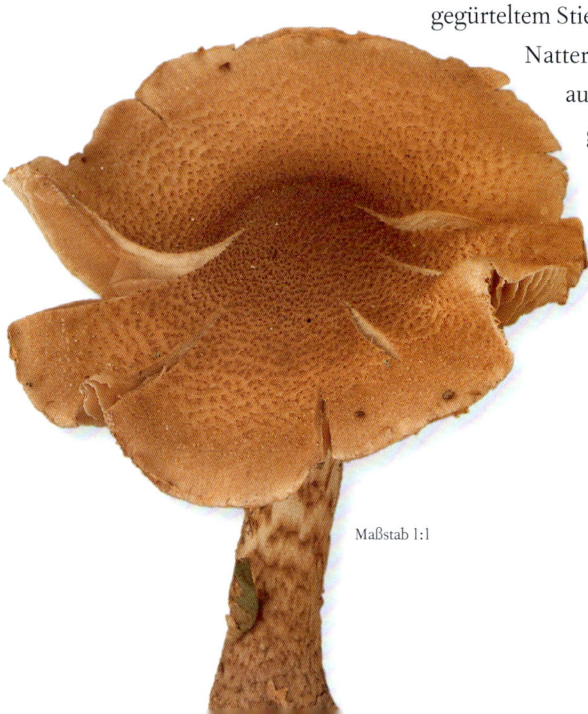

Maßstab 1:1

Der Schuppige Dickfuß hat einen konvexen (siehe Bild links oben) bis kegeligen Hut, der gebuckelt wird. Die Oberfläche ist trocken, stumpf bräunlich gelb und mit feinen, aufgerichteten, dunkelbraunen Schuppen bedeckt. Die Lamellen sind blassbraun, jung blauviolett getönt, und werden rostbraun. Der Stiel ist trocken, bräunlich weiß, jung manchmal oben violett getönt, unregelmäßig mit dunkelbraunen Schuppen gegürtelt.

FAMILIE	Cortinariaceae
VERBREITUNG	Europa, Nordasien
LEBENSRAUM	In kalkhaltigen Wäldern
SYMBIOSE	Ektomykorrhiza mit Laubbäumen, vor allem Buchen
WUCHSFORM	Am Boden, truppweise oder in Ringen
VORKOMMEN	Selten
SPORENFARBE	Rostbraun
GENIESSBARKEIT	Essbar

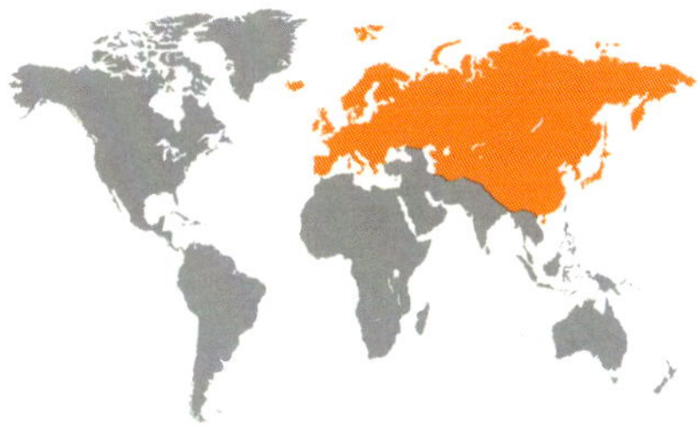

GRÖSSE
Bis zu 250 mm

HUTDURCHMESSER
Bis zu 250 mm

CORTINARIUS PRAESTANS

SCHLEIEREULE

(CORDIER) GILLET

Die Schleiereule, auch Blaugestiefelter Schleimkopf genannt, bildet große Fruchtkörper. Sie gehören zu den größten der Schleierlinge und ein Ring aus ihnen ist ein beeindruckender Anblick. Leider ist die Schleiereule fast überall ein seltener Pilz, der nur auf kalkhaltigen Waldböden wächst, auch wenn sie in manchen Gegenden nicht unüblich ist. Sie ist essbar, was für einen Schleierling ungewöhnlich ist, aber zu selten, um als Speisepilz von Bedeutung zu sein. In manchen europäischen Ländern steht sie unter Schutz. Die Schleiereule hat einen sehr klebrigen Hut, aber einen trockenen Stiel, und gehört in die Untergattung *Phlegmacium* (Schleimköpfe) der Gattung *Cortinarius* (Schleierlinge).

ÄHNLICHE ARTEN

Der verwandte *Cortinarius cumatilis* kann ähnlich aussehen, wächst jedoch mit Nadelbäumen und ist meist nur halb so groß, mit einem eher bläulich violetten Hut. Viele andere *Phlegmacium*-Arten (mit klebrigem Hut und trockenem Stiel) haben bräunliche Hüte und violette Velumreste, aber nur wenige erreichen annähernd die Größe der Schleiereule.

Die Schleiereule hat einen zuerst halbkugeligen, dann flachen Hut. Die Oberfläche ist glatt, wird radial runzelig, bei Feuchtigkeit klebrig, purpurbraun, dann rotbraun, jung mit weißlichen Velumresten. Die Lamellen sind blass grauviolett und werden braun. Der Stiel ist glatt, weiß, jung mit violetten Velumresten, und zur Basis hin meist knollig verdickt.

Maßstab 1:1

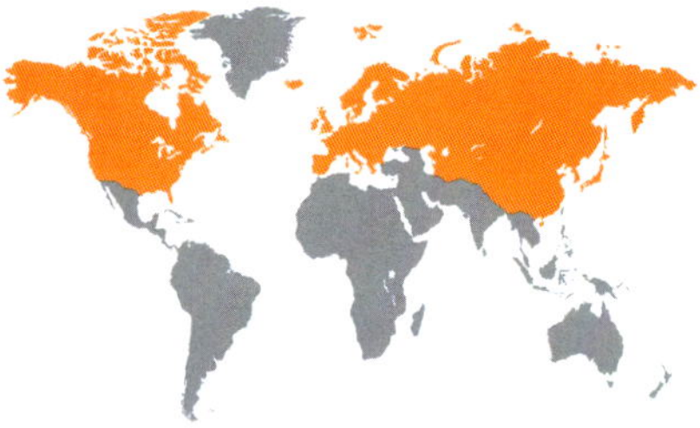

FAMILIE	Cortinariaceae
VERBREITUNG	Nordamerika, Europa, Nordasien
LEBENSRAUM	In Wäldern
SYMBIOSE	Ektomykorrhiza mit Nadelbäumen
WUCHSFORM	Am Boden, in kleinen Trupps
VORKOMMEN	Selten
SPORENFARBE	Rostbraun
GENIESSBARKEIT	Giftig

GRÖSSE
Bis zu 100 mm

HUTDURCHMESSER
Bis zu 75 mm

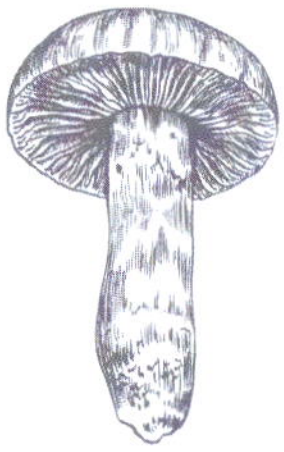

CORTINARIUS RUBELLUS

SPITZGEBUCKELTER RAUKOPF

COOKE

Cortinarius rubellus, auch bekannt als *C. speciossimus* oder *C. orellanoides*, ist ein äußerst giftiger Pilz, der in Schottland und Skandinavien in jüngster Zeit zu mehreren fast tödlichen Vergiftungen führte. Wie auch der verwandte Orangefuchsige Raukopf (*C. orellanus*) enthält der Spitzgebuckelte Raukopf das Gift Orellanin, das bei Verzehr zu Nierenversagen führen kann – oft erst nach mehreren Tagen oder Wochen. Der Pilz wächst bei Kiefern, Fichten und anderen Nadelbäumen und ist in Europa weitverbreitet. In Nordamerika und Asien ist er weniger bekannt (dort gibt es jedoch auch ähnliche, ebenfalls giftige *Cortinarius*-Arten).

Maßstab 1:1

ÄHNLICHE ARTEN

In den Vergiftungsfällen aus Schottland wurde der Spitzgebuckelte Raukopf mit dem essbaren Pfifferling (*Cantharellus cibarius*) verwechselt. Letzterer hat stabile, herablaufende, lamellenartige Leisten an der Unterseite des Huts und einen weißen (keinen rostbraunen) Sporenabdruck.

Der Spitzgebuckelte Raukopf hat einen konischen bis konvexen Hut, der ausgebreitet gebuckelt wird. Die Oberfläche ist glatt bis seidig faserig, orangebraun bis rötlich orange. Die Lamellen sind jung ocker und werden rostbraun (siehe Bild rechts). Der Stiel ist trocken, hutfarben oder blasser, mit einer gelblichen Natterung aus Velumresten.

FAMILIE	Cortinariaceae
VERBREITUNG	Nordamerika, Europa, Nordasien
LEBENSRAUM	In Wäldern
SYMBIOSE	Ektomykorrhiza mit Nadel- und Laubbäumen
WUCHSFORM	Am Boden, in kleinen Trupps
VORKOMMEN	Häufig
SPORENFARBE	Rostbraun
GENIESSBARKEIT	Vermutlich giftig

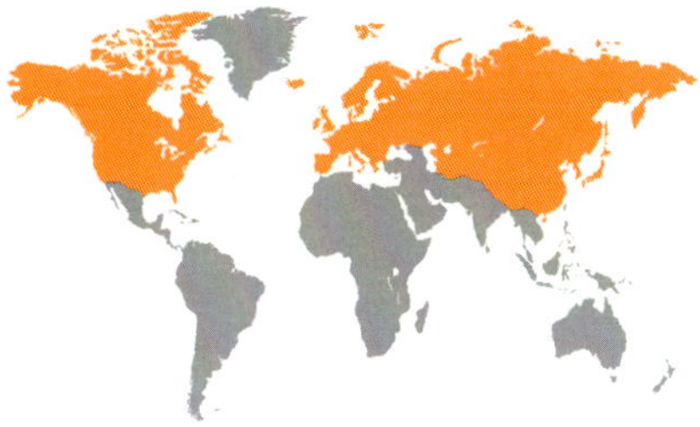

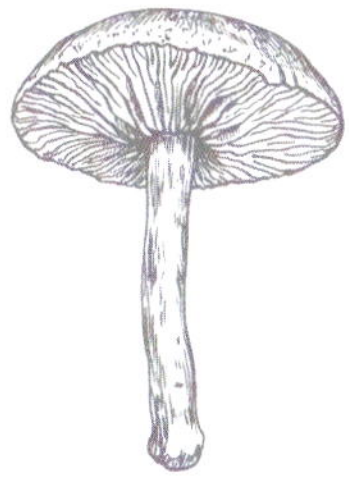

GRÖSSE
Bis zu 100 mm

HUTDURCHMESSER
Bis zu 50 mm

CORTINARIUS SANGUINEUS

BLUTROTER HAUTKOPF

(WULFEN) GRAY

Der Beiname *sanguineus* bedeutet „blutig" und die karmesinrote Farbe des Blutroten Hautkopfs ist charakteristisch für diesen kleinen, aber auffälligen Pilz. Er gehört in die Untergattung *Dermocybe* (Hautköpfe) der Gattung *Cortinarius* (Schleierköpfe) und seine Farbe stammt vorwiegend von den Pigmenten Emodin und Dermocybin, die aus den Fruchtkörpern isoliert wurden. Diese Verbindungen machen den Pilz zu einem beliebten natürlichen Farbstoff. Emodin (häufiger in jungen Fruchtkörpern) erzeugt gelbe bis orange Farbtöne, Dermocybin (häufiger in älteren Fruchtkörpern) leuchtende rote, rosa und purpurfarbene Töne.

ÄHNLICHE ARTEN

Andere *Cortinarius*-Pilze der Untergattung *Dermocybe* haben eine ähnliche Form und Größe, aber keiner hat die einheitliche blutrote Farbe von *C. sanguineus*. *Cortinarius cinnabarinus* ist ein größerer Laubbaum-Symbiont, der jung komplett rot sein kann, aber dessen Hut im Alter eher rötlich braun wird.

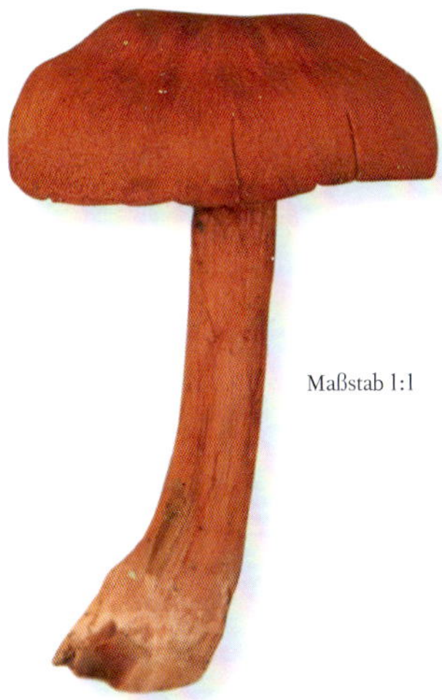

Maßstab 1:1

Der Blutrote Hautkopf hat einen zuerst halbkugeligen Hut, der flach bis stumpf gebuckelt wird. Die Oberfläche ist fein seidig-faserig und intensiv karmesinrot, wird im Alter stumpfer. Die Lamellen sind hutfarben (siehe Bild links). Auch der Stiel ist blass hutfarben und jung mit spinnwebartigen, ocker bis rötlichen Velumresten.

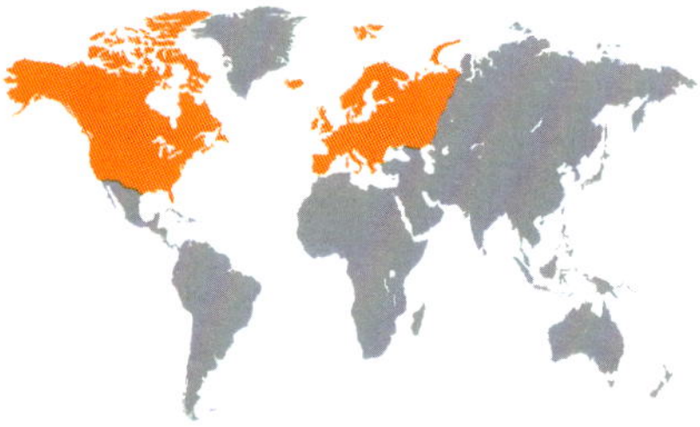

FAMILIE	Cortinariaceae
VERBREITUNG	Nordamerika, Europa
LEBENSRAUM	In Wäldern
SYMBIOSE	Ektomykorrhiza mit Nadelbäumen und Birken
WUCHSFORM	Am Boden, in kleinen Trupps
VORKOMMEN	Häufig
SPORENFARBE	Rostbraun
GENIESSBARKEIT	Vermutlich giftig

GRÖSSE
Bis zu 100 mm

HUTDURCHMESSER
Bis zu 50 mm

CORTINARIUS SEMISANGUINEUS

BLUTBLÄTTRIGER HAUTKOPF

(FRIES) GILLET

Von oben betrachtet sehen die Fruchtkörper von *Cortinarius semisanguineus* wie viele andere kleine, bräunliche Blätterpilze aus. Umso überraschender sind die dunkelroten Lamellen, wenn man den Hut umdreht. Sein lateinischer Name verrät ihn schon, denn dieser Pilz ist teils wie der eng verwandte Blutrote Hautkopf (*C. sanguineus*), der einen roten Hut und Stiel hat. Beide werden manchmal der Gattung *Dermocybe* zugeordnet. Wie sein Verwandter ist auch der Blutblättrige Hautkopf bei Färbern beliebt und ergibt verschiedene rötliche bis violette Farben.

Maßstab 1:1

ÄHNLICHE ARTEN

Cortinarius cinnabarinus ist jung komplett rot, entwickelt im Alter jedoch einen bräunlicheren Hut. Der Stiel bleibt rötlich. Andere braunhütige *Cortinarius*-Pilze der Untergattung *Dermocybe* sehen von oben betrachtet ähnlich aus, haben aber gelbe bis orange oder rostbraune Lamellen.

Der Blutblättrige Hautkopf hat einen zuerst halbkugeligen Hut, der flach bis stumpf gebuckelt wird. Die Oberfläche ist fein seidig-faserig und gelbbraun bis olivbraun. Die Lamellen sind blutrot (siehe Bild links) und werden im Alter rostrot. Der Stiel ist ocker bis gelbbraun, jung mit spinnwebartigen Velumresten.

FAMILIE	Cortinariaceae
VERBREITUNG	Nordamerika, Europa
LEBENSRAUM	In Wäldern
SYMBIOSE	Ektomykorrhiza mit Laubbäumen, vor allem Buchen
WUCHSFORM	Am Boden, in Gruppen oder Ringen
VORKOMMEN	Selten
SPORENFARBE	Rostbraun
GENIESSBARKEIT	Ungenießbar

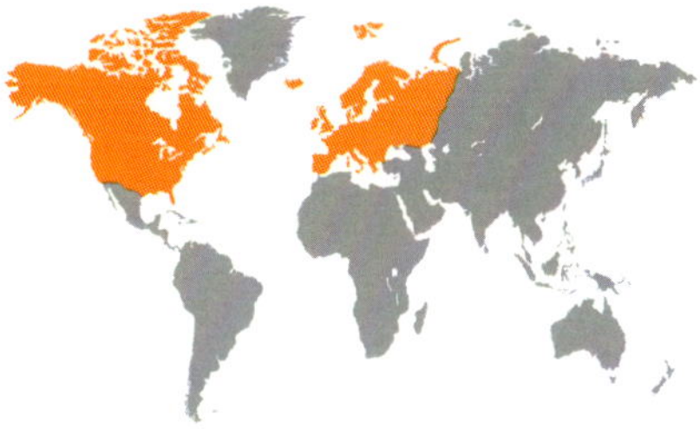

GRÖSSE
Bis zu 75 mm

HUTDURCHMESSER
Bis zu 75 mm

CORTINARIUS SODAGNITUS

VIOLETTER KLUMPFUSS

ROB. HENRY

Der Violette Klumpfuß gehört in die *Cortinarius*-Untergattung *Phlegmacium* (Schleimköpfe), die große, eher stämmige Blätterpilze mit schleimigen Hüten umfasst. Der knollige „Klumpfuß" an der Basis, oft mit einem ausgeprägten Rand an der Oberseite, ist für viele *Phlegmacium*-Arten typisch. Sie alle sind normalerweise selten, aber in manchen Wäldern – vor allem in alten Buchenwäldern mit Kalkböden – wachsen mehrere verschiedene Arten gemeinsam. Ein besonderes Merkmal von *Cortinarius sodagnitus* und verwandter Arten ist der kräftig rosa rötende Hut, wenn ein Tropfen flüssiges Ammoniak (oder ein anderes Alkali) aufgebracht wird. Untersuchungen ergaben, dass neuartige Verbindungen aus dem Pilz („Sodagnitine") dafür verantwortlich sind.

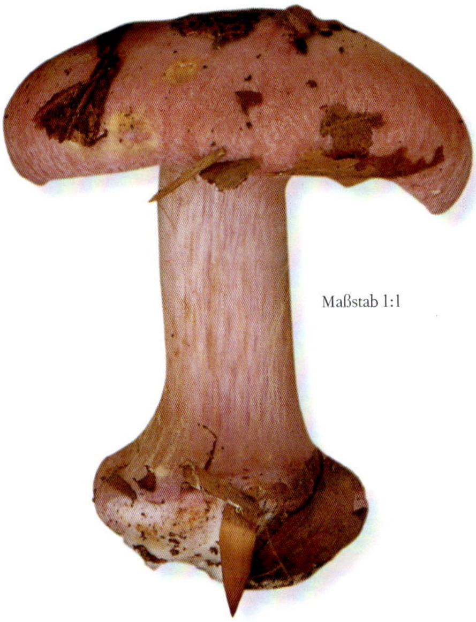

Maßstab 1:1

ÄHNLICHE ARTEN

Der Blaue Klumpfuß (*Cortinarius caerulescens*) und *C. terpsichores* sind von ähnlicher Form und Farbe, aber oft etwas größer. Man unterscheidet sie am besten unter dem Mikroskop. Der nordamerikanische *C. velicopius* hat eine ähnliche Form, ist jedoch intensiv dunkelviolett. Die Arten älterer Fruchtkörper mit verblassten Farben können nicht immer bestimmt werden.

Der Violette Klumpfuß hat einen konvexen Hut, der schleimig, glatt und jung intensiv violett ist und im Alter stellenweise ocker wird. Die Lamellen sind jung gräulich mit einem violetten Rand (siehe Bild rechts) und werden graubraun bis rostbraun. Der Stiel ist weiß bis violett, mit spinnwebartigem violettem Velum und einer stark knolligen Basis mit ausgeprägtem Rand.

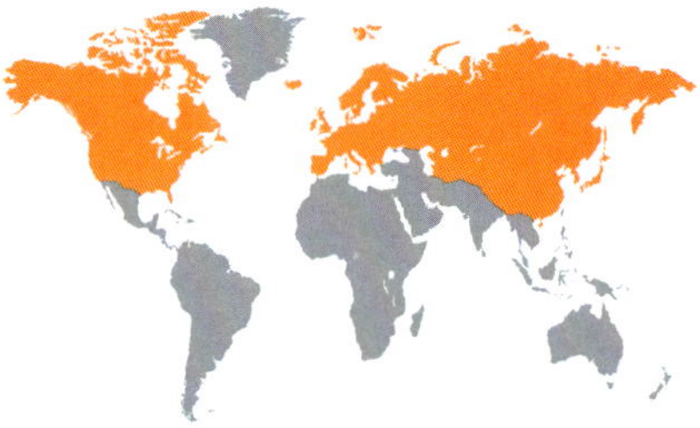

FAMILIE	Cortinariaceae
VERBREITUNG	Nordamerika, Europa, Nordasien
LEBENSRAUM	In Wäldern
SYMBIOSE	Ektomykorrhiza mit Nadelbäumen
WUCHSFORM	Am Boden, in kleinen Trupps
VORKOMMEN	Selten
SPORENFARBE	Rostbraun
GENIESSBARKEIT	Ungenießbar

GRÖSSE
Bis zu 125 mm

HUTDURCHMESSER
Bis zu 125 mm

CORTINARIUS TRAGANUS

LILA DICKFUSS

(FRIES) FRIES

Der Lila Dickfuß hat einen anfangs halbkugeligen, dann flachen Hut. Die Oberfläche ist glatt und seidig, violett, wird blasser und bekommt eine gelbliche Tönung. Die Lamellen sind blass- bis gelbbraun und werden rostbraun. Der Stiel ist glatt, spinnwebartig gegürtelt, oberhalb blass hutfarben, zur knolligen Basis hin gelblich braun (siehe Bild rechts unten).

Der Lila Dickfuß ist ein ansehnlicher *Cortinarius*-Pilz. Sein Beiname *traganus* bezieht sich jedoch auf Ziegen und sein Geruch ist weniger ansprechend. Kurioserweise behaupten viele, dass er nach überreifen Birnen riecht und es kann sein, dass zwei oder mehrere eng verwandte Arten demselben Namen zugeordnet wurden. Der Lila Dickfuß kommt unter Nadelbäumen lokal häufig vor, besonders in den verbliebenen unberührten Wäldern Nordamerikas, und findet sich unter Fichten und Kiefern. Seine Genießbarkeit ist unklar, aber er könnte giftig sein, wie so viele andere *Cortinarius*-Pilze.

ÄHNLICHE ARTEN

Viele andere Schleierlinge sehen ähnlich aus. *Cortinarius camphoratus* hat jung violette Lamellen und soll nach verfaulendem Fleisch, Ziegen oder verbranntem Horn stinken. *Cortinarius alboviolaceus* ist silbrigviolett, wächst in Symbiose mit Laubbäumen und hat keinen charakteristischen Geruch. Der Violette Rötelritterling (*Lepista nuda*) hat blassrosa Sporen, keine rostbraunen.

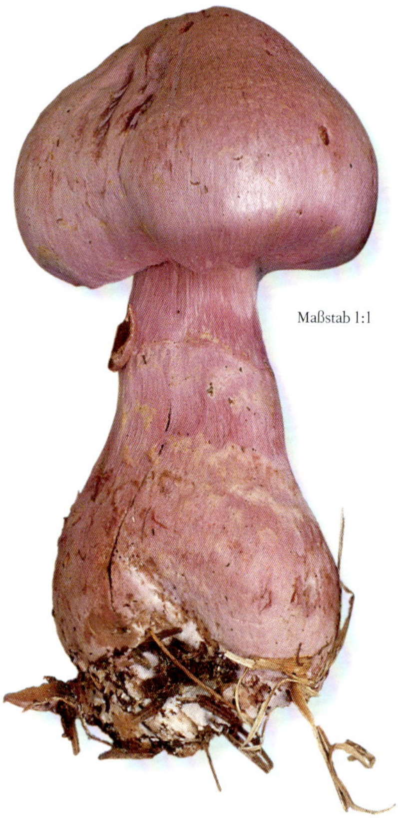

Maßstab 1:1

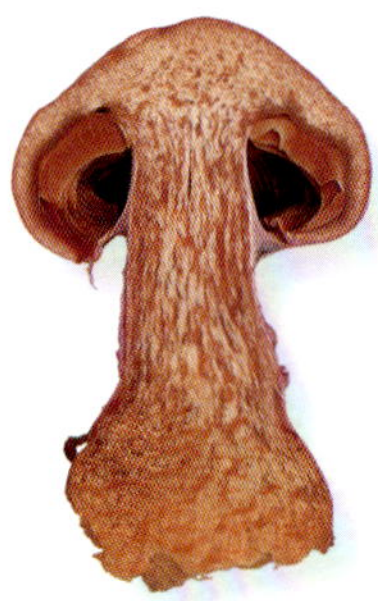

FAMILIE	Cortinariaceae
VERBREITUNG	Nordamerika, Europa, Asien
LEBENSRAUM	In Wäldern
SYMBIOSE	Ektomykorrhiza mit Birken
WUCHSFORM	Am Boden, in Gruppen oder Ringen
VORKOMMEN	Häufig
SPORENFARBE	Rostbraun
GENIESSBARKEIT	Essbar

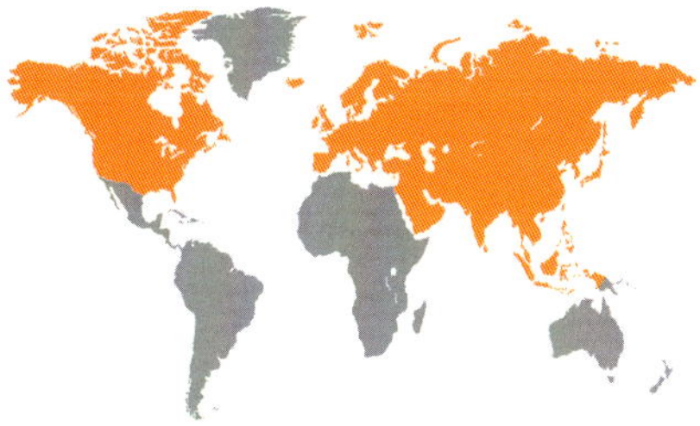

GRÖSSE
Bis zu 150 mm

HUTDURCHMESSER
Bis zu 120 mm

CORTINARIUS TRIUMPHANS

GELBGESTIEFELTER SCHLEIMKOPF

FRIES

Diese häufige Art scheint ausschließlich bei Birken zu wachsen. Sie gehört in die *Cortinarius*-Untergattung *Phlegmacium* (Schleimköpfe) und hat den für diese Gruppe typischen schleimigen Hut und trockenen Stiel. Der schwedische Mykologe Elias Fries muss von diesen großen Blätterpilzen und ihren leuchtenden Farben sehr beeindruckt gewesen sein, da er der Art den Beinamen *triumphans* („der triumphale *Cortinarius*") gab, als er sie 1838 erstmals beschrieb. Der Gelbgestiefelte Schleimkopf ist essbar und wird in Schweden verzehrt, aber die schwierige Bestimmbarkeit der Gattung *Cortinarius* – die über 500 Arten umfasst – macht sie zu einer Gruppe, die besser gemieden wird. Einige verwandte Pilze sind stark giftig.

ÄHNLICHE ARTEN

Cortinarius saginus ist ein sehr ähnlicher Pilz, aber er hat einen brauneren Hut und wächst bei Nadelbäumen. *Cortinarius cliduchus* (und *C. olidus*, falls unterschiedlich) hat eher gelbe Schuppen am Stiel und wächst bei Buchen. Der Natternstielige Schleimfuß (*C. trivialis*) hat einen schleimigen Stiel mit auffälligeren Gürteln aus Velumresten.

Maßstab 1:1

Der Gelbgestiefelte Schleimkopf hat einen konvexen Hut, der glatt und schleimig ist, am Rand manchmal faserig, und leuchtend ocker bis gelbbraun. Die Lamellen (siehe Bild rechts) sind gräulich weiß mit einem bläulichen Farbstich und werden graubraun bis rostbraun. Der Stiel ist weiß, aber mit ockerbraunen, schuppigen Velumresten unvollständig gegürtelt, und direkt über der Basis knollig verdickt.

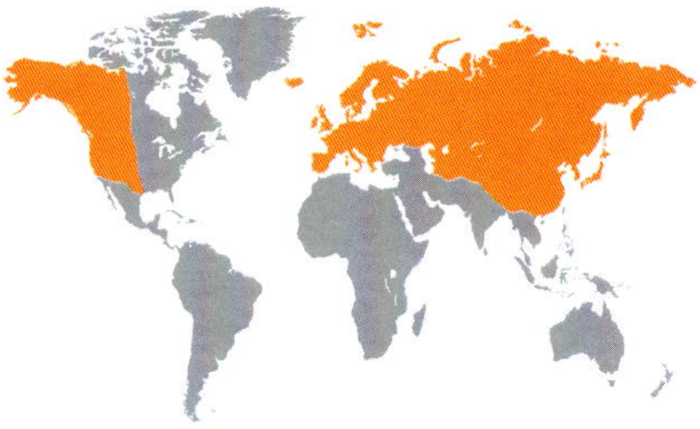

FAMILIE	Cortinariaceae
VERBREITUNG	Im Westen Nordamerikas, in Europa, Nordasien
LEBENSRAUM	In Wäldern
SYMBIOSE	Ektomykorrhiza mit Laubbäumen, vor allem Weiden, Espen und Eichen
WUCHSFORM	Am Boden, in kleinen Trupps
VORKOMMEN	Häufig
SPORENFARBE	Rostbraun
GENIESSBARKEIT	Ungenießbar

GRÖSSE
Bis zu 125 mm

HUTDURCHMESSER
Bis zu 100 mm

CORTINARIUS TRIVIALIS

NATTERNSTIELIGER SCHLEIMFUSS

J. E. LANGE

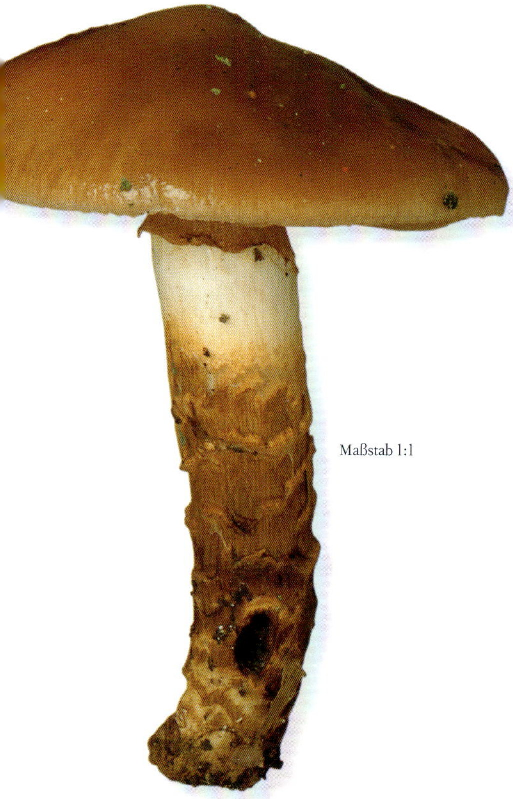

Maßstab 1:1

Der Natternstielige Schleimfuß ist ein typischer Pilz für feuchte oder sumpfige Wäldern, wo er oft häufig vorkommen kann (*trivialis*: „gewöhnlich"). Ein charakteristisches Merkmal sind die dicken, schuppigen Gürtel am Stiel, die ihn zu einem der leichter erkennbaren *Cortinarius*-Pilze machen. Für Menschen ist er ungenießbar, bei roten Eichhörnchen offenbar sehr beliebt. Ein Bericht aus Finnland stellte fest, dass diese Pilze zusammen mit Röhrenpilzen und *Russula*-Arten rund ein Viertel des Wintervorrats der Eichhörnchen ausmachen. Die Eichhörnchen sammeln die Fruchtkörper und lagern sie in Bäumen, wo sie trocknen und in den Wintermonaten als Nahrung dienen.

ÄHNLICHE ARTEN

Cortinarius collinitus (ursprünglich aus einem Eichenwald dokumentiert) ist wahrscheinlich ein älterer Name für den Natternstieligen Schleimfuß. Der Name wurde jedoch auch für eine ähnliche Nadelbaum-Art verwendet, deren Stiel blassviolett (statt weiß) gegürtelt ist. Andere braune Arten mit schleimigen Hüten und Stielen haben keine auffälligen Gürtel.

Der Natternstielige Schleimfuß hat einen konvexen Hut (siehe Bild rechts), der flach bis gebuckelt wird. Die Oberfläche ist schleimig, gelb bis rötlich braun mit olivgrünen Tönen. Die Lamellen sind blass lehmfarben, mit einem violetten Farbstich am Rand, und werden rasch rostbraun. Der Stiel ist schleimig, oben weiß, zur Basis hin hellbraun, und unregelmäßig mit dicken weißen und bräunlichen Velumresten gegürtelt.

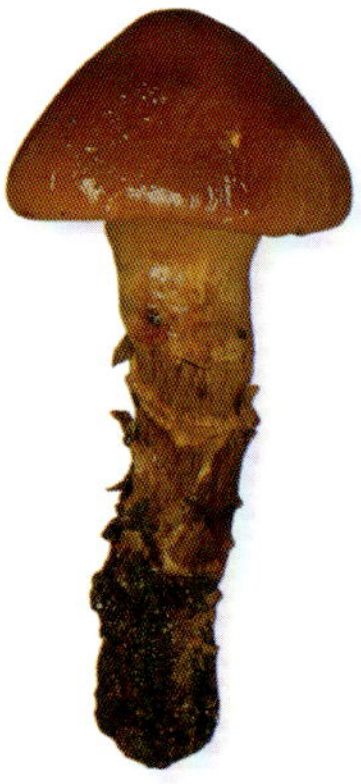

FAMILIE	Cortinariaceae
VERBREITUNG	Nordamerika, Europa, Nordasien
LEBENSRAUM	In feuchten Wäldern
SYMBIOSE	Ektomykorrhiza mit Weiden
WUCHSFORM	Am Boden, in kleinen Trupps
VORKOMMEN	Lokal häufig
SPORENFARBE	Rostbraun
GENIESSBARKEIT	Vermutlich giftig, lieber meiden

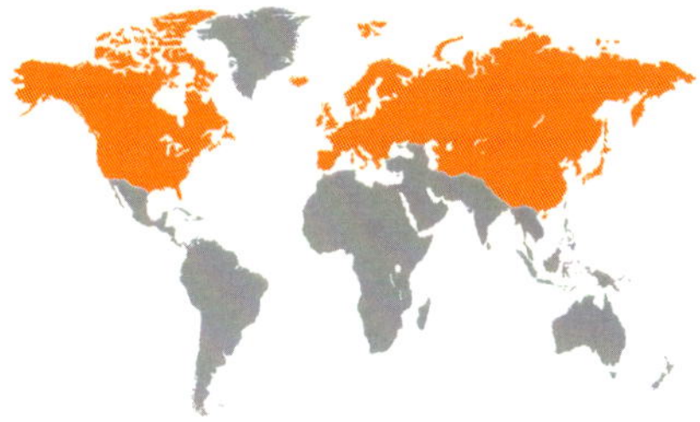

GRÖSSE
Bis zu 75 mm

HUTDURCHMESSER
Bis zu 50 mm

CORTINARIUS ULIGINOSUS

MOOR-HAUTKOPF

BERKELEY

Viele Pilze haben eine Toleranz gegenüber Marschen, Mooren und Sümpfen entwickelt oder wachsen sogar bevorzugt in diesen Gebieten. Einer davon ist der Moor-Hautkopf (*uliginosus*: „sumpfig"), der in Symbiose mit Weiden lebt. Er hat die typische Form und die gelb-rot-rostbraune Farbe der *Cortinarius*-Untergattung *Dermocybe* (Hautköpfe). Wie andere Pilze dieser Gruppe enthalten auch seine Fruchtkörper chemische Stoffe, die in Verbindung mit einem Alkali rote Farbtöne erzeugen und die als natürliche Farbstoffe verwendet wurden. Die Farbe der jungen Lamellen ist wichtig, um *Dermocybe*-Arten zu unterscheiden. Ältere, einzeln stehende Exemplare können vielleicht nicht bestimmt werden.

ÄHNLICHE ARTEN

Andere *Cortinarius*-Arten der Untergattung *Dermocybe* sehen ähnlich aus, aber die leuchtenden Farben und der Lebensraum des Moor-Hautkopfs sollten charakteristisch sein. *Cortinarius croceoconus* hat stumpfere Farben und wächst bei Nadelbäumen. Der häufige *C. croceus* wächst bei vielen verschiedenen Bäumen, hat aber einen stumpferen, gelbbraunen bis rötlich braunen Hut.

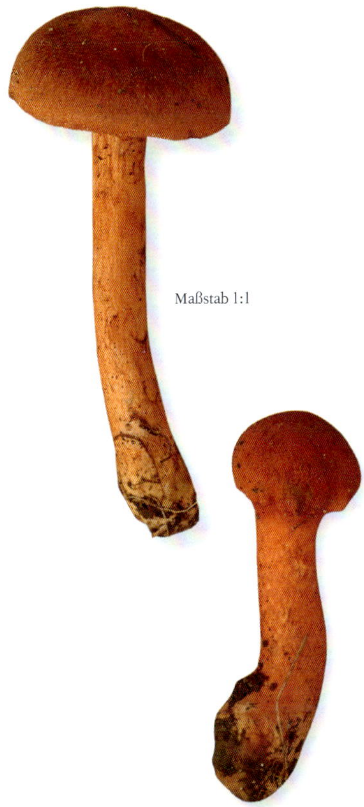

Maßstab 1:1

Der Moor-Hautkopf hat einen zuerst fast kegeligen Hut (siehe Bild rechts), der ausgebreitet gebuckelt ist. Die Oberfläche ist fein seidig-faserig und leuchtend ziegelrot, wird aber im Alter stumpfer. Die Lamellen sind anfangs intensiv zitronengelb und werden rostbraun. Der Stiel ist ocker, mit roten Velumresten gegürtelt und wird zur Basis hin dunkler. Das Fleisch ist blassgelb.

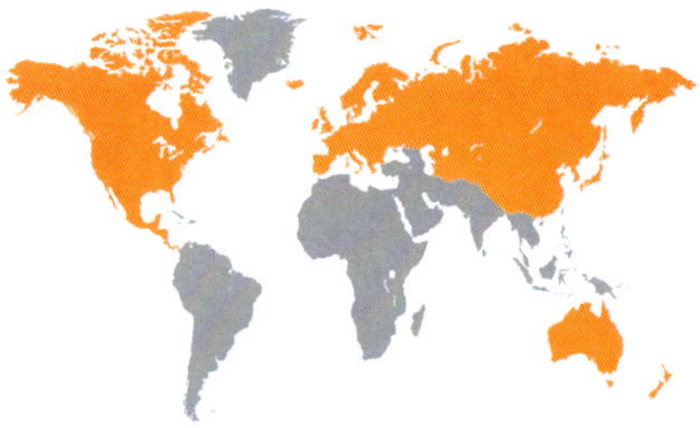

FAMILIE	Cortinariaceae
VERBREITUNG	Nordamerika, Europa, Mittelamerika, Nordasien, Australien, Neuseeland
LEBENSRAUM	In Wäldern
SYMBIOSE	Ektomykorrhiza mit Laub- und Nadelbäumen
WUCHSFORM	Am Boden, truppweise
VORKOMMEN	Selten
SPORENFARBE	Rostbraun
GENIESSBARKEIT	Essbar

GRÖSSE
Bis zu 125 mm

HUTDURCHMESSER
Bis zu 150 mm

CORTINARIUS VIOLACEUS

DUNKELVIOLETTER DICKFUSS

(LINNAEUS) GRAY

Maßstab 1:1

Der Dunkelviolette Dickfuß ist ein großer Blätterpilz mit auffallenden Farben und einer der einfacher zu bestimmenden *Cortinarius*-Arten. Seine tiefvioletten Hüte sind jedoch überraschend leicht zu übersehen, besonders im Unterholz. Er ist weitverbreitet, kommt jedoch nicht häufig vor. Wenn er auftaucht, dann oft truppweise. Ein frischer Pilz riecht oft leicht nach Zedernholz. Im Gegensatz zu den meisten anderen Schleierlingen ist *C. violaceus* essbar (wenn auch manchmal bitter), aber kein gefragter Speisepilz. Da viele Schleierlinge stark giftig sind, meidet man sie besser. Die Pilze werden auch zum Färben verwendet.

ÄHNLICHE ARTEN

Gruppen von Pilzen, die bei Nadelbäumen wachsen, wurden manchmal als eigene Art klassifiziert: *Cortinarius hercynicus*, die sich mikroskopisch durch die Sporenform unterscheidet. Der Dunkelviolette Dickfuß unterscheidet sich ansonsten durch seine dunkle Farbe, seine Größe und seinen fein geschuppten Hut. Der Violette Rötelritterling (*Lepista nuda*) ist blasser, hat einen glatten Hut und blassrosa Sporen.

Der Dunkelviolette Dickfuß hat einen halbkugeligen Hut, der flach bis stumpf gebuckelt wird. Die Oberfläche ist trocken, fein samtig bis schuppig, dunkelviolett, im Alter grauviolett. Die Lamellen sind hutfarben und werden braunviolett. Der Stiel ist blass hutfarben, jung oft mit einer einheitlich gefärbten Natterung, und zur Basis hin knollig.

FAMILIE	Inocybaceae
VERBREITUNG	Nordamerika, Europa, Mittelamerika
LEBENSRAUM	In Wäldern
SYMBIOSE	Mit Laubbäumen
WUCHSFORM	Auf toten Ästen und Baumstümpfen
VORKOMMEN	Selten
SPORENFARBE	Braun
GENIESSBARKEIT	Ungenießbar

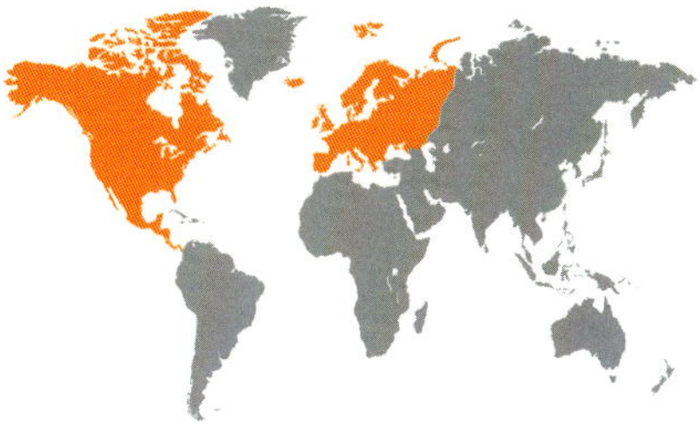

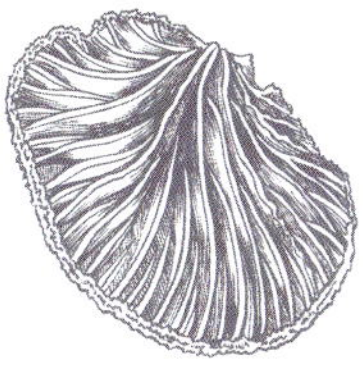

GRÖSSE
Unter 2 mm

HUTDURCHMESSER
Bis zu 25 mm

CREPIDOTUS CINNABARINUS

ZINNOBERROTES STUMMELFÜSSCHEN

PECK

Die Fruchtkörper dieser *Crepidotus*-Art sind zwar klein, aber von einem beeindruckenden, satten Rot – eine ungewöhnliche Farbe in einer eher farbarmen Gattung. Das Zinnoberrote Stummelfüßchen wurde erstmals aus Nordamerika dokumentiert, wo es weitverbreitet, aber eher selten ist. Seitdem wurde es verstreut in Europa gefunden, auch auf den britischen Inseln, wo es extrem selten vorkommt. Wie andere Arten seiner Gattung produziert *Crepidotus cinnabarinus* einen braunen Sporenabdruck, wenn man den Fruchtkörper einige Stunden lang auf einer Glasplatte oder einem weißen Blatt Papier liegen lässt.

ÄHNLICHE ARTEN

Die meisten anderen *Crepidotus*-Arten haben weißliche bis blassbraune Fruchtkörper. Ein sehr ähnlicher Pilz, *C. rubrovinosus*, ist jedoch aus Mittelamerika bekannt, und ein blasserer, rosa Pilz, *C. roseoornatus*, wurde an einigen Orten in Kontinentaleuropa gefunden. Beide unterscheidet man am besten unter dem Mikroskop.

Maßstab 1:1

Das Zinnoberrote Stummelfüßchen bildet breite, muschelförmige, weiche Fruchtkörper, die seitlich an Holz haften. Die Hüte sind leicht konvex, anfangs haarig, dann glatter, und leuchtend zinnoberrot. Die Lamellen sind erst hutfarben, bei der Sporenreife braun.

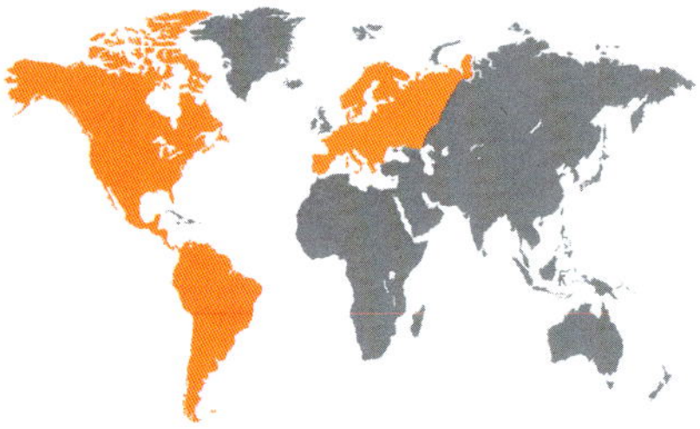

FAMILIE	Inocybaceae
VERBREITUNG	Nordamerika, Kontinentaleuropa, Mittel- und Südamerika
LEBENSRAUM	In Wäldern
SYMBIOSE	Mit Laubbäumen, seltener mit Nadelbäumen
WUCHSFORM	Auf toten Ästen
VORKOMMEN	Häufig
SPORENFARBE	Braun
GENIESSBARKEIT	Ungenießbar

GRÖSSE
Unter 3 mm

HUTDURCHMESSER
Bis zu 35 mm

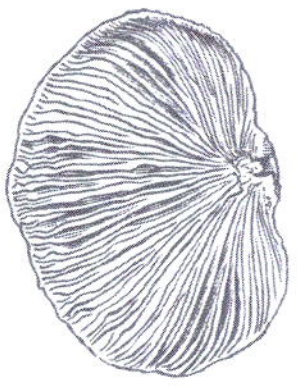

CREPIDOTUS CROCOPHYLLUS

SAFRANBLÄTTRIGES STUMMELFÜSSCHEN

(BERKELEY) SACCARDO

Die meisten *Crepidotus*-Arten haben weiße Hüte, braune Lamellen und sind klein und farblos, aber das Safranblättrige Stummelfüßchen ist ein großer, auffälliger Pilz mit leuchtend safrangelben bis orangen Lamellen. Die Hutoberfläche kann variieren, vor allem in ihrer Farbe und in der Menge der Fasern oder Schuppen, was Mykologen in der Vergangenheit dazu veranlasst hat, den Pilz unter verschiedenen Namen zu beschreiben. Moderne Forschung – die oft „versteckte" Arten aus einem Namen enthüllt – ergab hier überraschenderweise, dass alle amerikanischen und europäischen Namen eine einzige, weitverbreitete Art bezeichnen.

ÄHNLICHE ARTEN

Das Gallertfleischige Stummelfüßchen (*Crepidotus mollis*) ist ähnlich geformt und manchmal schuppig, aber weniger farbintensiv, mit weißlichen bis gelbbraunen Lamellen, die braun werden. Der Gelbstielige Muschelseitling (*Panellus serotinus*) und der Muschel-Krempling (*Tapinella panuoides*) haben rosig-orange Lamellen, sind jedoch größer und haben dunklere olivfarbene oder braune Hüte.

Maßstab 1:1

Das Safranblättrige Stummelfüßchen bildet breite, muschelförmige, weiche Fruchtkörper, die seitlich an Holz haften. Die Hüte sind leicht konvex, glatt, cremefarben bis ockerbraun und mit rötlich braunen Fasern oder Schüppchen bedeckt. Die Lamellen sind gelb bis orange, im Alter bei der Sporenreife braun.

FAMILIE	Inocybaceae
VERBREITUNG	Nordamerika, Europa, Nordafrika, Mittelamerika, Nordasien
LEBENSRAUM	In Wäldern
SYMBIOSE	Mit Laubbäumen
WUCHSFORM	Auf totem Holz, oft dachziegelig
VORKOMMEN	Häufig
SPORENFARBE	Braun
GENIESSBARKEIT	Ungenießbar

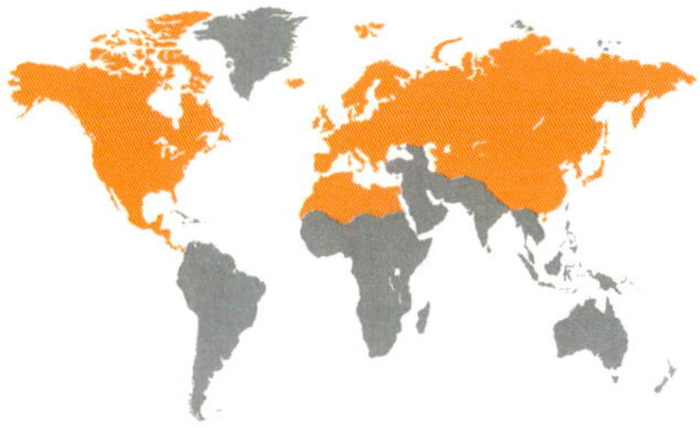

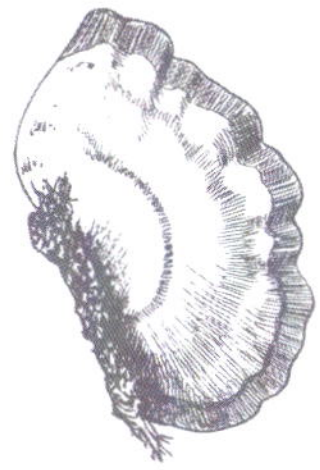

GRÖSSE
Unter 3 mm

HUTDURCHMESSER
Bis zu 75 mm

CREPIDOTUS MOLLIS

GALLERTFLEISCHIGES STUMMELFÜSSCHEN

(SCHAEFFER) STAUDE

Bei feuchtem Wetter kann man die transparente, gummiartig-gallertige Huthaut des ansonsten unscheinbaren Gallertfleischigen Stummelfüßchens abziehen. Sein deutscher wie auch sein lateinischer Name, *Crepidotus mollis*, beziehen sich auf die weichen, gallertigen Fruchtkörper. Das Ausmaß der rötlich braunen Fasern oder Schuppen am Hut kann variieren. Daher haben manche Mykologen eine zweite, kleinere Art bestimmt, *C. calolepis*, die stets Schuppen aufweist, während der echte *C. mollis* einen glatten oder nur leicht geschuppten Hut besitzt.

ÄHNLICHE ARTEN

Das Safranblättrige Stummelfüßchen (*Crepidotus crocophyllus*) ist ähnlich geformt und faserig schuppig, aber intensiver gefärbt, mit gelben bis orangen Lamellen. Die meisten anderen *Crepidotus*-Arten – die sehr häufig auf Zweigen und toten Pflanzenstämmen vorkommen – sind viel kleiner, haben glatte, weißliche Hüte mit weniger als 25 mm Durchmesser sowie blassbraune Lamellen.

Das Gallertfleischige Stummelfüßchen bildet breite, muschelförmige, weiche oder gallertige Fruchtkörper (feucht fast gelatinös), die seitlich an Holz haften. Die Hüte sind leicht konvex, glatt, weißlich bis gelb- oder blassbraun und manchmal mit rötlich braunen Fasern oder Schüppchen bedeckt. Die Lamellen sind weißlich und werden im Alter blass rosig-braun.

Maßstab 1:1

FAMILIE	Marasmiaceae
VERBREITUNG	Nordamerika
LEBENSRAUM	In Wäldern
SYMBIOSE	Mit Laubbäumen
WUCHSFORM	Auf toten Zweigen und Ästen, in verstreuten Gruppen
VORKOMMEN	Häufig
SPORENFARBE	Weiß
GENIESSBARKEIT	Ungenießbar

GRÖSSE
Bis zu 50 mm

HUTDURCHMESSER
Bis zu 35 mm

CRINIPELLIS ZONATA

(PECK) SACCARDO

Crinipellis bedeutet „mit behaarter Haut" – die eher kleinen Pilze dieser Gattung werden durch die langen Haare auf ihrer Hutoberfläche charakterisiert. Abgesehen davon ähneln sie den *Marasmius*-Arten und wachsen oft in Gruppen und Schwärmen auf kleinen Zweigen und Stämmen. *Crinipellis zonata* („Zoned Hairy Parachute") ist eine nordamerikanische Art. Seine langen, verfilzten Haare bilden Zonen am Hut. Er selbst ist harmlos, aber der verwandte südamerikanische *Crinipellis perniciosa*, ein ansehnlicher rosahütiger Pilz, verursacht als Schädling auf Kakaobäumen die sogenannte Hexenbesenkrankheit.

Maßstab 1:1

ÄHNLICHE ARTEN

Zwei verwandte nordamerikanische Arten, *Crinipellis campanella* und *C. piceae*, bilden Fruchtkörper auf dem Holz von Nadelbäumen. Beide haben ziemlich kleine Hüte und die Haare sind nicht deutlich gezont. In Europa ist *C. scabella* eine ähnlicher Art, sie wächst jedoch eher auf toten Grashalmen als auf Holz.

Crinipellis zonata hat einen konvexen Hut (siehe Bild rechts), der ausgebreitet flach, oft auch niedergedrückt ist. Die cremefarbene bis gelbbraune Oberfläche ist dicht mit Zonen aus orangebraunen bis rötlich braunen Haaren bedeckt. Die Lamellen sind weiß. Der Stiel ist fein behaart und hutfarben.

FAMILIE	Physalacriaceae
VERBREITUNG	Nordamerika, Afrika, Mittel- und Südamerika, Asien, Australien, Neuseeland
LEBENSRAUM	In Wäldern
SYMBIOSE	Mit Laubbäumen
WUCHSFORM	Auf toten Ästen
VORKOMMEN	Selten
SPORENFARBE	Weiß
GENIESSBARKEIT	Ungenießbar

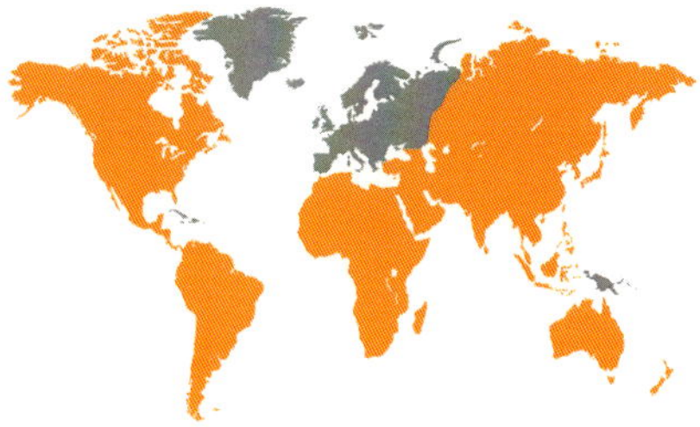

GRÖSSE
Bis zu 50 mm

HUTDURCHMESSER
Bis zu 25 mm

CYPTOTRAMA ASPRATA

(BERKELEY) REDHEAD & GINNS

Dieser farbenfrohe Blätterpilz ist auf morschem Holz in den Tropen weitverbreitet, findet sich manchmal auch in gemäßigten Wäldern (jedoch nicht in Europa). Die auffälligen Schuppen entstehen aus kleineren, zueinander geneigten Stacheln, die an der Spitze zusammenhaften – ein Merkmal, das auch manche Bauchpilze aufweisen. *Cyptotrama asprata* („Golden Scruffy") ist jedoch näher mit dem Samtfuß-Rübling (*Flammulina velutipes*) als mit Bauchpilzen verwandt, wie neuere Forschung ergab. Zuvor sorgte er in Expertenkreisen für Rätselraten und Diskussionen und wurde schon in zehn verschiedene Gattungen eingeordnet: *Lentinus*, *Lepiota*, *Collybia*, *Pleurotus*, *Tricholoma*, *Marasmius*, *Armillaria*, *Xerula*, *Tricholomopsis* und *Gymnopus*.

Maßstab 1:1

ÄHNLICHE ARTEN

Die jungen, intensiv gefärbten Fruchtkörper von *Pholiota flammans* können ähnlich aussehen, während *P. squarrosa* und *Phaeomarasmius erinaceus* genauso schuppig sind, aber weniger farbenfroh und eher rostbraun. Alle haben braune (statt weiße) Sporen, die allmählich die Lamellen färben.

Cyptotrama asprata hat anfangs einen konvexen Hut, bedeckt mit gelben bis orangen, kegeligen Schuppen, die (unter der Lupe) aus pyramidenförmig aneinanderlehnenden Stacheln bestehen. Die Schuppen fallen im Alter nach und nach ab. Die Lamellen sind weiß bis cremefarben und leicht herablaufend. Der Stiel ist hutfarben oder blasser und mit ähnlichen Schuppen bedeckt.

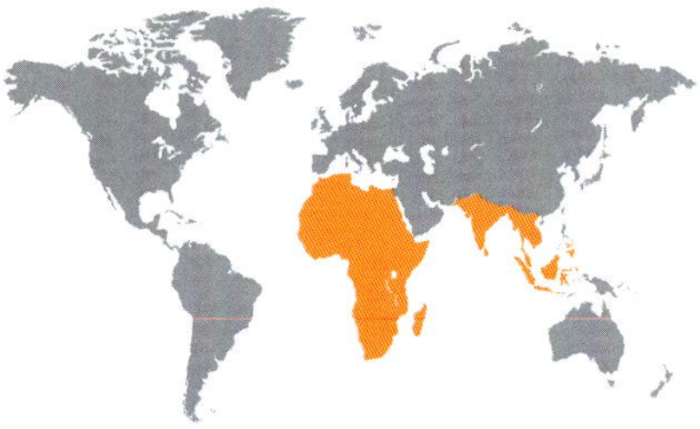

FAMILIE	Agaricaceae
VERBREITUNG	Afrika, Südasien
LEBENSRAUM	In Parks, Gärten, Wäldern und an Wegrändern
SYMBIOSE	In nährstoffreicher Erde, in Kompost und Laubstreu
WUCHSFORM	Am Boden
VORKOMMEN	Häufig
SPORENFARBE	Schokoladenbraun
GENIESSBARKEIT	Ungenießbar

GRÖSSE
Bis zu 75 mm

HUTDURCHMESSER
Bis zu 50 mm

CYSTOAGARICUS TRISULPHURATUS

(BERKELEY) SINGER

Dieser prächtige Pilz wurde erstmals von dem berühmten britischen Mykologen Miles Joseph Berkeley nach einem Fund seiner Tochter in Sansibar beschrieben. Heute weiß man, dass die Art im ganzen tropischen Afrika wie auch in Indien und Südostasien weitverbreitet ist. Aufgrund seiner ungewöhnlichen, eckigen Sporen wurde *Cystoagaricus trisulphuratus* („Scala Tangerine Mushroom") der kleinen Gattung *Cystoagaricus* zugeordnet, aber moderne DNA-Analysen legen nahe, dass er ein echter Champignon (*Agaricus*) ist, und sein wissenschaftlicher Name könnte wieder zu Berkeleys ursprünglichem Namen *Agaricus trisulphuratus* umgeändert werden.

ÄHNLICHE ARTEN

Agaricus crocopeplus sieht ähnlich aus und kommt ebenfalls in den afrikanischen und asiatischen Tropen vor. Seine zotteligen Schuppen sind leuchtend gelb statt orange, aber die wichtigsten Unterschiede zum *Cystoagaricus trisulphuratus* sieht man nur unter dem Mikroskop. Auch einige tropische *Amanita*-Arten sind schuppig und haben leuchtende Farben, allerdings mit weißen Lamellen und Sporen.

Cystoagaricus trisulphuratus hat einen halbkugeligen Hut, der konvex bis flach wird. Die Oberfläche ist mit filzigen Schuppen bedeckt, die über den Rand hängen und leuchtend gelborange bis orange sind. Die Lamellen sind anfangs weißlich und werden schokoladenbraun. Der Stiel ist filzig schuppig und hutfarben, mit einem ausgeprägten Ring.

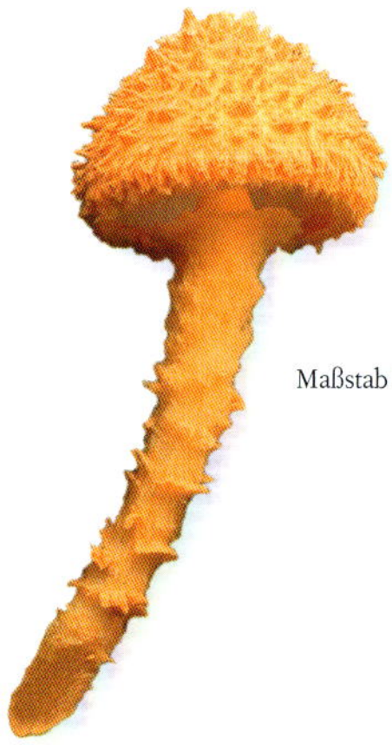

Maßstab 1:1

FAMILIE	Agaricaceae
VERBREITUNG	Nordamerika, Europa, Nordasien, Neuseeland
LEBENSRAUM	In moosigen Wiesen und Wäldern
SYMBIOSE	Mit Laub- und Nadelbäumen und mit Moosen
WUCHSFORM	Am Boden, einzeln oder in Gruppen
VORKOMMEN	Häufig
SPORENFARBE	Weiß
GENIESSBARKEIT	Ungenießbar

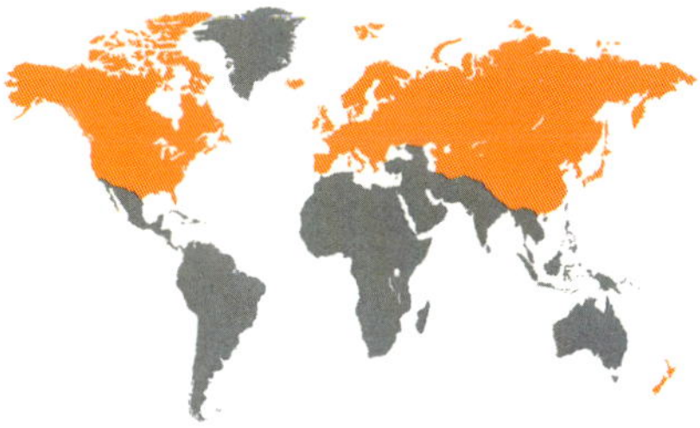

GRÖSSE
Bis zu 75 mm

HUTDURCHMESSER
Bis zu 50 mm

CYSTODERMA AMIANTHINUM

AMIANT-KÖRNCHENSCHIRMLING

(SCOPOLI) FAYOD

Cystoderma amianthinum ist der häufigste der Körnchenschirmlinge. Man findet ihn oft auf moosigen Weiden und Rasen sowie in Wäldern. Der Beiname *amianthinum* bedeutet „ungefleckt", was kaum hilfreich ist, aber die leuchtende Ockerfarbe und der zottige Stiel sollten charakteristisch genug sein. Oft verströmt er einen erdigen Geruch, der jedoch nicht so auffällt wie jener des Starkriechenden Körnchenschirmlings (*C. carcharias*). Sehr selten parasitiert ein anderer Blätterpilz auf den Fruchtkörpern: der Goldstiel-Schuppenwulstling (*Squamanita paradoxa*). Dieser Schmarotzer ersetzt den Hut und oberen Stielteil des Wirts durch seinen eigenen violetten Hut und Stiel, lässt aber den ockerfarbenen unteren Stielteil intakt.

Maßstab 1:1

ÄHNLICHE ARTEN

Andere *Cystoderma*- und *Cystodermella*-Arten sind seltener und wachsen nur in Wäldern. *Cystoderma jasonis* ist ähnlich, aber mit einem etwas brauneren Hut. Unter dem Mikroskop unterscheidet er sich durch seine längeren Sporen. *Cystodermella cinnabarina* und *C. granulosa* haben rötlich braune oder ziegelrote Hüte.

Der Amiant-Körnchenschirmling hat einen konvexen Hut, der flach bis stumpf gebuckelt wird, jung mit einer fein gekörnten Oberfläche, später glatt oder radialfaserig, leuchtend ocker bis ockerbraun und am Rand mit weißen Velumresten behangen. Die Lamellen sind weiß bis cremefarben. Der Stiel ist über dem vergänglichen Ring glatt, unterhalb hutfarben und körnig schuppig.

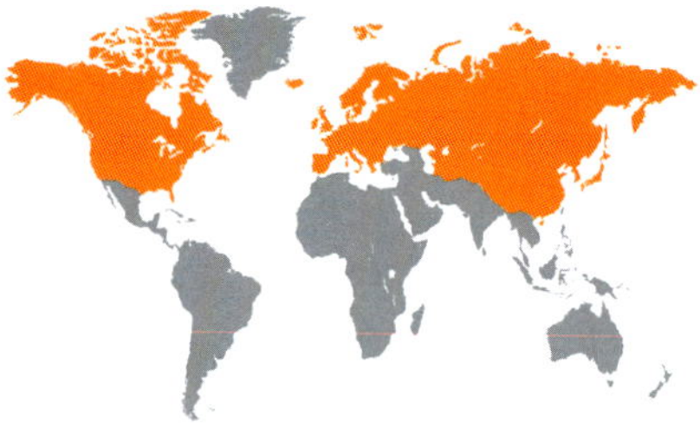

FAMILIE	Agaricaceae
VERBREITUNG	Nordamerika, Europa, Nordasien
LEBENSRAUM	In Wäldern
SYMBIOSE	Mit Nadelbäumen
WUCHSFORM	Am Boden, einzeln oder in kleinen Gruppen
VORKOMMEN	Selten
SPORENFARBE	Weiß
GENIESSBARKEIT	Ungenießbar

GRÖSSE
Bis zu 75 mm

HUTDURCHMESSER
Bis zu 60 mm

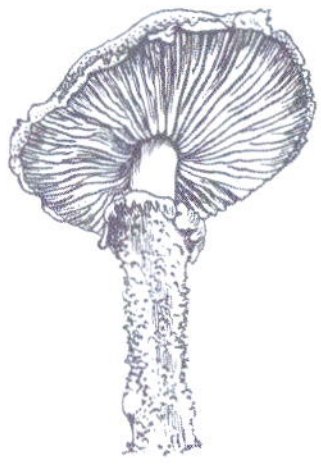

CYSTODERMA CARCHARIAS

STARKRIECHENDER KÖRNCHENSCHIRMLING

(PERSOON) FAYOD

Der Starkriechende Körnchenschirmling ist an seinem blassen, körnigen Hut und Stiel und seinem beständigen Ring erkennbar. Zusätzlich verströmt er einen unangenehmen Geruch, der als schimmelig, modrig, erdig oder sogar gasartig beschrieben wird. Analysen ergaben, dass dafür die organische Verbindung Geosmin („Erdgeruch") verantwortlich ist, eine der Hauptkomponenten im Geruch von Regen auf Erde nach einer Hitzeperiode. Der Pilz ist seltener als *Cystoderma amianthinum* und wächst lieber auf Nadelstreu als auf moosigem Gras. Der Beiname *carcharias* bedeutet „scharf zugespitzt", was sich vermutlich auf die körnigen Schuppen bezieht.

ÄHNLICHE ARTEN

Der starke Geruch und der blassrosige Farbstich sollten den Starkriechenden Körnchenschirmling von anderen *Cystoderma*- und *Cystodermella*-Arten unterscheiden, die meist dunklere ziegelrote oder gelbliche Farbtöne aufweisen. Mehrere *Cystolepiota*-Arten haben rosige, körnige bis pulverige Schuppen auf Hut und Stiel, aber ihnen fehlt der auffällige Ring von *Cystoderma carcharias*.

Maßstab 1:1

Der Starkriechende Körnchenschirmling hat einen blassen, gräulich-weißen Hut, meist rosig getönt. Der Hut ist konvex, dann gebuckelt, mit feinkörniger Oberfläche und einem mit weißlichen Velumresten behangenen Rand. Die Lamellen sind weiß bis cremefarben. Der Stiel ist über dem dauerhaften, aufsteigenden Ring glatt und weiß, darunter hutfarben und körnig.

FAMILIE	Agaricaceae
VERBREITUNG	Nordamerika, Europa, Südwestasien
LEBENSRAUM	In kalkhaltigen Wäldern
SYMBIOSE	Mit Laubbäumen
WUCHSFORM	Am Boden, einzeln oder in Gruppen
VORKOMMEN	Selten
SPORENFARBE	Weiß
GENIESSBARKEIT	Ungenießbar

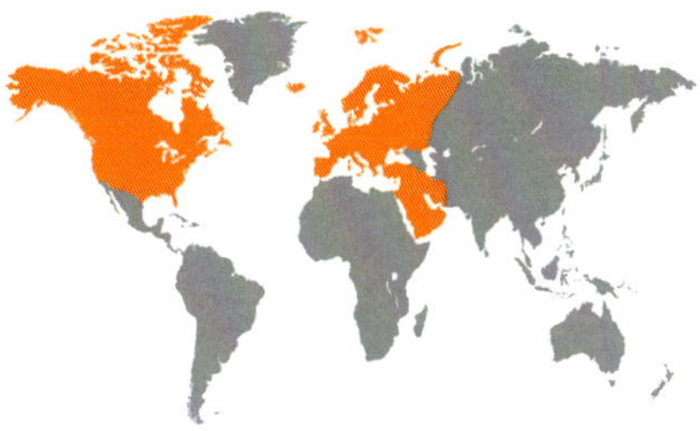

GRÖSSE
Bis zu 75 mm

HUTDURCHMESSER
Bis zu 25 mm

CYSTOLEPIOTA BUCKNALLII

VIOLETTER MEHLSCHIRMLING

(BERKELEY & BROOME) SINGER & CLÉMENÇON

Wie ihre nahen Verwandten der Gattung *Lepiota* wachsen auch die *Cystolepiota*-Arten vorwiegend in kalkhaltigen Wäldern. Der Violette Mehlschirmling ist aufgrund seiner Farbe und seines überraschenden Geruchs einer der unverwechselbarsten, am leichtesten zu bestimmenden Pilze. Er produziert die aromatische Verbindung Indol, die stark nach Leuchtgas riecht – der Geruch und die Verbindung, die auch den Schwefel-Ritterling (*Tricholoma sulphureum*) charakterisieren. Der Violette Mehlschirmling wurde erstmals um 1881 vom englischen Mykologen Cedric Bucknall in den kalkigen Wäldern nahe Bristol gesammelt und ihm zu Ehren benannt.

ÄHNLICHE ARTEN

Die pudrigen Velumreste, die Farbe, die cremefarbenen Lamellen und der Geruch nach Leuchtgas sind kennzeichnend. Andere *Cystolepiota*-Arten mit pudrigen Velumresten sind weiß bis rosig, aber nie violett. Der nicht verwandte *Inocybe geophylla* var. *lilacina* ist ähnlich groß und von ähnlicher Farbe, jedoch nicht pudrig und hat lehmbraune Lamellen.

Maßstab 1:1

Der Violette Mehlschirmling bildet Fruchtkörper, die jung komplett mit körnigen oder flockigen, violetten Velumresten bedeckt sind, die mit dem Alter allmählich abfallen. Der Hut ist halbkugelig, breitet sich kaum aus und wird im Alter cremefarben mit violettem Farbstich. Die Lamellen sind cremefarben. Der Stiel ist an der Spitze cremefarben, darunter dunkelviolett.

FAMILIE	Tricholomataceae
VERBREITUNG	Im Westen Nordamerikas, in Europa
LEBENSRAUM	In Wäldern
SYMBIOSE	Mit Pilzen der Gattungen *Lactarius* und *Russula*
WUCHSFORM	Auf verfaulten Überresten von Fruchtkörpern
VORKOMMEN	Selten
SPORENFARBE	Weiß
GENIESSBARKEIT	Ungenießbar

GRÖSSE
Bis zu 75 mm

HUTDURCHMESSER
Bis zu 10 mm

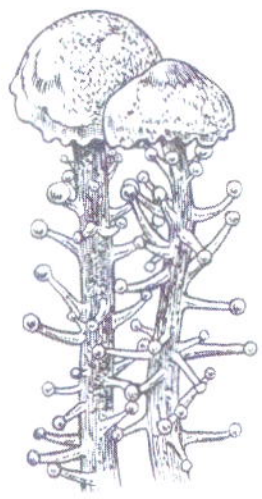

DENDROCOLLYBIA RACEMOSA

TRAUBENSTIELIGER SKLEROTIENRÜBLING

(PERSOON) R. H. PETERSEN & REDHEAD

Der Traubenstielige Sklerotienrübling ist klein, aber außergewöhnlich. Aus seinem Stiel wachsen Seitenverzweigungen mit kleinen Köpfen an den Enden, in denen sich asexuelle Sporen befinden – eine alternative Art der Sporenverbreitung und ein einzigartiges Merkmal dieses Pilzes. Kurios ist auch, dass er auf den fauligen Überresten anderer Blätterpilze wächst, besonders auf Täublingen (Gattung *Russula*) und Milchlingen (Gattung *Lactarius*), auch wenn diese meist bereits bis zur Unkenntlichkeit verrottet sind. Die Fruchtkörper wachsen aus Sklerotien – das sind kleine, feste Körner aus Pilzgewebe, die in der Erde überdauern, bis die Fruchtkörper des Wirts wieder auftauchen.

ÄHNLICHE ARTEN

Dendrocollybia racemosa ist der einzige Blätterpilz mit solchen Seitenverzweigungen, aber einige *Collybia*-Arten, etwa der Braunknollige Sklerotienrübling (*C. tuberosa*), haben ähnliche Formen und Größen. Auch sie wachsen aus Sklerotien (diese sind aber meist blasser, ocker bis rotbraun) aus den Überresten von *Lactarius*- und *Russula*-Fruchtkörpern.

Der Traubenstielige Sklerotienrübling hat einen konvexen Hut, der flach bis stumpf gebuckelt wird. Die Oberfläche ist glatt bis fein runzelig, blassgrau bis graubraun. Die Lamellen sind hutfarben. Der Stiel ist dünn, hutfarben und glatt, mit zahlreichen Seitenästchen, die in winzige Köpfe münden. Der Stiel wächst aus einem festen, schwarzen, kugeligen Sklerotium heraus.

Maßstab 1:1

FAMILIE	Entolomataceae
VERBREITUNG	Europa, Nordasien
LEBENSRAUM	Auf Weiden und in Gebüschen
SYMBIOSE	Mit Moosen und Gräsern
WUCHSFORM	Am Boden, einzeln oder in kleinen Gruppen
VORKOMMEN	Lokal häufig
SPORENFARBE	Lachsrosa
GENIESSBARKEIT	Vermutlich giftig, lieber meiden

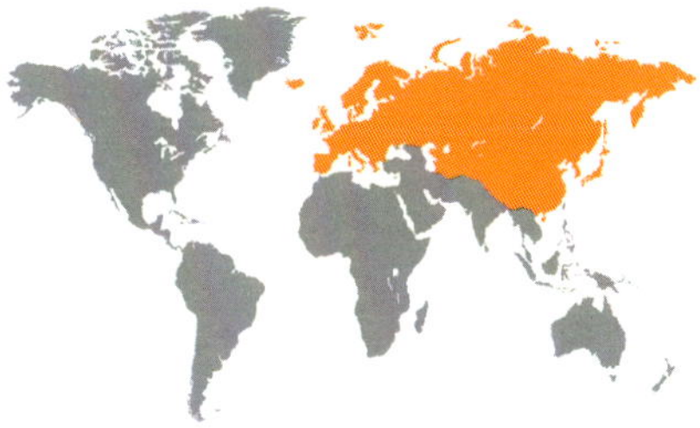

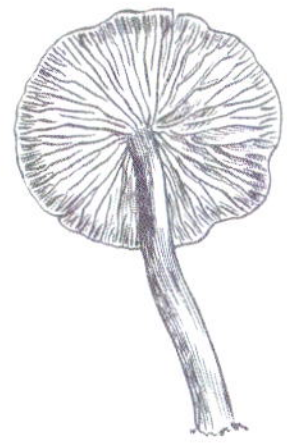

GRÖSSE
Bis zu 50 mm

HUTDURCHMESSER
Bis zu 35 mm

ENTOLOMA CHALYBEUM VAR. LAZULINUM

SCHWARZBLAUER RÖTLING

(FRIES) NORDELOOS

Der Schwarzblaue Rötling ist ein typischer Pilz der Untergattung *Leptonia* in der Gattung *Entoloma*. Fast alle von ihnen wachsen auf alten, moosigen Weiden und Rasen (zumindest in Europa). Ihre Fruchtkörper sind vergleichsweise klein und zart, eher wie *Mycena*-Arten, und daher als Gruppe recht einfach zu bestimmen – im Gegensatz zu den einzelnen Arten. Einige von ihnen haben dunkle, bläuliche Hüte, ähnlich wie jene des Schwarzblauen Rötlings. Ihren lateinischen Namen *lazulinum* erhält diese Varietät nach dem seltenen, dunkelblauen Schmuckstein Lapislazuli.

ÄHNLICHE ARTEN

Der gewöhnliche *Entoloma chalybeum* unterscheidet sich von der Varietät hauptsächlich durch seinen ungerieften, schuppigeren Hut und die beiden Arten galten einst als unterschiedlich. *Entoloma corvinum* hat auch einen ungerieften Hut, aber als Jungpilz weiße statt blaue Lamellen. Der Blauschneidige Rötling (*E. serrulatum*) ist ähnlich gefärbt, seine Lamellen haben jedoch deutlich blaue Schneiden.

Der Schwarzblaue Rötling hat einen kegeligen bis halbkugeligen Hut, der konvex bis flach wird. Die Oberfläche ist glatt bis fein schuppig am Scheitel, feucht gerieft (der gewöhnliche *E. chalybeum* ist ungerieft), indigoblau bis schwarzblau, verliert mit dem Alter an Farbintensität. Die Lamellen sind jung bläulich, werden gräulich rosa. Der Stiel ist glatt, blass hutfarben, mit einer weißen, flaumigen Basis.

Maßstab 1:1

FAMILIE	Entolomataceae
VERBREITUNG	Neuseeland
LEBENSRAUM	In Wäldern
SYMBIOSE	Mit Laub- und Nadelbäumen
WUCHSFORM	Am Boden, einzeln oder in Gruppen
VORKOMMEN	Selten
SPORENFARBE	Lachsrosa
GENIESSBARKEIT	Ungenießbar

GRÖSSE
Bis zu 75 mm

HUTDURCHMESSER
Bis zu 25 mm

ENTOLOMA GLAUCOROSEUM

E. HORAK

Entoloma glaucoroseum („Jade Pinkgill") ist ein erst kürzlich beschriebener Pilz, den man bis jetzt nur aus Neuseeland kennt, wo er in heimischen Mischwäldern wächst. Wie bei anderen grünen Pilzen hat die Farbe auch hier nichts mit dem grünen Pflanzenfarbstoff Chlorophyll zu tun, sondern entsteht durch pilzeigene Pigmente. Es ist unklar, ob diese Farben einen Zweck erfüllen oder ob sie nur Nebenprodukte natürlicher Verbindungen in den Fruchtkörpern sind. Fest steht nur, dass sie die Pilze interessant und ungewöhnlich aussehen lassen.

ÄHNLICHE ARTEN

Entoloma rodwayi („Green Stem Pinkgill") ist ein hellerer grüner Pilz aus Australien. Der stinkende Braungrüne Zärtling (*E. incanum*) wächst in der nördlichen gemäßigten Zone und hat einen olivgrünen Hut und einen hellgrünen Stiel. *Gliophorus viridis* ist ein weiterer grüner Blätterpilz aus Neuseeland, hat jedoch weiße Lamellen und Sporen.

Maßstab 1:1

Entoloma glaucoroseum hat einen konvexen Hut, der flach oder genabelt wird. Die Oberfläche ist glatt bis fein schuppig, gerieft und graugrün bis jadegrün, in der Mitte dunkler. Die Lamellen sind blass rosig und werden lachsrosa. Der Stiel ist glatt, oben hutfarben und wird zur Basis hin gelblich grün.

FAMILIE	Entolomataceae
VERBREITUNG	Nordamerika, Europa, Nordasien
LEBENSRAUM	Auf kalkhaltigen Weiden und in Gebüschen, selten in Wäldern
SYMBIOSE	Mit Moosen und Gräsern
WUCHSFORM	Am Boden, einzeln oder in kleinen Gruppen
VORKOMMEN	Lokal häufig
SPORENFARBE	Lachsrosa
GENIESSBARKEIT	Vermutlich giftig

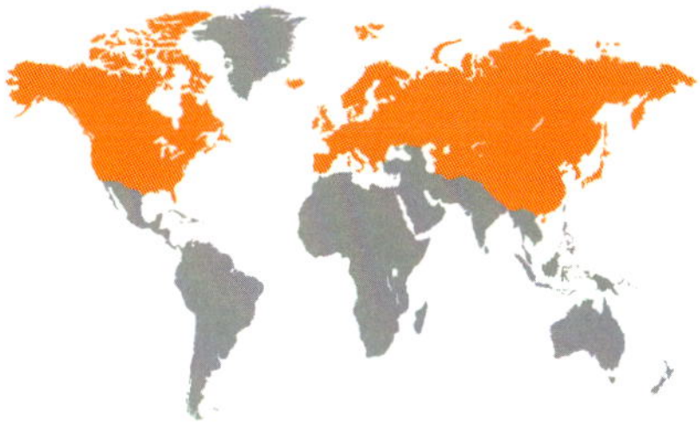

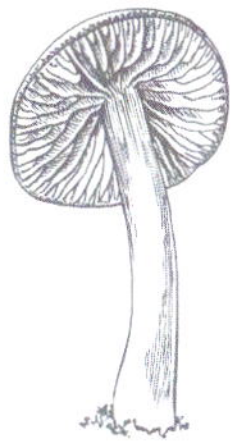

GRÖSSE
Bis zu 100 mm

HUTDURCHMESSER
Bis zu 50 mm

ENTOLOMA INCANUM

BRAUNGRÜNER ZÄRTLING

(FRIES) HESLER

Diesem kleinen, hübschen Blätterpilz sieht man seinen unangenehmen Geruch nicht an. Ursprünglich wurde er vom Autor und Illustrator James Sowerby *Agaricus murinus* („Mäuse-Champignon") genannt. Der aktuelle Beiname *incanum* bedeutet „ergraut" und bezieht sich vermutlich auf die flaumige, weiße Basis. *Entoloma incanum* wächst auf moosigen, kalkhaltigen Weiden und kann an solchen Plätzen lokal häufig vorkommen. Auch wenn der Hut, vor allem im Alter, unauffällig aussieht, sind der grüne Stiel und die Türkisfärbung auf Druck charakteristisch. Der Braungrüne Zärtling ist als Speisepilz kaum interessant und wie die meisten *Entoloma*-Arten vermutlich giftig.

Maßstab 1:1

ÄHNLICHE ARTEN

Ältere Exemplare verlieren ihre Farbe (nicht aber ihren Geruch), nur der oberste Teil des Stiels bleibt normalerweise grün und unterscheidet den Braungrünen Zärtling von ähnlichen kleinen, bräunlichen *Entoloma*-Wiesenpilzen. Der Papageigrüne Saftling (*Hygrocybe psittacina*) ist ein häufiger, grüner Wiesenpilz, aber extrem schleimig und mit weißen (nicht rosa) Sporen.

Der Braungrüne Zärtling hat einen halbkugeligen Hut, der konvex bis flach und in der Mitte genabelt wird (siehe Bild rechts). Die Oberfläche ist glatt bis fein schuppig in der Mitte, feucht gerieft, olivgrün bis olivbraun, trocknet blasser. Die Lamellen sind grünstichig und werden lachsrosa. Der Stiel ist glatt, gelbgrün bis olivgrün, wird auf Druck kräftig blaugrün und hat eine weiße, flaumige Basis.

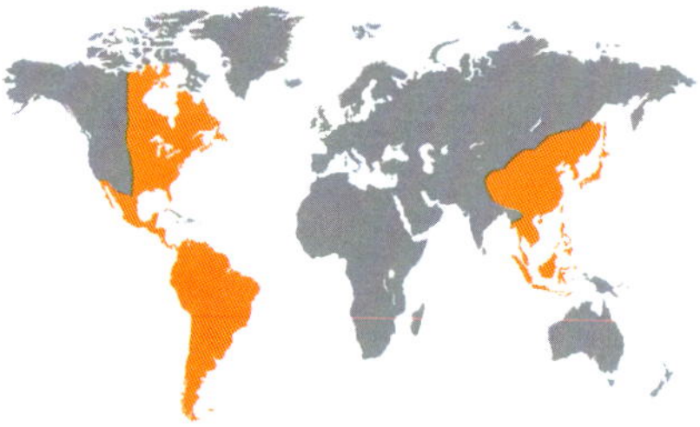

FAMILIE	Entolomataceae
VERBREITUNG	Im Osten Nordamerikas, in Mittel- und Südamerika, Ostasien
LEBENSRAUM	In feuchten Wäldern
SYMBIOSE	Mit Laub- und Nadelbäumen
WUCHSFORM	Am Boden, einzeln oder in kleinen Gruppen
VORKOMMEN	Häufig
SPORENFARBE	Lachsrosa
GENIESSBARKEIT	Vermutlich giftig

GRÖSSE
Bis zu 100 mm

HUTDURCHMESSER
Bis zu 50 mm

ENTOLOMA MURRAYI

(BERKELEY & M. A. CURTIS) SACCARDO

Entoloma murrayi („Unicorn Pinkgill“) wurde erstmals von Dennis Murray (daher der lateinische Beiname) in Neuengland gesammelt. Offiziell beschrieben wurde er 1859 von Berkeley und Curtis, die ihn für einen „äußerst ansehnlichen Pilz“ hielten – was er auch ist. Die ungewöhnliche Spitze am Hut brachte ihm den Namen „gelbes Einhorn“ ein. Murray fand die Art auf feuchten Böden. Sie scheint bevorzugt in feuchten Waldgebieten zu wachsen, wo sie lokal häufig vorkommt. Der eng verwandte *Entoloma quadratum* ist giftig, und sehr wahrscheinlich ist es der *Entoloma murrayi* auch.

ÄHNLICHE ARTEN

Ältere Exemplare können wie ein verblasster *Entoloma quadratum* aussehen, der ähnlich geformt, aber orangerosa ist. Beide Arten werden im Alter matt gelbbraun. *Entoloma luteum* ist gelblich, aber weniger farbintensiv und mit einem weniger spitzen Hut. Gelbe, spitzkegelige Saftlinge (Gattung *Hygrocybe*) haben weiße (keine rosa) Sporen.

Maßstab 1:1

Entoloma murrayi hat einen kegeligen Hut, typischerweise mit einer vorgewölbten Spitze in der Mitte. Die Oberfläche ist jung glatt und hellgelb, wird im Alter blass gelbbraun. Die Lamellen sind anfangs blassgelb und werden lachsrosa. Der dünne Stiel ist hutfarben und glatt.

FAMILIE	Entolomataceae
VERBREITUNG	Im Osten Nordamerikas, in Afrika (Madagaskar), Mittelamerika, Ostasien
LEBENSRAUM	In Wäldern
SYMBIOSE	Mit Laub- und Nadelbäumen
WUCHSFORM	Am Boden, einzeln oder in kleinen Gruppen
VORKOMMEN	Häufig
SPORENFARBE	Lachsrosa
GENIESSBARKEIT	Giftig

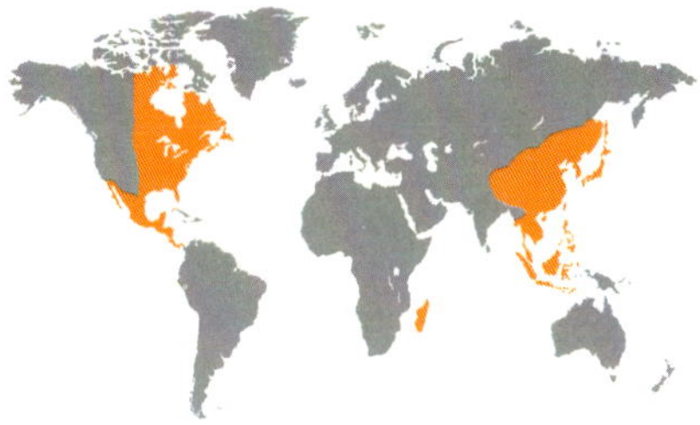

GRÖSSE
Bis zu 100 mm

HUTDURCHMESSER
Bis zu 50 mm

ENTOLOMA QUADRATUM

(BERKELEY & M. A. CURTIS) E. HORAK

Die Hüte mehrerer rosasporiger *Entoloma*-Arten bilden in der Mitte häufig eine Spitze, die an eine Zipfelmütze erinnert. Von diesen Arten ist *Entoloma quadratum* („Salmon Pinkgil") der farblich auffälligste Pilz und kommt im Osten Nordamerikas und in Ostasien häufig vor. Der Name *E. quadratum* bezieht sich auf seine charakteristischen Sporen, die unter dem Mikroskop vierseitig (würfelähnlich) aussehen. Auch das spätere Synonym *E. salmoneum* wird noch oft verwendet. Der Pilz wirkt zu klein und zerbrechlich, um ein Speisepilz zu sein – und so ist es auch: Analysen ergaben, dass er einer der giftigsten Rötlinge ist.

Maßstab 1:1

ÄHNLICHE ARTEN

Form und Farbe junger Pilze sind unverkennbar, aber ältere, verblasste Exemplare können *Entoloma murrayi* ähneln, der ähnlich geformt, aber gelb ist, oder *E. luteum*, der weniger farbintensiv ist und einen weniger spitzen Hut hat. Gelbe, spitzkegelige Saftlinge (Gattung *Hygrocybe*) haben weiße (keine rosa) Sporen

Entoloma quadratum hat einen kegeligen Hut, typischerweise mit einer vorgewölbten Spitze in der Mitte. Die Oberfläche ist glatt, jung kräftig lachsrosa bis orange, verblasst im Alter zu einem schmutzigen Gelbbraun. Die Lamellen sind lachsrosa, sogar im Alter. Der dünne Stiel ist glatt und hutfarben, manchmal mit einem grünlichen Farbstich.

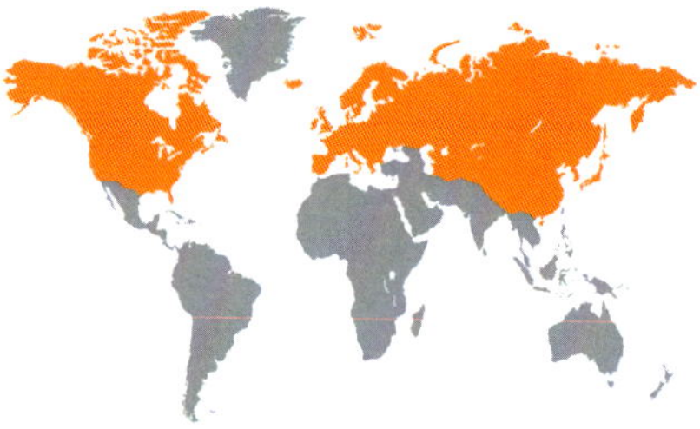

FAMILIE	Entolomataceae
VERBREITUNG	Nordamerika, Europa, Nordasien
LEBENSRAUM	In Wäldern
SYMBIOSE	Mit Laubbäumen
WUCHSFORM	Am Boden, einzeln oder truppweise
VORKOMMEN	Häufig
SPORENFARBE	Lachsrosa
GENIESSBARKEIT	Giftig

GRÖSSE
Bis zu 150 mm

HUTDURCHMESSER
Bis zu 120 mm

ENTOLOMA RHODOPOLIUM

NIEDERGEDRÜCKTER RÖTLING

(FRIES) P. KUMMER

Der Niedergedrückte Rötling scheint in Laubwäldern ein häufiger Blätterpilz zu sein, gehört jedoch zu einem Komplex aus Formen und Arten, die noch kaum verstanden werden und weiterer Forschung bedürfen. Ursprünglich wurde er vom schwedischen Mykologen Elias Fries benannt, aber es ist unklar, ob die europäischen Funde zu einer oder mehreren Spezies gehören. Die nordamerikanischen Funde könnten sich als eng verwandt, aber unterschiedlich herausstellen. Eine Art, früher *Entoloma nidorosum* genannt, hat einen stechenden nitrösen (chlorartigen) Geruch, während andere Funde höchstens leicht mehlig riechen. Die meisten sind giftig und am besten meidet man sie alle.

ÄHNLICHE ARTEN

Es wurden schon viele verschiedene Formen, Varietäten und verwandte Arten beschrieben, die unzureichend charakterisiert oder schwierig zu bestimmen sind. Der Riesen-Rötling (*Entoloma sinuatum*) ist ebenfalls ähnlich, aber meist größer, fleischiger und blasser; sein Hut ist nie gerieft.

Maßstab 1:1

Der Niedergedrückte Rötling ist ein großer Pilz mit einem konvexen bis flachen Hut, der manchmal leicht niedergedrückt bis stumpf gebuckelt wird. Der Hut ist glatt, am Rand gerieft wenn feucht und gelblich braun bis blass graubraun. Die Lamellen sind zuerst weiß, dann schmutzig rosa. Der Stiel ist weiß, manchmal mit einem graubraunen Farbschleier, glatt, aber leicht faserig, und mit seidigem Glanz.

FAMILIE	Entolomataceae
VERBREITUNG	Nordamerika, Europa
LEBENSRAUM	Kalkhaltige Wälder und Wiesen
SYMBIOSE	Mit Laubbäumen und moosigem Gras
WUCHSFORM	Am Boden, einzeln oder in Gruppen
VORKOMMEN	Selten bis sehr selten
SPORENFARBE	Lachsrosa
GENIESSBARKEIT	Ungenießbar

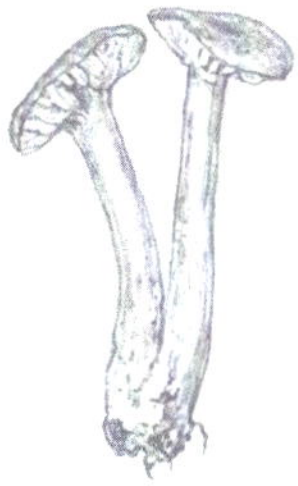

GRÖSSE
Bis zu 75 mm

HUTDURCHMESSER
Bis zu 35 mm

ENTOLOMA ROSEUM

ROSA ZÄRTLING

(LONGYEAR) HESLER

Der Rosa Zärtling gehört in die Untergattung *Leptonia* (Zärtlinge) der Gattung *Entoloma* (Rötlinge) und findet sich in Europa daher typischerweise auf moosigen Weiden, in anderen Gegenden häufiger in Wäldern. Er wächst bevorzugt auf kalkhaltigen Böden und manchmal auf Küstendünen. Ursprünglich wurde die Art aus Nordamerika dokumentiert, wo sie wie auch in Europa selten bis sehr selten vorkommt. Der Rosa Zärtling wurde in einigen Ländern (etwa in Dänemark und den Niederlanden) sogar auf die nationale Rote Liste gefährdeter Pilze gesetzt.

ÄHNLICHE ARTEN

Ähnliche rosahütige Arten sind unter anderem *Entoloma catalaunicum*, der meist bläuliche Farbtöne aufweist, besonders am Stiel, und *E. callirhodon*, der lila getönt ist. Beide sind eher selten und haben farbige Lamellenschneiden. Der Fleischrote Schönkopf (*Calocybe carnea*) ist häufig, wächst unter ähnlichen Umständen und hat einen rosigen Hut – aber weiße Lamellen und Sporen.

Maßstab 1:1

Der Rosa Zärtling hat einen konvexen Hut, der in der Mitte manchmal leicht genabelt ist. Die Oberfläche ist fein faserig-schuppig, roséfarben mit einem dunkleren, oft rotbraunen Scheitel. Die Lamellen sind zuerst weiß bis rosa (siehe Bild rechts oben) und werden lachsrosa. Der Stiel ist glatt, hutfarben und zur Basis hin mit weißem Myzel.

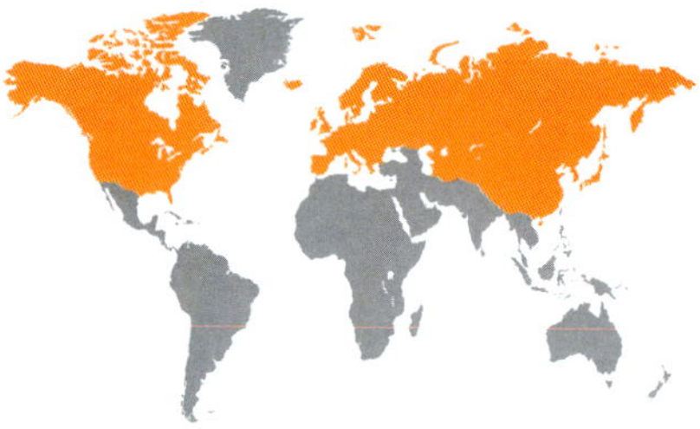

FAMILIE	Entolomataceae
VERBREITUNG	Nordamerika, Europa, Nordasien
LEBENSRAUM	In Wäldern
SYMBIOSE	Mit Laubbäumen, oft auf lehmigen oder basischen Böden
WUCHSFORM	Am Boden, einzeln oder in kleinen Gruppen
VORKOMMEN	Häufig
SPORENFARBE	Rosa
GENIESSBARKEIT	Giftig

GRÖSSE
Bis zu 150 mm

HUTDURCHMESSER
Bis zu 200 mm

ENTOLOMA SINUATUM

RIESEN-RÖTLING

(BULLIARD) P. KUMMER

Der Riesen-Rötling (früher auch *Entoloma lividum* oder *E. eulividum*) ist einer der größten Rötlinge der nördlichen gemäßigten Zone. Er wächst typischerweise in Laubwäldern, besonders auf lehmigen Böden. Er riecht süß bis mehlig und ist schon lange als giftig bekannt – sein Verzehr löst vor allem Magen-Darm-Beschwerden aus. Ein englischer Autor des 19. Jahrhunderts sah sich „unaufhörlich und erschreckend entleert", nachdem er „einen kleinen Happen zu Mittag" verzehrt hatte. Die großen, rosa Lamellen des Pilzes locken auch Sammler an, die nach Wiesen-Champignons (*Agaricus campestris*) oder Maipilzen (*Calocybe gambosa*) suchen.

Maßstab 1:1

ÄHNLICHE ARTEN

Der Niedergedrückte Rötling (*Entoloma rhodopolium*) ist ähnlich, meist aber kleiner und mit einem dunkleren Hut mit gerieftem Rand. Manchmal hat er einen nitrösen Geruch und ist giftig, wie die meisten anderen Rötlinge. Der essbare Mehl-Räsling (*Clitopilus prunulus*) riecht auch mehlig, hat jedoch einen weißen, filzigen Hut und ist normalerweise viel kleiner, mit viel gedrängter stehenden Lamellen.

Der Riesen-Rötling hat einen fleischigen, konvexen Hut, der flach bis stumpf gebuckelt wird. Die Oberfläche ist glatt, blass grauocker bis gelbbraun oder graubraun. Die Lamellen sind jung weiß bis gelblich (siehe Bild rechts) und werden im Alter lachsrosa. Der Stiel ist glatt und weißlich bis blass hutfarben.

FAMILIE	Entolomataceae
VERBREITUNG	Nordamerika, Nordasien
LEBENSRAUM	In Wäldern
SYMBIOSE	Mit Laub- und Nadelbäumen
WUCHSFORM	Am Boden, einzeln oder in Gruppen
VORKOMMEN	Selten
SPORENFARBE	Lachsrosa
GENIESSBARKEIT	Ungenießbar

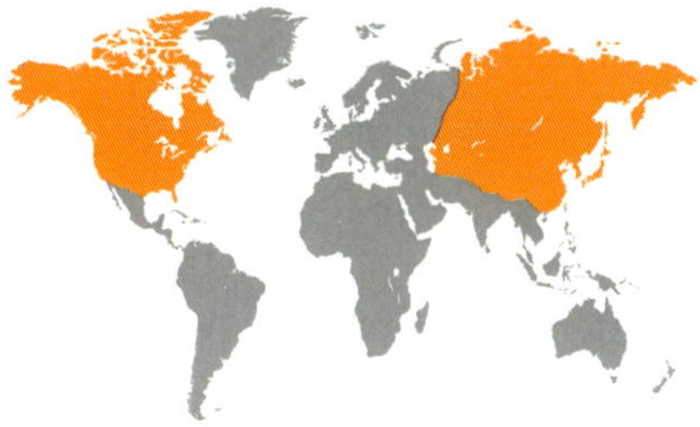

GRÖSSE
Bis zu 75 mm

HUTDURCHMESSER
Bis zu 50 mm

ENTOLOMA VIOLACEUM

MURRILL

Dieser Pilz gehört zu einer Gruppe von *Entoloma*-Arten mit faserig-schuppigen Hüten, manchmal in der Untergattung *Trichopilus* („haariger Hut") zusammengefasst. Sie wachsen in Wäldern, kommen jedoch häufiger auf Weiden in Europa vor, wo sie mit Saftlingen (Gattung *Hygrocybe*) wachsen. Die meisten sind grau- bis braunhütig, aber der in Nordamerika und Nordasien vorkommende *Entoloma violaceum* („Violet Pinkgill") kann auffällig rotviolett, violett oder schwarzviolett gefärbt sein. Man weiß nicht, ob er genießbar ist, aber da viele *Entoloma*-Arten giftig sind, meidet man ihn besser.

ÄHNLICHE ARTEN

Der Porphyrbraune Rötling (*Entoloma porphyrophaeum*) ist ein weitverbreiteter Pilz der nördlichen gemäßigten Zone – lokal häufig auf europäischen Wiesen – und ist typischerweise größer, mit einem gräulichen Hut und nur einem Hauch Blassviolett im Grau. Der nordamerikanische *Leptonia violacea* ist ein Pilz mit dünnem Stiel; seine Form ähnelt eher *E. quadratum*.

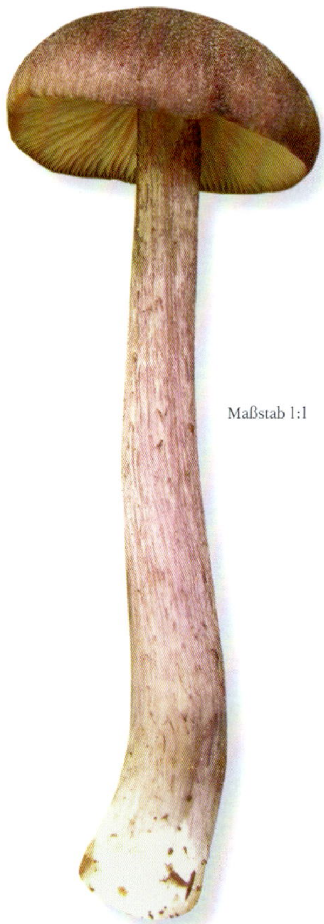

Maßstab 1:1

Entoloma violaceum hat einen konvexen Hut, der stumpf gebuckelt wird. Die Oberfläche ist fein faserig bis schuppig, purpur bis violett oder stumpf violettbraun. Die Lamellen sind erst weiß, dann lachsrosa. Der Stiel ist faserig-schuppig und blass hutfarben, zur Basis hin weiß.

FAMILIE	Entolomataceae
VERBREITUNG	Afrika (Madagaskar), Mittel- und Südamerika, Ostasien, Australien, Neuseeland
LEBENSRAUM	In Wäldern
SYMBIOSE	Mit Laubbäumen
WUCHSFORM	Am Boden, einzeln oder in Gruppen
VORKOMMEN	Lokal häufig
SPORENFARBE	Lachsrosa
GENIESSBARKEIT	Ungenießbar

GRÖSSE
Bis zu 100 mm

HUTDURCHMESSER
Bis zu 50 mm

ENTOLOMA VIRESCENS

(BERKELEY & M. A. CURTIS) E. HORAK EX COURTECUISSE

Maßstab 1:1

Leuchtende Blautöne sind im Reich der Pilze selten zu finden, aber dieser eindrucksvolle Blätterpilz ist eine Ausnahme. *Entoloma virescens* („Skyblue Pinkgill") wurde ursprünglich aus Japan dokumentiert, aber danach wurden mehrere ähnliche Pilze aus Madagaskar, Singapur und Neuseeland beschrieben. Laut aktuellem Stand gehören sie alle zur selben Art, was jedoch noch weiter erforscht werden muss. In Neuseeland (wo der Pilz auch *E. hochstetteri* heißt) ist der *Entoloma virescens* beinahe schon ein Nationalpilz: Er ziert nicht nur Briefmarken, sondern auch den neuseeländischen 50-Dollar-Schein – eine ganz besondere Anerkennung für einen herausragenden Pilz.

ÄHNLICHE ARTEN

Die auffällige Farbe macht frische, junge Fruchtkörper unverwechselbar, aber ältere Exemplare verfärben sich schmutzig grünlich. In der nördlichen gemäßigten Zone wächst der Violette Zärtling (*Entoloma euchroum*) auf faulendem Holz, hat einen flacheren Hut und einen anderen Blauton. Es gibt auch noch viele andere, weniger farbintensive, stahlblaue oder graublaue Rötlinge.

Entoloma virescens hat einen kegeligen, glatten Hut, manchmal mit einer mittigen Spitze. Er ist leuchtend blau, wird grünlich oder teilweise ocker, im Alter oft radialrissig. Die Lamellen sind anfangs blassblau, werden lachsrosa bis bräunlich rosa. Der Stiel ist blass hutfarben. Alle Teile verfärben sich auf Druck oder im Schnitt grün.

FAMILIE	Mycenaceae
VERBREITUNG	Afrika (Madagaskar), Südostasien; in Europa (Italien), Ostafrika, Australien und Neuseeland eingeschleppt
LEBENSRAUM	In Wäldern
SYMBIOSE	Mit Laubbäumen, seltener Nadelbäumen, Farnen und krautigen Pflanzen
WUCHSFORM	Büschelig oder truppweise auf toten Ästen, Zweigen und Stämmen
VORKOMMEN	Lokal häufig
SPORENFARBE	Weiß
GENIESSBARKEIT	Ungenießbar

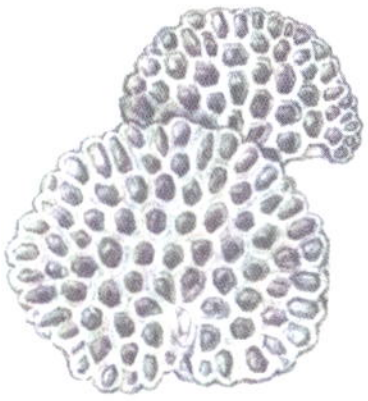

GRÖSSE
Bis zu 50 mm

HUTDURCHMESSER
Bis zu 25 mm

FAVOLASCHIA CALOCERA

R. HEIM

Favolaschia calocera („Orange Pore Fungus") war ein ansehnlicher, aber kaum bekannter Pilz, als er 1945 aus Madagaskar dokumentiert wurde. In den 1960er-Jahren entdeckte man ihn in Neuseeland und seit damals tauchte er an den unterschiedlichsten Orten auf, von Italien bis Australien, und zeigt alle Merkmale einer invasiven, sich ausbreitenden Art. Angeblich stammt er aus Madagaskar und Südostasien und wurde unbeabsichtigt in andere Länder eingeschleppt. Jüngst fand man in Italien Exemplare, die auf Nadelholz, alten Farnstämmen und anderen krautigen Überresten wachsen. Das lässt darauf schließen, dass die Art äußerst anpassungsfähig ist und sich wahrscheinlich auch noch weiterhin ausbreiten wird.

Maßstab 1:1

ÄHNLICHE ARTEN

Der erste Fund von *Favolaschia calocera* in Neuseeland wurde mit *F. thwaitesii* verwechselt, einer häufigen, tropischen Art, die erstmals aus Sri Lanka dokumentiert wurde und die auch aus Asien und Afrika bekannt ist. *F. thwaitesii* hat die gleichen leuchtenden Farben, ist meist jedoch viel kleiner und hat einen kaum vorhandenen oder fehlenden Stamm. Auch mikroskopisch gibt es zwischen den beiden Arten Unterschiede.

Favolaschia calocera bildet konvexe oder muschelförmige Hüte, die seitlich an Holz ansitzen, meist an einem abgesetzten Stamm. Die Oberfläche ist glatt oder (als Gegenstück zur Unterseite) mit Pusteln bedeckt und leuchtend orange (siehe Bild oben). Die Poren sind orange, flach und unregelmäßig vieleckig geformt. Der Stiel ist zylindrisch, glatt und orange bis gelborange.

FAMILIE	Mycenaceae
VERBREITUNG	Südostasien, Neuseeland
LEBENSRAUM	In Wäldern
SYMBIOSE	Mit Laubbäumen
WUCHSFORM	Auf toten Stämmen und Baumstümpfen, in kleinen Büscheln
VORKOMMEN	Häufig
SPORENFARBE	Weiß
GENIESSBARKEIT	Ungenießbar

GRÖSSE
Unter 3 mm

HUTDURCHMESSER
Bis zu 75 mm

FAVOLASCHIA PUSTULOSA

(JUNGHUHN) KUNTZE

Dieser hübsche, nahezu durchscheinende Pilz wurde erstmals 1838 vom deutschen Mykologen Friedrich Junghuhn aus Java dokumentiert. Seitdem wurde er auch an anderen Orten in Südostasien, Neuseeland und auf vielen der pazifischen Inseln gefunden. Auch wenn die *Favolaschia*-Arten eine poroide sporenbildende Oberfläche haben, sind die Pilze mit den lamelligen Blätterpilzen der Gattung *Mycena* (Helmlinge) verwandt, die oft eine ähnliche, halb durchscheinende Struktur aufweisen. *Favolaschia pustulosa* („White Pore Fungus") gehört zu den größten Pilzen der Gattung und kommt vor allem in Neuseeland häufig vor, wo er oft auf dem Holz der dort beheimateten Tawa-Bäume wächst.

ÄHNLICHE ARTEN

Favolaschia-Arten sind in den Tropen häufig, aber die meisten bilden viel kleinere Fruchtkörper. Zwei solcher Arten, *F. cyatheae* und *F. austrocyatheae*, sind weiß und wachsen auch in Neuseeland, jedoch nur auf alten Farnwedeln. Eine ähnliche Art aus Asien, *F. peziziformis*, wächst auf alten Palmwedeln, wie auch der tropische *F. varariotecta* in Amerika.

Favolaschia pustulosa bildet gummiartige, konvexe oder muschelartige Hüte. Die Oberfläche ist durchscheinend weiß und glatt oder mit Pusteln bedeckt (das Gegenstück zur Unterseite). Die Poren sind weiß, flach und unregelmäßig vieleckig geformt. Die Fruchtkörper sitzen seitlich an Holz an, manchmal an einem sehr kurzen, weißen Stiel.

Maßstab 1:1

FAMILIE	Mycenaceae
VERBREITUNG	Süd- und Ostasien, Australien
LEBENSRAUM	In feuchten Wäldern und Regenwäldern
SYMBIOSE	Mit Laubbäumen
WUCHSFORM	Auf Stämmen und Baumstümpfen, büschelig
VORKOMMEN	Häufig
SPORENFARBE	Weiß
GENIESSBARKEIT	Ungenießbar

GRÖSSE
Bis zu 75 mm

HUTDURCHMESSER
Bis zu 40 mm

FILOBOLETUS MANIPULARIS

(BERKELEY) SINGER

Von Weitem sieht *Filoboletus manipularis* („Luminous Pore-Bonnet") wie ein Helmling aus (Gattung *Mycena*). Erst bei näherer Begutachtung erkennt man, dass die Unterseite – wie bei einem Röhrenpilz – aus Poren besteht, nicht aus Lamellen. Der Schein trügt auch nicht, denn *Filoboletus manipularis* ist eng mit den *Mycena*-Pilzen verwandt und gehört in dieselbe Familie. Ursprünglich wurde er aus Sri Lanka dokumentiert, aber er wächst in Regenwäldern und feuchten Wäldern in Asien, Australien und auf den pazifischen Inseln. In der Nacht leuchten die biolumineszenten Fruchtkörper im Dunkeln – wie der viel größere *Omphalotus japonicus*, der japanische „Laternenpilz".

ÄHNLICHE ARTEN

Ein verwandter Pilz mit sehr kleinen Poren, *Filoboletus gracilis*, wächst in den amerikanischen Tropen. *Favolaschia*-Arten, wie etwa der *F. pustulosa*, haben ebenfalls Poren statt Lamellen, aber die meisten bilden Fruchtkörper, die (wie kleine Baumpilze) seitlich ansitzen und oft keinen Stiel haben.

Maßstab 1:1

Filoboletus manipularis bildet kegelige bis konvexe Hüte, die flacher und oft gebuckelt werden. Die Oberfläche ist glatt, aber dünn, erscheint durch die darunterliegenden Poren dellig, weiß bis cremefarben, mit bräunlichen Tönen zur Mitte hin. Die Poren sind rund und weißlich. Der zerbrechliche Stiel ist glatt und weißlich, zur Basis hin bräunlich und behaart.

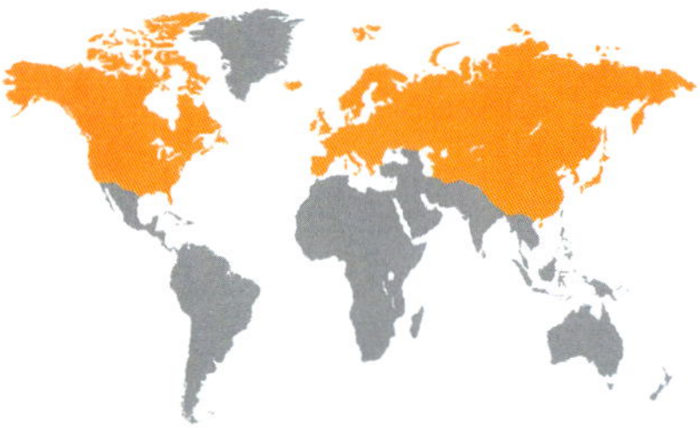

FAMILIE	Physalacriaceae
VERBREITUNG	Nordamerika, Europa, Nordasien
LEBENSRAUM	In Wäldern
SYMBIOSE	Mit Laubbäumen, vor allem Ulmen
WUCHSFORM	Auf toten Stämmen und Baumstümpfen, dicht büschelig
VORKOMMEN	Häufig
SPORENFARBE	Weiß
GENIESSBARKEIT	Essbar, in rohem Zustand lieber meiden

GRÖSSE
Bis zu 100 mm

HUTDURCHMESSER
Bis zu 75 mm

FLAMMULINA VELUTIPES

SAMTFUSS-RÜBLING

(CURTIS) SINGER

Flammulina velutipes ist ein ungewöhnlicher Pilz, denn er ist frostresistent. In Nordamerika nennt man ihn auch den „Winterpilz“. Analysen ergaben, dass der Pilz bei Temperaturabfall nicht nur Glyzerin und andere Gefrierschutzstoffe produziert, sondern dass niedrige Temperaturen die Fruchtbildung auslösen. Der Samtfuß-Rübling ist auch ein beliebter Speisepilz und wird in Japan als „Enoki“ schon lange kultiviert. Die Zuchtpilze, die bei Dunkelheit und einer hohen Konzentration von Kohlendioxid wachsen, sind blass, langstielig und haben winzige Hüte. Sie werden als „Goldene Nadeln“ vermarktet. Der Samtfuß-Rübling enthält das Herzgift Flammutoxin. Es wird durch Hitze zerstört, aber im Rohzustand sollte man den Pilz besser nicht regelmäßig konsumieren.

ÄHNLICHE ARTEN

Neuere Forschung enthüllte die Existenz mehrerer eng verwandter Arten. Zu ihnen gehören *Flammulina populicola* auf Espen im Westen Nordamerikas, *F. elastica*, vor allem auf Weiden in Europa, und *F. ononis* auf den Wurzeln von Hauhecheln (Gattung *Ononis*), ebenfalls in Europa. Sie alle unterscheiden sich vor allem unter dem Mikroskop.

Maßstab 1:1

Der Samtfuß-Rübling hat einen konvexen Hut, der flach wird. Die Oberfläche ist glatt, bei Nässe schleimig, blass bis intensiv orangebraun, mit einem helleren, gerieften Rand. Die Lamellen sind weißlich bis blass gelblich oder gelbbraun. Der Stiel ist samtig-filzig, oft zusammengedrückt, zuerst gelblich, wird dann von der Basis ausgehend orangebraun, dann schwärzlich braun.

FAMILIE	Agaricaceae
VERBREITUNG	Nordamerika, Kontinentaleuropa, Mittelamerika, Nordasien
LEBENSRAUM	Auf trockenen Wiesen (in Amerika in Wäldern)
SYMBIOSE	Mit Espen, seltener mit Nadelbäumen (in Amerika)
WUCHSFORM	Am Boden, einzeln oder truppweise
VORKOMMEN	Selten
SPORENFARBE	Weiß
GENIESSBARKEIT	Essbar

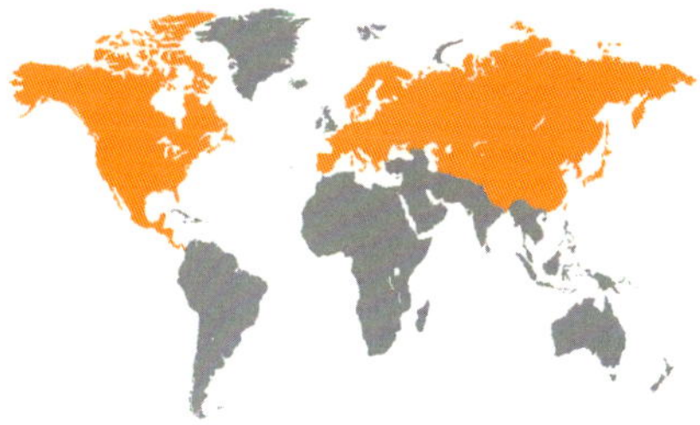

GRÖSSE
Bis zu 100 mm

HUTDURCHMESSER
Bis zu 100 mm

FLOCCULARIA LUTEOVIRENS

SCHWEFELGELBER SCHUPPENRITTERLING

(ALBERTINI & SCHWEINITZ) POUZAR

Floccularia luteovirens wurde ursprünglich aus Deutschland dokumentiert und ist in Mitteleuropa ein seltener, aber markanter Pilz – so selten, dass er in manchen Ländern unter Naturschutz steht. Er wächst auf trockenen Wiesen und Steppen und kommt nach Osten hin häufiger vor. Auf der tibetischen Hochebene heißt er „Ser Sha" und ist ein beliebter Speisepilz, der am Markt verkauft wird. Im Westen Nordamerikas wächst er normalerweise bei Espen (gelegentlich bei Nadelbäumen). Diese unterschiedlichen Lebensräume deuten darauf hin, dass es sich um zwei Arten handelt – der amerikanische Blätterpilz wurde bereits als unterschiedliche Varietät (var. *americana*) von *F. luteovirens* in Betracht gezogen, aber es bedarf noch weiterer Forschung.

ÄHNLICHE ARTEN

Eine verwandte Art, *Floccularia albolanaripes*, wächst im Westen Nordamerikas, hat jedoch einen brauneren, weniger schuppigen Hut. Sie ist ebenfalls essbar. *Cyptotrama asprata* ist gelb und schuppig, aber viel kleiner und wächst auf Holz. *Cystoagaricus trisulphuratus* hat reif schokoladenbraune Lamellen.

Maßstab 1:1

Der Schwefelgelbe Schuppenritterling hat einen konvexen, ausgebreitet flacheren Hut, der jung schuppig und leuchtend gelb bis ocker ist, oft mit schuppenbehangenem Rand. Die Lamellen sind weiß bis blassgelb. Der Stiel ist dick, oft mit knolliger Basis, über dem kleinen doppelten Ring glatt und weiß, darunter oft mit zitronengelben Schuppen bedeckt.

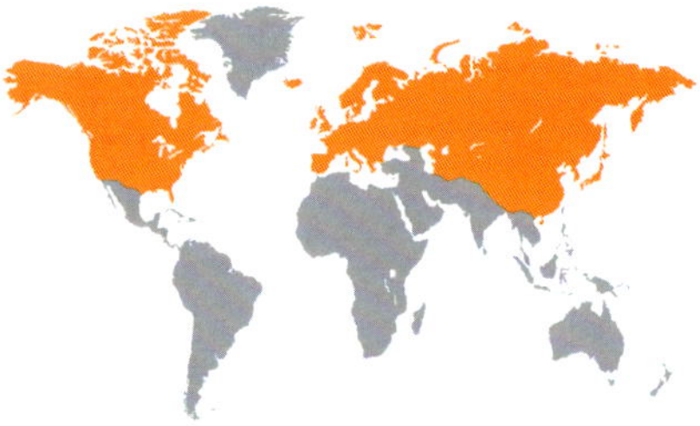

FAMILIE	Strophariaceae
VERBREITUNG	Nordamerika, Europa, Nordasien
LEBENSRAUM	In Wäldern
SYMBIOSE	Mit Nadelbäumen, gelegentlich mit Laubbäumen
WUCHSFORM	Auf Baumstümpfen, toten Stämmen, Sägespänen und Mulch, büschelig
VORKOMMEN	Häufig
SPORENFARBE	Braun
GENIESSBARKEIT	Giftig

GRÖSSE
Bis zu 75 mm

HUTDURCHMESSER
Bis zu 40 mm

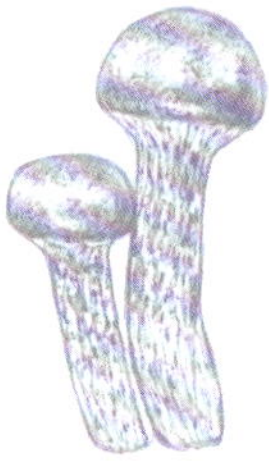

GALERINA MARGINATA

GIFT-HÄUBLING

(BATSCH) KÜHNER

Galerina ist eine große Gattung kleiner, brauner Blätterpilze. Viele von ihnen wachsen auf Torfmoos und anderen Moosen. In freier Wildbahn sehen sie alle gleich aus und können nur unter dem Mikroskop unterschieden werden. *Galerina marginata* ist jedoch vergleichsweise groß und wächst büschelig auf Holz, was die Bestimmung vereinfacht. Das Fleisch riecht mehlig, wenn man es zerdrückt. Wie sein Name schon verrät, ist der Gift-Häubling ein tödlich giftiger Pilz, der verhältnismäßig mehr Amatoxin enthält als der Grüne Knollenblätterpilz (*Amanita phalloides*). Er wird leicht mit dem essbaren *Kuehneromyces mutabilis* verwechselt und weniger leicht mit halluzinogenen *Psilocybe*-Arten – auch wenn es wohl schon solche Verwechslungen gab.

Maßstab 1:1

ÄHNLICHE ARTEN

Auf der Basis von DNA-Analysen gelten die nordamerikanischen *Galerina autumnalis* und *G. venenata* mittlerweile als Synonyme von *G. marginata*. Das ähnlich aussehende Stockschwämmchen ist essbar und sein Stiel unter dem Ring deutlich schuppig. Ihm fehlt der mehlige Geruch von *Galerina marginata*.

Der Gift-Häubling bildet dichte Büschel aus Fruchtkörpern mit konvexen bis flachen Hüten. Die Hutoberfläche ist glatt, jung leicht schleimig, ocker-orangebraun bis blassbraun, wird trocken blasser oder gelbbraun. Die Lamellen sind ocker oder blassbraun bis orangebraun. Der Stiel ist glatt, weißlich bis gelbbraun, mit einem vergänglichen Ring; er wird im Alter zur Basis hin bräunlich.

FAMILIE	Hygrophoraceae
VERBREITUNG	Australien, Neuseeland
LEBENSRAUM	In Wäldern
SYMBIOSE	Mit Laub- und Nadelbäumen
WUCHSFORM	Auf Streu und Moos, einzeln oder in kleinen Gruppen
VORKOMMEN	Selten
SPORENFARBE	Weiß
GENIESSBARKEIT	Ungenießbar

GRÖSSE
Bis zu 50 mm

HUTDURCHMESSER
Bis zu 35 mm

GLIOPHORUS VIRIDIS

(G. STEVENSON) E. HORAK

Es überrascht nicht, dass *Gliophorus viridis* („Verdigris Waxcap") anfangs mit dem Papageigrünen Saftling (*Hygrocybe psittacina*) der nördlichen gemäßigten Zone verwechselt wurde und bis in die 1960er-Jahre unbestimmt blieb. Beide Arten sind vorwiegend grün und schleimig, aber dieser kleine Saftling, der in Australien und Ozeanien beheimatet ist, weist einen eher kühlen, jade- oder malachitgrünen Farbton und weitere charakteristische Merkmale auf. Zusammen mit den meisten anderen Saftlingen gehört er wahrscheinlich in die Gattung *Hygrocybe*. In Australien wird er meist als *H. stevensoniae* bezeichnet, nach der Mykologin Greta Stevenson, die ihn ursprünglich aus Neuseeland dokumentierte.

ÄHNLICHE ARTEN

Ein sehr ähnlicher grüner Pilz, *Gliophorus graminicolor*, wächst ebenfalls in Australien und Neuseeland. Er wird am besten mikroskopisch unterschieden, auch wenn ihm manche Berichte einen unangenehmen Geruch zuschreiben. Der Papageigrüne Saftling (*Hygrocybe psittacina*) kommt in der nördlichen gemäßigten Zone vor, ist eher grasgrün und wird meist stellenweise gelb.

Maßstab 1:1

Gliophorus viridis hat einen konvexen, dann flachen Hut. Die Oberfläche ist glatt, sehr schleimig, am Rand gerieft, grün bis jadegrün und verblasst im Alter. Die Lamellen sind leicht herablaufend und weißlich bis blass hutfarben. Der Stiel ist glatt, sehr schleimig und hutfarben, aber zur Basis hin gelblich.

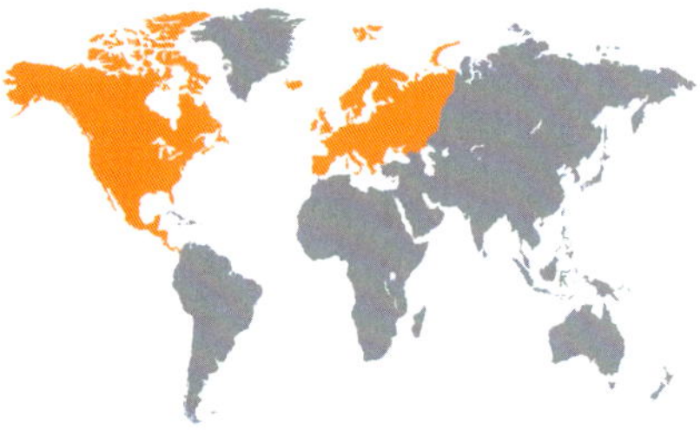

FAMILIE	Gomphidiaceae
VERBREITUNG	Nordamerika, Europa, Mittelamerika
LEBENSRAUM	In Wäldern
SYMBIOSE	Vermutlich Ektomykorrhiza mit Nadelbäumen, vor allem mit Fichten und Douglasien
WUCHSFORM	Am Boden
VORKOMMEN	Selten
SPORENFARBE	Schwärzlich grau
GENIESSBARKEIT	Essbar nach dem Entfernen der Huthaut

GRÖSSE
Bis zu 100 mm

HUTDURCHMESSER
Bis zu 125 mm

GOMPHIDIUS GLUTINOSUS

GROSSER SCHMIERLING

(SCHAEFFER) FRIES

Die *Gomphidius*-Arten sind mit den Röhrenpilzen der Gattung *Suillus* eng verwandt, allerdings haben sie Lamellen statt Poren. Wie die *Suillus*-Pilze vergesellschaften sie sich ausschließlich mit Nadelbäumen und bilden vermutlich Ektomykorrhizen. Neuere Forschung zur verwandten Art *G. roseus* legt aber nahe, dass sie Parasiten sind – was jedoch nicht auf alle *Gomphidius*-Arten zutreffen muss. Der Große Schmierling, auch Gelbfuß oder Kuhmaul genannt, wächst meist bei Fichten und Tannen, manchmal auch bei Kiefern und anderen Nadelbäumen. Die Fruchtkörper sind essbar, wenn die schleimige Huthaut abgezogen wird.

ÄHNLICHE ARTEN

In Nordamerika gibt es mehrere ähnlich gefärbte Arten. *Gomphidius oregonensis* kommt im Westen vor und fruktifiziert büschelig, während *G. largus* außergewöhnlich groß ist – wie sein Name schon andeutet. Beide Arten unterscheidet man am besten unter dem Mikroskop. Der Röhrenpilz *Suillus luteus* hat einen schleimigen Hut und sieht in freier Wildbahn ähnlich aus, kann jedoch sofort anhand seiner Poren (keine Lamellen) unterschieden werden.

Der Große Schmierling hat einen konvexen Hut, der reif leicht trichterig wird. Die Oberfläche ist glatt, aber schleimig, und gräulich purpur bis graubraun. Die Lamellen sind entfernt stehend und stark herablaufend, anfangs weiß, im Alter grau und nachdunkelnd. Der schleimige Stiel hat eine gelatinöse, dunkle Ringzone unter den Lamellen; er ist weiß bis gräulich und zur Basis hin leuchtend gelb.

Maßstab 1:1

FAMILIE	Gomphidiaceae
VERBREITUNG	Europa, Nordasien
LEBENSRAUM	In Wäldern
SYMBIOSE	Als Parasit auf Ektomykorrhizen, mit Nadelbäumen, vor allem Kiefern
WUCHSFORM	Am Boden
VORKOMMEN	Selten
SPORENFARBE	Schwärzlich grau
GENIESSBARKEIT	Essbar

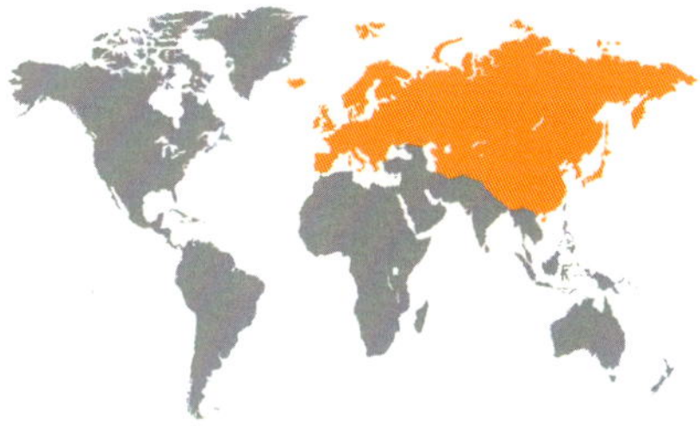

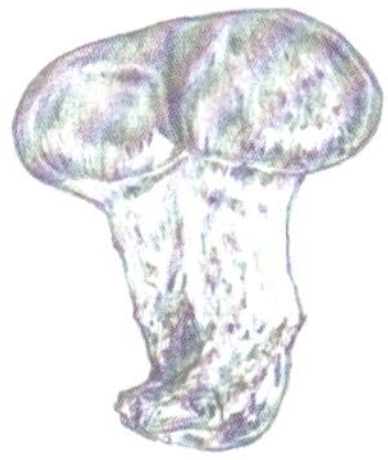

GRÖSSE
Bis zu 60 mm

HUTDURCHMESSER
Bis zu 60 mm

GOMPHIDIUS ROSEUS

ROSENROTER SCHMIERLING

(FRIES) FRIES

Gomphidius roseus ist ein ansehnlich gefärbter europäischer und nordasiatischer Pilz mit einem Doppelgänger in Nordamerika: *G. subroseus*. Schon lange bemerkte man, dass die Fruchtkörper immer bei Kiefern und dem Röhrenpilz *Suillus bovinus* wachsen. Neuere Forschung ergab, dass der Rosenrote Schmierling selbst keine Ektomykorrhizen bildet, sondern die bestehenden Ektomykorrhizen zwischen Röhrenpilz und Kiefern parasitiert. Er zapft praktisch den beidseitigen Nährstoffweg an und profitiert davon, ohne selbst etwas beizutragen. Der amerikanische *G. subroseus* tut es ihm wohl gleich, da er typischerweise bei Douglasien und *Suillus lakei* zu finden ist.

ÄHNLICHE ARTEN

Blasse Fruchtkörper können anderen blassen Fruchtkörpern des normalerweise eher purpurnen Großen Schmierlings (*Gomphidius glutinosus*) ähneln, aber Letzterer hat eine charakteristische gelbe Basis. In der Natur sehen die Hüte des Rosenroten Schmierlings oft wie jene von *Russula*-Pilzen aus, aber wenn man genauer hinsieht, sind Lamellen und Stiel völlig anders.

Maßstab 1:1

Der Rosenrote Schmierling hat einen konvexen Hut, der reif flach oder leicht niedergedrückt ist. Er ist glatt, aber schleimig, blassrosa bis intensiv korallenrot, manchmal mit gräulichen Farbtönen. Die Lamellen sind entfernt stehend und stark herablaufend, anfangs weiß (siehe Bild rechts), dann grau. Der schleimige Stiel hat einen gelatinösen Ring am Lamellenansatz und ist weiß, manchmal mit rosigem Farbstich.

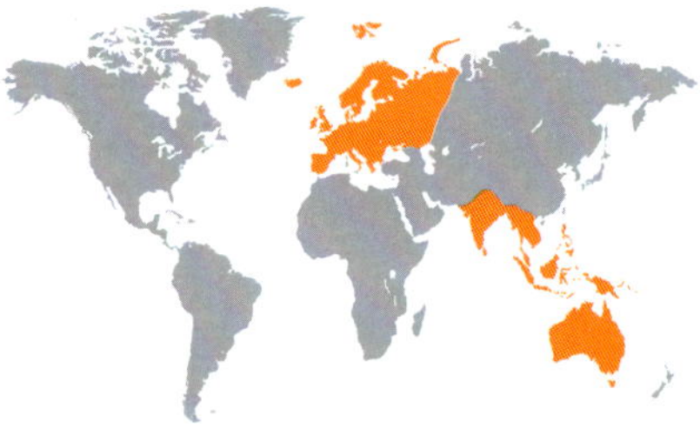

FAMILIE	Strophariaceae
VERBREITUNG	Europa, Südasien, Australien
LEBENSRAUM	In Wäldern und Parklandschaften
SYMBIOSE	Mit Palmen, Laubbäumen und Nadelbäumen
WUCHSFORM	Auf Baumstümpfen, abgefallenem Holz, Hackschnitzeln und Sägespänen
VORKOMMEN	Selten
SPORENFARBE	Rostbraun
GENIESSBARKEIT	Vermutlich giftig, lieber meiden

GRÖSSE
Bis zu 100 mm

HUTDURCHMESSER
Bis zu 75 mm

GYMNOPILUS DILEPIS

PURPUR-FLÄMMLING

(BERKELEY & BROOME) SINGER

Gymnopilus dilepis wurde erstmals aus Sri Lanka dokumentiert und danach auch in Indien und Südostasien auf den Stümpfen von Kokospalmen oder in Ölpalmenplantagen gefunden. Darum überraschte es, als dieser bunte Pilz auf einmal auf Hackschnitzeln in England auftauchte, wo er seitdem an verschiedenen Orten gefunden wurde. Wie der Orangerote Träuschling ist auch der Purpur-Flämmling ein exotischer Besiedler von Hackschnitzeln – allerdings ein tropischer, der vermutlich von den erhöhten Temperaturen profitiert, die bei der Kompostierung von Holz und Sägemehl entstehen.

Maßstab 1:1

ÄHNLICHE ARTEN

Gymnopilus purpuratus ist ein ähnlicher Exot, der ebenfalls in Europa auftauchte und vermutlich aus Südamerika stammt. Man unterscheidet ihn am besten unter dem Mikroskop. Der häufige Purpurfilzige Holzritterling (*Tricholomopsis rutilans*) der nördlichen gemäßigten Zone sieht von oben ähnlich aus, hat jedoch gelbe Lamellen (mit weißen Sporen) und keinen Ring am Stiel.

Der Purpur-Flämmling hat einen konvexen Hut, der flach oder stumpf gebuckelt wird. Die Oberfläche ist schuppig, rotviolett bis magenta, verblasst, wird gräulich und schließlich rostig ockerfarben. Die Lamellen sind blass gelblich (siehe Bild rechts) und werden rostfarben. Der Stiel ist blass hutfarben, fein faserig, mit einem zerrissenen Ring.

FAMILIE	Strophariaceae
VERBREITUNG	Nordamerika, Europa, Nordafrika, Südamerika, Asien, Australien, Neuseeland
LEBENSRAUM	In Wäldern
SYMBIOSE	Mit Laubbäumen, seltener mit Nadelbäumen
WUCHSFORM	Auf Baumstümpfen, Stämmen, vergrabenem Holz; einzeln oder büschelig
VORKOMMEN	Häufig
SPORENFARBE	Rostbraun
GENIESSBARKEIT	Giftig

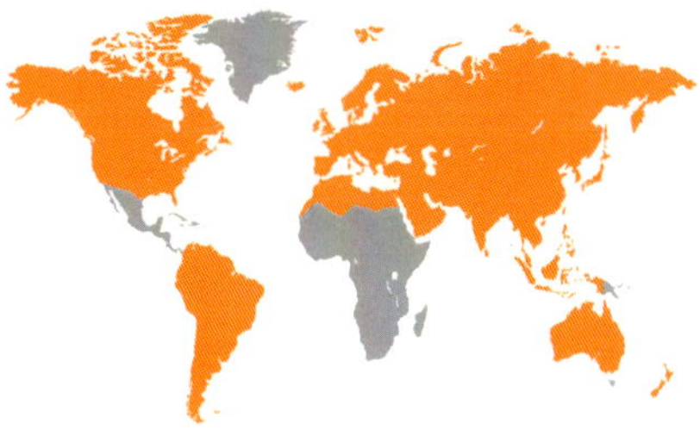

GRÖSSE
Bis zu 200 mm

HUTDURCHMESSER
Bis zu 200 mm

GYMNOPILUS JUNONIUS

BERINGTER FLÄMMLING

(FRIES) P. D. ORTON

Der Beringte Flämmling ist oft auffallend und eindrucksvoll. Er wächst in leuchtenden Farben büschelig auf Baumstümpfen und toten Bäumen. Oft wird er noch *Gymnopilus spectabilis* genannt, doch der Beiname gehört eigentlich zu *Phaeolepiota aurea*. Der Beringte Flämmling schmeckt stark bitter und soll halluzinogen wirken, wie es in Japan und Nordamerika heißt, wo der Pilz manchmal auch der „lachende Gymnopilus" genannt wird. Da in europäischen Fruchtkörpern keine halluzinogenen Verbindungen nachgewiesen werden konnten, handelt es sich vermutlich um mehr als eine Art. Der Beringte Flämmling wurde auch als natürlicher gelber oder goldener Farbstoff verwendet.

ÄHNLICHE ARTEN

Im Westen Nordamerikas soll *Gymnopilus ventricosus* ein ähnlicher, aber eigener Nadelbaumpilz sein, der mikroskopisch anhand seiner kleineren Sporen unterschieden werden kann. Viele andere *Gymnopilus*-Arten haben die gleichen rostig-orangen Farben, sind jedoch viel kleiner. Der Goldfarbene Glimmerschüppling (*Phaeolepiota aurea*) kann sehr ähnlich aussehen, aber er hat einen glatten Hut und wächst nicht auf Holz.

Der Beringte Flämmling hat einen großen, fleischigen Hut, der anfangs konvex, dann flach oder stumpf gebuckelt ist. Die Oberfläche ist fein schuppig-faserig, hell ocker oder rostig-orange. Die Schuppen sind ähnlich gefärbt oder etwas dunkler. Die Lamellen sind blass gelblich und werden rostbraun. Der Stiel ist hutfarben oder blasser, glatt bis faserig, mit auffälligem Ring und meist knolliger Basis.

Maßstab 1:1

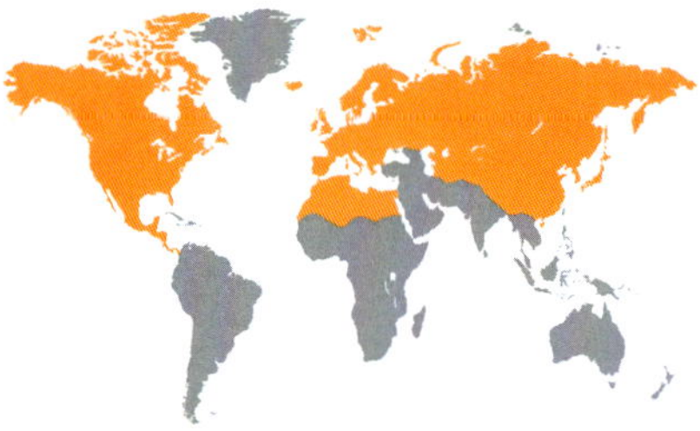

FAMILIE	Marasmiaceae
VERBREITUNG	Nordamerika, Europa, Nordafrika, Mittelamerika, Nordasien
LEBENSRAUM	In Wäldern und Gebüschen
SYMBIOSE	Mit Laubbäumen, vor allem Eichen
WUCHSFORM	Am Boden, einzeln oder truppweise
VORKOMMEN	Sehr häufig
SPORENFARBE	Weiß
GENIESSBARKEIT	Vermutlich essbar

GRÖSSE
Bis zu 80 mm

HUTDURCHMESSER
Bis zu 60 mm

GYMNOPUS DRYOPHILUS

WALDFREUND-RÜBLING

(BULLIARD) MURRILL

Dieser Pilz ist einer der bekanntesten und verbreitetsten Pilze in den Wäldern der nördlichen gemäßigten Zone und wird aufgrund seiner Häufigkeit von Pilzsuchern oft als „Unkraut" abgetan. *Dryophilus* bedeutet „Liebhaber von Eichenwäldern" und man findet den Pilz besonders häufig in Gras oder Laubstreu unter Eichen. Er wächst aber auch bei anderen Bäumen sowie in Hecken und Gebüschen. Er soll essbar sein, ist aber klein, zäh und kaum die Mühe wert. Vereinzelt wird der Waldfreund-Rübling von *Syzygospora tumefaciens* parasitiert, einem Pilz, der auf dem Hut auffallende, gelatinöse Gallen bildet.

ÄHNLICHE ARTEN

Mehrere eng verwandte Arten sind ähnlich. *Gymnopus aquosus* fruktifiziert im Frühling und Sommer; man erkennt ihn an seinem blassen, einheitlich gefärbten Hut und der leicht knolligen Basis mit rosigen Rhizomorphen. *Gymnopus ocior* in Europa und *G. earleae* in Nordamerika fruktifizieren ebenfalls früh, haben aber intensiv gefärbte, rötlich braune Hüte und blassgelbe (oder orangegelbe) Lamellen.

Der Waldfreund-Rübling hat anfangs einen konvexen Hut, der ausgebreitet flach ist. Die Oberfläche ist glatt, feucht etwas schmierig, zuerst blass rostorange, dann cremefarben oder ocker, zur Mitte hin intensiver gefärbt (blass rostfarben oder matt orange). Die Lamellen sind weißlich. Der Stiel ist schlank, glatt, recht zäh und hutfarben.

Maßstab 1:1

FAMILIE	Marasmiaceae
VERBREITUNG	Europa, Nordafrika, Nordasien
LEBENSRAUM	In Wäldern
SYMBIOSE	Mit Eichen, selten mit anderen Laubbäumen
WUCHSFORM	An der Basis von Baumstümpfen oder lebenden Bäumen
VORKOMMEN	Häufig
SPORENFARBE	Weiß
GENIESSBARKEIT	Ungenießbar

GRÖSSE
Bis zu 150 mm

HUTDURCHMESSER
Bis zu 100 mm

GYMNOPUS FUSIPES

SPINDELIGER RÜBLING

(BULLIARD) GRAY

Der Spindelige Rübling (früher *Collybia fusipes*) wächst büschelig an der Basis von Baumstämmen und -stümpfen. Er vergesellschaftet sich häufig mit Eichen, besonders mit alten Bäumen in Parklandschaften. Bei trockenem Wetter fällt er oft auf, da sonst kaum andere Blätterpilze zu sehen sind. Die langen, halb vergrabenen Stiele wachsen aus schwarzen, unterirdischen Sklerotien (das Pilz-Äquivalent zu Pflanzenknollen). Diese Sklerotien werden zwischen den Wurzeln der lebenden Bäumen gebildet, auf denen der Spindelige Rübling als Parasit lebt und Wurzelfäule verursacht. Studien ergaben, dass dies die Bäume selten tötet, aber ihr Wachstum beeinträchtigt, was wiederum zu Verlusten in der Forstwirtschaft führt.

ÄHNLICHE ARTEN

Die langen, wurzelartigen Stiele und der büschelige Wuchs an der Basis von Eichen sollte charakteristisch sein. *Gymnopus acervatus* wächst auch büschelig und kann ähnlich gefärbt sein, seine Fruchtkörper sind jedoch kleiner und wachsen normalerweise bei Nadelbäumen. Einige *Mycena*-Arten wachsen büschelig bei Eichen, haben aber kleine Hüte und schmale Stiele.

Maßstab 1:1

Der Spindelige Rübling bildet knorpelige Fruchtkörper in dichten Büscheln. Die Hüte sind konvex bis stumpf gebuckelt, glatt, feucht dunkel rotbraun, trocknen blass rosig-gelbbraun und entwickeln oft dunkle Flecken. Die Lamellen sind blass hutfarben. Der Stiel ist oft zusammengedrückt oder verdreht, verdickt und dann verjüngt und wurzelnd; er ist blass hutfarben, aber zur Basis hin bräunlich schwarz.

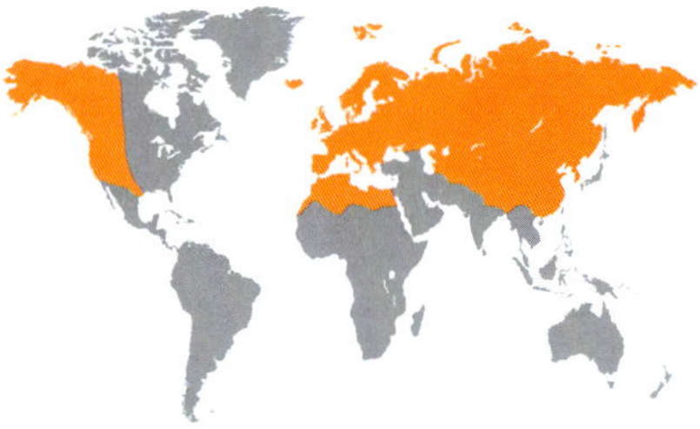

FAMILIE	Marasmiaceae
VERBREITUNG	Im Westen Nordamerikas, in Europa, Nordafrika, Nordasien
LEBENSRAUM	In Wäldern
SYMBIOSE	Mit Laubbäumen
WUCHSFORM	Am Boden in Laubstreu, büschelig oder in kleinen Trupps
VORKOMMEN	Häufig
SPORENFARBE	Weiß
GENIESSBARKEIT	Ungenießbar

GRÖSSE
Bis zu 80 mm

HUTDURCHMESSER
Bis zu 60 mm

GYMNOPUS PERONATUS

BRENNENDER RÜBLING

(BOLTON) GRAY

Der Brennende Rübling ist ein häufiger Waldpilz in Laubstreu, zumindest in Europa. In Nordamerika scheint er nur im Nordwesten vorzukommen. Man erkennt ihn leicht an seinen gelbbraunen bis bräunlichen Lamellen (die Sporen sind weiß) und an der filzigen Stielbasis. Der Beiname *peronatus* bedeuted „Stiefel aus ungegerbtem Leder tragen". Der englische Mykologe James Bolton beschrieb die Art 1788 zum ersten Mal und fand diesen Namen wohl passend für den behaarten Pilz. Der Brennende Rübling ist ungenießbar: Er ist zäh und schmeckt beißend scharf, womit man ihn von einigen ähnlichen, verwandten Arten unterscheiden kann.

ÄHNLICHE ARTEN

Im Osten Nordamerikas wurde *Gymnopus subnudus* schon öfter für den Brennenden Rübling gehalten, kann aber anhand seines bitteren (nicht scharfen) Geschmacks und der fehlenden Gelbtöne in seinem Hut unterschieden werden. *Gymnopus biformis* ist ebenfalls ähnlich, hat jedoch blassere, gedrängter stehende Lamellen und schmeckt mild.

Der Brennende Rübling bildet glatte Hüte; sie sind matt bis fein faserig, blass gelbbraun bis blass graubraun. Die Lamellen sind entfernt stehend und gelbbraun bis blass bräunlich (siehe Bild links). Die Stiele sind dünn, zäh und blass hutfarben (trocken schmutzig weißlich), mit einer leicht knolligen, oft geknieten und wurzelnden Basis, bedeckt mit weißlichem, filzig-flaumigem Myzel.

Maßstab 1:1

FAMILIE	Strophariaceae
VERBREITUNG	Nordamerika, Europa, Nordasien; in Australien, Neuseeland und Südamerika eingeschleppt
LEBENSRAUM	In Wäldern
SYMBIOSE	Ektomykorrhiza mit Laub- und Nadelbäumen
WUCHSFORM	Am Boden, oft truppweise oder in Ringen
VORKOMMEN	Häufig
SPORENFARBE	Blass tonbraun
GENIESSBARKEIT	Giftig

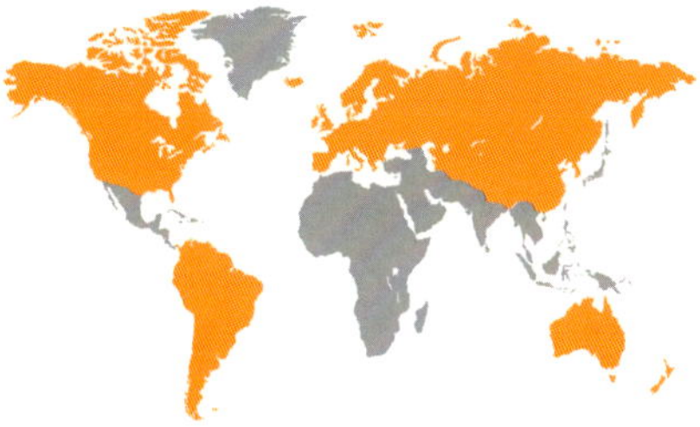

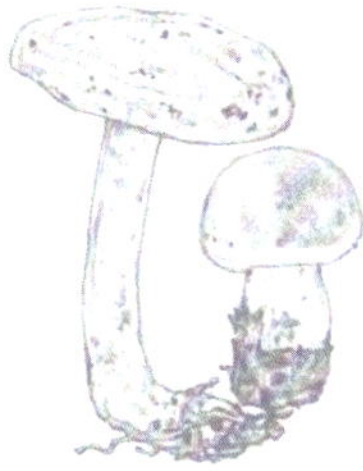

GRÖSSE
Bis zu 125 mm

HUTDURCHMESSER
Bis zu 100 mm

HEBELOMA CRUSTULINIFORME

TONBLASSER FÄLBLING

(BULLIARD) QUÉLET

Der Tonblasse Fälbling gehört zwar nicht zu den giftigsten Blätterpilzen, sorgt bei Verzehr jedoch für akute Magen-Darm-Beschwerden. *Crustuliniforme* bedeutet „geformt wie ein kleiner Kuchen". Dieser Kuchen enthält jedoch das giftige Triterpen Hebelomsäure, wobei unklar ist, ob es tatsächlich die Ursache der Vergiftungserscheinungen ist. Andere *Hebeloma*-Arten weisen eine ähnliche Chemie auf und sollten alle nicht verzehrt werden. *Hebeloma crustuliniforme* bildet Ektomykorrhizen mit vielen verschiedenen Bäumen und wurde in Teilen Europas gezüchtet, um Kiefer- und andere Sämlinge auf neuem Land anzusiedeln.

Maßstab 1:1

ÄHNLICHE ARTEN

Pilze der Gattung *Hebeloma* sind schwer zu unterscheiden, selbst unter dem Mikroskop. Zu den Merkmalen von *H. crustuliniforme* gehört die Tröpfchenbildung auf den Lamellen und die Körnchen oder Flecken am Stiel. Das Fleisch ist bitter und riecht nach Rettich. Der häufige *H. sacchariolens* und verwandte Arten haben einen starken, unangenehm süßen Geruch.

Der Tonblasse Fälbling hat einen konvexen Hut, der flacher (siehe Bild rechts) und manchmal gebuckelt wird. Die Oberfläche ist glatt, leicht schleimig, cremefarben bis blass gelbbraun. Die Lamellen sind weiß, dann tonbraun; bei feuchtem Wetter hängen Tröpfchen an den Schneiden. Der Stiel ist weißlich, zur Basis hin verdickt und vor allem an der Spitze mit kleinen, weißlichen Flecken oder Körnern gesprenkelt.

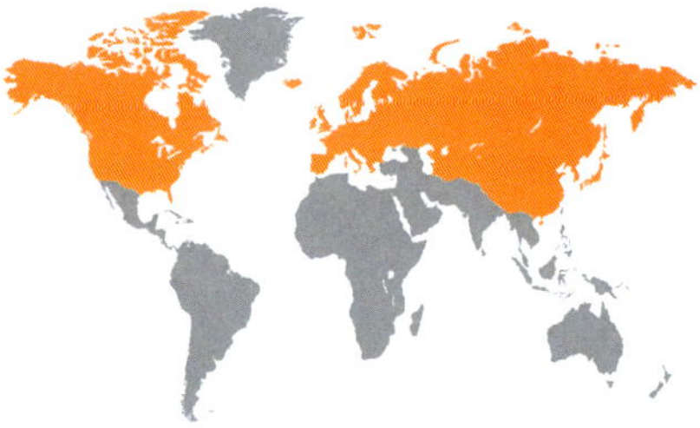

FAMILIE	Strophariaceae
VERBREITUNG	Nordamerika, Europa, Nordasien
LEBENSRAUM	In Wäldern
SYMBIOSE	Ektomykorrhiza mit Laubbäumen, in alten Latrinen von Maulwürfen, Mäusen und Spitzmäusen
WUCHSFORM	Am Boden, einzeln oder in kleinen Gruppen
VORKOMMEN	Selten
SPORENFARBE	Blass tonbraun
GENIESSBARKEIT	Giftig

GRÖSSE
Bis zu 125 mm

HUTDURCHMESSER
Bis zu 100 mm

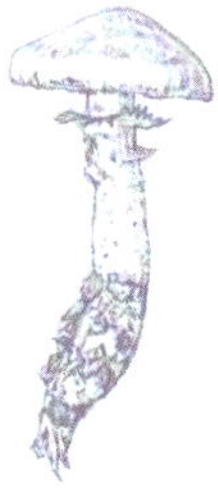

HEBELOMA RADICOSUM

MARZIPAN-FÄLBLING

(BULLIARD) RICKEN

Hebeloma radicosum ist ein Ektomykorrhiza-Pilz, aber auch ein ammoniakliebender Blätterpilz mit einer ungewöhnlichen Spezialisierung: Er wächst in alten, unterirdischen Maulwurfslatrinen, seltener in jenen von Mäusen und Spitzmäusen, und bezieht auch seine Nährstoffe daraus. Der lange, wurzelnde Stiel führt in die Tunnel und Kammern unter der Erde, wo sich die Fruchtkörper entwickeln. Einige andere ammoniakliebende *Hebeloma*-Arten werden durch die Verwesung vergrabener Leichen zur Fruchtbildung angeregt, was sie für die forensische Taphonomie (das Untersuchen von Gräbern) interessant machen könnte. *Hebeloma syrjense* wurde sogar schon „Leichenfinder" genannt, auch wenn er meistens die Gräber von Vögeln und Kleinsäugern markiert.

ÄHNLICHE ARTEN

Außer an seinem wurzelnden Stiel erkennt man *Hebeloma radicosum* an seinem Ring und dem Marzipangeruch. *Hebeloma radicosoides* ist ein ähnlicher, beringter und wurzelnder japanischer Pilz, der in mit Urea angereicherter Erde wächst. Der Reifpilz (*Cortinarius caperatus*) ist beringt und kann ähnlich aussehen, er hat jedoch intensiver gefärbte Lamellen und keinen wurzelnden Stiel.

Der Marzipan-Fälbling hat einen konvexen Hut, der im Alter flacher wird. Die Oberfläche ist glatt, etwas schleimig, cremefarben bis blass gelbbraun, oft mit graubraunen Schuppen. Die Lamellen sind gelblich-tonbraun. Der Stiel ist weißlich, mit einem ausgeprägten Ring, über dem Ring meist glatt und unterhalb mit filzigen Schuppen. Der Stiel wurzelt in die Erde und wird glatt.

Maßstab 1:1

FAMILIE	Polyporaceae
VERBREITUNG	Nord- und Südamerika; in Südeuropa (Italien) und Südafrika vermutlich eingeschleppt
LEBENSRAUM	In Wäldern
SYMBIOSE	Mit Laubbäumen
WUCHSFORM	Auf Baumstümpfen, Stämmen und toten Ästen
VORKOMMEN	Selten
SPORENFARBE	Weiß
GENIESSBARKEIT	Ungenießbar

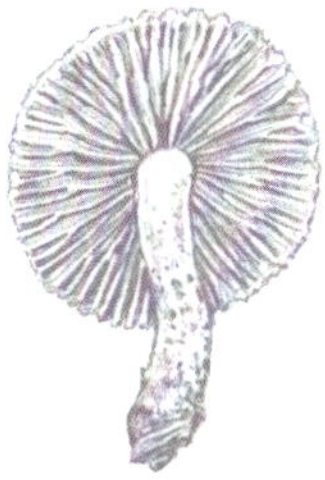

GRÖSSE
Bis zu 40 mm

HUTDURCHMESSER
Bis zu 50 mm

HELIOCYBE SULCATA

(BERKELEY) REDHEAD & GINNS

Heliocybe sulcata („Sunray Sawgil") ist eng mit den Pilzen der Gattung *Lentinus* verwandt und seine Lamellen haben die gleichen, gesägten Schneiden. Er ist auch mit Baumpilzen verwandt, unter anderem mit dem Schuppigen Porling (*Polyporus squamosus*), und hat eine derbe, ledrige Struktur. Damit kann er auf totem Holz – seinem bevorzugten Lebensraum – überleben. Die Leisten und Furchen auf dem Hut bilden manchmal ein stark ausgeprägtes, sternförmiges Relief. Dieser Pilz kommt vor allem in Amerika vor; alte Funde aus Italien und Südafrika waren vermutlich eingeschleppte Pilze.

ÄHNLICHE ARTEN

Die kleinen, aber zähen Fruchtkörper mit ihren tief gefurchten, schuppigen Hüten sollten charakteristisch genug sein. Viele *Lentinus*-Arten sind genauso ledrig und von ähnlicher Größe, aber sie entwickeln meist trichterige Hüte, während die Hüte des *Heliocybe sulcata* praktisch konvex bis flach bleiben.

Maßstab 1:1

Heliocybe sulcata hat einen konvexen bis flachen oder gebuckelten Hut. Die Oberfläche ist schuppig und zum Rand hin tief gefurcht, die Schuppen sind orangebraun bis rötlich braun auf gelbbraunem Untergrund. Die Lamellen haben gesägte Schneiden und sind weiß bis blassgelblich. Der Stiel ist weißlich mit kleinen, braunen Schuppen im unteren Bereich.

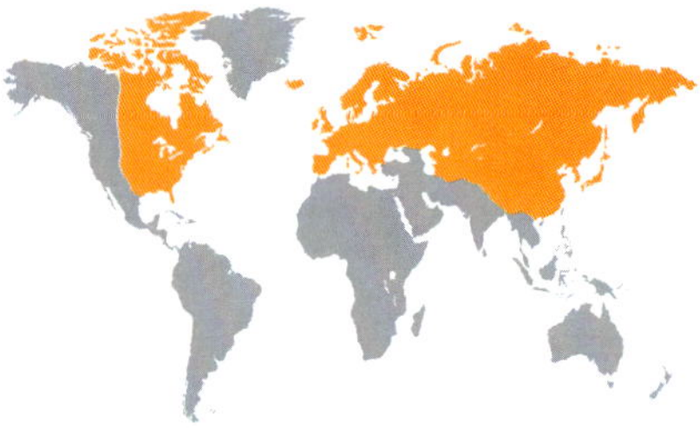

FAMILIE	Pleurotaceae
VERBREITUNG	Im Osten Nordamerikas, in Europa, Nordasien
LEBENSRAUM	In Wäldern
SYMBIOSE	Mit Laubbäumen
WUCHSFORM	Auf toten Ästen
VORKOMMEN	Selten
SPORENFARBE	Weiß
GENIESSBARKEIT	Ungenießbar

GRÖSSE
Bis zu 5 mm

HUTDURCHMESSER
Bis zu 60 mm

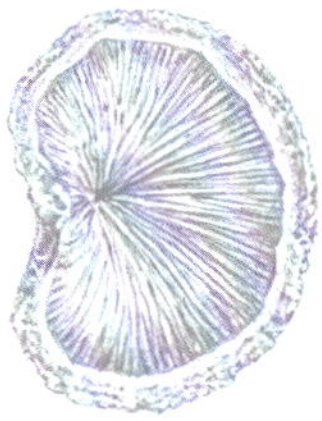

HOHENBUEHELIA MASTRUCATA

PELZIGER MUSCHELING

(FRIES) SINGER

Der Pelzige Muscheling ist ein weitverbreiteter Pilz, der auf den toten Ästen diverser Laubbäume wächst, etwa auf Buche, Hasel, Birke und Ahorn. Er kommt eher selten vor und befindet sich in einigen europäischen Ländern auf der nationalen Roten Liste gefährdeter Pilze. Wie bei den *Pleurotus*-Arten erhöht auch das Myzel von *Hohenbuehelia mastrucata* seine Nährstoffzufuhr durch mikroskopisch kleine Nematoden, die der Pilz mit klebrigen Fallen fängt. *Mastrucata* bedeutet „im Schafspelz", was diesen zotteligen Pilz treffend beschreibt. Benannt wurde die Gattung nach dem österreichischen Mykologen und Dichter Ludwig Samuel Joseph David Alexander Freiherr von Hohenbühel Heufler zu Rasen und Perdonneg – aber zum Glück nur mit einem dieser Namen.

ÄHNLICHE ARTEN

Hohenbuehelia atrocaerulea ist ähnlich, hat aber einen dunkleren, grauen bis schwärzlich oder bläulich braunen Hut. Der filzige *Schizophyllum commune* ist ledrig zäh und hat ungewöhnliche gespaltene Lamellen an der Hutunterseite. Die meisten anderen ähnlich geformten Arten, darunter die essbaren Seitlinge (Gattung *Pleurotus*), haben glatte Hüte.

Der Pelzige Muscheling bildet konsolenartige, fächerförmige Fruchtkörper, die seitlich an Holz ansitzen. Die Hüte sind leicht konvex bis flach, schmutzig weiß bis blass graubraun, und dicht mit weißlichen, aufgerichteten, filzigen Schuppen bedeckt. Die Lamellen sind weiß bis blass gelblich. Der Stiel ist fehlend oder nur als weißlicher Ansatz vorhanden.

Maßstab 1:1

FAMILIE	Hygrophoraceae
VERBREITUNG	Südostasien (Borneo), Australien, Neuseeland
LEBENSRAUM	In Wäldern
SYMBIOSE	Mit Laubbäumen, oft auf Moos
WUCHSFORM	Am Boden, einzeln oder in kleinen Gruppen
VORKOMMEN	Selten
SPORENFARBE	Weiß
GENIESSBARKEIT	Ungenießbar

GRÖSSE
Bis zu 75 mm

HUTDURCHMESSER
Bis zu 75 mm

HUMIDICUTIS LEWELLINIAE

(KALCHBRENNER) A. M. YOUNG

Dieser hübsche Blätterpilz ist eine Besonderheit des australisch-ozeanischen Raums und kommt in feuchten Wäldern vor. Er wurde jedoch auch schon am Kinabalu in Borneo dokumentiert und ist vielleicht weiter verbreitet. Er wird in die kleine Gattung *Humidicutis* eingeordnet, die mehrere Saftlinge enthält, die sich mikroskopisch von den echten Saftlingen (Gattung *Hygrocybe*) unterscheiden, aber zur selben Familie gehören. Die meisten *Humidicutis*-Pilze haben eher spröde, kegelige Hüte, die einreißen, wenn sie sich ausbreiten. *Humidicutis lewelliniae* („Mauve Splitting Waxcap") wurde erstmals 1880 von einer Frau Lewellin in Victoria gepflückt und dem ungarischen Mykologen Károly Kalchbrenner geschickt, der die neue Art zu ihren Ehren benannte.

ÄHNLICHE ARTEN

In Australien sind noch zwei andere, leuchtend violette oder lila Saftlinge bekannt: *Hygrocybe cheelii* und *H. reesiae*. Sie unterscheiden sich durch ihre stark herablaufenden Lamellen. Der weitverbreitete Papageigrüne Saftling (*H. psittacina*) hat rosa bis violette Farbtöne, ist bei feuchtem Wetter jedoch immer schleimig.

Maßstab 1:1

Humidicutis lewelliniae hat einen kegeligen Hut, der flach bis gebuckelt wird und beim Ausbreiten einreißt. Die Oberfläche ist glatt bis fein faserig, blass bis intensiv lila oder violett, manchmal in der Mitte gräulich. Die Lamellen sind blass hutfarben. Der Stiel ist anfangs glatt und hutfarben, wird im Alter von der Basis aufwärts verwaschen gelblich.

FAMILIE	Hygrophoraceae
VERBREITUNG	Nordamerika, Mittelamerika
LEBENSRAUM	In Wäldern
SYMBIOSE	Mit Laub- und Nadelbäumen
WUCHSFORM	Am Boden oder auf verfaultem Fallholz, einzeln oder in kleinen Gruppen
VORKOMMEN	Häufig
SPORENFARBE	Weiß
GENIESSBARKEIT	Essbar

GRÖSSE
Bis zu 100 mm

HUTDURCHMESSER
Bis zu 50 mm

HUMIDICUTIS MARGINATA

(PECK) SINGER

Maßstab 1:1

Das charakteristische Merkmal dieses kleinen Saftlings sind die leuchtend orangen Lamellen, die ihre Farbe selbst dann noch behalten, wenn der hygrophane (feucht die Farbe verändernde) Hut bei Trockenheit oder im Alter verblasst. Früher ordnete man die Art zusammen mit anderen Saftlingen in die Gattung *Hygrocybe*, eigentlich gehört sie aber zu *Humidicutis*, deren Pilze größtenteils aus Australien, Neuseeland und von den pazifischen Inseln stammen. *Humidicutis marginata* („Orange-Gilled Waxcap") ist in der Gattung der einzige Pilz, den man auch aus der nördlichen gemäßigten Zone kennt. Die Fruchtkörper sind essbar, aber gehaltlos und wohl auch geschmacklos.

ÄHNLICHE ARTEN

Eine Art hat eher gelbe als orange Lamellen, eine andere hat Hüte mit olivbraunen Farbtönen in der Mitte. Mehrere *Hygrocybe*-Arten haben gelborange Lamellen, etwa der Kegelige Saftling (*H. conica*) und der Feuerschuppige Saftling (*H. intermedia*), unterscheiden sich aber in anderen Merkmalen.

Humidicutis marginata hat einen kegeligen bis konvexen Hut, der gebuckelt wird. Die Oberfläche ist glatt, feucht gelborange bis orange, trocknet blassgelb bis weißlich. Die Lamellen sind intensiv gelborange bis orange (siehe Bild rechts). Der zerbrechliche Stiel ist glatt und gelb bis blass hutfarben.

FAMILIE	Hygrophoraceae
VERBREITUNG	Im Osten Nordamerikas, auf den karibischen Inseln, in Nordasien
LEBENSRAUM	In Wäldern oder auf moosigem Gras
SYMBIOSE	Mit Laub- und Nadelbäumen
WUCHSFORM	Am Boden, büschelig oder truppweise
VORKOMMEN	Selten
SPORENFARBE	Weiß
GENIESSBARKEIT	Unbekannt, lieber meiden

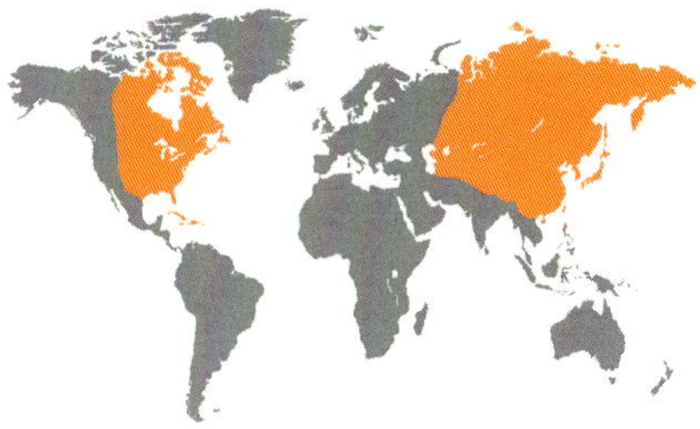

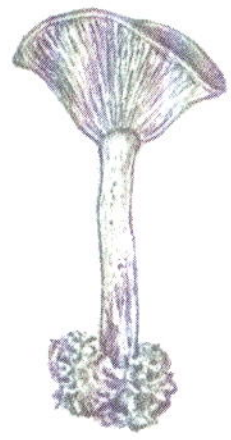

GRÖSSE
Bis zu 50 mm

HUTDURCHMESSER
Bis zu 60 mm

HYGROCYBE CAESPITOSA

MURRILL

Der amerikanische Mykologe William Murrill fand diesen kleinen Saftling ursprünglich in New York, wo er in Büscheln auf einer moosigen Wiese nahe dem Bronx Park wuchs. Das Attribut *caespitosa* bedeutet „büschelig", aber das ist nicht die einzige Wuchsform, denn die Fruchtkörper kommen auch oft einzeln oder truppweise vor. Wie die meisten Saftlinge Nordamerikas findet sich *Hygrocybe caespitosa* („Clustered Waxcap") häufiger in Wäldern als auf Wiesen – trotz Murrills Erstfund. Er hat keinen besonderen Geruch und seine Genießbarkeit ist nicht bekannt, auch wenn man sagt, dass er geschmacklich an rohe Kartoffeln erinnern soll.

ÄHNLICHE ARTEN

Hygrocybe caespitosa erinnert ein wenig an einen kleinen Wiesen-Ellerling (*Hygrocybe pratensis*), doch sein Hut ist meist stärker gelblich oder honigfarben, mit charakteristischen Schuppen (die dem Wiesen-Ellerling fehlen).

Maßstab 1:1

Hygrocybe caespitosa hat einen halbkugeligen Hut, der flach bis leicht niedergedrückt wird. Die Oberfläche ist fein schuppig, die Schuppen olivbraun bis schwärzlich braun auf einem weißlichen bis gelben oder ockergelbbraunen Untergrund. Die Lamellen sind dick, leicht herablaufend und weißlich bis blassgelb. Der Stiel ist glatt und weißlich bis blassgelb.

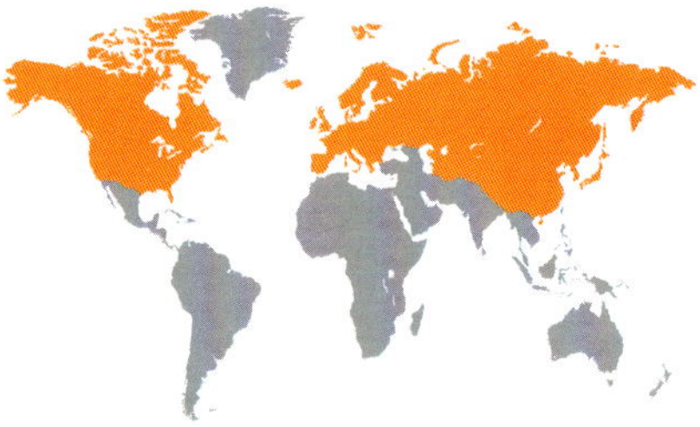

FAMILIE	Hygrophoraceae
VERBREITUNG	Nordamerika, Europa, Nordasien
LEBENSRAUM	Auf Weiden und moosigen Rasen, auch in Wäldern
SYMBIOSE	Mit Moosen und Gräsern
WUCHSFORM	Am Boden, einzeln oder truppweise
VORKOMMEN	Selten
SPORENFARBE	Weiß
GENIESSBARKEIT	Ungenießbar

GRÖSSE
Bis zu 125 mm

HUTDURCHMESSER
Bis zu 75 mm

HYGROCYBE CALYPTRIFORMIS

ROSENROTER SAFTLING

(BERKELEY) FAYOD

Der Rosenrote Saftling ist ein charismatischer und leicht erkennbarer Blätterpilz, der in Europa zum Aushängeschild des Pilz-Artenschutzes wurde und dessen Bild auf Plakaten, Broschüren und Briefmarken erscheint. Allgemein gilt er als seltene Art und wächst auf alten, unkultivierten Wiesen, aber auf den britischen Inseln kommt er häufig auf alten, ungedüngten Rasen und sogar auf Friedhöfen vor. Im Großteil Europas ist er jedoch selten, da sein Lebensraum kleiner wird. Wie die meisten Saftlinge findet sich *Hygrocybe calyptriformis* häufiger in nordamerikanischen Wäldern.

ÄHNLICHE ARTEN

Andere ähnlich geformte Saftlinge, wie etwa *Hygrocybe conica*, sind anders gefärbt, oft gelb bis orangerot. Rosa Varianten des Rettich-Helmlings (*Mycena pura*) können ähnlich aussehen, aber ihre Hüte sind nie kegelig oder spitz und meist wachsen sie auf Laubstreu.

Maßstab 1:1

Der Rosenrote Saftling hat einen spitzen, kegeligen Hut, der beim Ausbreiten oft am Rand einreißt. Die Oberfläche ist glatt, leicht schmierig, rosa bis rosig lila, verblasst im Alter. Die Lamellen sind weiß bis blass hutfarben. Der zerbrechliche Stiel ist glatt und weiß, aber manchmal leicht rosa getönt, besonders im oberen Bereich.

FAMILIE	Hygrophoraceae
VERBREITUNG	Nordamerika, Europa, Afrika, Mittel- und Südamerika, Antarktis (Inseln), Asien, Australien, Neuseeland
LEBENSRAUM	Auf Weiden, moosigen Rasen oder in Wäldern
SYMBIOSE	Mit Moosen und Gräsern
WUCHSFORM	Am Boden, einzeln oder truppweise
VORKOMMEN	Häufig
SPORENFARBE	Weiß
GENIESSBARKEIT	Ungenießbar

GRÖSSE
Bis zu 100 mm

HUTDURCHMESSER
Bis zu 75 mm

HYGROCYBE CONICA

KEGELIGER SAFTLING

(SCHAEFFER) P. KUMMER

Er ist nicht nur der häufigste Saftling, sondern auch der mit Abstand am weitesten verbreitete: Von den Tropen bis zu den Polen wurden Exemplare dokumentiert. Vielleicht handelt es sich um einen weltweiten Artenkomplex. Der Kegelige oder auch Schwärzende Saftling ist leicht erkennbar, da er auf Druck und im Alter schwarz wird. Auch sein spitzer Hut ist charakteristisch. Oft findet man alte, komplett schwarze Fruchtkörper zwischen jüngeren, helleren Pilzen. Obwohl *Hygrocybe conica* am liebsten auf unkultivierten Wiesen wächst, ist er schlechteren Bedingungen gegenüber toleranter als andere Saftlinge und wächst auch an Wegrändern oder sogar auf Sportplätzen. In manchen Gebieten, etwa in Nordamerika, bevorzugt er anscheinend Wälder.

ÄHNLICHE ARTEN

Mehrere Formen wurden bereits manchmal als eigene Arten anerkannt, darunter *H. conicoides*, ein mikroskopisch unterscheidbarer Saftling, der auf Küstendünen wächst; *H. olivaceonigra*, eine grünliche Variante; *H. pseudoconica*, eine größere Variante, früher fälschlicherweise *H. nigrescens* genannt; *H. singeri*, mit einem klebrigen Stiel; und *H. conicopalustris*, eine kleine Sumpf-Variante.

Der Kegelige Saftling hat einen spitzen, kegeligen Hut, der beim Ausbreiten oft reißt. Die Oberfläche ist glatt, schmierig, gelb bis orange oder scharlachrot, manchmal mit olivfarbenen Tönen. Die Lamellen sind dick, weißlich bis gelb oder gelborange. Der Stiel ist glatt, weißlich bis gelb oder gelborange. Alle Teile schwärzen auf Druck oder im Alter (siehe Bild oben).

Maßstab 1:1

FAMILIE	Hygrophoraceae
VERBREITUNG	Europa
LEBENSRAUM	Auf kalkhaltigen bis neutralen Weiden und moosigen Rasen
SYMBIOSE	Mit Moosen und Gräsern
WUCHSFORM	Am Boden, einzeln oder truppweise
VORKOMMEN	Selten
SPORENFARBE	Weiß
GENIESSBARKEIT	Ungenießbar

GRÖSSE
Bis zu 100 mm

HUTDURCHMESSER
Bis zu 75 mm

HYGROCYBE INTERMEDIA

FEUERSCHUPPIGER SAFTLING

(PASSMORE) FAYOD

Maßstab 1:1

Der faserige Hut und der längsfaserige Stiel sind kennzeichnende Merkmale dieses vergleichsweise großen und intensiv gefärbten Saftlings. Trotz seiner Größe und Farbe kann *Hygrocybe intermedia* leicht übersehen werden, da er im Hochsommer fruktifiziert – Monate, bevor die meisten anderen Saftlinge erscheinen. Der Feuerschuppige Saftling scheint nur in Europa vorzukommen. Auf den britischen Inseln ist er lokal häufig, aber in vielen anderen Ländern, wo alte, unkultivierte Weiden verschwinden, gilt er als selten. Darum steht er in mehreren Ländern auf der nationalen Roten Liste bedrohter Pilze.

ÄHNLICHE ARTEN

Hygrocybe intermedia verfärbt sich auf Druck oft grau, besonders nahe der Basis. Dadurch kann er mit dem weitverbreiteten Kegeligen Saftling (*H. conica*) verwechselt werden, der jedoch glatte (nicht faserige) Hüte und Stiele hat, selten so einheitlich orange ist und allmählich komplett schwarz wird.

Der Feuerschuppige Saftling hat einen kegeligen Hut, der gebuckelt bis flach wird und oft einreißt. Die Oberfläche ist fein faserig, trocken, leuchtend orange bis orangerot. Die Lamellen sind gelb, mit orangem Farbstich. Der Stiel ist fein faserig und hutfarben, wird zur Basis hin gelb bis weißlich. Die Basis verfärbt sich auf Druck oft gräulich.

FAMILIE	Hygrophoraceae
VERBREITUNG	Nordamerika, Europa
LEBENSRAUM	In moosigen Heiden und Marschen
SYMBIOSE	Mit Moosen und Gräsern
WUCHSFORM	Am Boden, einzeln oder truppweise
VORKOMMEN	Lokal häufig
SPORENFARBE	Weiß
GENIESSBARKEIT	Ungenießbar

GRÖSSE
Bis zu 50 mm

HUTDURCHMESSER
Bis zu 35 mm

HYGROCYBE LILACINA

(P. KARSTEN) M. M. MOSER

Dieser Pilz ist einer von mehreren Saftlingen, die auf arktische und alpine Regionen spezialisiert sind und in Grönland, Alaska, Labrador, Nordskandinavien, den schottischen Cairngorms sowie den Alpen heimisch sind. *Hygrocybe lilacina* („Lilac Waxcap") wächst typischerweise in morastigen Bereichen von Zwergstrauchheiden, unter Grasbüscheln und in Schneetälchen, wo er seine Fruchtkörper zwischen Moosen vor Wind und Kälte schützt. Wie der Papageigrüne Saftling (*Hygrocybe psittacina*) hat auch *Hygrocybe lilacina* stark variable Farben und obwohl er meist lila bis violett ist, können einzelne Fruchtkörper auch eher gelb bis orangebraun ausfallen.

ÄHNLICHE ARTEN

Hygrocybe citrinopallida ist ein ähnlicher arktisch-alpiner Pilz, der jedoch trockenere Gegenden bevorzugt und dessen Fruchtkörper immer gelb bis gelbweiß sind. In gemäßigteren Zonen wächst der violette bis purpurne *Hygrocybe viola* in Wäldern. Er ist jedoch eine seltene Art, sehr klein und ohne gelbe Farbtöne.

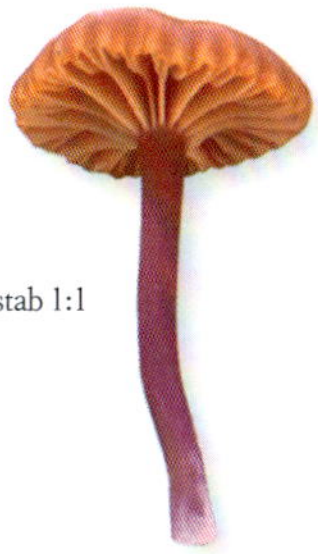

Maßstab 1:1

Hygrocybe lilacina hat einen konvexen Hut, der flach oder in der Mitte niedergedrückt wird. Die Oberfläche ist glatt, feucht gerieft, anfangs gelb bis orangebraun, dann mit lila bis braunvioletten Farbtönen. Die Lamellen sind leicht herablaufend und hutfarben. Der Stiel ist glatt, lila bis gelb oder bräunlich.

FAMILIE	Hygrophoraceae
VERBREITUNG	Nordamerika
LEBENSRAUM	In Sumpfgebieten oder feuchten, moosigen Wäldern
SYMBIOSE	Mit Laubbäumen
WUCHSFORM	Am Boden, einzeln oder truppweise
VORKOMMEN	Selten
SPORENFARBE	Weiß
GENIESSBARKEIT	Ungenießbar

GRÖSSE
Bis zu 75 mm

HUTDURCHMESSER
Bis zu 40 mm

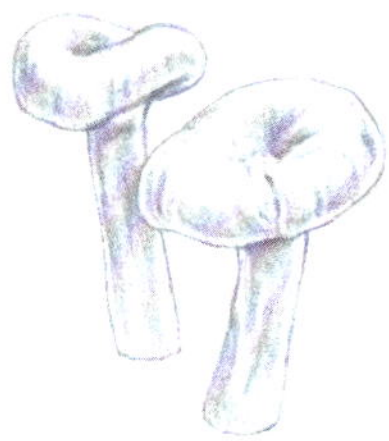

HYGROCYBE NITIDA

(BERKELEY & M. A. CURTIS) MURRILL

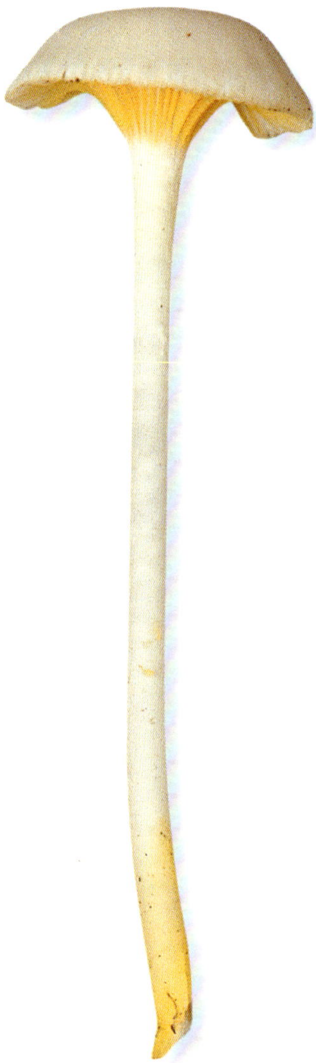

Einige Saftlinge bevorzugen bestimmte Lebensräume. Für *Hygrocybe nitida* („Shining Waxcap") sind dies Moore, Sümpfe und morastige Böden, wo er oft bei Moosen wächst. Der Beiname *nitida* bedeutet „glänzend" – in frischem, feuchtem Zustand ist der Pilz leuchtend gefärbt, mit glitzerndem Hut und Stiel. Im Alter verblasst die Farbe, bleibt aber in Lamellen und Basis meist erhalten. Dieser Pilz war einer von vielen neuen amerikanischen Pilzen, die Moses Ashley Curtis entdeckte und zu seinem englischen Mitarbeiter und geistlichen Kollegen Miles Joseph Berkeley schickte, der sie bestimmte und beschrieb.

ÄHNLICHE ARTEN

Der sehr ähnliche *Hygrocybe vitellina* kommt in Europa vor und wächst auch gerne auf sumpfigen Böden. Die meisten anderen gelben Saftlinge sind entweder nicht schleimig oder haben keine niedergedrückten Hüte. Der Schleimfuß-Saftling (*H. glutinipes*) ist schleimig und manchmal gelb (häufiger orange), aber seine Lamellen sind nicht herablaufend.

Hygrocybe nitida hat einen anfangs konvexen, dann niedergedrückten Hut. Die Oberfläche ist glatt, feucht gerieft und schleimig, blassgelb bis chromgelb, verblasst zu blassgelb oder weißlich. Die Lamellen sind herablaufend und blassgelb bis chromgelb (siehe Bild links). Der zerbrechliche Stiel ist glatt, schleimig und hutfarben.

Maßstab 1:1

FAMILIE	Hygrophoraceae
VERBREITUNG	Nordamerika, Europa, Nordasien
LEBENSRAUM	Auf Weiden und moosigen Rasen, auch in Wäldern
SYMBIOSE	Mit Moosen und Gräsern
WUCHSFORM	Am Boden, einzeln oder truppweise
VORKOMMEN	Selten
SPORENFARBE	Weiß
GENIESSBARKEIT	Ungenießbar

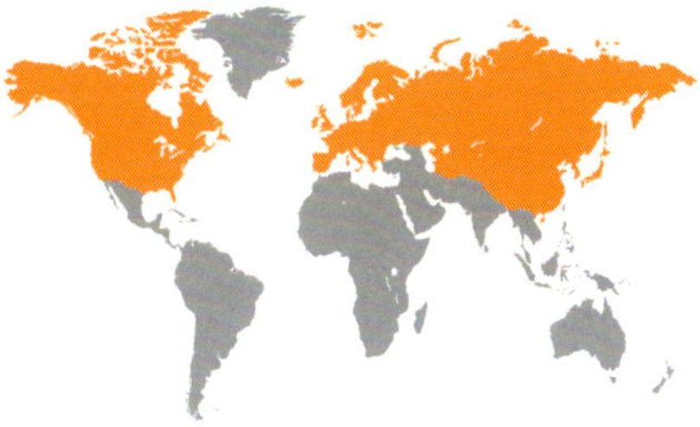

GRÖSSE
Bis zu 125 mm

HUTDURCHMESSER
Bis zu 100 mm

HYGROCYBE OVINA

RÖTENDER SAFTLING

(BULLIARD) KÜHNER

Die meisten Saftlinge haben leuchtende Farben, aber der Rötende Saftling ist eine dunkle Ausnahme – auch wenn er im Schnitt oder auf Druck rosig rötet. Der Beiname *ovinus* bedeutet „vom Schaf", aber es ist unklar, warum der erste Autor den Pilz mit Schafen in Verbindung brachte, außer, er erinnerte ihn an Schafskot. Wie die meisten Saftlinge in Europa wächst er allerdings am häufigsten auf Schafsweiden – Kühe sind oft zu behäbig, als dass Fruchtkörper bei ihnen gedeihen könnten. Der Rötende Saftling gehört zu den selteneren Arten Europas und steht in mehreren Ländern auf der nationalen Roten Liste für gefährdete Pilze.

ÄHNLICHE ARTEN

Hygrocybe subovina ist eine ähnlich aussehende Art aus dem Südosten Nordamerikas, die ungewöhnlich nach verbranntem Zucker riecht, während der Rötende Saftling unauffällig oder im Alter leicht nitrös riecht. Der Schwärzende Wiesenritterling (*Porpoloma metapodium*) ist ein seltener, europäischer Pilz, der ebenfalls rosig rötet. Man kann ihn jedoch in der Natur an seinem starken mehligen Geruch erkennen.

Der Rötende Saftling hat einen halbkugeligen Hut, der unregelmäßig konvex bis flach wird. Die Oberfläche ist glatt, im Alter manchmal schuppig aufgerissen, jung dunkelgrau und wird schwarzbraun. Die Lamellen sind entfernd stehend und blass hutfarben. Der Stiel ist glatt, oft zusammengedrückt oder gefurcht, und hutfarben. Alle Teile röten im Schnitt oder auf Druck rosig.

Maßstab 1:1

FAMILIE	Hygrophoraceae
VERBREITUNG	Nordamerika, Europa, Nordafrika, Mittel- und Südamerika, Nordasien, Australien, Neuseeland
LEBENSRAUM	Auf Weiden, moosigen Rasen, seltener in Wäldern
SYMBIOSE	Mit Moosen und Gräsern
WUCHSFORM	Am Boden, einzeln oder truppweise
VORKOMMEN	Lokal häufig
SPORENFARBE	Weiß
GENIESSBARKEIT	Essbar

GRÖSSE
Bis zu 100 mm

HUTDURCHMESSER
Bis zu 100 mm

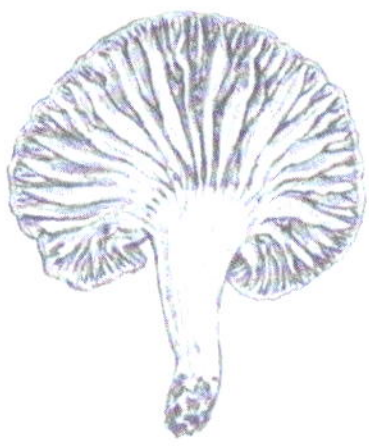

HYGROCYBE PRATENSIS

WIESEN-ELLERLING

(PERSOON) MURRILL

Der Wiesen-Ellerling ist einer der größeren Saftlinge. Er ist auf unkultivierten Weiden und moosigen Wiesen weitverbreitet und lokal häufig. Er gehört zu einer Gruppe von Saftlingen mit herablaufenden Lamellen, die manchmal in die Gattung *Camarophyllus* eingeordnet werden. Der Beiname *pratensis* bedeutet „auf Wiesen wachsend", trotzdem findet man ihn gelegentlich auch in Wäldern (besonders in Nordamerika), wo er leicht mit dem Wald-Schneckling (*Hygrophorus nemoreus*) verwechselt werden kann, der ähnlich aussieht, aber Ektomykorrhizen mit Bäumen bildet. *Hygrocybe pratensis* gilt allgemein als guter Speisepilz, was für einen Saftling ungewöhnlich ist.

Maßstab 1:1

ÄHNLICHE ARTEN

Hygrocybe pratensis var. *pallida* ist identisch, aber komplett weißlich bis cremefarben. Der Schneeweiße Ellerling (*Hygrocybe virginea*) ist ebenfalls weiß, hat jedoch einen weniger fleischigen Hut, der feucht gerieft ist. *Hygrophorus nemoreus* ist ein Waldpilz, ähnlich wie der Wiesen-Ellerling, aber oft größer, mit einem leicht schuppigen Hut und winzigen Warzen am oberen Stiel.

Der Wiesen-Ellerling hat einen halbkugeligen Hut, der flach bis leicht niedergedrückt wird. Die Oberfläche ist glatt, trocken, blass orange-gelbbraun bis fleischbraun. Die Lamellen sind dick, herablaufend und blass hutfarben. Der Stiel ist glatt und weißlich bis blass hutfarben.

FAMILIE	Hygrophoraceae
VERBREITUNG	Nordamerika, Europa, Nordafrika, Mittel- und Südamerika, Nordasien
LEBENSRAUM	Auf Weiden, moosigen Rasen oder in Wäldern
SYMBIOSE	Mit Moosen und Gräsern
WUCHSFORM	Am Boden, einzeln oder truppweise
VORKOMMEN	Häufig
SPORENFARBE	Weiß
GENIESSBARKEIT	Manchmal als essbar angegeben

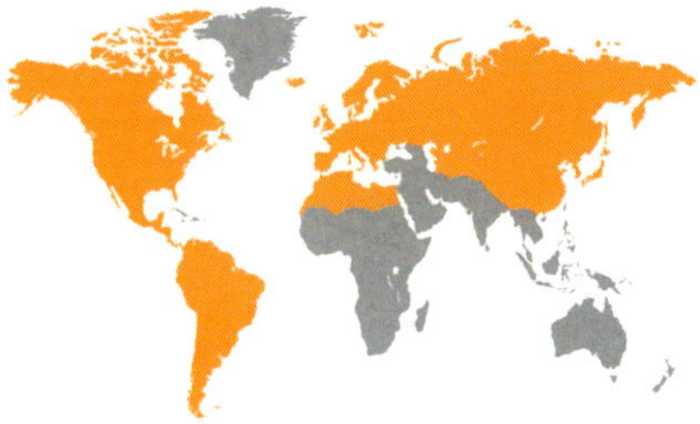

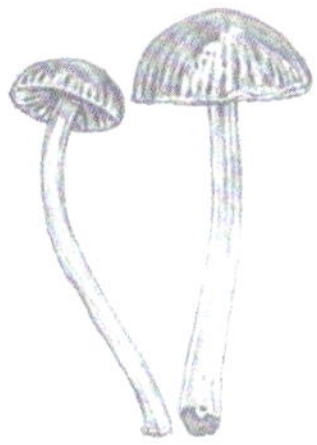

GRÖSSE
Bis zu 75 mm

HUTDURCHMESSER
Bis zu 40 mm

HYGROCYBE PSITTACINA

PAPAGEIGRÜNER SAFTLING

(SCHAEFFER) P. KUMMER

Der Papageigrüne Saftling ist einer der häufigeren Saftlinge. Man findet ihn oft auf älteren Rasen- und Parkflächen. Sein Name bezieht sich auf seine auffällige Färbung, die meist intensiv grasgrün beginnt und sich später zu gelben und orangen, manchmal sogar rosa, lila oder blauen Tönen entwickelt. In der Sonne verblasst das Grün, bleibt am Scheitel jedoch fast immer erhalten. Wenn nicht gerade große Trockenheit herrscht, sind die Fruchtkörper sehr schleimig und glitschig. Angeblich kann man den Pilz essen, aber seine Schleimigkeit trägt wohl kaum zum Genuss bei. Früher glaubte man, dass er die halluzinogene Verbindung Psilocybin enthalte, was spätere Analysen jedoch nicht nachweisen konnten.

Maßstab 1:1

ÄHNLICHE ARTEN

Hygrocybe perplexa hat einen dunkel ziegelroten Hut und gilt manchmal als eigene Art oder Varietät. Der Zähe Saftling (*Hygrocybe laeta*) ist ähnlich schleimig, mit einem stumpf orangen bis fleischfarbenen Hut, heraublaufenden fleischfarbenen Lamellen, graugrünen Farbtönen im oberen Stielbereich und einer Vorliebe für saure Heide- und Moorböden.

Der Papageigrüne Saftling hat einen konvexen Hut, der flach oder gebuckelt wird. Die Oberfläche ist glatt, feucht schleimig, jung typischerweise intensiv grün, später gelb, seltener violett, blauviolett oder rosa und später rosig. Die Lamellen sind hutfarben. Der Stiel ist glatt, schleimig und hutfarben.

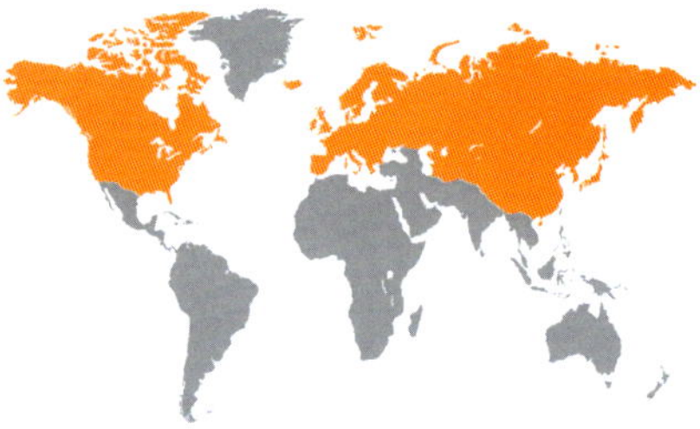

FAMILIE	Hygrophoraceae
VERBREITUNG	Nordamerika, Europa, Nordasien
LEBENSRAUM	Auf Weiden und moosigen Rasen, auch in Wäldern gesichtet
SYMBIOSE	Mit Moosen und Gräsern
WUCHSFORM	Am Boden, einzeln oder truppweise
VORKOMMEN	Selten
SPORENFARBE	Weiß
GENIESSBARKEIT	Essbar

GRÖSSE
Bis zu 150 mm

HUTDURCHMESSER
Bis zu 150 mm

HYGROCYBE PUNICEA

GRANATROTER SAFTLING

(FRIES) P. KUMMER

Dieser schöne Pilz ist wohl der größte der Saftlinge und ist ein imposanter Anblick, wenn er in großen Trupps erscheint, wie es manchmal auf bevorzugten Plätzen vorkommt. Zumindest in Europa gilt er als guter Indikator für alte Wiesen mit vielen Saftlingen und findet sich nur zusammen mit acht oder mehreren anderen Saftlingsarten. Daher gilt er in einigen Ländern als seltene, gefährdete Art. In Nordamerika wird *Hygrocybe punicea* meist in Wäldern gesichtet – aber viele dieser Berichte und Bilder beschreiben einen großen, scharlachroten Blätterpilz, der dem europäischen Granatroten Saftling gar nicht ähnelt und erst genauer erforscht werden muss.

ÄHNLICHE ARTEN

Der häufigere Kirschrote Saftling (*Hygrocybe coccinea*) ist typischerweise kleiner, leuchtend scharlachrot (kein dunkles Blutrot) und hat einen glatten (keinen faserigen) Stiel. Der seltene Prächtige Saftling (*H. splendidissima*) ist ebenfalls leuchtend scharlachrot, aber größer, mit einem trockenen (keinen wachsigen oder klebrigen) Hut, einem glatten Stiel und einem charakteristischen honigartigen Geruch beim Trocknen.

Maßstab 1:1

Der Granatrote Saftling hat einen konvexen bis kegeligen Hut, der gebuckelt bis flach wird und oft einreißt. Die Oberfläche ist glatt, wachsig, feucht klebrig, dunkelrot bis blutrot, mit einem dünnen, gelben Rand; oft wird sie halb durchsichtig und gräulich, die Farben verblassen ocker-gelbbraun. Die Lamellen sind hutfarben mit gelben Schneiden. Der Stiel ist fein faserig und trocken, streifig orangerot bis gelb, an der Basis weißlich.

FAMILIE	Hygrophoraceae
VERBREITUNG	Europa, Nordafrika; in Neuseeland eingeschleppt
LEBENSRAUM	Auf kalkhaltigen Weiden und moosigen Rasen
SYMBIOSE	Mit Moosen und Gräsern
WUCHSFORM	Am Boden, einzeln oder truppweise
VORKOMMEN	Lokal häufig
SPORENFARBE	Weiß
GENIESSBARKEIT	Ungenießbar

GRÖSSE
Bis zu 50 mm

HUTDURCHMESSER
Bis zu 50 mm

HYGROCYBE RUSSOCORIACEA

JUCHTEN-ELLERLING

(BERKELEY & J. K. MILLER) P. D. ORTON & WATLING

Dieser kleine Pilz fällt unter seinen bunten Verwandten kaum auf, aber er verströmt einen charakteristischen Geruch, der an Juchtenleder erinnern soll. Dieses teure, ursprünglich russische Leder (daher der Beiname *russocoriacea*) wurde mit mehreren verschiedenen Mitteln, etwa mit Birken- und Robbenöl, gegerbt und behandelt. Sein typischer Geruch kam jedoch von Sandelholz, das hauptsächlich als Farbstoff hinzugefügt wurde. Das ist das eigentliche charakteristische Aroma von *Hygrocybe russocoriacea*. Er gehört zu jenen *Hygrocybe*-Pilzen, die bevorzugt auf alten, unkultivierten Kalkwiesen wachsen, wo er lokal häufig vorkommen kann.

ÄHNLICHE ARTEN

Den Juchten-Ellerling verwechselt man leicht mit kleinen Exemplaren des häufig vorkommenden Schneeweißen Ellerlings (*Hygrocybe virginea*), der ähnlich gefärbt ist (wenn auch meist weißer), keinen Geruch hat und typischerweise größer ist. Weiße Schnecklinge (Gattung *Hygrophorus*) wachsen in Wäldern, haben normalerweise schleimige Hüte und riechen nach Ziege oder unangenehm, falls sie einen Geruch verströmen.

Maßstab 1:1

Der Juchten-Ellerling hat einen halbkugeligen Hut, der konvex bis flach und in der Mitte niedergedrückt wird. Die Oberfläche ist glatt, feucht gerieft, elfenbeinfarben, oft mit blassocker Tönen zur Mitte hin (siehe Bild rechts oben). Die Lamellen sind leicht herablaufend und hutfarben. Der Stiel ist glatt, hutfarben und zur Basis hin zugespitzt.

FAMILIE	Hygrophoropsidaceae
VERBREITUNG	Nordamerika, Europa, Mittel- und Südamerika, Nordasien, Australien, Neuseeland
LEBENSRAUM	In Wäldern, gelegentlich in Gebüschen und Holzmulch
SYMBIOSE	Mit Nadelbäumen, seltener mit Laubbäumen
WUCHSFORM	Am Boden, oft truppweise
VORKOMMEN	Häufig
SPORENFARBE	Weiß
GENIESSBARKEIT	Ungenießbar

GRÖSSE
Bis zu 50 mm

HUTDURCHMESSER
Bis zu 75 mm

HYGROPHOROPSIS AURANTIACA

FALSCHER PFIFFERLING

(WULFEN) MAIRE

Maßstab 1:1

Hygrophoropsis aurantiaca ist frisch ein sehr ansehnlicher und farbenfroher Pilz. Schade, dass er nur dafür bekannt ist, kein Pfifferling zu sein. Er ist ein weitverbreiteter Holzschädling, der Braunfäule verursacht, vor allem auf Nadelholzresten in der Streu. Manchmal fruktifiziert er in großen Schwärmen und er gehört zu den vielen Arten, die sich mittlerweile auf Holzmulch ausbreiten, sodass man ihn außer im Wald nun auch an Wegrändern und in städtischen Sträuchern findet. Er wird in China, Mexiko und vermutlich auch in anderen Ländern zumindest von indigenen Völkern verzehrt, aber er gilt nicht als schmackhaft und kann bei manchen Personen Magenbeschwerden verursachen.

ÄHNLICHE ARTEN

Der Echte Pfifferling (*Cantharellus cibarius*) ist nie so intensiv orange und hat dicke, lamellenartige Leisten, im Gegensatz zu den echten Lamellen des Falschen Pfifferlings. *Hygrophoropsis morganii* ist ein kleinerer, seltener, rosiger Pilz mit einem süßlichen Geruch. Giftige *Omphalotus*-Arten sind groß und wachsen büschelig, meist an der Basis von Laubbäumen.

Der Falsche Pfifferling hat einen konvexen bis flachen Hut, der trichterig wird. Die Oberfläche ist flaumig bis filzig, gelborange bis ocker-gelbbraun, manchmal mit bräunlichen Farbtönen, trocken oder alt blasser bis weißlich ocker. Die Lamellen sind herablaufend, intensiv orange bis orangerot, dünn und geschmeidig und oft gegabelt. Im Alter verblassen sie. Der Stiel ist glatt, hohl, hutfarben, bräunt im Alter von der Basis aus aufwärts.

FAMILIE	Hygrophoraceae
VERBREITUNG	Nordamerika, Europa, Nordafrika, Nordasien
LEBENSRAUM	In Wäldern
SYMBIOSE	Ektomykorrhiza mit Buchen
WUCHSFORM	Am Boden, truppweise
VORKOMMEN	Lokal häufig
SPORENFARBE	Weiß
GENIESSBARKEIT	Ungenießbar

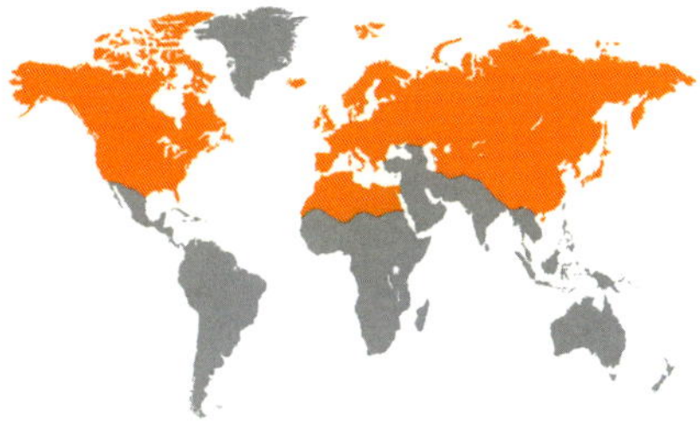

GRÖSSE
Bis zu 100 mm

HUTDURCHMESSER
Bis zu 75 mm

HYGROPHORUS EBURNEUS

ELFENBEIN-SCHNECKLING

(BULLIARD) FRIES

Hygrophorus eburneus ist einer von mehreren Schnecklingen, die weißlich bis cremefarben und sehr schleimig sind und einen seltsamen, unangenehmen Geruch haben, der mit Ziegen verglichen wurde – oder genauer gesagt: mit dem „Ziegengeruch" der Larven von Weidenbohrern. Wie alle *Hygrophorus*-Arten bildet auch der Elfenbein-Schneckling Mykorrhizen und wächst meist bei Buchen. Sein Name wurde auch für Funde bei anderen Bäumen verwendet und es ist unklar, ob sich alle Interpretationen des Elfenbein-Schnecklings auf dieselbe Art beziehen.

ÄHNLICHE ARTEN

Hygrophorus cossus ist ein ähnlicher Pilz, die bei Eichen wächst. Er ist meist größer und sein Hut verfärbt sich gräulich. Sein Birken-Gegenstück ist *H. hedrychii*, dessen Hut sich rosa verfärbt. *Hygrophorus discoxanthus* wächst auch bei Buchen, verfärbt sich jedoch gelb bis rostbraun. Alle haben einen ähnlichen Ziegengeruch.

Maßstab 1:1

Der Elfenbein-Schneckling hat einen konvexen Hut, der flach bis leicht niedergedrückt oder gebuckelt wird. Die Oberfläche ist glatt, feucht sehr schleimig, weiß, wird in der Mitte elfenbein- bis cremefarben. Die Lamellen sind leicht herablaufend, weiß bis cremefarben (siehe Bild links) oder leicht rosig. Der Stiel ist schleimig und hutfarben.

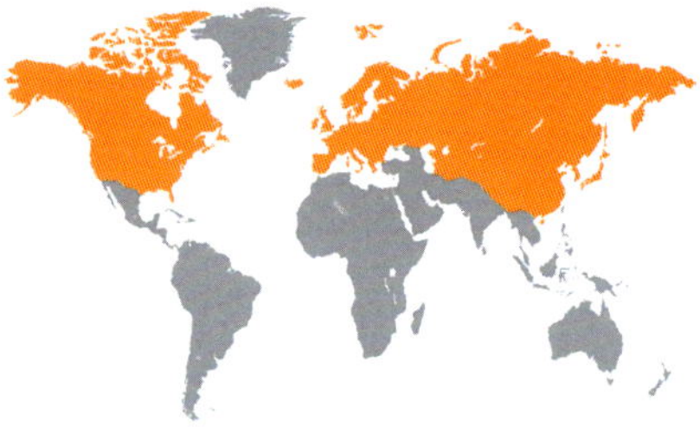

FAMILIE	Hygrophoraceae
VERBREITUNG	Nordamerika, Europa, Nordasien
LEBENSRAUM	In Wäldern
SYMBIOSE	Ektomykorrhiza mit Kiefern
WUCHSFORM	Am Boden, auf Nadelstreu
VORKOMMEN	Häufig
SPORENFARBE	Weiß
GENIESSBARKEIT	Essbar

GRÖSSE
Bis zu 150 mm

HUTDURCHMESSER
Bis zu 75 mm

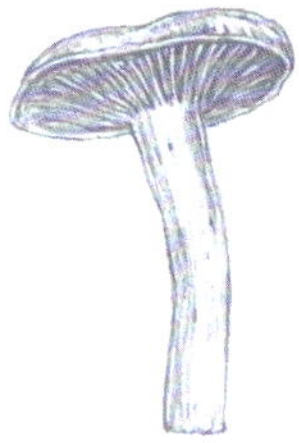

HYGROPHORUS HYPOTHEJUS

FROST-SCHNECKLING

(FRIES) FRIES

Maßstab 1:1

Wie sein deutscher Name schon verrät, handelt es sich hier um einen Pilz, der spät in der Saison erscheint, meist zu Winterbeginn in Kiefernwäldern. Manchmal fruktifiziert er sogar erst nach dem ersten Frost. Bei feuchtem Wetter sind die Fruchtkörper extrem schleimig, besonders am Stiel, und variieren bei einer Form (var. *aureus*) in der Farbe, mit gelben bis orangen Hüten. Bei der normalen Form fällt der Kontrast zwischen den dunklen graubraunen Hüten und den gelben Lamellen auf. Der Frost-Schneckling ist essbar, aber wohl geschmacklos und nicht die Mühe wert.

ÄHNLICHE ARTEN

Andere Schnecklinge mit olivbraunen bis graubraunen Hüten – wie der nordamerikanische *Hygrophorus fuligineus* – haben weiße Lamellen und nicht die gelborangen Farben des Frost-Schnecklings. Orangehütige Varianten können mit dem orange- bis rothütigen Orangegelben Lärchenschneckling (*H. speciosus*) verwechselt werden, aber Letzterer wächst bei Lärchen.

Der Frost-Schneckling hat einen konvexen Hut (siehe Bild rechts), der flach bis niedergedrückt wird. Die Oberfläche ist glatt, feucht schleimig, olivbraun bis graubraun (seltener gelb bis orange) und zum Rand hin blasser. Die Lamellen sind entfernt stehend, herablaufend, blassgelb bis gelborange. Der Stiel ist weiß bis blassgelb, schleimig, mit einer Ringzone, oft gelborange gefleckt.

FAMILIE	Hygrophoraceae
VERBREITUNG	Nordamerika, Europa, Mittelamerika, Nordasien
LEBENSRAUM	In kalkhaltigen Wäldern
SYMBIOSE	Ektomykorrhiza mit Laubbäumen, vor allem Eichen
WUCHSFORM	Am Boden, einzeln oder truppweise oder in Ringen
VORKOMMEN	Lokal häufig
SPORENFARBE	Weiß
GENIESSBARKEIT	Essbar

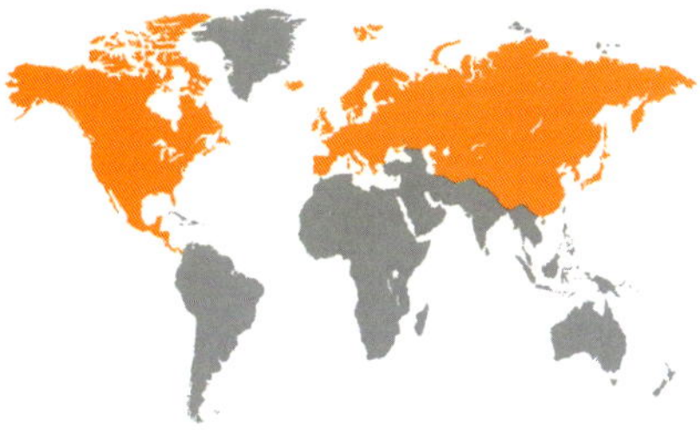

GRÖSSE
Bis zu 125 mm

HUTDURCHMESSER
Bis zu 150 mm

HYGROPHORUS RUSSULA

GEFLECKTBLÄTTRIGER PURPURSCHNECKLING

(SCHAEFFER) KAUFFMAN

Sieht man den Gefleckblättrigen Purpurschneckling in der Natur, erscheint er von Größe, Form und Farbe wie ein *Russula*-Pilz; daher auch sein lateinischer Beiname. Charakteristisch ist die rosa bis tiefrote Fleckung und die stabil wirkenden Fruchtkörper (*Russula*-Fruchtkörper sind meist ziemlich spröde). *Hygrophorus russula* kommt in so unterschiedlichen Ländern wie Guatemala, Russland und Bhutan häufig vor und wird dort auch verzehrt. Im Großteil Europas ist er jedoch ein verschwindender Pilz, der in vielen Ländern auf der nationalen Roten Liste für gefährdete Pilze steht. In Großbritannien und den Niederlanden gilt er als ausgestorben.

ÄHNLICHE ARTEN

Der Rasige Purpurschneckling (*Hygrophorus erubescens*) ist ein ähnlicher Pilz, der auf Druck manchmal gilbt und bei Fichten wächst. *Hygrophorus purpurascens* weist spinnwebartige Velumreste auf und wächst bei Fichten und Kiefern. Echte *Russula*-Arten sind spröder, haben keine herablaufenden Lamellen und sind selten gefleckt (wenn auch oft ähnlich gefärbt).

Maßstab 1:1

Der Gefleckblättrige Purpurschneckling hat einen zuerst konvexen, dann flachen Hut. Die Oberfläche ist glatt bis leicht schuppig, feucht manchmal schleimig, anfangs weiß bis blassrosa, bekommt rosa bis weinrote Flecken, wird dunkel weinrot. Die Lamellen sind manchmal leicht herablaufend, weiß, dann fleckig rosa bis weinrot. Der Stiel ist glatt und hutfarben.

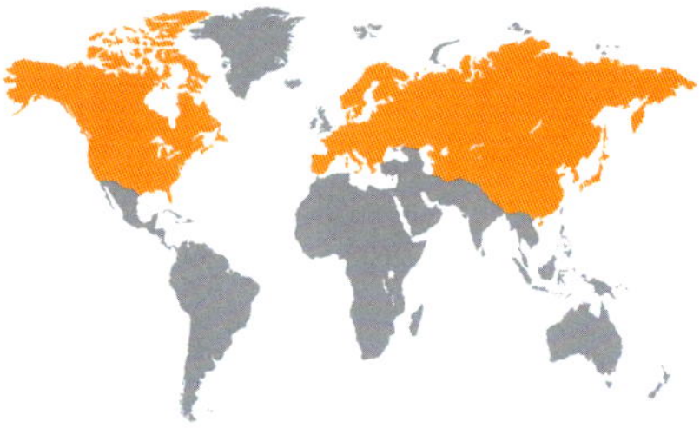

FAMILIE	Hygrophoraceae
VERBREITUNG	Nordamerika, Mitteleuropa, Nordasien
LEBENSRAUM	In Wäldern
SYMBIOSE	Ektomykorrhiza mit Lärchen
WUCHSFORM	Am Boden, in Nadelstreu
VORKOMMEN	Lokal häufig
SPORENFARBE	Weiß
GENIESSBARKEIT	Angeblich essbar

GRÖSSE
Bis zu 100 mm

HUTDURCHMESSER
Bis zu 75 mm

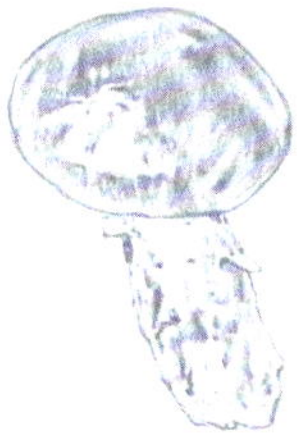

HYGROPHORUS SPECIOSUS

ORANGEGELBER LÄRCHENSCHNECKLING

PECK

Die leuchtende Farbe des Orangegelben Lärchenschnecklings erinnert eher an Saftlinge (Gattung *Hygrocybe*) als an die normalerweise unauffälligeren Schnecklinge. *Hygrophorus speciosus* ist ein Ektomykorrhiza-Pilz, der sich mit Lärchen vergesellschaftet. Er gehörte zu den über 2500 neuen Pilzarten, die zwischen 1867 bis 1915 erstmals vom amerikanischen Mykologen Charles Horton Peck beschrieben wurden. Dieser Pilz wächst jedoch nicht nur in Nordamerika, sondern findet sich bei den heimischen Lärchen Mitteleuropas und in anderen Gebieten. Der Orangegelbe Lärchenschneckling soll essbar sein, wird allerdings nur selten verzehrt, aber in Skandinavien als natürlicher Farbstoff verwendet.

ÄHNLICHE ARTEN

Nur wenige andere Schnecklinge sind so farbintensiv. *Hygrophorus pyrophilus*, aus Kalifornien bekannt, hat einen dunkler roten Hut und gelbe bis orange Lamellen. Der normalerweise braunhütige Frost-Schneckling (*H. hypothejus*) kommt gelegentlich als bunte Varietät (var. *aureus*) mit gelben bis orangen Hüten vor, wächst aber typischerweise bei Kiefern.

Maßstab 1:1

Der Orangegelbe Lärchenschneckling hat einen konvexen Hut, der flach wird. Die Oberfläche ist glatt, feucht schleimig, leuchtend orange bis orangerot, zum Rand hin heller und verblasst im Alter. Die Lamellen sind leicht herablaufend, weiß bis blassgelb (siehe Bild rechts). Der Stiel ist weiß, schleimig, manchmal mit einer Ringzone, zur Basis hin oft gelborange gefleckt.

FAMILIE	Strophariaceae
VERBREITUNG	Nordamerika, Europa, Mittelamerika, Nordafrika, Nordasien, Australien, Neuseeland
LEBENSRAUM	In Wäldern
SYMBIOSE	Mit Laubbäumen, seltener mit Nadelbäumen
WUCHSFORM	Auf Baumstümpfen und Stämmen, büschelig
VORKOMMEN	Sehr häufig
SPORENFARBE	Violettbraun
GENIESSBARKEIT	Giftig

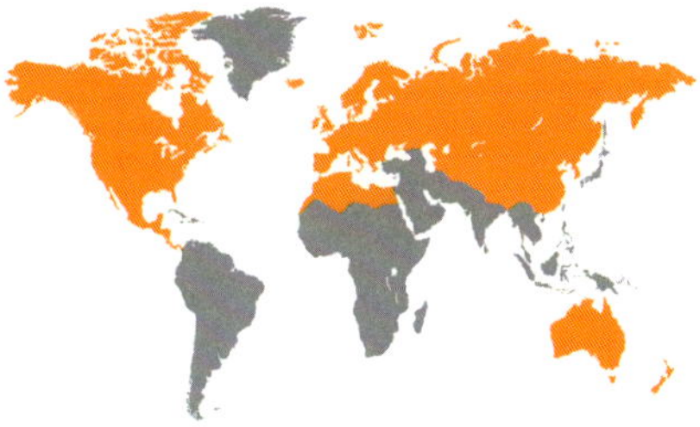

GRÖSSE
Bis zu 100 mm

HUTDURCHMESSER
Bis zu 75 mm

HYPHOLOMA FASCICULARE

GRÜNBLÄTTRIGER SCHWEFELKOPF

(HUDSON) P. KUMMER

Der Grünblättrige Schwefelkopf ist der wohl häufigste Blätterpilz in den Wäldern der gemäßigten Zone. Oft wächst er in riesigen Büscheln auf Baumstümpfen und umgestürzten Stämmen. Die Kombination aus gelben Lamellen und violettbraunen Sporen verleiht den Lamellen einen unverwechselbaren, grünlich grauen Glanzeffekt. Der Pilz wurde bereits gegen den baumzerstörenden Hallimasch (Gattung *Armillaria*) eingesetzt, da er frische Baumstümpfe rasch besiedelt und Konkurrenten wie den Hallimasch aktiv verdrängt. Der Grünblättrige Schwefelkopf enthält giftige Triterpenoide, Fasciculole, die schon für viele Pilzvergiftungen sorgten – trotz des stark bitteren Geschmacks der Fruchtkörper.

ÄHNLICHE ARTEN

Zwei verwandte Arten sind ähnlich, aber nur lokal häufig. Den Ziegelroten Schwefelkopf (*Hypholoma lateritium*) erkennt man an seinen größeren, ziegelroten Hüten. Der Rauchblättrige Schwefelkopf (*H. capnoides*) ist farbloser, wächst nur in Nadelwäldern und hat graue bis graubraune Lamellen. Alle drei Pilze wachsen manchmal auch am Boden auf vergrabenem Holz.

Der Grünblättrige Schwefelkopf bildet dichte Büschel aus Fruchtkörpern. Die Hüte sind konvex, werden im Alter flacher. Die Oberfläche ist blass schwefelgelb, wird zur Mitte hin orangebraun. Sie ist glatt, aber mit Velumfragmenten gesäumt. Die Lamellen sind zuerst gelb, werden grünlich grau bis schwarzviolett. Der Stiel ist gelb, mit einer spinnwebartigen Velumzone, wird darunter orangebraun und schuppig.

Maßstab 1:1

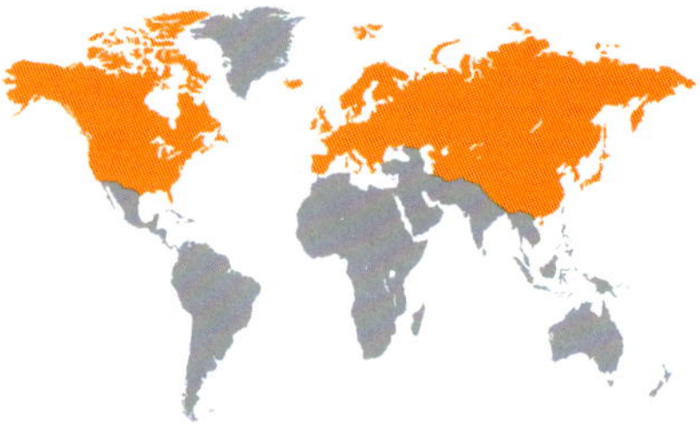

FAMILIE	Lyophyllaceae
VERBREITUNG	Nordamerika, Nordasien (vielleicht auch Europa)
LEBENSRAUM	In Wäldern
SYMBIOSE	Mit Laubbäumen
WUCHSFORM	Auf Baumstämmen, büschelig
VORKOMMEN	Selten
SPORENFARBE	Weiß
GENIESSBARKEIT	Essbar

GRÖSSE
Bis zu 200 mm

HUTDURCHMESSER
Bis zu 75 mm

HYPSIZYGUS MARMOREUS

MARMORIERTER HOLZRASLING

(PECK) H. E. BIGELOW

Der Marmorierte Holzrasling ist der kommerzielle Name für einen Blätterpilz, der in Japan seit den 1970er-Jahren kultiviert wird – dort unter dem Namen *Buna-shimeji*. Heute wird er auch in anderen Ländern gezüchtet und vermarktet, da er aromatisch schmeckt und lange haltbar ist. Angebaut werden Sorten mit weißen und mit braunen Hüten, die beide eine interessante Marmorierung auf der Hutoberfläche aufweisen. Die Art wurde erstmals aus den USA dokumentiert und wird traditionell von indigenen Völkern verzehrt. Möglicherweise handelt es sich dabei um den Buchenrasling (*Hypsizygus tessulatus*), der aus Frankreich dokumentiert wurde. Ob die europäischen, asiatischen und amerikanischen Sorten alle dieselbe Art sind, muss aber erst noch erforscht werden.

Maßstab 1:1

ÄHNLICHE ARTEN

Der Ulmenrasling (*Hypsizygus ulmarius*) ist ähnlich, bildet aber meist große, einzelne, weiße Hüte mit einer oft aufgerissenen, aber nicht marmorierten Oberfläche. Der verwandte *Lyophyllum decastes* bildet große Büschel aus braunhütigen Fruchtkörpern, aber auch sie sind nicht marmoriert und wachsen typischerweise zwischen Wurzeln oder unter Bäumen und nicht auf Stämmen.

Der Marmorierte Holzrasling bildet Fruchtkörper in dichten Büscheln. Die Hüte sind zuerst konvex, werden im Alter flacher. Die Oberfläche ist glatt, marmoriert und entweder weiß oder gelblich braun. Die Lamellen sind zuerst weiß, werden gelbbraun oder leicht rosig. Der Stiel sitzt mittig, ist aber typischerweise gebogen, glatt und weiß.

FAMILIE	Lyophyllaceae
VERBREITUNG	Nordamerika, Europa, Nordasien
LEBENSRAUM	In Wäldern
SYMBIOSE	Mit Laubbäumen, vor allem Ulme, Pappel, (in Amerika) Eschen-Ahorn
WUCHSFORM	Auf Baumstämmen, oft einzeln
VORKOMMEN	Selten
SPORENFARBE	Weiß
GENIESSBARKEIT	Essbar

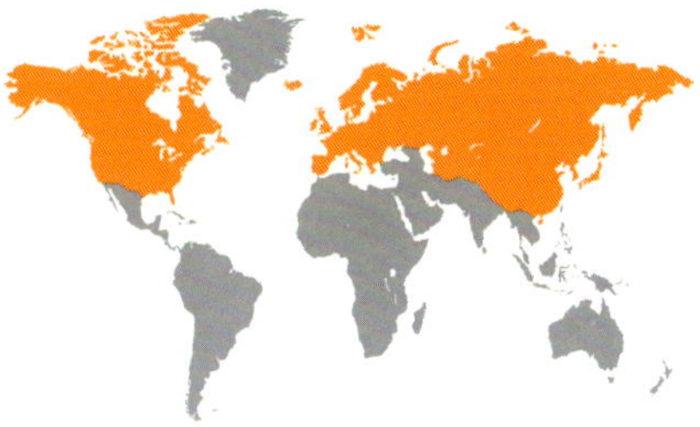

GRÖSSE
Bis zu 100 mm

HUTDURCHMESSER
Bis zu 175 mm

HYPSIZYGUS ULMARIUS

ULMEN-RASLING

(BULLIARD) REDHEAD

Der Ulmen-Rasling – auch Laubholz-Rasling genannt – ist ein großer, auffälliger Pilz, der in Europa eher selten vorkommt, aber in Nordamerika lokal häufig ist und auf Eschen-Ahornen wächst. Er wächst meist einzeln oder in kleinen Gruppen auf lebenden Stämmen, oft aus Rissen oder Astlöchern heraus. Wie der eng verwandte Marmorierte Holzrasling (*Hypsizygus marmoreus*) wurde auch der Ulmen-Rasling schon als Speisepilz verkauft (unter dem Namen Ulmen-Austerpilz oder Ulmen-Seitling), aber hauptsächlich als Brut für den Anbau zu Hause. Der Gattungsname *Hypsi-zygus* bedeutet „hoch befestigt" und bezieht sich auf die oft hoch auf Baumstämmen wachsenden Fruchtkörper.

Der Ulmen-Rasling hat einen anfangs konvexen Hut, der im Alter flacher wird. Die Oberfläche ist glatt, im Alter aufgerissen, weiß, wird schmutzig gelblich. Die Lamellen sind zuerst weiß, werden cremefarben bis blassocker. Der Stiel ist mittig, aber typischerweise gebogen, glatt und weiß, wird schmutzig gelblich.

ÄHNLICHE ARTEN

Hypsizygus marmoreus ist dem Ulmen-Rasling sehr ähnlich, bildet aber büschelige Hüte mit einer oft marmorierten Oberfläche. Einige Zuchtsorten sind außerdem braun statt weiß. Der langstielige Berindete Seitling (*Pleurotus dryinus*) ist groß und weiß, hat jedoch stark herablaufende Lamellen und Velumreste an Hutrand und Stiel.

Maßstab 1:1

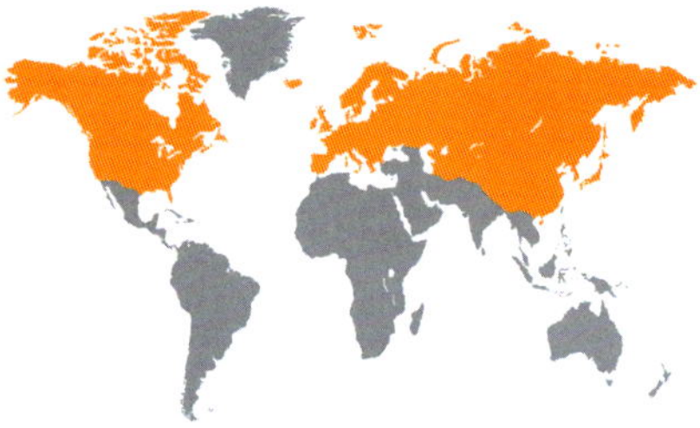

FAMILIE	Tricholomataceae
VERBREITUNG	Nordamerika, Europa, Nordasien
LEBENSRAUM	In Wäldern
SYMBIOSE	Mit Laubbäumen
WUCHSFORM	Am Boden, truppweise oder in Ringen
VORKOMMEN	Lokal häufig
SPORENFARBE	Cremefarben
GENIESSBARKEIT	Essbar

GRÖSSE
Bis zu 150 mm

HUTDURCHMESSER
Bis zu 175 mm

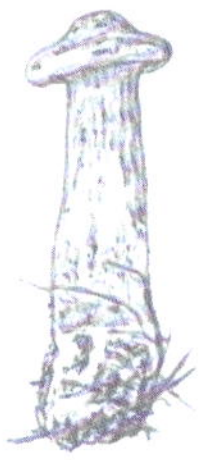

INFUNDIBULICYBE GEOTROPA

MÖNCHSKOPF

(BULLIARD) HARMAJA

Der Mönchskopf (auch *Clitocybe geotropa*) gilt weithin als guter Speisepilz, auch wenn sein Fleisch manchmal einen ranzigen Geruch entwickelt, und wurde in China versuchsweise kommerziell angebaut. Es ist jedoch Vorsicht geboten, da viele andere Pilze mit blassen, trichterigen Fruchtkörpern giftig sind. Der Mönchskopf wächst typischerweise truppweise und in Ringen, manche von beeindruckender Größe. Einer der größten Ringe wurde in den 1950er-Jahren aus Frankreich beschrieben. Er hatte einen Durchmesser von etwa 600 Metern und war geschätzt rund 700 Jahre alt.

ÄHNLICHE ARTEN

Clitocybe gigas und *C. maxima* (die amerikanische Variante) sind sehr ähnlich, unterscheiden sich jedoch mikroskopisch durch ihre unterschiedlich geformten Sporen. Der Riesen-Krempentrichterling (*Leucopaxillus giganteus*) ist ebenfalls ähnlich, ist aber größer, weißer und wächst typischerweise auf Wiesen. Der Nebelgraue Trichterling (*Clitocybe nebularis*) bildet rauchfarbene, weißlich graue Fruchtkörper.

Maßstab 1:1

Der Mönchskopf hat einen fleischigen Hut, der leicht niedergedrückt bis stark trichterig und oft genabelt wird. Die Oberfläche ist glatt, schmutzig cremefarben bis fleischfarben oder blassbeige. Die Lamellen sind weißlich bis blass fleischfarben. Der Stiel ist weißlich bis hutfarben, oft flaumig, und zur Basis hin leicht verdickt.

FAMILIE	Inocybaceae
VERBREITUNG	Europa, Westasien
LEBENSRAUM	In Wäldern
SYMBIOSE	Ektomykorrhiza mit Laub- und Nadelbäumen
WUCHSFORM	Am Boden, einzeln oder truppweise
VORKOMMEN	Selten
SPORENFARBE	Braun
GENIESSBARKEIT	Giftig

GRÖSSE
Bis zu 100 mm

HUTDURCHMESSER
Bis zu 75 mm

INOCYBE BONGARDII

DUFTENDER RISSPILZ

(WEINMANN) QUÉLET

Dieser Pilz ist einer von mehreren *Inocybe*-Arten mit einem ungewöhnlichen, charakteristischen Geruch. Das Aroma ist fruchtig und wird meist mit Birnen verglichen. Leider ist das kein Indiz für die Genießbarkeit, da *Inocybe bongardii*, wie die meisten anderen Risspilze, Muscarin enthält und eindeutig giftig ist. Benannt wurde die Art nach dem deutschen Botaniker August Gustav Heinrich von Bongard, der hauptsächlich in der damaligen russischen Kolonie Alaska arbeitete. Der Duftende Risspilz kommt anscheinend jedoch nur in Europa und angrenzenden Teilen Westasiens vor.

ÄHNLICHE ARTEN

In Europa und Nordamerika verströmt der Birnen-Risspilz (*Inocybe fraudans*) einen ähnlichen Duft, hat aber ockerbraune Hüte. Früher hieß er *I. pyriodora* („nach Birnen riechend“). Ein weiterer Pilz mit Birnengeruch ist der Grünscheitelige Risspilz (*Inocybe corydalina*), dessen Fruchtkörper aber im Alter grünlich türkise Farbtöne entwickeln.

Maßstab 1:1

Der Duftende Risspilz hat einen kegeligen Hut (siehe Bild links oben), der konvex bis gebuckelt wird. Die Oberfläche ist schuppig, die Schuppen matt rosig bis zimtbraun oder beige auf einem blasseren Untergrund. Die Lamellen sind blass graubraun. Der Stiel ist glatt und weißlich bis hutfarben und bekommt rosa bis braunrosa Flecken.

FAMILIE	Inocybaceae
VERBREITUNG	Nordamerika
LEBENSRAUM	In Wäldern
SYMBIOSE	Ektomykorrhiza mit Laub- und Nadelbäumen
WUCHSFORM	Am Boden, einzeln oder truppweise
VORKOMMEN	Häufig
SPORENFARBE	Braun
GENIESSBARKEIT	Giftig

GRÖSSE
Bis zu 100 mm

HUTDURCHMESSER
Bis zu 50 mm

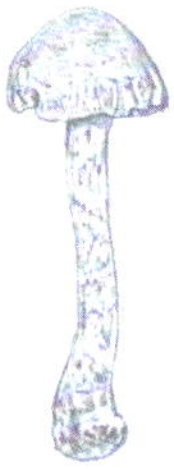

INOCYBE CAESARIATA

(FRIES) P. KARSTEN

Maßstab 1:1

Inocybe caesariata („Caesar's Fibercap") ist ein häufiger nordamerikanischer, schuppig-haariger Pilz der Gattung *Inocybe*. Ursprünglich wurde er aus Schweden dokumentiert, vom bedeutenden Mykologen Elias Fries, doch die Beschreibung wird dem modernen Standard nicht gerecht und es ist unklar, welchen Pilz Fries meinte. In Europa wurde *Inocybe caesariata* als Pilz interpretiert, der auf Sanddünen bei Kiefern wächst, und in *I. heimii* umbenannt. Aber in Nordamerika wurde *I. caesariata* als Pilz interpretiert, der in Wäldern bei Laubbäumen wächst. Das legt nahe, dass es sich hier um zwei unterschiedliche Arten handelt – und es noch weiterer Forschung bedarf.

ÄHNLICHE ARTEN

Inocybe terrigena ist ähnlich, aber größer, mit einem zerbrechlichen Ring oder einer Ringzone am Stiel, und wächst bei Nadelbäumen. Der Blaufüßige Risspilz (*Inocybe calamistrata*) hat auch einen schuppigen Hut und Stiel, ist jedoch dunkler braun und hat zur Basis hin bläulich grüne Farbtöne.

Inocybe caesariata hat einen konvexen Hut, der flacher wird. Die Oberfläche ist faserig bis schorfig-schuppig, die Schuppen sind ocker bis orangebraun auf einem blasseren Untergrund. Die Lamellen sind blassocker und werden ockerbraun. Der Stiel ist spärlich, aber deutlich beschuppt und hutfarben oder blasser.

FAMILIE	Inocybaceae
VERBREITUNG	Nordamerika, Europa, Nordafrika, Mittelamerika, Nordasien
LEBENSRAUM	In Wäldern
SYMBIOSE	Ektomykorrhiza mit Laub- und Nadelbäumen
WUCHSFORM	Am Boden, oft in kleinen Trupps
VORKOMMEN	Selten
SPORENFARBE	Braun
GENIESSBARKEIT	Giftig

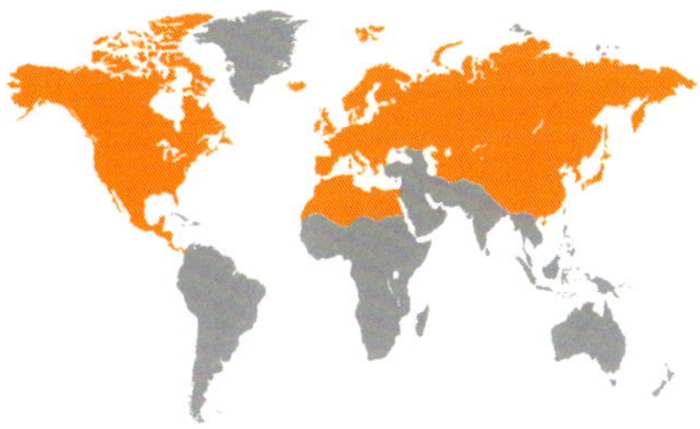

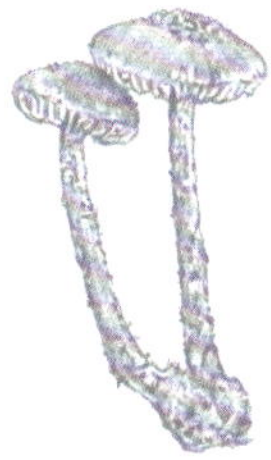

GRÖSSE
Bis zu 100 mm

HUTDURCHMESSER
Bis zu 50 mm

INOCYBE CALAMISTRATA

BLAUFÜSSIGER RISSPILZ

(FRIES) GILLET

Risspilze sind häufige, vor allem in gemäßigten Zonen vorkommende Ektomykorrhiza-Pilze. Bis dato wurden rund 350 Arten beschrieben. Sie alle haben braune Sporen und die meisten von ihnen sind giftig, manche sehr gefährlich. Sie sind nicht einfach zu bestimmen, nicht einmal unter dem Mikroskop. Der Blaufüßige Risspilz ist aufgrund seines schuppigen Fruchtkörpers und der ungewöhnlichen, blaugrünen Basis eine Ausnahme. Die Farbe deutet das Vorkommen der halluzinogenen Verbindung Psilocybin an, was jedoch nicht erwiesen ist. Wahrscheinlicher ist, dass der Pilz (wie auch andere Risspilze) das Gift Muscarin enthält. Der lateinische Beiname *calamistrata* bedeutet „mit einem Lockenstab gelockt", was sich auf die nach oben gebogenen Schuppen bezieht.

ÄHNLICHE ARTEN

Inocybe hystrix ist ebenfalls auf Hut und Stiel mit braunen Schuppen bedeckt, hat aber blassere, kontrastierende Lamellen und keine grünblaue Basis wie *I. calamistrata*. Im Westen Nordamerikas hat *I. hirsuta* var. *maxima* manchmal eine bläuliche Basis, unterscheidet sich jedoch durch seine rötlich braunen Schuppen.

Maßstab 1:1

Der Blaufüßige Risspilz hat einen konvexen bis leicht kegeligen, dunkelbraunen Hut, der dicht mit aufgerichteten, oft krausen Schuppen bedeckt ist. Die Lamellen sind hutfarben. Der Stiel ist schuppig und dunkelbraun, zur Basis hin blaugrün. Bei älteren Pilzen können die Schuppen teilweise abfallen. Das Fleisch ist weißlich und rötet leicht auf Druck oder im Schnitt.

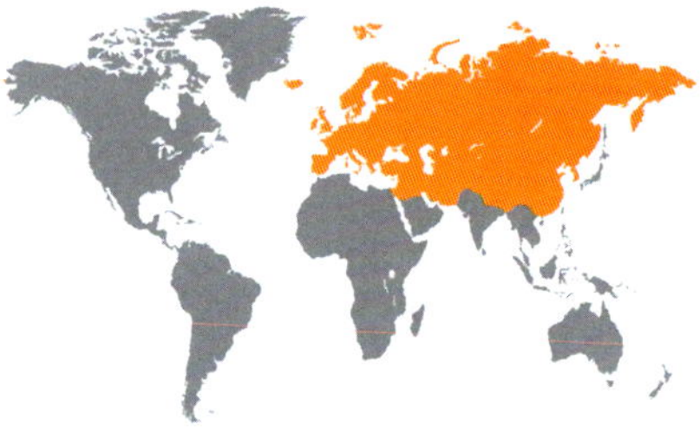

FAMILIE	Inocybaceae
VERBREITUNG	Europa, West- und Nordasien
LEBENSRAUM	In kalkhaltigen Wäldern
SYMBIOSE	Ektomykorrhiza mit Laubbäumen, vor allem Buchen
WUCHSFORM	Am Boden, oft in großen Trupps
VORKOMMEN	Selten
SPORENFARBE	Braun
GENIESSBARKEIT	Giftig

GRÖSSE
Bis zu 100 mm

HUTDURCHMESSER
Bis zu 100 mm

INOCYBE ERUBESCENS

ZIEGELROTER RISSPILZ

A. BLYTT

Maßstab 1:1

Dieser Pilz ist vergleichsweise groß und fruktifiziert im Frühsommer auf kalkhaltigen Waldböden, oft in großflächigen Trupps. Die rötenden Fruchtkörper, die oft nach überreifem Obst riechen, sind ungewöhnlich und unverkennbar. Darum überrascht es, dass es bereits zu zahlreichen Vergiftungen durch den Verzehr dieses Pilzes kam – darunter eine Massenvergiftung in Deutschland. Einige Fälle endeten tödlich. Wie die meisten Risspilze enthält auch *Inocybe erubescens* das Gift Muscarin, das innerhalb von Minuten nach dem Konsum des Pilzes zu Schweißausbrüchen, starkem Speichelfluss, Übelkeit, Erbrechen und Durchfall führt. Eine Behandlung mit Atropin (auch ein Gift) ist normalerweise erfolgreich und die meisten Patienten werden rasch wieder gesund.

ÄHNLICHE ARTEN

Einige Champignons (Gattung *Agaricus*) haben weißliche Hüte, bräunliche Lamellen und röten im Schnitt, aber sie alle haben einen Ring am Stiel, konvexe bis flache Hüte und schokoladenbraune Sporen, die den reifen Lamellen ihre Farbe verleihen. Auch junge Pfifferlinge (*Cantharellus cibarius*) können jungen Ziegelroten Risspilzen ähneln, aber sie haben dicke, runzelige Leisten und keine Lamellen.

Der Ziegelrote Risspilz hat einen kegeligen Hut, der ausgebreitet gebuckelt ist. Er ist glatt oder fein faserig, reißt oft ein, ist anfangs weißlich, dann gelbbraun mit rötlichen Streifen, manchmal komplett rötlich. Die Lamellen sind bleich, dann gräulich braun. Der Stiel ist glatt und hutfarben, bekommt rötliche Streifen oder Flecken. Die Basis ist oft leicht knollig und das Fleisch rötet im Schnitt.

FAMILIE	Inocybaceae
VERBREITUNG	Nordamerika, Europa, Nordafrika, Mittelamerika, Nordasien
LEBENSRAUM	In Wäldern
SYMBIOSE	Ektomykorrhiza mit Laub- und Nadelbäumen
WUCHSFORM	Am Boden, oft in kleinen Trupps
VORKOMMEN	Häufig
SPORENFARBE	Braun
GENIESSBARKEIT	Giftig

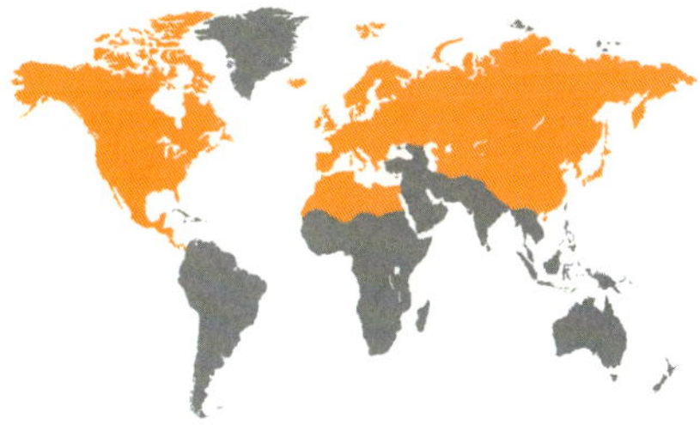

GRÖSSE
Bis zu 50 mm

HUTDURCHMESSER
Bis zu 25 mm

INOCYBE GEOPHYLLA VAR. LILACINA

LILASEIDIGER RISSPILZ

(PECK) GILLET

Der Lilaseidige Risspilz ist ein häufiger und weitverbreiteter Blätterpilz, der mit vielen verschiedenen Bäumen Symbiosen bilden kann. Lange hielt man ihn für eine Farbvariante des noch häufigeren Seidigen Risspilzes (*Inocybe geophylla*), der bis auf die Farbe identisch aussieht. Neuere Molekularforschung ergab jedoch, dass der Lilaseidige Risspilz nicht nur eine eigene Art ist, sondern dass mehrere ähnliche Arten vielleicht einen weltweiten *Geophylla*-Komplex bilden. Sollte das stimmen, gehört der „echte" Lilaseidige Risspilz in den Osten Nordamerikas, wo er vom New Yorker Mykologen Charles Horton Peck erstmals beschrieben wurde.

Maßstab 1:1

ÄHNLICHE ARTEN

Im Westen Australiens wurde vor Kurzem eine ähnlich aussehende Art beschrieben (*Inocybe violaceocaulis*), die zuvor für den Lilaseidigen Risspilz gehalten wurde. Andere ähnliche Arten wurden aus Südasien dokumentiert, aber nur selten gesammelt. Ähnlich geformte, violette bis rosige *Hygrocybe*- und *Mycena*-Arten haben niemals braune Lamellen und sie haben weiße Sporen.

Der Lilaseidige Risspilz hat anfangs einen kegeligen Hut (siehe Bild rechts), der sich mit dem Alter ausbreitet. Er ist meist gebuckelt, glatt oder fein faserig, blasslila oder rosig violett, wird in der Mitte ocker oder hellbraun. Die Lamellen sind zuerst blasslila und werden gräulich braun. Der Stiel ist glatt und hutfarben, zur manchmal leicht knolligen Basis hin weißlich. Das Fleisch ist weißlich bis lila.

FAMILIE	Strophariaceae
VERBREITUNG	Nordamerika, Europa, Afrika, Nordasien, Australien, Neuseeland
LEBENSRAUM	In Wäldern
SYMBIOSE	Mit Laubbäumen, selten mit Nadelbäumen
WUCHSFORM	Auf Baumstümpfen und toten Stämmen, in großen Büscheln
VORKOMMEN	Häufig
SPORENFARBE	Braun
GENIESSBARKEIT	Essbar

GRÖSSE
Bis zu 100 mm

HUTDURCHMESSER
Bis zu 75 mm

KUEHNEROMYCES MUTABILIS

STOCKSCHWÄMMCHEN

(SCHAEFFER) SINGER & A. H. SMITH

Das Stockschwämmchen ist ein häufig vorkommender Pilz und wächst typischerweise in großen Büscheln auf Baumstümpfen und toten Stämmen. Es sieht ein wenig wie ein kleiner *Pholiota*-Pilz aus und wurde manchmal auch schon *Pholiota mutabilis* genannt. Die Fruchtkörper sind essbar und wurden in den letzten Jahren in China für den Handel angebaut und werden von dort aus in die ganze Welt exportiert. In freier Wildbahn sammelt man das Stockschwämmchen lieber nicht, da es vom stark giftigen Gift-Häubling bekanntermaßen schwer zu unterscheiden ist. Letzterer ist genauso häufig und wächst auch büschelig auf Holz.

ÄHNLICHE ARTEN

Der sehr ähnliche Gift-Häubling (*Galerina marginata*) ist ein gefährlicher Giftpilz: Er ist unterhalb des Rings glatt bis faserig (nicht schuppig) und riecht mehlig. *Kuehneromyces lignicola* ist ebenfalls glatt unterhalb des Rings, aber nicht als giftig bekannt. Der selten beschriebene *K. leucolepidotus* hat weißliche Schuppen am Stiel.

Maßstab 1:1

Das Stockschwämmchen bildet dicht büschelige Fruchtkörper mit konvexen bis stumpf gebuckelten Hüten. Die Oberfläche ist glatt, feucht etwas schleimig, dunkel gelbbraun bis hellbraun, trocknet von der Mitte aus ocker. Die Lamellen sind blass hutfarben bis rostbraun. Der Stiel ist über dem ausgeprägten Ring glatt und hutfarben, unterhalb des Rings schuppig und zur Basis hin dunkel rötlich braun.

FAMILIE	Hydnangiaceae
VERBREITUNG	Im Osten Nordamerikas, in Europa, Afrika, Mittel- und Südamerika, Asien, Australien, Neuseeland
LEBENSRAUM	In Wäldern
SYMBIOSE	Ektomykorrhiza mit Laubbäumen, seltener mit Nadelbäumen
WUCHSFORM	Am Boden, oft in großen Trupps
VORKOMMEN	Sehr häufig
SPORENFARBE	Weiß
GENIESSBARKEIT	Essbar

GRÖSSE
Bis zu 75 mm

HUTDURCHMESSER
Bis zu 50 mm

LACCARIA AMETHYSTINA

VIOLETTER LACKTRICHTERLING

COOKE

Dieser sehr häufige Pilz scheint fast überall auf der Welt vorzukommen. Er kann Ektomykorrhizen mit vielen verschiedenen Pflanzen bilden und scheint bepflanzte Flächen und andere neue Plätze rasch zu besiedeln. Neuere Forschung aus Japan lässt vermuten, dass der Violette Lacktrichterling ein ammoniakliebender Pilz ist, der „angereicherte" Böden bevorzugt, wie es auch einige *Hebeloma*-Arten tun. Er wächst auch auf schadstoffbelasteten Böden, nimmt die Schadstoffe jedoch oft auf – besonders Arsen. Für einen essbaren Pilz klingt das beunruhigend, aber die Mengen sind harmlos (außer, der Pilz wächst auf einem stark verseuchten Platz).

ÄHNLICHE ARTEN

Im Westen Nordamerikas gibt es den sehr ähnlichen Nadelbaum-Pilz *Laccaria amethysteo-occidentalis*, der nur mikroskopisch unterscheidbar ist. In Mittelamerika ist *L. gomezii* ebenfalls ähnlich, hat aber gedrängt stehende Lamellen. Der weitverbreitete *L. bicolor* ist an der Basis violett, aber überall sonst rosig braun. Kleine violette bis purpurrote *Cortinarius*-Arten haben braune Sporen.

Maßstab 1:1

Der Violette Lacktrichterling bildet sehr variable Fruchtkörper. Die Hüte sind konvex, breiten sich mit dem Alter aus und werden verbogen bis wellig. Sie sind glatt, werden im Alter schorfig, sind frisch und feucht violett, trocken blasser und im Alter gelbbraun. Die Lamellen sind entfernt stehend und violett (siehe Bild links). Der Stiel ist faserig, hutfarben, bleibt an der Spitze violett.

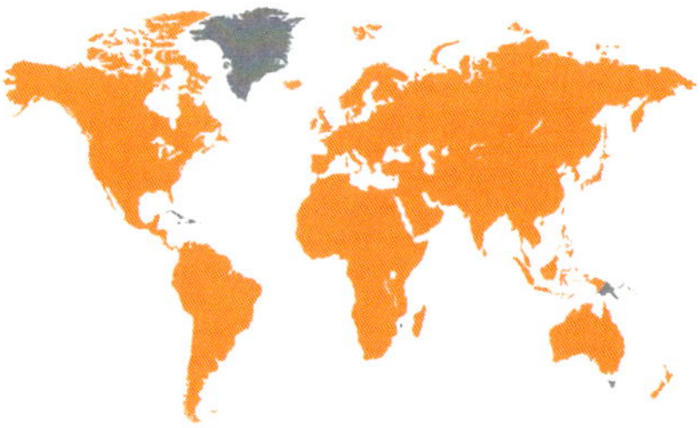

FAMILIE	Hydnangiaceae
VERBREITUNG	Nordamerika, Europa, Afrika, Mittel- und Südamerika, Asien, Australien, Neuseeland
LEBENSRAUM	In Wäldern
SYMBIOSE	Ektomykorrhiza mit Laubbäumen, seltener mit Nadelbäumen
WUCHSFORM	Am Boden, oft in großen Trupps
VORKOMMEN	Sehr häufig
SPORENFARBE	Weiß
GENIESSBARKEIT	Essbar

GRÖSSE
Bis zu 75 mm

HUTDURCHMESSER
Bis zu 50 mm

LACCARIA LACCATA

RÖTLICHER LACKTRICHTERLING

(SCOPOLI) COOKE

Laccaria laccata (hier einschließlich var. *pallidifolia*) ist ein sehr häufiger und weitverbreiteter Pilz. Er verfügt über die außergewöhnliche Fähigkeit, Pilzsucher zu täuschen, indem er sein Aussehen bei trockenem, feuchtem und nassem Wetter deutlich verändert. Der Hut ist wie bei vielen Blätterpilzen hygrophan, also bei Trockenheit undurchsichtig, und wird bei Feuchtigkeit durchscheinend. Ein trockener Hut kann demnach gelbbraun bis ocker und sehr schorfig sein, aber bei Regen rosig braun, glatt und am Rand gerieft werden. Erst wenn man die entfernt stehenden, fleischfarbenen Lamellen sieht, fällt die Täuschung auf.

ÄHNLICHE ARTEN

Weltweit kennt man viele sehr ähnliche *Laccaria*-Arten, die meisten von ihnen sind nur mikroskopisch unterscheidbar. Zu ihnen gehören *L. fraterna*, der Symbiosen mit Eukalyptus bildet und sich zusammen mit seinen Partnerbäumen um die ganze Welt verbreitet, sowie *L. maritima*, der hauptsächlich auf Küstendünen wächst.

Maßstab 1:1

Der Rötliche Lacktrichterling hat einen konvexen Hut, der sich im Alter ausbreitet und am Rand verbogen bis wellig wird. Er ist glatt, im Alter schorfig, bei Feuchtigkeit rosig braun bis orangebraun mit einem gerieften Rand, trocken blasser, schmutzig ocker oder gelbbraun. Die Lamellen sind entfernt stehend und rosig bis fleischfarben (siehe Bild links). Der Stiel ist faserig und hutfarben.

FAMILIE	Psathyrellaceae
VERBREITUNG	Nordamerika, Europa, Mittelamerika, Nordasien, Neuseeland
LEBENSRAUM	Auf Ruderalböden in Wäldern, Parks und Gärten
SYMBIOSE	Mit Bäumen, Gras oder auf nackter Erde
WUCHSFORM	Am Boden, einzeln oder in Gruppen
VORKOMMEN	Häufig
SPORENFARBE	Schwarz
GENIESSBARKEIT	Vermutlich giftig, lieber meiden

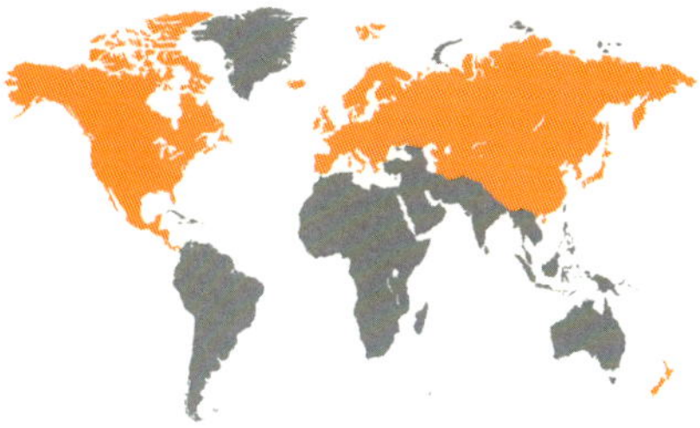

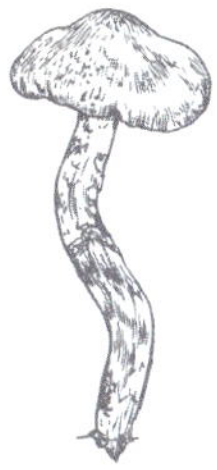

GRÖSSE
Bis zu 150 mm

HUTDURCHMESSER
Bis zu 150 mm

LACRYMARIA LACRYMABUNDA

TRÄNENDER SAUMPILZ

(BULLIARD) PATOUILLARD

Anders als die meisten Blätterpilze bevorzugt *Lacrymaria lacrymabunda* ruderale und verdichtete Böden und kann auf solchen Plätzen zahlreich vorkommen. Er wächst oft zusammen mit dem Orangeroten Becherling (*Aleuria aurantia*) und dem Baumpilz *Abortiporus biennis*. Letzterer wächst auf vergrabenem Holz, daher nutzt vielleicht auch *L. lacrymabunda* diese Ressource. Sein deutscher Name bezieht sich auf die sporengeschwärzten Velumreste, die den Hutrand säumen und auf die Wassertröpfchen, die wie Tränen aus den Lamellen fließen. Der Tränende Saumpilz wird manchmal als essbar angegeben, führte aber auch schon zu Magenbeschwerden und wird besser gemieden.

ÄHNLICHE ARTEN

Andere *Lacrymaria*-Arten kommen viel seltener vor. Der nordamerikanische *L. rigidipes* ist ähnlich, aber kleiner, während der europäische *L. glareosa* kleiner ist und einen weniger faserigen Hut hat. *Lacrymaria pyrotricha* hat einen orangen oder orangebraunen Hut. Einige *Psathyrella*-Arten können ähnlich aussehen, sind meist aber kleiner, weniger faserig und haben keine „tränenden" Lamellen.

Der Tränende Saumpilz hat einen konvexen Hut, der stumpf gebuckelt wird. Die Oberfläche ist fein faserig, schmutzig gelbbraun bis hellbraun, wird im Alter brauner. Der Rand ist mit faserigen Velumresten behangen, die oft von den Sporen geschwärzt sind. Die Lamellen sind schwärzlich mit einem weißlichen Rand (siehe Bild rechts), bei feuchtem Wetter oft tröpfelnd. Der Stiel ist fein faserig, blass hutfarben und hat eine spinnwebartige Ringzone.

Maßstab 1:1

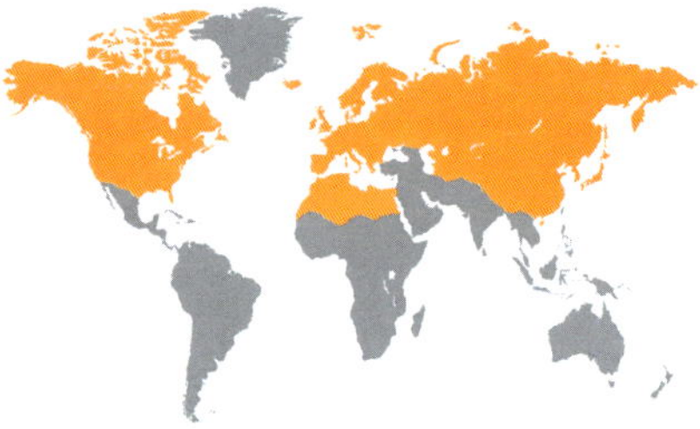

FAMILIE	Russulaceae
VERBREITUNG	Nordamerika, Europa, Nordafrika, Nordasien
LEBENSRAUM	In Wäldern
SYMBIOSE	Ektomykorrhiza mit Laub- und Nadelbäumen
WUCHSFORM	Am Boden, oft in kleinen Trupps
VORKOMMEN	Häufig
SPORENFARBE	Blassocker
GENIESSBARKEIT	Essbar

GRÖSSE
Bis zu 75 mm

HUTDURCHMESSER
Bis zu 50 mm

LACTARIUS CAMPHORATUS

KAMPFER-MILCHLING

(BULLIARD) FRIES

Maßstab 1:1

Dieser kleine, rötlich braune Milchling fällt nicht nur durch sein Aussehen, sondern auch seinen Geruch auf. Anders als sein Name vermuten lässt, riecht er nach Currypulver, genauer gesagt, nach Kreuzkümmel oder Bockshornklee. In teils getrockneten Fruchtkörpern ist der Duft intensiver. Eine Analyse des europäischen *Lactarius helvus*, der ähnlich riecht, vermutet die Verbindung Sotolon, das auch in der Lebensmittelindustrie zum Aromatisieren von Currypulver und künstlichem Ahornsirup verwendet wird. Der Kampfer-Milchling wird in China verzehrt und wurde in Schottland als ungewöhnliche Delikatesse kommerziell gesammelt.

ÄHNLICHE ARTEN

Im Westen Nordamerikas ist der *Lactarius fragilis* var. *rubidus* („Candy Cap") ähnlich, hat aber einen rötlichen Hut und einen süßen Duft, der an Bockshornklee und Ahornsirup erinnert. Im Osten ist *L. fragilis* ähnlich, hat aber einen eher rostroten Hut. Beide sind essbar. Der europäische *L. helvus* ist ein großer, blasser Pilz, der bei Nadelbäumen und Birken wächst. Er riecht nach Curry, ist aber zumindest in rohem Zustand giftig.

Der Kampfer-Milchling hat einen konvexen Hut, der im Alter leicht trichterig und oft gebuckelt wird (siehe Bild links). Die Oberfläche ist glatt, trocken und dunkel ziegelbraun bis rötlich braun, zum Rand hin blasser. Die Lamellen sind blass zimtbraun-gelbbraun, werden orangebraun. Der Stiel ist glatt, hutfarben oder dunkler violettbraun. Das Fleisch ist rosig gelbbraun und sondert eine wässrige, weiße Milch ab.

FAMILIE	Russulaceae
VERBREITUNG	Europa, Nordasien; in Australien eingeschleppt
LEBENSRAUM	In Wäldern
SYMBIOSE	Ektomykorrhiza mit Kiefern
WUCHSFORM	Am Boden
VORKOMMEN	Häufig
SPORENFARBE	Cremefarben bis rosig gelbbraun
GENIESSBARKEIT	Essbar

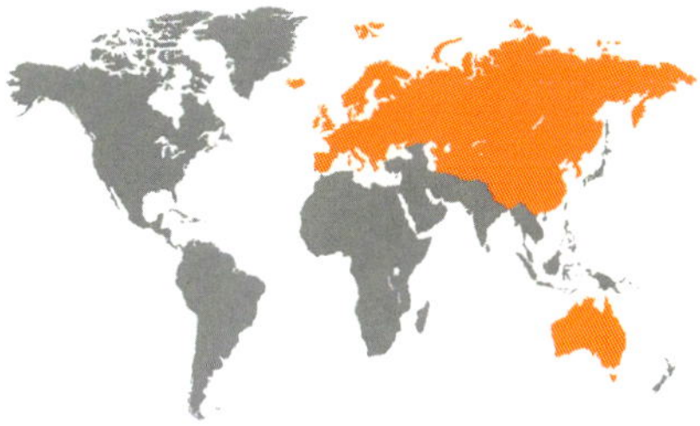

GRÖSSE
Bis zu 75 mm

HUTDURCHMESSER
Bis zu 125 mm

LACTARIUS DELICIOSUS

EDEL-REIZKER

(LINNAEUS) GRAY

Wie sein Name schon andeutet, ist der Edel-Reizker ein geschätzter Speisepilz und außerdem eine besondere Zutat der katalanischen Küche, wo diese Blätterpilze als *rovellons* bekannt sind. Diese Art wird in großem Maß für den gewerblichen Verkauf und Export gesammelt. Sein Verzehr färbt den Urin vorübergehend rot. Er wächst bei Kiefern auf neutralen und kalkhaltigen Böden und ist lokal häufig. Molekulare Analysen ergaben, dass *Lactarius deliciosus* ein eurasischer Pilz ist, aber dass es in Nordamerika eine oder mehrere verwandte (und ebenfalls essbare) Arten gibt, die auch *Lactarius deliciosus* genannt werden. Bis dato haben diese amerikanischen Arten noch keinen eigenen wissenschaftlichen Namen.

ÄHNLICHE ARTEN

Ähnliche eurasische Pilze, die bei Kiefern wachsen, sind *Lactarius sanguifluus* und *L. vinosus*, die beide roten oder weinroten Milchsaft absondern; *L. semisanguifluus*, der einen grünlichen Hut hat und dessen orange Milch rot wird; sowie der farbarme *L. quieticolor*, dem die auffälligen Flecken am Stiel fehlen. Sie alle sind essbar, auch wenn *L. sanguifluus* giftige Sesquiterpene enthält.

Maßstab 1:1

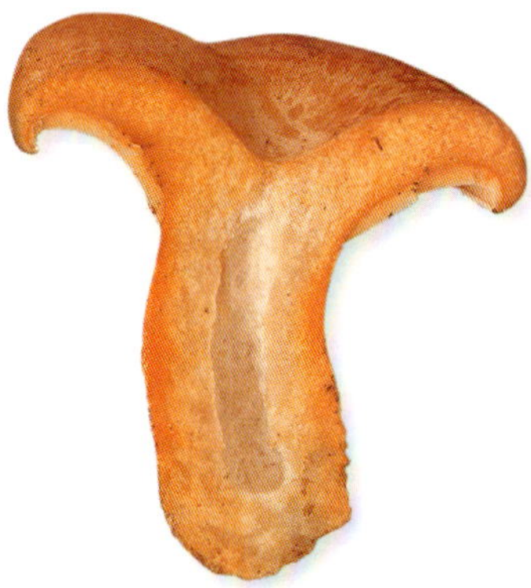

Der Edel-Reizker hat einen konvexen Hut, der leicht trichterig wird. Er ist glatt, feucht etwas schleimig, lachsrosa mit konzentrischen orangen Flecken und verfärbt sich auf Druck gräulich grün. Die herablaufenden Lamellen sind hutfarben. Der hohle Stiel (siehe Bild rechts) ist blass hutfarben, oft mit orangen Flecken. Das orange Fleisch sondert spärlich eine leuchtend orange Milch ab und wird langsam gräulich grün.

FAMILIE	Russulaceae
VERBREITUNG	Europa
LEBENSRAUM	In kalkhaltigen Wäldern
SYMBIOSE	Ektomykorrhiza mit Fichten
WUCHSFORM	Am Boden
VORKOMMEN	Häufig
SPORENFARBE	Cremefarben bis rosig gelbbraun
GENIESSBARKEIT	Essbar

GRÖSSE
Bis zu 75 mm

HUTDURCHMESSER
Bis zu 125 mm

LACTARIUS DETERRIMUS

FICHTEN-REIZKER

GRÖGER

Dieser häufige europäische Pilz ist das Fichten-Äquivalent zum Edel-Reizker (*Lactarius deliciosus*), der bei Kiefern wächst. Normalerweise erkennt man ihn an seinem Lebensraum, der helleren Hutfarbe und der Grünfärbung auf Druck, durch Frost oder im Alter. Der Fichten-Reizker ist einer der wenigen Fichtenpilze, die in Schonungen genauso gut wachsen wie im natürlichen Fichtenwald. Er ist essbar und wird weithin gesammelt, auch wenn er nicht ganz so beliebt ist wie der Edel-Reizker.

Maßstab 1:1

ÄHNLICHE ARTEN

Der Edel-Reizker (*Lactarius deliciosus*) sieht ähnlich aus, hat aber einen matteren Hut und wächst bei Kiefern, nicht bei Fichten. *Lactarius salmonicolor* ist ein europäischer Pilz, der bei Tannen wächst und einen leuchtend lachsrosa bis orangen Hut hat, typischerweise ohne Grünstich.

Der Fichten-Reizker hat einen konvexen Hut, der niedergedrückt bis trichterig wird. Die Oberfläche ist glatt, feucht etwas schleimig, lachsrosa bis orange und verfärbt sich jadegrün bis gräulich grün (siehe Bild rechts). Die Lamellen sind herablaufend und hutfarben. Der Stiel ist blass hutfarben und wird gräulich grün. Das Fleisch ist größtenteils orange und sondert eine leuchtend orange Milch ab, die sich langsam rot verfärbt.

FAMILIE	Russulaceae
VERBREITUNG	Europa, Nordasien
LEBENSRAUM	In Wäldern
SYMBIOSE	Ektomykorrhiza mit Laub- und Nadelbäumen
WUCHSFORM	Am Boden, oft in kleinen Trupps
VORKOMMEN	Lokal häufig
SPORENFARBE	Blass rosig gelbbraun
GENIESSBARKEIT	Ungenießbar

GRÖSSE
Bis zu 100 mm

HUTDURCHMESSER
Bis zu 125 mm

LACTARIUS FULIGINOSUS

RUSSFARBENER MILCHLING

(FRIES) FRIES

Das lateinische Wort *fuliginosus* bedeutet „rußig“: Hut und Stiel des Rußfarbenen Milchlings sind rauchig braun gefärbt. Er gehört zu einer Gruppe verwandter Pilze, die im Schnitt einen leicht ätzenden, weißlichen Milchsaft absondern, der sich beim Trocknen auf dem Fleisch und den Lamellen langsam rosa verfärbt. Forschungen ergaben, dass dieser Saft Chromene enthält, die für Insekten giftig sind und sie vermutlich vom Fressen der Fruchtkörper abhalten sollen. Man spekuliert sogar, dass die Farbänderung von Weiß zu Rosa (aufgrund von Oxidation) ein Warnsignal für Insekten sein soll.

ÄHNLICHE ARTEN

Mehrere andere Arten, darunter der nordamerikanische *Lactarius fumosus*, sind dem Rußfarbenen Milchling sehr ähnlich und am besten unter dem Mikroskop unterscheidbar. Der Mohrenkopf-Milchling (*L. lignyotus*) sondert auch eine Milch ab, die sich rosa verfärbt, wächst aber nur bei Fichten, und Hut und Stiel sind viel dunkler.

Maßstab 1:1

Der Rußfarbene Milchling hat einen zuerst konvexen Hut (siehe Bild rechts oben), der flach oder niedergedrückt wird. Die Oberfläche ist glatt, trocken und blass graubraun. Die Lamellen sind blassocker bis gelbbraun, werden im Alter matt rosig. Der Stiel ist blass hutfarben, aber oben weißlich. Das Fleisch ist weiß und sondert eine weiße Milch ab, die sich rosa verfärbt.

FAMILIE	Russulaceae
VERBREITUNG	Nordamerika, Mittelamerika, Südamerika (Kolumbien)
LEBENSRAUM	In Wäldern
SYMBIOSE	Ektomykorrhiza mit Kiefern oder Eichen
WUCHSFORM	Am Boden
VORKOMMEN	Selten
SPORENFARBE	Weiß
GENIESSBARKEIT	Essbar

GRÖSSE
Bis zu 100 mm

HUTDURCHMESSER
Bis zu 150 mm

LACTARIUS INDIGO

INDIGO-REIZKER

(SCHWEINITZ) FRIES

Nur sehr wenige Blätterpilze haben solche intensiven blauen Farben wie der Indigo-Reizker. Selbst sein Fleisch ist leuchtend blau, wie auch seine Milch. Die Farbe entsteht durch ein Azulen-Pigment, das der Pilz produziert. Er ist essbar und wird in Mexiko auf Märkten verkauft. Damit ist *Lactarius indigo* eines der wenigen natürlich blauen Nahrungsmittel. Der Pilz gehört in die Untergattung *Deliciosi* (Reizker) der Milchlinge, bildet jedoch innerhalb der Gruppe eine Ausnahme, da er bei Eichen und wohl auch anderen Laub- wie auch Nadelbäumen wächst. *Lactarius deliciosus* und seine Verwandten bilden meist reine Nadelbaum-Symbiosen.

ÄHNLICHE ARTEN

Der asiatische Indigo-Reizker ist eigentlich der ähnlich aussehende *Lactarius subindigo*, den neuere Molekularforschung als eigene Art bestätigt hat. In Europa hat eine Farbvariante von *L. quieticolor* (einst als eigene Art, *L. hemicyaneus*, klassifiziert) manchmal bläuliche Farbtöne in Hut und Fleisch, ist aber nicht leicht mit dem echten *L. indigo* zu verwechseln.

Der Indigo-Reizker hat einen konvexen Hut, der leicht trichterig wird. Er ist glatt, feucht etwas schleimig und in silbergrauen und blauen Tönen ringförmig gezont. Die herablaufenden Lamellen sind blau bis bläulich grau. Der Stiel ist hutfarben, oft mit dunkleren Flecken. Das Fleisch ist blau, wie auch die austretende Milch.

Maßstab 1:1

FAMILIE	Russulaceae
VERBREITUNG	Im Osten Nordamerikas, in Kontinentaleuropa, Nordasien
LEBENSRAUM	In Wäldern
SYMBIOSE	Ektomykorrhiza mit Fichten
WUCHSFORM	Am Boden, oft in kleinen Trupps
VORKOMMEN	Lokal häufig
SPORENFARBE	Cremefarben
GENIESSBARKEIT	Essbar

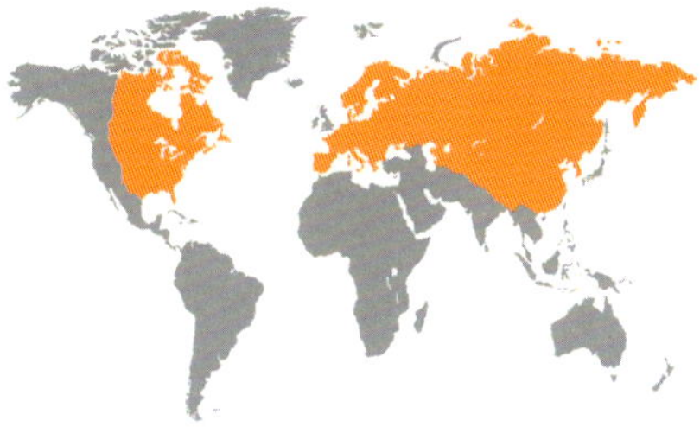

GRÖSSE
Bis zu 100 mm

HUTDURCHMESSER
Bis zu 100 mm

LACTARIUS LIGNYOTUS

MOHRENKOPF-MILCHLING

FRIES

Der Kontrast zwischen den weißen Lamellen und dem samtigen dunklen Hut machen *Lactarius lignyotus* zu einem der ansehnlichsten Milchlinge. Ursprünglich wurde er aus Schweden dokumentiert und wächst in den heimischen Fichtenwäldern Europas und Nordasiens. In Nordamerika wurde er auch bei anderen Nadelbäumen gesichtet und wahrscheinlich wird die Molekularforschung diesen Milchling als eigene Art bestätigen. Der Mohrenkopf-Milchling hat einen milden (keinen bitteren oder scharfen) Geschmack und wird in Osteuropa verzehrt, gilt aber nicht als begehrter Speisepilz. Der Beiname *lignyotus* bedeutet „rauchig"

ÄHNLICHE ARTEN

Mehrere andere Arten, wie der Rußfarbene Milchling (*Lactarius fuliginosus*), haben eine rötende Milch, aber Hut und Stiel sind blasser graubraun und die Pilze wachsen bei Laubbäumen. Im Westen Nordamerikas ähnelt *L. fallax* dem Mohrenkopf-Milchling, hat aber gedrängter stehende Lamellen und wächst bei Tannen.

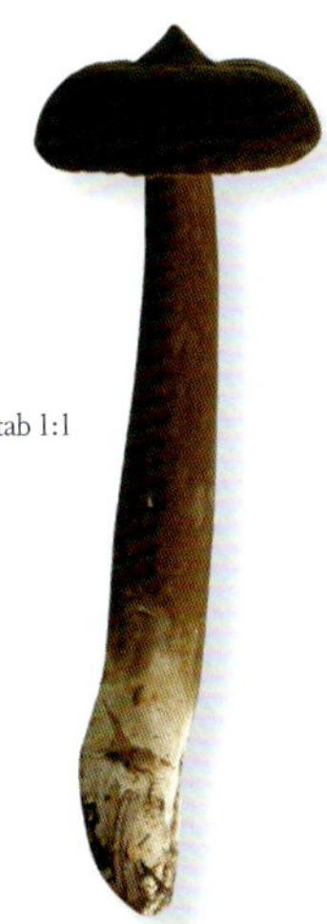

Maßstab 1:1

Der Mohrenkopf-Milchling hat einen konvexen Hut, der leicht trichterig wird, mit einer Papille in der Mitte. Er ist glatt, samtig und dunkel sepiabraun, oft mit krausem Rand. Die Lamellen sind weiß bis cremefarben (siehe Bild rechts), manchmal mit graubraunen Schneiden, werden im Alter mattrosig und schwärzen auf Druck. Der Stiel ist hutfarben und glatt bis samtig. Das Fleisch ist weiß, der weiße Milchsaft verfärbt sich rosa.

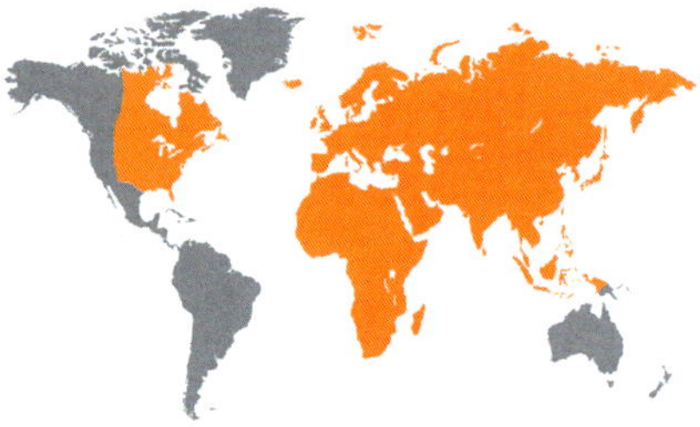

FAMILIE	Russulaceae
VERBREITUNG	Im Osten Nordamerikas, in Europa, Afrika, Asien
LEBENSRAUM	In Wäldern
SYMBIOSE	Ektomykorrhiza mit Laubbäumen
WUCHSFORM	Am Boden, oft in kleinen Trupps
VORKOMMEN	Häufig
SPORENFARBE	Weiß
GENIESSBARKEIT	Giftig (nach Zubereitung essbar)

GRÖSSE
Bis zu 125 mm

HUTDURCHMESSER
Bis zu 150 mm

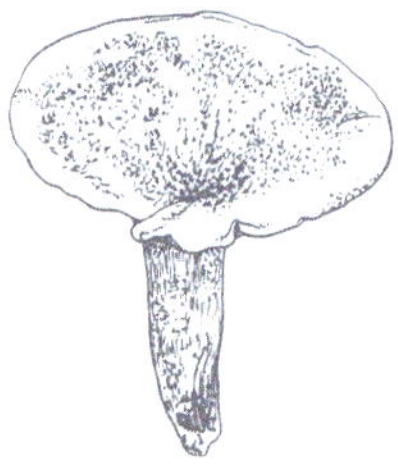

LACTARIUS PIPERATUS

LANGSTIELIGER PFEFFER-MILCHLING

(LINNAEUS) PERSOON

Sein Name verrät es: Der Langstielige Pfeffer-Milchling schmeckt scharf. Dennoch wird er weithin verzehrt, kann im Rohzustand aber Beschwerden verursachen. In Osteuropa gehört er zu mehreren Arten, die traditionell blanchiert (mit Wasserwechsel) und anschließend für die spätere Verwendung eingesalzen oder eingelegt werden. Die trocknenden Fruchtkörper riechen nach Honig oder Äpfeln. *Lactarius piperatus* wird auch in den Tropen verzehrt, unter anderem in Afrika südlich der Sahara und in Thailand. Diese Berichte beziehen sich aber vielleicht auf ähnliche Arten. Der Pilz enthält die terpenoiden Verbindungen Lactapiperanole, die auf ihre medizinische Wirkung getestet werden.

ÄHNLICHE ARTEN

Es gibt mehrere sehr ähnliche Arten. *Lactarius glaucescens* unterscheidet sich durch seine langsam grünende Milch, der nordamerikanische *L. neuhoffii* durch die gilbende Milch. Der eurasische *L. vellereus* hat einen samtigen Hut und milde Milch (aber scharfes Fleisch), der nordamerikanische *L. subvellereus* hat scharfe Milch.

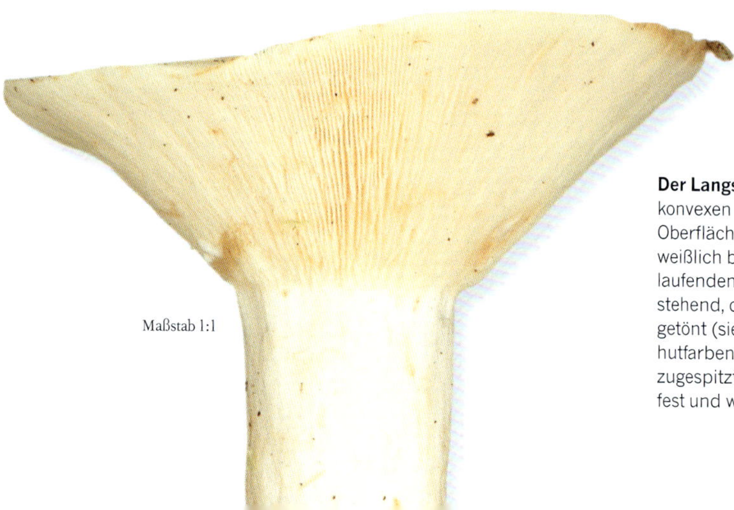

Maßstab 1:1

Der Langstielige Pfeffer-Milchling hat einen konvexen Hut, der leicht trichterig wird. Die Oberfläche ist matt bis leicht glänzend, weißlich bis cremefarben. Die herablaufenden Lamellen sind sehr gedrängt stehend, cremefarben, manchmal orange getönt (siehe Bild links). Der Stiel ist glatt und hutfarben, bräunt im Alter von der oft zugespitzten Basis aus. Das Fleisch ist sehr fest und weiß und milcht weiß.

FAMILIE	Russulaceae
VERBREITUNG	Nordamerika, Europa, Nordasien; in Neuseeland eingeschleppt
LEBENSRAUM	In Wäldern, Parks und Gärten
SYMBIOSE	Ektomykorrhiza mit Birken
WUCHSFORM	Am Boden, oft truppweise und in Ringen
VORKOMMEN	Häufig
SPORENFARBE	Cremefarben
GENIESSBARKEIT	Giftig (nach Zubereitung essbar)

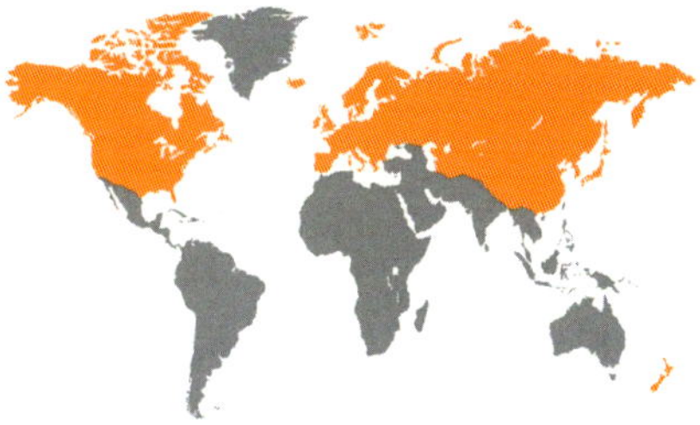

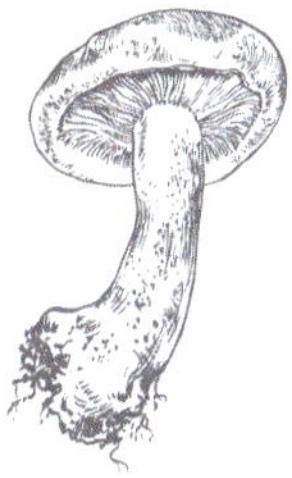

GRÖSSE
Bis zu 75 mm

HUTDURCHMESSER
Bis zu 100 mm

LACTARIUS PUBESCENS

FLAUMIGER MILCHLING

(FRIES) FRIES

Der Flaumige Milchling ist ein häufiger Pilz, der oft in großer Zahl bei Birken in Parks, Gärten und auf der Begrünung neben Straßen wächst. Untersuchungen ergaben, dass er die Wurzeln von Birkensämlingen rasch besiedelt, wenn er bereits in einem älteren Baum in der Nähe aufzufinden ist. Wie der Birken-Milchling schmeckt auch der Flaumige Milchling scharf und kann roh oder normal gekocht Magen-Darm-Beschwerden hervorrufen. Dennoch wird er in Russland und anderen Teilen Osteuropas manchmal verzehrt, aber erst, nachdem der Großteil der Giftstoffe durch zweifaches Blanchieren und anschließendes Einsalzen des Pilzes beseitigt wurde.

ÄHNLICHE ARTEN

Drei andere bei Birken wachsende Milchlinge können ähnlich aussehen. Der Birken-Milchling (*Lactarius torminosus*) unterscheidet sich durch seine rosa bis lachsrosa Farben. Die Milch des Zottigen Violett-Milchlings (*L. repraesentaneus*) verfärbt sich violett. Der europäische *L. scoticus* ist kleiner, schlanker und hat einen eher fransigen als flaumigen Hutrand.

Maßstab 1:1

Der Flaumige Milchling hat einen konvexen Hut, der trichterig wird. Er ist in der Mitte glatt, aber mit angedrückten Haaren zum eingerollten, dicht behaarten Rand hin, cremefarben bis ocker oder gelbbraun. Die Lamellen sind cremefarben bis ocker oder rosig gelbbraun. Der Stiel ist glatt, oft hohl und blass hutfarben. Das Fleisch ist weißlich und milcht weiß.

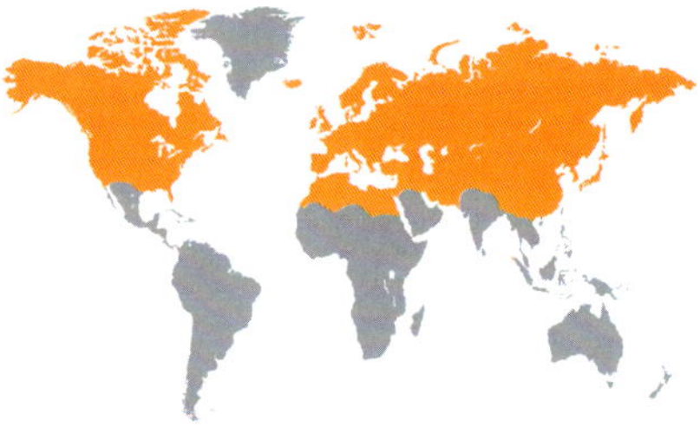

FAMILIE	Russulaceae
VERBREITUNG	Nordamerika, Europa, Nordafrika, West- und Nordasien
LEBENSRAUM	In Wäldern
SYMBIOSE	Ektomykorrhiza mit Haseln
WUCHSFORM	Am Boden, oft in kleinen Trupps
VORKOMMEN	Häufig
SPORENFARBE	Blass gelbbraun
GENIESSBARKEIT	Vermutlich giftig (nach Zubereitung essbar)

GRÖSSE
Bis zu 75 mm

HUTDURCHMESSER
Bis zu 100 mm

LACTARIUS PYROGALUS

SCHARFER HASEL-MILCHLING

(BULLIARD) FRIES

Dieser bescheidene Hasel-Symbiont trägt den Beinamen *pyrogalus*:„Feuermilch". Die chiliartige Schärfe seiner Milch macht diesem Namen alle Ehre und ist ein charakteristisches Merkmal dieses Pilzes. Trotz seiner Schärfe wird *Lactarius pyrogalus* in Russland verzehrt (nach entsprechender Zubereitung) und in der Türkei sogar auf Märkten verkauft, obwohl er anderswo als ungenießbar oder giftig gilt. Ursprünglich wurde er aus Frankreich dokumentiert und ist überall dort häufig, wo sein Ektomykorrhiza-Wirt wächst. Die anscheinend exklusive Symbiose mit Hasel ist ungewöhnlich, da die meisten anderen Hasel-Pilze Generalisten sind und auch bei Buchen und anderen Bäumen wachsen.

ÄHNLICHE ARTEN

Der seltene *Lactarius circellatus* ist eine ähnliche, scharfe Art mit blasseren, enger stehenden Lamellen. Er wächst bei Hainbuchen. Die sehr häufigen *L. blennius* und *L. fluens* haben ähnliche Farben und mäßig scharfe Milch, die sich grünlich grau verfärbt, aber weißliche bis cremefarbene Lamellen; sie wachsen nur bei Buchen.

Der Scharfe Hasel-Milchling hat einen konvexen Hut, der im Alter flacher wird. Die Oberfläche ist glatt, grau-gelbbraun bis graubraun und oft ringförmig gezont. Die Lamellen stehen ziemlich entfernt, sind leicht herablaufend und blass orange-cremefarben bis orange-gelbbraun (siehe Bild links oben). Der Stiel ist cremefarben bis blass hutfarben. Das Fleisch ist weiß bis gelbbraun. Die weiße Milch trocknet grünlich grau.

Maßstab 1:1

FAMILIE	Russulaceae
VERBREITUNG	Europa, Nordasien
LEBENSRAUM	In Wäldern
SYMBIOSE	Ektomykorrhiza mit Eichen
WUCHSFORM	Am Boden, oft in kleinen Trupps
VORKOMMEN	Sehr häufig
SPORENFARBE	Weiß bis blass gelblich
GENIESSBARKEIT	Ungenießbar

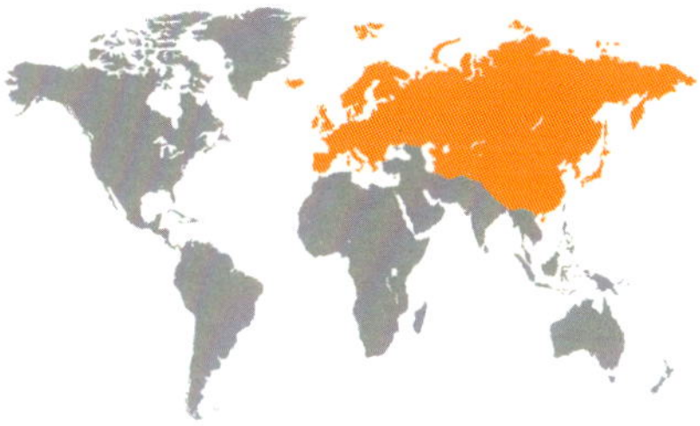

GRÖSSE
Bis zu 75 mm

HUTDURCHMESSER
Bis zu 75 mm

LACTARIUS QUIETUS

EICHEN-MILCHLING

(FRIES) FRIES

Lactarius quietus ist in Europa ein häufiger Pilz – bei Eichen ist er fast allgegenwärtig. Seine Farben sind nicht charakteristisch, dafür aber sein eigentümlicher und unangenehmer Geruch, der an den Geruch von Bett- oder Baumwanzen (allgemein als Stinkwanzen bekannt) erinnern soll und am besten mit ranzigem Pflanzenöl verglichen werden kann. *Lactarius subumbonatus*, ein braunhütiger Pilz mit orangen Lamellen, der auch bei Eichen wächst, riecht genauso, nur noch stärker. Früher hieß er *L. cimicarius* (*cimicarius:* „wanzenartig“). Der Eichen-Milchling wird manchmal als essbar angegeben, auch wenn der Geschmack meist als unangenehm oder leicht bitter beschrieben wird.

ÄHNLICHE ARTEN

Der nordamerikanische *Lactarius quietus* var. *incanus* ist größer, dunkler und ihm fehlt der charakteristische Geruch. In Südeuropa hat *L. decipiens* eine ähnliche Farbe, ist aber ebenfalls größer und riecht nach Pelargonien. Der sehr häufige Süßliche Milchling (*L. subdulcis*) ist eher orangebraun, wächst bei Buchen und hat keinen ausgeprägten Geruch.

Maßstab 1:1

Der Eichen-Milchling hat einen konvexen Hut (siehe kleines Bild rechts), der im Alter etwas flacher ist. Die Oberfläche ist glatt, trocken und rosig gelbbraun bis blass zimtbraun oder ziegelrot, oft mit konzentrischen Ringen aus dunkleren Flecken. Die Lamellen sind blass hutfarben, der Stiel etwas dunkler. Das Fleisch ist cremefarben bis rosig gelbbraun, milcht weiß und hat manchmal einen gelblichen Farbton.

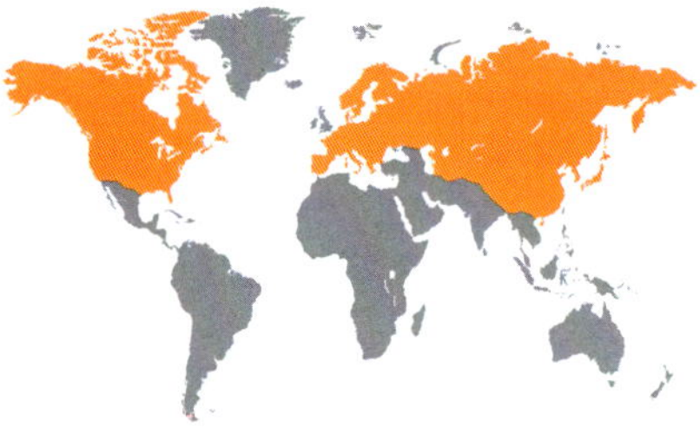

FAMILIE	Russulaceae
VERBREITUNG	Nordamerika, Kontinentaleuropa, Nordasien
LEBENSRAUM	In kalkhaltigen Wäldern
SYMBIOSE	Ektomykorrhiza mit Fichten
WUCHSFORM	Am Boden, oft in kleinen Trupps
VORKOMMEN	Häufig
SPORENFARBE	Blass cremefarben
GENIESSBARKEIT	Giftig (nach Zubereitung essbar)

GRÖSSE
Bis zu 100 mm

HUTDURCHMESSER
Bis zu 200 mm

LACTARIUS SCROBICULATUS

GRUBIGER MILCHLING

(SCOPOLI) FRIES

Der Grubige Milchling ist einer von mehreren *Lactarius*-Pilzen mit flaumigem Hut, zumindest zum Rand hin. Seinen Namen hat er von den grubig vertieften Flecken auf seinem Stiel. Wie bei dem häufigeren *Lactarius torminosus* ist auch die Milch von *L. scrobiculatus* bitter und der Verzehr der Fruchtkörper kann zu Magenbeschwerden führen. Dennoch wird der Grubige Milchling in Osteuropa gegessen, nachdem er gekocht und eingesalzen oder eingelegt wurde. In Nordamerika gibt es zwei anerkannte Varietäten (var. *canadensis* and var. *montanus*), die sich leicht von der europäischen Art unterscheiden.

ÄHNLICHE ARTEN

In Kontinentaleuropa gibt es mehrere ähnliche, aber blassere Arten, die ebenfalls bei Fichten wachsen, darunter *Lactarius leonis*, *L. auriolla* und *L. tuomikoskii*. In Nordamerika wächst *L. smithii* (früher *L. scrobiculatus* var. *pubescens*) bei Kiefern. Sein Stiel ist weniger fleckig und sein Hut ist nur am Rand flaumig.

Der Grubige Milchling hat einen konvexen, dann niedergedrückten Hut. In der Mitte ist er glatt, zum Rand hin zunehmend haarig, cremefarben ocker bis ocker-orange und in etwas dunklerer Farbe konzentrisch gezont. Die Lamellen sind cremefarben. Der Stiel ist cremefarben bis blass hutfarben, glatt, aber mit dunkleren, leicht grubigen Flecken. Das Fleisch ist weiß, mit weißer Milch, die sich schwefelgelb verfärbt.

Maßstab 1:1

FAMILIE	Russulaceae
VERBREITUNG	Nordamerika, Europa, Nordafrika, Nordasien
LEBENSRAUM	In Wäldern
SYMBIOSE	Ektomykorrhiza mit Birken
WUCHSFORM	Am Boden, oft in kleinen Trupps
VORKOMMEN	Häufig
SPORENFARBE	Cremefarben
GENIESSBARKEIT	Giftig (nach Zubereitung essbar)

GRÖSSE
Bis zu 75 mm

HUTDURCHMESSER
Bis zu 125 mm

LACTARIUS TORMINOSUS

BIRKEN-MILCHLING

(SCHAEFFER) GRAY

Er ist der häufigste von mehreren Milchlingen mit einem auffällig haarigen oder flaumigen Hutrand. Der Beiname *torminosus* bedeutet „krampfartig" – der Birken-Milchling ist ein scharfer, giftiger Pilz, der bei Verzehr starke Magenbeschwerden hervorruft. Überraschenderweise wird er in Finnland, Russland und anderen Teilen Osteuropas nicht nur gegessen, sondern genossen. Meist wird der Pilz zweimal blanchiert (mit Wasserwechsel), um die meisten Giftstoffe zu beseitigen, und dann eingesalzen und im Winter gegessen, wenn sein scharfer Geschmack geschätzt wird. In der Vergangenheit wurde er in Norwegen auch geröstet und zu Kaffee hinzugefügt. Es ist jedoch unklar, warum.

ÄHNLICHE ARTEN

Der Flaumige Milchling (*Lactarius pubescens*) hat ebenfalls einen flaumig-haarigen Rand und wächst ebenso häufig bei Birken, hat jedoch blassere, oft cremefarbene bis ocker oder gelbrosa Farben. *Lactarius mairei* ist ähnlich gefärbt, kommt aber seltener vor und wächst auf Kalkböden bei Eichen.

Maßstab 1:1

Der Birken-Milchling hat einen konvexen Hut, der trichterig wird. In der Mitte ist er glatt, aber mit angedrückten Haaren zum eingerollten, dicht haarigen Rand hin, blassrosa bis lachsrosa, in etwas dunklerer Farbe konzentrisch gezont. Die Lamellen sind weiß bis blass hutfarben, glatt, aber mit rosigen Flecken. Das Fleisch ist weiß, mit weißer Milch.

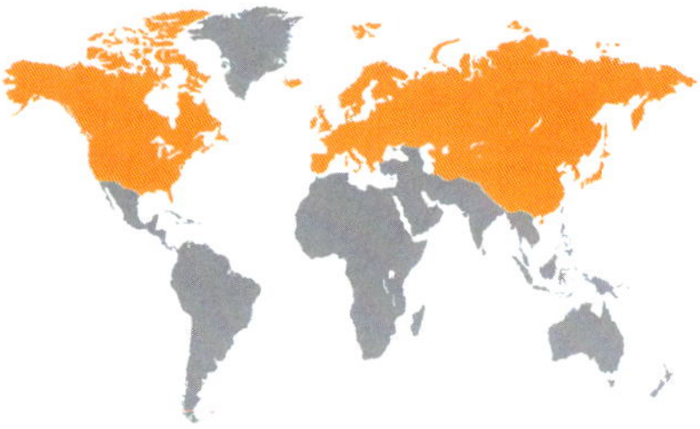

FAMILIE	Russulaceae
VERBREITUNG	Nordamerika, Europa, Nordasien
LEBENSRAUM	In Wäldern
SYMBIOSE	Ektomykorrhiza mit Laub- und Nadelbäumen
WUCHSFORM	Am Boden, oft in kleinen Trupps
VORKOMMEN	Lokal häufig
SPORENFARBE	Weiß
GENIESSBARKEIT	Essbar

GRÖSSE
Bis zu 100 mm

HUTDURCHMESSER
Bis zu 175 mm

LACTARIUS VOLEMUS

BIRNEN-MILCHLING

(FRIES) FRIES

Der Birnen-Milchling oder Brätling ist für sein variables Aussehen bekannt. Darum überrascht es nicht, dass neuere Molekularforschung einen Komplex aus eng verwandten Arten enthüllte, denen dieser Name zugeschrieben wurde. Alle diese Arten (die noch nicht vollständig charakterisiert wurden) haben ungewöhnlich viel Milch und den gleichen fischigen Geruch. Trotz seines Aromas gilt der Birnen-Milchling als essbar und wird in Asien weithin für lokale Märkte gesammelt und sogar aus China exportiert. Die reichlich vorhandene Milch enthält Polyisopren, was in Japan als hypoallergene Alternative zu Naturkautschuk erforscht wird.

Maßstab 1:1

ÄHNLICHE ARTEN

Der in Amerika und Asien vorkommende *Lactarius hygrophoroides* ist von ähnlicher Größe und Farbe, hat jedoch sehr entfernt stehende Lamellen, keine bräunende Milch und keinen Fischgeruch. *Lactarius corrugis* und der europäische *L. rugatus* sind ebenfalls ähnlich, haben aber deutlich runzelige Hüte und keinen charakteristischen Geruch.

Der Birnen-Milchling hat einen konvexen Hut, der im Alter etwas flacher ist. Er ist glatt, trocken und blass orange bis orangebraun oder ziegelrot. Die Lamellen sind cremefarben bis gelbbraun, mit braunen Flecken getrockneter Milch. Der Stiel ist hutfarben oder blasser, an Druckstellen dunkler ziegelrot. Das Fleisch ist cremefarben, mit weißer, allmählich bräunender Milch.

FAMILIE	Marasmiaceae
VERBREITUNG	Mittel- und Südamerika
LEBENSRAUM	In Wäldern
SYMBIOSE	Mit Laubbäumen
WUCHSFORM	Auf Fallholz und Streu, einzeln oder truppweise
VORKOMMEN	Selten
SPORENFARBE	Weiß
GENIESSBARKEIT	Unbekannt, lieber meiden

GRÖSSE
Bis zu 50 mm

HUTDURCHMESSER
Bis zu 40 mm

LACTOCOLLYBIA AURANTIACA

SINGER

Lactocollybia-Pilze sind vor allem in den Tropen und Subtropen zu finden, wo sie in kleinen Trupps auf Totholz und Streu wachsen. Sie sind mit den *Gymnopus*-Arten der gemäßigten Zonen verwandt, die früher zur Gattung *Collybia* gehörten. Die Vorsilbe *lacto* bedeutet „Milch", und die Fruchtkörper enthalten eine Milch wie jene der *Lactarius*-Pilze (Milchlinge), aber weniger davon oder weniger sichtbar. Die meisten *Lactocollybia*-Pilze sind weiß oder farbarm, aber *Lactocollybia aurantiaca* („Orange Milkshank") ist ein echter Blickfang. Eine verwandte Art (*L. aequatorialis*) wird von den Bewohnern des Amazonas-Regenwalds verzehrt, aber über die Genießbarkeit von *L. aurantiaca* ist nichts bekannt.

ÄHNLICHE ARTEN

Lactocollybia modesta ist ein verwandter südamerikanischer Pilz mit einem gelben Hut. Ebenfalls in Süd- und Mittelamerika wächst der ungewöhnliche und entfernt verwandte gelborange Pilz *Hymenogloea papyracea*. Seine Hutunterseite weist keine Lamellen auf und ist glatt bis leicht aderig. Sein Stiel ist jedoch braun.

Maßstab 1:1

Lactocollybia aurantiaca hat einen konvexen Hut, der niedergedrückt bis leicht trichterig wird. Die Oberfläche ist samtig bis fein schorfig, gelborange bis orange. Die Lamellen sind leicht herablaufend, weißlich bis gelblich. Der Stiel ist samtig-schorfig und hutfarben.

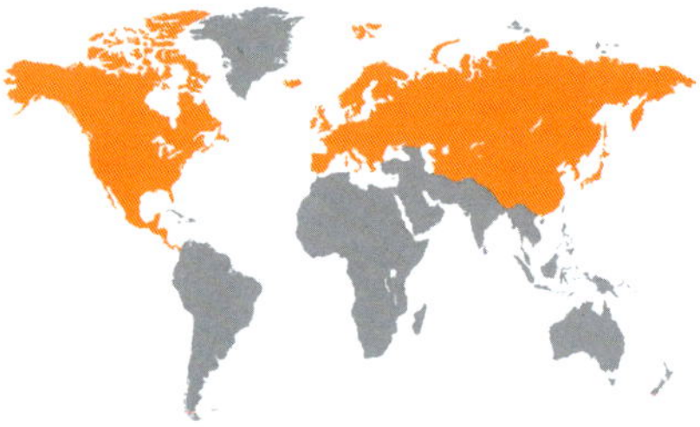

FAMILIE	Auriscalpiaceae
VERBREITUNG	Nordamerika, Europa, Mittelamerika, Nordasien
LEBENSRAUM	In Wäldern
SYMBIOSE	Mit Laubbäumen, vor allem Birken
WUCHSFORM	Auf Baumstümpfen, Stämmen und toten Ästen, in dichten Büscheln
VORKOMMEN	Selten
SPORENFARBE	Weiß
GENIESSBARKEIT	Ungenießbar

GRÖSSE
Bis zu 75 mm

HUTDURCHMESSER
Bis zu 75 mm

LENTINELLUS COCHLEATUS

ANIS-ZÄHLING

(PERSOON) P. KARSTEN

Eines der charakteristischen Merkmale des Anis-Zählings sind die gesägten Lamellenschneiden – wie sie auch mehrere andere Pilze der Gattungen *Lentinus* und *Lentinellus* aufweisen. Ein spezifischeres Merkmal ist der starke Anisgeruch der Fruchtkörper, der zusätzlich auch würzige Komponenten enthält. Untersuchungen in Frankreich ergaben, dass der Pilz zwei flüchtige Anis-Verbindungen und zwei Zimt-Verbindungen produziert, was den Pilz für die Herstellung würziger Öle und Aromen interessant macht. Kurioserweise gehört der Pilz zur Familie Auriscalpiaceae und ist damit enger mit einigen Korallen- und Stachelpilzen verwandt als mit den meisten Blätterpilzen.

ÄHNLICHE ARTEN

Der verwandte *Lentinellus vulpinus* bildet größere Fruchtkörper mit einer flaumigen Hutoberfläche und ohne Anisgeruch. Die Fruchtkörper von *L. flabelliformis* und *L. ursinus* haben auch keinen Geruch und nur kleine oder fehlende Stiele. Seitlingen(Gattung *Pleurotus*) fehlt der Geruch und die gesägten Lamellenschneiden.

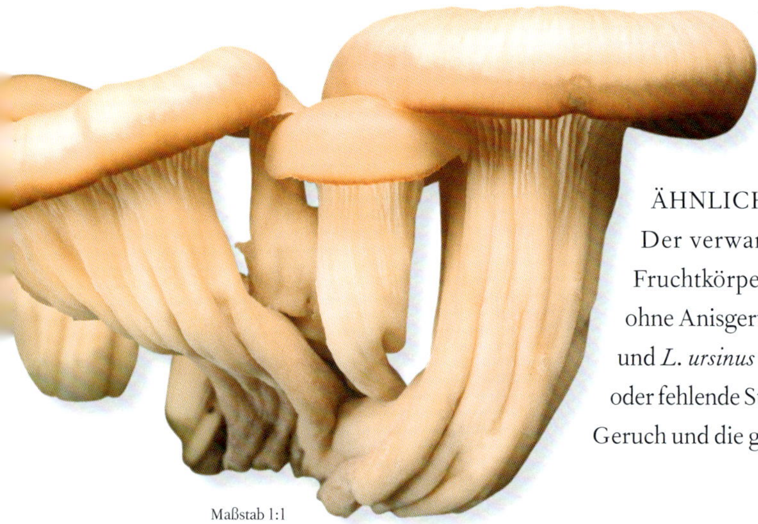

Maßstab 1:1

Der Anis-Zähling bildet dicht büschelige Fruchtkörper, deren Stiele an der Basis oft miteinander verwachsen sind. Die stark trichterigen Hüte sind an einer Seite offen, glatt und hellbraun bis rosig braun. Die herablaufenden, weißlichen bis blass hutfarbenen Lamellen haben gesägte Schneiden. Der Stiel ist oft gefurcht, zusammengedrückt oder verdreht, blass hutfarben, wird von der Basis aufwärts dunkelbraun.

FAMILIE	Marasmiaceae
VERBREITUNG	Ostasien, Australien, Neuseeland
LEBENSRAUM	In Wäldern
SYMBIOSE	Mit Laubbäumen, vor allem japanische Scheinkastanien (*Shii*)
WUCHSFORM	Auf Stämmen und toten Ästen
VORKOMMEN	Selten
SPORENFARBE	Weiß
GENIESSBARKEIT	Essbar

GRÖSSE
Bis zu 75 mm

HUTDURCHMESSER
Bis zu 150 mm

LENTINULA EDODES

SHIITAKE

(BERKELEY) PEGLER

Der Shiitake ist ein bekannter Speisepilz, der in China mindestens seit dem 10. Jahrhundert auf Holzstämmen semi-kultiviert wurde. In den letzten Jahren ermöglichte der Anbau auf Sägespäne eine kommerzielle Zucht des Pilzes in großem Ausmaß, nicht nur in China, sondern überall auf der Welt. Mit mehr als 1,5 Tonnen Ertrag pro Jahr ist der Shiitake nach dem Kultur-Champignon der zweitbeliebteste Pilz, der in den Supermärkten mittlerweile ein vertrauter Anblick ist. Aus den Fruchtkörpern wurde das Polysaccharid Lentinan isoliert, dem erste Forschungsergebnisse Potenzial als Anti-Tumor-Wirkstoff zuschreiben.

Der Shiitake bildet einen halbkugeligen Hut, der ausgebreitet flacher ist. Die Oberfläche ist zuerst glatt, im Alter fedrig aufgerissen, gelbbraun bis dunkelgrau oder braun mit Lilatönen, am Rand blasser und jung mit weißen, weichen Velumresten bedeckt. Die Lamellen sind weißlich bis cremefarben. Der Stiel ist blass hutfarben oder rosig gelbbraun, faserig, manchmal mit einer Ringzone und blassen bis bräunlichen Schuppen darunter.

ÄHNLICHE ARTEN

Die Molekularforschung hat fünf unterschiedliche Shiitakegruppen bestimmt, aber es ist unklar, ob sie als eigene Arten gelten sollen. Die Funde aus Neuseeland nannte man *Lentinula novae-zelandiae*, jene aus Australien und Neuguinea *L. lateritia*, aber beide sind mit *L. edodes* aus China und Japan kreuzbar.

Maßstab 1:1

FAMILIE	Polyporaceae
VERBREITUNG	Im Süden Nordamerikas, in Mittel- und Südamerika
LEBENSRAUM	In Wäldern
SYMBIOSE	Mit Laubbäumen
WUCHSFORM	Auf Baumstümpfen, Stämmen und toten Ästen
VORKOMMEN	Häufig
SPORENFARBE	Weiß
GENIESSBARKEIT	Essbar

GRÖSSE
Bis zu 75 mm

HUTDURCHMESSER
Bis zu 60 mm

LENTINUS CRINITUS

(LINNAEUS) FRIES

Maßstab 1:1

Lentinus crinitus („Fringed Sawgill") ist ein Pilz der amerikanischen Tropen und Subtropen, wo er häufig auf Holzstämmen und abgefallenen Ästen wächst. Die ledrigen Fruchtkörper haben dünne Hüte und sind enger mit baumpilzartigen *Polyporus*-Pilzen verwandt als mit den meisten anderen Blätterpilzen. Trotz seines zähen Fleischs wird der *Lentinus crinitus* in Teilen Südamerikas von den Einheimischen verzehrt. Er wird auch auf seinen möglichen Einsatz in der biologischen Sanierung getestet, da seine holzzersetzenden Enzyme auch chemische Farbstoffe und andere Schadstoffe abbauen können.

ÄHNLICHE ARTEN

Der amerikanische Tropenpilz *Lentinus swartzii* ist ähnlich, aber mit einem größeren, schuppigeren Hut. Ein weiterer Pilz der amerikanischen Tropen ist *L. bertieri*, dessen Hut überall dicht behaart ist. Der ebenso haarige *L. villosus* ist die afrikanische Form.

Lentinus crinitus hat einen ledrigen Hut, der stark trichterig ist. Er ist glatt, zum Rand hin kräftig behaart, gelblich braun bis dunkel rötlich, violettlich oder gräulich braun. Die Lamellen sind herablaufend mit gekerbten oder gesägten Schneiden und blass ocker. Der Stiel ist fein schorfig, blass hutfarben und manchmal mit kleinen, schwärzlich braunen Schuppen im unteren Bereich.

FAMILIE	Polyporaceae
VERBREITUNG	Nordamerika, Europa, Afrika, Westasien
LEBENSRAUM	In Wäldern
SYMBIOSE	Mit Laubbäumen, besonders mit Weiden und Pappeln
WUCHSFORM	Auf Baumstümpfen, Stämmen und toten Ästen, büschelig
VORKOMMEN	Selten
SPORENFARBE	Weiß
GENIESSBARKEIT	Essbar

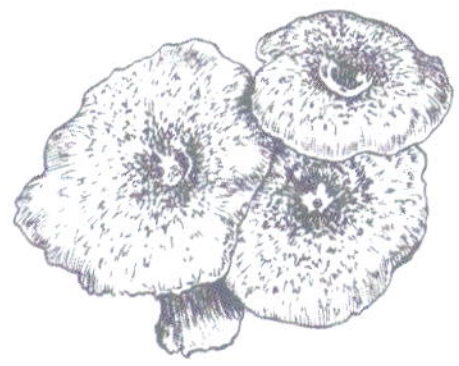

GRÖSSE
Bis zu 100 mm

HUTDURCHMESSER
Bis zu 100 mm

LENTINUS TIGRINUS

GETIGERTER SÄGEBLÄTTLING

(BULLIARD) FRIES

Der Getigerte Sägeblättling trägt einen scheinbar unpassenden Namen, da sein Fruchtkörper nirgendwo gestreift ist. Der Beiname *tigrinus* bezieht sich jedoch auf den „amerikanischen Tiger“, den Jaguar, der gefleckt ist – wie die Fruchtkörper dieses hübschen, büscheligen Blätterpilzes. In Nordamerika findet man gelegentlich Hüte, die nicht ganz geöffnet sind und deren Lamellen mit einer Art Schleier bedeckt sind. Früher hielt man solche Fruchtkörper für eine eigene, bovistartige Art, die *Lentodium squamulosum* genannt wurde. Analysen zeigten jedoch, dass es sich nur um eine genetische Variation des Getigerten Sägeblättlings handelt.

ÄHNLICHE ARTEN

Der tropische und subtropische *Lentinus squarrosulus*, der in Südostasien als Speisepilz angebaut wird, sieht oberflächlich ähnlich aus, aber die Schuppen an Hut und Stiel sind zuerst weiß und die Lamellen sind nicht gesägt. Der seltenere *Lentinus concinnus* aus Südasien und Madagaskar hat gesägte Lamellen, aber kleinere Fruchtkörper mit rötlich braunen Schuppen.

Der Getigerte Sägeblättling bildet büschelige, ledrige Fruchtkörper, deren Stiele an der Basis gelegentlich miteinander verwachsen. Die Hüte sind zuerst konvex, dann stark trichterig, weißlich bis cremefarben, aber mit schwärzlich braunen Schuppen. Die Lamellen sind herablaufend mit gesägten Schneiden, weißlich bis blass gelblich. Der Stiel ist gelblich, mit kleinen, schwärzlich braunen Schuppen im unteren Bereich.

Maßstab 1:1

FAMILIE	Agaricaceae
VERBREITUNG	Nordamerika, Europa, Afrika, Mittelamerika, Asien, Neuseeland
LEBENSRAUM	In Wäldern, Parks und Gärten
SYMBIOSE	Mit Laubbäumen auf nährstoffreichen, kalkhaltigen Böden
WUCHSFORM	Am Boden, einzeln oder in kleinen Gruppen
VORKOMMEN	Häufig
SPORENFARBE	Weiß
GENIESSBARKEIT	Vermutlich giftig, lieber meiden

GRÖSSE
Bis zu 125 mm

HUTDURCHMESSER
Bis zu 150 mm

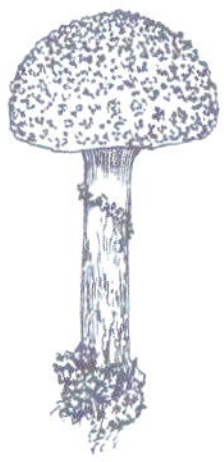

LEPIOTA ASPERA

SPITZSCHUPPIGER STACHELSCHIRMLING

(PERSOON) QUÉLET

Der Spitzschuppige Stachelschirmling ist einer der größten *Lepiota*-Pilze und wächst häufig auf nährstoffreichen Böden und oft in Parks und Gärten. Mittlerweile sieht man ihn auch oft auf den Hackschnitzeln, die als Mulch für Sträucher und Blumenbeete verwendet werden. Wie der Stink-Schirmling (*Lepiota cristata*) hat auch er im Schnitt oder auf Druck einen starken gummiartigen Geruch. Trotz dieses abschreckenden Aromas wird der Pilz in verschiedenen Gegenden der Welt verzehrt, zum Beispiel in China, Madagaskar und Mexiko. Ihn zu essen wäre dennoch töricht, da die Berichte zu seiner Genießbarkeit auf Fehlbestimmungen beruhen könnten und mehrere ähnliche Arten stark giftig sind.

ÄHNLICHE ARTEN

Es gibt viele ähnliche Arten, darunter ein ganzer Komplex, der sich schwer von *Lepiota aspera* abgrenzen lässt. Manche Arten sind wohl giftig. *Lepiota hystrix* und *L. calcicola* haben auch kegelige Warzen, einen Ring und riechen nach Gummi. Ihre Lamellenschneiden sind oft dunkel, darüber hinaus unterscheidet man sie am besten unter dem Mikroskop. Mehrere andere warzige *Lepiota*-Alten sind auch ähnlich, aber meist kleiner oder ringlos.

Maßstab 1:1

Der Spitzschuppige Stachelschirmling hat einen zuerst konvexen Hut, der später flach oder gebuckelt ist, in der Mitte bräunlich, zum Rand hin blasser oder cremefarben, und in der Mitte dicht mit braunen, kegeligen, vergänglichen Schuppen oder Warzen bedeckt. Die Lamellen sind weiß bis cremefarben. Der Stiel ist cremefarben, zur knolligen Basis hin bräunlich, mit einem herabhängenden, häutigen Ring mit unterseitigen Schuppen.

FAMILIE	Agaricaceae
VERBREITUNG	Europa, Nordasien
LEBENSRAUM	In Wäldern, Parks und Gärten
SYMBIOSE	Mit Laubbäumen auf nährstoffreichen Böden
WUCHSFORM	Am Boden, einzeln oder in kleinen Gruppen
VORKOMMEN	Selten
SPORENFARBE	Weiß
GENIESSBARKEIT	Giftig

GRÖSSE
Bis zu 75 mm

HUTDURCHMESSER
Bis zu 50 mm

LEPIOTA BRUNNEOINCARNATA

FLEISCHBRÄUNLICHER SCHIRMLING

CHODAT & C. MARTIN

Der Fleischbräunliche Schirmling ist einer von mehreren äußerst giftigen *Lepiota*-Pilzen. Die meisten davon verursachen Beschwerden, wenn sie mit essbaren Riesenschirmlingen (*Macrolepiota procera*) verwechselt werden. Wie viele *Lepiota*-Arten bevorzugt auch *L. brunneoincarnata* ein mildes Klima. Er kommt zwar auch im Großteil der nördlichen gemäßigten Zone vor, häufiger jedoch weiter südlich, vor allem im Mittelmeerraum, wo auch die meisten Vergiftungen und Todesfälle der jüngsten Zeit geschahen. Die verantwortlichen Gifte sind Amatoxine, ähnlich jenen des Grünen Knollenblätterpilzes (*Amanita phalloides*). Sie verursachen Leberversagen und können auch die Nieren und andere Organe schädigen.

ÄHNLICHE ARTEN

Es gibt viele ähnlich aussehende *Lepiota*-Arten. Der Fleischrosa Schirmling (*L. subincarnata*) ist typischerweise rosig und weniger stämmig, wird aber am besten mikroskopisch unterschieden. Der genauso gefährliche *L. helveola* hat für gewöhnlich einen häutigen Ring. Essbare *Macrolepiota*-Pilze sind viel größer und haben einen auffälligen, verschiebbaren Ring.

Maßstab 1:1

Der Fleischbräunliche Schirmling hat einen konvexen Hut, der flach oder gebuckelt wird. Die Hutmitte ist schwärzlich braun bis dunkel rotbraun und zum Rand hin mit Schuppen ringförmig gezont auf einem weißlichen bis rosig gelbbraunen Untergrund. Die Lamellen sind weiß bis cremefarben. Der Stiel ist von ähnlicher Farbe, mit unvollständigen Ringen aus kleinen, hutfarbenen Schuppen unterhalb der Ringzone.

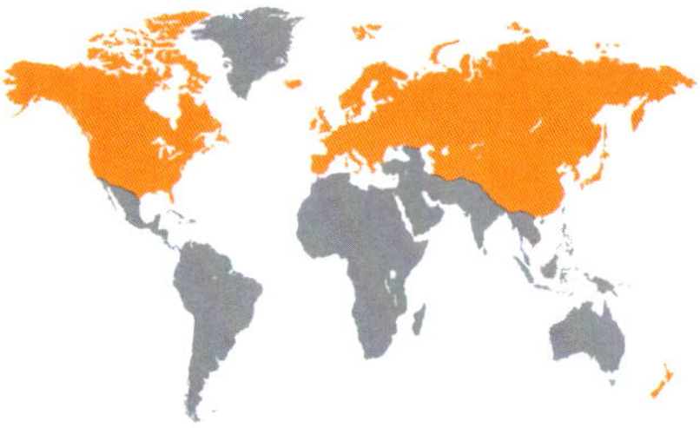

FAMILIE	Agaricaceae
VERBREITUNG	Nordamerika, Europa, Nordasien, Neuseeland
LEBENSRAUM	In Wäldern, Parks und Gärten
SYMBIOSE	Mit Laub- und Nadelbäumen
WUCHSFORM	Am Boden, einzeln oder in kleinen Gruppen
VORKOMMEN	Häufig
SPORENFARBE	Weiß
GENIESSBARKEIT	Vermutlich giftig, lieber meiden

GRÖSSE
Bis zu 75 mm

HUTDURCHMESSER
Bis zu 75 mm

LEPIOTA CRISTATA

STINK-SCHIRMLING

(BOLTON) P. KUMMER

Maßstab 1:1

Lepiota cristata ist der vielleicht häufigste *Lepiota*-Pilz der gemäßigten Zonen, der kalklose Böden besser toleriert als die meisten seiner Verwandten. Er benötigt ziemlich nährstoffreiche Böden, kann jedoch in verschiedensten Wäldern, an Wegrändern und in Gärten auftauchen. Sein deutscher Name ist nicht sehr ansprechend, aber der Pilz hat tatsächlich einen intensiven, unangenehmen, gummiartigen Geruch. Dieser ist jedoch kein charakteristisches Merkmal, da auch einige ähnlich aussehende Arten so riechen, etwa der Spitzschuppige Stachelschirmling (*Lepiota aspera*). Wie alle *Lepiota*-Arten ist auch der Stink-Schirmling vermutlich giftig, wenn auch wohl nicht übermäßig gefährlich.

ÄHNLICHE ARTEN

Viele ähnliche, aber seltenere Arten sind bekannt. *Lepiota apatelia*, *L. cristatoides* und der kalifornische *L. castaneidisca* sehen in der Natur fast identisch aus und können nur mikroskopisch unterschieden werden. Andere *Lepiota*-Arten von ähnlicher Größe haben oft schuppigere oder ringlose Stiele, unterschiedlich gefärbte Hüte oder keinen Gummigeruch. Sie alle sollten nicht verzehrt werden.

Der Stink-Schirmling hat ausgebreitet einen flachen oder stumpf gebuckelten Hut. Die Hutmitte ist orangebraun bis rötlich braun und zum Rand hin dünn mit Schuppen auf einem weißlichen Untergrund bedeckt (siehe Bild rechts). Die Lamellen sind weiß bis cremefarben. Der Stiel ist ähnlich gefärbt, an der Basis manchmal rosig, mit einem häutigen, lockeren Ring.

FAMILIE	Agaricaceae
VERBREITUNG	Nordamerika, Europa, Nordasien
LEBENSRAUM	In kalkhaltigen Wäldern
SYMBIOSE	Mit Nadelbäumen, seltener mit Laubbäumen
WUCHSFORM	Am Boden, einzeln oder in kleinen Gruppen
VORKOMMEN	Häufig
SPORENFARBE	Weiß
GENIESSBARKEIT	Giftig

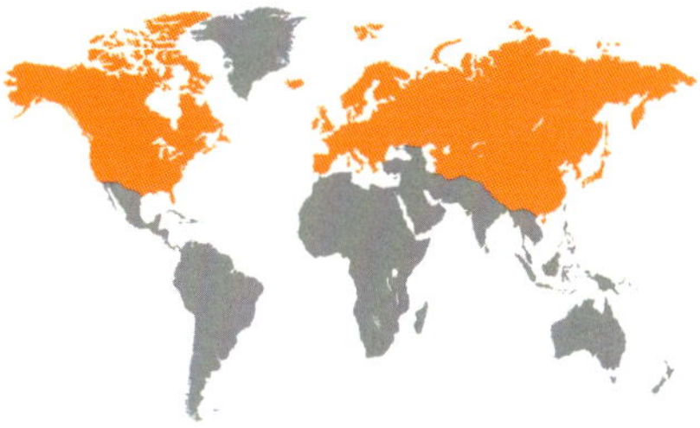

GRÖSSE
Bis zu 75 mm

HUTDURCHMESSER
Bis zu 40 mm

LEPIOTA FELINA

SCHWARZSCHUPPIGER SCHIRMLING

(PERSOON) P. KARSTEN

Der Schwarzschuppige Schirmling wächst typischerweise in kalkhaltigen Nadelwäldern und ist ausgesprochen giftig. Den niederländischen Mykologen Christiaan Persoon erinnerte er unerklärlicherweise an eine Katze, denn er gab ihm den Beinamen *felina*, was „katzenhaft" bedeutet. Tatsächlich sieht der Pilz wie viele andere *Lepiota*-Arten aus, abgesehen von den dunklen, fast schwarzen Farben seines schuppigen Huts und seines Rings. Vielleicht fand Persoon den Geruch katzenartig, der für gewöhnlich aber als gummiartig beschrieben wird – wie jener des Stink-Schirmlings (*Lepiota cristata*), wenn auch nicht ganz so stark.

ÄHNLICHE ARTEN

Viele andere *Lepiota*-Pilze haben eine ähnliche Schuppenzeichnung wie der Schwarzschuppige Schirmling, aber ihre Schuppen sind meist blasser oder rosig bis rötlich braun und nicht dunkelbraun bis schwarz. Der Schwarzschuppige Faltenschirmling (*Leucocoprinus brebissonii*) ist ähnlich gefärbt, aber zartfleischiger und zerbrechlicher, und hat einen weißen Ring.

Maßstab 1:1

Der Schwarzschuppige Schirmling hat einen konvexen Hut, der flach oder stumpf gebuckelt wird. Die Hutmitte ist dunkel sepia- bis schwarzbraun, zum Rand hin mit konzentrischen Schuppen auf einem cremefarbenen Hintergrund bedeckt. Die Lamellen sind cremefarben. Der Stiel ist cremefarben, manchmal bräunlich oder rosig getönt, mit einem kleinen, anliegenden, oft unvollständigen, hutfarbenen Ring, unter dem sich einige hutfarbene Schuppen befinden.

FAMILIE	Agaricaceae
VERBREITUNG	Im Westen Nordamerikas
LEBENSRAUM	In Wäldern, Parks und Gärten
SYMBIOSE	Mit Laubbäumen auf nährstoffreichen Böden
WUCHSFORM	Am Boden, einzeln oder in kleinen Gruppen
VORKOMMEN	Häufig
SPORENFARBE	Weiß
GENIESSBARKEIT	Ungenießbar

GRÖSSE
Bis zu 150 mm

HUTDURCHMESSER
Bis zu 75 mm

LEPIOTA FLAMMEATINCTA

KAUFFMAN

Der schlauchige Ring am Stiel deutet an, dass *Lepiota flammeatincta* („Flaming Parasol“) kein echter *Lepiota*-Pilz ist, sondern in die Gattung *Leucoagaricus* gehört, wo er aus unerfindlichen Gründen noch nicht eingeordnet wurde. Wie viele *Leucoagaricus*-Arten färbt er sehr stark: Hut und Stiel (aber nicht die Lamellen) verfärben sich auf Druck, bei Kratzern oder im Schnitt leuchtend scharlachrot. Die meisten Pilze dieser Gattung wachsen in warmen Gegenden auf nährstoffreichen Böden und finden sich häufig in Gärten oder neben Komposthaufen sowie in nährstoffreichen Wäldern.

ÄHNLICHE ARTEN

Leucoagaricus erythrophaeus ist ein sehr ähnlicher Pilz, der auch im Westen Nordamerikas vorkommt. In der Natur erkennt man ihn an seinen Lamellen, die sich auf Druck scharlachrot färben (im Gegensatz zu jenen des *Lepiota flammeatincta*). *Leucoagaricus brunnescens* ist sein Gegenstück im Osten Nordamerikas. Auch in Europa sind mehrere rötende Arten bekannt, etwa *L. badhamii*.

Maßstab 1:1

Lepiota flammeatincta hat einen konvexen Hut, der flach oder stumpf gebuckelt wird. Die Hutmitte ist rotbraun bis dunkel violettbraun, zum Rand hin in feine Schuppen auf weißlichem Untergrund aufgerissen. Die Lamellen sind weiß. Der Stiel ist über dem häutigen Ring (siehe Bild links) weißlich, darunter mit feinen, hutfarbenen Schuppen bedeckt. Hut und Stiel verfärben sich auf Druck zinnober- bis scharlachrot.

FAMILIE	Agaricaceae
VERBREITUNG	Nordamerika, Europa, Nordasien, Neuseeland
LEBENSRAUM	In Wäldern, Parks und Gärten
SYMBIOSE	Mit Laubbäumen auf nährstoffreichen Böden
WUCHSFORM	Am Boden, einzeln oder in kleinen Gruppen
VORKOMMEN	Häufig
SPORENFARBE	Weiß
GENIESSBARKEIT	Giftig

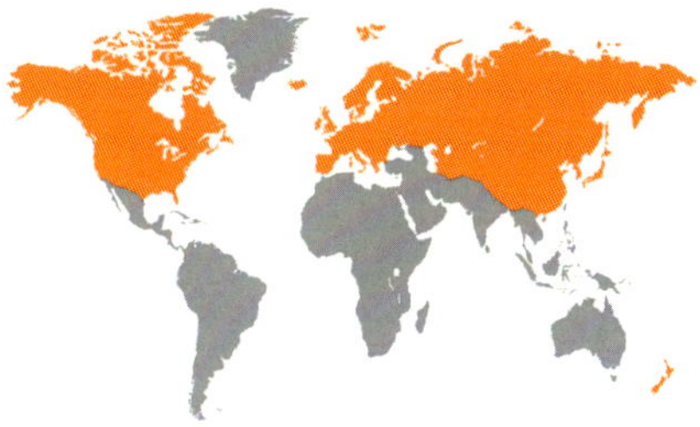

GRÖSSE
Bis zu 50 mm

HUTDURCHMESSER
Bis zu 50 mm

LEPIOTA SUBINCARNATA

FLEISCHROSA SCHIRMLING

J. E. LANGE

Lepiota subincarnata (früher *L. josserandii*) ist ein vergleichsweise häufiger Pilz, der in Nordamerika und Europa für viele Vergiftungen und mehrere Todesfälle verantwortlich ist. Seine Form und Farbe sind variabel und ohne Mikroskop ist er nur schwer von verwandten Blätterpilzen zu unterscheiden, aber kein ähnlich aussehender *Lepiota*-Pilz sollte verzehrt werden, da die meisten potenziell tödlich sind. Wie der Grüne Knollenblätterpilz (*Amanita phalloides*) enthält auch der Fleischrosa Schirmling Amatoxine in ausreichenden Mengen, um Leberversagen hervorzurufen. Selbst mit moderner medizinischer Versorgung und der Möglichkeit der Lebertransplantation enden noch immer 10–15 % aller schweren Amatoxinvergiftungen tödlich.

ÄHNLICHE ARTEN

Es gibt viele ähnlich aussehende *Lepiota*-Arten. Der genauso giftige Fleischbräunliche Schirmling (*L. brunneoincarnata*) ist meist stämmiger und selten so rosa, wird aber am besten mikroskopisch unterschieden. *Lepiota helveola* ist ähnlich und auch gefährlich, hat jedoch meist einen häutigen Ring. Essbare *Macrolepiota*-Arten sind viel größer und haben einen auffälligen, verschiebbaren Ring.

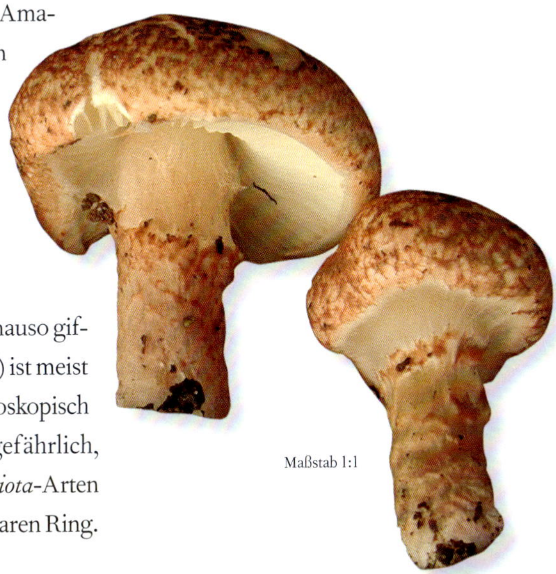

Maßstab 1:1

Der Fleischrosa Schirmling hat einen konvexen Hut, der stumpf gebuckelt oder flach wird. Die Hutmitte ist rosig rot bis rotbraun, zum Rand hin in konzentrische Ringe aus Schuppen auf einem cremefarbenen Untergrund aufgerissen. Die Lamellen sind weiß bis cremefarben. Der Stiel ist weißlich bis rosig, mit einem angedeuteten Ring oder einer Ringzone, unter der sich unvollständige, schuppige, hutfarbene Bänder befinden.

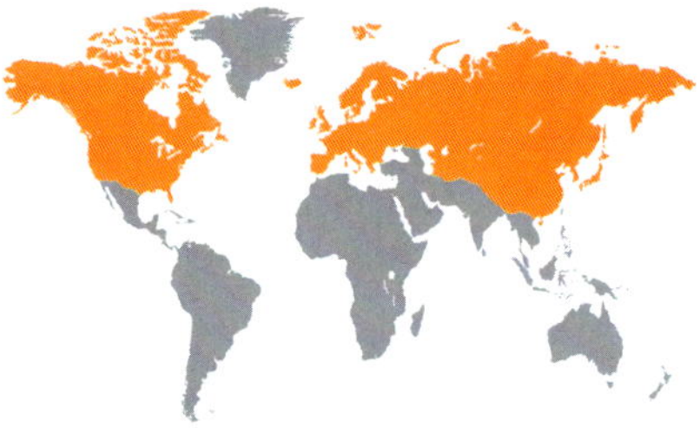

FAMILIE	Tricholomataceae
VERBREITUNG	Nordamerika, Europa, Nordasien
LEBENSRAUM	In Wäldern
SYMBIOSE	Mit Laub- und Nadelbäumen, auf nährstoffreichen Böden
WUCHSFORM	Am Boden, truppweise oder in Ringen
VORKOMMEN	Sehr häufig
SPORENFARBE	Cremefarben
GENIESSBARKEIT	Essbar, aber lieber meiden

GRÖSSE
Bis zu 75 mm

HUTDURCHMESSER
Bis zu 100 mm

LEPISTA FLACCIDA

FUCHSIGER RÖTELRITTERLING

(SOWERBY) PATOUILLARD

Der Fuchsige Rötelritterling ist ein sehr häufiger Blätterpilz der Spätsaison. Oft wächst er mit dem Nebelgrauen Trichterling (*Clitocybe nebularis*). Beide Pilze sind nitrophil, mögen nährstoffreiche Erde und tauchten im letzten Jahrhundert immer häufiger bei Bauernhöfen und Kleinstädten auf – dank des zunehmenden Einsatzes von Düngemitteln. *Lepista flaccida* variiert in seiner Farbe und wurde auch schon *Clitocybe* (oder *Lepista*) *inversa* und *C. gilva* genannt. Er ist zwar essbar, aber nicht sehr beliebt und leicht mit giftigen Arten zu verwechseln. Außerdem speichern die Fruchtkörper Arsen und Cadmium aus dem Boden. Die isolierte Verbindung Clitocin wird auf seine Anti-Tumor-Wirkung untersucht.

ÄHNLICHE ARTEN

In der Gattung *Clitocybe* gibt es ähnliche trichterige, gelb-, hell- oder rötlich braune Blätterpilze. Der Kerbrandige Trichterling (*C. costata*) und *C. gibba* sind kleiner und blasser, meist rosig gelbbraun bis rosig hellbraun. *Clitocybe sinopica* ist intensiver gefärbt, wächst aber meist auf alten Brandstellen und hat weißliche, wurzelartige Stränge an der Stielbasis.

Maßstab 1:1

Der Fuchsige Rötelritterling hat einen fleischigen Hut, der flach oder leicht niedergedrückt bis stark trichterig wird, mit eingerolltem Rand. Die Oberfläche ist glatt, ocker-hellbraun bis orange-hellbraun oder rötlich braun, im Alter manchmal mit dunkleren Flecken. Die gedrängt stehenden Lamellen sind stark herablaufend, zuerst weißlich, dann blassocker bis orange. Der Stiel ist weißlich bis hutfarben.

FAMILIE	Tricholomataceae
VERBREITUNG	Nordamerika, Europa, Nordafrika, Mittelamerika, Nordasien, Australien, Neuseeland
LEBENSRAUM	In Wäldern, auf Weiden und in Gebüschen
SYMBIOSE	Mit Bäumen oder Gräsern, auf nährstoffreichen Böden
WUCHSFORM	Am Boden, truppweise oder in Ringen
VORKOMMEN	Sehr häufig
SPORENFARBE	Blass rosig-cremefarben
GENIESSBARKEIT	Gekocht essbar

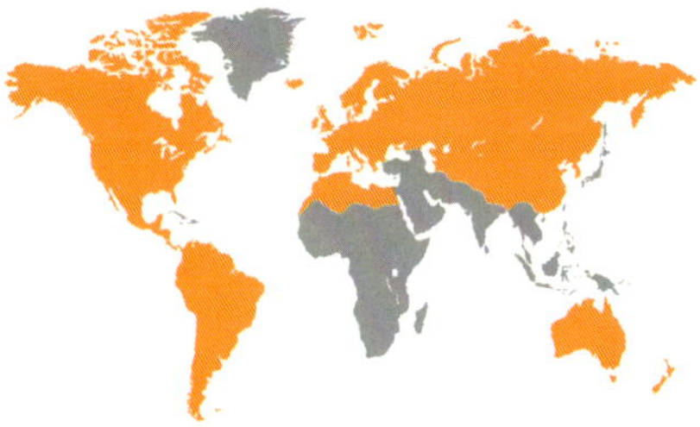

GRÖSSE
Bis zu 125 mm

HUTDURCHMESSER
Bis zu 100 mm

LEPISTA NUDA

VIOLETTER RÖTELRITTERLING

(BULLIARD) COOKE

Der Violette Rötelritterling kommt häufig auf stickstoffreichen Böden vor – in Wäldern, aber auch auf Weiden und Rasen. Die Fruchtkörper sind variabel und ihre Farbe reicht von einem intensiven Violett bis zu einem stumpfen Graubraun. Jüngste Forschung vermutet hinter *Lepista nuda* daher einen ganzen Komplex aus bis dato unbenannten Arten. Sie alle sind essbar, können aber bei manchen Personen Magen-Darm-Beschwerden verursachen, besonders, wenn sie nicht ausreichend gekocht wurden. In den letzten Jahren wurden Violette Rötelritterlinge in Europa sogar kultiviert und häufig als *Pieds bleus* angeboten.

ÄHNLICHE ARTEN

Lepista sordida ist ein kleinerer, dünnerer, farbärmerer Pilz, der oft auf gedüngten oder kompostierten Plätzen wächst. Es ist nahezu unmöglich, ihn von kleinen Fruchtkörpern des Violetten Rötelritterlings zu unterscheiden, die im Alter genauso farbarm werden. Violette *Cortinarius*-Arten unterscheiden sich durch ihre spinnwebartigen Velumreste und rostbraunen Sporen und Lamellen.

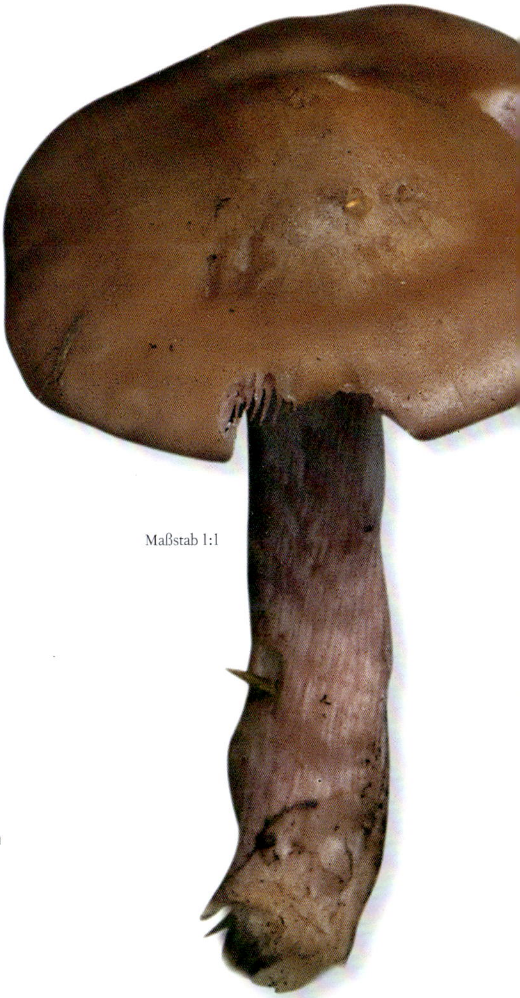

Maßstab 1:1

Der Violette Rötelritterling hat zuerst einen konvexen Hut (siehe Bild links), der ausgebreitet flach, leicht niedergedrückt oder stumpf gebuckelt ist. Die Oberfläche ist glatt, bei Feuchtigkeit stark bis leicht violett, oft mit grauen oder braunen Tönen, trocken blasser mit ocker-gelbbraunen Tönen. Die Lamellen sind blassviolett bis stumpf violettgrau. Der Stiel ist glatt bis fein faserig und hutfarben.

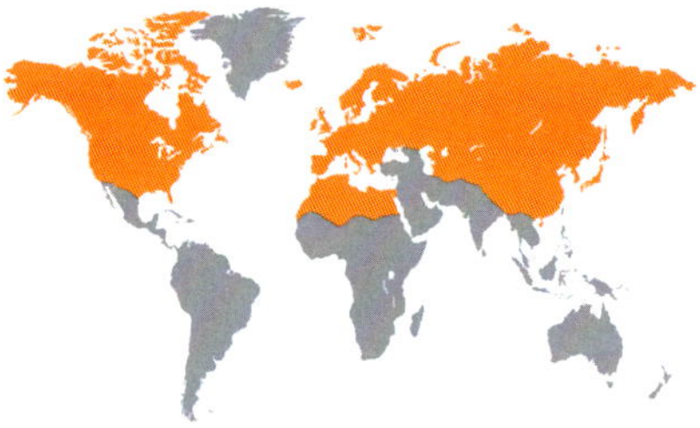

FAMILIE	Tricholomataceae
VERBREITUNG	Nordamerika, Europa, Nordafrika, Nordasien
LEBENSRAUM	Auf Weiden und in Gebüschen
SYMBIOSE	Mit Gräsern
WUCHSFORM	Am Boden, truppweise oder in Ringen
VORKOMMEN	Selten
SPORENFARBE	Blass rosig-cremefarben
GENIESSBARKEIT	Gekocht essbar

GRÖSSE
Bis zu 100 mm

HUTDURCHMESSER
Bis zu 125 mm

LEPISTA PERSONATA

LILASTIEL-RÖTELRITTERLING

(FRIES) COOKE

Rötelritterlinge waren in der Vergangenheit ein sehr beliebter Speisepilz in Mittelengland, besonders in Nottinghamshire, und wurden auf lokalen Märkten angeboten. Auch in London wurden sie verkauft, noch bevor Zuchtpilze zum Alltag gehörten. Heute sind Rötelritterlinge auch wieder erhältlich, allerdings vor allem im Gourmetbereich und zu wesentlich höheren Preisen. Der Lilastiel-Rötelritterling (auch *Lepista saeva* genannt) ist seltener als der Violette Rötelritterling (*L. nuda*), aber in gut gekochtem Zustand genauso essbar. Er ist auch unter dem Namen Maskierter Rötelritterling bekannt.

Maßstab 1:1

ÄHNLICHE ARTEN

Den Lilastiel-Rötelritterling erkennt man an seinem kontrastierenden cremefarbenen bis gelblich braunen Hut und seinem violetten Stiel. Oft wird er mit dem Violetten Rötelritterling (*Lepista nuda*) verwechselt, der nicht nur in Wäldern, sondern auch häufig auf Wiesen wächst. Der Wiesenpilz *L. panaeolus* hat einen graubraunen, oft gefleckten Hut, aber keinen violetten Stiel.

Der Lilastiel-Rötelritterling hat einen fleischigen Hut, der zuerst konvex ist, ausgebreitet dann flach oder leicht niedergedrückt. Die Oberfläche ist glatt, cremefarben bis ockerbraun oder blassbeige. Die Lamellen sind weißlich bis blass rosig, im Alter leicht bräunlich. Der Stiel ist glatt bis fein faserig, intensiv violett, wird im Alter von der Basis aufwärts rötlich braun.

FAMILIE	Strophariaceae
VERBREITUNG	Australien; im Westen Nordamerikas, in Europa, Südafrika und Neuseeland eingeschleppt
LEBENSRAUM	In Wäldern, Parklandschaften und Gärten
SYMBIOSE	Auf nährstoffreichen Böden und Holzmulch
WUCHSFORM	Am Boden, meist in großen, oft büscheligen Trupps
VORKOMMEN	Häufig
SPORENFARBE	Violettbraun
GENIESSBARKEIT	Ungenießbar

GRÖSSE
Bis zu 75 mm

HUTDURCHMESSER
Bis zu 75 mm

LERATIOMYCES CERES

ORANGEROTER TRÄUSCHLING

(COOKE & MASSEE) SPOONER & BRIDGE

Der Orangerote Träuschling war lange ein Rätsel. Man entdeckte ihn erstmals in den 1950er-Jahren in England auf Sägespänen und Hackschnitzeln. Damals hieß er *Stropharia aurantiaca* und galt als seltene orangehütige Form eines normalerweise braunen Pilzes. Später tauchte er in den Niederlanden auf, dann in anderen europäischen Ländern, dann in Kalifornien und im Rest der Welt, als Folge der zunehmenden Verwendung von Holzmulch für Blumenbeete. Überall galt er als fremde Art – doch woher kam er? Seinen Ursprung fand man schließlich in Australien, wo er bereits in den 1880er-Jahren als *Agaricus ceres* beschrieben wurde. Mittlerweile wurde er in *Leratiomyces ceres* umbenannt. Das Rätsel ist gelöst.

ÄHNLICHE ARTEN

Bis vor Kurzem wurde der Orangerote Träuschling fälschlicherweise als *Stropharia aurantiaca* klassifiziert. Der echte *S. aurantiaca* (heute *Leratiomyces squamosus* var. *thraustus*) ist eine seltene, orangehütige Variante eines braunhütigen europäischen Blätterpilzes, der sich von *L. ceres* mikroskopisch unterscheidet und der schlank und langstielig ist.

Maßstab 1:1

Der Orangerote Träuschling hat einen konvexen Hut, der stumpf gebuckelt wird. Die Hüte sind glatt (jung am Rand mit weißen Velumresten behangen), bei Feuchtigkeit klebrig und intensiv orange bis orangerot. Die Lamellen sind blass gräulich bis violettlich braun. Der Stiel ist weißlich, färbt manchmal orange oder rostrot, hat eine vergängliche Ringzone und einige verstreute Schuppen zur Basis hin.

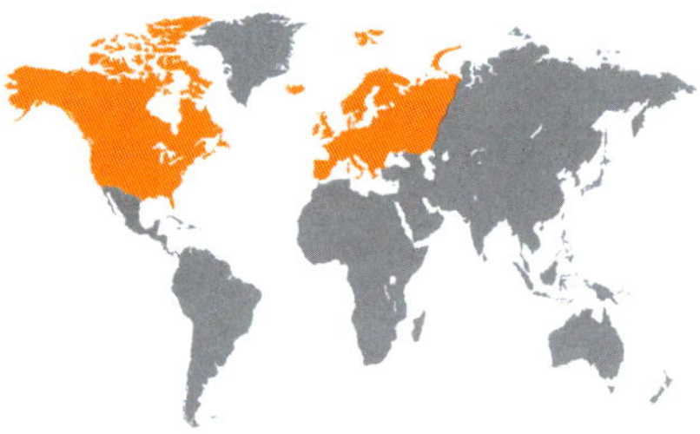

FAMILIE	Strophariaceae
VERBREITUNG	Nordamerika, Europa
LEBENSRAUM	In Wäldern
SYMBIOSE	Mit Laubbäumen
WUCHSFORM	Auf vergrabenem Holz oder auf Holzresten, einzeln oder truppweise
VORKOMMEN	Selten
SPORENFARBE	Violettbraun
GENIESSBARKEIT	Ungenießbar

GRÖSSE
Bis zu 175 mm

HUTDURCHMESSER
Bis zu 50 mm

LERATIOMYCES SQUAMOSUS VAR. THRAUSTUS

ZIEGELROTER TRÄUSCHLING

(KALCHBRENNER) BRIDGE & SPOONER

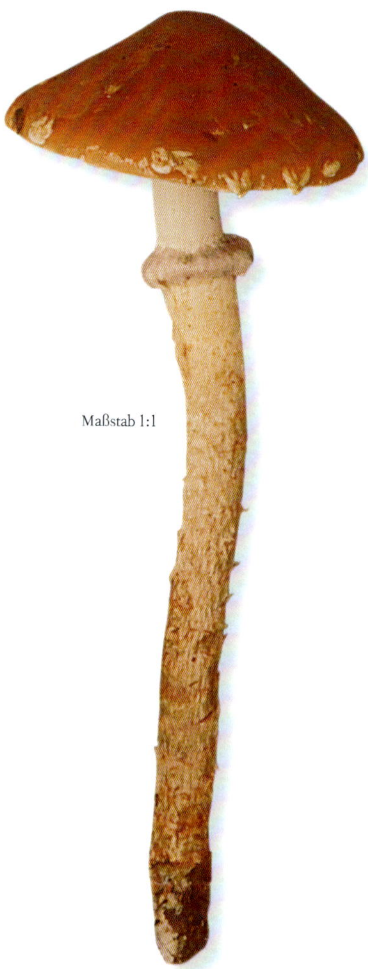

Maßstab 1:1

Sein langer, schlanker Stiel und sein oranger Hut machen den Ziegelroten Träuschling zu einem hübschen und markanten Blätterpilz, der jedoch nirgendwo häufig vorkommt. Gelegentlich wächst er in Wäldern auf Laubstreu, wo er vergrabene Holzfragmente zersetzt. Bis vor Kurzem war seine Gattungszugehörigkeit umstritten und er wurde bereits zu *Hypholoma*, *Psilocybe* und *Stropharia* zugeordnet. Untersuchungen seiner DNA ergaben jedoch, dass keine dieser Gattungen die richtige ist. Tatsächlich gehört er zu *Leratiomyces* – eine Gattung, in der sich hauptsächlich Pilze aus Australien und Ozeanien befinden.

ÄHNLICHE ARTEN

Der Ziegelrote Träuschling wurde früher oft mit dem Orangeroten Träuschling (*Leratiomyces ceres*) verwechselt. Letzerer – häufig auf Holzmulch zu finden – hat aber weniger schlanke, kompaktere Fruchtkörper mit einem orangeroten Hut. Die gewöhnliche Form von *L. squamosus* unterscheidet sich durch seinen cremefarbenen bis bräunlichen Hut.

Der Ziegelrote Träuschling hat einen konvexen Hut, der flacher wird. Die Oberfläche ist glatt (jung mit weißlichen Velumresten am Rand), bei Feuchtigkeit klebrig, und gelborange bis rotbraun (bei der Varietät *thraustus*). Die Lamellen sind blass gräulich bis graubraun. Der Stiel ist im oberen Bereich weißlich, darunter orangebraun, hat einen auffälligen Ring und ist zur Basis hin dicht mit weißlichen Schuppen bedeckt.

FAMILIE	Agaricaceae
VERBREITUNG	Nordamerika, Südeuropa, Afrika, Mittel- und Südamerika, Ostasien, Australien
LEBENSRAUM	In kalkhaltigen Wäldern, Parklandschaften und Gärten
SYMBIOSE	Mit Laubbäumen
WUCHSFORM	Am Boden, einzeln oder in kleinen Gruppen
VORKOMMEN	Lokal häufig
SPORENFARBE	Weiß
GENIESSBARKEIT	Ungenießbar

GRÖSSE
Bis zu 150 mm

HUTDURCHMESSER
Bis zu 100 mm

LEUCOAGARICUS RUBROTINCTUS

ROTHÜTIGER EGERLINGSSCHIRMLING

(PECK) SINGER

Leucoagaricus-Arten sind mit *Lepiota*-Arten verwandt, aber tendenziell größer und schlanker, mit einem ausgeprägten (vollständigen) Ring am Stiel. Dank seiner ansehnlichen Färbung ist der Rothütige Egerlingsschirmling einer der am weitesten verbreiteten und am leichtesten erkennbaren Pilze. In manchen Gegenden ist er jedoch selten, etwa in Europa, wo er nur im Mittelmeerraum vorkommt. In anderen ist er häufiger vertreten, besonders in Nordamerika, von wo er ursprünglich dokumentiert wurde. Möglicherweise steht *Leucoagaricus rubrotinctus* auch für eine weltweit vorkommende Gruppe eng verwandter Arten.

ÄHNLICHE ARTEN

Mehrere *Leucoagaricus*-Arten – etwa der europäische *L. wychanskyi* – haben rosa Hüte und können wie blasse Exemplare des Rothütigen Egerlingsschirmlings aussehen. Andere *Leucoagaricus*-Arten, wie *L. badhamii* und *Lepiota flammeatincta*, haben rötlich braune bis violettbraune Hüte, die sich bei Verletzung sofort scharlachrot färben.

Maßstab 1:1

Der Rothütige Egerlingsschirmling hat einen konvexen Hut, der ausgebreitet flach oder stumpf gebuckelt ist. Die Hutmitte ist rosig rot bis orangerot oder rotbraun, zum Rand hin meist zu Schuppen auf einem weißlichen Untergrund aufgerissen. Die Lamellen sind weiß. Der Stiel ist weißlich, mit einem weißen, häutigen Ring.

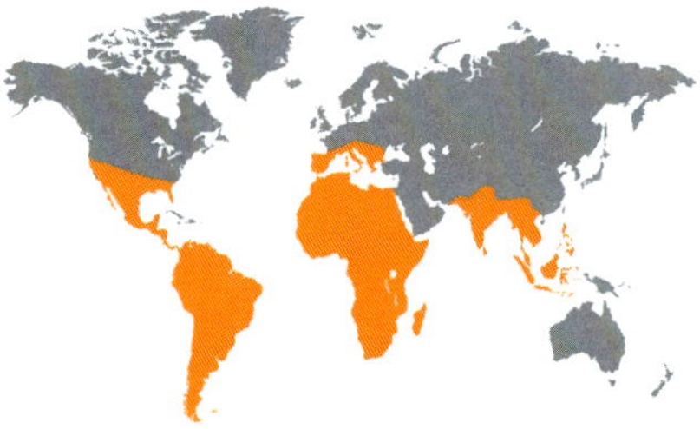

FAMILIE	Agaricaceae
VERBREITUNG	Im Süden Nordamerikas, in Südeuropa, Afrika, Mittel- und Südamerika, Südasien; woanders mit Zimmerpflanzen eingeschleppt
LEBENSRAUM	In Wäldern (auch in Blumentöpfen und Gewächshäusern)
SYMBIOSE	Mit Laubbäumen auf nährstoffreichen Böden
WUCHSFORM	Am Boden, in kleinen Gruppen
VORKOMMEN	Häufig
SPORENFARBE	Weiß
GENIESSBARKEIT	Vermutlich giftig, lieber meiden

GRÖSSE
Bis zu 75 mm

HUTDURCHMESSER
Bis zu 50 mm

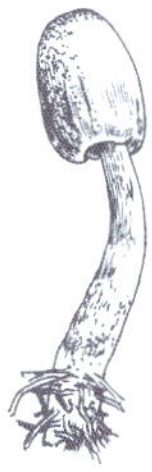

LEUCOCOPRINUS BIRNBAUMII

GELBER FALTENSCHIRMLING

(CORDA) SINGER

Maßstab 1:1

Dieser zarte, leuchtende, tropische Blätterpilz hat eine ungewöhnliche Nische für sich entdeckt: Er wächst bei Zimmerpflanzen in Blumentöpfen auf der ganzen Welt. Vermutlich verbreitete er sich über handelsübliche Blumenerde, aber es ist unklar, warum gerade dieser Pilz so ein erfolgreicher und verbreiteter Kolonist wurde. Der natürliche Lebensraum des Gelben Faltenschirmlings ist in den Wäldern der Tropen und Subtropen und reicht im Norden bis in den Süden Nordamerikas und Europas. Ursprünglich wurde er aus einem Gewächshaus in Prag dokumentiert, wo ihn Garteninspektor Birnbaum entdeckt hatte. In einigen Berichten wird er als Verursacher von Magen-Darm-Beschwerden aufgelistet.

ÄHNLICHE ARTEN

Leucocoprinus straminellus und *L. flavescens* sind blassere Arten, die man am besten mikroskopisch unterscheidet. Beide wurden gelegentlich schon in Gewächshäusern gefunden. In der Natur könnte man *L. birnbaumii* mit dem weitverbreiteten *L. fragilissimus* verwechseln, der weiße Lamellen hat. Der karibische *Leucocoprinus sulphurellus* verfärbt sich auf Druck auffallend blaugrün.

Der Gelbe Faltenschirmling hat einen dünnen, konvexen bis kegeligen Hut, der flach oder stumpf gebuckelt wird. Die Oberfläche ist jung leuchtend gelb, im Alter verblassend und bräunlich, und mit losen, körnigen Schuppen bedeckt. Die Lamellen sind blassgelb. Der Stiel ist zur Basis hin verdickt, ähnlich gefärbt, mit verstreuten, körnigen Schuppen und einem kleinen, leicht vergänglichen Ring.

FAMILIE	Agaricaceae
VERBREITUNG	Nordamerika, Europa, Afrika, Mittelamerika, Asien, Neuseeland
LEBENSRAUM	In Wäldern
SYMBIOSE	Mit Laubbäumen auf nährstoffreichen Böden
WUCHSFORM	Am Boden, einzeln oder in kleinen Gruppen
VORKOMMEN	Selten
SPORENFARBE	Weiß
GENIESSBARKEIT	Ungenießbar

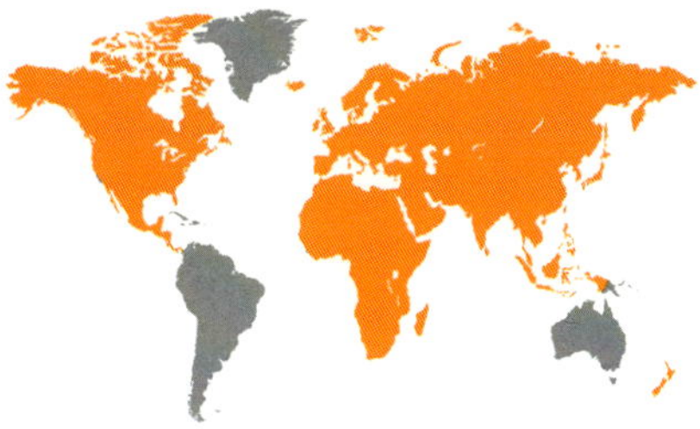

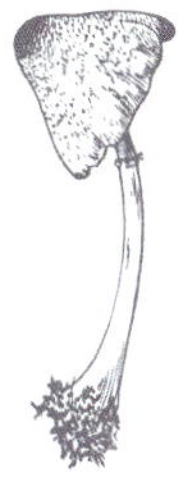

GRÖSSE
Bis zu 75 mm

HUTDURCHMESSER
Bis zu 75 mm

LEUCOCOPRINUS BREBISSONII

SCHWARZSCHUPPIGER FALTENSCHIRMLING

(GODEY) LOQUIN

Die *Leucocoprinus*-Arten sind die zarten, dünnhütigen Verwandten der Gattungen *Leucoagaricus* und *Lepiota*. Sie erinnern ein bisschen an weißsporige Tintlinge (*leuco* beduetet „weiß"), aber anders als bei den meisten Tintlingen verflüssigen sich ihre Lamellen nicht. Keiner ist als stark giftig bekannt, aber einige wirken wohl schwach giftig. Die meisten *Leucocoprinus*-Arten sind Tropenpilze, aber der Schwarzschuppige Faltenschirmling ist eine Ausnahme und wächst oft auf nährstoffreichen Böden in gemäßigten Wäldern. Man vermutet, dass er sich durch den zunehmenden Einsatz von Nitratdüngern in den letzten Jahren vermehrt hat, auch wenn neuere Zahlen aus den Niederlanden dies nicht bestätigen.

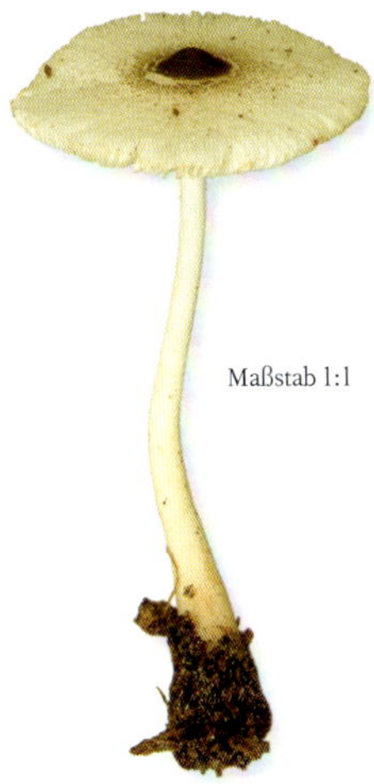

Maßstab 1:1

ÄHNLICHE ARTEN

Leucocoprinus venezuelanus ist ein weitverbreiteter und sehr ähnlicher Tropenpilz, den man am besten mikroskopisch an seinen kleineren Sporen erkennt. Mehrere *Lepiota*-Arten der gemäßigten Zonen, etwa *L. felina*, haben einen dunklen Scheitel, sind aber dickfleischiger und ihre Ringe sind selten vollständig oder überhaupt nicht vorhanden.

Der Schwarzschuppige Faltenschirmling hat zuerst einen konvexen bis kegeligen Hut, der flach wird. In der Mitte hat er einen dunklen graubraunen bis schwarzen Fleck, umringt von feinen schwarzen Schuppen auf einem weißen Untergrund. Die Lamellen sind weiß, werden im Alter gelblich. Der Stiel ist weiß, verdickt und zur Basis hin manchmal rosig, mit verstreuten, körnigen Schuppen und einem kleinen, leicht vergänglichen Ring.

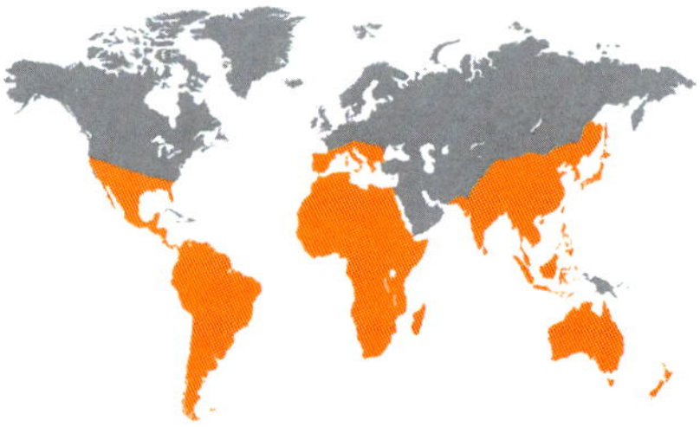

FAMILIE	Agaricaceae
VERBREITUNG	Im Süden Nordamerikas, in Südeuropa, Afrika, Mittel- und Südamerika, Süd- und Ostasien, Australien, Neuseeland
LEBENSRAUM	In Wäldern
SYMBIOSE	Mit Laubbäumen
WUCHSFORM	Am Boden, in kleinen Gruppen
VORKOMMEN	Häufig
SPORENFARBE	Weiß
GENIESSBARKEIT	Ungenießbar

GRÖSSE
Bis zu 100 mm

HUTDURCHMESSER
Bis zu 50 mm

LEUCOCOPRINUS FRAGILISSIMUS

GEBRECHLICHER FALTENSCHIRMLING

(RAVENEL) PATOUILLARD

Der Beiname *fragilissimus* bedeutet „äußerst zerbrechlich" – dieser Pilz ist der kurzlebigste aller Blätterpilze. Sein Hut ist oft dünn und durchsichtig wie Seidenpapier. Bei tropischer Hitze und Feuchtigkeit sind Fruchtkörper, die nachts aufschirmen, bei Tag schon wieder welk und es ist schwierig, ein heiles Exemplar zu finden. Der Gebrechliche Faltenschirmling ist ein häufiger und weitverbreiteter Pilz, der ursprünglich aus dem Südosten der USA dokumentiert wurde, aber überall in den Tropen und Subtropen zu finden ist, von Japan im Norden bis Neuseeland im Süden.

ÄHNLICHE ARTEN

Der häufige Gelbe Faltenschirmling (*Leucocoprinus birnbaumii*) ist ein ähnlicher Pilz der Tropen und Subtropen, aber weniger transparent und zerbrechlich, dafür komplett gelb (auch die Lamellen). *Leucocoprinus straminellus* und *L. flavescens* sind zwei blassere, gelbe Tropenpilze, die ebenfalls robuster sind als derGebrechliche Faltenschirmling.

Maßstab 1:1

Der Gebrechliche Faltenschirmling hat einen sehr dünnen, konvexen bis kegeligen Hut, der ausgebreitet flach ist. Der Hut ist jung blassgelb, dann weißlich, in der Mitte weiterhin gelb bis gelbbraun, und mit losen, körnigen Schuppen bedeckt. Die Lamellen sind weiß bis gelblich weiß. Der Stiel ist weißlich bis gelblich weiß, mit verstreuten, körnigen Schuppen und einem kleinen, leicht vergänglichen Ring.

FAMILIE	Tricholomataceae
VERBREITUNG	Nordamerika, Europa, Mittelamerika, Nordasien, Neuseeland
LEBENSRAUM	Auf Weiden und Waldlichtungen
SYMBIOSE	Mit Gräsern
WUCHSFORM	Am Boden, in Ringen
VORKOMMEN	Selten
SPORENFARBE	Weiß
GENIESSBARKEIT	Essbar

GRÖSSE
Bis zu 150 mm

HUTDURCHMESSER
Bis zu 400 mm

LEUCOPAXILLUS GIGANTEUS

RIESEN-KREMPENTRICHTERLING

(SOWERBY) SINGER

Der Riesen-Krempentrichterling bildet in der Tat große Fruchtkörper, auch wenn sie nicht immer trichterig sind, wie sein deutscher Name vermuten ließe. Besonders eindrucksvoll sind sie als große Ringe im Gras – eine typische Wuchsform dieser Art. Sehr alte Ringe bestehen oft nur noch aus Bögen, sodass es aussieht, als wären die Fruchtkörper entlang einer langen Schlangenlinie ausgerichtet. Der Riesen-Krempentrichterling ist ein essbarer Pilz mit einem aromatischen oder rettichartigen Geruch. Aus ihm wurde das Antibiotikum Clitocybin hergestellt (früher hieß die Art *Clitocybe gigantea*). Einem weiteren Metaboliten, Clitocin genannt, wurde eine Anti-Tumor-Wirkung nachgewiesen.

ÄHNLICHE ARTEN

Leucopaxillus candidus gilt manchmal als eigene, im Hochland wachsende Art, unterscheidet sich aber kaum. Der Mönchskopf (*Infundibulicybe geotropa*) ist ähnlich, aber ein Waldpilz mit einem längeren Stiel und einem beigen bis gelbbraunen Hut. *Lactarius piperatus* und der kurzstieligere *L. vellereus* sind ebenfalls ähnlich, sondern aber eine weiße Milch ab.

Maßstab 1:1

Der Riesen-Krempentrichterling hat einen fleischigen Hut, der erst konvex, ausgebreitet dann leicht trichterig ist. Die Oberfläche ist glatt, trocken, nahezu samtig und elfenbeinfarben, im Alter gelbbraun gefleckt und hat einen eingerollten Rand. Die gedrängt stehenden Lamellen sind hutfarben und herablaufend. Der Stiel ist kurz, hutfarben und glatt.

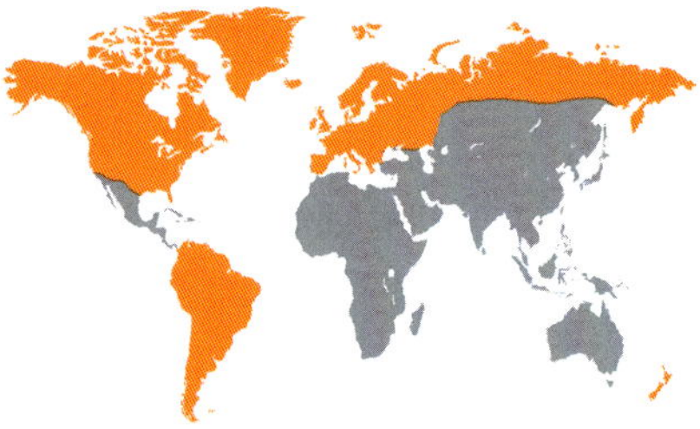

FAMILIE	Hygrophoraceae
VERBREITUNG	Nordamerika, Europa, Südamerika, arktisches Asien, Neuseeland
LEBENSRAUM	In Moorland und im Gebirge
SYMBIOSE	Flechtenbildend mit Algen
WUCHSFORM	Am Boden, auf Erde und Torf
VORKOMMEN	Selten
SPORENFARBE	Weiß
GENIESSBARKEIT	Ungenießbar

GRÖSSE
Bis zu 25 mm

HUTDURCHMESSER
Bis zu 25 mm

LICHENOMPHALIA ALPINA

ZITRONENGELBER FLECHTENNABELING

(BRITZELMAYR) REDHEAD ET AL

Die meisten Flechten, wie etwa *Xanthoria elegans*, gehören zu den Schlauchpilzen und ihre Fruchtkörper sind becher- oder tellerförmig, oft viel kleiner und weniger gut sichtbar als ihre krusten- oder blattartigen Thalli. Der Zitronengelbe Fichtennabeling ist jedoch eine Flechte, die zu den Ständerpilzen zählt und Fruchtkörper mit Lamellen bildet, die viel größer als ihre unscheinbaren Thalli sind (die als kleine, gräulich-grüne Schuppen um die Basis herum wachsen). Wie der Name *Lichenomphalia alpina* sagt, kommt dieser leuchtende kleine Pilz vor allem in arktischen und alpinen Regionen vor, wo er bei Moosen und anderen Flechten wächst.

Maßstab 1:1

ÄHNLICHE ARTEN

Der häufigere und weiter verbreitete Heide-Flechtennabeling (*Lichenomphalia umbellifera*) ist ähnlich geformt, aber blassbraun. Die Saftlinge (Gattung *Hygrocybe*) gehören zur selben Familie und mehrere von ihnen sind leuchtend gelb. *Hygrocybe vitellina* ist gelb und hat herablaufende Lamellen, aber seine Lamellen sind nie so spärlich vorhanden und entfernt stehend wie jene des Zitronengelben Flechtennabelings.

Der Zitronengelbe Flechtennabeling hat einen konvexen Hut, der flach wird. Die Oberfläche ist glatt, mit einem gewellten oder gebogenen Rand, leuchtend gelb bis blassgelb (siehe Bild links). Die Lamellen sind herablaufend, spärlich vorhanden, entfernt stehend und blassgelb. Der Stiel ist glatt und blass hutfarben.

FAMILIE	Amanitaceae
VERBREITUNG	Nordamerika, Europa, Asien
LEBENSRAUM	In kalkhaltigen Wäldern
SYMBIOSE	Mit Laub- und Nadelbäumen
WUCHSFORM	Am Boden, einzeln oder in kleinen Gruppen
VORKOMMEN	Selten
SPORENFARBE	Weiß
GENIESSBARKEIT	Ungenießbar

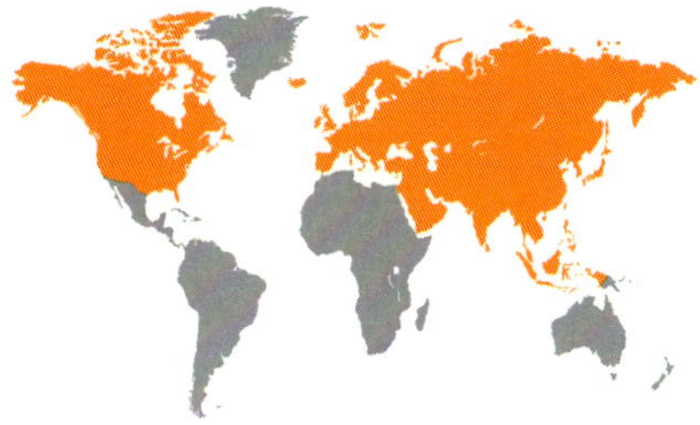

GRÖSSE
Bis zu 150 mm

HUTDURCHMESSER
Bis zu 150 mm

LIMACELLA GUTTATA

GETROPFTER SCHLEIMSCHIRMLING

(PERSOON) KONRAD & MAUBLANC

Limacella-Arten sind die weniger bekannten Verwandten der *Amanita*-Arten. Sie können ähnlich aussehen, aber ihnen fehlt die Volva an der Stielbasis. Außerdem haben sie schleimige Hüte – der Schleim ist das Überbleibsel eines klebrigen Velums. Der lateinische Name *Limacella* bedeutet „kleine Nacktschnecke", was nicht sehr fair klingt, da die Pilze viel größer (und ansehnlicher) als eine Nacktschnecke sind. Sie wachsen bevorzugt in kalkhaltigen Wäldern, oft zusammen mit *Lepiota*-Pilzen. Der Getropfte Schleimschirmling riecht leicht mehlig und wird manchmal als essbar bezeichnet, aber ähnlich aussehende *Amanita*-Arten können tödlich giftig sein.

Maßstab 1:1

ÄHNLICHE ARTEN

In Nordamerika ist *Limacella solidipes* eine ähnliche Art, die jung weiß ist, aber im Alter rosig gelbbraun sein kann. Der weitverbreitete und meist weißliche *L. illinita* bildet manchmal Fruchtkörper von ähnlicher Farbe, aber sein Stiel ist schleimig, ohne ausgeprägten Ring. Beringte, weißlamellige *Amanita*- und *Leucoagaricus*-Arten haben für gewöhnlich keine schleimigen Hüte.

Der Getropfte Schleimschirmling hat anfangs einen konvexen Hut (siehe Bild links), der ausgebreitet stumpf gebuckelt ist. Die Oberfläche ist glatt, feucht schleimig, oft aufgerissen und cremefarben bis blass hellbraun oder rosig hellbraun. Die Lamellen sind weiß. Der Stiel ist trocken, weißlich bis cremefarben, mit einer leicht knolligen Basis und einem häutigen, herabhängenden Ring, der oft graue Flecken bekommt.

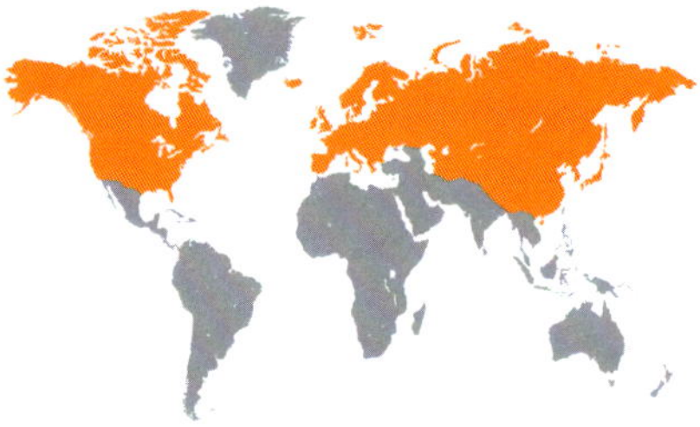

FAMILIE	Lyophyllaceae
VERBREITUNG	Nordamerika, Europa, Nordasien
LEBENSRAUM	In Wäldern und Parklandschaften
SYMBIOSE	Mit Laub- und Nadelbäumen, oft in Gras
WUCHSFORM	Am Boden, in dichten Büscheln
VORKOMMEN	Häufig
SPORENFARBE	Weiß
GENIESSBARKEIT	Am besten meiden

GRÖSSE
Bis zu 100 mm

HUTDURCHMESSER
Bis zu 100 mm

LYOPHYLLUM CONNATUM

WEISSER RASLING

(SCHUMACHER) SINGER

Wie der Büschelrasling (*Lyophyllum decastes*) bildet auch der Weiße Rasling dichte Büschel aus Fruchtkörpern auf Gras oder Streu in der Nähe von Bäumen. Früher hielt man ihn für eine unpigmentierte Form des Büschelraslings. Molekulare Untersuchungen ergaben aber, dass er eine eigene Art ist. Der Weiße Rasling gilt allgemein als essbar und wurde in China sogar versuchsweise gezüchtet. Neuere Forschung weist jedoch auf potenziell mutagene Verbindungen in den Fruchtkörpern hin, darum meidet man ihn wohl besser oder probiert ihn mit Bedacht.

ÄHNLICHE ARTEN

Die komplett weißen, ringlosen und schuppenlosen Fruchtkörper, die in großen Büscheln am Boden wachsen, sollten unverkennbar sein. Kleinere Büschel oder Büschel aus unreifen Fruchtkörpern könnten leicht mit einigen anderen weißhütigen Arten verwechselt werden (unter anderem mit *Clitocybe*-Pilzen), von denen einige giftig sein können.

Maßstab 1:1

Der Weiße Rasling hat zuerst konvexe Hüte, die ausgebreitet flach sind. Die Oberfläche ist glatt, manchmal seidig glänzend, am Rand oft gewellt und komplett weiß. Die Lamellen sind weiß. Der Stiel ist glatt, zur Basis hin zugespitzt und ebenfalls weiß. Alle Teile des Fruchtkörpers können sich im Alter jedoch gelblich verfärben.

FAMILIE	Lyophyllaceae
VERBREITUNG	Nordamerika, Europa, Mittelamerika, Nordasien
LEBENSRAUM	In Wäldern und Parklandschaften
SYMBIOSE	Mit Laub- und Nadelbäumen, oft auf Gras
WUCHSFORM	Am Boden, in dichten Büscheln
VORKOMMEN	Häufig
SPORENFARBE	Weiß
GENIESSBARKEIT	Essbar

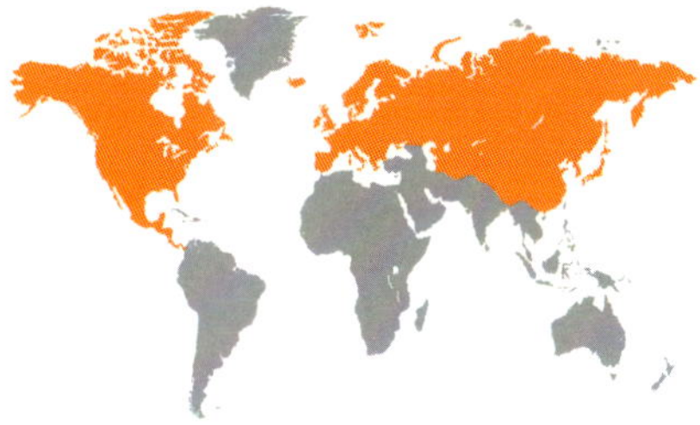

GRÖSSE
Bis zu 125 mm

HUTDURCHMESSER
Bis zu 150 mm

LYOPHYLLUM DECASTES

BÜSCHELRASLING

(FRIES) SINGER

Der Büschelrasling bildet typischerweise dichte Büschel aus Fruchtkörpern auf Gras oder Streu in der Nähe von Bäumen. Vermutlich wächst er auf toten Wurzeln oder vergrabenem Holz. Lange galt er als sehr vielseitiger Pilz und neuere Molekularforschung ergab, dass er einen Komplex aus mindestens fünf Arten bildet, von denen erst eine offiziell benannt wurde: der ostasiatische *Lyophyllum shimeji*. *Lyophyllum decastes* (einschließlich *L. shimeji*) wird in China und Japan als Speisepilz kultiviert und mittlerweile weltweit exportiert. Auch in anderen Ländern wird der Pilz in großen Mengen gesammelt und verzehrt. In Nordamerika nennt man ihn auch „Fried Chicken Mushroom", da seine Konsistenz angeblich an gebratenes Hähnchen erinnert.

Der Büschelrasling hat anfangs konvexe Hüte, die ausgebreitet flach sind. Die Oberfläche ist glatt, seidig glänzend, grau bis blass graubraun und mit einer abziehbaren Huthaut. Die Lamellen sind weißlich bis cremefarben, im Alter leicht bräunlich. Der Stiel ist glatt und seidig glänzend, weiß bis leicht bräunlich. Das Fleisch ist eher zäh und elastisch.

ÄHNLICHE ARTEN

Falls sie eigene Arten sind (und nicht nur Farbvarianten) unterscheidet sich *Lyophyllum fumosum* durch seinen dunkleren Hut und die gräulichen Lamellen, während *L. loricatum* braune, leicht klebrige Hüte hat. Die Molekularforschung konnte den komplett weißen *L. connatum* als eigene Art abgrenzen. Viele andere Blätterpilze (manche giftig) wachsen in ähnlichen dichten Büscheln.

Maßstab 1:1

FAMILIE	Tricholomataceae
VERBREITUNG	Nordamerika (Florida), Mittel- und Südamerika
LEBENSRAUM	In Wäldern, Gebüschen und auf Wiesen
SYMBIOSE	Mit Gräsern und Büschen
WUCHSFORM	Am Boden, einzeln oder truppweise
VORKOMMEN	Lokal häufig
SPORENFARBE	Weiß
GENIESSBARKEIT	Gekocht essbar

GRÖSSE
Bis zu 700 mm

HUTDURCHMESSER
Bis zu 1000 mm

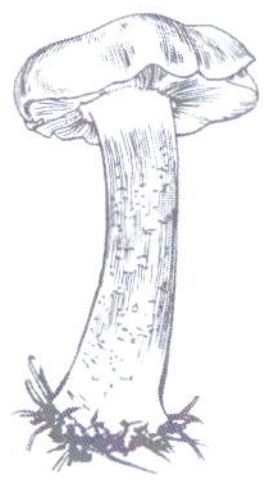

MACROCYBE TITANS

(H. E. BIGELOW & KIMBROUGH) PEGLER ET AL

Macrocybe titans („American Titan") ist ein großer Pilz. Üblicherweise bildet er Fruchtkörper mit einem Hutdurchmesser von 500 mm, gelegentlich auch außergewöhnliche Exemplare von doppelter Größe. Er ist der mit Abstand größte Blätterpilz des amerikanischen Kontinents und nur der afrikanische *Termitomyces titanicus* kann es mit ihm aufnehmen. Der Pilz wächst in Wäldern und auf Wiesen, manchmal auch auf Rasen oder an Wegrändern, in Mittelamerika wuchs er sogar aus einem Termitenbau. Vielleicht mag er umgegrabene Erde. Gekocht soll er essbar sein, kann jedoch einen unangenehmen Geruch entwickeln.

Macrocybe titans hat einen konvexen Hut, der flach bis leicht niedergedrückt wird. Die Oberfläche ist glatt, gelblich braun und wird weißer. Die Lamellen sind weiß bis blass gelbbraun. Der dicke Stiel ist anfangs glatt und hutfarben, reißt in kleine, manchmal dunklere Schuppen auf.

ÄHNLICHE ARTEN

Früher gehörte *Macrocybe titans* in die Gattung *Tricholoma*, und kleinere Exemplare könnten mit einem großen, blassen *Tricholoma*-Pilz verwechselt werden. In Südamerika hat der verwandte *Macrocybe praegrandis* ähnliche Fruchtkörper mit bis zu 500 mm Durchmesser, aber mit glatten und deutlich knolligen Stielen.

Maßstab 1:4

FAMILIE	Marasmiaceae
VERBREITUNG	Nordamerika, Europa, Nordasien
LEBENSRAUM	In Wäldern und auf Holzmulch
SYMBIOSE	Mit Laub- und Nadelbäumen
WUCHSFORM	Am Boden, einzeln oder in verstreuten Trupps
VORKOMMEN	Lokal häufig
SPORENFARBE	Weißlich bis rosig braun
GENIESSBARKEIT	Ungenießbar

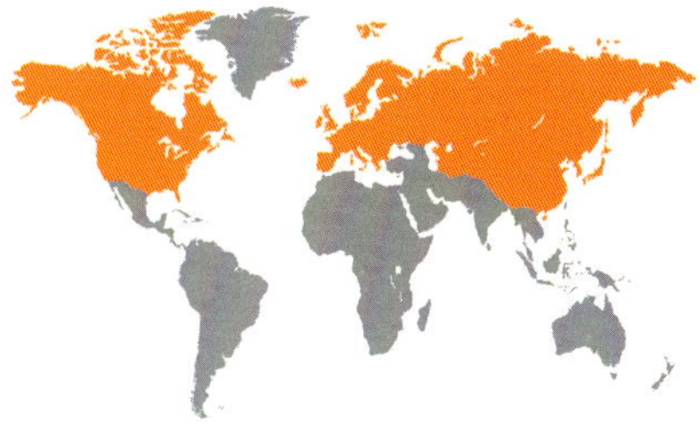

GRÖSSE
Bis zu 75 mm

HUTDURCHMESSER
Bis zu 50 mm

MACROCYSTIDIA CUCUMIS

GURKEN-SCHNITZLING

(PERSOON) JOSSERAND

Dieser Pilz sieht jung sehr adrett aus und man erkennt ihn leicht an seinem eleganten, fast schwarzen Hut mit cremefarbenen Rand. Leider riecht er auch – angeblich nach Gurken, tatsächlich aber nach altem Hering. In Europa kommt er häufig vor, in Nordamerika seltener, verbreitet sich jedoch rasch – dank der zunehmenden Verwendung von Holzmulch, den der Gurken-Schnitzling liebt. Obwohl er in die überwiegend weißsporige Familie Marasmiaceae gehört, sind seine Sporen oft rosig oder sogar braunrosa. Die neue Verbindung Cucumin wurde aus dem Gurken-Schnitzling isoliert und ist ein potenzieller antibakterieller Wirkstoff.

Maßstab 1:1

ÄHNLICHE ARTEN

Der dunkle Hut mit cremefarbenem Rand und der starke Geruch sind charakteristisch. *Marasmius alliaceus* hat einen rötlich braunen Hut, einen schwärzlichen Stiel und riecht nach Knoblauch. Ähnliche größere *Marasmius*-Arten haben dunkel rot- bis violettbraune Stiele, keinen merklichen Geruch und oft blassere Hüte.

Der Gurken-Schnitzling hat einen kegeligen Hut, der flacher wird. Die Oberfläche ist glatt, bei Feuchtigkeit dunkel violett- oder schwarzbraun, trocknet blasser und hat einen kontrastierenden cremefarbenen Rand. Die Lamellen sind cremefarben bis gelblich, werden rosa. Der Stiel ist fein samtig, oben cremefarben, darunter gelblich bis rötlich braun und an der Basis schwarzbraun.

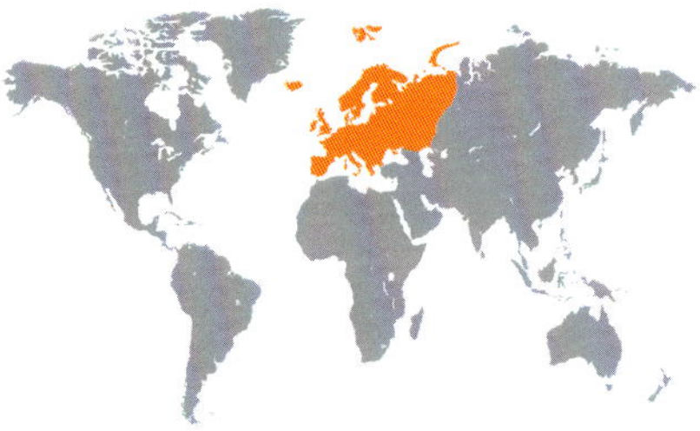

FAMILIE	Agaricaceae
VERBREITUNG	Europa
LEBENSRAUM	In grasigen Wäldern, in Parklandschaften, auf Weiden und Dünenrasen
SYMBIOSE	Mit Laubbäumen und Gräsern
WUCHSFORM	Am Boden, einzeln oder in kleinen Trupps
VORKOMMEN	Lokal häufig
SPORENFARBE	Weiß
GENIESSBARKEIT	Essbar

GRÖSSE
Bis zu 200 mm

HUTDURCHMESSER
Bis zu 125 mm

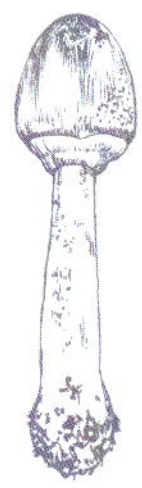

MACROLEPIOTA MASTOIDEA

ZITZEN-RIESENSCHIRMLING

(FRIES) SINGER

Dieser Pilz ist schlanker als der Riesenschirmling (*Macrolepiota procera*) und hat meist einen markanten, brustwarzenartigen Buckel in der Hutmitte (*mastoidea* bedeutet „brustartig"). Er toleriert nährstoffärmere Böden besser als andere *Macrolepiota*- und *Chlorophyllum*-Pilze und bevorzugt Weiden und Küstenwiesen, wo er oft bei Saftlingen (Gattung *Hygrocybe*) wächst und lokal häufig vorkommen kann. Bis vor Kurzem wurde er in mehrere Arten aufgeteilt, darunter *M. gracilenta*, *M. rickenii* und *M. konradii*, aber molekulare Analysen ergaben, dass es sich nur um Varianten einer einzelnen Art handelt.

ÄHNLICHE ARTEN

Der Zitzen-Riesenschirmling kann farblich variieren, aber seine schlanke Form und der spitz gebuckelte Hut sind charakteristisch. *Macrolepiota clelandii* ist eine ähnliche, australische Art, während *M. neomastoidea* eine ähnliche (aber giftige) Art in Ostasien ist. Der Riesenschirmling (*M. procera*) ist größer und hat einen mit Schuppen genatterten Stiel.

Maßstab 1:1

Der Zitzen-Riesenschirmling hat einen halbkugeligen Hut, der ausgebreitet spitz gebuckelt ist. Die Oberfläche ist blass rosig bis gräulich braun in der Mitte, zum Rand hin in kleine Schuppen auf einem cremefarbenen Untergrund aufgerissen. Die Lamellen sind weiß bis cremefarben. Der Stiel ist ähnlich gefärbt und mit kleinen, blassen Schuppen bedeckt. Er hat einen ausgeprägten Ring und eine verdickte bis knollige Basis.

FAMILIE	Agaricaceae
VERBREITUNG	Nordamerika, Europa, Afrika, Mittel- und Südamerika, West- und Nordasien, Neuseeland
LEBENSRAUM	Auf nährstoffreichen Böden; grasige Wälder, Parks, Wegränder, Dünen
SYMBIOSE	Mit Laubbäumen und Gräsern
WUCHSFORM	Am Boden, einzeln oder truppweise und in Ringen
VORKOMMEN	Häufig
SPORENFARBE	Weiß
GENIESSBARKEIT	Am besten meiden

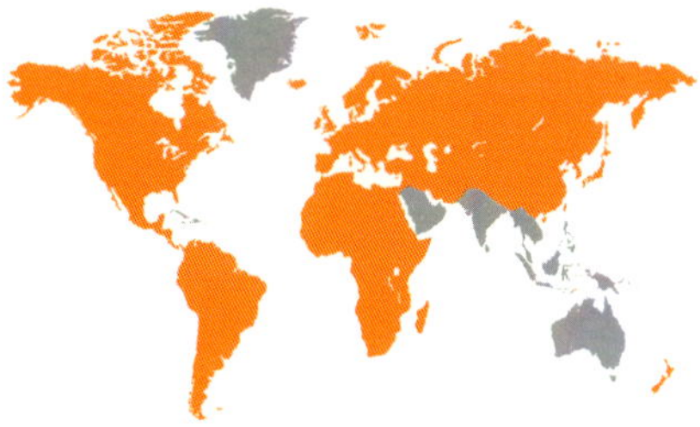

GRÖSSE
Bis zu 400 mm

HUTDURCHMESSER
Bis zu 300 mm

MACROLEPIOTA PROCERA

RIESENSCHIRMLING

(SCOPOLI) SINGER

Das lateinische Wort *procera* bedeutet „groß“ und der Riesenschirmling ist wirklich ein großer und imposanter Blätterpilz, der tellergroße Hüte bilden kann. Der Riesenschirmling wurde erstmals vom Naturforscher Giovanni Scopoli in Italien dokumentiert und scheint weitverbreitet zu sein, auch wenn neuere Forschung vermuten lässt, dass einige „Riesenschirmlinge“ eigene Arten sind (vor allem in Amerika). Sie alle sind essbar, aber müssen genau vom giftigen Grünsporigen Riesenschirmling (*Chlorophyllum molybdites*) und besonders von tödlich giftigen *Lepiota*-Arten unterschieden werden, die ähnlich gemustert sein können, aber viel kleiner sind.

ÄHNLICHE ARTEN

Die schuppige Natterung am Stiel ist ein typisches Merkmal des Riesenschirmlings und seiner nahen Verwandten (wie dem australischen *Macrolepiota clelandii*) und unterscheidet ihn vom giftigen Grünsporigen Riesenschirmling (*Chlorophyllum molybdites*), der – wie sein Name sagt – grüne Sporen hat, und vom Safran-Schirmling (*C. rhacodes*), dessen Fleisch rötet.

Der Riesenschirmling bildet jung keulige Fruchtkörper (siehe Bild links). Der ausgebreitete Hut ist flach, aber gebuckelt, in der Mitte dunkelbraun, zum Rand hin in blassere Schuppen auf einem cremefarbenen Untergrund aufgerissen. Die Lamellen sind weiß bis cremefarben. Der Stiel ist weiß bis cremefarben, mit einer bräunlichen Natterung, einem ausgeprägten, verschiebbaren Ring und einer verdickten bis knolligen Basis.

Maßstab 1:1

FAMILIE	Marasmiaceae
VERBREITUNG	Europa
LEBENSRAUM	In Wäldern
SYMBIOSE	Mit Buchen
WUCHSFORM	Auf Fallholz und Laubstreu
VORKOMMEN	Lokal häufig
SPORENFARBE	Weiß
GENIESSBARKEIT	Essbar

GRÖSSE
Bis zu 200 mm

HUTDURCHMESSER
Bis zu 60 mm

MARASMIUS ALLIACEUS

LANGSTIELIGER KNOBLAUCHSCHWINDLING

(JACQUIN) FRIES

Sein deutscher und sein lateinischer Name verraten es schon: Dieser Pilz riecht stark nach Knoblauch oder Zwiebeln und hat auch etwas von deren Geschmack. Er gilt als essbar und ist einer von den vielen Blätterpilzen, die in Osteuropa als Speisepilz gesammelt werden, auch wenn er sehr dünnfleischig ist. Sein Aroma entsteht bei dem Zerfall einer neuen Verbindung namens γ-Glutamyl-Marasmin. Diese Verbindung wurde auch in *Marasmius scorodonius* und *M. querceus* nachgewiesen – zwei verwandte Arten, die den gleichen Geruch verströmen. Die Fruchtkörper bilden auch ein Antibiotikum, Alliacol, das mittlerweile synthetisiert wird und möglicherweise für medizinische Zwecke genutzt werden kann.

ÄHNLICHE ARTEN

Der verwandte *Marasmius copelandii* aus Nordamerika hat einen ähnlichen Geruch. Der amerikanisch-europäische *M. scorodonius* riecht ebenfalls nach Knoblauch, unterscheidet sich jedoch durch seinen glänzenden, orangegelben Stiel, der zur Basis hin dunkel rotbraun wird. Der seltene europäische *M. querceus* (auch *M. prasiosmus*) hat einen samtigen, rötlichen Stiel und wächst auf Eichenstreu.

Maßstab 1:1

Der Langstielige Knoblauchschwindling hat einen konvexen Hut, der ausgebreitet flach ist. Die Oberfläche ist glatt, gelbbraun bis dunkel rotbraun und bei Feuchtigkeit am Rand leicht gerieft. Die Lamellen sind weißlich, mit rosigen bis gräulichen Tönen. Der lange Stiel ist fein samtig, oft zusammengedrückt und dunkel graubraun bis schwarz.

FAMILIE	Marasmiaceae
VERBREITUNG	Nordamerika, Europa, Nordasien
LEBENSRAUM	In Wäldern
SYMBIOSE	Mit Nadelbäumen, auch mit Laubbäumen und Besenheide
WUCHSFORM	Auf Laubstreu und auf Stielen von Besenheide, in Schwärmen
VORKOMMEN	Häufig
SPORENFARBE	Weiß
GENIESSBARKEIT	Ungenießbar

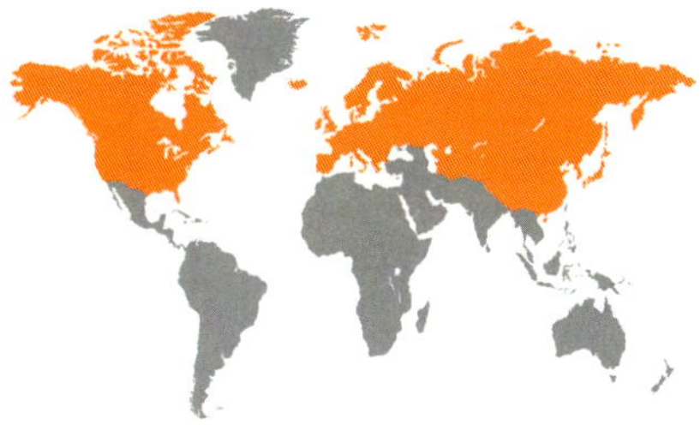

GRÖSSE
Bis zu 50 mm

HUTDURCHMESSER
Bis zu 15 mm

MARASMIUS ANDROSACEUS

ROSSHAAR-SCHWINDLING

(LINNAEUS) FRIES

Viele kleine *Marasmius*-Arten bilden haarfeine Rhizomorphen – wurzelartige Hyphenstränge, die von einer glatten Schicht umschlossen sind. Sie ermöglichen dem Pilz die rasche Ausbreitung in Laubstreu oder auf lebenden Stämmen und Ästen, ohne dass er dabei austrocknet. Die meisten dieser kleinen Blätterpilze wachsen in den Tropen, aber der Rosshaar-Schwindling ist ein häufiger Pilz der nördlichen gemäßigten Zone. Die drahtigen Stiele ähneln den Rhizomorphen und manchmal wachsen Stränge aus ihnen, besonders an der Basis. Eine Studie aus dem Osten Nordamerikas ergab, dass 85 Prozent der Vogelnester in hochgelegenen Fichtenwäldern mit Rhizomorphen des Rosshaar-Schwindlings ausgelegt waren.

ÄHNLICHE ARTEN

Der ähnliche *Marasmius crinisequi* ist ein häufiger Tropenpilz, der zahlreiche, oberirdische Rhizomorphen bildet. In Nordamerika und Nordasien ist *M. pallidocephalus* ein ähnlicher Nadelbaumpilz, er hat jedoch gelbbraune Hüte mit dunkelbraunen Stielen und Rhizomorphen. Der weitverbreitete *M. quercophilus* ist ein braunstieliger Pilz und wächst auf Laubstreu, vor allem auf Eichenstreu.

Maßstab 1:1

Der Rosshaar-Schwindling hat einen konvexen Hut, der flach wird, aber ausgebreitet oft in der Mitte genabelt ist. Die Oberfläche ist glatt, aber radialrunzelig, gelbbraun bis rosig braun, zum Rand hin blasser oder cremefarben. Die Lamellen stehen entfernt und haben die Farbe des Hutrands. Der lange, dünne, drahtige Stiel ist glänzend und dunkel rotbraun bis schwarz.

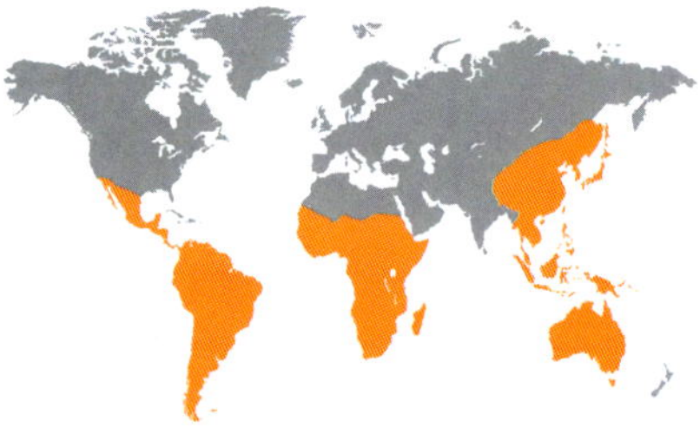

FAMILIE	Marasmiaceae
VERBREITUNG	Afrika (südlich der Sahara), Mittel- und Südamerika, Süd- und Ostasien, Australien
LEBENSRAUM	In Wäldern
SYMBIOSE	Mit Laubbäumen
WUCHSFORM	Auf toten und lebenden Ästen und Blättern
VORKOMMEN	Häufig
SPORENFARBE	Weiß
GENIESSBARKEIT	Ungenießbar

GRÖSSE
Bis zu 5 mm

HUTDURCHMESSER
Bis zu 5 mm

MARASMIUS CRINISEQUI

F. MUELLER EX KALCHBRENNER

Marasmius crinisequi („Horsehair Fungus") hat winzige Fruchtkörper, aber zahlreiche, haarähnliche Rhizomorphen: schwarze Hyphenstränge, die einem losen Netz ähnelnd über lebende Stämme und Äste wachsen. In tropischen Regenwäldern ermöglichen es die Rhizomorphen dem Pilz, sich durch das Blätterdach auszubreiten und neue Nahrungsquellen zu erschließen, sogar tote Blätter einzufangen und festzuhalten, bevor sie zu Boden fallen. Die Fruchtkörper wachsen typischerweise aus Seitensträngen (die ihre Stiele bilden) aus den Rhizomorphen heraus. Daher kann man sie manchmal in der Luft zwischen zwei mit Rhizomorphen bedeckten Bäumen hängen sehen. Der lateinische Beiname *crinis-equi* bedeutet „Rosshaar".

ÄHNLICHE ARTEN

In den Tropen gibt es mehrere ähnliche Arten, die Rhizomorphen bilden, einige in der Gattung *Marasmius*, andere in der Gattung *Crinipellis*. Der Rosshaar-Schwindling (*M. androsaceus*) wächst in der nördlichen gemäßigten Zone und hat auch rosshaarähnliche Stiele und Rhizomorphen, wächst aber meist am Boden, in Laub- und Nadelstreu.

Maßstab 1:1

Marasmius crinisequi hat einen konvexen Hut, der in der Mitte vertieft ist, oft leicht genabelt. Die Oberfläche ist glatt, aber radialfurchig, cremefarben bis blass orange-gelbbraun, in der Mitte oft braun. Die Lamellen sind entfernt stehend, weiß bis gelbbraun. Der lange, dünne, drahtige Stiel ist an der Spitze weiß, darunter schwarz und wächst aus ähnlichen schwarzen Rhizomorphen.

FAMILIE	Marasmiaceae
VERBREITUNG	Im Süden Nordamerikas, Afrika, Mittel- und Südamerika, Südasien, Australien
LEBENSRAUM	In Wäldern
SYMBIOSE	Mit Laubbäumen
WUCHSFORM	In Laubstreu, auf abgefallenen Blättern
VORKOMMEN	Häufig
SPORENFARBE	Weiß
GENIESSBARKEIT	Ungenießbar

GRÖSSE
Bis zu 50 mm

HUTDURCHMESSER
Bis zu 15 mm

MARASMIUS HAEMATOCEPHALUS

(MONTAGNE) FRIES

Marasmius haematocephalus („Mauve Parachute") wurde erstmals aus Brasilien dokumentiert und ist ein weitverbreiteter Pilz der Tropen und Subtropen, der häufig scharenweise auf Laubstreu auftaucht. Der Beiname *haematocephalus* bedeutet „blutroter Hut", aber *Marasmius haematocephalus* ist typischerweise eher pink bis rotviolett. Solche *Marasmius*-Arten in leuchtenden Farben gehören im Regenwald zu den häufigsten Blätterpilzen, mit unzähligen verschiedenen Arten – gelben, orangen, roten, violetten –, die zusammen auf toten Blättern und abgefallenen Zweigen wachsen. In den Tropen wachsen so viele solcher Pilze, dass es zweifellos noch viele neue Arten zu entdecken und beschreiben gibt.

ÄHNLICHE ARTEN

Marasmius haematocephalus könnte ein Komplex aus eng verwandten Arten auf der ganzen Welt sein. Zwei sehr ähnliche Arten, *M. aratus* und *Marasmius distantifolius*, wurden aus Südostasien (Malaysien und Singapur) dokumentiert und werden am besten unter dem Mikroskop unterschieden. *M. pulcherripes* ist ein rosiger Pilz der nördlichen gemäßigten Wälder, der oft bei Nadelbäumen wächst.

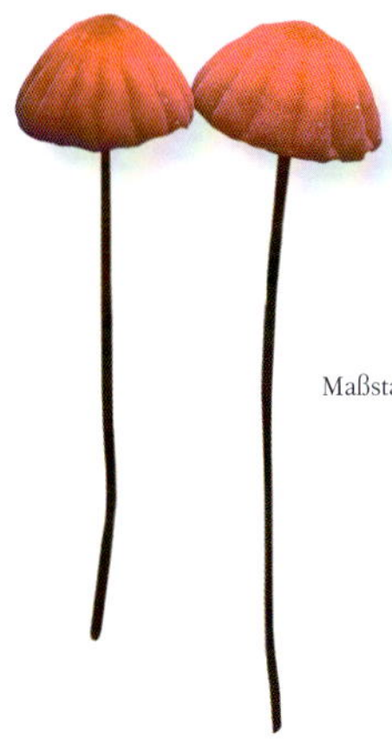

Maßstab 1:1

Marasmius haematocephalus hat kleine, dünne Hüte, die konvex bleiben. Die Oberfläche ist glatt, aber gefurcht oder gewellt, pink, malvenfarben oder rotviolett. Die Lamellen sind entfernt stehend und weiß bis rosig oder blass hutfarben. Der lange, dünne Stiel ist glatt, dunkel rotbraun bis braun.

FAMILIE	Marasmiaceae
VERBREITUNG	Europa
LEBENSRAUM	In Wäldern
SYMBIOSE	Mit Stechpalmen
WUCHSFORM	In Laubstreu, auf abgefallenen Blättern
VORKOMMEN	Lokal häufig
SPORENFARBE	Weiß
GENIESSBARKEIT	Ungenießbar

GRÖSSE
Bis zu 50 mm

HUTDURCHMESSER
Unter 5 mm

MARASMIUS HUDSONII

STECHPALMEN-SCHWINDLING

(PERSOON) FRIES

Mehrere kleine *Marasmius*-Arten haben sich zu Spezialisten entwickelt, die nur auf bestimmten Wirtspflanzen wachsen. *Marasmius buxi* wächst beispielsweise nur auf abgefallenen Buchsbaumblättern, während der häufigere *M. epiphylloides* auf Efeublättern wächst. Der Stechpalmen-Schwindling ist ähnlich spezialisiert und wächst ausschließlich auf abgefallenen Stechpalmenblättern. Zusätzlich bevorzugt er ein mildes, feuchtes Klima und wird in Europa in östlicher Richtung immer seltener. Seine außergewöhnlich langen Huthaare sind ein spezifisches Merkmal dieses winzigen Pilzes, sodass man ihn mit scharfen Augen oder einer Lupe leicht erkennen kann.

ÄHNLICHE ARTEN

Das Vorkommen auf alten, abgefallenen Stechpalmenblättern und die langen Haare am Hut machen den Stechpalmen-Schwindling einzigartig und unverwechselbar. Andere kleine *Marasmius*-Arten können ähnlich gefärbt sein, wachsen jedoch auf Stöcken, Stämmen oder Blättern anderer Pflanzen und haben glatte oder runzelige Hüte.

Maßstab 1:1

Der Stechpalmen-Schwindling hat kleine Hüte, die konvex bleiben. Die Oberfläche ist glatt, weiß, wird cremefarben bis blass rötlich braun, ist spärlich mit feinen, aufstehenden, rotbraunen Haaren oder Borsten bedeckt, die kürzer als 3 mm sind. Die Lamellen sind entfernt stehend und hutfarben. Der lange, dünne Stiel ist glatt, ganz oben weiß, und wird zur Basis hin borstig und dunkel rotbraun.

FAMILIE	Marasmiaceae
VERBREITUNG	Nordamerika, Europa, Nordafrika, Mittel- und Südamerika, Nordasien, Australien, Neuseeland
LEBENSRAUM	Auf Weiden, Rasen und Wiesen
SYMBIOSE	Mit Gräsern
WUCHSFORM	Auf Gras, in Ringen
VORKOMMEN	Häufig
SPORENFARBE	Weiß
GENIESSBARKEIT	Essbar

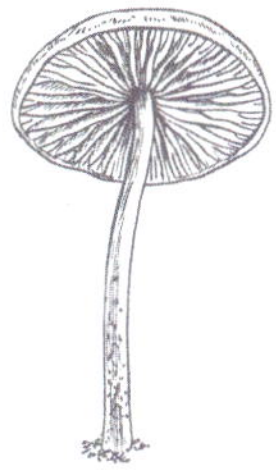

GRÖSSE
Bis zu 75 mm

HUTDURCHMESSER
Bis zu 40 mm

MARASMIUS OREADES

NELKEN-SCHWINDLING

(BOLTON) FRIES

Der Nelken-Schwindling ist ein häufig vorkommender Wiesenpilz. Er bildet zähe Fruchtkörper, die eine ungewöhnliche Fähigkeit haben: Bei Trockenheit schrumpfen sie zusammen und erheben sich nach dem Regen wieder, um neue Sporen zu verbreiten. Die meisten anderen Fruchtkörper von Blätterpilzen verrotten einfach, wenn sie vertrocknen und wieder befeuchtet werden. Vielleicht ist das ein Grund, warum der Nelken-Schwindlig so häufig ist – seine langlebigen Fruchtkörper erwachen vom Frühsommer an immer wieder zu neuem Leben. Trotz seiner geringen Größe ist er ein guter Speisepilz und wird in Ländern wie Frankreich, Bulgarien und China für den Handel gesammelt und exportiert.

Maßstab 1:1

ÄHNLICHE ARTEN

Marasmius oreades ist nicht der einzige Blätterpilz, der im Gras Ringe bildet. Das tun auch giftige Arten, etwa der Rinnigbereifte Trichterling (*Clitocybe rivulosa*), den man an seinem weißlichen bis rosig gelbbraunen Hut und den gedrängter stehenden Lamellen erkennt, und *Lepiota oreadiformis*, der von oben sehr ähnlich aussieht, jedoch einen Ring oder Velumreste am Stiel hat.

Der Nelken-Schwindling hat konvexe Hüte, die flach und oft stumpf gebuckelt werden. Die Oberfläche ist glatt, cremefarben bis blass gelbbbraun oder rosig braun, in der Mitte dunkler, trocken blasser. Die Lamellen sind entfernt stehend und blass hutfarben (siehe Bild rechts). Der zähe Stiel ist glatt und hutfarben.

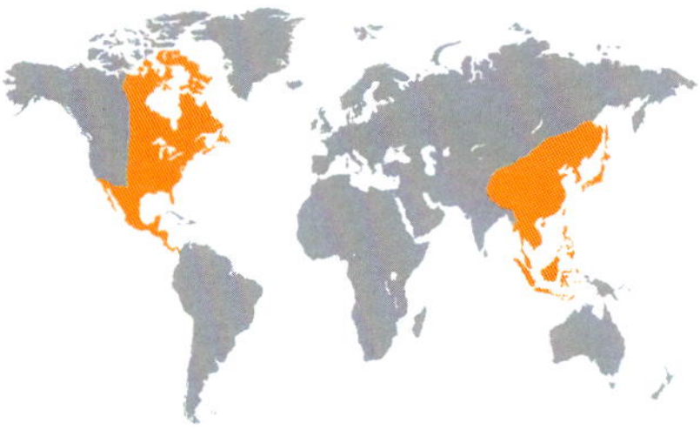

FAMILIE	Marasmiaceae
VERBREITUNG	Im Osten Nordamerikas, in Mittelamerika, Ostasien
LEBENSRAUM	In Wäldern
SYMBIOSE	Mit Nadel- und Laubbäumen
WUCHSFORM	Auf Laubstreu, oft truppweise
VORKOMMEN	Selten
SPORENFARBE	Weiß
GENIESSBARKEIT	Ungenießbar

GRÖSSE
Bis zu 50 mm

HUTDURCHMESSER
Bis zu 15 mm

MARASMIUS PULCHERRIPES

PECK

Maßstab 1:1

Marasmius pulcherripes hat einen kleinen, dünnen, konvexen Hut, oft mit einem Buckel in der Mitte. Die Oberfläche ist glatt, aber gefurcht oder gewellt, rosa bis weinrot, gelblich rosa oder graurosa. Die Lamellen sind entfernt stehend und weißlich. Der lange, dünne Stiel ist glatt, glänzend, zuerst rötlich rosa, wird dann von der Basis aufwärts dunkelbraun.

Marasmius pulcherripes („Rosy Parachute") ist ein hübscher kleiner Blätterpilz, der erstmals aus dem Nordosten der USA dokumentiert wurde, danach aber auch weiter südwärts bis nach Mexiko auftauchte. Er ist auch aus Japan und Ostasien bekannt, wobei diese isolierten asiatischen Funde möglicherweise eine unbenannte, ähnlich aussehende Art darstellen. *Marasmius pulcherripes* ist ein Folgezersetzer und wächst auf abgefallenen Blättern oder Nadeln. Die Fruchtkörper können, wie bei vielen *Marasmius*-Arten, trockenes Wetter überdauern und bei Regen wieder zu neuem Leben erwachen. So kann der Pilz seine Sporen rasch verbreiten, wenn das Wetter feucht und optimal für die Keimung ist.

ÄHNLICHE ARTEN

Marasmius haematocephalus ist eine ähnliche, rötlich violette Art, die in den Tropen und Subtropen vorkommt. In Nordamerika und Asien sind der *M. siccus* („Orange Pinwheel") und *M. fulvoferrugineus* ähnlich geformt, haben jung aber jeweils blasse und intensiv orangefarbene Hüte.

FAMILIE	Marasmiaceae
VERBREITUNG	Nordamerika, Europa, Nordasien
LEBENSRAUM	In Wäldern, Hecken und Gebüschen
SYMBIOSE	Mit Laubbäumen
WUCHSFORM	Auf Stöcken, toten Zweigen und Holzabfällen, büschelig oder truppweise
VORKOMMEN	Sehr häufig
SPORENFARBE	Weiß
GENIESSBARKEIT	Ungenießbar

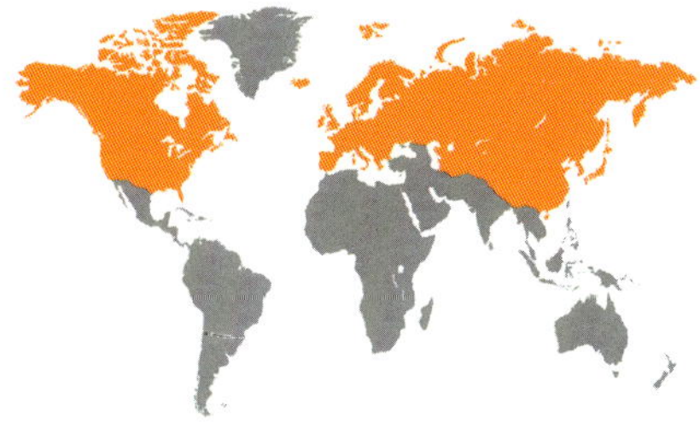

GRÖSSE
Bis zu 50 mm

HUTDURCHMESSER
Bis zu 15 mm

MARASMIUS ROTULA

HALSBAND-SCHWINDLING

(SCOPOLI) FRIES

Die Hüte dieses kleinen Blätterpilzes sehen aus wie winzige, faltige Fallschirme – ein typisches Merkmal vieler dieser kleinen *Marasmius*-Arten. Er kommt ungewöhnlich häufig vor und bedeckt oft Zweige, Stöcke und kleine Holzstücke mit dichten Büscheln aus Fruchtkörpern. Nach einem Regen sind sie oft die ersten Blätterpilze, die erscheinen, da ihre Fruchtkörper sich nach der Trockenheit schnell wieder aufrichten. Die Lamellen sind nicht direkt am Stiel angewachsen, sondern an einem kleinen, weißlichen Halsband (dem Kollar) um die Stielspitze – daher sein Trivialname. Sein Aussehen erinnert manchmal an ein Windrad aus Papier.

Maßstab 1:1

ÄHNLICHE ARTEN

Die Lamellen mehrerer anderer kleiner *Marasmius*-Arten münden in ein Kollar. Im Osten Nordamerikas ist *M.capillaris* ähnlich, wächst jedoch auf gefallenem Laub. *M. bulliardii* wächst ebenfalls auf Laub, ist weiter verbreitet und hat cremefarbene bis blassbraune Hüte. *Marasmius limosus* wächst in Sumpfgebieten auf toten Schilfrohren und Binsenstängeln.

Der Halsband-Schwindling hat halbkugelige Hüte, die flach oder in der Mitte niedergedrückt und oft genabelt sind. Die Oberfläche ist gefurcht oder gewellt, weiß bis cremefarben, bekommt graue bis bräunliche Töne. Die Lamellen sind entfernt stehend, weißlich und an einem Kollar an der Stielspitze angewachsen. Der dünne, drahtige Stiel ist glatt, glänzend, dunkel violett- bis braunschwarz.

FAMILIE	Marasmiaceae
VERBREITUNG	Westafrika
LEBENSRAUM	In Wäldern
SYMBIOSE	Mit Laubbäumen
WUCHSFORM	In Laubstreu, oft truppweise
VORKOMMEN	Selten
SPORENFARBE	Weiß
GENIESSBARKEIT	Ungenießbar

GRÖSSE
Bis zu 175 mm

HUTDURCHMESSER
Bis zu 100 mm

MARASMIUS ZENKER

HENNINGS

Maßstab 1:1

Marasmius zenkeri („Zenker's Striped Parachute“) ist einer der größeren *Marasmius*-Pilze und seine schirmartigen Hüte, die scharenweise aus der Laubstreu im tropischen Regenwald Afrikas wachsen, bieten einen interessanten Anblick. Anhaltender Regen sorgt manchmal dafür, dass das spinnwebartige, weißliche Myzel (aus dem die Fruchtkörper entstehen) die Laubfläche bedeckt und bindet, statt sich darunter zu verbergen – wie es für laubzersetzende Pilze in gemäßigten Wäldern typisch ist. Der Botaniker Georg August Zenker entdeckte die Art erstmals in der ehemaligen deutschen Kolonie Kamerun. Seitdem wurde der Pilz aber auch in ganz Westafrika in Wäldern gefunden.

ÄHNLICHE ARTEN

Auch wenn der gebänderte Hut des *Marasmius zenkeri* charakteristisch erscheint, gibt es mehrere andere Tropenpilze mit ähnlichen Hüten. *Marasmius bekolacongoli*, ebenfalls aus Westafrika, hat einen violettlich und blass grüngelb gestreiften Hut mit blass grüngelben Lamellen. *M. purpureostriatus* aus dem tropischen Asien ist violettgestreift, aber viel kleiner als *M. zenkeri*.

Marasmius zenkeri hat einen konvexen Hut, der flach bis gebuckelt wird. Die Oberfläche ist glatt, aber gefurcht oder gewellt. Die Furchen sind mattviolett bis violettgrau, mit blasseren Leisten dazwischen. Die Lamellen sind entfernt stehend und blassviolett. Der lange Stiel ist glatt, glänzend und gelblich braun bis dunkel rötlich braun.

FAMILIE	Tricholomataceae
VERBREITUNG	Nordamerika, Europa, Nordafrika, Mittelamerika
LEBENSRAUM	In Wäldern, Gebüschen und auf Wiesen
SYMBIOSE	Mit Laub- und Nadelbäumen
WUCHSFORM	Am Boden, einzeln oder truppweise
VORKOMMEN	Häufig
SPORENFARBE	Cremefarben
GENIESSBARKEIT	Essbar

GRÖSSE
Bis zu 125 mm

HUTDURCHMESSER
Bis zu 125 mm

MELANOLEUCA COGNATA

FRÜHLINGS-WEICHRITTERLING

(FRIES) KONRAD & MAUBLANC

Blätterpilze der Gattung *Melanoleuca* ähneln auf den ersten Blick *Tricholoma*-Pilzen, sind aber typischerweise graubraun mit weißlichen Lamellen und wachsen oft auf Wiesen wie auch in Wäldern. Die einzelnen Arten sind schwierig zu bestimmen, aber *Melanoleuca cognata* bildet eine Ausnahme – aufgrund seiner ocker bis orangen Farbtöne (besonders an den Lamellen), seiner relativ stattlichen Größe und seines süßlichen, manchmal unangenehmen Geruchs. Er bildet seine Fruchtkörper häufig im Frühling und auch später in der Saison. Angeblich ist er essbar, wird aber nirgendwo als Speisepilz empfohlen.

ÄHNLICHE ARTEN

Die meisten anderen *Melanoleuca*-Arten haben weißliche oder matt graubraune Hüte und weißliche Lamellen. Die lachsrosa-gelbbraunen Lamellen des Frühlings-Weichritterlings ließen eine *Entoloma*-Art vermuten, etwa den ebenso süß duftenden, aber giftigen Riesen-Rötling (*E. sinuatum*). *Entoloma*-Arten haben jedoch lachsrosa (keine weißen oder cremefarbenen) Sporen.

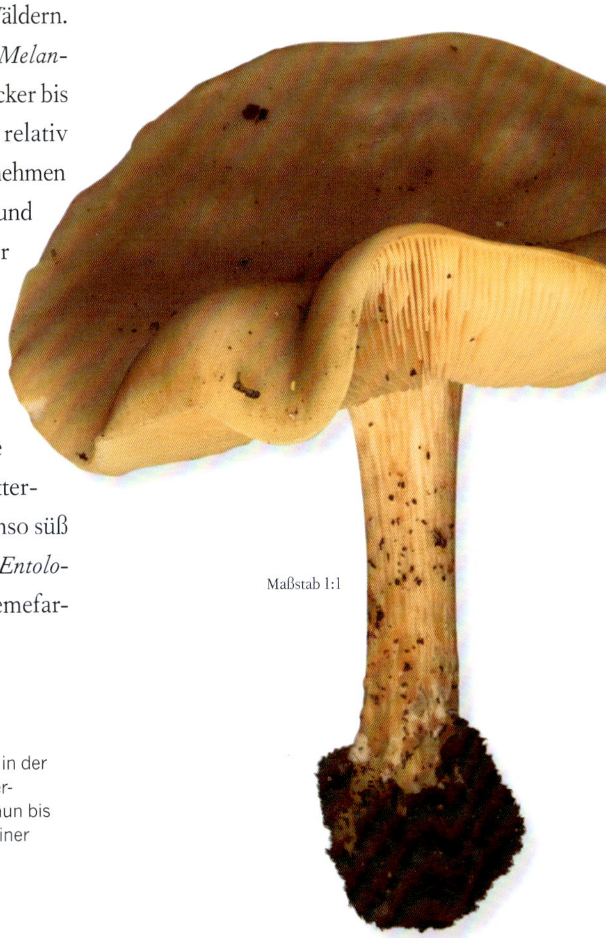

Maßstab 1:1

Der Frühlings-Weichritterling hat einen konvexen Hut, der flach oder in der Mitte niedergedrückt und gebuckelt wird Die Oberfläche ist glatt, ockergelbbraun bis orange-gelbbraun. Die Lamellen sind lachsrosa-gelbbraun bis blass gelborange. Der Stiel ist ähnlich gefärbt, fein faserig, meist mit einer etwas knolligen Basis.

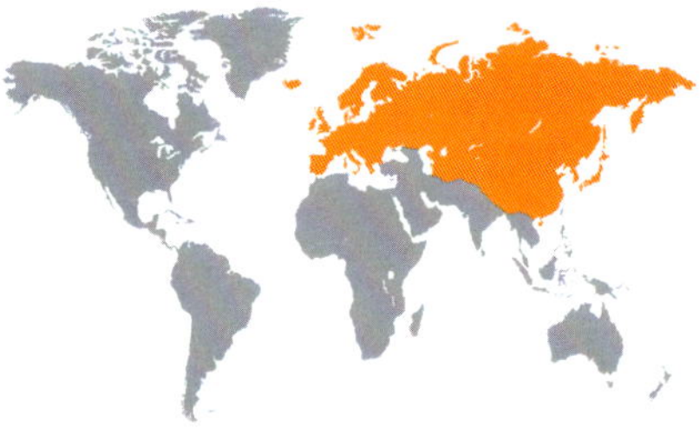

FAMILIE	Agaricaceae
VERBREITUNG	Europa, Nordasien
LEBENSRAUM	In kalkhaltigen Wäldern und Gebüschen
SYMBIOSE	Mit Laubbäumen
WUCHSFORM	Am Boden, einzeln oder in kleinen Gruppen
VORKOMMEN	Selten
SPORENFARBE	Bläulich grün
GENIESSBARKEIT	Ungenießbar

GRÖSSE
Bis zu 50 mm

HUTDURCHMESSER
Bis zu 25 mm

MELANOPHYLLUM EYREI

GRÜNBLÄTTRIGER ZWERGSCHIRMLING

(MASSEE) SINGER

Auf den ersten Blick sieht *Melanophyllum eyrei* wie jeder andere kleine, farblos-braune Blätterpilz aus und wird oft übersehen. Pflückt man ihn, sieht man jedoch seine ungewöhnlichen grünen Lamellen – ein einzigartiges Merkmal von Arten dieser Gattung. *Melanophyllum* („mit dunklen Lamellen") ist eng mit der weißsporigen Gattung *Lepiota* verwandt und in beiden Gattungen gibt es Pilze mit dem Trivialnamen „Schirmling". Sie alle bevorzugen typischerweise nährstoffreiche, kalkhaltige Böden in mildem Klima. Der Grünblättrige Zwergschirmling wurde nach William Eyre benannt, der ihn erstmals im englischen Hampshire entdeckte.

Maßstab 1:1

Der Grünblättrige Zwergschirmling hat einen konvexen Hut, der flach oder stumpf gebuckelt wird. Die Oberfläche ist jung fein gekörnt, wird glatt, cremefarben bis gelbbraun und in der Mitte dunkler. Der Rand ist mit Velumresten behangen. Die Lamellen sind graugrün bis blaugrün. Der Stiel ist fein gekörnt bis glatt, hutfarben bis blass rosig braun an der Basis.

ÄHNLICHE ARTEN

Ähnliche grünsporige *Melanophyllum*-Arten fand man in Westafrika (Burkina Faso) und Mittelamerika (Belize), aber sie wurden noch nicht beschrieben. Der verwandte Grünsporige Riesenschirmling (*Chlorophyllum molybdites*) hat grüne bis grüngraue Sporen, die mit der Zeit die Sporen färben, aber er ist ein viel größerer Pilz mit schuppigem Hut und auffälligem Ring.

FAMILIE	Agaricaceae
VERBREITUNG	Nordamerika, Europa, Nordasien, Australien, Neuseeland
LEBENSRAUM	In kalkhaltigen Wäldern, Parklandschaften und Gärten
SYMBIOSE	Mit Laubbäumen
WUCHSFORM	Am Boden, büschelig oder in kleinen Gruppen
VORKOMMEN	Selten
SPORENFARBE	Grün (wird dunkelrot)
GENIESSBARKEIT	Ungenießbar

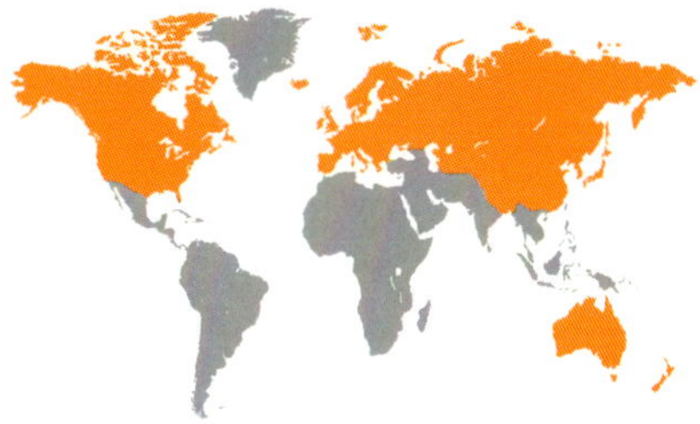

GRÖSSE
Bis zu 50 mm

HUTDURCHMESSER
Bis zu 35 mm

MELANOPHYLLUM HAEMATOSPERMUM

BLUTBLÄTTRIGER ZWERGSCHIRMLING

(BULLIARD) KREISEL

Der deutsche und der lateinische Name dieses kleinen Blätterpilzes sind etwas irreführend, denn seine Sporen sind frisch eigentlich grün, färben sich aber dunkelrot und schließlich schwarz, wenn sie trocknen. Die Lamellen sind jedoch von Anfang an rot und ein einzigartiges Merkmal dieser Art. Die mehligen Sporen am Hut und am Stiel sind lose und werden vom Regen leicht abgewaschen. Der ältere Name *Melanophyllum echinatum* bezog sich auf diese körnige Erscheinung (*echinatum* bedeutet „stachelig"). Der Blutblättrige Zwergschirmling mag nährstoffreiche Erde und wächst häufig in Gärten und sogar auf alten Komposthaufen. Er ist weitverbreitet, kommt aber nirgendwo sehr häufig vor.

ÄHNLICHE ARTEN

Der Blutblättrige Zwergschirmling gehört in dieselbe Familie wie die Champignons (Gattung *Agaricus*) und verwandte, aber kleinere *Micropsalliota*-Arten. Einige Tropenpilze haben mehlige Körnchen auf ihren Hüten und Stielen und einige können während der Reifung rötliche Lamellen haben. Doch sie alle haben schokoladenbraune, nie grüne bis rote Sporen.

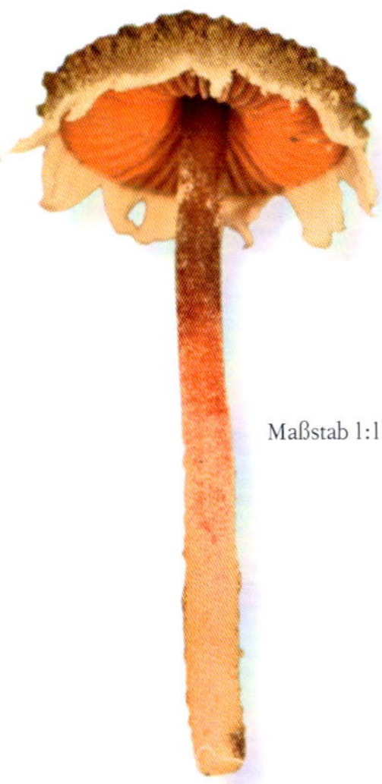

Maßstab 1:1

Der Blutblättrige Zwergschirmling hat einen konvexen Hut, der flach oder stumpf gebuckelt wird. Die Oberfläche ist jung, mehlig-körnig, dunkel graubraun bis braun, zum Rand hin blasser. Der Rand ist mit weißlichen Velumresten behangen. Die Lamellen sind rosig rot, werden dunkelrot. Der Stiel ist rötlich oder violettlich braun und anfangs mehlig-körnig.

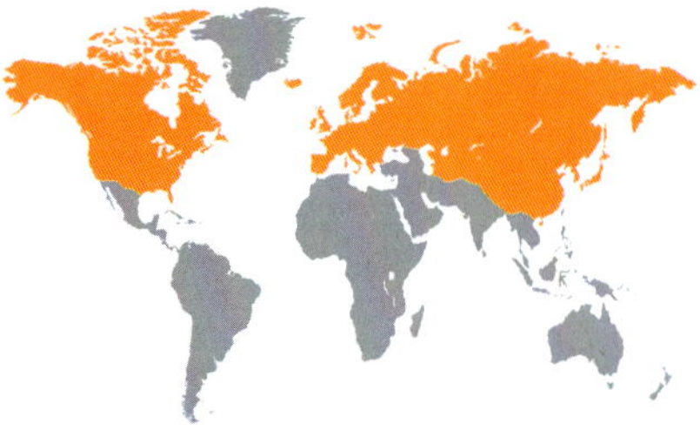

FAMILIE	Niaceae
VERBREITUNG	Nordamerika, Europa, Nordasien
LEBENSRAUM	In Wäldern
SYMBIOSE	Mit Laubbäumen, vor allem Erlen
WUCHSFORM	Auf toten Ästen und Zweigen
VORKOMMEN	Häufig
SPORENFARBE	Braun
GENIESSBARKEIT	Ungenießbar

GRÖSSE
Unter 3 mm

HUTDURCHMESSER
Unter 3 mm

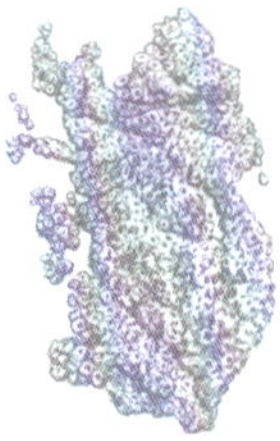

MERISMODES FASCICULATA

BRAUNES HÄNGEBECHERCHEN

(SCHWEINITZ) EARLE

Obwohl seine Fruchtkörper wie kleine Becherpilze aussehen, etwa wie das Weiße Haarbecherchen (*Lachnum virgineum*), ist das Braune Hängebecherchen eigentlich mit den Blätterpilzen verwandt. Er gehört zu einer Gruppe von Arten, die man „cyphelloide Pilze" nennt (*cyphella* bedeutet „Ohr-Becher"). Die meisten von ihnen sind unauffällig und ohne Mikroskop nur schwer zu bestimmen. Das Braune Hängebecherchen erkennt man jedoch auch in der Natur, da es dicht büschelig wächst, meist auf toten, aber noch am Baum hängenden Ästen und Zweigen.

ÄHNLICHE ARTEN

Merismodes anomala ist eine eng verwandte Art mit ähnlichen, aber tellerförmigeren Fruchtkörpern, die eher in dichten Schwärmen statt büschelig wachsen. Viele der echten Becherpilze, etwa das Weiße Haarbecherchen (*Lachnum virgineum*), haben ähnlich geformte und gefärbte Fruchtkörper, aber sie wachsen selten bis nie in so dichten Büscheln wie das Braune Hängebecherchen.

Maßstab 1:1

Das Braune Hängebecherchern bildet Fruchtkörper in dichten Büscheln. Jeder Fruchtkörper ist schüssel- bis becherförmig, manchmal mit einem kurzen Stiel; die Außenseite und der Rand sind braun behaart, die Innenseite ist glatt und cremefarben bis gelbbraun oder blassbraun.

FAMILIE	Marasmiaceae
VERBREITUNG	Nordamerika, Europa, Nordasien
LEBENSRAUM	In Wäldern
SYMBIOSE	Mit Laubbäumen
WUCHSFORM	Auf toten Ästen und Stöcken, in kleinen Trupps
VORKOMMEN	Häufig
SPORENFARBE	Weiß
GENIESSBARKEIT	Ungenießbar

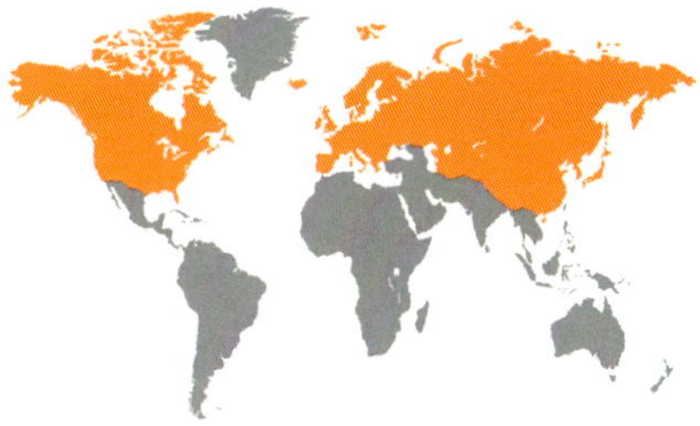

GRÖSSE
Bis zu 25 mm

HUTDURCHMESSER
Bis zu 25 mm

MICROMPHALE FOETIDUM

GEMEINER STINKSCHWINDLING

(SOWERBY) SINGER

Pilze der Gattung *Micromphale* haben den unglücklichen, aber wohlverdienten Ruf, zu stinken: Die Fruchtkörper verströmen einen üblen Geruch nach fauligem Kohl. Sie sind ziemlich eng mit dem Langstieligen Knoblauchschwindling (*Marasmius alliaceus*) und seinen Artgenossen verwandt, von denen die meisten ähnlich stinken, allerdings nach Zwiebel- und Knoblaucharomen. Ihre engsten Verwandten gehören jedoch zur Gattung *Gymnopus* und manchmal wird der Gemeine Stinkschwindling – auch Stink-Rübling genannt – ebenfalls dort eingeordnet. Er ist häufig und wächst meist auf Stöcken oder Zweigen in Laubstreu.

Maßstab 1:1

ÄHNLICHE ARTEN

Der Kohl-Stinkschwindling (*Micromphale brassicolens*) ist eine ähnliche Art mit ähnlichem Geruch. Er wächst meist auf Laub in Streu, wird aber am besten mikroskopisch an seinen kleineren Sporen unterschieden. Eine Art mit viel kleineren Fruchtkörpern ist *M. perforans*, der auf Nadelstreu wächst. Auch er stinkt.

Der Gemeine Stinkschwindling hat einen konvexen Hut, der in der Mitte niedergedrückt wird. Die Oberfläche ist glatt, gelbbraun bis rötlich braun, gerieft, in den Furchen und am Scheitel dunkler. Die Lamellen sind oft leicht herablaufend und blass rosig braun. Der zähe Stiel ist jung hutfarben, wird von der zugespitzten Basis aufwärts rasch violettbraun.

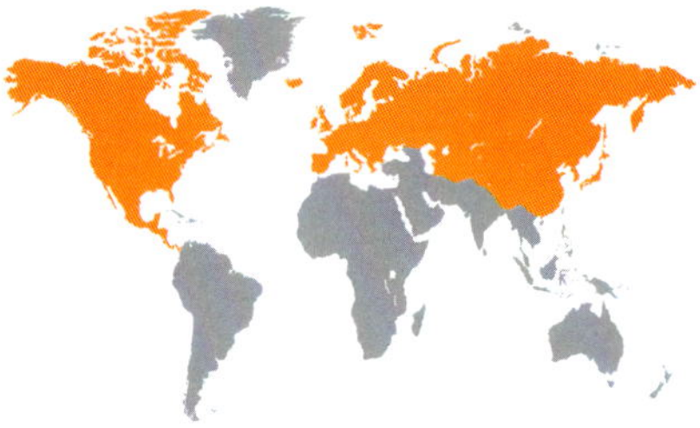

FAMILIE	Mycenaceae
VERBREITUNG	Nordamerika, Europa, Mittelamerika, Nordasien
LEBENSRAUM	In Wäldern
SYMBIOSE	Mit Laub- und Nadelbäumen
WUCHSFORM	Auf abgefallenen Zweigen und Holz, einzeln oder in kleinen Gruppen
VORKOMMEN	Selten
SPORENFARBE	Weiß
GENIESSBARKEIT	Ungenießbar

GRÖSSE
Bis zu 50 mm

HUTDURCHMESSER
Bis zu 25 mm

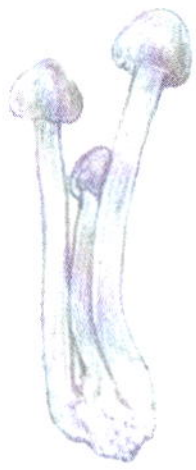

MYCENA ADONIS

KORALLENROTER HELMLING

(BULLIARD) GRAY

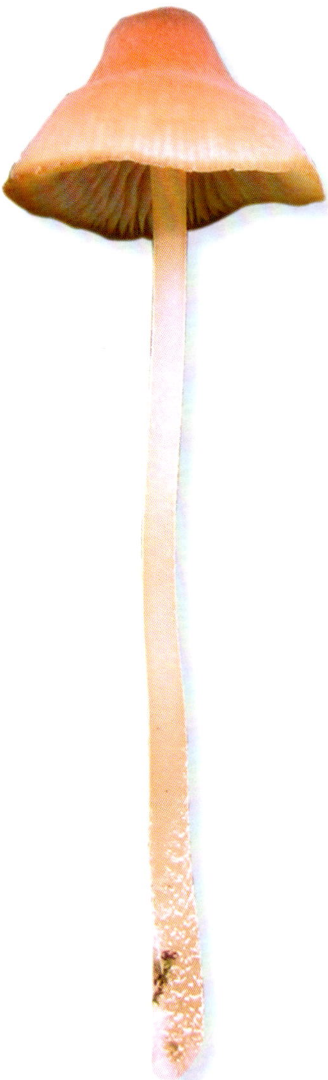

Diese hübsche kleine Pilz wird leicht übersehen, da er oft nur in kleinen Gruppen halb versteckt auf Spreu oder im Unterholz wächst. Sein deutscher Name beschreibt ihn genau, denn die Fruchtkörper sind typischerweise leuchtend korallenrot oder rosa. Besonders rote Farbvarianten werden manchmal auch als eigene Varietät klassifiziert (*Mycena adonis* var. *coccinea*). Der Beiname *adonis* bezieht sich vermutlich auf die Sagengestalt Adonis, der auf der Jagd von einem Wildschwein getötet wurde und dessen vergossenes Blut sich in rote Blumen verwandelte – oder, in unserer Version der Geschichte, in kleine, rosa Pilze.

ÄHNLICHE ARTEN

Die Lamellenschneiden des Rosaschneidigen Helmlings (*Mycena rosella*) sind dunkler rosa und er wächst truppweise auf Nadelstreu. *Mycena pterigena* ist ebenfalls rosa mit dunkelrosa Lamellenschneiden, wächst aber auf Farnresten. Der *M. strobilinoides* kann jung scharlachrot sein, seine Schneiden sind jedoch dunkler orange-scharlachrot.

Der Korallenrote Helmling hat einen zuerst kegeligen Hut, der konvex bis flach, manchmal gebuckelt wird. Die Oberfläche ist glatt, am Rand gerieft, jung scharlachrot bis korallenrot, im Alter lachsrosa bis blassrosa. Die Lamellen sind weißlich bis blassrosa. Der zerbrechliche Stiel ist glatt und weiß bis blass hutfarben.

Maßstab 1:1

FAMILIE	Mycenaceae
VERBREITUNG	Im Westen Nordamerikas, in Nordasien
LEBENSRAUM	In Wäldern
SYMBIOSE	Mit Nadelbäumen
WUCHSFORM	Auf abgefallenen Nadeln, truppweise
VORKOMMEN	Häufig
SPORENFARBE	Weiß
GENIESSBARKEIT	Ungenießbar

GRÖSSE
Bis zu 50 mm

HUTDURCHMESSER
Bis zu 25 mm

MYCENA AURANTIIDISCA

ORANGEHÜTIGER HELMLING

MURRILL

Die leuchtend orangen Farben machen diesen kleinen *Mycena*-Pilz zu einer auffälligen Art – zumindest in seinem typischen Lebensraum, wo er truppweise unter Nadelbäumen wächst. Am häufigsten scheint er in den Wäldern des amerikanischen Nordwestens vorzukommen, man kennt ihn aber auch weiter südlich bis nach Kalifornien und in Japan. Er ist einer von vielen *Mycena*-Pilzen, die auf die Umwandlung von abgefallenen Nadeln zu Humus spezialisiert sind. Das Pilzmyzel verbreitet sich unterirdisch. Manchmal sieht man es als weißen, spinnwebartigen Belag, wenn die Blätterschicht angehoben oder aufgewühlt wird.

ÄHNLICHE ARTEN

Der weitverbreitete Orangerote Helmling (*Mycena acicula*) ist ähnlich, aber typischerweise kleiner und wächst meist einzeln oder paarweise auf winzigen Streufragmenten in Laubwäldern. Der *M. strobilinoides* wächst auf Nadelstreu, ist aber komplett orange – auch sein Stiel und seine Lamellen.

Maßstab 1:1

Der Orangerote Helmling hat einen kegeligen Hut, der konvex bis gebuckelt wird. Die Oberfläche ist glatt, am Rand gerieft, in der Mitte leuchtend orange, aber zum Rand hin gelb oder weißlich verblassend. Die Lamellen sind weiß bis leicht gelblich. Der schlanke Stiel ist glatt und weiß, zur Basis hin gelblich.

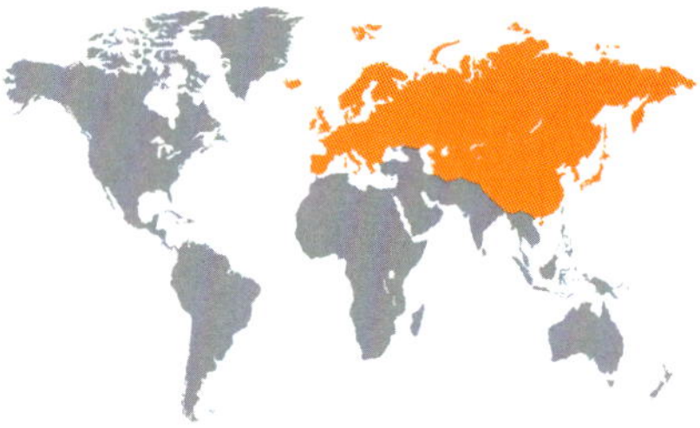

FAMILIE	Mycenaceae
VERBREITUNG	Europa, Nordasien
LEBENSRAUM	In Wäldern
SYMBIOSE	Mit Buchen
WUCHSFORM	In Laubstreu, meist in kleinen Trupps
VORKOMMEN	Lokal häufig
SPORENFARBE	Weiß
GENIESSBARKEIT	Ungenießbar

GRÖSSE
Bis zu 125 mm

HUTDURCHMESSER
Bis zu 25 mm

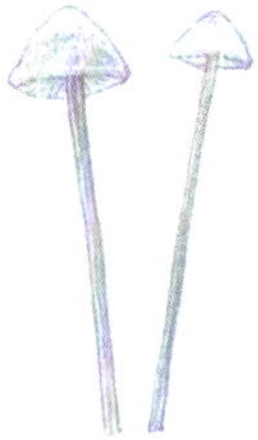

MYCENA CROCATA

GELBMILCHENDER HELMLING

(SCHRADER) P. KUMMER

Mycena crocata ist auf die Zersetzung abgefallener Buchenblätter spezialisiert und scheint nur in Buchenwäldern zu wachsen – vor allem in kalkhaltigen Wäldern mit ursprünglichen, nicht gepflanzten Bäumen. Oft wächst er zusammen mit dem Langstieligen Knoblauchschwindling (*Marasmius alliaceus*), auch ein Buchenspezialist mit ähnlichen Bedürfnissen. Der Beiname *crocata* bedeutet „safranfarben". Im Schnitt oder auf Druck sondern die Fruchtkörper des Gelbmilchenden Helmlings eine orangerote oder safranfarbene Milch ab – charakteristisch für die Art. Diese Milch färbt Hut und Lamellen manchmal mit orangen Streifen.

ÄHNLICHE ARTEN

Der Große Blut-Helmling (*Mycena haematopus*) wächst büschelig auf Holz und milcht dunkelrot. *Mycena sanguinolenta* milcht ebenfalls rot, wächst aber truppweise auf Nadeln und Laubstreu. Andere orangestielige Arten, wie etwa *M. strobilinoides*, haben orange Lamellen oder sondern keine Milch ab.

Maßstab 1:1

Der Gelbmilchende Helmling hat einen kegeligen Hut, der konvex bis gebuckelt wird. Die Oberfläche ist glatt, in der Mitte blass orangebraun und wird zum Rand hin grau bis weißlich (siehe Bild rechts). Die Lamellen sind weiß. Der Stiel ist glatt, an der Spitze blassgelb, zur Basis hin orangerot. Alle Teile milchen im Schnitt orangerot.

FAMILIE	Mycenaceae
VERBREITUNG	Nordamerika, Europa, Nordasien, Neuseeland
LEBENSRAUM	In Wäldern
SYMBIOSE	Mit Laub- und Nadelbäumen
WUCHSFORM	Auf Totholz und Laubstreu, meist in kleinen Gruppen
VORKOMMEN	Häufig
SPORENFARBE	Weiß
GENIESSBARKEIT	Ungenießbar

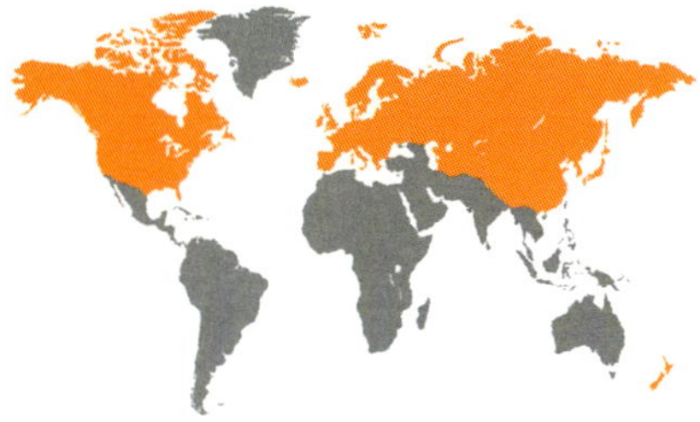

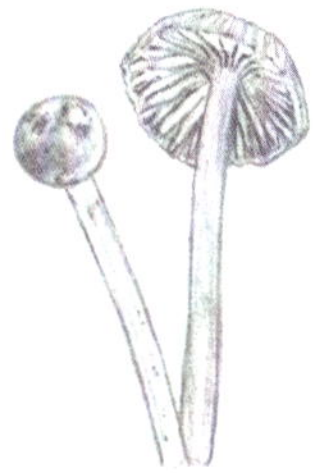

GRÖSSE
Bis zu 75 mm

HUTDURCHMESSER
Bis zu 25 mm

MYCENA EPIPTERYGIA

DEHNBARER HELMLING

(SCOPOLI) GRAY

Mycena epipterygia erkennt man normalerweise daran, dass er bei Feuchtigkeit schleimig ist: Der Hut, die Lamellenschneiden und der Stiel sind mit einem klebrigen, durchscheinenden Belag bedeckt, der oft wie eine gallertige Haut abgezogen werden kann. Der Stiel ist immer blassgelb, aber die Hutfarbe kann variieren. Mehrere unterschiedliche Formen und Varietäten wurden bereits beschrieben, müssen jedoch noch durch molekulare Analysen näher klassifiziert werden. Der zungenbrecherische Beiname *epipterygia* bedeutet „auf einem kleinen Flügel" – es ist jedoch unklar, worauf er sich bezieht.

ÄHNLICHE ARTEN

Mycena vulgaris ist ein ähnlich schleimiger Pilz, der auf Nadelstreu wächst, aber seine Fruchtkörper sind graubraun und komplett ohne gelbe Farbtöne. *Mycena renati* ist zwar nicht schleimig, hat jedoch rosig bis rötlich braune Hüte und gelbe Stiele. Typischerweise wächst er büschelig auf dem Holz von Laubbäumen.

Maßstab 1:1

Der Dehnbare Helmling hat einen kegeligen Hut, der konvex bis flach wird. Die Oberfläche ist glatt, feucht schleimig, am Rand gerieft, blass rosig grau bis blassbraun oder blass olivbraun. Die Lamellen sind weißlich bis blassrosa mit schleimigen, gallertigen Schneiden. Der zerbrechliche Stiel ist glatt, feucht schleimig und blassgelb.

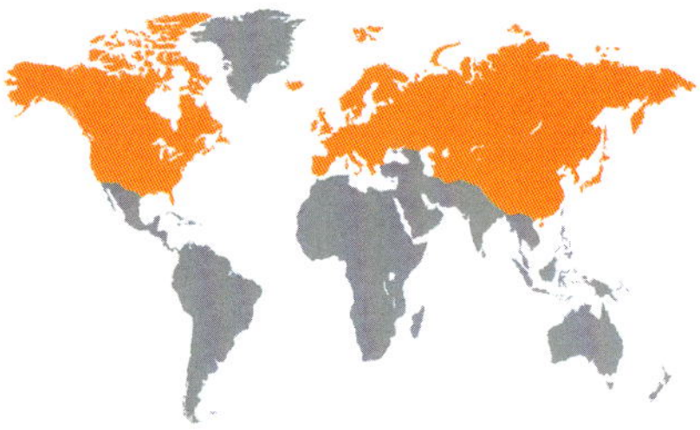

FAMILIE	Mycenaceae
VERBREITUNG	Nordamerika, Europa, Nordasien
LEBENSRAUM	In Wäldern
SYMBIOSE	Mit Laubbäumen, vor allem Buchen
WUCHSFORM	Auf Stämmen und Baumstümpfen, büschelig
VORKOMMEN	Häufig
SPORENFARBE	Weiß
GENIESSBARKEIT	Ungenießbar

GRÖSSE
Bis zu 75 mm

HUTDURCHMESSER
Bis zu 40 mm

MYCENA HAEMATOPUS

GROSSER BLUT-HELMLING

(PERSOON) P. KUMMER

Viele sehr ähnlich aussehende *Mycena*-Pilze wachsen büschelig auf Holz, aber *Mycena haematopus* ist leicht bestimmbar, da seine Fruchtkörper im Schnitt eine blutrote Milch absondern. Der Beiname *haematopus* bedeutet „blutiger Fuß" und bezieht sich auf die Reaktion bei einer Verletzung des Stiels. Die reichlich austretende Milch hilft vielleicht dabei, Schnecken und andere Wirbellose vom Fressen der Fruchtkörper abzuhalten. Der Große Blut-Helmling wird am besten als ungenießbar angesehen, auch wenn manche Texte ihn als essbar ausweisen. Die erstaunliche blutrote Farbe der Milch wurde analysiert und entsteht durch neuartige Alkaloidpigmente, Hämatopodine genannt, die aus dem Pilz isoliert wurden.

ÄHNLICHE ARTEN

Die ebenso häufige, rot milchende Art *Mycena sanguinolenta* bildet kleinere, nicht büschelige Fruchtkörper, die trupp- und schwarmweise auf Nadeln und Laubstreu wachsen. Der weniger verbreitete Gelbmilchende Helmling (*M. crocata*) wächst auf Buchenstreu und milcht im Schnitt intensiv orange.

Der Große Blut-Helmling hat einen halbkugeligen Hut. Seine Oberfläche ist glatt, teils gerieft, fleischrosa bis rötlich braun, in der Mitte dunkler und am Rand oft cremefarben. Die Lamellen sind cremefarben bis rosig, oft mit dunklen Schneiden. Der zerbrechliche Stiel ist jung leicht mehlig, wird glatt und hutfarben. Alle Teile milchen im Schnitt dunkelrot.

Maßstab 1:1

FAMILIE	Mycenaceae
VERBREITUNG	Im Süden Südamerikas, in Australien, Neuseeland
LEBENSRAUM	In Wäldern
SYMBIOSE	Mit Laubbäumen
WUCHSFORM	Auf Stämmen und Baumstümpfen, truppweise oder büschelig
VORKOMMEN	Häufig
SPORENFARBE	Weiß
GENIESSBARKEIT	Ungenießbar

GRÖSSE
Bis zu 25 mm

HUTDURCHMESSER
Bis zu 25 mm

MYCENA INTERRUPTA

(BERKELEY) SACCARDO

Mycena interrupta („Pixie's Parasol") ist ein hübscher, ungewöhnlich blauer Pilz, der oft truppweise oder büschelig an den Seiten von morschen Stämmen zu finden ist. Wie bei vielen kleineren *Mycena*-Arten wachsen die Fruchtkörper aus einem Myzelgeflecht, das scheiben- oder ringförmig an der Stielbasis zurückbleibt. *Mycena interrupta* wächst meist in Südbuchenwäldern und kommt in Chile, Australien, Neuseeland und Neukaledonien vor. Das entspricht einer Gondwana-Verteilung, ein Relikt aus jener Zeit, als Südamerika, die Antarktis, Australien und Ozeanien noch als Großkontinent Gondwana miteinander verbunden waren.

Maßstab 1:1

ÄHNLICHE ARTEN

Die leuchtend blauen Farben und der büschelige Wuchs auf Holz sollten charakteristisch sein, da die meisten anderen *Mycena*-Pilze bestenfalls bläulich grau oder (im Falle des nördlich-gemäßigten *M. amicta*) jung teilweise blau sind. In Brasilien, Mittelamerika und der Karibik bildet *Clitocybula azurea* bemerkenswert ähnliche Fruchtkörper und wächst ebenfalls truppweise auf fauligem Holz.

Mycena interrupta hat einen halbkugeligen Hut mit einer leichten Vertiefung in der Mitte. Die Oberfläche ist glatt, schleimig, gerieft, jung leuchtend blau und am Scheitel dunkler, im Alter blasser oder matter. Die Lamellen sind weiß mit blauen Schneiden. Der zerbrechliche Stiel ist weißlich, glatt, trocken und haftet mit einer blaurandigen Basalscheibe am Holz.

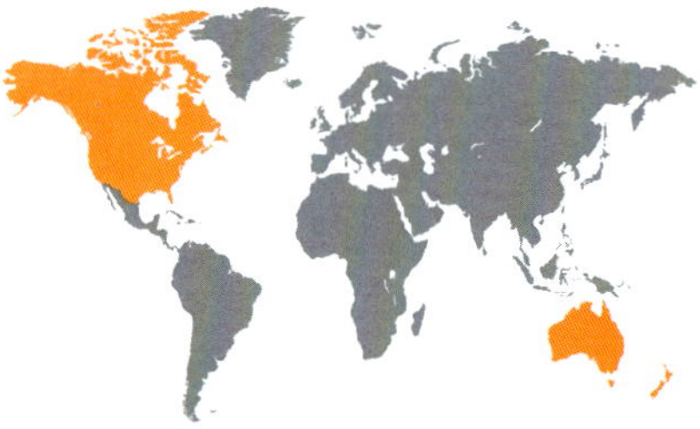

FAMILIE	Mycenaceae
VERBREITUNG	Nordamerika, Australien, Neuseeland
LEBENSRAUM	In Wäldern
SYMBIOSE	Mit Laubbäumen, vor allem Buchen
WUCHSFORM	Auf Stämmen und Baumstümpfen, büschelig
VORKOMMEN	Häufig
SPORENFARBE	Weiß
GENIESSBARKEIT	Ungenießbar

GRÖSSE
Bis zu 75 mm

HUTDURCHMESSER
Bis zu 40 mm

MYCENA LEAIANA

(BERKELEY) SACCARDO

Die Fruchtkörper von *Mycena leaiana* („Lea's Orange Bonnet") wachsen oft in großen Büscheln und man erkennt sie leicht an ihrer leuchtend orangen Farbe und den dunkleren Lamellenschneiden. Der Pilz enthält das orangegelbe Pigment Leaianafulven, dem eine antibiotische Wirkung nachgewiesen wurde. Er wurde erstmals von Thomas Gibson Lea in Cincinnati (USA) gesammelt und vom englischen Mykologen M. J. Berkeley nach Lea benannt, als dieser Leas Funde zur Bestimmung erhielt. Der *Mycena leaiana* (oder ein sehr ähnlicher Pilz) wurde auch in Australien und Neuseeland nachgewiesen, manchmal als eigene Varietät *M. leaiana* var. *australis*.

ÄHNLICHE ARTEN

Der nordamerikanische *Mycena strobilinoides*ist ebenfalls leuchtend orange mit dunkleren Lamellenschneiden, wächst aber truppweise auf Nadeln und nicht büschelig auf Laubholz. *Mycena aurantiomarginata* ist eine verbreitetere Art mit orangen Lamellenschneiden, aber einem schmutzig olivbraunen Hut. Auch er wächst truppweise auf Nadel- und Laubstreu.

Maßstab 1:1

Mycena leaiana hat einen konvexen Hut, der flacher wird. Die Oberfläche ist glatt, schleimig, am Rand gerieft, jung leuchtend orange, im Alter blasser und matter. Die Lamellen sind blass lachsrosa bis gelb-orange, mit dunklen orangeroten Schneiden. Der Stiel ist glatt, an der Basis behaart, in feuchtem Zustand klebrig und gelborange bis hutfarben.

FAMILIE	Mycenaceae
VERBREITUNG	Nordamerika, Europa, Nordafrika, Mittelamerika, Nordasien
LEBENSRAUM	In Wäldern
SYMBIOSE	Mit Laub- und Nadelbäumen
WUCHSFORM	Am Boden und auf Laubstreu, einzeln oder truppweise
VORKOMMEN	Sehr häufig
SPORENFARBE	Weiß
GENIESSBARKEIT	Vermutlich giftig, lieber meiden

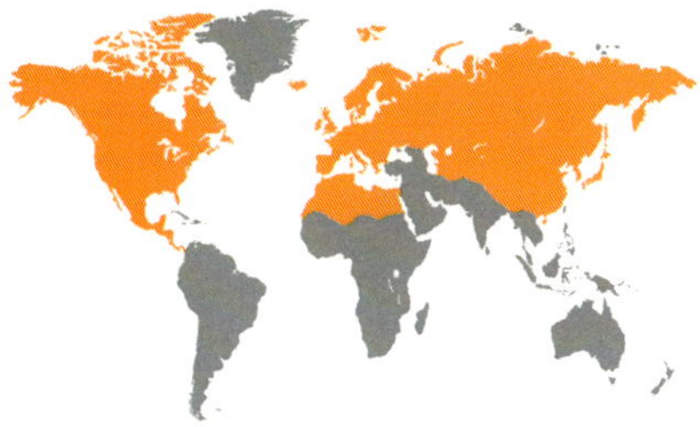

GRÖSSE
Bis zu 75 mm

HUTDURCHMESSER
Bis zu 50 mm

MYCENA PURA

RETTICH-HELMLING

(PERSOON) P. KUMMER

Mycena pura ist ein Pilz mit einer außerordentlichen Farbvielfalt, die von rosa bis mattgelb reicht. Die häufigsten Farben sind lila, violett oder roséfarben, aber es wurden bereits elf verschiedene Farbformen nachgewiesen. Unter dem Mikroskop sehen diese Formen ziemlich gleich aus und sie alle haben ein Retticharoma. Es ist jedoch wahrscheinlich, dass sich *M. pura* nach dem Vergleich von DNA-Proben als ganzer Artenkomplex herausstellen wird. Zumindest einige dieser „Rettich-Helmlinge" enthalten das Gift Muscarin, darum meidet man sie am besten, auch wenn *M. pura* in einigen Ländern als essbar gilt.

ÄHNLICHE ARTEN

In der nördlichen gemäßigten Zone wächst *Mycena pelianthina* auf Buchen- und anderer Laubstreu, sieht ähnlich aus, riecht ähnlich, aber hat dunkle violettbraune Lamellenschneiden. In Australien ist *M. vinacea* eine ähnliche, matt rötlich-violette Art. Der Violette Rötelritterling (*Lepista nuda*) kann ähnlich gefärbt sein, ist jedoch ein wesentlich größerer Blätterpilz.

Maßstab 1:1

Der Rettich-Helmling hat einen konvexen Hut, der flach bis stumpf gebuckelt oder niedergedrückt wird. Die Oberfläche ist glatt, gerieft, hygrophan (ändert die Farbe je nach Feuchtigkeit), rosa bis roséfarben, violett bis violettbraun, lila, violettgrau, selten matt ocker bis bläulich oder weißlich. Die Lamellen sind weißlich bis blassrosa oder lila. Der Stiel ist glatt, an der Basis behaart, weißlich bis hutfarben.

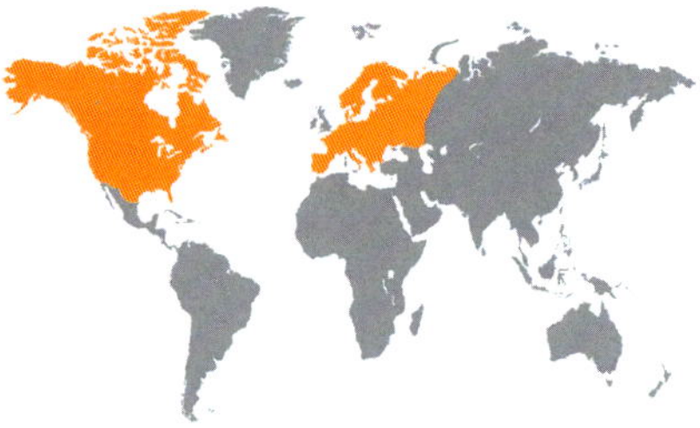

FAMILIE	Mycenaceae
VERBREITUNG	Nordamerika, Kontinentaleuropa
LEBENSRAUM	In Wäldern
SYMBIOSE	Mit Nadelbäumen
WUCHSFORM	Am Boden und auf Nadelstreu, einzeln oder truppweise
VORKOMMEN	Häufig
SPORENFARBE	Weiß
GENIESSBARKEIT	Ungenießbar

GRÖSSE
Bis zu 50 mm

HUTDURCHMESSER
Bis zu 25 mm

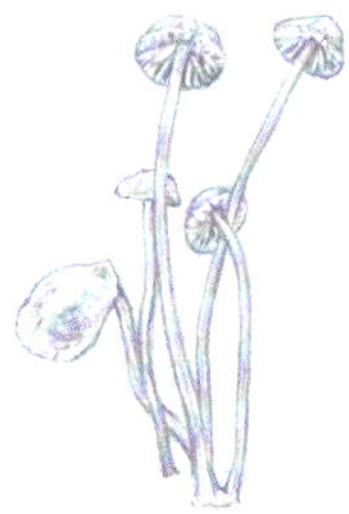

MYCENA STROBILINOIDES

PECK

Maßstab 1:1

Auch wenn die einzelnen Fruchtkörper des *Mycena strobilinoides* („Flame Bonnet") klein sind, machen ihn seine leuchtend scharlachroten und orangen Farben zu einem Blickfang, wenn dieser kleine Blätterpilz in großen Trupps auf Nadelstreu auftaucht. Ursprünglich wurde er vom Mount Olympus im US-Bundesstaat Washington dokumentiert. In Teilen Nordamerikas kommt er lokal häufig vor, aber nur selten wurde er in Bergregionen Mitteleuropas gesichtet. Das Attribut *strobilinoides* bedeutet eigentlich „wie ein Zapfen", aber in diesem Fall heißt es „wie *Agaricus strobilinus*" – ein alter Name für den Korallenroten Helmling (*Mycena adonis*).

ÄHNLICHE ARTEN

In Nordamerika und (selten) in Europa wächst der ähnliche *Mycena oregonensis* auf Nadelstreu, hat aber oft einen spitzen Buckel in der Hutmitte und ist typischerweise eher gelborange. In Nordamerika, Australien und Neuseeland sieht *Mycena leaiana* ähnlich aus, wächst aber büschelig auf Holz.

Mycena strobilinoides hat einen konvexen Hut, der flacher wird. Die Oberfläche ist glatt, am Rand gerieft, jung scharlachrot, im Alter orange und gelblicher. Die Lamellen sind blassgelb bis gelborange, mit scharlach- bis orangeroten Schneiden. Der Stiel ist glatt, haarig an der Basis und hutfarben.

FAMILIE	Mycenaceae
VERBREITUNG	Australien, Neuseeland
LEBENSRAUM	In Wäldern
SYMBIOSE	Mit Laubbäumen
WUCHSFORM	Auf abgefallenen Zweigen und Laubstreu
VORKOMMEN	Häufig
SPORENFARBE	Weiß
GENIESSBARKEIT	Ungenießbar

GRÖSSE
Bis zu 25 mm

HUTDURCHMESSER
Bis zu 10 mm

MYCENA VISCIDOCRUENTA

CLELAND

Dieser kleine, prächtige Blätterpilz findet sich häufig in feuchten Erosionsrinnen und Regenwäldern in Australien und Neuseeland. Seine schleimigen Hüte und Stiele sind ein ungewöhnliches Merkmal für eine *Mycena*-Art. Darum überraschen auch neuere DNA-Analysen nicht, die ihn als so unterschiedlich zeigen, dass er in eine eigene Gattung (*Cruentomycena*) eingeordnet werden soll, zusammen mit einer ähnlichen Art aus Ostasien. Kurioserweise deutet seine DNA eine Verwandtschaft mit dem Herben Zwergknäueling (*Panellus stipticus*) an, worauf man allein von seinem Aussehen nicht unbedingt schließen würde.

Maßstab 1:1

ÄHNLICHE ARTEN

Andere *Mycena*-Arten mit leuchtenden Farben, etwa der Korallenrote Helmling (*M. adonis*), haben keine schleimigen Hüte und Stiele. Tatsächlich erinnert die Schleimigkeit des *Mycena viscidocruenta* („Ruby Bonnet") eher an die Saftlinge (Gattung *Hygrocybe*), diese wachsen jedoch für gewöhnlich auf Moos auf alten Weiden oder in Wäldern und nie auf Zweigen und Laubstreu.

Mycena viscidocruenta hat einen anfangs halbkugeligen Hut, der konvex bis flach oder leicht niedergedrückt wird. Die Oberfläche ist glatt, feucht schleimig, am Rand gerieft, frisch leuchtend rot. Die Lamellen sind blass hutfarben. Der Stiel ist glatt, feucht schleimig und hutfarben.

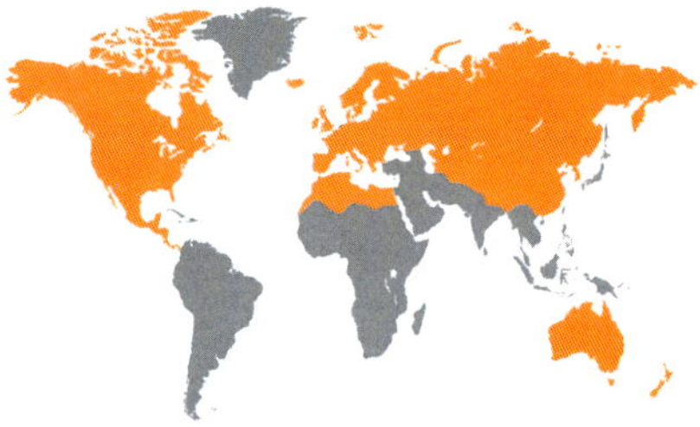

FAMILIE	Polyporaceae
VERBREITUNG	Nordamerika, Europa, Nordafrika, Mittelamerika, Nordasien, Australien, Neuseeland
LEBENSRAUM	In Wäldern und auf geschnittenem Holz
SYMBIOSE	Mit Nadelbäumen
WUCHSFORM	Auf toten Stämmen, Wurzeln und Nutzholz, einzeln oder büschelig
VORKOMMEN	Selten
SPORENFARBE	Weiß
GENIESSBARKEIT	Essbar

GRÖSSE
Bis zu 125 mm

HUTDURCHMESSER
Bis zu 300 mm

NEOLENTINUS LEPIDEUS

SCHUPPIGER SÄGEBLÄTTLING

(FRIES) REDHEAD & GINNS

Der Schuppige Sägeblättling verursacht Braunfäule auf Nadelholz und hat eine ungewöhnlich hohe Toleranz für Kreosot, was früher ein häufig verwendetes Holzschutzmittel war. In der Vergangenheit erlangte der Pilz einen schlechten Ruf, da er große Schäden am Holz in Bergwerken, an Telegrafenmasten und an Bahnschwellen verursachte. Die Fruchtkörper benötigen Licht, um sich vollständig entwickeln zu können. Wachsen sie unter Tage (etwa in Bergwerken), bilden sich seltsame, längliche, geweihartige Formen. Der Schuppige Sägeblättling ist essbar und wird angeblich in China verzehrt, aber die reifen Fruchtkörper werden ziemlich zäh und ledrig.

ÄHNLICHE ARTEN

Im Westen Nordamerikas ist *Neolentinus ponderosus* eine ähnliche, aber größere Art, die vor allem auf Gelbkiefern wächst, jedoch weder Ring noch große Schuppen am Stiel aufweist. Andere *Neolentinus*- und *Lentinus*-Arten mit gesägten Lamellenschneiden haben typischerweise kein Velum, wachsen auf Laubholz oder haben kleinere oder weniger schuppige Fruchtkörper.

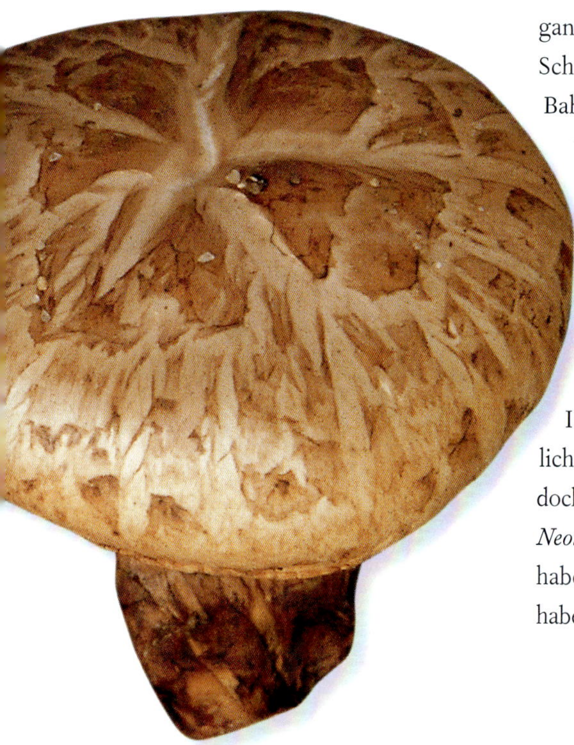

Maßstab 1:1

Der Schuppige Sägeblättling hat einen konvexen Hut, der flach oder leicht trichterig wird. Die Oberfläche ist anfangs glatt, reißt in blassocker bis braune Schuppen auf. Die Lamellen sind leicht herablaufend, weißlich und gesägt. Der Stiel ist hutfarben und schuppig, zur Basis hin schwärzlich braun, mit einem flüchtigen weißlichen Ring oder dessen Überresten.

FAMILIE	Marasmiaceae
VERBREITUNG	Im Osten Nordamerikas, in Europa
LEBENSRAUM	In Wäldern und Parklandschaften
SYMBIOSE	Mit Laubbäumen, vor allem Eichen
WUCHSFORM	Auf Baumstämmen und -stümpfen oder aus Wurzeln wachsend, büschelig
VORKOMMEN	Lokal häufig
SPORENFARBE	Weiß
GENIESSBARKEIT	Giftig

GRÖSSE
Bis zu 200 mm

HUTDURCHMESSER
Bis zu 200 mm

OMPHALOTUS ILLUDENS

LEUCHTENDER ÖLBAUMTRICHTERLING

(SCHWEINITZ) BRESINSKY & BESL

Die Fruchtkörper von *Omphalotus illudens*, besonders die Lamellen, sind manchmal biolumineszent und leuchten im Dunkeln – daher der Trivialname des Pilzes. Der Pilz ist giftig und verursacht Magenbeschwerden. Häufig wurde er schon mit dem essbaren Pfifferling (*Cantharellus cibarius*) verwechselt und verzehrt, obwohl sich die beiden Arten kaum ähneln. Die Pilzgifte sollen zu den neuartigen Illudin-Verbindungen gehören, von denen mehrere aus den Fruchtkörpern extrahiert wurden. Diese Stoffe sind zytotoxisch (zellschädigend). Einer davon, Illudin S oder Lampterol (in einer modifizierten Form Irofulven genannt), wird in umfangreichen klinischen Studien als potenzieller Anti-Krebs-Wirkstoff getestet.

ÄHNLICHE ARTEN

Mehrere andere *Omphalotus*-Arten sind gleichermaßen giftig. Dazu gehören der Dunkle Ölbaumtrichterling (*O. olearius*), der häufig auf Olivenbäumen in Südeuropa vorkommt, und der olivfarbene *O. olivascens* („Western Jack O'Lantern), der im Westen Nordamerikas heimisch ist. Der essbare Pfifferling (*Cantharellus cibarius*) ist kleiner, wächst nicht büschelig und hat dicke Leisten, keine Lamellen.

Maßstab 1:1

Der Leuchtende Ölbaumtrichterling bildet büschelige Fruchtkörper. Die Hüte sind konvex, werden flach bis leicht trichterig und haben einen eingerollten, oft rissigen Rand. Die Oberfläche ist glatt und leuchtend orange bis orange-hellbraun. Die Lamellen sind herablaufend, entfernt stehend und hutfarben. Der Stiel ist manchmal versetzt, glatt, aber faserig, blass hutfarben und zur Basis hin zugespitzt.

FAMILIE	Marasmiaceae
VERBREITUNG	Nordostasien
LEBENSRAUM	In Wäldern
SYMBIOSE	Mit Laubbäumen, vor allem Buchen und Ahornen
WUCHSFORM	Auf Baumstämmen, einzeln oder dachziegelig
VORKOMMEN	Häufig
SPORENFARBE	Weiß
GENIESSBARKEIT	Giftig

GRÖSSE
Bis zu 25 mm

HUTDURCHMESSER
Bis zu 300 mm

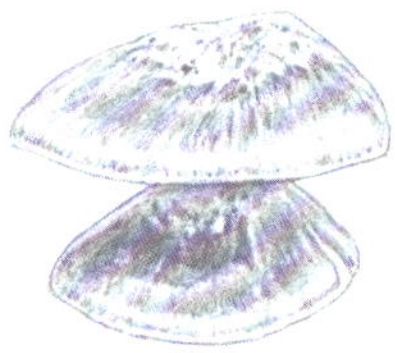

OMPHALOTUS JAPONICUS

(KAWAMURA) KIRCHMAIR & O. K. MILLER

Omphalotus japonicus bildet Fruchtkörper, die seitlich an Holz ansitzen. Die Hüte sind konvex, werden flach. Die Oberfläche ist glatt bis faserig-schuppig, erst gelblich, später zimtbraun bis violettbraun. Die Lamellen sind herablaufend und weißlich. Der Stiel ist kurz, aber mit einem ausgeprägten Ring.

Bis vor Kurzem befand sich *Omphalotus japonicus* („Moonlight Mushroom") in einer eigenen Gattung: *Lampteromyces japonicus*. Molekulare Analysen ergaben jedoch, dass er eine *Omphalotus*-Art ist und viel mit dem Leuchtenden Ölbaumtrichterling (*O. illudens*) gemeinsam hat. Beide Pilze sind giftig, biolumineszent – aufgrund der leuchtenden Lamellen nennt man *Omphalotus japonicus* auch den „japanischen Laternenpilz" – und enthalten das Zellgift Illudin S (Lampterol), einen potenziellen Anti-Tumor-Wirkstoff.

ÄHNLICHE ARTEN

Der giftige *Omphalotus japonicus* wird manchmal mit dem essbaren Shiitake (*Lentinula edodes*) verwechselt. Letzterer ist ähnlich gefärbt, aber nicht konsolenförmig, sondern mit einem halbkugeligen Hut und einem mittigen Stiel. Der ebenfalls essbare Austern-Seitling (*Pleurotus ostreatus*) ist konsolenförmig, hat aber meistens keinen Stiel und niemals einen Ring.

Maßstab 1:1

FAMILIE	Physalacriaceae
VERBREITUNG	Europa, Nordasien
LEBENSRAUM	In Wäldern
SYMBIOSE	Auf Laubbäumen, vor allem Buchen
WUCHSFORM	Auf lebenden und umgestürzten Baumstämmen, büschelig
VORKOMMEN	Häufig
SPORENFARBE	Weiß
GENIESSBARKEIT	Essbar

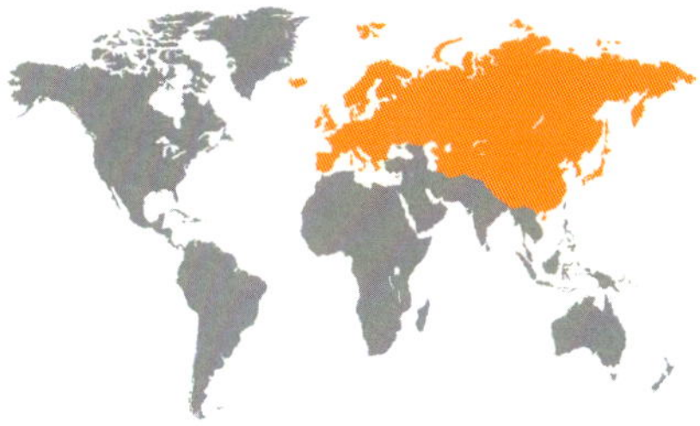

GRÖSSE
Bis zu 75 mm

HUTDURCHMESSER
Bis zu 100 mm

OUDEMANSIELLA MUCIDA

BUCHEN-SCHLEIMRÜBLING

(SCHRADER) HÖHNEL

Die büscheligen Fruchtkörper von *Oudemansiella mucida* wachsen typischerweise hoch oben auf den toten Ästen alter Buchen, seltener auf Berg-Ahornen und anderen Laubbäumen. Sie haben dünnfleischige, durchscheinende, elfenbeinweiße Hüte und aus der Nähe betrachtet machen sie ihrem lateinischen Beinamen *mucida* („schleimig") alle Ehre. Die Gattung wurde nach einem niederländischen Mykologen des 19. Jahrhunderts, Corneille Oudemans, benannt. *Oudemansiella mucida* enthält das Antibiotikum Mucidin, das für die Behandlung von Pilzinfektionen beim Menschen eingehend erforscht und klinisch verwendet wird. Trotz der schleimigen Huthaut (die abgezogen werden kann) sind die Fruchtkörper essbar und werden in China und Russland verzehrt.

ÄHNLICHE ARTEN

Der verwandte *Oudemansiella canarii* wächst im Süden Nordamerikas (Florida) sowie in Mittel- und Südamerika, hat jedoch orangerosa Farben und keinen ausgeprägten Ring. *Oudemansiella platensis* aus Mittel- und Südamerika ist ähnlich, aber grauer und ebenfalls ringlos. In Afrika und Südasien gibt es weitere Arten.

Maßstab 1:1

Der Buchen-Schleimrübling bildet dünnfleischige, konvexe Hüte, die ausgebreitet flacher sind. Die Oberfläche ist glatt oder leicht runzelig, sehr schleimig, jung olivgrau getönt und wird elfenbeinfarben mit einem blass ockerbraunen Scheitel. Die Lamellen sind weiß und stehen ziemlich entfernt. Der Stiel ist weiß, zur Basis hin verdickt und olivgrau gefleckt, mit einem ausgeprägten Ring, der oben weiß und an der Unterseite grau ist.

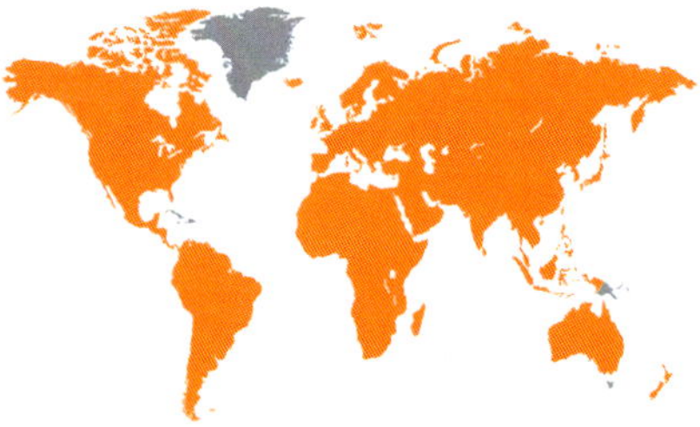

FAMILIE	Psathyrellaceae
VERBREITUNG	Nordamerika, Europa, Afrika, Mittel- und Südamerika, Asien, Australien, Neuseeland
LEBENSRAUM	Auf Weiden, in Parks, auf Rasen und anderen Grasflächen
SYMBIOSE	Mit Gräsern auf nährstoffreichen Böden
WUCHSFORM	Auf Grass, einzeln oder in verstreuten Trupps
VORKOMMEN	Sehr häufig
SPORENFARBE	Dunkelbraun
GENIESSBARKEIT	Ungenießbar

GRÖSSE
Bis zu 75 mm

HUTDURCHMESSER
Bis zu 25 mm

PANAEOLINA FOENISECII

HEU-DÜNGERLING

(PERSOON) MAIRE

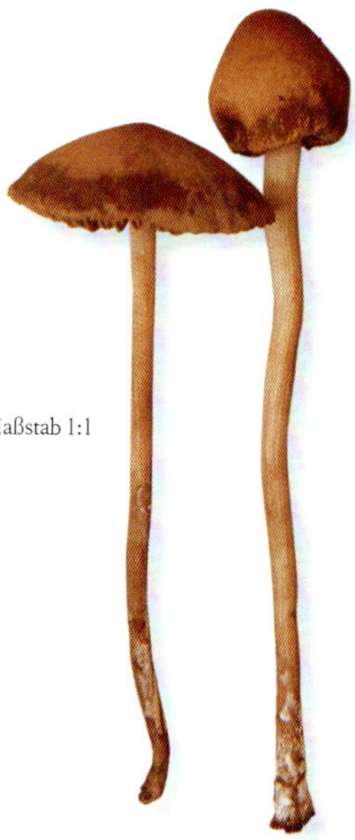

Maßstab 1:1

Den Heu-Düngerling oder Heuschnittpilz würden wohl nur die wenigsten als besonders interessanten Pilz bezeichnen, aber er ist der mit Abstand häufigste kleine Blätterpilz auf Rasenflächen. Seine Hüte sind stark hygrophan und verändern beim Trocknen ihre Farbe. Die dunkelbraunen Sporen reifen ungleichmäßig auf den Lamellen und verleihen ihnen eine fleckige Erscheinung. Da er so oft auf Rasen vorkommt, wird der Heu-Düngerling häufig von Kindern gepflückt und gegessen, was zu vielen besorgten Anfragen bei Krankenhäusern führte. Er ist nicht als giftig bekannt – trotz einiger gegenteiliger Berichte (die wohl auf Fehlbestimmungen beruhen) – und wirkt auch nicht halluzinogen, wie manchmal behauptet wird.

ÄHNLICHE ARTEN

Viele kleine, bräunliche Blätterpilze wachsen auf Gras. *Panaeolus*-Arten haben sehr ähnliche Formen und Farben, aber schwarz (nicht braun) gefleckte Lamellen. Tintlinge (Gattung *Parasola*) haben schwarze, ungefleckte Lamellen. *Galerina*- und *Conocybe*-Arten auf Gras und Moos können ähnlich aussehen, haben aber rostbraune Lamellen und Sporen.

Der Heu-Düngerling hat einen konvexen Hut. Er ist glatt, bei Feuchtigkeit matt gelbbraun bis violettbraun, trocknet blass ockerbraun bis gelbbraun. Die Lamellen sind dunkelbraun und gefleckt (siehe Bild links), mit weißlichen Schneiden. Der zerbrechliche Stiel ist gelbbraun, wird von der Basis aufwärts dunkler braun.

FAMILIE	Psathyrellaceae
VERBREITUNG	Nordamerika, Europa, Nordafrika, Mittel- und Südamerika, Nordasien, Australien, Neuseeland
LEBENSRAUM	Auf Weiden
SYMBIOSE	Auf dem Dung von Pflanzenfressern
WUCHSFORM	Auf Dung oder gedüngtem Gras, einzeln oder in kleinen Gruppen
VORKOMMEN	Häufig
SPORENFARBE	Schwarz
GENIESSBARKEIT	Ungenießbar

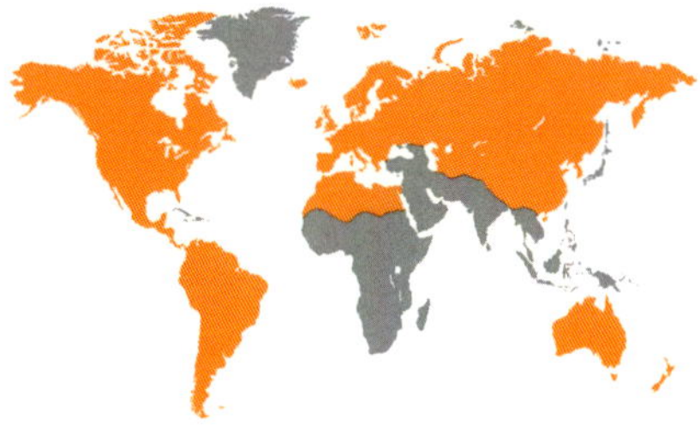

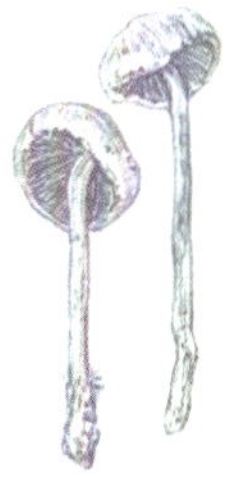

GRÖSSE
Bis zu 100 mm

HUTDURCHMESSER
Bis zu 40 mm

PANAEOLUS PAPILIONACEUS

BEHANGENER DÜNGERLING

(BULLIARD) QUÉLET

Der Behangene Düngerling ist, wie die meisten Pilze der Gattung *Panaeolus*, ein Dungliebhaber und wächst direkt auf altem Dung von Pflanzenfressern oder auf gedüngtem Boden. Sein Trivialname bezieht sich auf die weißlichen Velumreste, mit denen der Hutrand wie ein Unterrock behangen ist. Ein alternativer Name für ihn ist Blasser Düngerling. Eigentlich hat er mehrere Namen, da er bis vor Kurzem aufgrund seiner sehr variablen Hutmerkmale in mehrere Arten unterteilt war. Glocken-Düngerling (*Panaeolus campanulatus*), Runzeliger Düngerling (*P. retirugis*) und Blasser Düngerling (*P. sphinctrinus*) sind heute Synonyme.

ÄHNLICHE ARTEN

Der Ring-Düngerling (*Panaeolus semiovatus*) ist viel größer und hat einen beringten Stiel. Der Heu-Düngerling (*Panaeolina foenisecii*) ist von ähnlicher Größe, hat aber braune Lamellen und keine weißen Velumreste am Hutrand. Andere kleine *Panaeolus*-Arten haben schwarzfleckige Lamellen, aber ebenfalls keine Velumreste am Hutrand.

Maßstab 1:1

Der Behangene Düngerling hat einen halbkugeligen Hut. Er kann glatt (siehe Bild links) oder runzelig sein und in der Farbe variieren, von elfenbein- bis cremefarben, gelbbraun, gräulich, hellbraun oder rötlich braun. Der Rand des frischen Pilzes ist mit weißlichen Velumresten behangen. Die Lamellen sind schwarz marmoriert. Der Stiel ist glatt, hutfarben und frisch oft fein weißlich bereift.

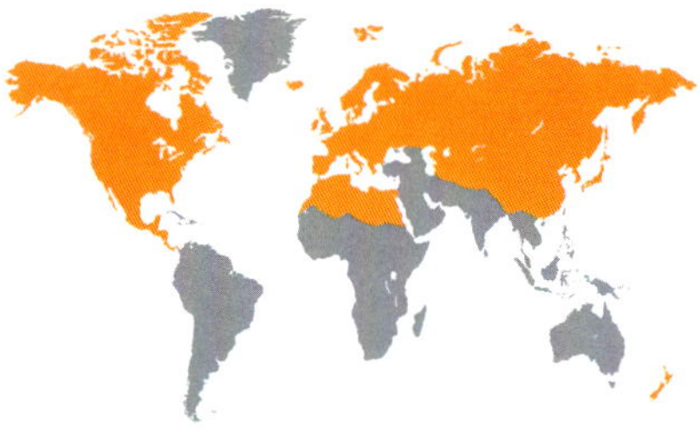

FAMILIE	Psathyrellaceae
VERBREITUNG	Nordamerika, Europa, Nordafrika, Mittelamerika, Nordasien, Neuseeland
LEBENSRAUM	Auf Weiden
SYMBIOSE	Auf dem Dung von Pflanzenfressern
WUCHSFORM	Auf Dung, einzeln oder in kleinen Gruppen
VORKOMMEN	Häufig
SPORENFARBE	Schwarz
GENIESSBARKEIT	Ungenießbar

GRÖSSE
Bis zu 175 mm

HUTDURCHMESSER
Bis zu 75 mm

PANAEOLUS SEMIOVATUS

RING-DÜNGERLING

(SOWERBY) S. LUNDELL & NANNFELDT

Panaeolus semiovatus gehört zu den leichter erkennbaren Düngerlingen – aufgrund seines schleimigen Huts und dem Ring am Stiel (der oft zusammenfällt, aber als schwärzliche Zone sichtbar bleibt). Er ist ein koprophiler (dungliebender) Pilz, der auf Weiden auf dem Kot von Pferden, Kühen und anderen Tieren wächst. Die Fruchtkörper des Ring-Düngerlings können sehr klein sein, sind aber oft überraschend groß. Dabei gilt zu bedenken, dass Dungpilze rasch Fruchtkörper bilden müssen, bevor ihre Nahrungsquelle verschwindet. Die Sporen der Fruchtkörper fallen ins Gras, werden von Pflanzenfressern verzehrt, durch den Verdauungstrakt transportiert und mit dem Dung wieder ausgeschieden – so setzt sich der Kreislauf weiter fort.

Maßstab 1:1

ÄHNLICHE ARTEN

Andere *Panaeolus*-Arten sind meist kleiner und ringlos. Im Süden Nordamerikas und in den Subtropen ist der Kubanische Kahlkopf (*Psilocybe cubensis*) ein ähnlich großer, beringter Dungpilz, hat aber einen weniger schleimigen, cremefarbenen bis gelbbraunen Hut und keine gefleckten Lamellen.

Der Ring-Düngerling hat einen konvexen Hut, der glatt oder runzelig ist, feucht schleimig und elfenbein- bis cremefarben oder gelbbraun. Die Lamellen sind dunkelgrau, werden schwarzfleckig (siehe Bild rechts). Der Stiel ist glatt, mit leicht knolliger Basis, weißlich bis hutfarben, mit einem Ring oder einer Ringzone (oft durch Sporen geschwärzt).

FAMILIE	Mycenaceae
VERBREITUNG	Nordamerika, Europa, Nordasien
LEBENSRAUM	In Wäldern
SYMBIOSE	Mit Laubbäumen
WUCHSFORM	Auf toten Baumstümpfen, Stämmen und Ästen, einzeln oder büschelig
VORKOMMEN	Häufig
SPORENFARBE	Blass gelblich
GENIESSBARKEIT	Essbar

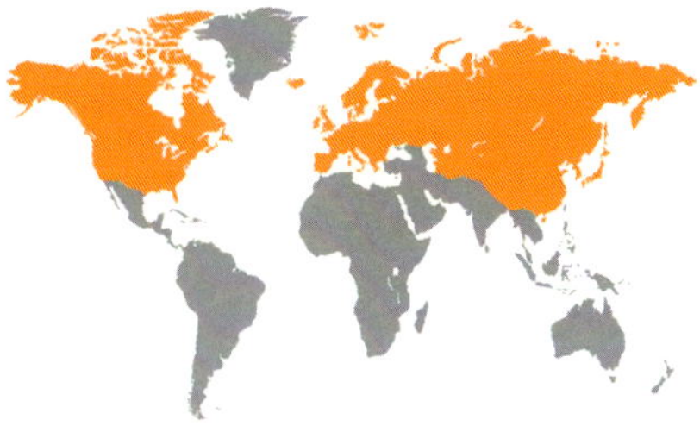

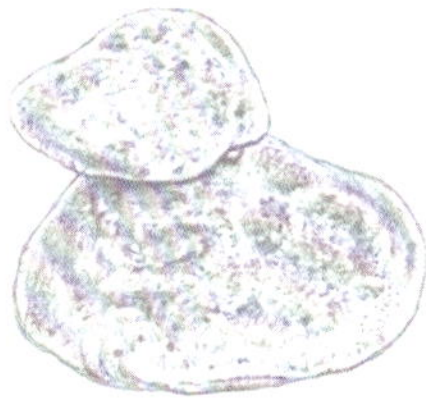

GRÖSSE
Bis zu 10 mm

HUTDURCHMESSER
Bis zu 100 mm

PANELLUS SEROTINUS

GELBSTIELIGER MUSCHELSEITLING

(PERSOON) KÜHNER

Der Beiname *serotinus* bedeutet „spät" – die Fruchtkörper des Gelbstieligen Muschelseitlings erscheinen typischerweise spät in der Saison, oft erst nach dem ersten Frost. Er ist zumindest in China und Japan ein Speisepilz (mit dem Namen *Mukitake*) und es wurden bereits Zuchtversuche unternommen. Im Vergleich zu den leicht kultivierbaren Seitlingen (Gattung *Pleurotus*) gilt er jedoch als minderwertig, zum Teil wegen seiner gelatinösen Haut, die bei feuchtem Wetter schleimig wird. Neuere Forschung lässt vermuten, dass die Fruchtkörper von *Panellus serotinus* Stoffe enthalten, die zur Behandlung von manchen Leberkrankheiten nützlich sein könnten.

ÄHNLICHE ARTEN

Der schleimige Hut mit seinen olivbraunen oder grünlichen Farbtönen unterscheidet den Gelbstieligen Muschelseitling von anderen *Panellus*-Arten und von den echten Seitlingen (Gattung *Pleurotus*). Das Gallertfleischige Stummelfüßchen (*Crepidotus mollis*) und das Safranblättrige Stummelfüßchen (*C. crocophyllus*) sind ähnlich, haben aber keine Olivtöne, dafür braune Sporen.

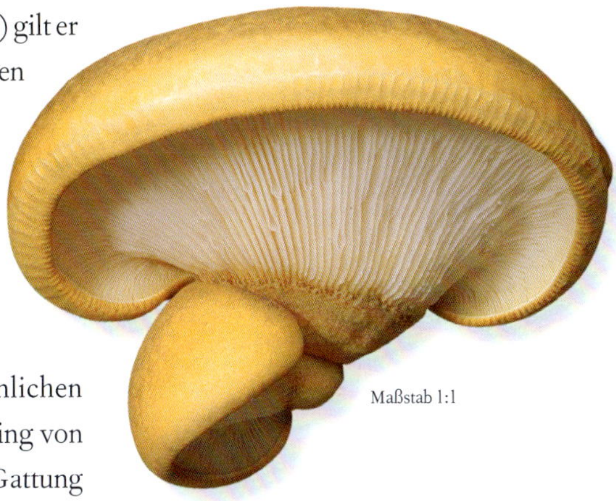

Maßstab 1:1

Der Gelbstielige Muschelseitling bildet breite, muschelförmige, weiche Fruchtkörper, die seitlich an Holz haften. Die Hüte sind leicht konvex, glatt, feucht schleimig, ocker-olivgrün bis dunkel olivbraun, oft mit grünen und orangen Tönen. Die Lamellen sind ocker bis gelbbraun oder blass orange-gelbbraun. Der Stiel, falls vorhanden, ist kurz, oft sehr breit, und ocker bis orange-gelbbraun.

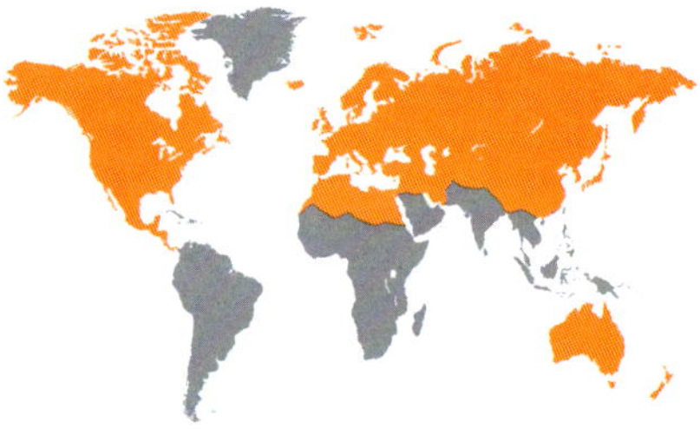

FAMILIE	Mycenaceae
VERBREITUNG	Nordamerika, Europa, Nordafrika, Mittelamerika, West- und Nordasien, Australien, Neuseeland
LEBENSRAUM	In Wäldern
SYMBIOSE	Mit Laubbäumen, selten mit Nadelbäumen
WUCHSFORM	Auf toten Stämmen, Stümpfen und Ästen, dachziegelig oder büschelig
VORKOMMEN	Häufig
SPORENFARBE	Weißlich
GENIESSBARKEIT	Ungenießbar

GRÖSSE
Bis zu 10 mm

HUTDURCHMESSER
Bis zu 25 mm

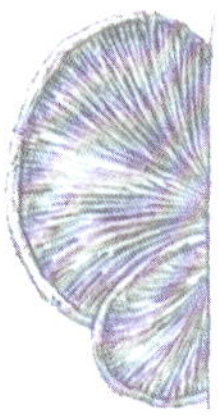

PANELLUS STIPTICUS

HERBER ZWERGKNÄUELING

(BULLIARD) P. KARSTEN

Betrachtet man die Unterseite des Herben Zwergknäuelings, erkennt man ihn leicht an seinem blassen, keilförmigen Stiel und den braunen Lamellen. Sein deutscher Name deutet schon an, dass er kein Speisepilz ist, aber sein lateinisches Attribut erinnert an seine frühere Verwendung als Styptikum – als blutstillendes Mittel. Einige Pilzstämme im Osten Nordamerikas sind biolumineszent und das Myzel wie auch die Fruchtkörper (vor allem die Lamellen) leuchten im Dunkeln. Aus dem Pilz wurde der Metabolit Panal isoliert, der vermutlich dafür verantwortlich ist.

Maßstab 1:1

ÄHNLICHE ARTEN

Der viel seltenere *Panellus ringens* ist ähnlich, aber sein Hut weist violettliche Töne auf und er hat keinen keilförmigen Stiel. *Crepidotus*-Pilze können ähnlich geformt sein, sind jedoch braunsporig und auch ihnen fehlt der charakteristische Stiel. Der Spaltblättling (*Schizophyllum commune*) hat einen behaarten, gräulichen Hut und rosig braune, gespaltene Lamellen.

Der Herbe Zwergknäueling bildet breite, muschelförmige Fruchtkörper, die mit einem kurzen, seitlichen Stiel an Holz haften. Die Hüte sind leicht konvex, fein samtig, ocker-gelbbraun bis rosig braun oder gelbbraun. Die Lamellen sind hutfarben (siehe Bild oben). Der Stiel ist kurz, fein behaart, oben sehr breit und cremefarben bis blass gelbbraun.

FAMILIE	Psathyrellaceae
VERBREITUNG	Nordamerika, Europa, Nordafrika, Mittel- und Südamerika, Asien, Australien, Neuseeland
LEBENSRAUM	Auf Weiden, in Parks, auf Rasen und anderen Grasflächen
SYMBIOSE	Mit Gräsern auf nährstoffreicher Erde
WUCHSFORM	Auf Gras, einzeln oder in verstreuten Trupps
VORKOMMEN	Häufig
SPORENFARBE	Schwarz
GENIESSBARKEIT	Ungenießbar

GRÖSSE
Bis zu 75 mm

HUTDURCHMESSER
Bis zu 25 mm

PARASOLA PLICATILIS

SCHEIBCHEN-TINTLING

(CURTIS) REDHEAD ET AL

Dieser zarte kleine Blätterpilz, der einem japanischen Ölpapierschirm ähnelt, kommt bei feuchtem Wetter häufig auf Rasen und kurzem Gras vor. Die Fruchtkörper sind so zerbrechlich und kurzlebig wie sie aussehen und stehen selten länger als wenige Stunden. Der Scheibchen-Tintling scheint weitverbreitet zu sein und wurde in Wiesen auf der ganzen Welt entdeckt, wobei es sich bei manchen Funden um ähnlich aussehende Tintlingsarten handeln könnte. Bis vor Kurzem hieß der Scheibchen-Tintling *Coprinus plicatilis*, aber molekulare Analysen ergaben, dass er zusammen mit einigen verwandten Arten in eine eigene Gattung gehört.

ÄHNLICHE ARTEN

Viele kleine Tintlinge, vor allem der häufige *Parasola leiocephala*, sehen fast genauso aus wie der Scheibchen-Tintling und werden häufig mit ihm verwechselt. Manche wachsen eher auf Erde oder Laubstreu statt auf Gras, werden aber am besten unter dem Mikroskop unterschieden. Auch *Leucocoprinus*-Arten können ähnlich aussehen, sie haben jedoch weiße Lamellen und beringte Stiele.

Maßstab 1:1

Der Scheibchen-Tintling bildet einen zerbrechlichen Hut, der anfangs fast zylindrisch ist, ausgebreitet dann flach oder leicht genabelt. Die Oberfläche ist glatt, wird gefurcht oder gefaltet, gelbbraun bis orangebraun (bleibt in der Mitte so), wird gräulich weiß. Die Lamellen sind schwarz. Der dünne Stiel ist glatt, zuerst weiß und wird blassgrau bis blass gelbbraun.

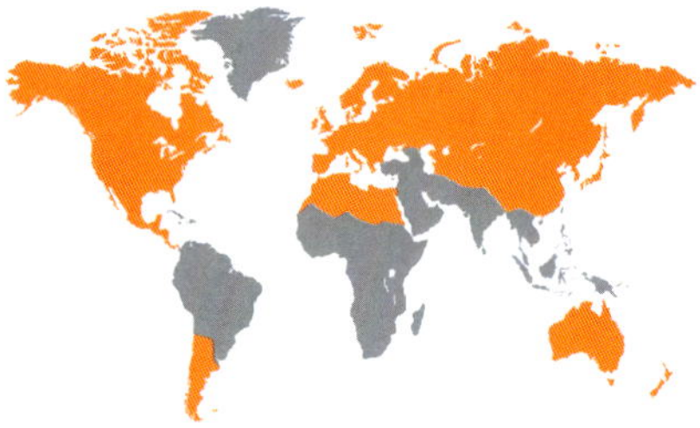

FAMILIE	Paxillaceae
VERBREITUNG	Nordamerika, Europa, Nordafrika, Nordasien; im Süden Südamerikas, in Australien und Neuseeland eingeschleppt
LEBENSRAUM	In Wäldern und Parklandschaften
SYMBIOSE	Ektomykorrhiza mit Nadel- und Laubbäumen, vor allem Birken
WUCHSFORM	Am Boden, einzeln oder in verstreuten Trupps
VORKOMMEN	Sehr häufig
SPORENFARBE	Braun
GENIESSBARKEIT	Giftig

GRÖSSE
Bis zu 100 mm

HUTDURCHMESSER
Bis zu 125 mm

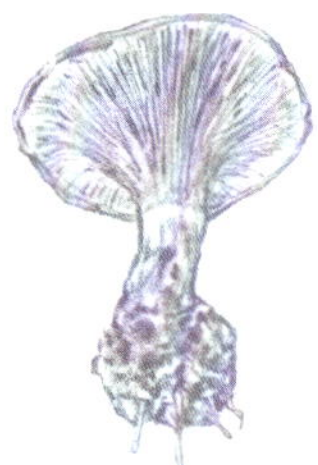

PAXILLUS INVOLUTUS

KAHLER KREMPLING

(BATSCH) FRIES

Der Kahle Krempling ist ein sehr häufiger Waldpilz. Sein Hutrand bleibt lange eingerollt und seine Lamellen sind ungewöhnlich weich, lassen sich leicht zerdrücken und verfärben sich auf Druck dunkelbraun. Die Fruchtkörper werden in vielen Regionen Osteuropas verzehrt und normalerweise mit Wasserwechsel gekocht, da sie im Rohzustand Magenbeschwerden verursachen. Der Kahle Krempling birgt jedoch ein viel größeres Risiko, da er bei Personen, die ihn zuvor ohne Probleme konsumierten, ein unvorhersehbares und oft tödliches Syndrom hervorrufen kann. Anscheinend können Antigene der Fruchtkörper manchmal eine Autoimmunreaktion auslösen, wobei der Körper seine eigenen Blutzellen zerstört.

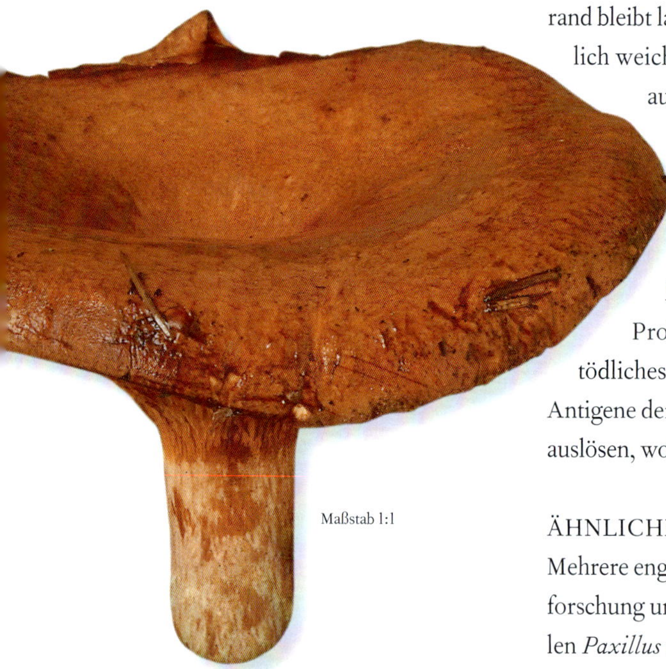

Maßstab 1:1

ÄHNLICHE ARTEN

Mehrere eng verwandte Arten wurden durch neuere Molekularforschung unterschieden und als eigene Art bestätigt. Dazu zählen *Paxillus vernalis*, der bei Espen und Birken in Nordamerika wächst, und der europäische *P. rubicundulus*, ein Erlen-Symbiont mit rötlich braunen Schuppen am Hut. *Tapinella atrotomentosa* kann ähnlich aussehen, wächst aber auf Nadelholz.

Der Kahle Krempling hat einen zuerst konvexen Hut, der flacher und oft niedergedrückt wird, wobei der Rand lange eingerollt bleibt. Die Oberfläche ist glatt, fein flaumig, nass klebrig, ocker-gelbbraun bis oliv-gelbbraun, wird hellbraun bis braun. Die herablaufenden Lamellen sind ocker-gelbbraun bis braun (siehe Bild rechts), verfärben sich auf Druck dunkelbraun. Der Stiel ist glatt, hutfarben oder blasser.

FAMILIE	Cortinariaceae
VERBREITUNG	Im Osten Nordamerikas, in Europa
LEBENSRAUM	In Wäldern
SYMBIOSE	Möglicherweise Ektomykorrhiza mit Nadelbäumen
WUCHSFORM	Auf Nadelstreu, oft truppweise
VORKOMMEN	Selten
SPORENFARBE	Rostbraun
GENIESSBARKEIT	Ungenießbar

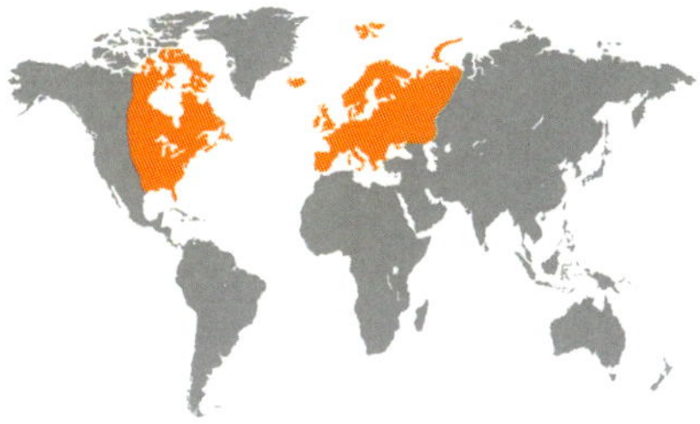

GRÖSSE
Bis zu 125 mm

HUTDURCHMESSER
Bis zu 50 mm

PHAEOCOLLYBIA CHRISTINAE

OCKERROTER WURZELSCHNITZLING

(FRIES) R. HEIM

Die kleine Gattung *Phaeocollybia* (Wurzelschnitzlinge) besteht aus einigen charakteristischen Blätterpilzen mit rostbraunen Sporen. Der Großteil von ihnen bildet kegelige, oft spitz gebuckelte Hüte, die an Zipfelmützen erinnern. Außerdem haben sie lange, recht zähe, wurzelartige Stiele, die tief in Laubstreu und Moos hineinreichen. Die meisten *Phaeocollybia*-Arten wachsen in nördlichen Nadelwäldern, einige auch in Gebirgsregionen viel weiter südlich. Der Ockerrote Wurzelschnitzling erhielt seinen lateinischen Beinamen im 19. Jahrhundert vom schwedischen Mykologen Elias Magnus Fries, der ihn nach seiner Frau benannte. Er ist einer der intensiver gefärbten Pilze der Gattung.

ÄHNLICHE ARTEN

Es wurden bereits mehrere ähnliche Arten der Gattung *Phaecollybia* beschrieben, aber sie unterscheiden sich vor allem mikroskopisch. *Hygrocybe*-Arten haben oft spitzkegelige Hüte, allerdings haben alle weiße Sporen. Einige *Entoloma*-Arten, etwa *E. quadratum*, sind auch ähnlich geformt, haben jedoch lachsrosa Sporen.

Maßstab 1:1

Der Ockerrote Wurzelschnitzling hat einen kegeligen Hut, der spitz gebuckelt wird. Die Oberfläche ist glatt, feucht etwas klebrig, orangerot bis rotbraun. Die Lamellen sind gelblich und werden rostbraun. Der lange Stiel ist glatt und an der Spitze gelblich braun, zur wurzelnden Basis hin dunkel rötlich braun.

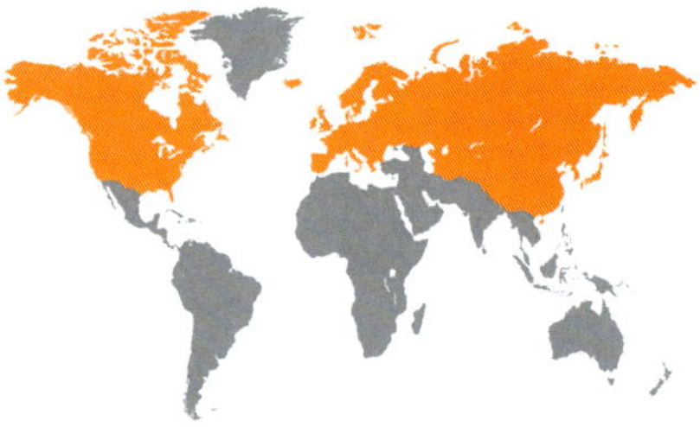

FAMILIE	Agaricaceae
VERBREITUNG	Nordamerika, Europa, Nordasien
LEBENSRAUM	In Wäldern und Parklandschaften
SYMBIOSE	Mit Laubbäumen (vor allem Erlen im Westen Nordamerikas) auf nährstoffreichen Böden
WUCHSFORM	Am Boden, truppweise
VORKOMMEN	Selten
SPORENFARBE	Ocker
GENIESSBARKEIT	Giftig (für manche Personen), lieber meiden

GRÖSSE
Bis zu 250 mm

HUTDURCHMESSER
Bis zu 300 mm

PHAEOLEPIOTA AUREA

GOLDFARBENER GLIMMERSCHÜPPLING

(MATTUSCHKA) MAIRE

Der Goldfarbene Glimmerschüppling ist ein riesenhafter Verwandter der *Cystoderma*-Pilze und hat wie sie einen mehlig-körnigen Hut und ein Velum, das den unteren Teil des Stiels wie ein Stiefel oder Strumpf umhüllt. Im Flachland Europas kommt er nur selten vor, am häufigsten auf nährstoffreicher Erde bei Nesseln. Häufiger findet man ihn in Gebirgsregionen und im Norden, vor allem in Alaska, wo er typischerweise bei Erlen wächst. Der Goldfarbene Glimmerschüppling wird oft als essbar angegeben, verursacht bei manchen Personen jedoch Vergiftungssymptome und wird daher besser gemieden.

ÄHNLICHE ARTEN

Der Beringte Flämmling (*Gymnopilus junonius*) wird häufig mit dem Goldfarbenen Glimmerschüppling verwechselt, hat aber einen schuppig-faserigen Hut und wächst meist büschelig auf Holz oder an der Basis von Stämmen und Stümpfen. Der Reifpilz (*Cortinarius caperatus*) ist viel blasser und sein Stiel normalerweise weißlich bis gelbbraun.

Maßstab 1:1

Der Goldfarbene Glimmerschüppling hat einen konvexen bis kegeligen Hut (siehe Bild rechts), der flach bis stumpf gebuckelt wird. Die Oberfläche ist erst körnig und dann glatt, ockergelb bis hellbraun, im Alter verblassend, und mit einem behangenen Rand. Die Lamellen sind gelblich bis orangebraungelb. Der Stiel ist hutfarben und sein unterer Bereich ist mit einem körnigen Velum gestiefelt, das mit einem ausgeprägten Ring abschließt.

FAMILIE	Inocybaceae
VERBREITUNG	Nordamerika, Europa
LEBENSRAUM	In Wäldern
SYMBIOSE	Mit Laubbäumen, vor allem Weiden
WUCHSFORM	Auf toten, noch am Baum hängenden Zweigen und Ästen
VORKOMMEN	Häufig
SPORENFARBE	Zimtbraun
GENIESSBARKEIT	Ungenießbar

GRÖSSE
Bis zu 15 mm

HUTDURCHMESSER
Bis zu 15 mm

PHAEOMARASMIUS ERINACEUS

IGEL-SCHÜPPCHENSCHNITZLING

(FRIES) SCHERFFEL EX ROMAGNESI

Diesen kleinen Blätterpilz entdeckt man manchmal – meist zufällig – auf einem toten Zweig oder Ast am Baum. Oft wächst der Igel-Schüppchenschnitzling einzeln, wodurch man ihn noch leichter übersieht. Für gewöhnlich bevorzugt er Weiden, wird gelegentlich aber auch auf Pappeln, Birken und anderen Laubbäumen gesichtet. Der lateinische Beiname *erinaceus* bedeutet „Igel". Die Fruchtkörper sind dicht filzig-stachelig und die Schuppen stehen struppig vom Hutrand ab. Der Pilz erinnert an einen kleinen *Pholiota*-Pilz, auch wenn er in eine ganz andere Familie gehört.

ÄHNLICHE ARTEN

Flammulaster erinaceellus und *F. muricatus* sehen sehr ähnlich aus, ihr Hut kann aber bis zu 40 mm breit werden, sie wachsen in kleinen Gruppen auf Stämmen und abgefallenen Ästen, und ihre Hüte haben eher körnig-mehlige Schuppen (nicht so faserige wie der Igel-Schüppchenschnitzling). *Pholiota*-Arten sehen ähnlich aus, sind aber alle viel größer.

Der Igel-Schüppchenschnitzling hat einen konvexen bis stumpf gebuckelten Hut. Die Oberfläche ist dicht filzig-schuppig, rostbraun bis rötlich braun. Die Lamellen sind ockerbraun bis zimtbraun. Der Stiel ist glatt und über dem Ring oder der Ringzone blass, darunter hutfarben und schuppig.

Maßstab 1:1

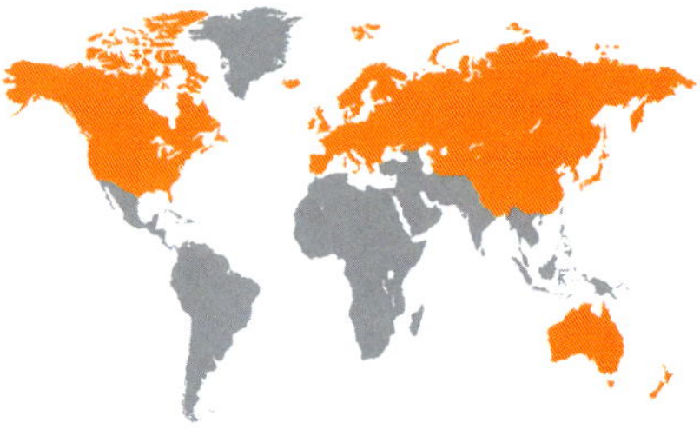

FAMILIE	Strophariaceae
VERBREITUNG	Nordamerika, Europa, Nordasien, Australien, Neuseeland
LEBENSRAUM	In Wäldern und Parklandschaften
SYMBIOSE	Mit Laubbäumen, seltener mit Nadelbäumen
WUCHSFORM	An der Basis von Baumstämmen und auf Stümpfen, dicht büschelig
VORKOMMEN	Selten
SPORENFARBE	Braun
GENIESSBARKEIT	Giftig (für manche Personen), lieber meiden

GRÖSSE
Bis zu 200 mm

HUTDURCHMESSER
Bis zu 200 mm

PHOLIOTA AURIVELLA

GOLDFELL-SCHÜPPLING

(BATSCH) P. KUMMER

Der Goldfell-Schüppling gehört zu einem Komplex aus großen, büscheligen *Pholiota*-Pilzen mit schleimigen Hüten und vergänglichen Schuppen. Auch wenn die Fruchtkörper hübsch anzusehen sind, kann der Pilz in lebenden Bäumen Stamm- oder Stockfäule verursachen. Angeblich ist er essbar und wird in China und Russland verzehrt, aber manche Texte weisen darauf hin, dass er bei anfälligen Personen Beschwerden verursachen kann. Da *Pholiota aurivella* nur schwer von eng verwandten Arten unterschieden werden kann und es unklar ist, welche davon genießbar sind, isst man am besten keinen der Pilze dieser Gruppe.

ÄHNLICHE ARTEN

Mehrere sehr ähnliche, schleimhütige Arten, darunter *Pholiota limonella*, *P. adiposa* und *P. cerifera*, sind nur mikroskopisch, wenn überhaupt, unterscheidbar. Der essbare *P. nameko* aus Asien wäre in freier Wildbahn auch schwierig zu unterscheiden. Der Sparrige Schüppling (*P. squarrosa*) hat einen trockenen, keinen schleimigen Hut.

Maßstab 1:1

Der Goldfell-Schüppling hat halbkugelige Hüte, die konvex bis gebuckelt werden. Die Oberfläche ist schleimig, gelb bis ocker, mit losen, rötlich braunen Schuppen, die vom Regen abgewaschen werden können. Die Lamellen sind cremefarben bis ocker bis braun. Der Stiel ist trocken, jung mit einem spinnwebartigen Velum, gelblich, aber zur Basis hin rötlich braun, und mit rötlich braunen Schuppen bedeckt.

FAMILIE	Strophariaceae
VERBREITUNG	Nordamerika, Europa, Nordasien
LEBENSRAUM	In Wäldern
SYMBIOSE	Mit Nadelbäumen
WUCHSFORM	An der Basis von Baumstämmen und auf Stümpfen, einzeln oder büschelig
VORKOMMEN	Häufig
SPORENFARBE	Braun
GENIESSBARKEIT	Giftig (für manche Personen), lieber meiden

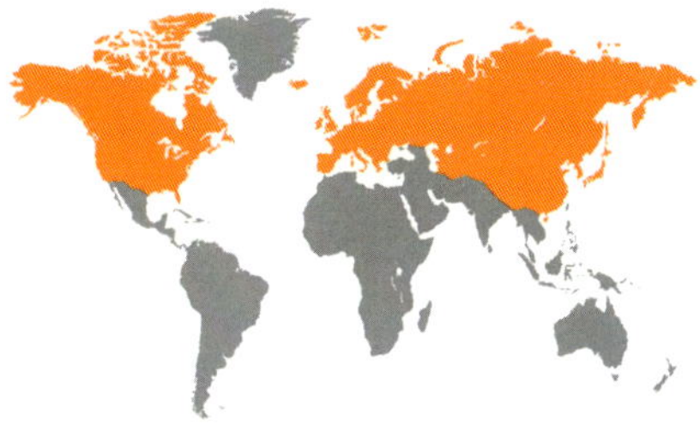

GRÖSSE
Bis zu 100 mm

HUTDURCHMESSER
Bis zu 100 mm

PHOLIOTA FLAMMANS

FEUER-SCHÜPPLING

(BATSCH) P. KUMMER

Seine strahlenden Farben machen den Feuer-Schüppling zum Blickfang der Gattung *Pholiota* und seine Fruchtkörper sind bei Färbern sehr begehrt. Mit den entstehenden Farben kann man je nach verwendeter Methode Fäden und Stoffe leuchtend zitronengelb, orange oder grünlich senfgelb färben. Die Fruchtkörper des Feuer-Schüpplings sind nicht so dicht büschelig wie bei anderen *Pholiota*-Pilzen, sondern wachsen meist einzeln oder in kleinen Gruppen auf alten Stümpfen und Stämmen. *Pholiota flammans* wächst ausschließlich bei Nadelbäumen und kommt in ursprünglichen Nadelwäldern lokal häufig vor, aber seltener in Schonungen.

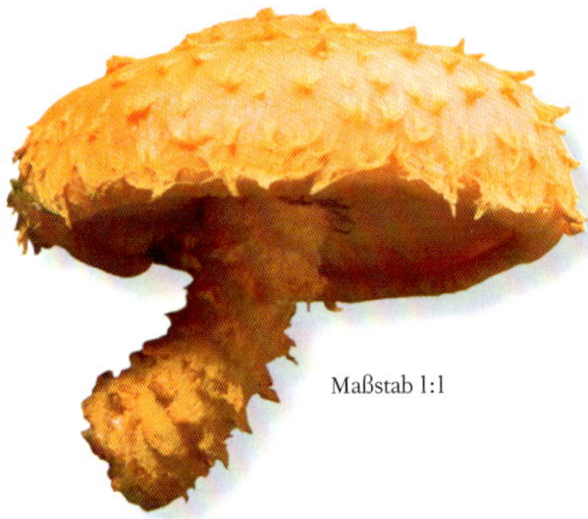

Maßstab 1:1

ÄHNLICHE ARTEN

Der Goldfell-Schüppling (*Pholiota aurivella*) hat auch einen schleimigen Hut, aber weniger leuchtende Farben und rötlich braune Schuppen. Der Sparrige Schüppling (*P. squarrosa*) hat größere, trockene Hüte, die blassgelb bis ocker sind, mit dunkelbraunen Schuppen. Beide wachsen auf Laub-, nur selten auf Nadelbäumen.

Der Feuer-Schüppling bildet halbkugelige Hüte, die flach bis stumpf gebuckelt werden. Die Oberfläche ist feucht schleimig, goldgelb bis gelborange, mit trockenen, aufstehenden, gelben Schuppen. Die Lamellen sind zitronengelb, werden rostbraun. Der Stiel ist trocken, jung mit einem faserigen Ring, hutfarben und mit Schuppen bedeckt, die erst gelb sind, dann hellbraun werden.

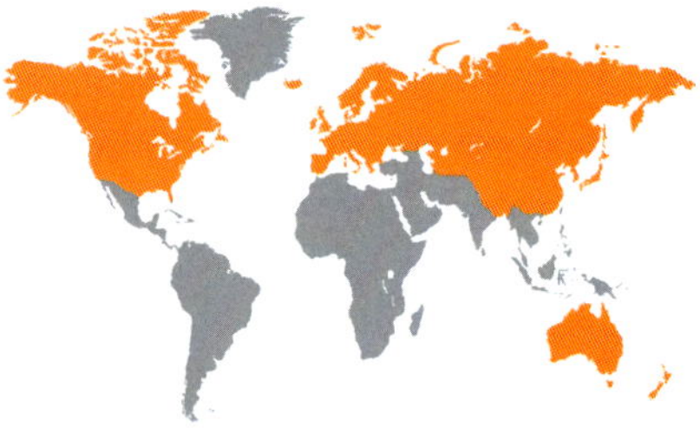

FAMILIE	Strophariaceae
VERBREITUNG	Nordamerika, Europa, Nordasien, Australien, Neuseeland
LEBENSRAUM	In Wäldern und Parklandschaften
SYMBIOSE	Mit Laubbäumen, seltener mit Nadelbäumen
WUCHSFORM	An der Basis von Baumstämmen und auf Stümpfen, dicht büschelig
VORKOMMEN	Häufig
SPORENFARBE	Braun
GENIESSBARKEIT	Giftig (für manche Personen), lieber meiden

GRÖSSE
Bis zu 200 mm

HUTDURCHMESSER
Bis zu 150 mm

PHOLIOTA SQUARROSA

SPARRIGER SCHÜPPLING

(VAHL) P. KUMMER

Maßstab 1:1

Der Sparrige Schüppling wächst in großen Büscheln und ist ein attraktiver Pilz, aber sein Vorkommen an der Basis von lebenden Bäumen ist ein Zeichen von Stamm- oder Stockfäule. Er wird in China und Osteuropa verzehrt, soll bei manchen Personen jedoch Magen-Darm-Beschwerden verursachen und wird daher nicht empfohlen. Wie viele holzfressende Pilze wurde auch der Sparrige Schüppling auf neue Metaboliten für einen möglichen pharmazeutischen Einsatz untersucht. Das Polyketid Squarrosidin wurde aus dem Pilz isoliert und könnte im Herz-Kreislauf-Bereich eingesetzt werden.

ÄHNLICHE ARTEN

Pholiota squarrosoides ist eine sehr ähnliche Art mit einem leicht klebrigen Hut, die am besten mikroskopisch an ihren kleineren Sporen unterschieden wird. Der Feuer-Schüppling (*P. flammans*) ist kleiner, hat leuchtendere Farben, gelbe bis hellbraune Schuppen und wächst auf Nadelbäumen. Der Goldfell-Schüppling (*P. aurivella*) hat einen gelatinösen Hut mit losen Schuppen.

Der Sparrige Schüppling bildet konvexe Hüte, die flach bis stumpf gebuckelt werden. Sie sind trocken und blassgelb bis blassocker mit aufgerichteten, dunkelbraunen Schuppen. Die Lamellen sind blass, grünlich gelb, werden rostbraun. Der Stiel ist trocken, jung mit einem faserigen Ring, weißlich bis gelblich, aber zur Basis hin rötlich braun, und mit dunkelbraunen Schuppen bedeckt. Das zähe Fleisch ist gelblich.

FAMILIE	Boletaceae
VERBREITUNG	Nordamerika, Mittelamerika
LEBENSRAUM	In Wäldern und Parklandschaften
SYMBIOSE	Ektomykorrhiza mit Laubbäumen, vor allem Eichen
WUCHSFORM	Am Boden, einzeln oder in kleinen Gruppen
VORKOMMEN	Häufig
SPORENFARBE	Ocker
GENIESSBARKEIT	Essbar

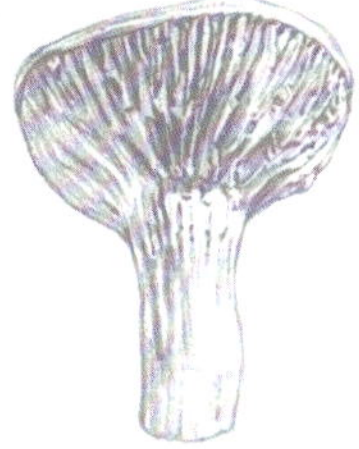

GRÖSSE
Bis zu 100 mm

HUTDURCHMESSER
Bis zu 100 mm

PHYLLOPORUS RHODOXANTHUS

GOLDBLATT-RÖHRLING

(SCHWEINITZ) BRESADOLA

Dieser Pilz hält eine Überraschung bereit: Von oben betrachtet sieht er aus wie ein Röhrenpilz der Gattung oder Untergattung *Xerocomus*. Dreht man seinen Hut jedoch um, sieht man Lamellen, keine Poren. Und das ist kein Zufall. Neuere Molekularforschung ergab, dass *Phylloporus* so eng mit *Xerocomus* verwandt ist, dass die beiden Gattungen in Zukunft vielleicht zusammengelegt werden müssen. Der Goldblatt-Röhrling ist in Nordamerika häufig, aber sein europäischer Doppelgänger *Phylloporus pelletieri* ist unerklärlich selten und steht in einem Dutzend Länder auf der Roten Liste gefährdeter Pilzarten. Es wird sogar darüber diskutiert, ihn gemäß der Berner Konvention international unter Schutz zu stellen.

ÄHNLICHE ARTEN

Sein Doppelgänger, das Europäische Goldblatt (*Phylloporus pelletieri*) wächst in Europa und Nordasien und wurde schon oft mit dem amerikanischen *P. rhodoxanthus* verwechselt. Außer durch seinen Lebensraum unterscheidet er sich vor allem mikroskopisch. Andere nordamerikanische Arten sind unter anderem *P. foliiporus*, dessen Fleisch sich im Schnitt blau verfärbt, und *P. arenicola*, der an der Westküste bei Kiefern wächst.

Maßstab 1:1

Der Goldblatt-Röhrling hat einen konvexen Hut, der flach wird. Die Oberfläche ist trocken, glatt und leicht samtig, manchmal im Alter fein aufgerissen, dunkelrot bis rötlich braun, manchmal mit olivfarbenen Tönen. Die Lamellen sind herablaufend, entfernt stehend und leuchtend gelb bis goldgelb. Der Stiel ist trocken und gelblich, wird rötlich bis rötlich braun.

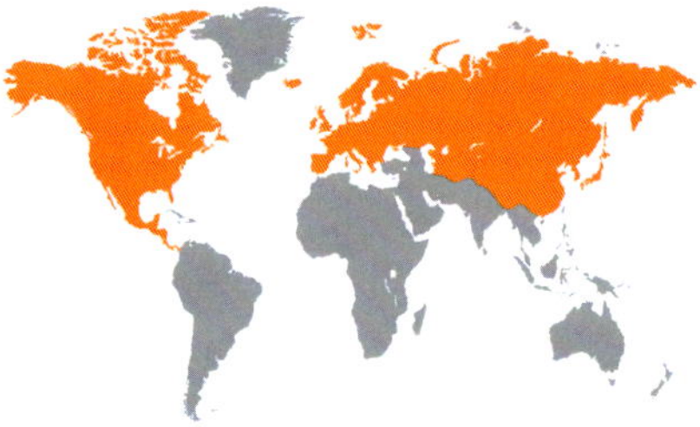

FAMILIE	Tricholomataceae
VERBREITUNG	Nordamerika, Europa, Mittelamerika, Nordasien
LEBENSRAUM	In Wäldern
SYMBIOSE	Mit Laub- und Nadelbäumen
WUCHSFORM	Auf morschem Holz; einzeln, büschelweise oder dachziegelig
VORKOMMEN	Lokal häufig
SPORENFARBE	Ockerrosa
GENIESSBARKEIT	Ungenießbar

GRÖSSE
Unter 3 mm

HUTDURCHMESSER
Bis zu 75 mm

PHYLLOTOPSIS NIDULANS

ORANGESEITLING

(PERSOON) SINGER

Der behaarte Hut und die orangen Farbtöne unterscheiden den Orangeseitling von den essbaren, echten Seitlingen (Gattung *Pleurotus*). Außerdem stinken die Fruchtkörper wohl furchtbar – je nach Autor nach Stinktier, Kanalgasen oder faulen Eiern –, auch wenn es gelegentlich geruchlose oder sogar wohlriechende Funde geben soll. In Nordamerika kommt der Pilz häufig auf Laub- und Nadelbäumen vor, aber in Europa ist er seltener, sogar lokal selten. Der Beiname *nidulans* bedeutet „Nest bildend“: Die unreifen Fruchtkörper erinnern an ein winziges Vogelnest.

ÄHNLICHE ARTEN

Der Muschel-Krempling (*Tapinella panuoides*) hat orange Lamellen, aber braune Sporen und einen glatten bis samtigen, bräunlichen Hut und wächst nur auf Nadelholz. Das Safranblättrige Stummelfüßchen (*Crepidotus crocophyllus*) hat gelborange Lamellen, aber auch braune Sporen und einen cremefarbenen bis bräunlichen, schuppigen Hut.

Der Orangeseitling bildet Fruchtkörper, die oft büschelig oder dachziegelig wachsen und seitlich an Holz ansitzen. Sie sind breit, muschelförmig und weich. Die Hüte sind leicht konvex bis flach, orange bis orange-gelbbraun, werden blass ockergelb und sind dicht behaart. Die Lamellen sind hutfarben. Der Stiel ist fehlend.

Maßstab 1:1

FAMILIE	Pleurotaceae
VERBREITUNG	Ostasien
LEBENSRAUM	In Wäldern
SYMBIOSE	Mit Laubbäumen
WUCHSFORM	Auf toten Baumstämmen, dicht büschelig
VORKOMMEN	Selten
SPORENFARBE	Weiß
GENIESSBARKEIT	Essbar

GRÖSSE
Bis zu 100 mm

HUTDURCHMESSER
Bis zu 75 mm

PLEUROTUS CITRINOPILEATUS

ZITRONENGELBER SEITLING

SINGER

Dieser farbintensive Seitling wurde ursprünglich aus dem russischen Fernen Osten dokumentiert und kommt in der Natur nur in Ostasien vor. Er ist essbar und wird daher auch überregional kultiviert – für den Handel sowie in der Heimzucht. Von seiner Farbe her ähnelt der Zitronengelbe Seitling stark dem viel weiter verbreiteten Rillstieligen Seitling (*Pleurotus cornucopiae*), der typischerweise weißlich bis blassbraun ist. Oft wird der Zitronengelbe Seitling auch nur als Farbvariante oder Varietät des Rillstieligen Seitlings betrachtet. Beide bilden dicht büschelige Fruchtkörper mit mehreren Hüten, die aus einem einzelnen Stiel wachsen.

ÄHNLICHE ARTEN

Die gelben, trichterigen Hüte und die weißen Lamellen sind charakteristisch. Der Rillstielige Seitling (*Pleurotus cornucopiae*) hat die gleiche Form, aber seine Hüte sind elfenbeinfarben bis blassbraun. Der Honiggelbe Hallimasch (*Armillaria mellea*) wächst in ähnlich großen Büscheln, hat aber gelbbraune, schuppige Hüte und ausgeprägte Ringe an den Stielen.

Der Zitronengelbe Seitling bildet trichterige Fruchtkörper, die aus einer einzelnen Stielbasis wachsen. Die Hüte sind anfangs konvex, dann flach bis trichterig, glatt und zitronengelb. Die Lamellen sind stark herablaufend und weiß. Der Stiel sitzt fast mittig und ist typischerweise gebogen, glatt und weiß.

Maßstab 1:1

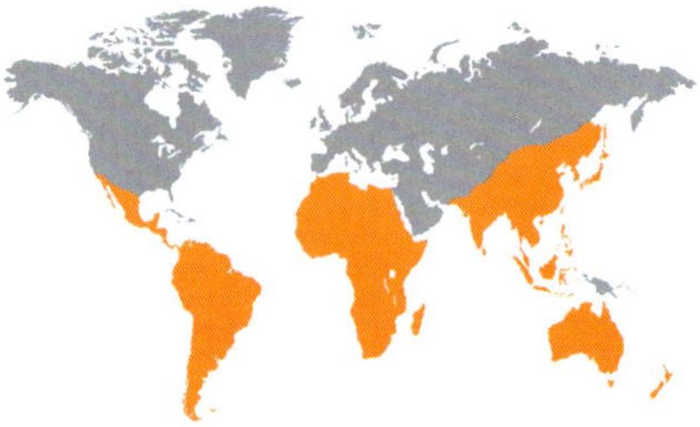

FAMILIE	Pleurotaceae
VERBREITUNG	Afrika, Mittel- und Südamerika, Süd- und Ostasien, Australien, Neuseeland
LEBENSRAUM	In Wäldern
SYMBIOSE	Mit Laubbäumen
WUCHSFORM	Auf Baumstämmen, einzeln oder dicht büschelig
VORKOMMEN	Selten
SPORENFARBE	Weiß
GENIESSBARKEIT	Essbar

GRÖSSE
Bis zu 10 mm

HUTDURCHMESSER
Bis zu 75 mm

PLEUROTUS DJAMOR

ROSEN-SEITLING

(RUMPHIUS) BOEDIJN

Pleurotus djamor ist das tropische und subtropische Gegenstück zum gewöhnlichen, gemäßigten Austern-Seitling (*P. ostreatus*). Seine Fundorte reichen im Norden gelegentlich bis Japan und im Süden bis Argentinien und Neuseeland. Wie der Austern-Seitling ist auch der Rosen-Seitling ein guter Speisepilz und wird weithin kultiviert und als auffälliger und exotischer Pilz vermarktet. Sein Name passt jedoch nicht ganz zu ihm, denn wie der Austern-Seitling kann auch der Rosen-Seitling farblich variieren. In der Natur sind die Fruchtkörper meistens weiß, aber Zuchtpilze stammen für gewöhnlich von der selteneren rosa Variante ab.

ÄHNLICHE ARTEN

Die rosa Formen des Rosen-Seitlings sollten unverkennbar sein. Weiße Formen können jedoch weißen Formen des gemäßigten Austern-Seitlings (*Pleurotus ostreatus*) ähneln. In Gegenden, in denen beide Arten vorkommen, unterscheidet man sie am besten unter dem Mikroskop. Auch mehrere andere weiße oder weißliche *Pleurotus*-Arten wachsen in den Tropen.

Maßstab 1:1

Der Rosen-Seitling bildet muschel- oder löffelförmige Fruchtkörper, die seitlich an Holz ansitzen. Die Hüte sind anfangs konvex, dann flach bis trichterig, glatt, weiß oder seltener rosig bis rosa. Die Lamellen sind herablaufend, weißlich bis hutfarben. Der Stiel ist seitlich, oft sehr kurz oder sogar fehlend, glatt und hutfarben.

FAMILIE	Pleurotaceae
VERBREITUNG	Südeuropa, Nordafrika, Südwestasien
LEBENSRAUM	In Gebüschen
SYMBIOSE	Mit Feld-Mannstreu
WUCHSFORM	Am Boden, einzeln oder büschelig an der Basis der Wirtsstängel
VORKOMMEN	Selten
SPORENFARBE	Weiß
GENIESSBARKEIT	Essbar

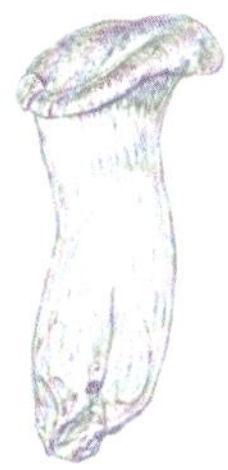

GRÖSSE
Bis zu 100 mm

HUTDURCHMESSER
Bis zu 150 mm

PLEUROTUS ERYNGII

BRAUNER KRÄUTERSEITLING

(DE CANDOLLE) QUÉLET

Die meisten Seitlinge wachsen auf Holz, aber der Braune Kräuterseitling gehört zu einer Pilzgruppe, die als schwache Parasiten auf den Wurzeln von Doldenblütlern lebt. Sein Wirt ist der distelartige Feld-Mannstreu (*Eryngium campestre*), eine häufige Pflanze des Mittelmeerraums. Er ist ein guter Speisepilz und wird unter dem Namen Königsausternpilz weithin kultiviert. Ein verwandter Pilz, der vom Aussterben bedrohte *Pleurotus nebrodensis*, ist als einziger Pilz auf der globalen Roten Liste gefährdeter Arten der IUCN keine Flechte und wächst nur in Nordsizilien. Auch er wird mittlerweile gezüchtet – was ihn vielleicht vor dem Aussterben bewahrt.

ÄHNLICHE ARTEN

Andere Pilze dieser Gruppe sind sehr ähnlich, wachsen aber in Südeuropa und Zentralasien auf anderen Wirten, etwa dem Riesenfenchel (*Ferula communis*). Oft gelten sie als ebenfalls essbare Varietäten von *Pleurotus eryngii*. Der seltene sizilianische *Pleurotus nebrodensis* ist auch ähnlich, hat aber einen weißlichen Hut.

Der Braune Kräuterseitling bildet konvexe Hüte, die im Alter flach bis trichterig werden. Die Oberfläche ist glatt und kann gelbbraun, beige, graubraun oder violettbraun sein. Die Lamellen sind herablaufend und weißlich bis cremefarben oder gelbbraun. Der Stiel sitzt ziemlich mittig und ist dick, glatt und weiß.

Maßstab 1:1

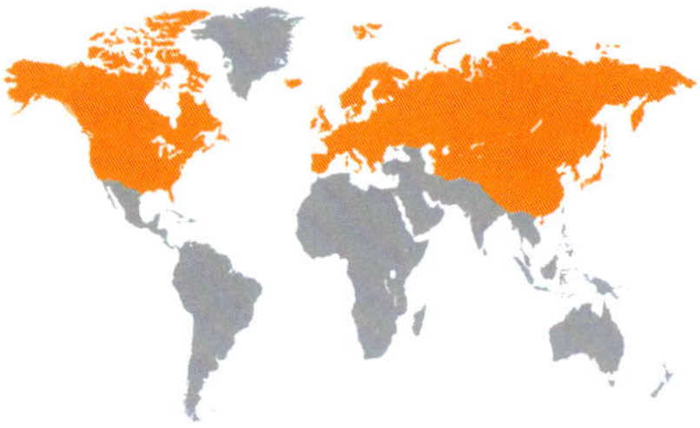

FAMILIE	Pleurotaceae
VERBREITUNG	Nordamerika, Europa, Nordasien
LEBENSRAUM	In Wäldern
SYMBIOSE	Mit Laubbäumen
WUCHSFORM	Auf Baumstämmen, in dachziegeligen Büscheln
VORKOMMEN	Häufig
SPORENFARBE	Weißlich bis blasslila
GENIESSBARKEIT	Essbar

GRÖSSE
Bis zu 10 mm

HUTDURCHMESSER
Bis zu 150 mm

PLEUROTUS OSTREATUS

AUSTERN-SEITLING

(JACQUIN) P. KUMMER

Ob auf Holz, gepresstem Stroh oder anderen pflanzlichen Überresten: Der Austern-Seitling ist einfach anzubauen und mittlerweile einer der beliebtesten und meistverkauften Speisepilze weltweit. Im Gegensatz zu den meisten „exotischen“ Pilzen ist *Pleurotus ostreatus* kein neuer Pilz aus Fernost, sondern wurde erstmals in Deutschland als Existenzgrundlage während des Ersten Weltkriegs gezüchtet. Die Fruchtkörper erinnern nur von der Form her an Austern; frisch haben sie einen leichten Anisgeschmack. Außerdem enthalten sie die natürliche Verbindung Lovastatin, eines von mehreren Statinen, die heute in synthetischer Form als Cholesterinsenker eingesetzt werden.

ÄHNLICHE ARTEN

Der Lungen-Seitling (*Pleurotus pulmonarius*) wächst früher in der Saison, bildet kleinere Fruchtkörper, hat oft einen ausgeprägten seitlichen Stiel und weiße bis blass hellbraune Hüte. In Europa ist der Rillstielige Seitling (*P. cornucopiae*) auch blass, aber groß, oft trichterig und hat einen mittigeren (keinen seitlichen) Stiel. Beide sind essbar.

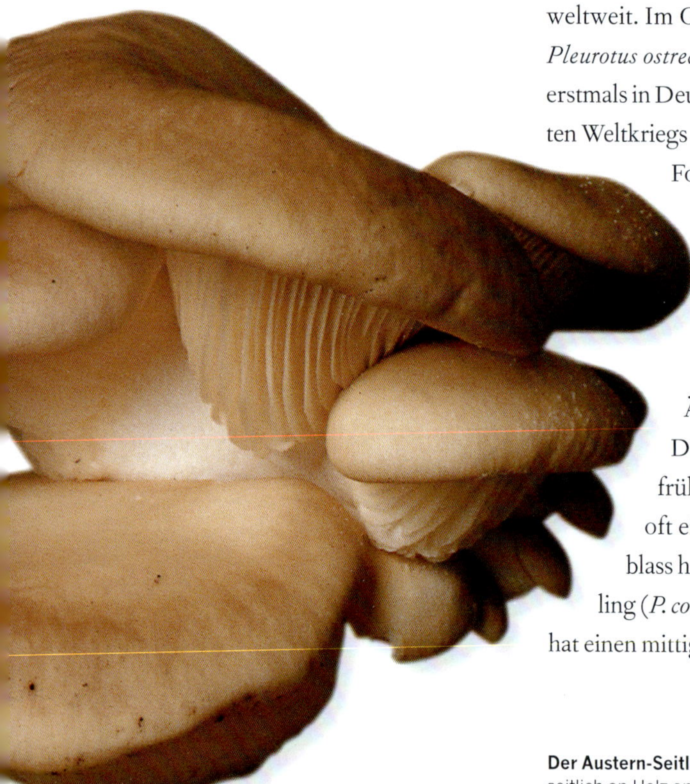

Maßstab 1:1

Der Austern-Seitling bildet büschelige oder dachziegelige Fruchtkörper, die seitlich an Holz ansitzen. Die Hüte sind erst konvex, werden flach, glatt, bläulich grau bis dunkelgrau oder blass graubraun bis dunkel graubraun. Die Lamellen sind herablaufend und weißlich. Der Stiel ist meist fehlend; wenn vorhanden, ist er seitlich, kurz und hutfarben.

FAMILIE	Pluteaceae
VERBREITUNG	Nordamerika, Europa, Nordasien, Australien, Neuseeland
LEBENSRAUM	In Wäldern
SYMBIOSE	Mit Nadelbäumen
WUCHSFORM	Auf totem Holz, einzeln
VORKOMMEN	Häufig
SPORENFARBE	Rosa
GENIESSBARKEIT	Ungenießbar

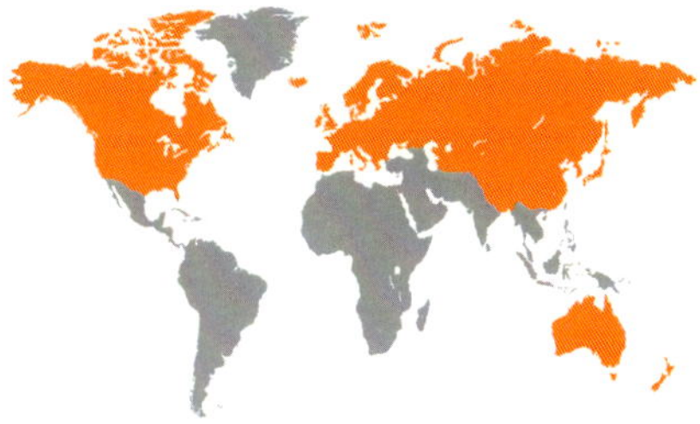

GRÖSSE
Bis zu 125 mm

HUTDURCHMESSER
Bis zu 125 mm

PLUTEUS ATROMARGINATUS

SCHWARZSCHNEIDIGER DACHPILZ

(KONRAD) KÜHNER

Pluteus atromarginatus ist ein relativ großer Pilz, der durch sein Vorkommen auf Nadelholz und seine schwarzschneidigen Lamellen charakterisiert wird. Unter dem Mikroskop erkennt man an den Schneiden eine Schicht aus sterilen Zellen, in der jede Zelle ein dunkelbraunes Pigment enthält. Dieser Pilz wurde erst in den 1920er-Jahren aus Frankreich dokumentiert, ist aber viel weiter verbreitet und alles andere als selten. Vermutlich wurde er oft übersehen – aufgrund seiner Ähnlichkeit zum bekannteren Rehbraunen Dachpilz (*Pluteus cervinus*), von dem er ursprünglich als Varietät galt.

ÄHNLICHE ARTEN

Der sehr häufige Rehbraune Dachpilz (*Pluteus cervinus*) ist ähnlich groß, wächst aber meist auf Laubholz. Ihm fehlen die schwarzen Schneiden, wie auch dem Nadelholz-Pilz *P. pouzarianus*. Der Schwarzflockige Dachpilz (*P. umbrosus*) hat braune Schneiden, wächst aber auf Laubholz und hat einen samtig-schuppigen Hut.

Der Schwarzschneidige Dachpilz hat einen konvexen Hut, der flach bis stumpf gebuckelt wird. Die Oberfläche ist glatt bis fein seidigfaserig, in der Mitte dunkel- bis schwarzbraun, zum Rand hin blasser. Die Lamellen sind erst weißlich, dann lachsrosa, mit deutlichen schwarzbraunen Schneiden. Der Stiel ist glatt bis faserig und blass graubraun.

Maßstab 1:1

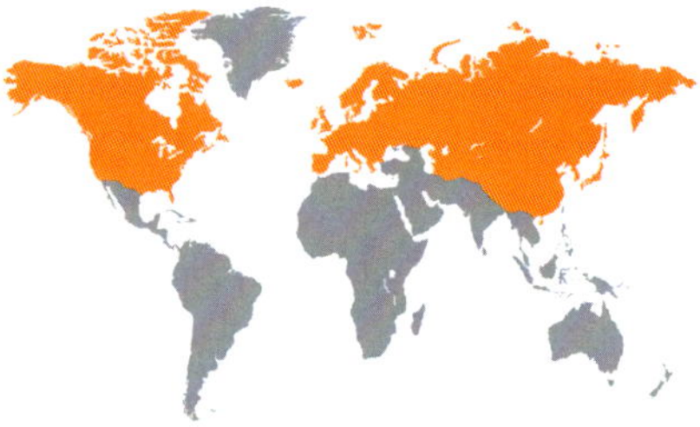

FAMILIE	Pluteaceae
VERBREITUNG	Nordamerika, Europa, Nordasien
LEBENSRAUM	In Wäldern und Hecken
SYMBIOSE	Mit Laubbäumen, vor allem Ulmen
WUCHSFORM	Auf alten Stämmen und Stümpfen, einzeln oder in kleinen Gruppen
VORKOMMEN	Selten
SPORENFARBE	Rosa
GENIESSBARKEIT	Ungenießbar

GRÖSSE
Bis zu 50 mm

HUTDURCHMESSER
Bis zu 60 mm

PLUTEUS AURANTIORUGOSUS

ORANGEROTER DACHPILZ

(TROG) SACCARDO

Der Orangerote Dachpilz ist der farbintensivste Pilz der *Pluteus*-Pilze. Sie alle haben lachsrosa oder rosige Sporen, die allmählich die Lamellen färben. Sie sind mit den *Volvariella*-Arten verwandt, aber nicht mit den ebenfalls rosasporigen *Entoloma*-Pilzen. Die meisten *Pluteus*-Pilze wachsen auf Holz – der Orangerote Dachpilz bevorzugt Ulmen. Als 20 Millionen Ulmen auf den Britischen Inseln dem Ulmensterben zum Opfer fielen, verbreitete sich der Pilz auf dem toten Ulmenholz kurzzeitig stärker. Heute kommt er viel seltener vor und wird nur gelegentlich gefunden.

ÄHNLICHE ARTEN

Ältere, verblasste Fruchtkörper könnten mit einigen der gelbhütigen *Pluteus*-Arten verwechselt werden, etwa mit dem europäischen *P. leoninus* oder dem nordamerikanischen *P. admirabilis*. *Mycena*-Arten mit scharlachroten bis orangen Hüten haben weiße Sporen und sind meist weniger fleischig. *Mycena leaiana* hat ebenfalls orange Lamellen.

Der Orangerote Dachpilz hat zuerst einen konvexen Hut, der flach bis gebuckelt wird. Die Oberfläche ist glatt oder leicht runzelig, anfangs leuchtend scharlachrot, im Alter orange bis gelborange. Die Lamellen sind zuerst weißlich, werden lachsrosa. Der Stiel ist glatt, erst weißlich, wird von der Basis aufwärts gelb.

Maßstab 1:1

FAMILIE	Pluteaceae
VERBREITUNG	Europa, Nordafrika, Nordasien
LEBENSRAUM	In Wäldern und Hecken
SYMBIOSE	Mit Laubbäumen
WUCHSFORM	Auf Baumstümpfen und totem Holz, einzeln oder in kleinen Gruppen
VORKOMMEN	Selten
SPORENFARBE	Rosa
GENIESSBARKEIT	Ungenießbar

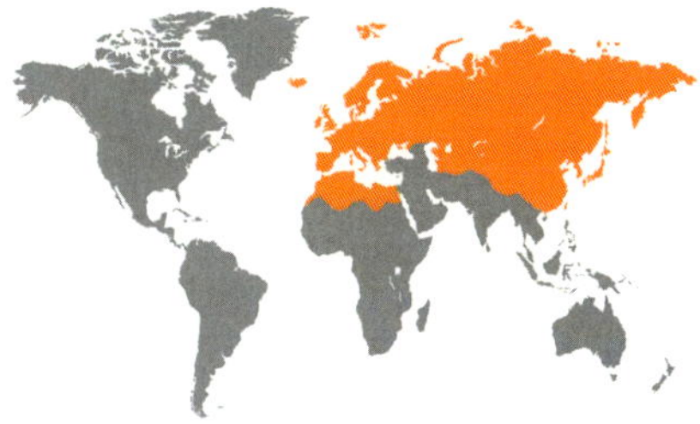

GRÖSSE
Bis zu 75 mm

HUTDURCHMESSER
Bis zu 60 mm

PLUTEUS LEONINUS

LÖWENGELBER DACHPILZ

(SCHAEFFER) P. KUMMER

Der Beiname *leoninus* bedeutet „löwenartig", und die gelben Hüte von *Pluteus leoninus* haben typischerweise einen goldenen oder orangebraunen Farbton. In Europa ist die Art weitverbreitet, kommt aber nirgends häufig vor – im Gegensatz zum ähnlichen Goldbraunen Dachpilz (*P. chrysophaeus*). Beide wachsen auf Totholz oder Fallholz von Laubbäumen. Wie alle *Pluteus*-Pilze heißt auch *P. leoninus* im Deutschen „Dachpilz", was sich vielleicht auf die stabilen Hüte bezieht. *Pluteus* bezeichnet eine bewegliche Schutzwand – eine Beschreibung, die Fragen aufwirft.

ÄHNLICHE ARTEN

In Nordamerika gibt es den sehr ähnlichen, gelbhütigen *Pluteus admirabilis*. Der Goldbraune Dachpilz (*P. chrysophaeus*) ist ein weiterer Doppelgänger, wenn auch meist mit eher grünlich gelben Hüten. Er wird am besten mikroskopisch unterschieden. *Mycena*-Arten mit gelblichen Hüten haben weiße Sporen und sind für gewöhnlich weniger fleischig.

Maßstab 1:1

Der Löwengelbe Dachpilz hat einen konvexen Hut, der flach bis gebuckelt wird. Die Oberfläche ist glatt, seidig, gelb bis gold bis gelb-orangebraun, in der Mitte oft bräunlich. Die Lamellen sind zuerst weißlich, dann lachsrosa. Der Stiel ist glatt, weißlich und wird von der Basis aufwärts gelb.

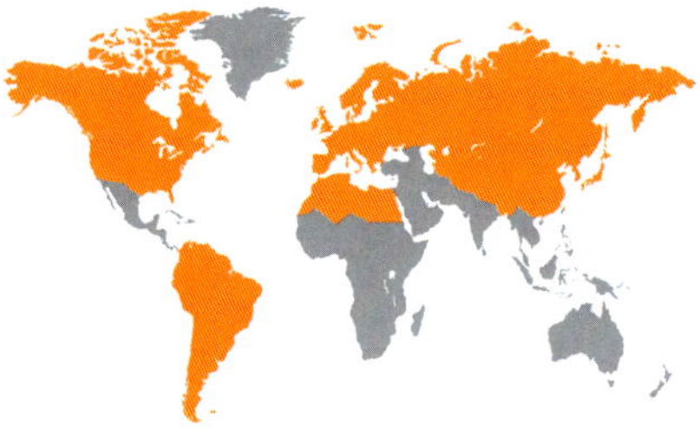

FAMILIE	Pluteaceae
VERBREITUNG	Nordamerika, Europa, Nordafrika, Südamerika, Nordasien
LEBENSRAUM	In Wäldern
SYMBIOSE	Mit Laubbäumen
WUCHSFORM	Auf totem Holz, einzeln oder in kleinen Gruppen
VORKOMMEN	Selten
SPORENFARBE	Rosa
GENIESSBARKEIT	Ungenießbar

GRÖSSE
Bis zu 75 mm

HUTDURCHMESSER
Bis zu 50 mm

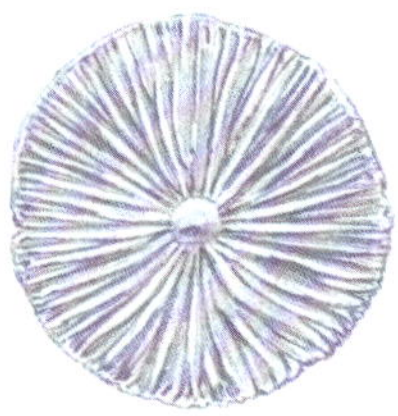

PLUTEUS THOMSONII

GRAUSTIELIGER ADERN-DACHPILZ

(BERKELEY & BROOME) DENNIS

Dieser kleine, rosasporige Blätterpilz hat oft ein seltsames aderiges Geflecht auf dem Hut, das ihn von ähnlichen graubraunen *Pluteus*-Arten unterscheidet. Die Fruchtkörper wachsen meist einzeln, nur gelegentlich auch in kleinen Gruppen auf Baumstümpfen, abgefallenen Ästen oder vergrabenem Holz, wo es dann aussieht, als ob sie auf Erde oder Laubstreu wachsen würden. *Pluteus thomsonii* wurde erstmals 1876 aus dem englischen Kent beschrieben, wo ein Dr. Thomson ihn entdeckte. Er scheint in der nördlichen gemäßigten Zone weitverbreitet zu sein, wurde aber im Süden bis Brasilien gesichtet.

ÄHNLICHE ARTEN

Der Runzelige Dachpilz (*Pluteus phlebophorus*) ist ein eher rotbrauner Pilz mit einem ebenfalls aderigen oder runzeligen Hut. Das Geflecht ist aber feiner und weniger markant als jenes von *P. thomsonii*. Glatthütige Funde des Graustieligen Adern-Dachpilzes können nur mikroskopisch von anderen graubraunen *Pluteus*-Arten unterschieden werden.

Maßstab 1:1

Der Graustielige Adern-Dachpilz hat einen konvexen Hut, der flach bis stumpf gebuckelt wird. Die Oberfläche ist glatt oder hat ein aderiges Geflecht, vor allem in der Mitte, und ist gelbbraun bis braun oder dunkel rötlich braun. Die Lamellen sind anfangs weißlich und werden lachsrosa. Der Stiel ist blass gräulich bis bräunlich, glatt, aber weißlich bereift.

FAMILIE	Psathyrellaceae
VERBREITUNG	Nordamerika, Europa
LEBENSRAUM	In Wäldern
SYMBIOSE	Mit Nadelbäumen
WUCHSFORM	Auf oder bei Baumstümpfen
VORKOMMEN	Sehr selten
SPORENFARBE	Schwarz
GENIESSBARKEIT	Ungenießbar

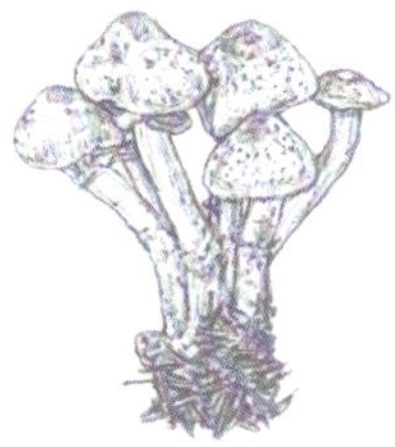

GRÖSSE
Bis zu 125 mm

HUTDURCHMESSER
Bis zu 50 mm

PSATHYRELLA CAPUT-MEDUSAE

MEDUSENHAUPT

(FRIES) KONRAD & MAUBLANC

Das Medusenhaupt erhielt seinen merkwürdigen Namen aufgrund der zottigen Schuppen auf Hut und Stiel. Bei manchen Funden können diese sehr ausgeprägt und stachelig ausfallen – auch wenn sie nur mit viel Fantasie dem schlangenhaarigen Haupt der Gorgone (*caput-medusae*) ähneln. Bei anderen Funden sind die Schuppen weniger stark ausgeprägt und die Fruchtkörper können einem blassen *Pholiota*-Pilz ähneln. Das Medusenhaupt wächst büschelig auf altem, totem Nadelholz und scheint selten bis sehr selten zu sein. In vielen europäischen Ländern steht es auf der nationalen Roten Liste gefährdeter Pilze.

Maßstab 1:1

ÄHNLICHE ARTEN

Der Pinsel-Faserling (*Psathyrella cotonea*) wächst ebenfalls büschelig auf Baumstümpfen, aber ihm fehlt der ausgeprägte Ring des Medusenhaupts und seine Basis ist meist gelblich. Einige blassere *Pholiota*-Arten können auf den ersten Blick ähnlich aussehen, haben jedoch rostbraune Sporen.

Das Medusenhaupt bildet büschelige Fruchtkörper. Die Hüte sind konvex bis gebuckelt, erst glatt, dann zum Rand hin in Schuppen aufgerissen, weißlich bis blassbraun und in der Mitte dunkler. Die Schuppen sind ähnlich gefärbt oder mit dunkleren Spitzen. Die Lamellen sind braun bis schwärzlich braun. Die einzelnen Stämme sind hutfarben, mit einem herabhängenden Ring (siehe Bild rechts) und dunkleren Schuppen zur Basis hin.

FAMILIE	Psathyrellaceae
VERBREITUNG	Nordamerika, Europa, Neuseeland
LEBENSRAUM	In Wäldern, Gärten, Parklandschaften und an Wegrändern
SYMBIOSE	Mit Laubbäumen
WUCHSFORM	Auf vergrabenem Holz und toten Wurzeln
VORKOMMEN	Lokal häufig
SPORENFARBE	Schwarz
GENIESSBARKEIT	Ungenießbar

GRÖSSE
Bis zu 125 mm

HUTDURCHMESSER
Bis zu 25 mm

PSATHYRELLA MULTIPEDATA

BÜSCHELIGER FASERLING

(PECK) A. H. SMITH

Die Gattung *Psathyrella* kommt häufig vor, aber die einzelnen Arten sehen sich sehr ähnlich und sind nicht besonders einfach zu bestimmen. *Psathyrella multipedata* ist eine Ausnahme, da die Fruchtkörper nicht in Trupps oder kleinen Büscheln erscheinen, sondern in gewaltigen, dichten Büscheln aus einer einzelnen, wurzelartigen Basis wachsen. Der Beiname *multipedata* bedeutet „vielfüßig", denn das Büschel ist eigentlich ein einzelner Fruchtkörper mit vielen Hüten und Stielen. Der Büschelige Faserling wächst auf vergrabenem Holz oder toten Wurzeln, typischerweise auf Ruderalböden, oft an Wegrändern oder in Gärten.

ÄHNLICHE ARTEN

Der Wässrige Faserling (*Psathyrella piluliformis*) wächst ebenfalls büschelig, hat aber größere, braune bis ockerbraune Hüte und wächst meist auf morschen Stümpfen und Stämmen. Der Gesäte Tintling (*Coprinellus disseminatus*) bildet zahlreiche Fruchtkörper auf morschem Holz, aber in dichten Schwärmen und nicht als einzelnes Büschel.

Maßstab 1:1

Der Büschelige Faserling bildet dichte Büschel aus Fruchtkörpern. Die einzelnen Hüte sind konvex, sehr dünnfleischig und zerbrechlich, glatt, am Rand gerieft, feucht blass graubraun und trocknen schmutzig cremefarben bis grau-cremefarben. Die Lamellen sind zuerst weißlich, werden dann schwarz. Die einzelnen Stiele sind weißlich, glatt und zerbrechlich.

FAMILIE	Tricholomataceae
VERBREITUNG	Nordamerika, Europa, Nordasien
LEBENSRAUM	In Wäldern
SYMBIOSE	Mit Nadel- und Laubbäumen
WUCHSFORM	Am Boden, einzeln oder in kleinen Trupps
VORKOMMEN	Häufig
SPORENFARBE	Weiß
GENIESSBARKEIT	Essbar, aber lieber meiden

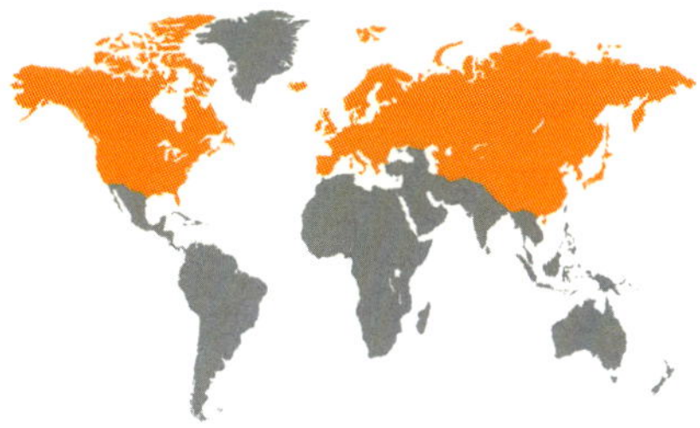

GRÖSSE
Bis zu 125 mm

HUTDURCHMESSER
Bis zu 75 mm

PSEUDOCLITOCYBE CYATHIFORMIS

KAFFEEBRAUNER GABELTRICHTERLING

(BULLIARD) SINGER

Der lateinische Beiname *cyathiformis* bedeutet „kelchförmig" und das passt auch zu diesem eleganten, langstieligen Pilz mit dem trichterigen Hut. Er zersetzt Laubstreu und fruktifiziert meist spät in der Saison, wenn viele andere Blätterpilze bereits verschwunden sind. Der Kaffeebraune Gabeltrichterling wurde erstmals aus Frankreich dokumentiert, scheint aber in der gesamten nördlichen gemäßigten Zone weitverbreitet zu sein. Er ist essbar, aber nicht sehr begehrt und ist sorgfältig von giftigen *Clitocybe*-Arten zu unterscheiden, von denen einige auch trichterige Hüte haben.

ÄHNLICHE ARTEN

Cantharellula umbonata ist ähnlich geformt und gefärbt, wächst aber bei Moos und hat einen ausgeprägten Buckel in der Hutmitte sowie cremefarbene Lamellen, die auf Druck röten. Der Nebelgraue Trichterling (*Clitocybe nebularis*) ist meist viel größer, blasser grau und hat ebenfalls weißliche bis cremefarbene Lamellen.

Maßstab 1:1

Der Kaffeebraune Gabeltrichterling hat einen stark vertieften Hut, der im Alter komplett trichterig ist. Die Oberfläche ist glatt, feucht dunkel violettbraun, trocknet blasser graubraun. Die Lamellen sind herablaufend und blass gräulich braun. Der Stiel ist glatt, zur Basis hin verdickt und hutfarben, aber jung mit einem feinen, weißen, faserigen Belag.

FAMILIE	Strophariaceae
VERBREITUNG	Im Südosten Nordamerikas, in Mittel- und Südamerika, Südasien, Australien
LEBENSRAUM	Auf Weiden und gedüngtem Gras
SYMBIOSE	Mit Dung
WUCHSFORM	Auf Dung, einzeln oder in kleinen Gruppen
VORKOMMEN	Selten
SPORENFARBE	Schwarz
GENIESSBARKEIT	Giftig (halluzinogen)

GRÖSSE
Bis zu 150 mm

HUTDURCHMESSER
Bis zu 75 mm

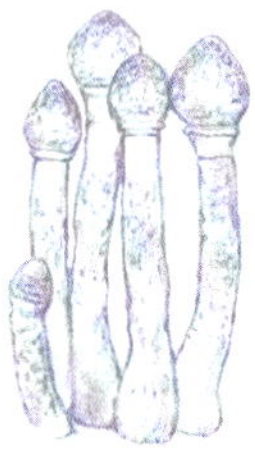

PSILOCYBE CUBENSIS

KUBANISCHER KAHLKOPF

(EARLE) SINGER

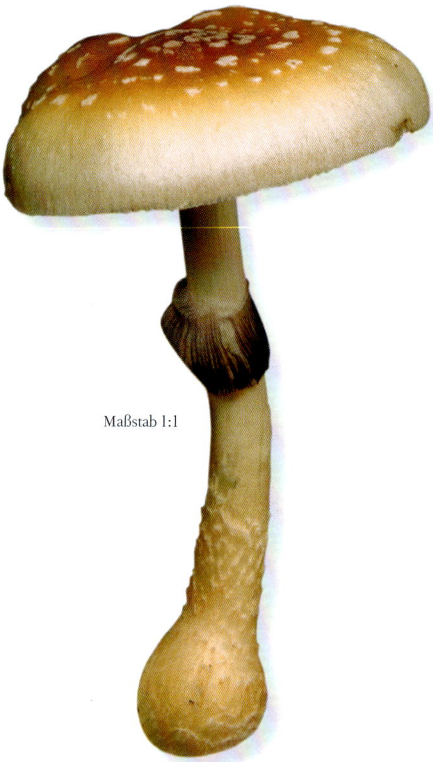

Maßstab 1:1

Der Kubanische Kahlkopf wurde erstmals aus Kuba dokumentiert und ist ein relativ großer, koprophiler (dungliebender) Pilz, der vor allem in den Tropen und Subtropen vorkommt. Die Fruchtkörper enthalten große Mengen an Psilocybin, ein psychoaktiver Stoff, der in vielen *Psilocybe*-Arten zu finden ist, unter anderem in Pilzen, die von den mittelamerikanischen Ureinwohnern in mystischen Ritualen verwendet wurden. Der Stoff wurde erstmals 1958 von Albert Hofmann isoliert, einem Schweizer Wissenschaftler und Entdecker des LSD. Von da an wurde der Kubanische Kahlkopf als halluzinogene Droge verwendet und zu diesem Zweck kultiviert, auch wenn die Zucht oder sogar der Besitz der Fruchtkörper in vielen Ländern mittlerweile verboten ist.

ÄHNLICHE ARTEN

Psilocybe subcubensis hat eine ähnliche Verbreitung und ist nur mikroskopisch an den kleineren Sporen unterscheidbar. Der Ring-Düngerling (*Panaeolus semiovatus*) ist ein beringter Pilz von ähnlichem Wuchs, wächst aber in gemäßigteren Regionen und hat einen blassen, schleimigeren Hut und schwarzfleckige Lamellen.

Der Kubanische Kahlkopf hat einen kegeligen Hut, der flach bis stumpf gebuckelt wird. Die Oberfläche ist glatt, feucht schleimig, cremefarben bis ocker bis rötlich braun, manchmal mit weißlichen Velumresten gefleckt. Die Lamellen sind braun, werden schwarzviolett mit weißlichen Schneiden. Der Stiel ist glatt, weißlich bis hutfarben, mit einem häutigen Ring. Alle Teile verfärben sich auf Druck matt bläulich.

FAMILIE	Strophariaceae
VERBREITUNG	Nordamerika, Europa, Nordasien, Australien, Neuseeland
LEBENSRAUM	Auf Weiden und gedüngtem Gras
SYMBIOSE	Mit Gräsern und Dung
WUCHSFORM	Auf Gras, seltener auf Dung, einzeln oder in kleinen Trupps
VORKOMMEN	Häufig
SPORENFARBE	Schwarz
GENIESSBARKEIT	Giftig (halluzinogen)

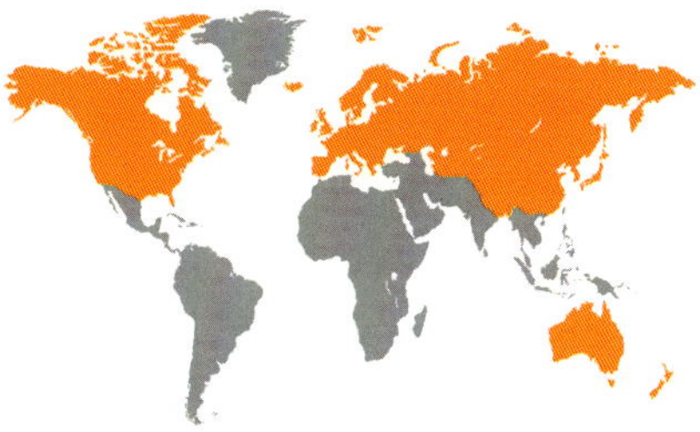

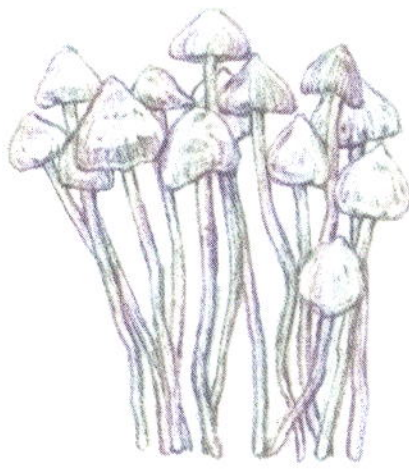

GRÖSSE
Bis zu 125 mm

HUTDURCHMESSER
Bis zu 35 mm

PSILOCYBE SEMILANCEATA

SPITZKEGELIGER KAHLKOPF

(FRIES) P. KUMMER

Dieser unscheinbare kleine Dungpilz hat in der Vergangenheit aufgrund seiner halluzinogenen Wirkung einen zweifelhaften Ruf erlangt. Die Fruchtkörper enthalten die psychoaktive Verbindung Psilocybin. Der Hut erinnert an die Jakobinermütze, ein Freiheitssymbol der Französischen Revolution. Der Pilz wird auch als „Zauberpilz" bezeichnet, wie auch andere psychoaktive Pilze. Das Sammeln solcher Pilze ist bei Enthusiasten ein beliebter Brauch, allerdings in vielen Ländern mittlerweile verboten und der Besitz solcher Funde eine strafbare Handlung.

ÄHNLICHE ARTEN

Andere kleine und recht ähnliche *Psilocybe*-Arten wachsen auch auf Gras, aber ihnen fehlt der deutlich spitze Hut von *P. semilanceata*. *Panaeolus*-Arten sind auch ähnlich, haben aber schwarzfleckige Lamellen. Einige *Conocybe*-Wiesenpilze haben wie *Psilocybe semilanceata* spitze Hüte, aber sie alle haben rostbraune Sporen und Lamellen.

Maßstab 1:1

Der Spitzkegelige Kahlkopf hat einen kegeligen Hut, der meist spitz gebuckelt ist. Die Oberfläche ist glatt, ocker bis ockerbraun, feucht manchmal schleimig, trocknet gelbbraun. Die Lamellen sind bräunlich, werden dunkelgrau bis schwarzviolett. Der Stiel ist glatt bis fein faserig, silbrig weiß bis hutfarben. Alle Teile verfärben sich auf Druck matt bläulich.

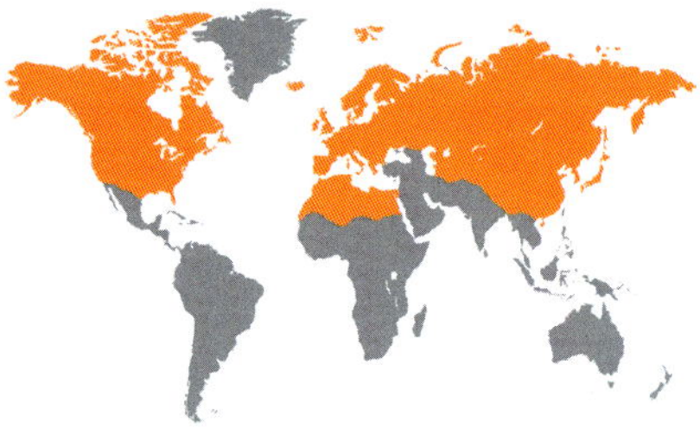

FAMILIE	Marasmiaceae
VERBREITUNG	Nordamerika, Europa, Nordafrika, Nordasien
LEBENSRAUM	In Wäldern
SYMBIOSE	Mit Nadel- und Laubbäumen
WUCHSFORM	Am Boden, einzeln oder truppweise
VORKOMMEN	Sehr häufig
SPORENFARBE	Blass rosig gelbbraun
GENIESSBARKEIT	Essbar

GRÖSSE
Bis zu 100 mm

HUTDURCHMESSER
Bis zu 75 mm

RHODOCOLLYBIA BUTYRACEA

BUTTER-RÜBLING

(BULLIARD) LENNOX

Der Butter-Rübling erhielt seine lateinischen und deutschen Namen aufgrund seiner bei Feuchtigkeit schmierigen, buttrigen Hutoberfläche. Er kommt sehr häufig vor, besonders bei Nadelbäumen, und bildet bis spät in die Saison Fruchtkörper. Er ist sehr variabel, teils durch den hygrophanen Hut, der je nach Feuchtigkeit die Farbe ändert und dadurch oft zweifarbig aussieht, mit einem dunkleren (feuchten) Scheitel und einem blasseren (trockeneren) Rand. Gegenwärtig wird die Art in die gewöhnliche rötlich braune Varietät und die lokal häufigere ocker bis graubraune Varietät (var. *asema*) unterteilt.

Maßstab 1:1

ÄHNLICHE ARTEN

Der viel seltenere *Rhodocollybia prolixa* var. *distorta* (und im Westen Nordamerikas *R. badiialba*) ist etwas ähnlich, hat aber einen nicht-hygrophanen, rötlich braunen Hut und einen oft verdrehten Stiel. Der häufige Waldfreund-Rübling (*Gymnopus dryophilus*) ist ein viel schlankerer Pilz mit einem blasseren, orange-rostbraunen bis ocker-gelbbraunen Hut.

Der Butter-Rübling hat einen konvexen Hut, der flach bis stumpf gebuckelt wird. Die Oberfläche ist glatt, glitschig und hygrophan: Feucht ist sie gelbbraun, graubraun oder dunkel rotbraun, trocken ist sie gelbbraun oder grau-gelbbraun, am Scheitel lange dunkler. Die Lamellen sind weißlich. Der Stiel ist glatt, zur Basis hin verdickt, blass, wird hutfarben.

FAMILIE	Physalacriaceae
VERBREITUNG	Im Osten Nordamerikas, in Europa, Nordasien
LEBENSRAUM	In Wäldern
SYMBIOSE	Mit Laubbäumen, vor allem Ulmen
WUCHSFORM	Auf Stümpfen oder Stämmen, einzeln oder in kleinen Büscheln
VORKOMMEN	Selten
SPORENFARBE	Weiß
GENIESSBARKEIT	Ungenießbar

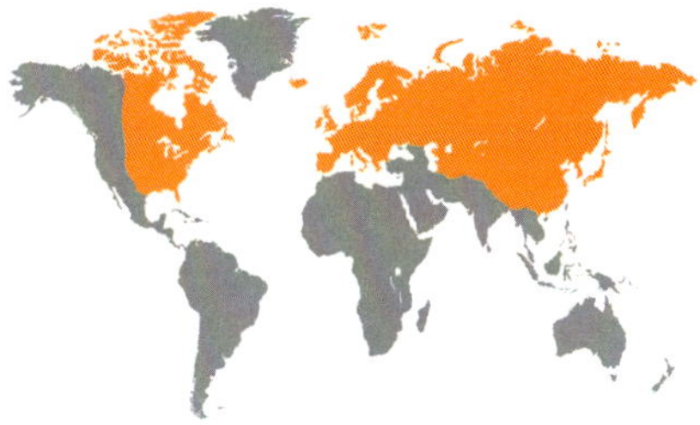

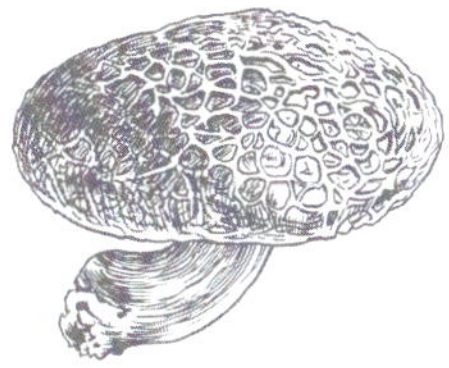

GRÖSSE
Bis zu 50 mm

HUTDURCHMESSER
Bis zu 150 mm

RHODOTUS PALMATUS

ORANGERÖTLICHER ADERNSEITLING

(BULLIARD) MAIRE

Rhodotus palmatus hat einen kuriosen, markanten Hut, der unter der Oberfläche gallertig ist und auf Fingerdruck runzelt. Er wird auch von alleine runzelig und bildet manchmal ein aderiges Netz. Die Fruchtkörper riechen fruchtig, schmecken jedoch bitter und sind ungenießbar. Der Orangerötliche Adernseitling wächst meist auf morschem Ulmenholz, seltener auf anderen Bäumen. Er ist weitverbreitet, kommt aber selten häufig vor. In einigen europäischen Ländern steht er auf der Roten Liste gefährdeter Pilze und in manchen Ländern ist er sogar gesetzlich geschützt.

ÄHNLICHE ARTEN

Es gibt keine eng verwandten Arten. Rosa Formen von *Pleurotus djamor* können ähnlich gefärbt sein, haben aber keine runzeligen Hüte und wachsen in den Tropen oder Subtropen. Das Gallertfleischige Stummelfüßchen (*Crepidotus mollis*) und das Safranblättrige Stummelfüßchen (*C. crocophyllus*) fühlen sich manchmal gallertartig an, aber sie haben keinen Stiel und sind braunsporig.

Maßstab 1:1

Der Orangerötliche Adernseitling hat einen konvexen Hut, der flach wird. Die Oberfläche ist glatt bis aderig oder runzelig, rosa bis fleischrosa. Die Adern bilden manchmal ein erhabenes Geflecht. Die Lamellen sind blass hutfarben. Der Stiel ist oft versetzt oder seitlich, glatt, weißlich bis hutfarben oder gelblich rosa.

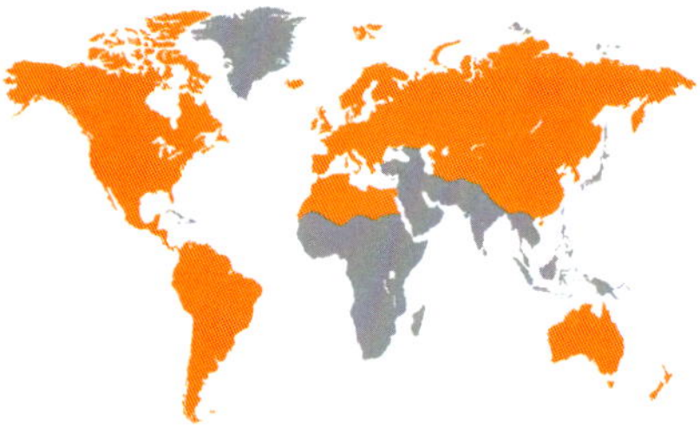

FAMILIE	Repetobasidiaceae
VERBREITUNG	Nordamerika, Europa, Nordafrika, Mittel- und Südamerika, Antarktis, Nordasien, Australien, Neuseeland
LEBENSRAUM	Auf moosigen Wiesen und Rasen, seltener in Wäldern
SYMBIOSE	Mit Moosen
WUCHSFORM	Am Boden, in verstreuten Trupps
VORKOMMEN	Sehr häufig
SPORENFARBE	Weiß
GENIESSBARKEIT	Ungenießbar

GRÖSSE
Bis zu 50 mm

HUTDURCHMESSER
Bis zu 15 mm

RICKENELLA FIBULA

ORANGEROTER HEFTELNABELING

(BULLIARD) RAITHELHUBER

Trotz seiner geringen Größe ist der Orangerote Heftelnabeling ein bekannter Anblick – dank seiner leuchtenden Farbe und seines Vorkommens am Boden, auf moosigen Rasen. Die Art lebt sogar in enger Symbiose mit Moosen. Die Pilzhyphen dringen in die Rhizoide (wurzelartige Fasern) der Moose ein. Es ist noch unklar, ob der Pilz das Moos parasitiert oder ob es sich um eine richtige Symbiose mit beiderseitigem Nutzen handelt. Der Orangerote Heftelnabeling hieß früher *Gerronema fibula*, was erklärt, warum die aus dem Pilz isolierten zellschädigenden Verbindungen Gerronemine genannt werden. Möglicherweise sind sie für die Krebsforschung von Bedeutung.

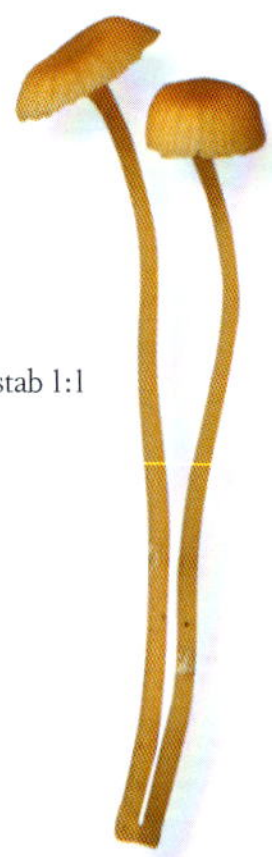

Maßstab 1:1

ÄHNLICHE ARTEN

Die geringe Größe, die orangen Hüte, die herablaufenden Lamellen und der Wuchs auf Moos sollten charakteristisch sein. Saftlinge (Gattung *Hygrocybe*) wachsen auch bei Moos und können ähnlich gefärbt sein, aber nur wenige haben herablaufende Lamellen und fast alle sind größer. Viele kleine *Galerina*-Arten finden sich auch auf Moos, haben aber rostbraune Lamellen und Sporen.

Der Orangerote Heftelnabeling hat einen konvexen Hut, der konvex bis flach und genabelt wird. Die Oberfläche ist glatt, stark gerieft, feucht blass gelborange bis orange, trocknet blasser oder gelbbraun. Die Lamellen sind herablaufend, eher dick und weißlich bis blass hutfarben. Der dünne Stiel ist glatt und hutfarben.

FAMILIE	Repetobasidiaceae
VERBREITUNG	Nordamerika, Europa, Neuseeland
LEBENSRAUM	Auf moosigen Wiesen und Rasen, seltener in Wäldern
SYMBIOSE	Mit Moosen
WUCHSFORM	Am Boden, in verstreuten Trupps
VORKOMMEN	Häufig
SPORENFARBE	Weiß
GENIESSBARKEIT	Ungenießbar

GRÖSSE
Bis zu 50 mm

HUTDURCHMESSER
Bis zu 15 mm

RICKENELLA SWARTZII

BLAUSTIELIGER HEFTELNABELING

(FRIES) KUYPER

Von der Farbe abgesehen ähnelt der Blaustielige Heftelnabeling dem Orangestieligen Heftelnabeling und beide wachsen oft zusammen auf moosigen Rasen und Wiesen. Der Blaustielige Heftelnabeling scheint jedoch auf bestimmte Regionen beschränkt, im Gegensatz zum weltumspannenden *Rickenella fibula*. Molekulare Analysen ergaben, dass diese beiden *Rickenella*-Arten und noch ein paar weitere Moos-Symbionten von den meisten Blätterpilzen weit entfernt sind. Sie gehören zur Ordnung der Borstenscheiblingsartigen (Hymenochaetales), zu der auch viele große Baumpilze gehören, etwa der Eichen-Feuerschwamm (*Phellinus robustus*).

ÄHNLICHE ARTEN

Man erkennt *Rickenella swartzii* an seiner geringen Größe, den herablaufenden Lamellen, dem Vorkommen auf Moos und dem dunklen Scheitel. *Lichenomphalia umbellifera* ist fast ebenso klein und hat herablaufende Lamellen, aber der Hut ist meist durchgehend blassbraun bis gelbbraun, und der Pilz ist eine Flechte und wächst für gewöhnlich in Heiden und Mooren statt auf moosigen Rasen und Wiesen.

Maßstab 1:1

Der Blaustielige Heftelnabeling hat einen konvexen Hut, der konvex bis flach genabelt wird (siehe Bild oben). Die Oberfläche ist glatt, stark gerieft, in der Mitte dunkel violettbraun bis sepiabraun, zum Rand hin blassbraun. Die Lamellen sind herablaufend, eher dick und weißlich. Der dünne Stiel ist glatt, an der Spitze dunkelbraun und zur Basis hin blasser.

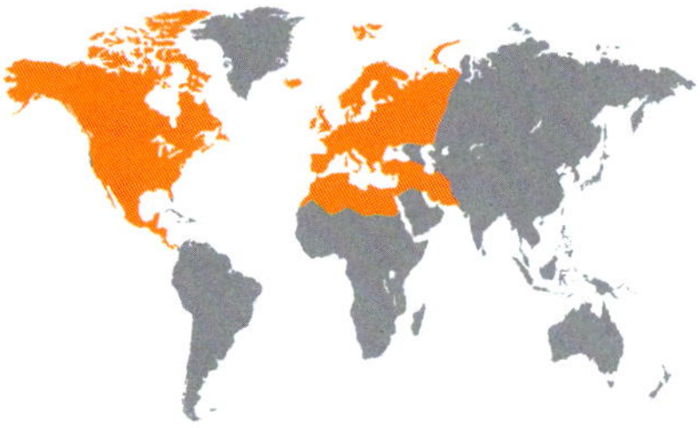

FAMILIE	Tricholomataceae
VERBREITUNG	Nordamerika, Europa, Nordafrika, Mittelamerika, Westasien
LEBENSRAUM	In Wäldern
SYMBIOSE	Mit Laub- und Nadelbäumen
WUCHSFORM	Am Boden, einzeln oder truppweise
VORKOMMEN	Selten
SPORENFARBE	Blassbraun
GENIESSBARKEIT	Ungenießbar

GRÖSSE
Bis zu 50 mm

HUTDURCHMESSER
Bis zu 40 mm

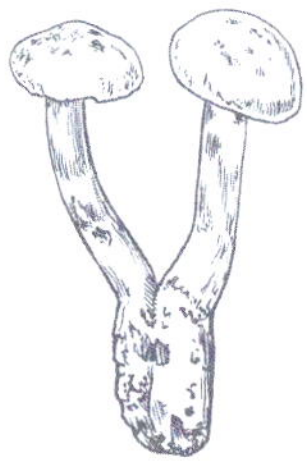

RIPARTITES TRICHOLOMA

BEWIMPERTER FILZKREMPLING

(ALBERTINI & SCHWEINITZ) P. KARSTEN

Dieser ungewöhnliche kleine Pilz gehörte in der Vergangenheit zu *Inocybe* und auch zu *Paxillus*, aufgrund seiner blass bräunlichen Sporen und gelbbraunen Lamellen. Er ist sogar enger mit den weißsporigen *Tricholoma*-Arten verwandt als mit allen braunsporigen Gattungen. Seine fast kugelförmigen Sporen mit abstehenden Spitzen erinnern mit etwas Fantasie an klassische Seeminen. Sein Trivialname bezieht sich auf den zottelig umsäumten Hutrand, der aber variabel ist und im Alter oft verschwindet.

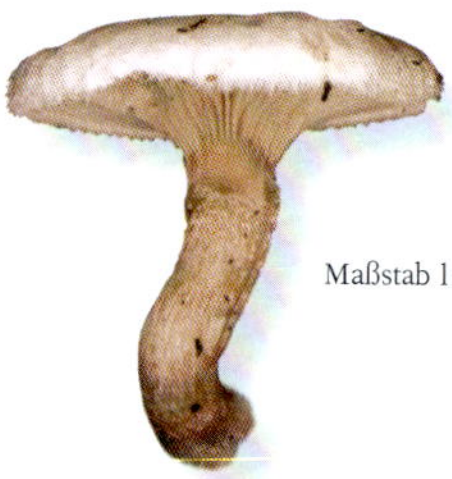

Maßstab 1:1

Der Bewimperte Filzkrempling hat einen konvexen Hut, der flach bis leicht niedergedrückt wird. Die Oberfläche ist weißlich, anfangs fein filzig bis deutlich haarig, besonders am Rand, wird im Alter glatt. Die Lamellen sind leicht herablaufend, gelbbraun bis rosig grau. Der Stiel ist fast glatt, weißlich bis gelbbraun oder rosig grau.

ÄHNLICHE ARTEN

Ripartites ist eine kleine Gattung, aber mit einigen seltenen, ähnlichen Arten. Sie alle unterscheidet man am besten mikroskopisch. Viele *Clitocybe*-Arten sind ähnlich geformt und mehrere haben rosige bis gräuliche, herablaufende Lamellen. Sie haben jedoch meist glatte Hüte und ihr Sporenabdruck ist nie blassbraun.

FAMILIE	Mycenaceae
VERBREITUNG	Nordamerika, Europa, Nordasien
LEBENSRAUM	In Wäldern, Hecken und Gebüschen
SYMBIOSE	Mit Laub- und Nadelbäumen und mit krautigen Pflanzen
WUCHSFORM	Auf Laub- und Nadelstreu, auf toten Zweigen und Stängeln
VORKOMMEN	Häufig
SPORENFARBE	Weiß
GENIESSBARKEIT	Ungenießbar

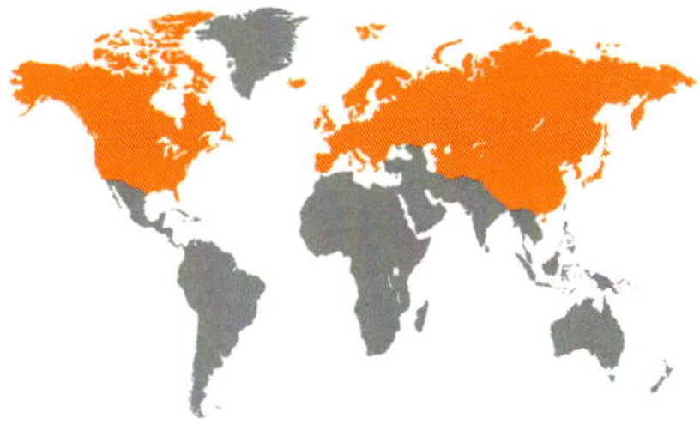

GRÖSSE
Bis zu 50 mm

HUTDURCHMESSER
Bis zu 15 mm

RORIDOMYCES RORIDUS

SCHLEIMFUSS-HELMLING

(SCOPOLI) REXER

Dieser kleine Blätterpilz wächst manchmal in großer Zahl auf abgefallenen Nadeln, auf toten Brombeerstämmen und anderen pflanzlichen Überresten. Der Beiname *roridus* bedeutet „mit Tau bedeckt“, und bei feuchtem Wetter ist der Stiel von *Roridomyces roridus* mit einem außergewöhnlich dicken, schleimig-gallertigen Belag umgeben, der oft breiter als der Stiel selbst ist und ihn wie eine Sülze einhüllt. Abgesehen davon ähnelt der Schleimfuß-Helmling einer *Mycena*-Art und wurde bis vor Kurzem dieser Gattung zugeordnet. Interessant ist auch, dass die Fruchtkörper phosphoreszierende Sporen bilden – eines von mehreren Beispielen für Biolumineszenz bei Pilzen.

ÄHNLICHE ARTEN

Der dicke, schleimig-gallertige Belag am Stiel ist charakteristisch, auch wenn es woanders ähnliche Arten gibt. *Roridomyces austrororidus* wächst in Australien und Neuseeland, *R. lamprosporus* in den Tropen, einschließlich Südasien und Südamerika. Beide unterscheiden sich durch mikroskopische Merkmale.

Maßstab 1:1

Der Schleimfuß-Helmling hat einen konvexen bis flachen Hut, der manchmal genabelt ist. Die Oberfläche ist glatt, wird gefurcht, in der Mitte blass graubraun, zum Rand hin weißlich. Die Lamellen sind herablaufend und weißlich. Der dünne Stiel ist glatt, an der Spitze dunkelbraun, zur Basis hin blasser, und feucht mit einem dicken, gallertigen Schleim umhüllt.

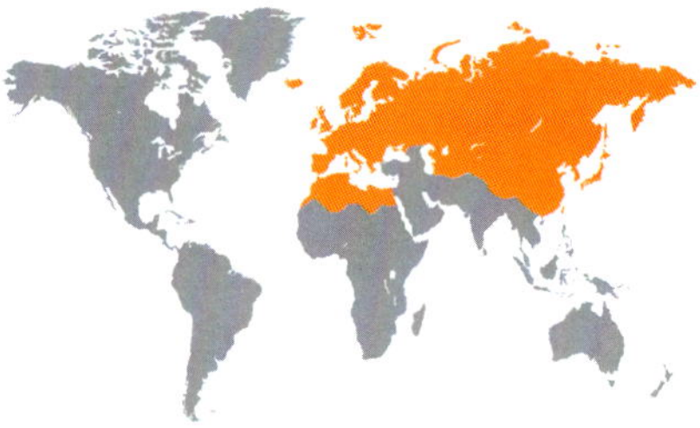

FAMILIE	Russulaceae
VERBREITUNG	Europa, Nordafrika, Nordasien
LEBENSRAUM	In Wäldern
SYMBIOSE	Ektomykorrhiza mit Laubbäumen
WUCHSFORM	Am Boden, einzeln oder truppweise
VORKOMMEN	Selten
SPORENFARBE	Ocker
GENIESSBARKEIT	Essbar

GRÖSSE
Bis zu 125 mm

HUTDURCHMESSER
Bis zu 100 mm

RUSSULA AUREA

GOLD-TÄUBLING

PERSOON

Das lateinische Attribut *aurea* bedeutet „golden" und die goldgelben Lamellen und der gelbstichige Stiel sind charakteristische Merkmale dieses ansehnlichen *Russula*-Pilzes. Auch wenn er sich typischerweise mit diversen bekannten Laubbäumen vergesellschaftet – vor allem mit Haseln, Eichen und Buchen –, ist der Gold-Täubling kein häufiger Pilz und scheint im Norden seines Lebensraums seltener zu werden. Er wächst in Asien wie auch in Europa und zierte schon Briefmarken in Bhutan. Das Fleisch schmeckt mild und die Fruchtkörper sind essbar, aber nicht sehr begehrt.

ÄHNLICHE ARTEN

Mehrere andere rothütige *Russula*-Arten, etwa der Kirschrote Spei-Täubling (*R. emetica*) und der Buchen-Spei-Täubling (*R. nobilis*) schmecken bitter oder scharf und sind ungenießbar. Viele haben jedoch weiße Lamellen, aber keiner hat den gelb angelaufenen Stiel des Gold-Täublings.

Maßstab 1:1

Der Gold-Täubling hat einen zuerst halbkugeligen Hut, der konvex bis flach wird. Die Oberfläche ist glatt, leuchtend kupferrot bis rostrot. Die Lamellen sind blass bis intensiv gelbocker, die Schneiden oft heller goldgelb. Der Stiel ist glatt und weißlich und oft leuchtend gelb angelaufen.

FAMILIE	Russulaceae
VERBREITUNG	Nordamerika, Europa
LEBENSRAUM	In Wäldern
SYMBIOSE	Ektomykorrhiza mit Kiefern
WUCHSFORM	Am Boden, einzeln oder truppweise
VORKOMMEN	Häufig
SPORENFARBE	Blassocker
GENIESSBARKEIT	Essbar

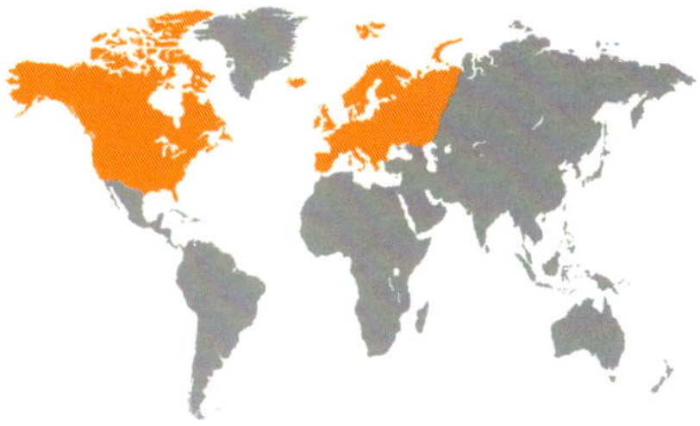

GRÖSSE
Bis zu 100 mm

HUTDURCHMESSER
Bis zu 75 mm

RUSSULA CAERULEA

BUCKEL-TÄUBLING

(PERSOON) FRIES

Der Buckel-Täubling ist einer der häufigeren und markanteren *Russula*-Arten bei Kiefern und kann in Schonungen genauso zahlreich vorkommen wie in ursprünglichen Wäldern. Sein Trivialname bezieht sich auf den meist gebuckelten Hut (mit einer Erhebung in der Mitte), der für eine *Russula*-Art ungewöhnlich ist. Die dunkelvioletten Farben des Huts und die glänzende Oberfläche sind ebenfalls charakteristisch. Seine Fruchtkörper sind essbar und mild, aber die (abziehbare) Huthaut schmeckt bitter.

ÄHNLICHE ARTEN

Der Purpurschwarze Täubling (*Russula atropurpurea*) hat einen dunklen Hut, der in der Mitte fast schwarz, aber zum Rand hin rötlich bis violett ist. Er wächst gelegentlich bei Kiefern, häufiger aber bei Eichen. Der nordamerikanische *R. placita* ist ein Nadelbaum-Pilz mit einem dunkelvioletten Hut, ist aber dünnfleischig. Beiden Pilzen fehlt der Buckel von *R. caerulea*.

Der Buckel-Täubling hat zuerst einen halbkugeligen Hut, der ausgebreitet gebuckelt ist. Die Oberfläche ist glatt, ziemlich glänzend, dunkelviolett bis bräunlich violett. Die Lamellen sind blass bis intensiv ocker (siehe Bild oben). Der Stiel ist weiß und glatt.

Maßstab 1:1

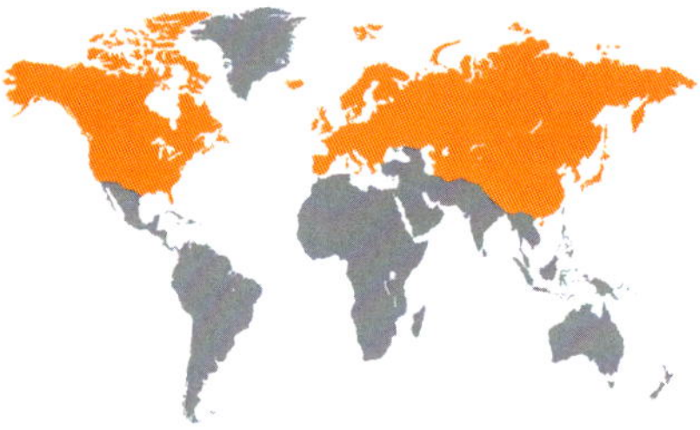

FAMILIE	Russulaceae
VERBREITUNG	Nordamerika, Europa, Nordasien
LEBENSRAUM	In feuchten Wäldern
SYMBIOSE	Ektomykorrhiza mit Birken
WUCHSFORM	Am Boden, zwischen Torfmoos, einzeln oder truppweise
VORKOMMEN	Häufig
SPORENFARBE	Blassocker
GENIESSBARKEIT	Essbar

GRÖSSE
Bis zu 100 mm

HUTDURCHMESSER
Bis zu 125 mm

RUSSULA CLAROFLAVA

GELBER GRAUSTIEL-TÄUBLING

GROVE

Diesen leuchtenden Pilz entdeckt man gerne zwischen Torfmoos in feuchten Wäldern, Marschen, Sümpfen und Mooren, in denen auch Birken wachsen. Seine sonnengelben Hüte fallen auf und kommen im geeigneten Lebensraum häufig vor. Wie bei einigen anderen *Russula*-Arten verfärben sich auch die Fruchtkörper des Gelben Graustiel-Täublings auf Druck grauschwarz (manchmal erst rötlich). Diesen Farbwechsel erkennt man besonders an den Lamellen und am Stiel. *Russula claroflava* wurde erstmals aus England beschrieben, ist aber in der nördlichen gemäßigten Zone weitverbreitet. Die Fruchtkörper schmecken mild und sind essbar, wenn auch ziemlich dünnfleischig und nicht sehr begehrt.

Der Gelbe Graustiel-Täubling hat einen halbkugeligen Hut, der konvex bis flach wird, manchmal leicht niedergedrückt, glatt, feucht etwas klebrig und leuchtend zitronengelb bis gelb. Die Lamellen sind erst weißlich, werden blassocker. Der Stiel ist glatt und weiß. Lamellen und Stiel können sich auf Druck langsam grauschwarz verfärben oder im Alter gräulich werden.

ÄHNLICHE ARTEN

Der Ocker-Täubling (*Russula ochroleuca*) ist wohl einer der häufigsten gelben Täublinge, hat aber mattere, eher ockergelbe Hüte und wächst in gewöhnlichen Mischwäldern, nicht nur in Feuchtgebieten bei Birken. Der seltene *R. solaris* kann einen leuchtend gelben Hut haben, wächst meist aber in kalkhaltigen Wäldern bei Buchen. Keiner der beiden hat schwärzendes Fleisch.

Maßstab 1:1

FAMILIE	Russulaceae
VERBREITUNG	Nordamerika, Europa, Nordafrika, Mittelamerika, Nordasien
LEBENSRAUM	In Wäldern
SYMBIOSE	Ektomykorrhiza mit Laubbäumen, seltener mit Nadelbäumen
WUCHSFORM	Am Boden, einzeln oder truppweise
VORKOMMEN	Sehr häufig
SPORENFARBE	Weiß
GENIESSBARKEIT	Essbar

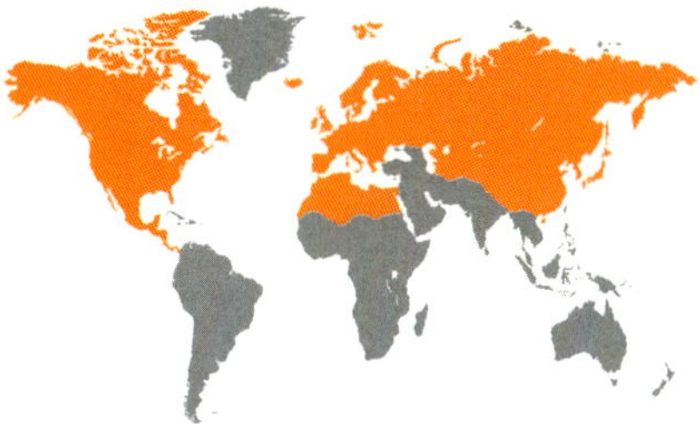

GRÖSSE
Bis zu 100 mm

HUTDURCHMESSER
Bis zu 100 mm

RUSSULA CYANOXANTHA

FRAUEN-TÄUBLING

(SCHAEFFER) FRIES

Der Hut des Frauen-Täublings verfügt über eine trügerische Farbpalette, die Pilz-Neulinge verwirren kann. Im englischsprachigen Raum nannte man ihn früher auch „das Chamäleon". Zum Glück ist er aber ein sehr häufiger Blätterpilz und mit der Zeit kennt man seine typische Farbauswahl aus matten violetten, purpurnen und graugrünen Tönen. In Frankreich nennt man ihn *Russule Charbonnière* (*charbonnière*: Köhlerei), vermutlich aufgrund seiner rauchig getönten Fruchtkörper. Das lateinische Attribut ist wenig aufschlussreich, denn *cyanoxantha* bedeutet „blau und gelb" – zwei Farben, die so gut wie nie vorkommen. Hat man den Frauen-Täubling aber erkannt, ist er ein guter Speisepilz.

ÄHNLICHE ARTEN

Auch wenn die Farben variieren können, sind die Lamellen des Frauen-Täublings charakteristisch, denn sie sind nachgiebig und leicht schmierig, nicht spröde, wie bei den meisten anderen *Russula*-Arten. Der ähnliche *R. variata* kommt im Osten Nordamerikas vor und unterscheidet sich vor allem durch seinen scharfen Geschmack.

Maßstab 1:1

Der Frauen-Täubling hat zuerst einen halbkugeligen Hut, der konvex bis flach oder leicht niedergedrückt wird. Die Oberfläche ist glatt bis fein aderig, stumpf grauviolett oder rotviolett mit graugrünen Tönen, oft mit cremefarben oder rosig entfärbten Flecken, manchmal komplett mattgrün. Die Lamellen sind weiß und nachgiebig (nicht spröde). Der Stiel ist glatt und weiß, manchmal violett angelaufen.

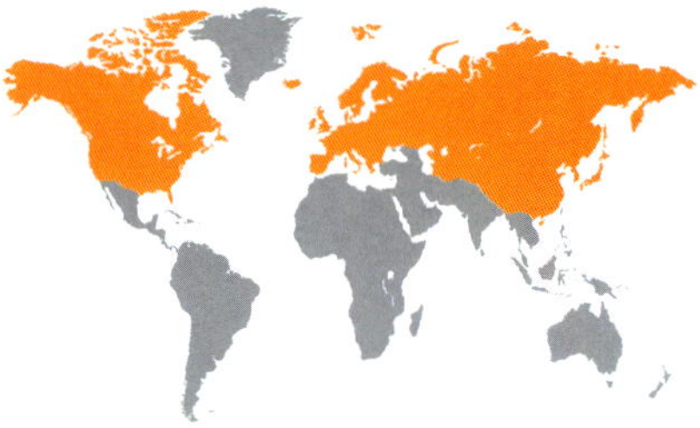

FAMILIE	Russulaceae
VERBREITUNG	Nordamerika, Europa, Nordasien
LEBENSRAUM	In Wäldern
SYMBIOSE	Ektomykorrhiza mit Nadelbäumen, vor allem Kiefern
WUCHSFORM	Am Boden, einzeln oder truppweise
VORKOMMEN	Lokal häufig
SPORENFARBE	Blassocker
GENIESSBARKEIT	Essbar

GRÖSSE
Bis zu 125 mm

HUTDURCHMESSER
Bis zu 150 mm

RUSSULA DECOLORANS

ORANGEROTER GRAUSTIEL-TÄUBLING

(FRIES) FRIES

Der Orangerote Graustiel-Täubling ist in den Nadelwäldern des Nordens und in Bergregionen ein häufiger Pilz, der vor allem bei Kiefern zu wachsen scheint. Man erkennt ihn nicht nur am kupferroten Hut, sondern auch daran, dass er sich auf Druck oder im Alter grau bis schwarz verfärbt. Selbst das Fleisch verfärbt sich im Schnitt langsam grau. Trotz dieses unschönen Merkmals ist der Orangerote Graustiel-Täubling ein essbarer Pilz mit mildem Geschmack. Es gibt aber auch einige ähnliche schwärzende Arten, die scharf oder anderweitig unangenehm schmecken.

ÄHNLICHE ARTEN

Der Nadelbaum-Symbiont *Russula paludosa* kann ähnlich gefärbt sein, hat typischerweise aber einen rötlicheren Hut und sein Stiel ist manchmal rosa angelaufen. Im Schnitt verfärbt er sich grau, aber nicht schwarz, und er schmeckt etwas bitter bis scharf. *Russula vinosa* ist ein weiterer Nadelbaum-Pilz, der sich grau verfärbt. Er hat jedoch einen violettlichen Hut.

Maßstab 1:1

Der Orangerote Graustiel-Täubling hat zuerst einen halbkugeligen Hut, der konvex bis flach wird, manchmal leicht niedergedrückt. Die Oberfläche ist glatt, feucht klebrig, matt orange bis rötlich braun. Die Lamellen sind blassocker. Der Stiel ist weiß und glatt, wird im Alter grau. Alle Teile verfärben sich auf Druck grau bis schwarz.

FAMILIE	Russulaceae
VERBREITUNG	Nordamerika, Europa, Nordafrika, Mittelamerika, Nordasien
LEBENSRAUM	In Wäldern
SYMBIOSE	Ektomykorrhiza mit Nadelbäumen, vor allem Kiefern
WUCHSFORM	Am Boden, einzeln oder truppweise
VORKOMMEN	Häufig
SPORENFARBE	Weiß
GENIESSBARKEIT	Giftig (nach Zubereitung angeblich essbar)

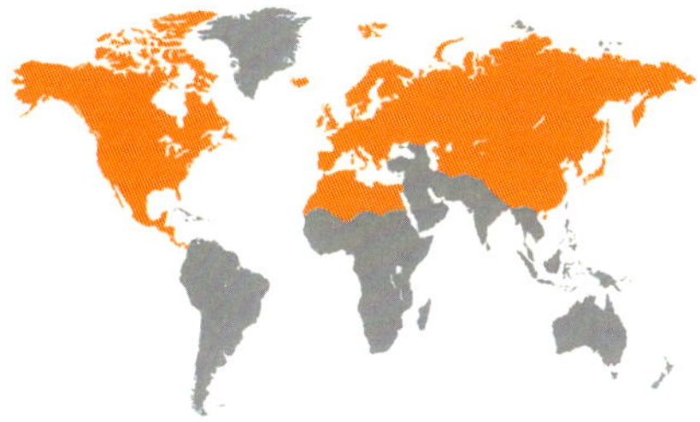

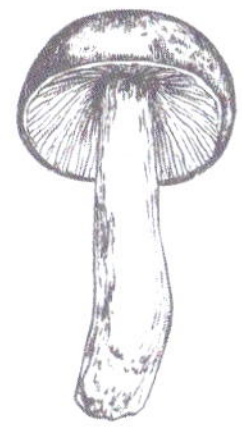

GRÖSSE
Bis zu 100 mm

HUTDURCHMESSER
Bis zu 100 mm

RUSSULA EMETICA

KIRSCHROTER SPEI-TÄUBLING

(SCHAEFFER) PERSOON

Der Kirschrote Spei-Täubling ist eindeutig kein guter Speisepilz. Das Fleisch ist scharf und bitter und verursacht bei Verzehr Beschwerden. Dennoch wurde er in Osteuropa, Russland und anderen Regionen verzehrt – gut gekocht (mit Wasserwechsel), um die meisten Gifte zu beseitigen – und anschließend eingesalzen oder eingelegt, wie man es auch mit dem gleichermaßen giftigen *Lactarius torminosus* macht. Vermutlich aß man ihn aber als Notration im Winter und nicht wegen seines Geschmacks. Der Verzehr wird nicht empfohlen. Der Kirschrote Spei-Täubling wächst bei Nadelbäumen und bevorzugt feuchte oder nasse Wälder. Eine ähnliche und ebenso häufige Art wächst in Buchenwäldern.

ÄHNLICHE ARTEN

Der Blut-Täubling (*Russula sanguinaria*) hat einen roten Hut und wächst bei Nadelbäumen, aber sein Stiel ist rot angelaufen. Der Buchen-Spei-Täubling (*R. nobilis*) ähnelt *R. emetica* stark, aber wie sein Name schon verrät, wächst er bei Buchen, nicht bei Nadelbäumen. Weltweit sind über hundert weitere, rothütige *Russula*-Arten bekannt.

Maßstab 1:1

Der Kirschrote Spei-Täubling hat zuerst einen halbkugeligen Hut, der konvex bis flach wird, manchmal leicht niedergedrückt. Die Oberfläche ist glatt, scharlachrot bis leuchtend kirschrot und lässt sich leicht bis zur Mitte abziehen. Die Lamellen sind weiß bis blass cremefarben. Der Stiel ist weiß und glatt bis fein und unregelmäßig gefurcht.

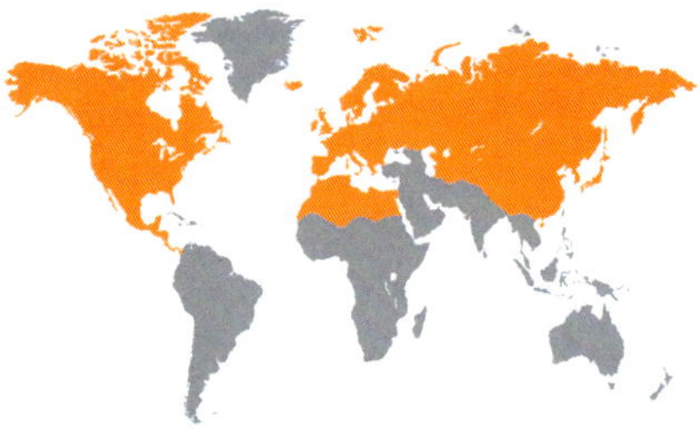

FAMILIE	Russulaceae
VERBREITUNG	Nordamerika, Europa, Nordafrika, Mittelamerika, Nordasien
LEBENSRAUM	In Wäldern
SYMBIOSE	Ektomykorrhiza mit Laub- und Nadelbäumen
WUCHSFORM	Am Boden, einzeln oder truppweise
VORKOMMEN	Sehr häufig
SPORENFARBE	Weiß
GENIESSBARKEIT	Ungenießbar, lieber meiden

GRÖSSE
Bis zu 100 mm

HUTDURCHMESSER
Bis zu 200 mm

RUSSULA NIGRICANS

DICKBLÄTTRIGER SCHWÄRZ-TÄUBLING

(BULLIARD) FRIES

Maßstab 1:1

Der Dickblättrige Schwärz-Täubling gehört zu einer Gruppe von *Russula*-Pilzen, die ungewöhnlich feste, stämmige Fruchtkörper haben, die sich mit dem Alter allmählich schwarz verfärben. Diese alten, geschwärzten Fruchtkörper überdauern oft wochenlang und dienen manchmal als Wirt für den Stäubenden Zwitterling (*Asterophora lycoperdoides*), ein kleiner Blätterpilz, der auf den Überresten wächst. Der Pilz wird manchmal als essbar angegeben, soll aber schon zu Vergiftungen geführt haben. Er ist auch eng mit dem tödlich giftigen *Russula subnigricans* verwandt. Aus den Fruchtkörpern wurde die Verbindung Nigricanin isoliert, die eine potenzielle Anti-Tumor-Wirkung hat.

ÄHNLICHE ARTEN

Russula subnigricans ist eine überaus giftige Art in Ostasien, vielleicht auch im Süden Nordamerikas. Sein Fleisch rötet im Schnitt, schwärzt aber nicht. *Russula densifolia* ist weitverbreitet, aber seine Lamellen sind nicht entfernt stehend. Das Fleisch von *Russula albonigra* schwärzt im Schnitt langsam, rötet aber nicht.

Der Dickblättrige Schwärz-Täubling hat einen konvexen Hut, der im Alter flacher und niedergedrückt wird. Die Oberfläche ist glatt, schmutzig weißlich bis cremefarben, mit rauchig graubraunen Flecken und wird schließlich schwarz. Die Lamellen sind entfernt stehend, schmutzig weiß bis cremefarben und werden graubraun. Der Stiel ist hutfarben. Das Fleisch rötet im Schnitt (siehe Bilder links), verfärbt sich dann langsam grau bis schwarz.

FAMILIE	Russulaceae
VERBREITUNG	Europa; in Südafrika und im Süden Südamerikas eingeschleppt
LEBENSRAUM	In Wäldern
SYMBIOSE	Ektomykorrhiza mit Kiefern
WUCHSFORM	Am Boden, einzeln oder truppweise
VORKOMMEN	Häufig
SPORENFARBE	Blass gelbocker
GENIESSBARKEIT	Ungenießbar

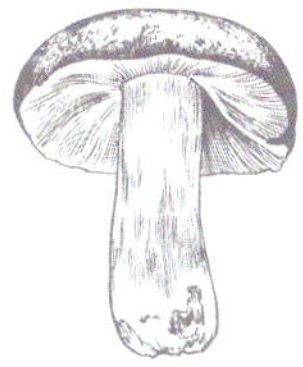

GRÖSSE
Bis zu 100 mm

HUTDURCHMESSER
Bis zu 125 mm

RUSSULA SARDONIA

ZITRONENBLÄTTRIGER TÄUBLING

FRIES

Es gibt viele *Russula*-Arten mit dunkelroten bis violetten Hüten, aber *R. sardonia* fällt durch den dunklen Stiel und die kontrastierenden, zitronengelben Lamellen auf. Meist wächst er bei Kiefern, vielleicht nur bei Waldkiefern – was seinen relativ kleinen natürlichen Lebensraum erklären würde. Der Beiname *sardonia* bedeutet „bitter" oder „scharf" (wie im deutschen Wort „sardonisch"). Wie bei vielen *Russula*-Arten kommen auch hier gelegentlich ungewöhnliche Farbvarianten vor (im Fall von *R. sardonia* grünlich und gelb), die ohne Mikroskop schwer zu bestimmen sind.

ÄHNLICHE ARTEN

Russula torulosa ist sehr ähnlich, schmeckt aber weniger scharf und hat etwas blassere Lamellen. Der Stachelbeer-Täubling (*Russula queletii*) ist auch ähnlich, wächst aber bei Fichten und hat rotviolette Hüte und Stiele mit blass cremefarbenen Lamellen. Der Blut-Täubling (*R. sanguinaria*) wächst bei Nadelbäumen, hat aber einen dunkelroten Hut und einen rot angelaufenen Stiel.

Der Zitronenblättrige Täubling hat einen zuerst halbkugeligen Hut, der konvex bis flach wird. Die Oberfläche ist glatt, typischerweise intensiv violett, seltener rotviolett (in zwei seltenen Farbformen auch grünlich oder gelb). Die Lamellen sind blass gelb-cremefarben (siehe Bild rechts oben). Der Stiel ist glatt und hutfarben angelaufen.

Maßstab 1:1

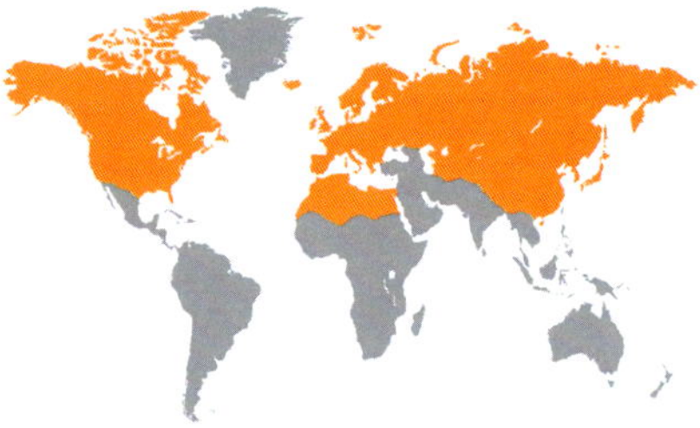

FAMILIE	Russulaceae
VERBREITUNG	Nordamerika, Europa, Nordafrika, Nordasien
LEBENSRAUM	In Wäldern
SYMBIOSE	Ektomykorrhiza mit Laubbäumen, selten mit Nadelbäumen
WUCHSFORM	Am Boden, einzeln oder truppweise
VORKOMMEN	Häufig
SPORENFARBE	Weiß
GENIESSBARKEIT	Essbar

GRÖSSE
Bis zu 100 mm

HUTDURCHMESSER
Bis zu 100 mm

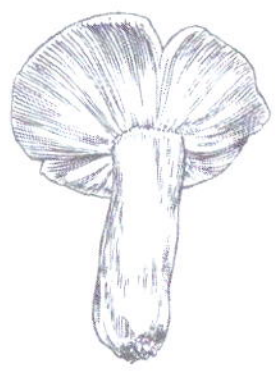

RUSSULA VESCA

FLEISCHROSA SPEISE-TÄUBLING

FRIES

Die Hüte der *Russula*-Pilze sind mit einer dünnen, leicht elastischen Huthaut bedeckt, die oft vom Rand aus abgezogen werden kann. *R. vesca* hat das ungewöhnliche Merkmal, dass sich die Huthaut häufig von alleine vom Rand löst und die weißliche Unterseite und die Lamellenspitzen freilegt, die dann wie ein Unterrock oder kleine Zähne hervorschauen. Der Fleischrosa Speise-Täubling ist ein recht häufig vorkommender Pilz. Man findet ihn vor allem bei Eichen, oft schon früh in der Saison.

Maßstab 1:1

ÄHNLICHE ARTEN

Die Hutfarbe, die an Schinken oder Speck erinnert, und die sich zurückziehende Huthaut (bei älteren Fruchtkörpern) sind die charakteristischen Merkmale dieser Art. Viele andere Arten haben rosige Hüte, einschließlich der zerbrechliche *Russula gracillima*, der bei Birken wächst, und der kompaktere *R. faginea*, der bei Buchen wächst.

Der Fleischrosa Speise-Täubling hat einen halbkugeligen Hut (siehe Bild oben), der konvex bis flach wird. Die Oberfläche ist glatt und typischerweise bräunlich rosa (schinkenfarben) bis blass violettlich gelbbraun. Die Lamellen sind weiß bis blass cremefarben. Der Stiel ist glatt, weiß, selten rosa angelaufen.

FAMILIE	Russulaceae
VERBREITUNG	Europa, Nordafrika, Nord- und Südostasien
LEBENSRAUM	In Wäldern
SYMBIOSE	Ektomykorrhiza mit Laubbäumen, selten mit Nadelbäumen
WUCHSFORM	Am Boden, einzeln oder truppweise
VORKOMMEN	Häufig
SPORENFARBE	Weiß
GENIESSBARKEIT	Essbar

GRÖSSE
Bis zu 100 mm

HUTDURCHMESSER
Bis zu 100 mm

RUSSULA VIOLEIPES

VIOLETTSTIELIGER PFIRSICH-TÄUBLING

QUÉLET

Dieser merkwürdig gefärbte, aber hübsche Blätterpilz wächst häufig bei Eichen und Buchen, oft schon sehr früh in der Saison. Wie viele andere *Russula*-Arten kann der Violettstielige Pfirsich-Täubling in seiner Farbe stark variieren. Sein Hut kann zitronengelb bis dunkelviolett sein, manchmal mit grünlichen, gelbbraunen, olivgrünen oder bronzefarbenen Tönen. Das ist einer der Gründe, warum die Täublinge den Ruf haben, schwierig zu bestimmen zu sein. Zusätzlich gibt es viele verschiedene Arten – allein schon über 300 in Amerika und fast 150 auf den Britischen Inseln.

ÄHNLICHE ARTEN

Der gelbliche Hut und der violett angelaufene Stiel sollten charakteristisch sein, auch wenn der seltenere *Russula amoenicolor* ähnlich ist und am besten mikroskopisch unterschieden wird. Violetthütige Formen des Violettstieligen Pfirsich-Täublings ähneln auch *R. amoena* und werden auch am besten mikroskopisch unterschieden.

Maßstab 1:1

Der Violettstielige Pfirsich-Täubling hat einen zuerst halbkugeligen Hut, der konvex bis flach wird. Die Oberfläche ist glatt, typischerweise olivgrün-gelb mit violetten Tönen in der Mitte, seltener komplett zitronengelb oder violett. Die Lamellen sind blass cremefarben. Der Stiel ist glatt, weiß, typischerweise (zum Teil) rotviolett oder violett angelaufen und zur Basis hin oft zugespitzt (siehe Bild oben).

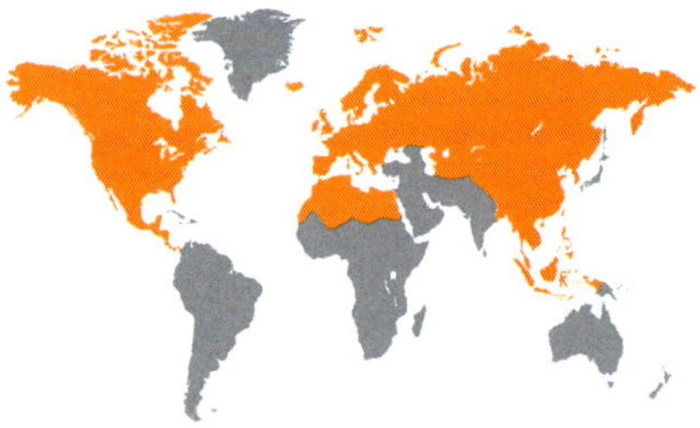

FAMILIE	Russulaceae
VERBREITUNG	Nordamerika, Europa, Nordafrika, Mittelamerika, Nordasien und Südostasien
LEBENSRAUM	In Wäldern
SYMBIOSE	Ektomykorrhiza mit Laubbäumen, vor allem Eichen und Buchen
WUCHSFORM	Am Boden, einzeln oder truppweise
VORKOMMEN	Häufig
SPORENFARBE	Weiß
GENIESSBARKEIT	Essbar

GRÖSSE
Bis zu 100 mm

HUTDURCHMESSER
Bis zu 100 mm

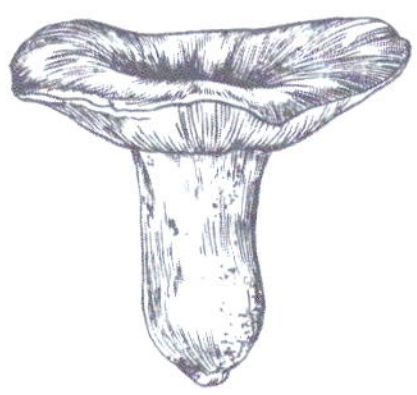

RUSSULA VIRESCENS

GRÜNGEFELDERTER TÄUBLING

(SCHAEFFER) FRIES

Der Grüngefelderte Täubling ist einer von mehreren *Russula*-Arten, bei denen die Hutdeckschicht (die Huthaut) beim Ausbreiten der Fruchtkörper feldrig aufreißt und dem Hut ein mosaikartiges, fleckiges Aussehen verleiht. Der Pilz kommt häufig vor und wächst typischerweise bei Buchen und Eichen. Er wird weithin verzehrt, vor allem in Osteuropa und Ostasien. Vorsicht ist jedoch geboten, denn auch der Grüne Knollenblätterpilz (*Amanita phalloides*) hat einen grünen Hut, aber sein Stiel hat einen ausgeprägten Ring und eine sackartige Volva an der Basis.

ÄHNLICHE ARTEN

In jüngster Zeit wurden mehrere eng verwandte Arten in Nordamerika bestimmt, darunter der kleinere, aber ansonsten ähnliche *Russula parvovirescens*. Der Grasgrüne Birken-Täubling (*R. aeruginea*) ist ein weiter verbreiteter, grünhütiger Pilz, aber seine Huthaut reißt nicht auf, die Oberfläche ist oft braunfleckig und die Fruchtkörper werden typischerweise bei Birken gefunden.

Maßstab 1:1

Der Grüngefelderte Täubling hat einen zuerst halbkugeligen Hut, der konvex bis flach wird. Die Oberfläche ist glatt, reißt im Alter feldrig auf und bildet kleine, mosaikartige Flecken, grün bis graugrün, verblasst ockergrün. Die Lamellen sind blass cremefarben. Der Stiel ist glatt und weiß. Das Fleisch ist weiß und ziemlich kompakt.

FAMILIE	Schizophyllaceae
VERBREITUNG	Nordamerika, Europa, Afrika, Mittel- und Südamerika, Asien, Australien, Neuseeland
LEBENSRAUM	Wälder, Wiesen, Ackerland und anthropogene Lebensräume
SYMBIOSE	Auf holzigen Überresten aller Art, von Ästen bis Strohballen
WUCHSFORM	Einzeln oder häufiger in großen Büscheln
VORKOMMEN	Sehr häufig
SPORENFARBE	Weiß
GENIESSBARKEIT	Essbar

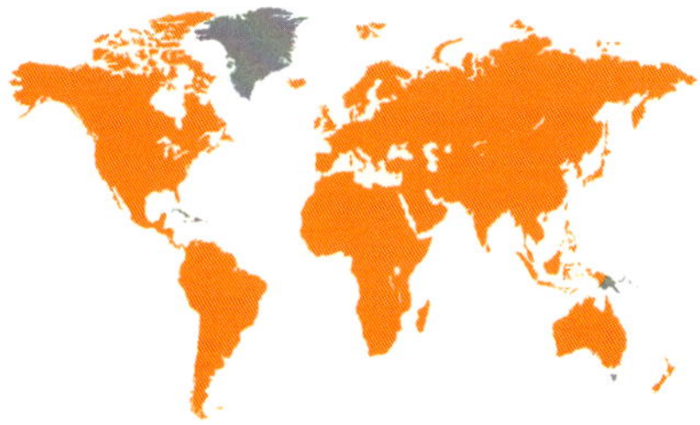

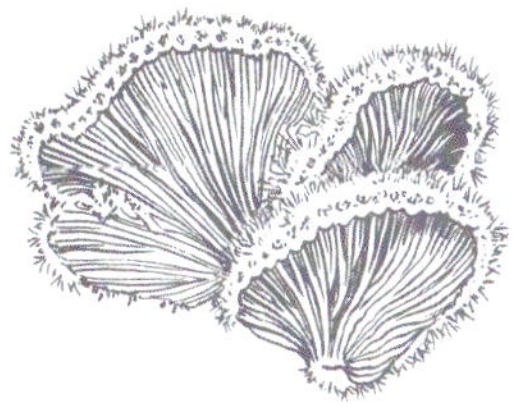

GRÖSSE
Bis zu 5 mm

HUTDURCHMESSER
Bis zu 40 mm

SCHIZOPHYLLUM COMMUNE

SPALTBLÄTTLING

FRIES

Der Spaltblättling ist von allen größeren Pilzen einer der am weitesten verbreiteten und kann viele verschiedene Nahrungsquellen nutzen. Die ungewöhnlichen, gespaltenen Lamellen sind eine Anpassung an trockenes Klima und schützen in Trockenzeiten die sporenbildenden Flächen. Auch hohe Temperaturen toleriert der Pilz. Diese Fähigkeiten führten zu einigen (zum Glück seltenen) medizinischen Fällen, in denen Spaltblättlinge Patienten mit geschwächtem Immunsystem infizierten. Als Wirkstoff in der Chemotherapie scheint er nach ersten Versuchen jedoch die Überlebenschancen bei Magen- und Gebärmutterhalskrebs zu erhöhen. Für medizinische Zwecke wird er als Tee oder in Kapselform verkauft. Auch wenn er zäh ist, wird er in den Tropen häufig verzehrt.

ÄHNLICHE ARTEN

Keine andere Pilzgruppe hat solche gespaltenen Lamellen wie *Schizophyllum*. *Plicaturopsis crispa* hat einen zähen, haarigen, gewellten Hut, aber mit aderigen Lamellen. Fächerförmige *Crepidotus*-Arten haben enge, aber normale, braunsporige Lamellen.

Der Spaltblättling bildet beigegraue, fächerförmige Konsolen mit gewelltem Rand und einer leicht haarigen Oberfläche. Bei Trockenheit rollen sie sich ein. Die rosig weißen Lamellen breiten sich vom Ansatz aus strahlenförmig aus und haben deutliche Furchen oder Spalte, deren Seiten sich bei Trockenheit einrollen und bei Feuchtigkeit wieder öffnen. Das dünne, gräulich weiße Fleisch ist zäh und ledrig.

Maßstab 1:1

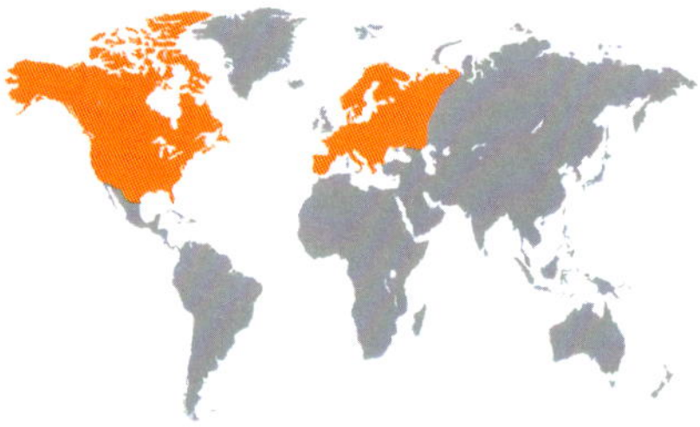

FAMILIE	Tricholomataceae
VERBREITUNG	Nordamerika, Kontinentaleuropa
LEBENSRAUM	In Wäldern
SYMBIOSE	Auf *Hebeloma mesophaeum*
WUCHSFORM	Als Parasit auf Fruchtkörpern, einzeln oder büschelig
VORKOMMEN	Sehr selten
SPORENFARBE	Weiß
GENIESSBARKEIT	Ungenießbar

GRÖSSE
Bis zu 40 mm

HUTDURCHMESSER
Bis zu 50 mm

SQUAMANITA ODORATA

DUFTENDER SCHUPPENWULSTLING

(COOL) IMBACH

Jahrelang gaben seltene *Squamanita*-Arten Mykologen Rätsel auf, bis man erkannte, dass sie als Parasiten auf den Fruchtkörpern anderer Blätterpilze lebten. So sind die merkwürdigen, verdickten „Knollen“ an der Basis der *Squamanita*-Stiele die gallenartigen Überreste des Wirts. Die lateinischen und deutschen Namen von *Squamanita odorata* beziehen sich auf seinen süßen Duft (der wie künstlicher Traubensaft riechen soll). DNA-Analysen ergaben, dass der Wirt ein *Hebeloma*-Pilz ist, genauer gesagt, der häufige Dunkelscheibige Fälbling (*H. mesophaeum*). Der Duftende Schuppenwulstling ist jedoch alles andere als häufig und steht in vielen Ländern auf der nationalen Roten Liste gefährdeter Pilze.

Maßstab 1:1

ÄHNLICHE ARTEN

Der Goldstiel-Schuppenwulstling (*Squamanita paradoxa*) ist ähnlich, wächst aber aus den schuppigen Überresten des Amiant-Körnchenschirmlings (*Cystoderma amianthinum*) und hat keinen süßen Duft. Der Glattstielige Schuppenwulstling (*S. contortipes*) ist auch ähnlich, wächst aber auf *Galerina*-Pilzen. Beide kommen in Nordamerika und Europa vor.

Der Duftende Schuppenwulstling hat einen halbkugeligen Hut, der flach bis stumpf gebuckelt wird. Die Oberfläche ist schuppig, grauviolett bis graubraun, mit etwas dunkleren Schuppen. Die Lamellen sind blass hutfarben. Der Stiel ist blass hutfarben, mit dunkleren Schuppen zur Basis hin, und wächst aus den unregelmäßig verdickten, glatten, ocker-gelbbraunen, knolligen Überresten des Wirts.

FAMILIE	Strophariaceae
VERBREITUNG	Nordamerika, Europa, Nordafrika, Südamerika, Nordasien, Neuseeland
LEBENSRAUM	In Wäldern, auch auf Holzmulch
SYMBIOSE	Mit Laub- oder Nadelbäumen
WUCHSFORM	Am Boden, einzeln oder truppweise
VORKOMMEN	Häufig
SPORENFARBE	Dunkel violettbraun
GENIESSBARKEIT	Ungenießbar

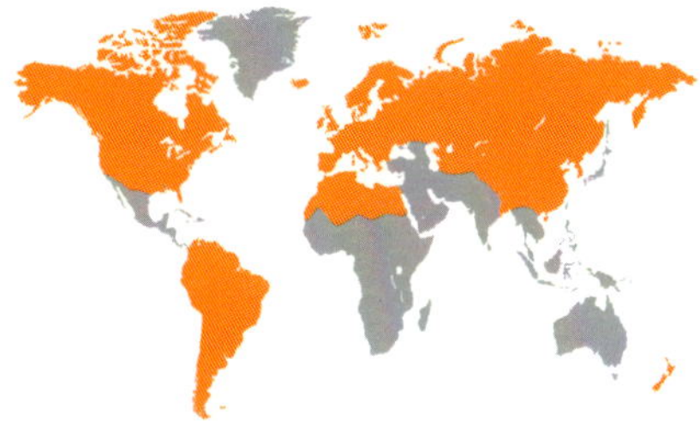

GRÖSSE
Bis zu 75 mm

HUTDURCHMESSER
Bis zu 75 mm

STROPHARIA AERUGINOSA

GRÜNSPAN-TRÄUSCHLING

(CURTIS) QUÉLET

Dieser Pilz ist jung ein wahrer Blickfang: Sein Hut und sein Stiel haben die Farbe von Patina auf Kupfer oder Bronze (Grünspan). Diese außergewöhnliche Farbe verblasst mit dem Alter, bleibt aber am Rand meist erhalten. Wie die meisten *Stropharia*-Pilze bevorzugt der Grünspan-Träuschling nährstoffreiche Böden und man sieht ihn mittlerweile auch auf Holzmulch in Parks oder Gärten, wo er manchmal eindrucksvolle Schwärme an Fruchtkörpern bildet. Erstmals wurde der Pilz 1782 vom Naturforscher William Curtis aus London dokumentiert. In der nördlichen gemäßigten Zone und bis nach Südamerika ist er weitverbreitet, in Neuseeland wurde er möglicherweise eingeschleppt.

ÄHNLICHE ARTEN

Der Grünspan-Träuschling wird oft mit dem verwandten Grünblauen Träuschling (*Stropharia caerulea*) verwechselt, der häufiger auf Wiesen vorkommt und einen schwach ausgeprägten, flüchtigen Ring hat. Der Weißblaue Träuschling (*S. pseudocyanea*) ist ähnlich, sein Hut aber nur schwach grün bis bläulich getönt.

Maßstab 1:1

Der Grünspan-Träuschling hat einen konvexen Hut, der flach bis breit gebuckelt wird. Die Oberfläche ist glatt, feucht schleimig, jung leuchtend türkis mit weißen Velumresten am Rand, verblasst im Alter gelbgrün oder ocker. Die Lamellen sind violettlich grau bis schwarz. Der Stiel ist hutfarben und unter dem bleibenden Ring dicht schuppig.

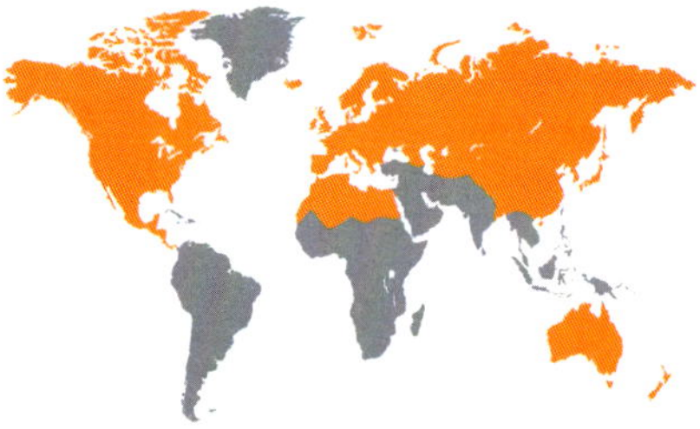

FAMILIE	Strophariaceae
VERBREITUNG	Nordamerika, Europa, Nordafrika, Mittelamerika, Nordasien, Australien, Neuseeland
LEBENSRAUM	Auf Weiden, Rasen und Wiesen
SYMBIOSE	Mit Gräsern
WUCHSFORM	Am Boden, einzeln oder truppweise
VORKOMMEN	Häufig
SPORENFARBE	Dunkel violettbraun
GENIESSBARKEIT	Ungenießbar, lieber meiden

GRÖSSE
Bis zu 75 mm

HUTDURCHMESSER
Bis zu 75 mm

STROPHARIA CORONILLA

KRÖNCHEN-TRÄUSCHLING

(BULLIARD) QUÉLET

Der Krönchen-Träuschling wächst auf Wiesen und Rasen, wo er zumindest aus der Ferne oft für kleinere Exemplare des essbaren Wiesen-Champignons (*Agaricus campestris*) gehalten wird. *Stropharia coronilla* wird angeblich in Mexiko verzehrt und sogar am Markt verkauft; von den Fruchtkörpern ist keine Giftwirkung bekannt. Allerdings soll er in Nordamerika zumindest einen Vergiftungsfall verursacht haben, darum meidet man ihn wohl am besten. Der ungewöhnliche, geriefte Ring am Stiel ist charakteristisch und die Furchen werden oft von herabgefallenen, violettbraunen Sporen betont.

ÄHNLICHE ARTEN

Stropharia melanosperma ist eine ähnliche Art, meist blasser und schlanker, aber am besten mikroskopisch zu unterscheiden. *Stropharia halophila* ist ein salzliebender Pilz, der typischerweise auf Küstendünen wächst. Der essbare Wiesen-Champignon (*Agaricus campestris*) hat rosig rote bis schokoladenbraune Lamellen, die „frei" stehen (den Stamm nicht berühren). Außerdem fehlt ihm ein deutlich geriefter Ring.

Maßstab 1:1

Der Krönchen-Träuschling hat einen konvexen Hut, der flach wird. Die Oberfläche ist glatt, matt blassocker bis gelbbraun. Die Lamellen sind blassbraun bis violettlich schwarz. Der Stiel ist weißlich, zur Basis hin hutfarben getönt, mit einem bleibenden, oberseits gerieften Ring.

FAMILIE	Strophariaceae
VERBREITUNG	Nordamerika, Europa, Nordasien
LEBENSRAUM	In Wäldern
SYMBIOSE	Mit Nadel- und Laubbäumen
WUCHSFORM	Auf sehr morschem Fallholz, einzeln oder truppweise
VORKOMMEN	Lokal häufig
SPORENFARBE	Dunkel violettbraun
GENIESSBARKEIT	Ungenießbar

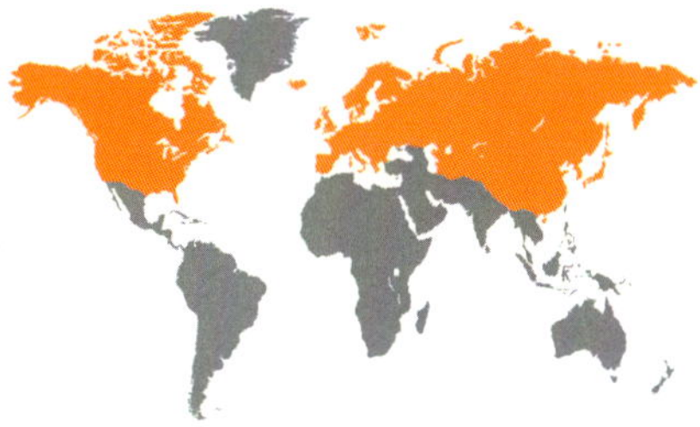

GRÖSSE
Bis zu 150 mm

HUTDURCHMESSER
Bis zu 150 mm

STROPHARIA HORNEMANNII

ÜPPIGER TRÄUSCHLING

(FRIES) S. LUNDELL & NANNFELDT

Er ist einer der größeren *Stropharia*-Pilze, kommt aber nur in nördlichen und Bergwäldern vor, wo er vorwiegend bei Nadelbäumen wächst und lokal häufig ist. Manchmal findet man ihn auch bei Laubbäumen, vor allem Birken, seltener Erlen. In Richtung Süden und im Tiefland wird er zunehmend seltener und ist in Ländern wie England und den Niederlanden unbekannt. Er wächst auf den verrotteten Überresten von Fallholz, scheint aber noch keinen Holzmulch besiedelt zu haben. Benannt wurde die Art zu Ehren des dänischen Botanikers Jens Wilken Hornemann, einem Freund des Autors Hans Christian Andersen.

ÄHNLICHE ARTEN

Der Riesenträuschling (*Stropharia rugosoannulata*) ist ähnlich groß und sieht ähnlich aus, hat aber einen röteren Hut und wächst im Tiefland, meist auf Holzmulch. Im Westen Nordamerikas ist *S. ambigua* ein weiterer ähnlicher Tieflandpilz, der aber einen gelb getönten Hut und keinen ausgeprägten Ring hat.

Maßstab 1:1

Der Üppige Träuschling hat einen halbkugeligen Hut (siehe Bild rechts), der konvex bis breit gebuckelt wird. Die Oberfläche ist glatt, feucht schleimig, gelbbraun bis rotbraun oder violettbraun, mit weißen Velumresten am Rand. Die Lamellen sind weißlich bis grauviolett. Der Stiel ist an der Spitze weißlich, zur Basis hin gelbbraun. Er hat einen Ring und darunter dichte Schuppen.

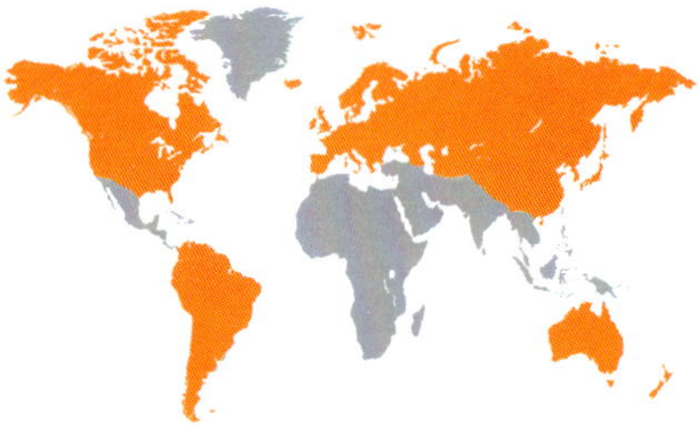

FAMILIE	Strophariaceae
VERBREITUNG	Nordamerika, Europa, Südamerika, Nordasien, Australien, Neuseeland
LEBENSRAUM	In Parklandschaften und Gärten, oft auf Holzmulch
SYMBIOSE	Mit Laub- und Nadelbäumen
WUCHSFORM	Am Boden oder auf Holzmulch, einzeln oder truppweise
VORKOMMEN	Lokal häufig
SPORENFARBE	Dunkel violettbraun
GENIESSBARKEIT	Essbar, aber lieber meiden

GRÖSSE
Bis zu 200 mm

HUTDURCHMESSER
Bis zu 300 mm

STROPHARIA RUGOSOANNULATA

RIESENTRÄUSCHLING

FARLOW

Der Riesenträuschling kann eine eindrucksvolle Größe erreichen, wie sein Name schon sagt. Erstmals wurde der Pilz auf nährstoffreichen, kultivierten Böden in Massachusetts dokumentiert, aber seine tatsächliche Herkunft ist unbekannt, da er fast immer in Gärten, auf Ackerland oder (in jüngerer Zeit) auf Holzmulch zu finden ist. In den 1960er-Jahren wurde der Riesenträuschling in Osteuropa als Gartenfrucht beworben und ist seit damals auch in anderen Regionen ein beliebter Pilz für die Heimzucht (und für einige gewerbliche Züchter), selbst wenn er bei manchen Personen Magen-Darm-Beschwerden verursachen soll.

ÄHNLICHE ARTEN

Der Üppige Träuschling (*Stropharia hornemanii*) ist ähnlich, wächst jedoch typischerweise auf morschem Fallholz in Nadelwäldern im Norden und im Gebirge. Echte Champignons (Gattung *Agaricus*) sehen oberflächlich ähnlich aus, haben aber rosige bis schokoladenbraune Lamellen, die „frei“ stehen – also den Stamm nicht berühren, wie es beim Riesenträuschling der Fall ist.

Der Riesenträuschling hat einen konvexen Hut, der flach bis breit gebuckelt wird. Die Oberfläche ist glatt bis fein schuppig, weinrot bis violettbraun, manchmal gelbbraun (selten komplett weiß), mit weißen Velumresten am Rand. Die Lamellen sind blassgrau, werden schwarzviolett. Der Stiel ist weißlich bis ocker, mit einem ausgeprägten doppelten Ring.

Maßstab 1:1

FAMILIE	Strophariaceae
VERBREITUNG	Nordamerika, Europa, Nordafrika, Mittel- und Südamerika, Nordasien, Australien, Neuseeland
LEBENSRAUM	Auf Weiden
SYMBIOSE	Auf gedüngtem Gras und auf Dung
WUCHSFORM	Auf Gras oder Dung, einzeln oder truppweise
VORKOMMEN	Sehr häufig
SPORENFARBE	Dunkel violettbraun
GENIESSBARKEIT	Ungenießbar, lieber meiden

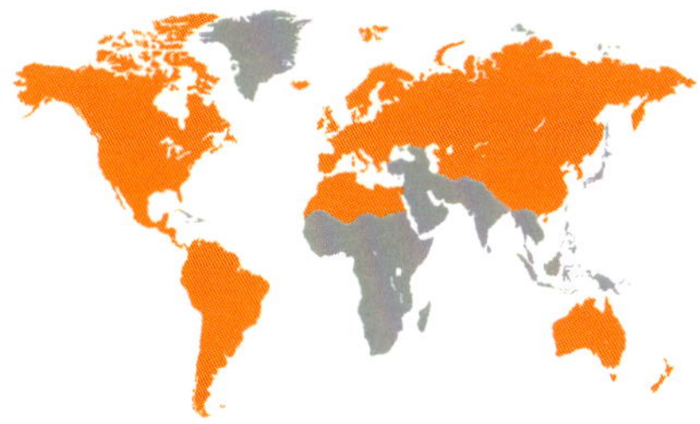

GRÖSSE
Bis zu 125 mm

HUTDURCHMESSER
Bis zu 25 mm

STROPHARIA SEMIGLOBATA

HALBKUGELIGER TRÄUSCHLING

(BATSCH) QUÉLET

Stropharia semiglobata ist einer der häufigsten dungliebenden Blätterpilze auf Weiden und kann bei feuchtem Wetter zu jeder Zeit von Frühling bis zu Winterbeginn erscheinen. Er ist fast weltweit verbreitet und man fand ihn schon auf dem Dung vieler verschiedener domestizierter und wildlebender Pflanzenfresser – vom Elch bis zum Wallaby. Auch wenn er wenig appetitlich erscheint, gilt der Halbkugelige Träuschling bei manchen Experten als Speisepilz. Andere geben ihn aber als giftig an, darum meidet man ihn am besten. Typisch für die Art ist der Hut, der sich kaum ausbreitet, sondern halbkugelig bleibt – wie seine Namen verraten.

ÄHNLICHE ARTEN

Stropharia dorsispora ist ein Doppelgänger mit Mehlgeruch, der am besten mikroskopisch unterschieden wird. *Stropharia luteonitens* ist ähnlich geformt und wächst auf Dung, hat aber einen gebuckelten Hut mit einem orangebraunen Scheitel. Der Ring-Düngerling (*Panaeolus semiovatus*) ist typischerweise viel größer und hat einen eher glockigen, oft runzeligen Hut.

Maßstab 1:1

Der Halbkugelige Träuschling hat einen halbkugeligen Hut, der sich im Alter kaum ausbreitet. Die Oberfläche ist glatt, feucht klebrig, mattgelb bis ocker oder gelbbraun. Die Lamellen sind blass olivgrau, werden schwarzbraun und fleckig. Der dünne Stiel ist glatt, an der Spitze weißlich und trocken, zur Basis hin ocker und klebrig. Sein zerbrechlicher Ring ist oft von den dunklen Sporen gefärbt.

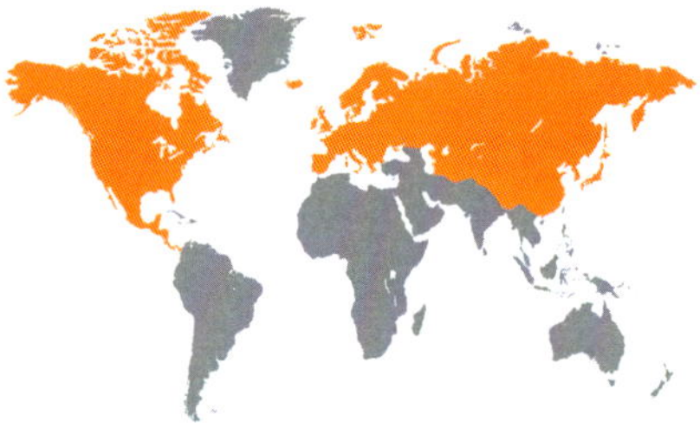

FAMILIE	Tapinellaceae
VERBREITUNG	Nordamerika, Europa, Mittelamerika, Nordasien
LEBENSRAUM	In Wäldern
SYMBIOSE	Mit Nadelbäumen
WUCHSFORM	Auf Baumstümpfen und an der Basis lebender oder toter Stämme
VORKOMMEN	Lokal häufig
SPORENFARBE	Braun
GENIESSBARKEIT	Giftig

GRÖSSE
Bis zu 125 mm

HUTDURCHMESSER
Bis zu 250 mm

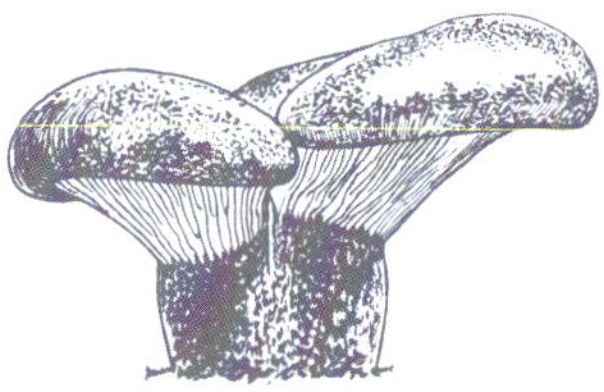

TAPINELLA ATROTOMENTOSA

SAMTFUSS-KREMPLING

(BATSCH) ŠUTARA

Der Samtfuß-Krempling ist ein holzfressender Pilz, der typischerweise bei Nadelbäumen wächst. Seine samtige Struktur, die herablaufenden Lamellen und sein Aussehen allgemein erinnern an den Kahlen Krempling (*Paxillus involutus*), zu dessen Gattung er früher auch gezählt wurde, obwohl die beiden Arten nicht eng verwandt sind. Der Samtfuß-Krempling wird anscheinend in manchen Teilen Osteuropas verzehrt, aber er schmeckt bitter und führte wohl auch schon zu Vergiftungen, darum meidet man ihn lieber. Die Fruchtkörper können aber zum Färben verwendet werden, da sie verschiedene Farben produzieren – von violett bis dunkelgrün und schwarzviolett.

ÄHNLICHE ARTEN

Der verwandte Muschel-Krempling (*Tapinella panuoides*) ist viel kleiner und ihm fehlt der dicke, samtige Stiel. Der Kahle Krempling (*Paxillus involutus*) und verwandte Arten haben gewöhnliche mittige Stiele und sind Ektomykorrhiza-Pilze, die meist am Boden bei Laub- und auch bei Nadelbäumen wachsen.

Der Samtfuß-Krempling hat einen konvexen Hut, der flach bis trichterig wird, mit einem eingerollten Rand. Die Oberfläche ist glatt und samtig, olivbraun bis rötlich braun, wird im Alter dunkler. Die Lamellen sind herablaufend, blassocker und oft bilden sich rostbraune Flecken. Der dicke Stiel ist versetzt, samtig bis filzig und olivbraun bis violettlich braun, wird schwärzlich braun.

Maßstab 1:1

FAMILIE	Tapinellaceae
VERBREITUNG	Nordamerika, Europa, Nordafrika, Mittelamerika, Nordasien, Australien, Neuseeland
LEBENSRAUM	In Wäldern, gelegentlich auf verbautem Holz
SYMBIOSE	Mit Nadelbäumen
WUCHSFORM	Auf Baumstümpfen, Fallholz, Holzmulch und Sägespänen
VORKOMMEN	Häufig
SPORENFARBE	Braun
GENIESSBARKEIT	Ungenießbar

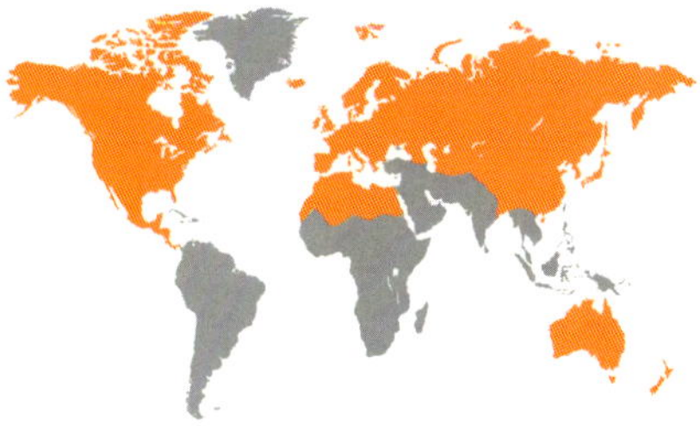

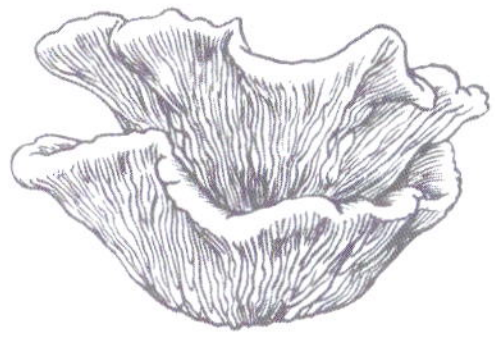

GRÖSSE
Bis zu 10 mm

HUTDURCHMESSER
Bis zu 125 mm

TAPINELLA PANUOIDES

MUSCHEL-KREMPLING

(BATSCH) E.-J. GILBERT

Der Muschel-Krempling ist ein weitverbreiteter Pilz und wächst stets auf dem Holz von Nadelbäumen, an dem er Braunfäule mit Würfelbruch verursacht. Er kann auch Bauholz aus Nadelbäumen zerstören, wenn es feucht genug ist. Im 18. Jahrhundert beschrieb der berühmte Naturforscher Alexander von Humboldt, wie *Tapinella panuoides* das Grubenholz in deutschen Bergwerken angriff. In Gebäuden und Holzlagern kommt der Muschelkrempling oft zusammen mit dem Braunen Kellerschwamm (*Coniophora puteana*) vor, da beide Arten dieselben Bedingungen bevorzugen.

ÄHNLICHE ARTEN

Der Orangeseitling (*Phyllotopsis nidulans*) ist ähnlich geformt, aber Hut und Lamellen sind orange und er wächst meistens (aber nicht immer) auf Laubholz. Das Safranblättrige Stummelfüßchen (*Crepidotus crocophyllus*) hat gelborange Lamellen und einen cremefarbenen bis bräunlichen, schuppigen Hut und wächst auch meist auf Laubholz.

Maßstab 1:1

Der Muschel-Krempling bildet fächerförmige Hüte mit eingerolltem Rand. Die Oberfläche ist glatt und samtig, ocker bis gelbbraun, manchmal mit kleinen rotbraunen Schuppen. Die Lamellen sind herablaufend und blassorange bis hutfarben. Der Stiel ist oft fehlend; wenn vorhanden, ist er seitlich und rudimentär, hutfarben oder deutlich lila.

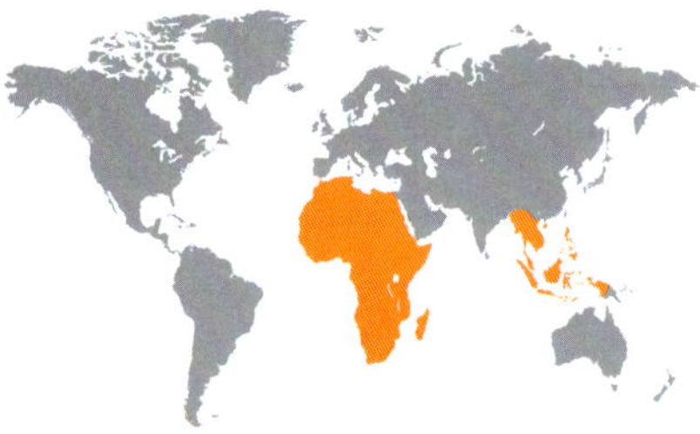

FAMILIE	Lyophyllaceae
VERBREITUNG	Afrika, Südostasien
LEBENSRAUM	In Gebüschen, Wiesen und Wäldern
SYMBIOSE	Mit Termiten
WUCHSFORM	Auf Termitenhügeln
VORKOMMEN	Häufig
SPORENFARBE	Blass rosig
GENIESSBARKEIT	Essbar

GRÖSSE
Bis zu 200 mm

HUTDURCHMESSER
Bis zu 200 mm

TERMITOMYCES ROBUSTUS

(BEELI) R. HEIM

Termitomyces robustus hat einen zuerst konvexen Hut, der ausgebreitet flach, aber spitz gebuckelt ist. Die Oberfläche ist oft unregelmäßig gefurcht und reißt beim Ausbreiten häufig auf. Sie ist ockerbraun bis dunkelbraun. Die Lamellen sind weiß bis rosig cremefarben. Der Stiel ist glatt, weißlich bis cremefarben und hat eine schwärzliche, wurzelnde Basis.

In den Tropen der Alten Welt entstand eine bemerkenswerte Symbiose zwischen bestimmten Termitenarten und einer Gattung Blätterpilze, die man *Termitomyces* nennt. Die Termiten „züchten" die Pilze aktiv in ihrem Bau. Sie verwenden das Myzel, um Nährstoffe aus unverdaulichen Holzmaterialien aufspalten und freisetzen zu können. Im Austausch wird der Pilz ernährt, vor Konkurrenten geschützt und aktiv von Bau zu Bau weiterverbreitet. Die Fruchtkörper – darunter jene von *T. robustus* („Robust Termite-Fungus") – erscheinen während der Regenzeit und werden von den Einheimischen als Speisepilze gesammelt, in Südostasien manchmal auch in größeren Mengen für den Handel.

ÄHNLICHE ARTEN

Manche *Termitomyces*-Pilze haben erheblich größere Fruchtkörper, besonders der afrikanische *T. titanicus*, bei dem sie einen Durchmesser von bis zu 1000 mm erreichen können. *Termitomyces robustus* fällt jedoch nur in den mittleren Größenbereich. *Tricholoma fuliginosus*, der auch bräunliche Fruchtkörper bildet und in Afrika und Asien wächst, wird allgemein als synonym betrachtet.

Maßstab 1:1

FAMILIE	Marasmiaceae
VERBREITUNG	Im Osten Nordamerikas, in Mittel- und Südamerika, Ostasien
LEBENSRAUM	In Wäldern
SYMBIOSE	Mit Laubbäumen
WUCHSFORM	Auf abgefallenen Stöcken, totem Laub und Streu, truppweise
VORKOMMEN	Häufig
SPORENFARBE	Weiß
GENIESSBARKEIT	Ungenießbar

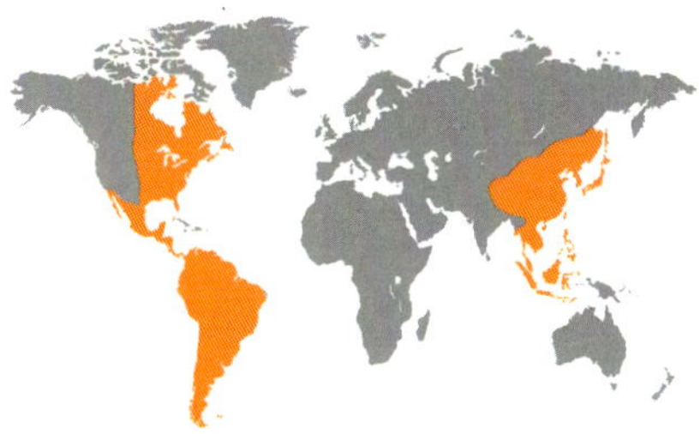

GRÖSSE
Bis zu 50 mm

HUTDURCHMESSER
Bis zu 25 mm

TETRAPYRGOS NIGRIPES

(SCHWEINITZ) E. HORAK

Tetrapyrgos nigripes („Blackfoot Parachute") sieht wie eine *Marasmius*-Art aus und ist auch eng verwandt, wurde aber aufgrund seiner ungewöhnlichen dreieckigen Sporen und anderer mikroskopischer Merkmale in die Gattung *Tetrapyrgos* eingeordnet. Wie viele *Marasmius*-Arten zersetzt er Laub und Streu und taucht truppweise auf toten Stöcken und Laub auf. Ursprünglich wurde er vom ersten amerikanischen Mykologen Lewis David von Schweinitz beschrieben und kommt im Osten Nordamerikas häufig vor. Der lateinische Beiname *nigripes* bedeutet „Schwarzfuß", auch wenn die auffällige Schwärzung des Stiels nur bei alternden Fruchtkörpern auftritt.

Maßstab 1:1

ÄHNLICHE ARTEN

Marasmiellus candidus ist ein weitverbreiteter Pilz der nördlichen gemäßigten Zone, ursprünglich aus England beschrieben. Er hat einen weißen Hut, einen dunkelgrauen Stiel und sieht sehr ähnlich aus. Am besten unterscheidet man ihn mikroskopisch. Mehrere andere blasshütige *Marasmius*- und *Marasmiellus*-Arten sind oberflächlich ähnlich, haben aber dunkelbraune oder glänzende Stiele.

Tetrapyrgos nigripes hat einen konvexen Hut, der in der Mitte oft flach oder niedergedrückt ist, oft mit einem Buckel. Die Oberfläche ist glatt bis fein runzelig und komplett weiß. Die Lamellen sind entfernt stehend und weiß. Der Stiel ist anfangs weiß und fein behaart, wird allmählich von der Basis aufwärts dunkelgrau bis schwarz.

FAMILIE	Tricholomataceae
VERBREITUNG	Nordamerika, Südeuropa, Nordafrika, Mittelamerika, Südwestasien
LEBENSRAUM	In Wäldern
SYMBIOSE	Ektomykorrhiza mit Kiefern
WUCHSFORM	Am Boden, truppweise oder in Ringen
VORKOMMEN	Selten
SPORENFARBE	Weiß
GENIESSBARKEIT	Ungenießbar

GRÖSSE
Bis zu 100 mm

HUTDURCHMESSER
Bis zu 125 mm

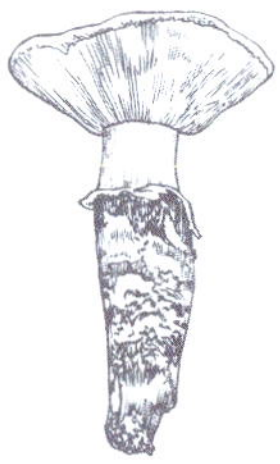

TRICHOLOMA CALIGATUM

FALSCHER KROKODIL-RITTERLING

(VIVIANI) RICKEN

Der Beiname *caligatum* bedeutet „gestiefelt" und die filzige, bräunliche Stielbasis mit abschließendem Ring erinnert tatsächlich an einen zotteligen Strumpf oder Stiefel. *Tricholoma caligatum* wurde ursprünglich aus Italien dokumentiert und wächst bei Kiefern im Mittelmeerraum. Er wurde auch in Nord- und Mittelamerika bei diversen Wirtsbäumen gesichtet, aber bei jenen Funden könnte es sich auch um eine oder mehrere ähnliche, aber eigene Arten handeln. Die Fruchtkörper sind normalerweise zu bitter, um essbar zu sein.

Maßstab 1:1

ÄHNLICHE ARTEN

Tricholoma caligatum wird oft mit dem im Handel beliebten Matsutake (*T. matsutake*, der Echte Krokodil-Ritterling) verwechselt, ist aber typischerweise kleiner und dunkler, mit bitterem Geschmack und fruchtigem Geruch. Der Halsband-Ritterling (*Tricholoma focale*), eine nördlichere Art, hat einen mehrfarbigen, rotbraunen und gelblich braunen Hut und riecht mehlig oder nach Gurken.

Der Falsche Krokodil-Ritterling hat einen konvexen Hut, der flach bis leicht niedergedrückt wird. Die Oberfläche ist mit großen, schokoladenbraunen Schuppen bedeckt, auf einem blassbraunen bis weißlichen Untergrund. Die Lamellen sind weiß bis cremefarben. Der Stiel ist an der Spitze weißlich, mit einem ausgeprägten Ring und hutfarbenen schuppigen Ringzonen darunter.

FAMILIE	Tricholomataceae
VERBREITUNG	Nordamerika, Europa, Nordasien
LEBENSRAUM	In Wäldern und Dünentälern
SYMBIOSE	Ektomykorrhiza mit Weiden
WUCHSFORM	Am Boden, truppweise oder in Ringen
VORKOMMEN	Selten
SPORENFARBE	Weiß
GENIESSBARKEIT	Ungenießbar

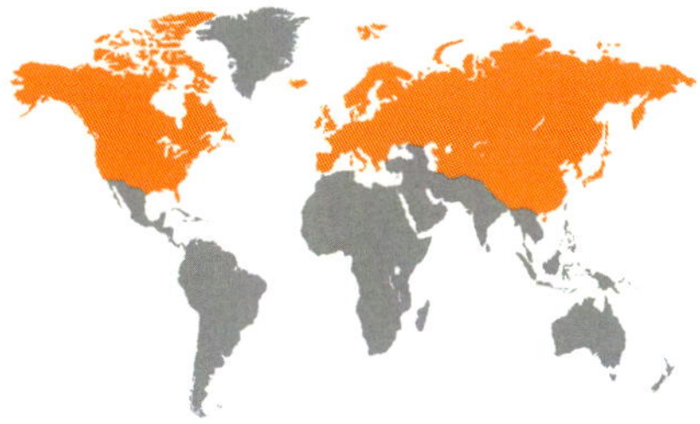

GRÖSSE
Bis zu 75 mm

HUTDURCHMESSER
Bis zu 60 mm

TRICHOLOMA CINGULATUM

BERINGTER ERD-RITTERLING

(ALMFELT) JACOBASCH

Der Beringte Erd-Ritterling unterscheidet sich von ähnlichen grauen *Tricholoma*-Pilzen deutlich durch seinen ausgeprägten Ring am Stiel (*cingulatum*: „gegürtet"). Der Pilz wächst ausschließlich bei Weiden und kommt auf der gesamten Nordhalbkugel vor. Manchmal wird er von einer Blütenpflanze, dem Fichtenspargel (*Monotropa hypopitys*), parasitiert. Die Pflanze enthält kein Chlorophyll und kann alleine nicht wachsen, darum zapft sie die Mykorrhizen des Beringten Erd-Ritterlings und seines Weidenpartners an und holt sich Kohlenstoff und Nährstoffe.

ÄHNLICHE ARTEN

Das Vorhandensein eines Rings unterscheidet den Beringten Erd-Ritterling von ähnlichen grauen *Tricholoma*-Arten, wie etwa dem Gilbenden Erd-Ritterling (*T. scalpturatum*, der auf Druck ebenfalls gilbt, wie sein Name verrät) und dem Erd-Ritterling (*T. terreum*).

Maßstab 1:1

Der Beringte Erd-Ritterling hat einen kegeligen Hut, der konvex bis gebuckelt wird. Die Oberfläche ist fein schuppig, die Schuppen dunkelgrau auf einem blasser grauen Untergrund. Die Lamellen sind weiß bis blassgrau (siehe Bild links), gilben im Alter manchmal auf Druck. Der Stiel ist glatt bis faserig, weißlich bis blassgrau, gilbt manchmal auf Druck und hat einen ausgeprägten Ring.

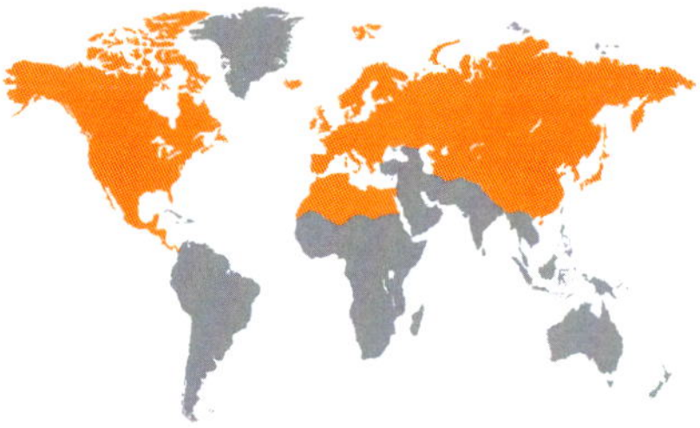

FAMILIE	Tricholomataceae
VERBREITUNG	Nordamerika, Europa, Nordafrika, Mittelamerika, Nordasien
LEBENSRAUM	In Wäldern
SYMBIOSE	Ektomykorrhiza mit Kiefern, gelegentlich mit Buchen
WUCHSFORM	Am Boden, truppweise oder in Ringen
VORKOMMEN	Häufig
SPORENFARBE	Weiß
GENIESSBARKEIT	Giftig

GRÖSSE
Bis zu 125 mm

HUTDURCHMESSER
Bis zu 125 mm

TRICHOLOMA EQUESTRE

GRÜNLING

(LINNAEUS) P. KUMMER

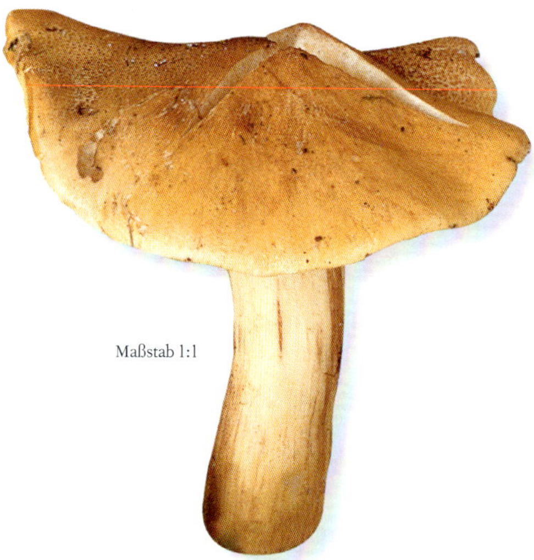

Maßstab 1:1

Bis vor Kurzem galt *Tricholoma equestre* (früher auch *T. flavovirens*) als guter Speisepilz und war sogar im Handel erhältlich. In Frankreich war er traditionsgemäß den Adeligen vorbehalten (darum der Gattungsname „Ritterlinge“) und wurde auf lokalen Märkten verkauft. Zwischen 2001 und 2009 wurden jedoch fast 20 Vergiftungsfälle in Frankreich und Polen bekannt, die auf den Verzehr seiner Fruchtkörper zurückzuführen waren. Alle Betroffenen erlitten eine Rhabdomyolyse (Auflösung von Muskelgewebe), allerdings erst nach wiederholtem Konsum des Pilzes. In vielen älteren Büchern wird der Grünling als essbar angegeben, aber offensichtlich meidet man ihn besser.

ÄHNLICHE ARTEN

Der Schwefel-Ritterling (*Tricholoma sulphureum*) ist ähnlich gefärbt, hat aber keinen klebrigen Hut und riecht unangenehm nach Leuchtgas. *Tricholoma sejunctum* hat einen gelblichen, klebrigen Hut, zumindest als Jungpilz, aber die Lamellen sind weißlich. Beide wachsen für gewöhnlich bei Laubbäumen.

Der Grünling hat einen zuerst konvexen Hut, der ausgebreitet flach bis gebuckelt ist. Die Oberfläche ist glatt bis faserig, feucht schleimig, erst gelb und wird rötlich braun bis braun. Die Lamellen sind gelb (siehe Bild rechts). Der Stiel ist glatt bis etwas faserig, an der Spitze weißlich, unterhalb gelb.

FAMILIE	Tricholomataceae
VERBREITUNG	Nordamerika, Mittelamerika
LEBENSRAUM	In Wäldern
SYMBIOSE	Ektomykorrhiza mit Kiefern und Eichen
WUCHSFORM	Am Boden, truppweise oder in Ringen
VORKOMMEN	Selten
SPORENFARBE	Weiß
GENIESSBARKEIT	Essbar

GRÖSSE
Bis zu 150 mm

HUTDURCHMESSER
Bis zu 250 mm

TRICHOLOMA MAGNIVELARE

WEISSER MATSUTAKE

(PECK) REDHEAD

Die Vorliebe der Japaner für den Matsutake (*Tricholoma matsutake*) machte seinen amerikanischen Verwandten *Tricholoma magnivelare* zu einem Exportschlager. Seit den 1970er-Jahren haben erfolgreiche Sammler – vor allem in den Wäldern des Pazifischen Nordwestens – großen Profit erzielt, im sogenannten „weißen Goldrausch". Auch aus Mexiko werden erhebliche Mengen exportiert. Wie der echte Matsutake hat auch der amerikanische Matsutake oder „Kiefernpilz" ein charakteristisches, würziges Aroma. Die frisch geernteten Fruchtkörper werden per Luftfracht nach Japan geliefert, denn das begehrte Aroma verschwindet, wenn die Pilze getrocknet oder konserviert werden.

Der Weiße Matsutake hat einen konvexen Hut, der flach bis leicht niedergedrückt wird. Die Oberfläche ist mit großen, weißen Schuppen bedeckt, die sich im Alter gelblich bis orangebraun verfärben. Die Lamellen sind weiß, im Alter braunfleckig. Der Stiel ist an der Spitze weißlich und hat einen ausgeprägten Ring und hutfarbene, schuppige Ringzonen darunter.

ÄHNLICHE ARTEN

Tricholoma magnivelare unterscheidet sich vom viel dunkleren, brauneren japanischen Matsutake auch durch die weißen bis blassen Schuppen am Hut. Der Falsche Krokodil-Ritterling (*T. caligatum*, Europäischer Matsutake) ist ähnlich, aber kleiner und mit noch dunkleren Schuppen am Hut.

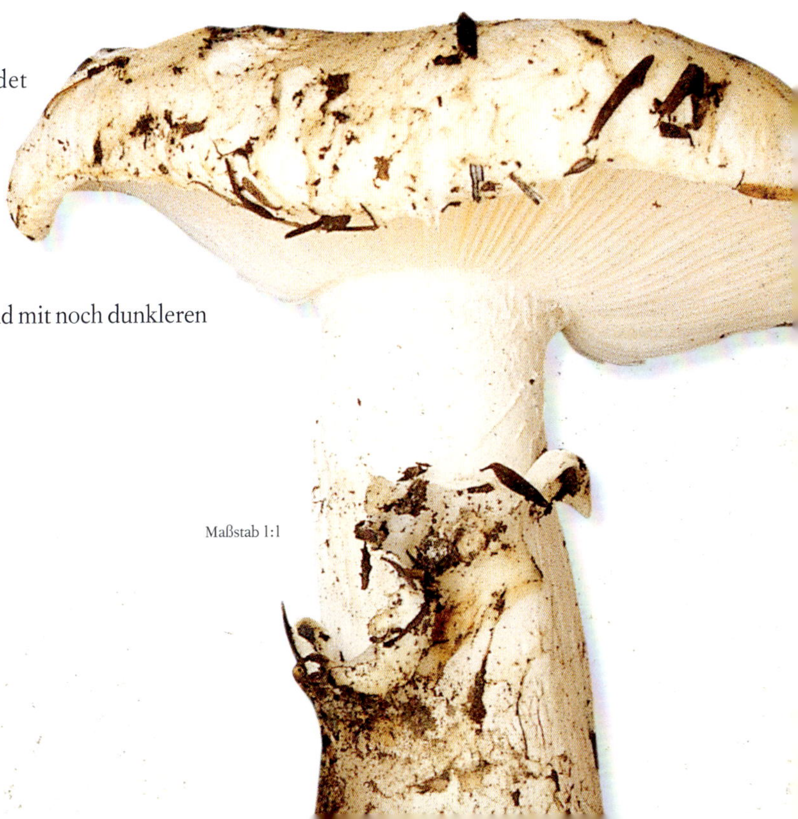

Maßstab 1:1

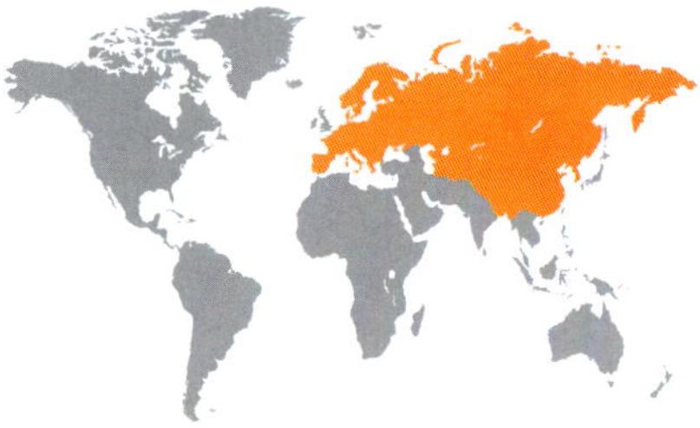

FAMILIE	Tricholomataceae
VERBREITUNG	Kontinentaleuropa, Nordasien
LEBENSRAUM	In Wäldern
SYMBIOSE	Ektomykorrhiza mit Kiefern und Eichen
WUCHSFORM	Am Boden, einzeln oder truppweise
VORKOMMEN	Lokal häufig
SPORENFARBE	Weiß
GENIESSBARKEIT	Essbar

GRÖSSE
Bis zu 150 mm

HUTDURCHMESSER
Bis zu 200 mm

TRICHOLOMA MATSUTAKE

MATSUTAKE

(S. ITO & S. IMAI) SINGER

Die jungen, noch geschlossenen Fruchtkörper des Matsutake haben frisch ein charakteristisches Aroma, das in Japan sehr geschätzt wird – und zwar so sehr, dass perfekte Exemplare, die oft als Geschenke dienen, sagenhafte Preise erzielen. Das führte zu einem besonderen Importhandel aus Nachbarländern wie Korea, China und Tibet, wo das Sammeln von Matsutake ein wesentlicher Aspekt der ländlichen Wirtschaft ist. Neuere DNA-Analysen ergaben, dass der Pilz auch in Europa vorkommt, wo er unter seinem älterem Namen *Tricholoma nauseosum* bekannt ist. Sein lateinischer Beiname („Übelkeit erregend") deutet an, dass das Aroma des Matsutake nicht nach jedermanns Geschmack ist.

Der Matsutake hat einen konvexen Hut, der flach wird. Die Oberfläche ist mit großen braunen Schuppen bedeckt, der Rand oft mit weichen Velumresten behangen. Die Lamellen sind weiß bis cremefarben. Der Stiel ist an der Spitze weißlich, mit einem ausgeprägten Ring und hutfarbenen, schuppigen Ringzonen darunter.

ÄHNLICHE ARTEN

Der Weiße Matsutake (*Tricholoma magnivelare*) ist verwandt, ebenfalls essbar und wird nach Japan exportiert, hat aber weiße bis blasse Schuppen am Hut. Der Falsche Krokodil-Ritterling (*T. caligatum*) ist ähnlich, aber kleiner und mit dunkleren Schuppen.

Maßstab 1:1

FAMILIE	Tricholomataceae
VERBREITUNG	Nordamerika, Kontinentaleuropa, Nordasien
LEBENSRAUM	In Wäldern
SYMBIOSE	Ektomykorrhiza mit Laub- und Nadelbäumen
WUCHSFORM	Am Boden, truppweise oder in Ringen
VORKOMMEN	Selten
SPORENFARBE	Weiß
GENIESSBARKEIT	Giftig

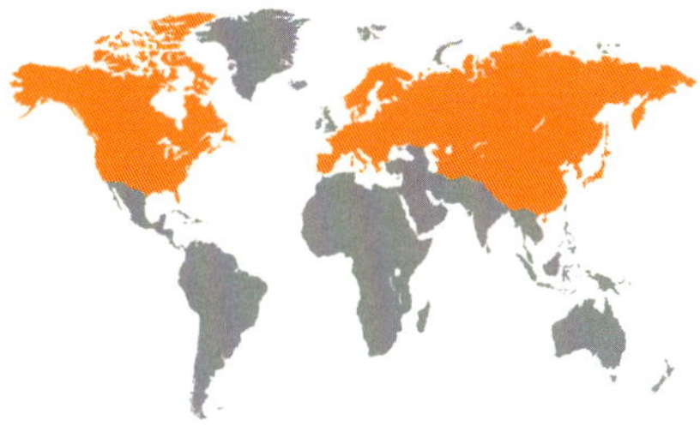

GRÖSSE
Bis zu 125 mm

HUTDURCHMESSER
Bis zu 150 mm

TRICHOLOMA PARDINUM

TIGER-RITTERLING

QUÉLET

Der Tiger-Ritterling hat einen marmorierten Hut, der mit etwas Fantasie an die Flecken eines Leoparden erinnert – wären Leoparden grau. Er ist ein großer Pilz mit einer Vorliebe für kalkhaltige Bergwälder und verströmt einen unangenehmen, ranzig süßlichen Geruch. Außerdem ist er giftig und verursacht schwere Magen-Darm-Beschwerden. In Gegenden wie der Schweiz, wo andere graue *Tricholoma*-Pilze als Speisepilze gesammelt werden und der Tiger-Ritterling relativ häufig ist, kommt es zu vielen Vergiftungen durch falsch bestimmte Pilze.

ÄHNLICHE ARTEN

Der Tiger-Ritterling verursacht Beschwerden, wenn man ihn mit dem essbaren Erd-Ritterling (*Tricholoma terreum*) verwechselt, einem kleineren und viel häufigeren Pilz mit einem kegeligen Hut und keinem oder kaum merklichem Geruch. Es gibt noch mehrere andere graue *Tricholoma*-Arten und man verzehrt am besten keinen Pilz aus dieser Gattung.

Der Tiger-Ritterling hat einen konvexen Hut, der manchmal leicht gebuckelt wird. Die Oberfläche ist erst glatt und dunkelgrau, reißt beim Ausbreiten auf und bildet Schuppen auf einem blasseren Untergrund. Die Lamellen sind weißlich, im Alter manchmal gelblich braun getönt. Der Stiel ist faserig, weißlich, verfärbt sich zur Basis hin auf Druck oft gelblich grau.

Maßstab 1:1

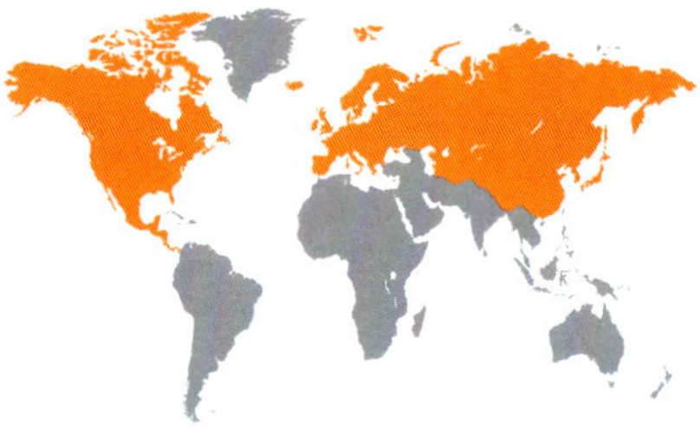

FAMILIE	Tricholomataceae
VERBREITUNG	Nordamerika, Europa, Mittelamerika, Nordasien
LEBENSRAUM	In Wäldern
SYMBIOSE	Ektomykorrhiza mit Laub- und Nadelbäumen
WUCHSFORM	Am Boden, truppweise oder in Ringen
VORKOMMEN	Häufig
SPORENFARBE	Weiß
GENIESSBARKEIT	Vermutlich giftig, lieber meiden

GRÖSSE
Bis zu 125 mm

HUTDURCHMESSER
Bis zu 150 mm

TRICHOLOMA SAPONACEUM

SEIFEN-RITTERLING

(FRIES) P. KUMMER

Die ungewöhnlichen deutschen und lateinischen Namen dieses Pilzes stammen von seinem charakteristischen Geruch, der meist mit billiger Seife verglichen wird. Dieser Geruch ist sogar das charakteristischste Merkmal des Seifen-Ritterlings, da seine Fruchtkörper stark variieren können und zahlreiche Formen und Varietäten beschrieben wurden. Vielleicht zeigt die Forschung bald sogar, dass *Tricholoma saponaceum* ein ganzer Komplex eng verwandter Arten ist. Das würde auch erklären, warum manche Experten den Seifen-Ritterling als essbar bezeichnen, ihm aber auch schon Vergiftungen zugeschrieben wurden.

ÄHNLICHE ARTEN

Da der Seifen-Ritterling in Farbe und Schuppigkeit so unterschiedlich ausfallen kann, wird er leicht mit anderen *Tricholoma*-Arten verwechselt. Sein Geruch sollte aber unverkennbar sein, wie auch seine Tendenz, auf Druck zu röten, besonders an der Basis.

Maßstab 1:1

Der Seifen-Ritterling hat einen zuerst konvexen Hut, der flach bis gebuckelt wird. Die Oberfläche ist glatt bis schuppig, typischerweise olivgrün bis olivbraun oder grau, manchmal auch rötlich braun, gelb oder sogar bläulich. Die Lamellen sind blass gelblich grün, manchmal mit rosigem Farbstich. Der Stiel ist glatt bis schuppig, weißlich bis blass hutfarben und rötet zur Basis hin oft auf Druck.

FAMILIE	Tricholomataceae
VERBREITUNG	Nordamerika, Europa, Nordasien, Neuseeland
LEBENSRAUM	In Wäldern
SYMBIOSE	Ektomykorrhiza mit Laubbäumen, selten mit Nadelbäumen
WUCHSFORM	Am Boden, truppweise oder in Ringen
VORKOMMEN	Häufig
SPORENFARBE	Weiß
GENIESSBARKEIT	Ungenießbar

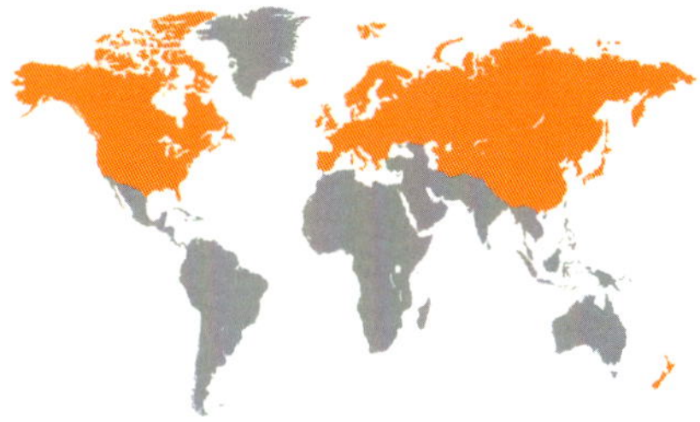

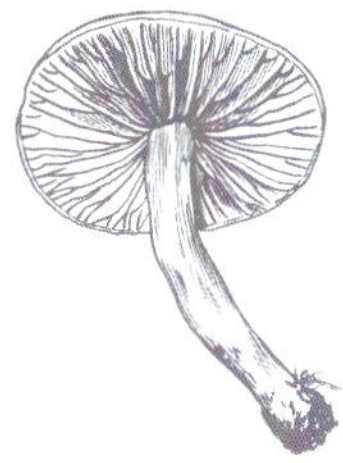

GRÖSSE
Bis zu 100 mm

HUTDURCHMESSER
Bis zu 75 mm

TRICHOLOMA SULPHUREUM

SCHWEFEL-RITTERLING

(BULLIARD) P. KUMMER

Der Schwefel-Ritterling erhielt seine deutschen und lateinischen Namen aufgrund seiner matten, schwefelgelben Farbe. Sein markantestes Merkmal ist jedoch sein Geruch nach altmodischem Leuchtgas. Laut Jean Baptiste Bulliard, der den Pilz 1784 erstmals aus Frankreich dokumentierte, ist sein Geschmack nicht ganz so schlimm (nur bitter). Er ist zumindest in Europa eine häufige Art und wächst dort meistens bei Eichen. Auf kalkhaltigen Wiesen und Weiden findet sich manchmal eine braunhütige Varietät, die Symbiosen mit Sonnenröschen (Gattung *Helianthemum*) bildet.

ÄHNLICHE ARTEN

Der Grünling (*Tricholoma equestre*) ist ähnlich gefärbt, wächst aber meist bei Nadelbäumen, hat feucht einen klebrigen Hut und keinen charakteristischen Geruch. Andere Arten mit gelben Hüten und Lamellen, wie der farbintensivere *Calocybe chrysenteron*, haben auch keinen Leuchtgasgeruch.

Maßstab 1:1

Der Schwefel-Ritterling hat einen zuerst konvexen Hut (siehe Bild rechts oben), der ausgebreitet flach bis gebuckelt ist. Die Oberfläche ist glatt, blass schwefelgelb, manchmal mit rötlich braunen oder grünlich grauen Farbtönen. Die Lamellen sind schwefelgelb. Der Stiel ist glatt bis fein faserig und hutfarben.

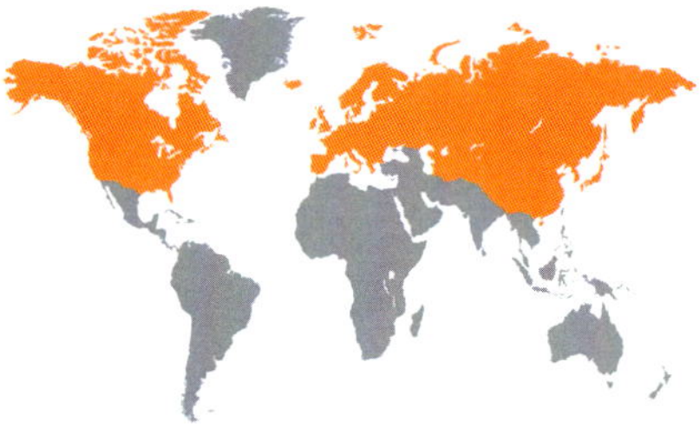

FAMILIE	Tricholomataceae
VERBREITUNG	Nordamerika, Europa, Nordasien
LEBENSRAUM	In Wäldern
SYMBIOSE	Ektomykorrhiza mit Nadelbäumen
WUCHSFORM	Am Boden, truppweise oder in Ringen
VORKOMMEN	Lokal häufig
SPORENFARBE	Weiß
GENIESSBARKEIT	Ungenießbar

GRÖSSE
Bis zu 100 mm

HUTDURCHMESSER
Bis zu 100 mm

TRICHOLOMA VACCINUM

BÄRTIGER RITTERLING

(SCHAEFFER) P. KUMMER

Maßstab 1:1

Ginge man von seinem lateinischen Beinamen aus, könnte der Bärtige Ritterling genauso gut „Kuh-Ritterling" heißen – da *vaccinum* „von der Kuh" bedeutet. Seine charakteristischen Merkmale sind seine rotbraune Farbe und sein zottiger bis schuppiger Hut. Jung ist er von einem spinnwebartigen Velum umhüllt, dessen flaumige Reste manchmal am Hutrand und am oberen Stiel zu sehen sind. Er ist ein lokal häufiger Pilz, der bei Nadelbäumen wächst, vor allem bei Fichten und Kiefern. In manchen Gegenden ist er sehr selten – etwa auf den Britischen Inseln – und in den Niederlanden vermutlich sogar schon ausgestorben.

ÄHNLICHE ARTEN

Der Feinschuppige Ritterling (*Tricholoma imbricatum*) ist ein ähnlich gefärbter Pilz, der ebenfalls bei Nadelbäumen wächst. Er hat jung einen glatten Hut, der im Alter schuppig wird – aber immer noch längst nicht so zottig-schuppig wie der Hut des Bärtigen Ritterlings.

Der Bärtige Ritterling hat einen kegeligen Hut, der konvex bis gebuckelt wird. Die Oberfläche ist haarig-schuppig, die Schuppen sind dunkel rötlich braun bis rosig braun auf einem blasseren Untergrund (siehe Bild links). Die Lamellen sind weiß bis cremefarben, bräunen manchmal auf Druck. Der Stiel ist faserig bis haarig, an der Spitze weißlich, zur Basis hin rötlich braun. Im Alter wird das Fleisch rosig.

FAMILIE	Tricholomataceae
VERBREITUNG	Nordamerika, Europa, Mittelamerika, Nordasien
LEBENSRAUM	In Wäldern
SYMBIOSE	Mit Nadelbäumen
WUCHSFORM	Auf Fallholz, Baumstümpfen und Sägespänen; normalerweise büschelig
VORKOMMEN	Lokal häufig
SPORENFARBE	Weiß
GENIESSBARKEIT	Ungenießbar, lieber meiden

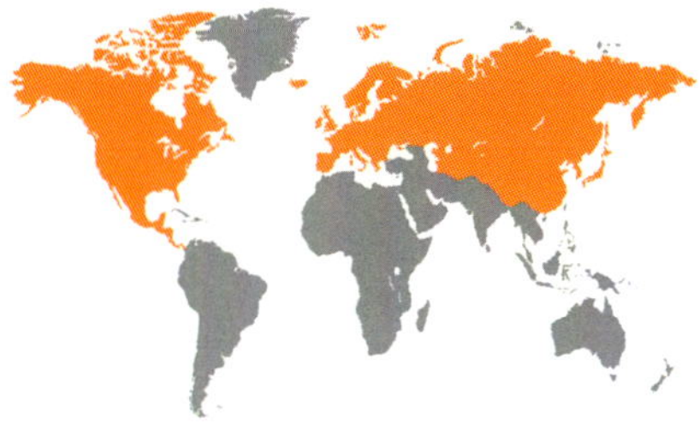

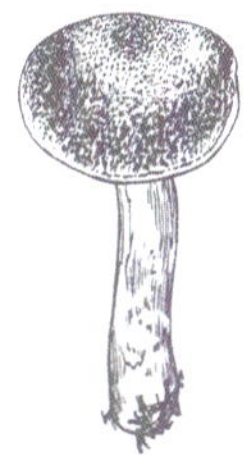

GRÖSSE
Bis zu 100 mm

HUTDURCHMESSER
Bis zu 75 mm

TRICHOLOMOPSIS DECORA

OLIVGELBER HOLZRITTERLING

(FRIES) SINGER

Dieser hübsche, gesprenkelte Pilz kommt auf Nadelholz lokal häufig vor. Zumindest in Europa bevorzugt er aber Berggebiete und ist in manchen flachen Ländern ausgesprochen selten. Sein bekannterer Verwandter, der Purpurfilzige Holzritterling (*Tricholomopsis rutilans*) hat einen pflaumenfarbenen und gelben Hut. Der Hut von *T. decora* ist braun und gelb. Trotz seiner ansprechenden Farbe ist der Olivgelbe Holzritterling kein guter Speisepilz und soll in Amerika für mindestens eine schwere Vergiftung verantwortlich gewesen sein.

ÄHNLICHE ARTEN

Aus Nordamerika wurden mehrere schwer unterscheidbare Arten dokumentiert, darunter *Tricholomopsis sulfureoides*, der einen weniger schuppigen Hut und Velumreste am Stiel haben soll, zumindest als Jungpilz. Gelbhütige Arten der Gattung *Pholiota* haben rostbraune Sporen.

Maßstab 1:1

Der Olivgelbe Holzritterling hat einen konvexen Hut, der flach oder in der Mitte niedergedrückt wird. Die Oberfläche ist fein schuppig, leuchtend gelb, in der Mitte gelbbraun, die Schüppchen etwas dunkler gelbbraun (siehe Bild rechts). Die Lamellen sind leuchtend gelb. Der Stiel ist glatt und ebenfalls leuchtend gelb.

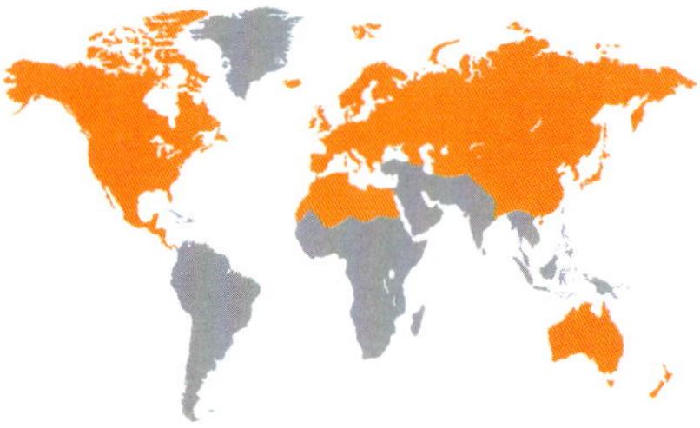

FAMILIE	Tricholomataceae
VERBREITUNG	Nordamerika, Europa, Nordafrika, Mittelamerika, Nordasien; in Australien und Neuseeland eingeschleppt
LEBENSRAUM	In Wäldern
SYMBIOSE	Mit Nadelbäumen
WUCHSFORM	Auf Fallholz, Baumstümpfen und Sägespänen; normalerweise büschelig
VORKOMMEN	Häufig
SPORENFARBE	Weiß
GENIESSBARKEIT	Ungenießbar

GRÖSSE
Bis zu 100 mm

HUTDURCHMESSER
Bis zu 150 mm

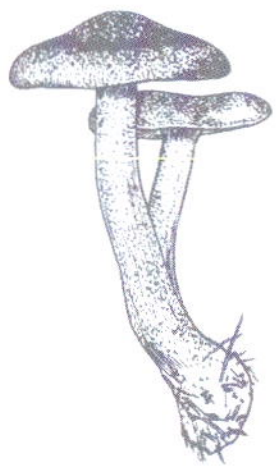

TRICHOLOMOPSIS RUTILANS

PURPURFILZIGER HOLZRITTERLING

(SCHAEFFER) SINGER

Die kontrastierenden rotvioletten Schuppen und gelben Lamellen machen diesen Pilz besonders ansehnlich und erinnern an die Farben von Pflaumen und Vanillepudding. Er ist ein häufiger Pilz auf Nadelholz und scheint sich in Plantagenwäldern genauso wohl zu fühlen wie in natürlichen Wäldern. Der Purpurfilzige oder Rötliche Holzritterling wurde in Australien und Neuseeland vermutlich eingeschleppt. Leider werden die appetitlich aussehenden Fruchtkörper nicht für den Verzehr empfohlen (auch wenn sie manchmal als essbar angegeben sind). Allerdings kann man sie zum Färben verwenden und aus ihnen verschiedene senfgelbe bis dunkelbraune Farbtöne erzeugen.

Maßstab 1:1

ÄHNLICHE ARTEN

Die kontrastierenden Farben sollten charakteristisch sein, aber *Gymnopilus dilepis* – ein sich weltweit ausbreitender Holzmulch-Besiedler – hat sehr ähnliche rotviolette Schuppen auf einem gelblichen Untergrund. Seine Sporen sind jedoch rostgelb und sein Stiel hat einen Ring.

Der Purpurfilzige Holzritterling hat einen konvexen Hut, der flach oder stumpf gebuckelt wird. Die Oberfläche ist fein schuppig, mit rotvioletten Schuppen auf einem blassgelben Untergrund. Die Lamellen sind blass bis leuchtend gelb (siehe Bild rechts). Den Stiel bedecken feine rotviolette Schuppen auf einem blassgelben Untergrund

FAMILIE	Inocybaceae
VERBREITUNG	Europa, Nordafrika
LEBENSRAUM	In Wäldern und Gebüschen
SYMBIOSE	Meist mit Weißdornen, seltener mit Zwergmispeln und Stechpalmen
WUCHSFORM	Am Boden; auf alten, abgefallenen Beeren
VORKOMMEN	Häufig
SPORENFARBE	Ocker
GENIESSBARKEIT	Ungenießbar

GRÖSSE
Bis zu 35 mm

HUTDURCHMESSER
Bis zu 25 mm

TUBARIA DISPERSA

GELBBLÄTTRIGER TROMPETENSCHNITZLING

(LINNAEUS) SINGER

Auf den ersten Blick scheint es sich hier nur um einen weiteren kleinen braunen Blätterpilz zu handeln – aus einer großen Gruppe ähnlicher Pilze, die man nur unter dem Mikroskop bestimmen kann. Der Gelbblättrige Trompetenschnitzling ist allerdings interessanter und leichter zu bestimmen als die meisten von ihnen. Typischerweise wächst er verstreut unter Weißdornbäumen und ist darauf spezialisiert, die holzigen Kerne der alten, abgefallenen und oft vergrabenen Früchte zu zersetzen. Manchmal macht er das auch mit den abgefallenen Früchten von Zwergmispeln, Stechpalmen und anderen beerentragenden Sträuchern.

ÄHNLICHE ARTEN

Sein Lebensraum und die gelben bis ockerfarbenen Lamellen unterscheiden den Gelbblättrigen Trompetenschnitzling von den meisten anderen kleinen, braunen Blätterpilzen. Der Flockige Trompetenschnitzling (*Tubaria conspersa*) hat einen rötlich braunen bis hellbraunen Hut mit weißen Velumresten am Rand und ähnlich gefärbten Lamellen. Er ist ein sehr häufiger Pilz auf Streu und Gras, der oft erst spät in der Saison erscheint.

Der Gelbblättrige Trompetenschnitzling hat einen zuerst konvexen Hut (siehe Bild rechts oben), der flach bis leicht niedergedrückt wird. Die Oberfläche ist fein filzig, feucht gelbbraun bis ockerbraun, trocknet blasser. Die Lamellen sind blassgelb und werden ocker. Der Stiel ist glatt und weißlich.

Maßstab 1:1

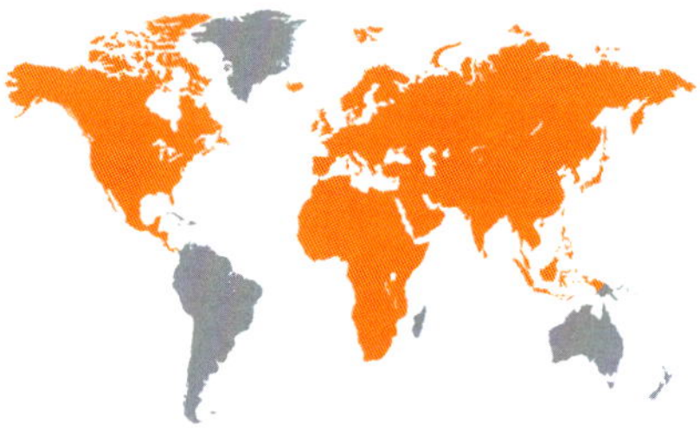

FAMILIE	Pluteaceae
VERBREITUNG	Nordamerika, Europa, Afrika, Mittelamerika, Asien
LEBENSRAUM	In Wäldern
SYMBIOSE	Mit Laubbäumen
WUCHSFORM	Auf toten und lebenden Baumstämmen, einzeln
VORKOMMEN	Selten
SPORENFARBE	Bräunlich rosa
GENIESSBARKEIT	Essbar

GRÖSSE
Bis zu 200 mm

HUTDURCHMESSER
Bis zu 200 mm

VOLVARIELLA BOMBYCINA

WOLLIGER SCHEIDLING

(SCHAEFFER) SINGER

Auf den ersten Blick sehen sie aus wie *Amanita*-Pilze, die ebenfalls eine Volva an der Basis haben, aber die *Volvariella*-Pilze sind rosasporig und nahe mit der Gattung *Pluteus* verwandt. Der Wollige Scheidling ist einer der größten von ihnen und ist ungewöhnlich, da er auf Holz wächst, oft in Rissen und Astlöchern von toten und lebenden Baumstämmen. Er ist essbar, riecht jedoch oft unangenehm nach rohen Kartoffeln und wird nicht sehr geschätzt. Hingegen wird der verwandte Dunkelstreifige Scheidling (*V. volvacea*) kommerziell gezüchtet und ist ein wesentlicher Bestandteil der ostasiatischen Küche.

Der Wollige Scheidling hat einen kegeligen bis konvexen Hut, der flacher wird. Die Oberfläche ist seidig-haarig, weiß bis blassgelb, manchmal mit bräunlichen Haarspitzen. Die Lamellen sind erst blassrosig, werden rosig braun. Der Stiel ist weißlich mit einer sackartigen Volva an der Basis, die weißlich, gelblich oder oft fleckig dunkelbraun ist.

ÄHNLICHE ARTEN

Volvariella caesiotincta ist ein seltenerer Holzpilz mit einem bläulich grauen Hut. Der Dunkelstreifige Scheidling (*V. volvacea*), der hauptsächlich in den Tropen wächst, ähnelt dem Wolligen Scheidling, wächst aber auf nährstoffreichen, komposthaltigen Böden, wie auch der Große Scheidling (*V. gloiocephala*) aus der gemäßigten Zone. Letzterer hat einen glatten, feucht einen klebrigen Hut und eine weiße Volva.

Maßstab 1:1

FAMILIE	Pluteaceae
VERBREITUNG	Nordamerika, Europa, Nordafrika, Neuseeland
LEBENSRAUM	In Wäldern
SYMBIOSE	Mit *Clitocybe nebularis*
WUCHSFORM	Auf den Hüten von Fruchtkörpern
VORKOMMEN	Selten bis sehr selten
SPORENFARBE	Bräunlich rosa
GENIESSBARKEIT	Ungenießbar

GRÖSSE
Bis zu 100 mm

HUTDURCHMESSER
Bis zu 75 mm

VOLVARIELLA SURRECTA

PARASITISCHER SCHEIDLING

(KNAPP) SINGER

Wie die *Asterophora*-Arten hat auch der Parasitische Scheidling seine eigene, ungewöhnliche Nische für sich entdeckt: Er wächst auf den Fruchtkörpern anderer Blätterpilze – in seinem Fall auf dem Nebelgrauen Trichterling (*Clitocybe nebularis*). Es scheint sich dabei um Parasitismus zu handeln, denn der Fruchtkörper des Wirts ist oft noch intakt und erkennbar. Der Parasitische Scheidling ist aber ein seltener Pilz, während der Nebelgraue Trichterling extrem häufig vorkommt, also muss es einen Faktor geben, der den Parasiten in Schach hält. Vielleicht ist er kein rascher Besiedler, da er Jahr für Jahr immer wieder im selben Gebiet auftaucht.

ÄHNLICHE ARTEN

Sein Befall der Fruchtkörper des Nebelgrauen Trichterlings und die große, sackartige Volva an der Basis sollten unverkennbar sein. Mehrere andere *Volvariella*-Arten sind von ähnlicher Größe und Farbe, wachsen aber auf Gras oder Laubstreu.

Maßstab 1:1

Der Parasitische Scheidling hat einen konvexen Hut, der flacher wird. Die Oberfläche ist glatt bis seidig-haarig und weiß. Die Lamellen sind erst blass rosig und werden rosig braun. Der Stiel ist weiß bis blass gelbbraun und hat eine große, sackartige Volva an der Basis.

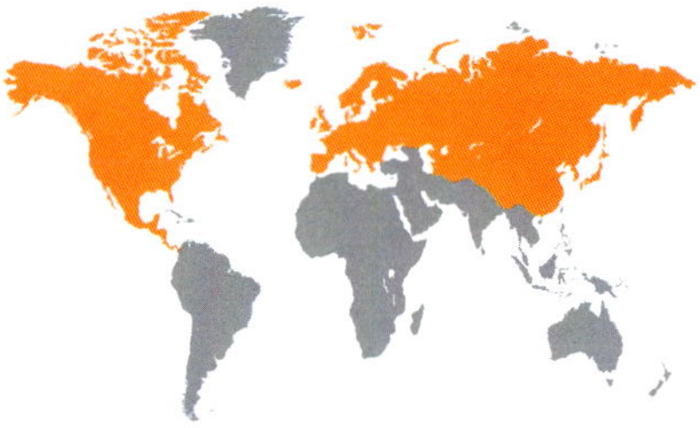

FAMILIE	Mycenaceae
VERBREITUNG	Nordamerika, Europa, Mittelamerika, Nordasien
LEBENSRAUM	In Wäldern
SYMBIOSE	Mit Nadelbäumen
WUCHSFORM	Auf Baumstämmen und Stümpfen, büschelig
VORKOMMEN	Lokal häufig
SPORENFARBE	Weiß
GENIESSBARKEIT	Ungenießbar

GRÖSSE
Bis zu 50 mm

HUTDURCHMESSER
Bis zu 25 mm

XEROMPHALINA CAMPANELLA

GESELLIGER GLÖCKCHENNABELING

(BATSCH) KÜHNER & MAIRE

Ursprünglich wurde der Gesellige Glöckchennabeling aus Deutschland dokumentiert, aber am häufigsten scheint er in Nordamerika zu sein, wo er in dichten Schwärmen auf verfaulendem Nadelholz wächst. In Europa ist er lokal selten; in England wurde er kaum jemals gesichtet (öfter in Schottland) und in Dänemark steht er auf der Roten Liste gefährdeter Pilze. *Campanella* bedeutet „Glöckchen" und *omphalos* (im Gattungsnamen) bezieht sich auf die nabelige Vertiefung in der Hutmitte. Ein besonderes Merkmal der Fruchtkörper ist der filzige Ring aus orangem Myzel um die Stielbasis.

ÄHNLICHE ARTEN

In Nordamerika gibt es mehrere eng verwandte Arten. *Xeromphalina brunneola* hat dunklere, rötlich braune Hüte und soll unangenehm riechen und schmecken. *X. campanelloides* hat weniger stark herablaufende Lamellen und schmeckt bitter. *X. kauffmanii* wächst auf Laubholz. Sie alle lassen sich am besten unter dem Mikroskop unterscheiden.

Maßstab 1:1

Der Gesellige Glöckchennabeling hat einen konvexen Hut, der in der Mitte genabelt ist. Die Oberfläche ist glatt, gerieft, gelb bis orangebraun, in der Mitte dunkler. Die Lamellen sind herablaufend, entfernt stehend, blassgelb bis blassorange. Der Stiel ist glatt und an der Spitze gelblich, zur filzigen Basis hin orangebraun.

FAMILIE	Physalacriaceae
VERBREITUNG	Nordamerika, Europa, Nordafrika, Mittelamerika, Asien
LEBENSRAUM	In Wäldern
SYMBIOSE	Mit Laubbäumen
WUCHSFORM	Am Boden auf vergrabenem Holz, einzeln
VORKOMMEN	Lokal häufig
SPORENFARBE	Weiß
GENIESSBARKEIT	Essbar

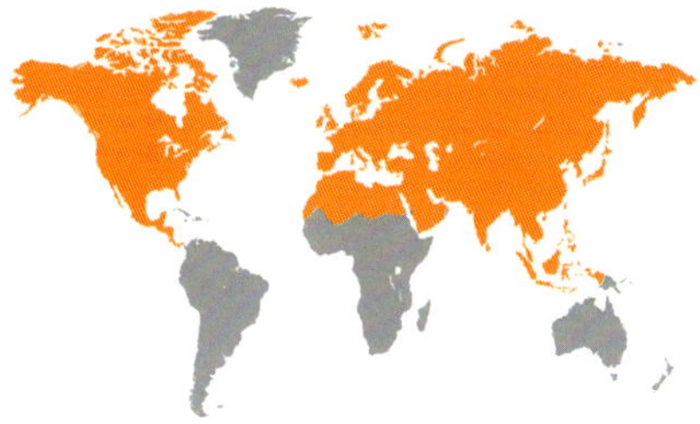

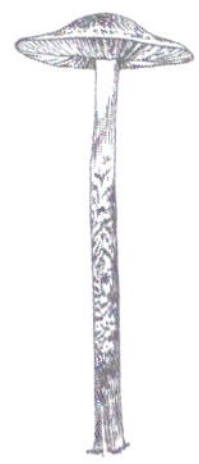

GRÖSSE
Bis zu 200 mm

HUTDURCHMESSER
Bis zu 100 mm

XERULA RADICATA

GRUBIGER WURZELRÜBLING

(RELHAN) DÖRFELT

Der Grubige Wurzelrübling wächst auf toten Baumwurzeln und vergrabenem Holz. Darauf haften die Fruchtkörper mit einem langen, unterirdischen Stiel – ähnlich wie die Pfahlwurzel einer Pflanze. Der Stiel wächst über der Erde weiter und verleiht dem Pilz ein stattliches Aussehen. Er ist mit dem Buchen-Schleimrübling (*Oudemansiella mucida*) verwandt, der auf Ästen und Baumstämmen wächst und einen ähnlichen, dünnfleischigen Hut mit entfernt stehenden Lamellen hat. Der Grubige Wurzelrübling ist in Europa häufig, aber anscheinend selten in Nordamerika, wo es andere, sehr ähnliche Arten gibt. Einige davon kann man nur mikroskopisch unterscheiden.

ÄHNLICHE ARTEN

Einige verwandte Arten sollten in freier Wildbahn erkennbar sein. Der europäische *Xerula longipes* hat einen samtigen bis fein haarigen Hut und Stiel, während der nordamerikanische *X. furfuracea* einen glatten Hut und einen samtig-haarigen Stiel hat. Bei *Xerula australis* aus Australien und dem nordamerikanischen *X. rubrobrunnescens* bräunen die Stiele auf Druck.

Maßstab 1:1

Der Grubige Wurzelrübling hat einen dünnfleischigen, konvexen Hut, der ausgebreitet flach bis leicht gebuckelt oder niedergedrückt ist. Die Oberfläche ist glatt, gelblich braun bis braun, oft klebrig und radialrunzelig. Die Lamellen sind weiß und stehen ziemlich entfernt. Der Stiel ist glatt, an der Spitze weiß, darunter gelbbraun und hat eine lange, zugespitzte, wurzelnde Basis.

RÖHRENPILZE

Von oben betrachtet sehen die Röhrenpilze wie Blätterpilze aus, aber an der Unterseite ihrer Hüte befinden sich Poren, wie bei einem Schwamm. Bei genauerem Hinsehen erkennt man, dass die Poren die offenen Enden kleiner Röhren sind, auf deren Innenfläche die Sporen gebildet werden.

Früher wurden alle diese Pilze in die Gattung *Boletus* eingeordnet, mittlerweile weiß man jedoch, dass sie mehrere Familien bilden – auch wenn sie dennoch entfernt miteinander verwandt sind. Einige Baumpilze mit Hüten und Stielen, etwa Pilze der Gattungen *Albatrellus*, *Boletopsis* und *Polyporus*, könnten für fleischige Röhrenpilze gehalten werden. Die meisten sind jedoch holzig oder ledrig.

Alle Röhrenpilze bilden entweder selbst Ektomykorrhizen oder parasitieren Ektomykorrhizen (siehe Einleitung), darum wachsen sie typischerweise in Wäldern. Das bedeutet auch, dass man sie nicht kultivieren kann und begehrte Speisepilze wie der Steinpilz (*Boletus edulis*) in der Natur von Hand gesammelt werden müssen – daher sind sie auch so teuer. Einige Röhrenpilze sind bitter oder giftig, aber aus keinem sind tödliche Giftstoffe bekannt.

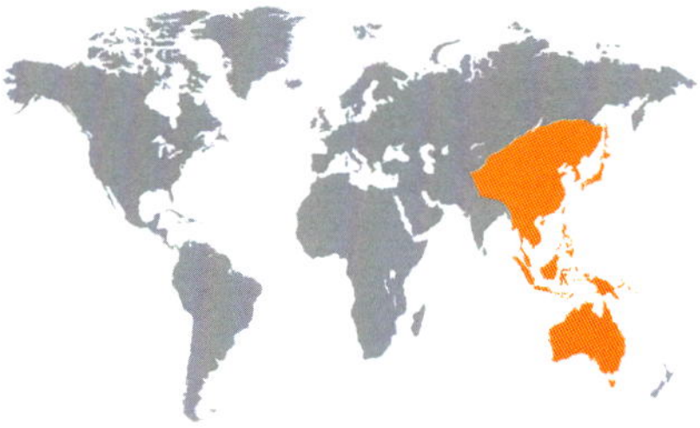

FAMILIE	Boletaceae
VERBREITUNG	Ostasien, Australien
LEBENSRAUM	In Wäldern
SYMBIOSE	Ektomykorrhiza mit Laubbäumen
WUCHSFORM	Am Boden, einzeln oder in kleinen Trupps
VORKOMMEN	Selten
SPORENFARBE	Dunkelbraun
GENIESSBARKEIT	Ungenießbar

GRÖSSE
Bis zu 100 mm

HUTDURCHMESSER
Bis zu 75 mm

BOLETELLUS OBSCURECOCCINEUS

(HÖHNEL) SINGER

Boletellus obscurecoccineus („Rhubarb Bolete") wurde ursprünglich von der indonesischen Insel Java dokumentiert. Man kennt ihn mittlerweile aber auch aus Ostasien, von Japan und China bis in den Süden nach Australien. Er hat einen rhabarberfarbenen Hut und soll bitter schmecken. In Australien bildet der Pilz Mykorrhizen mit Eukalypten, aber in Asien wächst er bei Eichen und anderen Laubbäumen. Er sieht zwar wie ein gewöhnlicher *Boletus*-Pilz aus, gehört aber zur Gattung *Boletellus*, die mikroskopisch an ihren gerippten Sporen unterschieden wird.

Maßstab 1:1

ÄHNLICHE ARTEN

Boletellus rubrolutescens ist eine sehr ähnliche afrikanische Art, die anfangs fälschlicherweise als *B. obscurecoccineus* bestimmt wurde. Ähnlich gefärbte Röhrenpilze – etwa *Boletus rubellus* – wachsen in Europa und Nordamerika. Sie haben zwar karmesinrote Hüte und gelbe Poren, aber keinen schorfig-schuppigen Stiel.

Boletellus obscurecoccineus hat einen halbkugeligen Hut, der konvex wird. Die Oberfläche ist trocken, intensiv rosa, glatt, aber im Alter aufgerissen, sodass sich das darunterliegende gelbliche Fleisch zeigt. Die Poren sind gelb. Der Stiel ist trocken, an der Spitze gelblich, darunter hutfarben und schorfig-schuppig sowie an der Basis weißlich.

FAMILIE	Boletaceae
VERBREITUNG	Im Osten Nordamerikas, in Mittelamerika
LEBENSRAUM	In Wäldern
SYMBIOSE	Ektomykorrhiza mit Laub- und Nadelbäumen
WUCHSFORM	Am Boden, einzeln oder truppweise
VORKOMMEN	Selten
SPORENFARBE	Olivbraun
GENIESSBARKEIT	Essbar

GRÖSSE
Bis zu 200 mm

HUTDURCHMESSER
Bis zu 125 mm

BOLETELLUS RUSSELLII

(FROST) E. -J. GILBERT

Der lange, zottige Stiel mit seinen tiefen Furchen und unregelmäßigen Adern ist ein besonderes Merkmal dieses eher seltenen Röhrenpilzes, der erstmals 1878 aus Neuengland dokumentiert wurde. Benannt wurde er nach dem lokalen Mykologen und unitarischen Pastor John Lewis Russell. Interessanterweise sind seine mikroskopischen Sporen fast genauso stark gefurcht und gestreift wie sein Stiel – ein Merkmal, das ihn zur Gattung *Boletellus* zuordnet und nicht zu *Boletus*. *Boletellus russellii* („Jagged-Stem Bolete") ist essbar, soll aber weich und geschmacklos sein und ist daher in der Küche nicht sehr begehrt.

ÄHNLICHE ARTEN

Der ähnlich aussehende *Heimioporus betula* wächst im selben Gebiet, hat jedoch einen glatten, klebrigen oder glänzenden Hut. Verblasste Fruchtkörper von Frosts Dickröhrling (*Boletus frostii*) können ähnlich erscheinen, aber die Poren haben selbst im Alter noch einige orangerote Farbtöne.

Maßstab 1:1

Boletellus russellii hat einen halbkugeligen Hut, der konvex wird. Die Oberfläche ist trocken und erst fein samtig, im Alter aufgerissen, und gelbbraun bis rötlich braun. Die Poren sind gelb bis grünlich gelb. Der Stiel ist rötlich bis rosig braun, mit einem groben, zottigen Geflecht aus Furchen und Adern. Das Fleisch ist blassgelb.

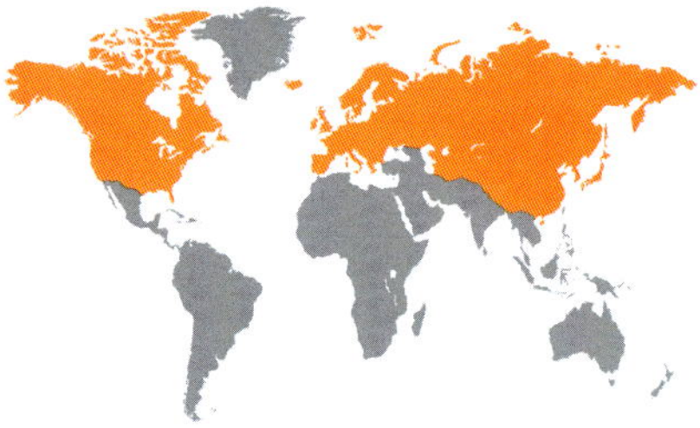

FAMILIE	Boletaceae
VERBREITUNG	Nordamerika, Europa, Nordasien
LEBENSRAUM	In Wäldern
SYMBIOSE	Ektomykorrhiza mit Nadelbäumen, selten mit Laubbäumen
WUCHSFORM	Am Boden, einzeln oder truppweise
VORKOMMEN	Häufig
SPORENFARBE	Dunkelbraun
GENIESSBARKEIT	Essbar

GRÖSSE
Bis zu 125 mm

HUTDURCHMESSER
Bis zu 150 mm

BOLETUS BADIUS

MARONEN-RÖHRLING

(FRIES) FRIES

Maßstab 1:1

Der Maronen-Röhrling gilt als einer der besten Speisepilze der Gattung *Boletus* und wird in großen Mengen für den Handel gesammelt und exportiert. Er wächst typischerweise bei Nadelbäumen, kann jedoch auch – was ungewöhnlich ist – weiterhin Fruchtkörper bilden, wo keine Nadelbäume mehr wachsen. Das bedeutet, dass er unter Umständen auch Symbiosen mit Laubbäumen bilden kann. Nach dem Reaktorunglück von Tschernobyl entdeckte man, dass ein braunes Pigment im Maronen-Röhrling eine starke Verbindung mit radioaktivem Cäsium eingeht: Schlechte Nachrichten für Pilzsucher in Osteuropa. Allerdings kann der Pilz in Zukunft vielleicht zur biologischen Sanierung radioaktiv verseuchter Böden eingesetzt werden.

ÄHNLICHE ARTEN

Einige Formen des Steinpilzes (*Boletus edulis*) können ähnlich gefärbt sein, aber seine Poren färben sich auf Druck nie blau. *Boletus subtomentosus* und verwandte Arten haben Poren, die sich auf Druck blau färben, aber trockene Hüte (meist blasser, oliv- oder gelbbraun bei *B. subtomentosus*) und meist dünnere Stiele.

Der Maronen-Röhrling hat einen halbkugeligen Hut, der konvex bis flach wird. Die Oberfläche ist glatt, nass schleimig, rotbraun bis kastanienbraun. Die Poren sind blassgelb, verfärben sich auf Druck bläulich (siehe Bild links). Der Stiel ist trocken und blass hutfarben. Das Fleisch ist im Schnitt weiß bis blassgelb, läuft an der Spitze des Stiels bläulich und im Bereich der Hutoberfläche violettbraun an.

FAMILIE	Boletaceae
VERBREITUNG	Nordamerika, Europa, Nordasien
LEBENSRAUM	In Wäldern
SYMBIOSE	Ektomykorrhiza mit Laubbäumen, selten Nadelbäumen
WUCHSFORM	Am Boden, einzeln oder truppweise
VORKOMMEN	Häufig
SPORENFARBE	Olivbraun
GENIESSBARKEIT	Ungenießbar

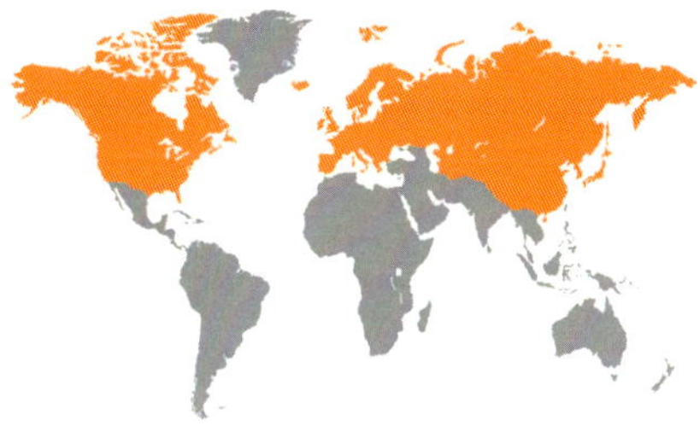

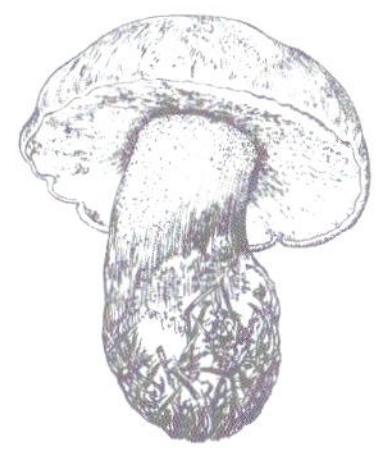

GRÖSSE
Bis zu 125 mm

HUTDURCHMESSER
Bis zu 125 mm

BOLETUS CALOPUS

SCHÖNFUSS-RÖHRLING

PERSOON

Boletus calopus wird allgemein nicht als Speisepilz angesehen, da er unangenehm bitter schmeckt. Die Verbindungen, die diesen Geschmack verursachen, wurden als Cyclocalopine identifiziert, eine zuvor unbekannte Gruppe aus Pilzmetaboliten. Trotzdem wird der Pilz in Russland und der Ukraine verzehrt, auch wenn er wohl keine Köstlichkeit ist. Der Schönfuß-Röhrling wächst bei Buchen, aber auch bei Eichen und anderen Laubbäumen, nur selten bei Nadelbäumen. Das Attribut *calopus* bedeutet „schöner Fuß" und bezieht sich auf den charakteristischen, karmesin- bis scharlachroten Stiel, der mit einem feinen, reliefartigen Netz bedeckt ist.

ÄHNLICHE ARTEN

Im Westen Nordamerikas ist der *Boletus rubripes* („Red-Stemmed Bitter Bolete") sehr ähnlich, hat aber kein Netz am Stiel. Im Osten Nordamerikas sind *Boletus roseipes* und *B. inedulis* ebenfalls ähnlich, aber Ersterer wächst nur bei Schierlingen und Letzterer ist kleiner als *B. calopus* und hat einen blasseren, weißen bis grauweißen Hut.

Maßstab 1:1

Der Schönfuß-Röhrling hat einen konvexen bis flachen Hut. Die Oberfläche ist glatt, blassgrau bis blassbraun. Die Poren sind blassgelb (siehe Bild links), verfärben sich auf Druck bläulich. Der Stiel ist mit einem erhabenen Netz bedeckt und ist an der Spitze blassgelb, dann leuchtend karmesinrot und zur Basis hin bräunlich. Das Fleisch ist im Schnitt blassgelb und läuft blau an.

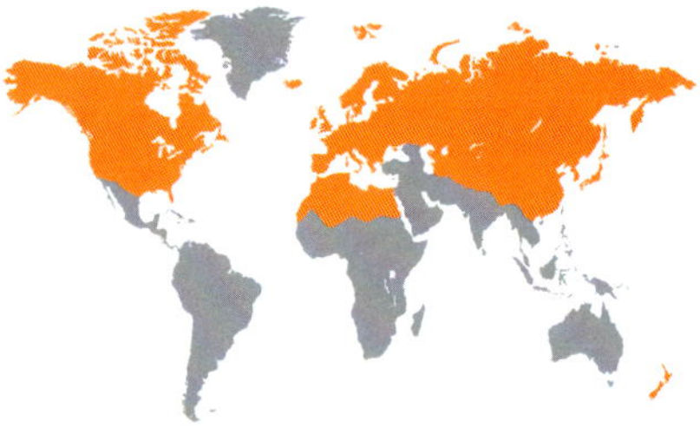

FAMILIE	Boletaceae
VERBREITUNG	Nordamerika, Europa, Nordafrika, Nordasien Neuseeland
LEBENSRAUM	In Wäldern
SYMBIOSE	Ektomykorrhiza mit Nadelbäumen, selten mit Laubbäumen
WUCHSFORM	Am Boden, einzeln oder in kleinen Gruppen
VORKOMMEN	Häufig
SPORENFARBE	Braun bis rosabraun
GENIESSBARKEIT	Essbar

GRÖSSE
Bis zu 100 mm

HUTDURCHMESSER
Bis zu 125 mm

BOLETUS CHRYSENTERON

ROTFUSS-RÖHRLING

BULLIARD

Maßstab 1:1

Aufgrund seines feldrig aufgerissenen Huts, der das rötliche Fleisch durchschimmern lässt, hielt man *Boletus* (oder *Xerocomus*) *chrysenteron* früher für eine weitverbreitete und leicht erkennbare Art. Jüngste Forschung enthüllte jedoch mehrere identisch aussehende Arten, von denen manche vielleicht sogar häufiger vorkommen als der echte Rotfuß-Röhrling. Letzterer wächst bevorzugt bei Nadelbäumen und nur gelegentlich bei Buchen und anderen Laubbäumen. Er ist essbar, soll aber geschmacklos und matschig sein und ist bei Pilzsuchern nicht beliebt – außer, sie sind fast am Verhungern.

ÄHNLICHE ARTEN

In Europa ist *Boletus cisalpinus* ein Doppelgänger mit roten Rissen. Er unterscheidet sich nur mikroskopisch an seinen gestreiften Sporen, wächst jedoch bevorzugt bei Laubbäumen, vor allem Eichen. In Nordamerika gibt es den Doppelgänger *B. truncatus*, der sich an seinen gestutzten Sporen unterscheidet. Auch braunhütige Formen des Blutroten Filzröhrlings (*B. rubellus*) können ähnlich aussehen.

Der Rotfuß-Röhrling hat einen konvexen Hut, der flacher wird. Die Oberfläche ist fein samtig, dunkel- bis graubraun, reißt im Alter auf und enthüllt das rötliche Fleisch. Die Poren sind blass gelbgrün, verfärben sich auf Druck bläulich. Der Stiel ist glatt, an der Spitze gelb, unterhalb dunkel rötlich (siehe Bild rechts). Das Fleisch ist blassgelb, direkt unter dem Hut rötlich, blaut im Schnitt langsam.

FAMILIE	Boletaceae
VERBREITUNG	Nordamerika, Europa, Nordafrika, Mittelamerika, Nordasien; in Südafrika, Südamerika und Neuseeland eingeschleppt
LEBENSRAUM	In Wäldern
SYMBIOSE	Ektomykorrhiza mit Laub- und Nadelbäumen
WUCHSFORM	Am Boden, einzeln oder in kleinen Gruppen
VORKOMMEN	Häufig
SPORENFARBE	Olivbraun
GENIESSBARKEIT	Essbar

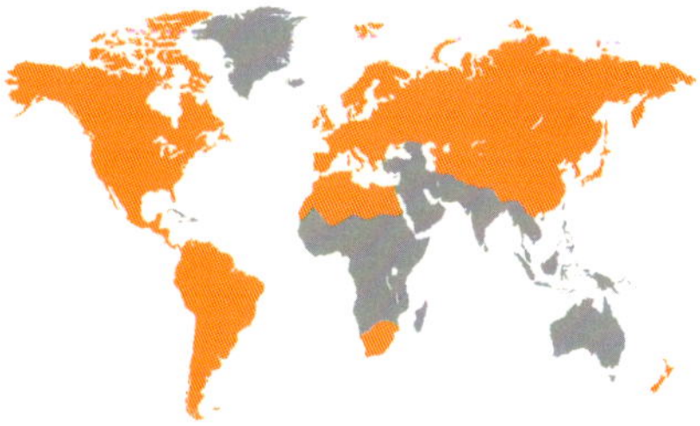

GRÖSSE
Bis zu 225 mm

HUTDURCHMESSER
Bis zu 200 mm

BOLETUS EDULIS

STEINPILZ

BULLIARD

Der Steinpilz – auch Fichten-Steinpilz oder Herrenpilz genannt – ist einer der bekanntesten Speisepilze. Jung hat er oft die Form und Farbe eines kleinen Brotlaibs. Da er ein Ektomykorrhiza-Pilz ist, kann man seine Fruchtkörper nicht kultivieren, allerdings werden sie in großen Mengen für den Handel gesammelt. Er scheint weitverbreitet zu sein (und wurde zusammen mit exotischen Bäumen in Südafrika und Neuseeland eingeschleppt), gehört jedoch zu einem Komplex aus eng verwandten Arten und seine tatsächliche Verbreitung ist unklar. Der Steinpilz enthält sogar Amatoxine (wie der Grüne Knollenblätterpilz, *Amanita phalloides*), aber in solchen geringen Mengen, dass keine schädliche Wirkung bekannt ist.

ÄHNLICHE ARTEN

In Europa hat der Kiefern-Steinpilz (*Boletus pinophilus*) einen violettbraunen Hut und wächst bei Kiefern, während der Schwarzhütige Steinpilz (*B. aereus*) ein Laubbaumpilz mit einem dunklen Hut und einem braunen Netz auf dem Stiel ist. Im Westen Nordamerikas wächst *B. rex-veris* („Spring King Bolete") im Frühling unter Nadelbäumen, während *B. regineus* („Queen Bolete") dunkelhütig ist und *B. aereus* ähnelt.

Maßstab 1:1

Der Steinpilz hat einen konvexen Hut, der flacher wird. Die Oberfläche ist glatt bis runzelig, feucht schmierig oder klebrig, gelbbraun bis blassbraun oder rötlich braun. Die Poren sind weiß, werden blass gelbgrün. Der dicke Stiel ist weißlich bis gelbbraun, mit einem weißlichen Netz im oberen Bereich. Das Fleisch ist weiß und im Hut weinrot angelaufen.

FAMILIE	Boletaceae
VERBREITUNG	Im Osten Nordamerikas, in Mittelamerika
LEBENSRAUM	In Wäldern
SYMBIOSE	Ektomykorrhiza mit Laubbäumen, vor allem Eichen
WUCHSFORM	Am Boden, einzeln oder truppweise
VORKOMMEN	Selten
SPORENFARBE	Olivbraun
GENIESSBARKEIT	Ungenießbar

GRÖSSE
Bis zu 125 mm

HUTDURCHMESSER
Bis zu 150 mm

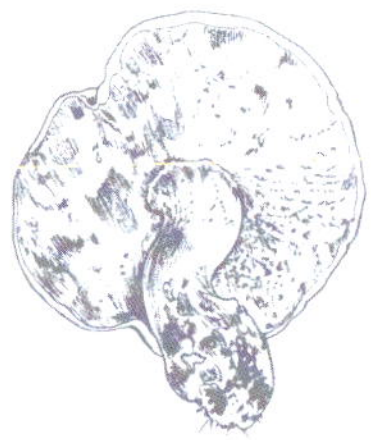

BOLETUS FIRMUS

FROST

Boletus firmus („Firm Bolete") besteht aus einer ungewöhnlichen Kombination: Sein Hut und sein Stiel verfärben sich auf Druck braun, währen sich seine Poren blau verfärben. Der Hut ist blass, farblich aber sehr variabel, und der rosa Farbstich auf dem Stiel verblasst mit dem Alter. Die Art vergesellschaftet sich mit Laubbäumen, vor allem mit Eichen, und ist vom Osten Kanadas bis nach Costa Rica und Belize in südlicher Richtung bekannt. Der Pilz schmeckt bitter, weswegen der *Boletus firmus* kein Speisepilz ist.

ÄHNLICHE ARTEN

Die blassen Hutfarben, die roten Poren und der rosige Stiel sind charakteristisch für *Boletus firmus*. Der giftige *Boletus eastwoodiae* im Westen (aber nicht im Osten) Nordamerikas ist ähnlich, hat typischerweise aber einen deutlich knolligen Stiel mit einem ausgeprägteren roten bis violettroten Netz.

Boletus firmus hat einen konvexen Hut. Die Oberfläche ist glatt bis fein samtig und weißlich bis gräulich oder rosig gelbbraun, verfärbt sich auf Druck braun. Die Poren sind orangerot bis rot, blauen auf Druck. Der Stiel ist an der Spitze gelblich, manchmal mit einem feinen rötlichen, erhabenen Netz, darunter rosa, verfärbt sich auf Druck braun. Das Fleisch ist blassgelb, verfärbt sich im Schnitt leicht blau.

Maßstab 1:1

FAMILIE	Boletaceae
VERBREITUNG	Im Osten Nordamerikas
LEBENSRAUM	In Wäldern
SYMBIOSE	Ektomykorrhiza mit Nadelbäumen
WUCHSFORM	Am Boden, einzeln oder truppweise
VORKOMMEN	Selten
SPORENFARBE	Olivbraun
GENIESSBARKEIT	Ungenießbar

GRÖSSE
Bis zu 125 mm

HUTDURCHMESSER
Bis zu 125 mm

BOLETUS FLAMMANS

E. A. DICK & SNELL

Das Attribut *flammans* bedeutet „flammend“ und die intensiven roten Farben sowie das Vorkommen dieses auffälligen Pilzes unter Nadelbäumen machen ihn leicht zu bestimmen. Als weiteres Erkennungsmerkmal verfärben sich alle Teile des Fruchtkörpers auf Druck, bei Verletzung oder im Schnitt blau. *Boletus flammans* („Flame Bolete“) scheint nur im Osten Nordamerikas zu wachsen, von Nova Scotia bis nach Georgia im Süden und nach Texas im Westen. Er bildet Ektomykorrhizen mit Kiefern, Schierlingen und Fichten. Über seine Genießbarkeit ist nichts bekannt, darum bewundert man ihn lieber nur.

Boletus flammans hat einen konvexen Hut. Die Oberfläche ist glatt, ziegelrot bis dunkelrot oder rotbraun. Die Poren sind orangerot bis rot (siehe Bild oben). Der Stiel ist hutfarben, an der Basis gelblich, an der Spitze mit einem feinen, erhabenen Netz. Das Fleisch ist gelb. Alle Teile verfärben sich auf Druck oder im Schnitt blau.

ÄHNLICHE ARTEN

Im Osten Nordamerikas gibt es mehrere ähnliche Arten, die jedoch alle unter Laubbäumen, nicht unter Nadelbäumen wachsen. *Boletus rubroflammeus* ist etwas dunkler rot und hat ein ausgeprägteres Netz am Stiel. *Boletus rhodosanguineus* hat einen gelblicheren Stiel und einen rotvioletten Hut.

Maßstab 1:1

FAMILIE	Boletaceae
VERBREITUNG	Nordamerika, Mittelamerika
LEBENSRAUM	In Wäldern
SYMBIOSE	Ektomykorrhiza mit Laubbäumen, vor allem Eichen
WUCHSFORM	Am Boden, einzeln oder truppweise
VORKOMMEN	Lokal häufig
SPORENFARBE	Blassbraun bis olivbraun
GENIESSBARKEIT	Giftig (für manche Personen), lieber meiden

GRÖSSE
Bis zu 125 mm

HUTDURCHMESSER
Bis zu 125 mm

BOLETUS FROSTII

FROSTS DICKRÖHRLING

J. L. RUSSELL

Maßstab 1:1

Boletus frostii gehört zu den Röhrenpilzen Nordamerikas mit den üppigsten Farben. Er ist ein prächtiger Pilz mit einem wundervoll ausgeprägten Netz am Stiel. Benannt wurde er 1874 vom neuenglischen Mykologen John Lewis Russell nach dessen Freund und Kollegen Charles Frost. Einige Jahre später revanchierte sich Frost dafür, indem er eine seiner Arten *B. russellii* nannte. Frosts Dickröhrling wird oft als essbar angegeben und wird in Mexiko sogar auf manchen Märkten verkauft. Allerdings verursacht er bei manchen Personen Magenbeschwerden und wird daher besser gemieden.

ÄHNLICHE ARTEN

Boletus luridus (der in Europa und Amerika wächst) ist ein giftiger, rotporiger Pilz und unterscheidet sich durch seinen bräunlichen Hut und sein weniger stark ausgeprägtes Netz am Stiel. Der genauso giftige *B. subvelutipes* ist in Amerika häufig, aber sein Stiel ist größtenteils gelb und hat nur ein schwach ausgeprägtes oder gar kein Netz.

Frosts Dickröhrling hat einen halbkugeligen Hut, der konvex bis flach wird. Die Oberfläche ist glatt, feucht klebrig, bekommt im Alter gelbliche Bereiche. Die Poren sind dunkelrot und blauen auf Druck. Der Stiel ist hutfarben, blaut auf Druck und hat ein ausgeprägtes, reliefartiges Netz. Das Fleisch ist zitronengelb und verfärbt sich im Schnitt blau.

FAMILIE	Boletaceae
VERBREITUNG	Im Osten Nordamerikas, in Mittelamerika, Ostasien
LEBENSRAUM	In Wäldern
SYMBIOSE	Ektomykorrhiza mit Laubbäumen, gelegentlich mit Nadelbäumen
WUCHSFORM	Am Boden, einzeln oder truppweise
VORKOMMEN	Häufig
SPORENFARBE	Olivbraun
GENIESSBARKEIT	Essbar

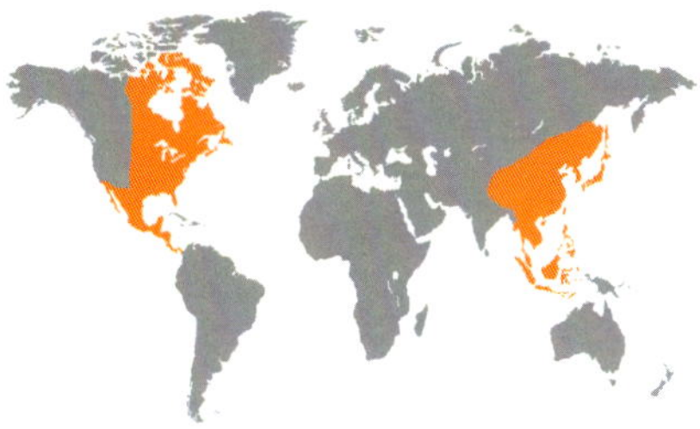

GRÖSSE
Bis zu 125 mm

HUTDURCHMESSER
Bis zu 125 mm

BOLETUS HORTONII

A. H. SMITH & THIERS

Die ungewöhnliche gewellte oder grubige Hutoberfläche ist ein charakteristisches Merkmal von *Boletus hortonii* („Corrugated Bolete"), benannt nach Charles Horton Peck, einem amerikanischen Mykologen des 19. Jahrhunderts. Gelegentlich finden sich ähnliche Hüte auch in der Gattung *Leccinum*, und *Boletus hortonii* wird in Asien *Leccinum hortonii* genannt, auch wenn ihm der typische schorfige Stiel der Raufußröhrlinge fehlt. Es bedarf wohl noch einer DNA-Sequenzierung, um herauszufinden, zu welcher Gattung er wirklich gehört. Der *Boletus hortonii* gilt als essbarer Pilz, aber ohne besonderen kulinarischen Wert.

ÄHNLICHE ARTEN

Ursprünglich beschrieb Peck *Boletus hortonii* als Varietät von *Boletus* (oder *Leccinum*) *subglabripes*, einem Pilz, der auch im Osten Nordamerikas, in Mittelamerika und in Ostasien wächst. Er ist ähnlich geformt und gefärbt, hat jedoch einen glatten Hut und einen unauffällig schorfigen Stiel.

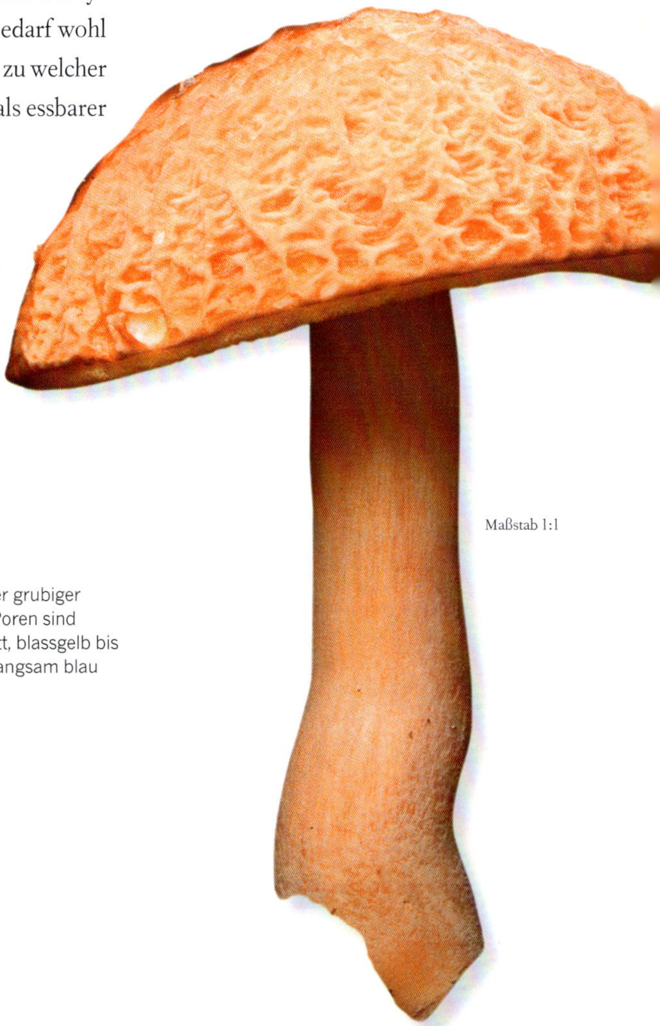

Maßstab 1:1

Boletus hortonii hat einen konvexen Hut mit stark runzeliger oder grubiger Oberfläche, die rotbraun bis zimtbraun oder blassbraun ist. Die Poren sind blassgelb, blauen manchmal langsam auf Druck. Der Stiel ist glatt, blassgelb bis blassbraun. Das Fleisch ist im Schnitt weißlich, läuft manchmal langsam blau an.

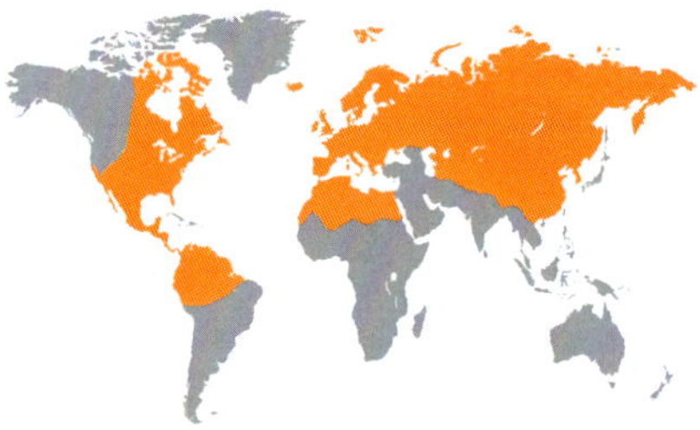

FAMILIE	Boletaceae
VERBREITUNG	Im Osten Nordamerikas, Europa, Nordafrika, Mittelamerika, nördliches Südamerika, Nordasien
LEBENSRAUM	In Wäldern
SYMBIOSE	Ektomykorrhiza mit Nadel- und Laubbäumen, vor allem Eichen
WUCHSFORM	Am Boden, für gewöhnlich einzeln
VORKOMMEN	Häufig
SPORENFARBE	Olivbraun
GENIESSBARKEIT	Essbar

GRÖSSE
Bis zu 100 mm

HUTDURCHMESSER
Bis zu 100 mm

BOLETUS PULVERULENTUS

SCHWARZBLAUENDER RÖHRLING

OPATOWSKI

Boletus pulverulentus ist in eher trüben Farben gehalten und in freier Wildbahn nicht unmittelbar zu erkennen. Berührt man ihn jedoch, verfärbt sich jeder Teil des Fruchtkörpers – Hut, Poren und Stiel – sofort dunkel blauschwarz, daher auch sein Trivialname. Ursprünglich wurde er vom Mykologen Wilhelm Opatowski aus Europa dokumentiert, aber er scheint weitverbreitet zu sein. Wobei sich die Berichte aus dem Westen Nordamerikas vielleicht auf den ähnlichen, aber sich grün verfärbenden *B. rainisii* beziehen. Überraschenderweise ist der Schwarzblauende Röhrling essbar, wenn auch nicht sehr begehrt.

ÄHNLICHE ARTEN

Im Osten Nordamerikas ist *Boletus oliveisporus* ein ähnlicher, sich verfärbender Pilz, der unter Nadelbäumen wächst. Er unterscheidet sich vor allem durch seinen rosigen oder rötlichen Mittelteil am Stiel. Ein anderer Nadelbaum-Pilz, *B. rainisii*, wächst im Westen des Kontinents und unterscheidet sich durch seinen gelben Stiel und die grünlich schwarze Färbung aller Teile auf Druck.

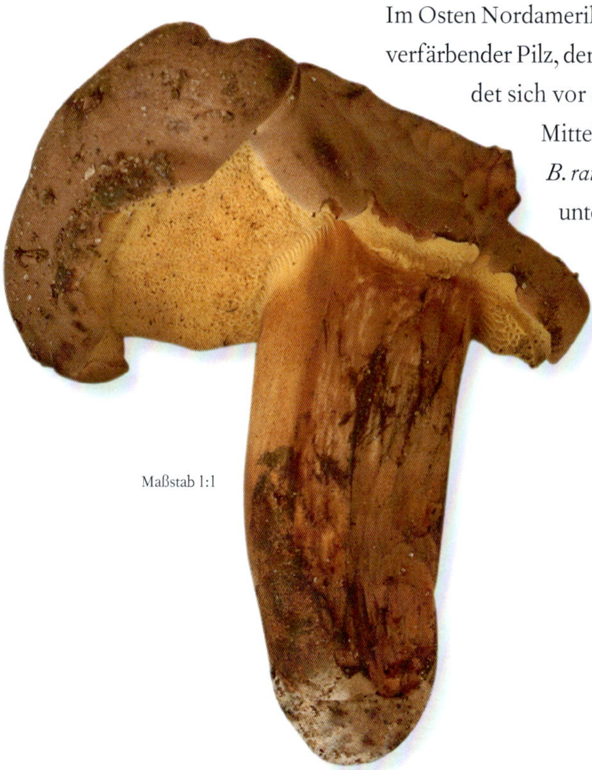

Maßstab 1:1

Der Schwarzblauende Röhrling hat einen konvexen Hut, der flacher wird. Die Oberfläche ist glatt, blass bis dunkelbraun, manchmal rötlich oder oliv angelaufen. Die Poren sind intensiv gelb. Der Stiel ist an der Spitze gelb, darunter braun bis violettbraun. Das Fleisch ist blassgelb. Alle Teile verfärben sich auf Druck oder im Schnitt dunkelblau (siehe Bild links oben).

FAMILIE	Boletaceae
VERBREITUNG	Europa, Nordasien
LEBENSRAUM	In kalkhaltigen Wäldern und Parklandschaften
SYMBIOSE	Ektomykorrhiza mit Laubbäumen, vor allem Eichen
WUCHSFORM	Am Boden, einzeln oder in büscheligen Gruppen
VORKOMMEN	Häufig
SPORENFARBE	Olivbraun
GENIESSBARKEIT	Ungenießbar

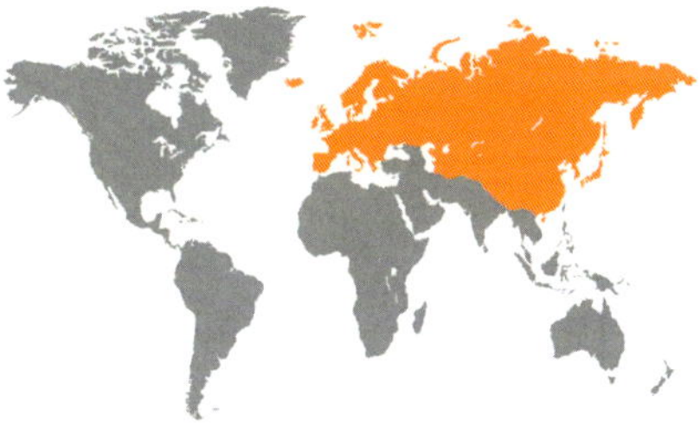

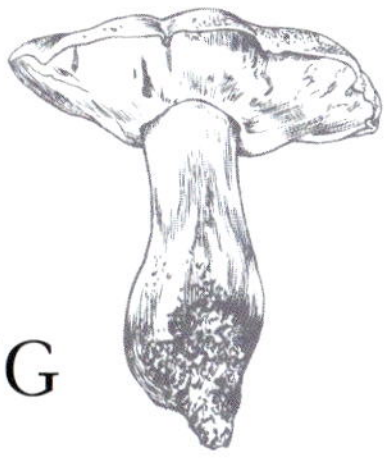

GRÖSSE
Bis zu 150 mm

HUTDURCHMESSER
Bis zu 300 mm

BOLETUS RADICANS

WURZELNDER BITTER-RÖHRLING

PERSOON

Viele Röhrenpilze scheinen lieber in lichten Wäldern oder in Parklandschaften zu wachsen als in dichtem Wald. Oft findet man sie bei alten, isoliert stehenden Bäumen oder in lange bestehenden Alleen oder Wallhecken. So ein Pilz ist auch der Wurzelnde Bitter-Röhrling, der vor allem bei alten Eichen (gelegentlich auch bei Buchen und Linden) auf kalkhaltigen Böden wächst. Er bildet große, blasse, bitter schmeckende Fruchtkörper mit zitronengelben Poren und einer himmelblauen Druckreaktion. Lange war die Art als *Boletus albidus* bekannt, aber *B. radicans* (*radicans*: „wurzelnd") ist ein älterer Name – auch wenn die Fruchtkörper nur gelegentlich eine kurze, wurzelartige Verlängerung des Stiels bilden.

ÄHNLICHE ARTEN

Der Wurzelnde Bitter-Röhrling wurde manchmal im Osten Nordamerikas gesichtet, dabei könnte es sich jedoch um eine Verwechslung mit dem lokalen *Boletus inedulis* handeln, der ähnlich gefärbt ist und genauso bitter schmeckt. Der blasshütige Satans-Röhrling (*Boletus satanas*) kann von oben betrachtet ähnlich aussehen, aber seine Poren und sein Stiel sind rot.

Maßstab 1:1

Der Wurzelnde Bitter-Röhrling hat einen konvexen Hut, der flacher wird. Die Oberfläche ist glatt, weißlich bis blassgrau oder gelbbraun. Die Poren sind zitronengelb, verfärben sich auf Druck blassblau. Der Stiel ist an der Spitze zitronengelb, darunter gelbbraun, gelegentlich rosa angelaufen und hat ein weißliches oder blasses Netz. Das Fleisch ist weißlich bis blassgelb, verfärbt sich im Schnitt blassblau.

FAMILIE	Boletaceae
VERBREITUNG	Ostasien
LEBENSRAUM	In Wäldern und auf Wiesen
SYMBIOSE	Ektomykorrhiza mit Nadelbäumen und Riedgräsern
WUCHSFORM	Am Boden, einzeln oder in kleinen Gruppen
VORKOMMEN	Lokal häufig
SPORENFARBE	Braun
GENIESSBARKEIT	Essbar

GRÖSSE
Bis zu 125 mm

HUTDURCHMESSER
Bis zu 125 mm

BOLETUS RETICULOCEPS

(M. ZANG ET AL) Q. B. WANG & Y. J. YAO

Der lateinische Beiname *reticuloceps* bedeutet „genetzter Kopf", aber *Boletus reticuloceps* („Fishnet Bolete") hat nicht nur eine erhabene, netzartige Hutoberfläche, sondern auch ein Netz am Stiel. Diese Kombination ergibt einen kuriosen und unverkennbaren Röhrenpilz. Ursprünglich wurde die Art aus China dokumentiert, wo sie in Gebirgsregionen wie Yunnan lokal häufig vorkommt und weithin verzehrt wird. Ungewöhnlich ist die Ektomykorrhiza-Symbiose mit einigen Riedgräsern auf Hochlandwiesen, wie auch mit Tannen und Fichten.

ÄHNLICHE ARTEN

Der tibetische *Aureoboletus thibetanus* wächst im selben Gebiet und hat ebenfalls einen stark geäderten Hut. Feucht ist sein Hut jedoch schleimig, mit gelatinösen Velumresten, und sein Stiel ist glatt. Viele andere Röhrenpilze haben erhabene Netze am Stiel (auch der Steinpilz, *Boletus edulis*), allerdings glatte oder nur leicht runzelige Hüte.

Boletus reticuloceps hat einen konvexen Hut, der flacher wird. Die Oberfläche ist ocker bis braun, mit feinen, körnigen Schuppen bedeckt, und stark aderig oder gefurcht, sodass ein netzartiges Relief entsteht. Der Stiel ist bräunlich mit einem weißlichen, erhabenen Netz. Das Fleisch ist weiß.

Maßstab 1:1

FAMILIE	Boletaceae
VERBREITUNG	Kontinentaleuropa
LEBENSRAUM	In kalkhaltigen Wäldern und Parklandschaften
SYMBIOSE	Ektomykorrhiza mit Laubbäumen, vor allem Eichen
WUCHSFORM	Am Boden, einzeln oder in kleinen Gruppen
VORKOMMEN	Selten bis sehr selten
SPORENFARBE	Olivbraun
GENIESSBARKEIT	Giftig

GRÖSSE
Bis zu 150 mm

HUTDURCHMESSER
Bis zu 300 mm

BOLETUS RHODOXANTHUS

BLASSHÜTIGER PURPUR-RÖHRLING

(KROMBHOLZ) KALLENBACH

Der Blasshütige Purpur-Röhrling ist eine europäische Art, die erstmals 1846 vom deutsch-tschechischen Mykologen Julius Vincenz von Krombholz beschrieben wurde. Der Pilz gehört in eine Gruppe von Röhrenpilzen mit roten Poren, roten Stielen und blassen bis rötlichen Hüten, die alle giftig sind und Magen-Darm-Beschwerden verursachen. Keiner ist häufig; die meisten, wenn nicht alle von ihnen sind wärmeliebend (in Europa wachsen sie meist im Mittelmeerraum, werden nach Norden hin seltener) und bevorzugen Kalkböden. Sie wachsen auch oft bei alten Bäumen, was vielleicht der Grund für ihre Seltenheit ist.

ÄHNLICHE ARTEN

Der Satans-Röhrling (*Boletus satanas*) ist ähnlich, hat aber keine rosa Farbtöne im Hut und blaut weniger stark. Der Blaufleckende Purpur-Röhrling (*B. purpureus*) ist schwieriger zu unterscheiden, sein Hut läuft aber oft rotviolett an. Beide sind giftig.

Der Blasshütige Purpur-Röhrling hat einen konvexen Hut, der flacher wird. Die Oberfläche ist glatt, weißlich gelb, bei Berührung rosa bis rosig und wird im Alter gelbbraun. Die Poren sind erst gelb, dann rot und verfärben sich auf Druck dunkelblau. Der Stiel ist gelb, wird zur Basis hin rot, hat ein rotes, erhabenes Netz und verfärbt sich auf Druck dunkelblau. Das Fleisch ist weiß bis blassgelb und verfärbt sich im Schnitt dunkelblau (siehe Bild oben).

Maßstab 1:1

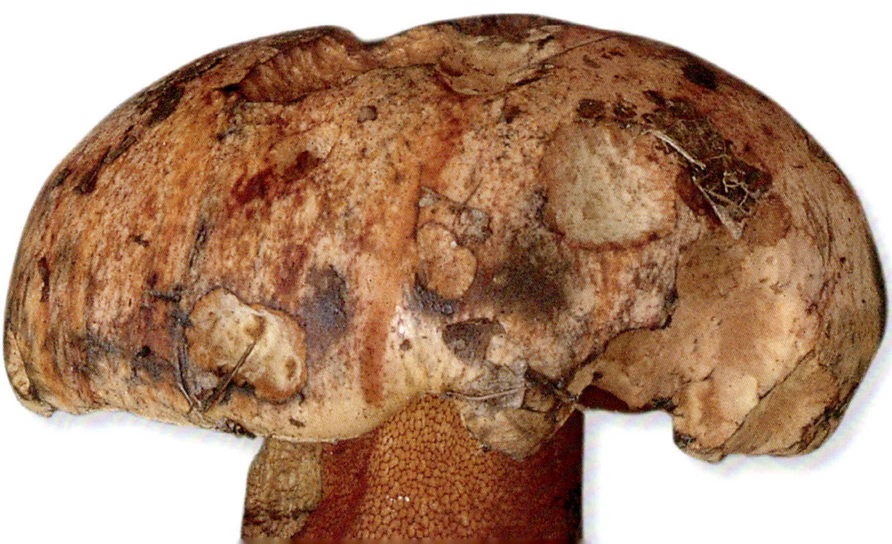

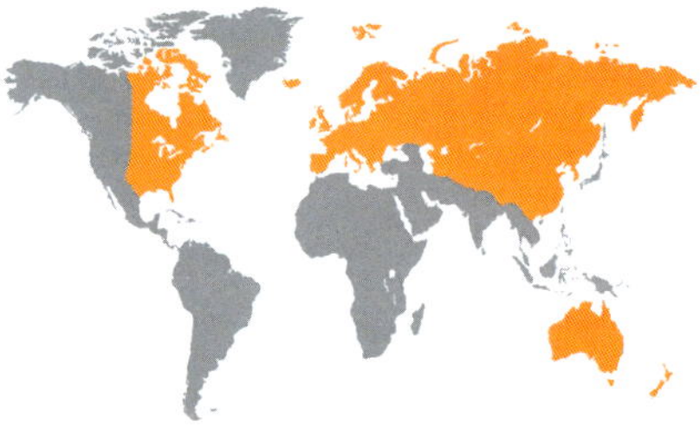

FAMILIE	Boletaceae
VERBREITUNG	Im Osten Nordamerikas, in Europa, Nordasien, Australien, Neuseeland
LEBENSRAUM	In Wäldern
SYMBIOSE	Ektomykorrhiza mit Laubbäumen, vor allem Eichen
WUCHSFORM	Am Boden, einzeln oder in kleinen Gruppen
VORKOMMEN	Häufig
SPORENFARBE	Olivbraun
GENIESSBARKEIT	Essbar

GRÖSSE
Bis zu 75 mm

HUTDURCHMESSER
Bis zu 75 mm

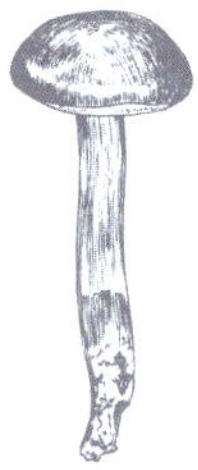

BOLETUS RUBELLUS

BLUTROTER FILZRÖHRLING

KROMBHOLZ

Maßstab 1:1

Boletus rubellus ist aufgrund seines leuchtend rubinroten Huts und seines rot gefleckten Stiels ein ansehnlicher kleiner Röhrenpilz – zumindest als Jungpilz. Im Alter verblassen die Farben und man unterscheidet ihn nur noch schwer von anderen Arten, oft aus der Gattung *Xerocomus*. Typische *Xerocomus*-Arten haben relativ kleine Fruchtkörper mit einem trockenen, oft filzigen Hut, der manchmal fein aufreißt, gelblichen Poren und eher langen, schlanken Stielen. Ihre Bestimmung ist bekanntermaßen schwierig. Die meisten von ihnen sind wie der Blutrote Filzröhrling essbar, aber weder Geschmack noch Konsistenz sind besonders ansprechend.

ÄHNLICHE ARTEN

In Europa ist *Boletus ripariellus* ähnlich, bevorzugt aber feuchte Wälder und sein Stiel blaut auf Druck stark. *Boletus armeniacus* kann ähnlich aussehen, hat jung aber einen leuchtend aprikosenfarbenen Hut. In Nordamerika sieht *B. campestris* (der bevorzugt auf offenen Flächen wachsen soll) nahezu identisch aus.

Der Blutrote Filzröhrling hat zuerst einen konvexen Hut, der flacher wird. Die Oberfläche ist fein samtig, erst rubinrot, wird rosig rot und schließlich olivbraun. Die Poren sind gelb (siehe Bild rechts) bis blass gelbgrün und verfärben sich auf Druck leicht bläulich. Der Stiel ist glatt, mattgelb und rot gefleckt. Das Fleisch ist blassgelb, direkt unter dem Hut violettrot und blaut im Schnitt stellenweise langsam.

FAMILIE	Boletaceae
VERBREITUNG	Europa, Nordafrika
LEBENSRAUM	In kalkhaltigen Wäldern und Parklandschaften
SYMBIOSE	Ektomykorrhiza mit Laubbäumen, vor allem Eichen
WUCHSFORM	Am Boden, einzeln oder in kleinen Gruppen
VORKOMMEN	Sehr selten
SPORENFARBE	Olivbraun
GENIESSBARKEIT	Giftig

GRÖSSE
Bis zu 150 mm

HUTDURCHMESSER
Bis zu 300 mm

BOLETUS SATANAS

SATANS-RÖHRLING

LENZ

Harald Othmar Lenz dokumentierte diese Art 1831 erstmals aus Deutschland und glaubte, dass er aufgrund von Dämpfen aus den untersuchten Fruchtkörpern erkrankte. Er schloss daraus, dass *Boletus satanas* der giftigste aller Pilze sei – und benannte ihn dementsprechend. Trotz seines furchterregenden Rufs verursacht der Satans-Röhrling „nur" Magen-Darm-Beschwerden. Die Fruchtkörper werden aber selten gegessen, da sie oft einen abstoßenden, widerwärtig süßlichen Geruch entwickeln, der bei Jungpilzen noch angenehm würzig riecht. Der Satans-Röhrling ist auch ziemlich selten und steht auf mehreren europäischen Ländern auf der nationalen Roten Liste gefährdeter Pilze.

Der Satans-Röhrling hat einen konvexen Hut, der flacher wird. Die Oberfläche ist glatt, weißlich, und braun oder gelbbraun angelaufen (siehe Bild oben). Die Poren sind rot bis orange, verfärben sich auf Druck bläulich grün. Der Stiel ist an der Spitze gelborange, darunter rot und an der Basis gelbbraun, typischerweise über der Basis verdickt und teilweise mit einem Netz überzogen. Das Fleisch ist weiß bis blassgelb und verfärbt sich im Schnitt blassblau.

ÄHNLICHE ARTEN

In Kalifornien ist *Boletus eastwoodiae* ähnlich gefärbt, entwickelt aber häufig einen eigenartigen, abrupt knolligen Stiel – der dem Stiel von *Cortinarius sodagnitus* und ähnlichen Klumpfüßen (Gattung *Cortinarius*) ähnelt. Er soll auch genauso giftig wie der echte Satans-Röhrling sein.

Maßstab 1:1

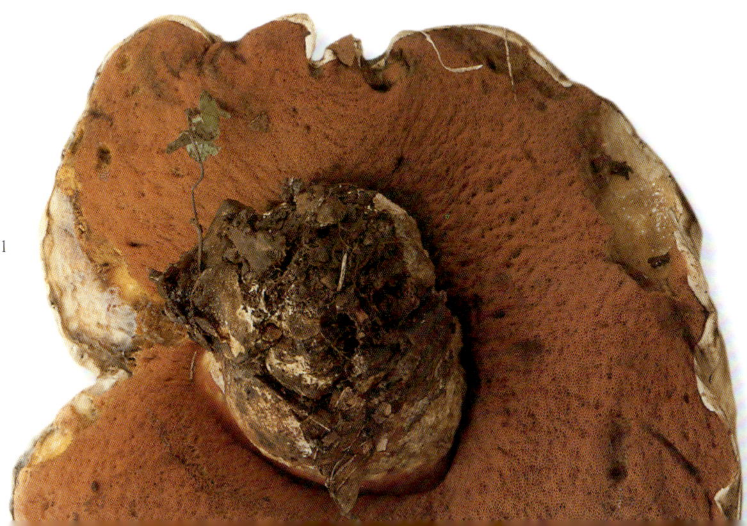

FAMILIE	Boletaceae
VERBREITUNG	Im Westen Nordamerikas, in Mittelamerika
LEBENSRAUM	In Wäldern
SYMBIOSE	Ektomykorrhiza mit Nadelbäumen, gelegentlich mit Laubbäumen
WUCHSFORM	Am Boden, einzeln oder truppweise
VORKOMMEN	Häufig
SPORENFARBE	Olivbraun
GENIESSBARKEIT	Essbar

GRÖSSE
Bis zu 100 mm

HUTDURCHMESSER
Bis zu 100 mm

BOLETUS ZELLERI

(MURRILL) MURRILL

Die starken Farbkontraste und der samtige Hut verleihen *Boletus zelleri* („Zeller's Bolete") ein interessantes Aussehen. Über seinen kulinarischen Wert sind sich lokale Pilzsucher allerdings nicht einig. Ursprünglich wurde er als „leicht klebrig im Mund" beschrieben, in jüngster Zeit aber als „schleimig und geschmacklos" abgetan. Andere schätzen den Pilz jedoch, der im Westen Kanadas für den Handel geerntet und verkauft wird. Die Art – manchmal auch *Xerocomus zelleri* genannt – wurde erstmals von Professor Sanford Myron Zeller in Seattle/Washington gesammelt und vom amerikanischen Mykologen William Murrill zu seinen Ehren benannt.

Maßstab 1:1

ÄHNLICHE ARTEN

Der sehr dunkle, oft runzelige Hut (jung manchmal fein weißlich bereift) unterscheidet *Boletus zelleri* von verbreiteteren, rotstieligen Arten wie *Boletus chrysenteron* und seinen Verwandten. Letztere Gruppe hat glatte, bräunliche Hüte, die oft fein aufreißen und das darunterliegende rötliche Fleisch enthüllen.

Boletus zelleri hat einen konvexen bis flachen Hut. Die Oberfläche ist glatt bis stark runzelig, samtig und dunkelbraun bis schwarzbraun. Die Poren sind blassgelb, verfärben sich auf Druck manchmal bläulich. Der Stiel ist glatt oder leicht gerippt, an der Spitze blassgelb, darunter scharlach- bis karmesinrot. Das Fleisch ist im Schnit blassgelb und läuft manchmal langsam blau an.

FAMILIE	Boletaceae
VERBREITUNG	Nordamerika, Europa, Afrika, Mittel- und Südamerika, Nordasien, Australien, Neuseeland
LEBENSRAUM	In Wäldern
SYMBIOSE	Möglicherweise Ektomykorrhiza mit Laub- und Nadelbäumen
WUCHSFORM	Am Boden, einzeln oder in kleinen Gruppen
VORKOMMEN	Häufig
SPORENFARBE	Braun bis rosabraun
GENIESSBARKEIT	Ungenießbar

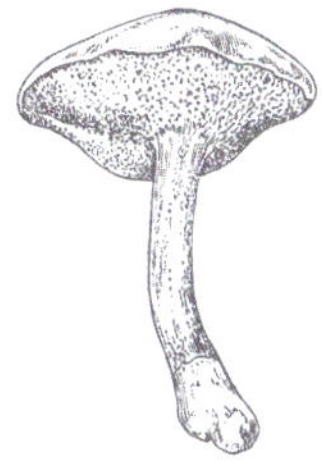

GRÖSSE
Bis zu 125 mm

HUTDURCHMESSER
Bis zu 75 mm

CHALCIPORUS PIPERATUS

PFEFFER-RÖHRLING

(BULLIARD) BATAILLE

Wie der Name schon sagt, handelt es sich hierbei um einen scharfen kleinen Pilz, über dessen Genießbarkeit man aber streitet. Manche Experten empfehlen die Verwendung als Gewürz, andere halten ihn für leicht giftig – darum betrachtet man ihn am besten als ungenießbar und würzt lieber mit Chili. Allerdings produziert der Pilz eine Reihe von Farbstoffen, unter anderem gelb, orange und grünlich braun. Zumindest auf den Britischen Inseln scheint der Pfeffer-Röhrling stets bei den Fruchtkörpern des Fliegenpilzes (*Amanita muscaria*) zu wachsen. Möglicherweise parasitiert er die Mykorrhizen des Fliegenpilzes.

Maßstab 1:1

ÄHNLICHE ARTEN

In Nordamerika ist *Chalciporus piperatoides* eine ähnliche Art mit auf Druck blauenden Poren. In Kontinentaleuropa unterscheidet sich der seltene *C. amarellus* durch seine rosafarbeneren Poren und seinen bitteren (statt pfeffrigen) Geschmack. Der gleichermaßen seltene *Rubinoboletus rubinus* ist ähnlich geformt, hat aber rote Poren und einen rotfleckigen Stiel.

Der Pfeffer-Röhrling hat einen zuerst konvexen Hut, der flacher wird. Die Oberfläche ist glatt, feucht klebrig, gelbbraun bis rötlich braun (siehe linkes Bild rechts). Die herablaufenden Poren sind gelbbraun bis rotbraun. Der Stiel ist glatt, hutfarben, aber mit einer leuchtend gelben Basis. Das Fleisch ist im Hut gelb bis rosig, im Stiel leuchtend gelb (siehe rechtes Bild rechts).

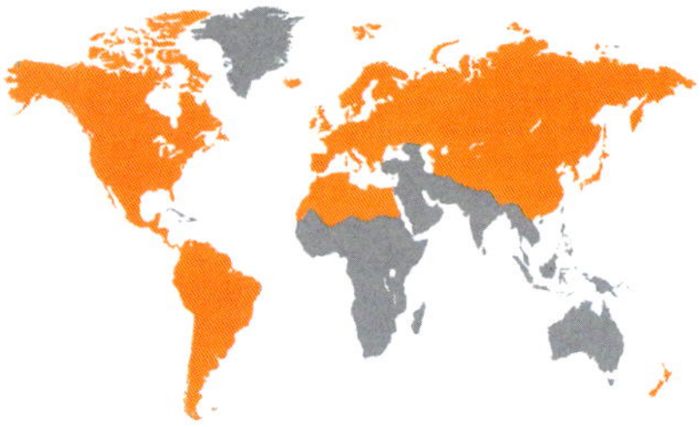

FAMILIE	Gyroporaceae
VERBREITUNG	Nordamerika, Europa, Nordafrika, Mittel- und Südamerika, Nordasien, Neuseeland
LEBENSRAUM	In Wäldern
SYMBIOSE	Ektomykorrhiza mit Laubbäumen, vor allem Eichen
WUCHSFORM	Am Boden, einzeln oder in kleinen Gruppen
VORKOMMEN	Lokal häufig
SPORENFARBE	Blassgelb
GENIESSBARKEIT	Essbar, aber lieber meiden

GRÖSSE
Bis zu 100 mm

HUTDURCHMESSER
Bis zu 100 mm

GYROPORUS CASTANEUS

HASEN-RÖHRLING

(BULLIARD) QUÉLET

Maßstab 1:1

Der Hasen-Röhrling ist ein sehr charakteristischer Pilz, der (zusammen mit anderen *Gyroporus*-Arten) eine eigene Familie bildet. Im Gegensatz zu anderen Röhrenpilzen fühlt er sich generell weniger fleischig, aber spröder an – Hutoberfläche und Stiel können sogar rissig aufbrechen – und der Stiel wird rasch hohl. Ursprünglich wurde er aus Frankreich dokumentiert, ist jedoch ein weitverbreiteter Pilz. In Neuseeland und im Westen Nordamerikas wurde er aber vermutlich eingeschleppt. Der Hasen-Röhrling ist essbar und wohlschmeckend, wenn auch leicht bitter. In Südwesteuropa hat er aber einen giftigen Doppelgänger, *G. ammophilus*, darum ist Vorsicht geboten.

ÄHNLICHE ARTEN

Gyroporus ammophilus sieht gleich aus und verursacht Magen-Darm-Beschwerden, aber bis jetzt wurde er nur auf Küstendünen im Südwesten Europas gesichtet. Im Osten Nordamerikas und in Nordasien ist *Gyroporus purpurinus* eine ähnliche Art, der sich aber durch seine rotvioletten Hüten und Stiele unterscheidet.

Der Hasen-Röhrling hat einen konvexen Hut, der flach wird. Die Oberfläche ist glatt und kastanienbraun. Die Poren sind weiß (siehe Bild links) und werden blass gelblich. Der Stiel ist glatt und hutfarben, wird im Alter hohl. Das Fleisch ist weiß und ziemlich spröde.

FAMILIE	Gyroporaceae
VERBREITUNG	Nordamerika, Europa, Nordafrika, Nordasien, Australien
LEBENSRAUM	In Wäldern
SYMBIOSE	Ektomykorrhiza mit Laubbäumen, vor allem Birken, seltener mit Nadelbäumen
WUCHSFORM	Am Boden, einzeln oder in kleinen Gruppen
VORKOMMEN	Lokal häufig
SPORENFARBE	Blassgelb
GENIESSBARKEIT	Essbar

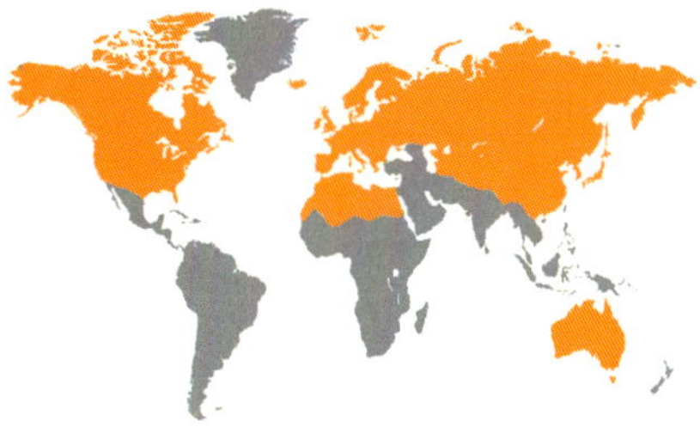

GRÖSSE
Bis zu 125 mm

HUTDURCHMESSER
Bis zu 150 mm

GYROPORUS CYANESCENS

KORNBLUMEN-RÖHRLING

(BULLIARD) QUÉLET

Der Kornblumen-Röhrling hat blasse, nahezu weiße Fruchtkörper und scheint falsch benannt zu sein – bis man die Fruchtkörper berührt. Der leichteste Druck lässt alle Teile sofort intensiv kornblumenblau färben. *Gyroporus cyanescens* ist aber nicht der einzige blauende Pilz. Auch mehrere andere Arten – etwa der Schwarzblauende Röhrling (*Boletus pulverulentus*) – zeigen eine ähnliche Reaktion. Verursacht wird diese durch eine chemische Substanz in den Fruchtkörpern, die Variegatsäure, die farblos ist, bis sie durch Schnitt oder Druck mit Sauerstoff in Verbindung kommt.

ÄHNLICHE ARTEN

Im Osten Nordamerikas gibt es eine Varietät (var. *violaceotinctus*), die sich auf Druck dunkelviolett bis indigoblau verfärbt (nicht rein blau). Im Süden Nordamerikas und in Mittelamerika hat *Gyroporus phaeocyanescens* einen viel kleineren, gelbbraunen Hut und verfärbt sich auf Druck indigoblau, bis auf die Poren (die keine Reaktion zeigen).

Der Kornblumen-Röhrling hat zuerst einen konvexen Hut, der flach wird. Die Oberfläche ist grob samtig oder fast schuppig, elfenbeinfarben bis blassocker oder gelbbraun. Die Poren sind weiß und werden blass gelblich. Der Stiel ist glatt und hutfarben, wird im Alter hohl. Das Fleisch ist weiß und ziemlich spröde. Alle Teile verfärben sich auf Druck sofort dunkelblau (siehe Bild links).

Maßstab 1:1

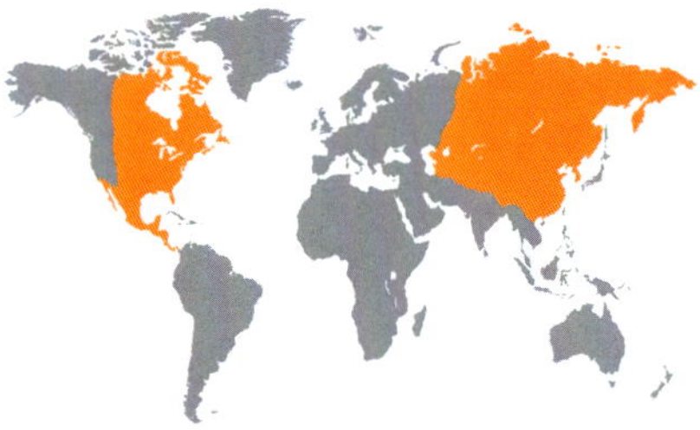

FAMILIE	Boletaceae
VERBREITUNG	Im Osten Nordamerikas, in Mittelamerika, Nordasien
LEBENSRAUM	In Wäldern
SYMBIOSE	Ektomykorrhiza mit Laub- und Nadelbäumen
WUCHSFORM	Am Boden, einzeln oder truppweise
VORKOMMEN	Lokal häufig
SPORENFARBE	Olivbraun
GENIESSBARKEIT	Essbar

GRÖSSE
Bis zu 200 mm

HUTDURCHMESSER
Bis zu 100 mm

HEIMIOPORUS BETULA

(SCHWEINITZ) E. HORAK

Maßstab 1:1

Heimioporus betula („Shaggy-Stalked Bolete") hat einen außergewöhnlichen Stiel mit tiefen Runzeln und Furchen. Besonders auffällig erscheint dieses Merkmal in unreifen Fruchtkörpern, da der Stiel in kurzer Zeit zur vollen Größe heranwächst, während der knopfartige Hut an der Spitze gleich bleibt und sich erst später ausbreitet. Das Attribut *betula* bezieht sich auf Birken und der Pilz wurde verwirrenderweise auch als „Birkenpilz" bezeichnet (wie man sonst meist *Leccinum scabrum* nennt), obwohl er für gewöhnlich bei Eichen und Kiefern wächst.

ÄHNLICHE ARTEN

Boletellus russellii hat einen ähnlichen, tief gefurchten Stiel, aber sein Hut ist bräunlich und trocken (nicht klebrig) und reißt oft schuppenartig-fleckig auf. Frosts Dickröhrling (*Boletus frostii*) kann auch ähnlich aussehen, hat aber rote bis orangerote Poren.

Heimioporus betula hat einen halbkugeligen Hut, der konvex wird. Die Oberfläche ist glatt, feucht klebrig und gelb bis orange, rot oder rötlich braun. Die Poren sind gelb bis grünlich gelb. Der Stiel ist gelb bis mattrot und hat ein grobes, krauses Netz aus Furchen und Runzeln. Das Fleisch ist grünlich gelb bis orangegelb.

FAMILIE	Boletaceae
VERBREITUNG	Nordamerika, Europa, Mittelamerika, Nordasien
LEBENSRAUM	In Wäldern
SYMBIOSE	Ektomykorrhiza mit Laubbäumen, vor allem Eichen und Pappeln
WUCHSFORM	Am Boden, einzeln oder truppweise
VORKOMMEN	Häufig
SPORENFARBE	Olivbraun
GENIESSBARKEIT	Essbar

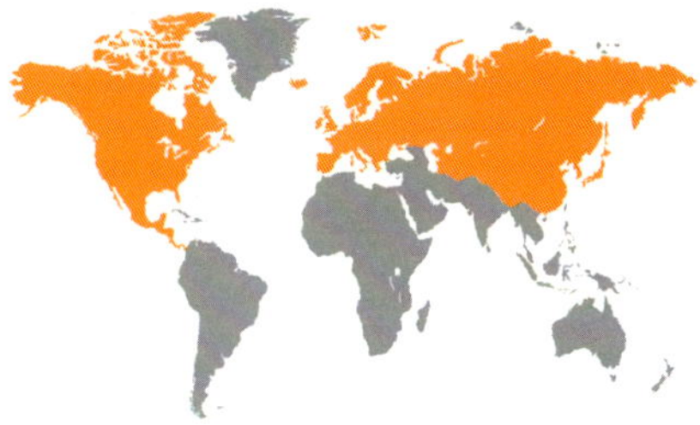

GRÖSSE
Bis zu 225 mm

HUTDURCHMESSER
Bis zu 200 mm

LECCINUM AURANTIACUM

EICHEN-ROTKAPPE

(BULLIARD) GRAY

Trotz seines Namens ist dieser imposante Röhrenpilz nicht nur bei Eichen zu finden, sondern ebenfalls bei Pappeln, gelegentlich auch bei Birken und Linden. Bis vor Kurzem war er in zwei Arten aufgeteilt: der intensiver orange *Leccinum aurantiacum* bei Pappeln und der etwas dunklere *L. quercinum* bei Eichen. DNA-Analysen zeigten jedoch, dass sie identisch sind. Die Art wurde ursprünglich aus Frankreich dokumentiert und ist auf der Nordhalbkugel weitverbreitet. Ihr Status in Nordamerika ist unklar, da es mehrere Doppelgänger gibt. Die Eichen-Rotkappe gilt als guter Speisepilz und wird in Osteuropa und China für den Handel geerntet.

ÄHNLICHE ARTEN

Die Birken-Rotkappe (*Leccinum versipelle*) ist ähnlich, wächst aber ausschließlich bei Birken und hat graue bis schwärzlich braune Schuppen am Stiel. Der Fuchs-Röhrling (*L. vulpinum*) hat einen orangen Hut, schwärzliche Schuppen am Stiel und wächst bei Kiefern. Er (oder ein ähnlicher Nadelbaumpilz) wird in Nordamerika oft mit *L. aurantiacum* verwechselt.

Maßstab 1:1

Die Eichen-Rotkappe hat einen halbkugeligen Hut, der konvex wird. Die Oberfläche ist glatt, orange bis rostrot oder ziegelrot. Die Poren sind weißlich, verfärben sich auf Druck weinrot. Der Stiel ist weiß und schorfig-schuppig, die Schuppen weißlich und werden hutfarben bis braun. Das Fleisch ist im Schnitt cremefarben, läuft weinrot bis violettlich grau an, manchmal stellenweise auch bläulich.

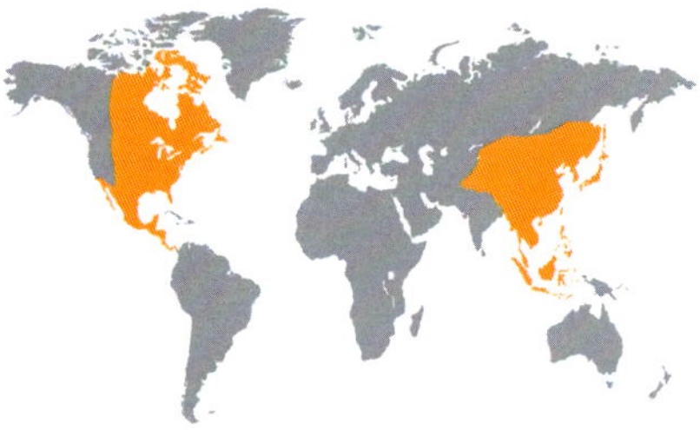

FAMILIE	Boletaceae
VERBREITUNG	Im Osten Nordamerikas, in Mittelamerika, Ostasien
LEBENSRAUM	In Wäldern
SYMBIOSE	Ektomykorrhiza mit Nadel- und Laubbäumen
WUCHSFORM	Am Boden, einzeln oder truppweise
VORKOMMEN	Häufig
SPORENFARBE	Rosa
GENIESSBARKEIT	Giftig

GRÖSSE
Bis zu 125 mm

HUTDURCHMESSER
Bis zu 125 mm

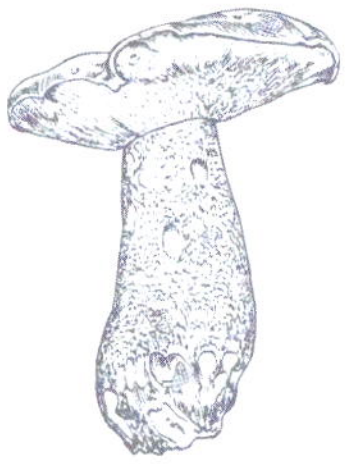

LECCINUM EXIMIUM

(PECK) SINGER

Der Beiname *eximium* bedeutet „ausgezeichnet" oder „hervorragend", aber es ist nicht klar, warum der New Yorker Mykologe Charles Peck so eine hohe Meinung von diesem Pilz hatte, als er ihn 1887 zum ersten Mal beschrieb. Vielleicht waren es die violettbraunen Farben, die auf eine steife, altmodische Art und Weise ansprechend sind. Oder der Pilz galt einst als essbar und köstlich. In letzterem Fall hat *Leccinum eximium* („Lilac-Brown Bolete") seine Auszeichnung aber verloren, da er in jüngster Zeit für einige Vergiftungsfälle gesorgt haben soll. Heute gilt er als giftiger Pilz, den man besser meidet.

ÄHNLICHE ARTEN

Andere nordamerikanische Arten mit ähnlichen Farben sind beispielsweise der bittere Bleiviolette Gallenröhrling (*Tylopilus plumbeoviolaceus*), der weißliche Poren und einen glatten (keinen schorfigen) Stiel hat, sowie *T. violatinctus*, der ziemlich gleich aussieht, aber einen etwas blasseren Hut hat.

Leccinum eximium hat einen konvexen Hut, der flacher wird. Die Oberfläche ist glatt, violettbraun bis graubraun. Die Poren sind schokoladenbraun bis violettbraun. Der Stiel ist schorfig und hutfarben oder blasser. Das Fleisch ist weiß und verfärbt sich im Schnitt langsam lila bis gräulich.

Maßstab 1:1

FAMILIE	Boletaceae
VERBREITUNG	Nordamerika, Europa, Nordasien
LEBENSRAUM	In Wäldern und Sümpfen
SYMBIOSE	Ektomykorrhiza mit Birken
WUCHSFORM	Am Boden, einzeln oder truppweise
VORKOMMEN	Selten
SPORENFARBE	Rosig ocker
GENIESSBARKEIT	Essbar

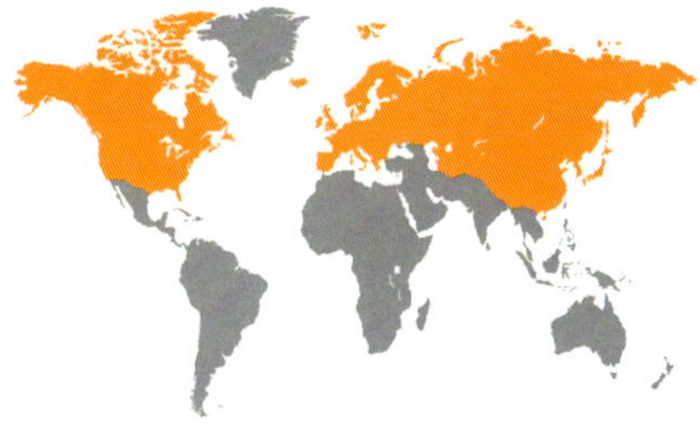

GRÖSSE
Bis zu 125 mm

HUTDURCHMESSER
Bis zu 125 mm

LECCINUM HOLOPUS

MOOR-BIRKENPILZ

(ROSTKOVIUS) WATLING

Junge Fruchtkörper des Moor-Birkenpilzes sind oft rein weiß und bleiben manchmal auch im reifen Zustand so. Gelegentlich laufen die Hüte jedoch in anderen Farben an – was dazu führte, dass mehrere verschiedene Arten beschrieben wurden. Sie alle gehören jedoch zur selben Art, wie neuere DNA-Forschung zeigt. Wie viele *Leccinum*-Arten wächst auch der Moor-Birkenpilz bei Birken und kommt am häufigsten in feuchten Wäldern und Sumpfgebieten vor, typischerweise in Torfmoos. Er ist essbar, soll aber fad und pampig schmecken und ist daher nicht zu empfehlen.

ÄHNLICHE ARTEN

Leccinum holopus var. *americanum*, der in Nordamerika bei Birken wächst, ist eine Varietät, in der sich das Fleisch im Schnitt rötlich, dann manchmal grau verfärbt. Im Osten Nordamerikas ist *Leccinum albellum* ein ähnlich aussehender weißer Pilz, der jedoch Mykorrhizen mit Eichen (nicht Birken) bildet.

Maßstab 1:1

Der Moor-Birkenpilz hat einen konvexen Hut. Die Oberfläche ist glatt, feucht manchmal klebrig, erst weiß, später oft mit gelbbraunen, bräunlichen oder graugrünen Farbtönen. Die Poren sind weiß, gelbbraun bis leicht zimtbraun im Alter. Der Stiel ist schorfig und hutfarben. Das Fleisch ist weiß und läuft im Schnitt manchmal rosa an.

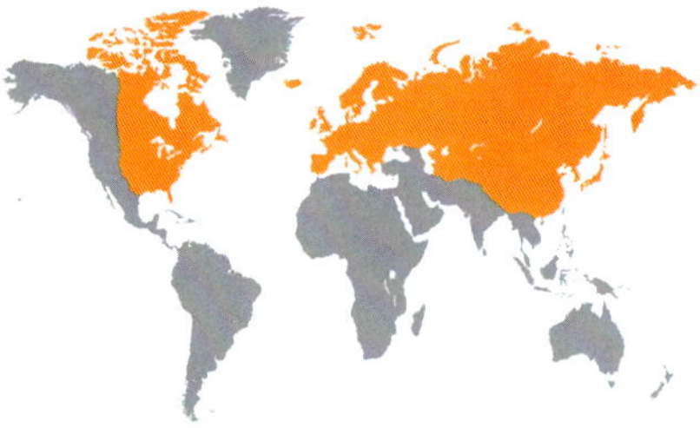

FAMILIE	Boletaceae
VERBREITUNG	Im Osten Nordamerikas, in Europa, Nordasien
LEBENSRAUM	In Wäldern und Sümpfen
SYMBIOSE	Ektomykorrhiza mit Haseln und Hainbuchen
WUCHSFORM	Am Boden, einzeln oder truppweise
VORKOMMEN	Selten
SPORENFARBE	Ockerbraun
GENIESSBARKEIT	Essbar

GRÖSSE
Bis zu 125 mm

HUTDURCHMESSER
Bis zu 125 mm

LECCINUM PSEUDOSCABRUM

HAINBUCHEN-RÖHRLING

(KALLENBACH) ŠUTARA

Maßstab 1:1

Nur relativ wenige größere Pilze wachsen spezifisch bei Haseln oder Hainbuchen. Der Hainbuchen-Röhrling ist so ein Spezialist. In Verbindung mit seinem schwärzenden Fleisch sollte seine Auswahl an Wirtsbäumen ihn gut von anderen braunen *Leccinum*-Pilzen abgrenzen. Der Hainbuchen-Röhrling wurde erstmals aus Deutschland dokumentiert und ist in Europa weitverbreitet, wird jedoch häufig übersehen. Auch im Osten Nordamerikas wurde er gesichtet, wobei unklar ist, ob es sich tatsächlich um dieselbe Art handelt, da der amerikanische Pilz bei Eichen wachsen soll.

ÄHNLICHE ARTEN

Der lateinische Name des Hainbuchen-Röhrlings bezieht sich auf seine Ähnlichkeit mit *Leccinum scabrum*, dem gewöhnlichen Birkenpilz. Letzterer hat einen ähnlich braunen Hut und schorfigen Stiel, schwärzt jedoch nicht im Schnitt oder auf Druck. Der Pappel-Raufuß (*L. duriusculum*) verfärbt sich rosig, dann schwärzlich, wächst jedoch bei Pappeln.

Der Hainbuchen-Röhrling hat einen konvexen Hut. Die Oberfläche ist glatt bis runzelig, reißt trocken oft auf und ist blass- bis dunkelbraun. Die Poren sind weiß bis gelbbraun, verfärben sich auf Druck langsam violettschwarz. Der Stiel ist gelbbraun bis ockerbraun, schorfig, mit grauen bis dunkel graubraunen Schuppen, verfärbt sich auf Druck schwärzlich. Das Fleisch ist weißlich, schwärzt allmählich im Schnitt (siehe Bild links).

FAMILIE	Boletaceae
VERBREITUNG	Im Osten Nordamerikas, in Europa
LEBENSRAUM	In Wäldern
SYMBIOSE	Mit oder auf dem Dickschaligen Kartoffelbovist (*Scleroderma citrinum*)
WUCHSFORM	Büschelig um die Fruchtkörper des Wirts
VORKOMMEN	Lokal häufig
SPORENFARBE	Olivbraun
GENIESSBARKEIT	Essbar, aber lieber meiden

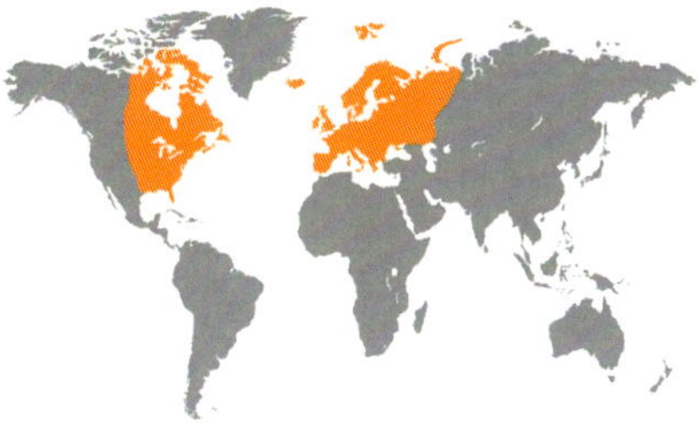

GRÖSSE
Bis zu 60 mm

HUTDURCHMESSER
Bis zu 50 mm

PSEUDOBOLETUS PARASITICUS

PARASITISCHER RÖHRLING

(BULLIARD) ŠUTARA

Der Parasitische Röhrling ist klein, aber leicht zu erkennen, da er, oft büschelig, an der Basis des Dickschaligen Kartoffelbovistes (*Scleroderma citrinum*) wächst. Es gibt Vermutungen, dass er gar kein Parasit ist, sondern nur in Symbiose mit dem Kartoffelbovist fruktifiziert. Allerdings sehen die Fruchtkörper des Bovistes nicht aus, als profitierten sie von dieser Symbiose und sind oft hohl oder teilweise eingefallen. Wahrscheinlicher ist also, dass der Röhrenpilz die Mykorrhizen von *Scleroderma* parasitiert. Der Parasitische Röhrling soll essbar sein, sein Wirt ist es jedoch eindeutig nicht.

ÄHNLICHE ARTEN

Kein anderer Röhrenpilz bildet parasitische Fruchtkörper auf Kartoffelbovisten, aber der verwandte *Pseudoboletus astraeicola* wächst in Ostasien auf den Fruchtkörpern des Wettersterns (*Astraeus hygrometricus*). Ohne seinen Wirt ähnelt der Parasitische Röhrenpilz am ehesten einem kleinen, braunen Rotfuß-Röhrling (*Boletus chrysenteron*) oder ähnlichen Arten.

Maßstab 1:1

Der Parasitische Röhrenpilz bildet konvexe Hüte, die flacher werden. Die Oberfläche ist glatt, oliv-gelbbraun bis orangebraun oder gräulich braun. Die Poren sind gelb, werden ocker bis rostbraun (manchmal rötlich). Der Stiel ist glatt bis leicht faserig und hutfarben. Das Fleisch ist blassgelb.

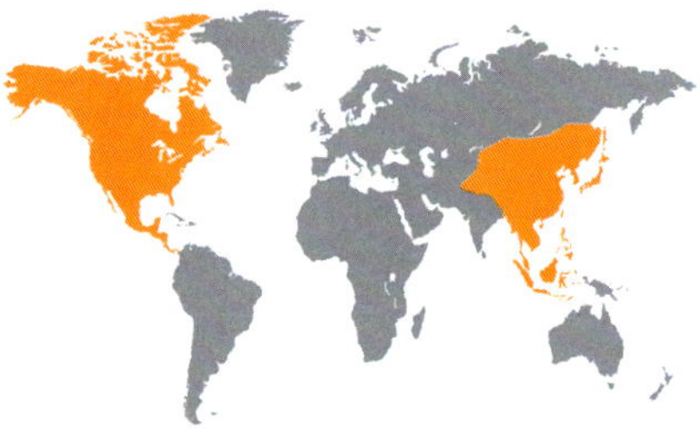

FAMILIE	Boletaceae
VERBREITUNG	Nordamerika, Mittelamerika, Ostasien
LEBENSRAUM	In Wäldern
SYMBIOSE	Ektomykorrhiza mit Laub- und Nadelbäumen
WUCHSFORM	Am Boden, einzeln oder truppweise
VORKOMMEN	Lokal häufig
SPORENFARBE	Olivbraun
GENIESSBARKEIT	Ungenießbar

GRÖSSE
Bis zu 150 mm

HUTDURCHMESSER
Bis zu 125 mm

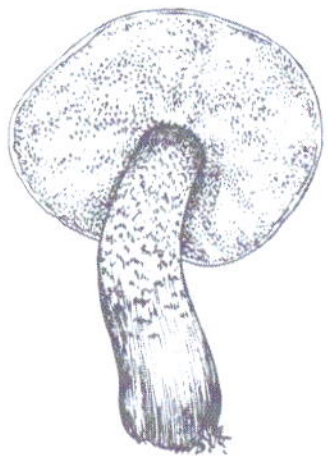

PULVEROBOLETUS RAVENELII

(BERKELEY & M. A. CURTIS) MURRILL

Maßstab 1:1

Die jungen Fruchtkörper von *Pulveroboletus ravenelii* („Sulfur Bolete") sind von einem mehligen, leuchtend gelben Velum bedeckt, das später als Fetzen am Hutrand und manchmal als unregelmäßiger Ring am Stiel verbleibt. Benannt wurde die Art nach Henry William Ravenel, einem amerikanischen Mykologen des 19. Jahrhunderts, der viele amerikanische Pilze für die Wissenschaft entdeckte. *Pulveroboletus ravenelii* wird manchmal als essbar angegeben, hat aber einen sauren, unangenehmen Geschmack. Er enthält Vulpinsäure (auch in vielen Flechten zu finden), die vermutlich wirbellose Fressfeinde abschrecken soll.

ÄHNLICHE ARTEN

Junge Fruchtkörper mit ihrem schwefelgelben Velum oder dessen Überresten sind unverkennbar. Ältere Fruchtkörper können mit farbärmeren, ähnlich gefärbten Fruchtkörpern des Anhängsel-Röhrlings (*Boletus appendiculatus*) und anderen gelbbraunen Arten verwechselt werden.

Pulveroboletus ravenelii hat einen konvexen Hut, der flach wird. Die Oberfläche ist erst fein mehlig, dann fein faserig-schuppig, schwefelgelb und wird von der Mitte aus orangebraun. Die Poren sind leuchtend gelb und blauen auf Druck. Der Stiel ist hutfarben, mit einem unregelmäßigen Ring oder mit Velumresten. Das Fleisch ist weiß bis blassgelb, verfärbt sich im Schnitt langsam blassblau (siehe Bild rechts).

FAMILIE	Boletaceae
VERBREITUNG	Nordamerika, Europa, Mittelamerika, Nordasien
LEBENSRAUM	In Wäldern
SYMBIOSE	Mykorrhiza mit Laubbäumen, vor allem Eichen und Buchen
WUCHSFORM	Am Boden, einzeln oder truppweise
VORKOMMEN	Lokal häufig
SPORENFARBE	Schwarz
GENIESSBARKEIT	Essbar

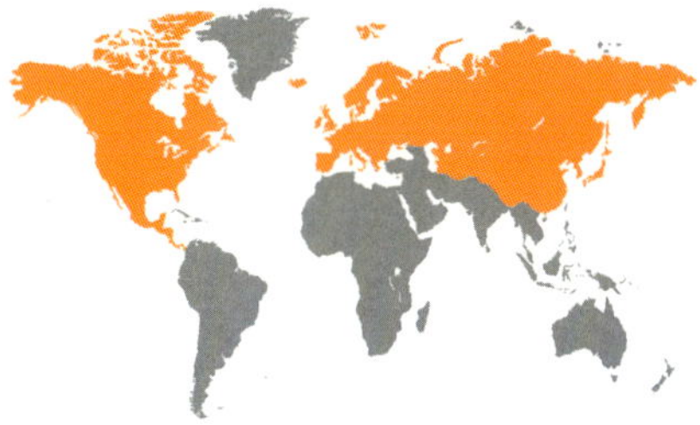

GRÖSSE
Bis zu 125 mm

HUTDURCHMESSER
Bis zu 125 mm

STROBILOMYCES STROBILACEUS

STRUBBELKOPF-RÖHRLING

(SCOPOLI) BERKELEY

Strobilomyces-Pilze wachsen vorwiegend in Ostasien und den Tropen, aber der Strubbelkopf-Röhrling ist auf der ganzen Nordhalbkugel zu finden und der einzige Vertreter dieser Gattung in Europa, wo er eher ungleichmäßig und lokal verbreitet ist. Sein Trivialname bezieht sich auf den struppigen Hut und sein lateinischer Name (*strobilaceus*) auf die entfernte Ähnlichkeit mit einem Kiefernzapfen. Die Fruchtkörper sind holziger als bei den meisten Röhrenpilzen und tolerieren eine Zeit lang auch Trockenheit. Der Strubbelkopf-Röhrling ist essbar, soll aber geschmacklos sein.

ÄHNLICHE ARTEN

In Amerika und Asien ist *Strobilomyces confusus* eine verwandte Art von ähnlicher Farbe, aber mit kleineren, aufgerichteteren Schuppen am Hut. *Strobilomyces mirandus* ist ein hübscher Pilz aus Ostasien, von Malaysien bis Japan bekannt, mit gelblichen bis orangen schuppigen Hüten und Stielen.

Der Strubbelkopf-Röhrling hat einen konvexen Hut, der flach wird. Die Oberfläche ist dicht schuppig, grau bis dunkelbraun, wird schließlich schwarzbraun, mit überhängenden Schuppen. Die Poren sind weiß, werden grau bis schwarz, röten auf Druck. Der Stiel ist schuppig und hutfarben, mit einem dicken, schuppigen Ring. Das Fleisch ist weiß und verfärbt sich im Schnitt rötlich, dann schwarz (siehe Bild unten).

Maßstab 1:1

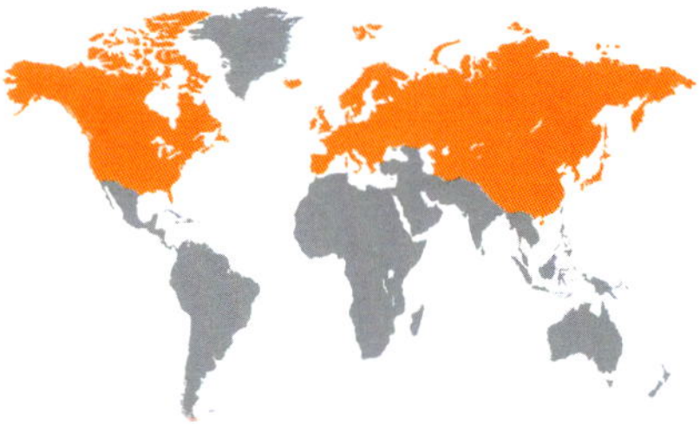

FAMILIE	Suillaceae
VERBREITUNG	Nordamerika, Europa, Nordasien
LEBENSRAUM	In Wäldern
SYMBIOSE	Ektomykorrhiza mit Lärchen
WUCHSFORM	Am Boden, einzeln oder truppweise
VORKOMMEN	Lokal häufig
SPORENFARBE	Olivgrün-ocker
GENIESSBARKEIT	Essbar

GRÖSSE
Bis zu 100 mm

HUTDURCHMESSER
Bis zu 125 mm

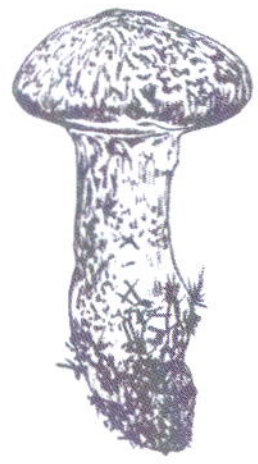

SUILLUS CAVIPES

HOHLFUSS-RÖHRLING

(OPATOWSKI) A. H. SMITH & THIERS

Der Hohlfuß-Röhrling wächst bei Lärchen und kommt häufig bei natürlich gewachsenen Bäumen vor, aber viel seltener in Plantagenwäldern – erst recht im Vergleich zum allgegenwärtigen Gold-Röhrling (*Suillus grevillei*), der ebenfalls bei Lärchen wächst. Das Attribut *cavipes* bedeutet „hohler Fuß" (oder „Stiel"), was ein charakteristisches Merkmal des Pilzes ist, wie auch der Kontrast aus bräunlichem Hut und Stiel und den gelben bis olivgrünen Poren. Der Name *Suillus* bedeutet „von Schweinen": vielleicht, weil viele *Suillus*-Arten – einschließlich des Hohlfuß-Röhrlings – essbar und bei Schweinen beliebt sind.

Der Hohlfuß-Röhrling hat einen konvexen Hut, der flach bis breit gebuckelt wird. Die Oberfläche ist faserig-schuppig, orangebraun bis rostbraun oder rötlich braun und am Rand oft mit weißlichen Velumresten behangen. Die Poren sind länglich, gelb bis olivgrün-ocker (siehe Bild oben). Der hohle Stiel ist an der Spitze gelb, zur Basis hin hutfarben und faserig, mit einem weißlichen, oft unvollständigen Ring. Das Fleisch ist gelblich.

ÄHNLICHE ARTEN

Suillus ochraceoroseus hat einen rosigeren bis ziegelroten Hut und wächst nur im Westen Nordamerikas und in Ostasien. Der Weinrote Schuppenröhrling (*S. pictus*) und der Douglasien-Röhrling (*S. lakei*) haben braunere Hüte, wachsen aber eher bei Tannen und Kiefern als bei Lärchen.

Maßstab 1:1

FAMILIE	Suillaceae
VERBREITUNG	Nordamerika, Europa, Nordasien; in Australien und Neuseeland eingeschleppt
LEBENSRAUM	In Wäldern
SYMBIOSE	Ektomykorrhiza mit Lärchen
WUCHSFORM	Am Boden, einzeln oder truppweise
VORKOMMEN	Sehr häufig
SPORENFARBE	Ocker bis zimtbraun
GENIESSBARKEIT	Essbar

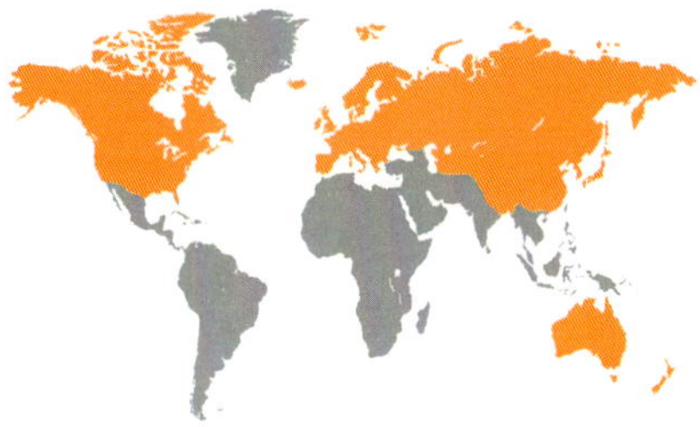

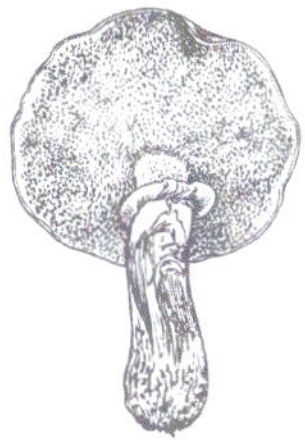

GRÖSSE
Bis zu 125 mm

HUTDURCHMESSER
Bis zu 125 mm

SUILLUS GREVILLEI

GOLD-RÖHRLING

(KLOTZSCH) SINGER

Suillus grevillei ist ein reiner Lärchen-Symbiont. Darum ist es erstaunlich, dass er erstmals aus Schottland dokumentiert wurde, wo die Lärche keine einheimische Baumart ist. Aber er passt sich wohl an, da er auch in Australien und Neuseeland eingeschleppt wurde. Bei feuchtem Wetter sind die Fruchtkörper extrem schleimig, aber trocken beginnen die Hüte zu glänzen. Entfernt man den Schleim, kann man sie essen, sie werden aber nicht besonders geschätzt. Aus dem Gold-Röhrling kann man mehrere Farben gewinnen, von hellbraun bis dunkelorange. In der chinesischen Medizin wird er gegen Beinschmerzen und Hexenschuss verwendet.

Der Gold-Röhrling hat einen konvexen Hut, der flacher wird. Die Oberfläche ist glatt, feucht klebrig (siehe Bild links unten), goldgelb, im Alter rostrot oder rotbraun angelaufen. Der Stiel ist glatt, feucht klebrig und hutfarben, wird zur Basis hin rotbraun und hat einen ausgeprägten Ring. Das Fleisch ist zitronengelb.

ÄHNLICHE ARTEN

Der nordamerikanische *Suillus clintonianus* gilt manchmal als eigene Art, manchmal nur als Form des Gold-Röhrlings mit einem dunkleren, rötlich braunen Hut. Der Butterpilz (*S. luteus*) ist ebenso schleimig, wächst aber unter Kiefern und hat meist einen dunkleren, leberbraunen Hut und einen weißlichen Stiel.

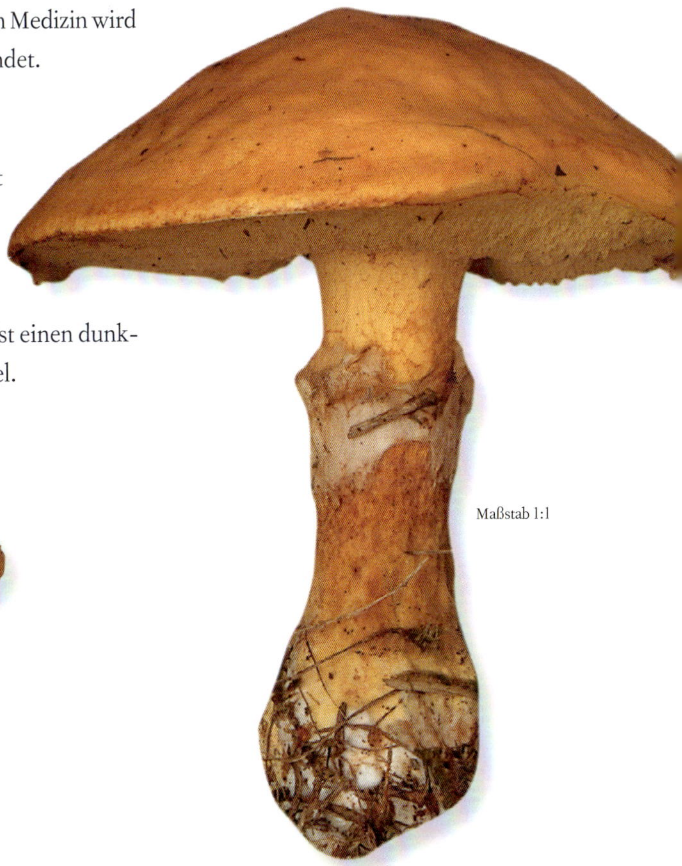

Maßstab 1:1

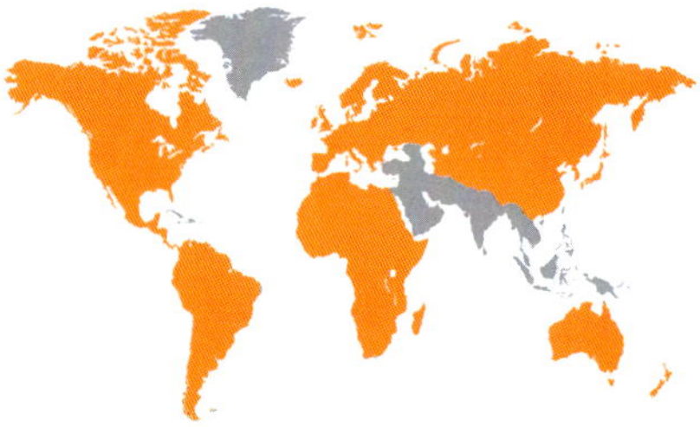

FAMILIE	Suillaceae
VERBREITUNG	Nordamerika, Europa, Mittelamerika, Nordasien; in Afrika, Südamerika, Australien und Neuseeland eingeschleppt
LEBENSRAUM	In Wäldern
SYMBIOSE	Ektomykorrhiza mit Kiefern
WUCHSFORM	Am Boden, einzeln oder truppweise
VORKOMMEN	Sehr häufig
SPORENFARBE	Blassbraun bis ockerbraun
GENIESSBARKEIT	Essbar (nach entsprechender Zubereitung)

GRÖSSE
Bis zu 125 mm

HUTDURCHMESSER
Bis zu 250 mm

SUILLUS LUTEUS

BUTTERPILZ

(LINNAEUS) ROUSSEL

Bei feuchtem Wetter macht der Butterpilz seinem Namen alle Ehre: Sein Hut ist dann äußerst schmierig. Dennoch gilt er als Speisepilz. Er lässt sich gut trocknen und wird in Osteuropa, China und Südamerika kommerziell gesammelt, verarbeitet und exportiert. Die gelatinöse Huthaut ist leicht abziehbar und das sollte man auch tun, denn sie ist leicht giftig und kann bei manchen Personen Magen-Darm-Beschwerden verursachen. Der Pilz wurde ursprünglich aus Europa dokumentiert und ist auf der Nordhalbkugel weitverbreitet und häufig. In anderen Regionen wurde er mit Plantagenkiefern eingeschleppt.

ÄHNLICHE ARTEN

Ein weiterer Kiefern-Symbiont mit ähnlich gefärbten Fruchtkörpern und schleimigen Hüten ist *Suillus collinitus*, aber ihm fehlt der Ring am Stiel – wie auch dem Körnchen-Röhrling (*S. granulatus*), der einen rosigen bis orangebraunen Hut hat. Der Gold-Röhrling (*S. grevillei*) ist schleimig und hat auch einen Ring, aber sein Hut ist goldgelb und er wächst bei Lärchen.

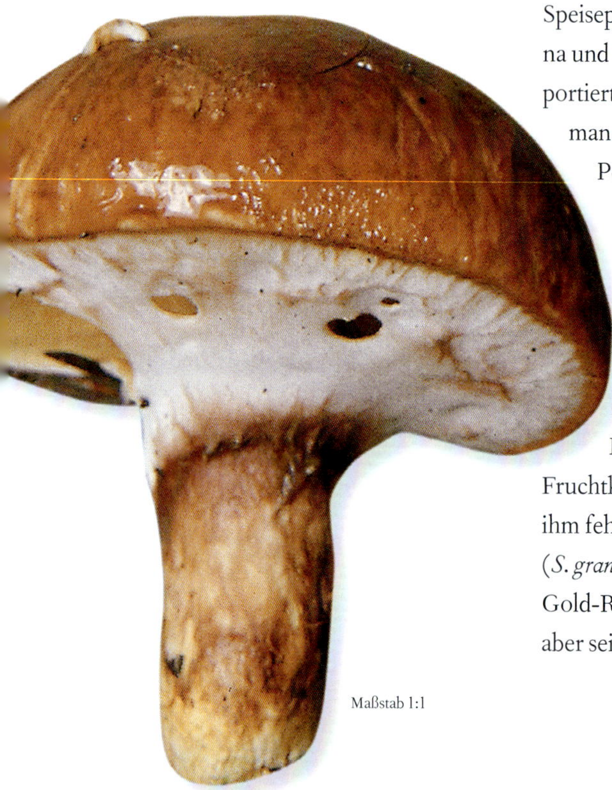

Maßstab 1:1

Der Butterpilz hat einen zuerst konvexen Hut, der flach wird. Die Oberfläche ist glatt, feucht sehr schleimig, violettlich braun, im Alter rostbraun. Die Poren sind zitronengelb und werden mattocker. Der Stiel ist feucht klebrig, weiß bis gelbbraun, mit dunkleren Flecken punktiert, wird zur Basis hin violettlich braun und hat einen ausgeprägten weißen bis hutfarbenen Ring. Das Fleisch ist weiß bis zitronengelb.

FAMILIE	Suillaceae
VERBREITUNG	Im Westen Nordamerikas, in Ostasien
LEBENSRAUM	In Wäldern
SYMBIOSE	Ektomykorrhiza mit Lärchen oder (in Asien) mit Kiefern
WUCHSFORM	Am Boden, einzeln oder truppweise
VORKOMMEN	Selten
SPORENFARBE	Dunkel rotbraun
GENIESSBARKEIT	Ungenießbar

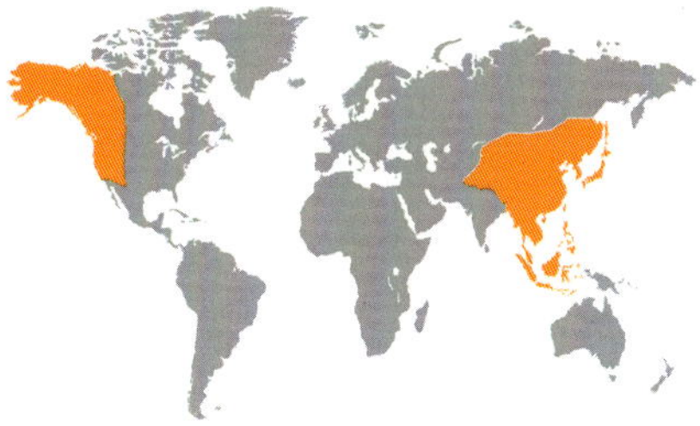

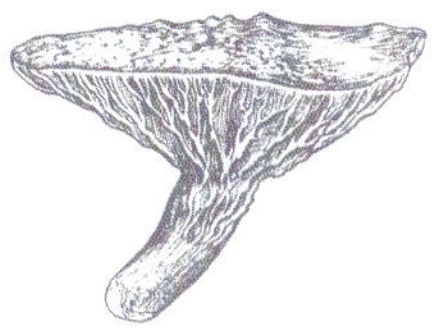

GRÖSSE
Bis zu 125 mm

HUTDURCHMESSER
Bis zu 250 mm

SUILLUS OCHRACEOROSEUS

(SNELL) SINGER

Suillus ochraceoroseus („Rosy Larch Bolete") ist ansprechend gefärbt und wächst vorwiegend bei Lärchen in den Rocky Mountains und im Pazifischen Nordwesten Amerikas, wurde aber auch in China und Taiwan bei Kiefern gesichtet. Mit seinem trockenen, faserig-schuppigen Hut ist er nicht sehr eng mit dem schleimigen, glatthütigen Gold-Röhrling (*Suillus grevillei*) verwandt, auch wenn beide bei Lärchen wachsen. Stattdessen ist *Suillus ochraceoroseus* so eigen, dass er bereits zu den unterschiedlichen Gattungen *Boletinus* oder *Fuscoboletinus* zugeordnet wurde. Die Fruchtkörper werden manchmal als essbar angegeben, sind aber sehr bitter.

ÄHNLICHE ARTEN

Der Douglasien-Röhrling (*Suillus lakei*) wächst im selben Gebiet Nordamerikas und hat einen ähnlichen, aber etwas weniger farbintensiven, rosigen bis rötlich braunen, faserig-schuppigen Hut. Außerdem wächst er bei Douglasien und nicht bei Lärchen. Der Weinrote Schuppenröhrling (*S. pictus*) im Osten Nordamerikas ist ein Doppelgänger, der bei Kiefern wächst.

Maßstab 1:1

Suillus ochraceoroseus hat einen konvexen Hut, der flach wird. Die Oberfläche ist faserig-schuppig, leuchtend rosa bis roséfarben, im Alter ziegelrot. Die Poren sind länglich und dunkelgelb bis olivgrün-ocker. Der Stiel ist gelblich, zur Basis hin manchmal rotbraun gefleckt. Das weißliche Velum bildet einen unvollständigen Ring oder hängt in Fetzen vom Hutrand. Das Fleisch ist gelblich.

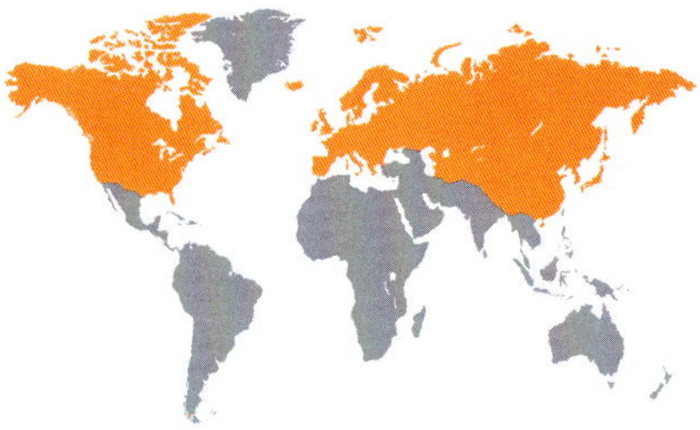

FAMILIE	Suillaceae
VERBREITUNG	Nordamerika, Europa, Nordasien
LEBENSRAUM	In Wäldern
SYMBIOSE	Ektomykorrhiza mit Kiefern
WUCHSFORM	Am Boden, einzeln oder truppweise
VORKOMMEN	Lokal häufig
SPORENFARBE	Zimtbraun
GENIESSBARKEIT	Essbar (nach entsprechender Zubereitung)

GRÖSSE
Bis zu 125 mm

HUTDURCHMESSER
Bis zu 100 mm

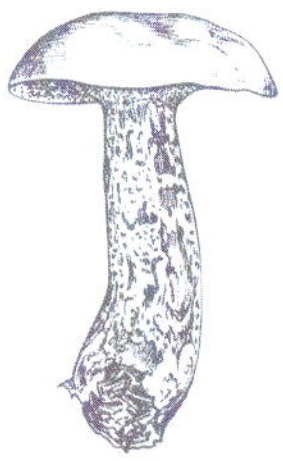

SUILLUS PLACIDUS

ELFENBEIN-RÖHRLING

(BONORDEN) SINGER

Suillus placidus ist ein Röhrenpilz, der nur bei bestimmten Kiefernarten zu wachsen scheint, hauptsächlich bei Zirbelkiefern in den Alpen und bei Weymouth-Kiefern in Nordamerika. Wo diese Bäume heimisch sind, kann der Pilz lokal häufig vorkommen. Woanders jedoch (etwa im Westen Nordamerikas oder auf den Britischen Inseln) ist er ein seltener Symbiont bei gepflanzten Bäumen. Die Fruchtkörper sind essbar, man muss jedoch – wie beim Butterpilz (*S. luteus*) – erst die gelatinöse Huthaut entfernen, da sie schwach giftig sein kann.

ÄHNLICHE ARTEN

Im Westen Nordamerikas ist *Suillus pallidiceps* ein seltener, weißhütiger Pilz, der bei Küstenkiefern wächst. Ihm fehlen jedoch die rotbraunen Punkte am Stiel. Der Moor-Birkenpilz (*Leccinum holopus*) ist weißhütig, aber nicht schleimig, und sein Stiel ist schorfig-schuppig statt punktiert.

Maßstab 1:1

Der Elfenbein-Röhrling hat einen zuerst konvexen Hut, der flach wird (siehe Bild rechts). Die Oberfläche ist glatt, feucht klebrig, weiß bis elfenbeinfarben, im Alter ocker getönt. Die Poren sind ockergelb. Der Stiel ist weiß, rotbraun punktiert und wird im Alter ocker getönt. Das Fleisch ist weiß und wird im Alter gelblich.

FAMILIE	Boletaceae
VERBREITUNG	Im Osten Nordamerikas, in Mittelamerika, Ostasien
LEBENSRAUM	In Wäldern
SYMBIOSE	Ektomykorrhiza mit Laubbäumen, vor allem Eichen
WUCHSFORM	Am Boden, einzeln oder truppweise
VORKOMMEN	Häufig
SPORENFARBE	Rosa
GENIESSBARKEIT	Essbar

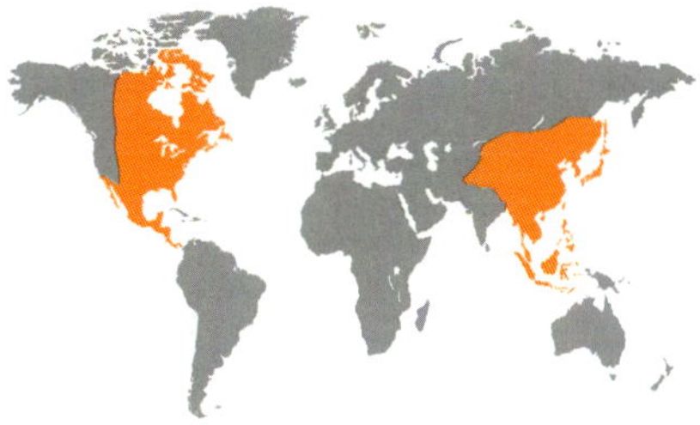

GRÖSSE
Bis zu 125 mm

HUTDURCHMESSER
Bis zu 150 mm

TYLOPILUS ALBOATER

(SCHWEINITZ) MURRILL

Jung sieht dieser Pilz sehr elegant aus: Die schwarzen Hüte und Stiele der Fruchtkörper bilden einen hübschen Kontrast zu den weißen Poren. Ähnlich wie beim nicht verwandten Dickblättrigen Schwärz-Täubling (*Russula nigricans*) verfärbt sich das Fleisch des *Tylopilus alboater* („Black Velvet Bolete") im Schnitt rötlich und wird dann langsam grau bis schwarz – eine chemische Reaktion zwischen den Verbindungen in den Fruchtkörpern und Sauerstoff. Viele *Tylopilus*-Arten, wie etwa *T. felleus*, sind bitter, aber *Tylopilus alboater* schmeckt mild und gilt allgemein als guter Speisepilz.

ÄHNLICHE ARTEN

Mehrere verwandte nordamerikanische Arten sind ähnlich. *Tylopilus atratus* ist kleiner und sein Fleisch rötet nicht im Schnitt. *Tylopilus atronicotianus* hat einen glatten, olivbraunen Hut. *Tylopilus griseocarneus* hat ein deutliches Netz am Stiel.

Tylopilus alboater hat einen konvexen Hut (siehe Bild oben), der flacher wird. Die Oberfläche ist glatt und samtig, dunkel graubraun bis schwarz. Die Poren sind weiß, werden mit dem Alter mattrosa. Sie verfärben sich auf Druck rötlich, dann langsam schwarz. Der Stiel ist glatt und hutfarben. Das Fleisch ist weiß, wird im Schnitt rosa und schließlich schwarz.

Maßstab 1:1

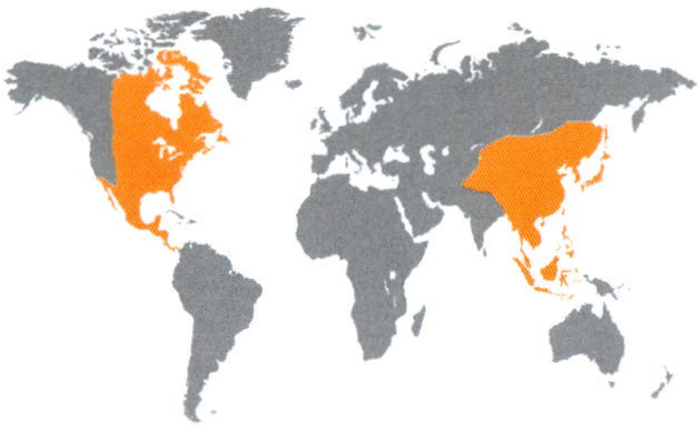

FAMILIE	Boletaceae
VERBREITUNG	Im Osten Nordamerikas, in Mittelamerika, Ostasien
LEBENSRAUM	In Wäldern
SYMBIOSE	Ektomykorrhiza mit Laub- und Nadelbäumen
WUCHSFORM	Am Boden, einzeln oder truppweise
VORKOMMEN	Häufig
SPORENFARBE	Rosabraun
GENIESSBARKEIT	Essbar

GRÖSSE
Bis zu 150 mm

HUTDURCHMESSER
Bis zu 150 mm

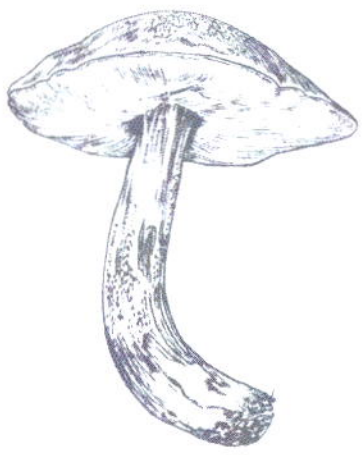

TYLOPILUS CHROMAPES

(FROST) A. H. SMITH & THIERS

Tylopilus chromapes („Yellowfoot Bolete") ist ein charakteristischer und ansehnlicher Pilz, aber wohl nicht charakteristisch genug, um eine Gattung für ihn zu finden. Die schorfigen Schuppen am Stiel deuten auf einen *Leccinum*-Pilz hin, aber keinen typischen. Neue Molekularforschung ergab, dass er zu *Leccinum* passt – aber auch zu *Tylopilus*. So oder so ist *Leccinum* oder *Tylopilus chromapes* keine seltene Art im Osten Nordamerikas und wird von Pilz-Enthusiasten auch als guter Speisepilz geschätzt.

ÄHNLICHE ARTEN

Der Beiname *chromapes* bedeutet „gelber Fuß" und die Kombination aus rosenrotem Hut, schorfigen Schuppen am Stiel und gelber Basis ist für die Art charakteristisch. In Mittelamerika ist *Tylopilus cartagoensis* ähnlich, aber mit einem weniger farbintensiven Hut. *Tylopilus subchromapes* ist eine von mehreren verwandten Arten in Australien.

Maßstab 1:1

Tylopilus chromapes hat einen konvexen Hut, der flacher wird. Die Oberfläche ist glatt, jung rosa, im Alter rosig hellbraun. Die Poren sind weiß, werden mit dem Alter altrosa. Der Stiel ist fein schorfig, weiß bis rosig, aber mit einer leuchtend gelben Basis. Das Fleisch ist weiß, in der Basis gelb.

FAMILIE	Boletaceae
VERBREITUNG	Im Osten Nordamerikas, in Europa, Mittelamerika, Nordasien
LEBENSRAUM	In Wäldern
SYMBIOSE	Ektomykorrhiza mit Laub- und Nadelbäumen
WUCHSFORM	Am Boden, einzeln oder truppweise
VORKOMMEN	Häufig
SPORENFARBE	Rosa
GENIESSBARKEIT	Ungenießbar

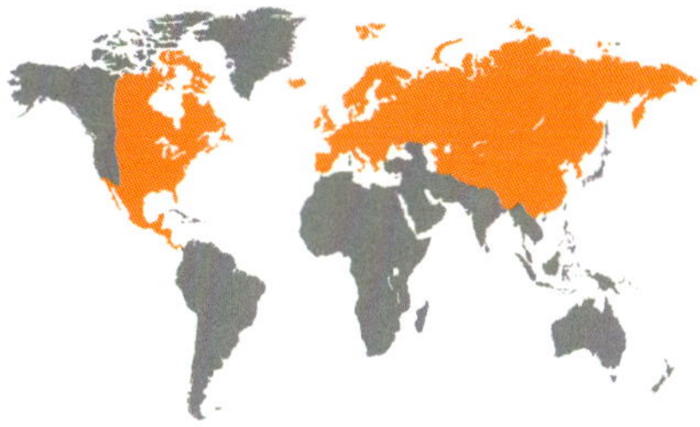

GRÖSSE
Bis zu 225 mm

HUTDURCHMESSER
Bis zu 300 mm

TYLOPILUS FELLEUS

GALLEN-RÖHRLING

(BULLIARD) P. KARSTEN

Das Fleisch dieses großen Röhrenpilzes ist nicht giftig, kann aber stark bitter schmecken. Der lateinische Beiname *felleus* bezieht sich auf die Galle. Dennoch wird der Gallen-Röhrling in manchen Teilen Osteuropas und Mexikos verzehrt – aber wohl nur zur Not. Die Fruchtkörper könnten aber einen anderen Nutzen haben: Aus dem Pilz wurde das Polysaccharid Tylopilan extrahiert, das eine mögliche Anti-Tumor-Wirkung besitzt. Der Pilz ist weitverbreitet und recht häufig. Er wächst vor allem bei Buchen und Eichen, aber auch bei anderen Laub- und Nadelbäumen.

ÄHNLICHE ARTEN

Der Gallen-Röhrling ist der einzige *Tylopilus*-Pilz Europas, wo ihn seine rosa Poren und Sporen unverkennbar machen. Der essbare Steinpilz (*Boletus edulis*) ist recht ähnlich, hat aber ein weißliches Netz am Stiel und natürlich keinen bitteren Geschmack. In Nordamerika hat *T. rubrobrunneus* einen violettlichen oder violettbraunen Hut und ist gleichermaßen bitter.

Maßstab 1:1

Der Gallen-Röhrling hat einen konvexen Hut, der flacher wird. Die Oberfläche ist glatt und gelbbraun bis braun. Die Poren sind weiß, werden im Alter violettlich rosa und verfärben sich auf Druck bräunlich. Der Stiel ist an der Spitze weiß, darunter hutfarben oder blasser und weist ein auffälliges, erhabenes, dunkelbraunes Netz auf. Das Fleisch ist weiß, im Schnitt manchmal leicht rosig.

BAUM-, RINDEN- & GALLERTPILZE

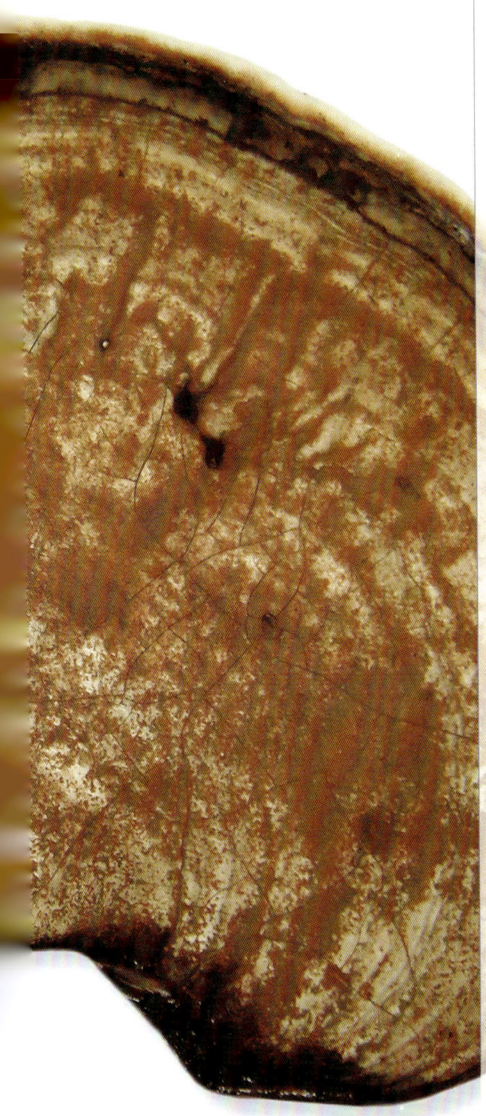

Die meisten Baumpilze sind Holzzersetzer und wachsen auf Stämmen, morschen Ästen, Baumstümpfen und Fallholz. Oft bilden sie konsolenförmige Fruchtkörper mit Hut und Poren, die manchmal fleischig, häufig jedoch ledrig oder hart sind. Die harten Fruchtkörper sind mehrjährig – jedes Jahr wächst eine neue Porenschicht. Obwohl sie alle ähnlich aussehen, sind die Baumpilze nicht eng verwandt. Die meisten haben Poren und Röhren im Hut – eine Anpassung, die den sporentragenden Bereich vor dem Austrocknen schützt. Einige der Pilze haben Stacheln statt Poren.

Die Rindenpilze sind noch vielseitiger. Auch sie sind größtenteils Holzzersetzer und bilden Schichten oder Krusten an der Unterseite von Ästen oder Stämmen. Die sporenbildende Krustenfläche ist meistens glatt, manchmal aber auch warzig, runzelig oder gezahnt. Einige Pilze haben abstehende Ränder und sehen wie dünne Baumpilze aus.

Einige der Gallertpilze sind Holzzersetzer, aber andere sind Ektomykorrhiza-Pilze (siehe Einleitung) oder parasitieren andere Pilze. Ihre gelatinösen Fruchtkörper sind eine alternative Möglichkeit, Feuchtigkeit zu erhalten und die Sporenbildung zu verlängern. Viele von ihnen dörren bei Trockenheit aus und werden von Regen neu belebt.

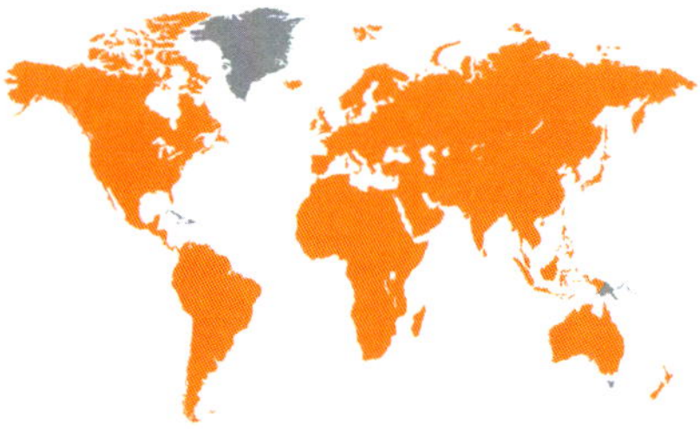

FAMILIE	Meruliaceae
VERBREITUNG	Nordamerika, Europa, Afrika, Mittel- und Südamerika, Asien, Australien, Neuseeland
LEBENSRAUM	In Wäldern
SYMBIOSE	Mit Laubbäumen, selten mit Nadelbäumen
WUCHSFORM	Auf Baumstümpfen oder am Boden, oft auf Gras
VORKOMMEN	Häufig
SPORENFARBE	Weiß
GENIESSBARKEIT	Ungenießbar

GRÖSSE
Bis zu 50 mm

HUTDURCHMESSER
Bis zu 150 mm

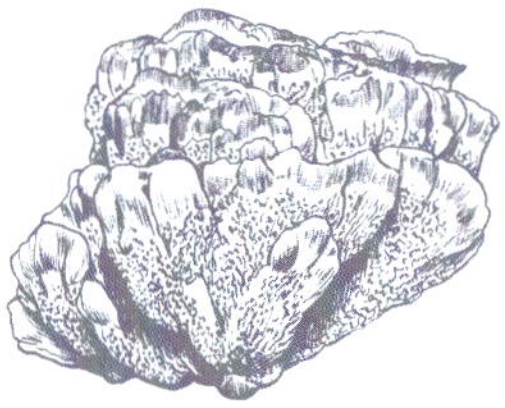

ABORTIPORUS BIENNIS

RÖTENDER SAFTWIRRLING

(BULLIARD) SINGER

Der Rötende Saftwirrling ist oft schwierig zu bestimmen. Manchmal bildet er konsolenförmige Fruchtkörper an Baumstümpfen, wie ein gewöhnlicher Baumpilz. Häufiger wächst er jedoch am Boden, vermutlich aus toten Wurzeln, und bildet runde Hüte oder rosettenförmige Büschel mit einem kurzen Stiel. Genauso häufig bildet er seltsam verformte, porige und knubbelige Klumpen voller Chlamydosporen (asexuelle Sporen). Aber egal, ob konsolenförmig, rosettenförmig oder knubbelig – der Rötende Saftwirrling verfärbt sich auf Druck rosa, wenn er frisch ist, und sondert bei Feuchtigkeit wässrig rote Tröpfchen ab.

Der Rötende Saftwirrling bildet manchmal einzelne oder rosettenförmige Büschel aus Hüten, oft an einem Stiel, aber genauso oft verformte Fruchtkörper mit Poren an der Außenseite. Wenn Hüte vorhanden sind, sind sie flach bis trichterig und blass rosig bis rötlich braun, mit einem blasseren, fedrigen oder gewellten Rand. Die Poren und der Stiel sind rosig weiß bis rosa-gelbbraun.

ÄHNLICHE ARTEN

Die verformten Fruchtkörper mit den roten Tröpfchen werden häufig für die Fruchtkörpern des nicht verwandten, aber ähnlich gefärbten Scharfen Korkstachelings (*Hydnellum peckii*) gehalten, der feucht ebenfalls rote Tröpfchen absondert. Letzterer (der weniger häufig und verbreitet ist) hat an der Unterseite aber Stacheln, keine Poren.

Maßstab 1:1

FAMILIE	Albatrellaceae
VERBREITUNG	Nordamerika, Nordasien
LEBENSRAUM	In Nadelwäldern
SYMBIOSE	Ektomykorrhiza, vor allem mit Schierlingen
WUCHSFORM	Am Boden, oft büschelig und zusammenwachsend
VORKOMMEN	Sehr selten
SPORENFARBE	Weiß
GENIESSBARKEIT	Essbar

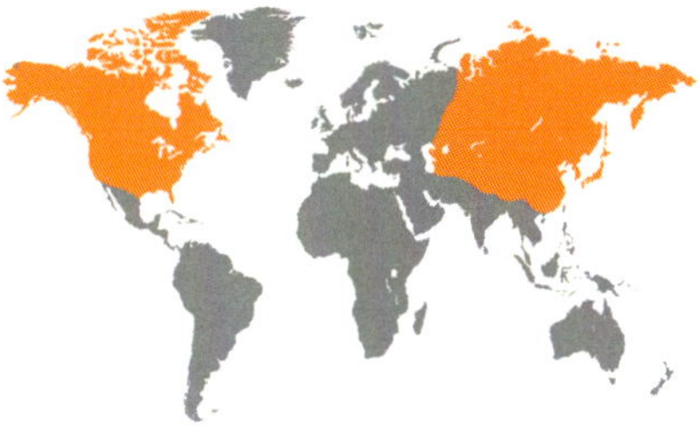

GRÖSSE
Bis zu 60 mm

HUTDURCHMESSER
Bis zu 60 mm

ALBATRELLUS CAERULEOPORUS

(PECK) POUZAR

DNA-Analysen ergaben, dass die *Albatrellus*-Arten näher mit Blätterpilzen der Gattungen *Russula* und *Lactarius* verwandt sind als mit den meisten anderen Röhrenpilzen. Sie sind keine Holzzersetzer, sondern bilden Symbiosen mit den Wurzeln lebender Bäume. Der markante *Albatrellus caeruleoporus* („Blue Albatrellus") wurde erstmals von der Ostküste Nordamerikas dokumentiert, wo er nur selten vorkommt. In jüngster Zeit entdeckte man separate Stämme in Wäldern im Westen und Nordwesten, wo er sehr selten und sein Erhalt gefährdet ist. Er wird zwar als essbar angegeben, soll jedoch zäh sein. In Asien wird er in der Pflanzenheilkunde verwendet.

Albatrellus caeruleoporus hat jung eine hübsche indigoblaue oder graublaue Farbe, wird im Alter aber rasch grau bis graubraun. Der Hut ist oft unregelmäßig geformt, glatt oder leicht schorfig, mit einem eingerollten Rand. Die herablaufenden Poren und der Stiel sind ähnlich gefärbt (siehe Bild oben), aber das Fleisch ist im Schnitt cremefarben bis blass gelbbraun.

ÄHNLICHE ARTEN

Die meisten anderen *Albatrellus*-Arten sind anders gefärbt. Im Westen Nordamerikas gibt es jedoch noch eine weitere blaue Art, *Albatrellus flettii*. Sie ist oft größer, mit einem bis zu 200 mm breiten Hut und weißlichen bis rosig gelbbraunen Poren. In China und Japan hat *Albatrellus yasudai* einen grünlich blauen, aber klebrigen (nicht trockenen) Hut und weißliche Poren.

Maßstab 1:1

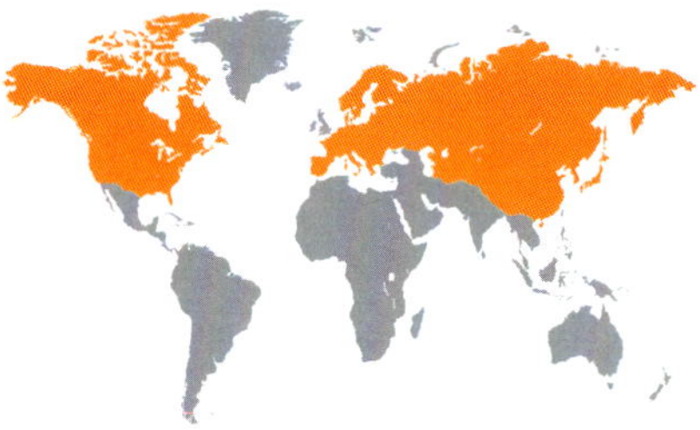

FAMILIE	Albatrellaceae
VERBREITUNG	Nordamerika, Kontinentaleuropa, Nordasien
LEBENSRAUM	In Nadelwäldern
SYMBIOSE	Ektomykorrhiza, vor allem mit Fichten
WUCHSFORM	Am Boden, oft büschelig
VORKOMMEN	Lokal häufig
SPORENFARBE	Weiß
GENIESSBARKEIT	Essbar

GRÖSSE
Bis zu 60 mm

HUTDURCHMESSER
Bis zu 150 mm

ALBATRELLUS OVINUS

SCHAF-PORLING

(SCHAEFFER) KOTLABA & POUZAR

Der Schaf-Porling hat einen cremefarbenen bis gelbbraunen Hut, der im Alter fein rissig und gräulich braun oder olivgrün wird. Der Hut ist unregelmäßig trichterig und der Rand bleibt selbst im Alter stark eingerollt. Die winzigen, herablaufenden Poren sind beim frischen Pilz weiß bis blass gelblich und verfärben sich auf Druck zitronengelb. Der kräftige Stiel ist oft versetzt und weißlich bis cremefarben, wie auch das Fleisch.

Er ist einer der häufigsten und am weitesten verbreiteten *Albatrellus*-Pilze. Außer auf den Britischen Inseln findet er sich in Fichtenwäldern auf der ganzen Nordhalbkugel. Ein charakteristisches Merkmal ist sein Fleisch, das sich nach Aufbringen eines Tropfens einer Ammoniaklösung (oder eines anderen Alkalis) leuchtend gelb verfärbt. In vielen Gegenden seines Lebensraums ist der Schaf-Porling häufig genug, um als guter Speisepilz zu gelten und wird in großen Mengen gesammelt und sogar exportiert. Die in ihm enthaltenen bioaktiven Verbindungen werden seit Langem erforscht und einige davon sollen antibakterielle und andere medizinische Eigenschaften haben.

ÄHNLICHE ARTEN

Albatrellus ovinus wächst oft bei *A. confluens*, der durch seine rosig gelbbraunen Farben unterschieden werden kann. *A. subrubescens* ist ohne Mikroskop schwieriger zu unterscheiden, wächst jedoch typischerweise bei Kiefern und nicht bei Fichten, und seine Poren verfärben sich auf Druck chromgelb bis orange, nicht zitronengelb.

Maßstab 1:1

FAMILIE	Albatrellaceae
VERBREITUNG	Im Osten Nordamerikas, in Mittelamerika
LEBENSRAUM	In Wäldern
SYMBIOSE	Mit Laubbäumen, vor allem Buchen
WUCHSFORM	Am Boden
VORKOMMEN	Selten
SPORENFARBE	Weiß
GENIESSBARKEIT	Ungenießbar

GRÖSSE
Bis zu 50 mm

HUTDURCHMESSER
Bis zu 50 mm

ALBATRELLUS PECKIANUS

(COOKE) NIEMELÄ

Das Merkwürdige an *Albatrellus peckianus* („Peck's Polypore") ist, dass er laut neuerer DNA-Analysen eigentlich nicht zur Gattung *Albatrellus* gehört, auch wenn er einstweilen noch dort eingeordnet wird. Echte *Albatrellus*-Arten sind Ektomykorrhiza-Pilze, aber *Albatrellus peckianus* ist ein Holzzersetzer und seine Fruchtkörper wachsen einzeln am Boden oder in verzweigten Büscheln auf vergrabenem Holz. Benannt wurde er zu Ehren des New Yorker Mykologen Charles Horton Peck aus dem 19. Jahrhundert. Er scheint nur im Osten Nordamerikas und in Mittelamerika zu wachsen, allerdings wurde aus Nordasien ein gleich aussehender, noch unbenannter Pilz beschrieben.

ÄHNLICHE ARTEN

Albatrellus dispansus ist ein weiterer gelber, verzweigter Pilz, wurde jedoch ursprünglich aus Japan beschrieben und ist in Nordamerika nur aus den Rocky Mountains bekannt, wo er bei Nadelbäumen wächst. *Albatrellus ellisii* wächst im Osten Nordamerikas, aber sein Hut ist schuppig und eher gelblich grün.

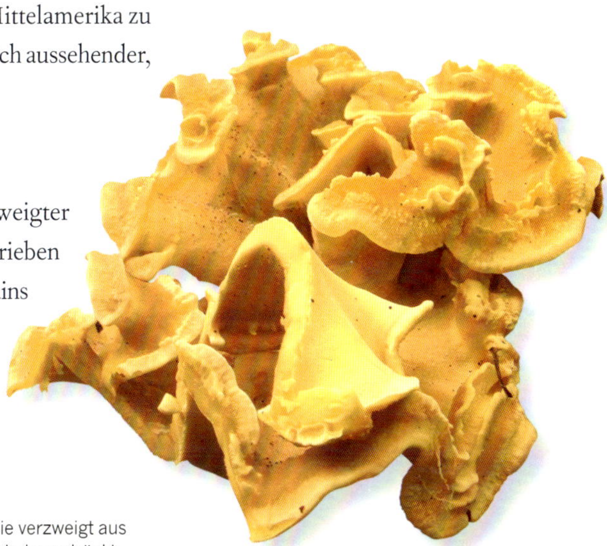

Maßstab 1:1

Albatrellus peckianus bildet einzelne Hüte oder mehrere, die verzweigt aus einem einzelnen Stiel wachsen. Die Oberfläche ist glatt, oft niedergedrückt, frisch gelb und wird gelblich braun. Die frischen Poren sind leuchtend gelb. Der Stiel sowie das Fleisch sind glatt und gelb bis gelbbraun.

FAMILIE	Ganodermataceae
VERBREITUNG	Australien
LEBENSRAUM	In feuchten Wäldern
SYMBIOSE	Mit Laubbäumen
WUCHSFORM	Auf umgestürzten oder geschnittenen Baumstämmen
VORKOMMEN	Lokal häufig
SPORENFARBE	Braun
GENIESSBARKEIT	Ungenießbar

GRÖSSE
Bis zu 150 mm

HUTDURCHMESSER
Bis zu 125 mm

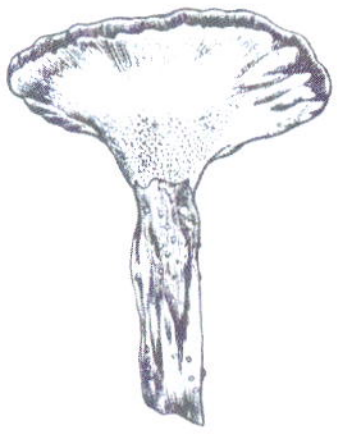

AMAURODERMA RUDE

(BERKELEY) TORREND

Amauroderma rude („Red-Staining Stalked Polypore") scheint ausschließlich in Australien zu wachsen, wo er typischerweise in Regenwäldern zu finden ist. Er gehört zur selben Pilzgruppe wie der Flache Lackporling (*Ganoderma applanatum*) und reagiert auch gleich auf Druck. Kratzt man an den weißlichen Poren an der Unterseite der Fruchtkörper, verfärben sie sich intensiv blutrot. Im Gegensatz zu den konsolenförmigen *Ganoderma*-Pilzen haben die meisten *Amauroderma*-Fruchtkörper einen mittigen Stiel. Als Gruppe sind sie in den Tropen und Subtropen stark vertreten und in den gemäßigten Zonen so gut wie gar nicht.

Maßstab 1:1

ÄHNLICHE ARTEN

Amauroderma rude wurde schon manchmal in Südamerika gesichtet, was aber wohl Fehlbestimmungen einer ähnlichen Art (*A. intermedium*) waren. Auch bei Funden von *A. rude* aus Südostasien handelt es sich wohl um einen weiteren Doppelgänger: *A. rugosum*. Beide haben weißliche Poren, die sich auf Druck verfärben.

Amauroderma rude bildet holzige, mehrjährige Fruchtkörper mit einem mittigen Stiel. Der Hut ist flach bis niedergedrückt, die Oberfläche erst rotbraun, mit einem weißlichen Rand, dann braun bis schwarzbraun, runzelig und radialfaserig. Der Rand wird wellig oder unregelmäßig. Die Poren sind weiß, verfärben sich an Druckstellen erst rot, dann schwarz. Der Stiel ist samtig und dunkelbraun.

FAMILIE	Polyporaceae
VERBREITUNG	Australien, Neuseeland; in Südamerika eingeschleppt
LEBENSRAUM	In Wäldern
SYMBIOSE	Mit Laubbäumen, vor allem Südbuchen
WUCHSFORM	Auf lebenden und toten Baumstämmen
VORKOMMEN	Häufig
SPORENFARBE	Weiß
GENIESSBARKEIT	Ungenießbar

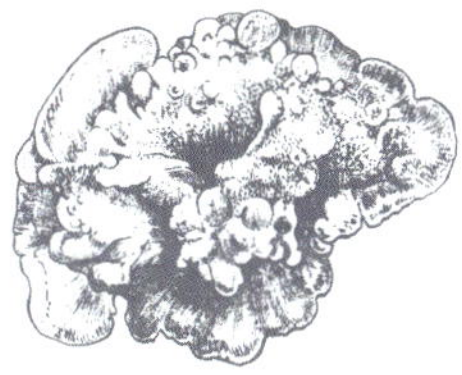

DICKE
Bis zu 10 mm

HUTDURCHMESSER
Bis zu 100 mm

AURANTIPORUS PULCHERRIMUS

(RODWAY) P. K. BUCHANAN & HOOD

Die frischen Fruchtkörper von *Aurantiporus pulcherrimus* („Strawberry Bracket") können äußerst grelle Farben aufweisen, typischerweise ein sattes, auffälliges Karmesinrot. Der Beiname *pulcherrimus* bedeutet „sehr schön" – offenbar gefiel der Pilz dem tasmanischen Mykologen Leonard Rodway, der ihn 1922 erstmals beschrieb. *Aurantiporus pulcherrimus* gibt es nur in Australien und Neuseeland, wo er auf heimischen Südbuchen und (in Australien) auf Eukalypten wächst. Er wurde auch in Brasilien auf Eukalypten entdeckt, wohin der Exot offensichtlich eingeschleppt wurde. Trotz seiner ansprechenden Farbe ist er aber nicht essbar.

ÄHNLICHE ARTEN

Der Blutrote Zinnoberschwamm (*Pycnoporus sanguineus*) wächst ebenfalls in Australien und Neuseeland, aber seine Fruchtkörper sind ledrig bis holzig – obgleich fast genauso farbintensiv. *Piptoporus australiensis* („Curry Punk") ist ein schwammiger, oranger Pilz, der auch auf Eukalypten wächst, aber stark nach Curry riecht.

Aurantiporus pulcherrimus bildet fleischige, einjährige Fruchtkörper, die breit an Holz ansitzen. Die Hüte sind unregelmäßig bis gelappt, die Oberfläche samtig-haarig, anfangs intensiv rosa, dann leuchtend lachsrosa bis orange oder karmesinrot. Die Poren sind hutfarben. Getrocknet wird der ganze Fruchtkörper hart und harzig.

Maßstab 1:1

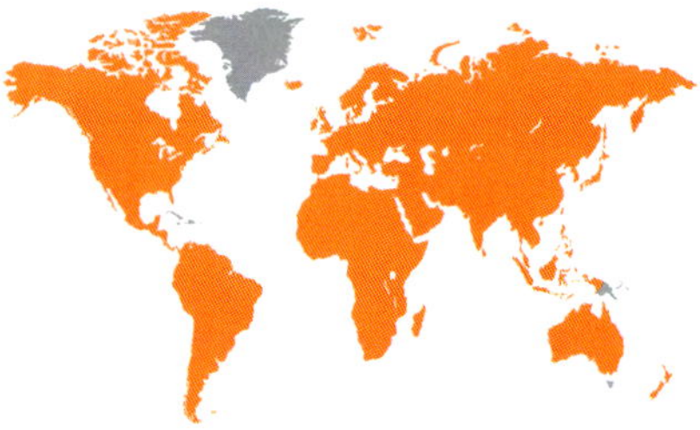

FAMILIE	Meruliaceae
VERBREITUNG	Nordamerika, Europa, Afrika, Mittel- und Südamerika, Asien, Australien und Neuseeland
LEBENSRAUM	In Wäldern
SYMBIOSE	Mit Laubbäumen, selten mit Nadelbäumen
WUCHSFORM	Auf Stümpfen, Stämmen und toten Bäumen, dicht dachziegelig
VORKOMMEN	Häufig
SPORENFARBE	Weiß
GENIESSBARKEIT	Ungenießbar

DICKE
Bis zu 10 mm

HUTDURCHMESSER
Bis zu 100 mm

BJERKANDERA ADUSTA

ANGEBRANNTER RAUCHPORLING

(WILLDENOW) P. KARSTEN

Maßstab 1:1

Er ist einer der häufigsten Baumpilze auf der ganzen Welt und außer in der Antarktis ist er auf jedem Kontinent auf vielen verschiedenen Bäumen zu finden. Der Angebrannte Rauchporling ist ein aktiver Parasit, der lebende Bäume wie auch Totholz befällt. Er produziert Enzyme, die Lignin zersetzen können und wird daher in Laboren untersucht, um herauszufinden, was diese Enzyme sonst noch abbauen können – vielleicht sogar langlebige Umweltgifte wie Pestizide und Farbstoffe. Im nichtkommerziellen Bereich werden die Fruchtkörper zur Herstellung von Bastelpapier verwendet.

ÄHNLICHE ARTEN

Der verwandte und seltenere *Bjerkandera fumosa* ist sehr ähnlich, hat an der Unterseite aber blassere, bräunliche Poren. Ein weiterer seltener Baumpilz, *Cerrena unicolor*, hat im Alter gräuliche Poren, sie sind jedoch größer und werden unregelmäßig und zahnartig.

Der Angebrannte Rauchporling wird leicht an seinen kleinen grauen Poren erkannt (siehe Bild oben), die einen Kontrast zu seinem cremefarbenen bis gelbbraunen Hut bilden. Er ist recht zäh und ledrig und wächst typischerweise in dichten, dachziegeligen Büscheln, in denen die einzelnen Fruchtkörper miteinander verwachsen. Wenn er unter Stämmen wächst, bildet er manchmal resupinate Fruchtkörper, die flach am Holz entlang wachsen und kaum vorhandene oder keine Hüte haben.

FAMILIE	Bankeraceae
VERBREITUNG	Nordamerika, Kontinentaleuropa, Nordasien
LEBENSRAUM	In trockenen Kiefernwäldern
SYMBIOSE	Ektomykorrhiza mit Waldkiefern
WUCHSFORM	Am Boden, einzeln oder truppweise
VORKOMMEN	Sehr selten
SPORENFARBE	Blassbraun
GENIESSBARKEIT	Ungenießbar

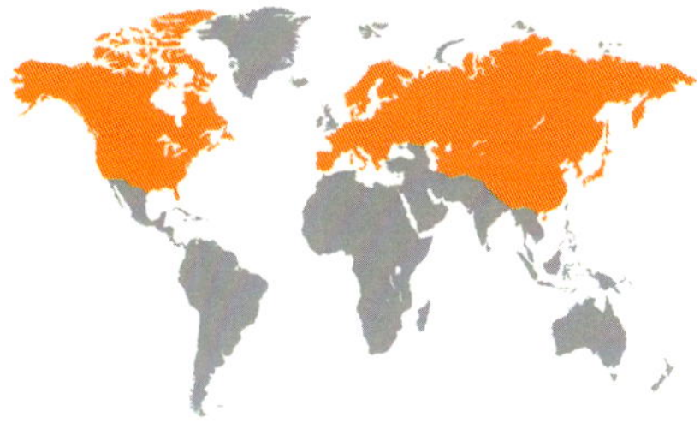

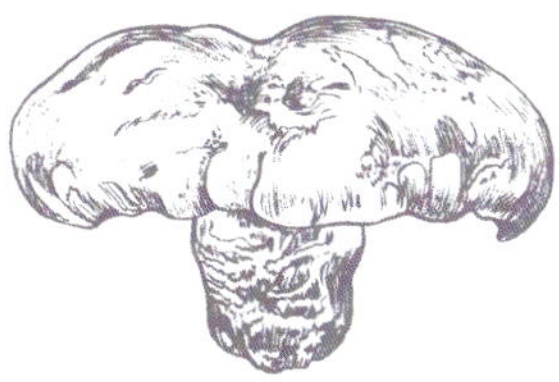

GRÖSSE
Bis zu 80 mm

HUTDURCHMESSER
Bis zu 150 mm

BOLETOPSIS GRISEA

BITTERER RUSSPORLING

(PECK) BONDARTSEV & SINGER

Der Bittere Rußporling könnte leicht für einen Röhrenpilz gehalten werden, ist tatsächlich aber näher mit *Bankera*-Pilzen wie dem Violetten Weißsporstacheling (*B. violascens*) verwandt, deren Hutunterseite Stacheln statt Poren aufweist. Wie die *Albatrellus*-Pilze sind auch die Rußporlinge keine Holzzersetzer, sondern bilden Symbiosen mit Baumwurzeln. In Europa steht der Bittere Rußporling in mindestens fünf Ländern auf der Roten Liste gefährdeter Pilze und er gehört zu den 33 Pilzen, die gemäß der Berner Konvention international geschützt werden sollen.

ÄHNLICHE ARTEN

Es gibt mehrere eng verwandte Arten. *Boletopsis perplexa* wurde vor Kurzem aus Schottland beschrieben und ist aus Nordamerika bekannt. Er ist dunkler, aber in freier Wildbahn fast nicht von *B. grisea* zu unterscheiden. *Boletopsis leucomelaena* ist ebenfalls sehr ähnlich, wächst jedoch bei Fichten, nicht bei Kiefern.

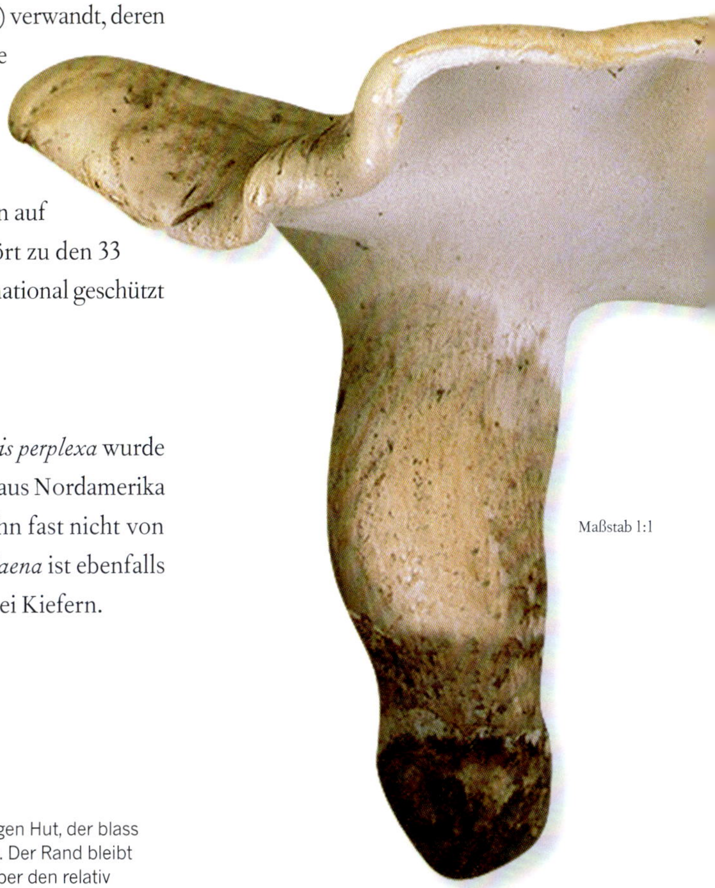

Maßstab 1:1

Der Bittere Rußporling hat einen großen, glatten, fleischigen Hut, der blass gräulich braun ist und im Alter am Scheitel etwas aufreißt. Der Rand bleibt eingerollt. Die Poren sind weiß (wenn frisch) und laufen über den relativ kurzen, gräulich braunen Stiel herab.

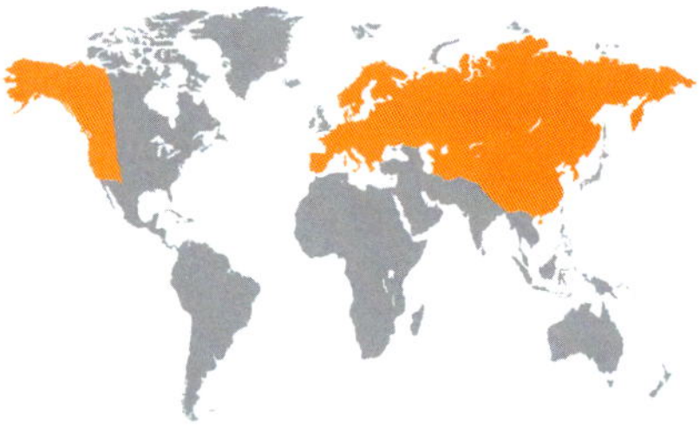

FAMILIE	Bondarzewiaceae
VERBREITUNG	Im Westen Nordamerikas, in Kontinentaleuropa, Nordasien
LEBENSRAUM	In Wäldern
SYMBIOSE	Mit Nadelbäumen
WUCHSFORM	An der Basis oder zwischen den Wurzeln lebender Bäume
VORKOMMEN	Selten
SPORENFARBE	Weiß
GENIESSBARKEIT	Essbar

GRÖSSE
Bis zu 300 mm

HUTDURCHMESSER
Bis zu 250 mm

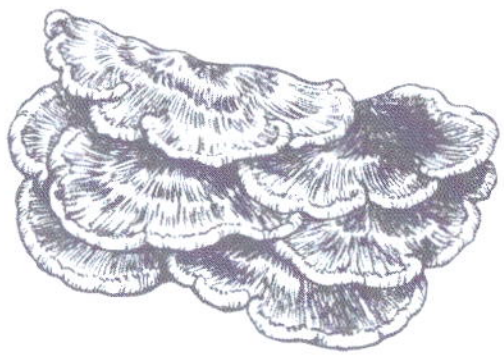

BONDARZEWIA MONTANA

BERGPORLING

(QUÉLET) SINGER

Maßstab 1:1

Dieser große und auffällige Porling wächst an der Basis von Nadelbäumen, wo er langsam das Kernholz im Stammgrund und in den Wurzeln zersetzt. Auf der Nordhalbkugel ist er weitverbreitet, im Osten Nordamerikas und auf den Britischen Inseln jedoch gar nicht vertreten. Unter dem Mikroskop sieht man seine charakteristischen Sporen, die seine Verwandtschaft mit Blätterpilzen der Gattungen *Russula* und *Lactarius* bezeugen. Frisch hat er einen angenehm nussigen Geruch und soll als Jungpilz essbar sein, aber im Alter wird sein Fleisch zäh und bitter. Die zusammengewachsenen Fruchtkörper können einen Durchmesser von 1000 mm erreichen.

ÄHNLICHE ARTEN

Der verwandte *Bondarzewia berkeleyi* wächst im Osten Nordamerikas und in Asien an der Basis von Laubbäumen. Typischerweise hat er blassere, hellbraune bis ocker Hüte. Der häufige, aber nicht verwandte *Meripilus giganteus* kann ähnlich aussehen, wächst aber auch bei Laubbäumen und alle Teile schwärzen auf Druck.

Der Bergporling ist ein großer Pilz und bildet einen oder mehrere fleischige Hüte an einem mittigen oder versetzten, verzweigten Stiel. Vielhütige Exemplare können riesige, kohlartige Rosetten bilden. Die einzelnen Hüte sind glatt und violettlich braun. Die Poren sind cremefarben und ganz am Stiel herablaufend.

FAMILIE	Phanerochaetaceae
VERBREITUNG	Nordamerika, Osteuropa, Nordasien, Australien, Neuseeland
LEBENSRAUM	In Wäldern
SYMBIOSE	Auf dem Holz von Laubbäumen, seltener Nadelbäumen
WUCHSFORM	Auf der Unterseite liegender Äste und Stämme
VORKOMMEN	Lokal häufig
SPORENFARBE	Weiß
GENIESSBARKEIT	Ungenießbar

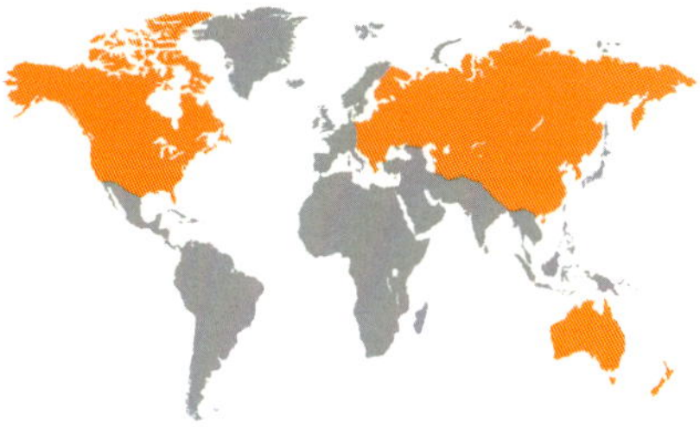

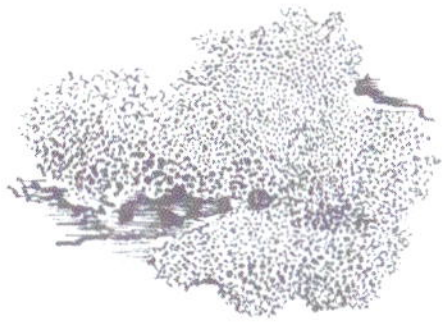

DICKE
Unter 3 mm

HUTDURCHMESSER
Bis zu 150 mm

CERIPORIA TARDA

(BERKELEY) GINNS

Ceriporia-Pilze sind enger mit einigen Schichtpilzen verwandt als mit den meisten konsolenförmigen Baumpilzen. Die meisten Pilze sind weiß oder cremefarben, aber einige sind bunt und können rosa, zimtbraun, violett, rot, orange oder auch grün sein. Sie alle sind Holzzersetzer und bauen hauptsächlich totes Fallholz ab. *Ceriporia tarda* („Mauve Waxpore“) bevorzugt Laubholz, findet sich gelegentlich aber auch auf Nadelholz. Die Art wurde ursprünglich aus Australien dokumentiert und ist weitverbreitet, wenn auch in Europa sehr selten.

ÄHNLICHE ARTEN

Mehrere verwandte Arten, unter ihnen *Ceriporia excelsa*, *C. purpurea*, *C. reticulata* und *C. viridans*, haben ähnliche Fruchtkörper, deren Farben variieren können und die manchmal rosig oder rötlich violett sind. Am besten kann man sie mit dem Mikroskop von *C. tarda* unterscheiden.

Maßstab 1:1

Ceriporia tarda ist ein dünner, weicher, resupinater Pilz, der aus kaum mehr als einer Porenfläche besteht, die von einem schmalen, sterilen Rand umgeben ist. Typischerweise wächst er in kleinen Flecken, die oft zu größeren Fruchtkörpern verschmelzen. Die Farbe variiert von cremefarben bis rosa, malvenfarben oder rosig violett und verliert im Alter an Intensität.

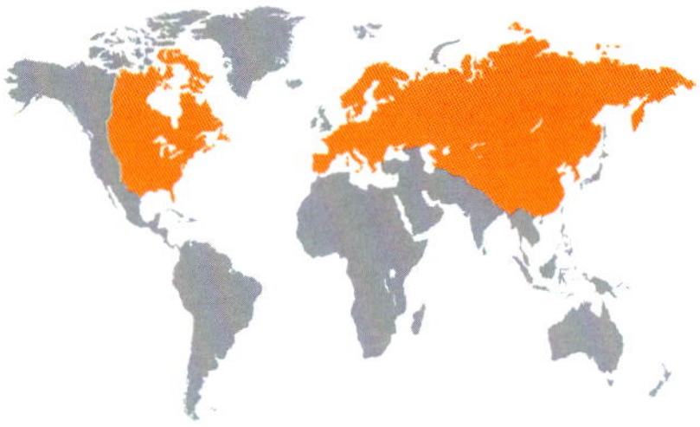

FAMILIE	Phanerochaetaceae
VERBREITUNG	Im Osten Nordamerikas, in Kontinentaleuropa, Nordasien
LEBENSRAUM	In Wäldern und an Wegrändern
SYMBIOSE	Mit Laubholz, vor allem Ahorn
WUCHSFORM	Auf lebenden und toten Baumstämmen
VORKOMMEN	Häufig
SPORENFARBE	Weiß
GENIESSBARKEIT	Ungenießbar

DICKE
Bis zu 50 mm

HUTDURCHMESSER
Bis zu 300 mm

CLIMACODON SEPTENTRIONALIS

NÖRDLICHER STACHELSEITLING

(FRIES) P. KARSTEN

Der Nördliche Stachelseitling bildet konsolenförmige Büschel aus fleischigen, einjährigen Fruchtkörpern. Die einzelnen Hüte sind filzig bis haarig, weich, cremeweiß bis creme-gelblich und werden im Alter bräunlich (oder durch Algen grünlich). Die hutfarbenen Stacheln werden bis zu 25 mm lang.

Die Fruchtkörper von *Climacodon septentrionalis* sehen wie ein großes Büschel aus Baumschwämmen aus, bis man bei näherem Hinsehen zahnartige Stacheln statt Poren an ihrer Unterseite sieht. Typischerweise wachsen sie auf den Stämmen lebender Bäume, deren Kernholz sie zersetzen. Mit der Zeit kann der Baum hohl werden – darum werden befallene Bäume in Gärten und am Straßenrand oft aus Sicherheitsgründen gefällt. Das Attribut *septentrionalis* bedeutet „nördlich“: Die erstmals aus Skandinavien beschriebene Art scheint kaltes oder trockenes Kontinentalklima zu bevorzugen.

ÄHNLICHE ARTEN

Die blassen, konsolenartigen Fruchtkörper mit ihren Stacheln sind charakteristisch. In Europa bildet der nicht verwandte Dornige Stachelbart (*Hericium cirrhatum*) Büschel aus weißlichen Fruchtkörpern mit Stacheln, aber sie sehen eher rund, weniger konsolenförmig aus und haben oft kleine Stacheln an der Oberseite.

Maßstab 1:1

FAMILIE	Hymenochaetaceae
VERBREITUNG	Nordamerika, Europa, Asien
LEBENSRAUM	In Wäldern
SYMBIOSE	Ektomykorrhiza, vor allem mit Nadelbäumen
WUCHSFORM	Auf Erde, oft auf Brandstellen, in Gruppen, manchmal verwachsend
VORKOMMEN	Häufig
SPORENFARBE	Braun
GENIESSBARKEIT	Ungenießbar

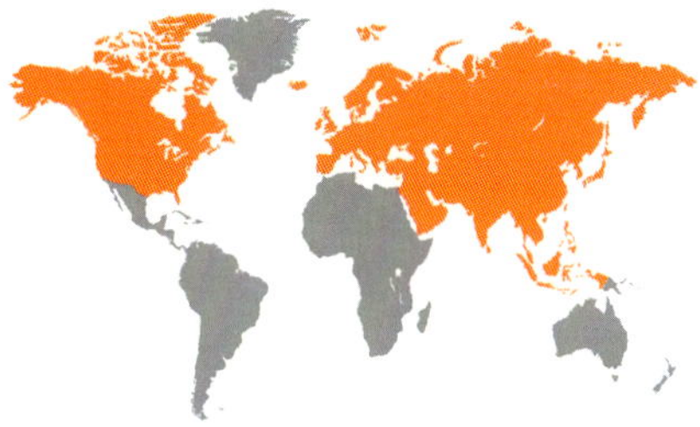

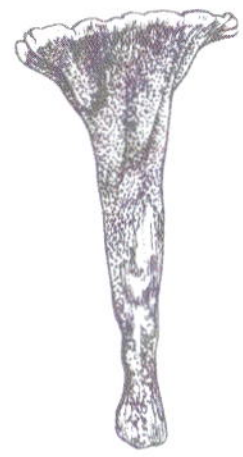

GRÖSSE
Bis zu 75 mm

HUTDURCHMESSER
Bis zu 75 mm

COLTRICIA PERENNIS

GEBÄNDERTER DAUERPORLING

(LINNAEUS) MURRILL

Coltricia-Arten sind mit einigen der großen, braunsporigen, auf Baumstämmen wachsenden Baumpilzen verwandt, haben aber eine ganz andere Form und Lebensweise entwickelt. Sie alle bilden Mykorrhizen und wachsen am Boden in Baumnähe. Demnach sehen sie wie kleine, holzige Röhrenpilze aus und weniger wie Baumpilze. Der Gebänderte Dauerporling gehört zu den häufigsten Arten und ist auf der Nordhalbkugel weitverbreitet. Oft findet man ihn auf alten Brandstellen von Waldbränden, was darauf hindeutet, dass das Feuer sein Wachstum auf irgendeine Art und Weise anregt oder fördert.

ÄHNLICHE ARTEN

Andere *Coltricia*-Arten sind ähnlich, die meisten aber nicht so auffällig gezont. *Coltricia cinnamomea* hat einen zimtbraunen bis rötlich braunen Hut, der schwach gezont sein kann. Der seltenere *C. montagnei* ist ebenfalls rötlich braun, aber sein Hut ist nicht gezont und seine Fruchtkörper sind größer und dickfleischiger.

Maßstab 1:1

Der Gebänderte Dauerporling hat einen runden Hut, der oft in der Mitte vertieft und in mehreren Brauntönen gezont ist. Der Rand ist mit einem schmalen weißen Band eingefasst. Die Poren sind leicht herablaufend, zuerst entweder blassbraun oder goldbraun, im Alter dunkler oder graubraun. Der Stiel ist schlank, braun und samtig (siehe Bild rechts). Der gesamte Pilz ist zäh, ledrig und eher dünnfleischig.

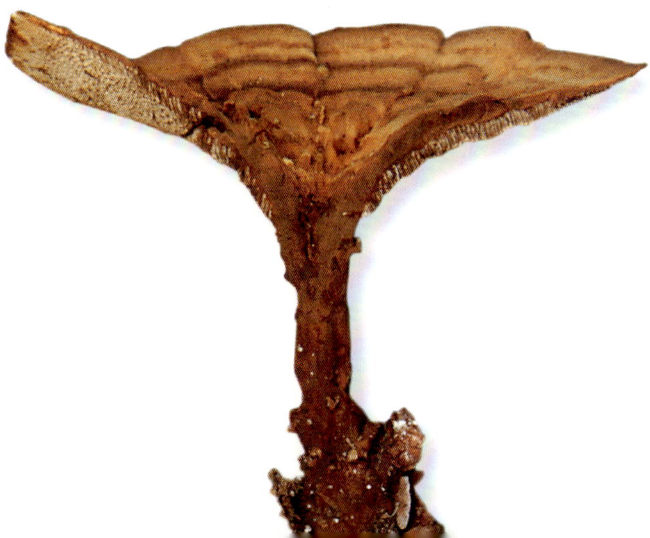

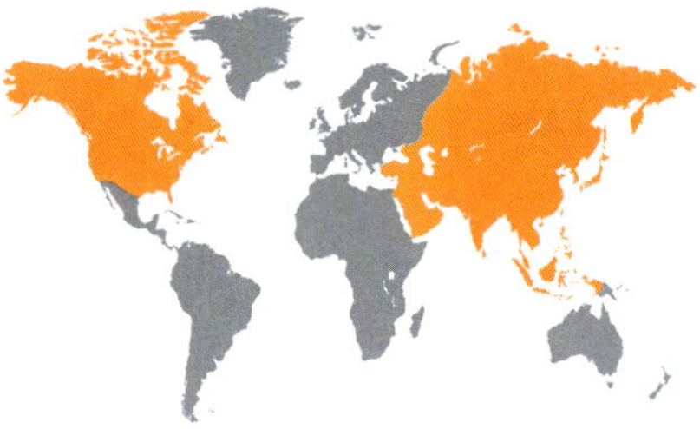

FAMILIE	Polyporaceae
VERBREITUNG	Nordamerika, Asien
LEBENSRAUM	In Wäldern
SYMBIOSE	Mit Nadelbäumen
WUCHSFORM	Auf noch nicht lange toten Nadelbaumstämmen, einzeln oder in Gruppen
VORKOMMEN	Häufig
SPORENFARBE	Rosig
GENIESSBARKEIT	Ungenießbar

DICKE
Bis zu 50 mm

HUTDURCHMESSER
Bis zu 75 mm

CRYPTOPORUS VOLVATUS

(PECK) SHEAR

Dieser merkwürdige Pilz ist auf den ersten Blick nicht unbedingt als Baumpilz zu erkennen, da er ein wenig an einen Bovist erinnert. Man vermutet, dass das ungewöhnliche Velum, das die Poren bedeckt, vor dem Austrocknen schützen und ein feuchtes Mikroklima erhalten soll, das für die Bildung und Verbreitung der Sporen optimal ist (im Alter bekommt das Velum ein oder zwei kleine Löcher). Außerdem vermutet man, dass das Velum kleine holzbohrende Käfer einfangen soll, die dann mit Sporen bedeckt bei der Verbreitung des Pilzes auf neue Bäume helfen. *Cryptoporus volvatus* („Veiled Polypore") ist für seine Käferlöcher so bekannt, dass Förster ihn als Indikator für einen Borkenkäferbefall verwenden.

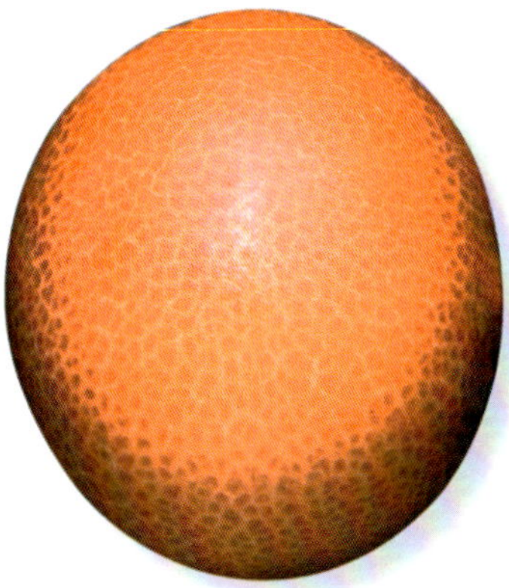

Maßstab 1:1

ÄHNLICHE ARTEN

Eine verwandte Art, *Cryptoporus sinensis*, wurde vor Kurzem aus China beschrieben, aber unterscheidet sich nur mikroskopisch durch ihre etwas kleineren Sporen. Abgesehen davon hat kein anderer Baumpilz ein ähnliches Velum wie *C. volvatus*.

Cryptoporus volvatus kann hufförmig oder kugelig aussehen und ist zuerst glatt und weißlich. Im Alter wird die obere Hälfte (der Hut) hellbraun bis ockerbraun und bekommt eine harzige Kruste. Wird die untere Hälfte (das Velum) aufgeschnitten, sieht man die weißen bis rosig braunen Poren.

FAMILIE	Fomitopsidaceae
VERBREITUNG	Nordamerika, Europa, Nordafrika, Asien
LEBENSRAUM	In Wäldern
SYMBIOSE	Auf Laubholz, vor allem Eiche
WUCHSFORM	Auf Stümpfen und Stämmen, einzeln oder in verwachsenden Gruppen
VORKOMMEN	Häufig
SPORENFARBE	Weiß
GENIESSBARKEIT	Ungenießbar

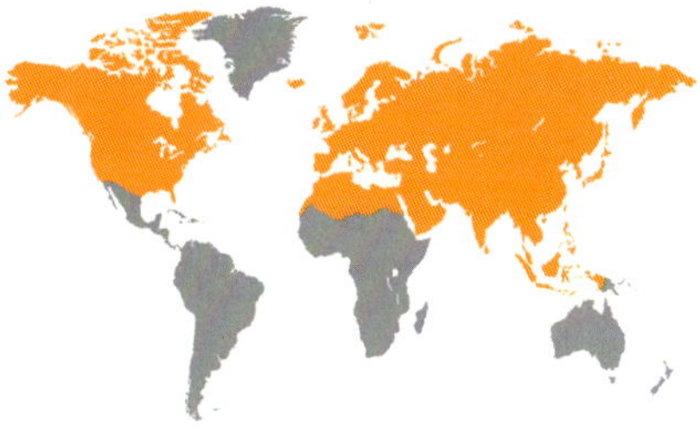

DICKE
Bis zu 75 mm

HUTDURCHMESSER
Bis zu 200 mm

DAEDALEA QUERCINA

EICHEN-WIRRLING

(LINNAEUS) PERSOON

Der Gattungsname *Daedalea* wurde von Dädalus inspiriert, dem Kunsthandwerker der griechischen Mythologie, der das Labyrinth des Minotaurus erbaute. Diesen passenden Namen erhielt der Pilz aufgrund seiner labyrinthischen (daedaloiden) Sporen. In der Vergangenheit wurden die Fruchtkörper des Eichen-Wirrlings als natürliche Striegel für die Pferdepflege verwendet und von englischen Imkern, die mit brennenden, rauchenden Fruchtkörpern Bienen aus ihren Stöcken trieben. Heute dienen kleine, getrocknete, oft bunt bemalte Fruchtkörper des Pilzes häufig als dekorative Elemente in Potpourris.

ÄHNLICHE ARTEN

Mehrere andere Baumpilze haben ähnliche labyrinthartige Poren, aber keiner ist so hart und dick wie der Eichen-Wirrling. *Daedaleopsis confragosa* ist einer von ihnen (wie sein Name schon verrät), aber die Fruchtkörper sind ledrig, röten auf Druck und verfärben sich schließlich komplett dunkelrot. Die Fruchtkörper von *Lenzites betulina* sind viel kleiner und ihre Poren generell lamellenartiger.

Maßstab 1:1

Der Eichen-Wirrling bildet korkige oder holzige, mehrjährige Konsolen. Der Hut ist bräunlich grau mit einem ockerfarbenen Rand. Er ist glatt und jedes Jahr wachsen neue konzentrische Furchen dazu. Die charakteristischen labyrinthartigen Poren sind ocker bis gelbbraun und recht dick: bis zu 3 mm.

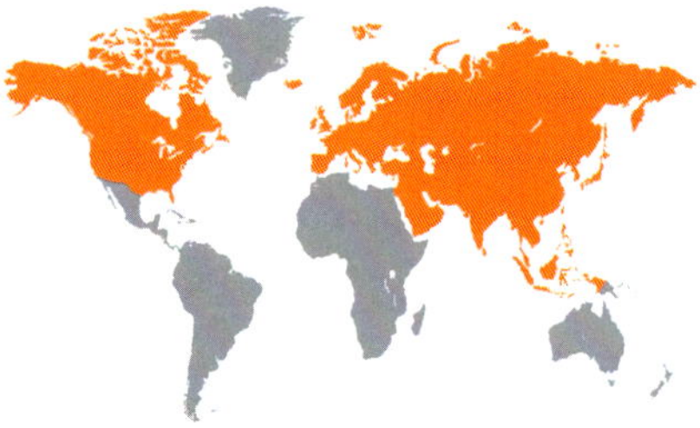

FAMILIE	Polyporaceae
VERBREITUNG	Nordamerika, Europa, Asien
LEBENSRAUM	In Wäldern
SYMBIOSE	Auf Laubholz, vor allem Weide
WUCHSFORM	Auf liegenden Ästen und Stämmen, einzeln oder in kleinen Gruppen
VORKOMMEN	Sehr häufig
SPORENFARBE	Weiß
GENIESSBARKEIT	Ungenießbar

DICKE
Bis zu 25 mm

HUTDURCHMESSER
Bis zu 150 mm

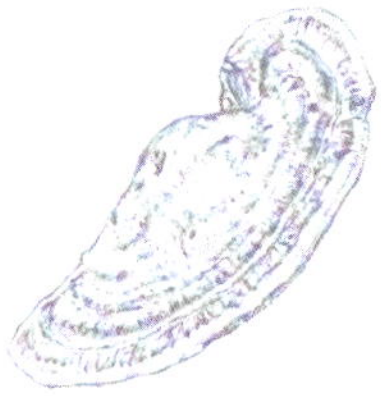

DAEDALEOPSIS CONFRAGOSA

RÖTENDE TRAMETE

(BOLTON) J. SCHRÖTER

Die Rötende Tramete sucht man am besten auf alten Bäumen in Weidenbruchwäldern (nasse oder sumpfige Wälder), aber sie wächst auch auf verschiedenen anderen Laubbäumen. Aufgrund der rötenden Reaktion, die ihr den deutschen Namen verleiht, ist sie einer der am leichtesten zu bestimmenden Baumpilze und ist in den nördlichen gemäßigten Wäldern überall weitverbreitet. Man nennt sie auch den Rötenden Blätterwirrling. Sie ist einer von mehreren Baumpilzen, aus denen dekoratives Papier hergestellt wird: Die Fruchtkörper werden zu Brei gestampft und getrocknet, sodass Blätter von interessanter Struktur und Farbe entstehen.

ÄHNLICHE ARTEN

Alte, dunkelrote Exemplare werden manchmal mit roten *Pycnoporus*-Pilzen verwechselt, die jedoch normalere, runde Poren haben. Der Eichen-Wirrling (*Daedalea quercina*) hat ähnliche labyrinthartige Poren, aber seine mehrjährigen Fruchtkörper sind hart wie Holz und röten nicht auf Druck.

Maßstab 1:1

Die Rötende Tramete bildet korkige, einjährige Fruchtkörper mit glatten oder leicht haarigen, gelbbraunen bis blassbraunen Hüten, die meist gezont und radialrunzelig sind. Die Poren sind labyrinthartig, manchmal fast lamellenartig, zuerst weiß und werden blassbraun. Auf Druck verfärben sich junge Fruchtkörper rosig rot und im Alter verfärbt sich der gesamte Fruchtkörper dunkel rötlich braun.

FAMILIE	Polyporaceae
VERBREITUNG	Nordamerika, Europa, Asien
LEBENSRAUM	In Wäldern
SYMBIOSE	Auf Laubholz, vor allem Buche, selten auf Nadelbäumen
WUCHSFORM	Auf liegenden Ästen und Stämmen, oft zusammenwachsend
VORKOMMEN	Häufig
SPORENFARBE	Weiß
GENIESSBARKEIT	Ungenießbar

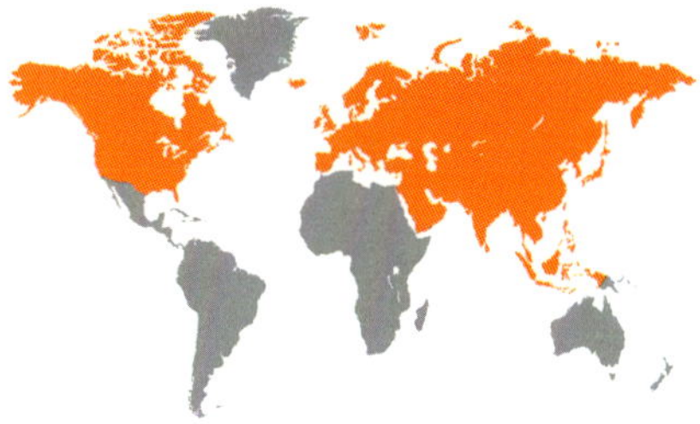

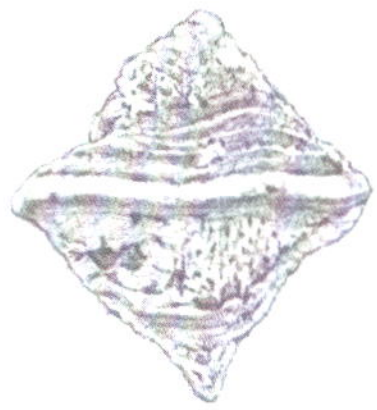

DICKE
Bis zu 5 mm

HUTDURCHMESSER
Bis zu 175 mm

DATRONIA MOLLIS

GROSSPORIGE DATRONIE

(SOMMERFELT) DONK

Dieser häufig vorkommende und weitverbreitete Pilz findet sich typischerweise an den Seiten oder Unterseiten am Boden liegender Äste oder Stämme, vor allem von Buchen. Die ledrigen, am Holz aufliegenden Fruchtkörper können oft abgezogen werden. Wie viele Baumpilze bildet auch die Großporige Datronie Enzyme, die das harte Lignin im Holz abbauen können und eine weiche, faserige Weißfäule produzieren. Auf diese Weise werden abgefallene Äste nach und nach zersetzt und wiederverwertet: Sie werden Teile der Streu und verwandeln sich schließlich in Humus und Erde.

ÄHNLICHE ARTEN

Viele andere Arten bilden ähnliche Fruchtkörper mit schmalen, bandartigen Hüten und Poren, die fast resupinat sind, aber keiner hat solche dicken, labyrinthartigen Poren und kontrastreiche Hüte wie die Großporige Datronie. *Antrodia albida* hat labyrinthische, aber schmalere Poren und einen weißen Hut. *Cerrena unicolor* hat auch einen blassen Hut und blass bräunlich graue Poren.

Die Großporige Datronie hat zähe, dünne, ledrige Fruchtkörper, die typischerweise flach am Holz aufliegen, manchmal komplett resupinat und nahezu hutlos, nur mit einem dicken schwärzlich braunen Rand. Bilden sich Hüte, sind sie schmal und wulstig, oft gewellt, glatt und dunkelbraun bis schwarz. Die kontrastierenden weißlichen bis blass gelbbraunen Poren sind vergleichsweise dick, eckig oder labyrinthisch.

Maßstab 1:1

FAMILIE	Echinodontiaceae
VERBREITUNG	Im Westen Nordamerikas
LEBENSRAUM	In Wäldern
SYMBIOSE	Auf Nadelbäumen, vor allem Tannen und Schierlingen
WUCHSFORM	Auf stehenden Baumstämmen, einzeln oder verstreut
VORKOMMEN	Häufig
SPORENFARBE	Weiß
GENIESSBARKEIT	Ungenießbar

DICKE
Bis zu 300 mm

HUTDURCHMESSER
Bis zu 400 mm

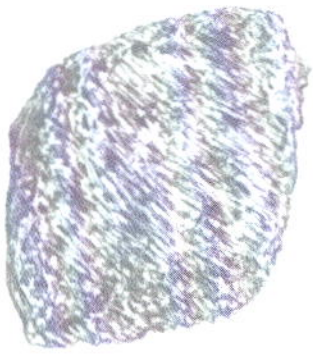

ECHINODONTIUM TINCTORIUM

(ELLIS & EVERHART) ELLIS & EVERHART

Echinodontium tinctorium („Indian Paint Fungus") verursacht bei ausgewachsenen Bäumen Kernfäule, was in der gewerblichen Forstwirtschaft zu wesentlichen Verlusten an Nadelbäumen führt. Sein Lebensraum scheint sich auf den Westen Nordamerikas zu beschränken, wo er von Alaska bis Mexiko zu finden ist. Wird das Fleisch der Fruchtkörper zermahlen, entsteht ein rotes Pigment, das von amerikanischen Ureinwohnern früher zur Gesichtsbemalung verwendet wurde. In jüngerer Zeit diente der Pilz als natürlicher Farbstoff zum Färben von Wolle und Textilien. Aus ihm kann man verschiedene warme Farbtöne gewinnen, von orange bis zimtbraun.

Echinodontium tinctorium bildet große, mehrjährige, hufförmige Fruchtkörper. Die Hüte sind dunkelbraun und anfangs mit verfilzten Haaren bedeckt, werden später aber schwärzlich, krustig und rissig. Die gelbbraunen Poren sind stark unregelmäßig und brechen leicht auf, sodass die Unterseite wie von flachen Zähnen bedeckt aussieht. Das Fleisch im Inneren der Fruchtkörper ist ziegelrot.

ÄHNLICHE ARTEN

Eine zweite amerikanische Art, *Echinodontium ballouii*, fand man früher auf Zedern in New Jersey. Sie wurde jedoch seit 1909 nicht mehr gesehen und ist vermutlich ausgestorben. *Echinodontium tsugicola* ähnelt *Echinodontium tinctorium*, ist aber nur aus dem Norden Japans bekannt.

Maßstab 1:1

FAMILIE	Polyporaceae
VERBREITUNG	Im Süden Nordamerikas, in Afrika, Süd- und Ostasien, Mittel- und Südamerika, Australien
LEBENSRAUM	In Wäldern
SYMBIOSE	Auf Laubholz
WUCHSFORM	Auf toten Bäumen, Stämmen und liegenden Ästen, einzeln oder büschelig
VORKOMMEN	Häufig
SPORENFARBE	Weiß
GENIESSBARKEIT	Essbar

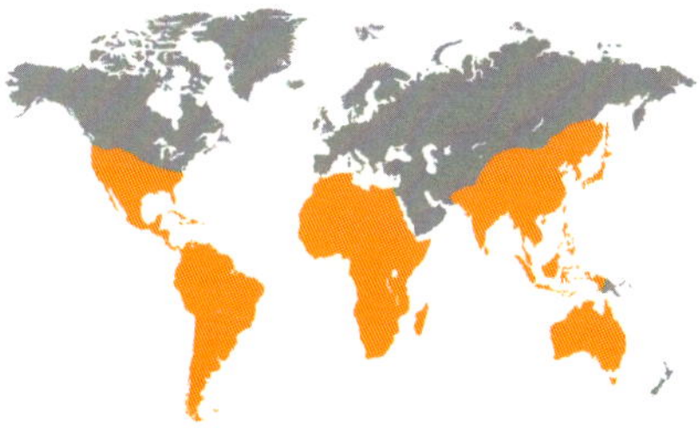

DICKE
Bis zu 25 mm

HUTDURCHMESSER
Bis zu 125 mm

FAVOLUS TENUICULUS

P. BEAUVOIS

Ursprünglich wurde *Favolus tenuiculus* („Tropical White Polypore") aus Westafrika dokumentiert, aber seither entdeckte man ihn überall in den Tropen und Subtropen. Seine Hutform und das Ausmaß seines Stiel können stark variieren. Diese Formenvielfalt und seine weite Verbreitung führten dazu, dass er immer wieder als neue Art beschrieben wurde, sodass es mittlerweile mindestens 40 Synonyme für ihn gibt, die meisten davon in den Gattungen *Favolus* und *Polyporus*. Angeblich wird er in mehreren Teilen der Welt von indigenen Völkern gegessen, aber ihn zu zerkauen ist kein leichtes Unterfangen.

ÄHNLICHE ARTEN

Aufgrund seines wandelbaren Aussehens ist *Favolus tenuiculus* nicht immer leicht von anderen Pilzen der Gattungen *Favolus* und *Polyporus* zu unterscheiden. Aber bei frischen Pilzen sind der relativ dünne, weiße bis cremefarbene Hut und die recht großen, eckigen Poren charakteristische Merkmale.

Maßstab 1:1

Favolus tenuiculus bildet Fruchtkörper mit oder ohne Stiel. Der dünne Hut ist weiß bis cremefarben, gelbbraun im Alter, glatt oder mit Pusteln bedeckt (als Gegenstück zur Unterseite) und hat jung einen fein fransigen Rand. Die recht großen Poren sind herablaufend, hutfarben und sechseckig oder länglich. Der Stiel (wenn vorhanden) ist mittig oder seitlich und hutfarben.

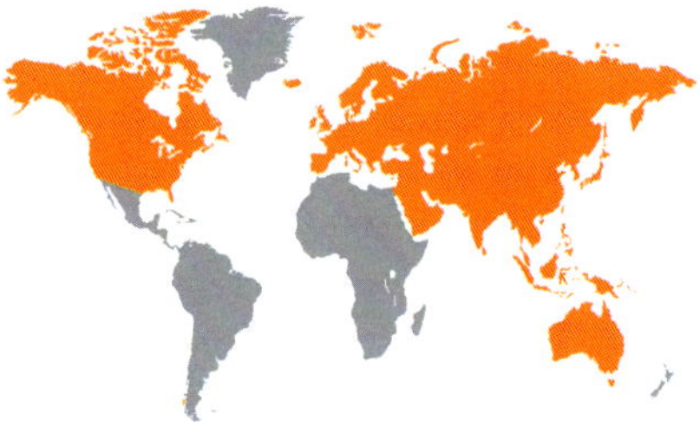

FAMILIE	Fistulinaceae
VERBREITUNG	Nordamerika, Europa, Asien, Australien
LEBENSRAUM	In Wäldern
SYMBIOSE	Auf Eichen und Kastanien
WUCHSFORM	Auf stehenden oder liegenden Stämmen, einzeln oder in kleinen Büscheln
VORKOMMEN	Häufig
SPORENFARBE	Weiß
GENIESSBARKEIT	Essbar

DICKE
Bis zu 60 mm

HUTDURCHMESSER
Bis zu 200 mm

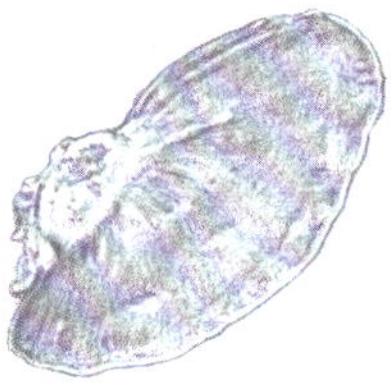

FISTULINA HEPATICA

EICHEN-LEBERREISCHLING

(SCHAEFFER) WITHERING

Fistulina hepatica verursacht Kernfäule und ist einer jener Pilze, die alte Eichen und Kastanien aushöhlen, wobei er in Nordamerika seit dem Aufkommen des Kastanienrindenkrebses seltener geworden ist. Die vom Pilz erzeugten Tannine verfärben das Holz intensiv goldbraun bis rötlich braun, was es bei Möbeltischlern begehrt macht. Der Eichen-Leberreischling (auch Leberpilz oder Ochsenzunge genannt) gilt jung als essbar und wird auch verzehrt, von manchen jedoch als sauer und enttäuschend empfunden. Dafür soll er antioxidative und antibakterielle Eigenschaften besitzen.

Maßstab 1:1

ÄHNLICHE ARTEN

Als frischer Jungpilz ist der Eichen-Leberreischling unverwechselbar. Im Alter verliert er zwar seine Farbe, aber er sollte nach wie vor an seiner wässrigen, schwabbeligen Konsistenz zu erkennen sein. Der verwandte *Pseudofistulina radicata* wächst im Osten Nordamerikas und in Südamerika, ist jedoch blass gelblich braun und hat einen ausgeprägten Stiel.

Der Eichen-Leberreischling ist jung im Ganzen leuchtend rosig rot, wird später blutrot und schließlich matt rötlich gelb. Der gesamte Pilz ist weich und eher gelatinös. Bei feuchtem Wetter tritt eine wässrige blutrote Flüssigkeit aus. Der Hut ist leicht schorfig und die kleinen runden Poren sind in einzelne, freistehende Röhren unterteilt.

FAMILIE	Polyporaceae
VERBREITUNG	Nordamerika, Europa, Nordafrika, Asien
LEBENSRAUM	In Wäldern
SYMBIOSE	Auf Laubbäumen, vor allem Birken
WUCHSFORM	Auf stehenden oder liegenden Baumstämmen, einzeln oder verstreut
VORKOMMEN	Häufig
SPORENFARBE	Weiß
GENIESSBARKEIT	Ungenießbar

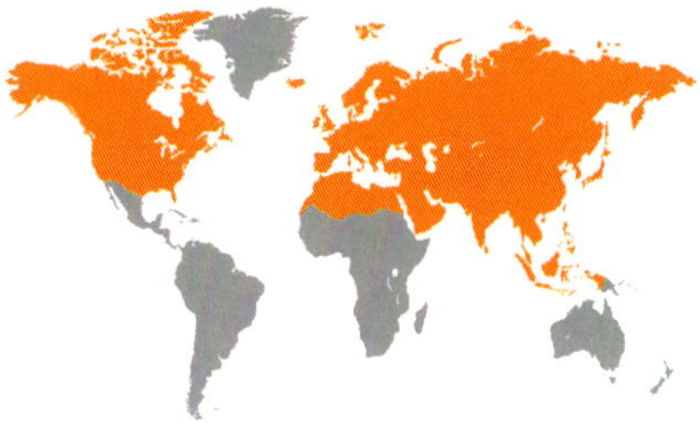

DICKE
Bis zu 150 mm

HUTDURCHMESSER
Bis zu 150 mm

FOMES FOMENTARIUS

ZUNDERSCHWAMM

(LINNAEUS) J. KICKX

Fomes fomentarius war früher die Hauptquelle für Zunder, eine weiche, filzige Substanz, die aus dem faserigen inneren Fleisch des Pilzes hergestellt wurde. Der Zunder, manchmal mit Salpeter getränkt, war vor der Erfindung der Streichhölzer ein häufig verwendetes Anzündmittel. Die prähistorische Gletschermumie „Ötzi“ hatte Stücke von *F. fomentarius* bei sich, vermutlich, um Feuer zu entzünden. Zunder wurde auch von Badern zur Blutstillung verwendet. Heute wird Zunder (unter dem Namen „Amadou“) noch gelegentlich von Fliegenfischern zum Trocknen von Fliegen verwendet und (in Osteuropa) für die Herstellung von filzartigen traditionellen Jagdhüten.

ÄHNLICHE ARTEN

Alte Exemplare einiger *Ganoderma*-Arten können ähnlich harte, graue Hüte und eine breite Hufform entwickeln. Ihre Poren sind aber weißlich und die Sporen braun. *Fomitopsis pinicola* ist ebenfalls hufförmig, aber mit einem deutlichen rötlichen Hutrand. *Laricifomes officinalis* wächst nur auf Nadelbäumen.

Der Zunderschwamm bildet harte, holzige, mehrjährige Fruchtkörper, die mit den Jahren hufförmig werden. Der Hut bekommt eine glatte, graue Kruste, wobei der wachsende Rand blassbraun ist. Die Poren sind rund und blassbraun. Das Fleisch ist gelblich braun und faserig.

Maßstab 1:1

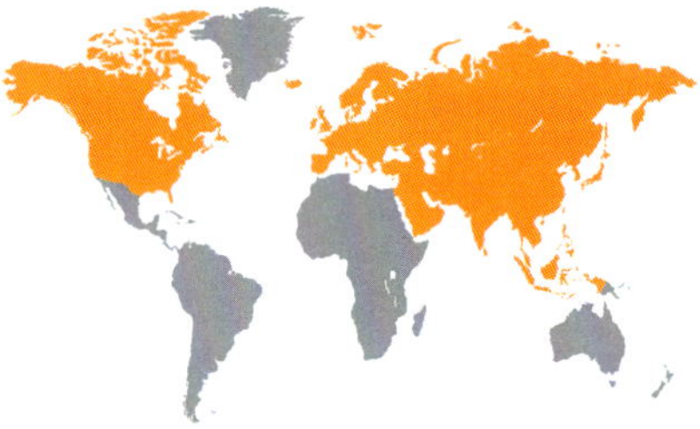

FAMILIE	Fomitopsidaceae
VERBREITUNG	Nordamerika, Europa, Asien
LEBENSRAUM	In Wäldern
SYMBIOSE	Auf Nadelholz, seltener auch auf Laubholz
WUCHSFORM	Auf toten Stämmen und Baumstümpfen
VORKOMMEN	Häufig
SPORENFARBE	Weiß
GENIESSBARKEIT	Ungenießbar

DICKE
Bis zu 200 mm

HUTDURCHMESSER
Bis zu 400 mm

FOMITOPSIS PINICOLA

ROTRANDIGER BAUMSCHWAMM

(SWARTZ) P. KARSTEN

Der Rotrandige Baumschwamm bildet holzige, mehrjährige Fruchtkörper. Beim Jungpilz hat die Hutoberfläche eine klebrige, rötlich orange Schicht, die als Zone um den oft weißlichen Rand bestehen bleibt. Wenn mit den Jahren weitere Schichten wachsen, werden die Hüte dunkelbraun bis gräulich und die Fruchtkörper hufförmig. Die Poren sind cremefarben bis gelblich, das Fleisch cremefarben bis gelbbraun.

Fomitopsis pinicola verursacht Braunfäule mit Würfelbruch, die aus Holz ein bröckeliges Pulver macht. In einigen nördlichen Nadelwäldern kommt der Pilz extrem häufig vor und sorgt für den Abbau von Totholz, das er zu Humus zersetzt. Er ist ein schwacher Erreger und greift selten lebende Bäume an. Die kanadischen Cree verwendeten ihn traditionell in Pulver- und Pastenform als blutstillendes Mittel für Wunden. Wie viele Baumpilze wird auch der Rotrandige Baumschwamm auf potenzielle antimikrobielle Eigenschaften untersucht. Er wird sogar kommerziell geerntet und wegen seiner angeblich gesundheitsfördernden Wirkung verkauft.

ÄHNLICHE ARTEN

Fomes fomentarius ist grau und hufförmig, hat aber keinen rötlichen Rand, wie ihn alte Exemplare braunsporiger *Ganoderma*-Arten haben. *Fomitopsis rosea* unterscheidet sich durch seine blass rosigen Poren. *Laricifomes officinalis* hat auch keinen rötlichen Rand und wächst meist auf Lärchen.

Maßstab 1:1

FAMILIE	Fomitopsidaceae
VERBREITUNG	Nordamerika, Europa, Nordasien
LEBENSRAUM	In Wäldern, vor allem auf geschnittenem Holz
SYMBIOSE	Auf Nadelbäumen, vor allem Fichten und Tannen
WUCHSFORM	Auf lebenden und toten Stämmen und Stümpfen
VORKOMMEN	Lokal häufig
SPORENFARBE	Weiß
GENIESSBARKEIT	Ungenießbar

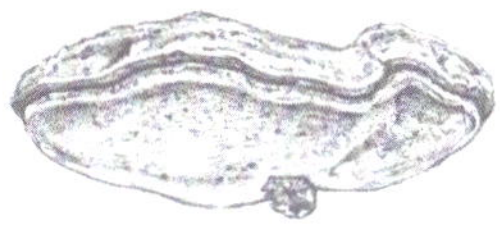

DICKE
Bis zu 75 mm

HUTDURCHMESSER
Bis zu 150 mm

FOMITOPSIS ROSEA

ROSENROTER BAUMSCHWAMM

(ALBERTINI & SCHWEINITZ) P. KARSTEN

Die meisten holzig-harten, hufförmigen Baumpilze sind entweder grau oder braun, darum überraschen die rosa Poren des Rosenroten Baumschwamms. In den Nadelwäldern Nordamerikas ist er häufig und gilt sogar als Schädling, der bei Douglasien und anderen Nutzbäumen Braunfäule in den Wipfeln verursacht. Er kann auch als Fäule in Nadelschnittholz auftreten und wurde (kurioserweise) nur auf den Britischen Inseln auch an Gebäuden entdeckt. In europäischen Wäldern ist er jedoch eine zunehmend seltene Art, deren Erhalt bedroht ist und die in mehreren Ländern auf der nationalen Roten Liste gefährdeter Pilze steht.

ÄHNLICHE ARTEN

Fomitopsis rosea gehört zu einem Artenkomplex mit rosa Poren. *Fomitopsis cajanderi* ist in Nordamerika häufig, wächst aber eher im Süden und bildet weniger hufförmige Fruchtkörper, die oft dachziegelig oder büschelig wachsen. *Fomitopsis feei* wächst auf Laubbäumen in den Tropen und Subtropen.

Der Rosenrote Baumschwamm bildet holzige, mehrjährige Fruchtkörper, die hufförmig werden. Jung ist die Oberfläche samtig-haarig und blassrosa. Im Alter wird sie hart, krustig, dunkelbraun bis grauschwarz und oft rissig. Die Poren und das Fleisch sind blassrosa bis rosabraun.

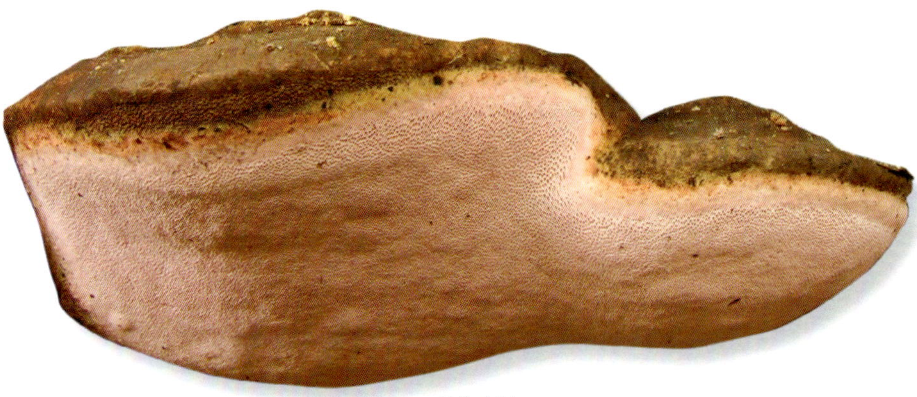

Maßstab 1:1

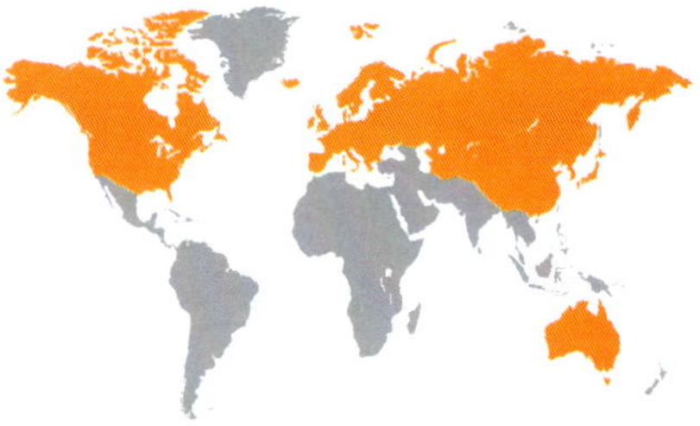

FAMILIE	Ganodermataceae
VERBREITUNG	Nordamerika, Europa, Nordasien, Australien
LEBENSRAUM	In Wäldern
SYMBIOSE	Auf Laubholz, sehr selten auf Nadelbäumen
WUCHSFORM	An der Basis von toten und lebenden Stämmen, auf Stümpfen und Hölzern
VORKOMMEN	Häufig
SPORENFARBE	Braun
GENIESSBARKEIT	Ungenießbar

DICKE
Bis zu 60 mm

HUTDURCHMESSER
Bis zu 600 mm

GANODERMA APPLANATUM

FLACHER LACKPORLING

(PERSOON) PATOUILLARD

Maßstab 1:1

Ein kurioses Merkmal dieses Pilzes ist das rasche Bräunen der weißen Porenfläche bei Verletzungen. Die Verfärbung ist deutlich und dauerhaft, sodass man etwas auf die Fläche zeichnen kann – daher wird der Pilz auch „Malerpilz" genannt. *Ganoderma applanatum* verursacht Weißfäule an den Stämmen und Wurzeln lebender Bäume. Beim Auftauchen von Konsolen werden die Bäume oft vorsorglich gefällt, da der Pilz diverse Garten- und Parkbäume befällt. Traditionsgemäß wurde aus ihm nicht nur Papier hergestellt, sondern man fertigte auch Hüte und Westen aus dem Pilz. In Alaska verbrannte man ihn, um Stechmücken abzuschrecken.

ÄHNLICHE ARTEN

Ganoderma australe ist sehr ähnlich, wächst jedoch südlicher und nicht in Nordamerika. Die Fruchtkörper sind meist dicker, aber er unterscheidet sich vor allem mikroskopisch durch seine größeren Sporen. Die meisten anderen häufigen *Ganoderma*-Arten haben glänzende oder harzige, oft rötliche Hüte.

Der Flache Lackporling bildet holzige, mehrjährige Fruchtkörper. Die Hutoberfläche ist grau und glatt, aber nicht glänzend, und mit jährlichen Röhrenschichten konzentrisch gefurcht. Die Poren sind weiß, verfärben sich auf Druck aber sofort dunkelbraun. Werden Sporen gebildet, bedecken die zahlreichen braunen Sporen manchmal die Hutoberfläche und die benachbarten Pflanzen.

FAMILIE	Ganodermataceae
VERBREITUNG	Nordamerika, Europa, Südamerika, Asien
LEBENSRAUM	In Wäldern
SYMBIOSE	Schwacher Parasit auf Laubbäumen, vor allem Eiche, Kastanie, Pflaume
WUCHSFORM	Einzeln oder in Gruppen auf lebendem oder totem (Fall-) Holz
VORKOMMEN	Selten
SPORENFARBE	Braun
GENIESSBARKEIT	Ungenießbar

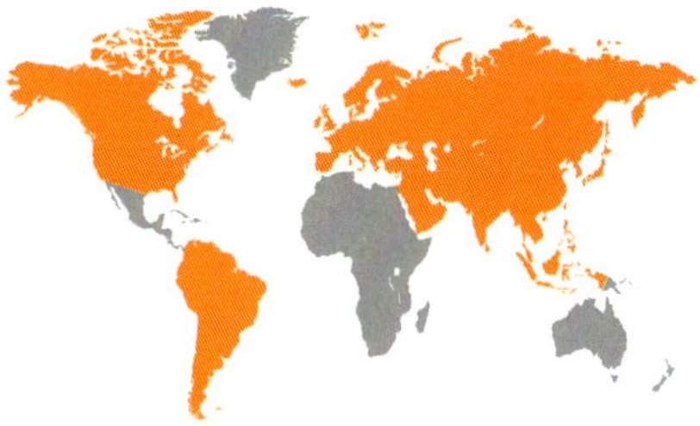

GANODERMA LUCIDUM

GLÄNZENDER LACKPORLING

(CURTIS) P. KARSTEN

DICKE
Bis zu 50 mm

HUTDURCHMESSER
Bis zu 300 mm

Der Glänzende Lackporling, in Japan als Reishi bekannt und in China als „Pilz der Unsterblichkeit" verehrt, wird in der traditionellen östlichen Medizin häufig verwendet. Er soll bei vielen Krankheiten helfen, vor allem bei Erkrankungen der Leber, und das Leben verlängern. Der Glänzende Lackporling ist zu hart und bitter, um ihn frisch zu essen, aber er wird oft getrocknet als Tee konsumiert oder Reiswein zugesetzt. Erst in den letzten 20 Jahren ist sein kommerzieller Anbau gelungen, nämlich mit einer aus Japan stammenden Methode, die das Sägemehl von Pflaumenbäumen verwendet. Heute schätzt man den Ertrag der Reishi-Industrie auf weit über 2 Milliarden Euro pro Jahr.

ÄHNLICHE ARTEN

Neuere Molekularforschung ergab, dass der Glänzende Lackporling zu einem Komplex aus schwierig zu bestimmenden Arten gehört. Dazu zählen auch *Ganoderma carnosum*, der auf Nadelbäumen, vor allem Eiben, in Europa wächst, sowie *G. tsuga*, der auf Nadelbäumen, vor allem Schierlingen, im Nordosten Amerikas zu finden ist.

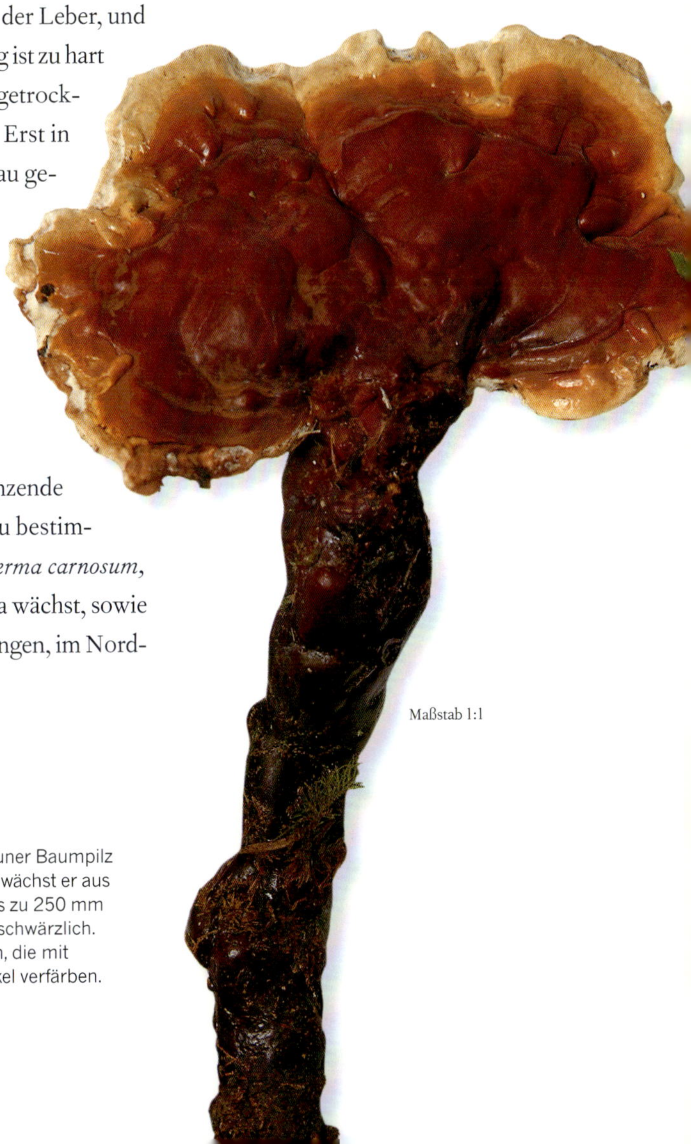

Maßstab 1:1

Der Glänzende Lackporling ist ein ansehnlicher, rötlich brauner Baumpilz mit einem harten, gefurchten, lackartig glänzenden Hut. Oft wächst er aus einem ähnlich gefärbten, aufrechten, versetzten Stiel, der bis zu 250 mm hoch sein kann. Im Alter wird er oft dunkel violettbraun bis schwärzlich. An der Unterseite befinden sich winzige runde, weiße Poren, die mit zunehmender Reife braun werden und sich auf Druck dunkel verfärben.

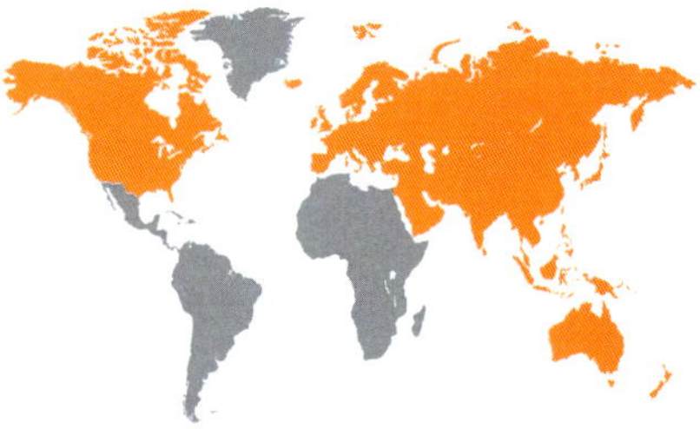

FAMILIE	Gloeophyllaceae
VERBREITUNG	Nordamerika, Europa, Asien, Australien, Neuseeland
LEBENSRAUM	In Wäldern
SYMBIOSE	Auf Nadelbäumen, seltener auf Laubholz
WUCHSFORM	Auf Fallholz, oft auf bearbeitetem Holz
VORKOMMEN	Häufig
SPORENFARBE	Weiß
GENIESSBARKEIT	Ungenießbar

DICKE
Bis zu 5 mm

HUTDURCHMESSER
Bis zu 120 mm

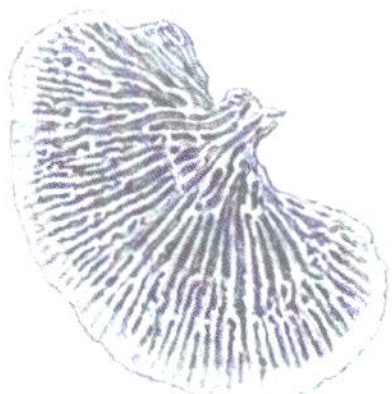

GLOEOPHYLLUM SEPIARIUM

ZAUN-BLÄTTLING

(WULFEN) P. KARSTEN

Maßstab 1:1

Der Zaun-Blättling bildet zähe, aber biegsame Fruchtkörper, die oft zusammenwachsen. Die Hutoberfläche ist deutlich haarig und leuchtend gelblich, rostfarben oder rötlich braun gezont. Im Alter wird die Farbe schwächer und dunkler. Die Unterseite ist meist blasser gelbbraun, mit breiten, stark unregelmäßigen Poren, die labyrinthartig bis lamellenartig sind (siehe Bild unten).

Der Zaun-Blättling sieht zwar hübsch aus, verursacht jedoch Braunfäule mit Würfelbruch und ist einer der aktivsten Zersetzer von unbehandeltem Nadelholz – nicht nur Pfosten und Zäune, sondern auch feuchtes tragendes und anderes Holz in Gebäuden. Besonders häufig kommt er auf unbehandelten Fensterbänken aus Nadelholz vor. In der Vergangenheit kannte man ihn als gefährlichen Zerstörer von Stützbalken in Bergwerken. Eine Kuriosität am Rande: Eine stark verdünnte Essenz des Zaun-Blättlings ist im Handel erhältlich und soll traumatische Erinnerungen mindern und positive Energien aktivieren.

ÄHNLICHE ARTEN

Mehrere andere *Gloeophyllum*-Arten sind ähnlich, aber generell seltener und weniger weitverbreitet. *Gloeophyllum abietinum* ist stumpfer braun und hat keine Poren, aber dicke, gewellte Lamellen an der Unterseite. Der Tropen- und Subtropenpilz *G. striatum* hat eine ähnliche Unterseite. *Gloeophyllum trabeum* hat feinere, dichtere, labyrinthartige Poren.

FAMILIE	Meripilaceae
VERBREITUNG	Im Osten Nordamerikas, in Europa, Nordasien
LEBENSRAUM	In Wäldern
SYMBIOSE	Als Parasit auf Laubbäumen, vor allem Eichen, Buchen und Eschen
WUCHSFORM	An der Basis lebender oder morscher Bäume
VORKOMMEN	Häufig
SPORENFARBE	Weiß
GENIESSBARKEIT	Essbar

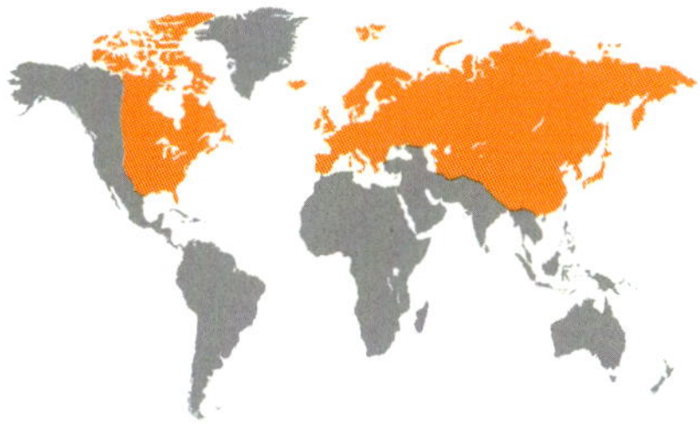

HEIGHT
Bis zu 600 mm

DIAMETER
Bis zu 600 mm

GRIFOLA FRONDOSA

KLAPPERSCHWAMM

(DICKSON) GRAY

Dieser Pilz soll ein vorzüglicher Speisepilz sein und ist heute in vielen Delikatessenläden erhältlich, seitdem er 1979 erstmals kommerziell angebaut wurde. In Japan ist er unter dem Namen Maitake erhältlich und manchmal als „tanzender Pilz" bekannt (auch wenn keine halluzinogene Wirkung bekannt ist). In den 1990er-Jahren wurden jedes Jahr rund 8000 Tonnen Pilze gezüchtet. Zu seinen heilenden Eigenschaften sollen die Stärkung des Immunsystems und eine antivirale Wirkung zählen. Das Derivat Maitake-D-Fraktion wird in den USA in klinischen Studien für die Behandlung von Brust- und Prostatakrebs im Spätstadium erprobt. Er wird in Pulverform oder als Tabletten verkauft. Für die Heimzucht werden auch inokulierte Holzstämme angeboten.

ÄHNLICHE ARTEN

Der nordamerikanische *Bondarzewia berkeleyi* sieht ähnlich aus, ist aber heller cremeweiß-hellbraun und wächst auf Nadelbäumen. Der weitverbreitete *Meripilus giganteus* verfärbt sich im Alter oder auf Druck schwarz. *Polyporus umbellatus* hat kleinere, schirmartige Hüte auf mittigen statt auf seitlichen Stielen.

Der Klapperschwamm bildet riesige Haufen aus verwachsenen und sich überlagernden lappigen oder löffelförmigen Hüten, die seitlich an einem dicken, verzweigten Stiel wachsen. Die Hüte sind graubraun bis dunkelbraun, gezont und gestreift. Der Stiel und die winzigen Poren sind weißlich oder cremefarben. Das Fleisch ist zäh und weiß und verfärbt sich nicht im Alter oder auf Druck.

Maßstab 1:1

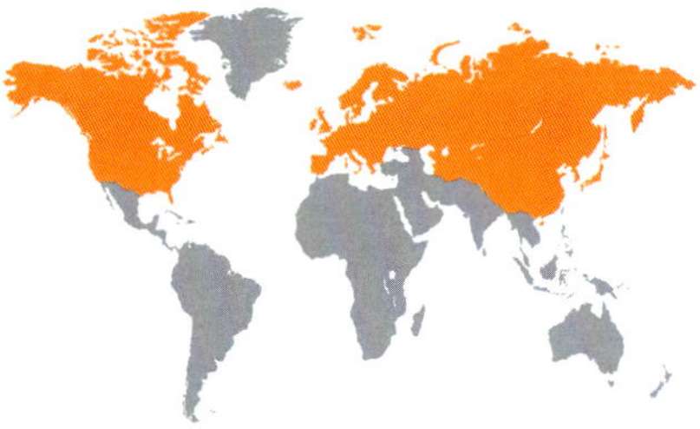

FAMILIE	Polyporaceae
VERBREITUNG	Nordamerika, Europa, Nordasien
LEBENSRAUM	In Wäldern
SYMBIOSE	Auf Laubholz, gelegentlich auf Nadelbäumen
WUCHSFORM	Auf liegendem oder stehendem, morschem Holz
VORKOMMEN	Selten
SPORENFARBE	Weiß
GENIESSBARKEIT	Giftig

DICKE
Bis zu 40 mm

HUTDURCHMESSER
Bis zu 100 mm

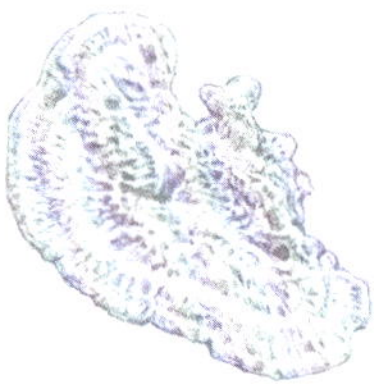

HAPALOPILUS NIDULANS

ZIMTFARBENER WEICHPORLING

(FRIES) P. KARSTEN

Der Zimtfarbene Weichporling ist bei Färbern äußerst beliebt: In Verbindung mit starken alkalischen Beizen (Fixiermitteln) produziert er eindrucksvolle violette Farben. Außerdem haben die für die Färbung verantwortlichen Terphenylquinone auch eine antimikrobielle Wirkung. In Deutschland verursachte *Hapalopilus nidulans* vor einiger Zeit mehrere neurotoxische Vergiftungen, als eine Familie ihn verzehrte. Die Symptome, darunter Übelkeit, eingeschränkte Motorik, Sehstörungen sowie Leber-und Nierenversagen, traten nach 12 Stunden auf. Der Urin der drei Betroffenen nahm zeitweise eine violette Farbe an. Sie alle wurden jedoch wieder völlig gesund. Der vermutliche Übeltäter war die Polyporsäure, die im Pilz in großen Mengen vorhanden ist.

Maßstab 1:1

ÄHNLICHE ARTEN

Zwei Pilze, die als Speisepilze gesammelt werden und mit dem Zimtfarbenen Weichporling verwechselt werden könnten, sind der Eichen-Leberreischling (*Fistulina hepatica*) und der Schwefelporling (*Laetiporus sulphureus*). Ersterer ist eine weiche, blutrote Konsole, die rötliche Flüssigkeit absondert, während Letzterer leuchtend schwefelgelb ist und blasser wird. Beide wachsen für gewöhnlich auf Laubbäumen.

Der Zimtfarbene Weichporling ist jung intensiv orange-zimtbraun und die nierenförmigen Konsolen sind weich und wässrig, mit leicht samtiger Struktur. Mit dem Alter werden sie härter und spröder. Das Fleisch ist ebenfalls zimtbraun. Die winzigen ocker bis braunen Poren sind leicht eckig und der gesamte Pilz duftet angenehm süßlich. Jedes starke Alkali (etwa Ätznatron oder Chlorbleiche) verursacht die charakteristische, leuchtend violette Farbänderung.

FAMILIE	Marasmiaceae
VERBREITUNG	Nordamerika, Europa, Mittelamerika, Asien, Neuseeland
LEBENSRAUM	In Wäldern
SYMBIOSE	Auf Laubbäumen, seltener auf Nadelbäumen
WUCHSFORM	Auf Baumstümpfen und Fallholz
VORKOMMEN	Häufig
SPORENFARBE	Weiß
GENIESSBARKEIT	Ungenießbar

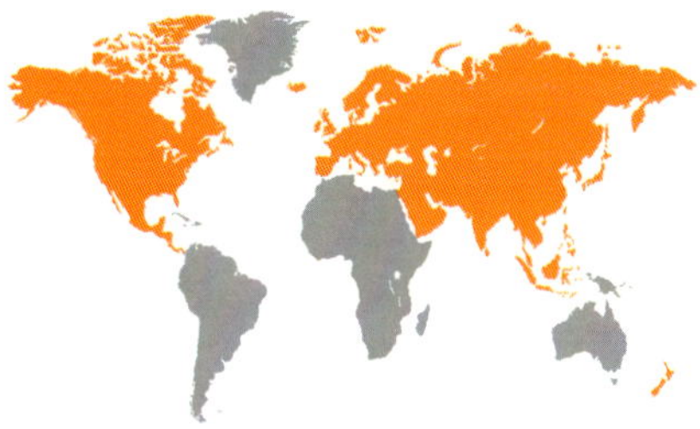

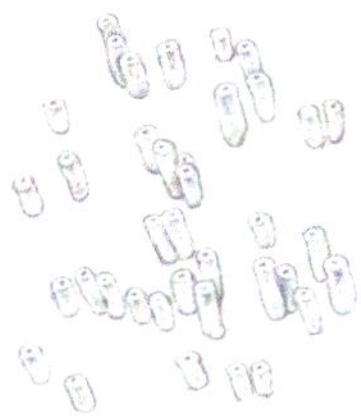

GRÖSSE
Bis zu 2,5 mm

DURCHMESSER
Unter 1 mm

HENNINGSOMYCES CANDIDUS

REINWEISSES HÄNGERÖHRCHEN

(PERSOON) KUNTZE

Dieser ungewöhnliche kleine Pilz wird leicht übersehen, fällt aber auf, wenn er in Schwärmen die Unterseite alter Stämme oder Fallholz besiedelt. Er wird hier erwähnt, weil seine Fruchtkörper fast so aussehen wie abgelöste Röhren und Poren von der Unterseite eines Baumpilzes. Eigentlich ist das Reinweiße Hängeröhrchen aber einer der cyphelloiden Pilze – Verwandte der Blätterpilze mit scheiben- oder becherförmigen Fruchtkörpern. Es gehört zur selben Familie wie die *Marasmius*-Arten, von denen die meisten konventionelle Fruchtkörper mit Hut, Lamellen und Stiel haben.

Maßstab 1:1

ÄHNLICHE ARTEN

Henningsomyces candidus ist der häufigste Vertreter der Gattung, aber auch einige andere Arten sind bekannt, vor allem *H. puber*, der ähnlich, aber fein behaart ist, wenn man ihn durch eine Lupe betrachtet. Die Fruchtkörper der *Rectipilus*-Arten – eine verwandte Gruppe cyphelloider Pilze – können auch röhrenförmig sein, sind öfter aber becherförmig.

Das Reinweiße Hängeröhrchen bildet kleine, röhrenförmige Fruchtkörper, die meist gesellig wachsen; manchmal dicht gedrängt, manchmal spärlich verstreut. Die einzelnen Röhren sind zylindrisch, weißlich und glatt, mit einer runden, porenartigen Öffnung an der Oberseite.

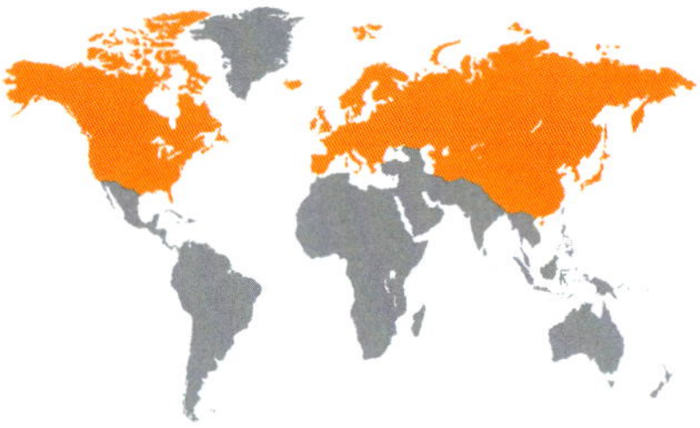

FAMILIE	Bondarzewiaceae
VERBREITUNG	Nordamerika, Europa, Nordasien
LEBENSRAUM	In Wäldern
SYMBIOSE	Als Parasit auf Nadelbäumen, gelegentlich auf Laubbäumen
WUCHSFORM	Einzeln oder in Gruppen, an der Basis lebender oder toter Bäume
VORKOMMEN	Sehr häufig
SPORENFARBE	Weiß
GENIESSBARKEIT	Ungenießbar

DICKE
Bis zu 25 mm

HUTDURCHMESSER
Bis zu 200 mm

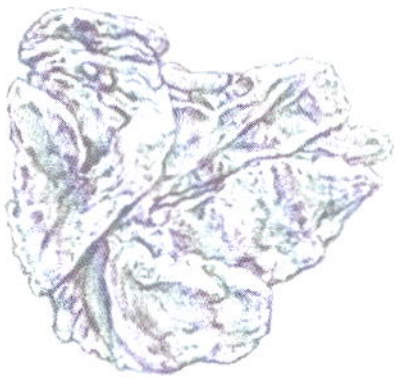

HETEROBASIDION ANNOSUM

WURZELSCHWAMM

(FRIES) BREFELD

Der Wurzelschwamm ist ein Wurzelschädling auf Nadelbäumen, der in der Forstwirtschaft große Verluste verursacht. Er besiedelt Schnittflächen und kann sich von dort auf gesunde Bäume in der Nähe verbreiten. Mit einer in Großbritannien entwickelten Biokontrollmethode kann man ihn eindämmen, indem man frische Schnittstellen mit einem Präparat aus dem Pilz *Phlebiopsis gigantea* behandelt. *Phlebiopsis* ist harmlos und verhindert die Besiedelung durch den Wurzelschwamm. *Heterobasidion annosum* hat jedoch auch sein Gutes: Aus ihm kann man Papier herstellen und er wurde in der Volksmedizin gegen Krebs und zum Kauterisieren von Schlangenbissen eingesetzt. Er enthält die antibakterielle Verbindung Fomannosin.

ÄHNLICHE ARTEN

Der Rotrandige Baumschwamm (*Fomitopsis pinicola*) ist ein häufiger schwacher Parasit auf Nadelbäumen und sieht jung dem Wurzelschwamm sehr ähnlich. Sein Hut ist aber mit einer harzigen Kruste bedeckt. *Antrodia serialis* bildet nur selten Konsolen, kann aber kissenförmigen Exemplaren des Wurzelschwamms ähneln. Er ist jedoch komplett cremeweiß und lässt sich, obwohl ledrig, leicht vom Baum abziehen.

Maßstab 1:1

Der Wurzelschwamm kann verschiedene Formen annehmen: von ungleichmäßigen, kissenförmigen Klumpen bis gleichmäßig geformten, großen Konsolen. Wenn vorhanden, ist der Hut klumpig und ungleichmäßig, konzentrisch gräulich bis rötlich braun gezont und hat einen weißen Rand. Die weißen bis cremefarbenen Poren sind winzig und ohne Lupe kaum sichtbar. Das Fleisch ist weißlich cremefarben und ledrig, und hat einen starken, süßlichen, pilzigen Geruch.

FAMILIE	Polyporaceae
VERBREITUNG	Im Süden Nordamerikas, in Afrika, Mittel- und Südamerika
LEBENSRAUM	In Wäldern
SYMBIOSE	Auf Laubholz
WUCHSFORM	Auf herabgefallenen Ästen, Stämmen und auf Baumstümpfen
VORKOMMEN	Häufig
SPORENFARBE	Weiß
GENIESSBARKEIT	Ungenießbar

DICKE
Bis zu 25 mm

HUTDURCHMESSER
Bis zu 200 mm

HEXAGONIA HYDNOIDES

(SWARTZ) M. FIDALGO

Hexagonia hydnoides („Hairy Hexagon") wurde ursprünglich aus Jamaika dokumentiert und ist ein häufig vorkommender holzfressender Pilz in Afrika sowie im tropischen und subtropischen Amerika, im Norden bis nach Florida und an die Golfküste. Die Hüte der Jungpilze sind fein behaart, aber im Alter ähneln sie mit ihren groben, schwarzen, allmählich ausfallenden Borsten eher einer abgenutzten Schuhbürste. Die eckigen, oft sechseckigen Poren sind ein Merkmal der Gattung, aber die Poren von *Hexagonia hydnoides* sind klein und sehen meist gewöhnlich rund aus.

ÄHNLICHE ARTEN

In Afrika wächst eine weitere Art mit borstigen Hüten, *Hexagonia hirta*, aber ihre Poren sind viel größer als jene von *H. hydnoides* und deutlich eckig. In Südasien und Australien haben die Jungpilze von *H. apiaria* auch borstige Hüte, aber seine Poren sind sogar noch größer.

Maßstab 1:1

Hexagonia hydnoides hat stiellose Fruchtkörper, die zuerst ledrig sind, später hart und starr werden. Jung sind die dunkelbraunen bis schwärzlichen Hüte dicht mit gleichmäßig gefärbten Haaren oder Borsten bedeckt, die bis zu 10 mm lang werden und im Alter abfallen. Die kleinen Poren sind rund bis leicht eckig, gelblich braun und werden bräunlich grau.

FAMILIE	Meripilaceae
VERBREITUNG	Im Süden Nordamerikas, in Mittel- und Südamerika
LEBENSRAUM	In Wäldern
SYMBIOSE	Mit Laubbäumen
WUCHSFORM	Auf Baumstümpfen und am Boden auf vergrabenem Holz
VORKOMMEN	Häufig
SPORENFARBE	Weiß
GENIESSBARKEIT	Essbar

GRÖSSE
Bis zu 75 mm

HUTDURCHMESSER
(Büschel)
Bis zu 125 mm

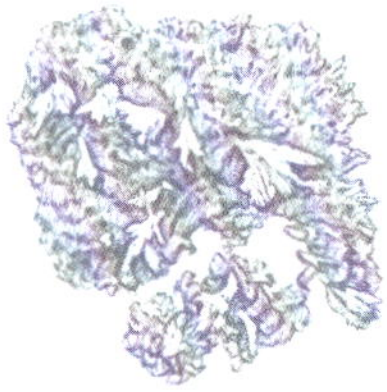

HYDNOPOLYPORUS FIMBRIATUS

GEFRANSTES BECHERSTROMA

(FRIES) D. A. REID

Dieser blättrige Pilz bildet manchmal einzelne Fruchtkörper, wächst meist jedoch in rosettenartigen Büscheln. Er gehört in dieselbe Familie wie der Riesenporling (*Meripilus giganteus*), der auch fächerige, aber viel größere Hüte bildet. Im Gegensatz zu anderen rosettenbildenden Arten – wie etwa *Podoscypha petalodes* („Wine Glass Fungus") – ist das Gefranste Becherstroma an der Unterseite nicht immer glatt, sondern entwickelt verschiedene Auswüchse, die Zapfen, Stacheln, Zähnen oder Poren ähneln. Ursprünglich wurde es aus Brasilien dokumentiert, aber sein Lebensraum erstreckt sich im Norden zumindest bis nach Louisiana und an die Golfküste.

ÄHNLICHE ARTEN

Rosettenbildende *Podoscypha*-Arten haben glatte Unterseiten. Der Kreiselförmige Schütterzahn (*Sistotrema confluens*) bildet jedoch weißliche, lappige Fruchtkörper, die manchmal Poren, manchmal Stacheln aufweisen. Er wächst vor allem in der nördlichen gemäßigten Zone, ist im Süden aber bis nach Costa Rica bekannt. Normalerweise wächst er nicht büschelig, sondern auf Streu und Erde statt auf Holz und hat einen süßlichen Geruch.

Maßstab 1:1

Das Gefranste Becherstroma bildet Büschel oder Rosetten aus blättrigen, faserigen Fruchtkörpern. Die Hüte sind fein samtig und werden glatt, weiß oder bekommen gelbliche oder rosige Töne und sie haben meist einen stark rissigen, fedrigen Rand. Die Unterseite ist hutfarben und sehr variabel: glatt oder mit schlitzförmigen Poren, unregelmäßigen Zacken oder Stacheln.

FAMILIE	Hymenochaetaceae
VERBREITUNG	Nordamerika, Europa, Nordafrika, Nordasien
LEBENSRAUM	In Wäldern
SYMBIOSE	Auf Laubholz, vor allem Eschen und Eichen
WUCHSFORM	Auf lebenden Bäumen, einzeln oder in verstreuten Gruppen
VORKOMMEN	Häufig
SPORENFARBE	Braun
GENIESSBARKEIT	Ungenießbar

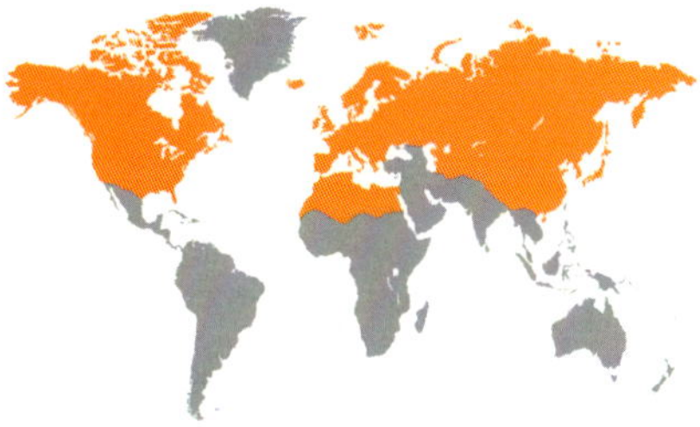

DICKE
Bis zu 100 mm

HUTDURCHMESSER
Bis zu 300 mm

INONOTUS HISPIDUS

ZOTTIGER SCHILLERPORLING

(BULLIARD) P. KARSTEN

Der Zottige Schillerporling verursacht an Wirtsbäumen Baumkrebs: lange, senkrechte Risse mit verhärteten Rändern. Um diese „Geschwulste" erscheinen oft Fruchtkörper. In Europa findet der häufigste Befall auf Eschen statt, während der Pilz in Nordamerika auf vielen verschiedenen Laubbäumen wächst, etwa auf Eichen, Weiden, Walnuss- und Maulbeerbäumen. *Inonotus hispidus* war allerdings auch der Ursprung der medizinisch bedeutenden Metaboliten Hispidin und Hispolon. Spätere Untersuchungen ergaben, dass diese Pilzmetaboliten potenziell nützliche antivirale und antioxidative Eigenschaften aufweisen. Der Pilz wird außerdem zum Färben von Textilien verwendet und ergibt gelbe bis grünlich goldene Farben.

Maßstab 1:1

ÄHNLICHE ARTEN

Den meisten verwandten Arten fehlt die dicht borstige Oberfläche des Zottigen Schillerporlings. Die Fruchtkörper von *Inonotus cuticularis* haben jung filzige oder faserige Konsolen, sind aber kleiner, dünner und wachsen oft büschelig. Der nicht verwandte *Phaeolus schweinitzii* kann ähnlich aussehen, wächst aber meist am Boden oder an der Basis von Nadelbäumen.

Der Zottige Schillerporling bildet große, einjährige Fruchtkörper mit dicht behaarten oder borstigen Hüten, die anfangs leuchtend rötlich bis orangebraun sind, mit einem blasseren Rand. Mit der Zeit werden sie dunkel rötlich braun und schließlich schwarz. Die Poren sind erst blass gelbbraun, werden allmählich dunkler rötlich braun und zum Schluss schwarz.

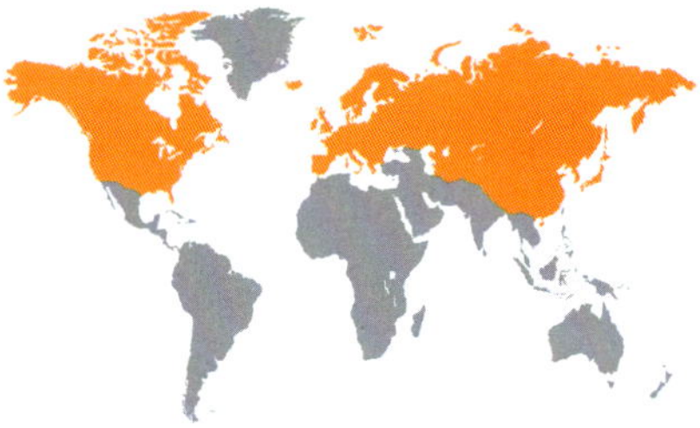

FAMILIE	Hymenochaetaceae
VERBREITUNG	Nordamerika, Europa, Nordasien
LEBENSRAUM	In Wäldern
SYMBIOSE	Auf Laubbäumen, vor allem Birken
WUCHSFORM	Knollen auf lebenden Bäumen, Fruchtkörper auf umgestürzten Stämmen
VORKOMMEN	Lokal häufig
SPORENFARBE	Braun
GENIESSBARKEIT	Ungenießbar

DICKE
(des Fruchtkörpers)
Bis zu 10 mm

DURCHMESSER
(des Fruchtkörpers)
Bis zu 300 mm

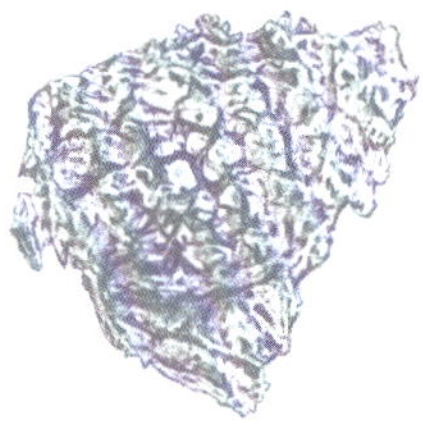

INONOTUS OBLIQUUS

SCHIEFER SCHILLERPORLING

(ACHARIUS EX PERSOON) PILÁT

Maßstab 1:1

Der Schiefe Schillerporling verursacht an Wirtsbäumen Baumkrebs, bei dem große Mengen an kohlenartigem Pilzgewebe aus den Geschwulsten wachsen. In Nordrussland kennt man den Pilz (auch Chaga genannt) aus der Volksmedizin und er wurde wie ein Tee aufgebrüht als Mittel gegen Krebs getrunken. In der ehemaligen Sowjetunion wurde der Pilz weithin verwendet, wie auch in Solschenizyns Roman *Krebsstation* beschrieben, und spätere Forschung ergab, dass er tatsächlich heilende Wirkung besitzen könnte. Er wurde bereits zur Behandlung von Tuberkulose sowie Leber-, Magen- und Herzerkrankungen eingesetzt und wird mittlerweile als Naturheilmittel verkauft.

ÄHNLICHE ARTEN

Viele andere resupinate (hutlose) Arten der Gattungen *Inonotus* und *Phellinus* bilden ähnliche Fruchtkörper, die nur mikroskopisch unterschieden werden können. Findet man Fruchtkörper von *Inonotus obliquus* auf liegenden Birken, sind meist auch die auffälligen, kohlschwarzen Knollen auf benachbarten Bäumen zu sehen.

Der Schiefe Schillerporling erscheint meistens als sterile Knollen (aus unförmigem, hartem, geschwärztem, gallartigem Pilzgewebe), die aus den Stämmen ihrer Wirtsbäume hervorbrechen. Fruchtkörper bilden sich nur, wenn der Baum fällt. Sie haben keine Hüte, sondern sind resupinat, dunkel rötlich braun, mit einer Oberfläche aus runden Poren. Sie sind kurzlebig und wachsen oft unter loser Rinde. Aus diesem Grund sieht man sie nicht so häufig wie die Knollen.

FAMILIE	Fomitopsidaceae
VERBREITUNG	Nordamerika, Europa, Nordasien
LEBENSRAUM	In Wäldern
SYMBIOSE	Mit Nadelbäumen
WUCHSFORM	Auf Baumstümpfen und Stämmen
VORKOMMEN	Häufig
SPORENFARBE	Weiß
GENIESSBARKEIT	Ungenießbar

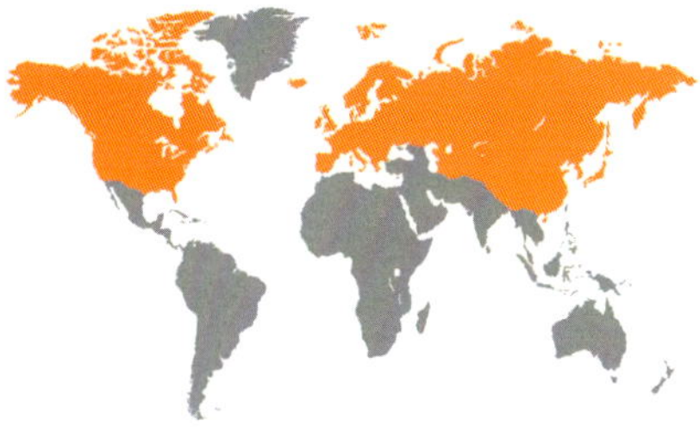

DICKE
Bis zu 25 mm

HUTDURCHMESSER
Bis zu 150 mm

ISCHNODERMA BENZOINUM

SCHWARZGEBÄNDERTER HARZPORLING

(WAHLENBERG) P. KARSTEN

Der Schwarzgebänderte Harzporling verändert sich mit dem Alter. Unreife Fruchtkörper sind braun und samtig, der samtige Belag verliert sich und enthüllt harzige, fast teerige schwarze Zonen. Schließlich wird der gesamte Fruchtkörper hart und schwärzlich. In dieser Zeit reifen die Sporen und werden verbreitet. Der Pilz ist ungenießbar, aber für die Nahrungsmittelindustrie vielleicht dennoch von Bedeutung: Seine Enzyme können andere Verbindungen zu Benzaldehyd (die Geschmackskomponente von Mandeln) abbauen – auf „natürlichem" Wege statt synthetisch.

ÄHNLICHE ARTEN

In Europa zeigen Versuche mit Pilzkulturen, dass eine seltene, identisch aussehende Art, *Ischnoderma resinosum*, auf Laubbäumen wächst. Ähnliche Versuche in Nordamerika deuten jedoch darauf hin, dass Funde auf Nadel- und Laubbäumen zur selben Art gehören – ein Rätsel, das noch nicht gelöst ist.

Der Schwarzgebänderte Harzporling bildet Fruchtkörper, die zuerst weich sind, aber hart und kompakt werden. Die Hüte sind anfangs flach, samtig und braun, entwickeln später schwarze, konzentrische, harzige Zonen und werden schließlich völlig schwarz, runzelig und hart. Die Unterseite ist anfangs weißlich, bräunt auf Druck und wird später braun bis dunkelbraun.

Maßstab 1:1

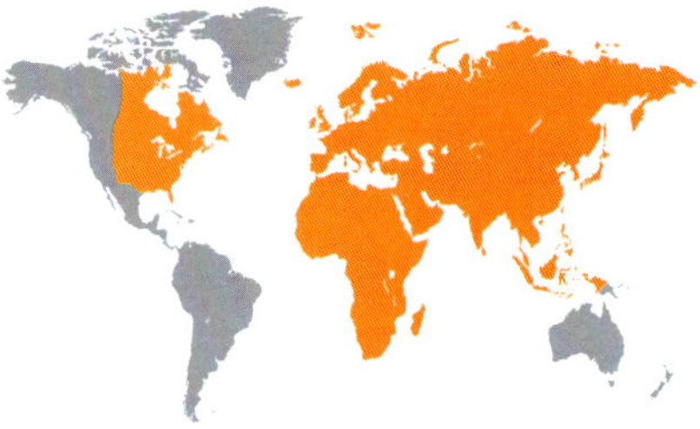

FAMILIE	Fomitopsidaceae
VERBREITUNG	Im Osten Nordamerikas, in Europa, Afrika, Asien
LEBENSRAUM	In Wäldern
SYMBIOSE	Auf Laubbäumen, seltener Nadelbäumen, vor allem Eiben
WUCHSFORM	Auf Stämmen und Stümpfen lebender oder toter Bäume
VORKOMMEN	Sehr häufig
SPORENFARBE	Weiß
GENIESSBARKEIT	Jung essbar, aber für manche Personen giftig; lieber meiden

DICKE
Bis zu 25 mm

HUTDURCHMESSER
Bis zu 500 mm

LAETIPORUS SULPHUREUS

SCHWEFEL-PORLING

(BULLIARD) MURRILL

Maßstab 1:1

Der häufige und weitverbreitete *Laetiporus sulphureus* ist ein holzzersetzender Pilz. Er verursacht eine braune oder würfelige Stockfäule, die einen Baum aushöhlen kann und ihn manchmal zu Fall bringt. Besonders oft wächst er auf Eichen, kommt jedoch auch auf mehreren anderen Bäumen vor. Er gilt weithin als guter Speisepilz und das gekochte Fleisch junger Pilze schmeckt nach Hühnchen. Leider verursacht sein Verzehr bei manchen Personen rasch auftretende Übelkeit und Erbrechen – möglicherweise eine allergische Reaktion.

ÄHNLICHE ARTEN

Die neuere Forschung unterscheidet mehrere sehr eng verwandte Arten in Nordamerika, darunter den weißporigen *Laetiporus cincinnatus*, *L. conifericola* auf Nadelbäumen im Westen sowie *L. gilbertsonii* auf Laubbäumen im Westen. Sie alle gelten zurzeit als essbar, sind allerdings mit Vorsicht zu genießen. Abgesehen davon sind die Größe und die leuchtenden Farben von *L. sulphureus* ein unverkennbares Merkmal der frischen Pilze.

Der Schwefel-Porling bildet typischerweise überlappende Büschel aus einjährigen Fruchtkörpern. Jung sind sie weich, orangegelb und gerundet. Mit zunehmender Reife breiten sie sich aus, werden gelb und tellerförmig, mit kleinen gelben Poren an der Unterseite. Im Alter verblassen sie gelbbraun, werden bröckelig und zerfallen schließlich.

FAMILIE	Polyporaceae
VERBREITUNG	Nordamerika, Europa, Nordasien
LEBENSRAUM	In Wäldern
SYMBIOSE	Auf Laubbäumen, vor allem Birken, seltener auf Nadelbäumen
WUCHSFORM	Auf liegenden Ästen und Stämmen und auf Baumstümpfen
VORKOMMEN	Häufig
SPORENFARBE	Weiß
GENIESSBARKEIT	Ungenießbar

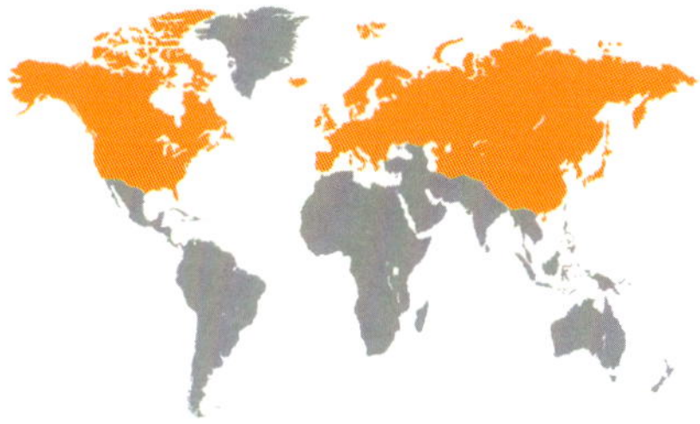

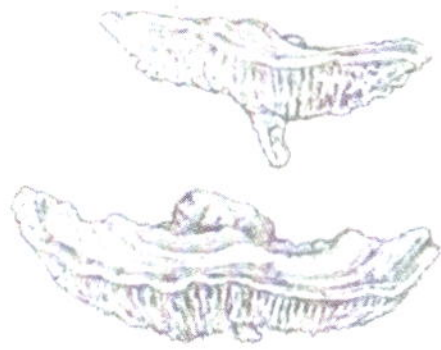

DICKE
Bis zu 5 mm

HUTDURCHMESSER
Bis zu 50 mm

LENZITES BETULINA

BIRKEN-BLÄTTLING

(LINNAEUS) FRIES

Dieser häufige Pilz wird manchmal für eine verblasste Schmetterlings-Tramete (*Trametes versicolor*) gehalten, bis man seine Unterseite sieht. Oft wachsen beide Arten zusammen, was kein Zufall ist, da der Birken-Blättling ein Parasit der Schmetterlings-Tramete ist. Letztere besiedelt das Totholz zuerst, aber der Birken-Blättling übernimmt das Holz, greift den vorhandenen Pilz an und tötet ihn. Diese Übernahme bereits besiedelter Ressourcen kommt im Reich der Pilze wohl häufig vor. Für die Herstellung von Papier ist der Birken-Blättling aufgrund seiner besonderen Zellstruktur einer der am besten geeigneten Pilze und ergibt robustes, biegsames Papier, das Tinte gut absorbiert.

ÄHNLICHE ARTEN

Von oben ähnelt dieser Pilz blassen Exemplaren von *Trametes versicolor* und verwandter Arten, aber die lamellige Unterseite von *Lenzites betulina* ist unverkennbar. Auch *Daedalea quercina* hat Lamellen, ist jedoch ein größerer, holzigerer Pilz und die Lamellen sind viel dicker.

Der Birken-Blättling hat ledrige Fruchtkörper mit fein behaarten Hüten, die in Grau- und Cremetönen gezont sind. Ältere Fruchtkörper ziehen oft Algen an und sehen grünlich aus. Die Unterseite hat keine Poren, sondern unregelmäßige, oft gegabelte Lamellen (siehe Bild rechts oben). Diese sind anfangs weiß und werden cremefarben bis ocker.

Maßstab 1:1

FAMILIE	Polyporaceae
VERBREITUNG	Südasien, Australien
LEBENSRAUM	In Wäldern
SYMBIOSE	Mit Laubbäumen
WUCHSFORM	Am Boden oder auf sehr morschem Fallholz
VORKOMMEN	Selten
SPORENFARBE	Weiß
GENIESSBARKEIT	Ungenießbar

GRÖSSE
Bis zu 300 mm

HUTDURCHMESSER
Bis zu 150 mm

LIGNOSUS RHINOCEROTIS

(COOKE) RYVARDEN

Der stattliche, langstielige *Lignosus rhinocerotis* („*Tiger's Milk Fungus*") erhebt sich aus einem großen Sklerotium – ein dichtes Pilzgeflecht, das in den vergrabenen Überresten liegender Stämme wächst. Aus einem einzelnen großen Sklerotium können mehrere Fruchtkörper entstehen. Erstmals wurde der Pilz von der Malaiischen Halbinsel dokumentiert, wo er ein traditionelles Allheilmittel der Volksmedizin war und für alles mögliche, von Asthma bis zur Lebensmittelvergiftung, eingesetzt wurde. Die Einheimischen glaubten, dass der Pilz aus herabgefallenen Tropfen Tigermilch wuchs, da die Fruchtkörper manchmal entlang der Linie eines vergrabenen Baums wachsen wie entlang eines Pfads.

ÄHNLICHE ARTEN

In Afrika wächst der verwandte und ähnlich aussehende *Lignosus sacer*. Tropische *Amauroderma*-Arten, etwa *A. rude*, sind ähnlich geformt, haben aber braune Sporen und keine Sklerotien. In Australien wachsen *Laccocephalum*-Arten aus unterirdischen (im Fall von *L. mylittae*, essbaren) Sklerotien, aber sie alle haben relativ kurze Stiele.

Maßstab 1:1

Lignosus rhinocerotis hat einen leicht konvexen bis flachen, fast kreisförmigen Hut, der manchmal gelappt oder mit anliegenden Hüten verwachsen sein kann. Die Oberfläche ist jung fein samtig, wird glatt, hart, oft runzelig und dunkelbraun, schließlich schwärzlich. Die Poren sind weiß, im Alter jedoch hutfarben. Der holzige Stiel ist erst fein samtig, dann glatt und hutfarben.

FAMILIE	Meripilaceae
VERBREITUNG	Nordamerika, Europa, Nordasien
LEBENSRAUM	In Wäldern
SYMBIOSE	Mit Laubbäumen, vor allem Buchen, selten mit Nadelbäumen
WUCHSFORM	An der Basis lebender Bäume und in Wurzeln, einzeln oder truppweise
VORKOMMEN	Häufig
SPORENFARBE	Weiß
GENIESSBARKEIT	Essbar

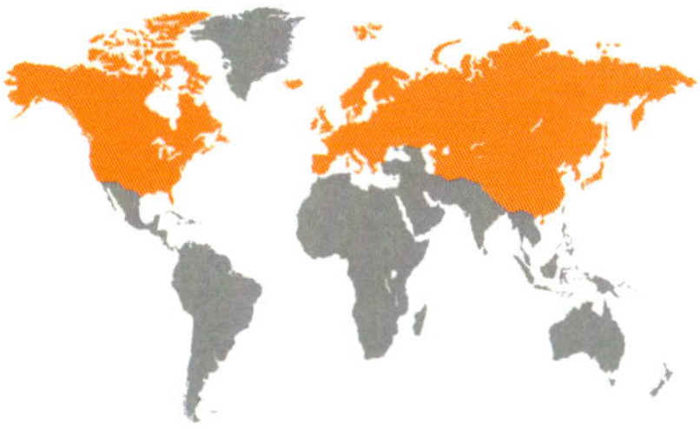

GRÖSSE
Bis zu 300 mm

DURCHMESSER
(gesamter Fruchtkörper)
Bis zu 800 mm

MERIPILUS GIGANTEUS

RIESENPORLING

(PERSOON) P. KARSTEN

Er ist einer der größten einjährigen Baumpilze und ein faszinierender Anblick, wenn er in Trupps und Büscheln rund um die Basis lebender oder frisch gefällter Bäume wächst. Auch er gehört zu den Arten, die Stock- und Wurzelfäule verursachen, weswegen das Erscheinen der Fruchtkörper auf Garten- und Parkbäumen meist zum vorsorglichen Fällen der betroffenen Bäume führt. Der Riesenporling gilt als essbar, ist aber nicht als schmackhaft bekannt. Funde in Nordamerika wurden dem identisch aussehenden *Meripilus sumstinei* zugeordnet, aber erst weitere Forschung wird zeigen, ob es sich tatsächlich um eine eigene Art handelt.

ÄHNLICHE ARTEN

Andere Baumpilze mit mehrteiligen Fruchtkörpern um eine Baumbasis sind etwa *Bondarzewia montana* und verwandte Arten, deren Poren auf Druck nicht schwärzen. Der vorwiegend tropische *Laetiporus persicinus* ist sehr ähnlich, aber die Poren verfärben sich auf Druck bräunlich oder gar nicht. *Grifola frondosa* bildet kleinere Fruchtkörper mit graueren, lappigen Hüten und schwärzt ebenfalls nicht.

Der Riesenporling bildet sehr große, mehrteilige, rosettenartige Fruchtkörper mit zahlreichen Hüten, die aus einem zentralen Stiel wachsen. Die Hüte sind fleischig, glatt und jung braun mit cremefarbenen Rändern. Die Poren sind klein, weißlich bis cremefarben und verfärben sich auf Druck sofort dunkelbraun bis schwarz.

Maßstab 1:1

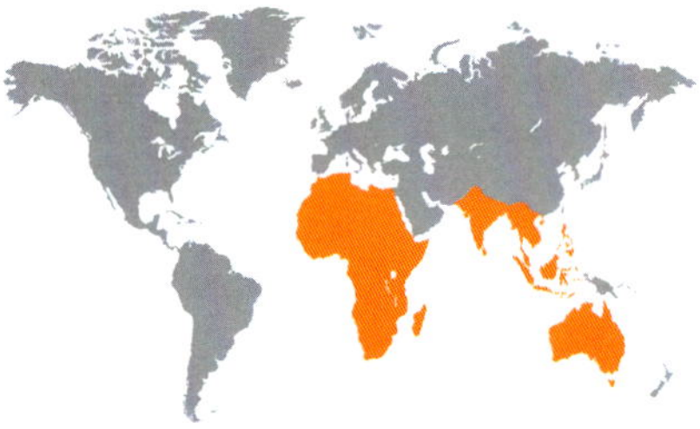

FAMILIE	Polyporaceae
VERBREITUNG	Afrika, Südasien, Australien
LEBENSRAUM	In Wäldern
SYMBIOSE	Auf Laubbäumen
WUCHSFORM	Auf liegenden Ästen, Stämmen und auf Baumstümpfen
VORKOMMEN	Sehr häufig
SPORENFARBE	Weiß
GENIESSBARKEIT	Ungenießbar

GRÖSSE
Bis zu 60 mm

HUTDURCHMESSER
Bis zu 100 mm

MICROPORUS XANTHOPUS

(FRIES) KUNTZE

Dieser hübsche Pilz ist eine sehr häufige Art in den Tropengebieten Afrikas, Asiens und Australiens. Die Fruchtkörper sind zäh und langlebig und sie wachsen bevorzugt auf Fallholz an lichten Plätzen – der Pilz ist besonders resistent gegenüber Hitze und Trockenheit. Getrocknete Exemplare von *Microporus xanthopus* („Yellow-Stemmed Micropore“) behalten ihre Form und ihre Farbe und der Pilz wird gerne als dekoratives Element in Potpourri-Mischungen verwendet. Darüber hinaus zierte er die Briefmarken mehrerer tropischer Länder.

ÄHNLICHE ARTEN

Coltricia perennis hat einen gezonten Hut und einen mittigen Stiel, wächst aber auf der Erde und hat normal große Poren. In den Tropen wachsen auch andere, seltenere *Microporus*-Arten auf Holz, haben jedoch ungezonte, fein behaarte oder andersfarbene Hüte und ihre Stiele sind für gewöhnlich nicht gelb.

Maßstab 1:1

Microporus xanthopus hat einen glatten Hut, in Ocker- und Brauntönen konzentrisch gezont, und meist mit einer Vertiefung in der Mitte, oft schon trichterig. Die Poren an der Unterseite sind cremefarben bis blass gelbbraun und so klein, dass die Fläche glatt erscheint, wenn man sie nicht durch eine Lupe betrachtet. Der Stiel sitzt mittig und ist mit einer harten gelben bis gelblichen Schicht bedeckt.

FAMILIE	Hymenochaetaceae
VERBREITUNG	Nordamerika, Kontinentaleuropa, Nordasien
LEBENSRAUM	In Wäldern
SYMBIOSE	Mit Nadelbäumen
WUCHSFORM	An der Basis lebender Bäume, einzeln oder in verstreuten Gruppen
VORKOMMEN	Lokal häufig
SPORENFARBE	Braun
GENIESSBARKEIT	Ungenießbar

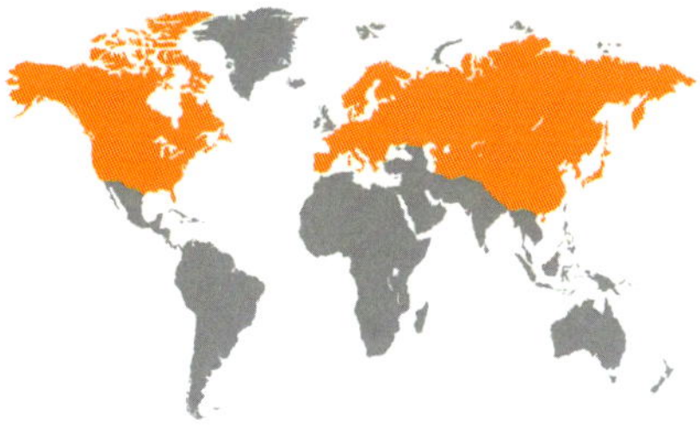

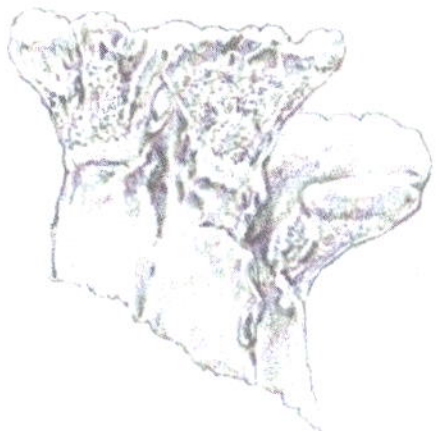

GRÖSSE
Bis zu 75 mm

HUTDURCHMESSER
Bis zu 125 mm

ONNIA TOMENTOSA

GESTIELTER FILZPORLING

(FRIES) P. KARSTEN

Onnia tomentosa ist ein Verwandter des Zottigen Schillerporlings (*Inonotus hispidus*) und hieß früher *I. tomentosus*. Im Gegensatz zu den meisten *Inonotus*-Arten bildet er jedoch seine Fruchtkörper auf dem Boden. Der Pilz wächst auf den Wurzeln von Nadelbäumen, wo er die Tomentosus-Wurzelfäule verursacht. Somit richtet er beträchtlichen Schaden am Bestand von Fichten, Kiefern und Lärchen an und bringt manchmal auch junge Bäume rasch zum Absterben. Der Gestielte Filzporling ist in den Nadelwäldern des Nordens weitverbreitet und lokal häufig, fehlt jedoch in manchen Regionen, etwa auf den Britischen Inseln.

ÄHNLICHE ARTEN

Der weitverbreitete Kiefern-Braunporling (*Phaeolus schweinitzii*) wächst ebenfalls am Boden an der Basis von Bäumen, ist aber meist größer, hat jung oft leuchtend gelbe Farben im Hut und seine Poren sind typischerweise grünlich gelb. *Onnia triquetra* ist eine verwandte Art mit einer mehr südlichen Verbreitung, die am besten unter dem Mikroskop unterschieden wird.

Maßstab 1:1

Der Gestielte Filzporling bildet einjährige Fruchtkörper mit einem mehr oder weniger mittigen Stiel. Die Hut ist typischerweise rund, aber oft lappig oder unregelmäßig, flach bis niedergedrückt, weich und samtig, gelblich braun bis rostbraun, manchmal konzentrisch gezont. Die Poren sind herablaufend, gelbbraun bis grau-gelbbraun, werden braun und verfärben sich auf Druck dunkler. Der Stiel ist kurz, samtig und hutfarben oder dunkler.

FAMILIE	Fomitopsidaceae
VERBREITUNG	Nordamerika, Europa
LEBENSRAUM	In Wäldern
SYMBIOSE	Als Parasit auf Nadelbäumen
WUCHSFORM	Am Boden, an der Basis alter stehender Bäume oder auf alten Stümpfen
VORKOMMEN	Häufig
SPORENFARBE	Weiß
GENIESSBARKEIT	Ungenießbar

GRÖSSE
Bis zu 100 mm

HUTDURCHMESSER
Bis zu 300 mm

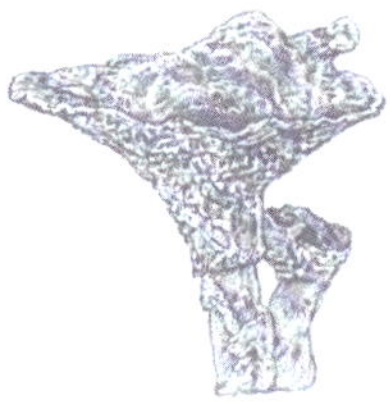

PHAEOLUS SCHWEINITZII

KIEFERN-BRAUNPORLING

(FRIES) BREFELD

Der Kiefern-Braunporling beginnt als gelber, pelziger Klumpen und entwickelt sich zu einer großen, unförmigen bis runden, höckerigen, rötlich braunen, samtigen Konsole mit gelbem Rand und einem kurzen mittigen oder versetzten Stiel. Die Poren sind grünlich gelb, labyrinthartig, bräunen auf Druck. Das Fleisch ist schwärzlich braun, weich, bitter. Die Konsolen verschmelzen oft und verschlingen umliegendes organisches Material.

Der Kiefern-Braunporling ist schon seit Langem ein Liebling der Hobby-Färber, da er eine bunte Palette aus leuchtend gelben bis rostig braunen Farben produziert. Erst vor Kurzem wurde ihm von 14 getesteten Pilzen das größte Farbpotenzial zugesprochen. Benannt wurde er nach Lewis David von Schweinitz (1780–1834), dem Begründer der amerikanischen Mykologie, der in Bethlehem (Pennsylvania) geboren, in Nazareth (Pennsylvania) ausgebildet und ein Geistlicher der Brüdergemeinde wurde. *Phaeolus schweinitzii* enthält Antioxidantien und hat eine antibakterielle Wirkung. Ein kühner Anbieter preist ihn sogar als tumorhemmenden Stärkungstee an, obwohl der Pilz manchmal als stimulierend und mild halluzinogen oder möglicherweise giftig beschrieben wird.

ÄHNLICHE ARTEN

Onnia tomentosa wächst auch parasitisch an der Basis von Nadelbäumen und sieht auf den ersten Blick ähnlich aus, ist jedoch kleiner, wächst meist einzeln statt überlappend und hat keine Grüntöne auf der Porenfläche. *Gloeophyllum sepiarium* ist eine viel kleinere Konsole und auch wenn er anfangs samtig ist, sind seine gelbbraunen Poren viel größer und eher schlitzförmig.

Maßstab 1:1

FAMILIE	Hymenochaetaceae
VERBREITUNG	Im Süden Nordamerikas, in Europa, Afrika, Mittel- und Südamerika, Asien, Australien, Neuseeland
LEBENSRAUM	In Wäldern
SYMBIOSE	Auf Laubbäumen, vor allem Eichen
WUCHSFORM	Auf alten lebenden Bäumen
VORKOMMEN	Selten
SPORENFARBE	Braun
GENIESSBARKEIT	Ungenießbar

DICKE
Bis zu 200 mm

HUTDURCHMESSER
Bis zu 250 mm

PHELLINUS ROBUSTUS

EICHEN-FEUERSCHWAMM

(P. KARSTEN) BOURDOT & GALZIN

Obwohl es ihn auf fast jedem Kontinent gibt, kommt der Eichen-Feuerschwamm eher selten vor. Er bevorzugt Primärwälder oder alte Bäume. In Europa und Nordamerika wird er nach Norden hin seltener. In England kennt man ihn nur von einigen alten Eichen. Eine davon wuchs am Queen Anne's Drive im Windsor Great Park, der sich im Besitz der britischen Krone befindet. In den 1990er-Jahren sollten einige dieser Bäume gefällt werden, aber Mykologen protestierten dagegen, um eine der letzten Bastionen des Eichen-Feuerschwamms zu bewahren. Der Beschluss wurde aufgehoben – ein Meilenstein im Artenschutz der Pilze.

Maßstab 1:1

ÄHNLICHE ARTEN

Phellinus robustus ist weitverbreitet und teilt seinen Lebensraum mit vielen ähnlichen Arten, die nur mikroskopisch unterschieden werden können. *Phellinus tremulae* sieht ähnlich aus, wächst aber eher im Norden, typischerweise auf Espen. Auch *Phellinus pomaceus* ist ähnlich, findet sich aber für gewöhnlich auf Weißdornen, Pflaumenbäumen und anderen Obstgehölzen.

Der Eichen-Feuerschwamm bildet große, mehrjährige, harte, holzige Fruchtkörper, die im Alter hufförmig werden können. Der Hut ist im Verhältnis zur Porenfläche oft eher klein. Zuerst ist er dunkelbraun, wird schwärzlich und krustig, glatt, aber oft rissig und mit konzentrischen Furchen, die das jährliche Wachstum anzeigen. Die Poren sind klein und rund, gelblich bis gräulich braun.

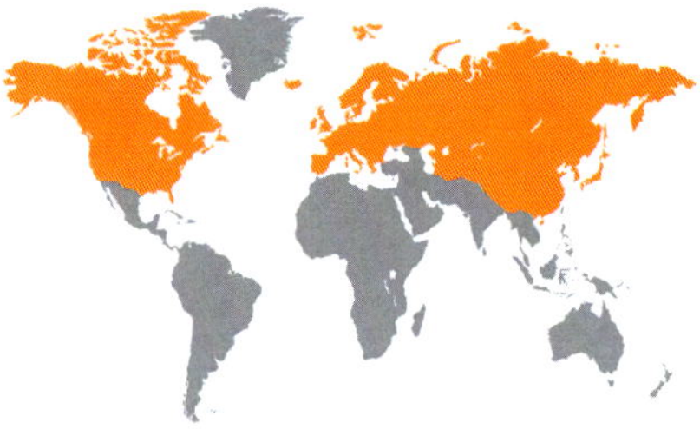

FAMILIE	Fomitopsidaceae
VERBREITUNG	Nordamerika, Europa, Nordasien
LEBENSRAUM	In Wäldern
SYMBIOSE	Auf Birken
WUCHSFORM	Einzeln oder in Gruppen auf stehenden oder liegenden Bäumen oder Holz
VORKOMMEN	Sehr häufig
SPORENFARBE	Weiß
GENIESSBARKEIT	Ungenießbar

DICKE
Bis zu 75 mm

HUTDURCHMESSER
Bis zu 250 mm

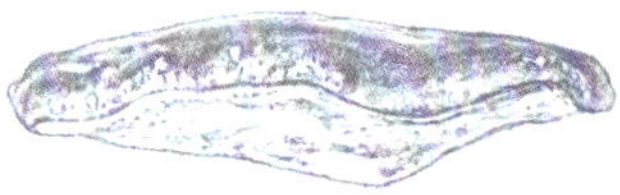

PIPTOPORUS BETULINUS

BIRKEN-PORLING

(BULLIARD) P. KARSTEN

Maßstab 1:1

Der Birken-Porling ist ein Pilz mit vielseitigem Nutzen. Man verwendete ihn, um Rasiermesser zu schärfen und, in jüngerer Zeit in der Schweiz zum Polieren von Uhrenteilen. Geraspelt wurde er als Zunder benutzt und man verwendet ihn noch heute zum Ausräuchern von Bienen. In Deutschland stellte man daraus Zeichenkohle her und in gemahlener Form lässt sich aus ihm feinkörniges weißes Papier pressen. In der Medizin behandelte man mit ihm Magenleiden und in Böhmen gab es sogar Studien zu seinem Einsatz bei Enddarmkrebs. Schon vor über 5000 Jahren wurde er verwendet: Der „Eismann" Ötzi – eine natürlich konservierte Mumie, die in einem Gletscher in den Alpen gefunden wurde – trug Stücke des Pilzes bei sich, vermutlich für medizinische Zwecke.

ÄHNLICHE ARTEN

Phellinus igniarius wächst auch auf Birken. Jung ist er auf den ersten Blick ähnlich, aber er entwickelt sich zu einer holzigen, graubraunen, hufförmigen Konsole. Mehrere weißliche *Postia*-Arten können auch auf Birken wachsen, aber sie bilden kleine, weiche, oft wässrige Konsolen.

Der Birken-Porling wächst als gräulicher Ball aus der Rinde und entwickelt sich zu einer großen, nierenförmigen, cremefarbenen bis gräulich braunen Konsole. Der glatte Hut hat einen abgerundeten Rand, der sich über die cremefarbenen Poren wölbt. Die Poren sind sehr klein, aber mit einer Lupe zu sehen und verfärben sich nicht auf Druck. Die Struktur ist fest, aber schwammig und das Fleisch ist weiß.

FAMILIE	Fomitopsidaceae
VERBREITUNG	Europa, Asien
LEBENSRAUM	In Wäldern, Parklandschaften und auf Waldweiden
SYMBIOSE	Auf sehr alten Eichen
WUCHSFORM	Auf freiliegendem Kernholz lebender Bäume und auf Fallholz
VORKOMMEN	Äußerst selten
SPORENFARBE	Weiß
GENIESSBARKEIT	Ungenießbar

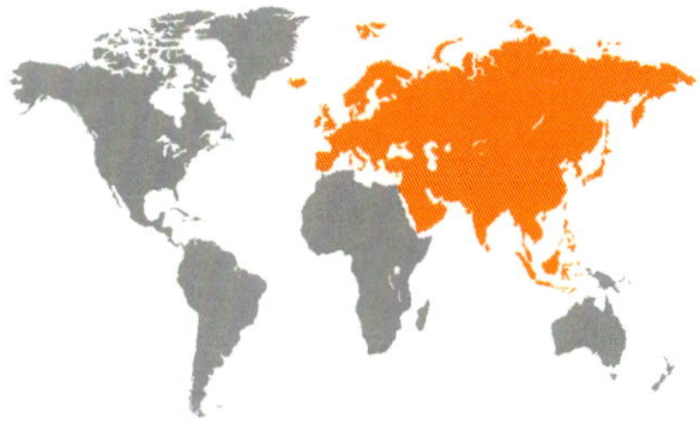

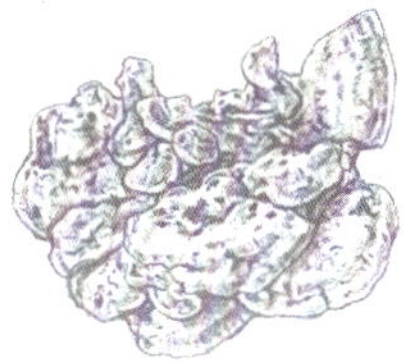

DICKE
Bis zu 50 mm

HUTDURCHMESSER
Bis zu 200 mm

PIPTOPORUS QUERCINUS

EICHEN-ZUNGENPORLING

(SCHRADER) P. KARSTEN

Der Eichen-Zungenporling fruktifiziert nur auf alten Eichen, die über 250 Jahre alt sind. Auf ihnen verursacht er eine braune, würfelige Kernfäule und höhlt die Stämme aus. In Japan, Deutschland, Norwegen und Polen gilt er als gefährdete Art. In Großbritannien ist er gesetzlich geschützt und hat seine europäische Hochburg in alten Wildparks wie Windsor Great Park. Für den Erhalt des Pilzes suchte man nicht nur nach neuen Plätzen, sondern erforschte auch seine ökologischen Anforderungen. Mit neu entwickelten DNA-Primern kann man den Pilz vielleicht schon bald in Eichen nachweisen, auch wenn keine Fruchtkörper vorhanden sind.

ÄHNLICHE ARTEN

Der unreife *Ganoderma resinaceum* hat eine ähnliche Struktur und gelbliche Farbe. Er hat jedoch zähes braunes Fleisch und mit einer Lupe sieht man, dass das Gelb zu einer harzigen Huthaut gehört. Der Schwefel-Porling (*Laetiporus sulphureus*) kann *Piptoporus quercinus* ähneln, vor allem, wenn er alt und verblasst ist. Man unterscheidet sie am besten mikroskopisch.

Der Eichen-Zungenporling bildet einjährige Fruchtkörper, die jung weiß, weich und saftig sind. Der Hut wird allmählich rostbraun, konzentrisch braun und golden gezont, verfärbt sich auf Druck rötlich violett und wird trocken und zäh. Die Oberfläche ist erst samtig, wird glatt und hautartig. Das Fleisch ist weißlich, magentarot und gelb angelaufen. Die kleinen Poren sind ebenfalls weißlich und werden gelbbraun.

Maßstab 1:1

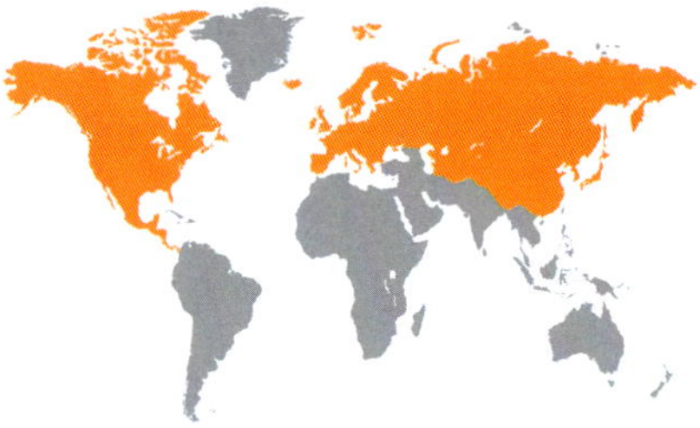

FAMILIE	Amylocorticiaceae
VERBREITUNG	Nordamerika, Europa, Mittelamerika, Nordasien
LEBENSRAUM	In Wäldern
SYMBIOSE	Auf Laubholz, vor allem Buche und Hasel
WUCHSFORM	Auf toten Stämmen und toten, noch am Baum hängenden Ästen, oft in dichten Büscheln oder Trupps
VORKOMMEN	Häufig
SPORENFARBE	Weiß
GENIESSBARKEIT	Ungenießbar

DICKE
Bis zu 5 mm

HUTDURCHMESSER
Bis zu 25 mm

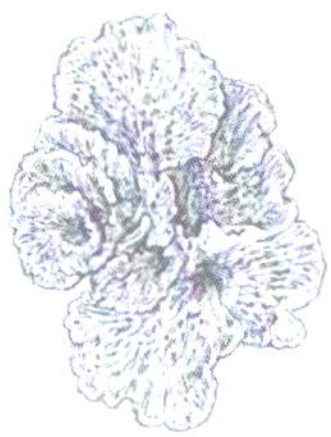

PLICATUROPSIS CRISPA

KRAUSER ADERZÄHLING

(PERSOON) D. A. REID

Maßstab 1:1

Der Krause Aderzähling ist ein ungewöhnlicher kleiner Pilz, der näher mit krustenbildenden Pilzen (die keine Hüte haben) verwandt ist als mit den meisten konsolenförmigen Pilzen. Er ist ein Holzzersetzer, der das ganze Jahr über auftaucht. Bei Trockenheit wird er spröde und bei Feuchtigkeit wieder aufgefrischt. In den Niederlanden brachte man diese eher südliche, kontinentale Art als Beispiel für einen Organismus, der auf die globale Erwärmung reagiert. Aufzeichnungen belegen, dass der Krause Aderzähling seinen Lebensraum seit den 1980er-Jahren immer weiter Richtung Norden ausgedehnt hat, vermutlich als Folge wärmerer Winter.

ÄHNLICHE ARTEN

Die faltige, lamellenartige Unterseite des Krausen Aderzählings findet sich auch auf einem weißen Pilz, *Plicatura nivea*, dem die konsolenförmigen Hüte fehlen und der meist auf Erlen wächst. Von oben betrachtet ähneln die Fruchtkörper des Krausen Aderzählings jenen von *Stereum hirsutum*, der aber eine glatte, ockerfarbene Unterseite hat.

Der Krause Aderzähling bildet kleine, dünne, haarige bis samtige Konsolen, die anfangs weißlich sind und ocker bis braun und schwach gezont werden, mit gewellten oder krausen Rändern. Die Unterseiten sind weiß (siehe Bild oben) und deutlich zu lamellenartigen Furchen gefaltet. Die Fruchtkörper sind frisch weich und biegsam, werden aber rasch spröde, wenn sie trocken sind.

FAMILIE	Polyporaceae
VERBREITUNG	Europa, Nordasien
LEBENSRAUM	In Wäldern
SYMBIOSE	Auf Laubbäumen, selten auf Nadelbäumen
WUCHSFORM	Auf toten Bäumen, Stämmen und liegenden Ästen, einzeln oder verstreut
VORKOMMEN	Häufig
SPORENFARBE	Weiß
GENIESSBARKEIT	Ungenießbar

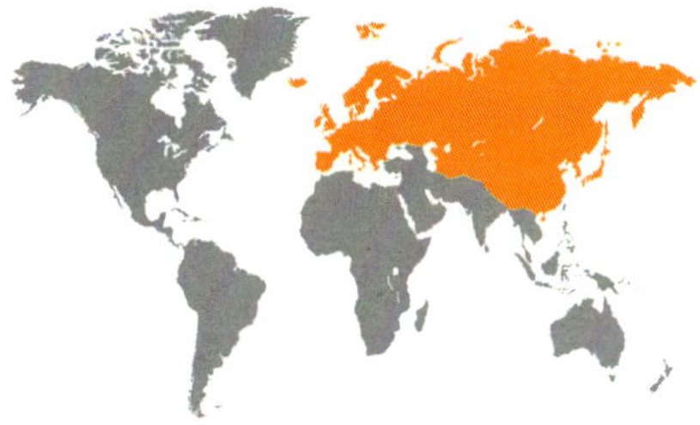

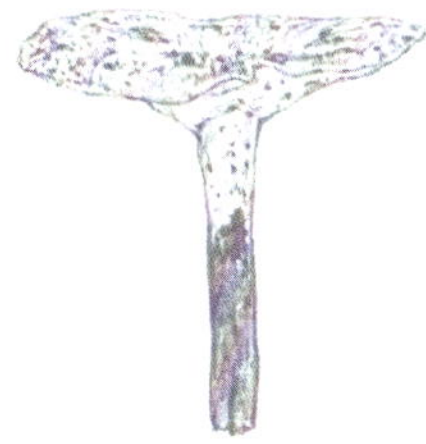

GRÖSSE
Bis zu 75 mm

HUTDURCHMESSER
Bis zu 100 mm

POLYPORUS CILIATUS

MAI-PORLING

FRIES

Der Mai-Porling ist einer von mehreren *Polyporus*-Arten, die einen mittigen Stiel haben und einem Röhrenpilz ähneln, aber zäh und ledrig sind und auf Holz wachsen. Manchmal kann das Holz auch vergraben sein, sodass die Fruchtkörper scheinbar auf der Erde wachsen. Der Pilz ist viel zu zäh, um essbar zu sein. Er wächst im gemäßigten Eurasien und bildet seine Fruchtkörper typischerweise im Frühling und Frühsommer – was ihm auch seinen deutschen Trivialnamen eingebracht hat.

ÄHNLICHE ARTEN

Viele andere *Polyporus*-Arten bilden Fruchtkörper mit mittigem Stiel, die Röhrenpilzen ähneln, aber nur wenige haben einen deutlich bewimperten Hut. Der gemäßigte *Polyporus brumalis* hat recht große Poren und fruktifiziert im Winter. Der weitverbreitete Tropen- und Subtropenpilz *Polyporus arcularius* ist sogar noch stärker bewimpert und hat noch größere Poren.

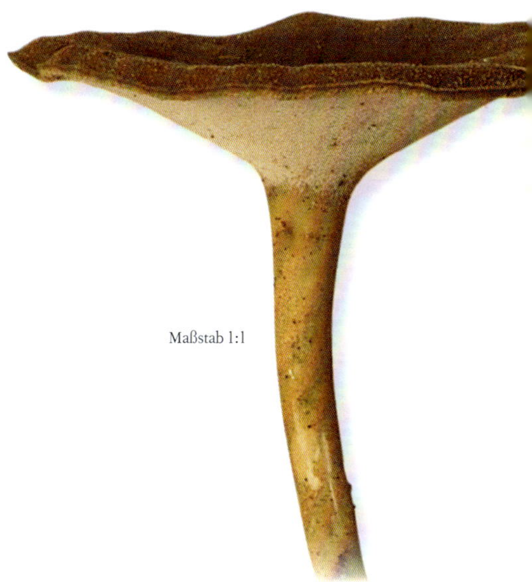

Maßstab 1:1

Der Mai-Porling bildet Fruchtkörper mit einem Hut und einem mittigen Stiel. Der Hut ist konvex und wird flach oder leicht niedergedrückt (siehe Bild oben). Er ist glatt bis fein schuppig, blassbraun bis braun und hat meist einen bewimperten Rand, zumindest als Jungpilz. Die Poren sind cremefarben. Der Stiel ist mittig, glatt bis samtig und blassocker bis blass bräunlich.

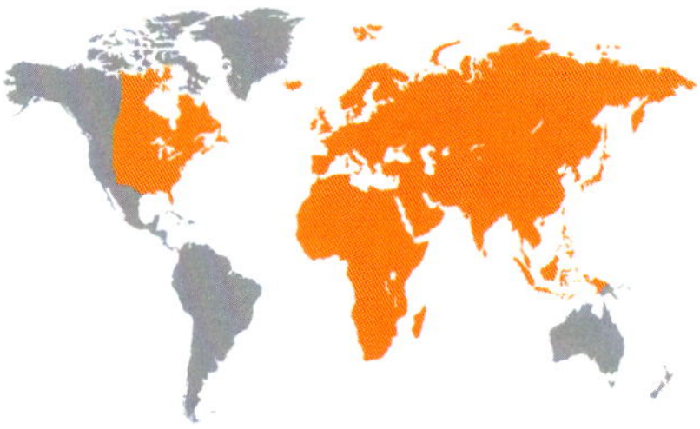

FAMILIE	Polyporaceae
VERBREITUNG	Osten Nordamerikas, Europa, Afrika, Asien
LEBENSRAUM	Auf Waldböden
SYMBIOSE	Mit Laubbäumen
WUCHSFORM	An Stümpfen und Stämmen, einzeln oder in überlappenden Gruppen
VORKOMMEN	Häufig
SPORENFARBE	Weiß
GENIESSBARKEIT	Essbar

DICKE
Bis zu 50 mm

HUTDURCHMESSER
Bis zu 450 mm

POLYPORUS SQUAMOSUS

SCHUPPIGER STIELPORLING

(HUDSON) FRIES

Maßstab 1:1

Polyporus squamosus, der Schuppige Stierporling, fällt durch seine Sattelform und das deutliche fasanfederartige Muster auf. Der junge Pilz gilt als genießbar, sollte aber gut gegart werden, da er Lektine enthält, natürliche Insektenvernichtungsmittel, die roh Magenverstimmung hervorrufen können. Wie der Birkenporling (*Piptoporus betulinus*) wurde der Schuppige Stielporling traditionell in Streifen getrocknet und als Streichriemen für Rasierklingen genutzt. In jüngerer Zeit wird er zur Herstellung von handgeschöpftem Papier verwendet. Abbauprodukte dieses Pilzes haben nachweislich eisenlösende Wirkung, wodurch er für die biologische Sanierung von Schwermetallen nützlich sein könnte.

ÄHNLICHE ARTEN

Andere *Polyporus*-Arten könnten mit jungen oder kleinen Schuppigen Stielporlingen verwechselt werden, sind aber üblicherweise viel kleiner, dünner und weniger schuppig. *Polyporus mori* hat einen leicht schuppigen Hut mit seitlichem Stiel, ist aber kleiner und rötlich-orange. *P. craterellus* ist deutlich weniger schuppig und hat einen längeren, sich verjüngenden Stiel. Beide gelten als genießbar.

Der Schuppige Stielporling ist groß und nieren- bis fächerförmig. Die Oberfläche ist cremeweiß oder gelb bis ockergelb mit dunklen, schwärzlichen bis rotbraunen, konzentrisch angeordneten Schuppen. Die weißen, honigwabenartigen Poren reichen den Stiel hinunter, dieser ist meist seitlich stehend, kurz und dick mit schwärzlicher Basis. Das Fleisch ist jung weich und saftig mit süßlich mehligem Geruch.

FAMILIE	Polyporaceae
VERBREITUNG	Nordamerika, Europa, Asien
LEBENSRAUM	Auf Waldböden
SYMBIOSE	Mit Laubbäumen
WUCHSFORM	Unter lebenden Bäumen oder zwischen Wurzeln, besonders Eiche und Birke
VORKOMMEN	Selten
SPORENFARBE	Weiß
GENIESSBARKEIT	Essbar

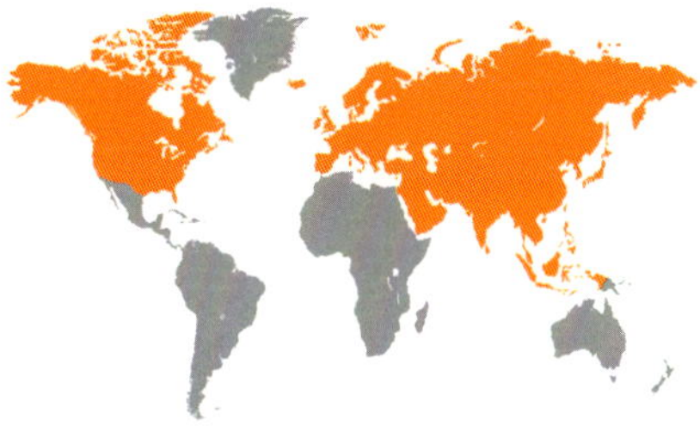

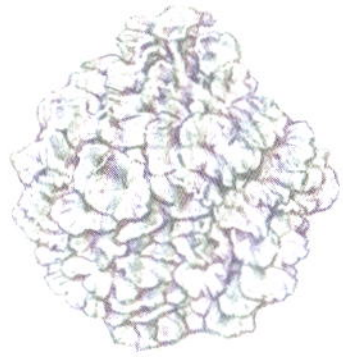

GRÖSSE
Bis zu 500 mm

DURCHMESSER
(ganzer Fruchtkörper)
Bis zu 500 mm

POLYPORUS UMBELLATUS

ÄSTIGER PORLING

(PERSOON) FRIES

Diese weitverbreitete, aber seltene Art wächst aus einem großen unterirdischen Sklerotium, einer dickwandigen Gewebsmasse, vergleichbar mit einer Pflanzenknolle. Die Fruchtkörper sind einjährig, das Sklerotium als Überdauerungsorgan bringt im Folgejahr neue Fruchtkörper hervor. Die Fruchtkörper sind essbar, doch der Ästige Porling ist so selten, dass vom Sammeln für die Küche abgeraten wird. In der chinesischen Medizin ist er unter dem Namen Zhu Ling als Diuretikum und zur Behandlung von Problemen des Harnapparates gebräuchlich. In China werden die Sklerotia auf gelöcherten, mit Sägemehl bedeckten Holzstämmen rund um geeignete Baumarten angebaut und getrocknet oder als Pulver exportiert.

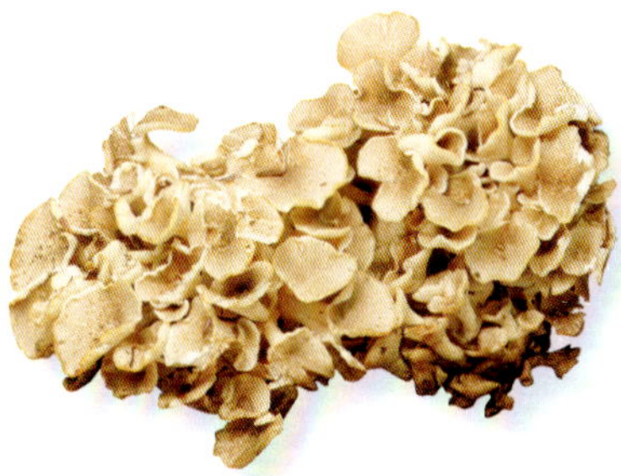

ÄHNLICHE ARTEN

Keine unmittelbar ähnliche Art. Die meisten anderen großen verzweigten Blättlinge, die unter Bäumen wachsen, bilden größere, gefächerte oder schmale Einzelhüte ohne zentralen Stiel aus. *Grifola frondosa* bildet kleinere Hüte und ist auf den ersten Blick ähnlich, hat bei genauerer Betrachtung aber ebenfalls bandförmige Hüte.

Maßstab 1:1

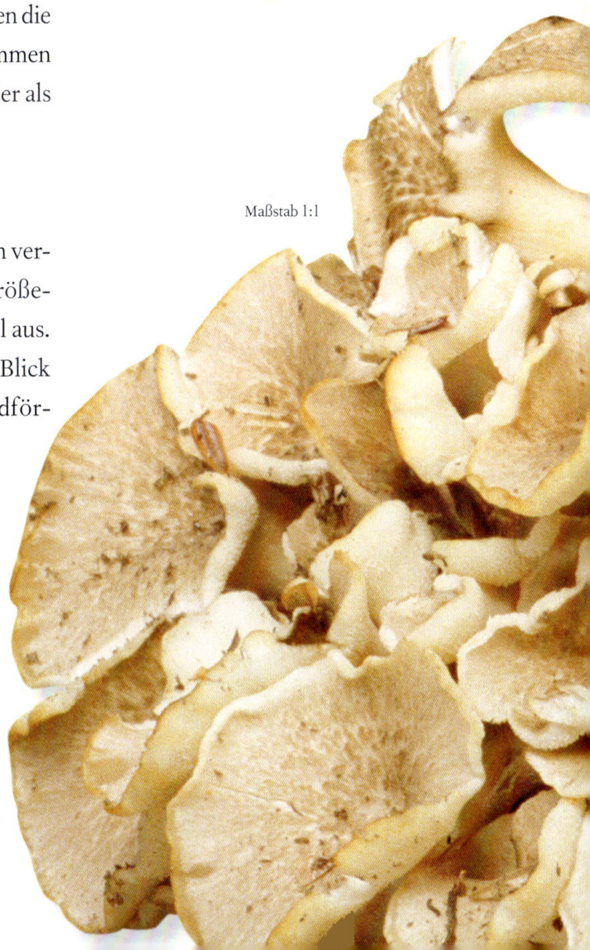

Der Eichhase oder Ästige Porling bildet große, verzweigt wachsende, zusammenhängende Fruchtkörper mit vielen Einzelhüten aus einem zentralen Stiel. Die Hüte sind graubraun, glatt und fast rund, haben einen Durchmesser von 50 mm mit eigenem zentralem Stamm und ähneln so einer großen Menge winziger Fruchtkörper. Die Poren sind weiß bis cremefarben und an den Stielen herablaufend. Das harte, schwarze Sklerotium liegt unter der Erde.

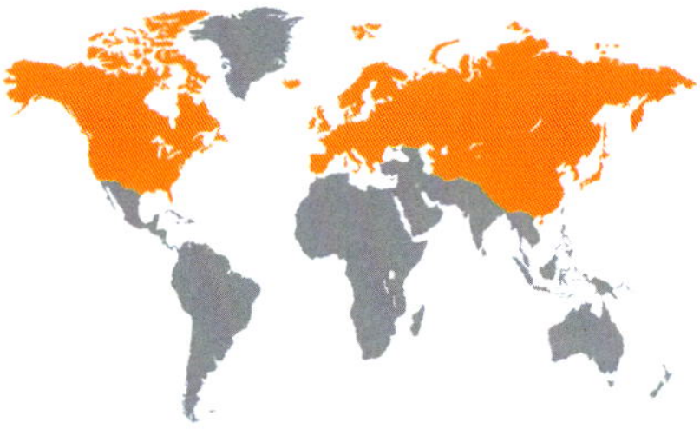

FAMILIE	Fomitopsidaceae
VERBREITUNG	Nordamerika, Europa, Nordasien
LEBENSRAUM	Auf Waldböden
SYMBIOSE	Mit Nadelbäumen
WUCHSFORM	Auf morschen Ästen und Stämmen
VORKOMMEN	Häufig
SPORENFARBE	Weiß
GENIESSBARKEIT	Ungenießbar

DICKE
Bis zu 15 mm

HUTDURCHMESSER
Bis zu 60 mm

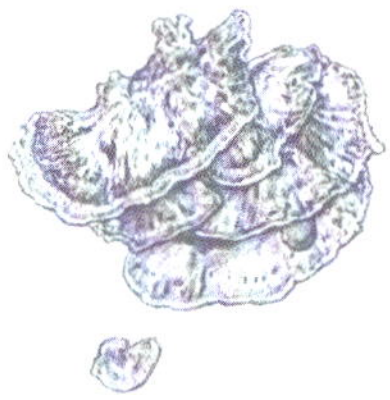

POSTIA CAESIA

BLAUER SAFTPORLING

(SCHRADER) P. KARSTEN

Diese Art kommt häufig auf morschem oder totem Holz von Nadelbäumen vor und fällt durch ihre ungewöhnliche Farbe auf. Wie die Molekularforschung nachweisen konnte, ist sie Teil eines Artenkomplexes – einer Gruppe von Arten, die genetisch unterschiedlich, für das Auge aber selbst unter dem Mikroskop schwer oder gar nicht auseinanderzuhalten sind. Solche Komplexe sind bei Pilzen häufig, besonders bei Arten mit großer geografischer Verbreitung oder vielen Wirten. Der Blaue Saftporling ist manchmal Wirt eines parasitischen Gallertpilzes namens *Tremella polyporina*, dessen fast unsichtbare Fruchtkörper in den Poren von Blättlingen auftreten.

ÄHNLICHE ARTEN

Postia ähnliche Arten sind meist weiß oder rosa, aber auch eine weitere bläuliche Art, *P. subcaesia*, ist bekannt. Im Gelände ist er von *P. caesia* nicht zu unterscheiden, bevorzugt aber Laubbäume gegenüber Nadelbäumen.

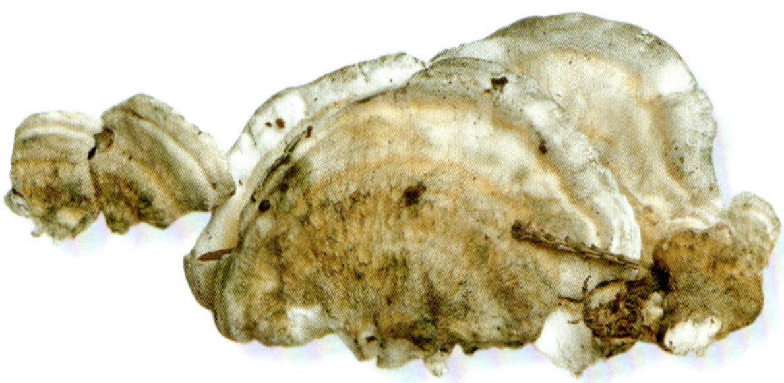

Maßstab 1:1

Der Blaue Saftporling bildet weiche, saftige, einjährige Fruchtkörper, die jung weiß sind (siehe Foto oben links), später bläuliche oder blaugraue Flecken ausbilden und langsam blau werden. Alte Fruchtkörper sind oft ganz wässrig blau oder blaugrau. Die Hüte sind fast glatt, die Poren ähnlich gefärbt wie die Hüte.

FAMILIE	Fomitopsidaceae
VERBREITUNG	Europa
LEBENSRAUM	Auf Waldböden
SYMBIOSE	Mit Nadelbäumen
WUCHSFORM	Auf Baumstümpfen und Stämmen
VORKOMMEN	Häufig
SPORENFARBE	Weiß
GENIESSBARKEIT	Ungenießbar

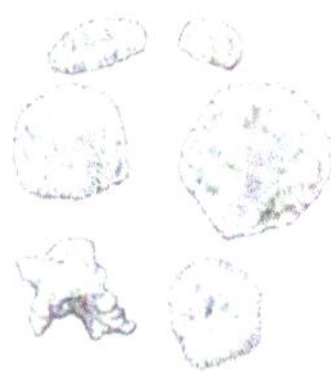

DICKE
Bis zu 50 mm

DURCHMESSER
Bis zu 75 mm

POSTIA PTYCHOGASTER

WEISSER POLSTERPILZ

(F. LUDWIG) VESTERHOLT

Diese Art sieht einem Blättling kaum ähnlich, dennoch ist *Postia ptychogaster* im Stadium des ungewöhnlichen, pulverartig-flauschigen Kissens auf morschem Nadelholz am besten sichtbar. Das „Kissen" ist eine Masse von Chlamydosporen, asexuell gebildeten Sporen, die dem Pilz eine weite Verbreitung und die Kolonisation neuer Lebensräume erlauben. Viele andere Blättlingsarten wie z. B. der Rötende Saftwirrling (*Abortiporus biennis*) produzieren ebenfalls Chlamydosporen, aber meist weniger auffällig. Der eigentliche, porenbedeckte Fruchtkörper des Weißen Polsterpilzes ist eher unauffällig und typischerweise halb verborgen an der Basis des Kissens zu finden.

ÄHNLICHE ARTEN

Verwandte Arten haben meist klassische Blättlingsform, bis auf *P. rennyi*, eine weitere in nördlichen Breiten heimische Art von Holzzerstörern, die auch ein pulverig-flauschiges Chlamydosporen-Stadium ausbildet, hier jedoch blass zitronengelb. Die Kissen sind leicht mit Fruchtkörpern von Schleimpilzen zu verwechseln, die alt pulverig werden (aber keine echten Pilze sind).

Maßstab 1:1

Der Weiße Polsterpilz bildet sowohl asexuelle Vermehrungssporen als auch geschlechtliche Fruchtkörper. Ungeschlechtlich ist er ein weißes, flockiges Kissen, das alt braun und pulverig wird und langsam zerfällt. Das geschlechtliche Stadium entwickelt sich später an der Basis des Kissens. Es ist halbkreisförmig oderlänglich ausgedehnt, manchmal mit schmalem, weißem Hut. Die Poren sind weiß.

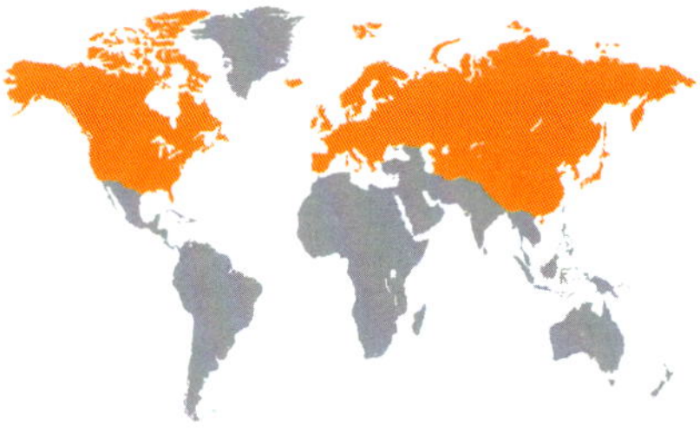

FAMILIE	Hymenochaetaceae
VERBREITUNG	Nordamerika, Europa, Nordasien
LEBENSRAUM	Auf Waldböden
SYMBIOSE	Mit Laubbäumen, besonders Eichen, selten auch Tannen
WUCHSFORM	Bodennah auf lebenden Bäumen
VORKOMMEN	Häufig
SPORENFARBE	Braun
GENIESSBARKEIT	Ungenießbar

DICKE
Bis zu 150 mm

HUTDURCHMESSER
Bis zu 750 mm

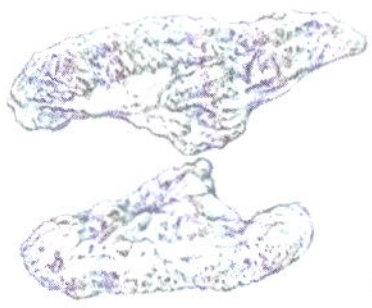

PSEUDOINONOTUS DRYADEUS

TROPFENDER SCHILLERPORLING

(PERSOON) T. WAGNER & M. FISCHER

Der Tropfende Schillerporling bildet große, eher fleischige, einjährige Fruchtkörper mit gelbbraunen bis dunkler braunen Hüten, manchmal mit weißlich blassem Rand und gelbbraunen Poren. Frisch sondert er typischerweise eine bernsteinfarbene Flüssigkeit ab, tropfenweise über dem Fruchtkörper verteilt, ein Charakteristikum dieser Art.

Diese Art ist jung groß und ansprechend, kann aber wie viele Blättlinge, die bodennah an lebenden Bäumen wachsen, gefährliche Stamm- und Stockfäule erzeugen. Tritt er an Stadt- oder Gartenbäumen auf, werden diese meist vorsorglich gefällt. Obwohl die lateinische Bezeichnung *dryadeus* auf Eiche hinweist, ist der Schillerporling häufig auch auf anderem Hartholz und in Südeuropa und im westlichen Nordamerika sogar auf Tannen zu finden. Den auffälligen Guttationstropfen an den Fruchtkörpern, die dem Pilz seinen Namen geben, wird eine antibiotische Wirkung nachgesagt.

ÄHNLICHE ARTEN

Abortiporus biennis ist ein weiterer Blättling, der Guttationstropfen ausbildet, aber mit typisch blassrosa (nie braunen) Fruchtkörpern und roten Tropfen. Bestimmte *Inonotus*- und *Phellinus*-Arten, die mit dem Schillerporling verwandt sind, bilden wiederum selten oder nie Guttationstropfen und sind üblicherweise rostrot bis dunkelbraun, hart oder holzig und treten mit verschiedenen Wirten auf.

Maßstab 1:1

FAMILIE	Polyporaceae
VERBREITUNG	Südliches Nordamerika, Afrika, Mittel- und Südamerika, Asien, Australien, Neuseeland
LEBENSRAUM	Auf Waldböden
SYMBIOSE	Mit Laubbäumen
WUCHSFORM	Auf Baumstümpfen und Stämmen
VORKOMMEN	Sehr häufig
SPORENFARBE	Weiß
GENIESSBARKEIT	Ungenießbar

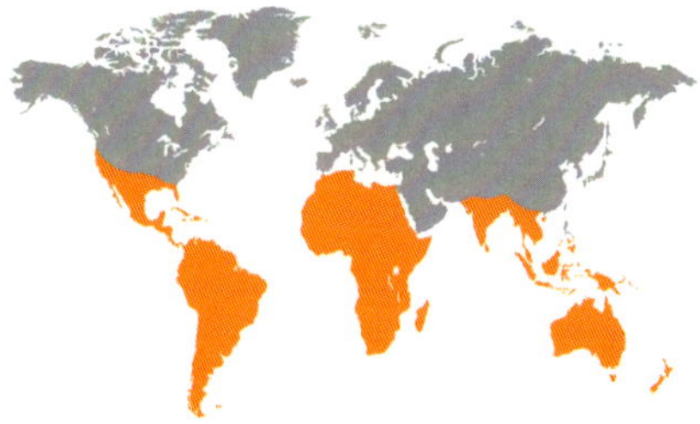

DICKE
Bis zu 5 mm

HUTDURCHMESSER
Bis zu 80 mm

PYCNOPORUS SANGUINEUS

BLUTROTER ZINNOBERSCHWAMM

(LINNAEUS) MURRILL

Diese auffällige Art ist eine der häufigsten und sicherlich eindrucksvollsten Blättlingen in den Tropen und Subtropen. Er scheint trotz hoher Temperaturen und Trockenheit auf freiliegendem morschem Holz wachsen zu können. In Westafrika wurde der Pilz traditionell zur Herstellung von oranger und brauner Farbe verwendet. Heute gilt hingegen als bestätigt, dass gewisse Abbauprodukte des Blutroten Zinnoberschwamms genau das Gegenteil bewirken: sie zersetzen und lösen Farben. Auch in der traditionellen Medizin fand der Pilz Anwendung. Die moderne Forschung hat nachgewiesen, dass Cinnabarin, ein Bestandteil dieser Art, antibakterielle und antivirale Eigenschaften hat, die von Bedeutung sein könnten.

Maßstab 1:1

ÄHNLICHE ARTEN

Pycnoporus cinnabarinus, die Zinnober-Tramete, eine weniger häufige, aber weiter verbreitete Art, ist dem Blutroten Zinnoberschwamm sehr ähnlich, im Allgemeinen aber mit dickeren Fruchtkörpern als *P. sanguineus*. *Pycnoporus coccineus*, der in Australien and Neuseeland häufig ist, ist leuchtend orangerot, doch weitere Untersuchungen müssen zeigen, ob es sich tatsächlich um unterschiedliche Arten handelt.

Der Blutrote Zinnoberschwamm bildet ledrige bis holzige, einjährige Fruchtkörper aus, zunächst leuchtend orangerot, dann dunkler werdend bis blutrot. Der Hut ist glatt, die kleinen Poren sind ähnlich gefärbt wie der Hut.

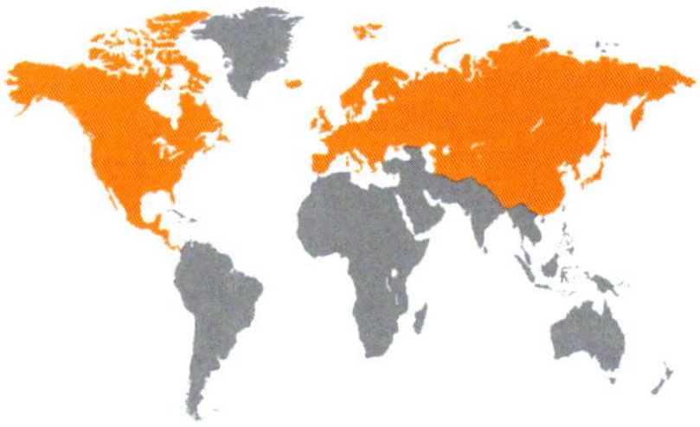

FAMILIE	Meripilaceae
VERBREITUNG	Nordamerika, Europa, Mittelamerika, Nordasien
LEBENSRAUM	Auf Waldböden
SYMBIOSE	Mit Laub- und Nadelbäumen
WUCHSFORM	Auf morschem Holz
VORKOMMEN	Häufig
SPORENFARBE	Weiß
GENIESSBARKEIT	Ungenießbar

DICKE
Bis zu 5 mm

DURCHMESSER
Bis zu 200 mm

RIGIDOPORUS SANGUINOLENTUS

RÖTENDER PORLING

(ALBERTINI & SCHWEINITZ) DONK

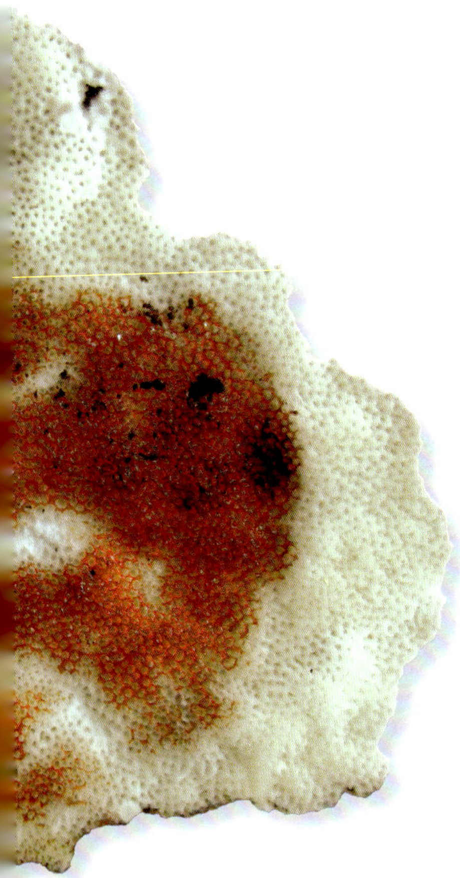

Rigidoporus sanguinolentus bevorzugt Waldböden. Er befällt und zersetzt nicht nur zu Boden gefallene Äste, sondern auch Pflanzenreste aller Art. Er wächst häufig durch abgefallene Blätter und Nadeln und zersetzt sie zu einer lockeren Masse. Gelegentlich bildet er Fruchtkörper an der Unterseite von moosigen Soden oder überhängenden Erd- oder Lehmbrocken. Diese Art wurde in Deutschland erstmals beschrieben, ist aber in der ganzen nördlichen Hemisphäre weitverbreitet. Untersuchungen haben gezeigt, dass Extrakte des Rötenden Porlings wirksame Antipilzmittel sind und das Wachstum des Wirtschaftsschädlings *Heterobasidion annosum* hemmen.

ÄHNLICHE ARTEN

Rigidoporus vitreus ist eine sehr ähnliche und verwandte Art. Ihre Fruchtkörper sind jedoch jung von verwaschenem Blau, sie brechen weniger leicht und schnell, manchmal gar nicht auf und sind dann bräunlich rot. Keine andere ausgedehnt wachsende, weißporige Pilzart zeigt eine ähnlich rot aufbrechende Oberfläche.

Der Rötende Porling bildet krustenartige Fruchtkörper aus, die sich häufig verbinden und die Unterseite von morschem Holz und den umgebenden Boden bedecken. Die Krusten können weich bis knorpelig sein, wässrig weiß mit kleinen, runden Poren. Wo sie aufbrechen, verfärben sich die Fruchtkörper leuchtend blutrot bis rostrot, trocken verfärben sie sich grau bis hin zu schwarz.

Maßstab 1:1

FAMILIE	Meripilaceae
VERBREITUNG	Nordamerika, Europa, Afrika, Mittel- und Südamerika, Asien
LEBENSRAUM	Auf Waldböden
SYMBIOSE	Mit Laubbäumen, besonders Ulme
WUCHSFORM	Auf Stämmen und Stümpfen lebender und abgestorbener Bäume
VORKOMMEN	Gelegentlich
SPORENFARBE	Weiß
GENIESSBARKEIT	Ungenießbar

DICKE
Bis zu 500 mm

HUTDURCHMESSER
Bis zu 1500 mm

RIGIDOPORUS ULMARIUS

ULMENPORLING

(SOWERBY) IMAZEKI

Ein Exemplar dieser Art fand in den 1990er-Jahren ins *Guinness-Buch der Rekorde:* Mit einem Umfang von fast 5 m war er der größte je gefundene Pilzfruchtkörper der Erde. Er wuchs über dem alten Baumstumpf einer Ulme im Botanischen Garten „Royal Botanic Gardens" in Kew, England, gleich neben dem Mykologischen Institut. Nicht alle Exemplare erreichen eine solche Größe, die meisten jedoch sind sehr groß und fest. Die Art verursacht Stamm- und Stockfäule, die vorsorgliches Fällen erforderlich macht, wenn der betroffene Baum öffentlich zugänglich ist.

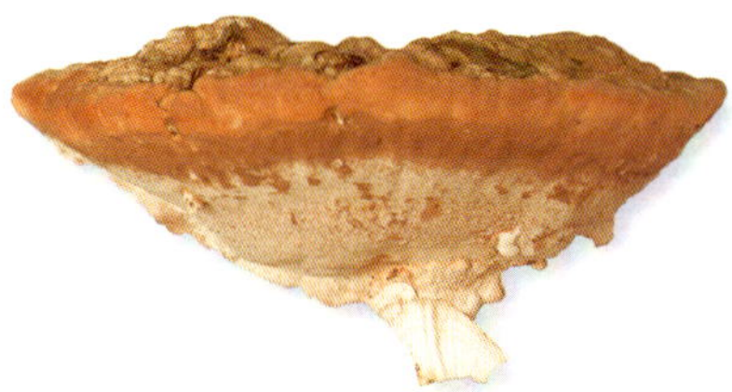

Der Ulmenporling bildet harte, ledrig-holzige, mehrjährige Fruchtkörper aus. Der Hut ist cremefarben bis blass ockerfarben und glatt, aber eher knotig und unregelmäßig. Er umwächst häufig Zweige und Pflanzenreste und schließt sie ein. Alt sind die Hüte grünlich und algen- und moosüberwachsen. Die Poren sind jung rosa bis rosaorange, im Alter stumpfer gefärbt.

ÄHNLICHE ARTEN

Perenniporia fraxinea, der Eschen-Porenschwamm, ist dem Ulmenporling jung sehr ähnlich, jedoch mit weißlichen Poren. Alt verfärben sich die Hüte grau bis schwarz. *Oxyporus populinus*, der Treppenförmige Steifporling, ist meist kleiner, aber auch sein Hut wird von Algen und Moos überwachsen. Er hat kleine, weißliche Poren.

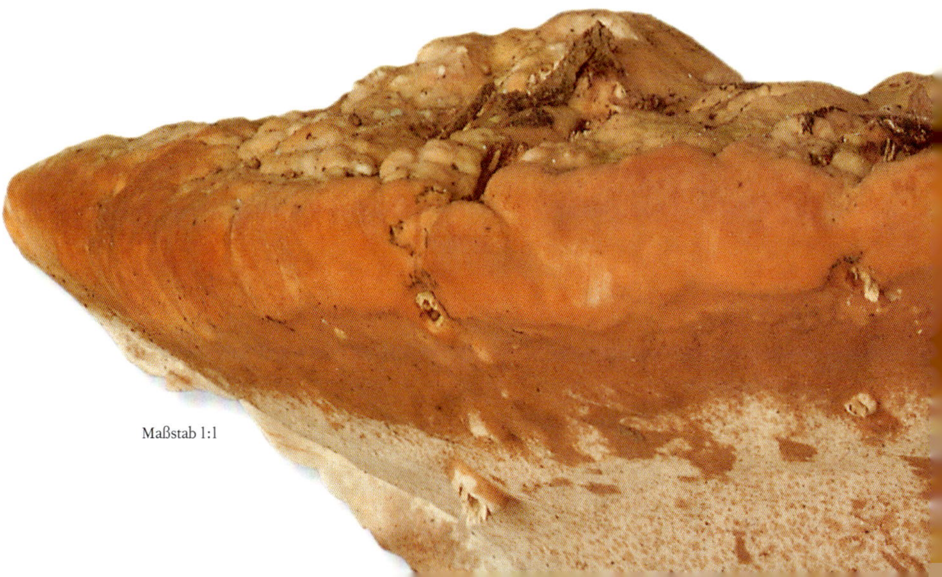

Maßstab 1:1

FAMILIE	Schizoporaceae
VERBREITUNG	Nordamerika, Europa, Afrika, Mittel- und Südamerika, Antarktische Inseln, Asien, Australien, Neuseeland
LEBENSRAUM	Auf Waldböden
SYMBIOSE	Mit Laub- und Nadelbäumen
WUCHSFORM	Auf abgestorbenen Bäumen, Stämmen und Ästen
VORKOMMEN	Sehr häufig
SPORENFARBE	Weiß
GENIESSBARKEIT	Ungenießbar

DICKE
Bis zu 5 mm

DURCHMESSER
Bis zu 300 mm

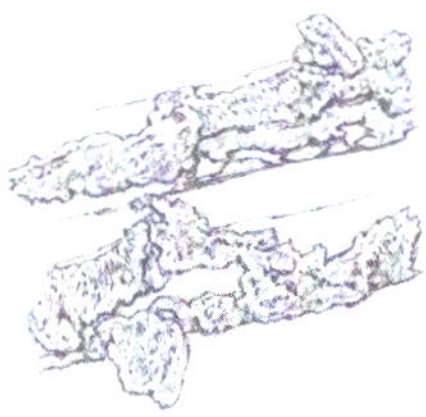

SCHIZOPORA PARADOXA

VERÄNDERLICHER SPALTPORLING

(SCHRADER) DONK

Schizopora paradoxa bildet zwar keine trichterförmigen Hüte aus, wächst aber wie ein Krustenpilz in kleinen Flecken, die rasch zusammenfließen, an der Unterseite von abgestorbenen Ästen an Bäumen oder auf der Erde. Die Krusten bedecken gelegentlich die gesamte Unterfläche umgestürzter Stämme. Die Art ist extrem häufig in nördlich-gemäßigten Breiten, wurde aber auch in den Tropen und in der südlichen gemäßigten Zone gesichtet, bis hin zur subantarktischen Insel South Georgia. Die meist zerschlitzten, eckigen Poren des Veränderlichen Spaltporlings sind charakteristisch und leicht erkennbar, sofern man sie kennt.

ÄHNLICHE ARTEN

Aktuellen Forschungen zufolge waren einige gesichtete Exemplare des Veränderlichen Spaltporlings tatsächlich *Schizopora radula*, der Raduloide Spaltporling, ein verwandter Doppelgänger, von dem er auch unter dem Mikroskop nicht leicht zu unterscheiden ist. *Schizopora flaviporia*, der Gelbporige Spaltporling, ist besonders in den Tropen verbreitet und hat herkömmliche rundliche Poren.

Der Veränderliche Spaltporling bildet breit ausgedehnte Fruchtkörper ohne Hut in kaum definierbarer Größe. Die Poren sind dünn und cremefarben bis hell ockergelb, im Alter dunkler; die Form ist unregelmäßig, zerschlitzt und oft gezahnt, besonders wenn die Fruchtkörper auf einer schiefen oder geneigten Oberfläche wachsen.

Maßstab 1:1

FAMILIE	Polyporaceae
VERBREITUNG	Nordamerika, Europa, Afrika, Mittel- und Südamerika, Antarktische Inseln, Asien, Australien, Neuseeland
LEBENSRAUM	Auf Waldböden
SYMBIOSE	Mit Laubbäumen, selten Nadelbäumen
WUCHSFORM	Auf Stümpfen, Stämmen und Ästen, auch auf bearbeitetem Holz
VORKOMMEN	Sehr häufig
SPORENFARBE	Weiß
GENIESSBARKEIT	Ungenießbar

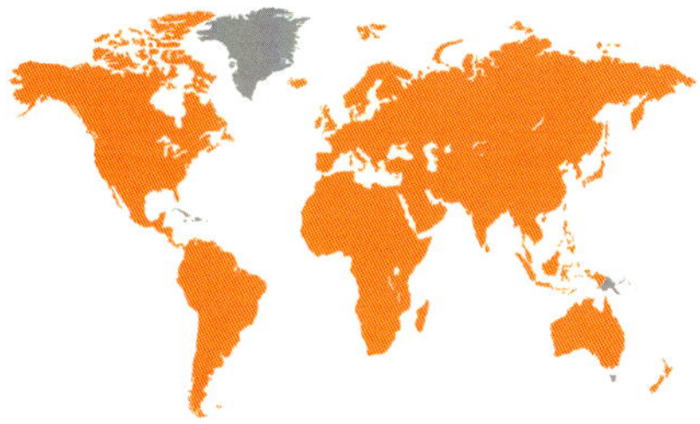

DICKE
Bis zu 10 mm

HUTDURCHMESSER
Bis zu 40 mm

TRAMETES VERSICOLOR

SCHMETTERLINGSTRAMETE

(LINNAEUS) LLOYD

Die Schmetterlingstramete oder Bunte Tramete ist wohl die häufigste und am weitesten verbreitete Blättlingsart weltweit. Die Fruchtkörper sind an der Oberseite wellig mit verschiedenfarbigen konzentrischen Zonen, von denen der deutsche Name rühren dürfte. Aktuelle Forschungen zeigen, dass die Enzyme, die *Trametes versicolor* zur Erzeugung von Fäule bildet, auch äußerst effektiv dauerhafte Farben in künstlichen Farbstoffen zersetzt. Damit könnte sie in Zukunft als natürliches Mittel zur biologischen Sanierung bei chemischer Verschmutzung eingesetzt werden. In Ostasien gelten Auszüge der Schmetterlingstramete, etwa in Form von Tee, als gesundheitsfördernd.

ÄHNLICHE ARTEN

Der Braunsamtige Schichtpilz (*Stereum ostrea*) ist leicht an seiner glatten, porenlosen Unterfläche von der Tramete zu unterscheiden. Die Striegelige Tramete (*Trametes hirsuta*) ist weniger häufig mit stärker striegeligem Hut, in Grautönen gezont mit bräunlichem Rand. *Trametes pubescens* hat samtige, cremefarbene bis ockergelbe Hüte mit undeutlicher Zonierung.

Die Schmetterlingstramete bildet Fruchtkörper, die in Schichten oder büschelig wachsen, gelegentlich rosettenartig an der Oberfläche von Baumstümpfen und Stämmen. Die einzelnen Hüte sind ledrig, aber dünn, konzentrisch gezont mit samtigen oder glatten Zonen in verschiedenen Grautönen, Schiefergrau, Dunkelrot, Orange, Olivgrün oder Ockergelb mit weißlichem Rand. Die Poren sind klein und cremefarben bis blassgrau.

Maßstab 1:1

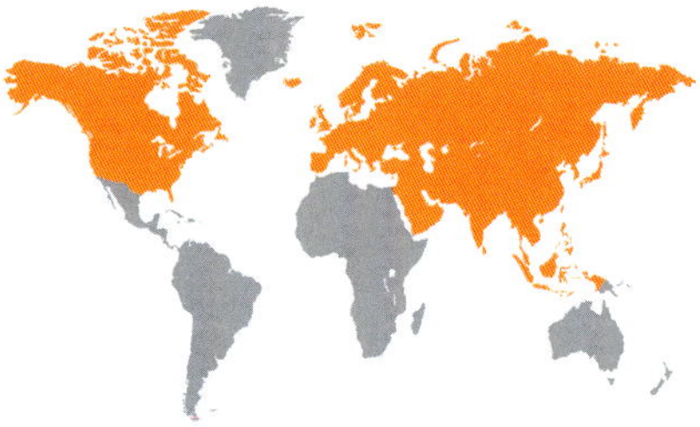

FAMILIE	Polyporaceae
VERBREITUNG	Nordamerika, Europa, Asien
LEBENSRAUM	Auf Waldböden
SYMBIOSE	Mit Nadelbäumen
WUCHSFORM	Auf abgestorbenen Bäumen, Stämmen und Ästen, oft zusammenfließend
VORKOMMEN	Häufig
SPORENFARBE	Weiß
GENIESSBARKEIT	Ungenießbar

DICKE
Bis zu 3 mm

HUTDURCHMESSER
Bis zu 80 mm

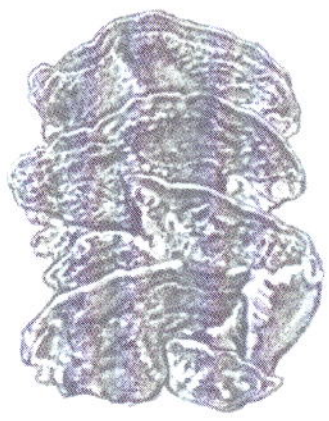

TRICHAPTUM ABIETINUM

VIOLETTER LEDERPORLING

(DICKSON) RYVARDEN

Dieser Pilz ist einer der häufigsten Zersetzer von frisch abgebrochenem oder gefälltem Nadelholz in der nördlichen Hemisphäre. Trotz seiner geringen Größe kann der Violette Lederporling (oder Gemeiner Violettporling) ganze Holzstapel dominieren und mit Fruchtkörpern überziehen. Überraschenderweise dürfte er von einem weiteren Blättling besiedelt werden, *Skeletocutis carneogrisea* (Fleischgrauer Knorpelporling), der kleine, weißliche Hüte und rosa Poren aufweist. Untersucht man die Unterseite von alten Fruchtkörpern des Violetten Lederporlings, finden sich manchmal *Skeletocutis*-Exemplare darunter verborgen. Ob dieser als Parasit den ursprünglichen Holzzerstörer verdrängt oder nur mit ihm vergesellschaftet ist, ist unklar.

Maßstab 1:1

Der Violette Lederporling bildet dachziegelartige oder seitlich verwachsene Reihen von Fruchtkörpern aus, die typischerweise miteinander verwachsen und große Beläge bilden können. Die einzelnen Exemplare sind eher klein und dünn, die Hüte grau bis graubraun, glatt oder leicht behaart, oft durch Algen grünlich. Im Kontrast dazu stehen die leuchtend lila Poren, die oft das Holz darunter bedecken.

ÄHNLICHE ARTEN

Der Violette Lederporling ist leicht zu erkennen und könnte höchstens mit anderen *Trichaptum*-Arten verwechselt werden, von denen viele ähnlich und schwer auseinanderzuhalten sind. Einige von ihnen haben jedoch besonders behaarte Hüte, unregelmäßige Zahnung oder Lamellen anstelle von Poren.

FAMILIE	Stereaceae
VERBREITUNG	Nordamerika, Europa, Nordasien
LEBENSRAUM	Auf Waldböden
SYMBIOSE	Mit Tannen und Fichten
WUCHSFORM	Auf toten Ästen an Bäumen
VORKOMMEN	Lokal häufig
SPORENFARBE	Weiß
GENIESSBARKEIT	Ungenießbar

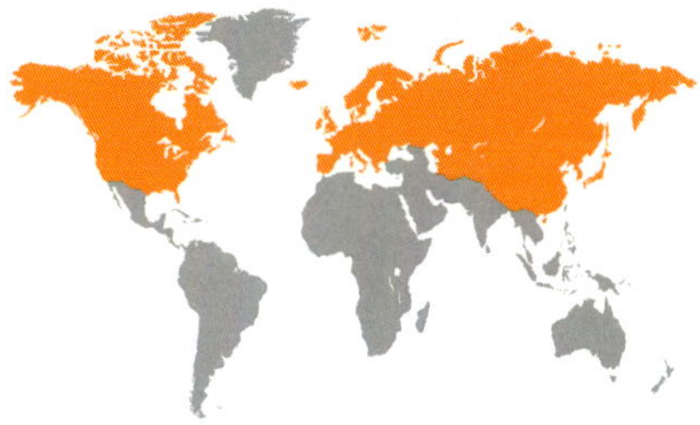

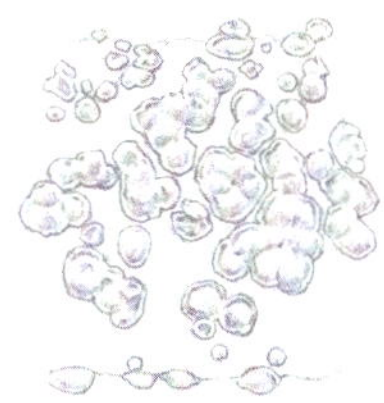

DICKE
Unter 1 mm

DURCHMESSER
Bis zu 50 mm

ALEURODISCUS AMORPHUS

ORANGEFARBENE MEHLSCHEIBE

RABENHORST

Die Orangefarbene Mehlscheibe ist ein Holzzerstörer, der einen erstaunlichen Weg gefunden hat, Feinde wie etwa Milben abzuhalten. Werden Fruchtkörper verletzt, sondern sie Hydrocyanidsäure ab; ein bis dato einzigartiges Verteidigungssystem unter Pilzen. Das bewahrt die Art jedoch nicht vor dem Befall durch zwei Gallertpilze, *Tremella mycetophiloides* und *T. simplex*, deren winzige, rötliche, gallertige Fruchtkörper häufig auf der Orangefarbenen Mehlscheibe zu finden sind. Eine frühe Erforscherin der Orangefarbenen Mehlscheibe war die bekannte Kinderbuchautorin und -illustratorin Beatrix Potter, die auch begeisterte Mykologin war.

ÄHNLICHE ARTEN

Im Westen Nordamerikas und in Japan besteht die sehr ähnliche Art *Aleurodiscus grantii*. Sie ist nur unter dem Mikroskop von der Orangefarbenen Mehlscheibe zu unterscheiden. Ansonsten ist diese Art sehr charakteristisch, auch wenn ihre Form leicht zu Verwechslungen mit einigen leuchtend orangen *Lachnellula*-Arten führt, die auf Nadelholz wachsen. Sie sind jedoch viel kleiner und gehören zu den echten Hutpilzen.

Die Orangefarbene Mehlscheibe hat ihren Namen von den scheibenförmigen Fruchtkörpern, die häufig einzeln stehen, manchmal aber zu zweit oder dritt zusammenfließend wachsen. Die Oberfläche ist glatt, leicht gekörnt, rosaorange und wird im Alter oder bei Trockenheit stumpf. Die Ränder sind klar erkennbar, oft aufgebogen, fein faserig und weißlich.

Maßstab 1:1

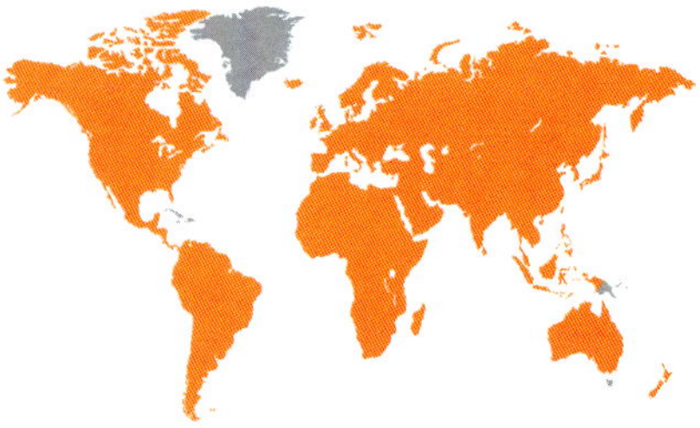

FAMILIE	Cyphellaceae
VERBREITUNG	Nordamerika, Europa, Afrika, Mittel- und Südamerika, Asien, Australien, Neuseeland
LEBENSRAUM	Auf Waldböden
SYMBIOSE	Mit Laubbäumen
WUCHSFORM	Auf toten oder lebenden Ästen und Stämmen, oft in Schichten oder büschelig
VORKOMMEN	Häufig
SPORENFARBE	Weiß
GENIESSBARKEIT	Ungenießbar

DICKE
Bis zu 3 mm

HUTDURCHMESSER
Bis zu 25 mm

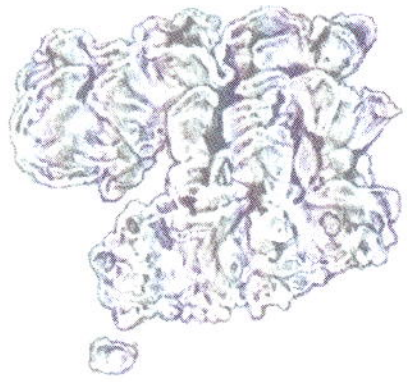

CHONDROSTEREUM PURPUREUM

VIOLETTER KNORPEL-SCHICHTPILZ

(PERSOON) POUZAR

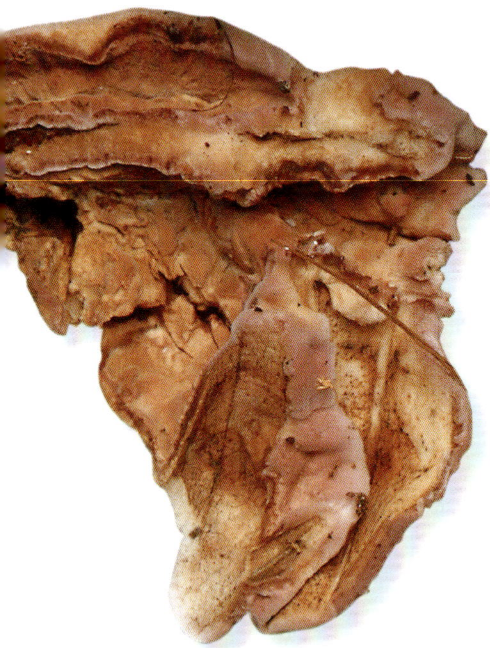

Seine interessante Färbung macht *Chondrostereum purpureum* attraktiv, in Obstgärten kann er jedoch zur ernsten Plage werden. In der Regel zersetzt er totes Holz, kann aber auch Krankheitserreger sein und Bäume durch die Infektion von Wunden angreifen. Problematisch ist er für Obst-, besonders Pflaumenbäume, da er sich über Schnittstellen etabliert. Der Pilz zerstört Blattzellen, verfärbt sie silbrig, verursacht Blattverlust und führt zu Baumsterben. Vorbeugend wirken guter Baumschnitt, aber auch eine *Trichoderma*-Pilzart, die in Versuchen als biologische Regelung wirkte. Interessanterweise ist in der Forstwirtschaft ein Präparat des Violetten Knorpel-Schichtpilzes gegen Verunkrautung erhältlich.

ÄHNLICHE ARTEN

Die dünnen, aber zähen Hüte und die glatten, lilafarbenen Unterseiten sind charakteristisch. Fruchtkörper ohne Hüte, die fast gänzlich Beläge bilden, ähneln der gleichfarbigen *Peniophora*, der Violette Knorpel-Schichtpilz hat aber meist einen fein haarigen, weißlichen Rand.

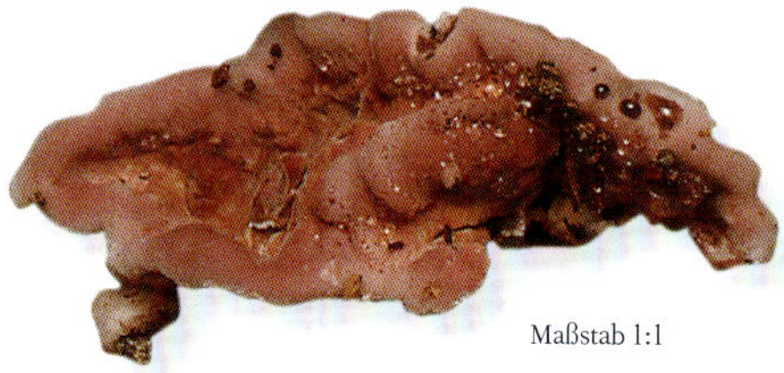

Maßstab 1:1

Der Violette Knorpel-Schichtpilz bildet typischerweise dünne, aber zähe Oberflächen mit fein haarigen Hüten aus. Diese sind zunächst weißlich, später leicht gezont in Farbtönen von Grau bis Lila-Braun, die Ränder sind kraus und weißlich. Die Unterseite ist glatt, aber eher knotig, lila bis lilabraun und bedeckt das Substrat unter den Hüten. Häufig zusammenfließend mit anderen Fruchtkörpern.

FAMILIE	Coniophoraceae
VERBREITUNG	Nordamerika, Europa, Afrika, Mittel- und Südamerika, Asien, Australien, Neuseeland
LEBENSRAUM	Auf Waldböden
SYMBIOSE	Mit Laub- und Nadelbäumen
WUCHSFORM	Auf toten Ästen, Stümpfen und Stämmen, auch auf Bauholz
VORKOMMEN	Häufig
SPORENFARBE	Braun
GENIESSBARKEIT	Ungenießbar

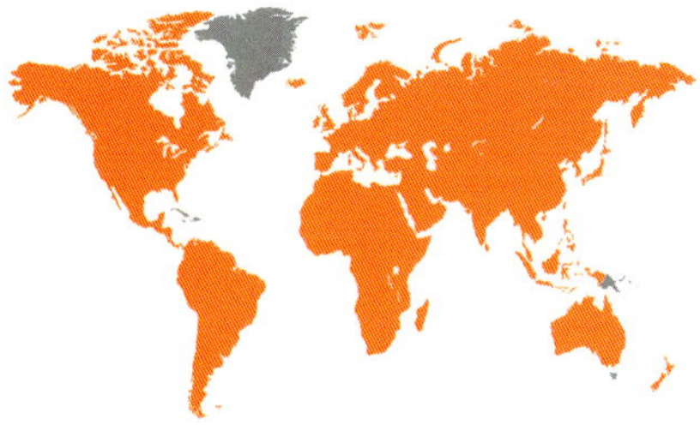

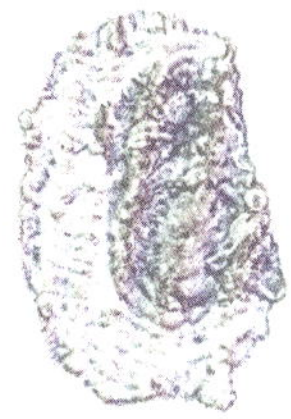

DICKE
Bis zu 3 mm

HUTDURCHMESSER
Bis zu 500 mm

CONIOPHORA PUTEANA

KELLERSCHWAMM

(SCHUMACHER) P. KARSTEN

Coniophora puteana ist eine häufige und extrem weitverbreitete Holzzerstörer-Art, die sich typischerweise an der Unterseite von Stämmen und umgestürzten Bäumen findet, wo sie sich praktisch endlos ausbreiten kann. Der Kellerschwamm verursacht braune Würfelfäule, die zum großen Problem werden kann, da diese Art besonders verbreitet Bauholz befällt. Er benötigt feuchtes Holz, um sich zu etablieren. Dabei genügen ihm feuchte Keller, dunstige Räume wie Badezimmer oder Orte, an denen Wasser tropft. Befallenes Holz muss ausgeschnitten, die Feuchtigkeitsquelle entfernt werden, um weitere Schäden zu verhindern.

ÄHNLICHE ARTEN

Auch andere *Coniophora*-Arten bilden ähnliche Fruchtkörper aus. Die häufigste Art ist *C. arida*, sie ist meist dünner und weist nicht den typisch olivbraunen Farbton auf. Zur sicheren Unterscheidung ist eine mikroskopische Untersuchung nötig.

Maßstab 1:1

Der Kellerschwamm oder Dickhäutige Braunsporrindenpilz bildet Flächen oder Beläge über weite Flächen von feuchtem Holz. Die Oberfläche ist glatt, in reifen Zustand aber leicht warzig, jung gelblich braun, dann olivbraun bis braun. Die Ränder sind gelblich weiß und wollig-faserig.

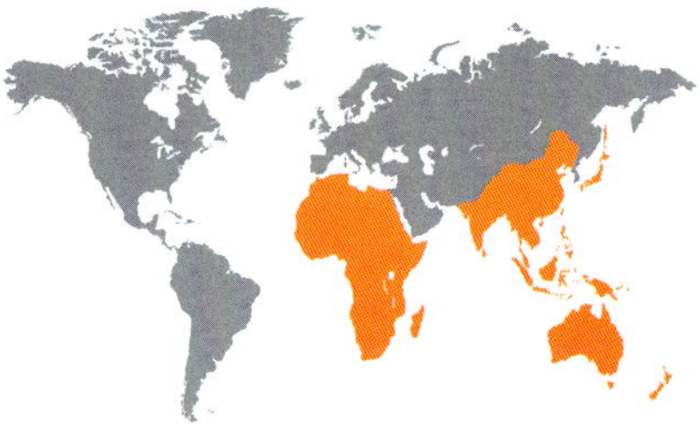

FAMILIE	Meruliaceae
VERBREITUNG	Afrika, südliches Asien (auch China und Japan), Australien, Neuseeland
LEBENSRAUM	Auf Waldböden
SYMBIOSE	Mit Laubbäumen
WUCHSFORM	Auf Baumstümpfen, toten Ästen und Stämmen
VORKOMMEN	Lokal häufig
SPORENFARBE	Weiß
GENIESSBARKEIT	Ungenießbar

GRÖSSE
Bis zu 125 mm

HUTDURCHMESSER
Bis zu 200 mm

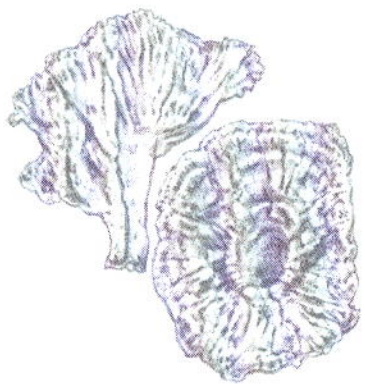

CYMATODERMA ELEGANS

JUNGHUHN

Diese hübsche Art wurde ursprünglich in Indonesien entdeckt, tritt aber auch in den tropischen Breiten Afrikas und Asiens und bis in die gemäßigte Zone Australiens, Neuseelands, Chinas und Japans auf. Seltsamerweise scheint sie zwei Formen auszubilden, die eine mit glatter Unterseite, die andere mit gezahnter, fast lamellenartiger Unterseite. Man ging zunächst von zwei verschiedenen Arten aus, es dürfte sich jedoch um zwei Varietäten desselben Pilzes handeln. Trotz seiner harten Konsistenz wird *Cymatoderma elegans* („Leathery Goblet") Berichten zufolge von einigen indigenen Völkern verzehrt. Aus diesem Pilz werden Polysaccharide hergestellt, bei denen krebshemmende Eigenschaften nachgewiesen werden konnten.

ÄHNLICHE ARTEN

Mehrere andere Arten von *Cymatoderma* treten in den Tropen (auch Südamerika) auf und lassen sich am besten unter dem Mikroskop unterscheiden. Viele tropische Arten von *Podoscypha* haben ähnliche Kelchform, sind aber dünner und haben glatte (nicht gezahnte) Hüte und Unterseiten.

Maßstab 1:1

Cymatoderma elegans bildet gestielte, trichterförmige Fruchtkörper. Der Hut ist fein haarig, rosa bis blassbraun und konzentrisch gezont, später deutlich gezahnt. Das Innere ist unregelmäßig und häufig offen, während die Ränder kraus bis rissig sind, jung manchmal veilchenblau gefärbt. Die Unterseite ist cremefarben bis grau, entweder glatt oder gezahnt. Der braune, oft zottige Stiel ist extrem hart.

FAMILIE	Corticiaceae
VERBREITUNG	Nordamerika, Europa, Nordasien
LEBENSRAUM	Auf Waldböden
SYMBIOSE	Mit Weiden
WUCHSFORM	An toten Zweigen und Ästen von Bäumen
VORKOMMEN	Lokal häufig
SPORENFARBE	Weiß
GENIESSBARKEIT	Ungenießbar

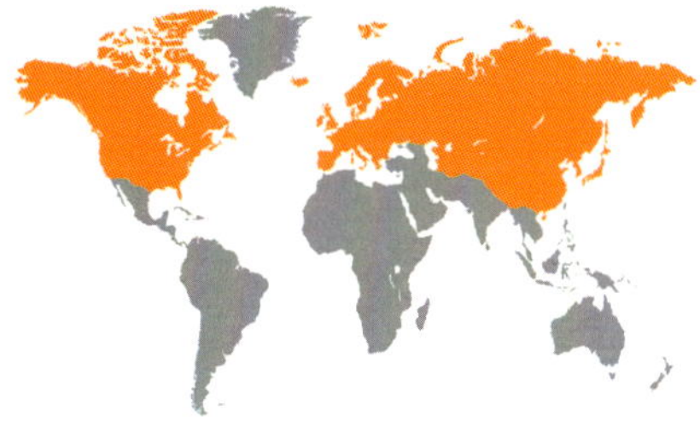

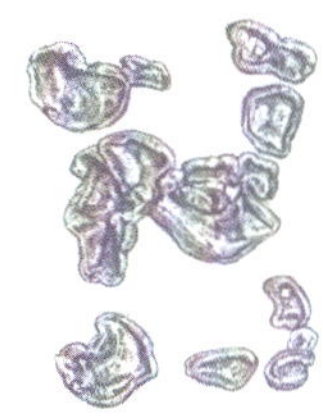

DICKE
Bis zu 5 mm

HUTDURCHMESSER
Bis zu 25 mm

CYTIDIA SALICINA

BLUTROTER BECHERRINDENSCHWAMM

(FRIES) BURT

Die leuchtend scharlachroten Fruchtkörper machen diese Art zu einem Blickfang in Weidensträuchern und Wäldern mit hoher Luftfeuchtigkeit. Interessanterweise war der Blutrote Becherrindenschwamm nur auf den Britischen Inseln bekannt – nach zwei alten, in Schottland gefundenen Exemplaren, der letzte im Jahr 1900. Erst ein Jahrhundert später wurde er in seinem Ursprungsgebiet und in Nordengland erneut entdeckt – ein Jahrtausendereignis, dem große Presseaufmerksamkeit und sogar ein Leitartikel in der Londoner *Times* folgte. In anderen Gegenden ist der Blutrote Becherrindenschwamm teils häufiger und bekannter, jedoch offenbar auf kühleres nördliches oder alpines Klima beschränkt. Seine Farbe verdankt er dem Pigment Cortisalin, einem Pilz-Abbauprodukt, das erstmals in *Cytidia salicina* isoliert wurde.

Maßstab 1:1

Der Blutrote Becherrindenschwamm bildet glatte, scheibenförmige Fruchtkörper aus, die dann typischerweise zusammenwachsen und weite Flächen bilden, oft an der Unterseite von Ästen. Die Ränder sind normalerweise aufgebogen, manchmal bleiben die Fruchtkörper trichter- oder ohrförmig. Bei feuchtem Wetter sind sie wachsig-gallertig und biegsam, trocken hornartig und hart. Jung sind sie leuchtend scharlachrot, mit dem Alter werden sie dunkler.

ÄHNLICHE ARTEN

Manche *Peniophora*-Arten sind ebenfalls rötlich-orange, aber typischerweise eher auf anderen Baumarten zu finden. *Peniophora aurantiaca* etwa wächst auf Erlen, *P. laeta* auf Hainbuchen. *Peniophora incarnata* ist gelegentlich auf Weiden zu finden, ist meist aber dünner, weniger gallertig und eher orange als rot.

FAMILIE	Hygrophoraceae
VERBREITUNG	Südost-Nordamerika (Florida), Mittel- und Südamerika
LEBENSRAUM	Auf Bäumen und auf der Erde
SYMBIOSE	Lichenisiert; mit Cyanobakterien
WUCHSFORM	Büschelig
VORKOMMEN	Häufig
SPORENFARBE	Weiß
GENIESSBARKEIT	Ungenießbar

DICKE
Bis zu 5 mm

HUTDURCHMESSER
Bis zu 500 mm

DICTYONEMA GLABRATUM

BLATTFLECHTE

(SPRENGEL) D. HAWKSWORTH

Die hübsche Blattflechte ist vermutlich lokal häufig in feuchten, oft gebirgigen Gegenden der Neotropen (Festland Mittel- und Südamerikas) und besiedelt dort sogar Straßendämme und andere häufig passierte Stellen. Sie ist eine von mehreren Flechten, die eine spezialisierte Lebensform entwickelt haben, relativ unabhängig von den meisten anderen Arten, die mit den Schlauchpilzen vergesellschaftet sind. Mit ihrer grünlichen Färbung durch die vergesellschafteten Cyanobakterien wirkt sie wie eine typische Flechte, ist überraschenderweise aber näher verwandt mit den Saftlingen (*Hygrocybe*-Arten) als mit ähnlich aussehenden Arten wie der Schüsselflechte (*Parmelia saxatilis*).

ÄHNLICHE ARTEN

Es sind mehrere der *Dictyonema* ähnliche Arten bekannt, sie verfügen jedoch nicht über die glatte, gezonte Oberfläche der *D. glabratum*. Ebenfalls in den Neotropen verbreitet, aber nicht verwandt sind die *Coenogonium*-Arten (Schlauchpilz-Flechten), die brettartige Beläge bilden, aber typischerweise leuchtend grasgrün mit haarig-wolliger Oberfläche sind.

Die Blattflechte bildet Lager mit büscheligen, flachen, brettartigen Läppchen. Die Oberfläche ist glatt, blassgrau bis grüngrau und deutlich konzentrisch gezont. Die Unterseite ist glatt und blassgrau. Sporen werden an der Unterseite des Lagers gebildet.

Maßstab 1:1

FAMILIE	Hymenochaetaceae
VERBREITUNG	Nordamerika, Europa, Afrika, Mittel- und Südamerika, Asien, Australien, Neuseeland
LEBENSRAUM	Auf Waldböden
SYMBIOSE	Mit Laubbäumen, besonders Haselnuss, selten mit Nadelbäumen
WUCHSFORM	An toten Ästen von Bäumen
VORKOMMEN	Häufig
SPORENFARBE	Braun
GENIESSBARKEIT	Ungenießbar

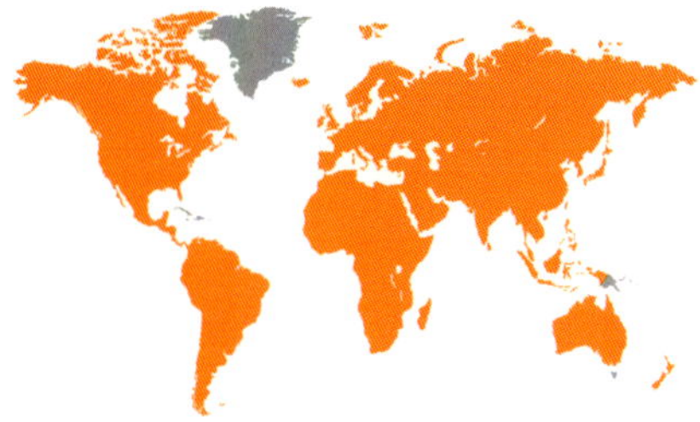

DICKE
Unter 1 mm

HUTDURCHMESSER
Bis zu 500 mm

HYMENOCHAETE CORRUGATA

GEFELDERTER BORSTENSCHEIBLING

(FRIES) LÉVEILLE

Hymenochaete-Arten sind Holzzerstörer und häufig auf abgestorben Ästen von Bäumen zu finden. Sie sind verwandt mit Blättlingen wie *Phellinus robustus*, dem Eichen-Feuerschwamm, haben aber glatte, nicht porige Unterseiten. *Hymenochaete corrugata* ist eine der häufigsten und am weitesten verbreiteten Arten in der nördlichen gemäßigten Zone, tritt aber etwas weniger häufig auch in den Tropen und der südlichen Hemisphäre auf. Der Gefelderte Borstenscheibling bildet Beläge aus unfruchtbarem Gewebe, das fest an benachbarten toten Ästen und Zweigen haften kann und sie damit „zusammenklebt". Das erlaubt dem Pilz die direkte Verbreitung von Ast zu Ast und von Baum zu Baum.

ÄHNLICHE ARTEN

Hymenochaete rubiginosa, der Rotbraune Borstenscheibling, ist ebenso häufig an Eichen und Kastanien, aber dunkler braun, sehr hart und spröde und hat charakteristisch krause Hüte. Weitere *Hymenochaete*-Arten zeigen Färbungen von rot bis gelbbraun, sind ansonsten aber am besten unter dem Mikroskop zu identifizieren.

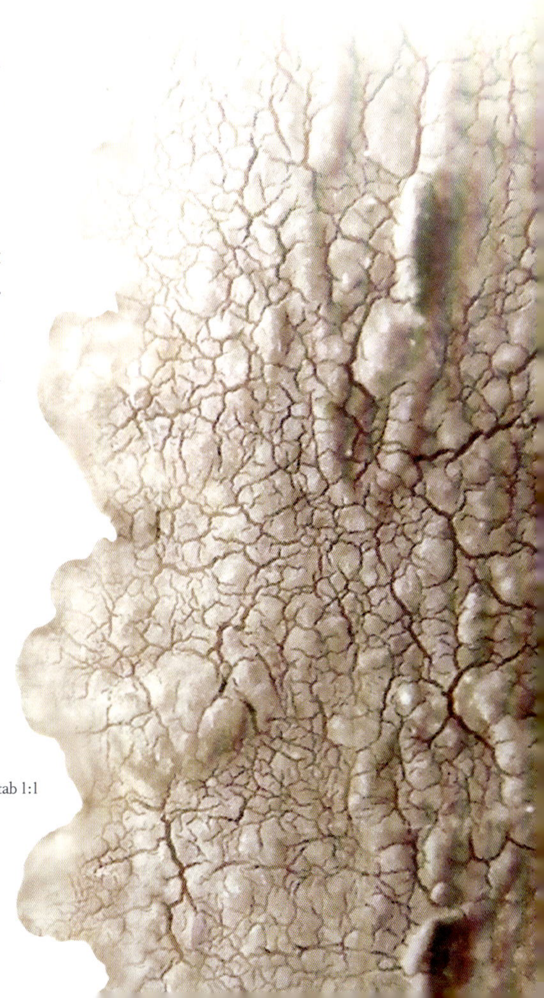

Der Gefelderte Borstenscheibling bildet glatte, aber oft fein rissige, harte Krusten an der Unterseite von abgestorbenen, aber am Baum verbliebenen Ästen. Junge Fruchtkörper sind klein und scheibenförmig, fließen aber rasch zusammen. Sie sind typischerweise graubraun bis zimtbraun mit lila bis rötlicher Tönung. Bei Vergrößerung mit einer Lupe sind mikroskopische Seten (dornenartige, sterile Zellen) zu sehen, die die Oberfläche wie winzige braune Haare bedecken.

Maßstab 1:1

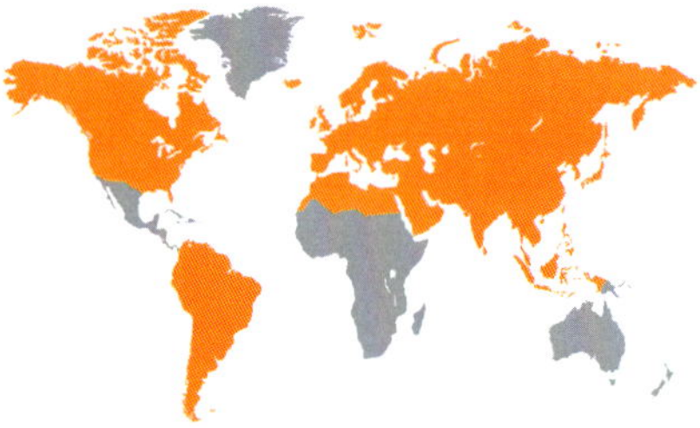

FAMILIE	Meruliaceae
VERBREITUNG	Nordamerika, Europa, Nordafrika, Südamerika, Asien
LEBENSRAUM	Auf Waldböden
SYMBIOSE	Mit Laub- und Nadelbäumen
WUCHSFORM	Auf toten Ästen, Stümpfen und Stämmen, büschelig verwachsen
VORKOMMEN	Häufig
SPORENFARBE	Weiß
GENIESSBARKEIT	Ungenießbar, möglichst meiden

DICKE
Bis zu 3 mm

HUTDURCHMESSER
Bis zu 75 mm

MERULIUS TREMELLOSUS

GALLERTFLEISCHIGER FÄLTLING

SCHRADER

Diese häufige und weitverbreitete Art erzeugt Weißfäule auf abgestorbenem Holz. Sie wird manchmal mit Gallertpilzen verwechselt, ist aber alles andere als nah verwandt. Die auffällig netzartige Unterseite, auf der die Sporen gebildet werden, tritt auch bei zahlreichen anderen Pilzen auf und wird nach dieser Art „meruliolid" genannt. *Merulius tremellosus* ist Quelle mehrerer neuartiger Abbauprodukte, den sogenannten Merulinsäuren, die möglicherweise antibiotisch wirken. Umgekehrt kann der Gallertfleischige Fältling selbst Menschen mit schwerer Immunschwäche infizieren und hat bis dato zumindest ein Todesopfer gefordert.

ÄHNLICHE ARTEN

Charakteristisch für den Gallertfleischigen Fältling sind Farbe, Konsistenz, der haarige Hut und die netzige Unterseite. *Phlebia rufa* bildet große Flächen aus, ist ähnlich gefärbt und hat auch eine eher gallertige, netzartige Oberfläche, bildet aber keine Trichterform aus. Der Gallertpilz *Auricularia mesenterica* hat eine offenere, netzartige Unterseite mit brauner bis lila-brauner Färbung.

Der Gallertfleischige Fältling ist, wie der Name schon sagt, von gummiartiger, gallertiger Konsistenz. Die Fruchtkörper sind trichterig, aber dünn und schlaff. Der Hut ist haarig und wässrig, weißlich bis rosa mit rosaroter oder orangeroter Unterseite, netzartigen Adern und Zähnen, die sich unter den Hüten auf dem Holz ausbreiten. Der Pilz wächst in großen, zusammenfließenden Büscheln.

Maßstab 1:1

FAMILIE	Meruliaceae
VERBREITUNG	Nordamerika, Kontinentaleuropa, Nordasien
LEBENSRAUM	Auf Waldböden
SYMBIOSE	Mit Laubholz und Nadelholz
WUCHSFORM	Auf Stümpfen, abgebrochenen Ästen und gefällten Stämmen
VORKOMMEN	Lokal häufig
SPORENFARBE	Weiß
GENIESSBARKEIT	Ungenießbar

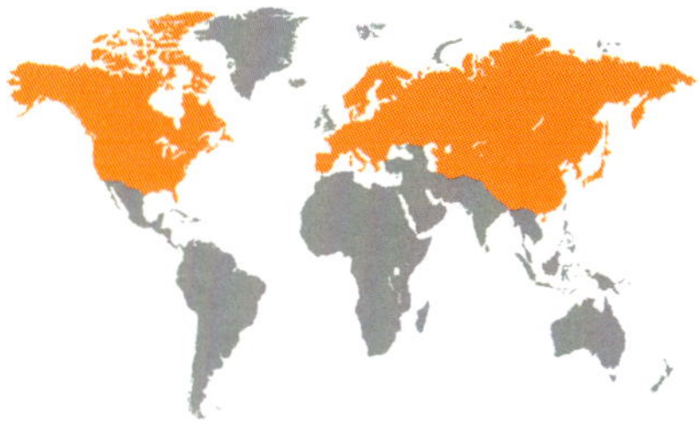

DICKE
Unter 0,5 mm

DURCHMESSER
Bis zu 300 mm

PHLEBIA COCCINEOFULVA

SCHWEINITZ

Phlebia coccineofulva („Scarlet Waxcrust") ist einer der farbenprächtigsten Vertreter der Gattung *Phlebia*, einer häufigen und weitverbreiteten Gruppe von Krustenpilzen mit wachsartigen Fruchtkörpern. Diese Beschaffenheit dürfte es den Fruchtkörpern ermöglichen, Feuchtigkeit zu speichern und so kürzere Trockenperioden zu überdauern, um dann bei Regen die Sporenproduktion wieder aufzunehmen. Der Pilz wurde erstmals in den USA beschrieben und ist lokal häufig in Nordamerika. In Europa hingegen ist er sehr selten und es sind nur wenige Fundorte bekannt.

ÄHNLICHE ARTEN

Der Braunrote Kammpilz (*Phlebia rufa*) ist eine häufige Art mit matter rotem oder rosa-rotem Fruchtkörper, dessen Oberfläche so deutlich adrig-gefaltet ist, dass sie fast wie Poren erscheint. Der ebenso häufige Orangerote Kammpilz (*P. radiata*) sieht ähnlich aus, hat jedoch eine stark gerunzelte, gefurchte Oberfläche und ist oft eher lilarot bis grauviolett.

Phlebia coccineofulva bildet große Flächen von unbestimmter Größe an der Unterseite von abgebrochenem Holz oder an Baumstümpfen. Die Fruchtkörper sind wachsartig, glatt bis gerunzelt oder mit oberflächlichen, unregelmäßigen Höckern, scharlach- bis blutrot in den fruchtbaren oberen Schichten, gelb darunter (wenn auch gelegentlich orange erscheinend), im Alter dunkler und stumpfer.

Maßstab 1:1

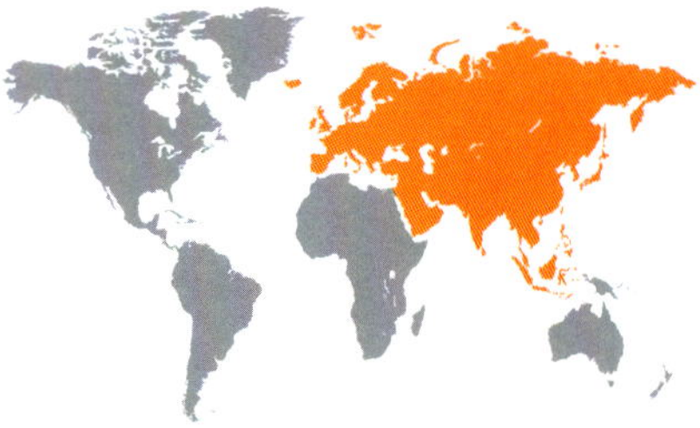

FAMILIE	Meruliaceae
VERBREITUNG	Europa, Asien
LEBENSRAUM	Auf Waldböden und in Parklandschaften
SYMBIOSE	Mit Eichen
WUCHSFORM	Auf der Erde, zwischen Wurzeln
VORKOMMEN	Gelegentlich
SPORENFARBE	Weiß
GENIESSBARKEIT	Ungenießbar

GRÖSSE
Bis zu 150 mm

DURCHMESSER
Bis zu 500 mm

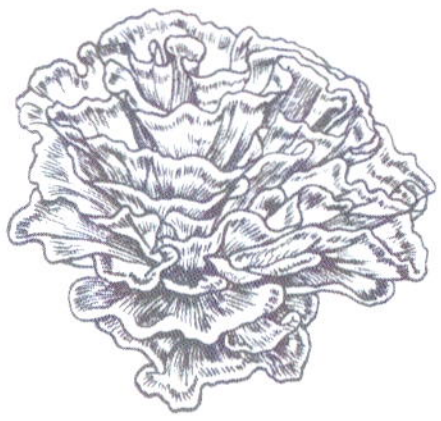

PODOSCYPHA MULTIZONATA

GEZONTER BÜSCHELWÄRZLING

(BERKELEY & BROOME) PATOUILLARD

Maßstab 1:1

Podoscypha-Arten sind in den Tropen häufig, doch diese besondere Art weist eine sehr ungewöhnliche Verbreitung auf. Sie ist nur aus Europa und Asien bekannt, die meisten Funde (geschätzt über 50 Prozent des weltweit bekannten Bestandes) stammen aus Großbritannien – dort besonders Südostengland –, eine weitere Hochburg ist Frankreich. Der Pilz wächst auf den Wurzeln alter Eichen, insbesondere in offenen Parklandschaften, und kann eindrucksvolle Größe erreichen. Aufgrund seiner begrenzten Verbreitung und des empfindlichen Lebensraums wurde der Gezonte Büschelwärzling aber als eine von 33 Pilzarten für internationalen Schutz im Rahmen der Berner Konvention vorgeschlagen.

ÄHNLICHE ARTEN

Große Exemplare sind relativ leicht zu erkennen, kleinere jedoch können leicht mit Rosetten der seltenen Art *Cotylidia pannosa* verwechselt werden, die jung oft einen leuchtend rötlichen Rand aufweisen. Die Bestimmung erfolgt unter dem Mikroskop. Große Blättlinge mit ähnlicher Wuchsform sind hingegen leicht an den Poren an der Unterseite ihrer farnwedelartigen Hüte zu erkennen.

Der Gezonte Büschelwärzling bildet große, dichte, einjährige Rosetten aus ledrigen Fächern, die aus einer gemeinsamen Basis wachsen. Jeder Fächer ist kraus bis gezahnt und schwach gezont, die Farbtöne reichen von beigerosa bis rotbraun, mit gewelltem, jung mit weißlichem Rand. Die Unterseite ist glatt und ähnlich gefärbt. Der ganze Pilz verfärbt sich mit dem Alter stärker braun.

FAMILIE	Meruliaceae
VERBREITUNG	Mittel- und Südamerika, Australien, Neuseeland
LEBENSRAUM	Auf Waldböden
SYMBIOSE	Mit Laubbäumen
WUCHSFORM	Auf gefällten Stämmen, Holz in Bodennähe, einzeln oder in Haufen
VORKOMMEN	Häufig
SPORENFARBE	Weiß
GENIESSBARKEIT	Ungenießbar

GRÖSSE
Bis zu 75 mm

HUTDURCHMESSER
Bis zu 50 mm

PODOSCYPHA PETALODES

(BERKELEY) PATOUILLARD

Podoscypha petalodes („Wine Glass Fungus") wurde erstmals in der Dominikanischen Republik entdeckt und ist in der Karibik und den Neotropen (Mittel- und Südamerika) weitverbreitet, findet sich jedoch auch in Australien und Neuseeland. Einzeln stehende Fruchtkörper sind oft weinglas- oder kelchförmig. Wenn sie zusammenwachsen, formen sie dichte, konzentrische Büschel, die wie Rosetten aussehen. Diese Art hat möglicherweise pharmazeutische Bedeutung, weil aus ihrem Myzel eine Säure gewonnen werden konnte, die antivirale Eigenschaften aufweist.

ÄHNLICHE ARTEN

Der ähnliche Gezonte Büschelwärzling (*Podoscypha multizonata*) tritt in Europa und Nordasien auf. Andere *Podoscypha*-Arten sind vor allem tropisch oder subtropisch. Einige Arten sehen *P. petalodes* ähnlich (ebenso wie manche *Cotylidia*-Arten), als Gruppe werden sie jedoch am besten unter dem Mikroskop bestimmt.

Podoscypha petalodes bildet dünne, ledrige, farnwedelartige Fruchtkörper, deren Fächer manchmal nach innen eingerollt sind und fast becherförmig aussehen. Büschelig wachsende Fruchtkörper bilden dichte Rosetten. Die Oberfläche ist glatt bis gerunzelt, oft konzentrisch gezont und blassrosa bis rosabraun oder ockerbraun. Die Unterseite ist glatt und ähnlich oder blasser gefärbt. Der Stiel (wenn vorhanden) ist schmal und fein samtig.

Maßstab 1:1

FAMILIE	Amylocorticiaceae
VERBREITUNG	Australien, Neuseeland
LEBENSRAUM	Auf Waldböden
SYMBIOSE	Mit Laubbäumen
WUCHSFORM	Nahe bei oder auf morschem, abgebrochenem Holz
VORKOMMEN	Gelegentlich
SPORENFARBE	Weiß
GENIESSBARKEIT	Ungenießbar

GRÖSSE
Bis zu 100 mm

DURCHMESSER
Bis zu 50 mm

PODOSERPULA PUSIO

PAGODENPILZ

(BERKELEY) D. A. REID

Dieser faszinierende Pilz trägt seinen Namen zu Recht. Er bildet bis zu einem Dutzend Hüte in mehreren Schichten aus einem gemeinsamen Stiel – eine einzigartige Fruchtkörperform, die von keiner anderen Art bekannt ist. Er scheint auf Australien und Neuseeland beschränkt zu sein und ist ein Holzzerstörer, der stark zerfallene, liegende Stämme bevorzugt. Die nächsten Verwandten des Pagodenpilzes sind einige kaum untersuchte krustenbildende Pilze sowie einige Sonderlinge, darunter der in der nördlichen Hemisphäre beheimatete Krause Aderzähling (*Plicaturopsis crispa*) mit ähnlicher Unterseite und *Irpicodon pendulus*, ein kleiner Blättling mit grober, flacher Zahnung.

ÄHNLICHE ARTEN

Keine andere Art ähnelt dem Pagodenpilz wirklich. Einige *Thelephora*-Arten, etwa der Trichterwarzenpilz (*T. caryophyllea*), können eine Reihe von zwei bis drei halbkreisförmigen Hüten an einem zentralen Stiel ausbilden, sehen dann aber einer Rosette ähnlicher als einer Pagode.

Maßstab 1:1

Der Pagodenpilz bildet fächerartige, in Schichten übereinanderwachsende Hüte aus einem zentralen Stiel, die jeweils an ihrer Basis mit dem Hauptstiel verbunden sind. Die Hutoberfläche ist flach oder niedergedrückt, glatt und blass ocker bis gelbbraun oder orangebraun mit krausem Rand. Die Unterseite ist unregelmäßig gefaltet oder gerunzelt, höckrig und rosa. Der Stiel ist glatt und ähnlich rosa gefärbt.

FAMILIE	Tapinellaceae
VERBREITUNG	Nordamerika, Europa, Nordasien
LEBENSRAUM	Auf Waldböden
SYMBIOSE	Mit Nadelbäumen
WUCHSFORM	Auf Stümpfen, abgebrochenen Ästen und liegenden Stämmen
VORKOMMEN	Gelegentlich
SPORENFARBE	Braun
GENIESSBARKEIT	Ungenießbar

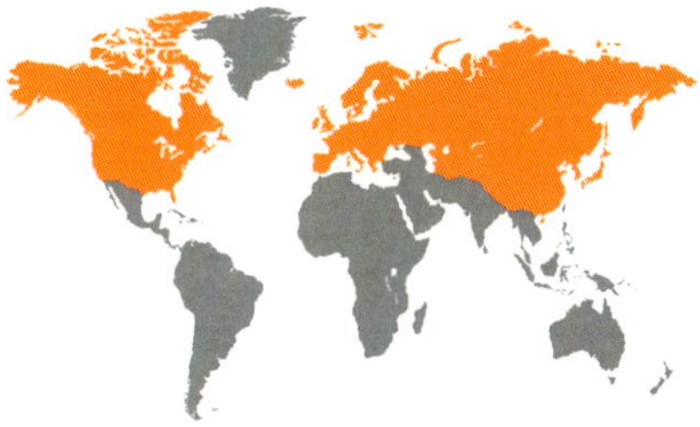

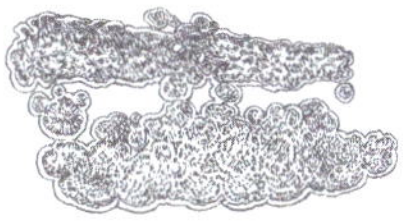

DICKE
Unter 1 mm

HUTDURCHMESSER
Bis zu 200 mm

PSEUDOMERULIUS AUREUS

GOLDGELBER FÄLTLING

(FRIES) JÜLICH

Der Goldgelbe Fältling hat eine sogenannte merulioide sporentragende Oberfläche mit netzartig verlaufenden Zähnen oder Falten, die stellenweise wie vieleckige Poren aussehen. Der Rand des Fruchtkörpers ist meist charakteristisch vom Substrat weggebogen und bildet einen krausen Rand oder eine Reihe kleiner, hutähnlicher Vorsprünge. In Farbe und Form ähneln diese hutähnlichen Gebilde eher den Fruchtkörpern des Gemeinen Muschelkremplings (*Tapinella panuoides*). Tatsächlich hat die jüngere Forschung gezeigt, dass die beiden Arten nahe verwandt sind.

Der Goldgelbe Fältling bildet weite Flächen von unbestimmter Größe an der Unterseite von abgebrochenen Ästen oder Baumstümpfen. Die Fruchtkörper sind wachsartig, die Oberfläche zeigt netzartige, orangegelbe bis orange Falten, die mit dem Alter stumpfer gelbbraun werden. Der Rand ist deutlich und oft in hutähnlichen Loben vom Substrat weggebogen. Der Hut ist samtig und cremefarben bis orangegelbbraun.

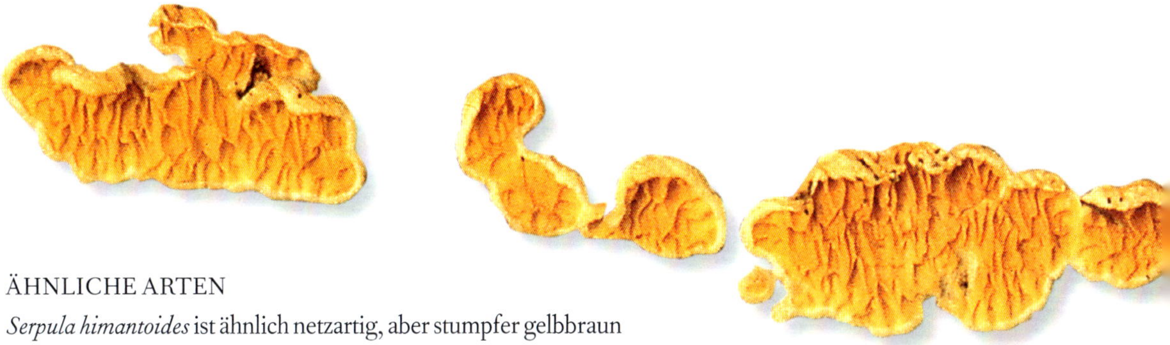

Maßstab 1:1

ÄHNLICHE ARTEN

Serpula himantoides ist ähnlich netzartig, aber stumpfer gelbbraun und hat einen spinnennetzartigen, wollig-faserigen, oft fliederfarbenen Rand. Der berüchtigte Echte Hausschwamm (*Serpula lacrimans*) ist ebenfalls ähnlich, aber mit rostbrauner Oberfläche. *Leucogyrophana mollusca* hat eine leuchtender rostgelbe, netzartige Oberfläche, aber ebenfalls einen spinnennetzartigen Rand.

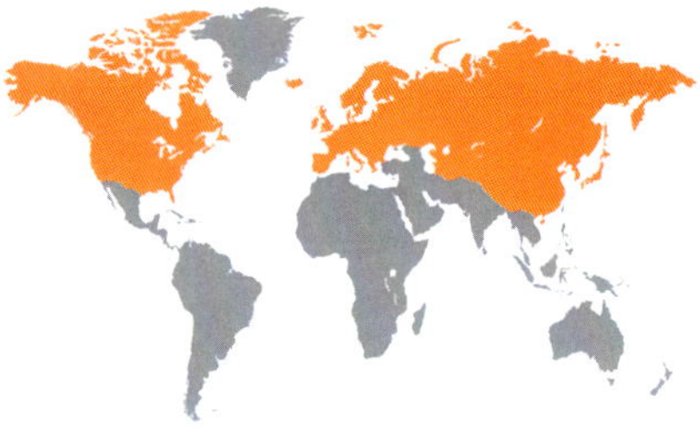

FAMILIE	Meruliaceae
VERBREITUNG	Nordamerika, Europa, Nordasien
LEBENSRAUM	Auf Obstplantagen, in Gärten und Wäldern
SYMBIOSE	Mit Apfelbäumen, seltener auch andere Laubbäume
WUCHSFORM	Auf Stümpfen und Ästen
VORKOMMEN	Selten
SPORENFARBE	Weiß
GENIESSBARKEIT	Ungenießbar

DICKE
Bis zu 15 mm

DURCHMESSER
Bis zu 100 mm

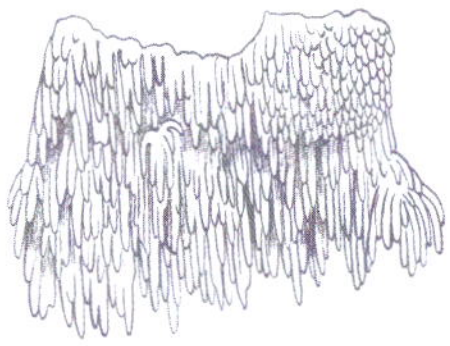

SARCODONTIA CROCEA

GELBER APFELBAUM-STACHELSCHWAMM

(SCHWEINITZ) KOTLABA

Der Apfelbaum-Stachelschwamm war früher auf alten Plantagen-Apfelbäumen relativ häufig, wird mit dem Verschwinden dieser alten Obstgärten aber immer seltener. In einigen Ländern steht er auf der Roten Liste der bedrohten Pilzarten. Er verursacht Fäule in totem Kernholz, das schließlich den Baum aushöhlt, ihn aber nicht absterben lässt. Jung und frisch soll der Apfelbaum-Stachelschwamm nach Ananas riechen, der Geruch wird mit der Zeit jedoch schwächer und wird dann oft als ekelig beschrieben.

ÄHNLICHE ARTEN

Mehrere häufige *Mycoacia*-Arten haben wachsartige, gelbe, gestachelte Fruchtkörper, sind aber viel dünner mit kleineren Stacheln und auf unterschiedlichen Baumarten, meist an der Unterseite von Ästen, zu finden. *Steccherinum*-Arten haben ähnliche Form, sind aber nicht wachsartig und creme- bis ockerfarben statt gelb. Keiner von ihnen sondert den typisch fruchtigen Geruch ab.

Der Gelbe Apfelbaum-Stachelschwamm bildet ausgedehnte Fruchtkörper, die aber typischerweise in Spalten und Höhlungen wachsen und dann klumpig-unregelmäßige Form haben. Die Oberfläche ist teilweise mit wachsartigen, pfriemenförmigen Stacheln bedeckt, er kann aber auch unfruchtbare stachellose Stellen und einen breiten Rand ausbilden. Jung sind die Fruchtkörper gelb, bleichen mit dem Alter aber oft zu einem blassen Rotton aus.

Maßstab 1:1

FAMILIE	Serpulaceae
VERBREITUNG	Westliches Nordamerika, Mitteleuropa, Asien (Himalaya-Gebiet); kosmopolitisch im Inneren von Gebäuden
LEBENSRAUM	Auf Waldböden und in Gebäuden
SYMBIOSE	Auf Nadelbäumen und weichem Schnittholz
WUCHSFORM	Lokal auf toten Ästen, Stümpfen und Stämmen, großflächiger auch auf verbautem Holz in Gebäuden
VORKOMMEN	Häufig in Gebäuden
SPORENFARBE	Braun
GENIESSBARKEIT	Ungenießbar

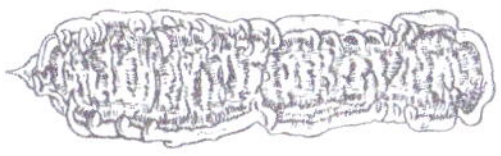

DICKE
Bis zu 12 mm

HUTDURCHMESSER
Bis zu 400 mm

SERPULA LACRIMANS

ECHTER HAUSSCHWAMM

(WULFEN) J. SCHRÖTER

Dieser Pilz verursacht eine braune Würfelfäule, die Holz und Bauholz zu Staub zersetzen kann, und ist deshalb verantwortlich für beträchtliche Schäden und Verluste im Baugewerbe und in Gebäuden. Er kann Holz mit relativ niedrigem Wassergehalt angreifen, verglichen mit *Coniophora puteana* und anderen Nassfäulepilzen, braucht aber dennoch zum Wachstum feuchte Verhältnisse. Wenn sich Fruchtkörper bilden, produzieren sie zahllose Sporen, die Asthma und Allergien hervorrufen können. Der Echte Hausschwamm ist natürlich nur bedingt verbreitet, hat sich aber an menschliche Umgebung angepasst und kommt inzwischen in Gebäuden auch fern seines ursprünglichen Verbreitungsgebietes vor.

ÄHNLICHE ARTEN

Serpula himantioides ist verwandt und zeigt eine sehr ähnliche braune, netzartige Oberfläche, aber eine andere Form und tritt normalerweise in Wäldern und nur sehr selten auf Bauholz auf. *Leucogyrophana pulverulenta* ähnelt dem Hausschwamm ebenfalls und ist manchmal an Bauholz zu finden, bildet aber auch keine hutähnlichen Trichter.

Der Echte Hausschwamm bildet gelegentlich weiche, fleischige Trichter mit glattem, weißlich grauem Erscheinungsbild. Häufig verwachsen die Fruchtkörper aber zur Gänze zu ausgedehnten Krusten mit dicken, weißlichen Rändern. Die Unterseite der Hütchen oder der Fruchtkörperfläche ist zunächst gelblich, dann rost- bis dunkelbraun und tief aderig oder gerunzelt, netzartig bis porig. Sie kann sich auf Holz oder anderem Substrat fast unbegrenzt ausbreiten.

Maßstab 1:1

FAMILIE	Sparassidaceae
VERBREITUNG	Östliches Nordamerika, Europa
LEBENSRAUM	Auf Waldböden
SYMBIOSE	Auf Nadelbäumen, besonders Pinien
WUCHSFORM	Am Fuß lebender Bäume
VORKOMMEN	Häufig
SPORENFARBE	Weiß
GENIESSBARKEIT	Essbar

GRÖSSE
Bis zu 500 mm

DURCHMESSER
Bis zu 500 mm

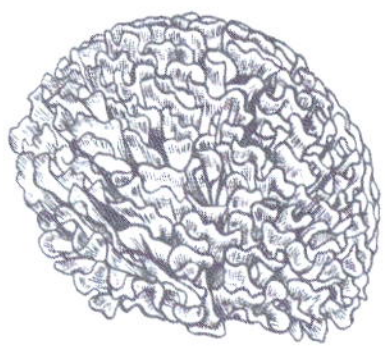

SPARASSIS CRISPA

KRAUSE GLUCKE

(WULFEN) FRIES

Maßstab 1:1

Sparassis crispa ist ein häufiger Holzzerstörer, der typischerweise am Fuß oder zwischen den Wurzeln von Pinien wächst. Er hat blumenkohlähnliche Form und ist jedenfalls essbar, allerdings schwer zu putzen, wenn er wild gesammelt wird. In den letzten Jahren wurde die Krause Glucke aber immer häufiger auch kultiviert. Diese Art oder möglicherweise die verwandte ostasiatische *Sparassis latifolia* wird in Japan und Korea kommerziell gezüchtet und in einheimischen Supermärkten bzw. getrocknet auch im Ausland verkauft.

ÄHNLICHE ARTEN

Eine sehr ähnliche Art, *Sparassis radicata*, ist auf Nadelbäumen im Westen Nordamerikas zu finden. In östlichen Gebieten Nordamerikas wächst *S. spathulata*, jedoch mit Laubbäumen und mit stärker abgeflachten, aufrechteren, gezonten, farnwedelartigen Fruchtkörpern. Sein seltenerer Gegenpart in Europa ist *S. brevipes*, die Breitblättrige Glucke, die ebenfalls mit Laubbäumen, seltener auch mit Nadelbäumen vergesellschaftet ist.

Die Krause Glucke bringt Fruchtkörper mit dichten, abgeflachten Ästen mit blattartigen Enden hervor. Diese Blätter sind glatt mit krausem oder gewelltem Rand, blass cremefarben bis gelbbraun, älter dann ockerbraun. Die Unterseite ist glatt und ähnlich gefärbt.

FAMILIE	Stereaceae
VERBREITUNG	Nordamerika, Europa, Afrika, Mittel- und Südamerika, Asien, Australien, Neuseeland
LEBENSRAUM	Auf Waldböden
SYMBIOSE	Mit Laubbäumen, selten Nadelbäumen
WUCHSFORM	An toten Ästen, Stümpfen, berindeten und unberindeten Stämmen
VORKOMMEN	Häufig
SPORENFARBE	Weiß
GENIESSBARKEIT	Ungenießbar

DICKE
Unter 2 mm

HUTDURCHMESSER
Bis zu 40 mm

STEREUM HIRSUTUM

STRIEGELIGER SCHICHTPILZ

(WILLDENOW) PERSOON

Mit seinen häufigen, mehrjährigen und oft großflächig auftretenden Fruchtkörpern ist *Stereum hirsutum* ganzjährig einer der auffälligsten Waldpilze. Dieser Weißfäulepilz zersetzt mithilfe von Enzymen Zellulose und Lignin; das Holz wird dadurch weiß, weich und faserig. In Sporenform kann er sich über Nutzinsekten durch ganze Holzstöße hindurch ausbreiten, indem er andere Pilzarten hartnäckig auskonkurriert. Der leuchtend gelbe Gallertpilz *Tremella aurantia* ist parasitär in den Fruchtkörpern zu finden, der braune *T. foliacea* befällt die Hyphen im Holz.

ÄHNLICHE ARTEN

Stereum ostrea hat ähnliches Aussehen, aber größere Fruchtkörper und ist austern- oder fächerförmig. Die Fruchtkörper von *Stereum complicatum* sind kleiner und wachsen oft ineinander überfließend entlang von Ästen und Zweigen an Bäumen. *Trametes versicolor* sieht von oben ähnlich aus, hat aber weiße bis cremefarbene Poren an der Unterseite.

Maßstab 1:1

Der Striegelige Schichtpilz bildet dünne, ledrige, blättrige Fruchtkörper, deren Hüte zunächst fein haarig und in Grau-, Ocker-, Braun- oder Rottönen gezont, gelegentlich durch Algen grünlich sind. Der Rand ist typischerweise kraus, einzelne Hüte verwachsen oft miteinander. Die Unterseite ist glatt und ocker bis orange. Der Pilz überzieht oft ganze Äste und Stämme.

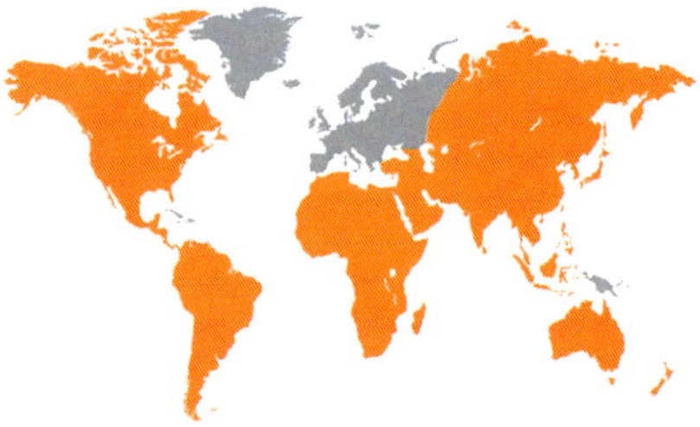

FAMILIE	Stereaceae
VERBREITUNG	Nordamerika, Afrika, Mittel- und Südamerika, Asien, Australien, Neuseeland
LEBENSRAUM	Auf Waldböden
SYMBIOSE	Mit Laubbäumen
WUCHSFORM	Auf toten Ästen, abgebrochen oder an Bäumen, auf Stümpfen und Stämmen
VORKOMMEN	Häufig
SPORENFARBE	Weiß
GENIESSBARKEIT	Ungenießbar

DICKE
Unter 2 mm

HUTDURCHMESSER
Bis zu 100 mm

STEREUM OSTREA

BRAUNSAMTIGER SCHICHTPILZ

(BLUME & T. NEES) FRIES

Der Braunsamtige Schichtpilz ist eine häufige pantropische Art, ursprünglich aus Java, aber auch in den Subtropen und in Nordamerika verbreitet. Innerhalb seines Lebensraums kann *Stereum ostrea* äußerst vielfältige Formen und Farben ausbilden. Möglich, aber noch unbewiesen ist, dass dieser Pilz ein Komplex aus nahe verwandten Arten ist. Der Artname *ostrea* bedeutet „Auster" und bezieht sich auf die typische Form der Fruchtkörper. Zumindest in Australien wird beschrieben, dass er Zyanidgas bildet und einen schwachen Geruch von Bittermandeln verströmt. Experimente haben gezeigt, dass er signifikante Mengen Laccase bildet, ein wirtschaftlich bedeutsames Enzym, das zur Zersetzung von Färbemitteln und anderen Schad- und Schmutzstoffen eingesetzt wird.

Der Braunsamtige Schichtpilz bildet dünne, ledrige, aufgebogene Fruchtkörper mit typischer Fächer- oder Muschelform. Sie wachsen truppweise oder büschelig, aber normalerweise nicht zusammenfließend. Die Hüte sind glatt und vielfältig gezont, die Farbtöne reichen von Gelb über Ocker, Orange, Braun und Dunkelrot bis Grau, oft durch Algen grünlich. Die Unterseite ist glatt und gelb- bis ockerfarben oder blass graubraun.

ÄHNLICHE ARTEN

Stereum hirsutum ist ähnlich, aber mit kleineren aufgebogenen Hüten, meist krausem Rand und häufig verwachsen. Die Hüte von *Stereum complicatum* sind noch kleiner und ebenfalls oft zusammenfließend. Die Schmetterlings-Tramete (*Trametes versicolor*) ist von oben ähnlich, hat jedoch an der Unterseite Poren.

Maßstab 1:1

FAMILIE	Stereaceae
VERBREITUNG	Nordamerika, Europa, Südamerika, Asien, Australien, Neuseeland
LEBENSRAUM	Auf Waldböden
SYMBIOSE	Mit Nadelbäumen
WUCHSFORM	An toten Ästen, abgebrochen und auf Bäumen, an Stümpfen und Stämmen
VORKOMMEN	Häufig
SPORENFARBE	Weiß
GENIESSBARKEIT	Ungenießbar

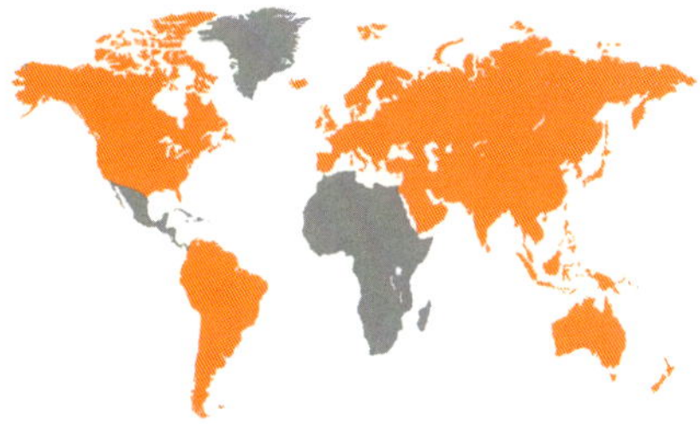

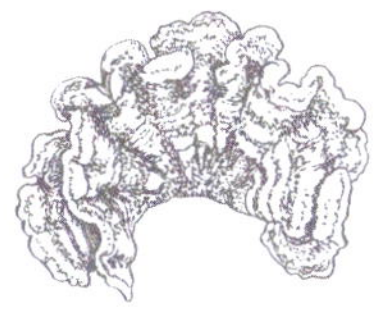

DICKE
Unter 2 mm

HUTDURCHMESSER
Bis zu 100 mm

STEREUM SANGUINOLENTUM

BLUTENDER NADELHOLZ-SCHICHTPILZ

(ALBERTINI & SCHWEINITZ) FRIES

Stereum sanguinolentum ist in der nördlichen gemäßigten Zone weitverbreitet und könnte in anderen Regionen durch Nadelholzpflanzungen eingeführt worden sein. In der Forstwirtschaft verursacht der Pilz Probleme, weil er sehr schnell frisch gefälltes Holz sowie lebende Bäume mit Wildverbiss oder Forstschäden besiedelt. Er führt zu einer Art „Wundfäule", oft treten dabei auch Fruchtkörper auf. Die roten Streifen auf befallenem Holz sind charakteristisch, wobei die rote Färbung durch die Zerfallsprodukte von Lignin entsteht. Die Fruchtkörper werden gelegentlich von dem Gallertpilz *Tremella encephala* parasitiert.

ÄHNLICHE ARTEN

Keine andere *Stereum*-Art, die auf Nadelbäumen vorkommt, zeigt die blutigen Flecken von *S. sanguinolentum*, wenn man mit dem Fingernagel darüberkratzt. An Laubbäumen zeigen jedoch sowohl *S. rugosum* als auch *S. gausapatum* ähnliche Reaktionen.

Maßstab 1:1

Der Blutende Nadelholz-Schichtpilz bildet ausgedehnte Fruchtkörper, die häufig, aber nicht immer schmale, blütenförmige Hüte entwickeln. Wenn vorhanden, sind die Hüte grauweiß bis braun gezont mit welligem Rand. Sie verwachsen oft zu Streifen oder Büscheln. Unterseiten oder Krusten sind glatt oder schwach gerunzelt, rötlich ocker bis graubraun mit weißen Rändern, und werden bei Kratzern blutrot.

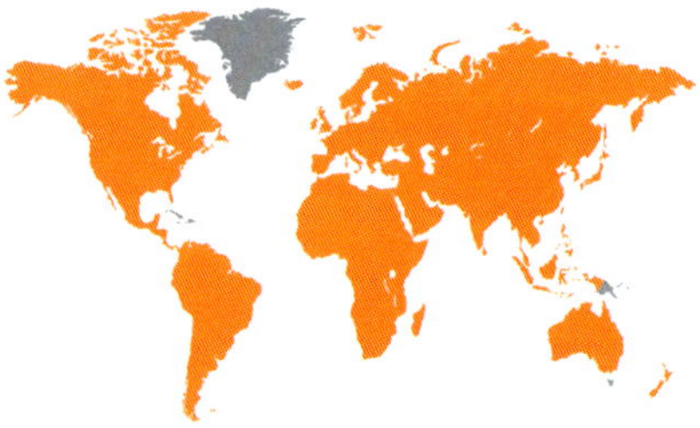

FAMILIE	Phanerochaetaceae
VERBREITUNG	Nordamerika, Europa, Afrika, Mittel- und Südamerika, Asien, Australien, Neuseeland
LEBENSRAUM	Auf Waldböden
SYMBIOSE	Mit Laubbäumen, seltener Nadelbäumen
WUCHSFORM	Auf abgebrochenen Zweigen und Ästen, auf Stümpfen und Stämmen
VORKOMMEN	Lokal häufig
SPORENFARBE	Weiß
GENIESSBARKEIT	Ungenießbar

DICKE
Unter 2 mm

DURCHMESSER
Bis zu 200 mm

TERANA CAERULEA

BLAUER RINDENPILZ

(LAMBOTTE) KUNTZE

Dieser wunderschöne Holzbewohner ist eine der wenigen Flächen ausbildenden Pilzarten, die in freier Wildbahn einfach zu erkennen ist. Das verdankt sie ihrer auffälligen Farbe. Vermutlich handelt es sich um einen Laubstreu zersetzenden Pilz, der Fruchtkörper an der Unterseite von Totholz bildet, sich aber häufig über umliegende Blattstreu und Moos verbreitet. Der Blaue Rindenpilz ist verbreitet in den Tropen und Subtropen bis in die gemäßigte Zone zu finden, in Europa eher im Westen und bevorzugt in mildem, feuchtem Klima. Diese Art produziert Cortalceron, ein Abbauprodukt mit nachweislich antibiotischen Eigenschaften.

Der Blaue Rindenpilz bildet ausgedehnte glatte bis schwach höckerige, weiche und samtige Fruchtkörper aus. Jung sind sie klein, fast rund, wachsen aber rasch zusammen und überziehen das Substrat krustenförmig mit großen, unregelmäßigen Schichten. Frische, aktiv wachsende Exemplare sind leuchtend kobaltblau mit weißen, wollig-faserigen Rändern, ältere Fruchtkörper können stumpfer graublau, an den Rändern aber oft noch leuchtend blau sein.

ÄHNLICHE ARTEN

Unter den Krustenpilzen sind blaue Arten selten, und keine andere Art weist das leuchtende Tiefblau des Blauen Rindenpilzes auf. Nur der wenig verbreitete *Byssocorticium pulchrum* und verwandte Arten sind blass grünlich-blau, auch einige seltene *Amaurodon*-Arten sind ähnlich oder stumpfer graublau gefärbt.

Maßstab 1:1

FAMILIE	Thelephoraceae
VERBREITUNG	Nordamerika, Europa, Asien
LEBENSRAUM	Auf Waldböden
SYMBIOSE	Ektomykorrhiza; mit Laub- und Nadelbäumen
WUCHSFORM	Auf der Erde, am Fuß oder zwischen Wurzeln von Bäumen
VORKOMMEN	Lokal häufig
SPORENFARBE	Braun
GENIESSBARKEIT	Ungenießbar

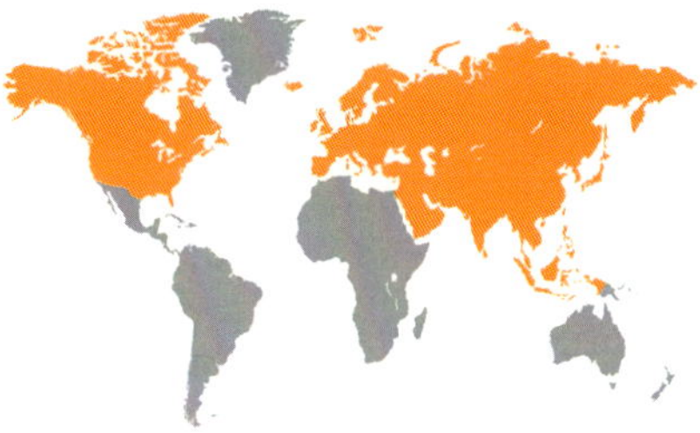

GRÖSSE
Bis zu 50 mm

HUTDURCHMESSER
Bis zu 50 mm

THELEPHORA CARYOPHYLLEA

TRICHTER-WARZENPILZ

EHRHART

Der Trichter-Warzenpilz oder Nelkenförmige Warzenpilz verdankt seinen Namen den Hüten, die häufig zentral zweite, unvollständige oder kleinere Hüte ausbilden und damit wie Nelken mit doppelter Blüte aussehen. Er gehört zu den Ektomykorrhizen, die hauptsächlich mit den Wurzeln lebender Bäume vergesellschaftet sind. Im Mittelmeerraum ist er jedoch besonders verbreitet in Gegenden mit hohem Anteil an Zistrosen, die nachweislich Symbionten von Ektomykorrhizen sind. Frühe Funde legen nahe, dass der Trichter-Warzenpilz ein sinnvoller Bioindikator für Erdverschmutzung durch Schwermetalle sein könnte, da er sich aktiv mit diesen anreichert. Sein naher Verwandter *Thelephora vialis* ist ein starkes Antioxidationsmittel und wird in der Traditionellen Chinesischen Medizin als Entzündungshemmer eingesetzt.

ÄHNLICHE ARTEN

Der Erdwarzenpilz oder *Thelephora terrestris* bildet typischerweise unregelmäßigere, zusammenfließende Fruchtkörper ohne zentralen Stiel. Die Fruchtkörper von *Coltricia perennis* haben ähnliche Form wie der Trichter-Warzenpilz, weisen aber an der Unterseite Poren auf.

Maßstab 1:1

Der Trichter-Warzenpilz hat ledrige, rosettenartige Fruchtkörper mit zentralem Stiel. Die Hüte sind unregelmäßig rund, oft mit zusätzlichen, übergelagerten Hüten. Die Oberfläche ist glatt bis schwach haarig, gezahnt und in Brauntönen gezont. Junge Exemplare zeigen einen weißen, manchmal fedrigen Rand. Die Unterseite ist glatt und lilabraun, der Stiel schmal und weißlich bis lilabraun.

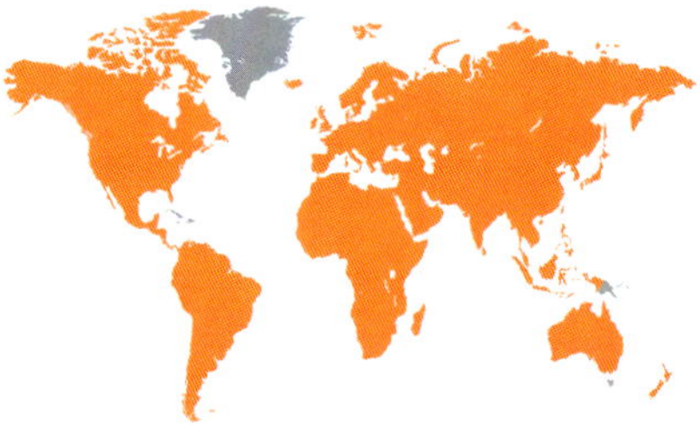

FAMILIE	Thelephoraceae
VERBREITUNG	Nordamerika, Europa, Afrika, Mittel- und Südamerika, Asien, Australien, Neuseeland
LEBENSRAUM	Auf Waldböden
SYMBIOSE	Ektomykorrhiza; mit Nadel-, seltener Laubbäumen
WUCHSFORM	Auf der Erde, am Fuß oder zwischen Wurzeln von Bäumen
VORKOMMEN	Häufig
SPORENFARBE	Braun
GENIESSBARKEIT	Ungenießbar

GRÖSSE
Bis zu 50 mm

HUTDURCHMESSER
Bis zu 60 mm

THELEPHORA TERRESTRIS

ERDWARZENPILZ

EHRHART

Der Erdwarzenpilz ist eine häufige und sehr weitverbreitete Art, durch seine dunkel-unauffällige Farbe wird er jedoch oft übersehen, besonders wenn er zwischen Wurzeln in Nadel- oder Laubstreu wächst. Er gehört zu den Ektomykorrhizen und ist Symbiont lebender Bäume, insbesondere (aber nicht ausschließlich) von Nadelbäumen. Die unregelmäßigen Fruchtkörper umwachsen oft Ästchen, Holzstückchen, Steine und sogar Jungpflanzen. In Nadelbaumschulen kann er Schaden anrichten und junge Bäume nahezu ersticken.

ÄHNLICHE ARTEN

Andere *Thelephora*-Arten sind gelegentlich nur schwer vom Erdwarzenpilz zu unterscheiden. *Thelephora caryophyllea* bildet weniger unregelmäßige, klarer abgrenzbare Fruchtkörper ohne zentralen Stiel. Die Fruchtkörper von *T. penicillata* sind stark fedrig und gestachelt und weisen keine echten Hüte auf. *T. palmata* wiederum sieht einem Korallenpilz ähnlicher und hat einen widerlich-ekeligen Geruch.

Maßstab 1:1

Der Erdwarzenpilz bildet viele kleine, unregelmäßige, ledrige Fruchtkörper in gelappter Fächer- oder Trichterform aus, die häufig komplex ineinanderfließen. Jeder einzelne Lappen hat einen lila- bis graubraunen, gezahnten und oft grob haarigen Hut mit blasserem bis weißlichem Rand, der haarig, fedrig oder gestachelt sein kann. Die Unterseite ist glatt, aber gezahnt und lilabraun. Der Stiel ist, wenn vorhanden, kurz und unregelmäßig.

FAMILIE	Auriculariaceae
VERBREITUNG	Nordamerika, Europa, Nordasien
LEBENSRAUM	Auf Waldböden
SYMBIOSE	Mit Hartholz, besonders Holunder
WUCHSFORM	Auf toten Stümpfen und Ästen, einzeln oder büschelig
VORKOMMEN	Sehr häufig
SPORENFARBE	Weiß
GENIESSBARKEIT	Essbar

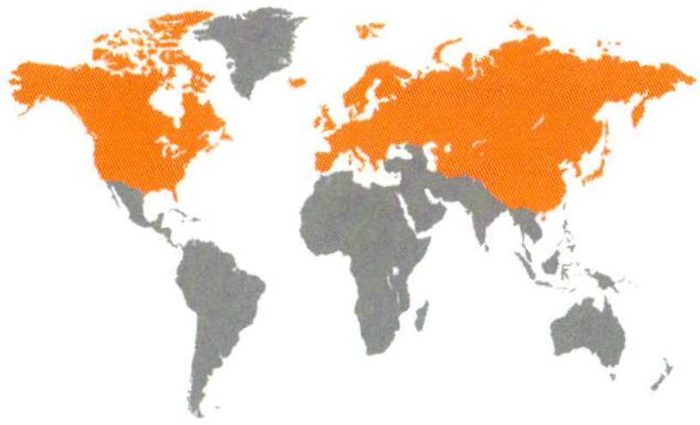

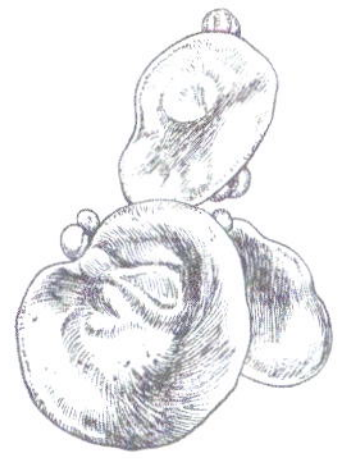

DICKE
Bis zu 5 mm

HUTDURCHMESSER
Bis zu 75 mm

AURICULARIA AURICULA-JUDAE

JUDASOHR

(BULLIARD) QUÉLET

Das Judasohr ist auch als Holunderschwamm bekannt, weil er besonders häufig zusammen mit Holunder vorkommt. Den Namen „Judasohr" verdankt er der christlichen Überlieferung, der zufolge Judas Ischariot sich an einem Holunderbaum erhängte. Warum Erscheinungen seiner Ohren daraufhin an dem Strauch auftreten sollten, kann wohl nur mittelalterliche Logik erklären. In China wird er seit langem zusammen mit dem Wolkenohrpilz (*A. cornea*) angebaut und verzehrt. Seit kurzer Zeit ist er auch auf dem westlichen Markt zu finden und Zutat der „Waldpilz"-Instantsuppe.

ÄHNLICHE ARTEN

Das Judasohr ist dem eher tropisch und subtropisch verbreiteten Wolkenohrpilz („Waldohr" oder Mu-Err, *Auricularia cornea*) sehr ähnlich und unterscheidet sich von ihm nur durch die spärlicheren und kürzeren Haare an der Hutoberfläche. Der Kreisel-Drüsling (*Exidia recisa*) kann ähnlich aussehen, hat aber eher orange-braune Fruchtkörper und wächst typischerweise an Weiden. Seine Hüte sind glatt und nicht haarig.

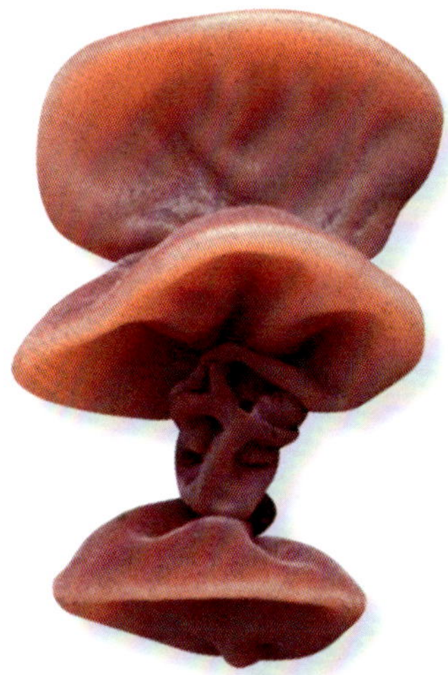

Maßstab 1:1

Das Judasohr bildet dünne, gummiartige bis gallertige Fruchtkörper aus. Die Hüte sind glatt, aber fein haarig, trocken schwach flaumig und braun bis rosabraun oder lilabraun (selten unpigmentiert und weiß). Die Unterseite ist glatt, hat die Farbe des Hutes und zeigt gelegentlich vereinzelte unregelmäßige Adern.

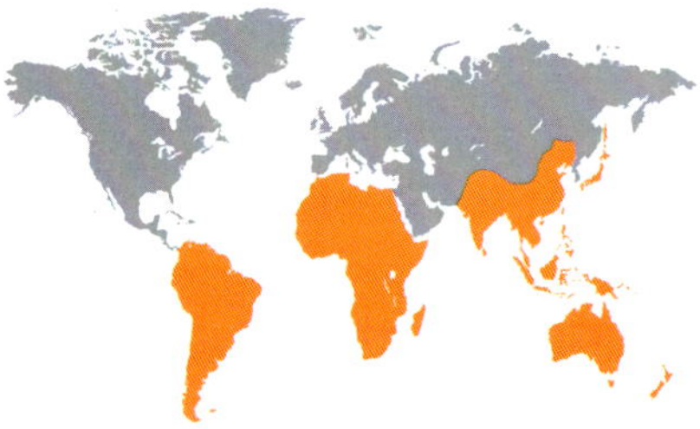

FAMILIE	Auriculariaceae
VERBREITUNG	Afrika, Südamerika, südliches Asien (auch China und Japan), Australien, Neuseeland
LEBENSRAUM	Auf Waldböden
SYMBIOSE	Mit Laubholz
WUCHSFORM	Auf toten und liegenden Ästen und Stämmen, einzeln oder büschelig
VORKOMMEN	Häufig
SPORENFARBE	Weiß
GENIESSBARKEIT	Essbar

DICKE
Bis zu 5 mm

HUTDURCHMESSER
Bis zu 100 mm

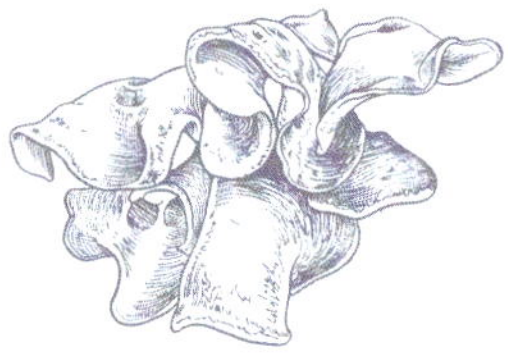

AURICULARIA CORNEA

WOLKENOHR

EHRENBERG

Auch wenn er auf den ersten Blick nicht essbar erscheint, wird der Mu-Err-Pilz oder Wolkenohr in China seit mehr als 1400 Jahren gezüchtet und ist besonders in Pfannengerichten und Suppen wegen seiner festen Konsistenz und seines angenehm milden Geschmacks beliebt. Besser bekannt ist er unter seinem zweiten Namen *Auricularia polytricha* und wird als solcher heute getrocknet exportiert und in allen Teilen der Welt zum Verkauf gezüchtet, meist auf Holz oder Sägemehl. Der Mu-Err-Pilz gilt als gesundheitsfördernd und wurde traditionell zur Verbesserung der Durchblutung eingesetzt. Tatsächlich konnte gezeigt werden, dass der Pilz einen Stoff enthält, der die Blutgerinnung hemmt und so das Arteriosklerose- und Schlaganfallrisiko senken könnte.

Das Wolkenohr bildet dünne, gummiartige bis gallertige Fruchtkörper mit glatten, aber dicht und kurz behaarten Hüten aus, die dadurch weißlich grau und flaumig wirken. Die Unterseite ist glatt, braun bis rosa- oder lilabraun und weist gelegentlich vereinzelte unregelmäßige Adern auf.

ÄHNLICHE ARTEN

Das Wolkenohr wird häufig mit dem in gemäßigten Zonen beheimateten Judasohr (*Auricularia auricula-judae*) verwechselt, das jedoch an der Hutoberfläche weniger dicht behaart ist. Zur Verwirrung trägt bei, dass beide Arten als „Mu-Err" oder „Wood Ear" verkauft werden und die Namen als relativ austauschbar gelten. *Auricularia mesenterica* dagegen hat stärker behaarte, gezonte Hüte und wird nicht für den Verzehr gezüchtet.

Maßstab 1:1

FAMILIE	Auriculariaceae
VERBREITUNG	Nordamerika, Europa, Afrika, Mittel- und Südamerika, Asien, Australien
LEBENSRAUM	Auf Waldböden
SYMBIOSE	Mit Laubbäumen, besonders Ulme
WUCHSFORM	Auf Stümpfen, abgebrochenen Ästen und Stämmen, in Haufen
VORKOMMEN	Lokal häufig
SPORENFARBE	Weiß
GENIESSBARKEIT	Essbar

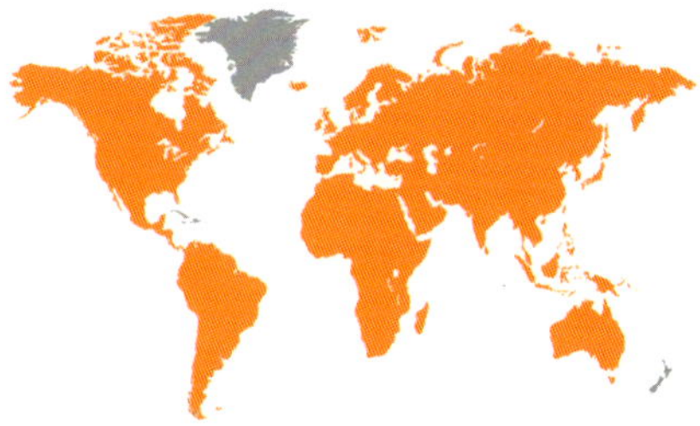

DICKE
Bis zu 8 mm

HUTDURCHMESSER
Bis zu 100 mm

AURICULARIA MESENTERICA

GEZONTER OHRLAPPENPILZ

(DICKSON) PERSOON

Wie andere *Auricularia*-Arten auch ist der Gezonte Ohrlappenpilz ein Schwächeparasit, der typischerweise halbkreisförmig an Baumstümpfen auftritt. Die zusammenfließend wachsenden Einzelhütchen können große, verwachsene Fruchtkörper bilden, die auf den ersten Blick Innereien ähneln (daher der lateinische Name). In vielen Büchern zum Thema gilt er als ungenießbar, wird aber von Ureinwohnern Mexikos und Nepals als Speisepilz genutzt. Es ist auch Hauptnahrungsmittel der kleinen südamerikanischen Affenart der Springtamarine, der einzigen bekannten Primatenart, die Pilze Früchten und Nüssen vorzieht. Der Ohrlappenpilz wird auch in China gelegentlich wegen seiner gesundheitsfördernden Wirkung angewandt.

ÄHNLICHE ARTEN

An der Oberseite sieht der Gezonte Ohrlappenpilz haarigen, gezonten, ledrigen Blättlingen wie etwa *Trametes versicolor* ähnlich, die gummiartig-gallertige Konsistenz und die fehlenden Poren sind jedoch charakteristisch. Das verwandte Wolkenohr (*Auricularia cornea*) hat ebenso haarige Hüte, die jedoch spärlicher behaart und eher flaumartig, außerdem nie gezont sind.

Der Gezonte Ohrlappenpilz bildet gummiartige bis gallertige Fruchtkörper mit dicht behaarten, welligen Hüten, in Grau- und Brauntönen gezont (häufig durch Algen grünlich) mit weißem Rand. Die Unterseite ist glatt, blassgrau bis lilabraun und unregelmäßig geadert, die Adern können sich zu einer offenen, netzartigen Oberfläche verbinden. Die Fruchtkörper wachsen büschelig und zusammenfließend, die Unterseite bildet oft ausgedehnte Beläge auf dem Substrat.

Maßstab 1:1

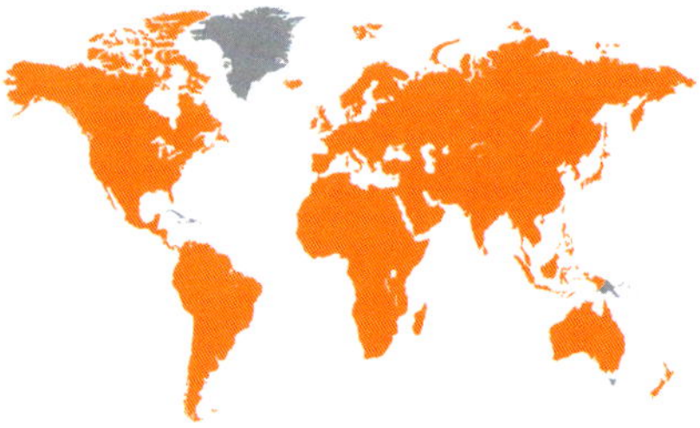

FAMILIE	Dacrymycetaceae
VERBREITUNG	Nordamerika, Europa, Afrika, Mittel- und Südamerika, Asien, Australien, Neuseeland
LEBENSRAUM	Auf Waldböden
SYMBIOSE	Mit Laub- und Nadelbäumen
WUCHSFORM	Auf Stümpfen, toten und liegenden Ästen und Stämmen, truppweise
VORKOMMEN	Sehr häufig
SPORENFARBE	Weiß
GENIESSBARKEIT	Ungenießbar

GRÖSSE
Bis zu 15 mm

DURCHMESSER
Unter 2 mm

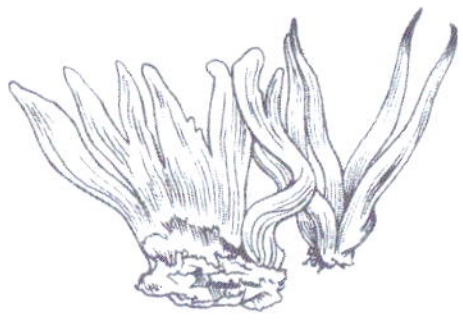

CALOCERA CORNEA

LAUBHOLZ-HÖRNLING

(BATSCH) FRIES

Maßstab 1:1

Der Laubholz-Hörnling bildet Trupps aus gummiartig-gelatinösen Fruchtkörpern, die meist aufrecht in einer Spitze auslaufend, gelegentlich auch an der Spitze leicht gegabelt sind. Sie wachsen einzeln oder büschelig aus dem Substrat. Die Farbe reicht von wässrigem Gelblich bis zu leuchtendem Orangegelb bei trockenen Exemplaren.

Der Laubholz-Hörnling ist ein Kosmopolit und findet sich häufig auf totem oder liegendem Holz, die gelatinösen Fruchtkörper sind besonders nach Regenfällen gut sichtbar. Der Pilz ist gesellig und wächst typischerweise in Trupps, bevorzugt auf entrindetem Holz, oft auch auf unbehandeltem (Bau-)Holz, Bänken und Türen. Die Sporen werden über die Oberfläche der einfachen Fruchtkörper auf mikroskopischen, stimmgabelförmigen Zellen produziert. Die Stielbasis ist oft weißlich und, ebenso wie die pfriemenförmigen Spitzen der Fruchtkörper, steril. Der Artname *cornea* bedeutet „hornartig“ und bezieht sich wohl eher auf die Form als auf die Textur, obwohl wie bei allen *Calocera*-Arten die Fruchtkörper beim Trocknen zäh und hart werden.

ÄHNLICHE ARTEN

Die verwandte *Calocera viscosa* hat deutlich größere, verzweigte Fruchtkörper. *C. pallidospathulata* und die tropische Art *Dacryopinax* treten ähnlich büschelig auf, sind aber größer und haben fächer- oder spatelförmige Spitzen. Einige kleinere, seltenere *Calocera*-Arten haben geschwollene oder gegabelte Spitzen.

FAMILIE	Dacrymycetaceae
VERBREITUNG	Nordamerika, Europa, Mittelamerika, Asien, Australien
LEBENSRAUM	Auf Waldböden
SYMBIOSE	Mit Nadelbäumen
WUCHSFORM	Auf Stümpfen, liegenden Ästen und Stämmen
VORKOMMEN	Häufig
SPORENFARBE	Weiß
GENIESSBARKEIT	Ungenießbar

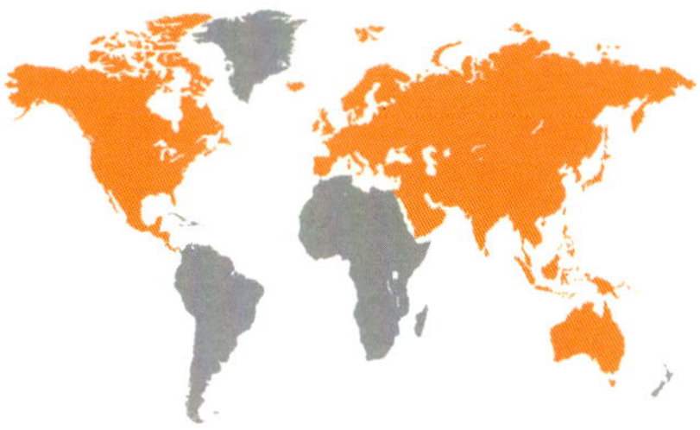

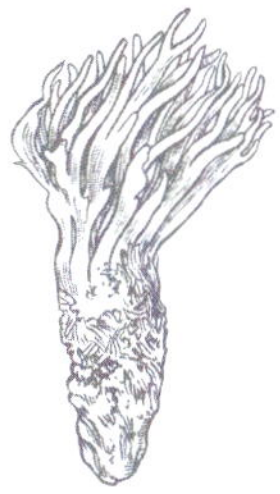

GRÖSSE
Bis zu 100 mm

DURCHMESSER
Bis zu 75 mm

CALOCERA VISCOSA

KLEBRIGER HÖRNLING

(PERSOON) FRIES

Diese Art findet sich nur auf Nadelholz, typischerweise auf abgestorbenen Stümpfen, gelegentlich auch in Bodennähe auf vergrabenem Holz oder Wurzeln, wo es so aussehen kann, als wachse der Pilz direkt aus der Erde. Seine leuchtende Farbe verleihen ihm die karotinähnlichen Pigmente dieser Pilzfamilie, selten bildet er auch unpigmentierte, weiße Fruchtkörper aus. Ursprünglich unter dem Namen *Calocera cavarae* bekannt, bilden sie aber keine eigene Art. Der Klebrige Hörnling behält beim Trocknen seine leuchtend orange Farbe und wird deshalb gelegentlich als Farbelement bei Tischdekorationen oder in Potpourri-Mischungen verwendet.

ÄHNLICHE ARTEN

Die verwandte *Calocera cornea* bildet weitaus kleinere, einzelne oder gelegentlich leicht gegabelte Fruchtkörper aus. Die verzweigten gelben *Ramaria*-Arten sind nicht gallertig-gummiartig, wachsen direkt auf Waldböden und sind nie so leuchtend gefärbt wie der Klebrige Hörnling. Das Gleiche gilt für *Clavulinopsis corniculata*, eine andere ockergelbe, verzweigte Art, die auf Gras oder im Wald direkt aus der Erde wächst.

Der Klebrige Hörnling bildet gummiartig-gallertige, korallinische Fruchtkörper aus, die sich aus einem kurzen, zentralen Stiel mehrfach verzweigen. Die verzweigten Enden laufen normalerweise spitz zu und weisen oft kurze Gabeln auf (siehe Foto oben). Frische Exemplare sind leuchtend dottergelb, trockene tief orange. Der ganze Fruchtkörper wird beim Trocknen hart und zäh.

Maßstab 1:1

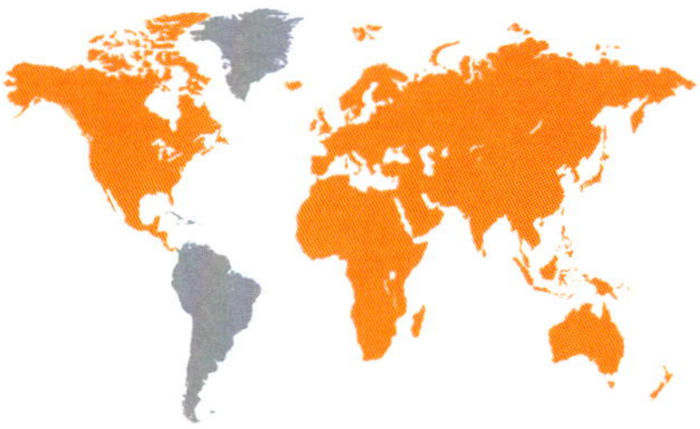

FAMILIE	Dacrymycetaceae
VERBREITUNG	Nordamerika, Europa, Afrika, Mittelamerika, Asien, Australien, Neuseeland
LEBENSRAUM	Auf Waldböden
SYMBIOSE	Mit Nadelbäumen
WUCHSFORM	Auf toten und liegenden Ästen, Stümpfen und Baumstämmen
VORKOMMEN	Lokal häufig
SPORENFARBE	Weiß
GENIESSBARKEIT	Ungenießbar

GRÖSSE
Bis zu 50 mm

DURCHMESSER
Bis zu 60 mm

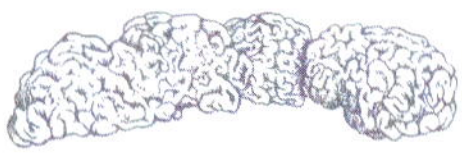

DACRYMYCES CHRYSOSPERMUS

RIESEN-GALLERTTRÄNE

BERKELEY & M. A. CURTIS

Diese Art ist zwar weitverbreitet, aber nicht häufig, abgesehen von Teilen Nordamerikas, wo sie häufig auf Nadelbäumen anzutreffen ist und oft fälschlicherweise als *Dacrymyces palmatus* (inoffizieller Name) bezeichnet wird. Die Riesen-Gallertträne ist ein saprophytischer Holzzerstörer, der vor allem an entrindetem Holz vorkommt und wie viele andere Gallertpilze nach Trockenperioden rehydrieren kann. Die Riesen-Gallertträne ist eine der größten *Dacrymyces*-Arten. Die meisten anderen sind zwar ebenfalls gallertig und ähnlich gefärbt, aber viel kleiner und scheiben- oder kissenförmig.

ÄHNLICHE ARTEN

Durch ihre überdurchschnittliche Größe wird die Riesen-Gallertträne selten mit den vielen kleineren *Dacrymyces*-Arten verwechselt, etwa der häufigen Zerfließenden Gallertträne (*D. stillatus*), die oft in größeren Gruppen auf Nadelholz vorkommt. Größere Verwechslungsgefahr besteht mit leuchtend gelben *Tremella*-Arten, besonders *T. aurantia* und *T. mesenterica*, die allerdings normalerweise nicht auf Nadelbäumen wachsen und sich auch mikroskopisch von *Dacrymyces* unterscheiden.

Die Riesen-Gallertträne ist leuchtend chromgelb bis orange gefärbt und, wie der Name schon sagt, von gummiartig-gallertiger Konsistenz. Sie kann jung kissenförmig sein, mit dem Alter wellig-runzelig, hirnförmig oder mit großen Loben, manchmal durch einen dicken, kurzen Stiel mit dem Substrat verwachsen. Die Fruchtkörper können zu großen Flächen verschmelzen.

Maßstab 1:1

FAMILIE	Dacrymycetaceae
VERBREITUNG	Nordamerika, Afrika, Asien, Mittel- und Südamerika, Australien, Neuseeland
LEBENSRAUM	Auf Waldböden
SYMBIOSE	Mit Laub- und Nadelbäumen
WUCHSFORM	Auf toten und liegenden Ästen, Stümpfen und Stämmen, truppweise
VORKOMMEN	Häufig
SPORENFARBE	Weiß
GENIESSBARKEIT	Essbar

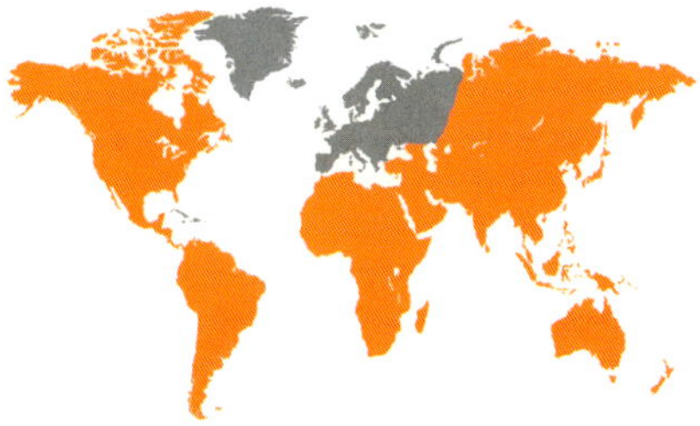

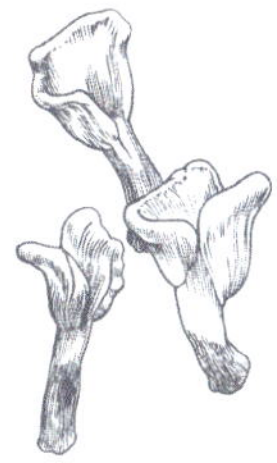

GRÖSSE
Bis zu 25 mm

HUTDURCHMESSER
Bis zu 10 mm

DACRYOPINAX SPATHULARIA

ORANGEGELBER GALLERTSPATELING

(SCHWEINITZ) G. W. MARTIN

Der Orangegelbe Gallertspateling ist eine weitverbreitete und im gesamten Tropengebiet sowie in gemäßigten Breiten (außer Europa) häufige Art. Wie auch andere Arten der Familie sorgt er für Fäulnis auf totem Holz. In China sagt man ihm heilende Eigenschaften nach, er wird dort als „Magen nährender, die Lunge heilender und Schleim reduzierender" Extrakt verkauft und gelegentlich auch als Speisepilz verzehrt, sowohl in China als auch bei indigenen Völkern in anderen Teilen der Erde. Sein chinesischer Name lautet Guihua Er („süßes Osmanthus-Ohr"). Er wird manchmal für das traditionelle vegetarische Neujahrsgericht „Buddha's Delight" verwendet, zusammen mit anderen symbolischen Speisepilzen wie Shiitake und Wolkenohr.

ÄHNLICHE ARTEN

Der in Großbritannien lokal häufige *Calocera pallidospathulata* ist sehr ähnlich, typischerweise aber blasser und weicher. In Nord- und Südamerika ist der stärker braun gefärbte *Dacryopinax elegans* ähnlich, die Fruchtkörper sind aber eher kelch- als fächerförmig. Mehrere andere, seltenere *Dacryopinax*-Arten sind in den Tropen heimisch und sollten unter dem Mikroskop bestimmt werden.

Der Orangegelbe Gallertspateling bildet gelb-orange, gummiartig-gallertige Fruchtkörper aus, die oben fächer- oder spatenförmig sind und einen gallertigen oder knorpeligen Stiel aufweisen. Diese Art variiert stark in Form und Größe, besonders in den Tropen wird sie oft außergewöhnlich groß.

Maßstab 1:1

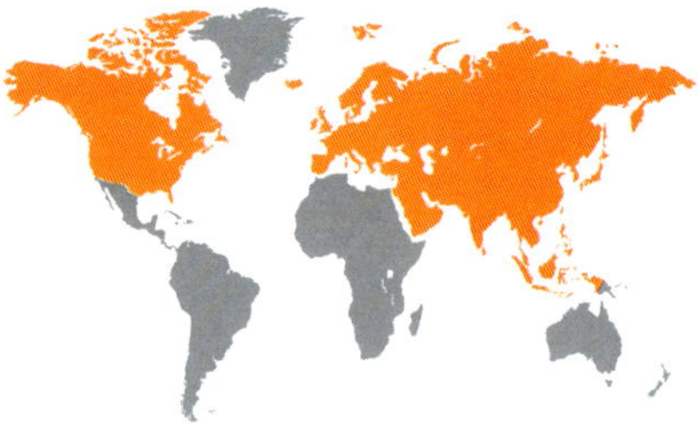

FAMILIE	Auriculariaceae
VERBREITUNG	Nordamerika, Europa, Asien
LEBENSRAUM	Auf Waldböden
SYMBIOSE	Mit Laubbäumen, besonders Eiche und Haselnuss
WUCHSFORM	An toten Ästen auf Bäumen
VORKOMMEN	Häufig
SPORENFARBE	Weiß
GENIESSBARKEIT	Ungenießbar

GRÖSSE
Bis zu 40 mm

HUTDURCHMESSER
Bis zu 60 mm

EXIDIA GLANDULOSA

BECHERFÖRMIGER DRÜSLING

(BULLIARD) FRIES

Exidia glandulosa mit ihren gelatinösen Fruchtkörpern ist auch als Stoppeliger Drüsling bekannt. In englischen Aufzeichnungen scheint er (und die verwandte *E. nigricans*) 1741 unter dem Namen „Witches' Butter", also Hexenbutter, erstmals auf: Bei einem Hexenprozess im Jahr 1656 wurde sein Wachstum am Türpfosten der Angeklagten als Beweis betrachtet. Man glaubte, dass Hexen die unansehnliche Substanz produzierten und man durch Zerstechen oder Verbrennen des Pilzes auch die Hexe selbst angriff. In Nordamerika wird die leuchtend gelbe *Tremella mesenterica* manchmal auch „Yellow Witch's Butter" (Gelbe Hexenbutter) genannt.

ÄHNLICHE ARTEN

Exidia nigricans ist eine nahe verwandte Art mit ausgedehnteren, zusammenfließend wachsenden Fruchtkörpern, die dann ungleichmäßig gelappt erscheinen. *Bulgaria inquinans* ist nicht verwandt, bildet aber ähnliche schwarze, gelatinöse Fruchtkörper auf Eichenholz. Ihre Oberfläche ist aber nie warzig, und fährt man mit Fingern oder Papier darüber, färben sie sich schmutzig schwarz.

Maßstab 1:1

Der Becherförmige Drüsling bildet schwärzlich braune, gummiartig-gallertige Fruchtkörper in Kreisel- oder verkehrter Kegelform. Alte oder mit Regenwasser vollgesogene Fruchtkörper sind oft schlaff oder in Klumpen hängend. Die Oberfläche ist glänzend und spärlich mit Drüsenwärzchen oder Zäpfchen besetzt. Die Unterseite ist zunächst matt und glatt, später winzig, fast unsichtbar gestachelt oder gewarzt.

FAMILIE	Auriculariaceae
VERBREITUNG	Nordamerika, Europa, Nordasien
LEBENSRAUM	Auf Waldböden
SYMBIOSE	Mit Weiden, selten mit anderen Laubbäumen
WUCHSFORM	An toten Ästen und Zweigen auf Bäumen
VORKOMMEN	Lokal häufig
SPORENFARBE	Weiß
GENIESSBARKEIT	Ungenießbar

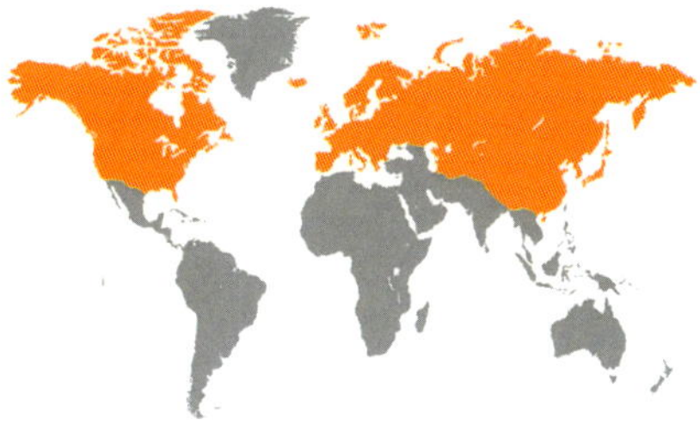

GRÖSSE
Bis zu 40 mm

HUTDURCHMESSER
Bis zu 40 mm

EXIDIA RECISA

KREISEL-DRÜSLING

(DITMAR) FRIES

Dieser faszinierende Gallertpilz ist lokal häufig an toten, oft hoch über dem Boden wachsenden Zweigen von Weiden. Wie auch viele andere Gallertpilze kann das gelatinöse Fleisch Regenwasser speichern und so die Sporenproduktion bei Trockenheit eine Zeitlang aufrechterhalten, aber auch rasch rehydrieren, wenn er nass wird. Dies ist eine nützliche Eigenschaft für Pilzarten, die an exponierten Stellen auf toten Ästen wachsen, aber weniger sinnvoll für Pilze auf liegendem Holz. Das könnte der Grund dafür sein, dass der Kreisel-Drüsling auf abgefallenen Ästen nicht lang überlebt.

ÄHNLICHE ARTEN

Exidia repanda ist eine nahe verwandte Art und ähnlich gefärbt, ihre Fruchtkörper sind aber eher knopfartig und nie hängend. Sie wächst meist an Birken, aber nie auf Weiden. Der schwarzbraune Becherförmige Drüsling *(Exidia glandulosa)* ähnelt in seiner Form dem Kreisel-Drüsling, hat aber kleine Warzen an der Oberfläche und wächst üblicherweise auf Eichen.

Maßstab 1:1

Der Kreisel-Drüsling bildet orangebraune oder bernsteinfarbene, gummiartig-gallertige Fruchtkörper aus, die jung umgekehrt kegelförmig sind. Ältere Exemplare werden schlaff, in Klumpen hängend und bei feuchtem Wetter durchscheinend. Die Oberfläche ist glatt und glänzend, die Unterseite glatt, aber stumpf.

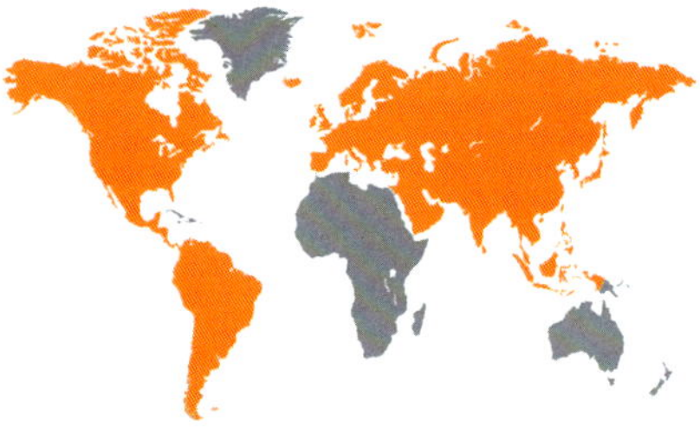

FAMILIE	Auriculariaceae
VERBREITUNG	Nordamerika, Europa, Mittel- und Südamerika, Asien
LEBENSRAUM	Auf Waldböden
SYMBIOSE	Mit Nadelbäumen
WUCHSFORM	Bodennah (auf bedecktem Holz), auf Hackschnitzeln und Sägemehl
VORKOMMEN	Lokal häufig
SPORENFARBE	Weiß
GENIESSBARKEIT	Essbar

GRÖSSE
Bis zu 100 mm

HUTDURCHMESSER
Bis zu 50 mm

GUEPINIA HELVELLOIDES

RÖTLICHER GALLERTTRICHTER

(DE CANDOLLE) FRIES

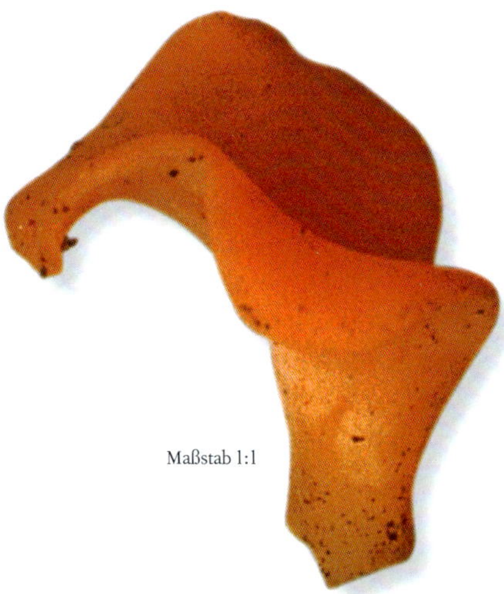

Maßstab 1:1

Der Rötliche Gallerttrichter, auch Fleischroter Gallerttrichter genannt, verdankt seinen Namen seiner Färbung, hat aber ansonsten nichts mit Fleisch zu tun. Er gilt als essbar, aber ohne besonderen Geschmack, und wird eher als Garnierung denn als Nahrungsmittel verwendet. Er ist ein saprobionter, holzzersetzender Bodenbewohner, der kleine Nadelbäume befällt und ungewöhnlicherweise belebte Plätze bevorzugt, besonders dort, wo Holz verarbeitet wird. Zumindest auf den Britischen Inseln erweitert *Guepinia helvelloides* langsam seinen Lebensraum insbesondere auf Nutzwälder, in denen Holz bearbeitet wird, und kann auch verstärkt auf Nadelholz-Rindenmulch auftreten, etwa im Gartenbau.

ÄHNLICHE ARTEN

Nur wenige Gallertpilze wachsen bodennah, und keiner von ihnen ähnelt *Guepinia helvelloides*. In Form und Textur ist dieser Pilz der Ascomyceten-Art *Otidea* am nächsten. Die nordamerikanische *O. auricula* ist hasenohrförmig und rötlich-braun an der inneren Oberfläche, während *O. onotica* in der nördlichen gemäßigten Zone auftritt und ähnlich geformt, aber ockerfarben ist, oft mit rötlich rosa Ton. Beide sind spröder als *G. helvelloides*.

Der Rötliche Gallerttrichter bildet aufrechte Fruchtkörper, die einseitig eingeschnittenen oder halbierten Trompetentrichtern ähneln (siehe Foto rechts). Sie sind glatt oder schwach gerunzelt, gelatinös bis knorpelig und wachsen büschelig oder zusammenwachsend. Sie sind frisch typischerweise rötlich rosa bis orangerot gefärbt, später dumpfer und gelblicher.

FAMILIE	Auriculariaceae
VERBREITUNG	Nordamerika, Europa, Mittel- und Südamerika, Asien, Australien, Neuseeland
LEBENSRAUM	Auf Waldböden
SYMBIOSE	Mit Nadelbäumen
WUCHSFORM	Auf toten Bäumen, Stümpfen und Stämmen
VORKOMMEN	Häufig
SPORENFARBE	Weiß
GENIESSBARKEIT	Essbar

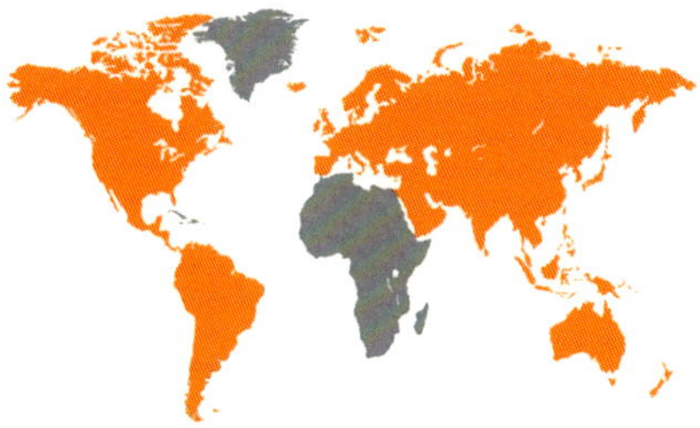

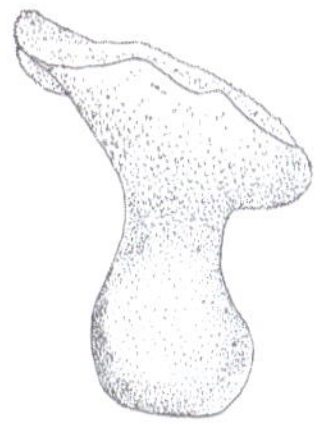

GRÖSSE
Bis zu 25 mm

HUTDURCHMESSER
Bis zu 60 mm

PSEUDOHYDNUM GELATINOSUM

GALLERTIGER ZITTERZAHN

(SCOPOLI) P. KARSTEN

Der Gallertige Zitterzahn ist leicht erkennbar, weil er keiner bekannten Art wirklich ähnelt. Er gilt als essbar und wird von einem chinesischen Unternehmen getrocknet zum Export angeboten (das begleitende Foto sprach jedoch für eine ganz andere Art), ist aber kein attraktiver Speisepilz und wird als wässrig, geschmacklos oder „am besten kandiert oder als Salatpilz" beschrieben, sollte also gewürzt werden. Der Name *Pseudohydnum* („falsches Hydnum") drückt aus, dass der Pilz eine gezahnte Unterseite wie die *Hydnum*-Arten hat, vom echten Semmel-Stoppelpilz (*Hydnum repandum*) aber weit entfernt ist.

ÄHNLICHE ARTEN

Keine andere Gallertpilzart weist Hüte auf, die an der Unterseite gestachelt sind. Einige Blättlingartige, darunter *Climacodon septentrionalis* und *Sarcodontia pachyodon*, die in nördlichen Breiten vorkommen, sind weiß und unten gezahnt, aber viel größer und gar nicht gelatinös.

Maßstab 1:1

Der Gallertige Zitterzahn hat bogen- oder zungenförmige, gummiartig-gallertige Fruchtkörper, die an der Unterseite gestachelt sind. Der Hut selbst ist wässrig grau bis bräunlich, glatt oder schwach gerunzelt, die Stacheln sind weißlich und weich. Der Pilz bildet häufig einen deutlich erkennbaren, teils langen seitlichen Stiel, besonders wenn er an der Oberseite von Baumstümpfen wächst.

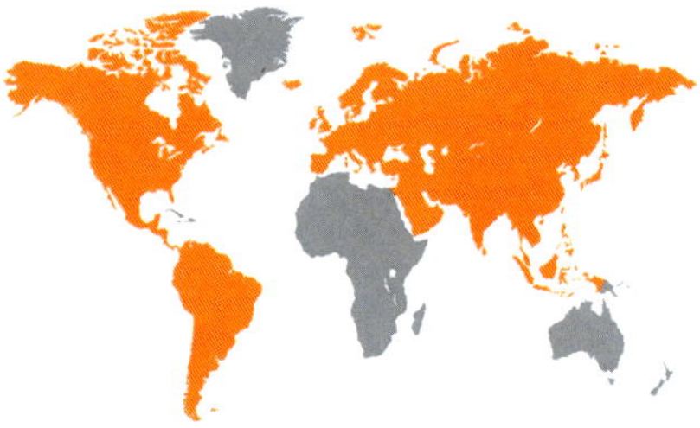

FAMILIE	Sebacinaceae
VERBREITUNG	Nordamerika, Europa, Mittel- und Südamerika, Asien
LEBENSRAUM	Auf Waldböden
SYMBIOSE	Ektomykorrhiza; mit Laub- und Nadelbäumen
WUCHSFORM	Krustenbildend auf Erde und Blattstreu
VORKOMMEN	Häufig
SPORENFARBE	Weiß
GENIESSBARKEIT	Ungenießbar

GRÖSSE
Bis zu 10 mm

DURCHMESSER
Bis zu 200 mm

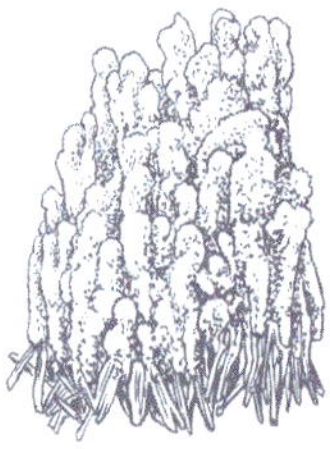

SEBACINA INCRUSTANS

ERD-WACHSKRUSTE

(PERSOON) TULASNE & C. TULASNE

Bis vor kurzem nahm man an, dass die Erd-Wachskruste zur gleichen Familie von Gallertpilzen gehört wie die *Exidia*-Arten, weil sie unter dem Mikroskop einiges gemeinsam haben. Die Molekularforschung hat jedoch gezeigt, dass *Sebacina* nur sehr entfernt verwandt ist. Diese Art gehört überdies zu den Ektomykorrhiza, die mit den Wurzeln lebender Bäume vergesellschaftet sind. Die Erd-Wachskruste ist in Farbe und Form äußerst vielfältig. Heute gilt als wahrscheinlich, dass sie einen Komplex nahe verwandter Arten darstellt, die nur schwer zu unterscheiden sein dürften.

Maßstab 1:1

ÄHNLICHE ARTEN

Sebacina epigaea ist verwandt, ebenfalls bodenlebend und krustenbildend, aber gallertiger und blaugrau gefärbt, nur bei Trockenheit undurchsichtig und weißlich. Sie wächst nicht auf lebenden Pflanzen und bildet dort Krusten wie *S. incrustans*. Viele nicht verwandte Krustenpilze können ebenfalls Blattstreu umwachsen, sind aber typischerweise weich und spinnennetzartig, nicht gummiartig oder knorpelig.

Die Erd-Wachskruste ist bodenlebend und bildet ausgedehnte Fruchtkörper auf der Erde oder Krusten auf Steinen, abgebrochenen Zweigen und lebenden Pflanzen. Die Fruchtkörper sind unauffällig weiß, creme- oder ockerfarben, gummiartig bis knorpelig und weich, aber unregelmäßig geformt und bilden manchmal stachelige oder fedrige Fortsätze, besonders wenn sie aufrecht wachsen. Oft folgt ihr Wachstum der Form des Substrats.

FAMILIE	Sebacinaceae
VERBREITUNG	Östliches Nordamerika
LEBENSRAUM	Auf Waldböden
SYMBIOSE	Ektomykorrhiza; mit Laubbäumen, besonders Eiche
WUCHSFORM	Bodennah, auf Erde und Blattstreu
VORKOMMEN	Lokal häufig
SPORENFARBE	Weiß
GENIESSBARKEIT	Ungenießbar

GRÖSSE
Bis zu 100 mm

DURCHMESSER
Bis zu 100 mm

SEBACINA SPARASSOIDEA

(LLOYD) P. ROBERTS

Sebacina sparassoidea („White Coral Jelly") war früher unter dem Namen *Tremella reticulata* bekannt, ist aber nur entfernt verwandt mit den echten *Tremella*-Arten, die überdies nicht bodenlebend sind. Näher verwandt ist *Sebacina sparassoidea* mit den krustenbildenden *Sebacina*-Arten und korallenpilzähnlichen Arten wie *Tremellodendron schweinitzii*. Sie alle bilden Symbiosen mit den Wurzeln lebender Bäume, die für beide Partner vorteilhaft sind. Der Artname *sparassoidea* bedeutet „*Sparassis*-Artige", zu denen etwa die Krause Glucke (*Sparassis crispa*) zählt, während *reticulata* „netzartig" bedeutet, was sich auf die verzweigten Fruchtkörper bezieht, die häufig zu einem losen Netz verwachsen.

ÄHNLICHE ARTEN

Ebenfalls in Nordamerika beheimatet sind die *Tremellodendron*-Arten, die ähnliche gefärbte und geformte Fruchtkörper aufweisen, aber ledriger sind und flache, fächerartig geformte Verzweigungen ausbilden. *Sebacina concrescens* kann ähnlich aussehen, hat aber eher gelappte als verzweigte Fruchtkörper und wächst meist unregelmäßiger und krustenbildend.

Sebacina sparassoidea bildet fest gelatinöse Fruchtkörper mit aufrechten, hohlen Läppchen oder Zweigen aus einer gemeinsamen Stielbasis. Die Lappen sind weiß und oft miteinander verwachsen, was sie leicht netzartig erscheinen lässt. Die Ränder sind vielfältig gerundet oder zugespitzt, manchmal mit leicht fedrigen Fortsätzen.

Maßstab 1:1

FAMILIE	Carcinomycetaceae
VERBREITUNG	Nordamerika, Mittelamerika
LEBENSRAUM	Auf Waldböden
SYMBIOSE	Parasitisch mit *Gymnopus dryophilus*
WUCHSFORM	Auf Fruchtkörpern
VORKOMMEN	Gelegentlich
SPORENFARBE	Weiß
GENIESSBARKEIT	Ungenießbar

GRÖSSE
(Röhrchen)
Bis zu 15 mm

DURCHMESSER
(Röhrchen)
Bis zu 25 mm

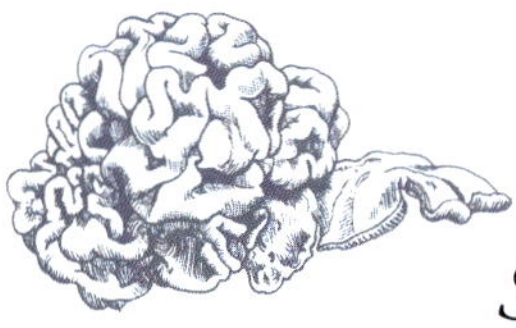

SYZYGOSPORA MYCETOPHILA

(PECK) GINNS

Maßstab 1:1

Dieser ungewöhnliche Gallertpilz wächst parasitisch auf den Fruchtkörpern des Waldfreund-Rüblings (*Gymnopus dryophilus*). Er bildet höcker- bis hirnförmige, halb gelatinöse Röhrchen, die aus dessen Hut, Stiel oder Lamellen wachsen und teils klein, teils aber so großflächig sein können, dass sie den Wirtpilz fast umschließen. Die Sporen des *Syzygospora mycetophila* („Toughshank Brain") bilden sich an der Oberfläche der Röhrchen. Ursprünglich dachte man, dass diese Röhrchen Fehlbildungen sind wie jene, die bei Blätterpilzen Fehlentwicklungen auslösen, stellte dann aber fest, dass *Syzygospora*-Arten und damit Verwandte der *Tremella* dafür verantwortlich waren.

ÄHNLICHE ARTEN

Zwei weitere Arten – *Syzygospora effibulata* und *S. tumefaciens* – treten in Nordamerika und Europa auf dem gleichen Wirtpilz auf und sind nur mikroskopisch von *Syzygospora mycetophila* zu unterscheiden. *S. tumefaciens* wurde auch auf dem Butter-Rübling (*Rhodocollybia butyracea*) bereits entdeckt. Andere Arten wachsen in Nordamerika parasitisch auf *Marasmius pallidocephalus*.

Syzygospora mycetophila bildet Röhrchen und Fortsätze, die aus dem Wirtsgewebe wachsen. Sie sind höckerig, können sich aber ausbreiten und kraus und gewunden bis hirnartig werden. Sie treten auf Hut, Stiel oder Lamellen auf. Der Fruchtkörper dieses Parasiten besteht aus einem dünnen, farblosen, gelatinösen Film an der Oberfläche der Röhrchen.

FAMILIE	Tremellaceae
VERBREITUNG	Nordamerika, Europa, Asien, Australien
LEBENSRAUM	Auf Waldböden
SYMBIOSE	Parasitisch mit *Stereum sanguinolentum* auf Nadelbäumen
WUCHSFORM	Auf Stümpfen, toten Ästen und Stämmen
VORKOMMEN	Gelegentlich
SPORENFARBE	Weiß
GENIESSBARKEIT	Ungenießbar

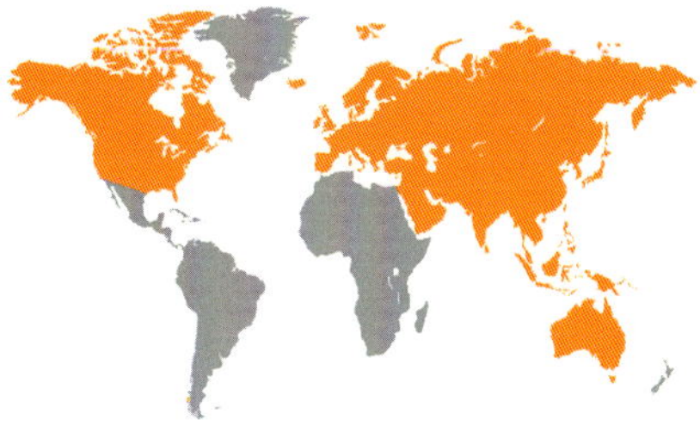

GRÖSSE
Bis zu 30 mm

DURCHMESSER
Bis zu 30 mm

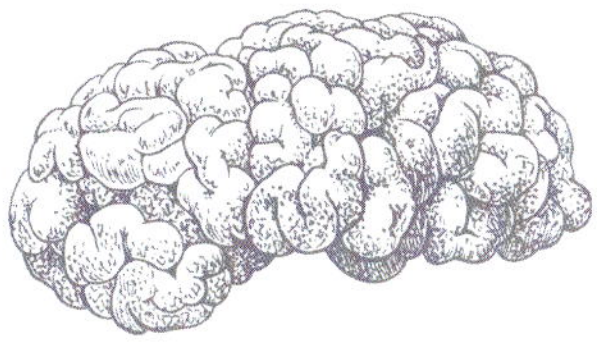

TREMELLA ENCEPHALA

ALABASTER-KERNLING

WILLDENOW

Der Alabaster-Kernling (auch Weißkerniger Zitterling) ist außen rosa und gelatinös, im Schnitt zeigt er einen härteren, weißen Kern. Das führte dazu, dass er über ein Jahrhundert lang einer eigenen Gattung (*Naematelia*) zugeordnet wurde, die speziell Gallertpilze mit hartem Kern umfasste. Dann stellte man fest, dass dieser Kern Überbleibsel eines *Stereum sanguinolentum*-Fruchtkörpers waren, die der Alabaster-Kernling parasitiert und eingeschlossen hatte. Inzwischen ist offenkundig, dass sich der Pilz immer neben Fruchtkörpern dieser Art findet, die Parasit-Wirt-Beziehung konnte jedoch erst in den 1960er-Jahren bestätigt werden.

ÄHNLICHE ARTEN

In Nordamerika findet sich eine kleine verwandte hirnförmige Art, *Tremella tremelloides*. Sie ist gelblich und wächst zusammen mit *Stereum*-Arten auf Laubbäumen. *Exidia nucleata* ist nicht verwandt, wirkt auf den ersten Blick aber ähnlich. Diese Art ist aber normalerweise weicher, weißlich (nur selten mit rosa Tönung), weist keinen harten inneren Kern auf und wächst ebenfalls auf Laubbäumen.

Der Alabaster-Kernling bildet gelatinöse, blassrosa Fruchtkörper, die rund oder kissenförmig, fest und dicht hirnartig gefaltet sind. Ältere oder mit Wasser vollgesogene Exemplare können ihre Farbe verlieren oder werden gelblich bis gelbbraun mit nur leichter rosa Tönung.

Maßstab 1:1

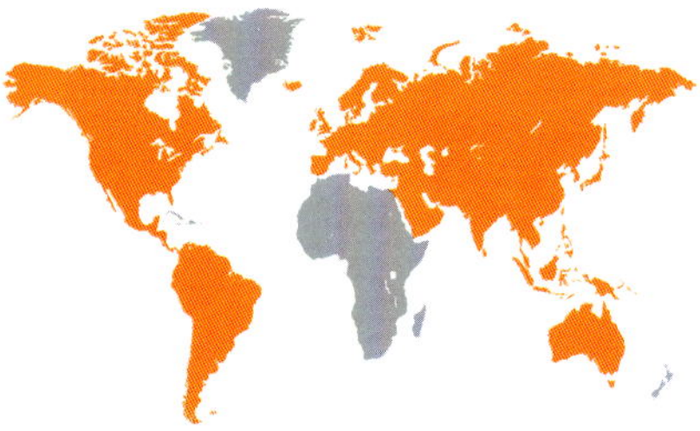

FAMILIE	Tremellaceae
VERBREITUNG	Nordamerika, Europa, Mittel- und Südamerika, Asien, Australien
LEBENSRAUM	Auf Waldböden
SYMBIOSE	Parasitisch mit *Stereum*-Arten auf Laub- und Nadelbäumen
WUCHSFORM	Auf Stümpfen, toten Ästen und Stämmen
VORKOMMEN	Häufig
SPORENFARBE	Weiß
GENIESSBARKEIT	Essbar

GRÖSSE
Bis zu 100 mm

DURCHMESSER
Bis zu 200 mm

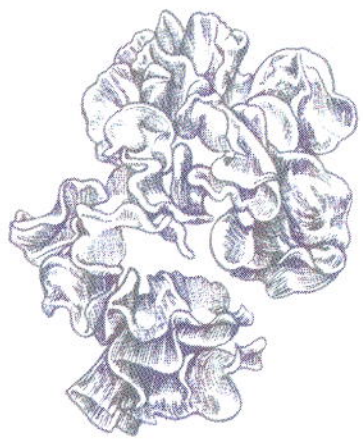

TREMELLA FOLIACEA

ROTBRAUNER ZITTERLING

PERSOON

Der Rotbraune Zitterling oder Blattartige Zitterling ist eine der größten und auffälligsten *Tremella*-Arten. Er bildet oft große, kugelige Büschel auf Baumstümpfen und toten Stämmen, die Ähnlichkeit mit Algen haben. Der Rotbraune Zitterling ist ein Parasit der *Stereum*-Arten, befällt aber nicht wie *Tremella aurantia* und *T. encephala* die Fruchtkörper seines Wirtes, sondern dessen Hyphen, die im Holz verborgen liegen. Man findet ihn oft an der Oberseite von Ästen, an deren Unterseite *Stereum* wächst. *Tremella foliacea* ist innerhalb seines Lebensraums sehr anpassungsfähig. Es ist leicht möglich, dass sich die Art als Gruppe nahe verwandter Unterarten erweist.

ÄHNLICHE ARTEN

In den Tropen und Subtropen existieren viele ähnliche Arten, darunter *Tremella wrightii* mit orangebrauner, krauser, fast hornartiger Blattform und *T. coffeicolor*, mikroskopisch an ihren größeren Sporen erkennbar. In gemäßigten Breiten ist *Exidia saccharina* mit ihren zusammenfließenden Fruchtkörpern an Nadelbäumen ähnlich, jedoch gelappt und nicht blattartig. *T. steidleri*, selten auf *Stereum hirsutum*, ist mattbraun, aber mit dichten, hirnförmigen Lappen.

Maßstab 1:1

Der Rotbraune Zitterling hat braune bis violette oder schwärzlich braune, gallertige Fruchtkörper aus gedrängt wachsenden, dünnen bis dickeren Lappen und Falten, die an Algen erinnern können. Jung aufrecht, werden sie mit dem Alter oder bei Trockenheit schlaff.

FAMILIE	Tremellaceae
VERBREITUNG	Südliches Nordamerika, Afrika, Mittel- und Südamerika, südliches Asien, Australien, Neuseeland
LEBENSRAUM	Auf Waldböden
SYMBIOSE	Parasitisch mit *Hypoxylon archeri* auf Laubbäumen
WUCHSFORM	Auf Stümpfen, toten Ästen und Stämmen
VORKOMMEN	Häufig
SPORENFARBE	Weiß
GENIESSBARKEIT	Essbar

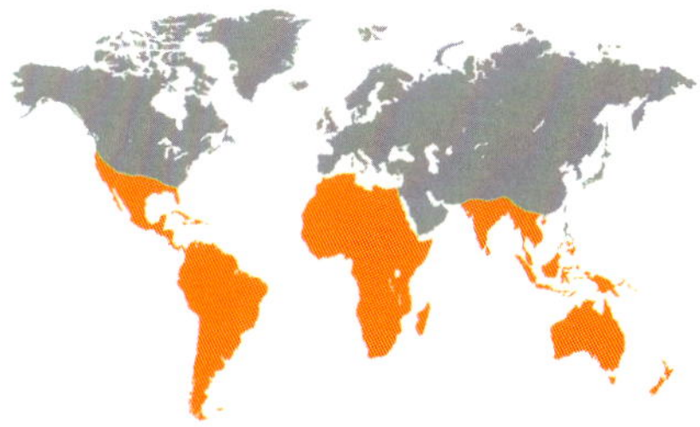

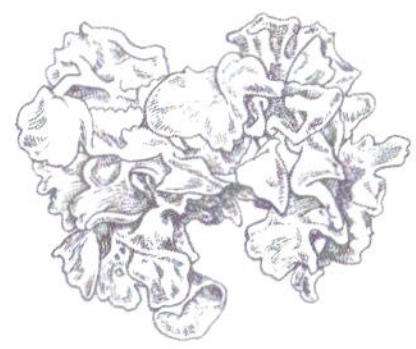

GRÖSSE
Bis zu 75 mm

DURCHMESSER
Bis zu 75 mm

TREMELLA FUCIFORMIS

SILBEROHR

BERKELEY

Die erste Beschreibung des Silberohrs stammt aus Brasilien, die Art ist in allen tropischen und subtropischen Gegenden häufig. Sie ist vergesellschaftet mit *Hypoxylon archeri*, einem schwarzen, krustigen Schlauchpilz, der auf totem Laubholz wächst. Das Silberohr ist in China ein beliebter Heil- und Speisepilz und wird vielfach gezüchtet (in Form gemischter Kulturen von Parasit und Wirtspilz auf angereichertem Sägemehl). Er soll die Immunabwehr stärken sowie das Erscheinungsbild der Haut verbessern und wird wegen seiner Form und Textur aber auch als Speisepilz geschätzt. Er wird – für Pilze ungewöhnlich – oft in Sirup als Dessert serviert. *Tremella fuciformis* ist mittlerweile getrocknet und in Pulverform auch im Westen immer häufiger erhältlich.

Maßstab 1:1

ÄHNLICHE ARTEN

Tremella olens ist ebenfalls eine weiße Art aus den Tropen, hat aber unregelmäßig gelappte, nie rosettenförmige Fruchtkörper. In Nordamerika verbreitet ist *Sebacina sparassoidea*, deren gallertige weiße, verzweigte Fruchtkörper ähnlich sind, die aber auf der Erde wächst und zudem nicht verwandt ist.

Das Silberohr hat weiße, gallertige Fruchtkörper, die an Algen erinnern (fuciformis) und eine Rosette aus dünnen, welligen Blättern bilden, die am Rand oft verzweigt und klein gekraust sind. Zuchtexemplare können sehr groß sein und sehen dekorativen weißen Pom-Poms ähnlich.

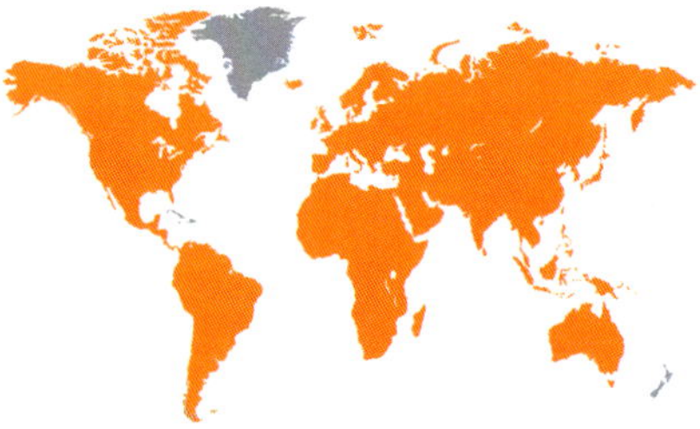

FAMILIE	Tremellaceae
VERBREITUNG	Nordamerika, Europa, Afrika, Mittel- und Südamerika, Antarktische Inseln, Asien, Australien
LEBENSRAUM	Auf Waldböden
SYMBIOSE	Parasitisch mit *Peniophora*-Arten auf Laubholz, sehr selten Nadelholz
WUCHSFORM	Auf toten Ästen und Zweigen, an Bäumen oder frisch abgebrochen
VORKOMMEN	Häufig
SPORENFARBE	Weiß
GENIESSBARKEIT	Essbar

GRÖSSE
Bis zu 50 mm

DURCHMESSER
Bis zu 75 mm

TREMELLA MESENTERICA

GOLDGELBER ZITTERLING

RETZIUS

Der Goldgelbe Zitterling ist ein Parasit des Myzels von krustenbildenden *Peniophora*-Arten und daher meist in der Nähe der violettgrauen oder rötlichen Fruchtkörper seines Wirtes zu finden, typischerweise auf abgestorbenen Ästen an Bäumen. In Nordamerika ist die Art auch als „Yellow Witch's Butter" – Gelbe Hexenbutter – bekannt, weil man sie früher mit Hexerei in Verbindung brachte. Der Goldgelbe Zitterling ist äußerst weitverbreitet und in den Tropen ebenso zu finden wie auf den Inseln der Antarktis. Trotz (oder vielleicht wegen) seiner Textur soll er in China als Speisepilz verzehrt werden, wird aber nicht besonders geschätzt.

ÄHNLICHE ARTEN

Tremella mesenterica wird häufig mit dem Orangegelben Zitterling (*T. aurantia*) verwechselt. Letzterer hat eine matte Oberfläche und wächst parasitisch auf den Fruchtkörpern des Striegeligen Schichtpilzes (*Stereum hirsutum*). Auch Verwechslungen mit der nicht verwandten Riesen-Gallerttträne (*Dacrymyces chrysospermus*), die in Nordamerika häufig ist und auf Nadelholz in leuchtend gelben, gallertigen Büscheln wächst, kommen vor.

Maßstab 1:1

Der Goldgelbe Zitterling bildet leuchtend gelbe bis gelborange, gallertige Fruchtkörper, die jung glänzend bis speckig und hirnartig gewunden, später gelappt und teils unregelmäßig blattartig sind. Die Fruchtkörper schrumpfen bei Trockenheit knorpelig zusammen und werden tieforange, quellen aber bei feuchter Witterung wieder auf.

FAMILIE	Sebacinaceae
VERBREITUNG	Östliches Nordamerika, Mittel- und Südamerika
LEBENSRAUM	Auf Waldböden
SYMBIOSE	Ektomykorrhiza; mit Laubbäumen
WUCHSFORM	Bodennah auf Blattstreu
VORKOMMEN	Häufig
SPORENFARBE	Weiß
GENIESSBARKEIT	Ungenießbar

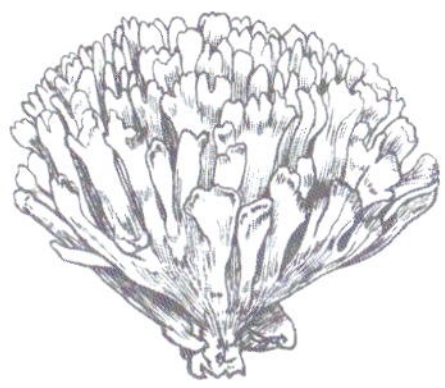

GRÖSSE
Bis zu 120 mm

DURCHMESSER
Bis zu 150 mm

TREMELLODENDRON SCHWEINITZII

(PECK) G. F. ATKINSON

Tremellodendron schweinitzii („Jellied False Coral") ist im Osten Nordamerikas häufig und dort auch unter dem veralteten und nicht anerkannten Namen *Tremellodendron pallidum* bekannt. Auch wenn er optisch den echten Korallenpilzen ähnelt, ist er tatsächlich nahe verwandt mit den krustenbildenden *Sebacina*-Arten und auch unter dem Mikroskop kaum von ihnen zu unterscheiden. Wie auch bei *Sebacina* sind die Fruchtkörper unklar abgegrenzt, bilden ihre strauchartigen Verzweigungen sehr langsam aus (teils indem sie Blattstreu und Ablagerungen umwachsen und einschließen) und verändern ihre Form im Laufe der Zeit oft sehr deutlich.

Tremellodendron schweinitzii bildet eher zähe, gummiartig-knorpelige Fruchtkörper in einer dichten Rosette von Verzweigungen aus einem gemeinsamen Stiel. Die Verzweigungen sind zuerst weißlich, im Alter oft mit rosa oder rötlicher Färbung, meist flach oder fächerförmig und oft miteinander verwachsen. Die Spitzen sind keilförmig, manchmal auch fedrig oder rissig.

ÄHNLICHE ARTEN

Andere *Tremellodendron*-Arten sind teils schwer abzugrenzen, weisen meist aber schmälere Verzweigungen mit spitzeren Ausläufen auf. Die verwandte *Sebacina sparassoidea* kann ähnliche Fruchtkörper ausbilden, die aber eher gallertig und deren Verzweigungen eher gelappt als flach und farnblattartig sind. Die Fruchtkörper des Stinkenden Warzenpilzes (*Thelephora palmata*) sind oft ähnlich geformt, aber an ihrer violettbraunen Färbung mit weißen Spitzen erkennbar.

Maßstab 1:1

STACHELPILZE, PFIFFERLINGE, KEULEN- & KORALLENPILZE

Stachelpilze (oder Hydnoiden) sind Arten, die statt Poren oder Lamellen eine gestachelte oder gezahnte Unterseite aufweisen – ein Typ Fruchtkörper, der sich bei verschiedenen nicht näher verwandten Arten entwickelt hat. Einige leben symbiontisch mit Bäumen, haben Stiele und Hüte und sehen von oben wie gewöhnliche Blätterpilze aus. Andere wachsen als Holzzerstörer auf Stümpfen und Stämmen. Einige davon sind Blättlingen so ähnlich, dass sie in das vorangehende Kapitel aufgenommen wurden.

Pfifferlinge sind beliebte Speisepilze, einige ähnlich aussehende Arten (wie der Wollige Pfifferling) sind jedoch giftig. Sie wachsen meist auf Waldböden und sehen Blätterpilzen ähnlich, haben aber keine echten, hauchdünnen Lamellen. Ihre sporenbildende Unterseite ist glatt oder aderig-gerunzelt, wobei die Adern oft lamellenartig aussehen, aber viel dicker sind.

Keulen- und Korallenpilze (Clavulina) bilden ihre Sporen an der Oberfläche meist aufrechter, einzelner oder verzweigter Fruchtkörper – eine weitere Form, die sich unabhängig voneinander bei vielen Arten entwickelt hat. Einige Keulenartige, wie die Erdzungen, gehören zu den Schlauchpilzen. Viele hier erwähnte Keulen und Korallen sind Baumsymbionten und Waldbewohner, andere (zumindest in Europa) wachsen typischerweise eher in moosigem Grasland.

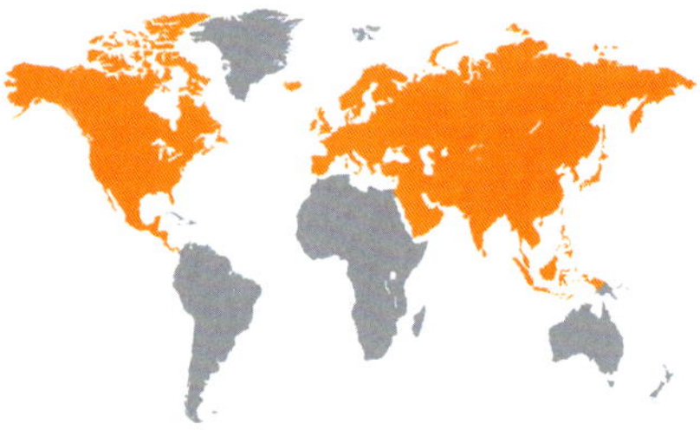

FAMILIE	Auriscalpiaceae
VERBREITUNG	Nordamerika, Europa, Mittelamerika, Asien
LEBENSRAUM	In Nadelwäldern
SYMBIOSE	Überwiegend mit Pinien, seltener Fichten
WUCHSFORM	Auf abgefallenen oder vergrabenen Zapfen
VORKOMMEN	Sehr häufig
SPORENFARBE	Weiß
GENIESSBARKEIT	Ungenießbar

GRÖSSE
Bis zu 25 mm

HUTDURCHMESSER
Bis zu 25 mm

AURISCALPIUM VULGARE

OHRLÖFFELSTACHELING

GRAY

Der Ohrlöffelstacheling hat einen kleinen, unregelmäßig nierenförmigen Hut mit rötlichbrauner Färbung und samtiger bis glatter Oberfläche. Der lange, dunkle, seitlich dem Hut ansitzende Stiel ist haarig-filzig. An der Unterseite zeigt der Pilz kurze, spitze, blassgraue Stacheln von bis 3 mm Länge. Er ist eher zäh und ledrig, das Fleisch blass und mild schmeckend, der Geruch unbedeutend.

Wer in Nadelwäldern genau hinsieht, entdeckt mit großer Wahrscheinlichkeit diese kleine, aber auffällige Art, die scheinbar unmittelbar auf der Erde wächst, tatsächlich aber als Fäulniserreger auf abgefallenen und vergrabenen Zapfen oder Zapfenresten einen speziellen Lebensraum besiedelt hat. Gelegentlich wachsen mehrere Fruchtkörper auf einem Zapfen. Als eine von wenigen Pilzarten findet man den Ohrlöffelstacheling das ganze Jahr über. Sein deutscher Name rührt von seiner Form her, die an das löffelartige Besteck zur Ohrenreinigung erinnert, wie es schon im alten Rom verwendet wurde. In nördlichen gemäßigten Breiten ist er der einzige Vertreter seiner Gattung.

ÄHNLICHE ARTEN

Zahlreiche häufige und weitverbreitete Hutpilze kommen ebenfalls auf abgefallenen Zapfen von Nadelbäumen vor und können dem Ohrlöffelstacheling oberflächlich ähneln, darunter *Baeospora myosura* und Arten aus der Gattung *Strobilurus*, die jedoch alle bei näherer Betrachtung Lamellen statt Stacheln aufweisen. *Auriscalpium villipes*, eine in Mittel- und Südamerika verbreitete Art, ist kleiner und schmäler mit blasserem Stiel und bitter im Geschmack.

Maßstab 1:1

FAMILIE	Bankeraceae
VERBREITUNG	Nordamerika, Europa
LEBENSRAUM	In Nadelwäldern
SYMBIOSE	Ektomykorrhiza; mit Fichten
WUCHSFORM	Auf der Erde, einzeln oder in Gruppen auf Nadelstreu
VORKOMMEN	Gelegentlich
SPORENFARBE	Weiß
GENIESSBARKEIT	Ungenießbar

GRÖSSE
Bis zu 25 mm

HUTDURCHMESSER
Bis zu 150 mm

BANKERA VIOLASCENS

VIOLETTLICHER WEISSSPORSTACHLING

(ALBERTINI & SCHWEINITZ) POUZAR

Der Violettliche Weißsporstachling ist ein Vertreter der sogenannten Stachelpilze. Diese Gruppe umfasst Arten aus den Gattungen *Bankera*, *Hydnellum*, *Phellodon* und *Sarcodon*, von denen viele mit den Wurzeln von Nadelbäumen, einige mit Laubbäumen vergesellschaftet sind. In manchen Teilen Europas kommen sie kaum noch vor, meist bedingt durch Lebensraumverlust oder Schädigung ihres Lebensraums. Wie alle *Bankera*-Arten verströmt der Weißsporstachling getrocknet einen starken Curry-Geruch, der ganze Sammlungen durchdringen und Jahrzehnte anhalten kann. *Bankera violascens* ist durch die typisch violettliche Färbung und den speziellen Lebensraum und Geruch relativ leicht erkennbar.

ÄHNLICHE ARTEN

Es gibt zahlreiche mittlere und größere gestachelte Hutpilze, die meisten jedoch mit braunen Sporen. Arten mit weißen Sporen wie *Bankera violascens* sind *Phellodon*- und *Hydnum*-Arten. *Phellodon*-Arten haben im Schnitt gezontes Fleisch, *Hydnum*-Vertreter dagegen sind weicher und brüchiger. *Bankera fuligineoalba* ist weißlich und nur mit Pinien vergesellschaftet.

Maßstab 1:1

Der Violettliche Weißsporstachling hat einen glatten, dann schuppigen, unregelmäßig gelappten Hut, der zunächst weißlich, später violettlich gefärbt ist. Die Stacheln an der Unterseite sind weißlich bis grau und 6 mm lang (siehe Foto links). Der Stiel ist bräunlich violett, an der Spitze weiß, an der Basis meist zugespitzt. Das Fleisch ist im Hut lila getönt, dunkler violettbraun im Stiel.

FAMILIE	Pterulaceae
VERBREITUNG	Afrika, Mittel- und Südamerika, südliches Asien
LEBENSRAUM	Auf Waldböden
SYMBIOSE	Mit Laubbäumen
WUCHSFORM	Auf Holz
VORKOMMEN	Gelegentlich
SPORENFARBE	Weiß
GENIESSBARKEIT	Ungenießbar

GRÖSSE
Bis zu 25 mm

DURCHMESSER
Bis zu 25 mm

DEFLEXULA SUBSIMPLEX

(HENNINGS) CORNER

Die erste Beschreibung von *Deflexula subsimplex* („Pendant Coral") stammt aus Brasilien, die Art kommt aber auch in den tropischen Regionen Afrikas und Asiens vor. Die Fruchtkörper wachsen einzeln oder leicht verzweigt, immer jedoch nach unten hängend von stehenden oder geschnittenen Baumstämmen. Einzelne Exemplare sind oft klein, wachsen aber meist truppweise und fallen dadurch ins Auge. *Deflexula*-Arten ähneln stark den Arten aus der Gattung *Pterula*, mit denen sie auch verwandt sind. Der Hauptunterschied besteht in ihrer hängenden Wuchsform. Die Fruchtkörper erscheinen oft zart und zerbrechlich, enthalten aber dickwandige, relativ zähe Hyphen.

ÄHNLICHE ARTEN

In den Tropen findet man einige ähnliche Arten, die meist nur unter dem Mikroskop bestimmbar sind. *Deflexula fascicularis* ist eine südasiatische Art, die über die tropische Zone hinaus auch in Japan, Australien und Neuseeland vorkommt. *Mucronella*-Arten wachsen ebenfalls hängend, ihre Fruchtkörper sind aber viel weicher und weiß bis gelb gefärbt.

Deflexula subsimplex bildet typischerweise Büschel aus hängend wachsenden Stacheln aus, die aus einer dünnen, am Holz haftenden Scheibe wachsen. Die Stacheln sind schmal, einzeln oder schwach verzweigt, an den Spitzen zulaufend und weißlich bis gelbbraun, manchmal mit fleischfarben rosaroter Färbung.

Maßstab 1:1

FAMILIE	Hericiaceae
VERBREITUNG	Nordamerika, Europa, Nordasien
LEBENSRAUM	In Laubwäldern
SYMBIOSE	Mit liegenden oder abgestorbenen Buchen, Eschen und Birken
WUCHSFORM	Einzeln oder geschichtet in Gruppen
VORKOMMEN	Selten
SPORENFARBE	Weiß
GENIESSBARKEIT	Essbar, aber äußerst selten, daher kaum als Wildpilz

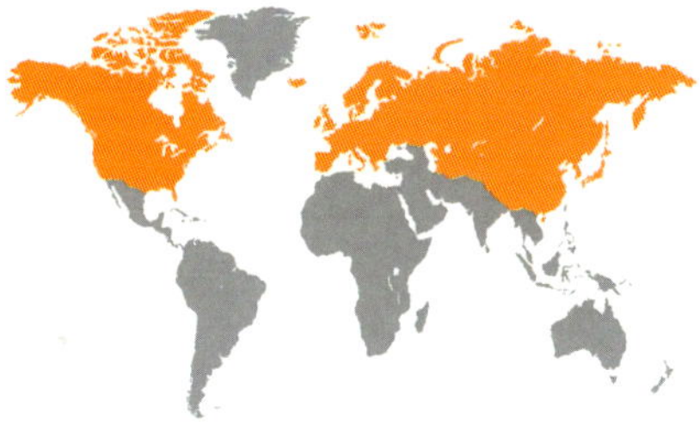

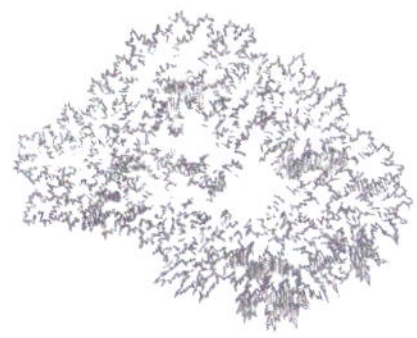

GRÖSSE
Bis zu 400 mm

DURCHMESSER
Bis zu 250 mm

HERICIUM CORALLOIDES

ÄSTIGER STACHELBART

(SCOPOLI) PERSOON

Der Ästige Stachelbart ist einer der wenigen hochpreisigen essbaren Pilze, die für den Verkauf gezüchtet werden, wodurch die wild wachsenden Exemplare weniger stark bedroht sind. Er lässt sich auf sterilem Hartholz-Sägemehl züchten, das häufig mit Reiskleie supplementiert und in weitmündigen Kunststoffflaschen gelagert wird. Der Ästige Stachelbart gilt besonders in Asien als wertvoll; er wird dort wegen seiner Heilkräfte geschätzt und sogar in grell gestalteten Geschenkpackungen verkauft. Mit seinen eleganten Stacheln ähnelt er einer auffälligen Meereskoralle. Er ist einer von rund acht weltweit bekannten *Hericium*-Arten.

ÄHNLICHE ARTEN

Im Osten Nordamerikas findet man *Hericium americanum* auf Laubholz, besonders Ahorn, und manchmal auf Nadelholz. Die Art hat längere, haufenförmig angeordnete Stacheln auf verzweigten Fruchtkörpern statt kammartiger Stacheln unten an den Zweigen und zudem größere Sporen. *Hericium alpestre* und *H. abietis* sind ebenfalls ähnlich, Ersterer findet sich aber nur auf Tannen Zentraleuropas, Zweiterer auf Nadelbäumen im Westen Nordamerikas.

Maßstab 1:1

Der Ästige Stachelbart bildet einen fleischigen, seitlich sitzenden Basisstrunk, aus dem mehrfach verzweigte, cremeweiße Äste hervorgehen. Sie haben hängende, spitze, weiße Stacheln von bis zu 10 mm Länge. Das weiße Fleisch ist weich, aber brüchig, es wird mit dem Alter rosabeige bis braun. Geruch angenehm, wohlschmeckend.

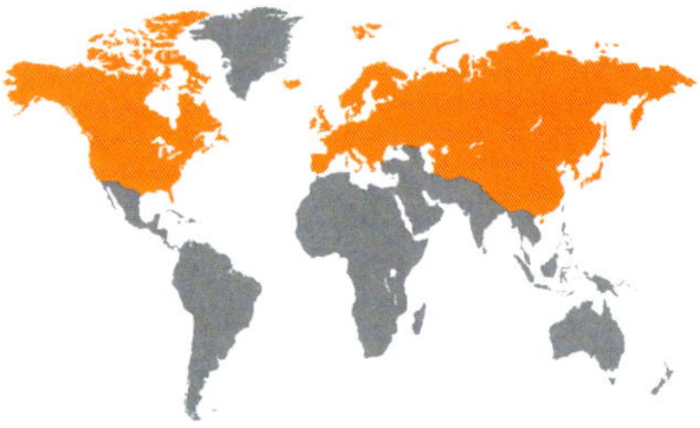

FAMILIE	Hericiaceae
VERBREITUNG	Nordamerika, Europa, Nordasien
LEBENSRAUM	In Laubwäldern
SYMBIOSE	Besonders mit älteren Buchen, Ahorn und Eiche
WUCHSFORM	Auf gefällten oder umgestürzten Stämmen oder hoch oben in Bäumen
VORKOMMEN	Gelegentlich
SPORENFARBE	Weiß
GENIESSBARKEIT	Essbar, aber äußerst selten, daher kaum als Wildpilz

GRÖSSE
Bis zu 200 mm

DURCHMESSER
Bis zu 300 mm

HERICIUM ERINACEUM

IGEL-STACHELBART

(BULLIARD) PERSOON

Maßstab 1:1

Der Igel-Stachelbart, auch Löwenmähne genannt, ist ein wichtiger Zuchtpilz mit süßem, hummerähnlichem Geschmack. Er ist in Asien besonders beliebt und wird dort unter dem Namen „Affenkopfpilz“ in Kunststoffbehältern auf unterschiedlichen Nährböden, darunter Zuckerrohr- und Baumwollabfälle, gezüchtet. Unterschiedliche medizinische Eigenschaften von krebshemmender bis zu immunstärkender Wirkung werden derzeit untersucht. Der Pilz ist auch in Medikamenten gegen Magengeschwüre enthalten und als isotonisches Getränk erhältlich. In Europa wächst der Igel-Stachelbart nur selten wild. Er steht in 23 Ländern auf der Roten Liste und wurde für die Berner Konvention als schützenswert vorgeschlagen.

ÄHNLICHE ARTEN

Andere *Hericium*-Arten haben ebenfalls weiches Fleisch und sind gestachelt, bilden aber alle verzweigte Fruchtkörper statt eines einzigen rundlichen Haufens und haben nicht so außergewöhnlich lange Stacheln. Ein anderer großstacheliger Laubholzbewohner ist *Climacodon septentrionalis*, der sich aber durch eine zähe, faserige Textur, waagrechte Schichten und im Schnitt deutlich gezontes Fleisch auszeichnet.

Der Igel-Stachelbart bildet eindrucksvolle weißliche Kissen aus hängenden Stacheln oder Zähnen, die übereinandergeschichtet wachsen und bis zu 80 mm lang werden können. Sie sehen einem Bart oder einer Mähne sehr ähnlich. Der Fruchtkörper ist jung weich und weiß, manchmal mit fleischfarbener Färbung, und wird mit dem Alter oder bei Beschädigung gelblich und später schmutzig-braun. Er ist meist kurz gestielt und liegt normalerweise fast vollständig am Baum an.

FAMILIE	Bankeraceae
VERBREITUNG	Nordamerika, Europa, Nordasien
LEBENSRAUM	Auf Waldböden
SYMBIOSE	Ektomykorrhiza; meist mit Nadelbäumen, gelegentlich mit Laubbäumen
WUCHSFORM	Auf der Erde, einzeln oder in Gruppen, oft zusammenwachsend
VORKOMMEN	Gelegentlich
SPORENFARBE	Braun
GENIESSBARKEIT	Ungenießbar

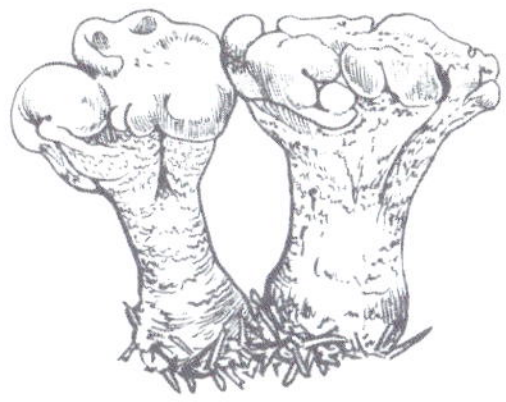

GRÖSSE
Bis zu 140 mm

HUTDURCHMESSER
Bis zu 125 mm

HYDNELLUM CAERULEUM

BLÄULICHER KORKSTACHELING

(HORNEMANN) P. KARSTEN

Der Bläuliche Korkstacheling ist ein relativ harter, faseriger Pilz, was ihn trotz seines angenehmen, leicht mehligen Geruchs und Geschmacks ungenießbar macht. Traditionell diente er als Färbestoff für Seide und Wolle, sowohl in Nordamerika als auch in Skandinavien, weil er – abhängig vom Beizmittel – Farbtöne von Braun über Blau bis hin zu dunklem Grün ermöglichte. In jüngerer Zeit wurde er auf eine mögliche krebshemmende Wirkung hin untersucht. In Europa gelten der Bläuliche Korkstacheling und Verwandte aus den Gattungen *Hydnellum*, *Bankera*, *Phellodon* und *Sarcodon* als bedrohte Arten. Ihr immer selteneres Vorkommen wird vor allem auf Stickstoffanreicherung des Bodens durch die Luft zurückgeführt, auf die der Pilz besonders sensibel sein dürfte.

ÄHNLICHE ARTEN

Hydnellum suaveolens ist jung bläulich, jedoch an Stiel und Hut, und verströmt außerdem einen typisch süßlichen Anisgeruch. *H. regium* ist eine weitere blaue *Hydnellum*-Art, kommt im Westen Nordamerikas vor, ist dunkelviolett-schwarz mit bräunlichen Stacheln und äußerst wohlriechend.

Maßstab 1:1

Der Bläuliche Korkstacheling hat anfang hübsch leuchtendblau bis blaugrau gefärbte Hüte, die sich von den weißen Stacheln an der Unterseite und dem orangebraunen Stiel deutlich abheben. Der Hut ist feinfilzig und höckerig-uneben und hat wie alle *Hydnellum*-Arten die Fähigkeit, Pflanzenteile und Hindernisse zu umwachsen und mit anliegenden Fruchtkörpern zusammenzuwachsen. Er wird mit dem Alter matt, das Fleisch bleibt im Schnitt jedoch bläulich (Hut) bzw. orange (Stiel).

FAMILIE	Bankeraceae
VERBREITUNG	Nordamerika, Europa
LEBENSRAUM	Auf Waldböden
SYMBIOSE	Ektomykorrhiza; mit Nadelbäumen, besonders Pinie und Fichte
WUCHSFORM	Auf der Erde, einzeln oder in kleinen Gruppen
VORKOMMEN	Gelegentlich
SPORENFARBE	Braun
GENIESSBARKEIT	Ungenießbar

GRÖSSE
Bis zu 50 mm

HUTDURCHMESSER
Bis zu 120 mm

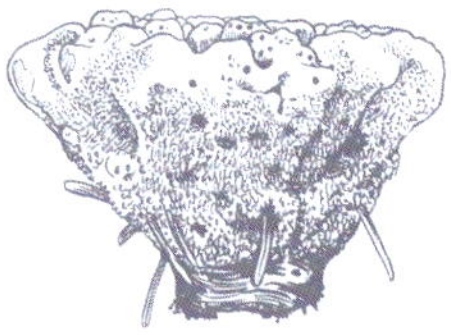

HYDNELLUM PECKII

SCHARFER KORKSTACHELING

BANKER

Auffälligstes Merkmal dieses Pilzes sind die blutroten Tropfen, die er gelegentlich ausscheidet und die auch für seinen früheren wissenschaftlichen Namen *Hydnellum diabolus* verantwortlich sind. Inzwischen haben sich diese Absonderungen nicht nur als harmlos, sondern sogar heilsam erwiesen, da sie ein Atromentin mit gerinnungshemmender Wirkung enthalten und außerdem antibakterielle Eigenschaften aufweisen. Früher wurde der Scharfe Korkstacheling als Färbemittel für verschiedene Grau-, Braun-, Oliv- und Grüntöne verwendet. Wie auch andere Stachelpilze sollte er nicht mehr gesammelt werden, da er als bedrohte Art gilt, möglicherweise durch Stickstoffverschmutzung der Luft.

ÄHNLICHE ARTEN

Auch einige andere *Hydnellum*-Arten können rötlich-braune Tropfen absondern, aber sowohl *H. ferrugineum* bei Nadelbäumen und *H. spongiosipes* bei Laubbäumen riechen deutlich mehlig und schmecken mild. Der Rötende Saftwirrling (*Abortiporus biennis*) kann bei feuchtem Wetter ebenfalls „bluten", hat aber Poren statt Stacheln an der Unterseite.

Maßstab 1:1

Der Scharfe Korkstacheling ist jung weißlich und feinfilzig mit flachem, trichterigem Fruchtkörper, korkartigem Fleisch und im Alter gefurcht. Der Hut färbt sich bräunlich bis rotbraun. Die kurzen Stacheln sind weißlich, später rotweinfarben, der Stiel ist kurz, samtig und zugespitzt. Das Fleisch ist rosabraun und dunkler gezont, der Geruch süßlich-harzig, der Geschmack brennend scharf.

FAMILIE	Hydnaceae
VERBREITUNG	Nordamerika, Europa, Nordasien, Australien
LEBENSRAUM	Auf Waldböden
SYMBIOSE	Ektomykorrhiza; mit Laub- und Nadelbäumen
WUCHSFORM	Auf der Erde, einzeln oder truppweise
VORKOMMEN	Verbreitet
SPORENFARBE	Weiß
GENIESSBARKEIT	Essbar

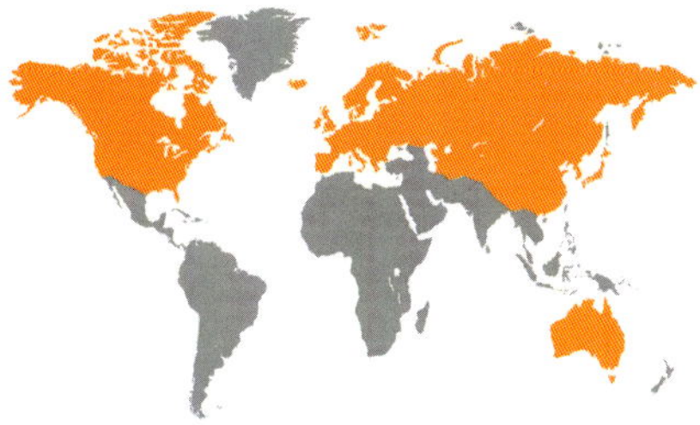

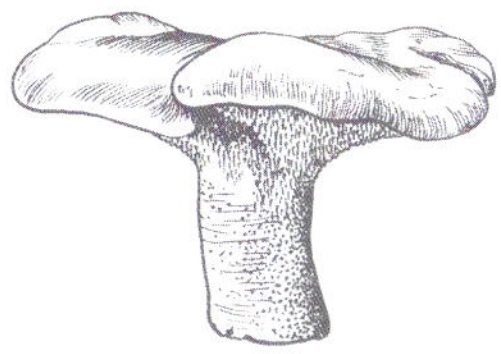

GRÖSSE
Bis zu 100 mm

HUTDURCHMESSER
Bis zu 150 mm

HYDNUM REPANDUM

SEMMEL-STOPPELPILZ

LINNAEUS

Der Semmel-Stoppelpilz ist leicht an seinen festen, vollen Fruchtkörpern mit hellen Hüten und Stacheln an der Unterseite zu erkennen. Die meisten anderen bodenbewohnenden Stachelpilze gehören zu den Thelephoraceae und sind selten oder sogar bedroht. Der Semmel-Stoppelpilz hingegen ist ein entfernter Verwandter des Echten Pfifferlings (*Cantharellus cibarius*) und sowohl häufig als auch essbar. Er wird in Europa gewerbsmäßig gesammelt und meist unter seinem französischen Namen „Pied-de-Mouton" (Schafsfuß) vertrieben. In einigen Gegenden Nordamerikas wird der Semmel-Stoppelpilz „Sweet Tooth" (Süßer Zahn) genannt, obwohl er eher als bitter gilt.

ÄHNLICHE ARTEN

In Europa ist der Rotgelbe Semmel-Stoppelpilz (*Hydnum rufescens*) ähnlich, aber schlanker und stärker gefärbt (blassrötlich-gelbbraun). In Nordamerika findet man den Weißen Stoppelpilz (*H. albidum*), er ist weiß bis blass gelbgrau, aufgebrochen gelb bis orange, *H. albomagnum* („Giant Hedgehog") ist weiß und besonders groß.

Maßstab 1:1

Der Semmel-Stoppelpilz bildet jung gewölbte, später flach ausgebreitete, oft unregelmäßig geformte bis niedergedrückte Hüte. Die Hutoberfläche ist glatt, samtig, oft unregelmäßig gelappt oder aufgerissen und cremeweiß bis hell rötlich gelbbraun. Die Unterseite ist gestachelt oder gezahnt und hat die Farbe des Hutes (siehe Foto links). Der Stiel ist zentral oder etwas seitlich sitzend, glatt, aber oft unregelmäßig (siehe Foto links) und etwas heller gefärbt als der Hut.

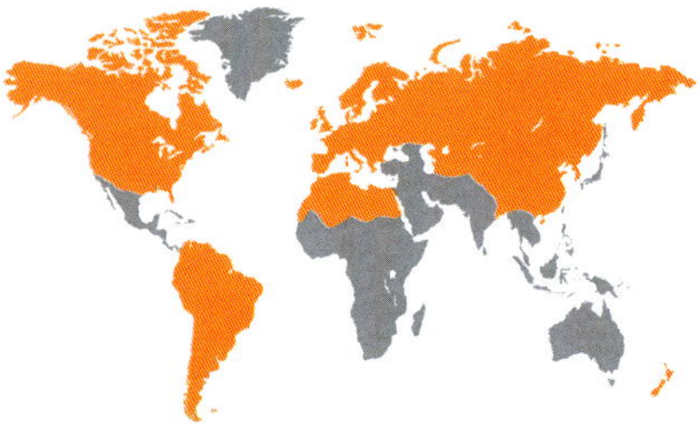

FAMILIE	Clavariaceae
VERBREITUNG	Nordamerika, Europa, Nordafrika, Südamerika, Nordasien, Neuseeland
LEBENSRAUM	Auf Waldböden
SYMBIOSE	Mit Laub- und Nadelbäumen
WUCHSFORM	Auf Baumstümpfen und liegendem Holz
VORKOMMEN	Verbreitet
SPORENFARBE	Weiß
GENIESSBARKEIT	Ungenießbar

GRÖSSE
Bis zu 5 mm

DURCHMESSER
Unter 2 mm

MUCRONELLA CALVA

RASIGES PFRIEMPILZCHEN

(ALBERTINI & SCHWEINITZ) FRIES

Das Rasige Pfriempilzchen, auch Rasiges Stachelspitzchen genannt, ist eine häufige und weitverbreitete Art und insbesondere an der Unterseite von morschem liegendem Holz zu finden, gelegentlich aber auch an der Außenseite alter Baumstümpfe. Die Fruchtkörper sind klein, wachsen aber in Scharen und erscheinen oft wie eine durchgehende Schicht. Bei näherem Hinsehen ist jedoch zu erkennen, dass die Stacheln einzeln aus dem Holz wachsen und nicht sichtbar verbunden sind. Gelegentlich wächst das Rasige Pfriempilzchen auch in kleineren oder verstreuteren Gruppen, es ist dann wesentlich schwerer zu finden.

Das Rasige Pfriempilzchen bildet typischerweise einzelne, hängende Stacheln, die in dichten Scharen wachsen. Die Stacheln sind einfach, gelegentlich mit unauffälligem Stiel, und spitz zulaufend. Sie sind weich, fleischig, weiß bis gelblich und heben sich deutlich vom Substrat ab.

ÄHNLICHE ARTEN

Mucronella pendula ist größer und weist einen erkennbaren Stiel auf. Andere kleine, weiße bis gelbe *Mucronella*-Arten sind jedoch schwer abzugrenzen. Zudem ist bei einigen von ihnen noch nicht klar, ob sie tatsächlich eigene Arten oder nur Varianten des Rasigen Pfriempilzchens sind.

Maßstab 1:1

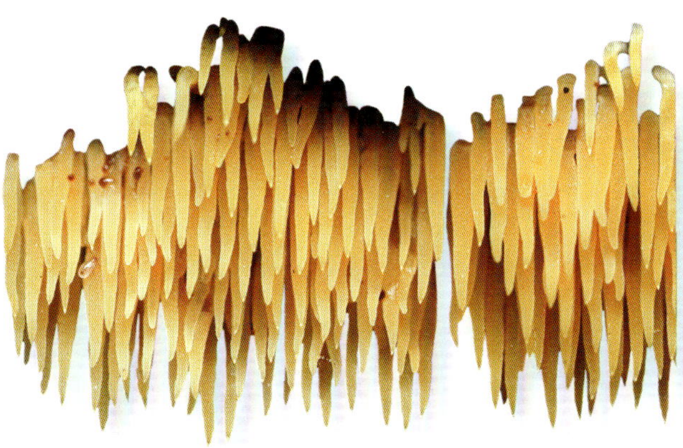

FAMILIE	Clavariaceae
VERBREITUNG	Westliches Nordamerika, Australien, Neuseeland
LEBENSRAUM	Auf Waldböden
SYMBIOSE	Mit Nadelbäumen
WUCHSFORM	Auf Holz
VORKOMMEN	Gelegentlich
SPORENFARBE	Weiß
GENIESSBARKEIT	Ungenießbar

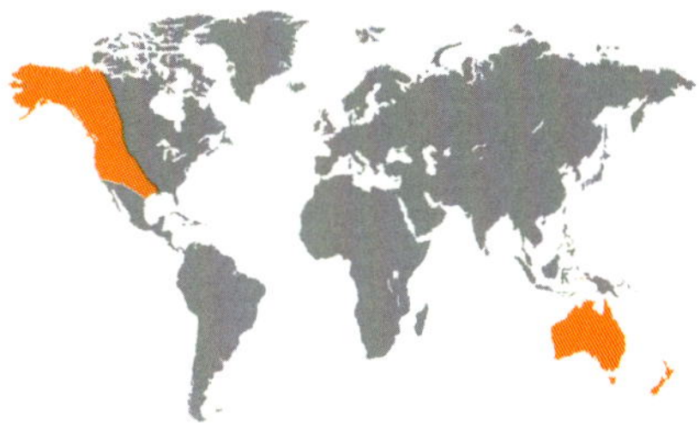

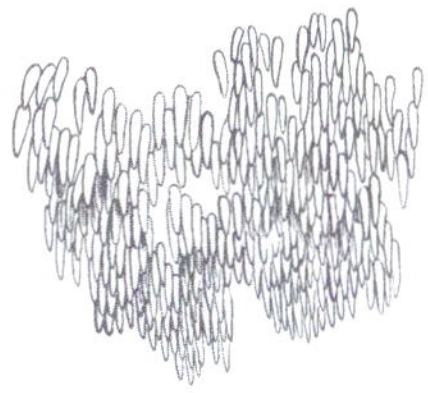

GRÖSSE
Bis zu 10 mm

DURCHMESSER
Bis zu 3 mm

MUCRONELLA PENDULA

(MASSEE) R. H. PETERSEN

Mucronella pendula („Icicle Spine") ist nicht nur aufgrund seiner geringen Größe leicht zu übersehen: Er wächst halb verborgen an der Unterseite gefällter Bäume und umgestürzter Stümpfe. Die Fruchtkörper treten gelegentlich einzeln, seltener zu zweit oder dritt auf, meist jedoch in mehr oder weniger dichten Gruppen, wodurch sie leichter zu finden sind. Der Pilz wurde in Tasmanien (Australien) erstmals gesichtet, ist aber auch aus Neuseeland und dem Westen Nordamerikas bekannt, wo er vermutlich ausschließlich oder überwiegend auf Nadelbäumen wächst.

ÄHNLICHE ARTEN

Die meisten anderen *Mucronella*-Arten, darunter auch *M. calva*, haben keinen deutlich erkennbaren Stiel. Im Aussehen ist *Mucronella pendula* den nicht verwandten Arten von *Gloeomucro* deutlich ähnlicher, von denen einige im Osten Nordamerikas vorkommen, und wurde deshalb ursprünglich zur gleichen Gattung gezählt. Die Fruchtkörper von *Gloeomucro*-Arten haben jedoch eine sichtbar gallertige Textur und unterscheiden sich auch in ihren mikroskopischen Eigenschaften.

Maßstab 1:1

Mucronella pendula bildet typischerweise einzelne, hängende Stacheln mit kleinem, aber erkennbarem Stiel. Die Stacheln sind einfach, zapfenförmig, spitz zulaufend und weißlich, im Alter verwaschen gelb. Der Stiel ist gelatinös, aber fest, und blass ockerfarben bis gelblich.

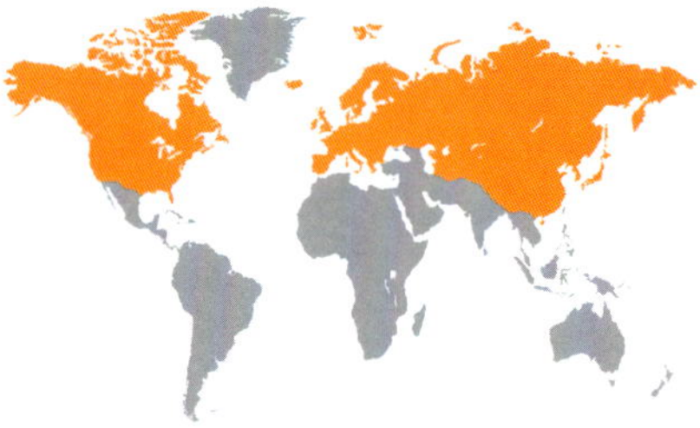

FAMILIE	Bankeraceae
VERBREITUNG	Nordamerika, Europa, Nordasien
LEBENSRAUM	Auf Waldböden
SYMBIOSE	Ektomykorrhiza; mit Laub- und Nadelbäumen
WUCHSFORM	Auf der Erde, oft in zusammenfließenden Gruppen
VORKOMMEN	Gelegentlich
SPORENFARBE	Weiß
GENIESSBARKEIT	Ungenießbar

GRÖSSE
Bis zu 40 mm

HUTDURCHMESSER
Bis zu 50 mm

PHELLODON NIGER

SCHWARZER DUFTSTACHELING

(FRIES) P. KARSTEN

Die *Phellodon*-Arten sind mit *Bankera* verwandt und weisen getrocknet denselben charakteristischen Geruch nach Liebstöckel oder Curry auf. Im Unterschied zu *Bankera* haben sie Hüte, die sich mit zunehmender Reife der Fruchtkörper unregelmäßig ausbreiten und dabei oft kleine Zweige und Blätter einschließen. Die Hüte sind häufig zu mehreren verwachsen, wodurch eine Gruppe von Exemplaren oft aussieht wie ein großer, unregelmäßiger Hut mit vielen einzelnen Stielen. Schwarze Duftstachelinge sind nicht häufig und gelten in vielen Teilen der Erde als bedrohte Art. Die Fruchtkörper wurden früher in kleinen Mengen für graublaue und grüne Farbtöne in der gewerblichen Färberei verwendet.

ÄHNLICHE ARTEN

Die Molekularforschung hat jüngst gezeigt, dass der Schwarze Duftstacheling aus einem Komplex nahe verwandter Arten besteht, die noch nicht vollständig unterschieden werden können. Weniger nah verwandt ist *Phellodon melaleucus*, der grau bis schwarz wird, aber einen glatten Stamm aufweist. *Hydnellum*-Arten haben ähnliche Form, jedoch braune Sporen, selten schwärzliche Fruchtkörper und keinen würzigen Geruch.

Maßstab 1:1

Der Schwarze Duftstacheling bildet zähe, korkige, unregelmäßige Fruchtkörper, die häufig zusammenwachsen. Der filzige Hut wird flach bis leicht niedergedrückt. Er ist zunächst weiß und färbt sich dann von der Mitte nach außen bräunlich grau bis schwarz, behält aber den weißen Rand. Die Unterseite ist grau und gezahnt, der Stiel filzig und von ähnlicher Farbe wie der Hut.

FAMILIE	Bankeraceae
VERBREITUNG	Nordamerika, Kontinentaleuropa, Nordasien
LEBENSRAUM	Auf Waldböden
SYMBIOSE	Ektomykorrhiza; mit Fichten
WUCHSFORM	Auf der Erde, zwischen Wurzeln
VORKOMMEN	Örtlich verbreitet
SPORENFARBE	Braun
GENIESSBARKEIT	Essbar

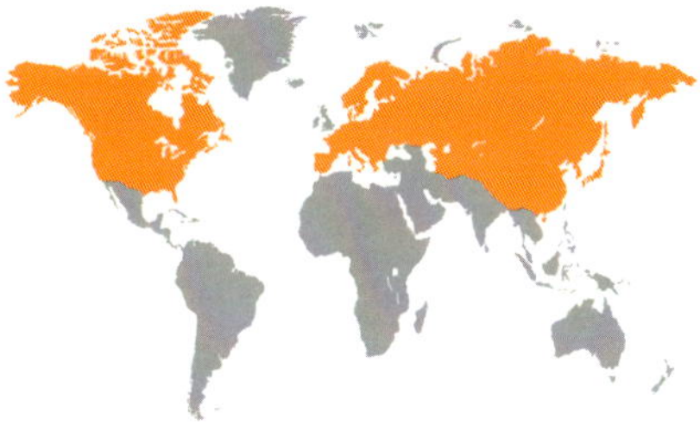

GRÖSSE
Bis zu 100 mm

HUTDURCHMESSER
Bis zu 300 mm

SARCODON IMBRICATUS

HABICHTSPILZ

(LINNAEUS) P. KARSTEN

Viele Pilze hat man lange als traditionelles Färbemittel benutzt. Unter ihnen wurde der Habichtspilz besonders wegen seines grünlich-blauen Farbstoffs geschätzt. Dabei galten Exemplare aus Pinienwäldern als besonders für das Färben geeignet, während die, die ihn als Speisepilz nutzten, Fichtenwälder bevorzugten. Die Molekularbiologie hat sich der Frage angenommen und folgende Erklärung gefunden: Es scheint sich um zwei sehr nahe verwandte Arten zu handeln, wobei *Sarcodon imbricatus* mit Fichten und *S. squamosus* mit Pinien vergesellschaftet ist. Als Speisepilz ist der Habichtspilz besonders in Tibet beliebt. Er wird dort vielfach gesammelt und auf dem Markt verkauft sowie nach China exportiert.

Der Habichtspilz bildet breite, fleischige Fruchtkörper mit stark schuppigen braunen Hüten, die typischerweise in der Mitte vertieft sind, älter manchmal fast trichterförmig. Die dichten Stacheln an der Unterseite sind jung weißlich, älter braun bis graubraun. Der feste Stiel ist bräunlich, das Fleisch durchgehend weiß bis cremefarben.

ÄHNLICHE ARTEN

Sarcodon squamosus ist seinerseits eher mit Pinien vergesellschaftet als mit Fichten. Er hat dunklere Hüte mit etwas vertiefter Mitte und heruntergebogenem Rand. Die Stacheln an der Unterseite sind oft leicht herablaufend und grau oder blaugrau. *Sarcodon scabrosus* ist meist mit Laubbäumen zu finden, hat eine bläuliche Stielbasis und schmeckt bitter.

Maßstab 1:1

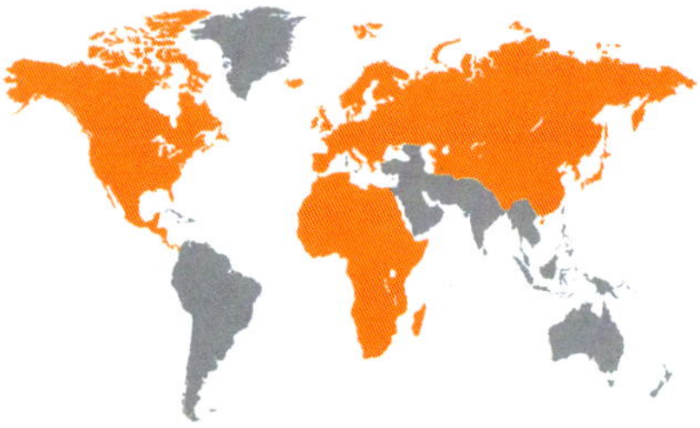

FAMILIE	Cantharellaceae
VERBREITUNG	Nordamerika, Europa, Afrika, Mittelamerika, Nordasien
LEBENSRAUM	Auf Waldböden
SYMBIOSE	Ektomykorrhiza; mit Laub- und Nadelbäumen
WUCHSFORM	Auf der Erde, truppweise
VORKOMMEN	Verbreitet
SPORENFARBE	Weiß
GENIESSBARKEIT	Essbar

GRÖSSE
Bis zu 100 mm

HUTDURCHMESSER
Bis zu 125 mm

CANTHARELLUS CIBARIUS

ECHTER PFIFFERLING

FRIES

Der Pfifferling oder Eierschwamm ist einer der bekanntesten und höchstgeschätzten Speisepilze. Er wird in vielen Ländern der nördlichen Breiten gewerbsmäßig gesammelt und weltweit exportiert, ist aber auch sehr häufig. Gemeinhin werden alle *Cantharellus*- und *Craterellus*-Arten unter den Pfifferlingen zusammengefasst, wodurch häufig auch verwandte Arten als Echte Pfifferlinge verkauft werden. Sogar der Markt mit afrikanischen Arten floriert, darunter der rötliche *Cantharellus miniatescens*, der nach Europa exportiert wird. In Nordamerika bestehen mehrere Formen, die früher als *C. cibarius* galten, nun aber als unterschiedliche Arten geführt werden. Sie alle sind essbar.

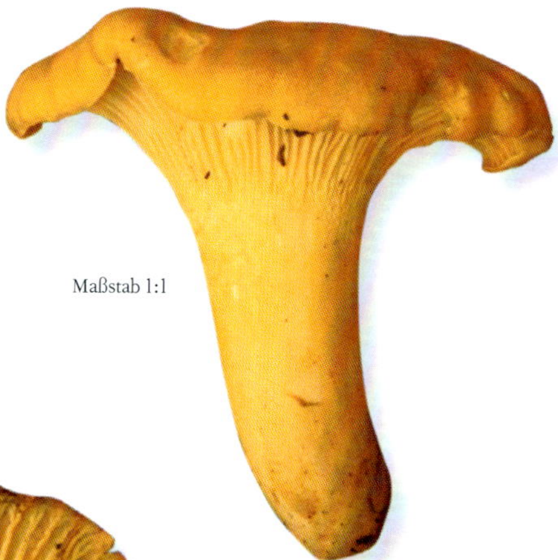

Maßstab 1:1

ÄHNLICHE ARTEN

In Nordamerika ist *Cantharellus formosus* eine von mehreren Doppelgänger-Arten, die jedoch alle essbar sind. In Europa ist der seltenere Samtige Pfifferling (*C. friesii*) heimisch, jedoch kleiner, mit einer stärker orangegelben Färbung und rosa Unterseite.Der Falsche Pfifferling (*Hygrophoropsis aurantiaca*) ist ebenfalls orange, hat aber echte, dünne Lamellen statt Leisten an der Unterseite.

Der Pfifferling weist zunächst halbkugelig-gewölbte Hüte auf, die später trichterförmig vertieft sind. Die Hutoberfläche ist glatt mit welligem oder gelapptem Rand und dottergelb bis ockerfarben. Die Unterseite zeigt dicke, herablaufende, lamellenähnliche Zahnung in der Farbe des Hutes (siehe Foto links). Der Stiel ist glatt und dotter- bis ockergelb wie der Hut, an der Basis gelegentlich weißlich.

FAMILIE	Cantharellaceae
VERBREITUNG	Östliches Nordamerika, Mittelamerika, Nordasien
LEBENSRAUM	Auf Waldböden
SYMBIOSE	Ektomykorrhiza; mit Laubbäumen
WUCHSFORM	Auf der Erde, truppweise
VORKOMMEN	Verbreitet
SPORENFARBE	Weiß
GENIESSBARKEIT	Essbar

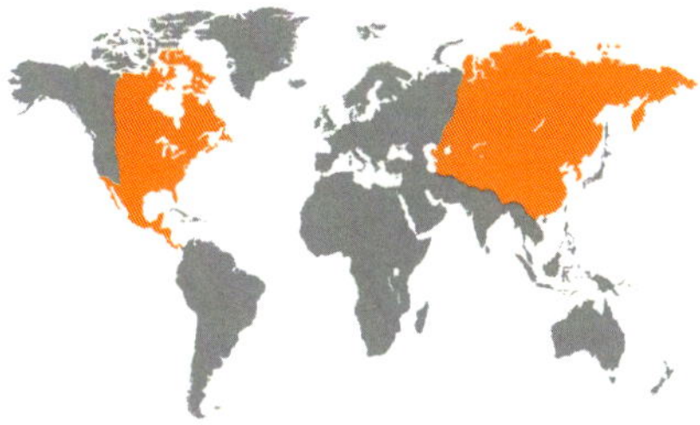

GRÖSSE
Bis zu 75 mm

HUTDURCHMESSER
Bis zu 75 mm

CANTHARELLUS CINNABARINUS

ZINNOBERROTER PFIFFERLING

(SCHWEINITZ) SCHWEINITZ

Der Zinnoberrote Pfifferling ist durch seine augenfällige Farbe eine der attraktivsten Arten dieser Gattung, insbesondere wenn er in großen Trupps auf Blattstreu auf dem Waldboden wächst. Die einzelnen Fruchtkörper sind jedoch klein, und obwohl sie essbar sind, werden sie nicht gewerbsmäßig gesammelt. Die erste Quelle zu *Cantharellus cinnabarinus* stammt aus North Carolina, beschrieben durch den amerikanischen Pilz-Pionier Lewis David von Schweinitz. Der Pilz ist im Osten Nordamerikas und in der Karibik, aber auch in China und Ostasien weitverbreitet. Dank seiner farbenfrohen Fruchtkörper war er bereits auf Briefmarken in Kanada und verschiedenen karibischen Staaten zu sehen.

ÄHNLICHE ARTEN

Aufgrund seiner Größe und Farbe ist der Zinnoberrote Pfifferling in seinem Verbreitungsgebietes im Grunde leicht zu erkennen. Eine ähnlich gefärbte Art, *Cantharellus concinnus*, kommt in Australien vor und galt lange als Variante von *C. cinnabarinus*. Auch in Zentralafrika kommen verschiedene rote Pfifferling-Arten vor, darunter *C. miniatescens*, der auch gewerbsmäßig gesammelt wird.

Maßstab 1:1

Der Zinnoberrote Pfifferling weist zunächst gewölbte Hüte auf, die später eingedrückt oder trichterförmig sind (siehe Foto links). Die Hutoberfläche ist glatt mit welligem oder gelapptem Rand, tief korallenrot bis orangerot oder rot. Die Unterseite zeigt dicke, herablaufende, lamellenähnliche Zahnung in einem blasseren Farbton als der Hut. Der Stiel ist glatt und wie der Hut gefärbt, an der Basis gelegentlich weißlich.

FAMILIE	Cantharellaceae
VERBREITUNG	Östliches Nordamerika, Mittelamerika
LEBENSRAUM	Auf Waldböden
SYMBIOSE	Ektomykorrhiza; mit Laub- und Nadelbäumen
WUCHSFORM	Auf der Erde, truppweise
VORKOMMEN	Verbreitet
SPORENFARBE	Blass lachsrosa
GENIESSBARKEIT	Essbar

GRÖSSE
Bis zu 75 mm

HUTDURCHMESSER
Bis zu 50 mm

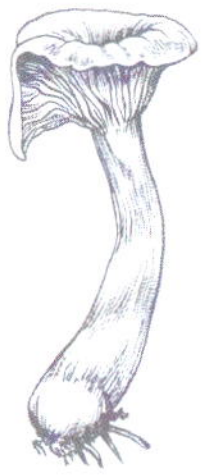

CANTHARELLUS IGNICOLOR

R. H. PETERSEN

Cantharellus ignicolor („Flame Chanterelle") zählt zu den kleinsten Vertretern der Cantharellus-Gruppe, macht das aber durch seine auffällig gelb-orange Färbung mehr als wett. *Cantharellus ignicolor* (der Beiname bedeutet „flammenfarben") wurde erstmals in Tennessee nachgewiesen, ist aber im gesamten Osten Nordamerikas und bis nach Costa Rica weitverbreitet. Jüngste Ergebnisse der DNA-Forschung haben gezeigt, dass der Pilz wahrscheinlich besser in die verwandte Gattung *Craterellus* passt, ebenso wie der Trompeten-Pfifferling (*C. tubaeformis*). Neben seiner Nutzung als Speisepilz wird *Cantharellus ignicolor* auch in der gewerblichen Färberei als Farbstoff für eine Reihe von Gelbtönen eingesetzt.

ÄHNLICHE ARTEN

Cantharellus minor („Small Chanterelle") ist ebenfalls im Osten Nordamerikas zu finden und ähnlich gefärbt, aber etwas kleiner und hat eine glatte, keine schorfige Hutoberfläche. Der weitverbreitete Echte Pfifferling (*C. cibarius*) ist größer, stämmiger und hat einen festen Stiel.

Maßstab 1:1

Cantharellus ignicolor weist zunächst halbkugelig-gewölbte Hüte auf, die später trichterförmig vertieft sind. Die Hutoberfläche ist fein schorfig mit welligem Rand, gelborange bis orange und im Alter mattgelb. Die Unterseite hat herablaufende, lamellenähnliche Rillen in der Farbe des Hutes (siehe Foto links), die sich mit dem Alter rosa färben. Der Stiel ist glatt, wie der Hut gefärbt und hohl.

FAMILIE	Cantharellaceae
VERBREITUNG	Europa
LEBENSRAUM	Auf Waldböden
SYMBIOSE	Ektomykorrhiza; mit Laubbäumen
WUCHSFORM	Auf der Erde, truppweise
VORKOMMEN	Selten
SPORENFARBE	Cremefarben
GENIESSBARKEIT	Essbar; äußerst selten, daher kaum als Wildpilz

GRÖSSE
Bis zu 100 mm

HUTDURCHMESSER
Bis zu 100 mm

CANTHARELLUS MELANOXEROS

SCHWÄRZENDER PFIFFERLING

DESMAZIÈRES

Auffällig am Schwärzenden Pfifferling ist nicht nur seine ocker-lila Farbkombination, sondern auch die Tatsache, dass er sich bei Beschädigung verfärbt. Damit ist er relativ einfach erkennbar – vorausgesetzt, man kann die Fruchtkörper entdecken. Die Art kommt nur in Europa vor, wo sie vor allem im Westen verbreitet, aber außergewöhnlich selten ist. Sie steht in mindestens neun Ländern auf der Roten Liste der besonders geschützten Flechten und Pilze und ist außerdem eine von 33 Arten, die im Rahmen der Berner Konvention zum internationalen Schutz vorgeschlagen wurden.

ÄHNLICHE ARTEN

Der Echte Pfifferling (*Cantharellus cibarius*) ist ähnlich geformt und ebenfalls gelb bis ockerfarben, weist aber keine rosa oder lila Färbung an der Unterseite auf. Der Hut des wenig verbreiteten Amethyst-Pfifferlings (*C. amethysteus*) zeigt eine lila Färbung, allerdings nicht an der Unterseite. Keiner von beiden verfärbt sich bei Beschädigung schwarz.

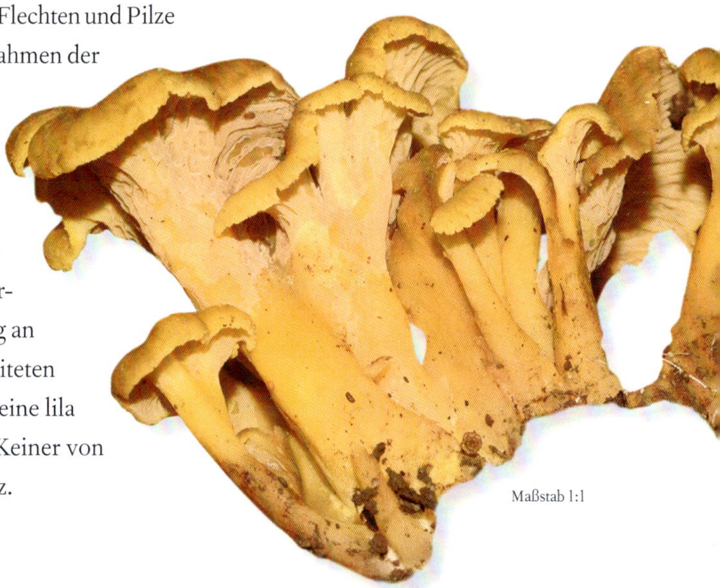

Maßstab 1:1

Der Schwärzende Pfifferling zeigt zunächst halbkugelig-gewölbte Hüte, die später trichterförmig vertieft sind. Die Hutoberfläche ist fein schorfig bis faserig mit welligem Rand, blass mattgelb bis ocker, manchmal mit lila Farbstich. Die Unterseite hat herablaufende, lamellenähnliche, rosalila bis blass grauviolette Rillen. Der Stiel ist glatt, tief gelb oder wie der Hut gefärbt. Alle Teile des Fruchtkörpers verfärben sich bei Beschädigung langsam schwarz.

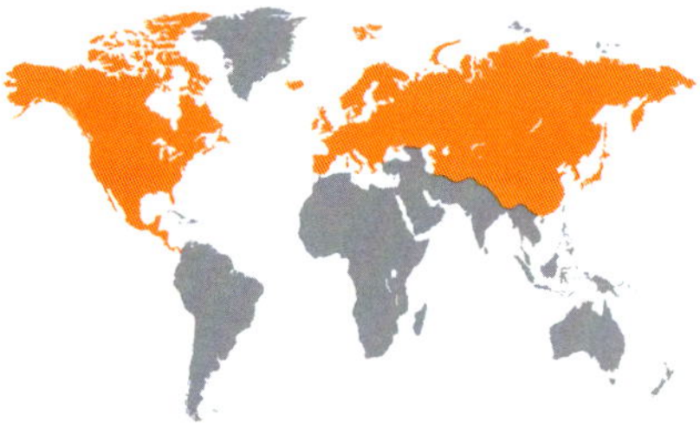

FAMILIE	Cantharellaceae
VERBREITUNG	Nordamerika, Europa, Mittelamerika, Nordasien
LEBENSRAUM	Bemooster Waldboden
SYMBIOSE	Ektomykorrhiza; mit Laub- und Nadelbäumen
WUCHSFORM	Auf der Erde, in Haufen oder truppweise
VORKOMMEN	Verbreitet
SPORENFARBE	Weiß
GENIESSBARKEIT	Essbar

GRÖSSE
Bis zu 100 mm

HUTDURCHMESSER
Bis zu 75 mm

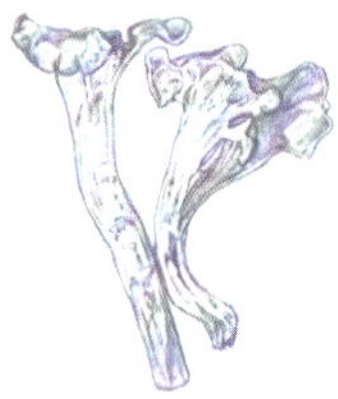

CRATERELLUS CORNUCOPIOIDES

HERBST-TROMPETE

(LINNAEUS) PERSOON

Dieser Pilz wird auch Toten-Trompete genannt – ein düsterer Name für eine so hochgeschätzte Speisepilzart. Früher wurde er in England gesammelt und auf dem Markt von Covent Garden in London verkauft: ein seltenes Zeichen der Wertschätzung in einer Zeit, in der man in Großbritannien äußerst misstrauisch gegenüber vermeintlichen Giftpilzen war. Seine Fruchtkörper weisen eine recht ungewöhnliche Form auf: Sie sind hohl und dünnfleischig und verdanken ihren Namen ihrer schmalen, hohen Trompetenform. Mit ihrer dunklen Färbung sind die Fruchtkörper schwer auszumachen, an Fundorten treten sie dann aber oft in großen Haufen oder Trupps auf.

Die Herbst-Trompete bildet dünnfleischige Hüte in Trichter- oder Trompetenform aus. Die Oberfläche ist filzig bis schorfig-schuppig, der Rand umgeschlagen, die Farbe graubraun bis schwarz (selten gelb). In der Mitte ist der Pilz typischerweise bis zur Basis hohl. Die herablaufende Unterseite ist glatt oder leicht gerunzelt, braun bis grau oder wie der Hut gefärbt. Der Stiel ist hohl, glatt und ebenfalls hutfarben.

ÄHNLICHE ARTEN

In Nord- und Mittelamerika ist *Craterellus fallax* örtlich häufig und nahe verwandt, erwies sich vor kurzem in der DNA-Analyse aber als eigene Art. Sie hat lachsfarbene bis ockergelbe Sporen, die der Unterseite alternder Fruchtkörper Farbe verleihen. *C. foetidus* ist an der Unterseite aderig und verströmt einen süßlichen Duft.

Maßstab 1:1

FAMILIE	Cantharellaceae
VERBREITUNG	Nordamerika, Europa, Nordasien
LEBENSRAUM	Auf Waldböden
SYMBIOSE	Ektomykorrhiza; mit Laub- und Nadelbäumen
WUCHSFORM	Auf der Erde, truppweise
VORKOMMEN	Verbreitet
SPORENFARBE	Weiß
GENIESSBARKEIT	Essbar

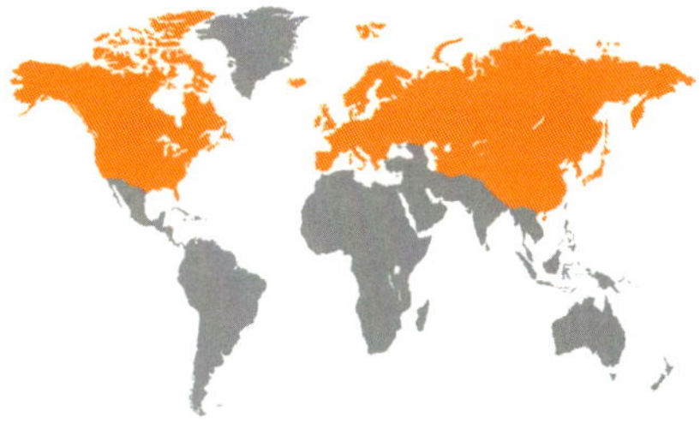

GRÖSSE
Bis zu 80 mm

HUTDURCHMESSER
Bis zu 60 mm

CRATERELLUS TUBAEFORMIS

TROMPETEN-PFIFFERLING

(FRIES) QUÉLET

Tubaeformis bedeutet „trompetenförmig" und beschreibt damit gut diese meist hohlstielige Pfifferling-Art, die im Deutschen auch als „Durchbohrter Leistling" bekannt ist. Er gilt als guter Speisepilz und wächst spät im Jahr. Oft tritt er in großen Trupps auf, typischerweise (aber nicht ausschließlich) in Nadelwäldern. Als Ektomykorrhizenart kann er nicht als Zuchtpilz verkauft, sondern muss als Wildpilz gesammelt werden. Das erklärt zum Teil die hohen Preise für „frische" Exemplare.

ÄHNLICHE ARTEN

Eine ähnliche Art, mit der der Trompeten-Pfifferling häufig verwechselt wird, ist *Craterellus lutescens*, der jedoch eine gelbe, glatte bis schwach aderige Unterseite aufweist. Er ist ebenfalls essbar, aber möglicherweise weniger häufig. Der verwandte *C. cornucopioides* (Herbst-Trompete) ist ebenfalls trompetenförmig, aber ganz schwarz mit glatter Unterseite.

Der Trompeten-Pfifferling bildet trichter- oder trompetenförmige Hüte, die erst dünnfleischig und glatt, später leicht schuppig sind und von gelbbraun bis oliv- oder graubraun reichen. Der Rand ist wellig, die Mitte oft hohl. An der Unterseite finden sich dicke, herablaufende, lamellenähnliche Rillen, erst blassgelb, dann blassgrau. Der Stiel ist hohl, glatt, aber oft gerillt oder eingedrückt und gelb bis gelbbraun.

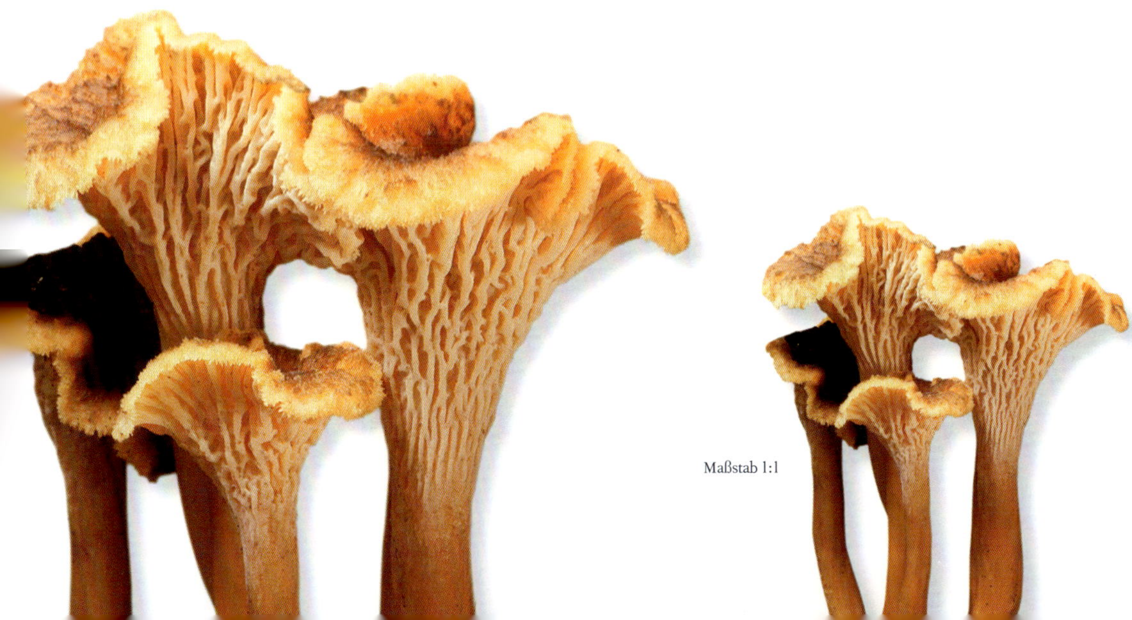

Maßstab 1:1

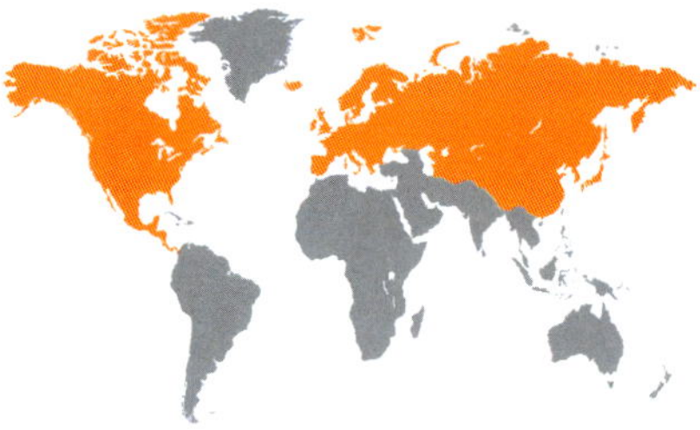

FAMILIE	Gomphaceae
VERBREITUNG	Nordamerika, Europa, Mittelamerika, Nordasien
LEBENSRAUM	Auf Waldböden
SYMBIOSE	Ektomykorrhiza; mit Nadelbäumen, seltener mit Laubbäumen, hier vor allem Buche
WUCHSFORM	Auf der Erde, einzeln oder truppweise
VORKOMMEN	Örtlich verbreitet
SPORENFARBE	Ockerbraun
GENIESSBARKEIT	Essbar

GRÖSSE
Bis zu 175 mm

HUTDURCHMESSER
Bis zu 150 mm

GOMPHUS CLAVATUS

SCHWEINSOHR

(PERSOON) GRAY

Der deutsche Name „Schweinsohr" tut diesem attraktiven Pilz mit dem eher ungewöhnlichen Äußeren eigentlich Unrecht. Die Art ist örtlich verbreitet in Teilen Nordamerikas und einigen Gegenden Mitteleuropas, im übrigen Europa aber selten. Sie fällt dort unter Artenschutz und ist auch eine jener Pilzarten, die im Rahmen der Berner Konvention international unter Schutz gestellt werden sollten. Auf den Britischen Inseln dürfte der Pilz bereits ausgestorben sein, nachdem man ihn seit über 80 Jahren nicht mehr in seinen früheren Verbreitungsgebieten in Buchenwäldern gesichtet hat. In Gegenden mit größerer Verbreitung gilt er als guter Speisepilz, wird allerdings oft von Maden befallen.

ÄHNLICHE ARTEN

Gomphus crassipes, aus Spanien und Nordafrika bekannt, ist vom Schweinsohr nur mikroskopisch zu unterscheiden – vorausgesetzt, man betrachtet ihn als eigene Art. Einige *Cantharellus*- und *Craterellus*-Arten sind ähnlich violett gefärbt, aber meist viel kleiner als *G. clavatus* und haben weiße statt ockerbraune Sporen.

Maßstab 1:1

Das Schweinsohr bildet häufig mehrere Hüte aus einem Stamm. Der Hut ist flach bis trichterförmig vertieft, glatt, fein samtig und ockerfarben bis blassbraun, oft mit violettlicher Färbung. Die Außenseite zeigt dicke Leisten und ist violettrosa bis violett, im Alter violettbraun. Der kurze Stiel ist glatt und violett bis braun gefärbt.

FAMILIE	Gomphaceae
VERBREITUNG	Nordamerika, Asien
LEBENSRAUM	Auf Waldböden
SYMBIOSE	Ektomykorrhiza; mit Nadelbäumen
WUCHSFORM	Auf der Erde, einzeln oder truppweise
VORKOMMEN	Örtlich verbreitet
SPORENFARBE	Ockerbraun
GENIESSBARKEIT	Essbar; kann zu Magenverstimmungen führen

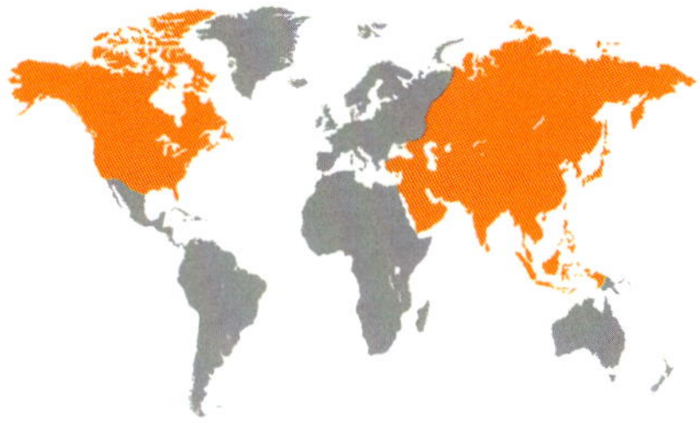

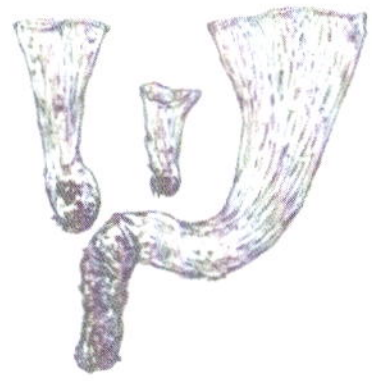

GRÖSSE
Bis zu 200 mm

HUTDURCHMESSER
Bis zu 150 mm

GOMPHUS FLOCCOSUS

WOLLIGER PFIFFERLING

(SCHWEINITZ) SINGER

Der deutsche Name dieser Art trügt: Der Wollige Pfifferling ist kein echter Pfifferling, sondern hat charakteristischerweise ocker-braune Sporen und zählt die Korallenpilze der Gattung *Ramaria* zu seinen näheren Verwandten. Im Gegensatz zu den echten Pfifferlingen wird vom Genuss des Wolligen Pfifferlings eher abgeraten, da er eine Enzymblocker-Säure enthält, die 8–14 Stunden nach dem Verzehr bei empfindlicheren Personen Übelkeit und Magen-Darm-Verstimmungen auslösen kann. Andere vertragen ihn jedoch gut, und es heißt, dass die Khasi-Völker in Nordostindien ihn als Speisepilz schätzen.

ÄHNLICHE ARTEN

Im Westen Nordamerikas findet man mit *Gomphus kauffmanii* eine ähnliche, aber größere Art mit stark schuppigen, blassorangen bis blassbraunen Hüten. Auch er löst vereinzelt Magenprobleme aus. Der in Japan und Südostasien verbreitete *G. flabellatus* ist ebenfalls ähnlich, aber viel kleiner. Der japanische *G. fujisanensis* ist unter dem Mikroskop an den kleineren Sporen zu erkennen.

Der Wollige Pfifferling ist jung fast zylindrisch geformt, verbreitert sich mit dem Alter und ist dann zunächst tief, später flacher trichterförmig niedergedrückt. Der Hut ist jung leuchtend orange bis orangerot, färbt sich mit der Zeit dunkler und ist glatt bis fein schuppig. Die Außenseite ist gelblich cremefarben, dann ockergelb, dicht aderig und gerunzelt fast bis hinunter zur Basis.

Maßstab 1:1

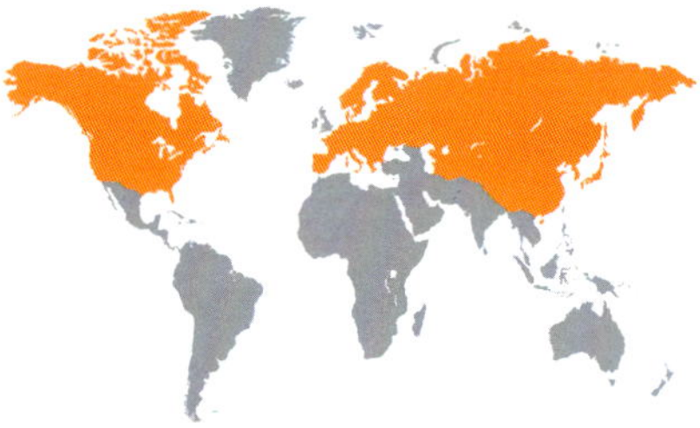

FAMILIE	Repetobasidiaceae
VERBREITUNG	Nordamerika, Kontinentaleuropa, Nordasien
LEBENSRAUM	Auf Waldböden
SYMBIOSE	Mit Nadelbäumen
WUCHSFORM	Auf der Erde, in dichten Büscheln oder Trupps
VORKOMMEN	Örtlich verbreitet
SPORENFARBE	Weiß
GENIESSBARKEIT	Gilt als essbar

GRÖSSE
Bis zu 150 mm

DURCHMESSER
Bis zu 8 mm

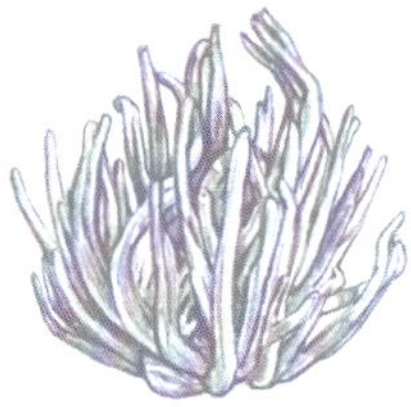

ALLOCLAVARIA PURPUREA

PURPURNES ZYSTIDENKEULCHEN

(O. F. MÜLLER) DENTINGER & D. J. MCLAUGHLIN

Diese ist eine für die größeren Keulenpilze ungewöhnliche Art, weil sie einerseits in Nadelwäldern heimisch ist und andererseits unter dem Mikroskop einige Unterschiede zu anderen Arten aufweist. Die Molekularforschung hat jüngst den Grund dafür gefunden: Allem Anschein nach besteht keine nahe Verwandtschaft zu anderen Keulenpilzen; das Purpurne Zystidenkeulchen gehört zur gleichen Ordnung wie der Orangerote Heftelnabeling (*Rickenella fibula*) und der Zottelige Schillerporling (*Inonotus hispidus*). Es könnte sich überdies um eine Ektomykorrhizen-Art handeln, die mit lebenden Wurzeln von Nadelbäumen vergesellschaftet ist.

ÄHNLICHE ARTEN

Häufig sind Verwechslungen mit *Clavaria incarnata*, einem Keulenpilz, der sich meist einzeln oder in kleinen Gruppen im Grasland findet. Er ist meist mattrosa, gelegentlich mit weinroter Färbung, und lässt sich mikroskopisch bestimmen. *C. fumosa* wiederum wächst in Haufen im Grasland, ist meist sehr blass rauchig graubraun, kann aber zusätzlich blassrosa oder purpurrote Färbungen entwickeln.

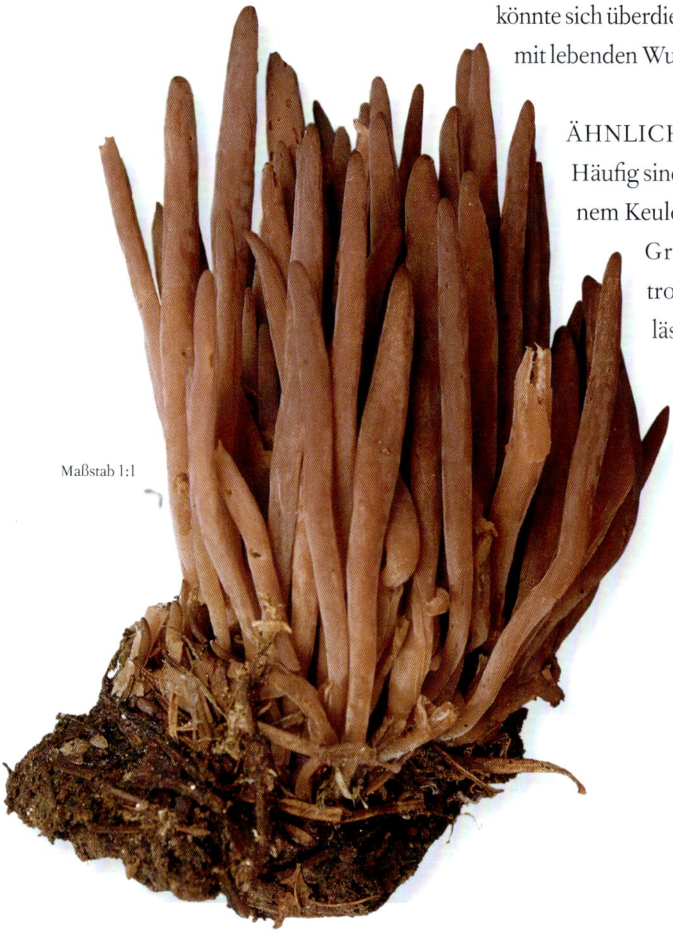

Maßstab 1:1

Das Purpurne Zystidenkeulchen bildet glatte bis gerunzelte keulenförmige oder leicht abgeflachte Fruchtkörper ohne Verzweigungen, die oben spitz zulaufen. Sie wachsen meist gesellig in Haufen oder dichten Trupps. Wie der Name sagt, sind sie meist tief oder matt violett und verblassen später zu purpurnem Grau oder Braun.

FAMILIE	Auriscalpiaceae
VERBREITUNG	Nordamerika, Kontinentaleuropa, Mittelamerika, Nordasien
LEBENSRAUM	Auf Waldböden
SYMBIOSE	Mit Laubbäumen
WUCHSFORM	Auf Stämmen und umgestürzten Stümpfen
VORKOMMEN	Örtlich verbreitet
SPORENFARBE	Weiß
GENIESSBARKEIT	Essbar, kann zu Magenverstimmungen führen

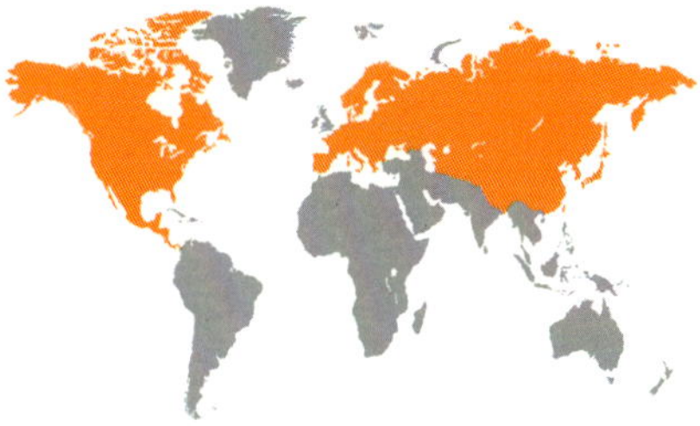

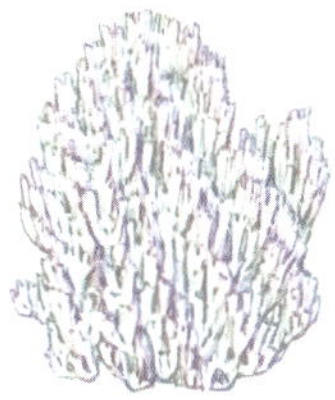

GRÖSSE
Bis zu 125 mm

DURCHMESSER
Bis zu 100 mm

ARTOMYCES PYXIDATUS

VERZWEIGTE BECHERKORALLE

(PERSOON) JÜLICH

Diese auffällige Art war früher unter dem Namen *Clavicorona pyxidata* bekannt und ist in einigen Gegenden Nordamerikas örtlich verbreitet. An der amerikanischen Westküste und in westlichen Gegenden Europas, Großbritannien eingeschlossen, kommt sie gar nicht vor. Kürzlich hat eine Studie gezeigt, dass drei unterschiedliche Populationen bestehen, die alle zur selben Art gehören dürften – eine in Eurasien, eine im Nordosten Nordamerikas und eine dritte im Süden Nordamerikas und Mittelamerika. Die Verzweigte Becherkoralle (oder kurz Becherkoralle) gilt weithin als essbar, scheint aber in Einzelfällen Verdauungsprobleme hervorzurufen. Roh schmeckt sie sehr scharf-pfeffrig, verliert dieses Aroma aber für gewöhnlich, wenn sie gegart wird.

ÄHNLICHE ARTEN

Durch ihre kronenartig verzweigten Spitzen und ihr Vorkommen auf Holz unterscheidet sich die Becherkoralle grundlegend von anderen Korallenpilzen. Rosa getönte Exemplare können Ähnlichkeit mit der Steifen Koralle (*Ramaria stricta*) haben, die auch auf Holz gedeiht, aber intensiver gefärbt ist, einfache, zulaufende Spitzen und braune Sporen hat.

Maßstab 1:1

Die Verzweigte Becherkoralle bildet dicht, aber fein verzweigte Fruchtkörper aus, die weiß bis gelblich cremefarben und manchmal zart rosa gefärbt sind. Die einzelnen Zweige laufen in kreisförmig angeordneten, kronenartig verzweigten Spitzen aus und sind ein typisches Merkmal dieser Art. Das Fleisch ist ebenfalls weißlich und eher leicht elastisch als spröde.

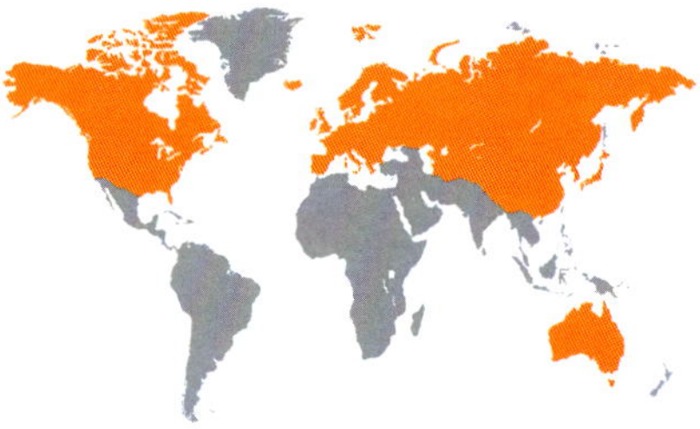

FAMILIE	Clavariaceae
VERBREITUNG	Nordamerika, Europa, Nordasien, Australien
LEBENSRAUM	In unbebautem Grasland oder auf Blattstreu im Wald
SYMBIOSE	Mit Moos, Gras und Blattstreu
WUCHSFORM	Auf der Erde, meist in dichten Büscheln
VORKOMMEN	Verbreitet
SPORENFARBE	Weiß
GENIESSBARKEIT	Essbar

GRÖSSE
Bis zu 120 mm

DURCHMESSER
Bis zu 5 mm

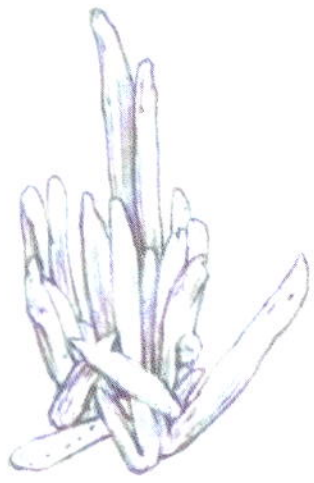

CLAVARIA FRAGILIS

WURMFÖRMIGE KEULE

HOLMSKJOLD

Maßstab 1:1

Der lateinische Beiname *fragilis* spielt auf die sehr spröden, brüchigen Fruchtkörper an. Sie machen es sehr schwierig, die Wurmförmige Keule zu pflücken, ohne sie zu zerbrechen. Früher war diese Art unter dem Namen *Clavaria vermicularis* bekannt, was „wurmartig“ bedeutet und sich nach wie vor im deutschen Namen wiederfindet. In Europa wächst sie normalerweise auf altem, unbebautem, moosigem Grasland. In Nordamerika und anderen Verbreitungsgebieten scheint sie in Mischwäldern häufiger zu sein. Die Wurmförmige Keule gilt als essbar, aber unbedeutend.

ÄHNLICHE ARTEN

Diese Art ist meist an ihrer Wuchsform in großen Büscheln zu erkennen. *Clavaria fumosa* wächst in ähnlicher Form, ist aber blass rauchig-braun oder rosa-braun gefärbt. *C. rubicundula* ist ebenfalls ähnlich, aber blassrosa und weniger weitverbreitet. *C. acuta* ist weiß, jedoch kleiner und bildet meist einen auffälligen, durchscheinend weißen Stiel. Sie bildet auch keine großen Büschel, sondern wächst meist einzeln oder in kleinen Gruppen.

Die Wurmförmige Keule bildet glatte, zylindrisch-röhrenförmige oder leicht flachgedrückte, spitz zulaufende Fruchtkörper ohne Verzweigungen. Sie wachsen meist gesellig in großen Büscheln. Die Fruchtkörper sind weiß, im Alter an den Spitzen manchmal gelblich oder bräunlich verfärbt.

FAMILIE	Clavariaceae
VERBREITUNG	Nordamerika, Europa, Nordasien
LEBENSRAUM	In unbebautem Grasland oder auf Blattstreu im Wald
SYMBIOSE	Mit Moos, Gras und Blattstreu
WUCHSFORM	Auf der Erde, meist in dichten Büscheln
VORKOMMEN	Verbreitet
SPORENFARBE	Weiß
GENIESSBARKEIT	Ungenießbar

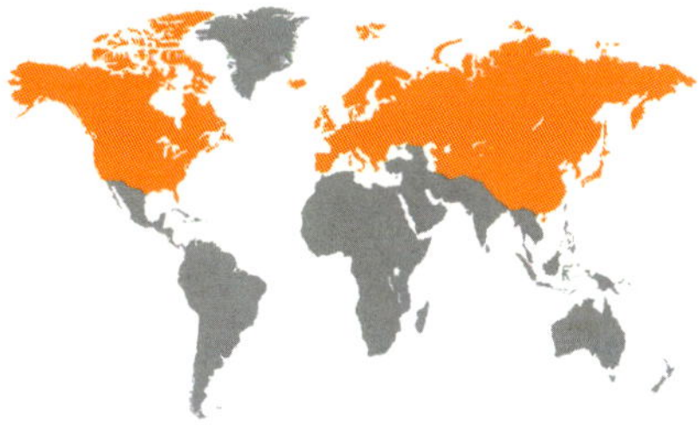

GRÖSSE
Bis zu 120 mm

DURCHMESSER
Bis zu 5 mm

CLAVARIA FUMOSA

RAUCHGRAUE KEULE

PERSOON

Wie auch die nahe verwandte Wurmförmige Keule ist *Clavaria fumosa* (der Beiname steht auch im Lateinischen für „rauchig“) sehr spröde und zerfällt leicht bei Berührung. In Europa gilt die Rauchgraue Keule als Bioindikator für altes Gras und moosiges, unbearbeitetes Grasland – ein mehr und mehr bedrohter Lebensraum. Rauchgraue Keulen finden sich noch auf traditionellem Weideland, das nicht übersät oder überdüngt wurde. In Gegenden mit intensiver Landwirtschaft ist dieses kaum noch zu finden.

ÄHNLICHE ARTEN

Clavaria fragilis wächst in ähnlichen Lebensräumen, ist aber gänzlich weiß. *C. rubicundula* ist ebenfalls ähnlich, aber blassrosa (ohne die zusätzlichen rauchig-graubraunen Spitzen wie bei *C. fumosa*) und nur in Nordamerika und Neuseeland heimisch. *Clavulinopsis umbrinella* kann ähnlich rauchig graubraun gefärbt sein und hat ähnliche Lebensräume, wächst aber verzweigt.

Die Rauchgraue Keule bildet glatte, zylindrisch-röhrenförmige oder leicht flachgedrückte, spitz zulaufende Fruchtkörper ohne Verzweigungen. Sie wachsen meist gesellig in großen Büscheln und sind blass braungrau, manchmal mit rosa oder violetter Tönung; alt verfärben sie sich dunkelbraun bis schwarz.

Maßstab 1:1

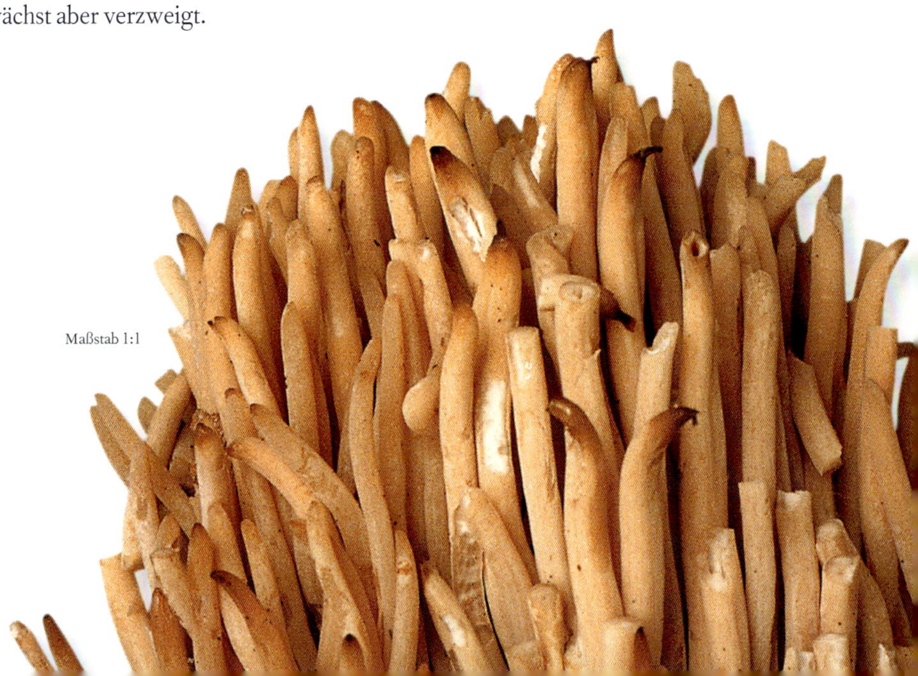

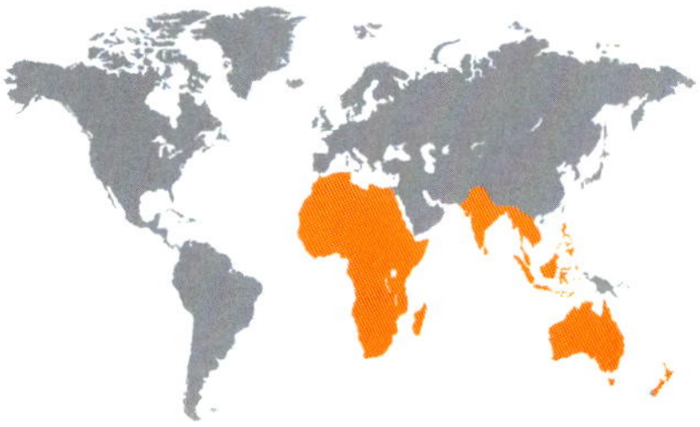

FAMILIE	Clavariaceae
VERBREITUNG	Afrika, südliches Asien, Australien, Neuseeland
LEBENSRAUM	Auf Waldböden
SYMBIOSE	Mit Moos und Blattstreu
WUCHSFORM	Auf der Erde, gewöhnlich truppweise
VORKOMMEN	Verbreitet
SPORENFARBE	Weiß
GENIESSBARKEIT	Ungenießbar

GRÖSSE
Bis zu 75 mm

DURCHMESSER
Bis zu 5 mm

CLAVARIA PHOENICEA

ZOLLINGER & MORITZI

Die ersten Funde des *Clavaria phoenicea* („Sunset Spindles“) stammen aus Java. Seine Farbe – leuchtende Rosa-, Rot- und Orangetöne – macht ihn zu einer auffälligen Art, selbst bei Exemplaren, die halb verborgen unter Moos oder Blättern auf dem Waldboden wachsen. In tropischen Breiten Afrikas und Asiens finden sich auch scharlach- und karminrote Exemplare. In Australien und Neuseeland sind eher apricot-, orange- oder leuchtend rosa-orangefarbene Exemplare zu erwarten, die einer anderen Variante zugeordnet werden (*Clavaria phoenicea* var. *persicina*). Genetische Untersuchungen müssen zeigen, ob *Clavaria phoenicea* eine einzelne Art mit mehreren Varianten oder eine Gruppe naher Verwandter ist.

ÄHNLICHE ARTEN

Clavaria miniata ist hübsch leuchtend rot, wurde in Südafrika erstmals entdeckt und ist auch in Australien heimisch, wo er „Flame Fungus“ (Flammenpilz) genannt wird. In Nordamerika ist *Clavulinopsis aurantiocinnabarina* äußerlich sehr ähnlich der orangefarbenen Variante von *C. phoenicea*, lässt sich unter dem Mikroskop aber abgrenzen.

Maßstab 1:1

Clavaria phoenicea bildet glatte, zylindrisch-röhrenförmige oder leicht flachgedrückte, spitz zulaufende Fruchtkörper ohne Verzweigungen und mit unauffälligem Stiel. Die Fruchtkörper sind tief korallenrot bis leuchtend rot (bei var. *persicina* rosaorange oder apricot), zur Basis hin blasser.

FAMILIE	Clavariaceae
VERBREITUNG	Nordamerika, Europa, Nordasien
LEBENSRAUM	In unbebautem Grasland oder auf Blattstreu im Wald
SYMBIOSE	Mit Moos, Gras und Blattstreu
WUCHSFORM	Auf der Erde, einzeln oder in kleinen Büscheln
VORKOMMEN	Gelegentlich bis selten
SPORENFARBE	Weiß
GENIESSBARKEIT	Ungenießbar

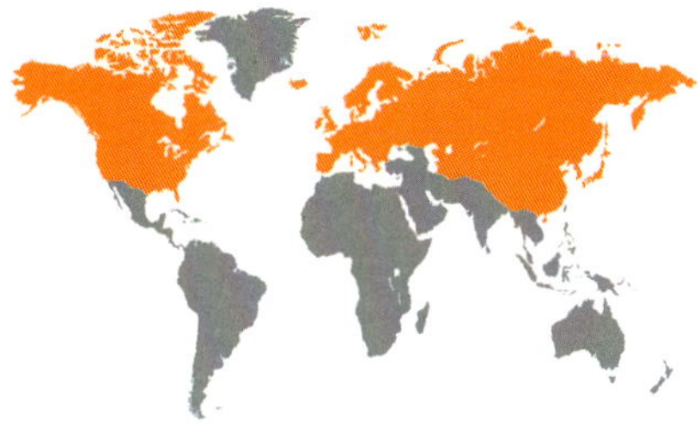

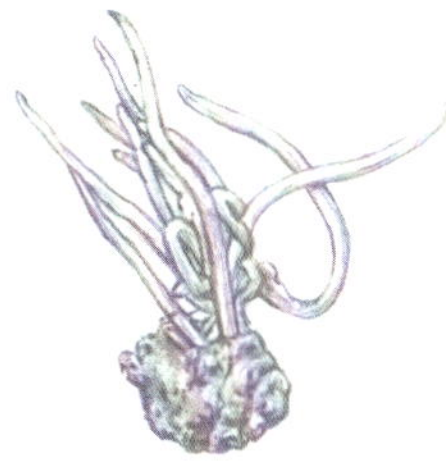

GRÖSSE
Bis zu 50 mm

DURCHMESSER
Bis zu 5 mm

CLAVARIA ROSEA

LACHSROSA KEULE

FRIES

Dieser leuchtend gefärbte Pilz ist in der gesamten nördlichen gemäßigten Zone weitverbreitet, aber außerordentlich selten und daher auf der Roten Liste der bedrohten Pilzarten in vielen europäischen und asiatischen Ländern. Wie auch viele andere Keulenpilze findet man ihn in Europa typischerweise in altem, unbearbeitetem und moosigem Grasland. Er wächst im Spätsommer und damit früher als die meisten anderen Graslandpilze. In anderen Verbreitungsräumen ist er offenbar häufiger auf moosigem Waldboden. Die Lachsrosa Keule wächst meist in kleinen Gruppen und kaum in großen Haufen wie die Wurmförmige Keule (*Clavaria fragilis*) und die Rauchgraue Keule (*C. fumosa*).

ÄHNLICHE ARTEN

Oft gibt es Verwechslungen mit der häufigeren, jedoch matteren Fleischfarbenen Wiesenkeule (*Clavaria incarnata*). Sie hat fleisch- bis rosafarbene Fruchtkörper und andere mikroskopische Eigenschaften. In Nordamerika und Neuseeland ist *C. rubicundula* eine weitere, etwas häufigere und ebenfalls blassrosa Art, die oft in Haufen wächst.

Maßstab 1:1

Die Lachsrosa Keule bildet glatte, zylindrisch-röhrenförmige oder leicht flachgedrückte, spitz zulaufende Fruchtkörper ohne Verzweigungen und mit unauffälligem Stiel. Die Fruchtkörper sind leuchtend lachsrosa, zur Basis hin blasser rosa oder weißlich. Sie sind innen hohl und sehr brüchig.

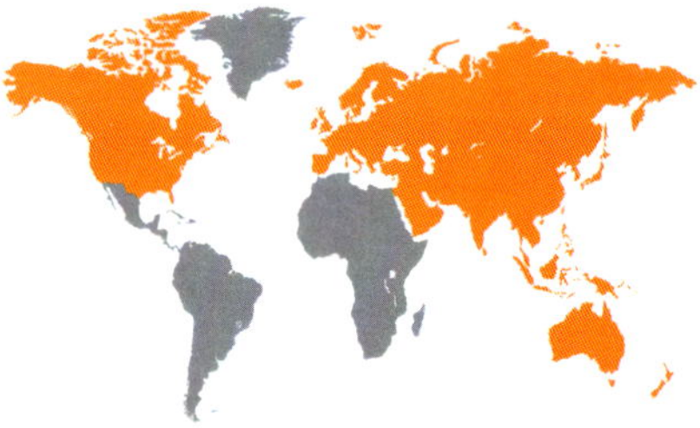

FAMILIE	Clavariaceae
VERBREITUNG	Nordamerika, Europa, Asien, Australien, Neuseeland
LEBENSRAUM	In Grasland und Wäldern
SYMBIOSE	Oft auf bemoostem Gras und Blattstreu
WUCHSFORM	Auf der Erde, einzeln oder in kleinen Gruppen
VORKOMMEN	Gelegentlich
SPORENFARBE	Weiß
GENIESSBARKEIT	Ungenießbar

GRÖSSE
Bis zu 100 mm

DURCHMESSER
Bis zu 60 mm

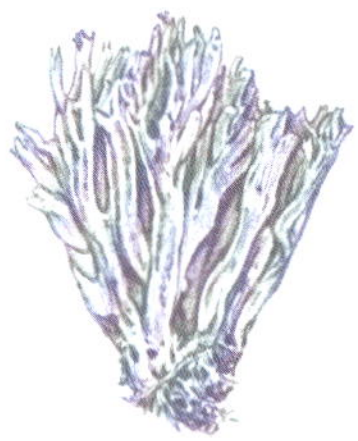

CLAVARIA ZOLLINGERI

VIOLETTE KORALLE

LÉVEILLE

Maßstab 1:1

Die meisten größeren Korallenpilze gehören zu der braunsporigen Gattung *Ramaria*, diese vornehm aussehende Art hat jedoch weiße Sporen und gehört trotz ihrer dicht verzweigten Form eigentlich zu den Keulenpilzen (und wird daher auch Violette Keule genannt). In Großbritannien und Kontinentaleuropa findet man sie typischerweise auf alten, unbebauten Weide- und Rasenflächen, oft in den gleichen Gebieten wie Saftlinge (*Hygrocybe*-Arten), generell ist sie aber selten. In anderen Lebensräumen, vor allem in Nordamerika und Australasien, ist die Violette Koralle ein Waldpilz und kann auch häufiger vorkommen.

ÄHNLICHE ARTEN

Schon öfter hat es Verwechslungen mit dem Amethyst-Korallenpilz (*Clavulina amethystina*) gegeben, einem wenig häufigen, grau gefärbten Korallenpilz mit rosa oder fliederfarbener Tönung. Unter dem Mikroskop sind sie leicht zu unterscheiden. Die winzige *Ramariopsis pulchella* ist leuchtend violett, die Fruchtkörper aber kaum höher als 30 mm. Einige *Ramaria*-Arten sind matt violett gefärbt, die südeuropäische *R. fennica* var. *violacea* ist leuchtend violett. Sie alle haben jedoch tief ockerfarbene Sporen.

Die Violette Koralle oder Violette Keule bildet Fruchtkörper mit mehrfachen Verzweigungen, die am Ende gerundet oder leicht abgeflacht sind, leicht gerunzelt und äußerst spröde. Die Basis des Hauptstiels kann weißlich sein, der übrige Fruchtkörper ist leuchtend violett bis purpurrot, wobei ältere Exemplare stark verblassen können und sich zunächst grau, dann schließlich schmutzig gelblich weiß verfärben.

FAMILIE	Clavariadelphaceae
VERBREITUNG	Östliches Nordamerika, Europa, Nordafrika, Nordasien
LEBENSRAUM	Auf kalkreichen Waldböden
SYMBIOSE	Ektomykorrhiza; mit Laubbäumen, besonders Buche
WUCHSFORM	Auf der Erde, einzeln oder truppweise
VORKOMMEN	Häufig
SPORENFARBE	Weiß
GENIESSBARKEIT	Essbar

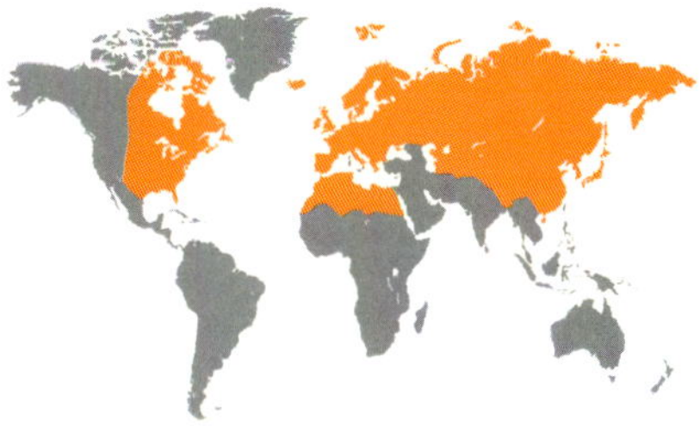

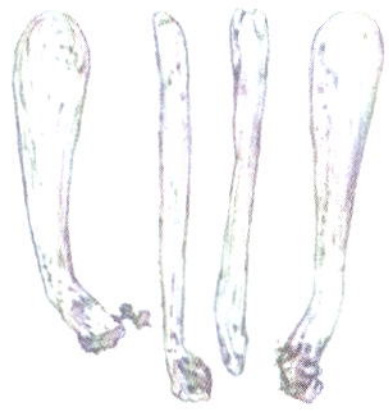

GRÖSSE
Bis zu 300 mm

DURCHMESSER
Bis zu 75 mm

CLAVARIADELPHUS PISTILLARIS

HERKULES-RIESENKEULE

(LINNAEUS) DONK

Die Herkuleskeule oder Herkules-Riesenkeule trägt ihren Namen zu Recht: Sie ist mit Sicherheit einer der größten Keulenpilze, der jedoch näher mit den *Gomphus*-Arten verwandt ist als mit den meisten kleineren Keulenpilzen. Die Herkuleskeule besiedelt typischerweise Buchenwälder, wo sie als Ektomykorrhiza mit den Wurzeln lebender Bäume vergesellschaftet ist. Sie hat einen angenehmen Geruch, schmeckt aber leicht bitter und wird deshalb nur selten als Speisepilz gesammelt, obwohl sie als essbar gilt. Von größerem Interesse ist sie für die gewerbliche Färberei, weil sich aus ihren Fruchtkörpern zahlreiche Färbestoffe erzeugen lassen, von beige über grün bis purpurrot.

ÄHNLICHE ARTEN

Im Westen Nordamerikas ist *Clavariadelphus occidentalis* ähnlich, jedoch blasser gefärbt und normalerweise mit Nadelbäumen vergesellschaftet. Im östlichen Nordamerika und Mittelamerika ist *C. americanus* ein weiterer Doppelgänger, wächst aber mit Eichen und Pinien. Der weitverbreitete *C. truncatus* ist ebenfalls ähnlich, hat jedoch einen abgeflachten oder abgestutzten Scheitel.

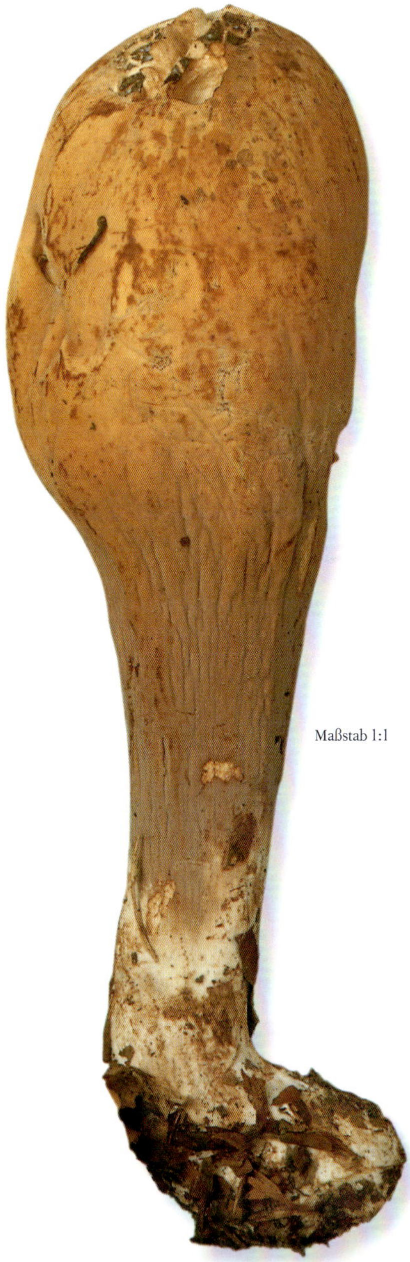

Maßstab 1:1

Die Herkules-Riesenkeule bildet glatte bis längsgerunzelte Fruchtkörper und ist, wie der Name schon sagt, nach oben breit keulenförmig. Die Oberfläche ist jung gelblich bis ockerfarben und verfärbt sich mit dem Alter rotbraun bis purpurbraun, bei Beschädigung mit dunkel purpurnen Flecken. Der Stiel ist unauffällig und an der Basis weißlich.

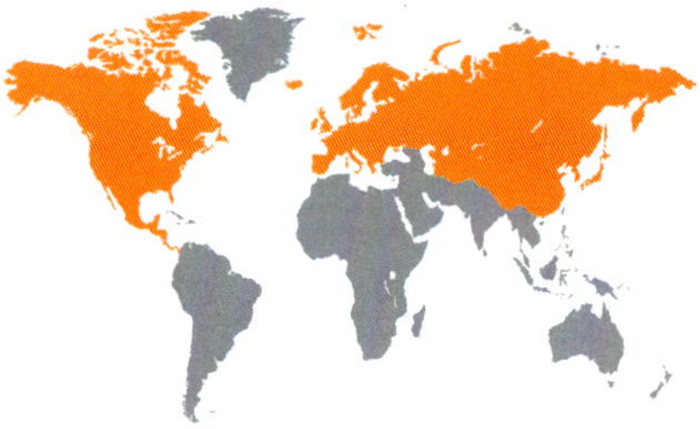

FAMILIE	Clavulinaceae
VERBREITUNG	Nordamerika, Europa, Mittelamerika, Nordasien
LEBENSRAUM	Auf Waldböden
SYMBIOSE	Ektomykorrhiza; mit Laubbäumen
WUCHSFORM	Auf der Erde
VORKOMMEN	Sehr häufig
SPORENFARBE	Weiß
GENIESSBARKEIT	Ungenießbar

GRÖSSE
Bis zu 100 mm

DURCHMESSER
Bis zu 100 mm

CLAVULINA CORALLOIDES

KAMMFÖRMIGE KORALLE

(LINNAEUS) J. SCHRÖTER

Clavulina-Arten sind Waldpilze, die als Ektomykorrhizen mit den Wurzeln lebender Bäume vergesellschaftet sind. Die Kammförmige Koralle ist eine der häufigsten von ihnen, aber in Form und Farbe sehr veränderlich. Ältere Quellen bezeichnen sie als *C. cristata*, weil ihre Verzweigungen häufig kleine Spitzen und Zähnchen aufweisen, wie Kronen oder Kämme aussehen – daher auch der deutsche Name. Die Fruchtkörper werden häufig von einem speziellen Parasit namens *Helminthosphaeria clavariarum* befallen, der die Kammförmige Koralle nach und nach grau verfärbt. Seine eigenen winzigen Fruchtkörper sind gelegentlich unter dem Vergrößerungsglas als kleine schwarze Flecken erkennbar.

ÄHNLICHE ARTEN

Eine schwer von der Kammförmigen Koralle zu unterscheidende Art ist die Graue Koralle (*Clavulina cinerea*), die ebenso häufig ist und in ähnlicher Umgebung wächst, meist aber durchgängiger grau ist und keine kammförmig verzweigten Spitzen hat. Der Runzelige Korallenpilz (*C. rugosa*) hingegen ist weiß, aber meist mit einfachen Fruchtkörpern oder nur wenig verzweigt.

Maßstab 1:1

Die Kammförmige Koralle bildet mehrfach verzweigte Fruchtkörper, die jung matt weißlich und an den Spitzen kammförmig oder gefedert sind, sich mit dem Alter aber oft grau verfärben (oft nach Besiedelung durch Parasiten). Die Spitzen sind dann meist gerundet. Die Oberfläche kann glatt oder gerunzelt sein, das weiße, brüchige Fleisch ist meist fest.

FAMILIE	Clavariaceae
VERBREITUNG	Nordamerika, Europa, Nordasien
LEBENSRAUM	In Gras- und Weideland, seltener auf Waldböden
SYMBIOSE	Mit Moos und Gras
WUCHSFORM	Auf der Erde, oft in verstreuten Trupps
VORKOMMEN	Häufig
SPORENFARBE	Weiß
GENIESSBARKEIT	Essbar, jedoch besser meiden

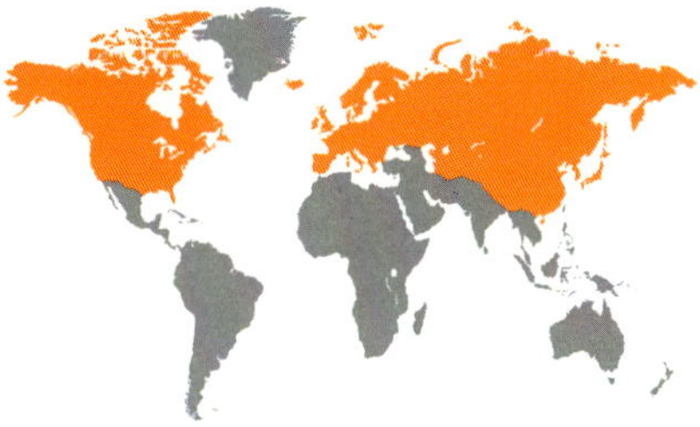

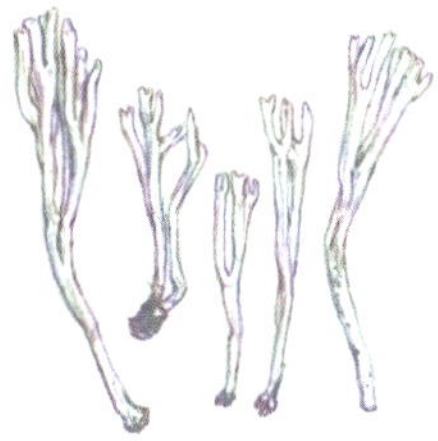

GRÖSSE
Bis zu 80 mm

DURCHMESSER
Bis zu 50 mm

CLAVULINOPSIS CORNICULATA

GEWEIHFÖRMIGE WIESENKORALLE

(SCHAEFFER) CORNER

Die Geweihförmige Wiesenkoralle ist häufig auf unbebauten und unbearbeiteten Weide- und Grasflächen und bevorzugt insbesondere sehr kurze, abgefressene Grasnarben, wo sie dann nur verkümmert und bis auf die Höhe des Grases wächst. Gelegentlich ist sie auch in Wäldern zu finden, dort sind die Fruchtkörper meist größer und weniger dicht verzweigt. Die meisten verwandten Arten aus der *Clavaria*- und *Clavulinopsis*-Gruppe bilden einfache spindel- oder keulenförmige Fruchtkörper. Die Geweihförmige Wiesenkoralle gilt als essbar, aber unbedeutend und muss darüber hinaus gut von den giftigen *Ramaria*-Arten abgegrenzt werden.

ÄHNLICHE ARTEN

Große Verwechslungsgefahr besteht mit *Ramaria*-Arten, von denen viele ähnliche Form und Farbe haben. Sie wachsen jedoch nur selten im Grasland, haben meist ockerfarbene statt weißer Sporen und sind so am Sporenabdruck oder unter dem Mikroskop erkennbar. *Clavulinopsis umbrinella* ist weniger häufig, aber ähnlich verzweigt geformt und im Grasland zu finden; ihre Fruchtkörper sind jedoch blass bräunlich und niemals gelb.

Maßstab 1:1

Die Geweihförmige Riesenkoralle bildet mehrfach verzweigte, blassgelbe bis ockerfarbene Fruchtkörper mit weißlicher Basis. Auf kurz gewachsenem Gras ist sie oft sehr niedrig und dicht verzweigt, auf Waldböden kann sie höher werden und breiter wachsen. Das Fleisch ist ähnlich gefärbt wie die Oberfläche, zäh und gummiartig und riecht mehlig.

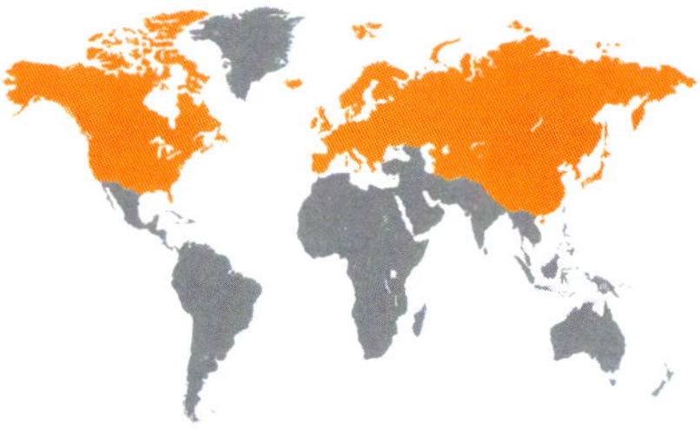

FAMILIE	Clavariaceae
VERBREITUNG	Nordamerika, Europa, Nordasien
LEBENSRAUM	In Grasland, seltener auf Waldböden
SYMBIOSE	Mit Moos und Gras
WUCHSFORM	Auf der Erde, oft in verstreuten Trupps
VORKOMMEN	Häufig
SPORENFARBE	Weiß
GENIESSBARKEIT	Ungenießbar

GRÖSSE
Bis zu 120 mm

DURCHMESSER
Bis zu 5 mm

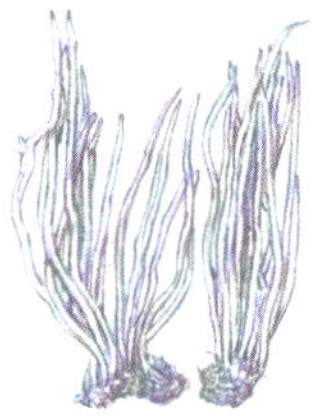

CLAVULINOPSIS FUSIFORMIS

SPINDELFÖRMIGE WIESENKORALLE

(SOWERBY) CORNER

Maßstab 1:1

Große, büschelweise wachsende Spindelförmige Wiesenkorallen stechen durch ihre leuchtende Farbe an düsteren Herbsttagen besonders ins Auge. Diese Art ist verwandt mit der Wurmförmigen und der Rauchgrauen Keule (*Clavaria fragilis* and *C. fumosa*) und wie sie saprotroph, ein Organismus, der auf totem und verrottendem Substrat lebt. Die Spindelförmige Wiesenkoralle bevorzugt Blattstreu auf Waldböden oder Stroh und Moos im Grasland. Erstmals beschrieben und aufgezeichnet hat sie der englische Botaniker und Mykologe James Sowerby, dem zufolge sie in den 1790er-Jahren „nicht allzu selten" im Londoner Park Hampstead Heath zu finden war. Vermutlich wächst sie dort noch heute.

ÄHNLICHE ARTEN

Auch andere Arten bilden einzelne spindel- oder keulenförmige, gelbe bis orange Fruchtkörper. *Clavaria amoenoides* ist ähnlich groß und wächst in großen Büscheln, ist aber blassgelb und weit weniger häufig. *Clavulinopsis helvola*, *C. laeticolor* und *C. luteoalba* sind sehr häufig und leuchtend orangegelb, aber meist kleiner und wachseln einzeln oder klein büschelig, oft in losen Trupps.

Die Spindelförmige Wiesenkoralle bildet glatte, röhrenförmige, oft auch leicht abgeflachte, spitz zulaufende Fruchtkörper ohne Verzweigungen. Sie wachsen meist gesellig in großen Büscheln und sind frisch leuchtend orangegelb.

FAMILIE	Lachnocladiaceae
VERBREITUNG	Südamerika
LEBENSRAUM	Auf Waldböden
SYMBIOSE	Mit Laubbäumen
WUCHSFORM	Auf der Erde oder auf stark verrottetem Holz, einzeln oder truppweise
VORKOMMEN	Gelegentlich
SPORENFARBE	Weiß
GENIESSBARKEIT	Ungenießbar

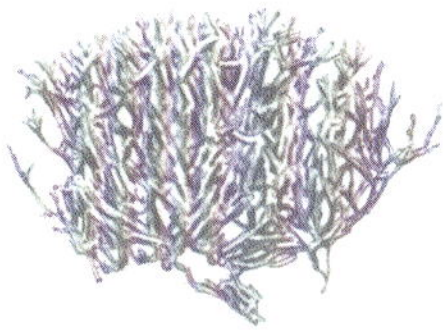

GRÖSSE
Bis zu 75 mm

DURCHMESSER
Bis zu 75 mm

LACHNOCLADIUM DENUDATUM

CORNER

Lachnocladium-Arten sind in den Tropen häufig, in gemäßigten Breiten kommen sie jedoch in der Regel nicht vor. Sie alle haben ledrige, langlebige Fruchtkörper, die ausladend verzweigt und blass ockergelb bis braun gefärbt sind. Die häufigste Art ist *L. schweinfurthianum*, die Arten sind jedoch schwer voneinander zu trennen und bisher kaum untersucht. Gut möglich ist, dass *Lachnocladium denudatum* („Smooth Leather Coral"), der in Brasilien erstmals gesichtet wurde, nur eine Unterart von *L. schweinfurthianum* ist, von dem er sich in erster Linie durch seine glatteren, runder geformten und weniger abgeflachten Verzweigungen unterscheidet.

Lachnocladium denudatum bildet stark verzweigte, eher feste bis ledrige Fruchtkörper. Die Zweige sind schlank, röhrenförmig oder leicht niedergedrückt und zur Spitze hin verjüngt. Die Oberfläche ist glatt bis gerunzelt, ocker bis blass gelbbraun und wird mit dem Alter rötlicher braun. Der kurze Stiel ist glatt mit wurzelähnlichen Rhizomorphen an der Basis.

ÄHNLICHE ARTEN

Andere tropische *Lachnocladium*-Arten sind äußerlich sehr ähnlich und nur unter dem Mikroskop zu unterscheiden. Die Fruchtkörper der *Ramaria*-Arten sind ähnlich geformt, aber meist weicher und brüchiger. Ihre Sporen sind ockerfarben bis braun, nicht weiß.

Maßstab 1:1

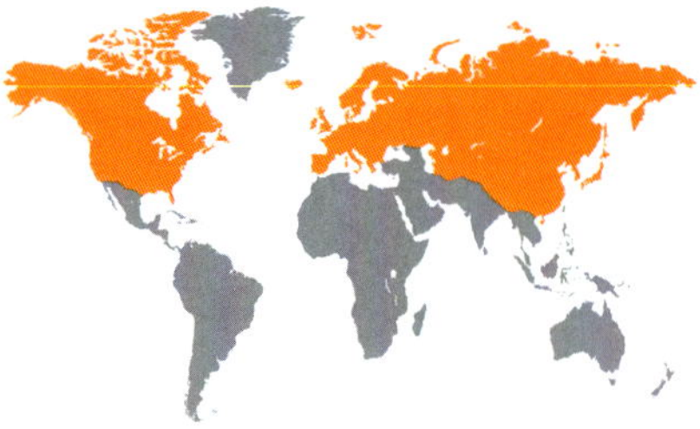

FAMILIE	Typhulaceae
VERBREITUNG	Nordamerika, Europa, Nordasien
LEBENSRAUM	Auf Waldböden
SYMBIOSE	Mit Laubbäumen
WUCHSFORM	Auf toten Ästen, abgefallen oder an Bäumen; einzeln oder truppweise
VORKOMMEN	Häufig
SPORENFARBE	Weiß
GENIESSBARKEIT	Ungenießbar

GRÖSSE
Bis zu 300 mm

DURCHMESSER
Bis zu 8 mm

MACROTYPHULA FISTULOSA

HOHE RÖHRENKEULE

(HOLMSKJOLD) R. H. PETERSEN

Maßstab 1:1

Ein wenig sehen die Fruchtkörper von *Macrotyphula fistulosa* aus wie schmale Versionen der Herkules-Riesenkeule (*Clavariadelphus pistillaris*). Tatsächlich wurden die beiden Arten früher der gleichen Gattung zugeordnet. Heute weiß man jedoch, dass sie nicht näher verwandt sind. Die Hohe Röhrenkeule wächst typischerweise in Trupps auf liegenden modernden Zweigen und kaum auf der Erde. Relativ häufig bildet sie nur wenige Zentimeter hohe, gewundene Fruchtkörper, die gelegentlich als eigene Varietät eingeordnet wurde (*M. fistulosa* var. *contorta*). Diese Fruchtkörper sind oft büschelig, meist abgeflacht und gelegentlich gedreht, gegabelt oder fächerförmig und können sehr verwundern, wenn man sie zum ersten Mal sieht.

ÄHNLICHE ARTEN

Die Binsen-Röhrenkeule (*Macrotyphula juncea*) ist ebenso hoch, aber mit unter 1 mm extrem schmal und wächst in Blattstreu auf nassen Waldböden, oft an winzigen Zweigen. *Typhula phacorrhiza* ist ähnlich, ihre Fruchtkörper wachsen jedoch aus einem harten, linsenähnlichen Sklerotium aus verdichtetem Pilzgewebe.

Die Hohe Röhrenkeule bildet keulenförmige, oft hohle Fruchtkörper, die auf Holz wachsen und entweder sehr lang und schlank sind oder aber gekrümmt und gedrungen mit kurzen Fortsätzen. Die Oberfläche ist glatt und gelblich braun, später rötlich oder purpurfarben bis braun.

FAMILIE	Physalacriaceae
VERBREITUNG	Nordamerika
LEBENSRAUM	Auf Waldböden
SYMBIOSE	Mit Laubbäumen
WUCHSFORM	Auf liegenden Ästen und Stämmen, manchmal auf Blattstreu
VORKOMMEN	Lokal häufig
SPORENFARBE	Weiß
GENIESSBARKEIT	Ungenießbar

GRÖSSE
Bis zu 20 mm

HUTDURCHMESSER
Bis zu 12 mm

PHYSALACRIA INFLATA

(SCHWEINITZ) PECK

Physalacria inflata („Bladder Stalks") wird manchmal wie ein winziger Ballon am Stiel beschrieben. Wegen seiner ungewöhnlichen Form konnten ihm lange keine verwandten Arten zugeordnet werden. Viele Mykologen meinen, er gehöre zu den Keulen- und Korallenpilzen, andere ordnen ihn den Lamellenpilzen zu. Zuletzt hat die Molekularforschung bestätigt, dass er ein naher Verwandter von Lamellenpilzen wie dem Buchen-Schleimrübling (*Oudemansiella mucida*) und dem Orangerötlichen Adernseitling (*Rhodotus palmatus*) ist.

ÄHNLICHE ARTEN

Ähnliche *Physalacria*-Arten finden sich in Australien, Neuseeland und in den Tropen. Die meisten sind kleiner als *Physalacria inflata*, werden aber am besten unter dem Mikroskop bestimmt. *Caripia montagnei* bildet ebenfalls ballonartige Fruchtkörper, die aber kreisel- oder walzenförmig sind und bräunliche Stiele haben.

Maßstab 1:1

Physalacria inflata bildet Büschel oder Haufen kleiner Fruchtkörper auf verrottendem Holz oder Blattstreu. Jeder Fruchtkörper besteht aus einem glatten bis leicht gerunzelten, weißen bis cremefarbenen blasenähnlichen Hut, der typischerweise ballonförmig ist, sich aber leicht eindrücken lässt und mit dem Alter flach zusammenfällt. Die Stiele sind schlank, glatt und weiß bis cremefarben.

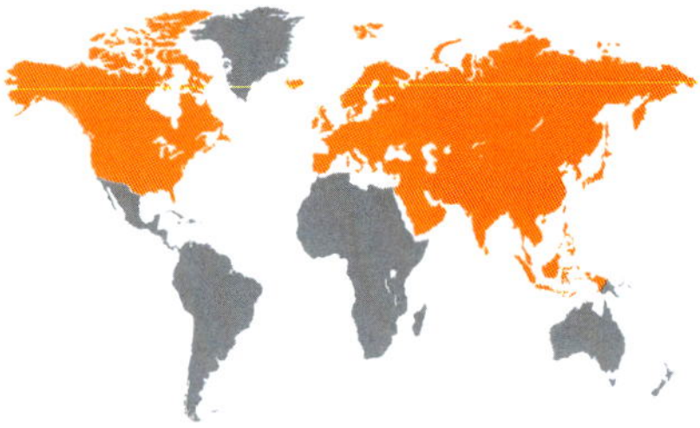

FAMILIE	Pterulaceae
VERBREITUNG	Nordamerika, Europa, Asien
LEBENSRAUM	Auf Waldböden und in Gärten
SYMBIOSE	Mit Laub- und Nadelbäumen
WUCHSFORM	Auf der Erde, auf Pflanzenteilen im Wald und verrottenden Pflanzen
VORKOMMEN	Gelegentlich
SPORENFARBE	Weiß
GENIESSBARKEIT	Ungenießbar

GRÖSSE
Bis zu 60 mm

DURCHMESSER
Bis zu 60 mm

PTERULA SUBULATA

WEISSLICHE BORSTENKORALLE

FRIES

Diese Art mit den zarten Fruchtkörpern ist besser bekannt unter ihrer zweiten Bezeichnung *Pterula multifida* und eine der auffälligeren Angehörigen ihrer Gattung – denn die meisten Arten sind entweder winzig oder nur in den Tropen zu finden. Die Weißliche Borstenkoralle kann vereinzelt oder überhaupt als einzelner Fruchtkörper auf verrottenden Pflanzen auftreten, wächst aber meistens in dichten, ineinandergreifenden Büscheln oder Trupps ohne erkennbaren Stiel, die wie ein einziger Fruchtkörper wirken. In Südamerika wird ein Verwandter der Weißlichen Borstenkoralle von einer Pilze züchtenden Ameisenart als Futterpilz kultiviert.

ÄHNLICHE ARTEN

In den Tropen kommen viele ähnliche Arten vor, meist auf verrottendem Holz. Die Weißliche Borstenkoralle ist jedoch in den nördlichen Breiten heimisch. *Thelephora penicillata* ist oft ähnlich gefärbt und hat ebenfalls fein zugespitzte Endästchen, die aber kurz, blattartig abgeflacht und selten aufrecht wachsen. *Artomyces pyxidatus* ist ebenfalls fein verzweigt, lässt sich aber anhand seiner typisch kronen- oder kammförmigen Endästchen bestimmen.

Maßstab 1:1

Die Weißliche Borstenkoralle bildet typischerweise eine Menge kleiner, fadenförmiger Fruchtkörper, die dicht ineinandergreifen und oft schwer zu lösen sind. Jeder Fruchtkörper besteht aus vielen dünnen, aufrecht wachsenden, fast haardünnen Ästchen mit spitz zulaufenden Enden aus einem ebenso dünnen Stiel. Trotz ihres Aussehens sind die Fruchtkörper fest, steif und rötlich rosa gefärbt bis ganz rosabraun.

FAMILIE	Gomphaceae
VERBREITUNG	Westliches Nordamerika, Mittelamerika
LEBENSRAUM	Auf Waldböden
SYMBIOSE	Ektomykorrhiza; mit Laub- und Nadelbäumen
WUCHSFORM	Auf der Erde, einzeln oder truppweise
VORKOMMEN	Lokal häufig
SPORENFARBE	Ocker
GENIESSBARKEIT	Essbar

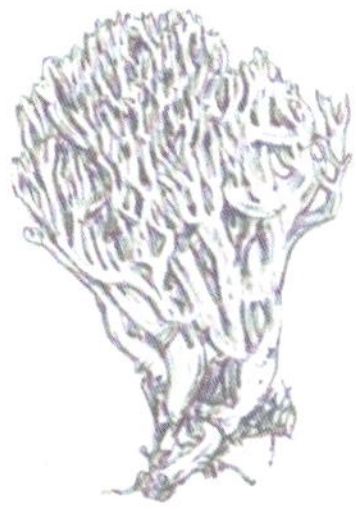

GRÖSSE
Bis zu 125 mm

DURCHMESSER
Bis zu 100 mm

RAMARIA ARAIOSPORA

MARR & D. E. STUNTZ

In vielen Teilen der Erde sind die großen *Ramaria*-Arten, die als Ektomykorrhiza wachsen, selten und kaum anzutreffen. Doch es gibt Gegenden, die Korallenpilze geradezu anziehen. Etwa die Pazifikküste im Nordwesten Amerikas, wo eine große Anzahl verschiedener Arten wächst, von denen viele nirgends sonst vorkommen. Die prächtige *Ramaria araiospora* („Red Coral“) wurde in Washington erstmals entdeckt und ist nur ein Beispiel für den Pilzreichtum dieser Region. Diese Art ist vor allem mit der Westlichen Hemlocktanne und Tanoak, einem Buchenverwandten, vergesellschaftet. Sie ist auch weiter südlich von Kalifornien bis nach Mexiko und Guatemala zu finden.

ÄHNLICHE ARTEN

In der gleichen Zone beheimatet und sehr ähnlich ist *Ramaria stuntzii*, ein leuchtend roter Korallenpilz, der aber typischerweise einen unregelmäßigen gelben Streifen an der Basis der Hauptästchen trägt. Ansonsten ist *Ramaria araiospora* vor allem an ihren frischen Farben zu erkennen. Ältere Exemplare verblassen oft zu Korallenrot oder Orange und sehen dann vielen anderen Arten ähnlich.

Maßstab 1:1

Ramaria araiospora bildet dicht verzweigte Fruchtkörper aus einem gemeinsamen Stiel. Die Ästchen sind zunächst leuchtend rot bis korallenrot, später rosa oder orange. Die Spitzen können rot oder gelblich sein. Der Hauptstiel wird zur Basis hin weißlich. Ältere Exemplare sind manchmal von Sporen ocker gefärbt.

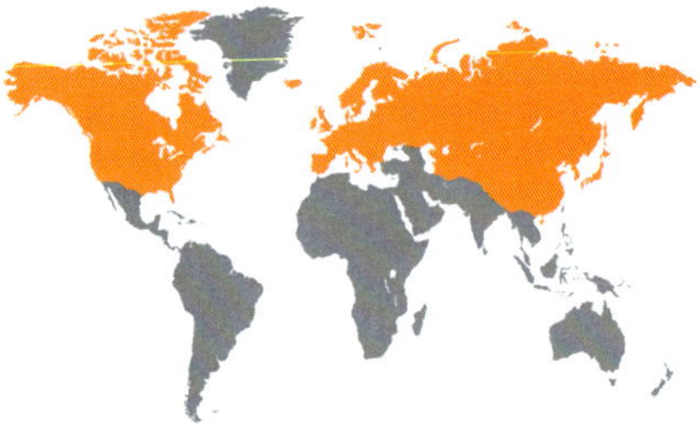

FAMILIE	Gomphaceae
VERBREITUNG	Nordamerika, Europa, Nordasien
LEBENSRAUM	Auf Waldböden
SYMBIOSE	Ektomykorrhiza; mit Laubbäumen, besonders Buche
WUCHSFORM	Auf der Erde, einzeln oder truppweise
VORKOMMEN	Lokal häufig
SPORENFARBE	Ocker
GENIESSBARKEIT	Essbar (mit Vorbehalt)

GRÖSSE
Bis zu 150 mm

DURCHMESSER
Bis zu 150 mm

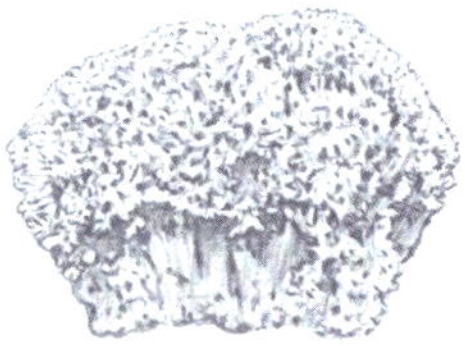

RAMARIA BOTRYTIS

HAHNENKAMM-KORALLE

(PERSOON) RICKEN

Die Hahnenkamm-Koralle, auch Bärentatze genannt, hat fast immer einen charakteristisch dicken Strunk mit mehreren unteren Ästen, auf denen eine Vielzahl kurzer Verzweigungen sitzt. Da auch einige andere *Ramaria*-Arten diese blumenkohlartige Form haben, ist sie kein ausreichendes Bestimmungsmerkmal für die Art. Die Hahnenkamm-Koralle ist in Europa heimisch, wo sie mit Buchen oder Eichen vergesellschaftet ist. Sichtungen bei Nadelbäumen könnten sich auch auf eine oder mehrere sehr ähnlich aussehende Arten beziehen. Die Hahnenkamm-Koralle ist essbar, gelegentlich wird aber eine abführende Wirkung berichtet.

ÄHNLICHE ARTEN

Die purpurroten verzweigten Spitzen von *Ramaria botrytis* lassen normalerweise eine genaue Bestimmung zu, allerdings gibt es mehrere weniger häufige *Ramaria*-Arten, darunter *R. subbotrytis*, *R. botrytoides*, *R. rubrievanescens* und *R. rubripermanens*, die ähnlich gefärbt sind. Eine genaue Bestimmung ist unter dem Mikroskop möglich.

Maßstab 1:1

Die Hahnenkamm-Koralle bildet dicht verzweigte Fruchtkörper aus einem dicken, bis zu 50 mm breiten Hauptstiel mit ähnlich dicken unteren Ästen. Die Endästchen sind oft kurz und stachelig. Die Zweige sind weißlich bis cremefarben mit roséfarbener Tönung, die Spitzen dunkler tiefrosa bis weinrot. Alte, verblasste Fruchtkörper erscheinen durch die Sporen oft ocker.

FAMILIE	Gomphaceae
VERBREITUNG	Nordamerika, Europa, Nordasien
LEBENSRAUM	Auf Waldböden
SYMBIOSE	Ektomykorrhiza; mit Laubbäumen, besonders Buche
WUCHSFORM	Auf der Erde, einzeln oder truppweise
VORKOMMEN	Lokal häufig
SPORENFARBE	Ocker
GENIESSBARKEIT	Giftig

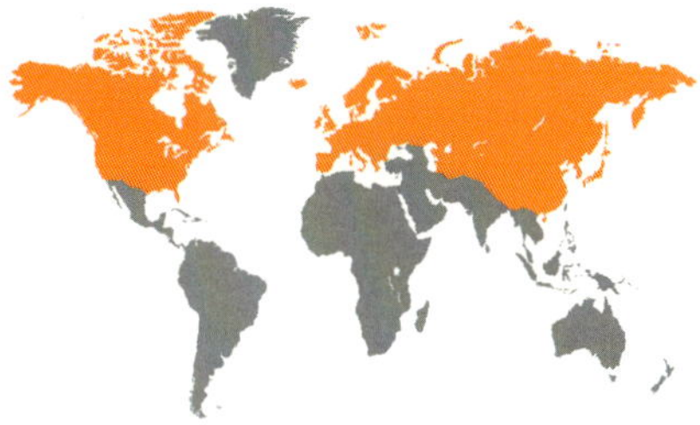

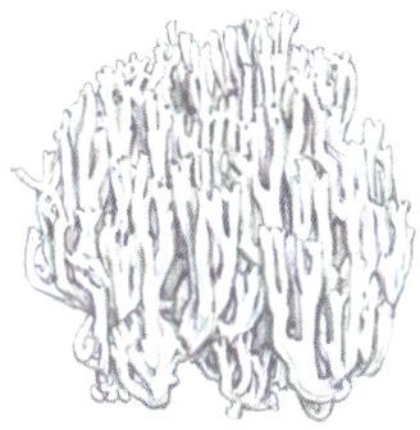

GRÖSSE
Bis zu 150 mm

DURCHMESSER
Bis zu 200 mm

RAMARIA FORMOSA

DREIFARBIGE KORALLE

(PERSOON) QUÉLET

Der lateinische Beiname *formosa* bedeutet „hübsch", und tatsächlich ist die Dreifarbige Koralle als junger Pilz mit ihren lachsrosa Verzweigungen und gelben Spitzen auffällig und attraktiv. Diese Art ist ursprünglich in Europa heimisch, wo sie als Ektomykorrhizen-Art überwiegend mit Buche oder Kastanie vergesellschaftet ist. Sichtungen bei Nadelbäumen beziehen sich möglicherweise auf mehrere sehr ähnlich aussehende Arten. Bei aller Schönheit sollte die Dreifarbige Koralle gemieden werden – sie löst Vergiftungserscheinungen aus. Da die verschiedenen *Ramaria*-Fruchtkörper oft schwer einer Art zuzuordnen sind, sollte man diese Gruppe von Pilzen nicht für Speisezwecke sammeln.

ÄHNLICHE ARTEN

Die lachsrosa Verzweigungen mit den gelben Spitzen sind charakteristisch, aber kein Alleinstellungsmerkmal. Auch einige andere *Ramaria*-Arten – darunter *R. neoformosa*, *R. raveneliana* und *R. leptoformosa* – können ähnlich gefärbt sein. Einige finden sich nur mit Nadelbäumen. Zur Bestimmung ist aber eine mikroskopische Untersuchung empfehlenswert.

Maßstab 1:1

Die Dreifarbige Koralle bildet dicht verzweigte Fruchtkörper mit einem dicken Hauptstiel und unteren Zweigen von bis zu 35 mm Durchmesser. Die Endästchen sind kurz und oft stachelig. Die Verzweigungen sind fleischfarben bis lachsrosaocker, die Spitzen gelb. Der zentrale Stiel ist zur Basis hin weißlich und bricht gelegentlich violett auf. Ältere, verblasste Fruchtkörper erscheinen durch die Sporen oft ocker.

FAMILIE	Gomphaceae
VERBREITUNG	Westliches Nordamerika
LEBENSRAUM	Auf Waldböden
SYMBIOSE	Ektomykorrhiza; mit Nadelbäumen, besonders Westliche Hemlocktanne
WUCHSFORM	Auf der Erde, einzeln oder truppweise
VORKOMMEN	Lokal häufig
SPORENFARBE	Ocker
GENIESSBARKEIT	Unbekannt

GRÖSSE
Bis zu 175 mm

DURCHMESSER
Bis zu 100 mm

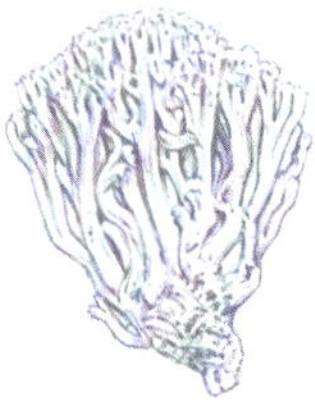

RAMARIA LONGISPORA

LANGSPORIGE KORALLE

MARR & D. E. STUNTZ

Auch diese Korallenart ist leuchtend gefärbt und stammt von der nordwestlichen Pazifikküste Nordamerikas, wo sie typischerweise mit der Westlichen Hemlocktanne (*Tsuga heterophylla*) vergesellschaftet ist. Bei vereinzelten Funden in Kontinentaleuropa ist anzunehmen, dass sie sich auf eine sehr ähnlich aussehende Art beziehen. Nur unter dem Mikroskop sind die überlangen Sporen zu erkennen. Darüber hinaus sind frische Exemplare um das obere Ende des Hauptstiels unregelmäßig gelb gefärbt. Damit lässt sich die Langsporige Koralle besser von anderen *Ramaria*-Arten unterscheiden. Ob sie essbar ist, ist unklar.

ÄHNLICHE ARTEN

Im gleichen Verbreitungsgebiet ist die Orangegelbe Gebirgskoralle (*Ramaria largentii*) heimisch. Sie ist orange und verzweigt, aber an der Basis nicht gelb. Auch sie wurde bereits in Europa gesichtet. Andere orange verzweigte Arten aus dem Westen Nordamerikas sind etwa *R. sandaracina*, *R. gelatiniaurantia* und *R. aurantiisiccescens*. Sie lassen sich am besten unter dem Mikroskop von der Langsporigen Koralle unterscheiden.

Die Langsporige Koralle bildet dicht verzweigte Fruchtkörper aus einem gemeinsamen Stiel. Die Verzweigungen sind orange bis orangerot, zum Hauptstiel hin gelb. Die Endästchen können jung ebenfalls gelb sein und sind später orange. Die Stielbasis ist weißlich und zeigt auffällige weißliche Rhizomorphe. Die Sporen färben ältere, verblasste Fruchtkörper oft ocker.

Maßstab 1:1

FAMILIE	Gomphaceae
VERBREITUNG	Nordamerika, Europa, Mittelamerika, Nordasien
LEBENSRAUM	Auf Waldböden
SYMBIOSE	Mit Laub- und Nadelbäumen
WUCHSFORM	Auf oder an stark vermodertem Holz, einzeln oder truppweise
VORKOMMEN	Häufig
SPORENFARBE	Ocker-braun
GENIESSBARKEIT	Ungenießbar

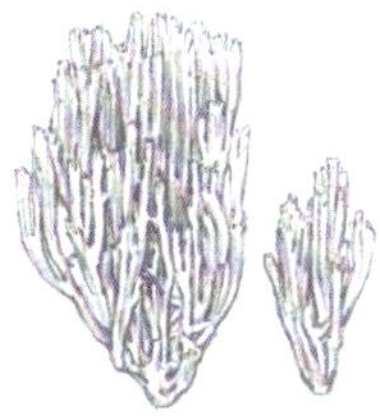

GRÖSSE
Bis zu 150 mm

DURCHMESSER
Bis zu 125 mm

RAMARIA STRICTA

STEIFE KORALLE

(PERSOON) QUÉLET

Die Steife Koralle ist wohl die häufigste *Ramaria*-Art der nördlichen Hemisphäre. In der Molekularforschung gibt es allerdings heute Hinweise darauf, dass sie gar nicht zu dieser Gattung gehören könnte. Echte *Ramaria*-Arten sind Ektomykorrhiza, *R. stricta* hingegen gehört zu einer kleinen Gruppe ähnlich aussehender Holzzerstörer. Die weißen, wurzelähnlichen Myzelfäden an der Basis der Fruchtkörper sind stets mit nahe gelegenen (teils unter der Erde liegenden) Holzresten verbunden, selbst wenn die Fruchtkörper selbst nicht auf dem Holz zu wachsen scheinen. Die Größe der Fruchtkörper variiert stark – manche sind ziemlich klein, andere bilden dicke Büschel. Möglicherweise hängt ihre Größe vom Umfang ihres hölzernen Substrats ab.

ÄHNLICHE ARTEN

Eine sehr ähnliche Art, *Ramaria moelleriana*, wächst in den Tropen auf morschem Holz und wird am besten unter dem Mikroskop unterschieden. *R. gracilis* ist blasser gefärbt, wächst auf Nadelholz und verströmt frisch einen deutlichen Anisgeruch. Die meisten anderen *Ramaria*-Arten wachsen auf der Erde und sind auch nicht wie die Steife Koralle leicht rosa-lila gefärbt.

Maßstab 1:1

Die Steife Koralle bildet dicht verzweigte Fruchtkörper mit schmalen, aufrechten, eng wachsenden Ästen. Die Äste sind typischerweise hell, schmutzig-rosa, jung blassgelb an den Spitzen und purpurrosa zur Basis hin. Der ganze Fruchtkörper kann sich bei Berührung matt purpurrot verfärben. Mit dem Alter färben die Sporen die Zweige ockergelb.

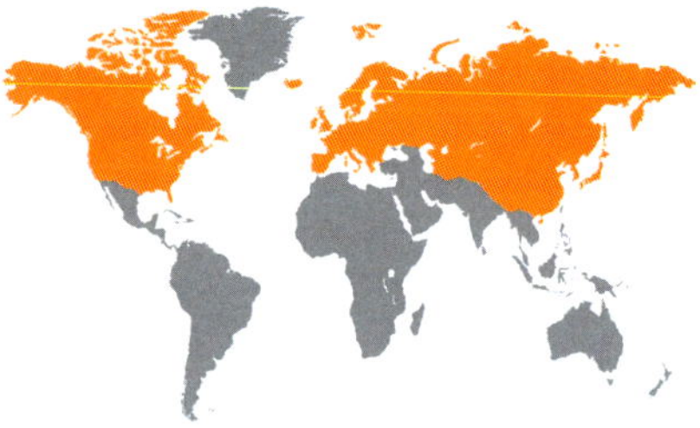

FAMILIE	Clavariaceae
VERBREITUNG	Nordamerika, Europa, Nordasien
LEBENSRAUM	Im Grasland und auf Waldböden
SYMBIOSE	Mit Moos, Gras und Blattstreu
WUCHSFORM	Auf der Erde, einzeln oder in verstreuten Trupps
VORKOMMEN	Häufig
SPORENFARBE	Weiß
GENIESSBARKEIT	Essbar

GRÖSSE
Bis zu 80 mm

DURCHMESSER
Bis zu 80 mm

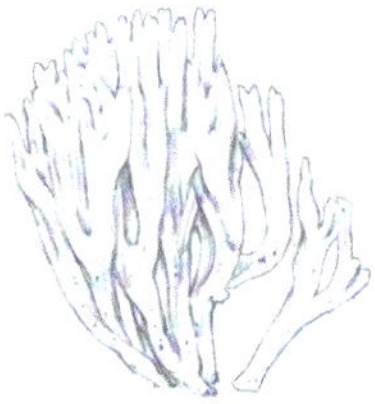

RAMARIOPSIS KUNZEI

WEISSLICHE WIESENKORALLE

(FRIES) CORNER

Die Weißliche Wiesenkoralle wurde erstmals 1821 von Elias Fries beschrieben, einem schwedischen Pastorensohn und Botanikprofessor, der heute als Begründer der modernen Pilztaxonomie gilt. Die Weißliche Wiesenkoralle ist relativ häufig und weitverbreitet, aber eine jener Arten, über die noch sehr wenig bekannt ist. Große rosettenförmige Fruchtkörper finden sich gelegentlich auf Weideland, höhere Fruchtkörper in Wäldern, deutlich kleinere und zartere Funde sowohl auf Grasland als auch auf Waldböden. Sie alle sind weiß, wachsen verzweigt und scheinen dieselben mikroskopischen Eigenschaften zu haben. Detaillierte DNA-Analysen müssen zeigen, ob es sich um eine anpassungsfähige einzelne Art oder um eine Gruppe nahe verwandter Arten handelt.

ÄHNLICHE ARTEN

Ramariopsis kunzei gehört zu einem Komplex ähnlicher, aber meist kleinerer Arten, die selbst unter dem Mikroskop schwer voneinander zu trennen sind. Größere Exemplare könnten mit *Clavulina coralloides* verwechselt werden, mit ihren recht unregelmäßigen, gefederten oder gestachelten Spitzen. Im Osten Nordamerikas sind einige *Tremellodendron*-Arten ähnlich, aber zäher und gummiartiger.

Maßstab 1:1

Die Weißliche Wiesenkoralle ist sehr variabel, immer jedoch verzweigt und weiß (selten mit leichtem Rosaton, gelegentlich von der Basis aus rötlich verfärbt). Kleinere Exemplare haben meist dünne, röhrenförmige, aufrechte Äste und sind kronleuchterähnlich, bei größeren Fruchtkörpern können die Äste abgeflacht oder abgeplattet sein, sie wachsen oft in Rosettenform.

FAMILIE	Thelephoraceae
VERBREITUNG	Nordamerika, Europa, Nordasien
LEBENSRAUM	Auf Waldböden
SYMBIOSE	Ektomykorrhiza; mit Nadelbäumen
WUCHSFORM	Auf der Erde am Fuß von Bäumen, zwischen Wurzeln
VORKOMMEN	Lokal häufig
SPORENFARBE	Braun
GENIESSBARKEIT	Ungenießbar

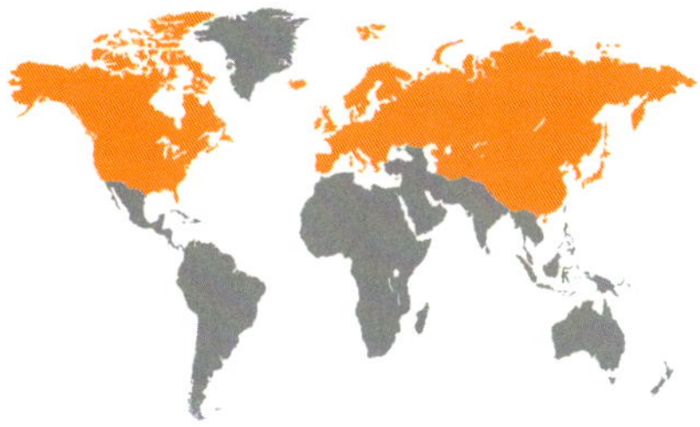

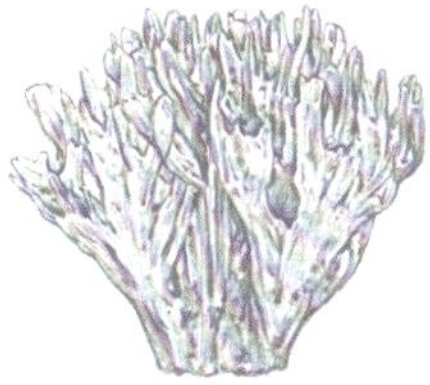

GRÖSSE
Bis zu 100 mm

DURCHMESSER
Bis zu 75 mm

THELEPHORA PALMATA

STINKENDER WARZENPILZ

(SCOPOLI) FRIES

Der Name Stinkender Warzenpilz oder Stinkende Lederkoralle lässt es bereits erahnen: Diese mit Nadelbäumen vergesellschaftete Art verströmt einen ekeligen Geruch nach altem Kohl, faulendem Knoblauch oder überreifem Käse. In seiner Form ähnelt der Stinkende Warzenpilz einem Korallenpilz (daher sein zweiter deutscher Name), tatsächlich ist er aber mit mehreren Blätterpilzen nahe verwandt, darunter der Fächerförmige Erdwarzenpilz (*Thelephora terrestris*) und der Trichter-Warzenpilz (*T. caryophyllea*), entfernter auch mit verschiedenen Porlingen, etwa *Boletopsis grisea*, und Stachelpilzen wie *Phellodon niger*.

ÄHNLICHE ARTEN

Thelephora anthocephala ist eine sehr ähnliche Art, die jedoch in Laubwäldern häufig ist und nicht den unangenehmen Geruch des Stinkenden Warzenpilzes verströmt. Einige der dunkleren *Ramaria*-Arten können ähnlich gefärbt sein, sind jedoch nicht ledrig und haben außerdem Verzweigungen mit spitzen Enden.

Maßstab 1:1

Der Stinkende Warzenpilz bildet ledrige, korallenartig verzweigte Fruchtkörper mit an der Basis schmalen, sich nach oben hin fächerförmig verbreiternden Ästen, deren geteilte Spitzen oft abgeflacht sind. Die Enden sind eher keilförmig und nie spitz zulaufend. Jung ist der Pilz typischerweise pupurbraun mit weißlichen Spitzen, später grau bis braun.

BOVISTE, ERDSTERNE, NESTLINGE & STINKMORCHELN

Boviste und Erdsterne wurden früher gemeinsam mit Nestlingen und Stinkmorcheln in der Gruppe der „Gasteromycetes" – wörtlich Bauchpilze – zusammengefasst. Der Name bezieht sich auf die Sporenproduktion, die nicht an der Oberfläche, sondern im Inneren der Fruchtkörper stattfindet.

Tatsächlich sind Boviste und viele ähnliche Arten nahe mit Blätterpilzen verwandt. Manche haben noch verkümmerte Lamellen im Inneren ihrer geschlossenen Hüte. Viele sind an Wüstenverhältnisse angepasst, wo herkömmliche Fruchtkörper verkümmern und absterben würden. Einige, wie die „Falschen Trüffeln", wachsen unterirdisch und lassen Tiere ihre Sporen verbreiten. Bei den Erdsternen entweichen die Sporen, wenn Regentropfen darauf fallen.

Auch die winzigen Nestlinge sind Blätterpilzverwandte, auch wenn man es ihnen nicht ansieht. Bei schwerem Regen verbreiten sie winzige, eiartige Sporenpäckchen aus ihren nestähnlichen Hüten.

Stinkmorcheln mit ihrem prägnanten Gestank bilden eine eigene Gruppe mit den vielleicht bizarrsten Fruchtkörpern der Pilzwelt. Die Sporen reifen unterirdisch in gallertigen „Eiern" und werden dann in Fruchtkörpern an die Oberfläche geschoben, die vielgestaltig sind und teils wie kuriose Meerestiere aussehen. Ihre Sporen werden von Fliegen verbreitet.

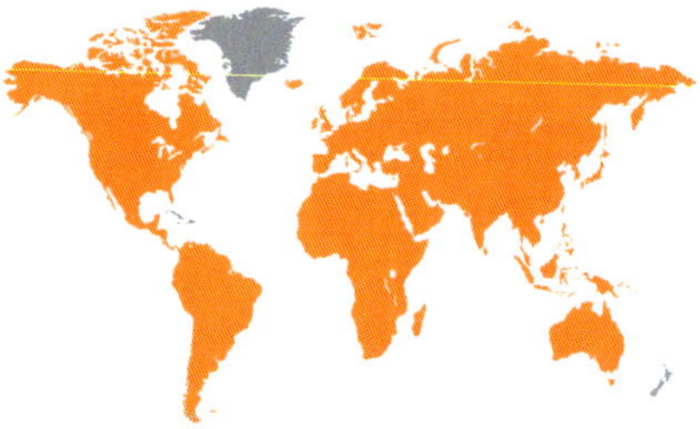

FAMILIE	Diplocystidiaceae
VERBREITUNG	Nordamerika, Europa, Afrika, Mittel- und Südamerika, Asien, Australien
LEBENSRAUM	Auf Waldböden
SYMBIOSE	Ektomykorrhiza; mit Laub- und Nadelbäumen
WUCHSFORM	Auf der Erde, einzeln oder truppweise
VORKOMMEN	Häufig
SPORENFARBE	Braun
GENIESSBARKEIT	Ungenießbar

GRÖSSE
Bis zu 50 mm

DURCHMESSER
Bis zu 100 mm

ASTRAEUS HYGROMETRICUS

GEMEINER WETTERSTERN

(PERSOON) MORGAN

Trotz seines deutschen Namens und seines Aussehens ist der Gemeine Wetterstern eigentlich kein Erdstern und mit dieser Gruppe, die in der Gattung *Geastrum* zusammengefasst wird, auch gar nicht verwandt. Er ist ein besonderer Fall von paralleler Evolution: Beide Pilzgruppen haben die gleiche Methode entwickelt, ihre Sporen zu verbreiten – nämlich indem der Druck auftreffender Regentropfen die Sporen durch eine Öffnung oben am Fruchtkörper hinausstößt. Der Wetterstern hat zusätzlich die Fähigkeit entwickelt, seine ledrigen „Arme" bei Feuchtigkeit auszubreiten, um mehr Regentropfen aufzunehmen, und sie dann wieder über dem Fruchtkörper zurückzubiegen – als Schutz bei Trockenheit.

Der Wetterstern bildet zunächst kugelförmige Fruchtkörper. Wenn sie reifen (und das Wetter regnerisch ist), bricht die dicke äußere Haut auf und teilt sich in 6–12 Strahlen oder Arme, sodass der Bovist-ähnliche Sporensack freiliegt. Die Arme sind stark hygroskopisch; bei Trockenheit biegen sie sich wieder zurück über den Fruchtkörper.

ÄHNLICHE ARTEN

Astraeus hygrometricus ist kosmopolitisch, aber verwandte Arten (die sich unter dem Mikroskop abgrenzen lassen) finden sich in Südostasien. Die Arme der meisten *Geastrum*-Arten sind jedoch nicht hygroskopisch und bleiben auch bei Trockenheit ausgebreitet (nur bei manchen Arten können sie sich nach oben krümmen).

Maßstab 1:1

FAMILIE	Agaricaceae
VERBREITUNG	Nordamerika, Europa, Afrika, Mittel- und Südamerika, Asien, Australien
LEBENSRAUM	Auf trockenen Waldböden, Gestrüpp und Wüstenboden
SYMBIOSE	Mit Laub- und Nadelbäumen
WUCHSFORM	Auf der Erde, einzeln oder in kleinen Gruppen
VORKOMMEN	Lokal häufig
SPORENFARBE	Braun
GENIESSBARKEIT	Essbar (im unreifen „Ei“-Stadium)

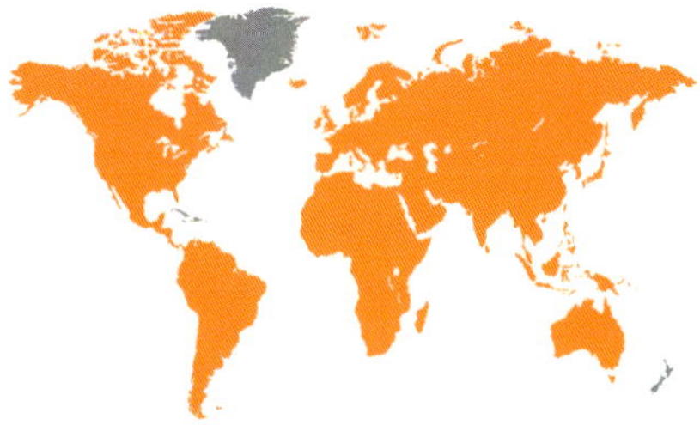

GRÖSSE
Bis zu 600 mm

HUTDURCHMESSER
Bis zu 75 mm

BATTARREA PHALLOIDES

STELZENSTÄUBLING

(DICKSON) PERSOON

Der Stelzenstäubling wächst typischerweise auf trockenen, sandigen Böden und in Wüstengegenden. Mit seinem zähen Stiel und der gut geschützten Sporenmasse trotzt er auch sehr trockenen Bedingungen. Es mag daher überraschen, dass die erste Beschreibung dieser Art aus dem Jahr 1785 aus England stammt. Zwar ist er in Großbritannien selten und kommt dort überwiegend an trockenen, sandigen Böschungen vor. Er scheint jedoch kosmopolitisch zu sein und ist in vielen Gegenden lokal häufig. In Zypern kennt man ihn als „Eselspilz“ und nutzt ihn im unreifen Stadium sogar als Speisepilz.

ÄHNLICHE ARTEN

Battarrea stevenii wird manchmal als eigene, größere Art klassifiziert, die in Südeuropa und anderen Gegenden vorkommt. DNA-Analysen legen aber nahe, dass er sich nicht vom Stelzenstäubling unterscheidet. Deshalb werden hier beide als eine Art betrachtet. Der Wüsten-Tintlingsstäubling (*Podaxis pistillaris*) wächst seinerseits in ähnlich trockenen Gegenden, unterscheidet sich aber durch seinen zottigen, länglichen Hut (oder Kopf).

Maßstab 1:1

Der Stelzenstäubling wächst aus einem weißlichen, unter der Erde gelegenen „Ei“, das entweder an der Stielbasis weiterbesteht oder mit der Zeit zerfällt. Der Hut oder Kopf ist zunächst von einer weißen, membranartigen Haut bedeckt, die später aufbricht und die rostbraune Sporenmasse freilegt. Der Stiel ist hart, trocken, struppig-geschuppt und blassbraun.

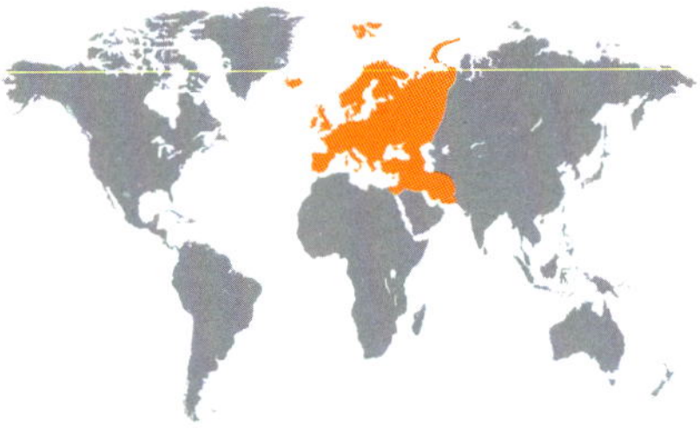

FAMILIE	Agaricaceae
VERBREITUNG	Europa, Westasien
LEBENSRAUM	In Grasland und Wäldern
SYMBIOSE	Mit Gras und Laubbäumen
WUCHSFORM	Auf der Erde, einzeln oder in kleinen Gruppen
VORKOMMEN	Häufig
SPORENFARBE	Braun
GENIESSBARKEIT	Jung essbar

GRÖSSE
Bis zu 60 mm

DURCHMESSER
Bis zu 60 mm

BOVISTA NIGRESCENS

SCHWÄRZENDER BOVIST

PERSOON

Der Schwärzende Bovist ist kugelig, glatt und jung weißlich bis cremefarben. Die weiße Außenhaut (Exoperidie) zerfällt bei reifen Exemplaren, es zeigt sich eine dunkelbraune, pergamentartige, leicht schimmernde Innenhaut. Diese reißt auf und setzt das wollige, dunkelbraune Sporenpulver frei.

Wie sein kleinerer Verwandter *Bovista plumbea* (Bleigrauer Bovist) bildet der Schwärzende Bovist Fruchtkörper ohne Stiel, die anfangs von einer weichen weißen Haut umgeben sind. Sind die Sporen reif, bricht die Außenhaut auf. Nach ihrem Zerfall zeigt sich die dünne, pergamentartige innere Haut – braun bei *B. nigrescens*, bleigrau bei *B. plumbea* –, die am Scheitel aufreißt und die Sporen freisetzt. Mit dem Verlust der Außenhaut sind die Fruchtkörper nicht mehr am Boden verankert. Man sieht daher gelegentlich reife Schwärzende oder Bleigraue Boviste, die vom Wind vorangetrieben werden und so nach und nach Sporen freisetzen.

ÄHNLICHE ARTEN

Bovista pila ist eine sehr ähnliche nordamerikanische Art. Der Bleigraue Bovist (*B. plumbea*) kommt sowohl in Amerika als auch in Europa vor und ist eine kleinere Art, die im Grasland auf Kalkböden wächst. *Bovista graveolens* ist ebenfalls ähnlich, aber selten und in Kontinentaleuropa heimisch. Als eine der wenigen Arten bevorzugt er bearbeitete Erde.

Maßstab 1:1

FAMILIE	Calostomataceae
VERBREITUNG	Nordamerika, mittleres und nördliches Südamerika
LEBENSRAUM	Auf Waldböden
SYMBIOSE	Ektomykorrhiza; mit Eiche
WUCHSFORM	Auf der Erde, einzeln oder in kleinen Gruppen
VORKOMMEN	Gelegentlich
SPORENFARBE	Gelb bis gelbbraun
GENIESSBARKEIT	Ungenießbar

GRÖSSE
Bis zu 80 mm

DURCHMESSER
Bis zu 25 mm

CALOSTOMA CINNABARINUM

CORDA

Calostoma-Arten sehen wie ungewöhnliche Boviste aus, sind aber tatsächlich näher mit den Hartbovisten und Steinpilzen verwandt als mit den echten Bovisten. Die Fruchtkörper wirken wie in Aspik eingelegt, und man vermutet, dass diese gallertige Außenhaut den Pilz vor Austrocknung oder Beschädigung etwa durch Schnecken schützt. Der Name *Calostoma* steht für „hübscher Mund" und bezieht sich auf die rote, gezahnte Öffnung an der Spitze des Sporensacks. Die leuchtend orangerote Färbung verdankt der Pilz dem Pigment Calostomal, das man bei dieser Art gefunden hat.

ÄHNLICHE ARTEN

Calostoma cinnabarinum („Red Aspic-Puffball") wächst ausschließlich in Nord- und Südamerika, ähnliche Arten kommen aber auch in Asien und Australasien vor. In Nordamerika ist *Calostoma lutescens* („Yellow Aspic-Puffball") ähnlich, aber mit gelblichem Stamm und Sporensack (die gezahnte, kreuzförmige Öffnung an der Spitze ist aber ebenfalls rot). *Calostoma ravenelii* ist ebenfalls gelblich, aber ohne die gallertige äußere Schicht.

Maßstab 1:1

Calostoma cinnabarinum ist jung gallertig und kugelig, reif verliert er aber die gallertige äußere Schicht (die häufig rötliche Fragmente enthält), und der Sporensack, der dem von Bovisten ähnelt, liegt frei. Dieser weist eine gezahnte, kreuzförmige rote Öffnung auf, durch die die Sporen freigesetzt werden. Der Sporensack ist durch einen dicken, rötlichen, grob genetzten und porös-gallertigen Stiel mit dem Boden verbunden.

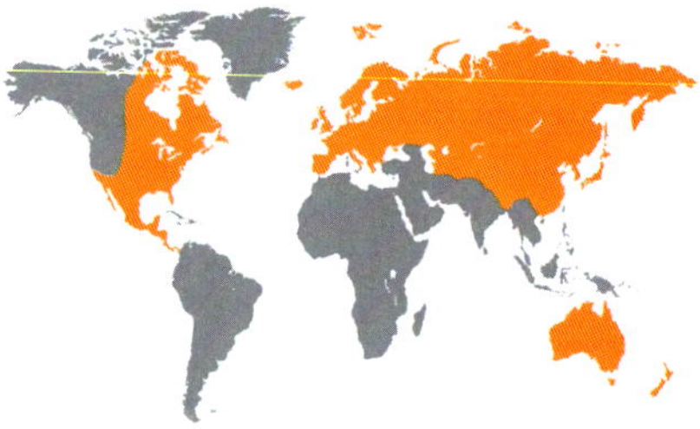

FAMILIE	Agaricaceae
VERBREITUNG	Östliches Nordamerika, Europa, Mittelamerika, Nordasien, Australien, Neuseeland
LEBENSRAUM	In reichhaltigem Grasland und im Unterholz, gelegentlich in Gärten
SYMBIOSE	Mit Gras und Laubbäumen
WUCHSFORM	Auf der Erde, einzeln, in Trupps oder Ringen
VORKOMMEN	Häufig
SPORENFARBE	Olivbraun
GENIESSBARKEIT	Jung essbar

GRÖSSE
Bis zu 750 mm

DURCHMESSER
Bis zu 750 mm

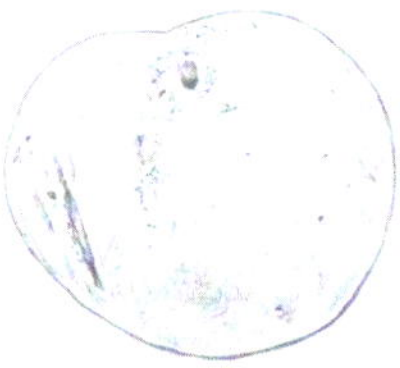

CALVATIA GIGANTEA

GEMEINER RIESENBOVIST

(BATSCH) LLOYD

Maßstab 1:1

Im Allgemeinen erreicht der Riesenbovist die Größe eines Fußballs, gelegentlich sogar auch darüber hinaus. Das größte bekannte Exemplar maß mehr als 1,5 m im Durchmesser und wog über 20 kg. Zudem wachsen Riesenboviste oft ringförmig angeordnet, Hexenringe oder früher Feenringe genannt, auch wenn sie nichts mit feenhafter Zartheit gemein haben. Die Fruchtkörper enthalten unzählige Sporen (etwa 30 Billionen pro Kilo), die freigesetzt werden, wenn alternde Fruchtkörper aufbrechen und verwittern. Jung ist der Riesenbovist durchgehend weiß und essbar, gelegentlich wird er auf Bauernmärkten angeboten.

ÄHNLICHE ARTEN

Im Westen Nordamerikas kann *Calvatia booniana* ähnliche Ausmaße erreichen, bricht an der Oberfläche aber in vieleckigen Schuppen auf. Der weitverbreitete *Lycoperdon utriforme* hat ebenfalls eine schuppige Oberfläche und kann bis zu 200 mm im Durchmesser erreichen, hat aber einen breiten, unfruchtbaren Stiel. *Calvatia cyathiformis* ist ähnlich, aber mit glatter Oberfläche und purpur-braunen Sporen.

Der Riesenbovist bildet rundliche, abgeflacht-kugelige Fruchtkörper ohne Stiel. Die Oberfläche ist glatt, leicht samtig und weißlich bis cremefarben und blättert jung leicht ab. Alte Fruchtkörper werden pergamentartig braun, trocknen gelegentlich aus und können monatelang bestehen bleiben, bis sie zerfallen und die olivbraunen Sporen im Inneren freisetzen.

FAMILIE	Agaricaceae
VERBREITUNG	Nordamerika, Kontinentaleuropa, Nordasien
LEBENSRAUM	In trockenem Grasland, auf Rasenflächen und am Straßenrand
SYMBIOSE	Mit Gras
WUCHSFORM	Auf der Erde, einzeln oder büschelig
VORKOMMEN	Häufig
SPORENFARBE	Blassgrün bis ockerbraun
GENIESSBARKEIT	Wahrscheinlich giftig

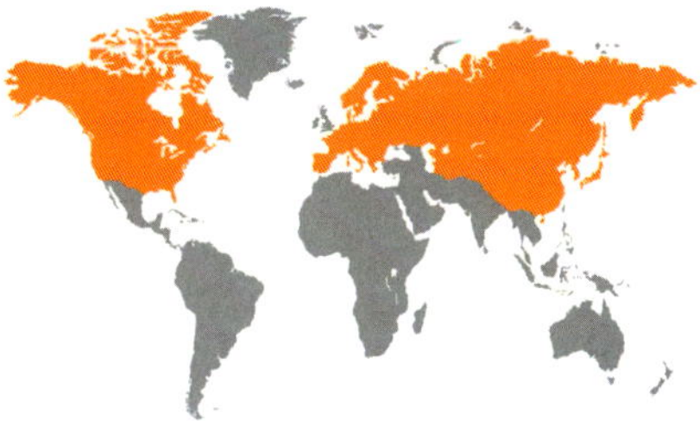

GRÖSSE
Bis zu 125 mm

HUTDURCHMESSER
Bis zu 100 mm

CHLOROPHYLLUM AGARICOIDES

(CZERNAJEW) VELLINGA

Halb Bovist, halb Blätterpilz – *Chlorophyllum agaricoides* (Puffball Parasol) ist ein Beispiel für Sekotioide, Pilze mit geschlossenem Hut, deren Sporen im Inneren reifen, bis die alten, verwitternden Fruchtkörper sie freisetzen. Damit passt er sich trockenem Klima an: In der Natur kommt *Chlorophyllum agaricoides* in Steppen und trockenem Grasland vor, wurde aber auch schon an trockenen Wegrändern und in Gärten gefunden. Früher hat man ihn einer eigenen Gattung, *Endoptychum*, zugeordnet, doch die Genetik hat gezeigt, dass er mit dem Grünsporschirmling (*Chlorophyllum molybdites*) verwandt und möglicherweise ebenso giftig ist.

ÄHNLICHE ARTEN

Agaricus inapertus, früher *Endoptychum depressum* genannt, galt früher als mit *Chlorophyllum agaricoides* verwandt, erwies sich aber als dem Weißen Anis-Egerling (*A. arvensis*) näher. Er ist ähnlich geformt, doch die reifen Sporen sind schokoladenbraun und er verströmt einen Geruch nach Mandeln. Die texanische *Longula texensis* ist ebenfalls ähnlich.

Maßstab 1:1

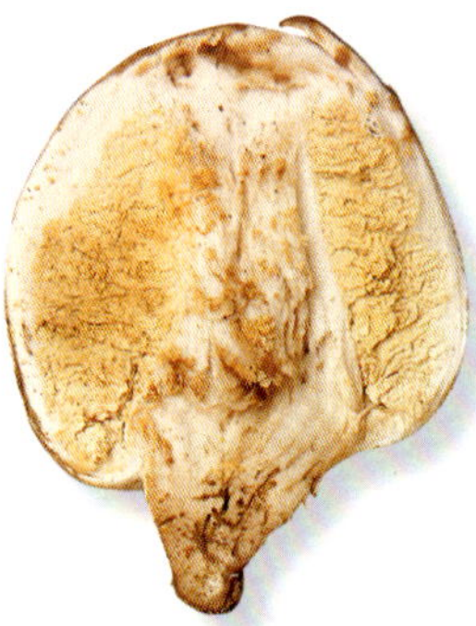

Chlorophyllum agaricoides bildet Bovist-ähnliche Fruchtkörper mit halb im Inneren gelegenen Stiel. Die Hutoberfläche ist jung glatt, dann schuppig und weiß bis cremefarben, im Alter ockergelb bis braun. Die Sporenmasse im Inneren ist erst weiß, dann gelblich (Foto links) bis braun. Der kurze Stiel hat die Farbe des Hutes und einen undeutlichen Ring unter der Hutbasis.

FAMILIE	Gallaceaceae
VERBREITUNG	Neuseeland
LEBENSRAUM	Auf Waldböden
SYMBIOSE	Ektomykorrhiza; mit Scheinbuchen
WUCHSFORM	Halb in der Erde verborgen, einzeln oder in kleinen Gruppen
VORKOMMEN	Häufig
SPORENFARBE	Braun
GENIESSBARKEIT	Ungenießbar

GRÖSSE
Bis zu 140 mm

DURCHMESSER
Bis zu 100 mm

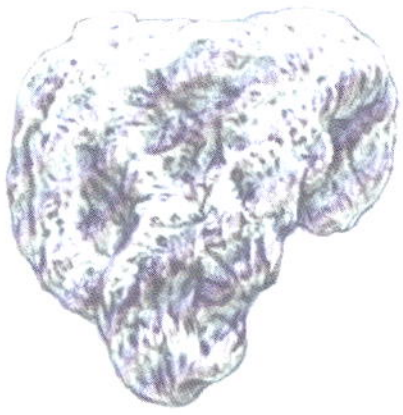

GALLACEA SCLERODERMA

(COOKE) LLOYD

Diese spezielle Art aus Neuseeland ist wohl eine der auffälligsten und schönsten Trüffelähnlichen, aber dennoch kein essbarer Pilz. Es handelt sich um eine Ektomykorrhizen-Art, die mit den Wurzeln lebender Scheinbuchen (*Nothofagus*) vergesellschaftet ist und in den einheimischen Wäldern Neuseelands vorkommt. Überraschenderweise hat die genetische Forschung gezeigt, dass sie entfernt mit den Korallenpilzen (*Ramaria*) und Stinkmorcheln verwandt ist. Der Name *Gallacea*, aus dem Lateinischen für „Gallapfel", deutet die Ähnlichkeit zu diesen Früchten an, *scleroderma* die Annahme, dass er den Hartbovisten ähnelt, obwohl weder die einen noch die anderen so intensiv violett gefärbt sind.

Gallacea scleroderma bildet trüffelähnliche Fruchtkörper, die halb in Erde und Blattstreu vergraben liegen. Sie sind unregelmäßig kugelig mit fein haariger oder schuppiger Oberfläche und auffällig purpurn bis leuchtend violett, bei Beschädigung bräunend. Im Schnitt ist das Innere olivbraun bis dunkel graubraun (siehe Foto unten rechts).

ÄHNLICHE ARTEN

Die intensive Färbung von *Gallacea scleroderma* („Violet Potato Fungus") ist einzigartig. Andere *Gallacea*-Arten sind weißlich bis blassrosa und kaum mit dieser Art zu verwechseln. *Cortinarius porphyroideus* ist ebenfalls in Neuseeland heimisch und hat einen ebenso leuchtend violetten, geschlossenen und trüffelähnlichen Hut, aber einen deutlich erkennbaren Stiel.

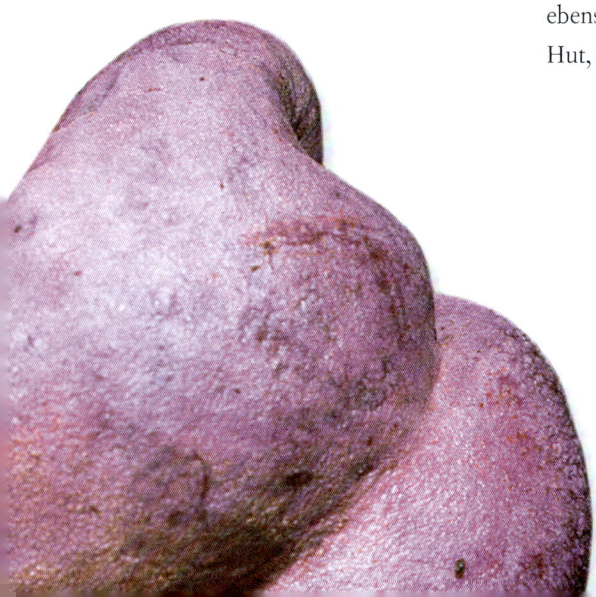

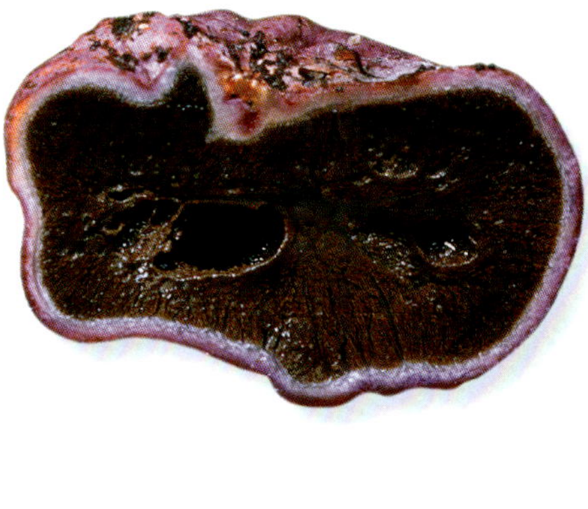

Maßstab 1:1

FAMILIE	Geastraceae
VERBREITUNG	Nordamerika, Europa, Afrika, Mittel- und Südamerika, Asien, Australien
LEBENSRAUM	Auf Waldböden, in Buschwerk und Hecken
SYMBIOSE	Mit Laub- und Nadelbäumen
WUCHSFORM	Auf der Erde, einzeln oder truppweise
VORKOMMEN	Gelegentlich
SPORENFARBE	Braun
GENIESSBARKEIT	Ungenießbar

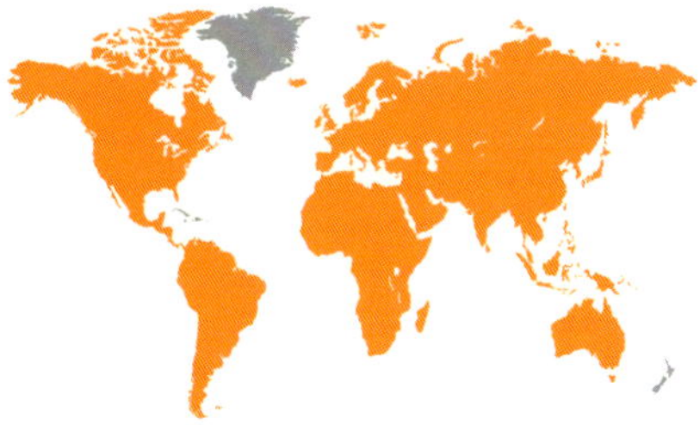

GRÖSSE
Bis zu 100 mm

DURCHMESSER
Bis zu 80 mm

GEASTRUM FORNICATUM

GROSSER NEST-ERDSTERN

(HUDSON) HOOKER

Der Große Nest-Erdstern verfügt über einen der bemerkenswertesten und höchstentwickelten Fruchtkörper der Pilzwelt. Er ist zunächst kugelförmig, bricht dann jedoch sternförmig in Arme oder Strahlen auf, die sich öffnen und den Bovist-ähnlichen Sporensack im Inneren freilegen. Jeder Arm teilt sich dann erneut in zwei Schichten, die an der Spitze verbunden sind. Die untere Schicht bleibt in der Erde unter Blattstreu verborgen, die obere richtet sich auf und trägt den Sporensack, sodass die Sporen von auftreffenden Regentropfen verteilt werden können. Früher sah man Ähnlichkeiten zu einer Männchen-Figur, und in einer Illustration aus dem Jahr 1695 wurde der Pilz mit einem Gesicht versehen.

ÄHNLICHE ARTEN

Die meisten anderen Erdsterne haben nicht den aufgebogenen, freitragenden Fruchtkörper von *Geastrum fornicatum* und dementsprechend auch keine zweite, darunterliegende Schicht. *Geastrum quadrifidum* hat zwar aufgebogene Arme, ist aber meist kleiner und die Öffnung oben am Sporensack zeigt einen hellen Ring.

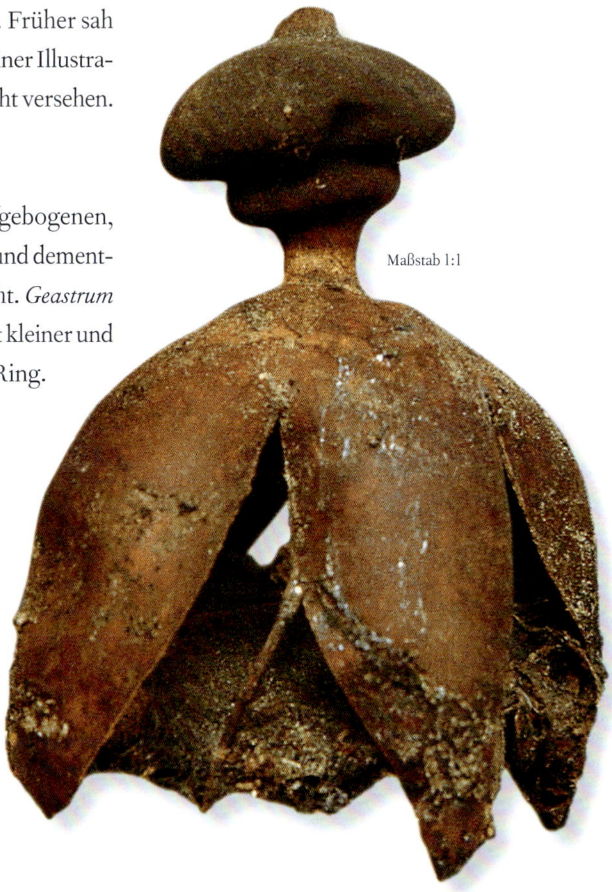

Maßstab 1:1

Der Große Nest-Erdstern bildet zunächst fast kugelige Fruchtkörper. Wenn sie reifen, bricht die dicke äußere Haut auf und teilt sich in 3–5 Strahlen oder Arme. Die Arme teilen sich erneut in zwei Schichten. Die untere, hutförmige Schicht bleibt in Erde oder Blattstreu verborgen, die obere Schicht biegt sich nach oben und trägt den in ihrer Mitte gelegenen Sporensack.

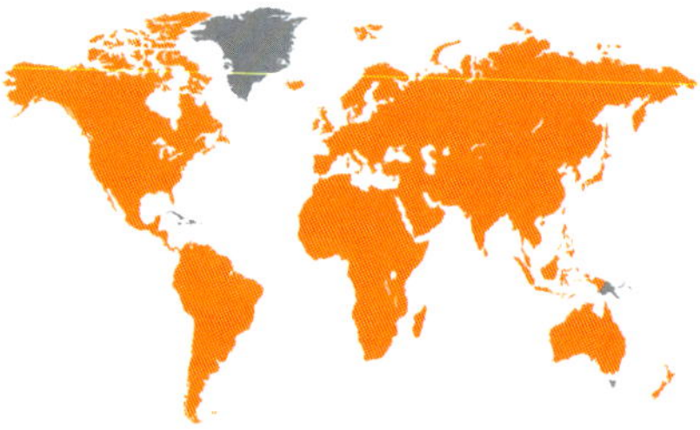

FAMILIE	Geastraceae
VERBREITUNG	Nordamerika, Europa, Afrika, Mittel- und Südamerika, Asien, Australien, Neuseeland
LEBENSRAUM	Auf Waldböden, in Buschwerk, Hecken und Dünen
SYMBIOSE	Mit Laub- und Nadelbäumen
WUCHSFORM	Auf der Erde, einzeln oder truppweise
VORKOMMEN	Häufig
SPORENFARBE	Braun
GENIESSBARKEIT	Ungenießbar

GRÖSSE
Bis zu 60 mm

DURCHMESSER
Bis zu 120 mm

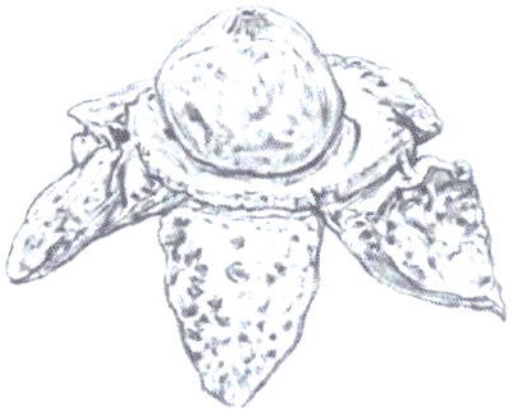

GEASTRUM TRIPLEX

HALSKRAUSEN-ERDSTERN

JUNGHUHN

Maßstab 1:1

Dieser Erdstern ist einer der häufigsten und am weitesten verbreiteten, aber auch besonders groß. Wie viele andere *Geastrum*-Arten ist er leicht hygroskopisch und bildet Arme, die sich bei Nässe leicht öffnen, um sich bei Trockenheit wieder zu schließen. In der Vergangenheit wurde der Halskrausen-Erdstern ebenso wie Boviste und andere *Geastrum*-Arten zur Blutstillung und Wundversorgung verwendet. Es ist bekannt, dass die Cherokee-Indianer ihn bei der Abnabelung Neugeborener einsetzten. In der Traditionellen Chinesischen Medizin wird er heute noch bei Entzündungen der Atemwege als leichter Tee getrunken.

ÄHNLICHE ARTEN

Typische Vertreter dieser Art lassen sich meist durch ihren schüsselförmigen „Kragen" rund um den Bovist-ähnlichen Sporensack von anderen Erdsternen unterscheiden. Sonst ist die Art dem selteneren *Geastrum lageniforme* sehr ähnlich, der fast gleich aussieht, aber keinen Kragen hat. Weitere Forschung soll zeigen, ob es sich um unterschiedliche Arten oder zwei Formen desselben Pilzes handelt.

Der Halskrausen-Erdstern bildet zunächst zwiebelförmige, spitz zulaufende Fruchtkörper. Bei reifen Fruchtkörpern bricht die äußere Haut auf und teilt sich in 4–7 Arme oder Lappen, die den Bovist-ähnlichen Sporensack in der Mitte freilegen. Beim Halskrausen-Erdstern sind diese Lappen spröde und reißen leicht, wodurch der typische schüsselförmige Kragen, die „Halskrause", rund um den Sporensack entsteht.

FAMILIE	Strophariaceae
VERBREITUNG	Australien, Neuseeland
LEBENSRAUM	Auf Waldböden
SYMBIOSE	Mit Laubbäumen
WUCHSFORM	Auf der Erde oder auf morschem liegendem Holz
VORKOMMEN	Gelegentlich
SPORENFARBE	Braun
GENIESSBARKEIT	Ungenießbar

GRÖSSE
Bis zu 40 mm

HUTDURCHMESSER
Bis zu 60 mm

LERATIOMYCES ERYTHROCEPHALUS

(TULASNE & C. TULASNE) BEEVER & D.-C. PARK

Leratiomyces erythrocephalus („Red Pouch Fungus") sieht ein wenig aus wie ein sehr intensiv gefärbter Champignon, bei dessen Hut die Lamellen noch nicht freiliegen. Bei dieser eigentümlichen Art öffnet sich der Hut jedoch nie, und die Lamellen im Inneren sind verkümmert und bilden eine honigwabenähnliche Masse. Die Sporen können von Vögeln verbreitet werden, die den Hut für eine große rote Beere halten, in Australien auch von kleineren Säugetieren. Die neuere genetische Forschung hat gezeigt, dass *Leratiomyces erythrocephalus* eng verwandt ist mit den klassischen Blätterpilzen, die normale Lamellen haben – darunter auch der Orangerote Träuschling (*Leratiomyces ceres*). Dies legt nahe, dass der geschlossene Hut eine vergleichsweise junge evolutionäre Entwicklung ist.

Maßstab 1:1

ÄHNLICHE ARTEN

Der nicht verwandte, trüffelähnliche *Paurocotylis pila* wächst ebenfalls in Australien und Neuseeland und ist ähnlich gefärbt, hat aber keinen Stiel. *Leratiomyces ceres* ist verwandt, hat einen leuchtend orangen Hut und findet sich in den gleichen Lebensräumen, ist aber ein klassischer Blätterpilz mit Lamellen.

Leratiomyces erythrocephalus bildet Bovist-ähnliche Fruchtkörper mit rundem bis eiförmigem Hut und einem langen Stiel. Der Hut ist glatt, oft gelappt oder faltig und an der Unterseite nach innen eingerollt. Die Oberfläche ist glatt-schimmernd bis leicht klebrig und leuchtend scharlachrot. Der zylindrische Stiel ist weiß bis gelblich. Das Hutinnere ist im Schnitt braun.

FAMILIE	Agaricaceae
VERBREITUNG	Südliches und westliches Nordamerika, Mittelamerika
LEBENSRAUM	Trockene Erde und Wüstenboden
SYMBIOSE	Mit Buschwerk in Trockenwäldern
WUCHSFORM	Auf der Erde, einzeln oder in kleinen Gruppen
VORKOMMEN	Gelegentlich
SPORENFARBE	Schokoladenbraun
GENIESSBARKEIT	Ungenießbar

GRÖSSE
Bis zu 100 mm

HUTDURCHMESSER
Bis zu 80 mm

LONGULA TEXENSIS

(BERKELEY & M. A. CURTIS) ZELLER

Longula texensis („Texan Desert Mushroom“) sieht aus wie ein echter Blätterpilz (*Agaricus*), dessen Hut noch nicht geöffnet ist. Die molekularbiologische Forschung hat nun bestätigt, dass er tatsächlich zu dieser Gruppe gehört. Seither zählt man ihn zur Gattung *Agaricus*, doch der Name *A. texensis* ist bereits für eine völlig andere Art vergeben. Seinen geschlossenen Hut hat dieser Pilz vermutlich zur Anpassung an die trockenen Bedingungen seines Lebensraums entwickelt. Er ermöglicht es, dass die Sporen von Sonne und Wind geschützt heranreifen können. Sie werden erst freigesetzt, wenn der alte Hut verwittert. Die Art ist nicht auf Texas beschränkt, sondern kommt auch in Mexiko und im Norden bis nach Oregon vor.

ÄHNLICHE ARTEN

Andere Wüsten- und Trockenwaldarten haben ähnliche Fruchtkörper entwickelt. *Podaxis pistillaris* bildet einen geschlossenen, länglich eiförmigen Hut. *Phellorinia herculeana* hat breit keulenförmige Fruchtkörper. Unreife, geschlossene Fruchtkörper der größeren *Agaricus*-Arten können ebenfalls ähnlich aussehen, zeigen im Schnitt aber bereits angelegte farblose bis rosa Lamellen.

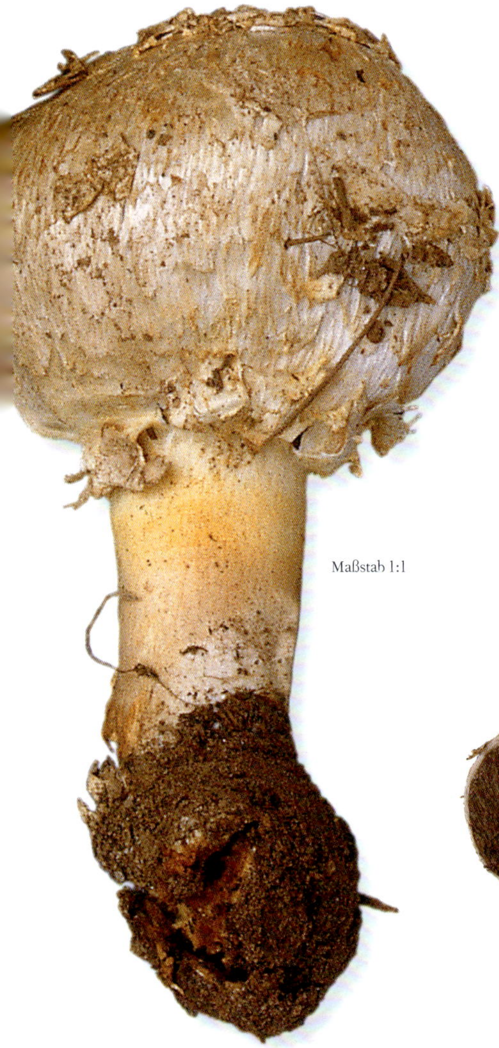

Maßstab 1:1

Longula texensis sieht ungeöffneten *Agaricus*-Arten sehr ähnlich. Er bildet einen fast runden, zunächst weißen Hut, der sich im Alter bräunlich färbt und zuerst glatt, dann grob geschuppt ist. Der Hut öffnet sich nicht, sondern umschließt die reif schokoladenbraune bis schwärzliche Sporenmasse (siehe Foto links). Der Stiel hat die Farbe des Hutes und einen grob strukturierten Ring direkt unter dem Hut, er wird mit dem Alter langsam holzig.

FAMILIE	Agaricaceae
VERBREITUNG	Nordamerika, Europa, Afrika, Mittelamerika, Asien
LEBENSRAUM	Auf Waldböden
SYMBIOSE	Mit Laubbäumen auf Kalkböden
WUCHSFORM	Auf der Erde, einzeln, in kleinen Büscheln oder Trupps
VORKOMMEN	Gelegentlich
SPORENFARBE	Braun
GENIESSBARKEIT	Jung essbar

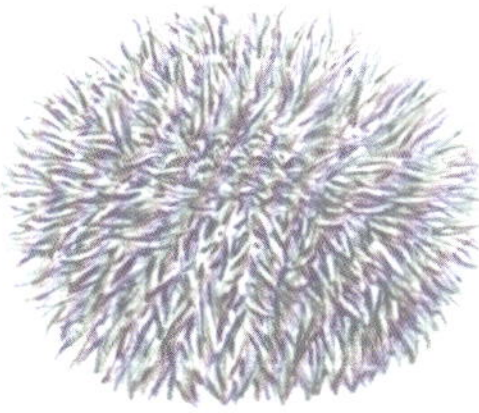

GRÖSSE
Bis zu 100 mm

DURCHMESSER
Bis zu 60 mm

LYCOPERDON ECHINATUM

IGEL-STÄUBLING

PERSOON

Die jüngere genetische Forschung hat überraschend gezeigt, dass Boviste, darunter der Igel-Stäubling, zur gleichen Familie gehören wie gewöhnliche Zuchtchampignons. Statt auf Lamellen entwickeln sich die Sporen jedoch im Inneren der geschlossenen Hüte. Bei Reife haben Boviste eine äußerst elegante Methode zur Sporenverbreitung entwickelt: Sie nutzen das Gewicht der Regentropfen. An der Spitze der Fruchtkörper bildet sich ein kleines Loch, und die Sporen werden ausgestoßen, wann immer ein Tropfen aufschlägt. Elastisches Gewebe im Inneren des Pilzes sorgt dafür, dass der Hut sich dabei nicht verformt. Erkenntnissen aus Schweden zufolge könnte der Igel-Stäubling ein hilfreicher Bioindikator sein, da sein Vorkommen bei Versauerung des Bodens abnimmt.

ÄHNLICHE ARTEN

Funde in Amerika wurden gelegentlich einer anderen Art, nämlich *Lycoperdon americanum*, zugeordnet, doch die Forschung muss zeigen, ob dies tatsächlich eine eigene Art ist. Auch *L. pulcherrimum*, ebenfalls amerikanisch, ist sehr ähnlich, aber mit kürzeren Stacheln, die sich im Alter nicht braun verfärben.

Maßstab 1:1

Der Igel-Stäubling ist erkennbar an seinen langen, dichten Stacheln, die jung weiß sind und sich dann rasch braun verfärben (siehe Foto rechts). Im Alter werden sie abgeworfen, sodass ein netziges Muster an der Oberfläche zurückbleibt. Reife Fruchtkörper bilden ein rundes Loch am Kopfteil, durch das die braunen Sporen entweichen.

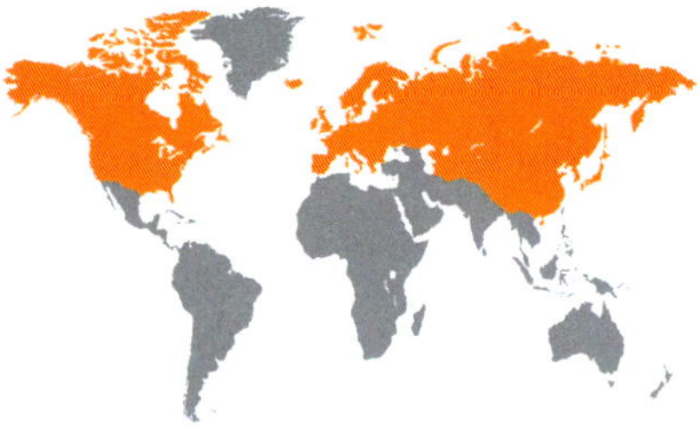

FAMILIE	Agaricaceae
VERBREITUNG	Nordamerika, Europa, Nordasien
LEBENSRAUM	Auf Waldböden
SYMBIOSE	Mit Laub- und Nadelbäumen
WUCHSFORM	Auf der Erde, einzeln, in kleinen Büscheln oder truppweise
VORKOMMEN	Sehr häufig
SPORENFARBE	Braun
GENIESSBARKEIT	Jung essbar

GRÖSSE
Bis zu 80 mm

DURCHMESSER
Bis zu 50 mm

LYCOPERDON PERLATUM

FLASCHEN-STÄUBLING

PERSOON

Der Flaschen-Stäubling, im Volksmund oft als Flaschen-Bovist bezeichnet, ist als junges Exemplar essbar, könnte aber mit giftigen Bovist-Arten verwechselt werden. Früher schätzte man diesen Pilz als Blutstiller bei der Versorgung von Wunden und Verbrennungen, als Zunder für Feuer, aber auch zur Ausräucherung und Betäubung von Bienen. In einigen Ureinwohnerkulturen glaubte man jedoch, dass seine Sporen Blindheit hervorrufen. Daher auch lokale Namen, die mit „Blinden-Blasebalg“ oder „Augenloser“ übersetzt werden können. Tatsächlich können die Sporen bei Einatmung Irritationen in Augen und Nase sowie allergische Reaktionen in der Lunge (Lycoperdonosis) hervorrufen.

ÄHNLICHE ARTEN

Andere Bovist-Arten können ähnlich aussehen, etwa *Lycoperdon excipuliforme*, der jedoch größer und eher grau ist und dessen gesamter oberer Teil bei Reife zerfällt, um die Sporen freizusetzen. *Lycoperdon nigrescens* hat jung schwärzliche Stacheln, verfärbt sich im Alter dunkelbraun und bevorzugt säurereiche Waldböden. *Lycoperdon pyriforme* bildet fast glatte Fruchtkörper, die in dichten Büscheln auf verrottendem oder erdbedecktem Holz wachsen.

Der Flaschen-Stäubling ist ein bekannter, verbreiteter Waldpilz, der erst weißlich bis cremefarben und mit körnigen, kegeligen Stacheln besetzt ist, die von Wärzchen umgeben sind. Im Alter verfärbt er sich braun, die Stacheln fallen ab und lassen eine netzartige Zeichnung zurück. Reife Fruchtkörper bilden ein Loch am Kopfteil, durch das die Sporen freigesetzt werden.

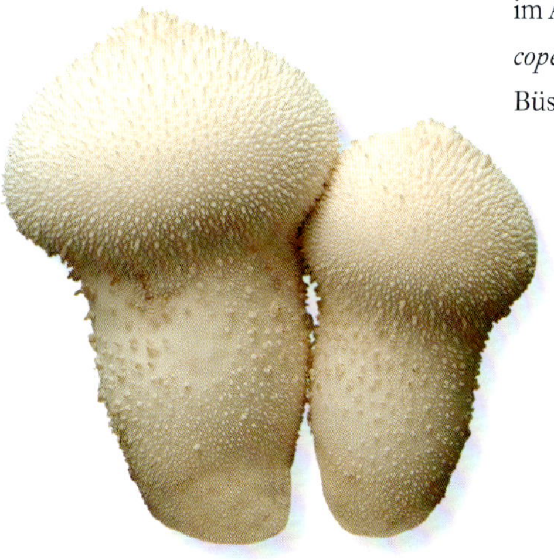

Maßstab 1:1

FAMILIE	Agaricaceae
VERBREITUNG	Nordamerika, Europa, Afrika, Mittelamerika, Asien
LEBENSRAUM	Auf Waldböden
SYMBIOSE	Mit Laub- und Nadelbäumen
WUCHSFORM	Auf moderndem Holz, typischerweise in dichten Büscheln
VORKOMMEN	Sehr häufig
SPORENFARBE	Braun
GENIESSBARKEIT	Jung essbar

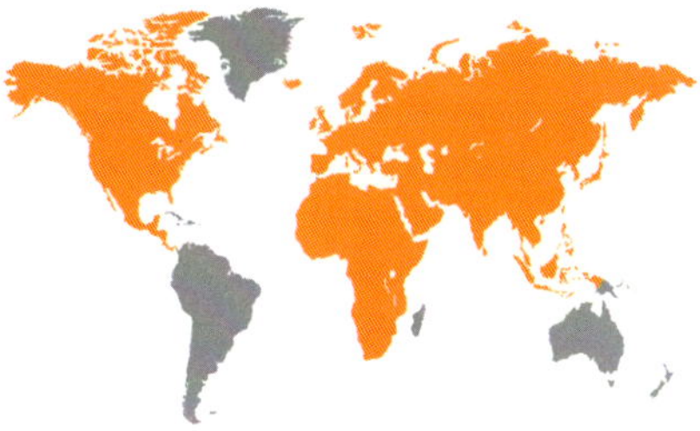

GRÖSSE
Bis zu 60 mm

DURCHMESSER
Bis zu 40 mm

LYCOPERDON PYRIFORME

BIRNEN-STÄUBLING

SCHAEFFER

Der Birnen-Stäubling wächst auf morschem Holz, das oft von Erde bedeckt ist, aber auch auf Baumstümpfen und tritt häufig in großen Haufen auf. Der jüngeren Molekularforschung zufolge ist er nicht so eng mit anderen Bovist-Arten verwandt, jedoch eng genug, um zur selben Gattung gezählt zu werden. Der Beiname *pyriforme* bedeutet „birnenförmig" und deutet ebenso wie der deutsche Name auf die Form länglicher, umgedrehter Birnen hin. Der Gattungsname *Lycoperdon* ist da ungewöhnlicher. Er bedeutet „Wolfswind", wie übrigens auch „Bovist" vom frühneuhochdeutschen „vohenfist" – „Fuchsfurz" – kommt.

ÄHNLICHE ARTEN

Die meisten anderen Bovist-Arten wachsen auf der Erde und haben nicht die weißen Rhizomorphen des Birnen-Stäublings. Die wenigen Arten, die auf Holz wachsen, wurden früher der eigenen Gattung *Morganella* zugeordnet. Dazu gehören *Lycoperdon subincarnatum* im Osten Nordamerikas, dessen Stacheln beim Abfall eine Netzzeichnung zurücklassen, und einige tropische Arten, die aber meist dunkler, kleiner oder fast stiellos sind.

Maßstab 1:1

Der Birnen-Stäubling bildet cremefarbene bis blassbraune Fruchtkörper mit fein körniger Oberfläche, die reif fast glatt ist. An der Stielbasis zeigen sich auffällige weiße Rhizomorphe. Wie die meisten anderen Bovist-Arten bildet auch der Birnen-Stäubling am Kopfteil ein Loch, durch das die Sporen entweichen.

FAMILIE	Russulaceae
VERBREITUNG	Westliches Nordamerika
LEBENSRAUM	Auf Waldböden
SYMBIOSE	Ektomykorrhiza; mit Nadelbäumen
WUCHSFORM	Auf der Erde, einzeln oder in kleinen Gruppen
VORKOMMEN	Gelegentlich
SPORENFARBE	Weiß
GENIESSBARKEIT	Ungenießbar

GRÖSSE
Bis zu 35 mm

HUTDURCHMESSER
Bis zu 35 mm

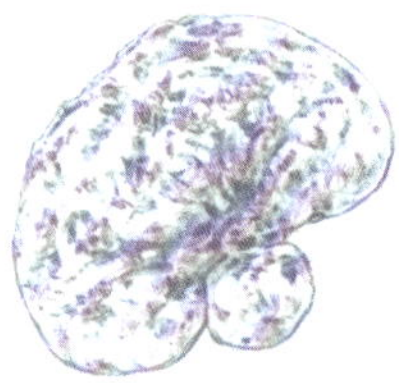

MACOWANITES LUTEOLUS

A. H. SMITH & TRAPPE

Macowanites luteolus („Yellow Brittleball") liegt in seinen Eigenschaften genau zwischen den Täublingen (*Russula*-Arten) und den Bovisten. Wie die klassischen Blätterpilze besteht er aus Hut und Stiel, der Hut öffnet sich jedoch nie, die Lamellen sind schwach ausgeprägt und die Sporen reifen im Inneren wie bei den Bovisten. *Macowanites*-Funde wurden zunächst aus Südafrika berichtet, die Gruppe nach dem führenden Mykologen der Gegend, Peter MacOwan, benannt. Erst später stellte sich heraus, dass diese Pilze an der nordwestlichen Pazifikküste Amerikas weitverbreitet sind, wo man in Nadelwäldern auf mehrere verschiedene Arten gestoßen ist.

ÄHNLICHE ARTEN

Dank seiner cremefarbenen bis mattgelben Färbung und seinem scharf-bitteren Geschmack sollte *Macowanites luteolus* gut von verwandten Arten zu unterscheiden sein. *Macowanites iodiolens* findet sich im gleichen Verbreitungsgebiet und ist ähnlich gefärbt, schmeckt aber mild und riecht markant nach Desinfektionsmittel.

Maßstab 1:1

Macowanites luteolus sieht einem ungeöffneten Täubling (*Russula*) sehr ähnlich. Der Hut ist eher rund, glatt und cremefarben bis blass mattgelb. Er öffnet sich nicht, sondern enthält die Sporenmasse (manchmal vermischt mit lamellenähnlichen Plättchen), die reif cremefarben bis blass mattgelb ist. Der kurze Stiel hat die Farbe des Hutes und reicht bis in die Sporenmasse.

FAMILIE	Agaricaceae
VERBREITUNG	Südliches Nordamerika, Kontinentaleuropa, Afrika, Mittel- und Südamerika, Asien, Australien
LEBENSRAUM	In Wüsten- und Steppenland, Dünen
SYMBIOSE	Mit Trockenwald und Dünengräsern
WUCHSFORM	Auf der Erde, einzeln oder in kleinen Gruppen
VORKOMMEN	Gelegentlich
SPORENFARBE	Schwarz
GENIESSBARKEIT	Ungenießbar

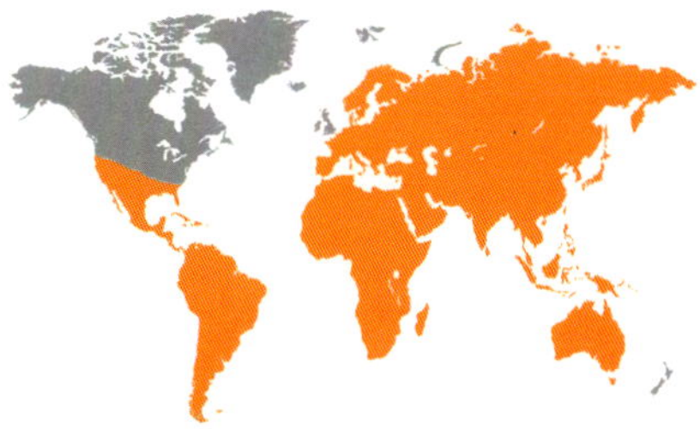

GRÖSSE
Bis zu 300 mm

HUTDURCHMESSER
Bis zu 50 mm

MONTAGNEA ARENARIA

(DE CANDOLLE) ZELLER

Montagnea arenaria („Desert Inkcap“) ist eine weitere Art, die sich an trockene Lebensräume angepasst hat, und ist weltweit in vielen Gegenden verbreitet, nicht nur in Wüsten und Trockenwäldern, sondern auch an Küsten und Sanddünen. Er ist mit dem bekannten Schopf-Tintling (*Coprinus comatus*) verwandt, aber deutlich holziger und stößt seine Sporen nicht aktiv aus. Vielmehr reifen diese in kurzer Zeit auf den Lamellen und verbleiben dort, bis die Lamellen zerfallen. Dann werden sie nach und nach verweht. Weltweit wurden einige weitere *Montagnea*-Arten beschrieben, die man hauptsächlich durch andere Sporengrößen unterschied. Die Forschung hat zuletzt aber gezeigt, dass sie alle Variationen der Art *M. arenaria* sind.

ÄHNLICHE ARTEN

Montagnea arenaria könnte leicht für ein altes, vertrocknetes Exemplar einer gängigen Tintling-Art gehalten werden, etwa für *Coprinus comatus*. Diese weist jedoch nicht den holzigen Stiel und die Volva an der Stielbasis auf, ist insgesamt weicher, zarter und geht bei Trockenheit zugrunde.

Maßstab 1:1

Montagnea arenaria erscheint eher zottig-rissig und verwittert. Der Hut ist flach und mattbraun mit oft unregelmäßigen Rändern. Die Lamellen sind schwarz, gekraust und oft eingerollt und reichen über den Hut. Der Stiel ist haarig-zottig, holzig-zäh und blass bräunlich. An der Stielbasis findet sich eine bräunliche Volva, meist im Sand oder in der Erde verborgen.

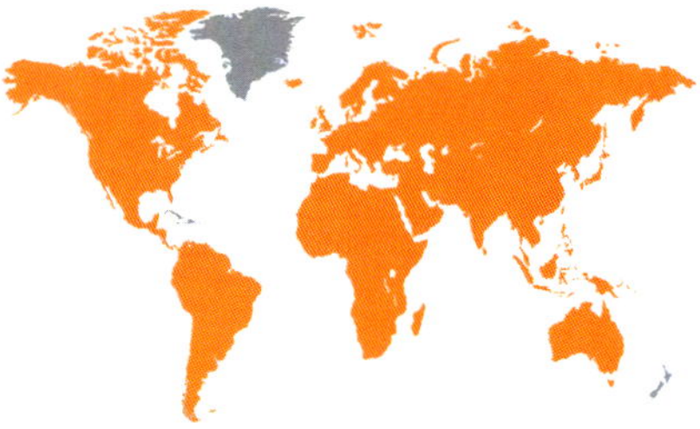

FAMILIE	Geastraceae
VERBREITUNG	Nordamerika, Europa, Afrika, Mittel- und Südamerika, Asien; eingeführt in Australien
LEBENSRAUM	Auf Waldböden, in Buschwerk, Hecken und Dünen
SYMBIOSE	Mit Laub- und Nadelbäumen
WUCHSFORM	Auf der Erde, einzeln oder truppweise
VORKOMMEN	Gelegentlich bis selten
SPORENFARBE	Braun
GENIESSBARKEIT	Ungenießbar

GRÖSSE
Bis zu 75 mm

DURCHMESSER
Bis zu 150 mm

MYRIOSTOMA COLIFORME

SIEBSTERN

(WITHERING) CORDA

Der Siebstern oder Vielstielige Sieberdstern kommt in erster Linie auf trockener Erde vor und ist relativ häufig und weitverbreitet in Halbwüsten, sonst jedoch selten. Er gleicht einem Erdstern (*Geastrum*-Arten), hat jedoch nicht eine, sondern mehrere Öffnungen, durch die die Sporen entweichen – daher sein Name. Für eine Halbwüsten-Art ungewöhnlich, stammt die älteste Beschreibung aus England, wo man ihn lange für ausgestorben hielt (zuletzt gesichtet 1880), 2006 aber wieder entdeckte. Er steht nach wie vor auf der Roten Liste bedrohter Arten in vielen europäischen Ländern und ist einer von 33 Pilzen, die im Rahmen der Berner Konvention für den internationalen Schutz vorgeschlagen wurden.

Der Siebstern bildet zunächst fast kugelige Fruchtkörper. Bei Reife bricht die äußere Haut auf und teilt sich in 5–12 Arme oder Lappen, die den Bovist-ähnlichen Sporensack in ihrer Mitte freilegen. Der Sporensack wird von mehreren kleinen „Säulen" gehalten und ist von kleinen Öffnungen durchsetzt, durch die die Sporen entweichen.

ÄHNLICHE ARTEN

Keine besonderen Ähnlichkeiten bekannt. Erdsterne (*Geastrum*) haben eine einzige Sporenöffnung (und ähneln eher einem Trichter als einem Sieb), zudem werden ihre Bovist-ähnlichen Kopfteile von einer einzigen Säule getragen, nicht von mehreren wie hier.

Maßstab 1:1

FAMILIE	Sclerodermataceae
VERBREITUNG	Nordamerika, Europa, Nord- und Ostafrika, Nordasien
LEBENSRAUM	Auf trockenen Waldböden, im Unterholz
SYMBIOSE	Ektomykorrhiza; mit Pinie, seltener mit Eiche
WUCHSFORM	Auf der Erde, einzeln oder in kleinen Gruppen
VORKOMMEN	Lokal häufig
SPORENFARBE	Braun
GENIESSBARKEIT	Ungenießbar

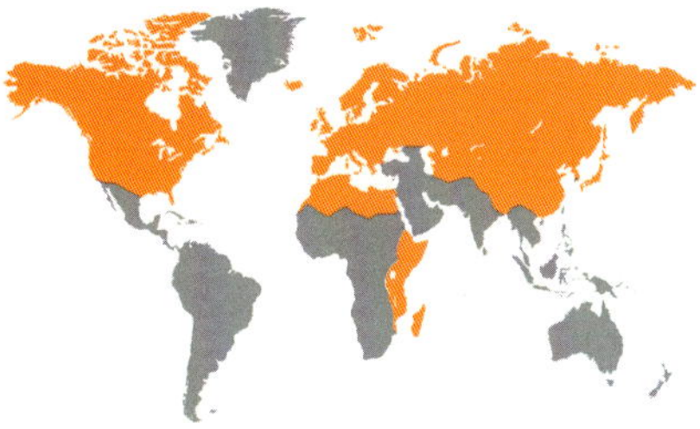

GRÖSSE
Bis zu 300 mm

DURCHMESSER
Bis zu 200 mm

PISOLITHUS ARHIZUS

GEMEINER ERBSENSTREULING

(SCOPOLI) RAUSCHERT

Auch Böhmische Trüffel genannt, ist der Gemeine Erbsenstreuling keine besonders attraktive Art, und seine Fruchtkörper werden selbst aus der Nähe oft für Pferdemist gehalten. Er war früher unter dem Namen *Pisolithus tinctorius* bekannt, nach seiner traditionellen Verwendung in der Färberei, wo er eine Anzahl Gelb- und Purpurtöne erzeugt. Der Pilz bildet Sporen in erbsengroßen Peridiolenkammern, die bei jüngeren Exemplaren im Schnitt sichtbar werden und das Pilzinnere ausfüllen. Bei reifen Fruchtkörpern zerfallen sie, ebenso die äußere Schicht. Alte Fruchtkörper sind deshalb meist nur mehr eine staubige braune Sporenmasse.

ÄHNLICHE ARTEN

Man hielt den Gemeinen Erbsenstreuling lange für eine einzige kosmopolitische Art, die genetische Forschung hat ihn nun aber als Komplex verschiedener Arten ausgewiesen, einige davon leben in Australien symbiontisch mit Eukalyptus. Der echte Gemeine Erbsenstreuling ist in nördlichen Breiten heimisch, lokal häufig in trockener, sandiger Erde, aber auch in anderen Gegenden in Pinienwäldern eingeführt.

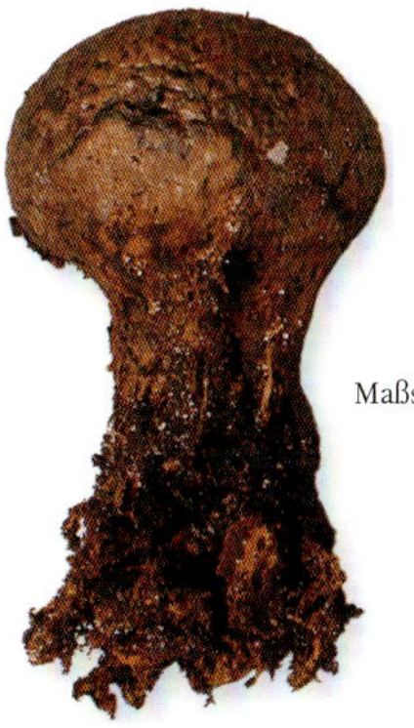

Maßstab 1:1

Der Gemeine Erbsenstreuling ähnelt jung einem großen Bovist mit seinem breiten, oft unregelmäßigen und halb in der Erde verborgenen Stiel. Die Oberfläche ist glatt, blass ockerbraun, wird dann schwärzlich braun, spröde und zerfällt. Jung ist er im Schnitt dunkelbraun und weist zahlreiche blasse, erbsengroße Peridiolen (sporenbildende Kammern) auf. Der gesamte Pilz verfärbt sich im Alter rötlich braun und wird pulverig.

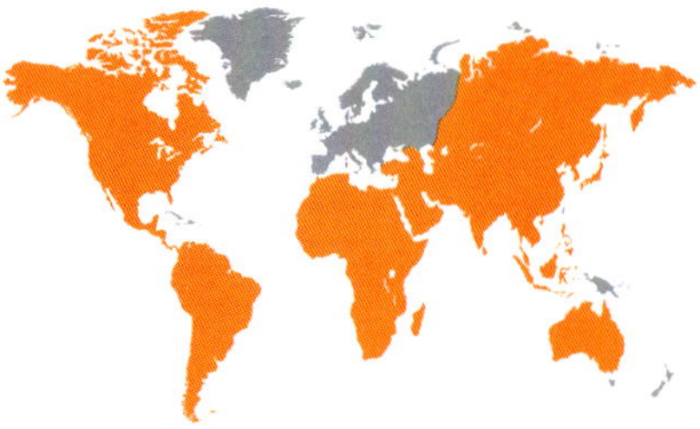

FAMILIE	Agaricaceae
VERBREITUNG	Nordamerika, Afrika, Mittel- und Südamerika, Asien, Australien
LEBENSRAUM	In Wüsten und Halbwüsten
SYMBIOSE	Mit Wüstenpflanzen, oft mit Termitenhügeln
WUCHSFORM	Auf der Erde, einzeln oder in kleinen Gruppen
VORKOMMEN	Lokal häufig
SPORENFARBE	Rötlich-braun
GENIESSBARKEIT	Jung essbar

GRÖSSE
Bis zu 150 mm

HUTDURCHMESSER
Bis zu 40 mm

PODAXIS PISTILLARIS

WÜSTEN-TINTLINGSSTÄUBLING

(LINNAEUS) FRIES

Dieser Pilz ist einer der auffälligsten und am weitesten verbreiteten Wüsten- und Halbwüstenbewohner und weltweit in trockenen tropischen und subtropischen Zonen zu finden. Er gehört zur selben Familie wie der Zuchtchampignon und der Schopf-Tintling, dem er jung auch ähnelt, doch seine Fruchtkörper sind zäh und die Hüte öffnen sich nicht. Trotz seiner zähen Konsistenz ist er in der arabischen Welt als Speisepilz verbreitet und wird im Norden Pakistans und Indiens sogar gezüchtet (er ist dort als *khumbi* bekannt). In Südwestafrika und Australien wurde und wird seine pulvrige Sporenmasse von Ureinwohnern kosmetisch genutzt.

ÄHNLICHE ARTEN

Diverse andere Wüstenpilze haben Fruchtkörper mit geschlossenen Hüten entwickelt, um ihre Sporen vor Austrocknung zu schützen. Ähnlich zottige weiße Fruchtkörper haben *Longula texensis*, hier jedoch mit runderen, kugeligen Hüten, und *Phellorinia herculeana*, deren Fruchtkörper ähnlich, aber breit keulenförmig sind.

Maßstab 1:1

Der Wüsten-Tintlingsstäubling sieht dem Schopf-Tintling jung sehr ähnlich, ist aber zäher und holziger. Der Hut ist länglich eiförmig, schuppig und weißlich cremefarben und öffnet sich nie, sondern verwächst mit dem holzig-zähen, weißlichen Stiel. Die rötlich braunen Sporen reifen im Inneren des Hutes heran und werden erst freigesetzt, wenn sich die Hutoberfläche bräunlich verfärbt und verwittert.

FAMILIE	Rhizopogonaceae
VERBREITUNG	Nordamerika, Europa, Nordasien; mit Pinienpflanzungen auch in Afrika, Südamerika, Australien, Neuseeland
LEBENSRAUM	Auf Waldböden
SYMBIOSE	Ektomykorrhiza; mit Pinie
WUCHSFORM	In Erde und Blattstreu
VORKOMMEN	Lokal häufig
SPORENFARBE	Blassbraun
GENIESSBARKEIT	Ungenießbar

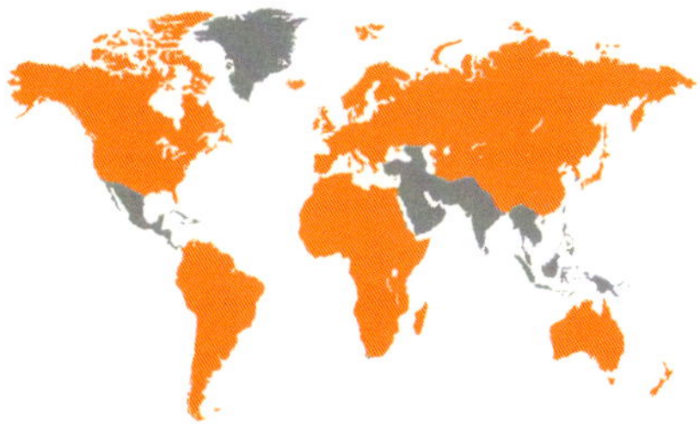

GRÖSSE
Bis zu 50 mm

DURCHMESSER
Bis zu 50 mm

RHIZOPOGON LUTEOLUS

GELBBRÄUNLICHE WURZELTRÜFFEL

FRIES & NOORDHOLM

Rhizopogon-Arten sind trüffelähnliche Verwandte der Steinpilze und (wie die *Suillus*-Arten) nur mit Nadelbäumen vergesellschaftet. Die Fruchtkörper von *R. luteolus* können überraschend auffällig sein, teils durch ihre Farbe und Größe bedingt, vor allem aber weil sie meist nur halb im Boden wachsen und nicht tief in Nadelstreu verborgen sind. Diese Art hat sich mit Pinienpflanzungen auf der ganzen Welt verbreitet. In einigen Gegenden wurde sie bewusst als nützliche Ektomykorrhiza und Partnerpflanze eingeführt, die den Bäumen helfen, sich in wenig fruchtbarer oder frisch aufgeschütteter Erde (Abraumhalden) zu etablieren.

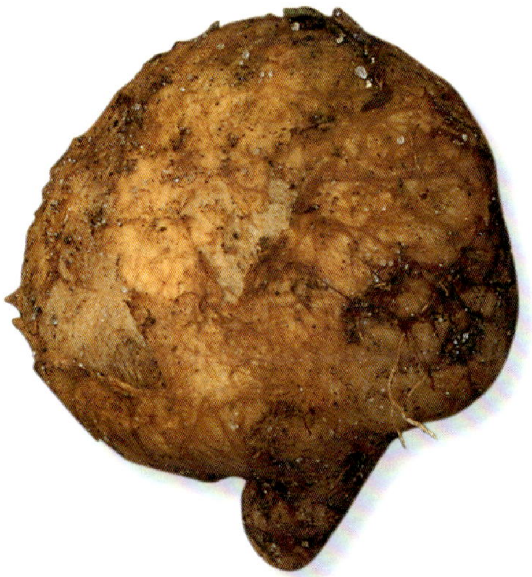

ÄHNLICHE ARTEN

Ähnlich sind andere *Rhizopogon*-Arten, viele davon allerdings weißlich oder mit anderen Nadelbäumen vergesellschaftet. *Rhizopogon vulgaris* und *R. ochraceorubens* sind jeweils gelblich und mit Pinien vergesellschaftet, verfärben sich bei Berührung aber rötlich. Der Flaschen-Stäubling (*Scleroderma citrinum*) kann ebenfalls ähnlich aussehen, ist aber schuppig, im Schnitt schwärzlich und verströmt einen unangenehmen Geruch nach Gummi.

Maßstab 1:1

Die Gelbbräunliche Wurzeltrüffel bildet feste, kartoffelähnliche Fruchtkörper (siehe Bild oben), die schmutzig ockergelb sind und von denen einige dunklere, fein haarförmige Myzelfäden abgehen können. Das Innere ist porös, jung weißlich gelb, reif schmutzig olivbraun.

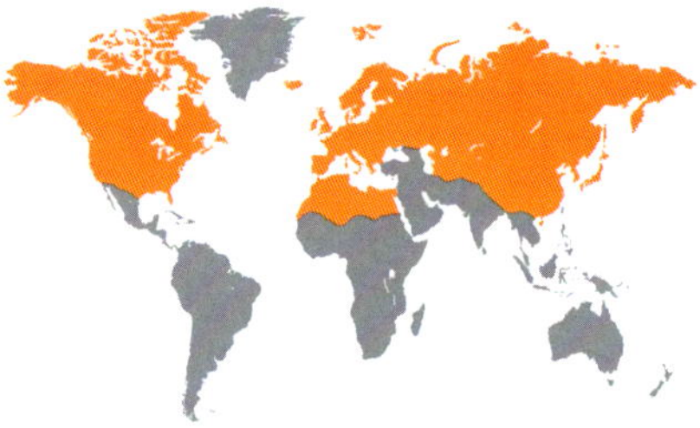

FAMILIE	Sclerodermataceae
VERBREITUNG	Nordamerika, Europa, Nordafrika, Nordasien
LEBENSRAUM	Auf säurereichen Waldböden
SYMBIOSE	Ektomykorrhiza; mit Laub- und Nadelbäumen
WUCHSFORM	Auf der Erde, einzeln oder in kleinen Gruppen und Büscheln
VORKOMMEN	Sehr häufig
SPORENFARBE	Schwarz
GENIESSBARKEIT	Giftig

GRÖSSE
Bis zu 50 mm

DURCHMESSER
Bis zu 100 mm

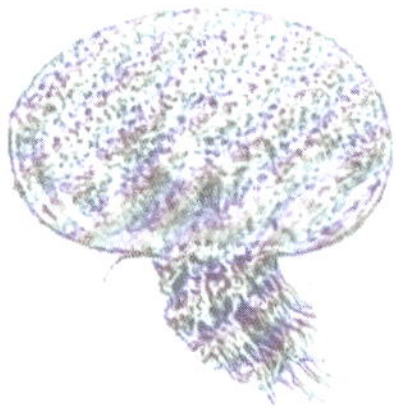

SCLERODERMA CITRINUM

DICKSCHALIGER KARTOFFEL-HARTBOVIST

PERSOON

Boviste sind sehr häufige Ektomykorrhizen mit Bäumen und bilden eine Menge schwärzlicher Sporen, die freigesetzt werden, wenn die Fruchtkörper an der Spitze aufbrechen – wobei die Ränder gelegentlich sternförmig aufgehen. Der Dickschalige Kartoffel-Hartbovist bevorzugt säurehaltige Waldböden und Heideland. Schneidet man ihn an, verströmt er einen deutlichen „Bovist-Geruch" nach altem Gummi. Vermutlich wurde dieser Pilz früher zur Nachbildung von Trüffelaroma genutzt, ist aber tatsächlich giftig und verursacht bei Verzehr Magen-Darm-Probleme. Der Dickschalige Kartoffel-Hartbovist ist gelegentlich Wirt für den Schmarotzer-Röhrling (*Pseudoboletus parasiticus*).

Maßstab 1:1

ÄHNLICHE ARTEN

Der Dünnschalige Kartoffelbovist (*Scleroderma verrucosum*) bevorzugt weniger sauren Waldboden, hat eine dünnere Außenhaut mit kleineren Schuppen und häufig eine breite, stielähnliche Basis. Andere Boviste lassen sich abgrenzen durch ihre glatte Oberfläche, müssen meist aber mikroskopisch einer Art zugeteilt werden. *Rhizopogon*-Arten können ebenfalls ähnlich aussehen.

Der Dickschalige Kartoffel-Hartbovist bildet fast kugelförmige Fruchtkörper. Die leuchtend ockerfarbene bis gelbbraune Oberfläche bricht auf und bildet grobe Warzen oder Schuppen. Der Pilz hat keinen Stiel, aber wurzelähnliche Rhizomorphe an der Basis. Im Schnitt ist die Haut bis zu 5 mm dick, weißlich und schwach rötend. Die Sporenmasse im Inneren ist erst weiß, dann purpurfarben bis schwarz marmoriert, schließlich pulverig und dunkelgrau (siehe Foto links).

FAMILIE	Stephanosporaceae
VERBREITUNG	Europa
LEBENSRAUM	Auf Waldböden
SYMBIOSE	Mit Nadelbäumen, besonders Eibe
WUCHSFORM	Auf der Erde
VORKOMMEN	Gelegentlich
SPORENFARBE	Gelblich
GENIESSBARKEIT	Ungenießbar

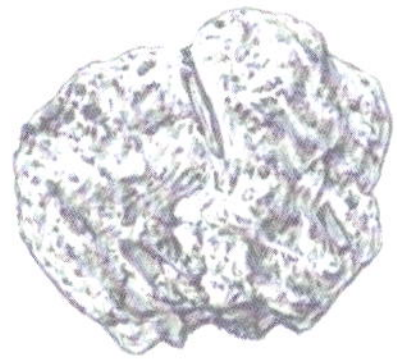

GRÖSSE
Bis zu 40 mm

DURCHMESSER
Bis zu 140 mm

STEPHANOSPORA CAROTICOLOR

GEMEINE MÖHRENTRÜFFEL

(BERKELEY) PATOUILLARD

Die meisten Trüffelähnlichen haben weißliche, braune oder schwarze Fruchtkörper – dieser Pilz ist eine farbenfrohe Ausnahme. Halb verborgen in Blattstreu ist er jedoch oft schwer zu entdecken. Die leuchtende Farbe verleiht ihm Stephanosporin, ein Stoff, der aus seinen Fruchtkörpern isoliert werden konnte. Er ist die Vorstufe eines natürlichen Insektenvernichtungsmittels, das sich ebenfalls in den Fruchtkörpern findet, daher vermutet man, dass es dieser orange Farbstoff ist, der Insekten von dem Pilz fernhält. Diese Art wächst nur auf kalkreichen Waldböden Kontinentaleuropas und Großbritanniens und meist unter Eiben.

ÄHNLICHE ARTEN

Die orange-rote Färbung von *Stephanospora caroticolor* ist einzigartig. Die Milchtrüffel, *Lactarius stephensii*, tritt auch in Europa auf, hat aber eine mattere, orange bis rotbraune Oberfläche und sondert bei Anschnitt eine milchige Flüssigkeit ab.

Maßstab 1:1

Die Gemeine Möhrentrüffel bildet kugelige bis unregelmäßig runde, weiche und fleischige, trüffelähnliche Fruchtkörper. Die glatte Oberfläche ist zunächst blass orangegelb, dann karottenrot und bei Beschädigung schwärzlich. Das Innere ist gelb bis orange mit feinen honigwabenartigen Kammern, in denen die Sporen gebildet werden.

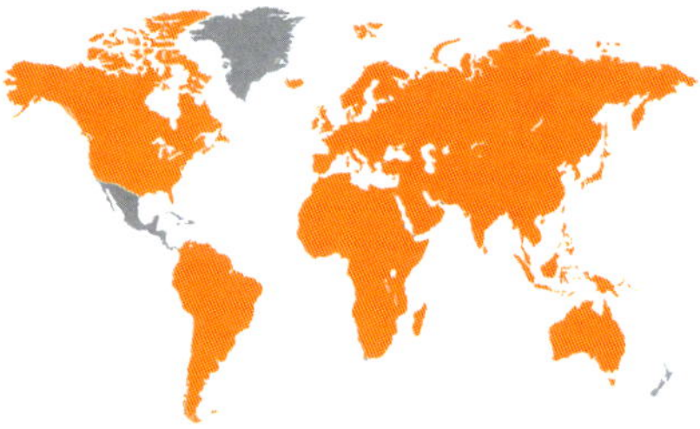

FAMILIE	Agaricaceae
VERBREITUNG	Nordamerika, Europa, Afrika, Südamerika, Asien, Australien
LEBENSRAUM	In Trockengebieten und Dünen
SYMBIOSE	Mit Trockenrasen, Dünengras, oft Moos
WUCHSFORM	Auf der Erde und auf Sand
VORKOMMEN	Gelegentlich
SPORENFARBE	Braun
GENIESSBARKEIT	Ungenießbar

GRÖSSE
Bis zu 60 mm

DURCHMESSER
Bis zu 15 mm

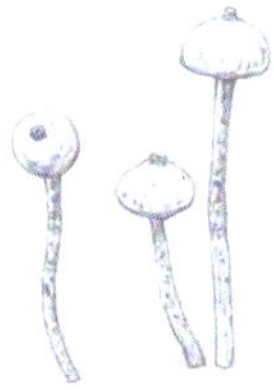

TULOSTOMA BRUMALE

ZITZEN-STIELBOVIST

PERSOON

Stielboviste sind Stäublingsverwandte (der *Lycoperdon*-Arten), die sich an trockene Gegebenheiten angepasst haben. Sie wachsen typischerweise in Wüsten, Steppen und Trockengebieten und bevorzugen meist kalkige Böden. Der Zitzen-Stielbovist ist eine der häufigsten dieser Arten in den nördlichen Breiten. Er bildet seine Fruchtkörper üblicherweise erst spät im Jahr und findet sich häufig auf Dünen in Küstengebieten, wobei sein holziger Stiel oft halb vom Sand verborgen ist. Er kommt aber auch an trockenen, sandigen Orten im Landesinneren vor. Als man noch nicht hauptsächlich mit Zement baute, fand man ihn gelegentlich im Mörtel alter Gartenmauern.

ÄHNLICHE ARTEN

Weltweit kommen viele ähnliche *Tulostoma*-Arten vor. Unter den häufigeren ist *T. squamosum* mit zottigem Stiel und *T. fimbriatum*, der einen leicht schuppigen Stiel hat und dessen Öffnung am oberen Ende des Sporensacks unregelmäßig ist und keinen glatten, aufgebogenen Rand hat.

Der Zitzen-Stielbovist sieht tatsächlich aus wie ein winziger Bovist am Stiel. Der kugelige Sporensack ist glatt, zunächst gelbbraun, später grau. Am Scheitel findet sich eine kleine Öffnung mit aufgebogenem Rand, aus der die Sporen entweichen (siehe Foto links). Der Sporensack sitzt auf einem glatten bis leicht schuppigen, holzigen, bräunlichen Stiel.

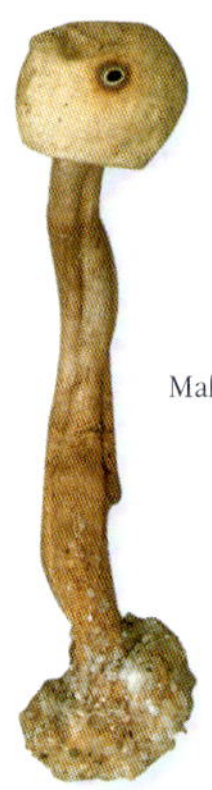

Maßstab 1:1

FAMILIE	Strophariaceae
VERBREITUNG	Neuseeland
LEBENSRAUM	Auf Waldböden
SYMBIOSE	Mit Laubbäumen
WUCHSFORM	Auf der Erde
VORKOMMEN	Gelegentlich
SPORENFARBE	Braun
GENIESSBARKEIT	Ungenießbar

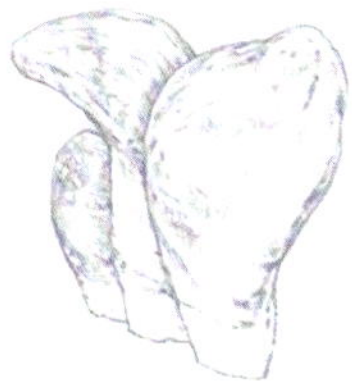

GRÖSSE
Bis zu 75 mm

HUTDURCHMESSER
Bis zu 40 mm

WERAROA VIRESCENS

(MASSEE) SINGER & A. H. SMITH

Weraroa virescens („Blue Pouch Fungus") kommt speziell in Neuseeland vor und ist ein weiterer Sonderfall zwischen Blätterpilz und Bovist. Im Schnitt erkennt man honigwabenartige Überreste von Lamellen, aber der Hut öffnet sich nicht und die Sporen reifen in seinem Inneren heran. Die Klassifizierung *Weraroa* ist geblieben, seit die DNA-Sequenzierung gezeigt hat, dass keine nahe Verwandtschaft zu den berüchtigten halluzinogenen Arten (*W. novae-zealandiae*) besteht, die inzwischen zur Gattung *Psilocybe* gezählt werden, ebenso wenig wie zu seinem ursprünglichen Gegenstück *W. erythrocephala* („Red Pouch Fungus"), der nun zu den *Leratiomyces* gehört.

ÄHNLICHE ARTEN

Weraroa novae-zealandiae (heute *Psilocybe weraroa*) ist ähnlich, wächst aber auf stark verfaultem Holz, bildet blaue Flecken und ist im Schnitt eher graubraun als rötlich braun. Der Grünspan-Träuschling (*Stropharia aeruginosa*) tritt ebenfalls in Neuseeland auf und könnte verwandt sein, ist auch ähnlich gefärbt, hat aber einen klassischen Hut, Lamellen und einen schuppigen Stiel.

Weraroa virescens bildet Bovist-ähnliche Fruchtkörper mit pfriemenförmigem, glattem Hut, der später gerunzelt ist. Die Oberfläche ist leicht klebrig und feucht blassblau bis grünlich blau, trocken glänzend und mattgrün. Der Stiel ist zylindrisch und reicht ins Innere des Hutes, er ist weiß bis leuchtend gelb gefärbt. Im Schnitt ist das Innere des Hutes rötlich braun.

Maßstab 1:1

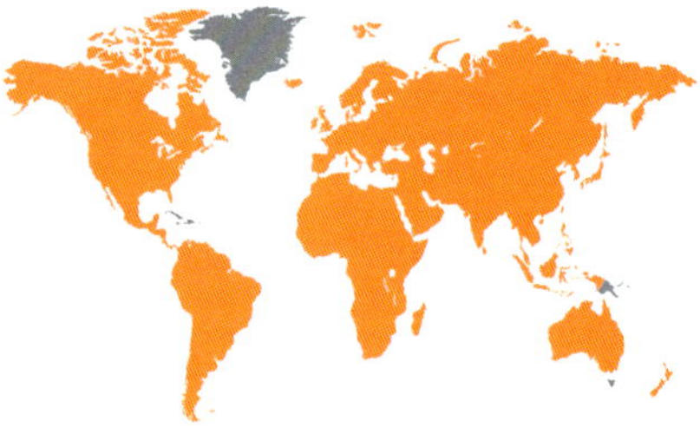

FAMILIE	Agaricaceae
VERBREITUNG	Nordamerika, Europa, Afrika, Mittel- und Südamerika, Asien, Australien, Neuseeland
LEBENSRAUM	In Gärten und Feldern, an Wegrändern, auf Gartenmulch und in Dünen
SYMBIOSE	Auf Stroh, vermodertem Holz und Pflanzenresten
WUCHSFORM	In kleinen und großen Gruppen
VORKOMMEN	Häufig
SPORENFARBE	Weiß
GENIESSBARKEIT	Ungenießbar

GRÖSSE
Bis zu 15 mm

DURCHMESSER
Bis zu 15 mm

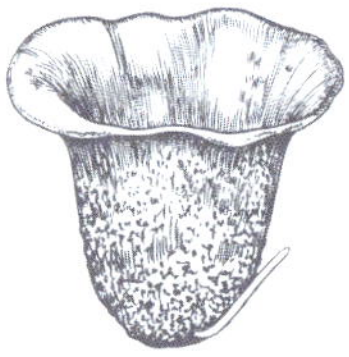

CYATHUS OLLA

TOPF-TEUERLING

(BATSCH) PERSOON

Sie sehen aus wie winzige Nester mit Eiern darin: Nestlinge haben eine eindrucksvolle Methode zur Sporenverbreitung entwickelt, die auch Regentropfen einschließt. Die jungen Fruchtkörper sind walzenförmig, bei der Reife zerreißt die Deckelhaut und gibt den Sporenbehälter, das „Nest" oder den Becher, frei. Die „Eier" darin sind Sporenpakete (Peridiolen) und zunächst mit einer Art Nabelschnur am Becher befestigt. Wenn ein Regentropfen in den offenen Becher fällt, zerreißt die Schnur, die Peridiole wird in die Höhe geschleudert und bis zu 1 Meter weit transportiert. Die zerfallende Peridiole setzt nach und nach die Sporen frei.

ÄHNLICHE ARTEN

Der weniger häufige *Cyathus stercoreus* ist dem Topf-Teuerling ähnlich, wächst aber häufig auf Dung. Unter dem Mikroskop ist er an seinen wesentlich größeren Sporen zu erkennen. *Cyathus striatus* ist häufig, bevorzugt aber feuchtere Lebensräume und ist außen haarig und innen gefurcht-gekerbt. In den Tropen und darüber hinaus gibt es 30–40 weitere Arten, alle mit ähnlicher „Nest"-Form.

Maßstab 1:1

Der Topf-Teuerling bildet zunächst walzen- oder trommelförmige Fruchtkörper, deren weißliche bis ockerfarbene Deckelhaut bei Reife zerreißt und die grauen, eiähnlichen Peridiolen freilegt (siehe Foto links). Die reifen Fruchtkörper entwickeln typischerweise einen deutlich nach außen umgebogenen Rand. Die Außen und Innenflächen sind glatt und silbergrau.

FAMILIE	Agaricaceae
VERBREITUNG	Nordamerika, Europa, Mittel- und Südamerika, Asien, Neuseeland
LEBENSRAUM	In feuchten Wäldern, schattigen Gärten und auf Hackschnitzeln
SYMBIOSE	Auf vermodertem, oft moosigem Holz und Pflanzenresten
WUCHSFORM	In kleinen und großen Gruppen
VORKOMMEN	Häufig
SPORENFARBE	Weiß
GENIESSBARKEIT	Ungenießbar

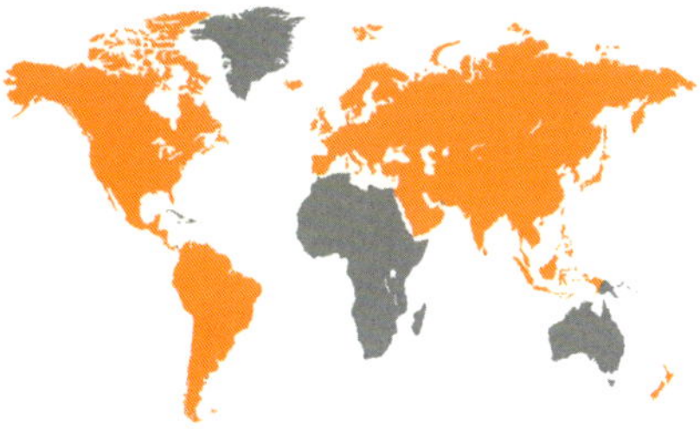

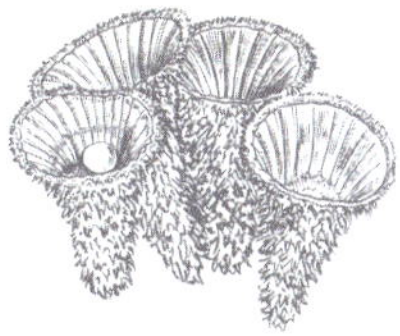

GRÖSSE
Bis zu 15 mm

DURCHMESSER
Bis zu 8 mm

CYATHUS STRIATUS

GESTREIFTER TEUERLING

(HUDSON) PERSOON

Der Gestreifte Teuerling, auch Striegeliger Teuerling genannt, bevorzugt abgebrochene, moosbewachsene Äste an feuchten, schattigen Plätzen – im Gegensatz zum ebenso verbreiteten Topf-Teuerling (*Cyathus olla*), der eher im offenen Gelände wächst. Auffällig ist die Ähnlichkeit mit winzigen Vogelnestern, sie werden aber auch mit Fabelwesen assoziiert. In Schottland galt es als gutes Omen, wenn man Exemplare auf dem Weg zur Arbeit fand. Auch der Medizin könnte der Pilz Glück bringen: Es konnten daraus Striatine mit antibiotischen Eigenschaften isoliert werden, aber auch ein Extrakt mit möglicher krebshemmender Wirkung.

Maßstab 1:1

ÄHNLICHE ARTEN

Im offenen Gelände ist *Cyathus olla* ähnlich, aber außen und im Becherinneren glatt und eher schüsselförmig mit breitem Rand. Er ist häufig und kosmopolitisch. In den Tropen gibt es viele weitere, innen gekerbte und außen zottige Nestlinge, darunter *C. limbatus*, *C. poeppigii* und *C. novae-zeelandiae*. Sie sind hauptsächlich anhand ihrer mikroskopischen Eigenschaften zu unterscheiden.

Der Gestreifte Teuerling ist jung kreisel- bis kelchförmig und zottig braun mit einem glatten, weißen Deckel. Bei der Reife zerreißt die Deckelhaut und gibt die grauen, eiförmigen Peridiolen frei. Die Innenseite des Kelches ist stark senkrecht gefurcht-gekerbt und silbergrau.

FAMILIE	Agaricaceae
VERBREITUNG	Nordamerika, Mittel- und Südamerika, Ostasien, Australien, Neuseeland
LEBENSRAUM	Auf Waldböden
SYMBIOSE	Auf vermodertem Holz und Pflanzenresten, besonders Farnkraut
WUCHSFORM	In kleinen und großen Gruppen
VORKOMMEN	Lokal häufig
SPORENFARBE	Weiß
GENIESSBARKEIT	Ungenießbar

GRÖSSE
Unter 6 mm

DURCHMESSER
Unter 6 mm

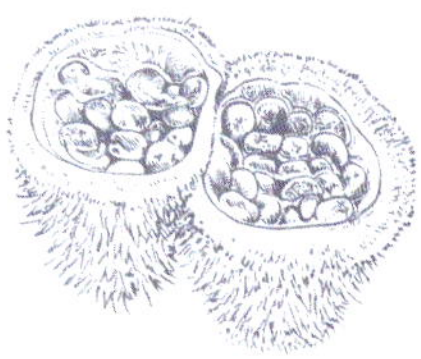

NIDULA NIVEOTOMENTOSA

(HENNINGS) LLOYD

Maßstab 1:1

Nidula-Arten unterscheiden sich von anderen Nestlingen dadurch, dass ihre Peridiolen, die eiförmigen Sporenpakete, nicht an der Hutbasis befestigt sind, sondern in einer klebrigen Gelschicht liegen. Auftreffende Regentropfen lösen das Gel auf und lassen die Peridiolen entweichen – bei feuchtem Wetter, also idealen Keimbedingungen. *Nidula niveotomentosa* („Woolly Bird's Nest") ist eine kleine, aber lokal häufige Art, die besonders im Westen Nordamerikas vorkommt, mit einer speziellen Vorliebe für alte, abgestorbene Farnkrautstiele.

ÄHNLICHE ARTEN

Nidula candida ist eine verwandte nordamerikanische Art, jedoch mit deutlich größeren, graubraunen Fruchtkörpern. Der weitverbreitete Gestreifte Teuerling (*Cyathus striatus*) hat eine zottige braune Außenfläche, die Innenseite ist aber auffällig gefurcht oder gekerbt. Der Topf-Teuerling (*C. olla*) hat eine dem *Nidula niveotomentosa* ähnliche Form, ist aber glatt.

Nidula niveotomentosa bildet zylindrische Fruchtkörper, die sich nach oben leicht verbreitern und mit einem weißlichen Schleier bedeckt sind, der bei Reife aufbricht und rötlich braune, eiförmige Peridiolen in einer klebrigen Gelschicht freilegt. Der Rand und die äußere Oberfläche sind weiß und wollig-haarig, die Innenfläche ist hellbraun und glatt.

FAMILIE	Geastraceae
VERBREITUNG	Nordamerika, Europa, Afrika, Mittel- und Südamerika, Asien, Australien, Neuseeland
LEBENSRAUM	Auf Waldböden, in Gärten und Dünen
SYMBIOSE	Auf vermodertem Holz und Pflanzen, auf Gartenmulch und Dung
WUCHSFORM	Truppweise oder in Haufen
VORKOMMEN	Häufig
SPORENFARBE	Weiß
GENIESSBARKEIT	Ungenießbar

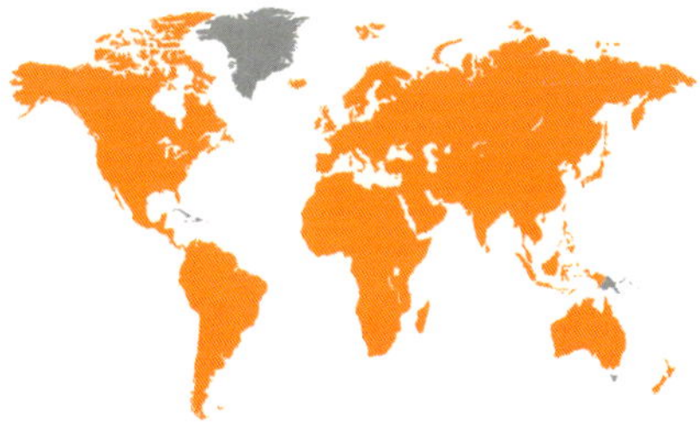

SPHAEROBOLUS STELLATUS

KUGELSCHNELLER

TODE

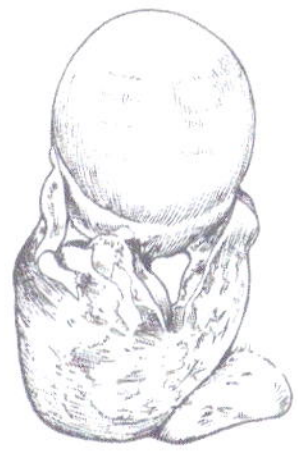

GRÖSSE
Unter 2 mm

DURCHMESSER
Bis zu 3 mm

Der Kugelschneller mag winzig sein, hat aber eine Besonderheit, die ihm seinen zweiten Namen „Pilzkanone" und den Spitznamen „Dicke Bertha der Pilzwelt" eingetragen hat. Bei Reife reißt er sternförmig auf und legt eine helle Sporenkugel in einem Becher frei. Unter dem Becher steigt der osmotische Druck, bis sich der Becher plötzlich umstülpt und die Sporenkugel bis zu 2 Meter hoch und 6 Meter weit durch die Luft schießt. Die Kugel ist klebrig und kann an jeglichen Pflanzen in ihrer Flugbahn haften bleiben – oder auch an geparkten Autos oder farbigen Oberflächen in der Nähe, die dann von Sporenkugeln übersät sein können.

Maßstab 1:1

ÄHNLICHE ARTEN

Zwei sehr ähnliche Arten, *Sphaerobolus ingoldii* und *S. iowensis*, wurden durch Genanalyse unterschieden. Sie sind aus Nordamerika (Ersterer auch aus Japan) bekannt, könnten aber auch weiter verbreitet sein. Sie lassen sich nur mikroskopisch von *S. stellatus* unterscheiden.

Der Kugelschneller ist winzig, wächst jedoch in dichten Gruppen. Einzelne Fruchtkörper bilden sich gelegentlich direkt auf dem Substrat, häufiger aber eingebettet auf einer cremefarbenen bis gelbbraunen Gewebsschicht. Sie sind kugelförmig und reißen bei Reife sternförmig auf. Wenn die Sporenkugel ausgestoßen ist, bleibt die aufgestülpte Innenfläche wie eine winzige Blase in einem gelborangen, sternförmigen Becher zurück.

FAMILIE	Phallaceae
VERBREITUNG	Südliches Nordamerika, Afrika, Mittel- und Südamerika, südliches Asien (und Japan), Australien, Neuseeland; eingebürgert in England
LEBENSRAUM	Auf Waldböden und in Gärten
SYMBIOSE	Auf reichhaltigen Böden und sehr morschen Holzresten
WUCHSFORM	Auf der Erde, einzeln oder in Gruppen
VORKOMMEN	Gelegentlich
SPORENFARBE	Olivbraun
GENIESSBARKEIT	Essbar (im unreifen „Ei"-Stadium)

GRÖSSE
Bis zu 100 mm

DURCHMESSER
Bis zu 100 mm

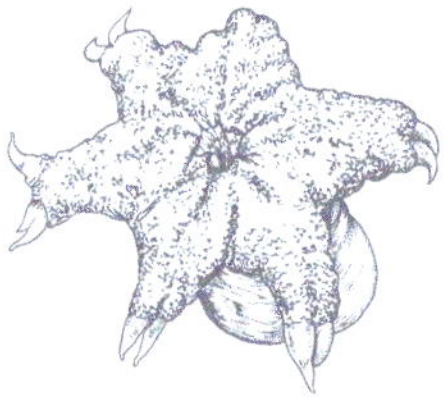

ASEROË RUBRA

LABILLARDIÈRE

Aseroë rubra („Starfish Fungus") ist ursprünglich in Tasmanien heimisch, ist aber weitverbreitet in den Tropen und Subtropen sowie in Australasien und in Asien nördlich von Japan. Überraschenderweise war er über Jahre hinweg auch in bewaldeten Gegenden um London zu finden – vermutlich von außen eingeschleppt, denn er ist sonst in Europa unbekannt. Wie die Stinkmorcheln bildet auch *Aseroë rubra* Sporen in einer ekelig riechenden Gleba, die Fliegen anlockt und so für die Verbreitung der Sporen sorgt. Die Fruchtkörper können verschiedene Formen und Farben von Orange über Gelblich bis hin zu Weiß haben. Man nimmt heute an, dass sie alle zu einer einzigen, weitverbreiteten Art gehören, was von der Forschung aber noch nicht bestätigt wurde.

Aseroë rubra bildet sich aus einem gelatinösen weißen „Hexenei", dessen Überreste an der Stielbasis verbleiben. Der reife Fruchtkörper ist meist rot, aber vielgestaltig. Manche Formen bilden einen kurzen Stiel und 14–22 schmale, dünne Arme, während die klassische Form einen länglichen Stiel und 5–9 Arme hat, von denen sich jeder einmal verzweigt. Die Gleba findet sich im zentralen Rund des Fruchtkörpers.

Maßstab 1:1

ÄHNLICHE ARTEN

Der Tintenfischpilz (*Clathrus archeri*) ist ähnlich gefärbt, hat aber weniger und längere Arme auf einem kurzen Stiel, die Sporenmasse bildet sich innen auf jedem Arm. *Aseroë arachnoidea*, in Afrika und Asien heimisch, ist *Aseroë rubra* ähnlich, aber weißlich. Die jüngst beschriebene südamerikanische Art *A. floriformis* bildet blassgelbe, sonnenblumenartige Fruchtkörper.

FAMILIE	Phallaceae
VERBREITUNG	Australien, Neuseeland, Afrika; eingebürgert in Europa und im Westen Nordamerikas (Kalifornien)
LEBENSRAUM	Auf Waldböden und in Gärten
SYMBIOSE	Auf reichhaltigen Böden und sehr morschen Holzresten
WUCHSFORM	Auf der Erde, einzeln oder in Gruppen
VORKOMMEN	Gelegentlich
SPORENFARBE	Olivbraun
GENIESSBARKEIT	Essbar (im unreifen „Ei“-Stadium)

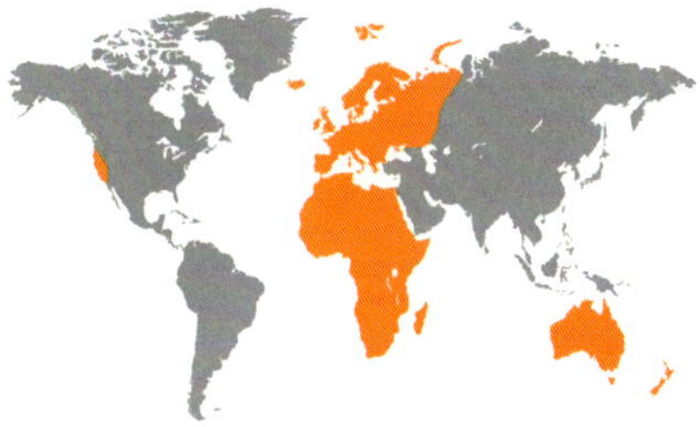

GRÖSSE
Bis zu 60 mm

DURCHMESSER
Bis zu 200 mm

CLATHRUS ARCHERI

TINTENFISCHPILZ

(BERKELEY) DRING

Auch der Tintenfischpilz ist ursprünglich in Tasmanien heimisch. Es heißt, dass er per Schiff nach Kontinentaleuropa kam, im Stroh für die Pferde der australischen und neuseeländischen ANZAC-Kavallerie im Ersten Weltkrieg. Wahrscheinlicher, aber unspektakulärer ist, dass er mit exotischen Gartenpflanzen eingeführt wurde und nun in Südengland und zuletzt auch in Kalifornien weitgehend eingebürgert ist. Die Innenseiten der tentakelähnlichen Arme sind mit süßlichem, aber übelriechendem Schleim bedeckt, der Fliegen anzieht und damit für die Verbreitung der Sporen sorgt. Auch äußerlich ähnelt der Pilz – und das ist wohl kein Zufall – einer grotesken aasähnlichen Blume.

ÄHNLICHE ARTEN

Der Rosastiel-Tentakelpilz (*Aseroë rubra*) ist ähnlich gefärbt, bildet seine Arme aber aus einem deutlicher ausgebildeten Stiel mit der Sporenmasse im zentralen Gewebe. Andere *Clathrus*-Arten haben entweder an der Spitze verwachsene oder individuell verzweigte Arme, die teils oder vollständig ein Gitter formen, wie bei *C. ruber*.

Der Tintenfischpilz bildet Fruchtkörper, die aus einem gelatinösen weißen „Hexenei“ ähnlich dem der Stinkmorcheln wachsen, ist aber etwas kleiner und wächst oft in Haufen. Die Überreste der „Eier“ bleiben an der Basis des kurzen Stiels bestehen. Der sporentragende Teil des Fruchtkörpers hat 4–8 sternförmig angeordnete, unterschiedlich rosa bis rot gefärbte Arme.

Maßstab 1:1

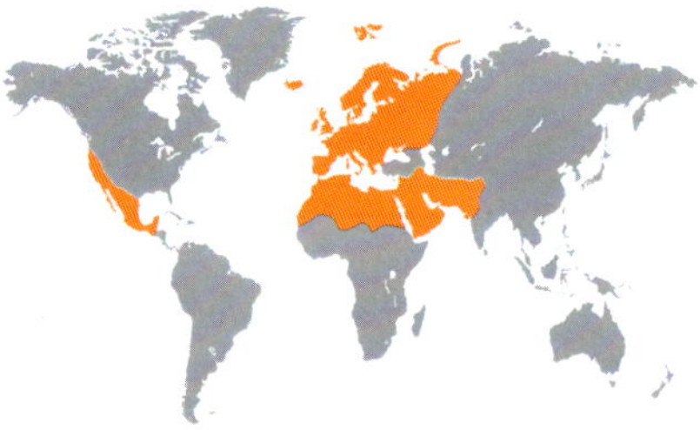

FAMILIE	Phallaceae
VERBREITUNG	Europa, Nordafrika, Südwestasien; eingebürgert in Kalifornien und Mexiko
LEBENSRAUM	Auf Waldböden und in Gärten
SYMBIOSE	Auf reichhaltigen Böden oder sehr morschen Holzresten
WUCHSFORM	Auf der Erde, einzeln oder in Gruppen
VORKOMMEN	Gelegentlich
SPORENFARBE	Olivbraun
GENIESSBARKEIT	Essbar (im unreifen „Ei"-Stadium), aber möglichst meiden

GRÖSSE
Bis zu 120 mm

DURCHMESSER
Bis zu 90 mm

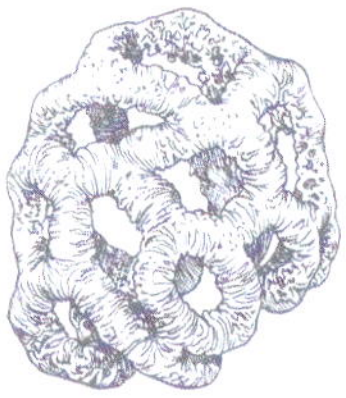

CLATHRUS RUBER

ROTER GITTERLING

P. MICHELI EX PERSOON

Die meisten Arten aus der Gruppe der Clathroiden sind in den Tropen oder Subtropen heimisch, doch der Rote Gitterling ist ein Bewohner der nördlichen gemäßigten Zone und im Mittelmeerraum häufig, aber auch in nördlichen milden Küstenregionen wie den Britischen Inseln bekannt. Der europäische Volksglauben stand dem Roten Gitterling immer skeptisch gegenüber – wenig überraschend. In Frankreich glaubte man, er verursache Krämpfe, Ausschläge und sogar Krebs. Einer alten italienischen Beschreibung zufolge wuchs er auf einem menschlichen Schädel in den Trümmern einer Kirche. Zwar gilt er im unreifen Stadium („Hexenei") als essbar, im späteren Stadium ist er aber angesichts seines übelriechenden Schleims wenig verlockend.

ÄHNLICHE ARTEN

In den subtropischen Zonen Amerikas ist *Clathrus crispus* zu finden, ähnlich gefärbt, aber mit dickeren gitterförmigen Ästen und kleineren Öffnungen, die wie gestanzte Löcher wirken. Der weitverbreitete *Colus hirudinosus*, aus Südeuropa bekannt, und der ähnliche australische *C. pusillus* bilden ebenfalls Arme, die aber nur an der Spitze netzartig verwachsen.

Maßstab 1:1

Der Rote Gitterling entsteht aus einem gelatinösen weißen „Hexenei", dessen Überreste an der Stielbasis verbleiben. Der Fruchtkörper ist lachsrosa bis scharlachrot, die verzweigten Äste verwachsen miteinander zu einer netzartigen Gitterkugel. Die Innenseite der Gitterleisten ist mit dem olivbraunen Sporenschleim besetzt. Der Fruchtkörper selbst ist brüchig, im Alter zerfällt er.

FAMILIE	Phallaceae
VERBREITUNG	Südliches Südamerika, Australien, Neuseeland; eingebürgert in Südostengland und Ostafrika
LEBENSRAUM	Auf Waldböden und in Gärten
SYMBIOSE	Auf reichhaltigen Böden oder sehr morschen Holzresten
WUCHSFORM	Auf der Erde, einzeln oder in Gruppen
VORKOMMEN	Gelegentlich
SPORENFARBE	Olivbraun
GENIESSBARKEIT	Essbar (im unreifen „Ei"-Stadium)

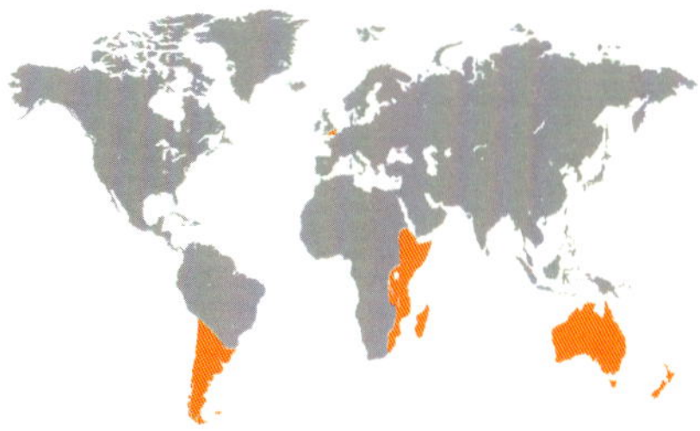

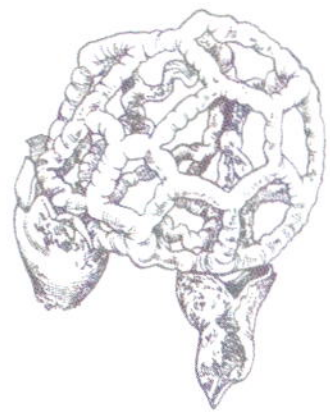

GRÖSSE
Bis zu 250 mm

DURCHMESSER
Bis zu 250 mm

ILEODICTYON CIBARIUM

TULASNE

Ileodictyon-Arten ähneln den Gitterlingen, doch im Unterschied zu ihnen lösen sich hier die Fruchtkörper bei Reife vollständig vom Ei und sind symmetrisch rund, oben und unten identisch. Es scheint, dass sie sich, fast wie ein Springteufel, plötzlich von der Eibasis lösen. Die Fruchtkörper sind dann beweglich, was die Sporenverbreitung fördert – obwohl auch hier normalerweise Fliegen die Sporen vertragen. *Ileodictyon cibarium* („Basket Fungus") ist ursprünglich in Neuseeland heimisch und wurde der Überlieferung nach im Eistadium früher von den Maori als Speisepilz genutzt (*cibarium* bedeutet „essbar"). Eine ganz andere Sprache spricht das Maori-Wort für diesen Pilz – es bedeutet etwa so viel wie „Donnerkot".

ÄHNLICHE ARTEN

Die verwandte Art *Ileodictyon gracile* ist in Australasien, Afrika, Japan und Südeuropa zu finden. Sie hat dünnere, flachere Arme und wirkt nicht gefältelt. Mehrere verschiedene *Clathrus*-Arten sind weiß, darunter der afrikanische *C. preussii*, bei der Gattung *Clathrus* haben die Gitterkugeln allerdings eine deutlich erkennbare Basis, von der sie sich normalerweise nicht lösen.

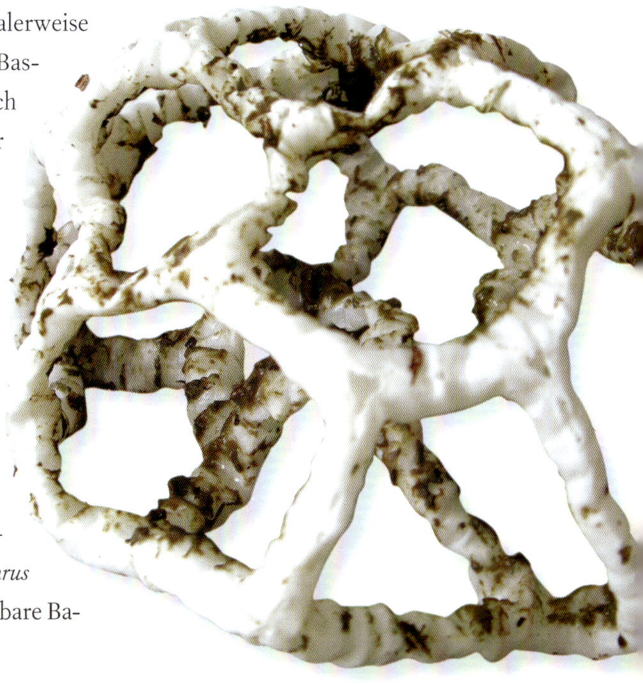

Maßstab 1:1

Ileodictyon cibarium entsteht aus einem gelatinösen weißen „Hexenei", von dem sich der Fruchtkörper im Reifestadium aber löst. Die aufgebrochene Schale bleibt zurück. Der einzelne Fruchtkörper hat weder Basis noch Kopfteil, sondern bildet eine große weiße, netzartige Gitterkugel. Die Gitterleisten erscheinen oft gerunzelt oder gefaltet, ihre Innenseite ist bedeckt mit bräunlichem Sporenschleim.

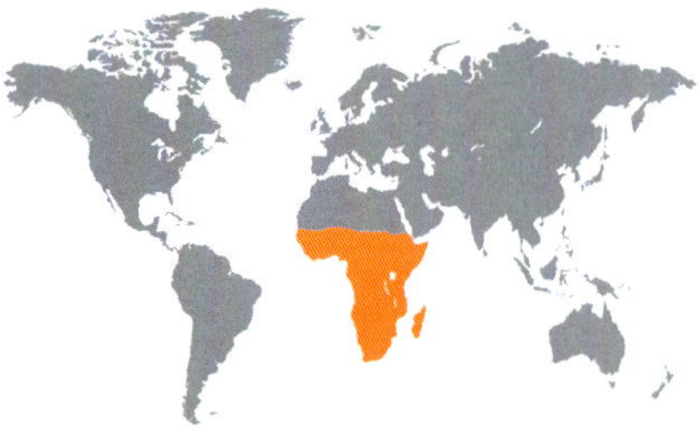

FAMILIE	Phallaceae
VERBREITUNG	Subsahara-Afrika
LEBENSRAUM	Auf Waldböden und in Gärten
SYMBIOSE	Auf reichhaltigen Böden oder sehr morschen Holzresten
WUCHSFORM	Auf der Erde, einzeln oder in Gruppen
VORKOMMEN	Gelegentlich
SPORENFARBE	Olivbraun
GENIESSBARKEIT	Ungenießbar

GRÖSSE
Bis zu 120 mm

DURCHMESSER
Bis zu 40 mm

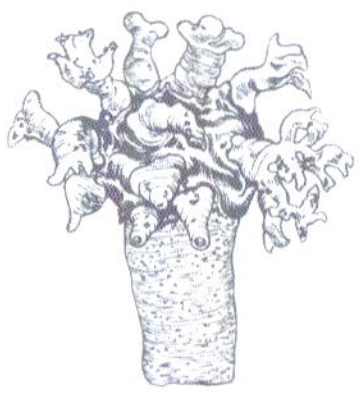

LYSURUS CORALLOCEPHALUS

KORALLENKOPF

WELWITSCH & CURREY

Maßstab 1:1

Der Korallenkopf entsteht aus einem gelatinösen „Hexenei", das an der Stielbasis zurückbleibt. Der reife Fruchtkörper hat einen langen, hohlen, rötlichen bis cremefarbenen Stiel. Den fruchtbaren Kopfteil bildet ein maschenartiges Netz aus schmalen roten Ästen mit kleinen, korallenartigen Höckern. Jung sind die äußeren Teile der Äste mit olivbraunem Sporenschleim bedeckt.

Früher war der Korallenkopf einer eigenen Gattung, der *Kalchbrennera*, zugeordnet. Das verdankte er seinem ungewöhnlichen korallenartigen Kopfteil mit der schleimigen Sporenmasse, die ungewöhnlicherweise außen und nicht innen an den Ästchen liegt. Wie bei anderen Stinkmorchel-Arten verströmt die Sporenmasse einen aasartigen Geruch und lockt damit Fliegen an, die dann die Sporen verbreiten. Der erste Fund geht auf den österreichischen Entdecker und Botaniker Friedrich Welwitsch zurück; der Pilz ist auf Subsahara-Afrika beschränkt. Man nimmt an, dass er sehr nahe an stark vermodertem Holz wächst und im Gegensatz zu anderen Arten der Familie ein Holzzerstörer später Stadien ist.

ÄHNLICHE ARTEN

Der verwandte und weiter verbreitete *Lysurus periphragmoides* ist ähnlich gefärbt, hat aber einen größeren Kopfteil mit regelmäßigem Gitter ohne korallenartige Höcker. Die jüngst erstmals beschriebene asiatische Art *L. pakistanicus* hat einen gelblichen Stiel und einen größeren, rosa getönten, gitternetzartigen Kopfteil.

FAMILIE	Phallaceae
VERBREITUNG	Asien; eingebürgert in Nordamerika, Südeuropa, Australien
LEBENSRAUM	Auf Waldböden und in Gärten
SYMBIOSE	Auf reichhaltigen Böden oder sehr morschen Holzresten
WUCHSFORM	Auf der Erde, einzeln oder in Gruppen
VORKOMMEN	Gelegentlich
SPORENFARBE	Olivbraun
GENIESSBARKEIT	Essbar (im unreifen „Ei"-Stadium)

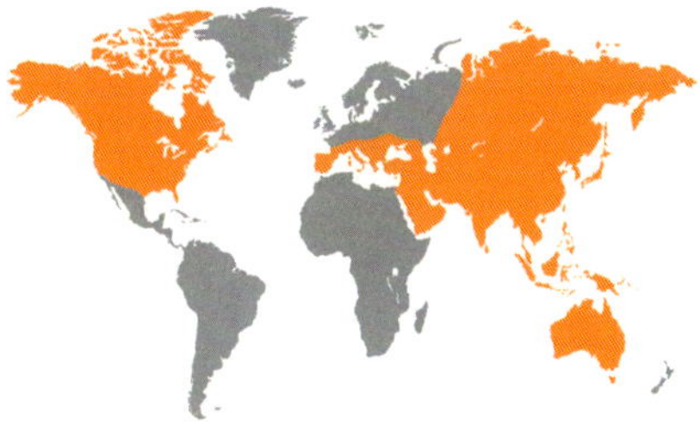

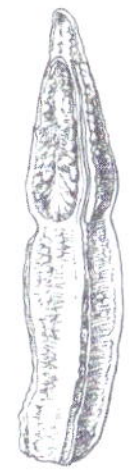

GRÖSSE
Bis zu 150 mm

DURCHMESSER
Bis zu 25 mm

LYSURUS MOKUSIN

ORANGEROTER FINGERPILZ

(LINNAEUS) FRIES

Der Orangerote oder Eckigstielige Fingerpilz stammt ursprünglich aus China, wo er offenbar im unreifen Stadium auch als Speisepilz verzehrt wird, vor allem aber für seine medizinische Wirkung bekannt ist (er gilt als wirksam bei Brandgeschwüren). Wie viele andere Stinkmorchelverwandten hat er sich auch in anderen Gegenden mit passendem Klima etabliert und ist inzwischen relativ häufig in Teilen Australiens und der südlichen USA. Hie und da ist der „Finger" mit ekelig riechendem Sporenschleim bedeckt, der Fliegen anzieht. Der Pilz ist ein Holzzerstörer später Stadien und bevorzugt Holzhackschnitzel als Gartenmulch, wo er oft in großer Zahl auftritt, sehr zum Leidwesen von Vorstadtgärtnern.

ÄHNLICHE ARTEN

Lysurus gardneri ist eine ähnliche Art, die in Afrika und Asien heimisch ist, aber einen runden, nicht gezahnten Stiel hat. Der Fingerpilz (*L. cruciatus*) ist weiter verbreitet und gelegentlich als „Einwanderer" in Europa zu finden. Er hat ebenfalls einen runden Stiel ohne Zahnung und fruchtbare Arme, die sich an der Spitze typischerweise lösen.

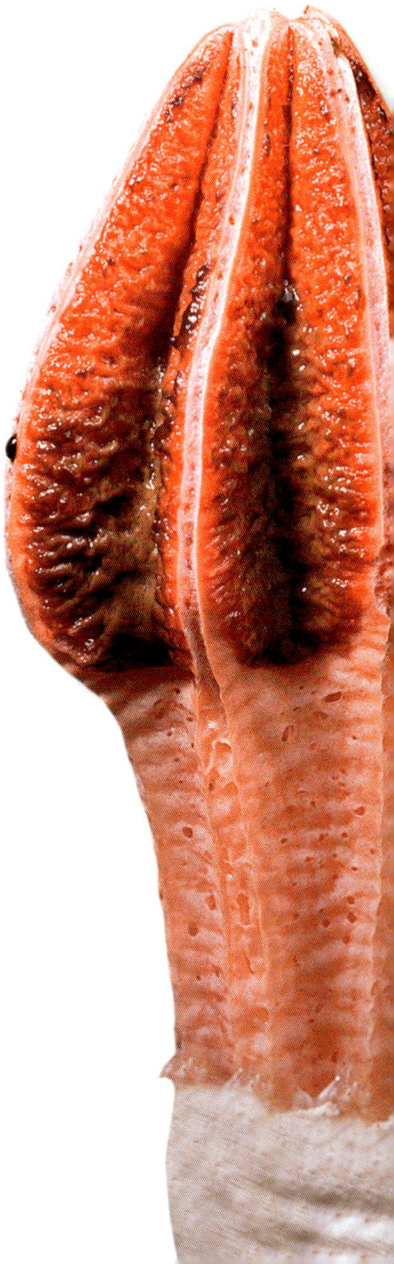

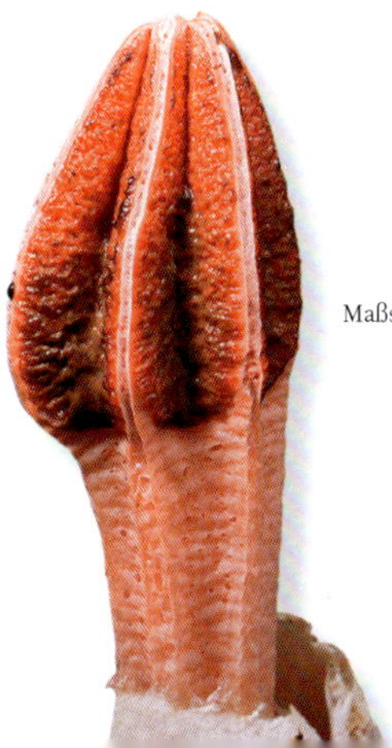

Der Orangerote Fingerpilz entsteht aus einem gelatinösen „Hexenei", dessen Überreste an der Stielbasis verbleiben. Der reife Fruchtkörper hat einen deutlich gezahnten, hellen bis rötlichen Stiel. Der fruchtbare Kopfteil besteht aus 4–6 kurzen, rosa bis orangeroten Armen, die an der Spitze verwachsen sind, wodurch der Kopf kompakt und gekerbt erscheint. Der olivbraune Sporenschleim tritt zwischen den Armen aus.

Maßstab 1:1

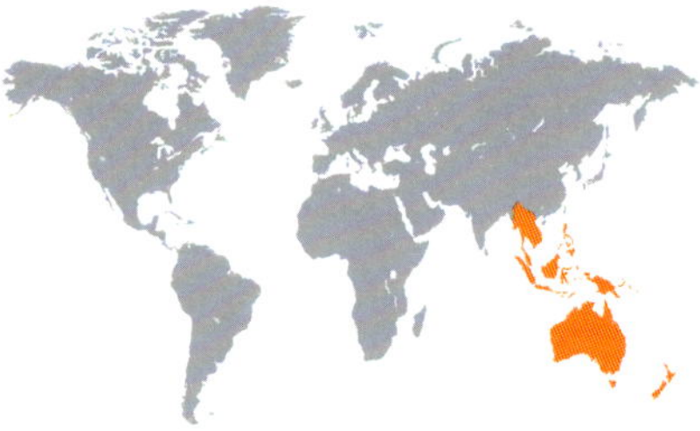

FAMILIE	Phallaceae
VERBREITUNG	Südostasien, Australien, Neuseeland
LEBENSRAUM	Auf Waldböden und in Gärten
SYMBIOSE	Auf reichhaltigen Böden oder sehr morschen Holzresten
WUCHSFORM	Auf der Erde oder auf Stümpfen, einzeln oder in Gruppen
VORKOMMEN	Gelegentlich
SPORENFARBE	Olivbraun
GENIESSBARKEIT	Ungenießbar

GRÖSSE
Bis zu 100 mm

DURCHMESSER
Bis zu 15 mm

MUTINUS BORNEENSIS

CESATI

Mutinus borneensis („Yellow Dog Stinkhorn") wurde ursprünglich auf der Insel Borneo gefunden, sein Verbreitungsgebiet reicht aber bis nach Australien und Neuseeland. Wie bei anderen Stinkmorcheln werden auch hier die Sporen in einer gallertigen Grundsubstanz im Inneren eines eiförmigen Sporenbehälters gebildet. Bei der Reife reißt das Ei auf, und die nach Aas riechende, schleimige Sporenmasse wird an einem hohlen, brüchigen Stiel nach oben gehoben. Der Stiel wächst rasch, er speist sich vermutlich aus dem Wasser, das in der Gallertmasse des Hexeneis gespeichert ist. Beim *Mutinus borneensis* erscheint die Sporenmasse oft gebändert und lässt schwarze Ränder zurück, während der Stiel weiter wächst.

ÄHNLICHE ARTEN

Mutinus elegans ist ähnlich, aber leuchtender gefärbt und hat einen orangen bis rötlich rosa, zugespitzten Stiel. Bei der Gemeinen Hundsrute (*M. caninus*) ist der Kopfteil deutlicher zu erkennen, der Stiel ist orange. *Mutinus ravenelii* ist ähnlich, aber rötlich rosa.

Mutinus borneensis entsteht aus einem gelatinösen „Hexenei", das an der Stielbasis verbleibt. Der reife Fruchtkörper hat einen porösen, zugespitzten, weißen und zur Spitze hin intensiv gelb bis orange gefärbten Stiel. Der Pilz hat keinen erkennbaren Kopfteil, aber der obere Teil des Stiels ist mit dem olivbraunen Sporenschleim bedeckt.

Maßstab 1:1

FAMILIE	Phallaceae
VERBREITUNG	Nordamerika, Europa, Mittelamerika, Nordasien, Neuseeland
LEBENSRAUM	Auf Waldböden und in Gärten
SYMBIOSE	Auf reichhaltigen Böden oder sehr morschen Holzresten
WUCHSFORM	Auf der Erde oder auf Stümpfen, einzeln oder in Gruppen
VORKOMMEN	Häufig
SPORENFARBE	Olivbraun
GENIESSBARKEIT	Gilt als essbar (im unreifen „Ei"-Stadium)

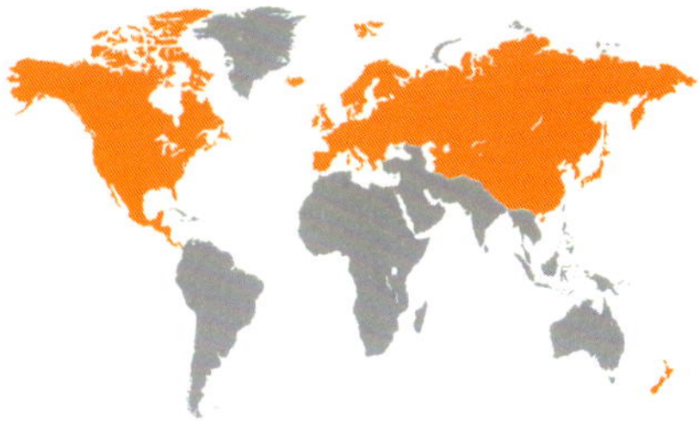

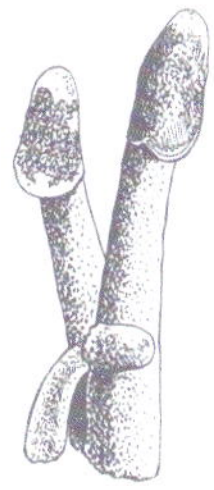

GRÖSSE
Bis zu 120 mm

DURCHMESSER
Bis zu 15 mm

MUTINUS CANINUS

GEMEINE HUNDSRUTE

(HUDSON) FRIES

Diese kleine Stinkmorchelverwandte ist überraschend leicht zu übersehen, wenn sie zwischen Blättern auf dem Waldboden wächst. Der aasartige Geruch, der Fliegen anzieht, könnte den Pilz verraten, ist aber nicht so intensiv wie bei der Stinkmorchel selbst. Die winzigen gallertigen „Eier", aus denen der Fruchtkörper wächst, treten oft in Haufen auf, meist auf oder nahe bei Baumstümpfen oder von Erde bedecktem Holz, gelegentlich aber auch hoch oben an morschen Ästen auf Bäumen. Der erste Fund stammt aus England im Jahr 1778, der Pilz ist aber weitverbreitet, in der gesamten nördlichen Hemisphäre häufig und möglicherweise auch in anderen Gegenden eingeführt.

ÄHNLICHE ARTEN

Mutinus elegans (im Osten Nordamerikas häufig, in Europa hingegen selten) ist ähnlich, aber leuchtender und meist rötlich rosa gefärbt und zugespitzt ohne erkennbaren Kopfteil. Die amerikanische Art *M. ravenelii* ist zwar ebenfalls rötlich, aber eher wie die Gemeine Hundsrute geformt. Der purpurrote *M. bambusinus* ist in den Tropen und bis nach Japan weitverbreitet.

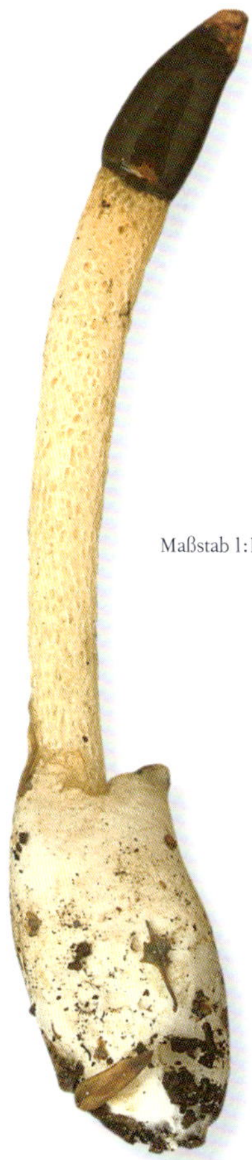

Maßstab 1:1

Die Gemeine Hundsrute entsteht aus einem gelatinösen „Hexenei", dessen Überreste an der Stielbasis verbleiben. Der reife Fruchtkörper hat einen porösen, an der Basis hellen und an der Spitze ins leuchtend Orange gehenden Stiel mit fruchtbarem Kopfteil. Dieser ist frisch mit einer Schicht aus olivbraunem Sporenschleim bedeckt.

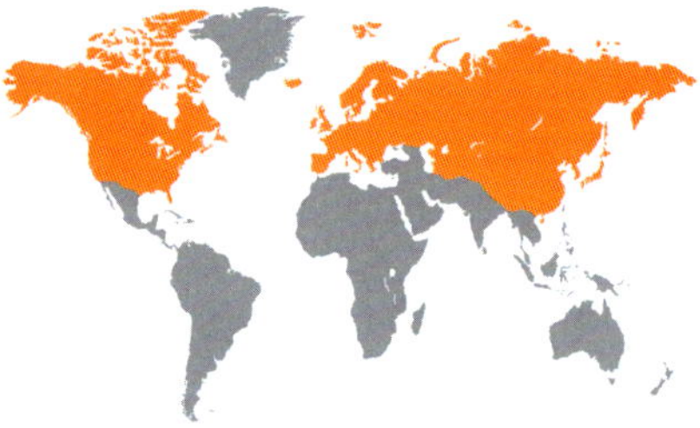

FAMILIE	Phallaceae
VERBREITUNG	Nordamerika, Europa, Nordasien
LEBENSRAUM	Auf Waldböden und in Gärten
SYMBIOSE	Auf reichhaltigen Böden und auf sehr morschen Holzresten
WUCHSFORM	Einzeln oder truppweise
VORKOMMEN	Häufig
SPORENFARBE	Olivbraun
GENIESSBARKEIT	Essbar (im unreifen „Ei"-Stadium)

GRÖSSE
Bis zu 200 mm

DURCHMESSER
Bis zu 140 mm

PHALLUS IMPUDICUS

STINKMORCHEL

LINNAEUS

Maßstab 1:1

Wenig überraschend hat dieser Pilz mit seiner phallischen Form (*impudicus* bedeutet „unzüchtig") für eine Vielzahl von Volksnamen und Legenden gesorgt. In einigen Gegenden Europas war und ist der unreife Fruchtkörper als „Teufelsei" oder „Hexenei" bekannt, der reife Pilz wurde „Satans Glied" genannt. Die Stinkmorchel galt auch als Aphrodisiakum. Im viktorianischen England fand Zeichnerin Beatrix Potter „nicht den Mut ihn zu malen", während Charles Darwins Tochter Etty alle Stinkmorcheln, die sie finden konnte, sammelte und verbrannte, um nicht die Sittlichkeit ihrer Dienstmädchen zu gefährden. Im unreifen Stadium ist dieser Pilz tatsächlich essbar und hat angeblich einen angenehm nussigen Geschmack. In Deutschland verwendete man ihn früher, um Würste zu würzen.

ÄHNLICHE ARTEN

Phallus hadriani ist eine ähnliche Art der nördlichen Breiten und wächst typischerweise in Dünen; ihr Eistadium ist jedoch rosafarben. Exemplare der Stinkmorchel mit kurzem, netzartigem Schleier haben für Verwechslungen mit der tropischen Art *P. indusiatus* gesorgt, die einen viel größeren und auffälligeren Schleier hat.

Die Stinkmorchel bildet Fruchtkörper aus einem gelatinösen weißen „Hexenei", das an der Stielbasis verbleibt. Der Stiel ist weiß, hohl und porös. Der fruchtbare Kopfteil ist glockig und mit jung mit olivbraunem, süßlichem und ekelig riechendem Sporenschleim bedeckt. Einzelne Exemplare entwickeln einen kurzen netzartigen Schleier, der unter dem fruchtbaren Kopfteil hervorsieht.

FAMILIE	Phallaceae
VERBREITUNG	Afrika, Mittel- und Südamerika, südliches Asien (mit China und Japan), Australien
LEBENSRAUM	Auf Waldböden und in Gärten
SYMBIOSE	Auf reichhaltigen Böden und auf sehr morschen Holzresten
WUCHSFORM	Einzeln oder truppweise
VORKOMMEN	Gelegentlich
SPORENFARBE	Olivbraun
GENIESSBARKEIT	Essbar

GRÖSSE
Bis zu 300 mm

DURCHMESSER
(mit Schleier)
Bis zu 150 mm

PHALLUS INDUSIATUS

SCHLEIERDAME

SCHLECHTENDAL

Stinkmorcheln gelten gemeinhin nicht als attraktiv, aber diese außergewöhnliche tropische Art ist da eine Ausnahme. Als eine von wenigen Stinkmorchel-Arten bildet *Phallus indusiatus* ein zartes schleierartiges Netz (Indusium), das fast bis zum Boden reicht. Daher wurde dieser Pilz früher einer eigenen Gattung, *Dictyophora*, zugeordnet. In China findet man ihn häufig in Bambuswäldern, er ist deshalb auch als „Bamboo Fungus" bekannt und wird in Ostasien sogar zum Verkauf gezüchtet – frisch oder getrocknet, im Eistadium oder als reifer Pilz gilt er als Delikatesse und wird (wohl aufgrund seiner Form) auch als Aphrodisiakum gehandelt.

ÄHNLICHE ARTEN

Es bestehen mehrere ähnliche tropische Arten, darunter *Phallus multicolor* mit seinem gelborangen Netz und *P. cinnabarinus* mit einer rötlichen Variante. Die Gemeine Stinkmorchel (*P. impudicus*) kann gelegentlich kleinere und weniger zarte Netze entwickeln (*P. impudicus* var. *togatus* genannt), ihre Fruchtkörper werden daher gelegentlich für eine Schleierdame gehalten.

Maßstab 1:1

Die Schleierdame bildet Fruchtkörper, die denen der Stinkmorchel (*Phallus impudicus*) sehr ähnlich sind. Der Stiel ist weiß, porös und hohl, der fruchtbare Kopfteil gerunzelt und mit olivbraunem Sporenschleim bedeckt. Zusätzlich bildet die Schleierdame jedoch ein zartes weißes, schleierartiges Netz oder Indusium, das glockenartig von der Unterseite des Kopfteils herabfällt.

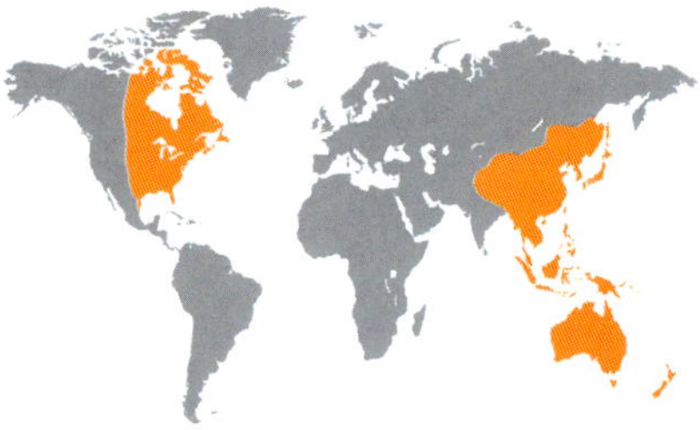

FAMILIE	Phallaceae
VERBREITUNG	Östliches Nordamerika, Ostasien, Australien, Neuseeland
LEBENSRAUM	Auf Waldböden und in Gärten
SYMBIOSE	Auf reichhaltigen Böden oder auf sehr morschen Holzresten
WUCHSFORM	Auf der Erde, einzeln oder in Gruppen
VORKOMMEN	Gelegentlich
SPORENFARBE	Olivbraun
GENIESSBARKEIT	Ungenießbar

GRÖSSE
Bis zu 75 mm

DURCHMESSER
Bis zu 25 mm

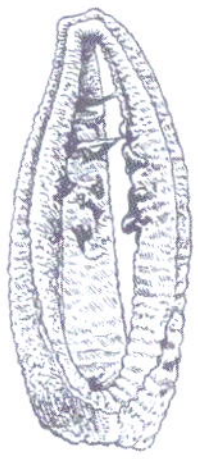

PSEUDOCOLUS FUSIFORMIS

(E. FISCHER) LLOYD

Wie bei den meisten Stinkmorchelverwandten verströmt auch die klebrige Sporenmasse von *Pseudocolus fusiformis* („Stinky Squid“) einen ekeligen Geruch – hier etwa nach Schweinejauche –, der Fliegen anzieht. Die Fliegen sorgen für die Sporenverbreitung. *Pseudocolus fusiformis* ist eine winzige, aber sehr farbenprächtige Art, die ursprünglich auf der Insel La Réunion heimisch, aber auch in Ostasien inklusive Japan, in Australien, Neuseeland und Hawaii zu finden ist. Erstmals entdeckt hat man sie 1915 in Nordamerika, wo sie vermutlich eingeführt wurde. Heute ist sie dort eine von vielen Arten, die sich über Hackschnitzel und Mulch in Gärten und Parks verbreiten.

ÄHNLICHE ARTEN

Der weitverbreitete Tintenfischpilz (*Clathrus archeri*) ist größer, und seine Arme sind meist nach oben offen und nicht an der Spitze miteinander verwachsen. Der Orangerote Fingerpilz (*Lysurus mokusin*) hat hingegen einen gerippten Stiel und kurze, untersetzte Arme. Weitere ähnliche Arten kommen in den Tropen vor.

Maßstab 1:1

Pseudocolus fusiformis bildet Fruchtkörper aus einem gelatinösen, weißlichen bis graubraunen „Hexenei“, das an der Stielbasis bestehen bleibt. Der kurze, hohle Stiel teilt sich in 3–5 Arme, die sich zur Spitze hin verjüngen und anfangs miteinander verwachsen sind, sich gelegentlich aber lösen. Die Arme sind rosa bis orange oder rot, die Stielbasis ist weißlich. Die olivschwarze Sporenschleim klebt an der Innenseite der Arme.

FAMILIE	Phallaceae
VERBREITUNG	Mittel- und Südamerika
LEBENSRAUM	Auf Waldböden
SYMBIOSE	Auf reichhaltigen Böden und Blattstreu
WUCHSFORM	Einzeln oder truppweise
VORKOMMEN	Gelegentlich
SPORENFARBE	Olivbraun
GENIESSBARKEIT	Ungenießbar

GRÖSSE
Bis zu 150 mm

DURCHMESSER
Bis zu 25 mm

STAHELIOMYCES CINCTUS

E. FISCHER

Die Fruchtkörper gewöhnlicher Stinkmorcheln sind bereits auffällig, aber *Staheliomyces cinctus* („Cummerbund Stinkhorn“) hat ein besonders bizarres Äußeres. Die Art kommt nur in den Neotropen vor und wächst aus bunten gelatinösen „Hexeneiern“, die sich mit fadenartigen Rhizomorphen an morschem Holz festhalten. Für gewöhnlich sind Stinkmorchelstiele hohl und haben teils kleine, gestanzte Löcher. Die Öffnungen bei dieser Art sind groß wie bei Schweizer Käse. Besonders ungewöhnlich ist, dass sich der ekelig riechende Sporenschleim nicht an der Spitze oder am Kopfteil des Stiels befindet, sondern an einem schwarzen, kragenartigen Band unter der Spitze.

ÄHNLICHE ARTEN

Keine andere Pilzart ähnelt diesen kuriosen Fruchtkörpern wirklich. *Mutinus borneensis* bildet häufig Sporenschleim in einem oder mehreren schwach ausgeprägten „Bändern“ nahe der Stielspitze, der Stiel ist aber nicht löchrig, und der Schleim bildet nie einen einzelnen, umschnürenden Ring.

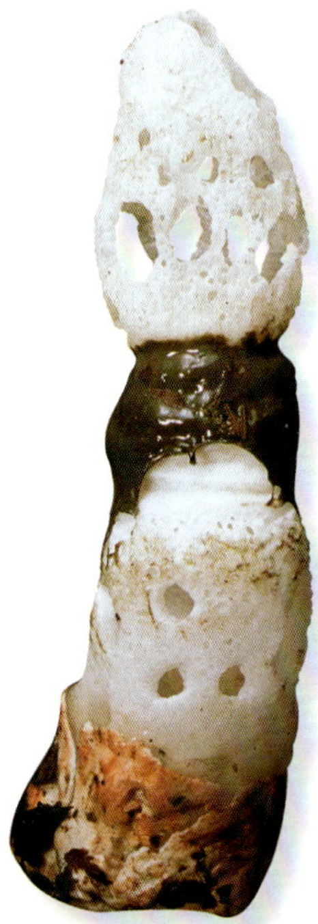

Maßstab 1:1

Staheliomyces cinctus bildet Fruchtkörper aus einem purpurfarbenen, gelatinösen „Hexenei“, das an der Stielbasis verbleibt. Der Stiel selbst ist weiß, hohl, zylindrisch und mit rundlichen Löchern durchsetzt. Die klebrige, olivbraune Sporenmasse wird in einem kragenartigen Band auf etwa drei Vierteln der Stielhöhe gebildet.

BECHERPILZE, MORCHELN, TRÜFFELN, KERNPILZE & FLECHTEN

Sie alle zählen zu den *Ascomycota*, den Schlauchpilzen. In Sachen Artenvielfalt stellen sie die größte Gruppe im Pilzreich. Die meisten, etwa die Hefe- und Schimmelpilze, sind jedoch mikroskopisch klein.

Die Becherpilze umfassen zahlreiche auffällige Arten, die nicht alle tatsächlich kelch- oder schüsselförmige Fruchtkörper haben. Morcheln und echte Trüffeln sind nahe verwandt. Die honigwabenartigen Kopfteile der Morcheln sind umgekehrte Becher, und die kompakten Adern der Trüffeln sind Überreste von Bechern.

Die einzelnen Fruchtkörper der Kernpilze sind meist sehr klein, kaum mehr als schwarze Flecken auf moderndem Holz oder Blättern. Einige Arten bilden Kolonien winziger Fruchtkörper, eingebettet in Stroma – unfruchtbares Hyphengewebe, das wie ein einziger großer Fruchtkörper aussehen kann. Dazu zählen einige auffällige Parasiten, etwa die Kernkeulen.

Flechten sind vielfältige Pilze, die Symbiosen mit Algen und Cyanobakterien eingehen. Ihre Symbiosepartner leben zwischen ihren sterilen Hyphen, und da die Flechte selbst Licht zur Fotosynthese braucht, liegt nicht nur der Fruchtkörper, sondern der ganze Pilz frei. Die eigentlichen, sporenbildenden Fruchtkörper der Flechten sind, wenn vorhanden, scheibenförmig. Die meisten Arten verbreiten sich jedoch, indem sie fertige Verbreitungspartikel aus Hyphen und Algenzellen freisetzen.

FAMILIE	Pyrenomenataceae
VERBREITUNG	Nordamerika, Europa, Nordafrika, Mittel- und Südamerika, Asien, Australien, Neuseeland
LEBENSRAUM	Auf Waldböden und im Unterholz
SYMBIOSE	Kahle Böden, besonders belebte und dichte Lehmböden
WUCHSFORM	Auf der Erde, in Gruppen und Haufen
VORKOMMEN	Häufig
SPORENFARBE	Weiß
GENIESSBARKEIT	Essbar

GRÖSSE
Bis zu 50 mm

DURCHMESSER
Bis zu 100 mm

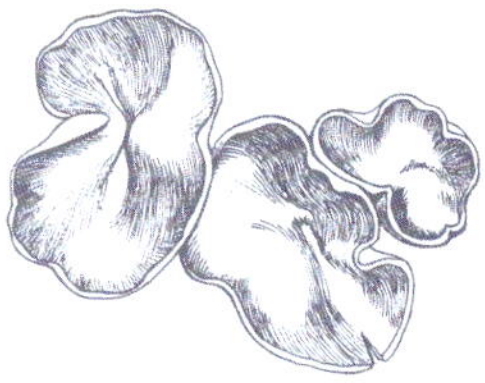

ALEURIA AURANTIA

GEMEINER ORANGEBECHERLING

(PERSOON) FUCKEL

Der Orangebecherling ist ein häufiger, weitverbreiteter und sehr auffälliger Pilz, der bevorzugt in Haufen auf kahlem, lehmigem, verdichtetem oder frisch bearbeitetem Boden wächst. Die Fruchtkörper sind äußerst brüchig und dünn, gelten aber als essbar. Dennoch sind sie wohl eher farbenfroher Dekor als Nahrungsmittel. Ein bestimmtes Protein, das man aus dem Pilz extrahiert hat (*Aleuria aurantia*-Lektin, AAL), bindet speziell das Kohlenhydrat Fukose und wurde bereits in zahlreichen Analysen eingesetzt und getestet. In der Forschung könnte das Protein zum Beispiel die Erkennung bestimmter Krebsarten unterstützen.

Der Gemeine Orangebecherling ist jung becherförmig mit einer glatten, leuchtend orangen Innenseite. Die Außenseite ist mit feinem weißlichen Flaum bedeckt und wirkt blassorange. Mit dem Alter öffnet sich der Pilz schüsselförmig oder ist unregelmäßig ausgebreitet (manchmal rissig oder brüchig), besonders wenn viele Fruchtkörper eng nebeneinander wachsen.

ÄHNLICHE ARTEN

Eine verwandte Art, *Aleuria rhenana*, ist leuchtend orangegelb, hat aber einen deutlich abgesetzten Stiel. *Caloscypha fulgens* ist ebenfalls orangegelb, hat aber blaugrünliche Stellen an der Außenseite. Die meisten anderen leuchtend orangen Becherpilze sind deutlich kleiner.

Maßstab 1:1

FAMILIE	Pyronemataceae
VERBREITUNG	Nordamerika, Kontinentaleuropa, Nordafrika, Mittel- und Südamerika, Nordasien, Australien, Neuseeland
LEBENSRAUM	Auf Waldböden
SYMBIOSE	Mit Nadelbäumen, seltener mit Laubbäumen
WUCHSFORM	Auf der Erde oder in Moos, in Haufen
VORKOMMEN	Lokal häufig
SPORENFARBE	Weiß
GENIESSBARKEIT	Ungenießbar

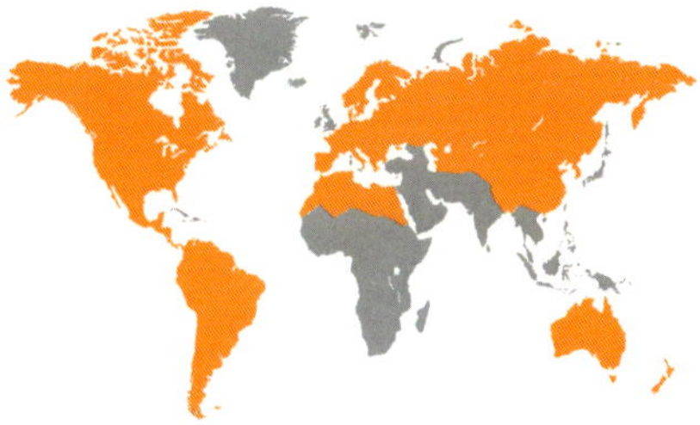

GRÖSSE
Bis zu 50 mm

DURCHMESSER
Bis zu 25 mm

ALEURIA RHENANA

FUCKEL

Aleuria rhenana („Stalked Orange Peel Fungus") ist ein kleiner, aber attraktiver Becherpilz. Seine Fruchtkörper sind ebenso intensiv gefärbt wie die des bekannteren Gemeinen Orangebecherlings (*Aleuria aurantia*), aber typischerweise kelchförmig. Die beiden Arten sind nicht so nahe verwandt, wie ihre Namen vermuten lassen: *Aleuria rhenana*g wird meist mit der Gattung *Sowerbyella* in Verbindung gebracht und ist möglicherweise gar keine echte *Aleuria*-Art. Er ist in Europa im Allgemeinen selten, aber im Westen Nordamerikas häufiger.

ÄHNLICHE ARTEN

Der Gemeine Orangebecherling (*Aleuria aurantia*) ist ähnlich gefärbt, aber größer und hat keinen Stiel. Der Eingerissene Tulpenbecher (*Microstoma protractum*) ist ähnlich geformt und kann orangerot gefärbt sein, typischerweise aber eher scharlachrot und am Außenrand rissig.

Aleuria rhenana ist becherförmig mit glatter, leuchtend gelboranger bis oranger Innenseite. Die Außenseite ist blassgelb und leicht schorfig-schuppig. Unter dem Becher findet sich ein deutlich sichtbarer, blassgelber Stiel, der zur Basis hin mit einem weißlichen Myzel bedeckt ist.

Maßstab 1:1

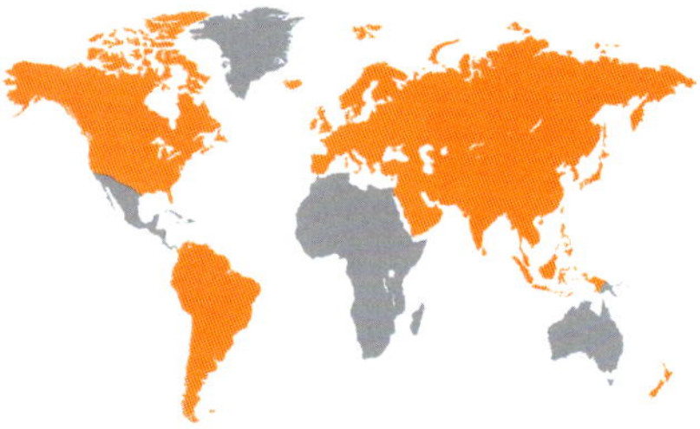

FAMILIE	Helotiaceae
VERBREITUNG	Nordamerika, Europa, Südamerika, Asien, Neuseeland
LEBENSRAUM	Auf Waldböden
SYMBIOSE	Auf Laub- und Nadelholz
WUCHSFORM	Auf verrotteten Stümpfen, umgestürzten Stämmen und Ästen
VORKOMMEN	Häufig
SPORENFARBE	Weiß
GENIESSBARKEIT	Ungenießbar

GRÖSSE
Unter 1 mm

DURCHMESSER
Bis zu 25 mm

ASCOCORYNE CYLICHNIUM

GROSSSPORIGER GALLERTBECHER

(TULASNE) KORF

Ascocoryne cylichnium und sein naher Verwandter, *A. sarcoides*, sind beide häufig und weitverbreitet auf Waldböden und werden dort oft mit Arten der echten Gallertpilze verwechselt, etwa mit *Exidia recisa*, dem Kreiseldrüsling. Tatsächlich gehören sie aber zu den Becherpilzen. Beide sind Holzzerstörer und enthalten wie viele andere Zerstörer Enzyme (hier Ascocorynin), die das Bakterienwachstum hemmen und daher medizinisch wirksam sein könnten. Möglich ist auch, dass die Besiedelung durch *Ascocoryne*-Arten in einem Wald dazu beiträgt, die Kolonisierung durch schädlichere Holzzerstörer zu verhindern.

ÄHNLICHE ARTEN

Der ebenso häufige Fleischrote Gallertbecher (*Ascocoryne sarcoides*) ist im Allgemeinen kleiner und seltener scheibenförmig, aber nur unter dem Mikroskop abzugrenzen. Häufig bei ihm zu finden sind unregelmäßig gelappte, in Büscheln wachsende, ähnlich gefärbte Fruchtkörper, die nur Konidien (asexuelle Sporen) produzieren. *Ascotremella faginea* ist gallertig und rötlich-lila, bildet aber eher hirnförmige als scheibenförmige Fruchtkörper.

Der Großsporige Gallertbecher bildet typischerweise Fruchtkörper in dichten Büscheln oder Trupps. Die einzelnen Fruchtkörper sind zunächst blass rötliche bis lilaviolette, gallertige Kleckse, die mit dem Alter rundlich werden. Bei Reife sind sie meist dünn und scheibenförmig, oft eher gefaltet bis kraus, und an der Basis oder durch einen verkürzten Stiel mit dem Substrat verbunden.

Maßstab 1:1

FAMILIE	Helotiaceae
VERBREITUNG	Nordamerika, Europa, Nordafrika, Mittel- und Südamerika, Asien
LEBENSRAUM	Auf Waldböden
SYMBIOSE	Mit Laubholz
WUCHSFORM	Auf abgefallenen Ästen und Zweigen, in dichten Haufen
VORKOMMEN	Sehr häufig
SPORENFARBE	Weiß
GENIESSBARKEIT	Ungenießbar

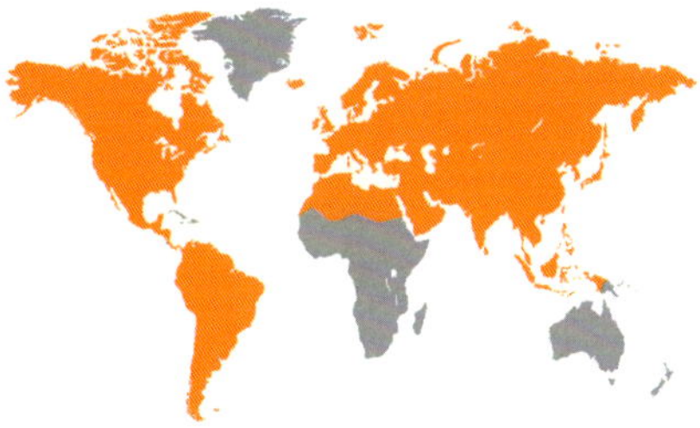

GRÖSSE
Unter 1 mm

DURCHMESSER
Bis zu 3 mm

BISPORELLA CITRINA

ZITRONENGELBES HOLZBECHERCHEN

(BATSCH) KORF & S. E. CARPENTER

Dieser Pilz ist einer der häufigsten und – dank seiner Farbe – besonders auffälligen „Discomyceten“, einem veralteten, aber immer noch brauchbaren Ausdruck für Scheiben- und Becherpilze. Er kommt besonders häufig auf Birkenstämmen und abgebrochenen Ästen vor, wächst aber auch problemlos auf allen anderen Laubholzarten. *Bisporella citrina* wurde im Jahr 1789 durch den deutschen Naturforscher und Mykologen Dr. August Batsch erstmals beschrieben. Inzwischen weiß man, dass er weitverbreitet ist und von Asien bis Südamerika vorkommt.

ÄHNLICHE ARTEN

Die verwandte *Bisporella sulfurina* ist ähnlich gefärbt, aber noch kleiner und wächst in Haufen auf altem, geschwärztem Pilzstroma auf Holz. Gelbe *Hymenoscyphus*-Arten können oberflächlich ähnlich erscheinen, sind aber unter der Lupe stets an ihrem deutlichen Stiel zu erkennen. Viele weitere kleine, gelbe Discomyceten haben rissige oder haarige Außenränder.

Maßstab 1:1

Das Zitronengelbe Holzbecherchen bildet winzige, scheibenförmige Fruchtkörper, die typischerweise in dichten Haufen wachsen. Die Oberfläche ist jung glatt und schalenförmig, bei Reife scheibenförmig oder leicht gerundet. Die Unterseite ist glatt und meist zentral auf dem Substrat aufsitzend, manchmal mit einen sehr kurzen Stiel. Der ganze Pilz ist leuchtend zitronengelb, alt eher dottergelb.

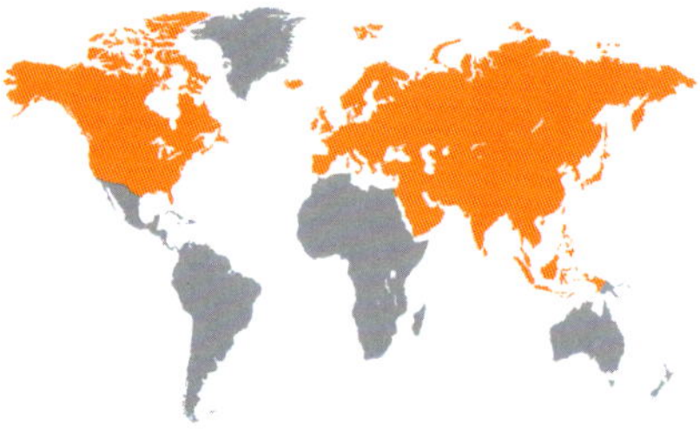

FAMILIE	Bulgariaceae
VERBREITUNG	Nordamerika, Europa, Asien
LEBENSRAUM	Auf Waldböden
SYMBIOSE	Mit Laubbäumen, besonders Eiche
WUCHSFORM	Auf toten Ästen, frisch gebrochenen oder gefällten Stämmen und Ästen
VORKOMMEN	Häufig
SPORENFARBE	Schwarz
GENIESSBARKEIT	Ungenießbar

GRÖSSE
Bis zu 15 mm

DURCHMESSER
Bis zu 40 mm

BULGARIA INQUINANS

GEMEINER SCHMUTZBECHERLING

(PERSOON) FRIES

Der Gemeine Schmutzbecherling wächst oft sehr gesellig auf berindeten Ästen und Stämmen frisch gefällter oder umgestürzter Eichen. Es ist anzunehmen, dass er als Endophyt lebt, also in einer Frühform bereits im Inneren des lebenden Baumes wächst. Er verharrt dort, bis der Ast abbricht, und kann so als Erster das frisch abgestorbene Holz besiedeln. Der Gemeine Schmutzbecherling bildet große Mengen schwärzlicher Sporen, die bei Berührung die Finger schmutzig schwarz färben und über Nacht auf weißem Papier einen beträchtlichen Sporenabdruck liefern. Wenig überraschend wurde er früher auch als natürliches Färbemittel für schwärzliche Farbtöne verwendet.

Maßstab 1:1

ÄHNLICHE ARTEN

Der Gemeine Schmutzbecherling wird oft mit dem nicht verwandten Warzigen Drüsling (*Exidia glandulosa*) verwechselt, der ebenfalls auf Eiche wächst. Dieser lässt sich jedoch durch seine spärlich warzige Oberfläche und die weißen (nicht schwarzen) Sporen unterscheiden.

Der Gemeine Schmutzbecherling bildet dichte Haufen oder Trupps aus gallertig-gummiartigen Fruchtkörpern. Jeder von ihnen ist jung kugelig, dann flach kreiselförmig. Die Außenfläche ist schorfig-zottig und bräunlich bis schwarzbraun. Die Innenseite ist glatt und schwarz mit deutlichem, oft eingerolltem Rand, was den Pilz becherförmig erscheinen lässt (siehe Foto links). Im Alter breiten sich die Fruchtkörper auf und werden tellerförmig.

FAMILIE	Caloscyphaceae
VERBREITUNG	Nordamerika, Europa, Nordasien
LEBENSRAUM	Auf Waldböden
SYMBIOSE	Mit Nadelbäumen
WUCHSFORM	Auf der Erde und auf Blattstreu
VORKOMMEN	Gelegentlich
SPORENFARBE	Weiß
GENIESSBARKEIT	Ungenießbar

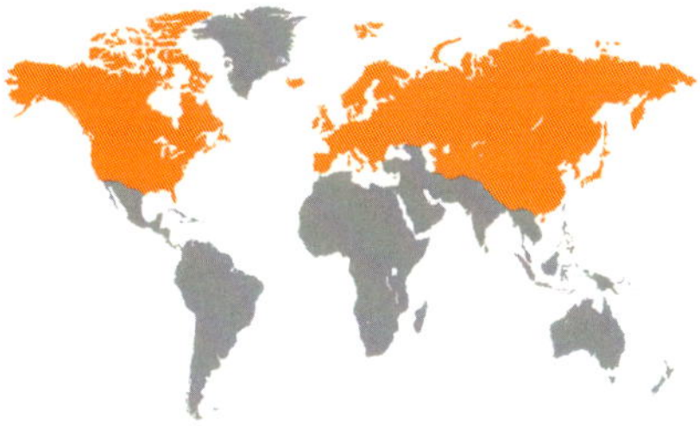

GRÖSSE
Bis zu 25 mm

DURCHMESSER
Bis zu 50 mm

CALOSCYPHA FULGENS

LEUCHTENDER PRACHTBECHER

(PERSOON) BOUDIER

In den Hochland-Nadelwäldern Nordamerikas ist der Leuchtende Prachtbecher auch als „Schneeschmelze-Pilz" bekannt, denn die Fruchtkörper kommen im Frühjahr, nach der Winterschneeschmelze, zum Vorschein. Dank seiner auffälligen blauen Färbung bei Berührung ist der Leuchtende Prachtbecher nicht nur farbintensiv, er ist auch einzigartig. Die Molekularforschung hat gezeigt, dass er der Einzige seiner Familie ist. Er kommt auch in Europa vor, ist aber allgemein eher selten, außer in alpinen Gegenden. In den 1960er-Jahren trat er erstmals in England auf, möglicherweise wurde er mit exotischen Nadelbäumen eingeschleppt.

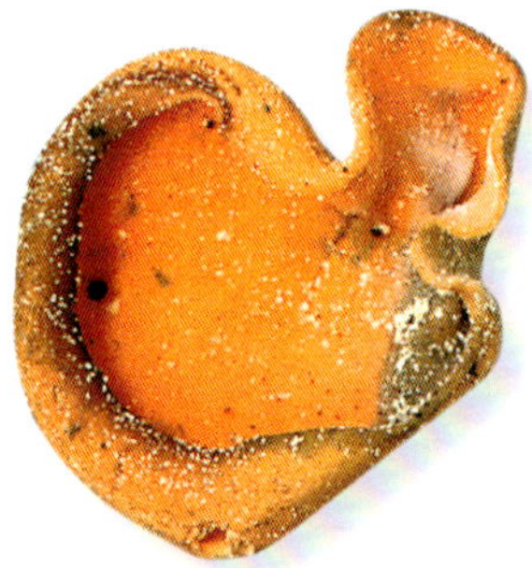

ÄHNLICHE ARTEN

Die grünblaue Färbung bei Beschädigung ist unter den gelben Becherpilzen einzigartig. In Nordamerika wird *Caloscypha fulgens* auch als „Frühlings-Orangebecherling" bezeichnet, obwohl der echte Gemeine Orangebecherling (*Aleuria aurantia*) später im Jahr gedeiht, sich nicht verfärbt und normalerweise leuchtend orange und nicht gelb ist. *Sowerbyella radiculata* hingegen, der Ockergelbe Wurzelbecherling, hat einen deutlichen, wurzelnden Stiel.

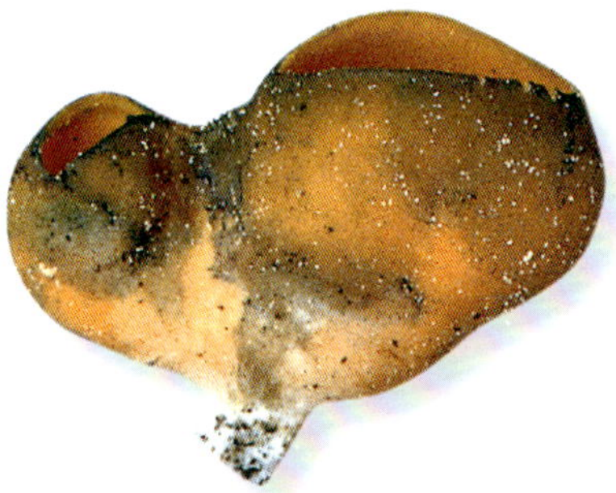

Maßstab 1:1

Der Leuchtende Prachtbecher bildet zunächst becherförmige, später oft gelappte oder unregelmäßig ausgebreitete Fruchtkörper. Alte Exemplare sind meist fast flach und unregelmäßig tellerförmig. Die Innenseite ist glatt und leuchtend gelborange bis orange. Die Außenfläche ist matt und etwas stumpfer. Mit dem Alter oder bei Beschädigung verfärbt sich das matte Gelb oliv- bis blaugrün, besonders am Rand. Gelegentlich sieht man einen sehr kurzen Stiel.

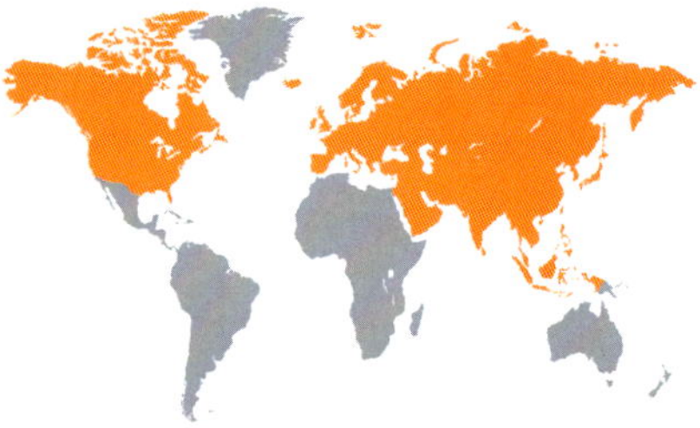

FAMILIE	Dermateaceae
VERBREITUNG	Nordamerika, Europa, Asien
LEBENSRAUM	Auf Waldböden
SYMBIOSE	Mit Laubbäumen
WUCHSFORM	An der Unterseite von stark vermodertem, feuchtem, liegendem Holz
VORKOMMEN	Gelegentlich
SPORENFARBE	Braun
GENIESSBARKEIT	Ungenießbar

GRÖSSE
Unter 1 mm

DURCHMESSER
Bis zu 15 mm

CATINELLA OLIVACEA

OLIVGRÜNES KELCHBECHERCHEN

(BATSCH) BOUDIER

Diese hübsche Art wächst truppweise an der Unterseite von feuchtem, vermodertem Holz oder gefällten Stämmen. Sie wird daher selten entdeckt, wenn man nicht bewusst nach ihr sucht. Dieser geschützte Lebensraum ist für Arten mit normaler Sporenverbreitung (über Wind) eher ungewöhnlich. Die jüngste Forschung hat gezeigt, dass die meisten *Catinella*-Sporen in einer schleimigen Schicht an der Oberfläche der Scheibe festsitzen und höchstwahrscheinlich durch kleine Insekten verbreitet werden, die die Fruchtkörper überqueren. Außerdem wurde durch DNA-Analyse gezeigt, dass das Olivgrüne Kelchbecherchen nicht zu den Scheiben- und Becherpilzen gehört, obwohl es ihnen äußerlich ähnelt. Die tatsächliche Klassifizierung ist noch ungeklärt.

ÄHNLICHE ARTEN

Durch Farbe und Form sollte diese Art eindeutig zuordenbar sein. *Rutstroemia bulgarioides* ist ähnlich gefärbt, aber mit kurzem Stiel und wächst auf Fichtenzapfen. Einige *Claussenomyces*-Arten auf vermodertem Holz sind oliv- oder leuchtend grün, haben aber kleinere Scheiben und keinen so klar abgrenzbaren Rand.

Maßstab 1:1

Das Olivgrüne Kelchbecherchen bildet Büschel oder Trupps aus scheiben- oder tellerförmigen Fruchtkörpern. Die Oberfläche ist glatt und dunkel olivgrün bis schwarzgrün. Der Rand ist aufstehend, klar gefurcht oder gerippt und ocker bis gelblich grün. Die Unterseite ist dunkelbraun und leicht schorfig.

FAMILIE	Dermateaceae
VERBREITUNG	Nordamerika, Europa, Asien, Australien
LEBENSRAUM	Auf Waldböden
SYMBIOSE	Auf vermodertem Laubholz, vor allem Eiche
WUCHSFORM	Auf abgebrochenen Ästen und Holzresten
VORKOMMEN	Häufig
SPORENFARBE	Weiß
GENIESSBARKEIT	Ungenießbar

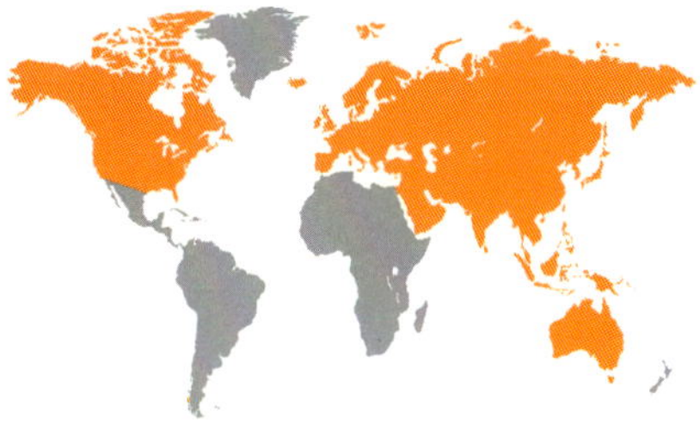

GRÖSSE
Bis zu 8 mm

DURCHMESSER
Bis zu 5 mm

CHLOROCIBORIA AERUGINASCENS

KLEINSPORIGER GRÜNSPANBECHERLING

(NYLANDER) KANOUSE EX C. S. RAMAMURTHI ET AL

Der Grünspanbecherling ist eine häufige und weitverbreitete Art. Bemerkenswert ist nicht so sehr seine intensive Färbung, sondern seine Fähigkeit, das durchwachsene Holz ebenfalls blaugrün zu färben. Derart verfärbtes Holz ist in bewaldeten Gegenden häufig zu finden, die Fruchtkörper selbst seltener. Das bevorzugte Substrat des Kleinsporigen Grünspanbecherlings ist die Eiche. In England wurden Stücke dieser „Grünen Eiche" früher gesammelt und für die sogenannte Tunbridge Ware verwendet, feine Einlegearbeiten mit verschiedenfarbigem Holz. In Italien wurde der Pilz bereits in der Renaissance für blaugrüne Intarsien von Holzvertäfelungen eingesetzt.

ÄHNLICHE ARTEN

Chlorociboria aeruginosa ist ebenso häufig und verfärbt ebenfalls das Substrat, kann aber nur unter dem Mikroskop bestimmt werden. In Neuseeland (wo *C. aeruginascens* bisher nicht aufgetreten ist) sind nicht weniger als 15 solcher Arten bekannt. Möglicherweise zeigt die weitere Forschung, dass sich in anderen Gegenden eine ähnliche mikroskopische Vielfalt findet.

Maßstab 1:1

Der Kleinsporige Grünspanbecherling bildet dünne, schwach pokalförmige, blaugrüne Fruchtkörper, die in kleinen Trupps oder Büscheln wachsen. Sie haben meist einen Stiel, der zentral oder seitlich sitzen kann. Der Fruchtkörper ist später flach und unregelmäßig schalenförmig und rollt sich bei Trockenheit ein, zum Schluss bildet er entfärbte, blassgelbe Flecken.

FAMILIE	Vibrisseaceae
VERBREITUNG	Neuseeland
LEBENSRAUM	In feuchten Waldgebieten
SYMBIOSE	Mit Laubbäumen
WUCHSFORM	Auf nassem, vermodertem Holz, in Haufen
VORKOMMEN	Gelegentlich
SPORENFARBE	Weiß
GENIESSBARKEIT	Ungenießbar

GRÖSSE
Bis zu 25 mm

DURCHMESSER
Bis zu 5 mm

CHLOROVIBRISSEA PHIALOPHORA

SAMUELS & L. M. KOHN

Vibrissea-Arten wachsen typischerweise in oder entlang von Flüssen und Bächen auf wassergetränktem oder unter Wasser liegendem Holz. Ihre langen, fadenähnlichen Sporen sind der Verbreitung im Wasser angepasst. Wenn sie auf einen Ast in der Strömung treffen, setzen sie sich dort fest und keimen. Diese Pilzgruppe ist kosmopolitisch, die verwandten *Chlorovibrissea*-Arten jedoch, die ebenfalls wasserlebende Sporen bilden, umfassen nur vier ähnliche aussehende Arten und sind auf Australasien begrenzt. *Chlorovibrissea phialophora* („Green Pinball") ist bis jetzt nur aus Neuseeland bekannt, wo er in büscheligen Trupps auf sehr nassem Holz in gemäßigten Regenwaldgebieten wächst.

ÄHNLICHE ARTEN

Chlorovibrissea melanochlora und *C. bicolor* sind ähnliche, in Australien beheimatete Arten, haben aber deutlich anders gefärbte (gelbe bzw. dunkelgrüne) Köpfe und Stiele. *Chlorovibrissea tasmanica* ist sowohl in Australien als auch in Neuseeland bekannt und *Chlorovibrissea phialophora* sehr ähnlich, dürfte aber einen etwas stärker haarigen Stiel haben. Er lässt sich am besten unter dem Mikroskop bestimmen.

Maßstab 1:1

Chlorovibrissea phialophora wächst typischerweise in Haufen oder Trupps. Jeder Fruchtkörper hat einen langen, glatten bis fein samtigen grünen Stamm mit unregelmäßig kugeligen, grünen bis schwarzgrünen fruchtbaren Köpfen, die bei Feuchtigkeit klebrig-glänzend erscheinen.

FAMILIE	Sarcoscyphaceae
VERBREITUNG	Südliches Nordamerika (Florida), Afrika, Mittel- und Südamerika, südliches Asien, Australien
LEBENSRAUM	Auf Waldböden
SYMBIOSE	Mit Laubbäumen
WUCHSFORM	Auf Stämmen, gefälltem und abgebrochenem Holz
VORKOMMEN	Sehr häufig
SPORENFARBE	Weiß
GENIESSBARKEIT	Gilt als essbar

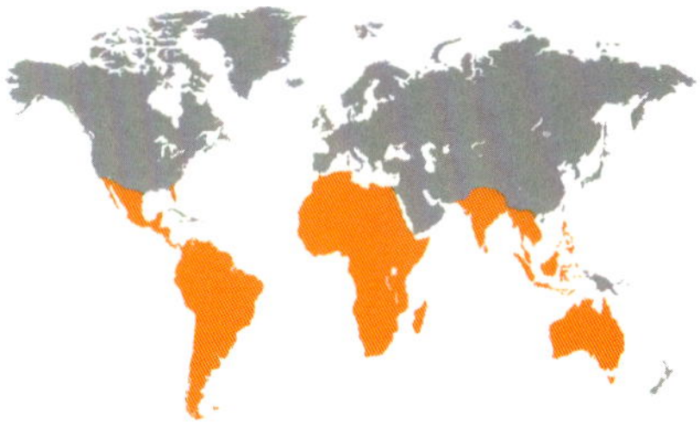

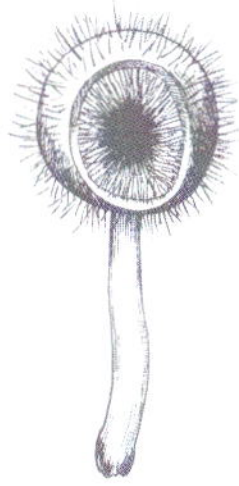

GRÖSSE
Bis zu 50 mm

DURCHMESSER
Bis zu 25 mm

COOKEINA TRICHOLOMA

(MONTAGNE) KUNTZE

Cookeina-Arten sind in den Tropen sehr häufig und wachsen auffällig, oft in kleinen Trupps auf liegenden Stämmen und umgestürzten Baumstümpfen. Sie gehören zur selben Familie wie der Scharlachrote Kelchbecherling und haben meist lebendige Farben. Die Sporenbehälter-Zellen an der Innenseite der tiefen, stark ausgeprägten Kelche nehmen Regenwasser auf und schwellen an. Wenn die Kelche austrocknen, brechen die wassergefüllten Zellen unter dem entstandenen Druck auf und stoßen die Sporen aus. *Cookeina tricholoma* („Hairy Tropical Goblet") soll von einigen Ureinwohnern in Malaysia und Mexiko auch als Speisepilz genutzt werden.

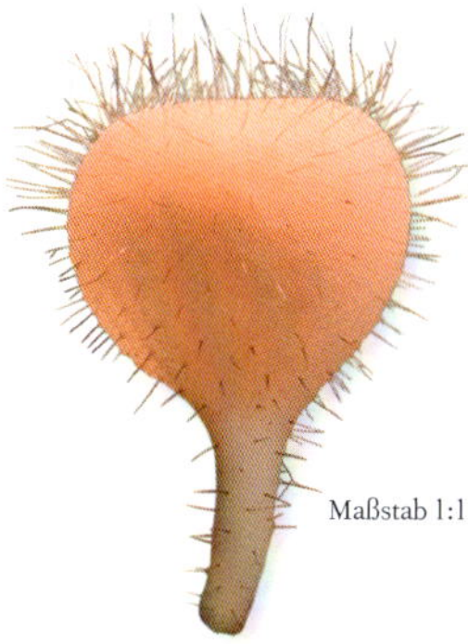

Maßstab 1:1

ÄHNLICHE ARTEN

Der ebenso häufige *Cookeina sulcipes* („Smooth Tropical Goblet") ist oft ähnlich gefärbt, hat aber eine glatte Außenseite mit nur wenigen kleinen, weißen Härchen entlang des Hutrandes. *Cookeina sinensis* ist eine sehr junge chinesische Art, die *C. tricholoma* sehr ähnlich ist, unter dem Mikroskop aber unterschieden werden kann.

Cookeina tricholoma bildet deutlich ausgeprägte Hüte und Stiele. Die Innenseite des Kelchs ist glatt und blassrosa bis rosaorange oder rötlich. Die Außenseite ist ähnlich gefärbt und spärlich mit langen, weißlich bis bräunlichen, borstigen Härchen besetzt. Der Stiel ist blasser gefärbt und ebenfalls spärlich behaart.

FAMILIE	Cyttariaceae
VERBREITUNG	Südliches Südamerika
LEBENSRAUM	Auf Waldböden
SYMBIOSE	Mit Scheinbuchen
WUCHSFORM	Auf Stümpfen und Ästen an Bäumen, in Haufen
VORKOMMEN	Gelegentlich
SPORENFARBE	Weiß
GENIESSBARKEIT	Essbar

GRÖSSE
Bis zu 50 mm

DURCHMESSER
Bis zu 50 mm

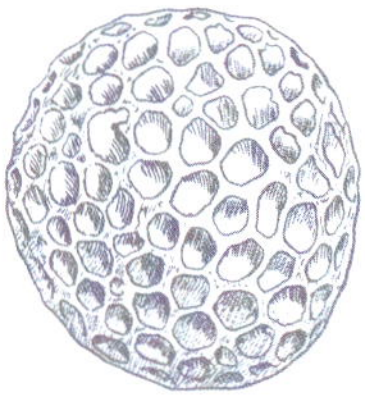

CYTTARIA DARWINII

BERKELEY

Charles Darwin sammelte Exemplare dieser Art, als er 1832 auf der Reise mit der *Beagle* Feuerland besuchte. Rev. Miles Berkeley, der führende britische Mykologe seiner Zeit, untersuchte sie und benannte sie nach Darwin. Sie sind eingelegt und noch heute im Herbarium in Kew Gardens, Großbritannien, zu sehen. Darwin stellte fest, dass die einheimischen Ureinwohner diesen Pilz roh als – gut lagerfähiges – Nahrungsmittel nutzten. Daher wohl auch der spanische Name *Pan del Indio* (Indianerbrot). *Cyttaria darwinii* („Darwin's Golfball") und verwandte Arten werden nach wie vor als Speisepilz verwendet und auf dem Markt verkauft, typischerweise aber eingelegt oder zu Chutneys verarbeitet.

ÄHNLICHE ARTEN

Auf Südbuchen in Chile und Argentinien sind einige verwandte Arten zu finden. *Cyttaria espinosae*, *C. berteroi* und *C. johowii* haben alle ähnliche Farbe und Form und lassen sich am besten unter dem Mikroskop unterscheiden. Andere Arten, darunter *C. gunnii*, kommen in Australien und Neuseeland vor.

Maßstab 1:1

Cyttaria darwinii bildet golfballähnliche Fruchtkörper, die zunächst glatt und sehr hell gefärbt sind, bei Reife dann blassgelb mit löchriger, honigwabenartiger Oberfläche. Im Schnitt sind sie klebrig. Die Fruchtkörper wachsen in Haufen an Bäumen und finden sich oft als große, rundliche Knollen im Wald. Voll ausgereifte Fruchtkörper fallen zu Boden.

FAMILIE	Cyttariaceae
VERBREITUNG	Südliches Australien, Neuseeland
LEBENSRAUM	Auf Waldböden
SYMBIOSE	Mit Scheinbuchen
WUCHSFORM	Auf Stümpfen und Ästen an Bäumen, in Haufen
VORKOMMEN	Gelegentlich
SPORENFARBE	Weiß
GENIESSBARKEIT	Gilt als essbar

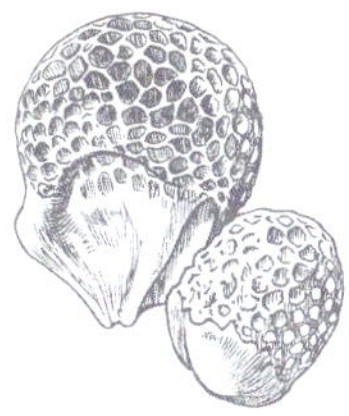

GRÖSSE
Bis zu 100 mm

DURCHMESSER
Bis zu 100 mm

CYTTARIA GUNNII

BERKELEY

Wie alle *Cyttaria*-Arten wächst *Cyttaria gunnii* („Orange Golfball Fungus") nur auf Schein- oder Südbuchen (*Nothofagus*) und ist auf Scheinbuchenarten in Australien und die Silberne Scheinbuche in Neuseeland beschränkt. Seiner Form verdankt er den zweiten englischen Namen „Beech Strawberry" (Buchen-Erdbeere). Ebenso wie ihre Wirte ist *Cyttaria gunnii* ein Überbleibsel des südlichen Großkontinents Gondwana, der Südamerika, die Antarktis und Australasien umfasste. In der Antarktis stehen heute keine Bäume mehr; *Nothofagus* und *Cyttaria* finden sich nach wie vor in Chile und Argentinien sowie in Australien und Neuseeland, haben sich aber jeweils in einem Verbreitungsgebiet zu verschiedenen Unterarten entwickelt. *Cyttaria gunnii* wurde früher von den australischen Aborigines als Speisepilz genutzt.

Cyttaria gunnii bildet Fruchtkörper, die Golfbällen ähneln. Sie sind zunächst glatt und hell, färben sich dann gelb bis orange und bilden reif eine tief löchrige oder gewarzte Oberfläche aus. Die helle, weißliche Basis ist unfruchtbar, im Schnitt sind die Pilze meist hohl. Die Fruchtkörper wachsen in Haufen und finden sich oft als große, rundliche Knollen auf Waldbäumen.

ÄHNLICHE ARTEN

Cyttaria septentrionalis ist eine sehr ähnliche australische Art, wächst aber nur auf der Antarktischen Scheinbuche. *Cyttaria pallida* ist ebenfalls ähnlich, aber weißlich und auf Neuseeland beschränkt. Andere Arten, darunter *C. darwinii*, kommen in Südbuchenwäldern Chiles und Argentiniens vor.

Maßstab 1:1

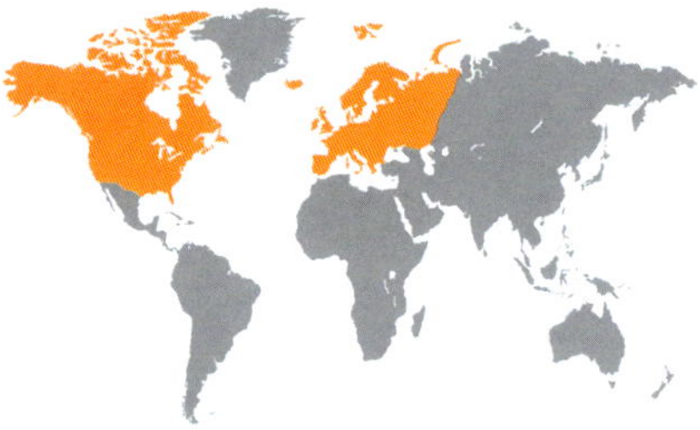

FAMILIE	Morchellaceae
VERBREITUNG	Nordamerika, Europa
LEBENSRAUM	Auf Waldböden und im Unterholz
SYMBIOSE	Mit Laubbäumen
WUCHSFORM	Auf der Erde, einzeln oder in kleinen Gruppen
VORKOMMEN	Gelegentlich
SPORENFARBE	Weiß
GENIESSBARKEIT	Essbar (gegart)

GRÖSSE
Bis zu 10 mm

DURCHMESSER
Bis zu 200 mm

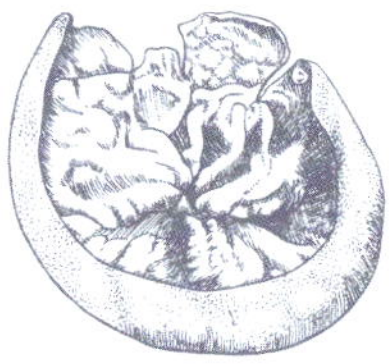

DISCIOTIS VENOSA

GEMEINER MORCHELBECHERLING

(PERSOON) ARNOULD

Sie sieht zwar aus wie ein sehr großer Becherpilz, tatsächlich ist *Disciotis venosa* aber näher verwandt mit den Morcheln als mit den meisten anderen Becherpilzen. Wie die Morcheln ist sie im Frühjahr zu finden und ist abgekocht essbar, roh oder halbgar aber giftig. Der chlorähnliche Geruch, dem der Morchelbecherling seinen englischen Namen „Bleach Cup" verdankt, ist ebenfalls wenig anziehend. Der lateinische Beiname *venosa* bedeutet „aderig". Diese flache Aderung oder unregelmäßige Zahnung an der Innenfläche des Kelches ist ähnlich den deutlich ausgeprägteren Lappen und Falten der Morellen und vieler *Gyromitra*-Arten.

ÄHNLICHE ARTEN

Mehrere *Discina*-Arten bilden ähnliche Fruchtkörper aus, insbesondere *D. ancilis* (auch *Gyromitra ancilis*), die aber keinen Chlorgeruch verströmt und normalerweise in Nadelwäldern heimisch ist. Wie alle *Discina*- und *Gyromitra*-Arten ist sie stark giftig. Einige größere *Peziza*-Arten können ebenfalls ähnlich aussehen, sind aber meist nicht geadert, wie *Disciotis* und *Discina*.

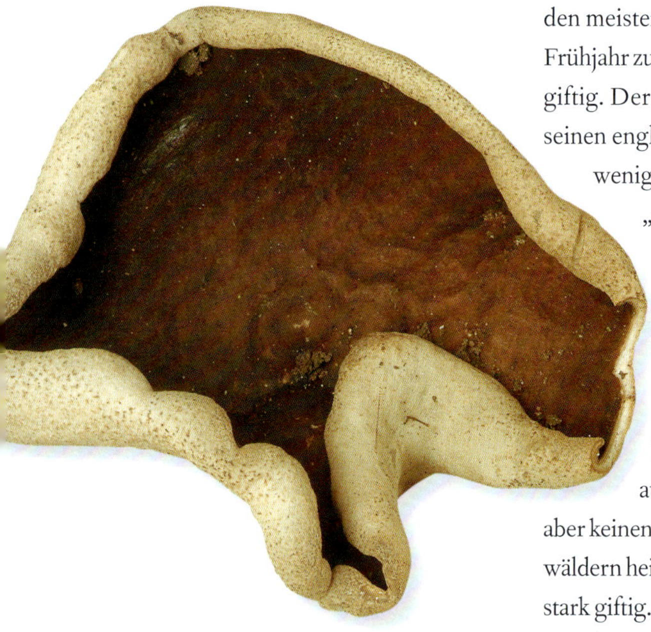

Maßstab 1:1

Der Gemeine Morchel-Becherling ist zunächst kelchförmig, breitet sich mit zunehmendem Alter aber unregelmäßig schüsselförmig aus. Die Innenfläche ist braun und entwickelt mit der Reife unregelmäßige, teils recht deutlich hervortretende radiale Adern oder Zähne und gelegentlich Runzeln und Deformationen. Die Außenseite ist schmutzigweiß und oft mit kleinen bräunlichen Schuppen durchsetzt.

FAMILIE	Sclerotiniaceae
VERBREITUNG	Nordamerika, Europa, Nordasien
LEBENSRAUM	Auf Waldböden
SYMBIOSE	Mit Buschwindröschen und verwandten Arten
WUCHSFORM	Auf der Erde, aus dem Sklerotium wachsend
VORKOMMEN	Gelegentlich
SPORENFARBE	Weiß
GENIESSBARKEIT	Ungenießbar

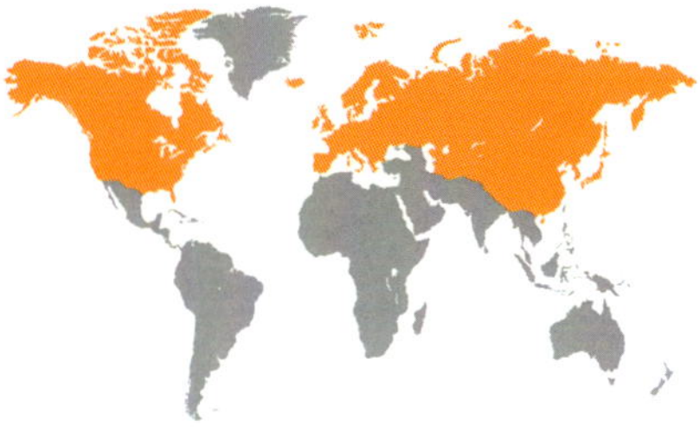

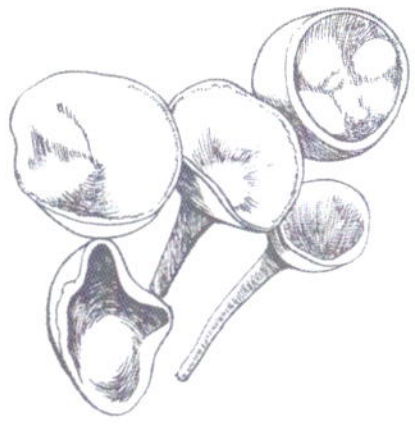

GRÖSSE
Bis zu 100 mm

DURCHMESSER
Bis zu 30 mm

DUMONTINIA TUBEROSA

GEMEINER ANEMONENBECHERLING

(BULLIARD) L. M. KOHN

Dumontinia tuberosa ist ein erstaunlicher kleiner Pilz, der ausschließlich mit Windröschenarten vergesellschaftet ist. Er wächst als Parasit an den Wurzelknollen oder Rhizomen der Pflanzen und bildet schließlich ein unterirdisches Sklerotium, eine knollige Masse aus Hyphengewebe, als Überwinterungsorgan. Im Frühjahr wachsen aus dem Sklerotium Fruchtkörper an langen Stielen, die sich direkt an oder knapp über der Erdoberfläche zu Kelchen öffnen. Sie blühen kurz vor oder gleichzeitig mit ihren Wirten. Eine verwandte Art, *Sclerotinia sclerotiorum*, hat eine große Vielfalt an Wirtspflanzen und kann als Krankheitserreger für viele Kulturpflanzen gefährlich werden.

ÄHNLICHE ARTEN

Sehr ähnliche Fruchtkörper aus einem Sklerotium bilden Arten der Gattungen *Dumontinia* und *Sclerotinia*, sie sind jedoch nicht mit Windröschen vergesellschaftet. *Dumontinia ulmariae* etwa kommt mit Mädesüß (*Filipendula ulmaria*) vor. Die ähnlich braunen, aber kürzer gestielten Fruchtkörper von *Rutstroemia*-Arten finden sich an abgestorbenen und zersetzten Pflanzenteilen.

Maßstab 1:1

Der Gemeine Anemonenbecherling bildet Fruchtkörper an einem langen, oft gekrümmten Stiel, der aus der Erde ragt. Der fruchtbare Hut ist zunächst fast kugelig, öffnet sich dann und breitet sich kelchförmig, später flach schüsselförmig aus (siehe Foto links). Die Innen- und Außenflächen sind glatt und hell- bis dunkelbraun.

FAMILIE	Sarcosomataceae
VERBREITUNG	Östliches Nordamerika
LEBENSRAUM	Auf Waldböden
SYMBIOSE	Mit Laubbäumen
WUCHSFORM	An Zweigen und abgebrochenen Ästen
VORKOMMEN	Häufig
SPORENFARBE	Weiß
GENIESSBARKEIT	Ungenießbar

GRÖSSE
Bis zu 25 mm

DURCHMESSER
Bis zu 50 mm

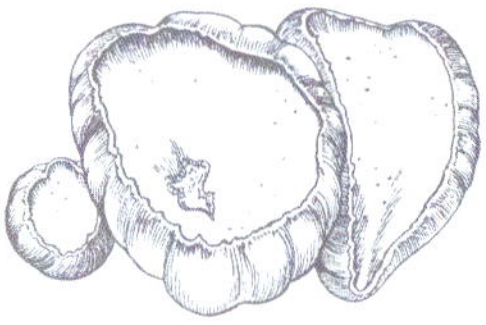

GALIELLA RUFA

(SCHWEINITZ) NANNFELDT & KORF

Galiella rufa („Hairy Rubber Cup") wurde ursprünglich derselben Gattung zugeordnet wie der Gemeine Schmutzbecherling (*Bulgaria inquinans*), dem er aufgrund seiner gummiartig-gallertigen Konsistenz relativ ähnlich ist. Tatsächlich ist er näher verwandt mit dem grob gelatinösen Kugeligen Gallertbecherling (*Sarcosoma globosum*), der ebenfalls im Osten Nordamerikas wächst. Wie auch seinen Verwandten findet man *Galiella rufa* typischerweise im Spätfrühling und Sommer, in einigen Gegenden sogar häufig. Seine Fruchtkörper enthalten die chemische Verbindung Galiellalacton, die möglicherweise gegen Prostatakrebs eingesetzt werden könnte.

ÄHNLICHE ARTEN

Diverse andere Arten haben ebenfalls eine orange Innenseite und eine braune bis schwarze Außenseite, die meisten sind jedoch klein, oft auf der Erde oder auf Dung statt auf Holz zu finden und nicht so stark gummiartig-gallertig wie *Galiella rufa*.

Galiella rufa bildet gummiartig-gallertige, leicht kelchförmige Fruchtkörper, die in Haufen oder Trupps wachsen. Die Außenseite ist wollig-haarig und bräunlich bis schwarzbraun. Die fruchtbare Innenseite ist glatt und matt orange bis rötlich braun mit gezahntem, oft aufgebogenem Rand.

Maßstab 1:1

FAMILIE	Pyronemataceae
VERBREITUNG	Nordafrika, Asien; eingeführt in Europa
LEBENSRAUM	Auf Waldböden und in Parks
SYMBIOSE	Ektomykorrhiza; mit Zedern
WUCHSFORM	Einzeln oder truppweise
VORKOMMEN	Gelegentlich
SPORENFARBE	Weiß
GENIESSBARKEIT	Giftig

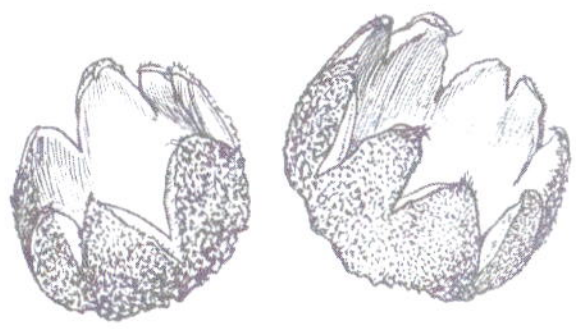

GRÖSSE
Bis zu 50 mm

DURCHMESSER
Bis zu 80 mm

GEOPORA SUMNERIANA

ZEDERN-SANDBORSTLING

(COOKE) M. TORRE

Dieser Frühjahrspilz wächst unter Zedern in Parks und Gärten. Sein natürliches Verbreitungsgebiet entspricht dem der verschiedenen Zedernarten in Nordafrika und Asien, er ist aber längst als exotische Art auch mit Zedernpflanzungen in Europa zu finden. Er ist dort weitverbreitet und bei bewusster Suche nicht selten zu entdecken. Früher war er unter dem Namen *Sepultaria sumneriana* bekannt, ist aber eigentlich mit anderen, später reifenden *Geopora*-Arten verwandt, die als Ektomykorrhizen mit einer Reihe verschiedener Pflanzen vergesellschaftet sind. Sie alle scheinen sandige, alkalische Böden zu bevorzugen. Diese Art ist giftig, aber kaum mit Speisepilzen zu verwechseln.

ÄHNLICHE ARTEN

Andere *Geopora*-Arten bilden ähnliche, halb in der Erde verborgene Fruchtkörper, wachsen aber meist erst später im Jahr und sind nicht mit Zedern vergesellschaftet. *Peziza ammophila* ist ebenfalls ähnlich, wächst aber in Sanddünen und ist innen braun. *Sarcosphaera coronaria* hat eine lila getönte Innenseite.

Der Zedern-Sandborstling bildet trüffelähnliche Fruchtkörper knapp unter der Erdoberfläche. Bei Reife bricht der Fruchtkörper an der Spitze gelegentlich sternförmig auf und legt einen tiefen, in die Erde eingebetteten Kelch frei. Mit dem Alter öffnet sich der Kelch nach oben. Die Innenseite ist glatt und weißlich, die Außenseite braun und schorfig.

Maßstab 1:1

FAMILIE	Glaziellaceae
VERBREITUNG	Mittel- und Südamerika, Südostasien, Pazifische Inseln
LEBENSRAUM	Auf Waldböden
SYMBIOSE	Ektomykorrhiza; mit Laubbäumen
WUCHSFORM	In der Erde oder in Blattstreu
VORKOMMEN	Gelegentlich
SPORENFARBE	Weiß
GENIESSBARKEIT	Ungenießbar

GRÖSSE
Bis zu 50 mm

DURCHMESSER
Bis zu 50 mm

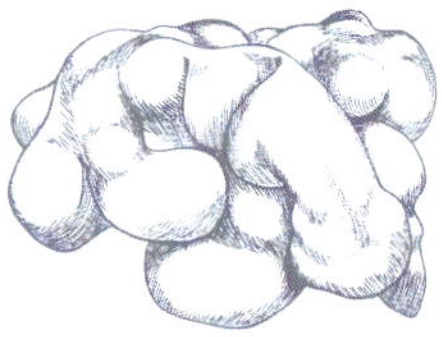

GLAZIELLA AURANTIACA

(BERKELEY & M. A. CURTIS) SACCARDO

Wie auch beim Gemeinen Orangebecherling (*Aleuria aurantia*), können Fruchtkörper des *Glaziella aurantiaca* („Orange Bladder") leicht übersehen oder für abgefallene Früchte oder gar grellfarbenes Plastik gehalten werden. Auch gesammelte Exemplare sehen auf den ersten Blick oft nicht wie Pilze aus, weil ihre ungewöhnlichen, blasenartig hohlen Fruchtkörper an keine andere bekannte Pilzgruppe erinnern. Bis in die 1980er-Jahre teilte man *Glaziella aurantiaca* den Zygomykota zu – einem Pilzstamm, von dem einige Arten trüffelähnliche Fruchtkörper haben. Die jüngste Forschung hat aber gezeigt, dass sie ein ungewöhnlicher Vertreter der Becherpilze mit riesigen Sporen ist. Es besteht weltweit nur diese eine subtropische Art.

ÄHNLICHE ARTEN

Die lebendig gefärbten, hohlen Fruchtkörper sind charakteristisch für *Glaziella aurantiaca*. In Australien und Neuseeland bildet *Paurocotylis pila* relativ ähnliche, aber leuchtend rote Fruchtkörper, die gelegentlich teilweise hohl sind.

Maßstab 1:1

Glaziella aurantiaca bildet blasenähnliche, unregelmäßig geformte Fruchtkörper, die außen glatt und leuchtend gelborange bis orange oder orangerot sind. Im Schnitt ist das Innere hohl, die Sporen entwickeln sich in dem dünnen, gelatinösen Gewebe der Fruchtkörperwand.

FAMILIE	Pyronemataceae
VERBREITUNG	Nordamerika, Europa, Asien
LEBENSRAUM	Auf Waldböden
SYMBIOSE	Ektomykorrhiza; mit Laub- und Nadelbäumen
WUCHSFORM	Auf der Erde, seltener auf stark vermodertem liegendem Holz
VORKOMMEN	Häufig
SPORENFARBE	Weiß
GENIESSBARKEIT	Ungenießbar

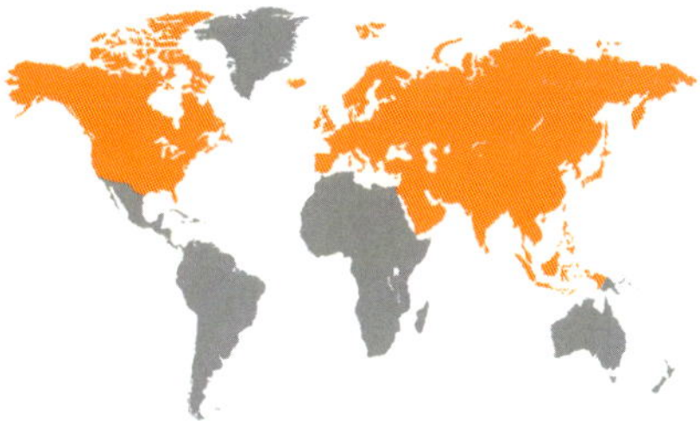

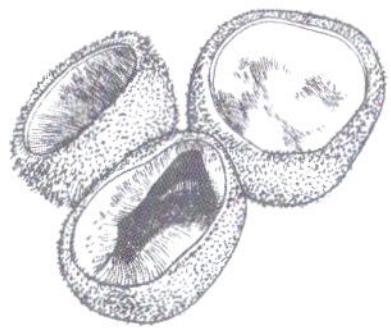

GRÖSSE
Bis zu 15 mm

DURCHMESSER
Bis zu 30 mm

HUMARIA HEMISPHAERICA

HALBKUGELIGER BORSTENBECHERLING

(F. H. WIGGERS) FUCKEL

Der Halbkugelige Borstenbecherling ist eine kleine, aber attraktive Art mit einer Innenfläche wie aus feinstem Porzellan. Er ist symbiontisch vergesellschaftet mit den Wurzeln lebender Bäume und sowohl mit Nadelbäumen (etwa Pinie) als auch mit Laubbäumen (etwa Birke) zu finden. Die Art ist in der nördlichen Hemisphäre häufig und findet sich typischerweise in kleinen Trupps auf kahlen Böden am Wegrand, seltener auch auf stark verrottetem, liegendem Holz. Der Artname *hemisphaerica* bedeutet „halbkugelig", eine treffende Beschreibung seiner gleichmäßigen Halbkugelform, die sich auch im Deutschen gehalten hat.

ÄHNLICHE ARTEN

Ähnlich kelchförmige Fruchtkörper, die auf der Erde wachsen, finden sich in der Gattung *Tarzetta*, etwa bei *T. catinus*. Sie sind jedoch meist durchgehend cremefarben, gelbbraun oder blassbraun und zeigen nicht die kontrastierenden Farbmischungen des Halbkugeligen Borstenbecherlings. In Nordamerika können ihm einige *Jafnea*-Arten ähneln, sie sind aber typischerweise viel größer.

Maßstab 1:1

Der Halbkugelige Borstenbecherling bildet jung fast kugelförmige Fruchtkörper mit einer kleinen Öffnung an der Spitze, die bei Reife gleichmäßig kelch- bis schüsselförmig sind. Die Innenfläche ist glatt und elfenbeinfarben bis porzellangrau. Der Rand und die Außenseite sind dicht mit feinen bräunlichen Härchen besetzt.

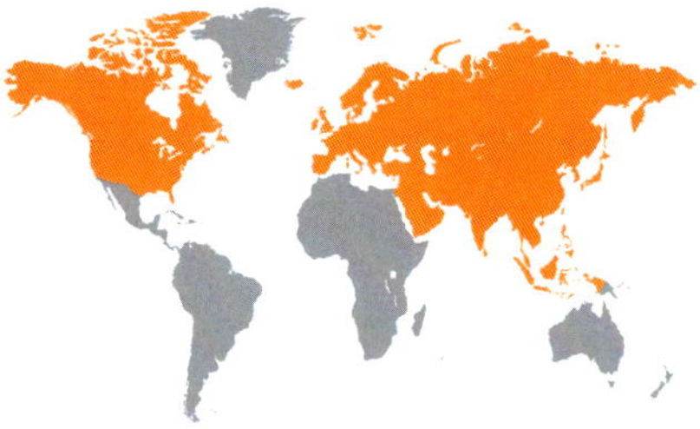

FAMILIE	Hyaloscyphaceae
VERBREITUNG	Europa, Asien; eingeführt in Nordamerika
LEBENSRAUM	Auf Waldböden
SYMBIOSE	Mit Lärchen
WUCHSFORM	An Geschwüren und Rinde infizierter Bäume
VORKOMMEN	Gelegentlich
SPORENFARBE	Weiß
GENIESSBARKEIT	Ungenießbar

GRÖSSE
Unter 1 mm

DURCHMESSER
Bis zu 5 mm

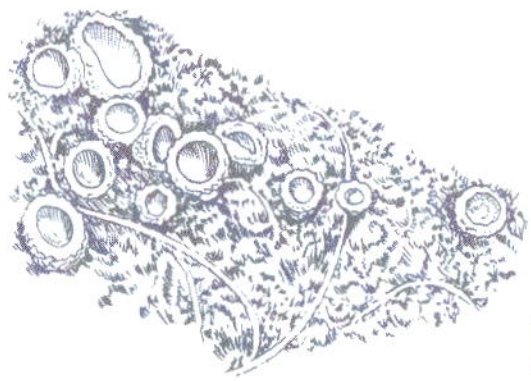

LACHNELLULA WILLKOMMII

LÄRCHEN-KREBSBECHERCHEN

(HARTIG) DENNIS

Maßstab 1:1

Dieser Pilz ist eine von mehreren attraktiven orange-weiß gefärbten *Lachnellula*-Arten. Die meisten von ihnen sind Holzzerstörer, *L. willkommii* ist ein Wundparasit, der Lärchenkrebs verursacht und die Bäume als Nutzholz wertlos macht. Die erste Beschreibung stammt aus Deutschland, und der Pilz ist besonders häufig an Europäischen Lärchen zu finden, kann aber auch andere Nadelbäume befallen. In den 1920er-Jahren wurde er nach Nordamerika eingeschleppt, führt aber erst seit den 1980er-Jahren im Osten Kanadas zu größeren Problemen. Der Pilz scheint sich in feuchterem Klima schnell zu verbreiten, besonders in dicht gepflanzten Baumkulturen. Man zählte ihn auch zur veralteten Gruppe der Discomyceten, Pilzen mit scheibenförmigen Fruchtkörpern.

Das Lärchen-Krebsbecherchen bildet zunächst kelchförmige Fruchtkörper, die sich reif aufbreiten. Die Oberfläche ist glatt und leuchtend gelborange und hat einen auffälligen weiß behaarten Rand. Auch die Unterseite ist weiß behaart. Die Fruchtkörper haben einen kurzen zentralen Stiel.

ÄHNLICHE ARTEN

Einige sehr ähnliche *Lachnellula*-Arten können an Lärchen auftreten, besonders die häufige *L. occidentalis*, die totes Holz zersetzt, aber keine Geschwüre verursacht. Weitere Arten finden sich an anderen Nadelbäumen. Sie alle sind leuchtend gelborange und nur mikroskopisch voneinander zu unterscheiden.

FAMILIE	Hyaloscyphaceae
VERBREITUNG	Nordamerika, Europa, Nordafrika, Mittel- und Südamerika, Nordasien, Australien, Neuseeland
LEBENSRAUM	Auf Waldböden und im Unterholz
SYMBIOSE	Mit allen Pflanzen
WUCHSFORM	An toten Zweigen, Stielen und Stämmen
VORKOMMEN	Sehr häufig
SPORENFARBE	Weiß
GENIESSBARKEIT	Ungenießbar

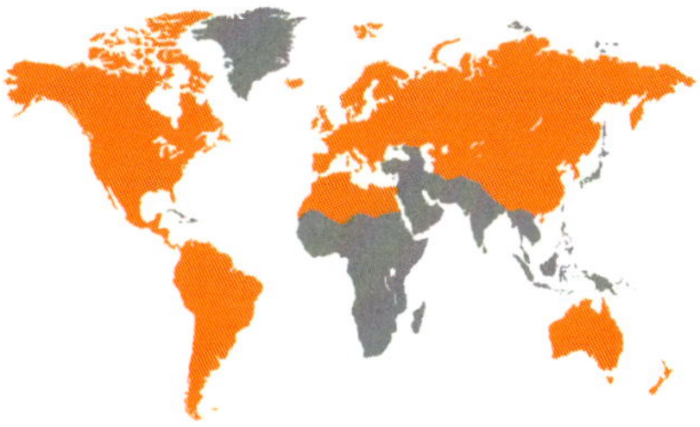

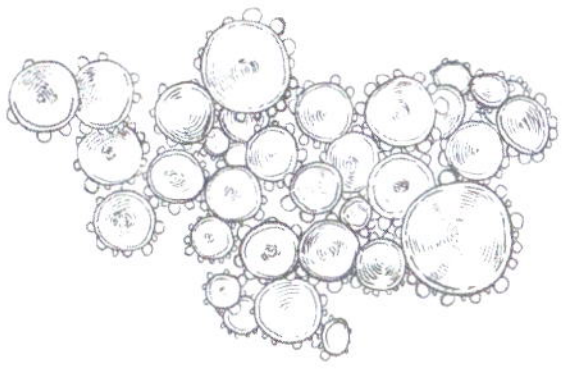

GRÖSSE
Unter 1 mm

HUTDURCHMESSER
Unter 1 mm

LACHNUM VIRGINEUM

WEISSES HAARBECHERCHEN

(BATSCH) P. KARSTEN

Die einzelnen Fruchtkörper von *Lachnum virgineum* (früher *Dascyscyphus virgineus*) sind so klein und empfindlich, dass man sie übersehen würde, würden sie nicht in großen Haufen wachsen. Dieser Pilz ist extrem häufig und weitverbreitet, wird aber oft nur entdeckt, wenn abgebrochenes Holz bewegt oder tote Stämme untersucht werden. Er kann jederzeit reifen, ist aber besonders häufig bei feuchtem Frühjahrswetter zu finden. In dieser Zeit können seine Fruchtkörper an den Stielen und Stämmen beinahe jeder beliebigen Pflanze auftreten, von alten Stauden über abgestorbene Brombeersträucher bis zu abgebrochenen Ästen, Nussschalen, Zapfen und anderen holzigen Pflanzenresten.

ÄHNLICHE ARTEN

Es bestehen viele ähnliche Arten mit winzigen behaarten, kelchförmigen Fruchtkörpern, von denen die meisten farbig, einige aber auch weiß sind. Sie werden am besten unter dem Mikroskop bestimmt. Zu nennen sind *Lachnum tenuissimum* an abgestorbenen Rohrstängeln, *L. rhytismatis* an trockenen Platanenblättern und *Dasyscyphella nivea* an Eichen- und Buchenholz.

Das Weiße Haarbecherchen bildet Haufen aus winzigen, zunächst pokalförmigen Fruchtkörpern mit langen Stielen, die sich später flach ausbreiten. Die Außenseite ist weiß und dicht behaart, die Haare bilden einen auffälligen, dicken Rand rund um den Fruchtkörper. Die Innenseite ist glatt und weiß bis cremefarben.

Maßstab 1:1

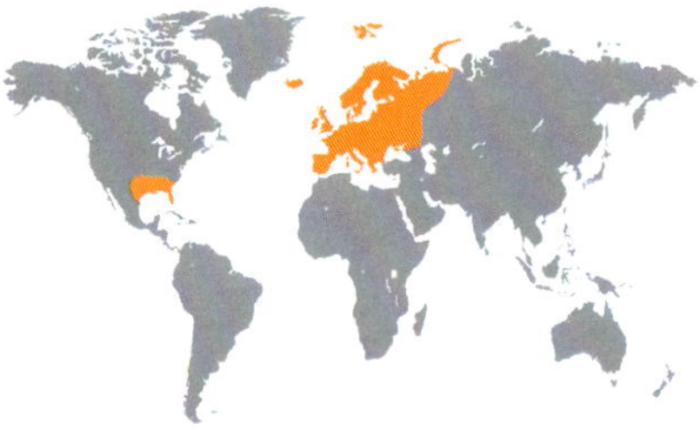

FAMILIE	Rutstroemiaceae
VERBREITUNG	Südöstliches Nordamerika, Europa
LEBENSRAUM	Auf Waldböden
SYMBIOSE	Mit Kastanien
WUCHSFORM	Auf liegenden Kastanienfrüchten
VORKOMMEN	Häufig
SPORENFARBE	Weiß
GENIESSBARKEIT	Ungenießbar

GRÖSSE
Bis zu 15 mm

DURCHMESSER
Bis zu 10 mm

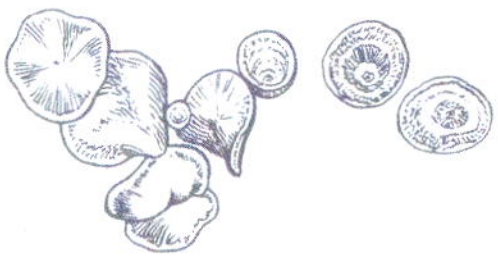

LANZIA ECHINOPHILA

KASTANIENSCHALEN-STROMABECHERLING

(BULLIARD) KORF

Die meisten Pilze, die mit Kastanien wachsen, finden sich auch bei Eichen – so etwa der Eichen-Leberreischling (*Fistulina hepatica*). *Lanzia echinophila* aber (früher unter dem Namen *Rutstroemia echinophila* bekannt) hat sich ausschließlich auf Kastanien spezialisiert, wo er an der Innenseite der stacheligen grünen Schalen wächst. Er tritt gegen Ende des Jahres in kleinen Gruppen auf den abgefallenen Hüllen auf, wenn diese braun werden. Andere Pilze aus dieser Gruppe haben sich zu ähnlichen Spezialisten entwickelt. So kommen einige nur auf abgefallenen Erlenkätzchen vor, andere auf Haselkätzchen und wieder andere auf liegenden Tannenzapfen.

ÄHNLICHE ARTEN

Es bestehen viele weitere braune Becherpilze mit Stiel, aber keiner davon findet sich an faulenden Kastanienhüllen. *Ciboria batschiana* sieht ähnlich aus, wächst aber auf alten, abgefallenen Eicheln. *Rutstroemia firma* ist häufig auf liegenden Eichenzweigen, *Rutstroemia petiolorum* wiederum auf trockenen Buchen- und Eichenblättern.

Maßstab 1:1

Der Kastanienschalen-Stromabecherling bildet zunächst becherförmige Fruchtkörper, die sich bei Reife aufbreiten. Die Oberfläche ist glatt und braun bis rötlich braun mit einem helleren, fein gezahnten Rand. Die Unterseite ist glatt und braunocker, ebenso der schmale, zentral sitzende Stiel.

FAMILIE	Leotiaceae
VERBREITUNG	Nordamerika, Europa, Nordafrika, Mittelamerika, Asien, Australien, Neuseeland
LEBENSRAUM	Auf Waldböden
SYMBIOSE	Mit Laubbäumen
WUCHSFORM	Auf Erde und Blattstreu, oft in Haufen oder Trupps
VORKOMMEN	Häufig
SPORENFARBE	Weiß
GENIESSBARKEIT	Ungenießbar

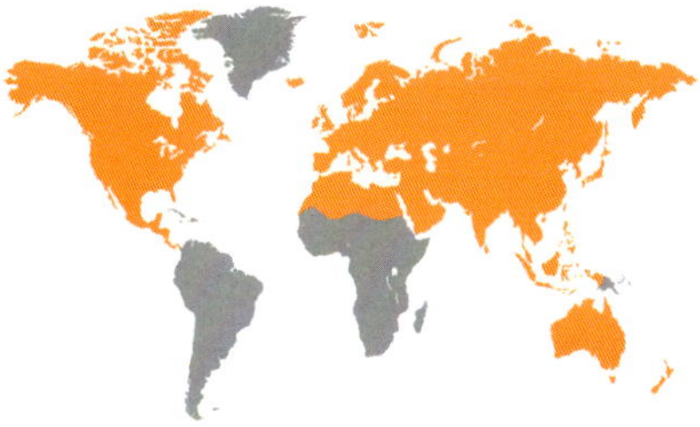

GRÖSSE
Bis zu 80 mm

DURCHMESSER
Bis zu 40 mm

LEOTIA LUBRICA

GRÜNGELBES GALLERTKÄPPCHEN

(SCOPOLI) PERSOON

Das Grüngelbe Gallertkäppchen verdankt seinen Namen (und auch seinen Volksnamen Schlüpfriger Kappenpilz) seinen gummiartig-gallertigen, oft klebrigen Fruchtkörpern. Dieser Pilz kommt häufig in Laubwäldern vor, ist durch seine ockerolivgrüne „Tarnfarbe“ aber leicht zu übersehen. Bisher schien es, als handle es sich um eine einzige, sehr weitverbreitete Art; die jüngere Molekularforschung lässt aber annehmen, dass zumindest vier verschiedene *Leotia*-Arten existieren, die noch nicht alle definiert und benannt sind. Im Augenblick muss man davon ausgehen, dass weder die Farbe der Fruchtkörper noch ihre mikroskopischen Eigenschaften eindeutig Aufschluss über ihre Zuordnung geben.

ÄHNLICHE ARTEN

In Nordamerika ist *Leotia viscosa* mit ihrem tiefgrünen Kopf und dem gelblichen Stiel häufig. Der gänzlich olivgrüne *Coryne atrovirens* sieht wie eine *Leotia*-Art aus (und wurde zunächst auch *L. atrovirens* genannt), ist tatsächlich aber ein unvollendetes (asexuelles) Stadium einer nicht verwandten Art. *Cudonia*-Arten sind ähnlich geformt, aber nicht gallertig.

Maßstab 1:1

Das Grüngelbe Gallertkäppchen bildet gelatinöse, schlägelförmige Fruchtkörper. Das Köpfchen ist glatt und feucht klebrig-schmierig, knorpelig-gallertig und oft uneben oder buckelig, ocker bis olivgrün oder braun. Unterseite und Stiel sind ebenfalls gelatinös, aber schorfig-schuppig und entweder gleich gefärbt wie das Köpfchen oder gelblicher bis gelborange.

FAMILIE	Leotiaceae
VERBREITUNG	Nordamerika, Mittelamerika
LEBENSRAUM	Auf Waldböden
SYMBIOSE	Mit Laub- und Nadelbäumen
WUCHSFORM	Auf Erde oder Blattstreu, oft in Haufen oder Trupps
VORKOMMEN	Häufig
SPORENFARBE	Weiß
GENIESSBARKEIT	Ungenießbar

GRÖSSE
Bis zu 75 mm

DURCHMESSER
Bis zu 25 mm

LEOTIA VISCOSA

FRIES

Maßstab 1:1

Bei *Leotia viscosa* („Greencap Jellybaby") handelt es sich um eine attraktivere, zweifärbige Variante des weitverbreiteten Grüngelben Gallertkäppchens (*Leotia lubrica*). Ihr Hut kann markante jadegrüne oder malachitgrüne Tönung annehmen. Die Art ist häufig in Nordamerika, wo sie in Gruppen oder Büscheln auf Pflanzenstreu im Wald oder gelegentlich auch auf stark vermodertem Holz wächst. In einigen Berichten gilt sie als essbar (und ist zumindest sicher nicht giftig), doch es ist kaum anzunehmen, dass ein so kleiner, schleimiger und gallertiger Pilz bewusst für die Küche gesammelt wird.

Leotia viscosa bildet gelatinöse Fruchtkörper, Kopf und Stiel sind deutlich voneinander abgesetzt. Das Köpfchen ist glatt und feucht klebrig-schmierig, knorpelig-gallertig, oft uneben oder buckelig und olivgrün bis tiefgrün gefärbt. Der Stiel ist gelatinös, fein schorfig-schuppig und weißlich bis gelblich oder gelbbraun, manchmal mit kleinen grünen Punkten.

ÄHNLICHE ARTEN

Das Grüngelbe Gallertkäppchen (*Leotia lubrica*) hat mattere, gelblichere Köpfchen mit häufig olivgrüner Tönung, die aber nie ins Tiefgrüne reicht. Die Fruchtkörper von *Coryne atrovirens* (auch *L. atrovirens*) sehen ähnlich aus, sind aber gänzlich olivgrün.

FAMILIE	Geoglossaceae
VERBREITUNG	Nordamerika, Europa, Nordasien, Neuseeland
LEBENSRAUM	Im Grasland, gelegentlich auf Waldböden
SYMBIOSE	Mit Moosen
WUCHSFORM	Auf der Erde und im Gras
VORKOMMEN	Gelegentlich
SPORENFARBE	Weiß
GENIESSBARKEIT	Ungenießbar

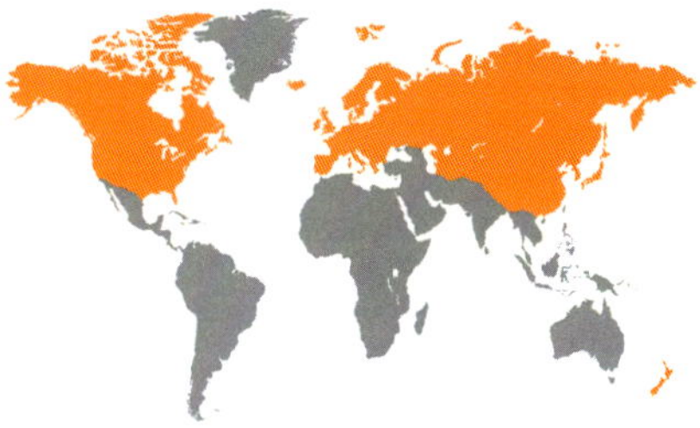

GRÖSSE
Bis zu 80 mm

DURCHMESSER
Bis zu 15 mm

MICROGLOSSUM OLIVACEUM

OLIVBRAUNE ERDZUNGE

(PERSOON) GILLET

Die Olivbraune Erdzunge ähnelt auf den ersten Blick den schwarzen Erdzungen wie etwa der Gemeinen Haarzunge (*Trichoglossum hirsutum*), unterscheidet sich aber in der Farbe und durch ihre weißen (nicht schwarzen) Sporen. Die Molekularforschung hat nun aber gezeigt, dass dieser Pilz Arten wie dem Gallertkäppchen (*Leotia lubrica*) näher steht als den echten Erdzungen. In Europa kommt *Microglossum olivaceum* auf unbearbeitetem Grasland vor, einem Lebensraum, der in den letzten 50 Jahren immer stärker zurückgegangen ist. In Schweden schätzt man, dass sich die Population um 95 Prozent reduziert hat. Daher steht die Art nun in mehreren Ländern auf der Roten Liste der bedrohten Pilzarten.

ÄHNLICHE ARTEN

Microglossum viride ist ein Waldpilz, intensiver grün gefärbt und mit raufaserigem oder schuppigem Stiel. Die nordamerikanische Art *M. rufum* ist orange bis gelb. Die echten Erdzungen hingegen, darunter *Trichoglossum hirsutum*, sind überwiegend schwarz, gelegentlich mit olivgrünem oder bräunlichem Ton.

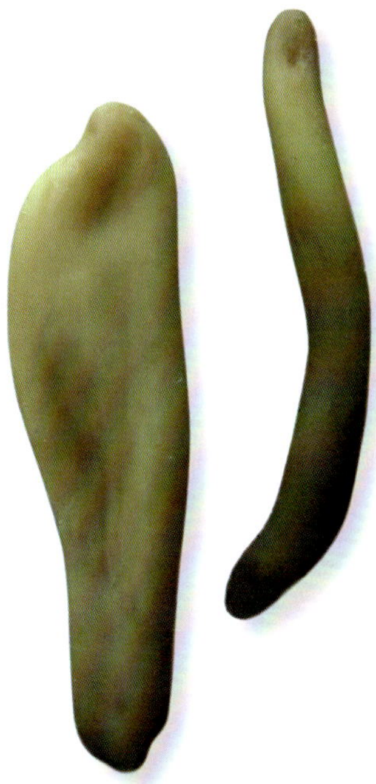

Maßstab 1:1

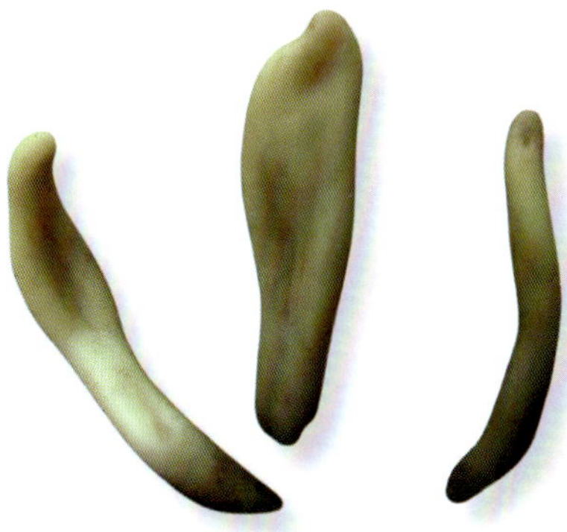

Die Olivbraune Erdzunge bildet keulenförmige Fruchtkörper mit deutlich abgesetztem Stiel. Der glatte, fruchtbare Kopf kann verschiedene Formen annehmen und schmal zungen- bis spatelförmig sein, meist jedoch gestaucht und gefurcht. Er ist typischerweise blaugrün bis olivbraun, gelegentlich rosa bis lilabraun und verblasst mit dem Alter. Der zylindrische Stiel ist glatt, manchmal glänzend, olivgrün bis braun oder gelegentlich blaugrün.

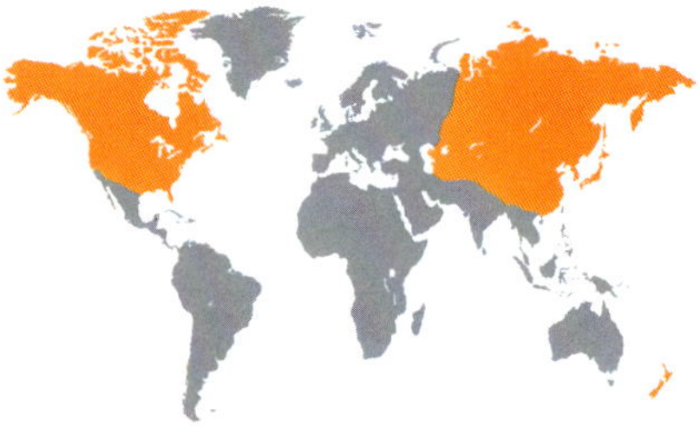

FAMILIE	Geoglossaceae
VERBREITUNG	Nordamerika, Nordasien, Neuseeland
LEBENSRAUM	Auf Waldböden
SYMBIOSE	Mit Moosen
WUCHSFORM	Auf der Erde und auf stark vermodertem Holz, büschelig in Moos
VORKOMMEN	Gelegentlich
SPORENFARBE	Weiß
GENIESSBARKEIT	Ungenießbar

GRÖSSE
Bis zu 75 mm

DURCHMESSER
Bis zu 15 mm

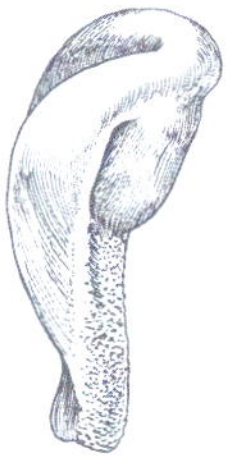

MICROGLOSSUM RUFUM

(SCHWEINITZ) UNDERWOOD

Diese lebendig gefärbte Erdzungenart hat der amerikanische Mykologe L. D. von Schweinitz im Jahr 1834 erstmals beschrieben. Überraschend ist, dass er der neuen Art den Beinamen *rufum*, also „rot" gab, obwohl *Microglossum rufum* tatsächlich eher gelb bis orange ist. Die Art ist in Nordamerika lokal häufig, ist aber auch in Neuseeland, Japan und Teilen Ostasiens zu finden und war sogar auf einem Briefmarkenset aus Bhutan im Himalaya-Gebiet abgebildet. Die Forschung legt mittlerweile nahe, dass *Microglossum rufum* („Orange Earthtongue") – und ebenso andere *Microglossum*-Arten – mit den echten Erdzungen gar nicht näher verwandt ist. Diese haben allesamt schwarze Sporen.

ÄHNLICHE ARTEN

Microglossum viride ist tiefgrün, *M. olivaceum* mit seinem glatten Stiel ist olivgrün bis braun gefärbt. Der Dottergelbe Spateling (*Spathularia flavida*) ist ähnlich gefärbt, aber fächerförmig mit welligem Rand. *Cordyceps militaris* ist nicht verwandt, wächst auf Insektenpuppen und ist leuchtend zinnober-orange.

Maßstab 1:1

Microglossum rufum bildet langstielige, keulenförmige Fruchtkörper. Der fruchtbare Kopfteil ist glatt und kann schmal oder nach oben hin breiter sein, meist aber zusammengedrückt und gefurcht. Die Fruchtkörper sind typischerweise leuchtend gelb bis gelborange, der Stiel ist zylindrisch und gewöhnlich deutlich schorfig, gelegentlich aber auch glatt, besonders bei älteren Exemplaren.

FAMILIE	Sarcoscyphaceae
VERBREITUNG	Nordamerika, Europa, Nordasien
LEBENSRAUM	Auf Waldböden
SYMBIOSE	Mit Laubbäumen
WUCHSFORM	Auf oder an vermodertem, manchmal von Erde bedecktem Holz
VORKOMMEN	Selten
SPORENFARBE	Weiß
GENIESSBARKEIT	Ungenießbar

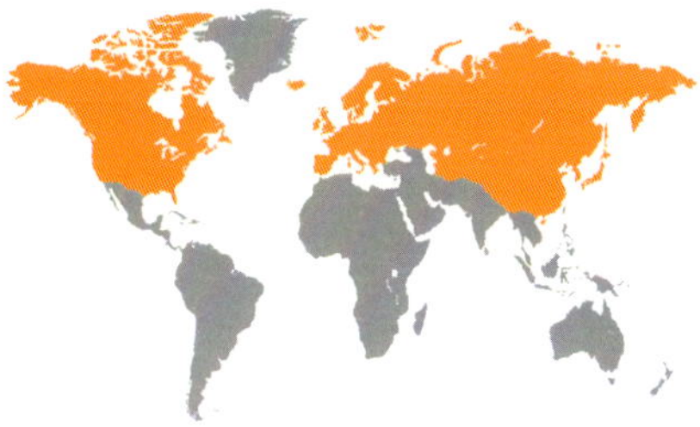

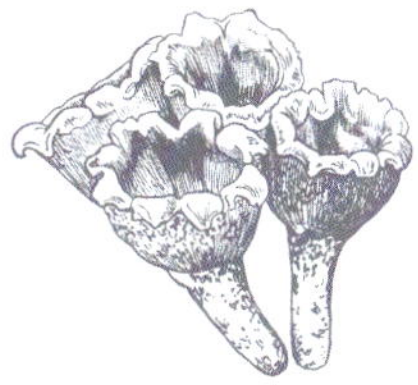

GRÖSSE
Bis zu 140 mm

DURCHMESSER
Bis zu 25 mm

MICROSTOMA PROTRACTUM

EINGERISSENER TULPENBECHER

(FRIES) KANOUSE

Der Eingerissene Tulpenbecher wächst im Frühjahr in jenen leuchtenden Farben, wie sie in der Familie der Sarcoscyphaceae häufig sind. Er scheint in erster Linie in alpinen und arktischen Gebieten zu gedeihen und kommt typischerweise auf kalkreichen Waldböden vor. In vielen seiner Verbreitungsgebiete ist er selten, im Hohen Norden aber etwas häufiger. Der Eingerissene Tulpenbecher wurde im 19. Jahrhundert in Schottland regelmäßig gesammelt, wurde aber seither auf den Britischen Inseln nicht mehr gesichtet und ist dort vermutlich lokal ausgestorben. Er fällt in mehreren europäischen Ländern unter Artenschutz und steht inzwischen auf deren nationalen Roten Listen der bedrohten Pilzarten.

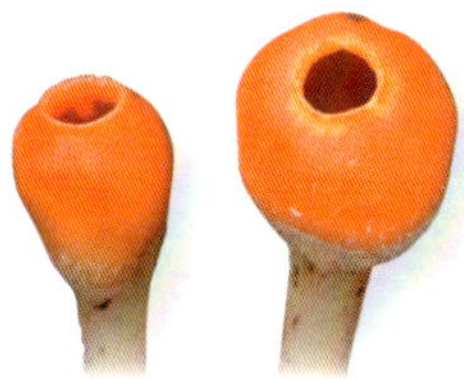

Maßstab 1:1

ÄHNLICHE ARTEN

Der verwandte *Microstoma floccosum* ist äußerst ähnlich, seine langstieligen Becher sind aber an der Außenseite auffällig behaart. Auch der Scharlachrote Kelchbecherling (*Sarcoscypha coccinea*) und verwandte Arten sind ähnlich gefärbt, und junge, gestielte Fruchtkörper könnten zu Verwechslung führen. Die Ränder seiner becherförmigen Hüte sind jedoch nicht rissig.

Der Eingerissene Tulpenbecher bildet Büschel aus langstieligen, becherförmigen Fruchtkörpern. Der Stiel ist schlank, weißlich und mit leichtem Flaum besetzt. Der Kopfteil ist zunächst kugelig mit einer kleinen Öffnung an der Oberseite. Mit dem Alter breitet sich der Hut auf und ist dann flach schüsselförmig mit rissigem Rand. Die Innenseite ist glatt und leuchtend orangerot bis scharlachrot, die Außenseite blasser gefärbt.

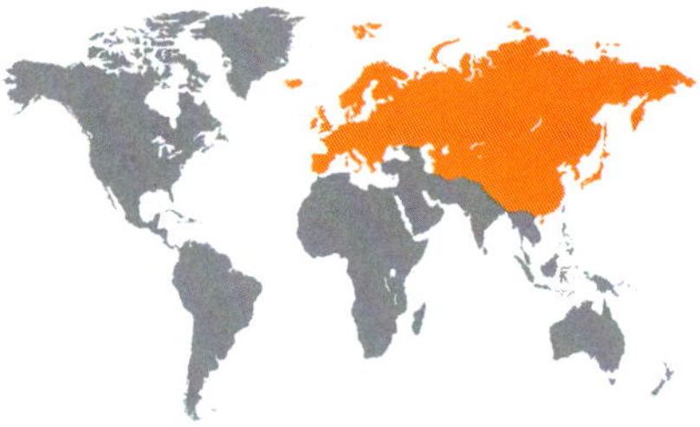

FAMILIE	Helotiaceae
VERBREITUNG	Europa, Nordasien
LEBENSRAUM	Auf Waldböden, in Sumpf- und Moorlandschaften
SYMBIOSE	Mit Laub- und Nadelbäumen, oft mit Torfmoos
WUCHSFORM	Auf nasser Blattstreu und Pflanzenteilen, truppweise
VORKOMMEN	Gelegentlich
SPORENFARBE	Weiß
GENIESSBARKEIT	Ungenießbar

GRÖSSE
Bis zu 100 mm

DURCHMESSER
Bis zu 15 mm

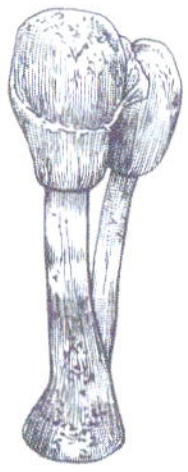

MITRULA PALUDOSA

SUMPF-HAUBENPILZ

FRIES

Dieser Pilz ist oft in großen Trupps anzutreffen und ein leuchtender Blickfang in feucht-düsteren Sumpfwäldern und Moorlandschaften. Er wächst auf morschen und modrigen Pflanzen, die vollständig unter Wasser liegen. Der Sumpf-Haubenpilz kann unter Wasser sogar Fruchtkörper ausbilden, und häufig ist der Stiel von Wasser bedeckt. Die Art gedeiht früh im Jahr, typischerweise im Spätfrühling oder Frühsommer. *Mitrul*a bedeutet so viel wie „kleine Bischofsmütze“ oder „kleiner Turban“, was den fruchtbaren Kopfteil gut beschreibt, *paludosa* meint „aus dem Sumpf“.

ÄHNLICHE ARTEN

In Nordamerika wächst anstelle von *Mitrula paludosa* die ganz ähnliche Art (oder der Artenkomplex) *M. elegans*, die sich auch genetisch kaum von Ersterer unterscheidet. Ein zweiter, weniger häufiger Doppelgänger ist *M. borealis*, die sowohl in Nordamerika als auch in Europa wächst und unter dem Mikroskop bestimmt werden muss.

Maßstab 1:1

Der Sumpf-Haubenpilz bildet typischerweise Trupps von Fruchtkörpern aus. Jeder Fruchtkörper hat einen langen, weißlichen bis leicht durchscheinenden Stiel mit unregelmäßig geformtem, leuchtend dottergelbem bis gelborangem, fruchtbarem Kopf. Der Kopfteil kann länglich, eiförmig oder rund sein und ist meist glatt oder mit einem leichten Flaum besetzt.

FAMILIE	Helotiaceae
VERBREITUNG	Nordamerika, Europa, Nordasien
LEBENSRAUM	Auf Waldböden
SYMBIOSE	Mit Laubbäumen, besonders Buche
WUCHSFORM	Auf Stämmen, Stümpfen und abgestorbenen Ästen
VORKOMMEN	Häufig
SPORENFARBE	Weiß
GENIESSBARKEIT	Ungenießbar

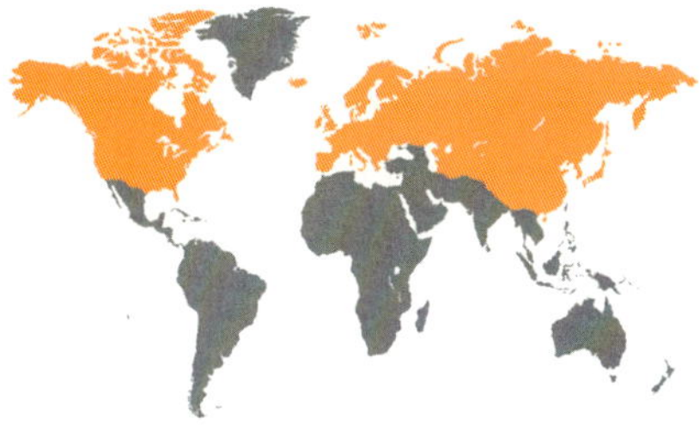

GRÖSSE
Bis zu 50 mm

DURCHMESSER
Bis zu 50 mm

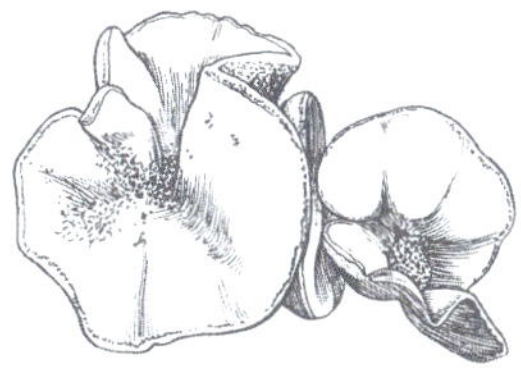

NEOBULGARIA PURA

BUCHEN-GALLERTKREISLING

(PERSOON) PETRAK

Der Buchen-Gallertkreisling wächst häufig in dichten Büscheln aus zahlreichen Fruchtkörpern. Die Art ist stark gallertig, weil das geleeähnliche Fruchtfleisch Regenwasser speichert. So können Exemplare, die exponiert auf Holz wachsen, nicht austrocknen und haben länger Zeit zur Sporenproduktion und -verbreitung. Früher zählte man den Buchen-Gallertkreisling zur Gattung *Bulgaria*, zusammen mit der ebenso gelatinösen (aber schwarz gefärbten) *B. inquinans*; heute weiß man aber, dass die beiden Arten nicht verwandt sind. Inzwischen hat man aus dem Pilz neuartige Stoffe, sogenannte Neobulgarones, extrahiert. Sie könnten eine Rolle in der Abwehr von Pflanzenkrankheiten spielen.

ÄHNLICHE ARTEN

Große Büschel von Gallertkreislingen könnten für *Tremella*-Arten gehalten werden. Die rosa Färbung und die kreiselförmigen Hüte sind aber charakteristisch. *Ascotremella*- und *Ascoryne*-Arten sind näher verwandt und sehen ähnlich aus, ihre Fruchtkörper sind aber meist eher purpur-lila als rosa. Sie unterscheiden sich auch in ihren mikroskopischen Eigenschaften.

Maßstab 1:1

Der Buchen-Gallertkreisling bildet gelatinöse, rundliche Fruchtkörper, die häufig zusammenfließend wachsen. Die Oberfläche ist blass rosafarben, teils mit purpurner Tönung, und zunächst glatt und kreiselförmig, später oft unregelmäßig becherförmig und schlaff. Die Außenseite ist ähnlich gefärbt wie die Innenseite, aber leicht schorfig.

FAMILIE	Pezizaceae
VERBREITUNG	Nordamerika, Europa, Südamerika, Asien, Neuseeland
LEBENSRAUM	Auf Sanddünen
SYMBIOSE	Mit Dünengras
WUCHSFORM	Im Sand, halb bedeckt, einzeln oder in kleinen Trupps
VORKOMMEN	Gelegentlich
SPORENFARBE	Weiß
GENIESSBARKEIT	Ungenießbar

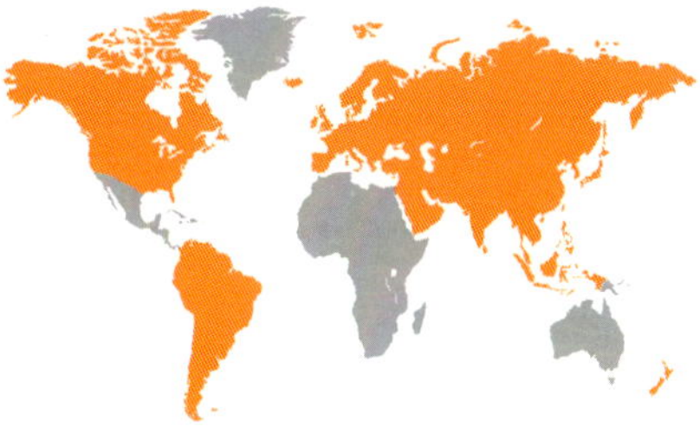

GRÖSSE
Bis zu 25 mm

DURCHMESSER
Bis zu 140 mm

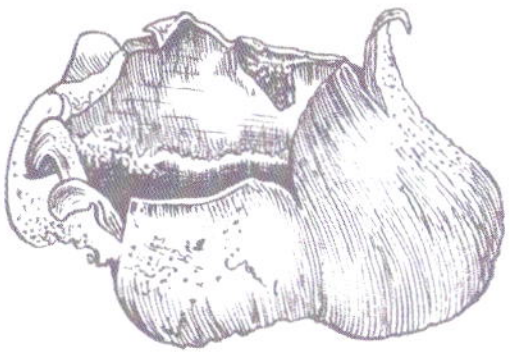

PEZIZA AMMOPHILA

DÜNEN-BECHERLING

DURIEU & MONTAGNE

Wie auch viele Pflanzen in diesem Lebensraum sind Pilze, die in Dünen wachsen, oft hochspezialisiert und nicht nur an die sandigen Böden, sondern auch an den hohen Salzgehalt der Umgebung angepasst. Der Dünen-Becherling ist eine dieser halophilen (salzliebenden) Arten und tritt oft schon mit den ersten Büscheln Dünengras (*Ammophila arenaria*) nach der Uferlinie auf. Er wächst auf den abgestorbenen Wurzeln der Gräser, die unter der Sandoberfläche liegen, und bildet Fruchtkörper aus einer wurzelähnlichen Röhre aus Sand und Pilzgewebe, die sich nach oben ausbreitet und schließlich einen halb von Sand bedeckten, becherähnlichen Fruchtkörper an der Oberfläche erscheinen lässt.

ÄHNLICHE ARTEN

Innerhalb der großen Gattung *Peziza* ist diese Art durch ihren besonderen Lebensraum leicht zu erkennen. Es gibt jedoch zwei *Geopora*-Arten, *G. arenicola* und *G. arenosa*, die ähnliche Fruchtkörper auf ebenso sandigen Böden ausbilden und gelegentlich in feuchten, manchmal sumpfigen Dünentälern wachsen. Beide sind an der weißen Innenseite ihrer becherartigen Hüte zu erkennen.

Maßstab 1:1

Der Dünen-Becherling bildet Fruchtkörper, die zunächst vollständig von Sand bedeckt sind, dann nach und nach von der Spitze her aufbrechen und einen relativ tiefen, im Sand eingebetteten Becher formen. Ältere Exemplare sind oft unregelmäßig schüsselförmig. Gräbt man sie aus, legt man eine stielähnliche Basis aus Sand und Pilzgewebe frei. Außen- und Innenseite des Pilzes sind gelbbraun bis dunkelbraun.

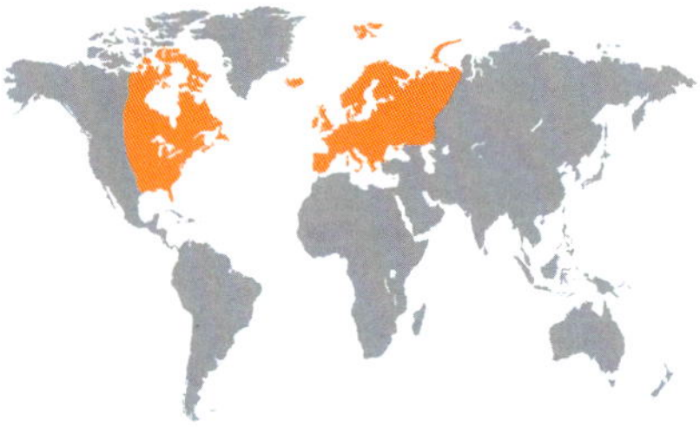

FAMILIE	Pezizaceae
VERBREITUNG	Östliches Nordamerika, Europa
LEBENSRAUM	Auf Waldböden
SYMBIOSE	Mit Laub- und Nadelbäumen
WUCHSFORM	Auf Erde oder Blattstreu
VORKOMMEN	Selten
SPORENFARBE	Weiß
GENIESSBARKEIT	Ungenießbar

GRÖSSE
Bis zu 25 mm

DURCHMESSER
Bis zu 50 mm

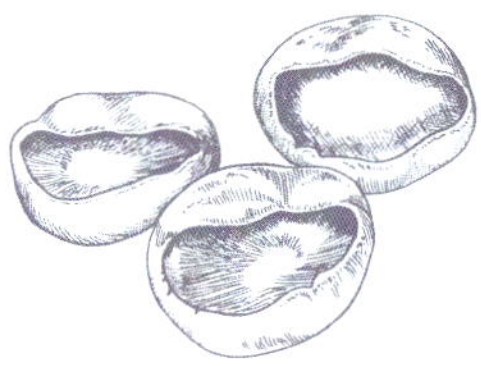

PEZIZA AZUROIDES

DONADINI

Die meisten *Peziza*-Arten haben eher matt gefärbte Fruchtkörper in verschiedenen Creme-, Gelbbraun- und Brauntönen. Einige jedoch sind auffälliger blau, violett oder lila. *Peziza azuroides* („Azure Cup“) ist einer von ihnen, ist aber keine häufige Art und lässt sich nur unter dem Mikroskop anhand seiner Sporen eindeutig identifizieren. Die erste Beschreibung von *Peziza azureoides* (der Beiname bedeutet „azurbläulich“) stammt aus Frankreich. Der Pilz wurde erst in den 1980er-Jahren entdeckt; inzwischen hat man ihn vereinzelt in anderen Gegenden Europas und in Nordostamerika gesichtet.

ÄHNLICHE ARTEN

Der Übersehene Becherling (*Peziza praetervisa*) und der Violette Becherling (*P. violacea*) sind häufigere Arten mit vielfältig ausgeprägten, aber ähnlich gefärbten Fruchtkörpern. Beide kommen jedoch auf Brandstellen oder verkohltem Holz vor. Der Violette Kronenbecherling (*Sarcosphaera coronaria*) wiederum ist wesentlich größer und an der Außenseite weißlich.

Maßstab 1:1

Peziza azuroides bildet anfangs becherförmige Fruchtkörper, die sich mit dem Alter oft unregelmäßig aufbreiten. Die Innenseite ist glatt und bläulich bis violett, die Außenseite schorfig oder gekörnt und ähnlich gefärbt wie die Innenseite.

FAMILIE	Pezizaceae
VERBREITUNG	Nordamerika, Europa, Nordafrika, Mittel- und Südamerika, Nordasien, Neuseeland
LEBENSRAUM	Auf Waldböden
SYMBIOSE	Mit Laub- und Nadelbäumen
WUCHSFORM	Typischerweise in Büscheln
VORKOMMEN	Häufig
SPORENFARBE	Weiß
GENIESSBARKEIT	Gekocht essbar

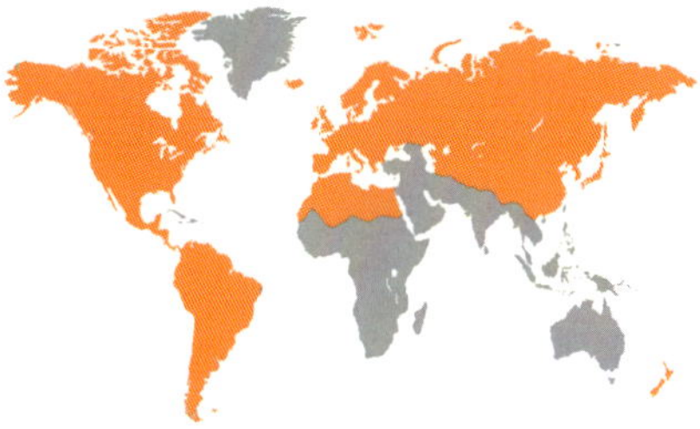

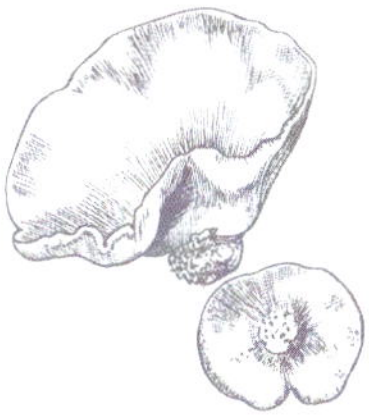

GRÖSSE
Bis zu 50 mm

DURCHMESSER
Bis zu 100 mm

PEZIZA BADIA

KASTANIENBRAUNER BECHERLING

PERSOON

Zumindest in Europa ist diese eine der häufigsten *Peziza*-Arten. Oft wächst der Pilz truppweise oder büschelig an Böschungen und Wegrändern in Nadelbaumpflanzungen. Offenbar bevorzugt er nährstoffarme, sandige Erde und feuchten, kargen Untergrund. Im Gelände erkennt man ihn an seinem olivbraunen Inneren und der eher rötlich-braunen Außenseite. Dennoch sind *Peziza*-Arten gemeinhin nicht leicht zu identifizieren. Diese Art gilt roh als giftig, gut durchgegart aber als essbar. Sie hat jedoch sehr feines, dünnes Fruchtfleisch und scheint als Speisepilz keine Rolle zu spielen.

ÄHNLICHE ARTEN

Zahlreiche andere *Peziza*-Arten sind ebenfalls braun und wachsen auf Erde. Sie lassen sich am besten unter dem Mikroskop unterscheiden. *Peziza phyllogena* ist dem Kastanienbraunen Becherling in Größe und Färbung wohl am nächsten, wächst aber im Frühling und typischerweise auf vermodertem Holz oder Holzresten.

Der Kastanienbraune Becherling bildet jung becherförmige, später unregelmäßig schüsselförmige Fruchtkörper, besonders, wenn er in dichten Haufen wächst. Die Innenseite ist glatt und dunkelbraun, meist mit olivgrüner Tönung. Die Außenseite ist schorfig oder gekörnt und eher rötlich braun oder hellbraun.

Maßstab 1:1

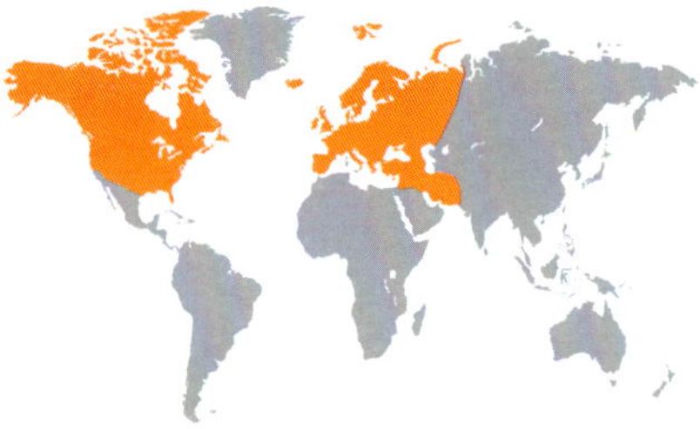

FAMILIE	Pezizaceae
VERBREITUNG	Nordamerika, Europa, Westasien
LEBENSRAUM	Auf alten Feuer- oder Brandstellen und verbranntem Boden
SYMBIOSE	Waldböden und Unterholz
WUCHSFORM	Auf verbrannter Erde
VORKOMMEN	Gelegentlich
SPORENFARBE	Weiß
GENIESSBARKEIT	Gekocht essbar

GRÖSSE
Bis zu 250 mm

DURCHMESSER
Bis zu 300 mm

PEZIZA PROTEANA

GLUCKEN-BECHERLING

(BOUDIER) SEAVER

Peziza proteana bildet normalerweise weißliche, becherförmige Fruchtkörper, produziert gelegentlich aber auch eine außergewöhnlich dichte, blumenkohlartige, bandförmig-labyrinthisch verzweigte Masse, die dann häufig als forma *sparassoidea* bezeichnet werden, als Blumenkohl-Becherling oder Krauskopfpilz. Bei näherer Untersuchung besteht diese Masse aus gewöhnlichen Fruchtkörpern, die so dicht aneinander wachsen, dass sich die Becher völlig verformen. In beiden Ausformungen ist diese Art ein typisches Beispiel für Brandstellenpilze, die natürlich etwa nach Waldbränden auftreten, heute aber meist auf alten Feuerstellen wachsen. Sie vertragen oft stark alkalische Böden (wie etwa Holzasche) oder wachsen unterirdisch und werden durch Hitze zur Bildung von Fruchtkörpern angeregt.

Maßstab 1:1

ÄHNLICHE ARTEN

Der Blumenkohl-Becherling ähnelt hellen Morcheln oder auch *Gyromitra*, diese sind jedoch meist bräunlich und haben einen abgesetzten, weißlichen Stiel. Die Krause Glucke (*Sparassis crispa*) ist nicht verwandt, eher blattartig und wächst am Fuß von Bäumen. Die becherförmige Variante des Glucken-Becherlings lässt sich von ähnlichen *Peziza*-Arten mikroskopisch unterscheiden.

Der Glucken-Becherling bildet grundsätzlich becherförmige Fruchtkörper mit glatter, elfenbeinfarbener Innenseite und schorfiger Außenseite. In seiner dicht blumenkohlartigen Variante bildet er jedoch eine dichte Masse aus blättrig gefalteten Schichten mit kleinen Kammern, die ähnlich gefärbt sind, im Alter aber auch rosa, lila oder ocker getönt sein können.

FAMILIE	Pezizaceae
VERBREITUNG	Nordamerika, Europa, Afrika, Mittel- und Südamerika, Asien, Australien, Neuseeland
LEBENSRAUM	Auf Dung, Komposthäufen und Mulch
SYMBIOSE	Mit gedüngtem Substrat
WUCHSFORM	Einzeln oder charakteristischer büschelig, oft sehr dicht
VORKOMMEN	Häufig
SPORENFARBE	Weiß
GENIESSBARKEIT	Giftig, nur gut gegart essbar

GRÖSSE
Bis zu 50 mm

DURCHMESSER
Bis zu 80 mm

PEZIZA VESICULOSA

BLASENFÖRMIGER BECHERLING

BULLIARD

Der Blasenförmige Becherling oder Blasen-Becherling ist häufig auf Kompost und gedüngter Erde und tritt immer öfter in mit Mulch angereicherten Beeten auf. Bewährt sich ein Lebensraum, kann dieser Pilz wild wuchern und Tausende dicht büschelige Fruchtkörper bilden. Diese wachsen oft so eng, dass sie sich völlig verformen, und sind relativ spröde, sodass sie bei Druck leicht brechen. Dadurch löst sich die Innenfläche manchmal ab und bildet blasenartige Beulen, was die Fruchtkörper noch weiter verformt. Auch der lateinische Beiname *vesiculosa* bedeutet „blasenbildend". *Peziza vesiculosa* enthält Abbauprodukte, die krebshemmend wirken und in Japan zur Tumorbehandlung und immununterstützend eingesetzt werden.

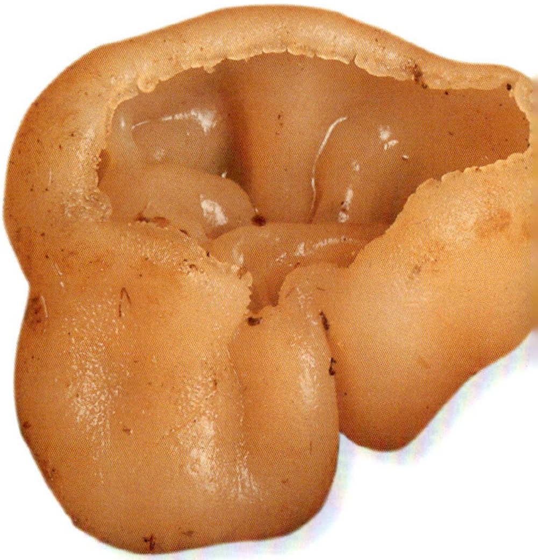

Maßstab 1:1

ÄHNLICHE ARTEN

Diese Art ist gewöhnlich an ihrer Größe, Farbe, ihrem Lebensraum und der charakteristischen Blasenbildung erkennbar. Die häufige Verwandte *Peziza cerea* ist ähnlich groß und ähnlich gefärbt, wächst aber typischerweise auf alter Fugenmasse (oft zwischen Pflaster- oder Ziegelsteinen) oder auf feuchtem Mauerwerk. Viele andere *Peziza*-Arten wachsen auf Erde, Dung und vermodertem Holz, sind aber meist kleiner oder dunkler gefärbt.

Der Blasenförmige Becherling bildet vergleichsweise große, becherförmige Fruchtkörper, die sich besonders in dichten Büscheln auch stark verformen können (siehe Foto oben). Die Innenseite ist glatt und hell gelblich braun bis bräunlich, die Außenseite ist ähnlich gefärbt, aber schorfig oder gekörnt. Die Ränder bleiben meist eingerollt. Mit dem Alter kann sich die Innenfläche ablösen und Blasen bilden.

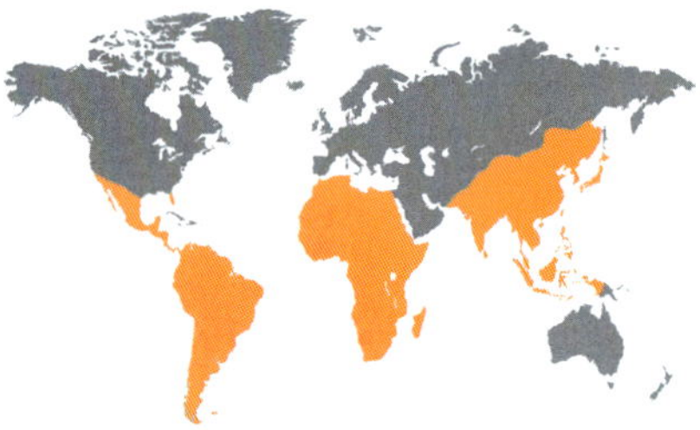

FAMILIE	Sarcoscyphaceae
VERBREITUNG	Südosten Nordamerikas (Florida), Afrika, Mittel- und Südamerika, südliches Asien (mit China und Japan)
LEBENSRAUM	Auf Waldböden
SYMBIOSE	Mit Laubbäumen
WUCHSFORM	Auf liegenden Stämmen und Ästen
VORKOMMEN	Gelegentlich
SPORENFARBE	Weiß
GENIESSBARKEIT	Ungenießbar

GRÖSSE
Bis zu 15 mm

DURCHMESSER
Bis zu 100 mm

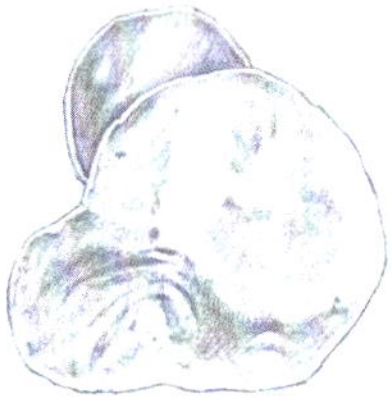

PHILLIPSIA DOMINGENSIS

BERKELEY

Maßstab 1:1

Dieser große tropische Becherpilz ist oft sehr auffällig gefärbt und sehr häufig und weitverbreitet auf Baumstämmen und totem Holz. Er ist mit den ebenfalls tropischen *Cookeina*-Arten verwandt und kann wie sie in zahlreichen Färbungen auftreten. Leuchtend pink-violette oder malvenfarbene Exemplare erscheinen typisch, doch die Molekularforschung hat zuletzt gezeigt, dass auch Exemplare mit Färbungen von Leuchtendgelb bis Rötlichbraun zu nahe verwandt sind, um sie als eigene Art zu kategorisieren. Gelegentlich treten sogar Fruchtkörper mit unterschiedlichen Farbtönen auf demselben Substrat auf. Das hat zu der Annahme geführt, dass das karotinähnliche Pigment Phillipsiaxanthin, das aus den *Phillipsia*-Fruchtkörpern extrahiert wurde, äußerst instabil ist.

ÄHNLICHE ARTEN

Die Farbenvielfalt von *Phillipsia domingensis* („Mauve Elf Cup") kann die Bestimmung ohne mikroskopische Untersuchung sehr schwierig machen. Eine verwandte, aber wesentlich seltenere tropische Art, *P. carnicolor*, hat meist orange bis lachsrosa Fruchtkörper. *P. crispata* wiederum ist typischerweise orange bis bräunlich-rot. Scharlachrote Exemplare können *Sarcoscypha coccinea* ähneln.

Phillipsia domingensis bildet jung verkehrt flaschen- oder trichterförmige Fruchtkörper, die sich dann aufbreiten und flach becherförmig oder schüsselförmig werden (siehe Foto oben). Der zentrale Stiel ist sehr kurz. Die Außenfläche ist glatt und weißlich, die Innenseite ist ebenfalls glatt und kann verschiedene Farbtöne annehmen, von matt bis leuchtend malvenfarben über rosa und rot bis rötlich braun, aber auch orange bis gelb.

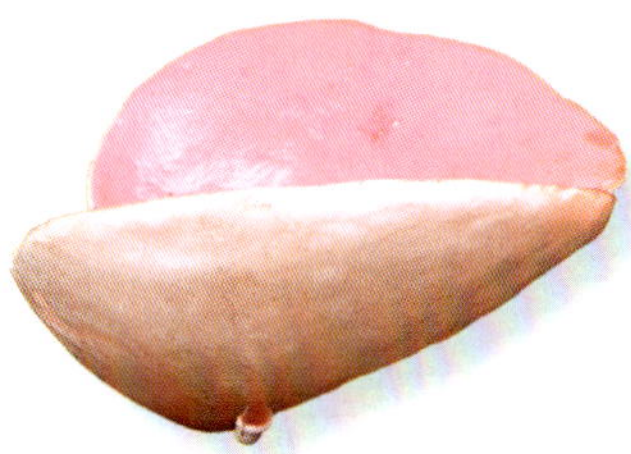

FAMILIE	Rhizinaceae
VERBREITUNG	Nordamerika, Europa, Nordasien; eingeführt im Süden Afrikas
LEBENSRAUM	In Nadelwäldern
SYMBIOSE	Mit Nadelbäumen
WUCHSFORM	Auf der Erde, einzeln oder in kleinen Gruppen
VORKOMMEN	Gelegentlich
SPORENFARBE	Weiß
GENIESSBARKEIT	Ungenießbar

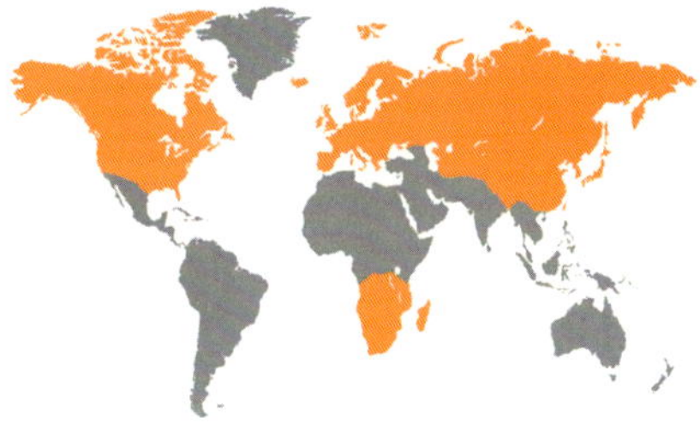

GRÖSSE
Unter 2 mm

DURCHMESSER
Bis zu 60 mm

RHIZINA UNDULATA

WELLIGE WURZELLORCHEL

FRIES

Die Wellige Wurzellorchel ist ein Krankheitserreger, der Nadelbäume ernsthaft schädigen kann, indem er die Wurzeln angreift und ein „Massensterben" reifer Bäume und junger Setzlinge auslöst. Die Sporen im Boden keimen bei hohen Temperaturen (35–45 °C), etwa während Waldbränden oder (früher) bei Brandrodung. Die Fruchtkörper können bis zu drei Monate nach dem Feuer auftreten und sich mehrere Jahre lang halten, bis sie nach und nach verschwinden. Bei jüngeren Fruchtkörpern bilden sich gelegentlich umgekehrt schüsselförmige Erhebungen oder Kissen, die aussehen, als würde der Pilz wie Hefeteig aufgehen.

Maßstab 1:1

ÄHNLICHE ARTEN

Einige *Discina*-Arten, etwa *D. ancilis*, sind auf den ersten Blick ähnlich und ebenfalls in Nadelwäldern zu finden. Sie unterscheiden sich jedoch an der Unterseite durch ihren zentralen Wuchs und haben auch keine Rhizoide wie die Wellige Wurzellorchel. Der Gemeine Morchelbecherling (*Disciotis venosa*) hat ähnliche blasenähnliche Erhebungen, verströmt aber einen Geruch nach Chlor und hat andere Lebensräume.

Die Wellige Wurzellorchel bildet flache, nicht becherförmige Fruchtkörper, die zunächst fast kreisförmig sein können, dann oft miteinander verwachsen. Die Oberfläche ist glatt, aber unregelmäßig wellig-faltig (manchmal mit Erhebungen in der Mitte), dunkel- bis schwärzlich braun und hat einen hell abgesetzten, weißlichen bis gelblichen Rand. Die Unterseite ist gelbbraun bis ocker und durch zahlreiche Rhizoide (wurzelähnliche Hyphenstränge) in der Erde verankert.

FAMILIE	Sarcoscyphaceae
VERBREITUNG	Westen Nordamerikas, Europa
LEBENSRAUM	Auf Waldböden
SYMBIOSE	Mit Laubbäumen
WUCHSFORM	Auf liegenden, bemoosten Stämmen
VORKOMMEN	Häufig
SPORENFARBE	Weiß
GENIESSBARKEIT	Ungenießbar

GRÖSSE
Bis zu 50 mm

DURCHMESSER
Bis zu 50 mm

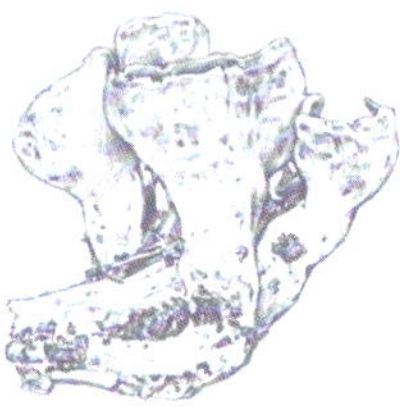

SARCOSCYPHA COCCINEA

SCHARLACHROTER KELCHBECHERLING

(JACQUIN) SACCARDO

Die eng verwandte Gruppe von Arten, die unter dem Namen Scharlachroter Kelchbecherling zusammengefasst werden, gehört wohl zu den farbenprächtigsten Pilzen der nördlichen Breiten. Besonders ist auch, dass sie ihre Fruchtkörper normalerweise mitten im Winter oder im sehr frühen Frühjahr ausbilden. In Großbritannien sind die *Sarcoscypha*-Arten überwiegend an der westlichen Atlantikküste verbreitet. Ansonsten scheinen sie mildes, feuchtes Klima zu bevorzugen und sprießen oft auf liegenden oder abgebrochenen, moosbewachsenen Ästen in geschützten Flusstälern. Wie ihre tropischen Verwandten, die *Phillipsia*, enthalten sie starke karotinoide Pigmente. Vereinzelt findet man auch leuchtend gelbe, aber auch unpigmentierte oder weiße Exemplare.

ÄHNLICHE ARTEN

Die Scharlachroten Kelchbecherlinge sind ein Komplex sehr ähnlicher Arten, die sich nur mikroskopisch unterscheiden lassen. *Sarcoscypha austriaca* ist in Ost-Nordamerika und Europa verbreitet, *S. dudleyi* und die kleinere *S. occidentalis* ebenfalls im Osten Nordamerikas, *S. jurana* in Mitteleuropa und *S. macronesica* auf Madeira und den Kanaren. Weitere Arten treten in Asien und Afrika auf.

Maßstab 1:1

Der Scharlachrote Kelchbecherling bildet becherförmige Fruchtkörper, die jung oft deutlich gestielt sind, den Stiel aber häufig verlieren, wenn sie älter werden und sich aufbreiten. Alte Fruchtkörper werden flach und unregelmäßig schüsselförmig. Die Innenseite ist glatt und meist leuchtend scharlachrot. Die Außenseite ist ähnlich gefärbt, erscheint aber weißlich, da sie mit feinen Härchen bedeckt ist, die unter dem Mikroskop aufrecht stehen.

FAMILIE	Sarcosomataceae
VERBREITUNG	Osten Nordamerikas, Kontinentaleuropa
LEBENSRAUM	Auf Waldböden
SYMBIOSE	Mit Fichten
WUCHSFORM	Auf der Erde, in Nadelstreu
VORKOMMEN	Selten
SPORENFARBE	Braun
GENIESSBARKEIT	Ungenießbar

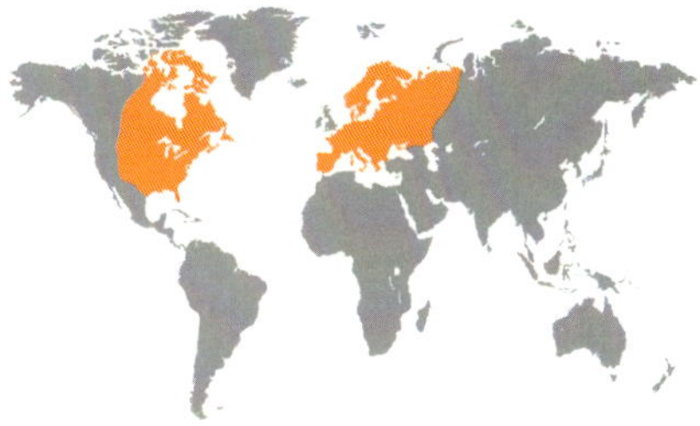

GRÖSSE
Bis zu 100 mm

DURCHMESSER
Bis zu 100 mm

SARCOSOMA GLOBOSUM

KUGELIGER GALLERTBECHERLING

(SCHMIDEL) REHM

Diese ungewöhnlich aussehende Art tritt typischerweise im frühen Frühjahr auf und wächst halb von hohem Moos und Nadelstreu bedeckt in alten, unbewirtschafteten Fichtenwäldern. Im Grunde handelt es sich um einen Becherpilz, doch der Stiel unter dem „Becher" ist gallertig und schwillt bei Feuchtigkeit überdimensional an. Diese Fähigkeit zur Wasserspeicherung ermöglicht es dem Fruchtkörper, sich auch in trockenem Winterwetter zu entwickeln. In Schweden, seinem größten Verbreitungsgebiet in Europa, wird der Pilz Bombmurkla genannt und ist gesetzlich geschützt. In anderen Ländern Skandinaviens und Osteuropas ist er bedroht oder gar ausgestorben, seit alte Wälder nach und nach abgeholzt wurden. Er wurde nun für den internationalen Schutz im Rahmen der Berner Konvention vorgeschlagen.

Der Kugelige Gallertbecherling bildet fast kugelrunde Fruchtkörper, die oft halb von Moos und Nadelstreu überwachsen sind. Die Oberseite ist eine glatte, glänzende, schwärzlich braune Scheibe mit klar abgegrenztem Rand. Der überdimensional angeschwollene Stiel darunter ist samtig und schwärzlich braun, oft gerunzelt oder gefaltet und zeigt im Schnitt eine halb gelatinöses, wässriges Inneres.

ÄHNLICHE ARTEN

In Nordamerika bestehen zwei verwandte Arten, *Sarcosoma latahense* und *S. mexicanum*. Beide sind jedoch eher klassisch becherförmig (wenn auch leicht gelatinös) und haben keinen geschwollenen, wasserspeichernden Stiel. Schwarze Formen von *Plectania* und *Pseudoplectania* sind ebenfalls becherförmig, aber nicht gallertig.

Maßstab 1:1

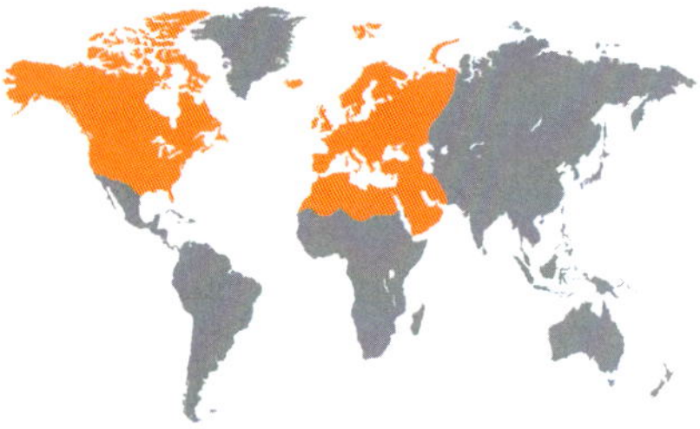

FAMILIE	Pezizaceae
VERBREITUNG	Nordamerika, Europa, Nordafrika, Westasien
LEBENSRAUM	Wälder; gewöhnlich kalkreiche Böden
SYMBIOSE	Ektomykorrhiza; mit Laub- und Nadelbäumen
WUCHSFORM	Auf oder in der Erde, in der Regel halb überwachsen
VORKOMMEN	Gelegentlich
SPORENFARBE	Weiß
GENIESSBARKEIT	Giftig

GRÖSSE
Bis zu 75 mm

DURCHMESSER
Bis zu 150 mm

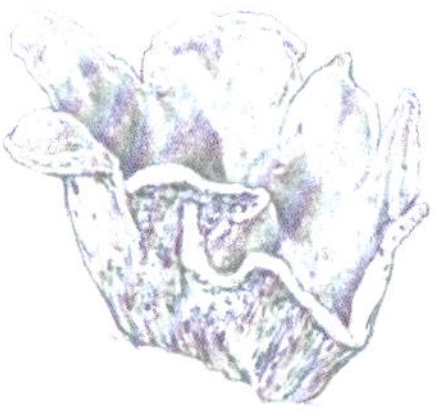

SARCOSPHAERA CORONARIA

VIOLETTER KRONENBECHERLING

(JACQUIN) J. SCHRÖTER

Diese attraktive und auffällige Art bildet zunächst trüffelähnliche, geschlossene und halb im Boden vergrabene Fruchtkörper, die dann aufbrechen und ihre Sporen wie ein Becherpilz freisetzen. In Europa steht der Violette Kronenbecherling in über einem Dutzend Ländern auf der Roten Liste der bedrohten Pilzarten und wurde auch für den internationalen Schutz im Rahmen der Berner Konvention vorgeschlagen. In Nordamerika scheint er etwas häufiger vorzukommen. Manche behaupten, dass er gekocht essbar sei, er enthält jedoch Gyromitrin, ein potenziell tödliches Gift, das auch in Lorcheln enthalten ist, und wird deshalb am besten gemieden. Oft findet man ihn auch unter dem einfacheren Namen Kronenbecherling.

Maßstab 1:1

ÄHNLICHE ARTEN

Unter den Becherpilzen bestehen mehrere *Peziza*-Arten mit ebenfalls violetten Fruchtkörpern, darunter *P. violacea* und *P. praetervisa*. Beide wachsen aber für gewöhnlich auf verbranntem Boden und sind regelmäßiger becherförmig. *Geopora*-Arten wachsen wie der Kronenbecherling halb im Boden verborgen, sind innen aber weiß bis cremefarben.

Der Violette Kronenbecherling bildet anfangs schmutzigweiße, glatte Fruchtkörper, die trüffelähnlich als geschlossene Kugel heranwachsen und halb in der Erde verborgen liegen. Bei Reife bricht die spröde Oberfläche am Scheitel unregelmäßig oder auch sternförmig auf und legt einen hohlen Innenraum frei. Die glatte Innenfläche ist rosaviolett bis lila gefärbt, gelegentlich mit grauer oder bräunlicher Tönung. Eng nebeneinander liegende Fruchtkörper verwachsen oft miteinander.

FAMILIE	Pyronemataceae
VERBREITUNG	Nordamerika, Europa, Nordafrika, Mittel- und Südamerika, Asien, Australien, Neuseeland
LEBENSRAUM	Auf Waldböden
SYMBIOSE	Auf feuchtem, vermodertem Holz oder Humus mit Holzresten
WUCHSFORM	Einzeln oder truppweise
VORKOMMEN	Häufig
SPORENFARBE	Weiß
GENIESSBARKEIT	Ungenießbar

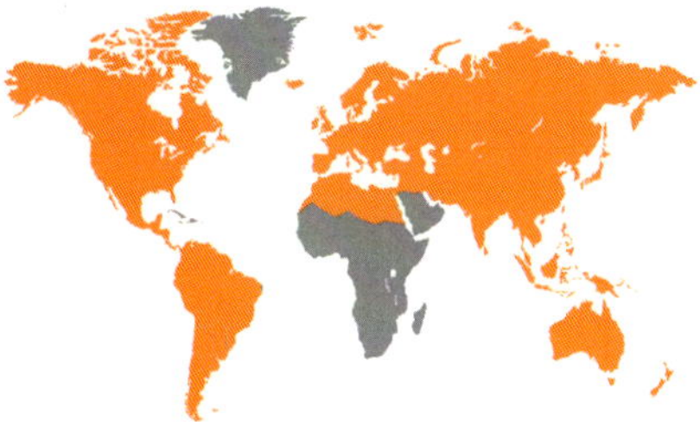

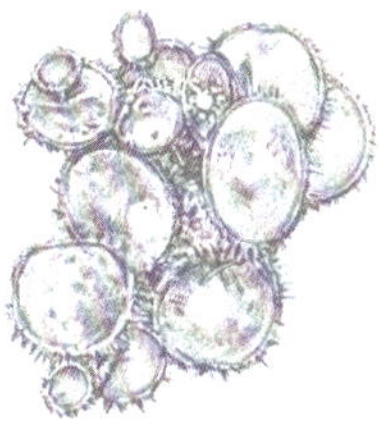

GRÖSSE
Unter 1 mm

DURCHMESSER
Bis zu 20 mm

SCUTELLINIA SCUTELLATA

HOLZ-SCHILDBORSTLING

(LINNAEUS) LAMBOTTE

Der Holz-Schildborstling ist ein attraktiver kleiner Pilz, den man häufig – gelegentlich auch in kleinen Trupps – auf feuchtem, vermodertem Holz findet. Die einzelnen Fruchtkörper mögen klein sein, sind aber an den Rändern mit langen, dunklen Haaren besetzt und dadurch meist auch ohne Lupe sichtbar. Diese Behaarung schützt den Pilz im Entwicklungsstadium vermutlich vor Insektenfraß, etwa durch Milben, und hilft möglicherweise auch die Feuchtigkeit zu halten, die der Pilz zur Sporenfreisetzung braucht. Seine leuchtende Färbung erhält der sporentragende Hut durch Karotine, wie sie sich auch bei einigen anderen roten und orangen Pilzen finden.

ÄHNLICHE ARTEN

Scutellinia scutellata ist die häufigste von mehreren Arten, die durchwegs steife, borstenförmige Haare tragen und nur unter dem Mikroskop, aber nicht mit freiem Auge unterscheidbar sind. *Anthracobia*-Arten wachsen in Haufen auf verbranntem Boden, sind matt rot bis orange und haben nur sehr kurze, braune Haare an den Rändern. *Cheilymenia*-Arten wachsen ebenfalls in Haufen, allerdings auf Dung; sie sind *Anthracobia* ähnlich.

Der Holz-Schildborstling bildet kleine, zunächst becherförmige Fruchtkörper, die sich dann rasch teller- bis scheibenförmig ausbreiten. Die Innenseite ist glatt und leuchtend rot bis orangerot. Die Außenseite ist ähnlich gefärbt, aber spärlich mit braunen bis schwärzlichen, wimpernartigen Haaren besetzt, die einen dunklen äußeren Rand um die zentrale Scheibe bilden.

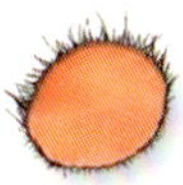

Maßstab 1:1

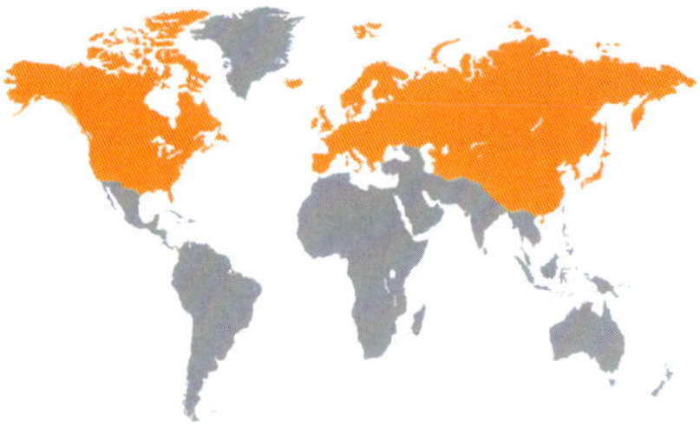

FAMILIE	Cudoniaceae
VERBREITUNG	Nordamerika, Europa, Nordasien
LEBENSRAUM	In Nadelwäldern
SYMBIOSE	Mit Nadelbäumen
WUCHSFORM	Auf Erde oder Nadelstreu, truppweise
VORKOMMEN	Gelegentlich
SPORENFARBE	Weiß
GENIESSBARKEIT	Ungenießbar

GRÖSSE
Bis zu 80 mm

DURCHMESSER
Bis zu 30 mm

SPATHULARIA FLAVIDA

DOTTERGELBER SPATELING

PERSOON

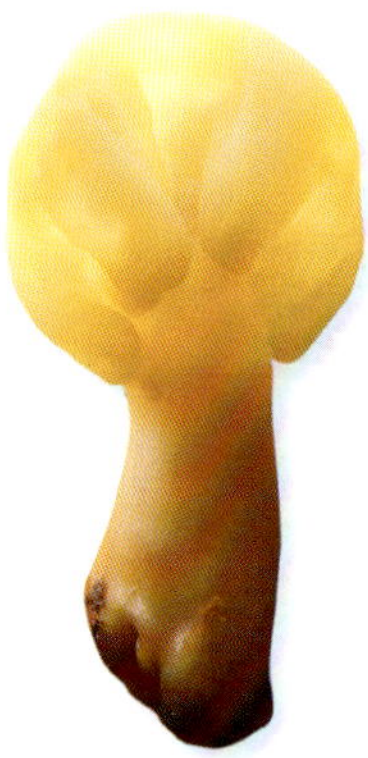

Maßstab 1:1

Er sieht ein wenig aus wie ein winziges Kajakpaddel oder ein afrikanischer Fächer: *Spathularia flavida* ist ein kleiner, aber intensiv gefärbter Pilz mit charakteristischem Äußeren, der in Nadelwäldern in der gesamten nördlichen Hemisphäre anzutreffen ist. Es dürfte sich um eine Pflanzen- und Nadelstreu zersetzende Art handeln, die ihr Substrat nach und nach in Humus verwandelt. Eine ungewöhnliche Studie hat gezeigt, dass diese Art über einen Verteidigungsmechanismus gegen Insektenfraß (Springschwänze) verfügt: Sobald ein Fruchtkörper angegriffen oder angenagt wird, gehen die Springschwänze auf Distanz zum Pilz. Man geht deshalb davon aus, dass der Dottergelbe Spateling eine Substanz oder einen Geruch mit abschreckender Wirkung absondert.

ÄHNLICHE ARTEN

In Nordamerika wächst *Spathulariopsis velutipes*, mit ähnlicher Form, aber cremefarbenem fruchtbarem Kopfteil und rotbraunem, samtigem Stiel. Das häufige Grüngelbe Gallertkäppchen (*Leotia lubrica*) ist weniger leuchtend, oft grünlich und hat einen rundlichen Hut. Die spatelförmigen *Dacryopinax*-Arten wachsen immer auf Holz.

Der Dottergelbe Spateling bildet gestielte Fruchtkörper, die zunächst keulenförmig zusammengedrückt, später fächer- oder spatelförmig sind. Der fruchtbare Kopfteil umfasst den Stiel im oberen Drittel und ist meist gewellt und gerunzelt oder geadert. Der Stiel ist rund, glatt und ähnlich oder blasser gefärbt als der Kopf.

FAMILIE	Pyronemataceae
VERBREITUNG	Nordamerika, Europa, Asien
LEBENSRAUM	Auf Waldböden
SYMBIOSE	Möglicherweise Ektomykorrhiza; mit Laub- und Nadelbäumen
WUCHSFORM	Auf der Erde
VORKOMMEN	Häufig
SPORENFARBE	Weiß
GENIESSBARKEIT	Ungenießbar

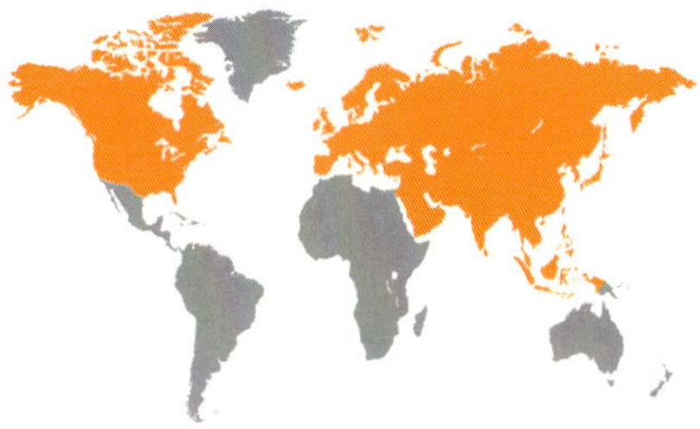

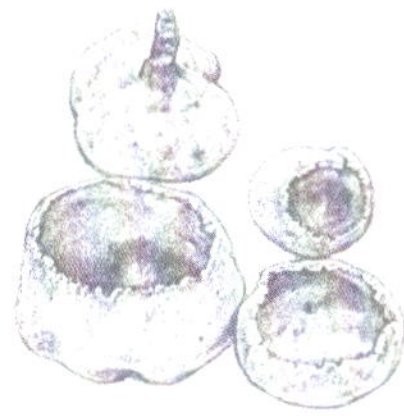

GRÖSSE
Bis zu 60 mm

DURCHMESSER
Bis zu 50 mm

TARZETTA CATINUS

TIEGELFÖRMIGER NAPFBECHERLING

(HOLMSKJOLD) KORF & J. K. ROGERS

Tazzetta steht im Italienischen für „kleiner Becher“, und *catinus* kommt aus dem Lateinischen für „Becken“ oder „Schale“. Es überrascht daher wenig, dass *Tarzetta* (gelegentlich auch *Tazzetta*) *catinus* deutlich becher- oder schüsselförmig ist. Er ist in Waldgebieten relativ häufig, wird aber leicht übersehen. Die jüngere Forschung deutet darauf hin, dass der Pilz ektomykorrhizisch wächst, also mit den Wurzeln lebender Bäume vergesellschaftet ist. Der Tiegelförmige Napfbecherling ist eine von 52 neuen Arten, die der Naturforscher Theodor Holmskjold in den 1790er-Jahren beschrieben hat. Sein wunderschön illustriertes, auf Latein verfasstes Buch trug übersetzt den Titel *Frohe Ruhezeiten auf dem Lande beim Studium dänischer Pilze* – ein doch ungewöhnlicher Titel für ein bedeutendes wissenschaftliches Referenzwerk.

ÄHNLICHE ARTEN

Tarzetta spurcata ist eine sehr ähnliche Art, die nur unter dem Mikroskop unterschieden werden kann. Der Kerbrandige Napfbecherling (*T. cupularis*) und auch *T. scotica* sind kleiner und erreichen einen maximalen Durchmesser von 20 mm. Der Halbkugelige Borstenbecherling (*Humaria hemisphaerica*) hat ähnliche Form, die Innenseite ist jedoch weiß.

Maßstab 1:1

Der Tiegelförmige Napfbecherling bildet jung fast runde Fruchtkörper, die reif becher- oder schüsselförmig werden. Häufig ist ein kurzer, zentraler Stiel, der halb in der Erde verborgen liegt. Die Innenseite der Kopfteile ist blass cremefarben bis ockerfarben (siehe Fotos oben) mit gezahntem oder gerieftem Rand. Die Außenseite ist ähnlich gefärbt, aber schorfig oder filzig.

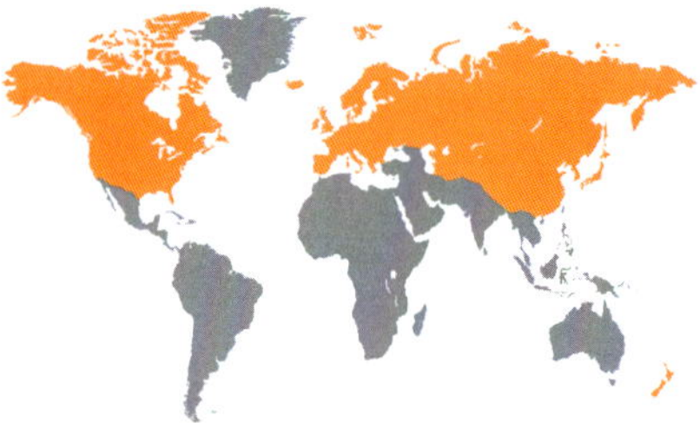

FAMILIE	Geoglossaceae
VERBREITUNG	Nordamerika, Europa, Nordasien, Neuseeland
LEBENSRAUM	In Grasland oder auf Waldböden
SYMBIOSE	Mit Moosen
WUCHSFORM	Auf der Erde oder in moosigem Gras, einzeln oder verstreut
VORKOMMEN	Häufig
SPORENFARBE	Schwarz
GENIESSBARKEIT	Ungenießbar

GRÖSSE
Bis zu 80 mm

DURCHMESSER
Bis zu 8 mm

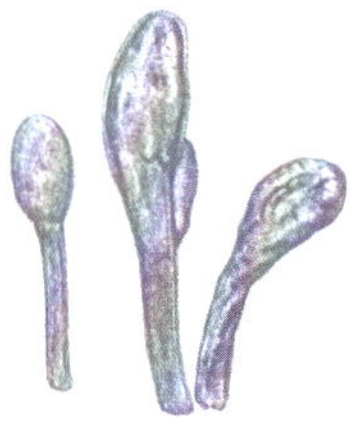

TRICHOGLOSSUM HIRSUTUM

BEHAARTE ERDZUNGE

(PERSOON) BOUDIER

In Europa sind die Erdzungen typische Bewohner von unkultiviertem Weideland, alten Rasenflächen und torfigen Küsten. Zusammen mit den Saftlingen (*Hygrocybe*-Arten) sind sie ein guter Hinweis auf unbearbeitetes, artenreiches Grasland. In anderen Verbreitungsgebieten findet man sie auf moosigen Waldböden. Die Behaarte Erdzunge oder Gemeine Haarzunge ist eine der häufigsten und am weitesten verbreiteten Arten. Unter einer guten Lupe erkennt man feine, relativ lange, schwärzlich-braune, stark zugespitzte Härchen. Man geht davon aus, dass sie die sporenbildende Oberfläche vor pilzfressenden Milben und anderen Insekten schützen. Der Gattungsname *Trichoglossum* bedeutet ebenfalls „haarige Zunge."

ÄHNLICHE ARTEN

Es bestehen einige weitere, seltenere und nur unter dem Mikroskop unterscheidbare *Trichoglossum*-Arten, darunter *T. walteri*. Auch nahe verwandte Erdzungen aus der Gattung *Geoglossum* können ähnlich aussehen, haben unter der Lupe aber einen sichtbar glatten Stiel (keine feine Behaarung).

Die Behaarte Erdzunge bildet schwarze, gestielte, keulenförmige Fruchtkörper. Der fruchtbare Kopfteil ist manchmal schmal keulig, meist aber spatelförmig verbreitert, zusammengedrückt und gefurcht und ähnelt einem Paddel oder einem spitzen Spaten. Er ist mit kurzen Haaren besetzt, die unter der Lupe sichtbar sind. Der zylindrische Stiel ist tiefschwarz und sichtbar haarig bis samtig.

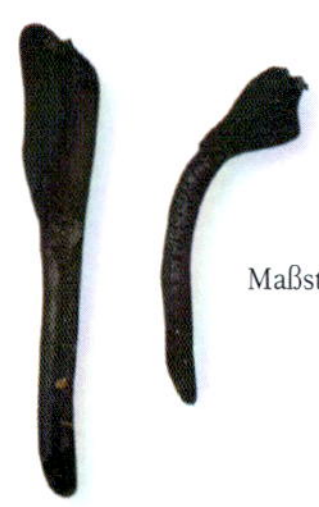

Maßstab 1:1

FAMILIE	Sarcosomataceae
VERBREITUNG	Östliches Nordamerika, Europa, Nordasien
LEBENSRAUM	Auf Waldböden
SYMBIOSE	Mit Laubbäumen
WUCHSFORM	Auf oder an vermodertem, manchmal erdbedecktem Holz
VORKOMMEN	Gelegentlich
SPORENFARBE	Weiß
GENIESSBARKEIT	Ungenießbar

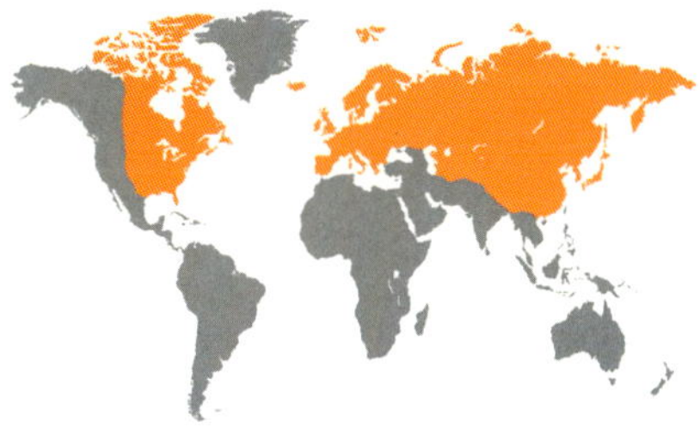

GRÖSSE
Bis zu 120 mm

DURCHMESSER
Bis zu 100 mm

URNULA CRATERIUM

SCHWARZER KELCHPILZ

(SCHWEINITZ) FRIES

Der Schwarze Kelchpilz wächst im Frühjahr und ist relativ häufig im Osten Nordamerikas, sonst aber selten. Sichtbar ist er üblicherweise auf liegenden, vermoderten Ästen von Laubbäumen, die manchmal halb von Moos oder Blattstreu bedeckt sind, befällt das Holz aber bereits, bevor es abbricht oder fällt. Er ist ein ernstzunehmender Krankheitserreger auf lebenden Bäumen, besonders Eiche, an der er eine Krebsart namens Strumella auslöst. Der Name leitet sich von *Strumella coryneoidea* her, die – wie man heute weiß – unfruchtbare Lebensform des Schwarzen Kelchpilzes. Dabei bilden sich auf der infizierten Rinde schwärzliche Pusteln, die den Baum töten oder schwer beschädigen und dadurch große forstwirtschaftliche Schäden anrichten können.

ÄHNLICHE ARTEN

Die ebenfalls schwärzliche *Urnula hiemalis* ist ähnlich, aber kleiner und seltener und nur in Alaska und Skandinavien zu finden. Die blasser gefärbte, purpur getönte *Neournula pouchetii* ist ebenfalls kleiner, wächst mit Nadelbäumen im Westen Nordamerikas und in Europa und ist nicht häufig. *Sarcosoma globosum* ist verwandt, aber selten und eine deutlich gallertig-fleischigere Art.

Der Schwarze Kelchpilz bildet gestielte, urnen- oder kelchförmige Fruchtkörper. Unreife Exemplare sind rundlich-keulig, brechen aber bald am Scheitel auf und legen das tief kelchförmige Innere mit rissigem, zurückgerolltem Rand frei. Die Innenseite ist glatt und schwärzlich braun, die Außenseite blass rosagrau oder bräunlich grau und zunächst schorfig, mit dem Alter dunkler.

Maßstab 1:1

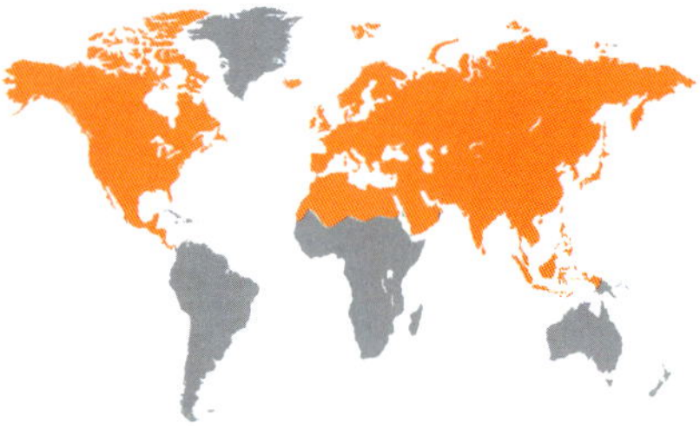

FAMILIE	Discinaceae
VERBREITUNG	Nordamerika, Europa, Nordafrika, Mittelamerika, Asien
LEBENSRAUM	Auf Waldböden
SYMBIOSE	Ektomykorrhiza; mit Nadelbäumen
WUCHSFORM	Auf Erde und Nadelstreu
VORKOMMEN	Häufig
SPORENFARBE	Gelblich
GENIESSBARKEIT	Giftig, potenziell tödlich

GRÖSSE
Bis zu 150 mm

DURCHMESSER
Bis zu 150 mm

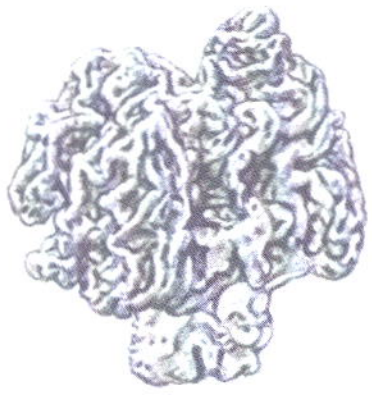

GYROMITRA ESCULENTA

GIFT-LORCHEL

(PERSOON) FRIES

Maßstab 1:1

Der lateinische Beiname *esculenta* bedeutet „essbar“, doch diese Art ist nicht nur giftig, sondern sogar potenziell tödlich. Sie ist zwar in Finnland und auch in anderen Gegenden ein weitverbreiteter Speisepilz und wird sogar verkauft, in einigen Ländern ist ihr Verkauf aber inzwischen verboten. Die Gift-Lorchel enthält Gyromitrin, das zu Monomethylhydrazin zerfällt, einer toxischen Substanz, die als Raketentreibstoff dient und zu Leber- und Nierenversagen, Koma und schließlich zum Tod führen kann. Ein Großteil dieses Toxins kann durch Kochen mit zweimaligem Wasserwechsel zwar zerstört werden, doch auch die Dämpfe können giftig sein. Zudem sind unter Personen, die den Pilz über Jahre ohne Beschwerden konsumiert haben, Todesfälle aufgetreten. All das macht deutlich genug klar, dass diese Art besser gemieden wird.

ÄHNLICHE ARTEN

Es existieren zahlreiche andere *Gyromitra*-Arten, die ähnlich gefährlich sind. Ihnen allen fehlen die honigwabenartigen Kopfteile der echten Morcheln, vielmehr bilden sie hirnförmig gefaltete und gelappte Hüte. *Gyromitra infula* ist eine häufige Art mit schwach gelapptem, braunem Hut, der den Lorcheln (*Helvella*) ähnelt.

Die Gift-Lorchel bildet Fruchtkörper mit hirnförmigem Kopfteil und einem ähnlich, aber blasser gefärbten Stiel. Der fruchtbare Kopfteil ist spröde und mit zunehmendem Alter dicht gefaltet und gewunden, blass- bis tiefrot oder pupurrotbraun. Der Stiel ist weißlich bis ockerfarben, manchmal mit bräunlicher Tönung, und glatt oder leicht filzig.

FAMILIE	Helvellaceae
VERBREITUNG	Nordamerika, Europa, Mittelamerika, Asien
LEBENSRAUM	Auf Waldböden
SYMBIOSE	Ektomykorrhiza; mit Laub- und Nadelbäumen
WUCHSFORM	Auf Erde und Blattstreu, einzeln oder in kleinen Gruppen
VORKOMMEN	Gelegentlich
SPORENFARBE	Weiß
GENIESSBARKEIT	Ungenießbar

GRÖSSE
Bis zu 100 mm

DURCHMESSER
Bis zu 25 mm

HELVELLA ATRA

SCHWARZE LORCHEL

J. KÖNIG

Die Schwarze Lorchel ist eine von mehreren *Helvella*-Arten, deren fruchtbare Oberfläche nicht becherförmig nach innen gewölbt, sondern nach außen gedreht ist. Einige Exemplare haben schließlich sattelartige Lorchel-Form, häufig bilden sie aber unregelmäßig gelappte Fruchtkörper. Obwohl kleinere Arten oft schwer zu identifizieren sind, lässt sich *H. atra* meist an ihrer dunklen, rauchgrauen Färbung und dem glatten Stiel erkennen. Sie ist auf der nördlichen Halbkugel weitverbreitet, aber nirgendwo häufig und steht in manchen europäischen Ländern sogar auf der nationalen Roten Liste bedrohter Pilzarten.

ÄHNLICHE ARTEN

Die Gruben-Lorchel (*Helvella lacunosa*) hat einen ähnlich gefärbten Kopfteil, ist aber viel größer. Ihr Stiel ist grubig-zellig und gefurcht. *Helvella leucopus* hat einen glatten, aber weißen Stiel. *Helvella pezizoides* ist äußerst ähnlich, aber etwas größer; der Rand ihres Hutes ist eingerollt und die Unterseite deutlich filzig oder behaart.

Maßstab 1:1

Die Schwarze Lorchel bildet Fruchtkörper mit gelapptem oder sattelförmigem Kopfteil und zylindrischem Stiel. Der fruchtbare Kopfteil ist dünn und tief gefaltet oder gelappt. Die Oberfläche ist glatt bis gerunzelt und dunkelgrau bis bräunlich schwarz, die Unterseite heller und glatt bis leicht filzig. Der Stiel ist ähnlich gefärbt wie der Kopf, glatt oder spärlich gefurcht und fein behaart.

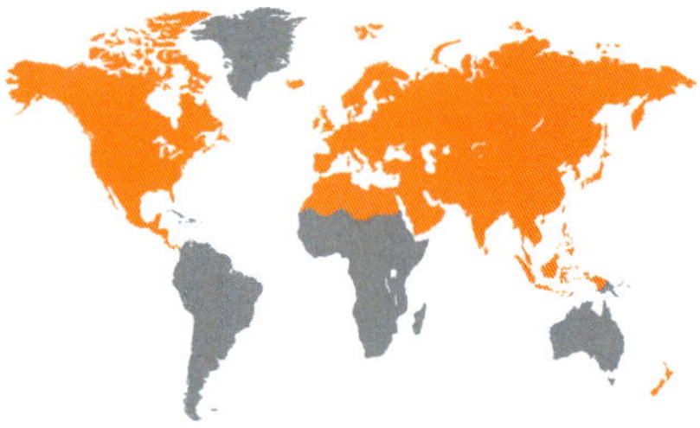

FAMILIE	Helvellaceae
VERBREITUNG	Nordamerika, Europa, Nordafrika, Mittelamerika, Asien, Neuseeland
LEBENSRAUM	Auf Waldböden
SYMBIOSE	Ektomykorrhiza; mit Laubbäumen, seltener Nadelbäumen
WUCHSFORM	Auf Erde oder Blattstreu
VORKOMMEN	Häufig
SPORENFARBE	Weiß
GENIESSBARKEIT	Ungenießbar

GRÖSSE
Bis zu 150 mm

DURCHMESSER
Bis zu 50 mm

HELVELLA CRISPA

HERBST-LORCHEL

(SCOPOLI) FRIES

Maßstab 1:1

Typisch für die Herbst-Lorchel ist eher eine cremefarbene bis hell gelbbraune Färbung, jedenfalls aber gehört sie zu den helleren und vor allem zu den häufigsten Lorchel-Arten. Sie wächst meist zwischen Spätsommer und Frühwinter in Laubwäldern. Oft scheint sie als essbar auf und ist in Osteuropa und Mittelamerika auch ein verbreiteter Speisepilz (sie wird dort sogar auf Märkten verkauft). Allerdings enthält die Herbst-Lorchel Toxine, die denen der *Gyromitra*-Arten ähnlich sind, und auch wenn einige der Giftstoffe durch Kochen zerstört werden, ist es doch am besten, sie als Speisepilz zu meiden.

ÄHNLICHE ARTEN

Die Gruben-Lorchel (*Helvella lacunosa*) ist ähnlich geformt, aber grau gefärbt. Die seltenere *H. lactea* ist der Herbst-Lorchel sehr ähnlich, hat aber einen eher weißen als cremefarbenen Hut und eine glatte, nicht fein behaarte Unterseite. Die essbaren Morcheln (*Morchella*-Arten) haben braune, gekammerte Hüte.

Die Herbst-Lorchel bildet Fruchtkörper mit unregelmäßig sattelförmigem Kopf und tief gefurchtem Stiel. Der fruchtbare Kopfteil ist dünn, brüchig und knorpelig und cremefarben bis gelbbraun. Die Lappen sind nicht mit dem Stiel verwachsen, die Unterseite ist mit winzigen Haaren besetzt und hat die Farbe des Kopfteils. Der Stiel ist tief längsrippig gefurcht mit länglichen Kammern (siehe Foto rechts) und ist wie der Kopfteil gefärbt oder weißlicher.

FAMILIE	Helvellaceae
VERBREITUNG	Nordamerika, Europa, Afrika, Mittelamerika, Asien
LEBENSRAUM	Auf Waldböden
SYMBIOSE	Ektomykorrhiza; mit Laub- und Nadelbäumen
WUCHSFORM	Auf Erde und Blattstreu
VORKOMMEN	Häufig
SPORENFARBE	Weiß
GENIESSBARKEIT	Ungenießbar

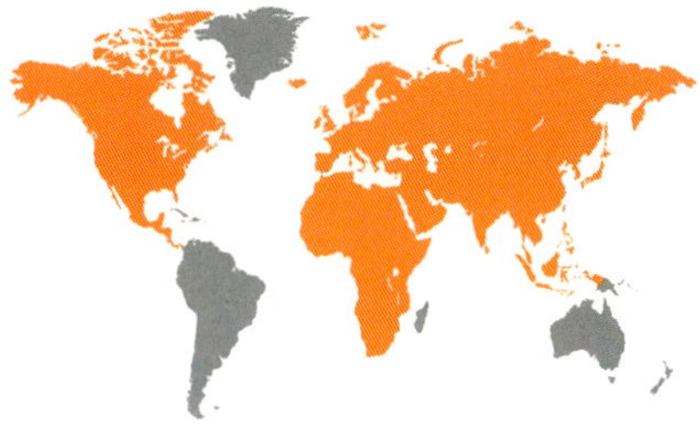

GRÖSSE
Bis zu 150 mm

DURCHMESSER
Bis zu 50 mm

HELVELLA LACUNOSA

GRUBEN-LORCHEL

AFZELIUS

Auf den ersten Blick ist die Gruben-Lorchel kein typischer Becherpilz, auch wenn viele nahe verwandte *Helvella*-Arten sehr wohl becher- oder kelchförmige Kopfteile haben. Aus dem Becher der Gruben-Lorchel könnte jedoch keiner trinken: Hier scheint der Becher geschmolzen oder zusammengefallen und hängt schlaff und in sich verdreht oder ausgebeult vom Scheitel herab. Auch diese Art wird gelegentlich als essbar bezeichnet, gehört aber zur großen Gruppe der Lorcheln und wird daher besser gemieden. Zumindest müsste man sie vor dem Genuss gut garen, um sämtliche Gyromitrin-ähnlichen Toxine zu zerstören.

ÄHNLICHE ARTEN

Die Herbst-Lorchel (*Helvella crispa*) ist ähnlich geformt, aber weißlich bis cremefarben oder gelbbraun. Die weniger häufige *H. atra* ist ähnlich gefärbt, hat aber einen glatten, zylindrischen Stiel. Einige vermeintliche Arten unbestimmter Zuordnung, wie *H. sulcata* oder *H. palustris*, scheinen fast identisch mit der Gruben-Lorchel und sind möglicherweise nur Varianten derselben Art.

Maßstab 1:1

Die Gruben-Lorchel bildet Fruchtkörper mit unregelmäßig geformtem, grauen Kopfteil und einem helleren Stiel. Der fruchtbare Kopfteil ist dünn, brüchig und knorpelig, blassgrau bis fast schwarz und gelegentlich leicht sattelförmig, meist aber vielfach gelappt und verdreht (siehe Foto rechts). Die Lappen sind nicht mit dem Stiel verwachsen und an der Unterseite heller grau. Der Stiel ist tief längsrippig gefurcht mit unregelmäßig länglichen Kammern und blass- bis tiefgrau.

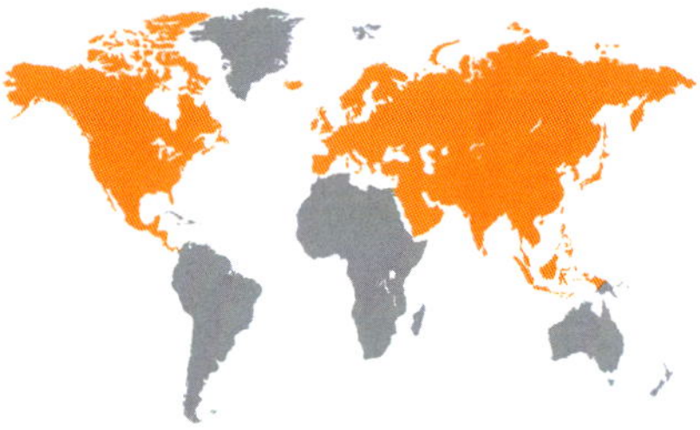

FAMILIE	Helvellaceae
VERBREITUNG	Nordamerika, Europa, Mittelamerika, Asien
LEBENSRAUM	Auf Waldböden
SYMBIOSE	Ektomykorrhiza; mit Laub- und Nadelbäumen
WUCHSFORM	Auf Erde und Blattstreu
VORKOMMEN	Gelegentlich
SPORENFARBE	Weiß
GENIESSBARKEIT	Ungenießbar

GRÖSSE
Bis zu 80 mm

DURCHMESSER
Bis zu 50 mm

HELVELLA MACROPUS

LANGFUSS-LORCHEL

(PERSOON) P. KARSTEN

Helvella macropus zählt zu den Lorchelarten mit stärker becherförmigen Fruchtkörpern. Bei vielen andere Arten hingegen, etwa der Gruben-Lorchel (*Helvella lacunosa*), hat sich der becherartige Kopfteil fast bis zur Unkenntlichkeit verformt. Das hat dazu geführt, dass man lange die Lorcheln in verschiedene Gattungen unterteilte. Die jüngere Forschung hat aber gezeigt, dass sie alle zur Gattung *Helvella* gehören. Die Langfuß-Lorchel (auch Grauer Langfüßler genannt) gilt nicht als essbar und kann, wie die anderen Lorcheln, stark giftig sein, besonders im rohen Zustand.

Maßstab 1:1

ÄHNLICHE ARTEN

Helvella villosa ist ähnlich, aber für gewöhnlich kleiner, ansonsten jedoch am besten mikroskopisch zu unterscheiden. *Helvella cupuliformis* ist ebenfalls ähnlich, die becherförmigen Hüte breiten sich reif aber oft vollständig auf. Gruben-Lorchel und Herbst-Lorchel (*H. crispa*) sind beide häufiger, größer und haben sehr unregelmäßig geformte Kopfteile und gekammerte Stiele.

Die Langfuß-Lorchel bildet schüsselförmige Fruchtkörper mit langem, zylindrischem Stiel. Der Hut ist dünn und typischerweise so stark gebogen, dass er wie in der Mitte gefaltet aussieht. Die Oberseite ist glatt und braun bis graubraun (siehe Foto links), die Unterseite blasser und schorfig oder filzig. Der Stiel ist ähnlich gefärbt, glatt (nicht gekammert) und ebenfalls schorfig oder filzig.

FAMILIE	Morchellaceae
VERBREITUNG	Nordamerika, Europa, Asien
LEBENSRAUM	Auf Waldböden und im Unterholz
SYMBIOSE	Möglicherweise Ektomykorrhiza; mit Laubbäumen
WUCHSFORM	In Erde oder Blattstreu, oft truppweise
VORKOMMEN	Gelegentlich
SPORENFARBE	Cremefarben
GENIESSBARKEIT	Gekocht essbar

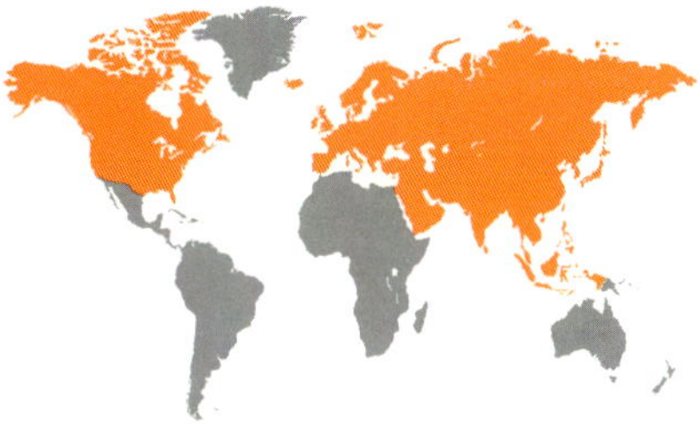

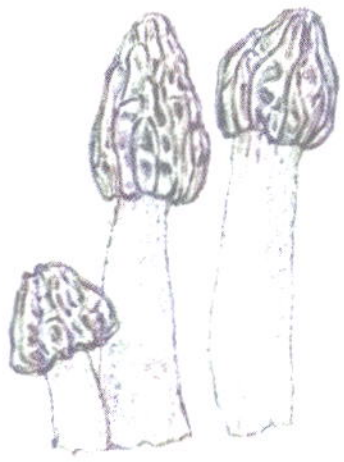

GRÖSSE
Bis zu 150 mm

DURCHMESSER
Bis zu 60 mm

MITROPHORA SEMILIBERA

HALBFREIE MORCHEL

(DE CANDOLLE) LÉVEILLÉ

Die Halbfreie Morchel oder Käppchen-Morchel ist das Mauerblümchen unter den essbaren Morcheln und für viele „enttäuschend" im Geschmack. Wie andere Morcheln auch darf sie nur gut durchgegart gegessen werden, weil der Kochvorgang die Toxine zerstört, die im rohen Pilz enthalten sind und sehr unangenehme Wirkung haben können. In Nordamerika etwa fielen vor einigen Jahren nicht weniger als 77 Gäste bei einem Bankett rohen Morcheln in einem Salat zum Opfer und mussten im Krankenhaus behandelt werden. Der Name *Mitrophora* bedeutet „eine Bischofsmütze oder einen Turban tragend" und beschreibt treffend die Form des fruchtbaren Kopfteils. Da die Art mit den echten Morcheln eng verwandt ist, wird sie auch häufig *Morchella semilibera* genannt.

ÄHNLICHE ARTEN

Morchella elata und *M. esculenta* haben größere Kopfteile im Vergleich zum Stiel, die Köpfe sind vollständig mit dem Stiel verwachsen. Die Lorcheln, sowohl die *Gyromitra*- als auch die *Verpa*-Arten, haben eher gerunzelte, gefaltete oder gelappte Kopfteile, aber keine gefurchten Kammern.

Die Halbfreie Morchel bildet Fruchtkörper mit vergleichsweise kleinem, fruchtbarem Kopfteil und langem, deutlich abgesetztem Stiel. Der Kopf ist bräunlich und wabig gekammert und etwa zur Hälfte oder zu zwei Dritteln mit dem Stiel verwachsen, die äußeren Ränder sind frei. Der Stiel ist weiß bis cremefarben, zylindrisch und fein schorfig (siehe Foto ganz rechts).

Maßstab 1:1

FAMILIE	Morchellaceae
VERBREITUNG	Nordamerika, Europa, Afrika, Mittel- und Südamerika, Asien, Australien, Neuseeland
LEBENSRAUM	Auf Waldböden und im Unterholz, oft auf verbrannter Erde
SYMBIOSE	Möglicherweise Ektomykorrhiza; mit Nadelbäumen
WUCHSFORM	In Erde oder Nadelstreu, oft truppweise
VORKOMMEN	Lokal häufig
SPORENFARBE	Cremefarben
GENIESSBARKEIT	Gekocht essbar

GRÖSSE
Bis zu 150 mm

DURCHMESSER
Bis zu 60 mm

MORCHELLA ELATA

SPITZ-MORCHEL

FRIES

Maßstab 1:1

Die Spitz-Morchel wird als einer der edelsten Speisepilze gehandelt. Trotzdem ist zu bedenken, dass sie – wie alle Morcheln – giftig ist, wenn man sie roh oder halbgar verzehrt. Dennoch wird sie vielfach für gewerbliche Zwecke gesammelt und inzwischen auch gezüchtet. In Nordamerika ist die Morchel-Saison im Frühjahr ein großes Geschäft, das Tausende Touristen in die Wälder und zu regionalen Morchel-Festen lockt. *Morchella elata* wächst bevorzugt und oft in großer Zahl auf verkohlter Erde. Die jüngere Genforschung deutet darauf hin, dass die sogenannte Spitz-Morchel ein ganzer Komplex nahe verwandter Arten (darunter auch *M. conica*) ist, von denen nicht alle Brandstellenpilze sind.

ÄHNLICHE ARTEN

Mitglieder des Artenkomplexes *Morchella elata–M. conica* können durch ihre dunklere Farbgebung und die stärker walzenförmigen Kopfteile von den ähnlichen, ebenfalls essbaren *M. esculenta*-Arten unterschieden werden. Die Lorcheln – *Gyromitra*- und *Verpa*-Arten – haben eher gerunzelte, gefaltete oder gelappte als gekammerte oder gerippte Köpfe.

Die Spitz-Morchel bildet Fruchtkörper mit dunklem, walzenförmigem Hut und weißlichem Stiel. Der Kopfteil ist meist spitz zulaufend (siehe Foto rechts) mit mehr oder weniger parallel laufenden, welligen Längsrippen und ist dunkelbraun gefärbt. Er ist am Rand mit dem Stiel verwachsen. Der Stiel ist weißlich, manchmal in Rosa- bis Braun- oder Schwarztöne übergehend, fein schorfig und glatt bis grubig-gerunzelt.

FAMILIE	Morchellaceae
VERBREITUNG	Nordamerika, Europa, Nordafrika, Mittel- und Südamerika, Nordasien, Neuseeland
LEBENSRAUM	Auf kalkreichen Waldböden und im Unterholz
SYMBIOSE	Möglicherweise Ektomykorrhiza; mit Laubbäumen
WUCHSFORM	Auf Erde oder Blattstreu, oft truppweise
VORKOMMEN	Lokal häufig
SPORENFARBE	Cremefarben
GENIESSBARKEIT	Gekocht essbar

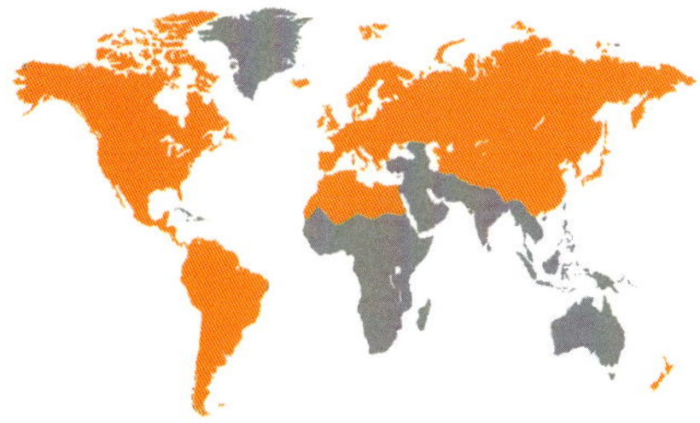

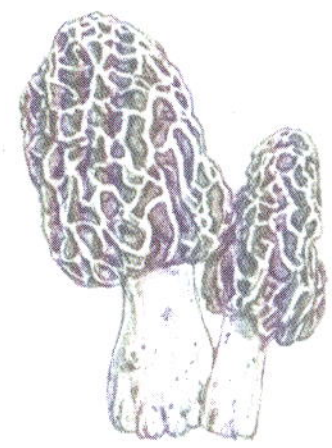

GRÖSSE
Bis zu 300 mm

DURCHMESSER
Bis zu 150 mm

MORCHELLA ESCULENTA

SPEISE-MORCHEL

(LINNAEUS) PERSOON

Die Speise-Morchel (oder Rundmorchel) ist ebenfalls ein Klassiker unter den Speisepilzen und wird auf der ganzen Welt gewerblich gesammelt und verkauft. Wie bei der Spitz-Morchel (*Morchella elata*) scheint es sich auch bei der Speise-Morchel um einen ganzen Artenkomplex zu handeln, denn die DNA-Analyse hat gezeigt, dass in Mitteleuropa mindestens drei genetisch unterschiedliche Arten bestehen (*M. esculenta*, *M. crassipes* und *M. spongiola*), auch wenn diese mit bloßem Auge schwer bis gar nicht zu unterscheiden sein dürften. Die Fruchtkörper treten typischerweise im Frühjahr auf und bevorzugen kalkhaltige Böden, auch Dünen (was die Reinigung für den Verzehr äußerst aufwändig macht) und belebtes, bearbeitetes Gelände.

Maßstab 1:1

ÄHNLICHE ARTEN

Die Speise-Morchel lässt sich von der Spitz-Morchel (*Morchella elata*) an ihrer helleren, oft gelblich-braunen Farbe, dem meist weniger walzenförmigen Kopf und ihrer Größe unterscheiden. Die Gift-Lorchel (*Gyromitra esculenta*) hat einen eher gefalteten, gewundenen und weniger gekammerten Hut.

Die Speise-Morchel bildet Fruchtkörper mit einem typischerweise bräunlichen fruchtbaren Hut und einem weißlichen Stiel. Der Hut ist unregelmäßig wabenartig gekammert und ocker, honigbraun oder gelblich braun gefärbt (seltener auch graubraun) und meist rundlich-stumpfkegelig. Der Rand ist mit dem Stiel verwachsen (nicht hängend). Der Stiel selbst ist weißlich bis hell ocker, fein schorfig und glatt bis wellig gefurcht.

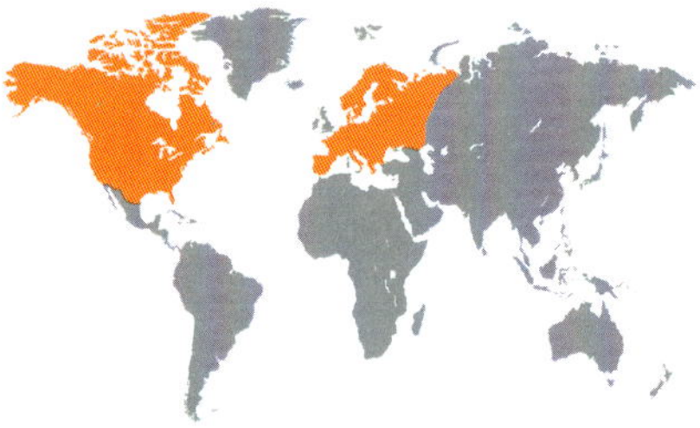

FAMILIE	Morchellaceae
VERBREITUNG	Nordamerika, Kontinentaleuropa
LEBENSRAUM	Auf Waldböden und im Unterholz
SYMBIOSE	Möglicherweise Ektomykorrhiza; mit Laubbäumen
WUCHSFORM	In der Erde
VORKOMMEN	Gelegentlich
SPORENFARBE	Gelblich
GENIESSBARKEIT	Giftig

GRÖSSE
Bis zu 125 mm

DURCHMESSER
Bis zu 140 mm

VERPA BOHEMICA

RUNZEL-VERPEL

(KROMBHOLZ) J. SCHRÖTER

In Nordamerika tritt *Verpa bohemica*, die Runzel-Verpel oder Böhmische Verpel, als eine der ersten Morchelverwandten im Jahr auf. Sie bildet Fruchtkörper ab dem frühen Frühjahr die gesamte Morchel-Saison hindurch. Gelegentlich wird sie als Speisepilz verwendet oder sogar verkauft, doch sie enthält Gyromitrin, ein gefährliches und potenziell tödliches Gift mit schwer vorhersagbarer Wirkung. Sie ist als Speisepilz wenig attraktiv und wird daher – wie alle Lorcheln – am besten gemieden. Unter dem Mikroskop fallen bei dieser Art die außergewöhnlich langen Sporen auf, ein für Pilzforscher hilfreiches Identifikationsmerkmal.

ÄHNLICHE ARTEN

Echte Morcheln, darunter *Morchella elata* und *M. esculenta*, haben fruchtbare Hüte, die nicht nur an der Spitze, sondern vollständig mit dem Stiel verwachsen sind. Bei der Halbfreien Morchel (*Mitrophora semilibera*) ist, wie der Name schon sagt, der Hut nur teilweise mit dem Stiel verwachsen und hängt im unteren Teil frei herab. Die weitverbreitete *Verpa conica* hat einen freien, aber glatten, fingerhutartigen Kopf.

Maßstab 1:1

Die Runzel-Verpel bildet Fruchtkörper, die denen der echten Morcheln stark ähneln. Der fruchtbare Hut ist hier aber nur an der Spitze mit dem Stiel verwachsen, sonst umgekehrt becherförmig und frei hängend. Der Hut selbst ist gelblich bis rotbraun, gummiartig und knorpelig und hirnartig-gerunzelt mit tiefen Rippen. Der Stiel ist cremefarben bis weiß, glatt bis gekörnt und zylindrisch (zur Spitze hin verschmälert).

FAMILIE	Elaphomycetaceae
VERBREITUNG	Nordamerika, Europa, Asien
LEBENSRAUM	Auf Waldböden
SYMBIOSE	Ektomykorrhiza; mit Laub- und Nadelbäumen
WUCHSFORM	In Erde oder Blattstreu
VORKOMMEN	Sehr häufig
SPORENFARBE	Weiß
GENIESSBARKEIT	Ungenießbar

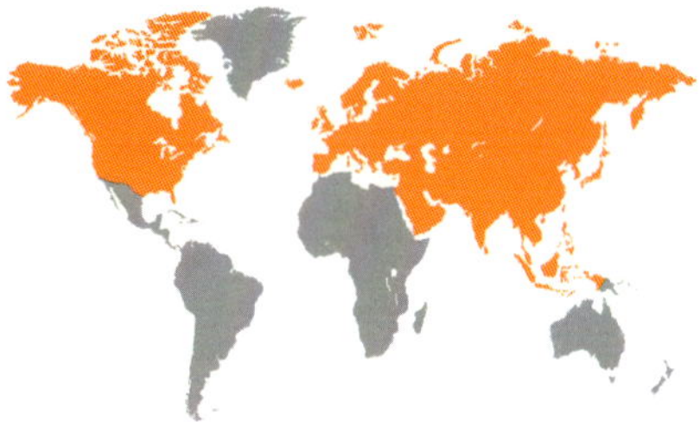

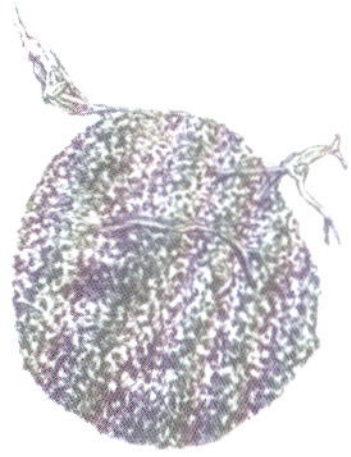

GRÖSSE
Bis zu 50 mm

DURCHMESSER
Bis zu 50 mm

ELAPHOMYCES MURICATUS

HIRSCHTRÜFFEL

FRIES

Elaphomyces bedeutet – wie im Deutschen – „Hirsch-Pilz", und tatsächlich findet man ihn häufig an Geweih-Scheuerspuren im Wald – vorausgesetzt, die Tiere haben sie nicht bereits selbst gefressen. Auch Eichhörnchen und Mäuse graben die Fruchtkörper aus und fressen sie. Vermutlich verbreiten sie über ihren Kot auch die Sporen. Die Hirschtrüffel wurde früher in der traditionellen Pflanzenheilkunde bei Frauen vor der Niederkunft angewandt, und im frühen 19. Jahrhundert verkaufte man sie unter dem Namen „Lycoperdon-Nuss" auf dem Londoner Markt von Covent Garden. Man glaubte auch, dass sie an Brunftplätzen der Hirsche wuchs, und sagte ihr aphrodisierende Wirkung nach.

ÄHNLICHE ARTEN

Die ebenfalls häufige warzige Hirschtrüffel (*Elaphomyces granulatus*) bevorzugt eher Nadelbäume und weist im Schnitt nicht die marmorierte Rinde der Hirschtrüffel auf. Andere *Elaphomyces*-Arten sind weniger häufig, und einige von ihnen haben eine glatte, nicht gewarzte Außenseite.

Maßstab 1:1

Die Hirschtrüffel bildet knollenförmige, fast runde Fruchtkörper (siehe Foto oben) in Erde oder Blattstreu. Die Fruchtkörper sind eher hart, dicht und fein gewarzt und ocker bis , mit dem Alter dunkler und matter. Im Schnitt zeigen sie eine dicke, marmorierte, purpurbraune Rinde um die zentral gelegene Sporenmasse. Diese ist jung weißlich (siehe Foto links), reif schwarz und staubig.

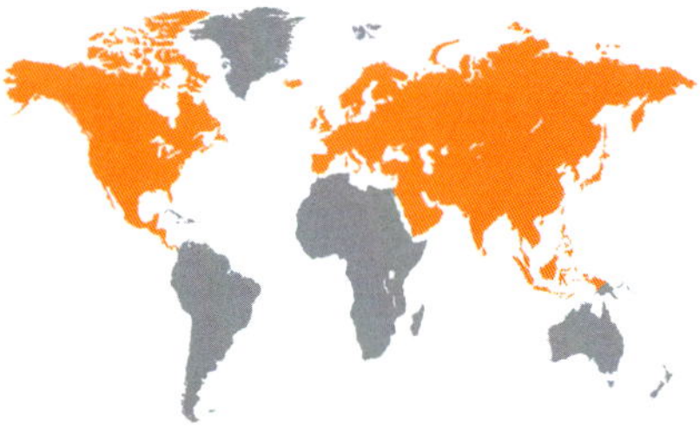

FAMILIE	Discinaceae
VERBREITUNG	Nordamerika, Europa, Mittelamerika, Asien
LEBENSRAUM	Auf Waldböden
SYMBIOSE	Ektomykorrhiza; mit Laub- und Nadelbäumen
WUCHSFORM	In Erde oder Blattstreu
VORKOMMEN	Gelegentlich
SPORENFARBE	Weiß
GENIESSBARKEIT	Gilt gekocht als essbar

GRÖSSE
Bis zu 60 mm

DURCHMESSER
Bis zu 60 mm

HYDNOTRYA TULASNEI

ROTBRAUNE RASEN-TRÜFFEL

(BERKELEY) BERKELEY & BROOME

Maßstab 1:1

Sie ist einer der häufigsten Trüffelpilze, dennoch muss man sie unter Blattstreu im Wald oft erst suchen. Frisch verströmt die Rotbraune Rasen-Trüffel einen charakteristischen Geruch, der verschiedentlich als muffig-süßlich bis karamellartig beschrieben wird. Sie gilt gut gegart als essbar, aber unbedeutend. Mit ihrem Geruch zieht sie jedoch Tiere an, die vermutlich über ihren Kot die Sporen verbreiten. In Schottland – möglicherweise auch anderswo – ist der Pilz bei Eichhörnchen beliebt. Die Rotbraune Rasen-Trüffel ist mit den schüsselförmigen *Discina*-Arten und den morchelähnlichen *Gyromitra*-Arten verwandt, im Gegensatz zu diesen bleibt die sporentragende Substanz jedoch immer dicht verschlossen im Inneren des Fruchtkörpers, der sich nie öffnet.

ÄHNLICHE ARTEN

Es bestehen einige ähnliche Trüffelverwandte, die unter dem Mikroskop voneinander unterschieden werden können, da ihre Sporen meist auffällig groß sind. Einige weniger häufige *Hydnotrya*-Arten sind beinahe hohl, wie ein Becherpilz, der sich nicht aufbreitet. Bei den echten Trüffeln (*Tuber*) ist die innere Masse sehr dicht und fast nie offen gekammert.

Die Rotbraune Rasen-Trüffel bildet trüffelähnliche Fruchtkörper, die in der Erde oder unter Blattstreu verborgen wachsen. Die Fruchtkörper sind knollenartig oder unregelmäßig knollig, glatt bis leicht flaumig oder gerunzelt und rötlich braun gefärbt. Im Schnitt ist die Sporenmasse weißlich bis rosa, gequetscht gefaltet mit sichtbaren Kammern und Vertiefungen (siehe Foto unten links).

FAMILIE	Pyronemataceae
VERBREITUNG	Australien, Neuseeland; eingeführt in Großbritannien
LEBENSRAUM	Auf Waldböden und im Unterholz
SYMBIOSE	Mit Laubbäumen
WUCHSFORM	Auf der Erde
VORKOMMEN	Gelegentlich
SPORENFARBE	Weiß
GENIESSBARKEIT	Ungenießbar

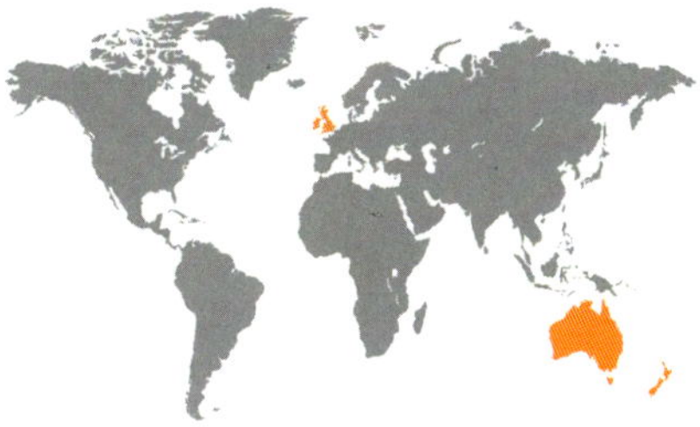

GRÖSSE
Bis zu 20 mm

DURCHMESSER
Bis zu 20 mm

PAUROCOTYLIS PILA

BERKELEY

Paurocotylis pila („Scarlet Berry Truffle") ist auffällig intensiv gefärbt und wächst für gewöhnlich an der Oberfläche, nicht unter der Erde. Beides legt nahe, dass er sich im Lauf der Evolution an seinen Lebensraum Neuseeland und die dort lebenden Vögel angepasst hat. Sogar sein Fundort lässt darauf schließen: Er wächst unter Podocarp-Bäumen, die leuchtend rote Beeren tragen. Die Vögel fressen sowohl die Beeren als auch den Pilz und verbreiten über ihren Kot die Sporen. Überraschend ist, dass der Pilz in den 1970er-Jahren in England gefunden wurde und sich seither auch in Schottland verbreitet hat, wo er in Gärten und Ödland auftritt. Vermutlich hat man ihn unabsichtlich zusammen mit exotischen Pflanzen eingeführt.

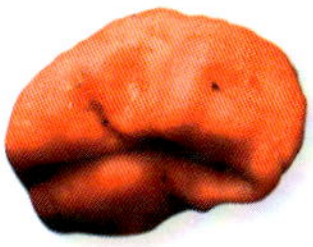

Maßstab 1:1

ÄHNLICHE ARTEN

Als untypischer Trüffelartiger sollte dieser Pilz leicht erkennbar sein. In Neuseeland hat *Leratiomyces erythrocephalus* einen ähnlich geformten und gefärbten Fruchtkörper, ist aber an seinem weißen Stiel zu erkennen. Seltener und nicht verwandt ist *Stephanosphora caroticolor*, die in nördlichen gemäßigten Breiten in Waldgebieten wächst.

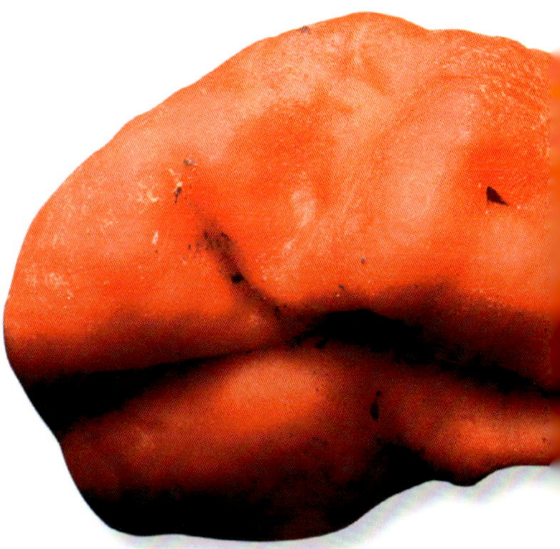

Paurocotylis pila bildet knollenartige Fruchtkörper, die jung glatt und rundlich, später gewarzt, gerunzelt und unregelmäßig geformt sind (siehe Foto rechts). Die Oberfläche ist leuchtend rot bis rötlich braun, die Konsistenz vergleichsweise weich und gummiartig, später ist der Fruchtkörper teilweise hohl. Im Schnitt ist das Fruchtfleisch weiß.

FAMILIE	Pezizaceae
VERBREITUNG	Südliches Europa, Nordafrika
LEBENSRAUM	In Wüsten und Trockengebieten
SYMBIOSE	Ektomykorrhiza; mit der Zistrosenart *Helianthemum guttatum*
WUCHSFORM	In der Erde
VORKOMMEN	Gelegentlich
SPORENFARBE	Weiß
GENIESSBARKEIT	Essbar

GRÖSSE
Bis zu 100 mm

DURCHMESSER
Bis zu 100 mm

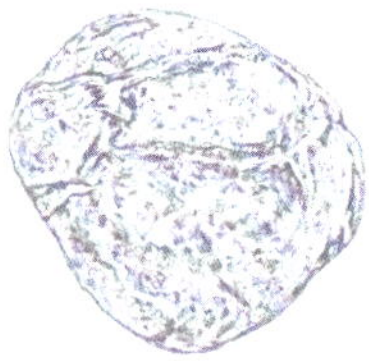

TERFEZIA ARENARIA

ELEGANTE WÜSTENTRÜFFEL

(MORIS) TRAPPE

Maßstab 1:1

Terfezia-Arten, darunter die Elegante Wüstentrüffel, wurden in Nordafrika, in den arabischen Ländern und im Mittleren Osten lange als Speisepilz genutzt. Gleichzeitig galt ihr Auftreten als Mysterium, und man brachte sie lange mit Gewitter und Donnerschlag in Verbindung. Die Elegante Wüstentrüffel wächst unterirdisch in Wüstenböden und ist selten sichtbar. Das hat zu der Spekulation geführt, dass es sich bei ihr um jenes „Manna" handeln könnte, das gemäß der Bibel die Israeliten in der Wüste nährte. Im alten Rom wurde die Wüstentrüffel sehr geschätzt und extra aus Ägypten und Libyen eingeführt. Auch heute wird sie noch regelmäßig gesammelt und auf regionalen Märkten oder im Ausland verkauft. Sie ist nur entfernt mit den echten Trüffeln verwandt und gilt als milder im Geschmack.

ÄHNLICHE ARTEN

Im Mittelmeerraum, im arabischen Raum und im Mittleren Osten wachsen mehrere *Terfezia*- und *Tirmania*-Arten, die ähnlich aussehen und ebenfalls essbar sind. Am besten bestimmt man sie unter dem Mikroskop, ebenso wie die echten Trüffeln (*Tuber*-Arten). Diese sind allerdings meist mit Bäumen vergesellschaftet.

Die Elegante Wüstentrüffel bildet knollenförmige, kartoffelähnliche Fruchtkörper. Die Oberfläche ist unregelmäßig geformt und leicht rau. Junge Exemplare sind weißlich, ältere verfärben sich rosa bis braun. Das Fruchtfleisch ist dicht und geadert, zunächst weiß, später oft ins Rosa- bis Weinrote gehend (siehe Foto rechts).

FAMILIE	Tuberaceae
VERBREITUNG	Europa, Nordafrika, Westasien
LEBENSRAUM	Auf Waldböden
SYMBIOSE	Ektomykorrhiza; mit Laubbäumen
WUCHSFORM	In Erde oder Blattstreu
VORKOMMEN	Gelegentlich
SPORENFARBE	Braun
GENIESSBARKEIT	Essbar

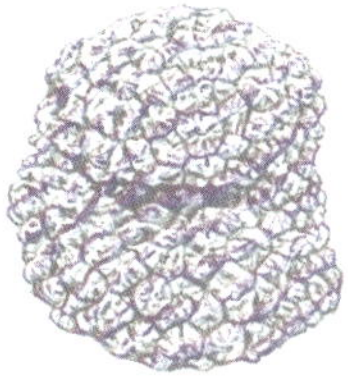

GRÖSSE
Bis zu 100 mm

DURCHMESSER
Bis zu 150 mm

TUBER AESTIVUM

SOMMER-TRÜFFEL

VITTADINI

Die Sommer-Trüffel ist weiter verbreitet als die meisten anderen gewerblich genutzten Arten und sowohl in Nord- als auch in Südeuropa zu finden. Sie steht weniger hoch im Kurs als die Italienische oder die Périgord-Trüffel, wurde traditionell in England aber bis in die 1930er-Jahre gesammelt – unter Einsatz eines pudelähnlichen „Trüffelhundes", der die Pilze erschnüffelte. Das charakteristische und unter Gourmets geschätzte Trüffelaroma hat sich ursprünglich entwickelt, um Tiere anzulocken (etwa Wühlmäuse und Eichhörnchen), die die Pilze fressen und die Sporen über ihren Kot verbreiten. Überraschenderweise ist der Hauptbestandteil im Aroma der Sommer-Trüffel Thiobismethan, das (ohne weiteren Zusatz) meist als übelriechend empfunden wird.

ÄHNLICHE ARTEN

Die Burgunder-Trüffel (*Tuber unciniatum*) galt lange als nahe verwandt (und für Gourmets als hochwertiger), hat sich in der Molekularanalyse aber als identisch erwiesen. Die Périgord-Trüffel (*T. melanosporum*) ist äußerlich ähnlich, innen aber purpurrot-schwarz und eher im mediterranen Raum verbreitet.

Maßstab 1:1

Die Sommer-Trüffel bildet unterirdisch wachsende, kugelige bis unregelmäßig knollige Fruchtkörper. Die Oberfläche ist nahezu krustig, schwärzlich braun bis schwarz und mit sechseckigen, spitzen Warzen besetzt. Das Fruchtfleisch innen ist zunächst weißlich, später rosa oder blassbraun (siehe Foto oben) mit dunklerer und hellerer Marmorierung.

FAMILIE	Tuberaceae
VERBREITUNG	Kontinentaleuropa (Kroatien, Italien)
LEBENSRAUM	Auf Waldböden
SYMBIOSE	Ektomykorrhiza; mit Laubbäumen
WUCHSFORM	In Erde oder Blattstreu
VORKOMMEN	Selten
SPORENFARBE	Braun
GENIESSBARKEIT	Essbar

GRÖSSE
Bis zu 150 mm

DURCHMESSER
Bis zu 150 mm

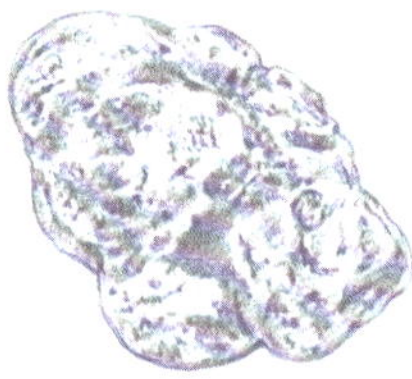

TUBER MAGNATUM

ITALIENISCHE TRÜFFEL

PICO

Die Italienische Trüffel – auch Weiße Trüffel oder Tartufo di Alba – ist nur auf einem begrenzten Gebiet im norditalienischen Piemont zu finden, rund um die Stadt Alba. Eine weitere Population findet sich in Kroatien. Ihre Seltenheit und ihr intensives Aroma machen sie zur gefragtesten und teuersten Trüffelart. Im Jahr 2007 wurde ein einzelnes (wenn auch außergewöhnlich großes) Exemplar bei einer Charity-Auktion um erstaunliche 330 000 Dollar versteigert. Der übliche Verkaufswert liegt normalerweise um 2000 Dollar pro Pfund. Gesammelt wird der Pilz mit abgerichteten Suchhunden, meist kleinen Spaniels, die die unterirdisch wachsenden Fruchtkörper erschnüffeln und ausgraben.

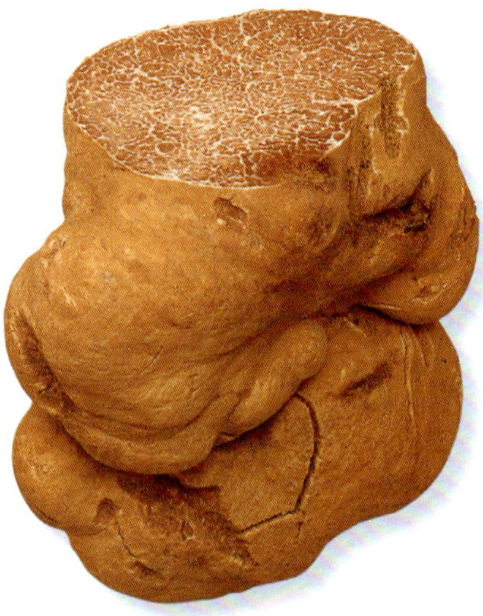

Maßstab 1:1

ÄHNLICHE ARTEN

Unter den handelsüblichen Arten ist *Tuber borchii* (die Frühlings-Trüffel) ähnlich, aber typischerweise kleiner und in Geruch und Geschmack weniger intensiv. Weltweit bestehen etwa ein Dutzend weiterer ähnlicher, weißlicher Arten, eine Zuordnung ist aber nur unter dem Mikroskop möglich. Zahlreiche nicht verwandte Arten bilden ebenfalls helle, trüffelähnliche Fruchtkörper.

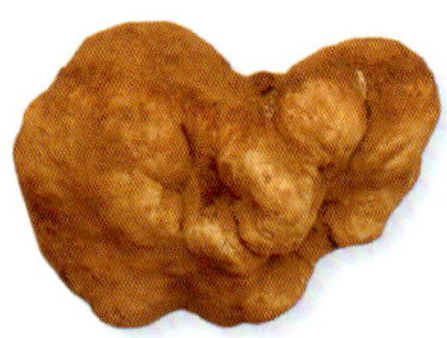

Die Italienische Trüffel bildet unterirdisch wachsende, knollenähnliche Fruchtkörper, die gelegentlich fast kugelig, meist aber unregelmäßig knollig geformt sind. Die Oberfläche ist weißlich bis cremefarben oder blassbraun und mehr oder minder glatt. Im Schnitt ist das Fruchtfleisch rosa bis blass rötlich braun und weiß marmoriert (siehe Foto oben links).

FAMILIE	Tuberaceae
VERBREITUNG	Kontinentaleuropa. Anbau in Nordamerika, im südlichen Afrika, Australien, Neuseeland
LEBENSRAUM	Auf Waldböden oder im Unterholz
SYMBIOSE	Ektomykorrhiza; mit Laubbäumen, besonders Eiche und Haselnuss
WUCHSFORM	In Erde oder Blattstreu
VORKOMMEN	Selten
SPORENFARBE	Braun
GENIESSBARKEIT	Essbar

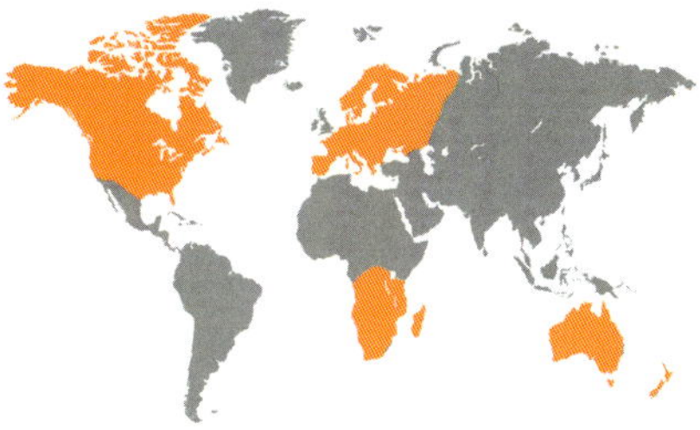

GRÖSSE
Bis zu 100 mm

DURCHMESSER
Bis zu 100 mm

TUBER MELANOSPORUM

PÉRIGORD-TRÜFFEL

VITTADINI

Die Périgord-Trüffel oder Schwarze Trüffel ist eine der kulinarisch hochwertigsten Sorten und wird besonders in der französischen Küche wegen ihres Aromas und ihres Geschmacks geschätzt. Sie wurde in Frankreich über Jahrhunderte in Eichenkulturen gezüchtet, indem man an geeigneten Orten Bäume pflanzte und mit Trüffel-Myzel befruchtete. Mit etwas Glück produzierten diese sogenannten *truffières* nach einigen Jahren ausreichend Ertrag. Heute werden die jungen Bäume routinemäßig mit Trüffel-Myzel geimpft, und die Périgord-Trüffel wird auf der ganzen Welt gezüchtet. Ihr Duft ist den Sexuallockstoffen männlicher Wildschweine ähnlich. Deshalb setzte man früher Bachen zur Trüffelsuche ein. Ihnen die Trüffeln wieder abzunehmen war aber meist äußerst schwierig.

ÄHNLICHE ARTEN

Auch andere handelsübliche Trüffeln haben eine schwarze, gewarzte Oberfläche, darunter die Sommer-Trüffel (*Tuber aestivum*) mit ihrem helleren, weißlichen bis rosa Fruchtfleisch und deutlich milderen Aroma; die Winter-Trüffel (*T. brumale*) mit graubraunem Fleisch und die Teer-Trüffel (*T. mesentericum*) mit erkennbarer Höhlung an der Basis.

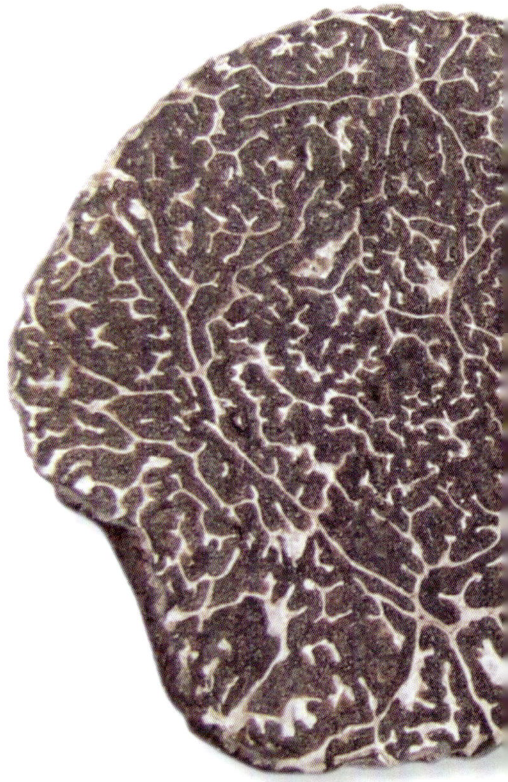

Maßstab 1:1

Die Périgord-Trüffel bildet unterirdisch wachsende Fruchtkörper, die kugelig bis unregelmäßig knollig geformt sind. Die Oberfläche ist fast krustig, dunkelgrau bis schwarz und mit vieleckigen stumpfen Warzen besetzt. Das Fruchtfleisch ist purpurrotschwarz und weißlich marmoriert.

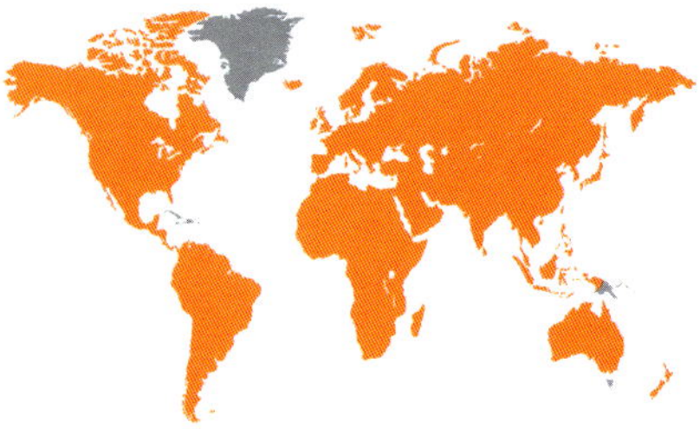

FAMILIE	Clavicipitaceae
VERBREITUNG	Nordamerika, Europa, Afrika, Mittel- und Südamerika, Asien, Australien, Neuseeland
LEBENSRAUM	Im Grasland
SYMBIOSE	Parasitisch; auf Gräsern, besonders Roggen
WUCHSFORM	Aus abgefallenen Sklerotien
VORKOMMEN	Häufig
SPORENFARBE	Weiß
GENIESSBARKEIT	Giftig

GRÖSSE
Bis zu 15 mm

DURCHMESSER
Unter 3 mm

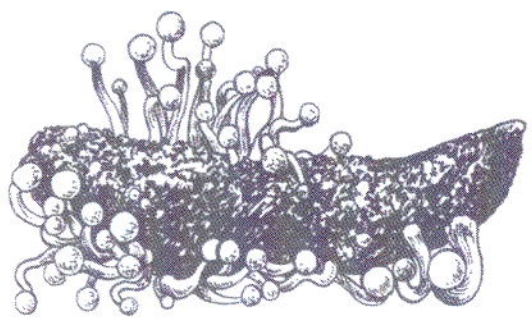

CLAVICEPS PURPUREA

MUTTERKORNPILZ

(FRIES) TULASNE

Claviceps purpurea hat einen komplexen Lebenszyklus, der eng an den seiner Wirtspflanzen gebunden ist. Am häufigsten sichtbar ist er als Mutterkorn – kleine, spindelförmige, schwarzviolette Sklerotien zwischen den Fruchtknoten der befallenen Gräser. Diese Sklerotien fallen ab, überwintern und bilden im späten Frühjahr winzige Fruchtkörper mit rundlichem Kopfteil, die dann wiederum Gräser befallen, wenn diese zu blühen beginnen. Mutterkorn enthält Lysergsäure, einen Vorläufer von LSD, und Ergotamin, das die Gefäße verengt. Der Verzehr von infiziertem Getreide verursachte im Mittelalter epidemisch Krämpfe, Wundbrand und Wahnsinn. In kleinen Dosen wurde Ergotamin lang als Krampflöser in der Geburtshilfe und gegen Migräne eingesetzt.

ÄHNLICHE ARTEN

Eine genetisch nicht verwandte Art, *Claviceps purpurea* var. *spartinae*, wächst auf Strandgräsern. Sie hat Sklerotien entwickelt, die auf Salzwasser schwimmen und sich so verbreiten. Zu den mit *Claviceps* verwandten Arten gehört *C. gigantea*, die in Mittelamerika Maispflanzen befällt. Sie hat cremefarbenes bis graues Mutterkorn, das – wie der lateinische Name schon sagt – besonders groß ist.

Der Mutterkornpilz bildet winzige, ockerfarbene bis rötlich braune „Fruchtkörper" mit langem Stiel und rundlichem Kopfteil. Tatsächlich sind die Kopfteile sterile Stromata, in denen die echten Fruchtkörper (unter der Lupe als winzige Höcker sichtbar) eingebettet liegen. Diese Fruchtkörper wachsen auf bananenförmigen, schwarzvioletten Sklerotien – Fortpflanzungspartikeln, die sich in den Ähren bilden, abfallen und im Boden überwintern, bevor sie keimen.

Maßstab 1:1

FAMILIE	Cordycipitaceae
VERBREITUNG	Nordamerika, Europa, Asien
LEBENSRAUM	In Grasland und auf Waldböden
SYMBIOSE	Parasitisch mit Faltern
WUCHSFORM	Auf vergrabenen Insektenpuppen
VORKOMMEN	Häufig
SPORENFARBE	Weiß
GENIESSBARKEIT	Essbar

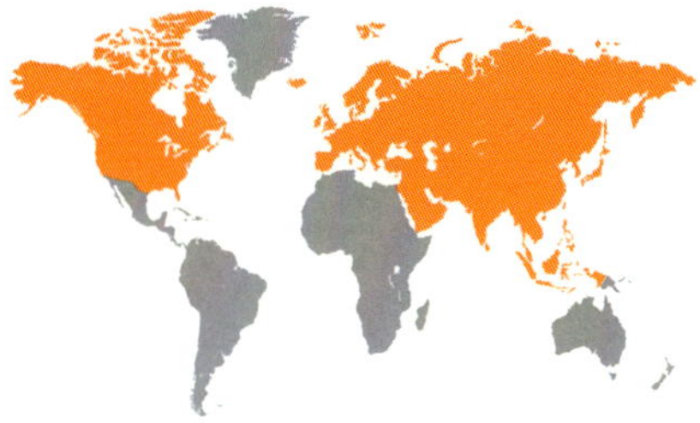

GRÖSSE
Bis zu 80 mm

DURCHMESSER
Bis zu 5 mm

CORDYCEPS MILITARIS

PUPPEN-KERNKEULE

(LINNAEUS) LINK

Diese *Cordyceps*-Art ist in nördlichen gemäßigten Breiten am häufigsten zu finden, was sie wahrscheinlich ihrer auffälligen Färbung verdankt. Wie alle *Cordyceps*-Arten ist *C. militaris* ein Parasit, der Insekten befällt und ihren Wirtskörper dann nach und nach vollständig verzehrt. Gräbt man einen Fruchtkörper vorsichtig aus, findet man den Wirtskörper, aus dem er entstanden ist, an der Basis. Bei Puppen-Kernkeulen ist das eine Schmetterlingspuppe in der Erde, vermutlich meist die einer Motte. Es mag überraschen, dass *C. militaris* in der Traditionellen Chinesischen Medizin (und Küche) Anwendung fand und heute als leichter verfügbare Alternative zum besser bekannten *C. sinensis* auch angebaut wird.

ÄHNLICHE ARTEN

Die Puppen-Kernkeule wächst typischerweise auf Moos und Grasland. Dort kann sie in Form und Farbe auf den ersten Blick *Clavulinopsis*-Arten ähneln, etwa der leuchtend gelb-orangen *C. luteoalba*. Allerdings sind die Kopfteile der *Clavulinopsis*-Arten glatt und niemals fein höckerig.

Maßstab 1:1

Die Puppen-Kernkeule bildet keulenförmige „Fruchtkörper“: Der Kopfteil ist länglich und leicht keulig angeschwollen, leuchtend orange bis orangescharlachrot. Tatsächlich ist er unfruchtbares Stroma, in dem die eigentlichen Fruchtkörper eingebettet liegen. Sie sehen unter der Lupe wie winzige Höcker aus. Der Stiel ist ähnlich gefärbt, aber zur Basis hin heller. Die Basis ist mit den Überresten des Wirtes verbunden.

FAMILIE	Xylariaceae
VERBREITUNG	Europa
LEBENSRAUM	Auf Waldböden
SYMBIOSE	Mit Esche, selten mit anderen Laubbäumen
WUCHSFORM	Auf abgestorbenen Stümpfen, Stämmen und Ästen
VORKOMMEN	Sehr häufig
SPORENFARBE	Dunkelbraun
GENIESSBARKEIT	Ungenießbar

GRÖSSE
Bis zu 140 mm

DURCHMESSER
Bis zu 80 mm

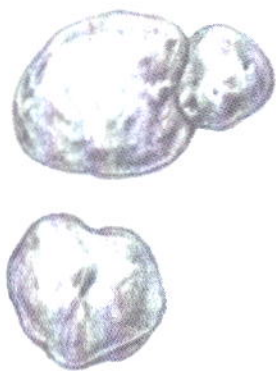

DALDINIA CONCENTRICA

KOHLIGER KUGELPILZ

(BOLTON) CESATI & DE NOTARIS

Maßstab 1:1

Diesen Pilz findet man häufig auf Eschen, wo die auffälligen Fruchtkörper das ganze Jahr über wachsen. Im Englischen heißt der Pilz auch „King Alfred's Cake", bezogen auf einen englischen König des 9. Jahrhunderts, dem angeblich einmal vorgeworfen wurde, er hätte Kuchen verbrennen lassen. Auch im Deutschen lautet der zweite Name des Pilzes „Lebende Holzkohle". Er mag trocken aussehen, speichert aber tatsächlich große Mengen an Wasser, was die Sporenproduktion und -verteilung auch bei langen Trockenperioden möglich macht. In der Färberei wurde der Kohlige Kugelpilz für bräunliche und graue Grüntöne verwendet.

ÄHNLICHE ARTEN

Weltweit treten viele ähnliche Arten an unterschiedlichen Wirtspflanzen auf. In Nordamerika und auch anderen Gegenden nannte man *Daldinia childiae* über lange Zeit fälschlicherweise *D. concentrica*, doch Letzterer ist nur aus Europa bekannt. *Daldinia childiae* hat mehrere unterschiedliche Wirtspflanzen und zeigt in Alkali eher gelbliche als violette Pigmente. *Daldinia loculata* ist ähnlich, an der Oberfläche aber eher glänzend und bevorzugt Birken.

Der Kohlige Kugelpilz bildet feste, fast kugelige „Fruchtkörper", eigentlich unfruchtbares Stromagewebe, in dem die tatsächlichen Fruchtkörper eingebettet sind. Sie sind gelegentlich als flache Hügelchen unter der Lupe sichtbar. Das Stroma ist anfangs rötlich braun, reif schwarz, glatt und zeigt unter der Lupe oft feine Risse. Im Schnitt ist das harte Außengewebe dunkelbraun bis schwarz mit konzentrisch geformten, silbrigen Zonen (siehe Foto rechts).

Maßstab 1:1

FAMILIE	Ophiocordycipitaceae
VERBREITUNG	Nordamerika, Europa, Asien
LEBENSRAUM	Auf Waldböden
SYMBIOSE	Parasitisch; auf Fruchtkörpern von *Elaphomyces*-Arten
WUCHSFORM	Auf vergrabenen Fruchtkörpern
VORKOMMEN	Gelegentlich
SPORENFARBE	Weiß
GENIESSBARKEIT	Ungenießbar

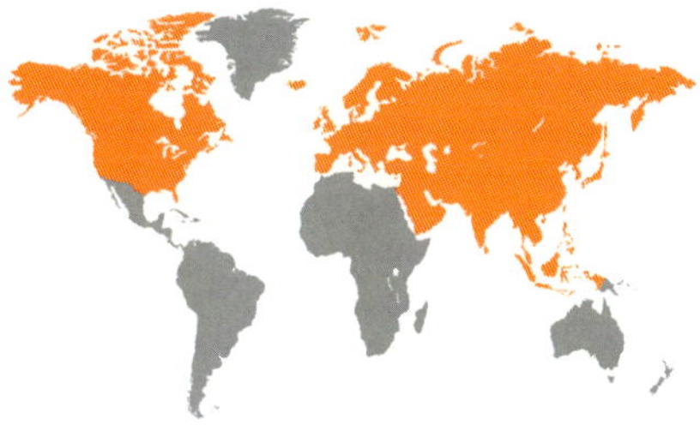

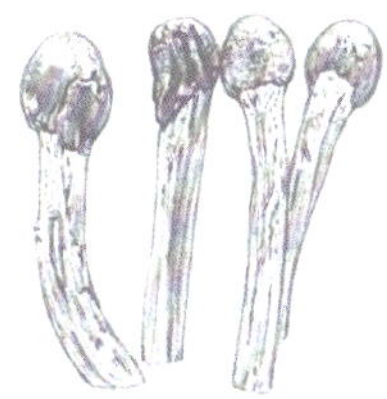

GRÖSSE
Bis zu 120 mm

DURCHMESSER
Bis zu 20 mm

ELAPHOCORDYCEPS CAPITATA

KOPFIGE KERNKEULE

(HOLMSKJOLD.) G. H. SUNG, J. M. SUNG & SPATAFORA

Die meisten *Cordyceps*-Arten befallen als Parasiten Insekten und wachsen häufig auf in der Erde vergrabenen Puppen (wie zum Beispiel *C. militaris*). Einzelne Arten wachsen jedoch auf Hirschtrüffeln (*Elaphomyces*), und die jüngere Genforschung hat gezeigt, dass diese Trüffelparasiten einer eigenen Gattung angehören. Ihre Wirtspilze sind in Waldgebieten sehr häufig, aber selten zu finden, wenn man nicht bewusst nach ihnen sucht. Die Kopfige Kernkeule befällt die Fruchtkörper dieser Hirschtrüffeln und entwickelt ihre eigenen Fruchtkörper, die dann aus der Erde hervorwachsen. Gräbt man sie vorsichtig aus, kann man die Überreste des trüffelähnlichen Wirtspilzes an der Stielbasis finden.

ÄHNLICHE ARTEN

Elaphocordyceps longisegmentis (oft fälschlich auch *Corydyceps canadensis* genannt) ist sehr ähnlich, unter dem Mikroskop aber an seinen längeren Sporensegmenten erkennbar. Die Zungen-Kernkeule (*E. ophioglossoides*) befällt ebenfalls Hirschtrüffeln, ist aber schwärzlich-olivgrün und stärker keulenförmig.

Die Kopfige Kernkeule bildet längliche Fruchtkörper mit rundlichem Kopf, die auf den vergrabenen Überresten von Hirschtrüffeln wachsen. Der Kopfteil ist mehr oder weniger oval und ocker bis braun gefärbt. Er ist unfruchtbares Stroma, in dem die einzelnen Fruchtkörper eingebettet sind. Sie sind unter der Lupe als winzige Höcker erkennbar.
Der Stiel ist zylindrisch, glatt oder leicht gefurcht und gelb, zur Basis hin heller. Im Schnitt ist das Fleisch weißlich bis cremefarben (siehe Foto oben rechts).

Maßstab 1:1

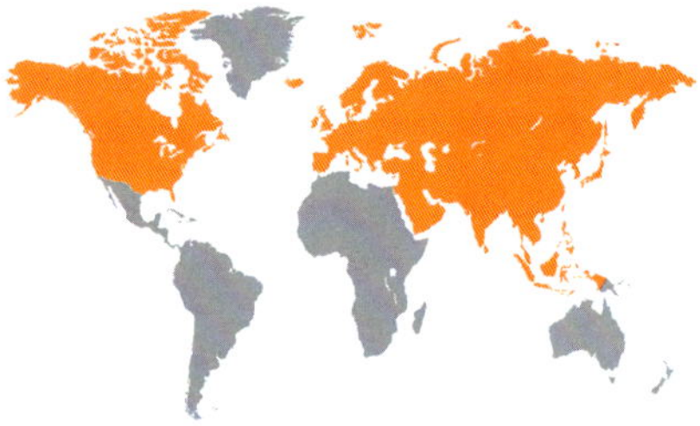

FAMILIE	Ophiocordycipitaceae
VERBREITUNG	Nordamerika, Europa, Asien
LEBENSRAUM	Auf Waldböden
SYMBIOSE	Parasitisch; auf Fruchtkörpern von *Elaphomyces*-Arten
WUCHSFORM	Auf vergrabenen Fruchtkörpern
VORKOMMEN	Gelegentlich
SPORENFARBE	Weiß
GENIESSBARKEIT	Ungenießbar

GRÖSSE
Bis zu 80 mm

DURCHMESSER
Bis zu 10 mm

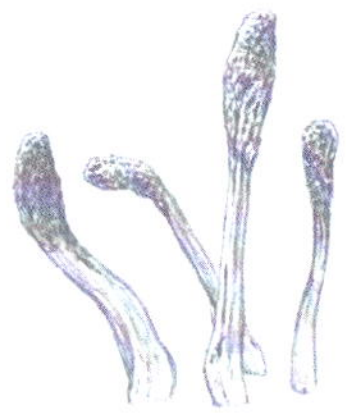

ELAPHOCORDYCEPS OPHIOGLOSSOIDES

ZUNGEN-KERNKEULE

(EHRHART) G. H. SUNG, J. M. SUNG & SPATAFORA

Auch dieser Pilz befällt Hirschtrüffeln (*Elaphomyces*) und wächst dort aus dem Boden, wo die Fruchtkörper seines Wirtspilzes vergraben sind. Diese Art wird in der traditionellen Medizin Chinas und Japans seit langem verwendet, und die Forschung hat nun gezeigt, dass mehrere seiner Bestandteile für die moderne Medizin von Interesse sein könnten. Darunter ein Antipilzmittel namens Ophiocordin, Polysaccharide mit krebshemmender Wirkung und Extrakte, die vor Alzheimer schützen könnten. Die Zungen-Kernkeule wird nun gewerblich angebaut; ein Extrakt aus diesem Pilz ist bereits Zutat eines Nahrungsergänzungsmittels für Athleten und Bodybuilder.

ÄHNLICHE ARTEN

Die Kopfige Kernkeule (*Elaphocordyceps capitata*) befällt ebenfalls Hirschtrüffeln, ist aber gelbbraun und hat andere Form. Erdzungen (*Geoglossum*-, *Microglossum*- und *Trichoglossum*-Arten) sind ähnlich geformt, aber zur Basis hin nicht gelblich und haben glatte oder fein haarige Kopfteile, aber keine punktierte oder höckrige Oberfläche, die unter der Lupe sichtbar ist.

Maßstab 1:1

Die Zungen-Kernkeule bildet keulenförmige „Fruchtkörper" mit länglichem und leicht angeschwollenem, dunkel rotbraunem bis schwarzem Kopfteil. Dieser besteht aus sterilem Stroma, in welchem die eigentlichen Fruchtkörper eingebettet sind. Sie sind unter der Lupe als kleine Höcker oder Punkte zu erkennen. Der Stiel ist schwärzlich braun, zur Basis hin gelblich. Die Basis selbst ist mit den Überresten des Wirtspilzes verbunden, der oft mit gelben Fäden bedeckt ist (siehe Foto links).

FAMILIE	Hypocreaceae
VERBREITUNG	Nordamerika, Europa, Asien
LEBENSRAUM	In feuchten Wäldern
SYMBIOSE	Mit Laubbäumen, besonders Weiden; auf *Hymenochaete tabacina*
WUCHSFORM	Auf abgestorbenen Ästen an Bäumen
VORKOMMEN	Selten
SPORENFARBE	Gelblich
GENIESSBARKEIT	Ungenießbar

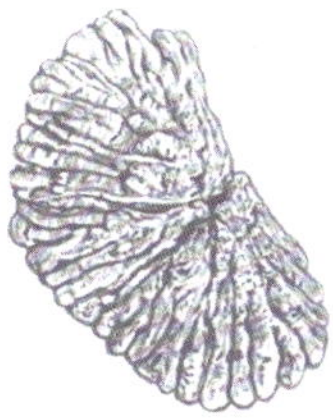

DICKE
Bis zu 5 mm

DURCHMESSER
Bis zu 100 mm

HYPOCREOPSIS LICHENOIDES

WEIDEN-SCHEINFLECHTENPILZ

(TODE) SEAVER

Die wulstartigen Lappen von *Hypocreopsis lichenoides* wachsen oft sehr aufrecht und länglich-fingerähnlich. Sie sehen dann aus wie eine behandschuhte Hand, die den Ast umklammert, an dem der Pilz wächst. Das hat dem Pilz auch den Namen „Trollhand" eingetragen. Die „Finger" sind Stroma, unfruchtbares Gewebe, in dem sich einzeln die winzigen Fruchtkörper bilden (unter der Lupe als kleine Pünktchen sichtbar). *Hypocreopsis* wächst nicht auf dem Holz selbst, sondern ist ein Parasit von *Hymenochaete tabacina*, dem Tabakbraunen Borstenscheibling, einem Holzzerstörer, der bräunliche Krusten mit tabakbraunen Hutkanten bildet. In Europa gilt der Weiden-Scheinflechtenpilz als seltene Art und steht in einigen Ländern auf der Roten Liste bedrohter Pilzarten.

ÄHNLICHE ARTEN

Hypocreopsis rhododendri ist nahe verwandt und tritt mit *Hymenochaete corrugata* auf Haselsträuchern und anderen Laubbäumen auf. In Australien und Neuseeland findet man den erst kürzlich entdeckten *Hypocreopsis amplectens* an Teebaum (*Leptospermum scoparium*) und Scheinbuche.

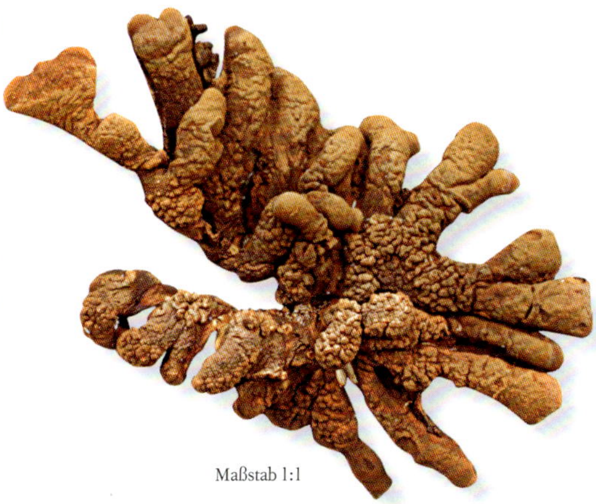

Maßstab 1:1

Der Weiden-Scheinflechtenpilz bildet breite, weiche Fruchtkörper an der Oberseite von Ästen. Die Oberfläche ist zunächst glatt, später gerunzelt und wächst radial in länglichen, fingerähnlichen Lappen, die gelbbraun bis orangebraun gefärbt und an den Rändern heller sind. Dieser „Fruchtkörper" ist eigentlich steriles Gewebe, in dem die winzigen, punktähnlichen Fruchtkörper reifen. Bei Reife sind sie unter der Lupe erkennbar.

FAMILIE	Hypocreaceae
VERBREITUNG	Nordamerika, Mittelamerika
LEBENSRAUM	Auf Waldböden
SYMBIOSE	Parasitisch mit *Russula-* und *Lactarius-*Arten
WUCHSFORM	Umgibt die Fruchtkörper des Wirtes
VORKOMMEN	Häufig
SPORENFARBE	Weiß
GENIESSBARKEIT	Essbar

DICKE
Unter 0,5 mm

DURCHMESSER
(einzelne Fruchtkörper)
Unter 0,5 mm

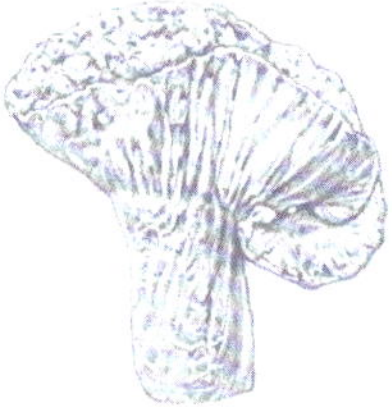

HYPOMYCES LACTIFLUORUM

(SCHWEINITZ) TULASNE & C. TULASNE

Maßstab 1:1

Der leuchtende Pilz ist das seltsam geformte Ergebnis des *Hypomyces lactifluorum* („Lobster Fungus"), der den Fruchtkörper eines anderen vollständig umgibt. Wirtspilze sind *Lactarius-* und *Russula-*Arten, insbesondere *L. piperatus* und *R. brevipes*. Der hummerfarbene Pilz gilt – als Konglomerat aus Parasit und Wirt – in Nordamerika als Speisepilz und wird weithin geschätzt und gehandelt. Es heißt, dass er tatsächlich nach Hummer schmeckt. Allerdings kann man nicht sicher sein, dass der Wirtspilz immer eine essbare Art ist, und ältere Fruchtkörper könnten bereits von Bakterien befallen sein.

ÄHNLICHE ARTEN

Andere *Hypomyces-*Arten sind weniger intensiv gefärbt oder bilden andere Lebensformen. *Hypomyces luteovirens* befällt ebenfalls als Parasit *Russula-*Arten in Nordamerika, ist aber gelbgrün und wächst nur auf Stiel und Lamellen seines Wirtes. *Hypomyces hyalinus* befällt *Amanita-*Arten, ist jedoch weißlich.

Hypomyces lactifluorum umgibt seinen Wirtspilz vollständig mit sterilem, leuchtend orangem Stromagewebe, in dem sich die winzigen einzelnen Fruchtkörper entwickeln. Sie liegen halb eingebettet in das Stroma und ähneln kleinen, erhabenen Höckern, die mit der Lupe sichtbar sind. Das Stroma wird mit dem Alter dunkler. Die Lamellen des Wirtspilzes werden vom Orangen Steinreizker zersetzt, sodass nur Furchen bleiben (siehe Foto rechts).

FAMILIE	Hypocreaceae
VERBREITUNG	Nordamerika, Europa, Mittelamerika, Nordasien
LEBENSRAUM	Auf Waldböden
SYMBIOSE	Parasitisch mit *Russula*- und *Lactarius*-Arten
WUCHSFORM	An Stiel und Lamellen des Wirtes
VORKOMMEN	Häufig
SPORENFARBE	Weiß
GENIESSBARKEIT	Ungenießbar

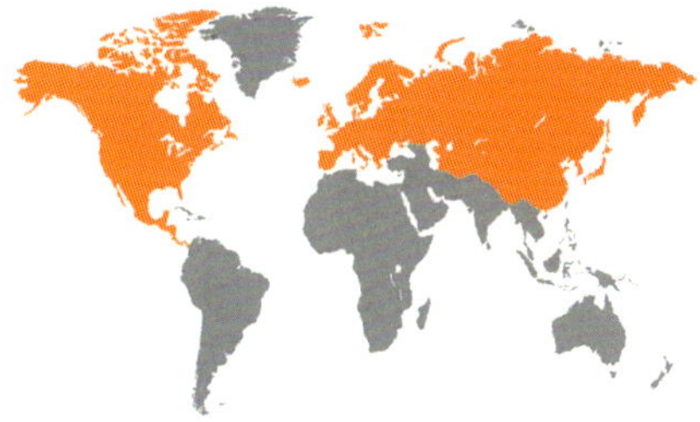

DICKE
Unter 0,5 mm

DURCHMESSER
(einzelne Fruchtkörper)
Unter 0,5 mm

HYPOMYCES LUTEOVIRENS

(FRIES) TULASNE & C. TULASNE

Im Gegensatz zu *Hypomyces lactifluorum* gilt der grüne Schmarotzer-Pustelpilz nicht als Geheimtipp für Feinschmecker – möglich, dass die grünlich-gelbe Färbung weniger verlockend ist. Die Art ist weitverbreitet, wobei die erste Beschreibung aus Schweden stammt. *Hypomyces luteovirens* („Greengill Fungus") befällt ebenfalls Pilze der Gattungen *Lactarius* und *Russula*. Normalerweise bildet er sein krustenähnliches Stroma nur an der Unterseite des Hutes und gelegentlich auch um den Stiel. Der befallene Pilz kann von oben also relativ gesund aussehen, ist an der Unterseite um die Lamellen aber deutlich grün gefärbt.

Maßstab 1:1

ÄHNLICHE ARTEN

Hypomyces lateritius ist eine verwandte Art, die die Lamellen von *Lactarius*-Fruchtkörpern befällt, aber gelblich (ohne Grünfärbung) und reif orange bis ziegelrot ist. Im Osten Nordamerikas ist *Hypomyces banningiae* ähnlich, aber gelb bis gelbbraun.

Hypomyces luteovirens bedeckt die Lamellen und häufig auch den Stiel seiner Wirtspilze mit sterilem Stromagewebe, in dem die winzigen, einzelnen Fruchtkörper heranreifen. Das Stroma ist zunächst weißlich, dann gelblich (siehe Foto links), später grün. Die einzelnen Fruchtkörper sind unter der Lupe als kleine, erhabene Höcker zu erkennen.

FAMILIE	Xylariaceae
VERBREITUNG	Nordamerika, Europa, Westasien
LEBENSRAUM	Auf Waldböden
SYMBIOSE	Mit Laubbäumen, besonders Buche
WUCHSFORM	An abgestorbenen Ästen und Stämmen
VORKOMMEN	Sehr häufig
SPORENFARBE	Dunkelbraun
GENIESSBARKEIT	Ungenießbar

GRÖSSE
Bis zu 7 mm

DURCHMESSER
Bis zu 10 mm

HYPOXYLON FRAGIFORME

RÖTLICHE KOHLENBEERE

(PERSOON) J. KICKX FILS

Maßstab 1:1

Die Rötliche Kohlenbeere bildet Trupps aus harten, halbkugeligen Kissen, die häufig unregelmäßig miteinander verwachsen. Jedes Kissen besteht aus sterilem Gewebe, in dem die einzelnen kleinen Fruchtkörper gebildet werden. Sie stehen an der Oberfläche hervor und lassen die Kissen grob höckerig aussehen. Das Gewebe ist hart, eher spröde, rötlich rosa, reif matt ziegelrot und alt schwärzlich verfärbt.

Der lateinische Name *fragiforme* bedeutet „erdbeerartig", und tatsächlich hat die Rötliche Kohlenbeere im reifen Stadium eine gewisse Ähnlichkeit mit dieser Frucht, auch wenn ihre „Erdbeeren" hart, krustig und ungenießbar sind. Wie bei den verwandten *Xylaria*-Arten sind die sichtbaren Fruchtkörper unfruchtbares Gewebe (Stroma), in dem die eigentlichen, klein höckrigen Fruchtkörper liegen. Jede der „Beeren" ist also ein Häufchen winziger Fruchtkörper. Die Rötliche Kohlenbeere besiedelt als einer der ersten Pilze abgestorbenes Buchenholz. Wissenschaftler vermuten, dass der Pilz latent schon im gesunden Holz vorhanden ist und aktiv wird, wenn der Ast oder Baumteil abbricht.

ÄHNLICHE ARTEN

Auch einige andere *Hypoxylon*-Arten bilden halbkugelige Kissen mit rötlicher Färbung, sind aber auf Buche selten. Die Kissen von *H. fuscum* sind eher violett und fast glatt, man findet sie meist auf Haselstauden. *Hypoxylon howeanum* ist ebenfalls mit Haselnuss vergesellschaftet, *H. intermedium* meist mit Esche.

FAMILIE	Nectriaceae
VERBREITUNG	Nordamerika, Europa, Nordafrika, Mittelamerika, Asien; eingeführt in Australien, Neuseeland
LEBENSRAUM	Auf Waldböden und in Gärten
SYMBIOSE	Mit Laubbäumen und Sträuchern
WUCHSFORM	An Ästen und Zweigen
VORKOMMEN	Sehr häufig
SPORENFARBE	Weiß
GENIESSBARKEIT	Ungenießbar

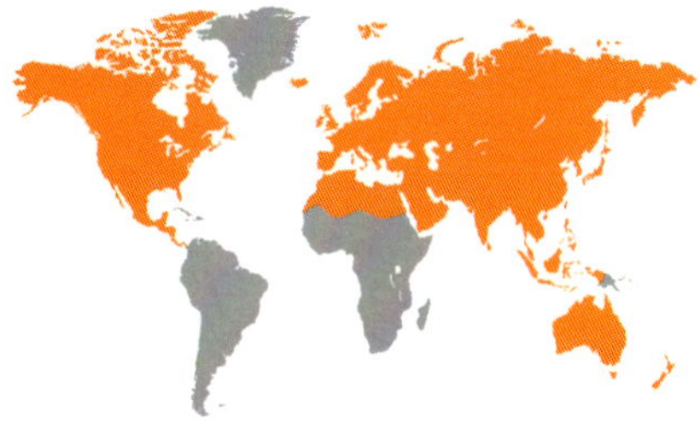

DICKE
Unter 0,5 mm

DURCHMESSER
Unter 0,5 mm

NECTRIA CINNABARINA

ZINNOBERROTER PUSTELPILZ

(TODE) FRIES

Der Zinnoberrote Pustelpilz ist äußerst häufig, und da er in der Regel in Haufen wächst, ist er trotz seiner winzigen Größe auch relativ leicht zu entdecken. Er bildet rötliche Fruchtkörper, die nebeneinanderliegend wie winzige Himbeeren aussehen, aber auch kissenähnliche rosa Gebilde (manchmal forma *Tubercularia vulgaris* genannt), die asexuelle Sporen enthalten. Diese zweite Form bildet sich meist zuerst, die sexuelle und die asexuelle Form können aber auch gemischt am selben Ast oder Zweig auftreten. Der Zinnoberrote Pustelpilz findet sich typischerweise an abgestorbenen Ästen auf Bäumen oder an abgebrochenen Zweigen, bevorzugt an Buche und Platane, kann aber auch ein schwacher Wundparasit sein, der beschädigte Äste angreift und Nectria-Krebs verursacht.

ÄHNLICHE ARTEN

Viele weitere *Nectria*-Arten bilden ähnlich gefärbte und geformte Fruchtkörper, wachsen aber nicht so auffällig in Haufen entlang von Ästen, wie es für den Zinnobberoten Pustelpilz typisch ist. *Nectria galligena* kann an Laubbäumen häufig sein und bildet dort Fruchtkörper an Krebsgeschwüren. *Nectria fuckeliana* kann an Nadelbäumen Krebs auslösen.

Maßstab 1:1

Der Zinnoberrote Pustelpilz bildet zunächst Haufen aus winzigen, rosa bis blassroten Kissen, die die äußere Schicht der Rinde des Wirtsbaumes durchbrechen. Sie werden dann nach und nach durch die eigentlichen Fruchtkörper ersetzt. Diese sind noch kleiner (am besten unter der Lupe zu sehen), intensiver rot, rundlich, winzig gewarzt und wachsen zusammengedrängt in Haufen.

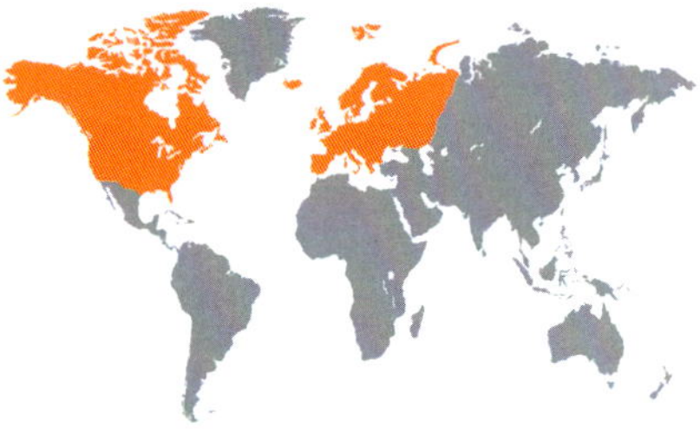

FAMILIE	Onygenaceae
VERBREITUNG	Nordamerika, Europa
LEBENSRAUM	Auf Weide- und Grasland, auf Waldböden
SYMBIOSE	Mit Überresten von Tieren
WUCHSFORM	Auf verwesenden Hörnern und Hufen, truppweise
VORKOMMEN	Gelegentlich
SPORENFARBE	Weiß
GENIESSBARKEIT	Ungenießbar

GRÖSSE
Bis zu 10 mm

DURCHMESSER
Bis zu 5 mm

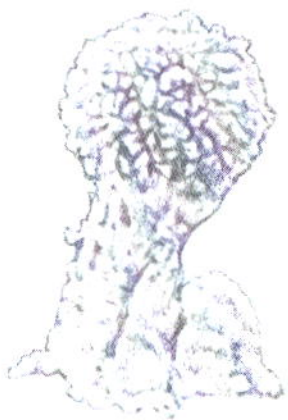

ONYGENA EQUINA

KUH-HORNPILZ

(WILLDENOW) PERSOON

Pilze, die Holz zersetzen, sind nichts Ungewöhnliches. Es gibt aber auch Pilze, die Keratin zersetzen können, eine Substanz, die sich in Haaren und Nägeln, Hörnern, Hufen, Federn und Klauen findet. Die meisten dieser Keratin-Zersetzer sind mikroskopisch klein und im Boden zu finden. Manche leben sogar im Hausstaub und einige können unangenehme Infektionen auslösen, wenn sie in Haut, Haare oder Nägel eindringen. Der Kuh-Hornpilz dagegen bildet vergleichsweise große und deutlich sichtbare Fruchtkörper mit rundem Kopf. Sie finden sich gelegentlich auf alten, abgeworfenen Hörnern von Schafen oder Rindern – einem zugegeben ungewöhnlichen Ort, um nach Pilzen zu suchen.

Maßstab 1:1

ÄHNLICHE ARTEN

Der Gewöll-Hornpilz (*Onygena corvina*) ist eine verwandte Art, die auf alten Federn, Eulengewölle oder Fellbüscheln wächst. *Phleogena faginea* ist nicht verwandt, hat aber ähnliche Fruchtkörper, die jedoch auf Holz wachsen und nach Curry riechen.

Der Kuh-Hornpilz bildet Fruchtkörper, die mit ihrem kugeligen Kopfteil und zylindrischen Stiel fast wie winzige Boviste aussehen. Der Kopf ist weißlich bis cremefarben und jung mit winzigen Warzen besetzt, später bräunlich und glatt. Bei Reife zerfällt er, um die Sporen freizusetzen. Der Stiel ist glatt und ähnlich gefärbt wie der Kopf.

FAMILIE	Ophiocordycipitaceae
VERBREITUNG	Asien (Himalaya-Gebiet)
LEBENSRAUM	Auf Grasland
SYMBIOSE	Parasitisch; mit dem Großen Hopfenwurzelbohrer
WUCHSFORM	Auf vergrabenen Larven
VORKOMMEN	Gelegentlich
SPORENFARBE	Weiß
GENIESSBARKEIT	Essbar

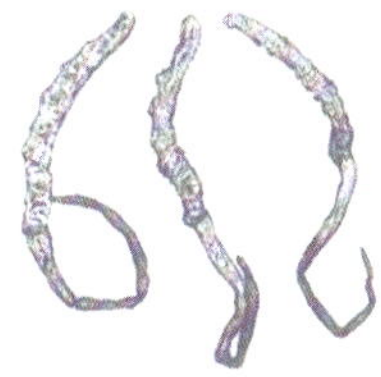

GRÖSSE
Bis zu 150 mm

DURCHMESSER
Bis zu 10 mm

OPHIOCORDYCEPS SINENSIS

CHINESISCHER RAUPENPILZ

(BERKELEY) G. H. SUNG ET AL

Zumindest seit dem 15. Jahrhundert kennt man *Ophiocordyceps sinensis* in Tibet und China als Aphrodisiakum und Stärkungsmittel. Der Chinesische Raupenpilz ist ein Parasit, der auf den vergrabenen Larven des Hopfenwurzelbohrers wächst. Er kommt vor allem in den Ausläufern des Himalaya-Gebiets und im Grasland des Tibetischen Hochlandes vor. Er war nie häufig und daher entsprechend wertvoll. In den letzten Jahren hat jedoch das steigende Interesse des Westens an alternativmedizinischen Methoden, zusammen mit dem wachsenden Lebensstandard in China, dazu geführt, dass das Sammeln des Chinesischen Raupenpilzes zur bedeutenden Einnahmequelle wurde. Gute Exemplare können ihr Gewicht in Gold wert sein.

ÄHNLICHE ARTEN

Verwandt und relativ ähnlich ist *Ophiocordyceps robertsii*, er wächst auf vergrabenen Mottenlarven in Neuseeland. Andere *Ophiocordyceps*-Arten befallen verschiedenste Insekten – darunter Ameisen, Käfer und Wespen –, sind aber meist kleiner und schlägelförmig oder dünn und haarig.

Maßstab 1:1

Der Chinesische Raupenpilz bildet zylindrische bis schmal keulenförmige „Fruchtkörper“. Der Kopf ist länglich und oben spitz zulaufend, leicht angeschwollen und dunkel rötlich braun. Er besteht aus sterilem Stroma, in dem die eigentlichen Fruchtkörper eingebettet sind; sie sehen unter der Lupe wie winzige Höcker aus. Der Stiel ist ähnlich gefärbt wie der Kopf oder blasser und reicht unter die Erde, wo er mit dem mumifizierten Wirt verbunden ist.

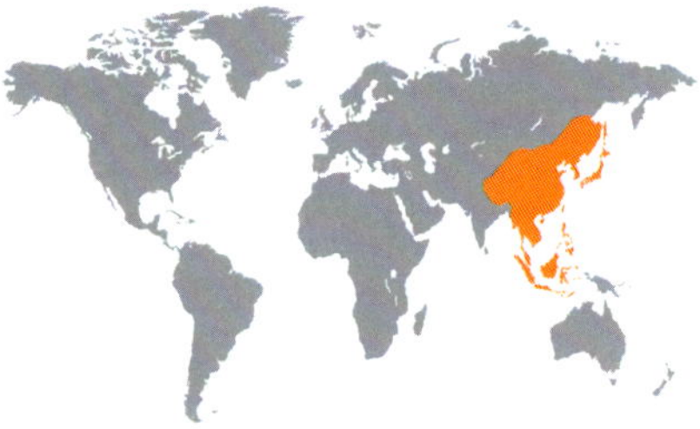

FAMILIE	Hypocreaceae
VERBREITUNG	Ostasien
LEBENSRAUM	Auf Waldböden
SYMBIOSE	Mit Laubbäumen
WUCHSFORM	Auf vermodertem Holz
VORKOMMEN	Gelegentlich
SPORENFARBE	Weiß
GENIESSBARKEIT	Giftig

GRÖSSE
Bis zu 100 mm

DURCHMESSER
Bis zu 80 mm

PODOSTOMA CORNU-DAMAE

(PATOUILLARD) BOEDIJN

Maßstab 1:1

Rot ist in der Natur häufig ein Zeichen von Gefahr. Auf Pilze trifft diese Regel meist nicht zu. *Podostroma cornu-damae* („Poison Fire Coral") ist da eine Ausnahme: Ihre feuerroten Fruchtkörper sind extrem giftig und haben kürzlich in Japan zu mehreren Todesopfern geführt. Die Forschung hat herausgefunden, dass *Podostroma cornu-damae* sechs verschiedene Trichothecene enthält, Toxine, die zu plötzlicher Erblindung, Hirnatrophie und anderen schweren Schäden führen. Diese Gifte sind sehr ähnlich denen, die in chemischen Waffen zum Einsatz kommen. Glücklicherweise scheint *P. cornu-damae* relativ selten und auf Ostasien beschränkt zu sein. Der Beiname *cornu-damae* ist harmlos und bedeutet „Hirschgeweih", seine typische Form.

ÄHNLICHE ARTEN

Den japanischen Vergiftungsfällen dürfte eine Verwechslung mit dem ähnlich gefärbten, essbaren Keulenpilz *Clavulinopsis miyabeana* zugrunde liegen, der jedoch weiche Konsistenz hat. Die Puppen-Kernkeule (*Cordyceps militaris*) ist ebenfalls ähnlich und wird in Asien manchmal verzehrt, ist aber niemals so verzweigt und wächst immer auf vergrabenen Insektenpuppen.

Podostoma cornu-damae bildet aufrechte, unterschiedlich geformte „Fruchtkörper", die einfach, verzweigt und korallenförmig bis hin zu geweihförmig sein können. Sie bestehen aus hartem Stromagewebe, in dem die eigentlichen Fruchtkörper liegen. Diese sind unter der Lupe als winzige Punkte erkennbar. Das innere Fruchtfleisch ist weiß.

FAMILIE	Xylariaceae
VERBREITUNG	Europa
LEBENSRAUM	Weideland
SYMBIOSE	Mit Pferden
WUCHSFORM	Auf Pferdemist
VORKOMMEN	Gelegentlich bis selten
SPORENFARBE	Schwärzlich-braun
GENIESSBARKEIT	Ungenießbar

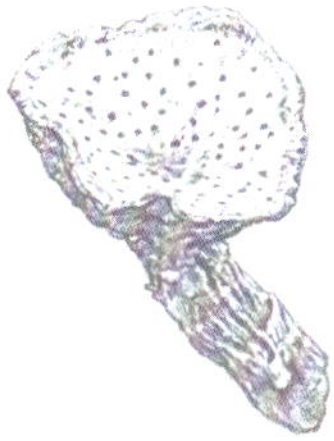

GRÖSSE
Bis zu 7 mm

DURCHMESSER
Bis zu 15 mm

PORONIA PUNCTATA

PUNKTIERTE PORENSCHEIBE

(LINNAEUS) FRIES

Dieser ungewöhnliche *Xylaria*-Verwandte ist koprophil oder „Dungliebhaber". Er bevorzugt alten, getrockneten Pferdemist, einen Lebensraum, der in Europa immer seltener wird. Schon lange gibt es kaum noch Arbeitstiere, und moderne Pferdehaltung hat mit dem natürlichen Kreislauf von Grasen und Düngen, den der Pilz benötigt, wenig zu tun. In England ist er im New Forest noch relativ häufig, wo halbwilde Ponys weiden. In den meisten anderen Teilen Europas ist er jedoch stark zurückgegangen oder bereits lokal ausgestorben.

ÄHNLICHE ARTEN

Eine ähnliche Art, *Poronia erici*, kommt in Australien auf dem Kot von Kaninchen, Beuteltieren und anderen Tieren vor und ist auch von Kaninchendung in Europa bekannt. Sie bildet typischerweise etwas kleinere Scheiben aus, wird aber am besten unter dem Mikroskop unterschieden. *Poronia oedipus* ist in den Tropen weitverbreitet, findet sich auch in Australien und Neuseeland und kann einen bis zu 25 mm langen Stiel entwickeln.

Maßstab 1:1

Die Punktierte Porenscheibe bildet „Fruchtkörper", die aussehen wie mit Nägeln besetzt und deren Stiele halb im Dung verborgen sind. Die harte, blass gelbbraune Scheibe darunter ist Stroma – steriles Gewebe, in dem die eigentlichen Fruchtkörper, sichtbar als schwarze Punkte, eingebettet liegen. Die Unterseite ist glatt und grauweiß, sie wird mit dem Alter braun bis schwarz.

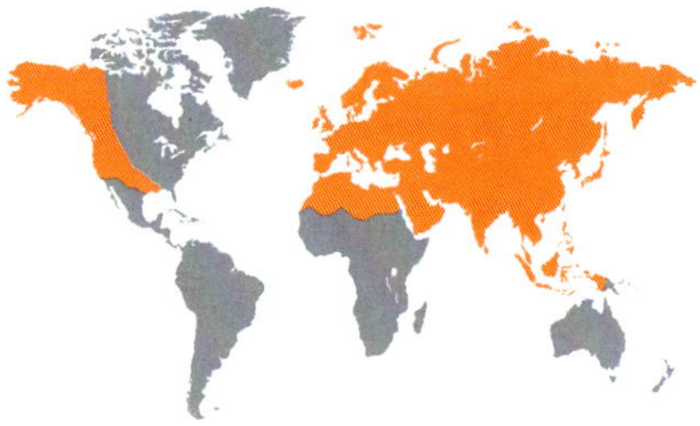

FAMILIE	Xylariaceae
VERBREITUNG	Westliches Nordamerika, Europa, Nordafrika, Asien
LEBENSRAUM	Auf Waldböden
SYMBIOSE	Mit Laubbäumen
WUCHSFORM	Auf vermodertem, oft vergrabenem Holz, in Haufen
VORKOMMEN	Sehr häufig
SPORENFARBE	Schwarz
GENIESSBARKEIT	Ungenießbar

GRÖSSE
Bis zu 80 mm

DURCHMESSER
Bis zu 10 mm

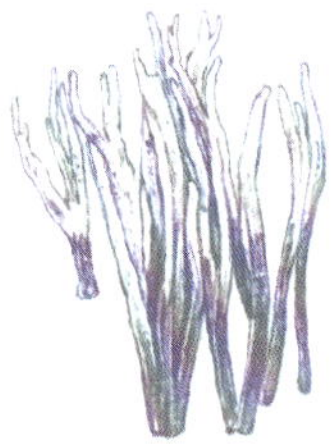

XYLARIA HYPOXYLON

GEWEIHFÖRMIGE HOLZKEULE

(LINNAEUS) GREVILLE

Die Geweihförmige Holzkeule sieht oft einem abgebrannten und dann gelöschten Kerzendocht ähnlich. Wie bei *Xylaria polymorpha* besteht der sichtbare „Fruchtkörper" eigentlich aus unfruchtbarem Stroma, in dem zahlreiche winzige, einzelne Fruchtkörper liegen. Wenn der Pilz bei der Reife schwarz wird, sind sie unter der Lupe als kleine, erhabene Höcker sichtbar. Bevor sich aber die Fruchtkörper entwickeln, bildet der Pilz unzählige asexuelle Sporen, die seinen Kopfteil weiß färben (das Stadium der „ausgelöschten" Kerze). Wenn diese sich verteilt haben, färbt sich der Kopfteil erst grau, dann schwarz und bildet fruchtbare Sporen.

ÄHNLICHE ARTEN

Im Osten Nordamerikas ist *Xylaria longiana* sehr ähnlich und nur unter dem Mikroskop unterscheidbar. *Xylaria carpophila*, *X. magnoliae* und *X. oxyacanthae* sind ebenfalls äußerst ähnlich, aber auf ungewöhnlich wenige Wirtspflanzen beschränkt: Sie wachsen jeweils nur auf abgefallenen Bucheckern, dem Fruchtstand von Magnolien beziehungsweise abgefallenen Weißdornbeeren.

Die Geweihförmige Holzkeule bildet aufrechte, schlaufen- oder keulenförmige Fruchtkörper. Der Stiel ist hart, schwarz, fein behaart und oft abgeplattet. Der fruchtbare Kopfteil ist entweder einfach keulchenförmig, hart und schwarz wie verbrannt, oder abgeflacht, zunächst weißlich (siehe Foto links), dann grau und schließlich schwarz. Er kann einfach oder geweihförmig verzweigt sein.

Maßstab 1:1

FAMILIE	Xylariaceae
VERBREITUNG	Nordamerika, Europa, Asien
LEBENSRAUM	Auf Waldböden
SYMBIOSE	Mit Laubbäumen
WUCHSFORM	Auf vermodertem, oft vergrabenem Holz, in Haufen
VORKOMMEN	Sehr häufig
SPORENFARBE	Schwarz
GENIESSBARKEIT	Ungenießbar

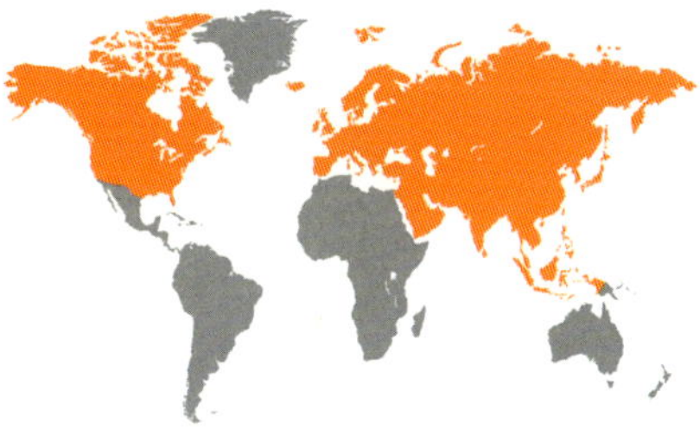

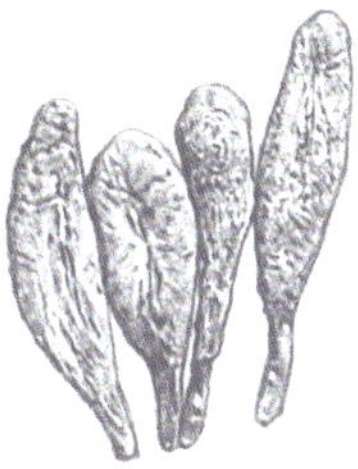

GRÖSSE
Bis zu 100 mm

DURCHMESSER
Bis zu 25 mm

XYLARIA POLYMORPHA

VIELGESTALTIGE HOLZKEULE

(PERSOON) GREVILLE

Xylaria polymorpha wächst oft in Haufen auf vergrabenem Holz – wie Finger, die aus der Erde ragen. Im Englischen wird sie daher auch „Dead Man's Fingers" genannt. Jeder „Finger" besteht aus sterilem Stromagewebe, in dem zahlreiche winzige, einzelne Fruchtkörper heranreifen. Im Längsschnitt sind sie als kleine schwarze Vertiefungen oder Zahnung in der äußeren Schicht erkennbar. Einige kleinere *Xylaria*-Arten haben spezielle Lebensräume entwickelt; so wächst *X. oxyacanthae* auf liegenden Weißdornbeeren und *X. carpophila* auf abgefallenen Bucheckern. *Xylaria polymorpha* jedoch wächst auf zahlreichen Laubbaumarten und ist damit eine häufige und weitverbreitete Art.

ÄHNLICHE ARTEN

Viele *Xylaria*-Arten, insbesondere in den Tropen, bilden ähnliche Fruchtkörper aus Stromagewebe und werden am besten mikroskopisch bestimmt. *Xylaria longipes* ist häufig in den nördlichen Breiten und bildet ähnliche, aber etwas schmälere „Finger", sie ist meist mit Platanen vergesellschaftet. *Xylaria hypoxylon* ist wesentlich kleiner.

Maßstab 1:1

Die Vielgestaltige Holzkeule bildet schwarze, keulenförmige Fruchtkörper mit kurzen, zylindrischen Stielen. Die äußere Schicht ist hart, wirkt glatt und matt, ist unter der Lupe aber runzelig-höckerig und reif mit flachen, erhabenen Warzen besetzt. Im Schnitt ist das Fruchtfleisch weiß und zäh, die äußere Schicht ist als dünne, schwarze Kruste mit gezahnten Vertiefungen sichtbar.

FAMILIE	Xylariaceae
VERBREITUNG	Östliches Nordamerika
LEBENSRAUM	Auf Waldböden
SYMBIOSE	Mit Laubbäumen
WUCHSFORM	Auf abgefallenen Holzstücken in Waldstreu
VORKOMMEN	Häufig
SPORENFARBE	Schwarz
GENIESSBARKEIT	Ungenießbar

GRÖSSE
Bis zu 140 mm

DURCHMESSER
Bis zu 50 mm

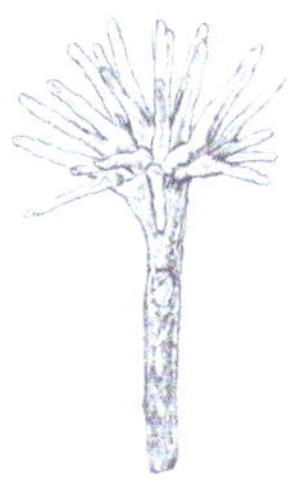

XYLARIA TENTACULATA

RAVENEL EX BERKELEY

Im reifen Stadium ist *Xylaria tentaculata* („Fairy Sparkler") nichts weiter als eine kleine *Xylaria*-Art mit schwarzen, leicht keulenförmigen Fruchtkörpern. Im unreifen Stadium jedoch entwickelt dieser Pilz am oberen Stielende einen dichten Kranz aus Armen, der ihn aussehen lässt wie ein explodierendes Feuerwerk. Diese Arme werden langsam länger und verdrehen sich wie Tentakel. In diesem asexuellen Stadium bilden sich die Sporen auf den Tentakeln und färben sie staubig-weißlich, ähnlich den „ausgelöschten Kerzen" der Geweihförmigen Holzkeule. Die schwärzlichen, fruchtbaren Sporen bilden sich später, wenn die spröden kleinen Tentakel bereits verschwunden sind.

ÄHNLICHE ARTEN

Die weitverbreitete Geweihförmige Holzkeule (*Xylaria hypoxylon*) bildet auch häufig einzelne Verzweigungen aus, diese sind aber meist unregelmäßig und erscheinen eher geweihförmig. Andere *Xylaria*-Arten mit ähnlichen Ästen kommen in den Tropen vor.

Maßstab 1:1

Xylaria tentaculata bildet aufrechte Fruchtkörper aus Stromagewebe, die aus einem Stiel und einem Kopfteil bestehen. Der Stiel ist zäh, schwarz und leicht rau. Der fruchtbare Kopfteil im sexuellen Stadium ist einfach, angeschwollen, hart und schwarz gefärbt. Im asexuellen Stadium bildet er eine Art Krone aus 8–20 blassgrauen bis weißlichen, tentakelähnlichen Ästen, die sich zur Spitze hin verjüngen und langgezogen, spröde und eingedreht wachsen.

FAMILIE	Parmeliaceae
VERBREITUNG	Westliches Nordamerika, nördliches Europa, Nordasien
LEBENSRAUM	Auf Nadelbäumen, seltener auch Laubbäumen
SYMBIOSE	Als Flechte mit Algen
WUCHSFORM	Von Zweigen herabhängend
VORKOMMEN	Lokal häufig
SPORENFARBE	Weiß
GENIESSBARKEIT	Gilt gekocht als essbar

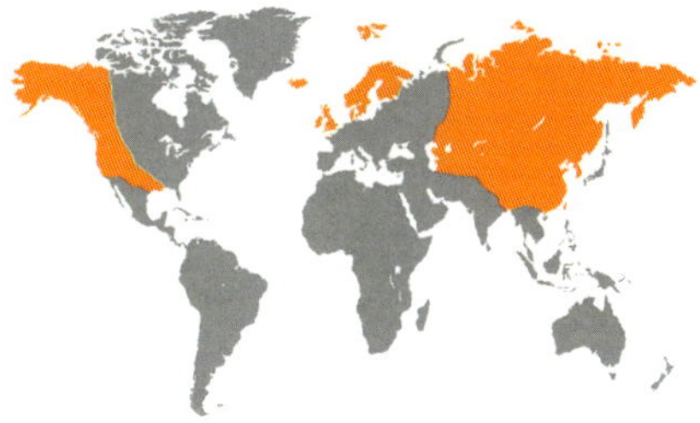

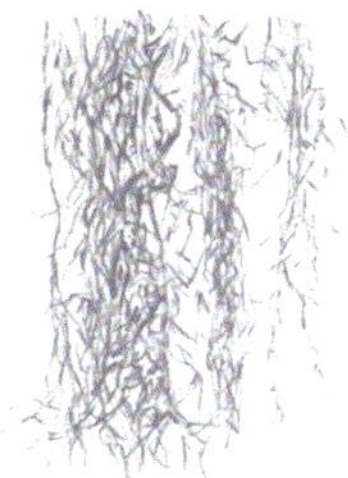

LÄNGE
Bis zu 900 mm

DURCHMESSER
Unter 0,5 mm

BRYORIA FREMONTII

BRYORIA FREMONTII

(TUCKERMAN) BRODO & D. HAWKSWORTH

Die Flechte *Bryoria fremontii* („Wila") erhielt den Namen „Wila" von den Shuswap in British Columbia, einem von vielen Ureinwohner-Völkern, die die Art früher sammelten und verzehrten. Sie ist dort auch als „Bärenhaarflechte" bekannt. Gelbliche Exemplare wurden als äußerst bitter gemieden, und inzwischen fand man heraus, dass diese ungewöhnlich hohe Mengen an Vulpinsäure enthalten, einem potenziell gefährlichen Gift. *Bryoria fremontii*, die gereinigt und über mehrere Tage in einer Grube über Dampf gegart wurde, ähnelt angeblich gelatinöser, fade schmeckender Lakritze. Für einige Völker waren sie lagerfähige Winternahrung, für andere gelegentlich Retter bei Hunger. Wenig überraschend werden sie heute kaum noch gegessen.

ÄHNLICHE ARTEN

Viele andere *Bryoria*-Arten sind ebenfalls fadenartig und sehen *B. fremontii* ähnlich. Die meisten haben aber feinere Fäden und sind typischerweise nicht so dunkel. Einige der größeren *Usnea*-Arten bilden ähnlich hängende Lager, sind aber grau-grünlich.

Bryoria fremontii bildet lange, faserartige, von Ästen herabhängende Lager. Die Fäden sind mehrfach verzweigt, oft ineinander verwoben, glatt und stielrund bis flachgedrückt. Bei feuchtem Wetter sind sie weich, bei Trockenheit drahtig. Die Haupttäste sind gelblich bis rötlich braun oder schokoladenbraun. Fruchtkörper sind selten und, wenn vorhanden, leuchtend gelb.

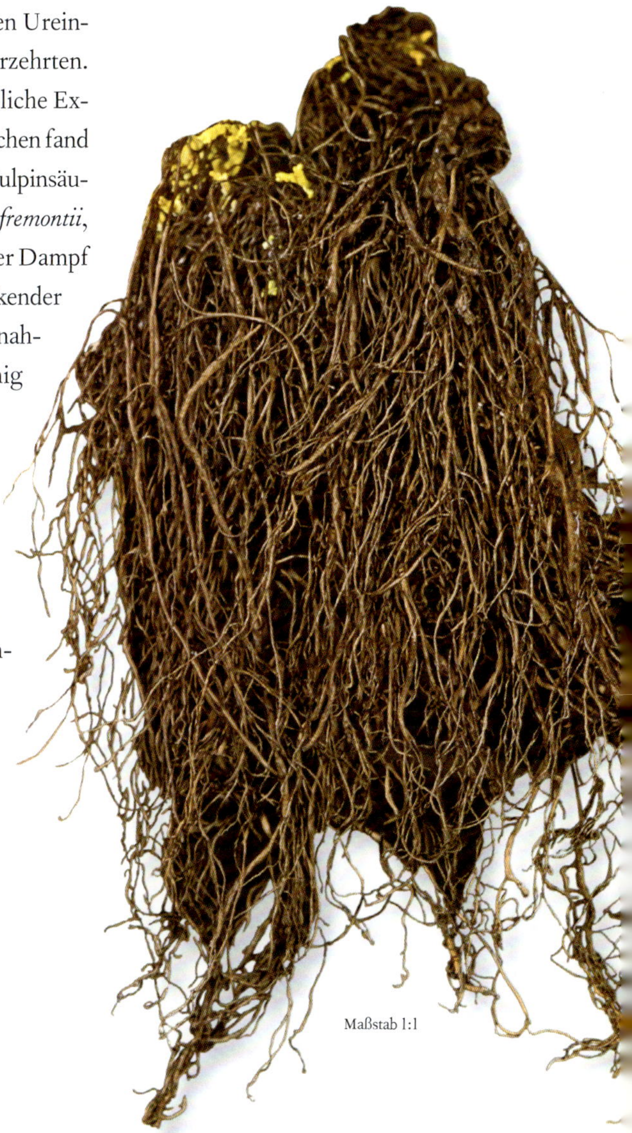

Maßstab 1:1

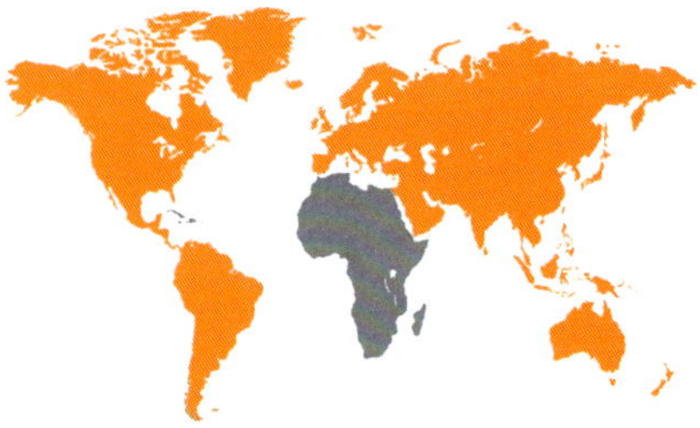

FAMILIE	Cladoniaceae
VERBREITUNG	Nordamerika, Europa, Mittel- und Südamerika, Asien, Australien, Neuseeland
LEBENSRAUM	Auf Erde, Torf und vermodertem Holz
SYMBIOSE	Als Flechte mit Algen
WUCHSFORM	Auf der Erde oder auf vermodertem Holz, einzeln oder truppweise
VORKOMMEN	Sehr häufig
SPORENFARBE	Weiß
GENIESSBARKEIT	Ungenießbar

GRÖSSE
Bis zu 260 mm

DURCHMESSER
Unter 2 mm

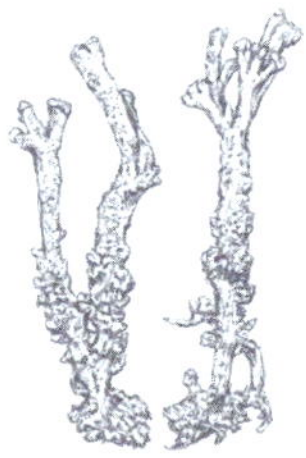

CLADONIA FLOERKEANA

ROTFRÜCHTIGE SÄULENFLECHTE

(FRIES) FLÖRKE

Cladonia floerkeana hat mit ihren roten Spitzen frappierende Ähnlichkeit mit einem altmodischen Streichholz, auch wenn die berindeten grauen Stiele ein Anzünden äußerst erschweren würden. Die einzelnen Exemplare sind klein, wachsen aber oft in großer Zahl in Heide- oder Torflandschaften und sehen von oben ein wenig aus wie eine winzige, grau-rote Gartenlandschaft. Die Flechte ist auch häufig auf altem, vermodertem, liegendem Holz im offenen Gelände. Sie ist weitverbreitet und findet sich in ähnlichen Lebensräumen auf der ganzen Welt. Ihren seltsamen lateinischen Namen erhielt sie zu Ehren von Gustav Heinrich Flörke, einem deutschen Lichenologen des frühen 19. Jahrhunderts.

Die Rotfrüchtige Säulenflechte wächst aus einer dünnen, grauen Rindenschicht. Die aufrechten Stiele sind nicht oder hoch oben spärlich verzweigt und körnig oder mit kleinen Flöckchen besetzt. Die Fruchtkörper an der Spitze sind glatt, gerundet und verwachsen gelegentlich miteinander. Sie sind leuchten rosarot bis rot.

ÄHNLICHE ARTEN

Viele ähnliche *Cladonia*-Arten bilden ebenfalls Stiele mit roten Fruchtkörpern an der Spitze, darunter *C. diversa*, die aber eher gelbliche als graue Stiele hat. *Cladonia macilenta* hat unverzweigte, graue Stiele.

Maßstab 1:1

FAMILIE	Cladoniaceae
VERBREITUNG	Nordamerika, Europa, südliches Südamerika, Antarktis, Asien
LEBENSRAUM	Auf dem Boden; auf Erde, liegendem Holz und Stein
SYMBIOSE	Als Flechte mit Algen
WUCHSFORM	In ausgedehnten Flächen
VORKOMMEN	Häufig
SPORENFARBE	Weiß
GENIESSBARKEIT	Gilt gekocht als essbar

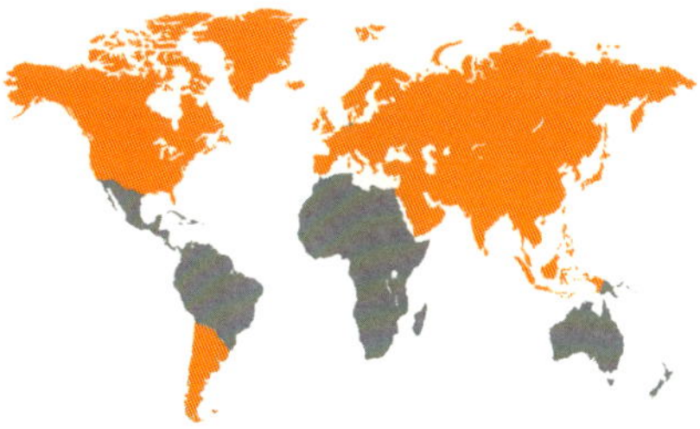

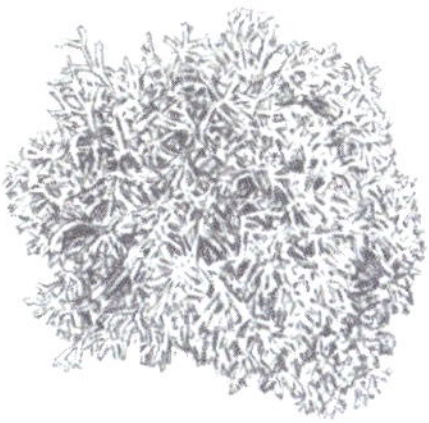

GRÖSSE
Bis zu 100 mm

DURCHMESSER
Unter 2 mm

CLADONIA RANGIFERINA

ECHTE RENTIERFLECHTE

(LINNAEUS) WEBER EX F. H. WIGGERS

Diese Flechte verdankt sowohl ihren lateinischen als auch ihren deutschen Namen dem Rentier oder dem nordamerikanischen Karibu (*Rangifer tarandus*). Im Winter, wenn Blätter und Gräser rar sind, dienen *Cladonia rangiferina* und ähnliche Flechten Rentieren als Nahrung und wurden daher früher oft „Rentier-Moos" genannt. Im Gegensatz zu Moosen und anderen Pflanzen sind Flechten jedoch langsam wachsend, und es kann zwischen fünf und 15 Jahren dauern, bis sich der abgegraste Pilzpartner regeneriert hat. Das ist mit ein Grund, weshalb Rentierherden (und ihre Hirten) nomadisch leben. Die Rentierflechte wurde früher von den Dena'ina in Alaska gekocht und gegessen. Sie enthält jedoch verschiedene Säuren, die Magenprobleme verursachen können.

Maßstab 1:1

ÄHNLICHE ARTEN

Cladonia rangiferina gehört zu einer Gruppe verwandter Arten, die ähnlich verzweigt wachsen, darunter *C. portentosa*, von zarterem Wuchs und breiter verzweigt, und *C. arbuscula* mit stark gebogenen Ästen.

Die Echte Rentierflechte wächst strauchförmig mit aufrechten, fein verzweigten Ästchen aus kleinen, krustigen Primärthalli. Die blassen, weißlich grauen, verzweigten Äste sind zur Spitze hin violettbraun gefärbt. Sie wachsen dicht verwoben und bilden ausgedehnte Flächen.

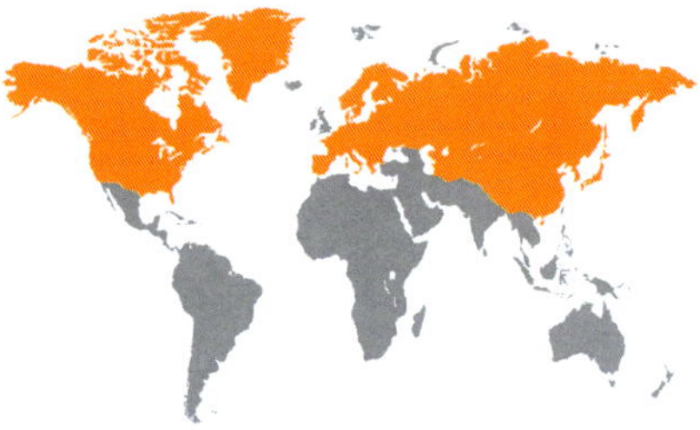

FAMILIE	Cladoniaceae
VERBREITUNG	Nordamerika, Kontinentaleuropa, Nordasien
LEBENSRAUM	Auf dem Boden; auf Erde, liegendem Holz und Stein
SYMBIOSE	Als Flechte mit Algen
WUCHSFORM	In ausgedehnten Flächen
VORKOMMEN	Häufig
SPORENFARBE	Weiß
GENIESSBARKEIT	Ungenießbar

GRÖSSE
Bis zu 150 mm

DURCHMESSER
Bis zu 75 mm

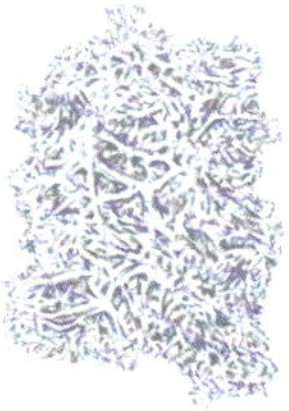

CLADONIA STELLARIS

KUPPELFÖRMIGE RENTIERFLECHTE

(OPIZ) POUZAR & VEZDA

Cladonia stellaris gehört zu den „Rentiermoosen“, jenen Arten, von denen sich Rentiere in Skandinavien und anderen Gebieten des hohen Nordens ernähren. Im Gegensatz zu *C. rangiferina*, mit der sie verwandt ist, enthält die Kuppelförmige Rentierflechte die antibiotisch wirkende Usninsäure. Eine Zeitlang wurde sie sogar gewerblich gesammelt und war Bestandteil der antibiotischen Salbe Usno. Heute wird die Flechte nach wie vor geerntet, aber eher zur Dekoration verwendet. Da sie lange hält, ist sie bei Kränzen und gelegentlich in Blumenarrangements beliebt, dient aber auch Architekten und Modelleisenbahn-Fans als Miniatur-Begrünung.

Die Kuppelförmige Rentierflechte wächst aufrecht und strauchig aus kleinen, krustigen Primärthalli und ist typischerweise gesellig. Die Podetien sind dicht verzweigt und blass gelblich grün bis graugrün, die Endäste sehr fein und oft sternförmig.

ÄHNLICHE ARTEN

Cladonia stellaris ist der Echten Rentierflechte (*C. rangiferina*) ähnlich und auch mit ihr verwandt, aber wesentlich heller und wächst kompakter und feiner verästelt. Sie bevorzugt offenes Gelände und trockenes, eher kontinentales Klima.

Maßstab 1:1

FAMILIE	Collemataceae
VERBREITUNG	Nordamerika, Europa, Afrika, Mittel- und Südamerika, Asien
LEBENSRAUM	Auf feuchten Bäumen, seltener feuchten Felsen
SYMBIOSE	Als Flechte mit Cyanobakterien
WUCHSFORM	In Gruppen
VORKOMMEN	Gelegentlich
SPORENFARBE	Weiß
GENIESSBARKEIT	Ungenießbar

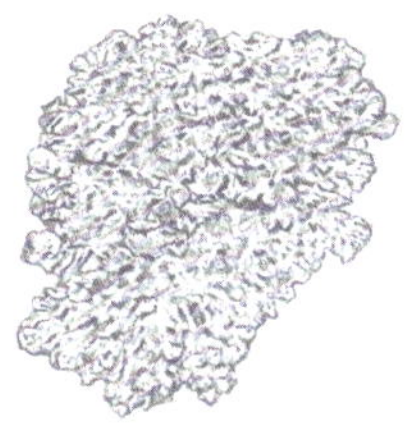

DICKE
Bis zu 5 mm

DURCHMESSER
Bis zu 80 mm

COLLEMA FURFURACEUM

KLEIIGE LEIMFLECHTE

DU RIETZ

Unter Naturforschern ist bekannt, dass Flechten Pilze sind, die mit verschiedenen Algenarten eine Symbiose eingehen. Diese Algen fungieren als sogenannte Photobionten: Ihre Aufgabe in der Partnerschaft ist es, das Sonnenlicht in Zucker umzuwandeln. Bei manchen Flechten jedoch ist der photobiontische Partner keine Alge, sondern ein Cyanobakterium. Diese nannte man früher „Blaualgen", doch auch wenn sie ähnlich aussehen mögen, besteht mit den echten Algen keinerlei Verwandtschaft. Größere Cyanobakterien-Arten sind meist eher gallertig und wachsen an feuchten oder nassen Standorten. Dementsprechend zählen viele der Flechten, die Cyanobakterien als Symbiosepartner haben, zu den „Leimflechten" und bevorzugen ebenfalls feuchte Lebensräume, etwa nasse Wälder oder Steine und Felsen nahe an Bächen und Wasserfällen.

Die Kleiige Leimflechte bildet einen flachen, gummiartigen, fast scheibenförmigen Thallus mit großen, blattartigen Loben, die sich trocken teilweise einrollen. Die Oberfläche ist auffällig gefurcht und oft mit kleinen, einfachen oder verzweigten Isidien (Auswüchsen) bedeckt. Die gesamte Flechte ist dunkel grünbraun bis schwärzlich.

ÄHNLICHE ARTEN

Einige andere *Collema*-Arten sind ähnlich, manche davon werden bei feuchtem Wetter deutlich gallertiger. Die seltenere *C. dichotomum* („Blistered Jelly Lichen") wächst generell unter Wasser auf Felsen in Bächen. Die Nabelflechten (*Umbilicaria*) sind ähnlich geformt, aber weniger gummiartig und haben deutliche randliche Borsten.

Maßstab 1:1

FAMILIE	Pannariaceae
VERBREITUNG	Nordamerika, Ostafrika, Mittel- und Südamerika, Ost- und Südasien, Australien, Neuseeland
LEBENSRAUM	Auf lebenden Bäumen
SYMBIOSE	Als Flechte mit Cyanobakterien
WUCHSFORM	In Flächen
VORKOMMEN	Gelegentlich
SPORENFARBE	Weiß
GENIESSBARKEIT	Ungenießbar

DICKE
Bis zu 5 mm

DURCHMESSER
Bis zu 50 mm

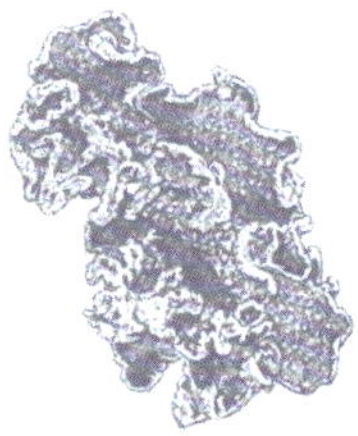

ERIODERMA SOREDIATUM

D. J. GALLOWAY & P. M. JØRGENSEN

Erioderma bedeutet „wollige Haut“, und tatsächlich haben diese Flechte und ihre Verwandten eine fein filzige Oberfläche. Ihre Symbiosepartner sind gallertige Cyanobakterien, nicht Algen; das spricht dafür, dass sie feuchte Lebensräume bevorzugen. Die erste Beschreibung von *Erioderma sorediatum* („Sorediate Felt Lichen“) stammt aus Neuseeland, generell ist sie weitverbreitet, aber nicht besonders häufig in feuchten Tieflandwäldern zu finden. Die verwandte *E. pedicellatum* („Boreal Felt Lichen“) ist wesentlich seltener und inzwischen auf einige wenige Populationen in Labrador und Neufundland beschränkt. Sie ist einer von nur zwei Pilzen auf der weltweiten Roten Liste bedrohter Arten der IUCN.

ÄHNLICHE ARTEN

E. sorediatum unterscheidet sich von den meisten *Erioderma*-Arten dadurch, dass sie an ihrer Unterseite Soredien produziert – pulvrige Klümpchen aus Pilzhyphen und Cyanobakterien-Zellen. *Parmelia*-Arten wie die Schüsselflechte (*P. saxatilis*) sind Blattflechten, aber nicht wollig-filzig, ihre Unterseite ist dunkel und mit Rhizinen bedeckt (wurzelähnlichen Anhangsorganen zur Verankerung der Flechte an der Substratfläche).

Erioderma sorediatum bildet breit gelappte, laubartige Thalli. Die obere Rindenfläche ist filzig bis fein haarig und graubraun bis grüngrau; die Unterseite ist weißlich mit bläulichen Soralen (Bereichen, an denen die Soredien entstehen).

Maßstab 1:1

FAMILIE	Parmeliaceae
VERBREITUNG	Nordamerika, Europa, Nordafrika, Asien
LEBENSRAUM	Auf lebenden Laubbäumen, seltener auf Felsen
SYMBIOSE	Als Flechten mit Algen
WUCHSFORM	An Ästen und Stümpfen
VORKOMMEN	Sehr häufig
SPORENFARBE	Weiß
GENIESSBARKEIT	Ungenießbar

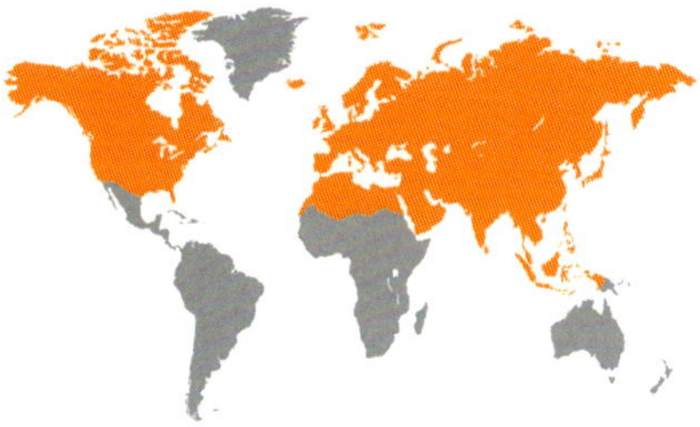

GRÖSSE
Bis zu 140 mm

DURCHMESSER
Bis zu 40 mm

EVERNIA PRUNASTRI

PFLAUMENFLECHTE

(LINNAEUS) ACHARIUS

Parfums und Pilze haben auf den ersten Blick reichlich wenig miteinander zu tun. Duftstoffextrakte von *Evernia prunastri* aber wurden – und werden bis heute – in der Parfumherstellung als Fixiermittel genutzt, um Aromen feiner Parfums zu erhalten. Die Pflaumenflechte hat darüber hinaus einen charakteristischen Eigengeruch und ist eine der Basisnoten für Düfte wie „Chypre" oder „Fougère". Ein Puder mit Auszügen der Flechte wurde früher zum Parfümieren von Perücken genutzt. Bis vor kurzer Zeit wurden mehrere Tausend Tonnen pro Jahr gesammelt, vor allem in Frankreich, Italien, Marokko und den Balkanstaaten. Seit Befürchtungen aufkamen, *E. prunastri* könne gelegentlich allergische Reaktionen hervorrufen, ging dieser intensive Handel zurück.

ÄHNLICHE ARTEN

Verwechselt werden könnte die Pflaumenflechte mit *Pseudevernia furfuracea*, der Bandflechte, die ebenfalls in der Parfümerie verwendet wird, aber härter ist; ihre Unterseite wird bei Reife schwärzlich. *Ramalina*-Arten können ähnlich aussehen, haben aber ähnlich gefärbte Ober- und Unterseiten.

Maßstab 1:1

Die Pflaumenflechte bildet strauchartige, verzweigte Thalli, die von Baumstämmen und Ästen herabhängen. Die bandförmigen Äste sind eher weich (nicht steif), abgeflacht, glatt und gelblich bis graugrün an der Oberseite, an der Unterseite weißlich.

FAMILIE	Parmeliaceae
VERBREITUNG	Westliches Nordamerika, Kontinentaleuropa, Nordafrika, Mittelamerika, Westasien
LEBENSRAUM	Auf Nadelbäumen, selten auf Laubbäumen oder Felsen
SYMBIOSE	Als Flechte mit Algen
WUCHSFORM	In Büscheln von Ästen herabhängend
VORKOMMEN	Häufig
SPORENFARBE	Weiß
GENIESSBARKEIT	Giftig

GRÖSSE
Bis zu 75 mm

DURCHMESSER
Bis zu 75 mm

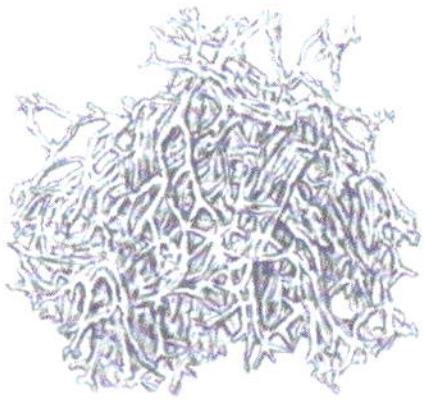

LETHARIA VULPINA

WOLFSFLECHTE

(LINNAEUS) HUE

Maßstab 1:1

Die Wolfsflechte bildet strauchige und dicht verzweigte Lager an Ästen von Bäumen. Frisch ist ganze Flechte ist leuchtend gelblich grün gefärbt. Fruchtkörper sind selten; wenn vorhanden, sind sie braun, glatt und scheiben- bis schüsselförmig.

Auch der lateinische Beiname *vulpina* steht für die „Wolfs-" Flechte, die ihren Namen ihrem früheren Verwendungszweck verdankt: Sie enthält die giftige Vulpinsäure, mit der man früher in Skandinavien Wölfe tötete. Mit Wolfsflechte gefüllte Tierkadaver wurden als Köder ausgelegt. In Kalifornien nutzten sie die Achumawi-Ureinwohner zur Vergiftung von Pfeilspitzen. Darüber hinaus wurde die Flechte weithin als Färbemittel gesammelt; in Skandinavien färbte man damit Wolle, in Nordamerika Stachelschweinborsten, mit denen geflochten wurde. Sie ergibt eine leuchtend grünlich gelbe Farbe. Die Apachen wiederum nutzten diese Farbe, um ihre Füße mit gelben Kreuzen zu bemalen. Man glaubte, damit ungesehen den Feind passieren zu können.

ÄHNLICHE ARTEN

In Nordamerika ist *Letharia columbiana* eine sehr ähnliche Art, bildet aber häufiger braune, scheibenförmige Fruchtkörper. Die Molekularforschung lässt vermuten, dass eine zweite, genetisch unterschiedliche Art im Westen Nordamerikas und in Marokko besteht, die sich aber möglicherweise nicht sichtbar unterscheidet.

FAMILIE	Lobariaceae
VERBREITUNG	Nordamerika, Europa, Afrika, Asien
LEBENSRAUM	Auf Laubbäumen, seltener auf Felsen
SYMBIOSE	Als Flechte mit Algen und Cyanobakterien
WUCHSFORM	In Flächen
VORKOMMEN	Gelegentlich
SPORENFARBE	Weiß
GENIESSBARKEIT	Ungenießbar

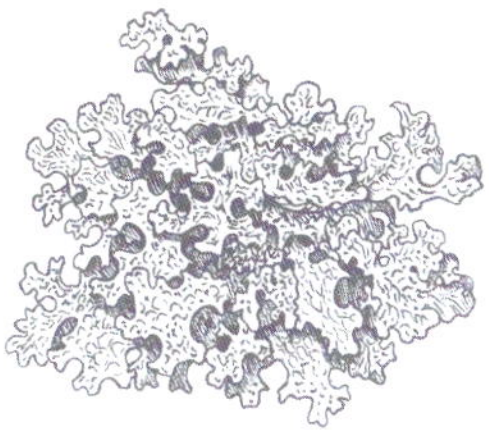

DICKE
Bis zu 5 mm

DURCHMESSER
Bis zu 250 mm

LOBARIA PULMONARIA

BRAUNE LUNGENFLECHTE

(LINNAEUS) HOFFMANN

Lobaria pulmonaria hat die ungewöhnliche Eigenschaft, dass sie gleichzeitig mit einer Alge und einem Cyanobakterium eine Symbiose eingehen kann. Letzteres bindet Stickstoff und kann damit die Flechte mit mehr Nährstoffen versorgen. Dazu benötigt die Flechte saubere, feuchte Luft, weshalb sie nur in nassen, schadstofffreien Zonen vorkommt. Sie gilt häufig als Bioindikator für alte Waldbestände. Die Form und Aderung der Loben wurde früher mit Lungen in Verbindung gebracht und war für Kräuterkundler des Mittelalters ein klares Anzeichen dafür, dass Gott sie zur Heilung von Lungenkrankheiten vorgesehen habe, was die moderne Forschung bislang nicht bestätigen konnte.

Die Braune Lungenflechte bildet große, laubartige Thalli mit abgeflachten, großblättrigen, an den Rändern gekerbten Loben. Die Oberfläche ist leuchtend grün und bei Feuchtigkeit glänzend, trocken graugrün und gerunzelt oder netzartig grubig. Die Unterseite ist blass hellbraun. Fruchtkörper sind selten; wenn vorhanden, sind sie scheibenförmig und orangebraun.

ÄHNLICHE ARTEN

Andere *Lobaria*-Arten sind ähnlich, haben aber oft – auch nass – stärkere Grautöne. Im Westen Nordamerikas ist *Lobaria oregana* sehr ähnlich, ebenfalls grünlich und hauptsächlich an Nadelbäumen zu finden. Die weiter verbreitete *L. virens* ist ebenfalls grün gefärbt, aber typischerweise an der Oberfläche glatt.

Maßstab 1:1

FAMILIE	Parmeliaceae
VERBREITUNG	Nordamerika, Europa, Afrika, Mittel- und Südamerika, Antarktis, Asien
LEBENSRAUM	Auf Bäumen, Felsen und an Mauern
SYMBIOSE	Als Flechte mit Algen
WUCHSFORM	In Flächen
VORKOMMEN	Häufig
SPORENFARBE	Weiß
GENIESSBARKEIT	Ungenießbar

DICKE
Bis zu 5 mm

DURCHMESSER
Bis zu 50 mm

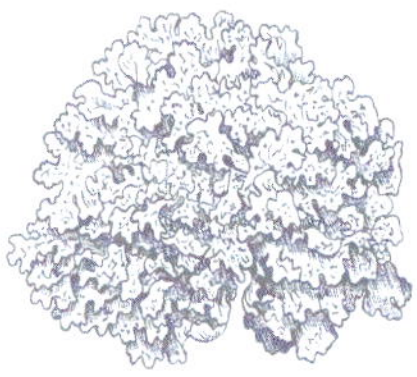

PARMELIA SAXATILIS

SCHÜSSELFLECHTE

(LINNAEUS) ACHARIUS

Früher nutzte man Flechten häufig als Färbemittel. In Schottland wurde besonders die Schüsselflechte von den Einheimischen gesammelt, um Harris-Tweed, aber auch die eigenen handgesponnenen Stoffe für Kleidung zu färben. Die Flechte verlieh der Wolle rötlich-braune bis violettbraune Töne (und dazu einen charakteristischen Geruch). Diese und ähnliche Arten wurden auch in Irland und Skandinavien zum Färben verwendet. Angeblich galt *Parmelia saxtilis* im Europa des Mittelalters als Heilmittel gegen Epilepsie, allerdings nur, wenn sie von alten menschlichen Schädelknochen gepflückt wurde, bevorzugt von einem Gehenkten.

ÄHNLICHE ARTEN

Zahlreiche *Parmelia*-Arten und verwandte Gattungen sind graugrün, blattartig und oberflächlich der Schüsselflechte ähnlich. *Parmelia sulcata* ist besonders häufig, lässt sich aber durch ein Netz von weißlichen Furchen an ihrer Oberfläche unterscheiden.

Die Schüsselflechte bildet laubartige Thalli mit abgeflachten, nach oben hin verbreiterten Loben. Ihre Oberfläche ist blass grau bis grüngrau, die Unterseite schwärzlich; sie sind durch wurzelartige Rhizinen mit ihrem felsigen Untergrund verbunden. Fruchtkörper treten nicht häufig auf; wenn vorhanden, sind sie scheibenförmig mit glatter, orangebrauner Oberfläche und einem grau gefärbten, gezahnten Rand.

Maßstab 1:1

FAMILIE	Peltigeraceae
VERBREITUNG	Nordamerika, Europa, Asien, Australien
LEBENSRAUM	Auf Erde, Bäumen oder Felsen
SYMBIOSE	Als Flechte mit Cyanobakterien
WUCHSFORM	In Gruppen
VORKOMMEN	Häufig
SPORENFARBE	Weiß
GENIESSBARKEIT	Ungenießbar

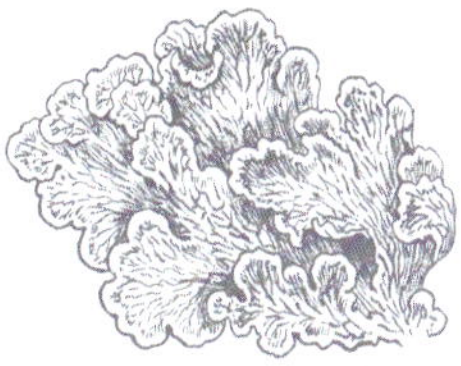

DICKE
Bis zu 5 mm

DURCHMESSER
Bis zu 250 mm

PELTIGERA MEMBRANACEA

(ACHARIUS) NYLANDER

Große, blattförmige Flechten finden sich manchmal auf moosigem Torfboden, gelegentlich sogar auf Gartenrasen. *Peltigera membranacea* („Membranous Dog-Lichen“) ist in diesen Lebensräumen eine der häufigsten Arten. Wie alle *Peltigera*-Arten, aber auch die Leimflechten (*Collema*) bildet sie Partnerschaften mit Cyanobakterien, nicht mit Algen. *Peltigera*-Arten schwellen bei feuchtem Wetter nicht so stark an wie manche Leimflechten, *Peltigera membranacea* wechselt aber die Farbe von Grau zu Braun und wird deutlich gummiartiger. Vermutlich wächst sie zwischen Moosen, weil diese meist gut Feuchtigkeit speichern können, die die Cyanobakterien für ihren Stoffwechsel brauchen.

Maßstab 1:1

ÄHNLICHE ARTEN

Die Gruppe der Hundsflechten ist groß und vielfältig, und viele Arten sehen auf den ersten Blick *Peltigera membranacea* ähnlich. Darunter *Peltigera lactucifolia*, die ebenfalls moosigen Grasflächen bevorzugt. *Collema furfuraceum* und Verwandte haben hingegen nicht die haarähnlichen Rhizinen an der Unterseite. *Umbilicaria cylindrica* wiederum hat auffällige schwarze Rhizinen.

Peltigera membranacea bildet Lager aus großen, blattartigen Loben, die sich bei Trockenheit teilweise einrollen. Die Oberfläche ist bei Feuchtigkeit braun, bei Trockenheit blassgrau, und geadert oder am Rand wellig. Die Unterseite ist weißlich bis blassbraun und hat auffällige haarähnliche Rhizinen. Apothecien treten häufig auf; sie sind glatt, oval und rötlich braun und wachsen typischerweise an den Rändern der Loben.

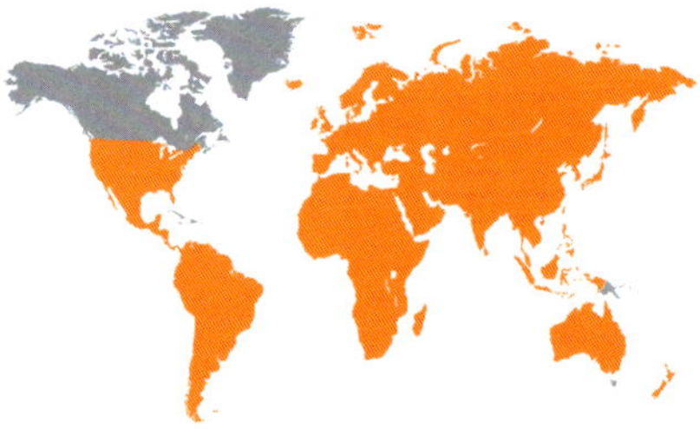

FAMILIE	Teloschistaceae
VERBREITUNG	Nordamerika, Europa, Afrika, Mittel- und Südamerika, Asien, Australien, Neuseeland
LEBENSRAUM	Auf lebenden Laub- und Nadelbäumen
SYMBIOSE	Als Flechte mit Algen
WUCHSFORM	An Ästen und Zweigen
VORKOMMEN	Lokal häufig
SPORENFARBE	Weiß
GENIESSBARKEIT	Ungenießbar

GRÖSSE
Bis zu 25 mm

DURCHMESSER
Bis zu 50 mm

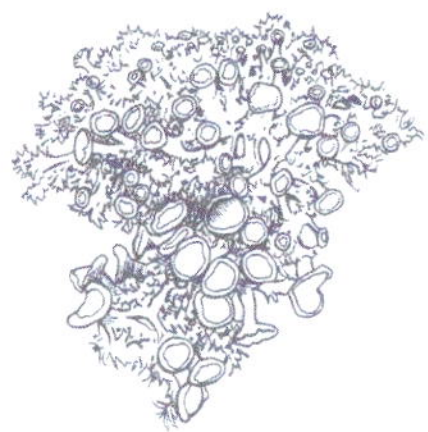

TELOSCHISTES CHRYSOPHTHALMUS

GOLDFLECHTE

(LINNAEUS) BELTRAMINI

Die Goldflechte ist eine besonders hübsche Art und sieht mit ihren leuchtend orangen Fruchtkörpern zwischen den verzweigten Loben eher wie ein winziger Blumenstrauß aus. Der wissenschaftliche Name *Teloschistes* bedeutet „gespaltene Enden", eine treffende, aber eher lieblose Bezeichnung für die haarfeinen Endspitzen, während *chrysophthalmus* „goldene Augen" bedeutet und sich auf die wimpernbesetzten, scheibenförmigen Fruchtkörper bezieht. Die Goldflechte ist weitverbreitet und lokal häufig, wird nach Norden hin aber immer seltener – besonders in Europa, wo die Goldflechte für die internationale Rote Liste bedrohter Makroflechten vorgeschlagen ist.

ÄHNLICHE ARTEN

Die Gelbe Goldflechte (*Teloschistes flavicans*) ist ähnlich gefärbt und auch verzweigt, bildet aber sehr selten Fruchtkörper. Sie tritt ebenfalls sowohl an Bäumen als auch an Felsen auf. *Usnea florida* sieht der Goldflechte ähnlich, hat ebenfalls wimpernähnliche Härchen, ist aber grau-grün und typischerweise viel größer.

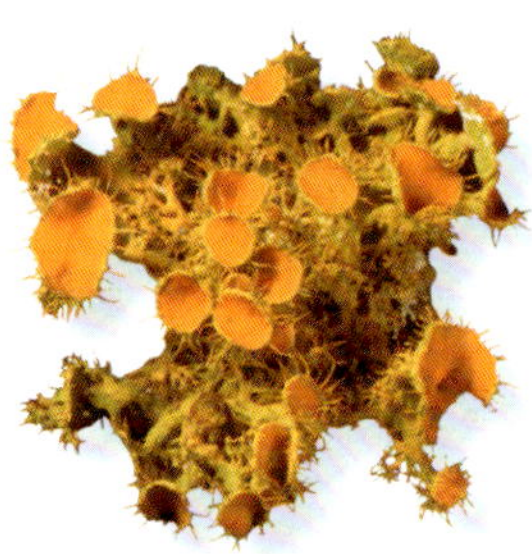

Maßstab 1:1

Die Goldflechte bildet strauchige Lager an Zweigen und Ästen. Die Loben sind verzweigt und gelborange mit grau getönter Unterseite. Jeder Hauptast verzweigt sich in zahlreiche haarähnliche Fasern. Die Fruchtkörper sind scheibenförmig, haben bis zu 5 mm Durchmesser und sind glatt und leuchtend orange mit grauem bis orangem, rissigem Rand.

FAMILIE	Umbilicariaceae
VERBREITUNG	Nordamerika, Europa, Afrika, Mittel- und Südamerika, Asien, Australien, Neuseeland
LEBENSRAUM	Auf saurem Gestein
SYMBIOSE	Als Flechte mit Algen
WUCHSFORM	In Flächen
VORKOMMEN	Gelegentlich
SPORENFARBE	Weiß
GENIESSBARKEIT	Gilt gekocht als essbar

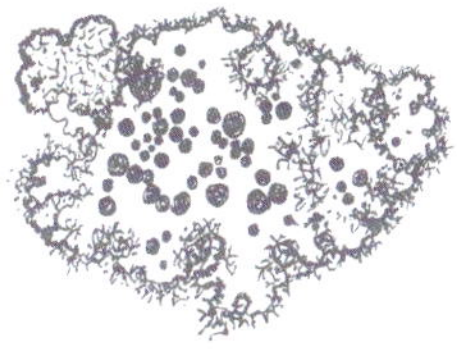

DICKE
Bis zu 5 mm

DURCHMESSER
Bis zu 50 mm

UMBILICARIA CYLINDRICA

GEWIMPERTE NABELFLECHTE

(LINNAEUS) DELISE EX DUBY

Nabelflechten verdanken ihren Namen der zentralen Stelle (Nabel), an der sie mit dem Gestein verwachsen sind. Einige Arten, darunter *Umbilicaria cylindrica*, wurden früher von vielen amerikanischen Ureinwohnervölkern als Nahrung genutzt, etwa von den Huron, Algonkin, Cree und den Inuit. Der britische Polarforscher John Franklin und seine Männer sollen auf einer gescheiterten Expedition zur Nordwestpassage Nabelflechten und das Leder ihrer Stiefel gegessen haben, um zu überleben. Schmackhafter dürfte die japanische Nabelflechtenart Iwatake (*Umbilicaria esculenta*) sein, die früher als Delikatesse galt. Zum Sammeln ließ man Menschen in Körben an Klippen hinunter, um die Flechte von den Felsen zu pflücken.

ÄHNLICHE ARTEN

Andere Nabelflechtenarten können ähnlich aussehen, haben aber meist nicht die typischen Härchen von *Umbilicaria cylindrica*. Die arktisch-alpine Art *U. proboscidea* wiederum hat ein Netz von Runzeln oder Furchen an der Oberseite.

Die Gewimperte Nabelflechte bildet laubartige Thalli, die an einer zentralen Stelle mit dem felsigen Substrat verwachsen sind. Die Thalli sind ungleichmäßig rund oder blattartig, blass- bis dunkelgrau (bei Feuchtigkeit braun) und haben eine glatte Oberseite, die auffällig mit langen, starren, schwärzlichen Haaren besetzt sind. Die Ränder sind oft eingerollt, die Unterseite ist blassgrau bis gelbbraun.

Maßstab 1:1

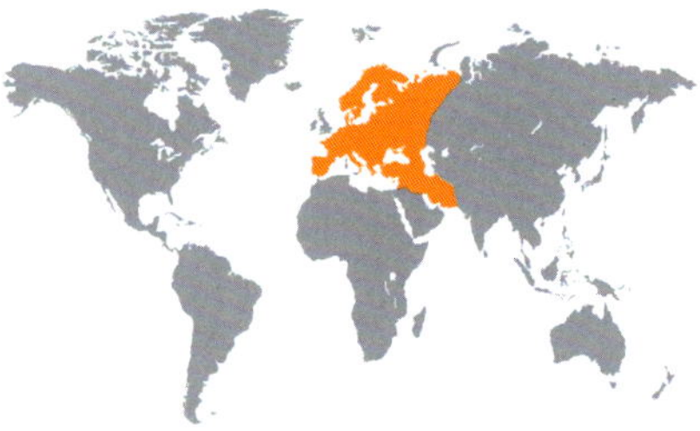

FAMILIE	Parmeliaceae
VERBREITUNG	Kontinentaleuropa, Westasien
LEBENSRAUM	An Nadelbäumen, seltener an Laubbäumen
SYMBIOSE	Als Flechte mit Algen
WUCHSFORM	Von Ästen herabhängend
VORKOMMEN	Lokal häufig
SPORENFARBE	Weiß
GENIESSBARKEIT	Ungenießbar

LÄNGE
Bis zu 300 mm

DURCHMESSER
(Filamente)
Unter 0,5 mm

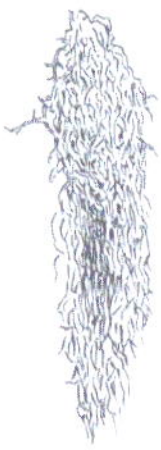

USNEA BARBATA

(LINNAEUS) WEBER EX F. H. WIGGERS

Maßstab 1:1

Bartflechten sind häufig in alten, unverbauten Wäldern, wo sie die Äste lebender Bäume wie Girlanden umgeben. Sie sind jedoch hochsensibel für Schadstoffe und daher in vielen Gegenden selten oder ausgestorben. In vielen Kulturen wurden sie lange Zeit als Volksmedizin vor allem zur Behandlung von Wunden und Infektionen verwendet. Höchstwahrscheinlich mit Erfolg, denn Bartflechten enthalten Usninsäure, einen bitteren Stoff mit antibiotischer Wirkung, der sich auch in der Kuppelförmigen Rentierflechte (*Cladonia stellaris*) findet. Heute werden *Usnea*-Arten (meist uneindeutig als *U. barbata* bezeichnet) gewerblich gesammelt und in der Homöopathie, Aromatherapie, Pflanzenheilkunde und anderen alternativmedizinischen Strömungen genutzt.

ÄHNLICHE ARTEN

Usnea barbata („Old Man's Beard") dürfte auf Kontinentaleuropa und Asien beschränkt sein. Der Name wird jedoch auch für ähnliche Arten in anderen Gegenden verwendet, die teils schwer voneinander zu unterscheiden sind. Die Lange Bartflechte (*Dolichousnea longissima*) bildet bis zu 3 Meter lange Stränge, ist aber durch Umweltverschmutzung, Abholzung und breitflächige Sammeltätigkeit für Dekorations- und Heilzwecke schwer gefährdet.

Usnea barbata bildet lange, haarähnliche Thalli, die von Ästen herabhängend wachsen. Die haarähnlichen Filamente sind verzweigt und bilden unterschiedlich dicke Stränge, die glatt bis gezahnt, gewarzt oder gekörnt sein können und blass grünlich grau, im Schnitt aber weißlich sind. In der Regel bilden sich keine Fruchtkörper (sie sind bei der verwandten *U. florida* jedoch häufig); wenn vorhanden, sind sie scheibenförmig und blass grau getönt.

FAMILIE	Teloschistaceae
VERBREITUNG	Nordamerika, Europa, Afrika, Mittel- und Südamerika, Antarktis, Asien, Neuseeland
LEBENSRAUM	Auf Kalkstein und Silikatgestein
SYMBIOSE	Als Flechte mit Algen
WUCHSFORM	In Flächen
VORKOMMEN	Lokal häufig
SPORENFARBE	Weiß
GENIESSBARKEIT	Ungenießbar

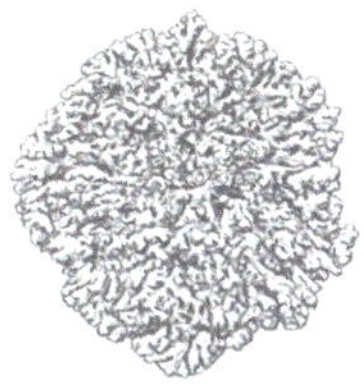

DICKE
Unter 2 mm

DURCHMESSER
Bis zu 50 mm

XANTHORIA ELEGANS

SCHMALLAPPIGE GELBFLECHTE

(LINK) TH. FRIES

Die Schmallappige Gelbflechte ist eine extrem weitverbreitete Art und kommt bis auf Australien auf allen Kontinenten vor. Sie wächst typischerweise auf Felsen, bevorzugt dann, wenn sie mit Vogelkot bedeckt sind, kann aber auch Hausdächer und andere menschliche Bauwerke besiedeln. Ihre leuchtende Färbung verdankt sie Karotin-Pigmenten. Im Nordwesten Amerikas nutzten einige Völker von Ureinwohnern sie früher zur Gesichtsbemalung. Vermutlich ermöglichen diese Pigmente es der Flechte auch, relativ starker ultravioletter Strahlung standzuhalten, denn sie findet sich oft in alpinen Gebieten. Bei einer Simulation der Lebensbedingungen auf dem Mars, die Strahlung in einem Vakuum einschloss, überlebten und keimten Sporen der Schmallappigen Gelbflechte erfolgreicher als die anderer getesteter Flechten.

ÄHNLICHE ARTEN

Die verwandte *Xanthoria sorediata* ist sehr ähnlich, doch ohne scheibenförmige Fruchtkörper. Einige *Caloplaca*-Arten, darunter die häufige, gelbe *C. flavescens* und die leuchtend orange *C. ignea*, sind äußerlich ähnlich, doch die Loben von *Xanthoria* lassen sich sauber vom Fels lösen, die Lobenschichten von *Caloplaca* nicht.

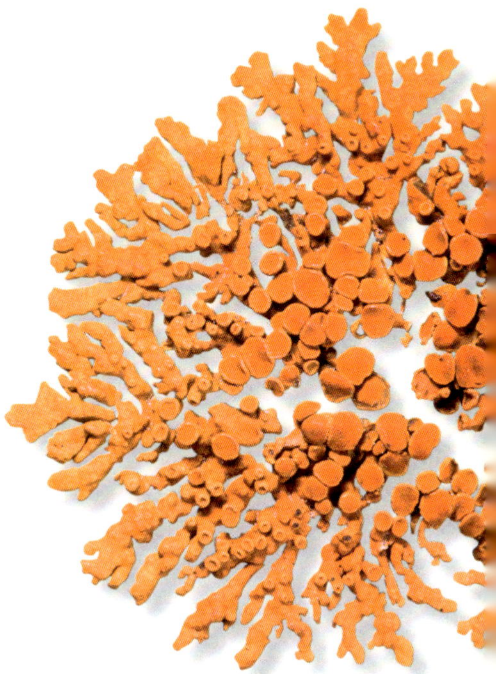

Die Schmallappige Gelbflechte bildet laubartige, fast krustige Thalli mit leuchtend gelboranger bis tief orangeroter Färbung. Die Lagerabschnitte sind typischerweise kugelig mit schmal strahlend wachsenden Loben. Die scheibenförmigen Fruchtkörper treten häufig in der Mitte des Thallus auf und sind ähnlich gefärbt oder dunkler, mit deutlich erkennbarem, gekerbtem Rand.

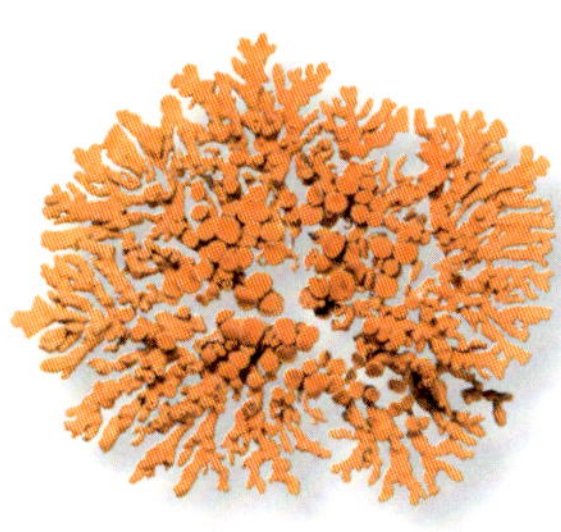

Maßstab 1:1

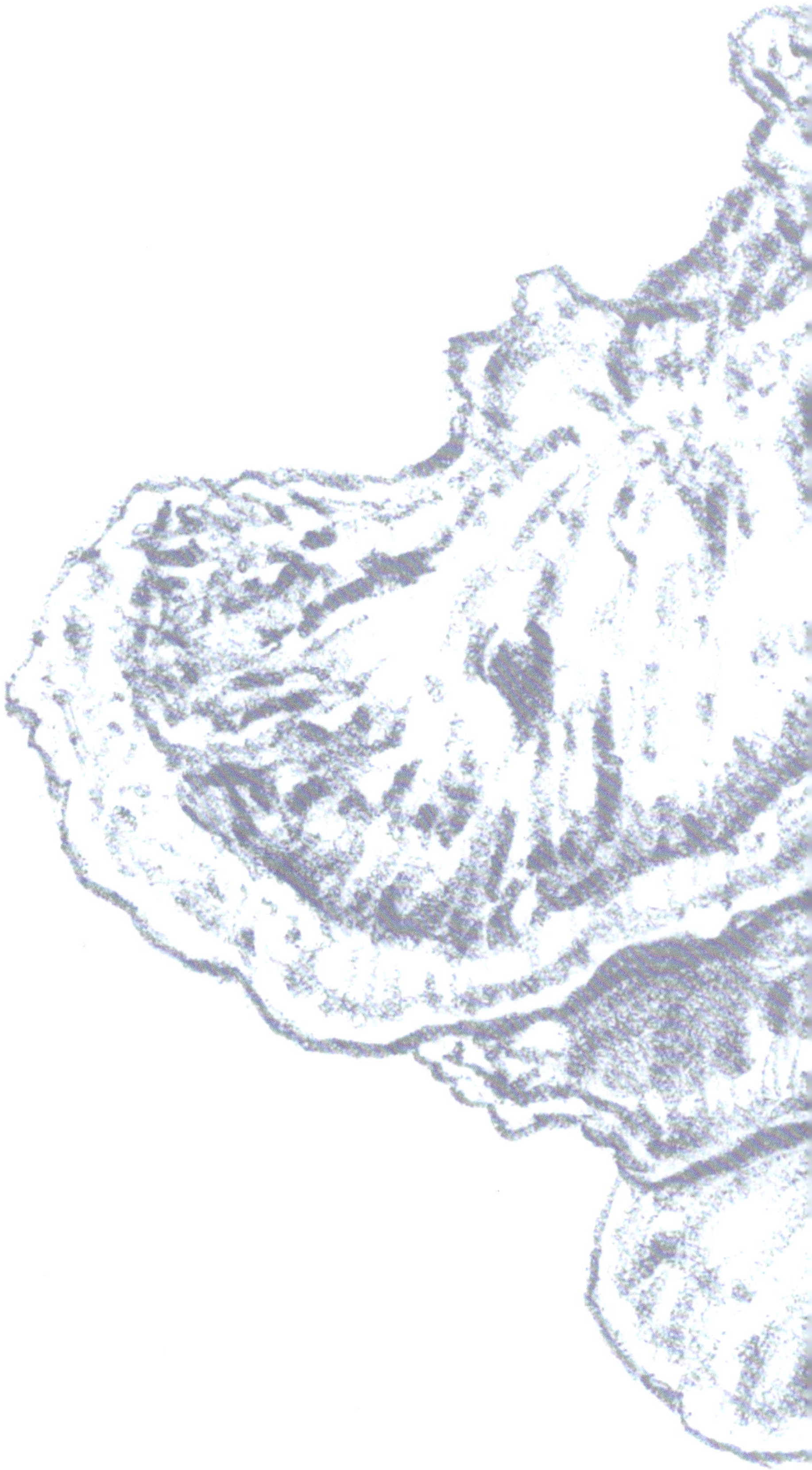

ANHANG

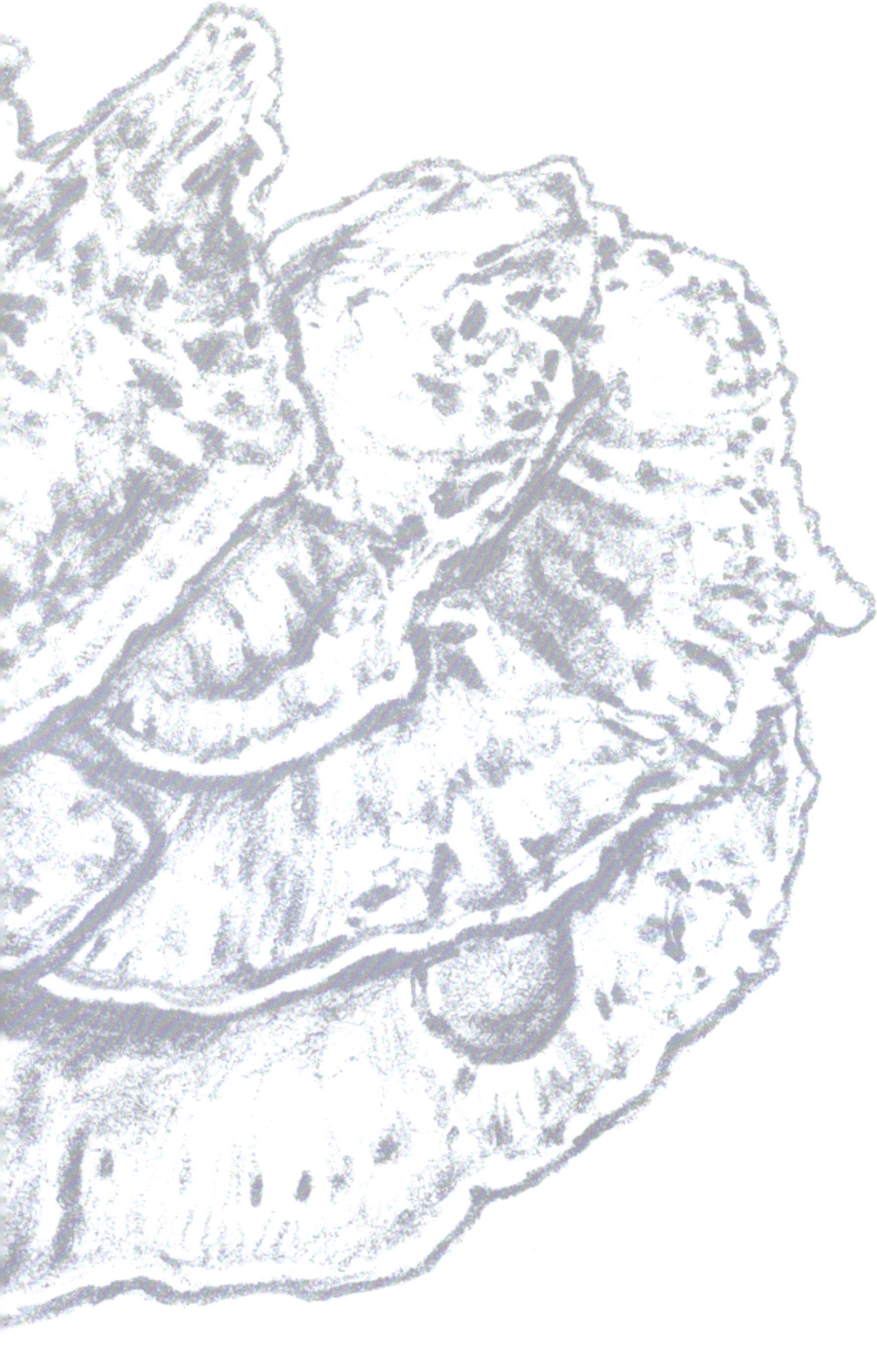

GLOSSAR

Fachbegriffe wurden weitestgehend vermieden oder im Text erläutert. Einige mykologische oder andere wissenschaftliche Begriffe sind jedoch kaum zu vermeiden und werden darum in der folgenden alphabetischen Liste kurz erklärt.

Artenkomplex Eine Gruppe von eng verwandten, aber genetisch unterschiedlichen Arten, die sich einander so ähnlich sehen können, dass es schwierig oder unmöglich ist, sie mit freiem Auge zu bestimmen.

Ascomycet Schlauchpilz; ein Pilz aus der Abteilung Ascomycota.

Ascus (Pl.: Asci) Eine mikroskopische Zelle, in der Sporen entstehen; typisch für Becherpilze und andere Arten der Abteilung Ascomycota (Schlauchpilze).

Basidie Eine mikroskopische Zelle, an der Sporen außerhalb entstehen; typisch für Blätterpilze und andere Arten der Abteilung Basidiomycota (Ständerpilze).

Basidiomycet Ständerpilz; ein Pilz aus der Abteilung Basidiomycota.

Baumkrebs Pilzbefall eines Baums; häufig als holzige Geschwulst auf einem lebenden Baum, verursacht durch einen holzzersetzenden Pilz (z. B. *Inonotus obliquus*, S. 396).

biologische Sanierung Die Entfernung von Schadstoffen in der Umwelt durch den Einsatz lebender Organismen.

Biolumineszenz Die Fähigkeit eines Lebewesens, Licht zu erzeugen.

Brand Eine Pflanzenkrankheit, verursacht durch mikroskopisch kleine „Brandpilze", die oft pulverige, schokoladenbraune Sporen bilden.

Cortina Ein dünnes, spinnwebartiges Teilvelum, das die Lamellen mancher Blätterpilze bedeckt (z. B. bei Pilzen der Gattung *Cortinarius*).

Diaspore Jede Einheit des Pilzes, die sich eigenständig verbreiten kann (etwa eine Spore oder ein Sklerotium).

Ektomykorrhiza Mykorrhiza, bei der die Hyphen des Pilz-Symbionten einen Mantel um die Wurzelzellen der Wirtspflanze bilden.

Endomykorrhiza Mykorrhiza, bei der die Hyphen des Pilz-Symbionten in die Wurzelzellen der Wirtspflanze eindringen.

Endophyt Ein Pilz (oder anderer Organismus), der im Gewebe einer Pflanze lebt.

Epitheton (Attribut, Beiname) Das zweite Wort im wissenschaftlichen Namen einer Art (z. B. „*bisporus*" bei *Agaricus bisporus*).

exzentrisch (Stiel) nicht in der Mitte.

fibrillär Mit kleinen Fasern bedeckt.

Fibrille Eine kleine Faser.

flüchtig Rasch vergänglich oder verschwindend.

folios (Flechten) mit blattartigen Lappen.

Fruchtkörper ein Karposoma; das sporentragende Organ eines Pilzes (z. B. ein Champignon).

fruktifizieren Fruchtkörper bilden.

gebuckelt (Hut) mit einer stumpfen oder spitzen Erhebung in der Mitte.

gerieft (Hutrand) fein gestreift.

grubig (Hut oder Stiel) mit kleinen Vertiefungen gefleckt.

Gürtel (Stiel) Bänder aus Schuppen um den Stiel, oft leicht unregelmäßig oder unvollständig.

herablaufend (Lamellen, Poren) den Stiel hinab verlaufend.

Hutdeckschicht Huthaut; die äußerste Schicht des Pilzhuts.

hygrophan (Hüte) die Farbe wechselnd und bei Feuchtigkeit leicht durchscheinend werdend.

hygroskopisch Feuchtigkeit aufnehmend (und sich als Folge daraus verbiegend oder drehend, wie die „Arme" von *Astraeus hygrometricus*, S. 508).

Hyphen Mikroskopisch kleine Fasern, aus denen Pilze (außer Hefen) aufgebaut sind; das Pilz-Äquivalent zu den Zellen von Pflanzen und Tieren.

Indusium Eine umschließende Membran (wie das „Netz" von *Phallus indusiatus*, S. 545).

Karposoma Fachbegriff für den Fruchtkörper eines Pilzes.

koprophil Dungliebend.

koralloid Korallenähnlich verzweigt.

Lamellen Eine sporentragende Oberfläche aus dünnen Blättern, wie jene an der Hutunterseite eines gewöhnlichen Kultur-Champignons.

Metaboliten Natürliche chemische Verbindungen, die von Pilzen und anderen Organismen hergestellt werden.

montan im Gebirge; eine Höhenstufe (oft feucht und kühl) unter „subalpin".

Mykologe Pilzkundler

Mykorrhiza Eine Symbiose zwischen Pilzhyphen und Pflanzenwurzeln: Der Pilz versorgt die Pflanze mit Nährstoffen und die Pflanze versorgt den Pilz mit Kohlenhydraten.

Myzel (Pl.: Myzelien) Ein Geflecht aus miteinander verbundenen Hyphen, die zusammen den lebenden Pilz bilden, aus dem die Fruchtkörper wachsen; von Pilzzüchtern „Brut" genannt.

Myzelstrang Ein sichtbarer Strang aus gebündelten Hyphen.

niedergedrückt (Hut) mit einer Vertiefung in der Mitte.

nitrophil Stickstoffliebend. (Ein Organismus, der in angereicherter oder gedüngter Erde wächst.)

Peridiole Ein Sporenbehälter (wie die „Eier" von Teuerlingen und Nestlingen S. 532–534).

phallusförmig Sich auf die (Form der) Stinkmorcheln beziehend (Gattung *Phallus*, S. 544–545).

phenolisch Sich auf eine Gruppe chemischer Verbindungen beziehend, zu denen auch Phenol (Karbolsäure) gehört.

poroid Eine sporentragende Fläche aufweisend, die aus Poren besteht (wie bei den Röhrenpilzen, S. 325).

resupinat Flächig ausgebreitet, wie eine Haut.

Rhizoid Eine wurzelähnliche Struktur aus Hyphen.

Rhizomorph Ein sichtbarer Strang aus mehreren Hyphen.

Ring (Manschette, Annulus) Ringförmiges Überbleibsel eines Teilvelums am Stiel mancher Blätter- und anderer Pilze.

Ringzone Ein ringförmiger Bereich aus Schuppen oder anderen Velumresten um den Stiel mancher Blätter- und anderer Pilze.

Rost Eine Pflanzenkrankheit, verursacht von mikroskopisch kleinen „Rostpilzen", die oft rostbraune Flecken auf Stielen und Blättern der Pflanzen hinterlassen.

Rote Liste Eine offizielle Liste von (lokal, national oder international verbreiteten) Arten, die vom Aussterben bedroht sind und unter Naturschutz gestellt werden sollen.

Saprobiont Folgezersetzer. Ein Organismus, der sich von toter Materie (z. B. herabgefallenen Blättern oder Ästen) ernährt.

schorfig (Hut oder Stiel) eine durch kleine Schuppen aufgeraute Oberfläche aufweisend.

Sklerotium (Pl.: Sklerotien) Eine verhärtete Knolle aus Hyphen, die normalerweise als Verbreitungseinheit dient.

Stroma Steriles Pilzgewebe auf dem oder in dem die Fruchtkörper gebildet werden (wie bei den Holzkeulen, Gattung *Xylaria*, S. 624–626).

Thallus (Pl.: Thalli) Myzel, besonders bei Flechten, wo das Myzel freiliegt und krusten- oder blattartig aussehen kann.

Velum Eine dünne Schutzhülle um einen jungen Fruchtkörper (Universalvelum) oder auf seiner sporenbildenden Fläche (Teil- oder Partialvelum). Beim Ausbreiten des Fruchtkörpers reißt das Velum normalerweise auf. Reste davon verbleiben am Pilz als Fragmente oder Schuppen, manchmal als Volva oder Ring.

Volva Scheide; Rest eines Velums, der als sackartiger oder häutiger Becher an der Stielbasis mancher Blätterpilze zurückbleibt (z. B. bei Pilzen der Gattung *Volvariella*, S. 320–321).

TAXONOMIE

Reich Die höchste Stufe der Klassifikation (z. B. das Reich der Pilze).

Abteilung Eine Stufe über Klasse und unter Reich (z. B. die Abteilung der Ständerpilze/Basidiomycota).

Klasse Eine Stufe über Ordnung und unter Abteilung (z. B. die Klasse der Agaricomycetes).

Ordnung Eine Stufe über Familie und unter Klasse (z. B. die Ordnung der Champignonartigen/Agaricales).

Familie Eine Stufe über Gattung und unter Ordnung (z. B. die Familie der Champignonverwandten/Agaricaceae).

Gattung Eine Stufe über Art und unter Familie (z. B. die Gattung Champignons/*Agaricus*).

Sektion Eine untergeordnete Stufe, womit man eine Gattung manchmal in Gruppen verwandter Arten unterteilt (z. B. die *Agaricus*-Sektion *Bivelares*).

Art Eine Stufe unter Gattung (z. B. die Art *Agaricus bisporus*, der Kultur-Champigon).

LITERATUR

Die folgenden Bücher und Websites sind nur eine kleine Auswahl aus den vielen Texten, die für pilzkundlich interessierte Leser erhältlich sind.

WEITERFÜHRENDE TEXTE: ALLGEMEINES

Bessette, A.R. & Bessette A.E. *The Rainbow Beneath my Feet: a mushroom dyer's field guide.* Syracuse, NY: Syracuse University Press, 2001.

Bollmann, A., Gminder, A., Reil, P. Abbildungsverzeichnis europäischer Großpilze. 4. Auflage, Schwarzwälder Pilzlehrschau, Hornberg, 2007.

Dörfelt, H., Ruske, E. Morphologie der Großpilze: mit 112 Farbbildtafeln, Glossar und Namensregister. Springer-Verlag, Berlin/Heidelberg 2014.

Eyssartier, G., Trimaille, G. Das große Buch der Pilze: Herkunft, Bestimmung, Merkmale. Verlag Christian, München, 2011.

Flammer, R., Horak, E. Pilzgifte – Giftpilze. Schwabe-Verlag, Basel, 2003.

Flück, M. Welcher Pilz ist das? Extra: Pilze und ihre Baumpartner. 4. Auflage, Franckh-Kosmos-Verlag, Stuttgart, 2013.

Gilbert, O. *New Naturalist: Lichens.* London: HarperCollins, 2000.

Gminder, A. Handbuch für Pilzsammler: 340 Arten Mitteleuropas sicher bestimmen. Franckh-Kosmos-Verlag, Stuttgart, 2014.

Hall, I.R. et al. *Edible and Poisonous Mushrooms of the World.* Portland, OR: Timber Press, 2003.

Harding, P. *Mushroom Miscellany.* London: HarperC**ollins, 2008.**

Horak, E. Röhrlinge und Blätterpilze in Europa. Spektrum akademischer Verlag, München, 2005.

Kothe, H., Kothe, E. Pilzgeschichten: Wissenswertes aus der Mykologie. Springer-Verlag, Berlin/Heidelberg, 2013.

Krieglsteiner, G. J. Die Großpilze Baden-Württembergs, Band 1-5. Ulmer-Verlag, Stuttgart, 2000ff.

Laessoe, T. Pilze: Das große Bestimmungsbuch. Verlag Dorling Kindersley, München, 2014.

Laux, H. E. Der große Kosmos-Pilzführer. Franckh-Kosmos-Verlag, Stuttgart, 2010.

Laux, H. E. Essbare Pilze und ihre giftigen Doppelgänger: Pilze sammeln – aber richtig. Franckh-Kosmos-Verlag, Stuttgart, 2014.

Lüder, R. Grundkurs Pilzbestimmung: Eine Praxisanleitung für Anfänger und Fortgeschrittene. 2. Auflage, Quelle & Meyer, Wiebelsheim, 2008.

Money, N. *Mr. Bloomfield's Orchard.* New York: Oxford University Press, 2002.

Purvis, W. *Lichens.* London: Natural History Museum; Washington: Smithsonian, 2007.

Rätsch, C. Pilze und Menschen: Gebrauch, Wirkung und Bedeutung der Pilze in der Kultur. AT-Verlag, Aarau/München, 2010.

Schön, G. Pilze: Lebewesen zwischen Pflanze und Tier. Beck, München, 2005.

Spooner, B. & Roberts, P. *New Naturalist: Fungi.* London: HarperCollins, 2005.

Stamets, P. *Growing Gourmet and Medicinal Mushrooms* (3. Auflage). Berkeley, CA: Ten Speed Press, 2000.

Wirth, V., Hauck, M., Schultz, M. Die Flechten Deutschlands: Band 1 und 2. Verlag Eugen Ulmer, Stuttgart, 2013.

Wirth, V., Kirschbaum, U. Flechten einfach bestimmen: ein zuverlässiger Führer zu den häufigsten Arten Mitteleuropas. Quelle & Meyer, Wiebelsheim, 2014.

Wright, J. Handbuch für Pilzjäger: Sammlerglück und Pilzgenuss. Verlag Eugen Ulmer, Stuttgart, 2012.

WEITERFÜHRENDE TEXTE: REGIONALES

Europa

Dobson, F.S. *Lichens: An Illustrated Guide to the British and Irish Species* (5. Auflage). Slough: Richmond Publishing, 2005.

Evans, S. & Kibby, G. *Pocket Nature: Fungi.* London: Dorling Kindersley, 2004.

Phillips, R. *Mushrooms.* London: Macmillan, 2006.

Sterry, P. & Hughes, B. *Collins Complete Guide to British Mushrooms and Toadstools.* London: HarperCollins, 2009.

Nordamerika

Barron, G. *Mushrooms of Ontario and Eastern Canada* (3. Auflage). Edmonton: Lone Pine, 1999.

Bessette, A.E., Bessette, A.B., & Fischer, D.W. *Mushrooms of Northeastern North America.* Syracuse, NY: Syracuse University Press, 1997.

Brodo, I.M., Sharnoff, S.D., & Sharnoff, S. *Lichens of North America.* New Haven, CN: Yale University Press, 2001.

Hemmes, D.E. & Desjardin, D.E. *Mushrooms of Hawai'i.* Berkeley, CA: Ten Speed Press, 2002.

Huffman, D.M. et al. *Mushrooms and other Fungi of the Midcontinental United States* (2. Auflage). Iowa City, IA: University Iowa Press, 2008.

Metzler, S. & Metzler, V. *Texas Mushrooms.* Austin, TX: University Texas Press, 1992.

Phillips, R. *Mushrooms of North America.* Boston, MA: Little, Brown & Co., 1991.

Roody, W.C. *Mushrooms of West Virginia and the Central Appalachians.* Lexington, KY: Kentucky University Press, 2003.

Trudell, S. & Ammirati, J. 2009. *Mushrooms of the Pacific Northwest.* Portland, OR: Timber Press, 2009.

Australien und Neuseeland

Fuhrer, B. *A Field Companion to Australian Fungi.* Melbourne: Bloomings Books, 2001.

Ridley, G.S. & Horne, D. *A Photographic Guide to Mushrooms and other Fungi of New Zealand.* Auckland: New Holland, 2007.

Young, A.M. *A Field Guide to the Fungi of Australia.* Sydney: UNSW Press, 2004.

Südafrika

Gryzenhout, M. *Pocket Guide: Mushrooms of South Africa.* Struik, Cape Town: Struik, 2010.

Mittel- und Südamerika

Gamundi, I. & Horak, E. *Fungi of the Andean-Patagonian Forests.* Buenos Aires: Vazquez Mazzini, 2007.

Mata, M. *Costa Rica Mushrooms Vol. 1.* INBio, Santo Domingo de Heredia: INBio, 2003.

Mata, M., Halling, R., & Mueller, G.M. *Costa Rica Macrofungi Vol. 2.* Santo Domingo de Heredia, INBio, 2003.

EINIGE NÜTZLICHE ONLINE-RESSOURCEN

Die folgenden deutsch- und englischsprachigen Websites bieten wertvolle Informationen, manche auch hochwertige Fotos von Pilzen, die bei der Bestimmung helfen können.

123Pilze – Suchmaschine für Text und Bild, viele Informationen, Pilzforum

http://123pilze.de/

British Mycological Society

http://www.britmycolsoc.org.uk/

Cybertruffle und **Cyberliber** – viele Informationen zum Thema Pilze
http://www.cybertruffle.org.uk/eng/index.htm

Deutsche Gesellschaft für Mykologie

http://www.dgfm-ev.de/

European Mycological Association – mit Kontaktinformationen zu Pilzvereinen auf der ganzen Welt

http://www.euromould.org/links/socs.htm

Fungimap (Australien)

http://www.rbg.vic.gov.au/fungimap/home

Index Fungorum – Datenbank mit Suchfunktion
http://www.indefungorum.org/

Landcare Research (Neuseeland) – virtuelle Pilzflora

http://virtualmycota.landcareresearch.co.nz/ebforms/vM_home.aspx

MushroomExpert – Bestimmungsschlüssel, Fotos, Informationen (Nordamerika)

http://www.mushroomexpert.com/

Mycokey – Bestimmungsschlüssel, Fotos, Informationen (Europa)

http://www.mycokey.com/

Mykopedia – umfangreiche Pilzdatenbank mit Suchfunktion

http://www.mykopedia.org/

North American Mycological Association

http://www.namyco.org/

Pilze, Pilze, Pilze – Fotos, Fakten, Links und Forum

http://www.pilzepilze.de/

Pilzfinder – Pilze von A bis Z

http://www.pilzfinder.de/

Pilzkunde.de – Videos, Galerie, Seminare, Forschung

http://www.pilzkunde.de/

Der Tintling – Pilzzeitung mit zahlreichen Informationen und Links rund um Pilze

http://tintling.com/

Tom Volk's Fungi – Fotos und Informationen

http://botit.botany.wisc.edu/toms_fungi/fotm.html

KLASSIFIKATION *der* PILZE

Wie bei Pflanzen geht auch die wissenschaftliche Klassifikation der Pilze auf Carl von Linné zurück. Der berühmte schwedische Naturforscher des 18. Jahrhunderts und andere frühe Naturforscher klassifizierten Pilze anhand ihrer Form. Nach Darwin strebte man jedoch eine natürlichere Klassifikation an, die verwandte Arten kategorisierte, unabhängig davon, ob sie ähnlich aussahen.

Im 20. Jahrhundert wurde die Form der Pilze bei der Klassifikation immer noch berücksichtigt, aber auch mikroskopische und andere Details bestimmten die Kategorien. Seit den 1990er-Jahren definiert die DNA-Analyse alte Konzepte neu und zeigte zum Beispiel, dass viele scheinbar unterschiedliche Gruppen von Pilzen – etwa Bauchpilze und Champignons – in Wirklichkeit eng verwandt sind. Zukünftige Forschung wird zweifellos noch weitere Veränderungen bringen.

Das Reich der Pilze ist gegenwärtig in sieben große „Abteilungen" unterteilt. Fast alle größeren Pilze gehören in zwei davon: die Ascomycota und die Basidiomycota. Jede Abteilung ist weiter in „Klassen" unterteilt, die Klassen in „Ordnungen" und die Ordnungen in „Familien". Die folgende Tabelle enthält nur die in diesem Buch erwähnten Abteilungen, Klassen, Ordnungen und Familien.

Die Familie ist bei jedem Pilz angeführt. Beim Dickschaligen Kartoffelbovist (*Scleroderma citrinum*, S. 528) sehen Sie zum Beispiel, dass er zur Familie Sclerodermataceae gehört. In der Tabelle sehen Sie, dass diese Familie zur Ordnung Boletales, zur Klasse Agaricomycetes und zur Abteilung der Basidiomycota gehört. Der Kartoffelbovist ist also ein entfernter Verwandter der Röhrenpilze (dieselbe Ordnung) und noch entfernter mit den Blätter- und Baumpilzen (dieselbe Klasse) verwandt.

ASCOMYCOTA			
EUROTIOMYCETES			
ONYGENALES			
Elaphomycetaceae	Onygenaceae		
LECANOROMYCETES			
LECANORALES			
Cladoniaceae	Parmeliaceae		
PELTIGERALES			
Collemataceae	Lobariaceae	Pannariaceae	Peltigeraceae
TELOSCHISTALES			
Teloschistaceae			
UMBILICARIALES			
Umbilicariaceae			
LEOTIOMYCETES			
CYTTARIALES			
Cyttariaceae			
HELOTIALES			
Dermateaceae	Geoglossaceae	Helotiaceae	Hyaloscyphaceae
Rutstroemiaceae	Sclerotiniaceae	Vibrisseaceae	
LEOTIALES			
Bulgariaceae	Leotiaceae		
RHYTISMATALES			
Cudoniaceae			
PEZIZOMYCETES			
PEZIZALES			
Caloscyphaceae	Discinaceae	Glaziellaceae	Helvellaceae
Morchellaceae	Pezizaceae	Pyronemataceae	Rhizinaceae
Sarcoscyphaceae	Sarcosomataceae	Tuberaceae	
SORDARIOMYCETES			
HYPOCREALES			
Clavicipitaceae	Cordycipitaceae	Hypocreaceae	Nectriaceae
Ophiocordycipitaceae			
XYLARIALES			
Xylariaceae			

BASIDIOMYCOTA			
AGARICOMYCETES			
AGARICALES			
Agaricaceae	Amanitaceae	Bolbitiaceae	Clavariaceae
Cortinariaceae	Cyphellaceae	Entolomataceae	Fistulinaceae
Hydnangiaceae	Hygrophoraceae	Inocybaceae	Lyophyllaceae
Marasmiaceae	Mycenaceae	Niaceae	Physalacriaceae
Pleurotaceae	Pluteaceae	Psathyrellaceae	Pterulaceae
Schizophyllaceae	Strophariaceae	Tricholomataceae	Typhulaceae
AURICULARIALES			
Auriculariaceae			
BOLETALES			
Amylocorticiaceae	Boletaceae	Calostomataceae	Coniophoraceae
Diplocystidiaceae	Gomphidiaceae	Gyroporaceae	Hygrophoropsidaceae
Paxillaceae	Rhizopogonaceae	Sclerodermataceae	Serpulaceae
Suillaceae	Tapinellaceae		
CANTHARELLALES			
Cantharellaceae	Clavulinaceae	Hydnaceae	
CORTICIALES			
Corticiaceae			
GEASTRALES			
Geastraceae			
GLOEOPHYLLALES			
Gloeophyllaceae			
GOMPHALES			
Clavariadelphaceae	Gomphaceae		
HYMENOCHAETALES			
Hymenochaetaceae	Repetobasidiaceae	Schizoporaceae	
HYSTERANGIALES			
Gallaceaceae			
PHALLALES			
Phallaceae			
POLYPORALES			
Fomitopsidaceae	Ganodermataceae	Meripilaceae	Meruliaceae
Phanerochaetaceae	Polyporaceae	Sparassidaceae	
RUSSULALES			
Albatrellaceae	Auriscalpiaceae	Bondarzewiaceae	Echinodontiaceae
Lachnocladiaceae	Russulaceae	Stephanosporaceae	Stereaceae
SEBACINALES			
Sebacinaceae			
THELEPHORALES			
Bankeraceae	Thelephoraceae		
DACRYMYCETES			
DACRYMYCETALES			
Dacrymycetaceae			
TREMELLOMYCETES			
TREMELLALES			
Carcinomycetaceae	Tremellaceae		

LATEINISCHE UND TRIVIALNAMEN

Jede Art hat einen zweiteiligen lateinischen Namen, bestehend aus Gattungsnamen (z. B. *Amanita*) und einem Epitheton (z. B. *muscaria*). Der so entstehende Artname (*A. muscaria*) ist in allen Sprachen erkennbar. Nur neue Forschungsergebnisse können den Namen verändern. Die Namensvergabe wird durch einen internationalen Code geregelt. Nicht jede Art hat einen deutschen Trivialnamen, da viele Arten bei uns nicht verbreitet sind. Die meisten Trivialnamen wurden in den vergangenen 200 Jahren von Naturkundlern erfunden und können in verschiedenen Büchern unterschiedlich ausfallen, da es für viele Pilze mehr als nur einen Trivialnamen gibt.

AUTORENZITATE

Üblicherweise folgt auf den wissenschaftlichen Namen eines Pilzes der Name des Autors, der den Pilz erstmalig beschrieb. Dieser wird meist abgekürzt. Zum Beispiel wurden viele Arten erstmals vom berühmten schwedischen Mykologen Elias Magnus Fries beschrieben und sein Name wird für gewöhnlich mit „Fr." abgekürzt. Zur einfacheren Bezugnahme wurden die Namen in diesem Buch jedoch ausgeschrieben. Wenn eine Art von einer Gattung in eine andere übertragen wird, setzt man den Namen des ersten Autors in Klammern, gefolgt vom Namen jenes Autoren, der die Art neu zugeordnet hat. So wurde etwa der Kegelhütige Knollenblätterpilz (S. 58) ursprünglich „*Agaricus virosus* Fries" genannt, später jedoch von Bertillon in die Gattung *Amanita* übertragen, als „*Amanita virosa* (Fries) Bertillon".

REGISTER: TRIVIALNAME

S

T

U

V

W

Y

Z

REGISTER: LATEINISCHER NAME

DANK & BILDNACHWEIS

DR. PETER ROBERTS & SHELLEY EVANS

Die wissenschaftlichen Namen der Pilze und ihre Klassifikation basieren größtenteils auf der Online-Datenbank Index Fungorum (http://www.indexfungorum.org/). Vielen Dank an Dr. Paul Kirk, der Fragen zur aktuellen Nomenklatur beantwortet hat.

Die deutschen und englischen Trivialnamen wurden hauptsächlich Bestimmungsbüchern, Pilzführern und Online-Ressourcen entnommen.

Vielen Dank an die Redaktion von Ivy Press, besonders an Lorraine Turner, Stephanie Evans, Katie Greenwood, Jamie Pumfrey und Kim Davies für ihre Geduld und Hilfsbereitschaft.

BILDNACHWEIS

Der Herausgeber dankt folgenden Personen und Organisationen für die Erlaubnis zur Verwendung ihrer Bilder. Alles wurde unternommen, um die Erlaubnis für die Nutzung der Bilder zu erhalten. Wir entschuldigen uns, falls unbeabsichtigte Unterlassungen erfolgt sind. ALAMY/Emmanuel Lattes: 11o; Melba Photo Agency: 18; Bon Appetit: 92; Blickwinkel: 138, 397, 402; Neil Hardwick: 206; Armand-Photo-Nature: 215; David Chapman: 264; Amana Images: 312; National Geographic Image Collection: 369; Andrew Darrington: 445; Petra Wegner: 640. BJÖRN APPEL: 395. TORE BERG: 560. CARLOS TOVAR BREÑA „CARPOFORO“: 228. JACQUES BECK CECCALDI: 579. TAN CHON-SENG: 400. JULES CIMON: 168, 371, 427, 458, 467, 556. MARIE CLIFTON: 630. ALAN CRESSLER: 393. MIROSLAV DEML, www.biolib.cz: 435. YVES DENEYER, www.photomyco.net: 129, 405, 610. BENET DEVEREUX: 426. DK IMAGES/Neil Fletcher: 71, 351. DEBBIE DRESCHLER: 41. Ó. ANNE MOWAT EVANS: 629. ANTONIO RODRIGUEZ FERNANDEZ, www.trufamania.com: 606, 609. FLPA/Robert Canis: 389. FOTOLIA/Željko Radojko: 7; Pavel Davidenko: 12; Willi: 15; Norman Chan: 17t; Dušan Zidar: 19; Djembejambo: 21; Zonch: 23. FRANKENSTOEN: 20. FUNGALPUNK DAVE, www.fungalpunknature.co.uk: 636. A.S. Kers: 628. GEOFFREY KIBBY: 516. GETTY IMAGES/AFP: 220. SJOERD GREYDANUS: 64. JENNY HOLMES, Victoria, Australien: 226. ISTOCKPHOTO/AVTG: 10; RICKOCHET: 14. VALTER JACINTO: 633. JURAJ KOMAR: 529, 568. SEPPO KYTÖHARJU: 298. JACQUELINE LABRECQUE: 186, 465, 591. CÉCILE LAVOIE: 587. RENÉE LEBEUF: 50, 52, 85, 106, 131, 230, 305, 307, 364, 367, 373, 385, 429, 441, 456, 573, 581, 588, 614. TAYLOR LOCKWOOD: 6, 16, 36, 38, 54, 59, 62, 65, 66, 73, 74, 83, 87, 89, 90, 95, 96, 98, 112, 115, 117–119, 126, 132–137, 140, 150, 151, 161, 164, 171, 193, 195–197, 212, 214, 219, 227, 231, 232, 242, 243, 244, 245, 247, 249, 250, 251, 255, 263, 265, 267, 268, 271, 274, 278, 291, 297, 299, 303, 304, 306, 320, 322, 324, 326, 331, 334, 335, 338, 342, 346, 347, 357, 366, 372, 374, 376, 378, 381, 382, 383, 394, 398, 403, 406, 411, 415, 424, 431, 432, 436–438, 440, 444, 448, 449, 453, 459, 462, 464, 466, 468–470, 472, 473, 480, 481, 483, 485, 490, 495, 498, 500, 501, 503, 506, 508, 512, 514, 517, 520, 521, 523, 531, 536, 537, 538, 540, 541, 542, 545, 546, 547, 548, 550, 551, 557, 559, 566, 567, 584, 589, 590, 593, 622. KATHRIN & STEPHAN MARKS: 539. LISA MARSHALL: 561. DR. RAYMOND MCNEIL: 97, 236, 256, 384, 408, 421, 425, 457, 497, 580, 615, 620, 626. DAVID MITCHEL: 156. MUSHROOM OBSERVER/Clancy: 146, 401; Dan Molter: 238, 296; John Carl Jacobs: 262; Jonathon M: 362, 386; BeverlyJam: 451; Jason Hollinger: 634, 635. MYCHILLYBIN/Clive Shirley: 42, 124, 139, 488, 534, 558. NATURFOTO/Jaroslav Maly: 272, 302, 392, 575. NATURE PICTURE LIBRARY/Guy Edwardes: 414. DR. V.S. NEGI, University of Delhi: 621. ROGER PHILLIPS: 9, 11u, 17u, 32–35, 37, 39, 43–49, 51, 53, 55–58, 60, 61, 63, 67–70, 75–82, 84, 86, 88, 91, 93, 94, 99, 100–102, 104, 105, 107, 108, 110, 111, 114, 116, 121, 123, 125, 127, 128, 130, 141, 143–145, 147, 148, 152–155, 158–160, 163, 165–167, 169, 170, 172–185, 187–192, 194, 198, 200, 202–204, 207–211, 213, 216–218, 222–225, 229, 237, 239, 240, 246, 248, 252–254, 257–260, 266, 269, 270, 273, 275–277, 279–283, 285–290, 292–295, 300, 301, 308–311, 313–319, 323, 327–330, 332, 333, 336, 337, 339–341, 343–345, 348–350, 352–356, 358–361, 365, 370, 375, 377, 379, 380, 387, 388, 390, 396, 399, 404, 409, 412, 413, 417–420, 422, 423, 428, 430, 433, 434, 442, 446, 447, 450, 452, 454, 455, 460, 461, 471, 474–478, 482, 484, 486, 487, 489, 491–494, 496, 499, 502, 504, 505, 509, 510, 511, 513, 515, 518, 519, 522, 524, 525, 527, 528, 530, 532, 533, 535, 543, 544, 552–555, 562–565, 569, 571, 572, 574, 576–578, 582, 583, 585, 586, 592, 594–608, 611–613, 616–619, 624, 625. PHOTOLIBRARY/Oxford Scientific/David M. Dennis: 22. DR. ALFREDO PRIM, Veterinär und Mykologe: 321. JON RAPP: 113, 199. RICHARD ROGERS: 407. JOHN D. ROPER: 221. KATJA SCHULZ: 526. SCIENCE PHOTO LIBRARY/Ed Reschke/Peter Arnold: 8. STEPHEN SHARNOFF, www.sharnoffphotos.com: 627, 631, 632, 637-639, 641. NOAH SIEGEL: 157, 368. DOUGLAS SMITH: 241. MALCOLM STOREY, www.bioimages.org.uk: 72, 109, 120, 142, 162, 205, 233, 234, 235. 261, 284, 416, 443, 570, 623. LEIF STRIDVALL: 103, 201. 479. DEBBIE VIESS, Bay Area Mycological Society, www.bayareamushrooms.org: 439. MIGUEL VILLALBA GIL: 40. DOUG WAYLETT: 149. RON WOLF: 122, 391. Woodchuckiam@flickr.com: 410. NATASHA WRIGHT, Florida Department of Agriculture and Consumer Services, Bugwood.org: 13.

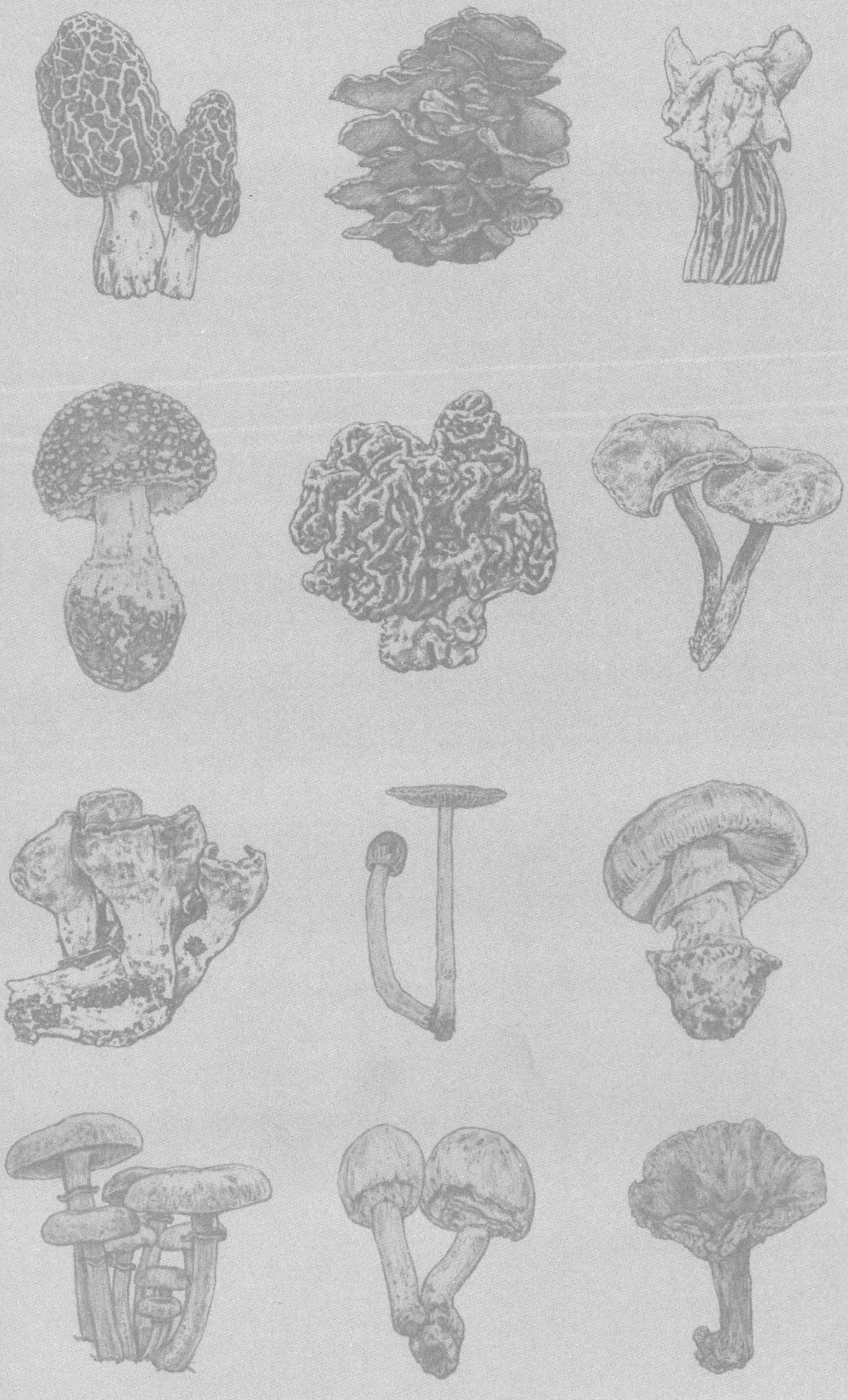

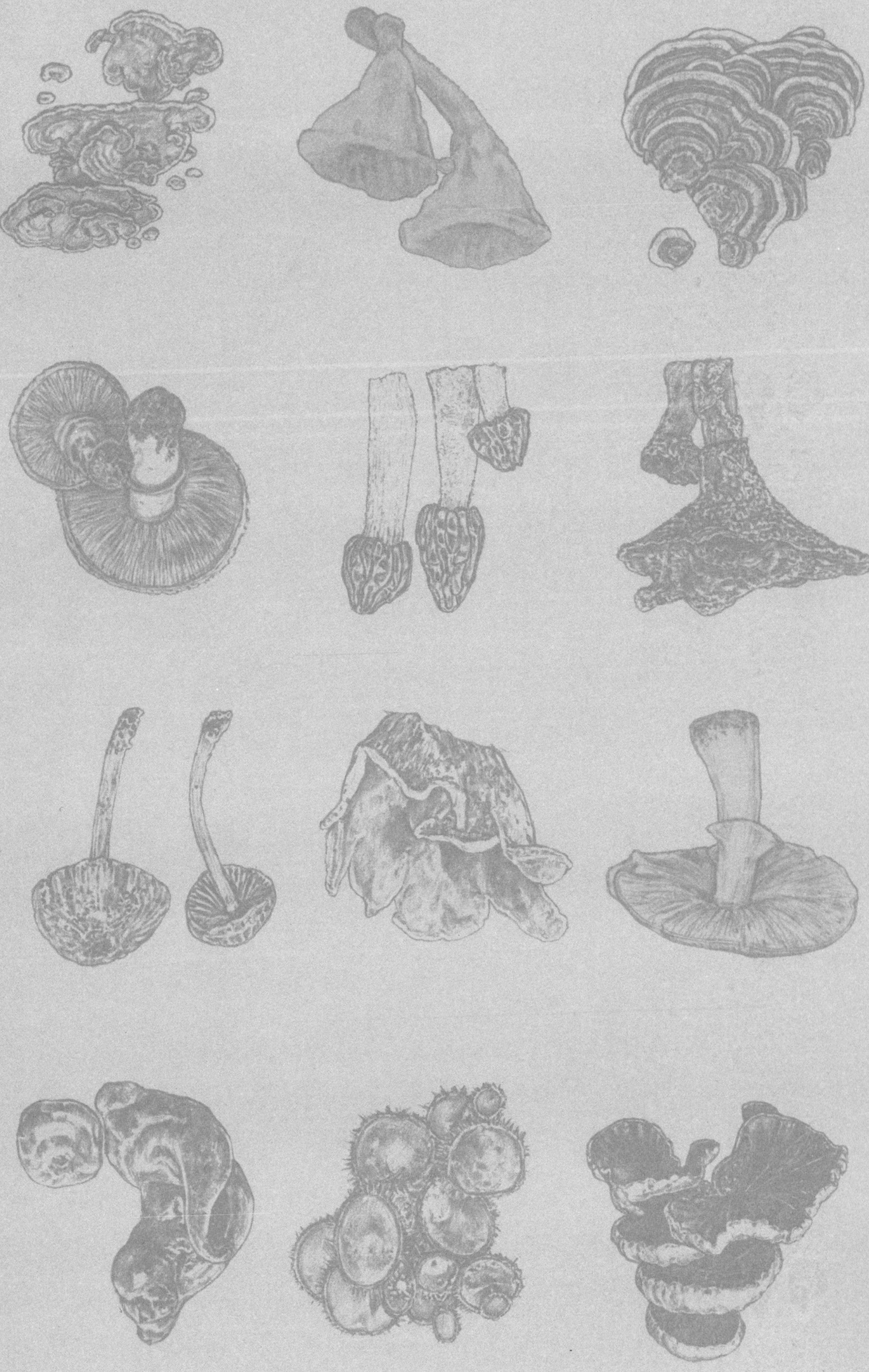